法偉堂經典釋文校記遺稿

[清] 法偉堂 著
邵榮芬 編校

華東師範大學出版社

圖書在版編目(CIP)數據

法偉堂經典釋文校記遺稿 / (清)法偉堂著;邵榮芬編校. —上海:華東師範大學出版社,2010. 3
ISBN 978-7-5617-7637-7

I. 法… II. ①法…②邵… III. ①經典釋文—校勘 IV. ①H131. 6

中國版本圖書館 CIP 數據核字(2010)第 051987 號

華東師範大學出版社六點分社
企劃人 倪為國

法偉堂經典釋文校記遺稿
(清)法偉堂 著
邵榮芬 編校

責任編輯 歐雪勤
美術編輯 吳正亞
責任制作 肖梅蘭
出版發行 華東師範大學出版社
社 址 上海市中山北路 3663 號 郵編 200062
電話總機 021—62450163 轉各部門 行政傳真 021—62572105
客服電話 021—62865537(兼傳真)
門市(郵購)電話 021—62869887
門市地址 上海市中山北路 3663 號華東師範大學校內先鋒路口
網 址 www. ecnupress. com. cn
印 刷 者 上海印刷(集團)有限公司
開 本 890×1240 1/16
印 張 57. 5
字 數 650 千字
版 次 2010 年 7 月第 1 版
印 次 2010 年 7 月第 1 次
書 號 ISBN 978-7-5617-7637-7/H. 516
定 價 148. 00 元
出 版 人 朱傑人

(如發現本版圖書有印訂品質問題,請寄回本社客服中心調換或電話 021—62865537 聯繫)

出版說明

《法偉堂經典釋文校記遺稿》一書是語言學家邵榮芬先生多年整理的成果，原擬單獨出版。後采納學界有人的建議，將《經典釋文》原文與法偉堂校記文合印出版，以方便閱覽。這樣在采用何種《經典釋文》版本上，就須加以斟酌。

目前，《經典釋文》比較通行的版本主要有通志堂本和宋刻宋元遞修本二種。法氏校記經復旦大學教授李若暉先生仔細校對，他發現法偉堂批注的《經典釋文》本，既不完全是通志堂本，亦不完全是宋刻宋元遞修本，其中另有與二者不同之處。據此推測，法偉堂所批注者，或為清代某人刻本。且據邵榮芬先生在《編者弁言》所説：

遺稿由於未曾刊刻過，知道的人很少。羅常培先生於一九三六年在《圖書季刊》第四期上發表了《法偉堂校本經典釋文跋》一文，對法氏校記作了評介。羅先生説，他的所據是從唐蘭先生所藏迻録而來。大家才知道唐先生藏有此稿。羅先生逝世後，他的迻録本不知流落何處。上世紀八十年代初，我打算對《經典釋文》的音切進行研究，很想參考法氏校記。那時唐先生也已去世，因托友人從唐蘭先生哲嗣複年先生處借得法氏校記。始知校語都是寫在《釋文》書眉上的。這大概就是法氏校記的原式吧。當即請人另紙抄寫了一份。

不過唐本中錯字、脱文、衍文以及條目倒次等現象屢見不鮮，這當是抄手所為。法氏縱然偶有疏漏，似不致如此之甚。由此可以推知唐本也是個迻録本，並不是法氏原稿。

可知邵先生用來整理的法偉堂校記，乃是輾轉抄録本，他未曾提及法偉堂校記所據底本問題。法校底本既已不得而知，就只能從目前流行的本子中進行選擇。權衡之下，鑒於宋刻宋元遞修本《經典釋文》是目前的最佳版本，自上海古籍出版社一九八五年影印後，已難尋獲，故將其與法偉堂的校記合印，以惠讀者。然該版原闕卷五《毛詩音義上》《小戎》篇『厹矛』至《無衣》篇『同澤』一段，姑據通志堂本《經典釋文》（黄焯斷句，中華書局一九八三年版）補入。

合印時，對於校記中與宋本不對應之處，均予保留，供後人參研。

本書付梓之際，我們特别感謝李若暉教授，他不僅親自審閲、校對法氏校記，且爲本書提供了兩篇文獻（民國學者趙少咸手批的經典釋文法氏校語録、萬獻初對趙批語録之音讀考辨），與羅常培、邵榮芬二先生論説、研究法偉堂校記的文章一起收入附録，以供讀者備查。正是他的工作，使本書得以順利出版。

點點

二〇〇九七月十五日

目録

附録

編者弁言

晚清法偉堂（一八四三—一九〇七年）有《經典釋文》校記遺稿一部。《清史》本傳説法氏『精研音韻學，考訂陸德明《經典釋文》，多前人所未發』。指的顯然就是他校勘《釋文》的事。《增修膠志》卷二十四《人物志》第四，《清代人物·文苑》説得要詳細一點：

偉堂博極群書，不立宗旨，其學大抵由汶長入手，而於諸子百家，無所不覽。專精於古今音韻，於顧氏亭林、江氏慎修、段氏茂堂諸家外，别有心得。所校勘者有《説文解字》、《經典釋文》、《一切經音義》、《列子》等書。

除了也强調法氏精研音韻，校勘過《釋文》之外，還指出法氏的治學範圍、治學途徑和治學態度，以及在《釋文》之外，還校勘過《説文》、《一切經音義》和《列子》等書。讓我們對法氏的治學情況有了更多的了解。

遺稿由於未曾刊刻過，知道的人很少。羅常培先生於一九三六年在《圖書季刊》第四期上發表了《法偉堂校本經典釋文跋》一文，對法氏校記作了評介。羅先生説，他的所據是從唐蘭先生所藏迻録而來。大家纔知道唐先生藏有此稿。羅先生逝世之後，他的迻録本不知流落何處。上世紀八十年代初，我打算對《經典釋文》的音切進行研究，很想參考法氏校記。那時唐先生也已去世，因託友人從唐蘭先生哲嗣復年先生處借得法氏校記。始知校語都是寫在《釋文》書眉上的。這大概就是法氏校記的原式吧。當即請人另紙抄寫了一份。

不過唐本中錯字、脱文、衍文以及條目倒次等現象屢見不鮮，這當是抄手所爲。法氏縱然偶有疏漏，似不致如此之甚。由此可以推知唐本也是個迻録本，並不是法氏原稿。至於唐本所據是法氏原稿，還是迻録稿，則一時難定。

法氏這部校記有可能是個未定稿，有少數校文透露了這一跡象，請看例子（括弧裏面的數字是《釋文》的卷、頁、行數）：

【一】 跬，缺氏反（六，二十二上，上十一）。法云：毛居正云：『缺氏反誤，當作抉蘂反。』偉案毛意因跬合口，氏開口也。此當通校再核。

不誤。

【二】委，于鬼反（二十一，八上，三）。法云：于鬼二字殆並誤，再考。當依《釋草音義》於詭反。《莊二十八年》音於鬼反，於字尚

【三】懦，乃亂反，又奴臥反（十二，二十，上三）。法云：乃亂、奴臥二音，字當作愞。案此詳段氏《說文注》心部，當據録入。

【四】說，劉詩悅反（九，二十五，上四）。法云：悅疑銳誤。非誤也，詳《士昏禮》。

【五】殺，徐所列反（二十六，十四，下十）。法云：列當作例，盧本亦誤。又案作列是也，如椴字亦讀所八、所列二切。

例【一】『通校再核』，是說通校全書之後，再加核定，但未指明。之後空一字加案語，說明當直引段說，但並未即做，是有待來日補做之意。例【二】『再考』後面的話是再考之後的新結論，『再考』二字當刪，但未刪，是文字未加整合的表現。例【三】『字當作愞』是據段說，但未指明。之後空一字加案語，說明當直引段說，但並未即做，是有待來日補做之意。

例【四】、【五】認爲先前作的結論錯了，但均未加刪除，而後空一格或另起行續作新的結論，對先前的結論加以更正。以上這些例子似乎都表明法氏校記並非最後的定稿，至少有少數地方還有待於重校，或作文字上的修整。《增修膠志》所謂法氏『一生撰述皆未就』的說法與《釋文》校記的上述情況正好可以相印證。

法氏是一位很出色的音韻學家，他對《釋文》的校勘比較突出的貢獻也就在於校音方面。他不僅校正了很多前人沒有校正的字音，而且還注意到了《釋文》字音在語音系統上與《廣韻》的異同。比如：他看出了《釋文》音切從、邪不分，禪、船不分，之、脂不分，真、臻不分等與《廣韻》音系的不同之處，也看出了《釋文》音切輕重唇不分，端知不分，匣喻三不分，唇音不分開合，重紐有別等與《廣韻》音系的相同之處。這些可以說都是真知卓識，不僅超越清人，也可以啓發今人。《增修膠志》說他於顧、江、段諸家之外，『別有心得』，信非虛言矣。

抄存法氏此遺稿，至今已逾二十載。近年才得暇，對之稍加校理，依《釋文》釐爲三十卷，名曰《法偉堂經典釋文校記遺稿》。今承李若暉同志的熱心聯繫，使此稿得以問世，並採納了虞萬里同志的建議，將此稿與《經典釋文》合印，以方便讀者。謹在此向他們兩位表示感謝。我想此稿的問世，不僅可以告慰法氏於地下，也是羅、唐兩位先生生前所期盼的。

邵榮芬

二〇〇七年四月二日於北京昌運宮寓所

例言

一　法氏校語原録於《經典釋文》書眉之上，校語前均未另出《釋文》被校文字。今爲了閲讀方便，於每條校語前酌增《釋文》被校文字。爲節約篇幅計，所加被校文字力求簡約，刪略處一律不加刪節號。被校文字與校語之間以【法】號相隔。一條校語涉及《釋文》兩條以上内容的，兩條之間以～號隔開。

二　本書以《法氏校記》與《經典釋文》合印，《釋文》在上，《校記》在下。《校記》文字列於被校文字當行之下。如當行之内有兩條或兩條以上校記，則用〇號隔開。對校記文字較多、超過一行的，則向下行順移；如下行也有校記，則接上條校記書寫；如本條校記全部或部分仍在被校文字當行之内，則前空一字並加〇號作爲標識。如本條校記不在被較文字當行之内，則兩條之間空兩字，以示區別。

三　爲了閲讀方便，上半頁或下半頁之末，如校記文字較多，則適當前移，儘量不讓校語越過頁末。

四　爲便於閲讀，於《校記》略施標點。《校記》引文對原文時有所增損，今於引文但加冒號，引號則略去。校語和被校文字的末尾既已有〇、【法】等區别標識，其終結號亦均從略。

五　爲謹慎計，唐本錯譌處除倒次條目予以更正，並加括注説明外，其餘均暫不改動，但在其後括註校語。

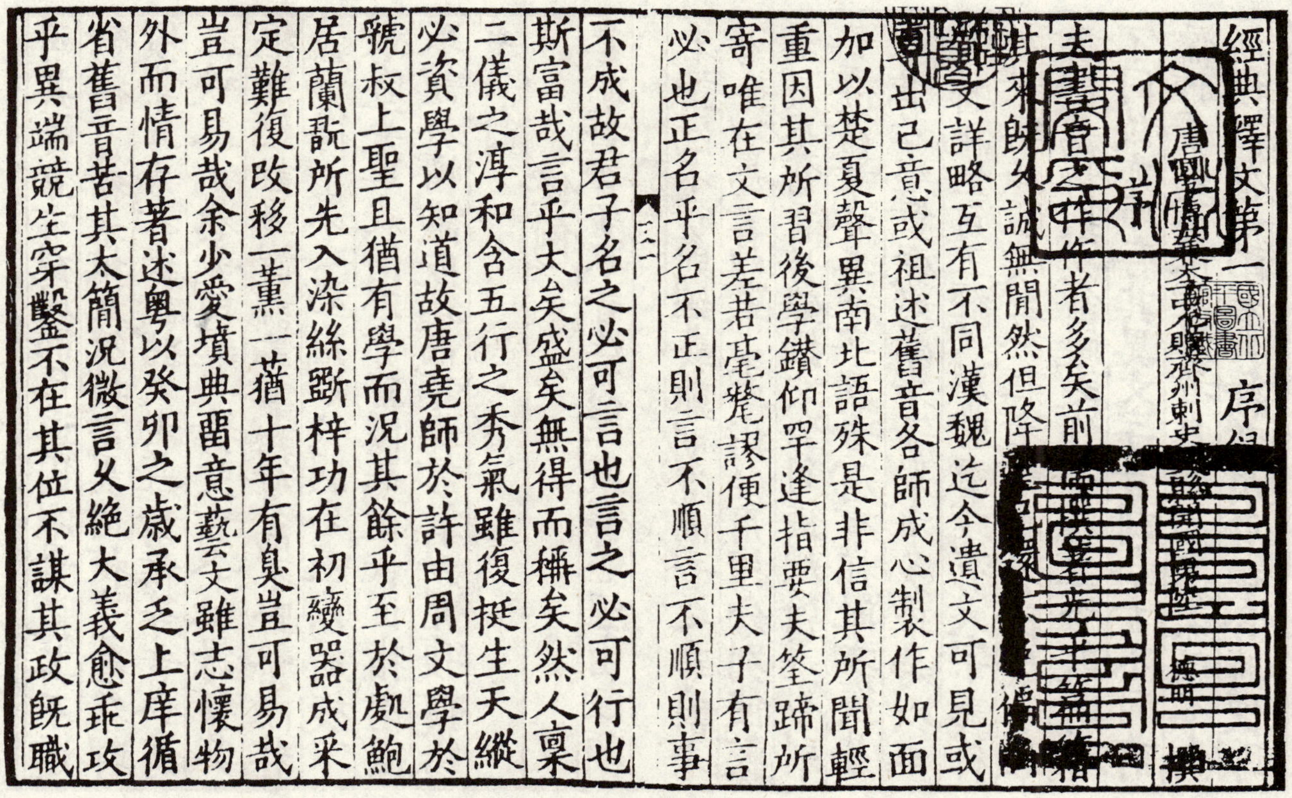
經典釋文第一　序錄
唐[illegible]州刺史[illegible]德明撰
夫書音之作作者多矣前[illegible]
其來既久誠無間然但降[illegible]偏
質文詳略互有不同漢魏迄今遺文可見或
專出己意或祖述舊音各師成心製作如面
加以楚夏聲異南北語殊是非信其所聞輕
重因其所習後學鑽仰罕逢指要夫筌蹄所
寄唯在文言差若毫釐謬便千里夫子有言
必也正名乎名不正則言不順言不順則事
不成故君子名之必可言也言之必可行也
斯富哉言乎大矣盛矣無得而稱矣然人稟
二儀之淳和含五行之秀氣雖復挺生天縱
必資學以知道故唐堯師於許由周文學於
虢叔上聖且猶有學而況其餘乎至於處鮑
居蘭翫所先入染絲斲梓功在初變器成釆
定難復改移一薰一蕕十年有臭豈可易哉
豈可易哉余少愛墳典留意藝文雖志懷物
外而情存著述粵以癸卯之歲承乏上庠循
省舊音苦其太簡況微言久絕大義愈乖攻
乎異端競生穿鑿不在其位不謀其政既職

法偉堂經典釋文校記遺稿卷一

序録

清法偉堂著

邵榮芬編校

司其憂寧可視成而已遂因暇景救其不逮研精六籍采摭九流搜訪異同校之蒼雅輒撰集五典孝經論語及老莊爾雅等音合爲三秩三十卷号曰經典釋文古今竝録括其樞要經註畢詳訓義兼辯質而不野繁而非蕪示傳一家之學用貽後嗣令奉以周旋不敢墜失與我同志亦無隱焉但代匠指南固取誚於博識既述而不作言其所用復何傷乎云爾

條例

先儒舊音多不音注然注既釋經經由注顯若讀注不曉則經義難明混而音之尋討未易今以墨書經本朱字辯注用相分別使較然可求舊音皆録經文全句徒煩翰墨今則各標篇章於上摘字爲音慮有相亂方復具録唯孝經童蒙始學老子衆本多乖是以二書特紀全句五經人所常習理有大宗義行於世無煩覼縷至於莊老讀學者稀故于此書微爲詳悉又爾雅之作本釋五經既解者不同故亦略存其異文字音訓今古不同前儒作音多不依注注者自讀亦未兼通今之所撰微加斟酌若典籍常用會理合時便即

其【法】其盧改具，是

遵承標之於首其音堪互用義可竝行或字有多音衆家别讀苟有所取靡不畢書各題氏姓以相甄識義乖於經亦不悉記其或音一音者蓋出於淺近示傳聞見覽者察其哀焉然古人音書止爲譬況之說孫炎始爲反語魏朝以降漸繁世變人移音訛字替如徐仙民反易爲神石郭景純反餤爲羽鹽劉昌宗用承音乘許叔重讀皿爲猛若斯之儔今亦存之音内既不敢遺舊且欲俟之來哲書音之用本示童蒙前儒或用假借字爲音更令學者疑昧余今所撰務從易識援引衆訓

文一　三

讀者但取其意義亦不全寫舊文典籍之文雖夫子删定子思讀詩師資已别而況其餘乎鄭康成云其始書之也倉卒無其字或以音類比方假借爲之趣於近之而已受之者非一邦之人人用其鄉同言異字同字異言於兹遂生矣戰國交爭儒術用息秦皇滅學加以坑焚先聖之風埽地盡矣漢興改秦之弊廣收篇籍孝武之後經術大隆然承秦焚書口相傳授一經之學數家競爽章句既異踳駁非一後漢黨人既誅儒者多坐流廢後遂私行金貨定蘭臺漆書經字以合其私文

傳【法】傳盧改博，是○哀【法】哀盧改衷，是

反易爲神石【法】案滕，以證反，又繩證反，即反易爲神石之例○反餤爲羽鹽【法】《釋詁》餤，郭持鹽反，此作羽鹽，疑《釋詁》誤　○用承音乘【法】《廣韻》承禪母字，乘牀母字

與【法】與盧改典，是

踳【法】踳盧改踳，是

靈帝乃詔諸儒正定五經於石碑之上爲古文篆隷三體書法以相參檢樹之學門使天下取則未盈一紀尋復廢焉班固云後世經傳既已乖離傳學者又不思多聞闕疑之義而務碎義逃難便詞巧說安其所習毁所不見終以自弊此學者之大患也誠哉是言余既撰音須定紕謬若兩本俱用二理兼通今並出之以明同異其涇渭相亂朱紫可分亦悉書之隨加刊正復有他經别本詞反義乖而又存之者示博異聞耳經籍文字相承已又至如悅字作說閑字爲閒智但作知汝止

爲女若此之類今並依舊音之然音書之體本在假借或經中過多或尋文易了則翻音正字以辯借音各於經內求之自然可見其兩音之者恐人惑故也尚書之字本爲隷古既是隷寫古文則不全爲古字今宋齊舊本及徐李等音所有古字蓋亦無幾穿鑿之徒務欲立異依傍字部改變經文疑惑後生不可承用今皆依舊爲音其字有別體則見之音內然亦兼采說文字詁以示同異者也春秋人名字氏族及地名或前後互出或經傳更見如此之類不可具舉若國異名同及假

傳學【法】傳盧據《漢書・藝文志》改作博

弊【法】弊盧據《漢書》改作蔽

借之字兼相去遼遠不容踈略皆斟酌折衷
務使得宜爾雅本釋墳典字讀須逐五經而
近代學徒好生異見改音易字皆采雜書唯
止信其所聞不復考其本末且六文八體各
有其義形聲會意寧拘一揆豈必飛禽即
須安鳥水族便應著魚蟲屬要作虫旁草類
皆從兩屮如此之類實不可依今並校量不
從流俗方言差別固自不同河北江南最爲
鉅異或失在浮清或滯於沈濁今之去取其
袪玆弊亦恐還是轂音更成無辯夫質有精
麁謂之好惡（並如字）心有愛憎稱爲好惡（上呼報反）

文一　五

（下烏路反）當體即云名譽（音預）論情則曰毀譽（音餘）及
天自敗（蒲邁反）敗他（補敗反）之殊自壞（乎怪反）壞撤
（音怪）之異此等或近代始分或古已爲別相仍
積習有自來矣余承師說皆辯析之比人言
者多爲一例如而靡異邪（不定之詞）也（助句之詞）弗殊莫
辯復（扶又反重）復（音服反也）寧論過（古禾反經過）過（古卧反超過）入以
登升共爲一韻攻公分作兩音如此之儔恐
非爲得將來君子幸留心焉五經字體乖替
者多至如黿鼉從龜亂辭從舌席下爲帶惡
上安西析旁著片離邊作禹直是字訛不亂
餘讀如寵（丑隴反）字爲寵（力孔反）錫（思歷反）字爲錫

蒲敗反【法】蒲敗盧改補邁，是○呼怪反【法】呼當依宋本改爲乎，《大禹謨音義》可證

扶又反重【法】重下盧補也字

爲寵【法】寵盧改寵，是

音暘用攴音卜反字林音角反代文武云反將无音無混无音旣其■
之流便成兩失又來旁作力俗以爲約勑字
說文以爲勞倈之字水旁作曷俗以爲飢渴
字字書以爲水竭之字如此之類改便驚俗
止不可不知耳

次第

五經六籍聖人設教訓誘機要寧有短長然
時有澆淳隨病投藥不相沿襲豈無先後所
以次第互有不同如禮記經解之說以詩爲
首七略藝文志所記用易居前阮孝緒七錄
亦同此次而王儉七志孝經爲初原其後前
義各有旨今欲以著述早晚經義揔別以成
次第出之如左

生　文　六

周易

雖文起周代而卦肇伏犧旣處名教之初故
易爲七經之首周禮有三易連山久亡歸藏
不行於世故不詳錄

古文尚書

旣起五帝之末理後三皇之經故次於易伏
生所誦是曰今文闕謬處多故不別記馬鄭
所有同異今亦附之音後

毛詩

音暘【法】暘盧改陽，是○其□【法】其盧改若，是。闕處盧補斯字

既起周文又兼商頌故在堯舜之後次於易
書詩雖有四家齊魯韓丗所不用今亦[redacted]
不取

三禮

周儀二禮並周公所制宜次文王禮記雖有
戴聖所録然志名巳久又記二禮闕遺[redacted]
相從次於詩下三禮次第周爲本儀爲末[redacted]
後可見然古有樂經謂之六籍滅亡既久[redacted]
赤闕焉

春秋

既是孔子所作理當後於周公故次於禮左

丘明受經於仲尼公羊高受之於子夏穀梁
亦乃後代傳聞三傳次第自顯

孝經

雖與春秋俱是夫子述作然春秋周公垂[redacted]
史書舊章孝經專是夫子之意故宜在春秋
之後七志以孝經居易之首今所不同

論語

[redacted]是門徒所記故次孝經藝文志及七録以
論語在孝經前今不同此次

老子

雖人不在末而衆家皆以爲子書在經典之

後故次於論語

莊子

雖是子書人又最後故次老子

爾雅

爾雅周公復爲後人所益旣釋於經又非[redacted]次故殿末焉衆家皆以爾雅居經典之後在諸子之前今微爲異

註解傳述人

宓犧氏之王天下仰則觀於天文俯則察於地理觀鳥獸之文與地之宜近取諸身遠取諸物始畫八卦或云因河圖而畫八卦因而重之爲六十

四文王拘於羑里作卦辭周公作爻辭孔子作彖辭象辭文言繫辭說卦序卦雜卦[redacted]十翼班固曰孔子晚而好易讀之韋編三絕而爲之傳傳即十翼也先儒說重卦及爻辭爲十翼不同解見余所撰[redacted]自魯商瞿子木受易於孔子以授魯橋庇子庸子庸授江東馯戶旦反徐廣音寒臂子弓子弓授燕周醜子家子家授東武孫虞子乘子乘授齊田何子莊高士傳云字莊漢書儒林傳云臨淄人及秦燔書易爲卜筮之書獨不禁故傳授者不絕漢興田何以齊田徙杜陵號杜田生授東武王同子中[redacted]洛陽周王孫梁人丁寬字子襄事田何復從周王孫受古義作易說三

雖【法】雖盧改旣，是

周公【法】周公下盧補所作二字

《雜卦》□□【法】盧補闕二字作是爲

初言訓故舉大誼而已藝文志云易說八扁爲梁孝王將軍齊服生劉向別錄云齊人号服先皆著

易傳漢初言易者本之田生同授淄川揚何

字叔一本作字叔元太中大夫寬授同郡碭田王孫王孫授施

讎及孟喜梁丘賀由是有施孟梁丘之學焉

施讎字長卿沛人爲博士傳易授張禹字子文河內縣叔人徙蓮勺以論語授成帝官

至丞相安昌侯及琅邪魯伯會稽太守禹授淮陽彭宣字子佩大

司馬長平作易傳及沛戴崇字子平少府作易傳伯授太山毛莫如

字少路常山太守及琅邪邴丹字曼容後漢劉昆字桓公陳留東昏人

侍中弘農太守光祿勳受施氏易於沛人戴賓其子軼字君

文官至宗正孟喜字長卿東海蘭陵人曲臺署長丞相掾父孟卿善爲禮春

秋孟卿以禮經多春秋煩雜乃使喜從田王

九　王明

孫受易喜爲易章句授同郡白光字少子及沛翟

放字子況後漢洼丹字子王南陽育陽人世傳孟氏易作易通論七篇官至大鴻臚鮭陽

鴻字孟孫中山人少府任安字定祖廣漢綿竹人皆傳孟氏易梁丘賀

字長翁琅邪諸人少府本從太中大夫京房受易房淄川楊何弟子

後更事田王孫傳子臨黃門郎少府臨傳五鹿充宗

字君孟代郡人少府玄菟太守及琅邪王駿王吉子御史大夫充宗授平陵

士孫張字仲方博士揚州牧光祿大夫給事中家世傳業及沛鄧彭祖字長

夏眞定太守齊衡咸字長賓王莽講學大夫後漢苑升代部人博士傳

梁丘易一本作傳孟氏易以授京兆楊政字士行左中郎將又潁川

張興字君上太子少傅傳梁丘易弟子著録且萬人子

魴傳其業魴官至張掖屬國都尉京房字君明東郡頓丘人本姓李推律自定爲京至

一本作字叔元，太中大夫【法】盧云：此後人校語。後仿此

苑升【法】苑盧據宋本改爲范，與《後漢書》本傳及《儒林傳》合

七行【法】七盧改子，是

魏郡太守）受易梁人焦延壽（字延壽名贛）延壽云嘗從孟喜問易會喜死房以延壽易即孟氏學翟牧白生不肯曰非也延壽常曰得我術以亡身者京生也房爲易章句說長於災異以授東海段嘉（漢書儒林傳作殷嘉）及河東姚平河南乘弘（一本作桑弘）皆爲郎博士由是前漢多京氏學後漢戴馮（字次仲汝南平輿人侍中兼領虎賁中郎將）孫期（字仲彧濟陰成武人兼治古文尚書不仕）魏滿（字叔牙南陽人弘農太守）竝傳之費直（字長翁東萊人單父令）傳易授琅邪王璜（字平仲又傳古文尚書）爲費氏學本以古字號古文易無章句徒以彖象繫辭文言解說上下經（七録云直易章句四卷殘缺）漢成帝時劉向典校書考易說以爲諸易家說皆祖田何楊叔丁將軍大義略同唯京氏爲異向又以中古文易經校施孟梁丘三家之易經或脫去無咎悔亡唯費氏經與古文同范曄後漢書云京兆陳元（字長孫司空南閣祭酒兼傳左氏春秋）扶風馬融（字季長武陵人南郡太守議郎爲易傳又注尚書毛詩禮記論語）河南鄭衆（字仲師大司農兼傳毛詩周禮左氏春秋）北海鄭玄（字康成高密人師事馬融大司農徵不起還家凡所注易尚書三禮論語尚書大傳五經緯候箋毛氏作毛詩譜破許慎五經異義針何休左氏膏肓去公羊墨守起穀梁廢疾可[illegible]儒）潁川荀爽（字慈明官至司空爲易傳）竝傳費氏易沛人高相治易與費直同時其易亦無章句專說陰陽災異自言出丁將軍傳至相相授子康（康以明易爲郎）及蘭陵母

母【法】母盧據宋本作毋，是

將永（豫章都尉）爲高氏學漢初立易楊氏博士宣帝復立施孟梁丘之易元帝又立京氏易費高二家不得立民間傳之後漢費氏興而高氏遂微永嘉之亂施氏梁丘之易亡孟京費之易人無傳者唯鄭康成王輔嗣所注行于世（江左中興易唯置王氏博士太常荀崧奏請置鄭易博士詔許值王敦亂不果立）而王氏爲世所重今以王爲主其繫辭已下王不注相承以韓康伯注續之今亦用韓本子夏易傳三卷（卜商字子夏衛人孔子弟子魏文侯師七略云漢興韓嬰傳中經簿錄云丁寬所作張璠云或馯臂子弓所作薛虞記虞不詳何許人）孟喜章句十卷（無上經七錄云又下經無旅至節無上繫）京房章句十二卷（七錄云十卷錄一卷目）費直章句四卷（殘缺）馬

文一　十一　石昌

融傳十卷（七錄云九卷）荀爽注十卷（七錄云十一卷）鄭玄注十卷（錄一卷七錄云十二卷）劉表章句五卷（字景升山陽高平人後漢鎮南將軍荊州牧南城侯中經簿錄云注易十卷七錄云九卷錄一卷）宋衷注九卷（字仲子南陽章陵人後漢荊州五等從事七志七錄云十卷）虞翻注十卷（字仲翔會稽餘姚人後漢侍御史）陸績述十三卷（字公紀吳郡吳人後漢偏將軍鬱林太守七志云錄一卷）董遇章句十二卷（字季直弘農華陰人魏侍中大司農七志七錄並云十卷）王肅注十卷（字子邕東海蘭陵人魏衛將軍太常蘭陵景侯又注尚書禮容服論語孔子家語述毛詩注作聖證論難鄭玄）王弼注七卷（字輔嗣山陽高平人魏尚書郎年二十四卒注易上下經六卷作易略例一卷又注老子七志云注易十卷）姚信注十卷（字德祐七錄云字元直吳興人吳太常卿七錄云十二卷）三廙注十二卷（字世將琅邪臨沂人東晉荊州刺史贈驃騎將軍武陵康侯七志七錄云十卷）張璠集解十二卷（安定人東晉秘書郎參著作集二十二容解序云依向秀本鍾會字士季潁川人）

韓本【法】韓本下盧提行

魏鎮西將軍爲易無互體論向秀字子期河內人晉散騎常侍爲易義庾運字玄度新野人官至尚書爲易義一云易注應貞字吉甫汝南人晉散騎常侍爲明易論荀煇字景文潁川潁陰人晉太子中庶子爲易義七志云注易十卷張煇字義元梁國人晉侍中平陵亭侯爲易義王宏字正宗弼之兄晉大司農贈太常爲易義阮咸字仲容陳留人籍之兄子晉散騎常侍始平太守爲易義阮渾字長成籍之子晉太子中庶子馮翊太守爲易義楊又字玄舒汝南人晉司徒左長史爲易卦序論王濟字武子太原人晉河南尹爲易義衛瓘字伯玉河東人晉太保蘭陵成侯爲易義欒肇字永初太山人晉太保掾尚書郎爲易論鄒湛字潤甫南陽新野人晉國子祭酒爲易統略杜育字方叔襄城人國子祭酒爲易義楊瓚不知何許人晉司徒右長史爲易義張軌字士彥安定人涼州刺史謚武公爲易義宣舒字幼驥陳郡人晉宜城令爲通知來藏往論邢融裴藻許適揚藻四人不詳何人竝爲易義七録云集二十八家七志云十卷

干寶注十卷字令升新蔡人東晉散騎常侍領著作

黃穎注十卷南海人晉廣州儒林從事

蜀才注十卷七録云不詳何人七志云是王弼後人按蜀李書云姓范名長生一名賢隱居青城山自號蜀才李雄以爲丞相

尹濤注六卷不詳何人

費元珪注九卷蜀人齊安西參軍

文一　十二　昌祖

荀爽九家集注十卷不知何人所集稱荀爽者以爲主故也其序有荀爽京房馬融鄭玄宋衷虞翻陸績姚信翟子玄子玄不詳何人爲易義注內文有張氏朱氏竝不詳何人

謝万字万石陳郡人東晉豫州刺史

韓伯字康伯潁川人東晉太常卿

袁悅之字元禮陳郡人東晉驃騎諮議參軍

桓玄字敬道譙國龍亢人僞楚皇帝

卞伯玉濟陰人宋東陽太守黃門郎

荀柔之潁川潁陰人宋奉朝請

徐爰字季玉琅邪人宋太中大夫

顧懽字景怡或云字玄平吳郡人齊太學博士徵不起

明僧紹字承烈平原人國子博士徵不起

劉瓛字子珪沛國人齊步兵校尉不拜謚貞簡先生七録云作繫辭義疏

自謝万以下十人竝注繫辭爲易音者三人王肅已見前李軌字弘範江夏人東晉祠部郎中都亭侯徐邈字仙民東莞人東晉中書侍郎太子前衛率

右易近代梁褚仲都陳周弘正弘正作老莊義疏官至尚書僕射謚簡子竝作易義此其知名者

書者本王之号令右史所記孔子刪録斷自

唐虞下訖秦穆典謨訓誥誓命之文凡百篇
而爲之序及秦禁學孔子之末孫惠壁藏之
家語云孔騰字子襄畏秦法峻急藏尚書孝經論語於夫子舊堂壁中漢記尹敏傳以爲孔鮒藏之漢興欲
立尚書無能通者聞濟南伏生名勝故秦博士傳之文
帝欲徵時年已九十餘不能行於是詔太常
使掌故鼂錯受焉古文尚書云伏生年老不能正言言不可曉使其女傳言教錯伏
生失其本經口誦二十九篇傳授漢書云伏生爲秦禁書壁藏之
漢定伏生求其書亡數十篇獨得二十九篇以教齊魯之間以其上古之書謂之
尚書鄭玄以爲孔子撰書尊而命之曰尚書尚者上也蓋言若天書然王肅云上所言下爲史所書故曰尚書伏
生授濟南張生千乘歐陽生字和伯千乘人生授同郡
兒寬御史大夫寬又從孔安國受業以授歐陽生
文一 十三 王政
之子歐陽大小夏侯尚書皆出於寬歐陽氏世傳業至曾孫高
作尚書章句爲歐陽氏學高孫地餘字長賓侍中少府
以書授元帝傳至歐陽歙字三思後漢大司徒歙以上八世
皆爲博士濟南林尊字長賓爲博士論石渠官至少府太子太傅受尚書
於歐陽高以授平當字子息下邑人徙平陵官至丞相封侯子晏亦明經至大司徒及
陳翁生梁人信都太守家世傳業翁生授殷崇琅邪人爲博士及龔勝
字君賓楚人右扶風當授朱普字公文九江人爲博士及鮑宣字子都勃海人官至司隷
後漢濟陰曹曾字伯山諫大夫受業於歐陽歙傳其
子祉河南尹又陳留陳弇字叔明受業於丁鴻樂安牟長字君高河
內太守中散大夫並傳歐陽尚書沛國桓榮字春卿太子太傅太常五
更關內侯受尚書於朱普東觀漢記云榮事九江朱文文即普字以授漢

尚書

【法】尚盧改官，是

明帝遂世相傳東京最盛漢紀云門生爲公卿者甚衆學者慕之以爲法榮子郁以書授和帝而官至侍中太常郁子焉復以書授安帝官至太子太傅太尉張生濟南人爲博士授夏侯都尉魯人都尉傳族子始昌始昌通五經以齊詩尚書教授爲昌邑太傅始昌傳族子勝字長公後屬東平長信少府太子太傅勝從始昌受尚書及洪範五行傳說災異又事同郡簡卿卿者兒寛門人又從歐陽氏問爲學精熟所問非一師善說禮服受詔撰尚書論語說藝文志夏侯勝尚書章句二十九卷號爲大夏侯氏學傳齊人周堪堪字少卿太子少傳光祿勳及魯國孔霸字次孺孔子十三世孫爲博士以書授元帝官至太中大夫關內侯號褒成君霸傳子光字子夏丞相博山侯光又事牟卿堪授魯國牟卿爲博士及長安許商字伯長四至九卿善筭著五行論商授沛唐林

文一　十四

字子高王莽時爲九卿及平陵吳章字偉君王莽時博士重泉王吉字少音王莽時爲九卿齊炔欽字幼卿王莽時博士後漢北海牟融亦傳大夏侯尚書夏侯建字長卿勝從父兄子爲博士議郎太子少傅師事夏侯勝及歐陽高左右采獲又從五經諸儒問與尚書相出入者牽引以次章句爲小夏侯氏學傳平陵張山拊字長賓爲博士論石渠至少府山拊受同縣李尋字子長騎都尉及鄭寛中字少君爲博士授成帝官至光祿大夫領尚書事關內侯山陽張無故字子孺廣陵太傅信都秦恭字延君城陽內史增師法至百萬言陳留假倉字子驕以謁者論石渠至膠東相寛中授東郡趙玄御史大夫無故授沛唐尊王莽太傅恭授魯馮賓爲博士後漢東海王良亦傳小夏侯尚書漢宣

和帝【法】和盧改章，是

受【法】受盧改授，是

帝本始中河内女子得泰誓一篇獻之與伏
生所誦合三十篇漢世行之然泰誓年月不
與序相應又不與左傳國語孟子衆書所引
泰誓同馬鄭王肅諸儒皆疑之漢書儒林傳
云百兩篇者出東萊張霸分析合二十九篇
以爲數十又采左傳書序爲作首尾凡百二
篇篇或數簡文意淺陋成帝時劉向校之非
是後遂黜其書古文尚書者孔惠之所藏也
魯恭王壞孔子舊宅漢景帝程姬之子名餘封於魯謚恭王於壁中
得之并禮論語孝經皆科斗文字博士孔安
國字子國魯人孔子十二世孫受詩於魯申公官至諫大夫臨淮太守以校伏生所誦
爲頴古寫之增多伏生二十五篇藝文志云多十六篇又
伏生誤合五篇凡五十九篇爲四十六卷藝文
志云尚書古文經四十六卷五十七篇一安國又受詔爲古文尚書傳
值武帝末巫蠱事起經籍道息不獲奏上藏
之私家安國并作古文論語古文孝經傳藝文志云安國獻尚書傳遭巫蠱事未列於學官以授
都尉朝司馬遷亦從安國問故遷書多古文
說劉向以中古文校歐陽大小夏侯三家經
文脫誤甚衆藝文志云酒誥脫簡一召誥脫簡二文異者七百有餘脫字數十都尉朝
授膠東庸生名譚亦傳論語庸生授清河胡常字少子以明穀梁春秋爲博士至部刺史又傳左氏春秋常授虢徐敖右扶風掾又傳毛詩敖授琅
邪王璜及平陵塗惲字子其惲授河南乘欽字君長一

本作桑欽王莽時諸學皆立惲璜等貴顯范曄後漢書云中興扶風杜林傳古文尚書賈逵字景伯扶風人左中郎將侍中爲之作訓馬融作傳鄭玄注解由是古文尚書遂顯于世案今馬鄭所注竝伏生所誦非古文也孔氏之本絶是以馬鄭杜預之徒皆謂之逸書王肅亦注今文而解大與古文相類或肅私見孔傳而祕之乎江左中興元帝時豫章內史枚賾字仲眞汝南人奏上孔傳古文尚書亡舜典一篇購不能得乃取王肅注堯典從眘徽五典以下分爲舜典篇以續之孔序謂伏生以舜典合於堯典孔傳堯典止說帝曰欽哉而馬鄭王之本同爲堯典故取爲舜典學徒遂盛後范甯字武子順陽人東晉豫章太守兼注穀梁變爲今文集注俗間或取舜典篇以續孔氏齊明帝建武中吳興姚方興采馬王之注造孔傳舜典一篇云於大航頭買得上之梁武時爲博士議曰孔序稱伏生誤合五篇皆文相承接所以致誤舜典首有曰若稽古伏生雖昏耄何容合之遂不行用漢始立歐陽尚書宣帝復立大小夏侯博士平帝立古文永嘉喪亂衆家之書竝滅亡而古文孔傳始興置博士鄭氏亦置博士一人近唯崇古文馬鄭王注遂廢今以孔氏爲正其舜典一篇仍用王肅本

文一　十六

枚賾【法】《舜典》作梅頤

孔安國古文尚書傳十三卷馬融注十一卷字季長鄭玄注九卷王肅注十卷謝沈注十五卷字行思會稽人東晉尚書祠部郎領著作錄一卷李顒注十卷字長林江夏人東晉本郡太守范甯集解十卷姜道盛集解十卷天水人宋給事中字道盛尚書大傳三卷伏生作爲尚書音者四人孔安國鄭玄李軌徐邈按成漢人不作音後人所託

右尚書梁國子助教江夏費甝作義疏行於世

詩者所以言志吟詠性情以諷其上者也古有采詩之官王者巡守則陳詩以觀民風知得失自考正也動天地感鬼神厚人倫美教化移風俗莫近乎詩是以孔子最先刪録既取周詩上兼商頌凡三百一十一篇毛公爲故訓時已亡六篇故藝文志云三百五篇以授子夏子夏遂作序焉或曰毛公作序解見■口以相傳未有章句戰國之世專任武力雅頌之聲爲鄭衛所亂其廢絶亦可知矣遭秦焚書而得全者以其人所諷誦不專在竹帛故也漢興傳者有四家魯人申公亦謂申■云楚王大傅武帝以安車蒲輪徵之時申公年八十餘以爲太中大夫受詩於浮丘伯以詩經爲訓故以教無傳疑者則闕不傳号曰魯詩弟子爲博士者十餘人郎中令王臧蘭陵人御史大夫趙綰■臨淮太守孔安國膠西内史

周霸城陽内史夏寛東海太守魯賜碭人長沙
内史繆生蘭陵人膠西中尉徐偃膠東内史闕
門慶忌鄒人皆申公弟子也申公本以詩春秋
授瑕丘江公盡能傳之徒衆最盛魯許生免
中徐公免中縣名皆守學教授丞相韋賢受詩於江
公及許生傳子玄成賢字長孺玄成字少翁父子並爲丞相封扶陽侯又治禮論語
云成兄子賞以詩授哀帝大司馬車騎將軍又王式字翁思東平桃人昌邑王師受詩於
免中徐公及許生以授張生長安名長安字幼君山陽人爲博士
者石渠至山陽中尉及唐長賓東平人爲博士楚王太傅褚少孫沛人爲博士褚氏家
傳云即續史祀褚先生張生兄子游卿諫大夫以詩授元帝
傳王扶琅邪人泗水中尉扶授許晏陳留人爲博士又薛廣德

文一　十八

字長卿沛國相人御史大夫受詩于王式授龔舍字君倩楚國人太山太守
齊人轅固生漢景帝時爲博士至清河太傅作詩傳号齊詩傳
夏侯始昌始昌授后蒼字近君東海郯人通詩禮爲博士至少府蒼
授翼奉字少君東海下邳人爲博士諫大夫及蕭望之字長倩東晦蘭陵人御史
大夫前將軍兼傳論語匡衡字稚圭東海承人丞相樂安侯子咸亦明經歷九卿家世多爲博士衡
授師丹字公仲琅琊人大司空及伏理字游君高密太傅家世傳業滿昌字君
都潁川人詹事昌授張邯九江人及皮容琅邪人皆至大官徒衆
尤盛後漢陳元方亦傳齊詩燕人韓嬰漢文帝時爲博
士至常除太傅推詩之意作内外傳數方言号曰韓詩
淮南賁生受之武帝時嬰與董仲舒論於上
董仲舒不能難嬰又爲易傳燕趙閒好詩故其易後唯韓氏自傳之其孫商仲

博士孝宣時涿韓生其後也河内趙子事典
韓生授同郡蔡誼誼以詩授昭帝至丞相封侯誼授同郡食
子公為博士及琅邪王吉字子陽王駿父昌邑中尉諫大夫吉兼五經能爲鄒氏春秋以
詩論教授子公授太山栗豐部刺史吉授淄川長孫順
為博士豐授山陽張就順授東海髮福一本作段福竝
至大官藝文志云齊韓詩或取春秋采雜説
咸非其本魯最爲近之毛詩者出自毛公河
閒獻王好之徐整字文操豫章人吳太常卿云子夏授高行
子高行子授薛倉子薛倉子授帛妙子帛妙
子授河閒人大毛公毛公爲詩故訓傳於家
以授趙人小毛公一云名長小毛公爲河閒獻王博
士以不在漢朝故不列於學一云子夏傳曾
申字子西魯人曾參之子申傳魏人李克克傳魯人孟仲
子鄭玄詩譜云子思之弟子孟仲子傳根牟子根牟子傳趙
人孫卿子孫卿子傳魯人大毛公漢書儒林
傳云毛公趙人治詩爲河閒獻王博士授同
國貫長卿徐整作長公長卿授解延年爲阿武令詩譜云齊人
延年授號徐敖敖授九江陳俠王莽講學大夫或云陳
俠傳謝曼卿元始五年公車徵説詩後漢鄭
衆賈逵傳毛詩馬融作毛詩注鄭玄作毛詩
箋申明毛義難三家於是三家遂廢矣魏太
常王肅更述毛非鄭荆州刺史王基字伯輿東萊人駁

王肅申鄭義晉豫州刺史孫毓（字休朗北海平昌人長沙太守）爲
詩評評毛鄭王肅三家同異朋於王徐州從
事陳統（字元方）難孫申鄭宋徵士鴈門周續之
（字道祖及雷次宗俱事廬山惠遠法師）豫章雷次宗（字仲倫宋通直郎徵不起）齊沛
國劉瓛並爲詩序義前漢魯齊韓三家詩列
于學官平帝世毛詩始立齊詩久亡魯詩
不過江東韓詩雖在人無傳者唯毛詩鄭箋
獨立國學今所遵用
毛詩故訓傳二十卷（鄭氏箋）馬融注十卷（無下帙）王
肅注二十卷謝沈注二十卷江熙注二十卷
（字太和濟陽人東晉兗州別駕）鄭玄詩譜二卷（徐整暢太叔裘隱）孫毓詩同

異評十卷陸璣毛詩草木鳥獸蟲魚疏二卷
（字元恪吳郡人吳太子中庶子烏　令）爲詩音者九人鄭玄徐邈蔡
氏孔氏阮侃王肅江惇干寶李軌（阮侃字德恕陳留人河內太守）
（江惇字思俊河內人東晉徵士蔡氏孔氏不詳何人）
右詩梁有桂州刺史清河崔靈恩
集衆解爲毛詩集注二十四卷俗
間又有徐爰詩音近吳興沈重亦
撰詩音義
安上治民莫善於禮鄭子太叔云夫禮天之
經地之義民之行也左傳云禮所以經國家
定社稷序民人利後嗣者也禮教之設其源

烏□令【法】烏下盧補程字，是

哉帝王質文世有損益至於周公
周公居攝曲爲之制故曰經禮三百威儀
三千及周之衰諸侯始僭將踰法度惡其害
巳皆滅去其籍自孔子時而不具矣孔子反
魯乃始删定值戰國交爭秦氏坑焚惟故禮
經崩壞爲甚漢興有魯高堂生傳士禮十七
篇即今之儀禮也而魯徐生善爲容孝文時
爲禮官大夫景帝時河閒獻王好古得古禮
獻之鄭六藝論公後得孔氏壁中河閒獻王古文禮五十六篇記百三十一篇周禮六篇其十七篇與高堂生所傳同而字多異劉向别録云古文記二百四篇藝文志曰禮古經五十六篇出于魯淹中蘇林云淹中里名或
曰河閒獻王開獻書之路時有李氏上周官
五篇失事官一篇乃購千金不得取考工記
以補之瑕丘蕭奮以禮至淮陽太守授東海
孟卿孟喜父卿授同郡后蒼及魯閭丘卿其古
禮經五十六篇蒼傳十七篇所餘三十九篇
付書館名爲逸禮蒼説禮數万言号曰后
蒼曲臺記在曲臺校書著記因以爲名孝宣之世蒼爲最明
授沛聞人通漢字子方以太子舍人論石渠至中山中尉及梁戴德
字延君号大戴信都太傅戴聖字次君号小戴以博士論石渠至九江太守沛慶普字孝公東平太傅
由是禮有大小戴慶氏之學普授魯夏侯
敬又傳族子咸豫章太守大戴授琅邪徐良字斿卿爲博士
州牧郡守家世傳業小戴授梁人橋仁字季卿大鴻臚家世傳業及楊榮字子

鄭《六藝論》公【法】公盧改云，是

□付【法】闕處盧補以字

□授【法】盧補蒼字

王莽時劉歆（孫琅邪太守）爲國師始建立周官爲周禮河南緱氏杜子春受業於歆還教門徒好學之士鄭興父子（興字少贛河南漢太中大夫子）等多往師之賈景伯亦作周禮解（前並作周禮解詁）

禮記者本孔子門徒共撰所聞以爲此記人通儒各有損益故中庸是子思伋所作是公孫尼子所制鄭玄云月令是呂不韋所撰盧植（字子幹涿郡人後漢北中郎將九江太守）云王制是漢時所爲陳邵（字節良下邳人晉司空長史）周禮論序云戴德刪古禮二百四篇爲八十五篇謂之大戴禮戴聖刪大戴禮爲四十九篇是爲小戴禮（漢劉向別録有四十九篇其篇次與今禮記同名爲他家書拾撰所取不可謂之小戴禮）後漢馬融盧植考諸家同異附戴聖篇章去其繁重及所欽略而行於世即今之禮記是也鄭玄亦依盧馬之本而注焉范曄後漢書云中興鄭衆傳周官經後馬融作周官傳授鄭玄玄作周官注（鄭注引杜子春鄭大夫鄭司農之義鄭玄三禮目録云二鄭信同宗之大儒今贊而辨之）玄本治小戴禮後以古經校之取其於義長者順者故爲鄭氏學玄又注小戴所傳禮記四十九篇通爲三禮焉漢初立高堂生禮博士後又立大小戴慶氏三家王莽又立周禮後漢三禮皆立博士今慶氏曲臺久亡大戴無傳

文一　二十二　吳三

學者唯鄭注周禮儀禮禮記竝列學官而喪服一篇又別行於世今三禮俱以鄭爲主[redacted]

馬融注周官十二卷鄭玄注十二卷王肅注十二卷干寶注十三卷

右周禮

鄭玄注儀禮十七卷馬融王肅孔倫字敬序會稽人東[redacted]廬陵太守集衆家注陳銓不詳何人裴松之字世期河東人宋太中大夫西鄉侯雷次宗蔡超字希遠濟陽人宋丞相諮議參軍田儁之字僧紹馮翊人齊宋平太守劉道拔彭城人宋海豐令周續之自馬融以下竝注喪服

右儀禮

盧植注禮記二十卷鄭玄注二十卷王肅注三十卷孫炎注二十九卷字叔然樂安人魏祕書監徵不就業遵注十二卷字長儒燕人宋奉朝請庾蔚之略解十卷[redacted]隨潁川人宋員外常侍

右禮記

鄭玄三禮音各一卷王肅三禮音各一卷七録准云撰禮記音李軌周禮儀音各一卷禮記音二卷劉昌宗周禮儀禮音各一卷禮記音五卷徐邈周禮音一卷[redacted]録無禮記音[redacted]卷射慈字孝宗彭城人吳中書侍郎齊三傳禮記音一卷謝楨不詳何人禮記音一卷孫毓禮記音一卷繆炳禮記音一卷曹耽字愛道譙國人東[redacted]安人諮議參軍不[redacted]禮記音二卷尹毅天水人東晉國子助教禮記音一卷蔡謨字道明濟陽考城人晉司徒文穆公[redacted]音卷范宣字宣子濟陽人東晉員外郎不就禮記音二卷徐爰禮記三卷[redacted]作周禮音一卷云定鄭氏音[redacted]土江南無此書不詳何人

□隨【法】盧補季字

《周禮音》一卷□録無【法】卷下盧補七字○《禮記音》□【法】音下補三字

東□【法】東下盧補晉字○安人【法】人盧改北，是

公□【法】公下補禮字

□音【法】音上補記字○□卷【法】卷上補二字

右作音人近有戚衮作周禮音沈重撰問禮禮記音梁國子助教皇侃撰禮記義疏五十卷又撰喪服義跡竝行於世

古之王者必有史官君舉則書所以愼言行昭法式也諸侯亦有國史春秋即魯之史記也孔子應聘不遇自衛而歸西狩獲麟傷其虛應乃與魯君子左丘明觀書於太史氏因魯史記而作春秋上遵周公遺制下明將來之法褒善黜惡勤成十二公之經以授弟子弟子退而異言丘明恐弟子各安其意以失

其眞故論本事而爲之傳明夫子不以空言說經也春秋所貶損人當世君臣其事實皆形於傳故隱其書而不宣所以免時難也及末世口說流行故有公羊（名高齊人子夏弟子受經于子夏）穀梁（名赤魯人麋信云與秦孝公同時七錄云名淑字元始風俗通云子夏門人）鄒氏（王吉善鄒氏春秋）夾氏之傳鄒氏無師夾氏有錄無書故不顯于世（桓譚新論云左氏傳遭戰國寢藏後百餘年魯人穀梁亦作春秋殘略多有遺文又有齊人公羊高緣經文作傳彌失本事）漢興齊人胡母生（字子都景帝時爲博士年老歸敎于齊齊之言春秋者宗事之丞相公孫弘亦頗受焉）趙人董仲舒（官至江都膠西相）竝治公羊春秋蘭陵褚大（梁相）東平嬴公（諫大夫）廣川段仲溫呂步舒（步舒丞相長史）皆仲舒弟子嬴公守學不失

問禮【法】問盧改周，是

有餘年【法】有盧改百，是

師法授東海孟卿及魯眭弘（字孟節令符）弘授嚴彭祖（字公子東海下邳人爲博士至左馮翊太子太傅）及顏安樂（字翁孫魯國薛人也孟姊子也爲齊郡太守丞）由是公羊有嚴顏之學弘弟子百餘人常曰春秋之意在二子矣彭祖授琅邪王中（少府家世傳業）中授同郡公孫文（東平太傅徒衆甚盛）及東門雲（荆州刺史）安樂授淮陽泠豐（字次君淄川太守）及淄川任翁（少府）豐授大司徒馬宮（字游卿東海戚人封扶德侯）及琅邪左咸（郡守九卿徒衆甚盛）始貢禹（字少翁琅邪人御史大夫）事嬴公而成於眭孟以授潁川堂谿惠惠授泰山冥都（丞相史）■踈廣（字仲翁東海蘭陵人太子太傅）事孟卿以授琅邪筦路筦路及冥都又事顏安樂路授大司農孫寶（字子嚴潁）

（川騶陵人）瑕丘江公受穀梁春秋及詩於魯申公武帝時爲博士（傳子至孫皆爲博士）使與董仲舒論江公吶於口而丞相公孫弘本爲公羊學比輯其義卒用董生於是上因尊公羊家詔太子受衛太子復私問穀梁而善之其後浸微唯魯榮廣（字王孫）浩星公二人受焉廣盡能傳其詩春秋蔡千秋（字少君諫大夫郎中戶將）梁周慶（字幼君）丁姓（字子孫至中山太傅）皆從廣受千秋又事浩星公爲學最篤宣帝即位聞衛太子好穀梁乃召千秋與公羊家竝說上善穀梁說後又選郎十人從千秋受會千秋病死徵江公孫爲博士詔劉向■

穀梁欲令助之江博士復死乃徵周慶丁姓待詔使卒授十人十餘歲皆明習乃召五經名儒太子太傅蕭望之等大議殿中平公羊穀梁同異時公羊博士嚴彭祖侍郎申輓伊推宋顯穀梁議郎尹更始待詔劉向周慶丁姓並論望之等多從穀梁由是大盛慶姓皆爲博士姓授楚申章昌曼君爲博士至長沙太傅初尹更始字翁君汝南邵陵人議郎諫大夫長樂戸將事蔡千秋又受左氏傳取其變理合者以爲章句傳子咸大司農及翟方進字子威汝南上蔡人丞相封侯房鳳字子元琅邪不其人光祿大夫五官中郎將青州牧始江博士授胡常常授梁蕭秉字君房王莽時爲講學大夫

左丘明作傳以授曾申申傳衛人吴起魏文侯相起傳其子期期傳楚人鐸椒楚太傅椒傳趙人虞卿趙相虞卿傳同郡荀卿名況況傳武威張蒼漢丞相北平侯蒼傳洛陽賈誼長沙梁王太傅誼傳至其孫嘉嘉傳趙人貫公漢書云賈誼授貫公爲河間獻王博士貫公傳其少子長卿蕩陰令長卿傳京兆尹張敞字子高河東平陽人徙杜陵及侍御史張禹字長子清河人禹數爲御史大夫蕭望之言左氏望之善之薦禹徵待詔未及問會病死禹傳尹更始更始傳其子咸及翟方進胡常常授黎陽賈護字季君哀帝時待詔爲郎護授蒼梧陳欽字子佚以左氏授王莽至將軍漢書儒林傳云

漢興北平侯張蒼及梁太傅賈誼京兆尹張敞太中大夫劉公子皆修春秋左氏傳始劉歆（字子駿向之子王莽國師）從尹咸及翟方進受左氏（哀帝時歆與房鳳王龔欲立左氏爲師丹所奏不果平帝世始得立）由是言左氏者本之賈護劉歆歆授扶風賈徽（字元伯後漢潁陰令作春秋條例二十一卷）徽傳子逵逵受詔列公羊穀梁不如左氏四十事奏之名曰左氏長義章帝善之逵又作左氏訓詁司空南閣祭酒陳元作左氏同異大司農鄭衆作左氏條例章句南郡太守馬融爲三家同異之說京兆尹延篤（字叔堅南陽人）受左氏於賈逵之孫伯升因而注之汝南彭汪（字仲博）記

先師奇說及舊注太中大夫許淑（字惠卿魏郡人）九江太守服虔（字子慎河南人）侍中孔嘉（字山甫扶風人）魏司徒王朗（字景興肅之父）荆州刺史王基大司農董遇徵士燉煌周生烈竝注解左氏傳梓潼李仲欽著左氏指歸陳郡潁容（字子嚴後漢公車徵不就）作春秋條例又何休（字邵公任城人後漢諫大夫）作左氏膏肓公羊墨守穀梁廢疾鄭康成鍼膏肓發墨守起廢疾自是左氏大興漢初立公羊博士宣帝又立穀梁平帝始立左氏後漢建武中以魏郡李封爲左氏博士羣儒蔽固者數廷爭之及封卒因不復補和帝元興十一年鄭興父子奏

左氏乃立於學官仍行於世迄今遂盛行

三傳漸微江左中興立左氏傳杜氏服氏博士太常荀崧奏請立二傳博士詔許立公羊云穀梁膚淺不足立博士王敦亂竟不果立左氏今用杜預注公羊用何休

注穀梁用范甯注二傳近代無講者恐其學隊絶故爲音以示將來

士燮注春秋經十一卷字彥威蒼梧人吳衛將軍龍編侯賈逵左

氏解詁三十卷服虔解誼三十卷王肅注三

十卷董遇章句三十卷杜預經傳集解三

十卷字元凱京兆杜陵人晉鎮南大將軍開府儀同三司當陽穆侯孫毓注二十八卷

杜預春秋釋例十五卷四十篇服虔音一卷

魏高貴鄉公音三卷曹髦字士彥魏廢帝嵇康音三卷

字叔夜譙國人晉中散大夫杜預音三卷李軌音三卷荀訥

大三四十三 卜又九千 文一 二十八 何建

音四卷字世言新蔡人東晉尚書左民郎徐邈音三卷

右左氏梁東宮學士沈文何撰

春秋義疏闕下袟陳東宮學士

王元規續成之元規又撰春秋音

何休注公羊十二卷王愆期注十二卷字門子河東人

東晉散騎常侍辰陽伯高龍注十二卷字文范陽人東晉河南太守孔衍

集解十四卷字舒元魯人東晉廣陵相李軌音一卷江惇音

一卷

右公羊

漢更始穀梁章句十五卷唐固注十二卷字下■

■人吳尚書僕射麋信注十二卷字南山東海人魏樂平太守孔衍集

字□下□□人【法】盧本作字子正，丹陽人

解十四卷徐邈注十二卷徐乾注十三卷 字文祚東莞人東晉給事中 范甯集注十二卷段肅注十二卷 不詳何人

胡訥集解十卷

右穀梁

孝經者孔子爲弟子曾參説孝道因明天子庶人五等之孝事親之法亦遭焚燼河間人顏芝爲秦禁藏之漢氏尊學芝子貞出之是爲今文長孫氏博士江翁少府后蒼諫大夫翼奉安昌侯張禹傳之各自名家凡十八章又有古文出于孔氏壁中別有閨門一章自餘分析十八章揔爲二十二章孔安國作傳

文一　二十九　孫勉

劉向校書定爲十八後漢馬融亦作古文孝經傳而世不傳世所行鄭注相承以爲鄭玄案鄭志及中經簿無唯中朝穆帝集講孝經云以鄭玄爲主檢孝經注與康成注五經不同未詳是非 江左中興孝經論語共立鄭氏博士一人 古文孝經世既不行今隨俗用鄭注十八章本

孔安國馬融鄭衆鄭玄王肅蘇林 字孝友陳留人魏散騎常侍 何晏 字平叔南陽人魏吏部尚書駙馬都尉關内侯 劉邵 字孔才廣平人魏光禄勳一云劉熙

韋昭 字弘嗣吳郡人吳侍中領左國史高陵亭侯爲晉諱改爲曜 徐整謝万孫氏 不詳何人 揚泓 天水人東晉給事中 袁宏 字彦伯陳郡人東晉東陽太守 虞槃佑 字叔獻高平人東晉處士 庾氏 不詳何人 殷仲文 陳郡人東晉東陽太守 車胤 字武子南

人東晉陽尹 荀昶字茂祖潁川人宋中書郎 孔光字文泰東莞人 何承[redacted]東海人宋廷尉卿 釋慧琳秦郡人宋世沙門 王玄載字彥運大[redacted]齊光祿大夫

明僧紹

右竝注孝經皇侃撰義疏先儒[redacted]

爲音者

論語者孔子應荅弟子及時人所言或弟子相與言而接聞於夫子之語也當時弟子各有所記夫子既終微言已絕弟子恐離居已後各生異見而聖言永滅故相與論撰因[redacted]時賢及古明王之語合成一法謂之論語鄭康成云仲弓子夏等所撰定漢興傳者則

【文一】 三一 重刊蘇

有三家魯論語者魯人所傳即今所行篇次是也常山都尉龔奮長信少府夏侯勝丞相韋賢及子玄成魯扶卿鄭云扶先或說先生太子少傅夏侯建前將軍蕭望之竝傳之各自名家齊論語者齊人所傳別有問王知道二篇凡二十二篇其二十篇中章句頗多於魯論昌邑中尉王吉少府宋畸琅邪王卿御史大夫貢禹尚書令五鹿充宗膠東庸生竝傳之唯王陽名家古論語者出自孔氏壁中凡二十一篇有兩子張如淳云分堯曰篇後子張問何如可以從政以下爲篇名曰從政篇次不與齊魯論同新論云文異音四百餘字孔安國爲傳後漢馬

□陽尹【法】闕處盧補丹字

大□人【法】盧本改作下邳人

一法【法】法盧疑袟字譌

融亦注之安昌侯張禹受魯論于夏侯建又從庸生王吉受齊論擇善而從号曰張侯論最後而行於漢世禹以論授成帝後漢包咸字子良吳人大鴻臚周氏不詳何人竝爲章句列于學官鄭玄就魯論張包周之篇章考之齊古爲之注焉魏吏部尚書何晏集孔安國包咸周氏馬融鄭玄陳羣字長文潁川人魏司空王肅周生烈燉煌人七錄云字文逵本姓唐魏博士侍中之說并下已意爲集解正始中上之盛行於世今以爲主鄭玄注十卷王肅注十卷虞翻注十卷何晏集解十卷譙周注十卷字允南巴西人晉散騎常侍不拜陽城亭侯衛瓘注八卷少二卷宋明帝補闕崔豹

文一　三十一　徐彥

注十卷字正熊燕國人晉尚書左中兵郎李充集注十卷東晉人孫綽集注十卷字興公太原人東晉廷尉鄉長樂亭侯盈氏注十卷不詳何人孟整注十卷一云孟陋陋字少孤江夏人東晉撫軍參軍不就梁覬注十卷天水人東晉國子博士袁喬注十卷字彥叔陳國人東晉益州刺史湘西簡侯尹毅注十卷江熙集解十二卷張憑注十卷字長宗吳人東晉司徒左長史孔澄之注十卷字仲淵會稽人宋新安太守虞遐注十卷會稽人齊員外郎王弼釋疑三卷欒肇釋疑十卷徐邈音一卷

右論語皇侃撰義疏行於世

老子者姓李名耳河上公云名重耳字伯陽陳國苦縣厲鄉人也史記云字聃又云曲里人一云陳國相人生而皓首劉向列仙傳云受學於容

成生於殷時爲周柱下史史記云爲周守藏史或言是老萊子蓋百六十餘歲或言二百餘歲衆家皆云先爲柱下史轉爲守藏史葛洪云文王時爲守藏史武王時爲柱下史或云老子在黃帝時爲廣成子云爲夫老在堯時爲務光子在殷時爲彭祖在周爲柱下史覩周之衰乃西出關周敬王時爲關令尹喜說道德二篇尚虛無無爲劉向云西過流沙莫知所終班固云道家者清虛以自守卑弱以自持此人君南面之術也漢文帝竇皇后好黃老言有河上公者居河之湄結草爲菴以老子教授文帝徵之不至自詣河上責之河上公乃踊身空中文帝改容謝之於是作老子章句四篇以授文帝言治身治國之要其後談論者莫不宗尚玄言唯王輔嗣妙得虛無之旨今依王本博采衆家以明同異

河上公章句四卷不詳名氏毋丘望之章句二卷字仲都京兆人漢長陵三老嚴遵注二卷字君平蜀郡人漢徵士又作老子指歸十四卷虞翻注二卷王弼注二卷又作老子指略一卷鍾會注二卷羊祜解釋四卷字叔子泰山平陽人晉太傅鉅平成侯范望州注訓二卷字叔文會稽人吳尚書郎王尚述二卷字君曾琅邪人東晉江州刺史封杜忠侯程韶集解二卷鉅鹿人東晉郎中關內侯邯鄲氏注二卷不詳何人常氏注二卷不詳何人盈氏注二卷孟子注二卷或云孟康康字公休安平廣宗人魏中書監廣陵亭侯巨生内解二卷不詳何人袁真注二卷字彥仁陳郡人東晉西中郎將豫州刺史張嗣注二卷張憑注二卷孫登集注二卷字仲山原中都

王尚述【法】述下盧據《隋志》增注字

巨生内解【法】巨下盧據《隋志》無内字

東晉尚書郎蜀才注二卷釋慧琳注二卷釋慧[illegible]
注二卷陳畱人本姓范宋世沙門王玄載注二卷顧懽堂誥
四卷一作老子義疏節解二卷不詳作者或云老子所作一云河上公作劉遺
民玄譜一卷字遺民彭城人東晉柴桑令想余注二卷不詳何人一云
張魯或云劉表曾字公旗沛國豐人漢鎮南將軍關內侯戴逵音一卷字安道譙國人
東晉散騎常侍太子中庶子徵不就

右老子近代有梁武帝父子及周
弘正講疏北學有杜弼注世頗行之

莊子者姓莊名周太史公云字子休梁國蒙縣人也六
國時爲梁漆園吏與魏惠王齊宣王楚威王
同時李頤云與齊愍王同時齊楚嘗聘以爲相不應時人

文一　三十三　陳與

皆尚遊說莊生獨高尚其事優遊自得依老
氏之旨著書十餘万言以逍遙自然無爲齊
物而已大抵皆寓言歸之於理不可案文責
也然莊生宏才命世辭趣華深正言若反故
莫能暢其弘致後人增足漸失其眞故郭子
玄云一曲之才妄竄奇說若閼弈意脩之首
危言游鳬子胥之篇凡諸巧雜十分有三漢
書藝文志莊子五十二篇即司馬彪孟氏所
注是也言多詭誕或似山海經或類占夢書
故注者以意去取其內篇衆家竝同自餘或
有外而無雜唯子玄所注特會莊生之旨故

慧□【法】慧下補嚴字

爲世所貴徐仙民李弘範作音皆依郭本以郭爲主

崔譔注十卷二十七篇（清河人晉議郎內篇七外篇二十）向秀注二十卷二十六篇（一作二十七篇一作二十八篇亦無雜篇爲音三卷）司馬彪注二十一卷五十二篇（字紹統河內人晉祕書監內篇七外篇二十八雜篇十四解說三爲音三卷）郭象注三十三卷三十三篇（字子玄河內人晉大傅主簿內篇七外篇十五雜篇十一爲音三卷）李頤集解三十卷三十篇（字景真潁川襄城人晉丞相參軍自號玄道子一作三十五篇爲音一卷）孟氏注十八卷五十二篇（不詳何人）王叔之義疏三卷（字穆[illegible]琅邪人宋處士亦作注）李軌音一卷徐邈音三卷

右莊子

文一　三十四

爾雅者所以訓釋五經辯章同異實九流之通路百氏之指南多識鳥獸草木之名博覽而不惑者也爾近也雅正也言可近而取正也釋詁一篇蓋周公所作釋言以下或言仲尼所增子夏所足叔孫通所益梁文所補張揖論之詳矣前漢終軍始受豹鼠之賜自茲迄今斯文盛矣先儒多爲億必之說乖蓋闕之義唯郭景純洽聞強識詳悉古今作爾雅注爲世所重今依郭本爲正

犍爲文學注三卷（一云犍爲郡文學卒史臣舍人漢武帝時待詔闕中卷）劉歆注三卷（與李巡注正同疑非歆注）樊光注六卷（京兆人後漢中散大夫沈旋疑

以郭【法】以上盧增今字

經典釋文第二

周易音義

唐國子博士兼太子中允贈齊州刺史吳縣開國男陸德明撰

周[代名也周至也遍也備也今名書義取周普]易[盈隻反此經名也虞翻注參同契云字從日下月正从日勿]上經[上者對下立名經者常也法也徑也由也]乾[卦名]傳[直戀反以傳述爲義謂夫子十翼也解見發題]

第一[亦作弟]王弼注[本亦作王輔嗣註音張具反今本或無注字師說無者非]

☰乾[竭然反依字作𠃓下乙乾從旦㫃㫃音偃說卦云乾健也此八純卦象天]元亨[許庚反卦德也訓通也餘放此]潛[捷鹽反]龍[喻陽氣及聖人]見龍[賢遍反示也注及下見龍皆同]利見[如字下皆同]大人[王肅云聖人在位之目]離隱[力智反]處於[昌呂反衆經不音者放此]德施[始豉反與也]不偏[音篇]則過[古卧反諸經內皆同]夕

大二百三十五 小四百九十三 周易音義 一 齊

惕[他曆反怵惕也鄭玄云懼也廣雅同]若厲[力世反危也]无[音無易內皆作此字說文云奇字無也通於无者虛无道也王述說天屈西北爲无]咎[其久反易內同]重剛[直龍反下同]竭知[音智]或躍[羊灼反廣雅云上也上音時掌反]所處[一本作可處]近乎[附近之近]猶[以救反]與[音預]不謬[靡幼反本或作繆音同]夫位[音符下皆同]亢[苦浪反子夏傳云極也廣雅云高也]則佞[乃定反]邪[字又作耶似嗟反]彖[吐亂反斷也斷音都亂反]資始[鄭云資取也]乃統[鄭云統本也]雲行[如字]雨施[始豉反卦內皆同]之累[劣僞反]者邪[或作耶同餘嗟反後協句辭皆放此]象[翔丈反精象擬象也]自強[其良反]反復[芳服反注同本亦作覆]大人造[鄭徂早反爲也王肅七到反就也至也劉歆父子作聚]文言[文飾卦下之言也夫子之十翼梁武帝云文言是文王所制]之長[張丈反]之幹[古旦反]體仁[如字京房荀爽董遇本作體信]利物[孟喜京荀陸績作利之]不成名

法偉堂經典釋文校記遺稿卷二

周易音義

清法偉堂著　邵榮芬編校

依字作乾下乙，乾從旦㫃【法】二乾字盧改𠃓，是

通於无【法】无盧改元，是○王述【法】述《說文》作育

附近之近【法】毛居正云：附近之近皆去聲

一本作不成乎名 遯世 徒頓反 无悶 門遜反 樂則 音洛 確乎 苦學反鄭云堅高之
皃說文云高至 可拔 蒲八反鄭云移也廣雅云出也 庸行 下孟反 閑邪 似嗟反下同
幾 既依反注同理初始微名幾 能全 一本作能令 尟克 本亦作鮮同仙善反少也 怵
敕律反 解怠 佳賣反 上下 並如字王肅上音時掌反 非離 力智反 相應 應對之應
易內不出者並同 流濕 申入反 就燥 蘇早先皂二反 聖人作 如字鄭云起也馬融
作起 而當 都浪反易內皆同有異者別出 故盡 津忍反 當其 如字 上治 直吏反下
及注同 放遠 于萬反 見而 賢遍反 粹 雖遂反 揮 音輝廣雅云動也王肅云
散也本亦作輝義取光輝 爲行 下孟反下之行行而皆同 日可 人實反 未見 賢遍反 以
辯 如字徐扶免反 重剛 直龍反下同 夫大人 音符發端之字皆放此 先天
悉薦反 後天 胡豆反 知喪 息浪反 其唯聖人乎 王肅本作愚人
後結始作聖人

周易音義 二

☷坤 本又作巛巛今字也同困魂反說卦云順也八純卦象地 利牝 頻忍反徐邈扶忍反又扶死反
有攸 音由所也 喪朋 息浪反馬云失也下及注並同 必離 力智反 无疆 或作壃同
居良反下及注同 必爭 爭鬭之爭 履霜 如字鄭讀履爲禮 積著 張慮反衆經不
音者皆同 始凝 魚冰反 馴 似遵反向秀云從也徐音訓此依鄭義 任其 而鴆反衆經皆同
知光 音智注同 不擅 善戰反專也 括 古活反結也方言云閉也廣雅云塞也 囊 乃剛
反 无譽 音餘又音預 不造 七到反又曹早反 否 皮鄙反 閉 必計反字林方結反
云閉也 施慎 並如字慎謹也象詞同本或作順非 之飾 申職反本或作餝俗字 坤至柔
本或有文言曰否 爲邪 似嗟反 餘殃 於良反鄭云禍惡也說文云凶也 臣弒 式志
反本或作殺音同下同 由辯 如字馬云別也荀作變 言順 如字 直方大不習
无不利則不疑其所行 張璠本此上有易曰衆家皆無 不蕃 伐表反
而暢 敕亮反 陰疑 如字荀虞姚信蜀才本作凝 爲其 胡僞反注爲其同 嫌 戶謙

確乎，鄭云：堅高之貌。《說文》云：高至【法】鄭云高至乃《說文》隺字之訓，不云《說文》作隺，而直引訓語，蓋所據經文原作隺也。引《說文》又見《繫辭》下

應對之應【法】毛居正云：應對之應皆去聲

辯，如字，徐扶免反【法】據《廣韻》扶免反即如字也。此引徐音以申如字之意，非異讀也。此申說之例

牝，頻忍反，徐邈扶忍反，又扶死反【法】扶忍與頻忍同，一類隔，一音和也。此改類隔爲音和之例，後仿此。扶死與古韻合

閉，心計反【法】心盧改必，是

反注同鄭作謙荀虞陸董作嗛　未離力智反
䷂屯張倫反難也盈也坎宮二世卦　則否備鄙反　得主則定本亦作則寧
而難乃旦反卦內除六二注難可餘並同賈逵注周語云畏懼也　天造徂早反注同　草昧
音妹廣雅云草造也董云草昧微物　而不寧而辭也鄭讀而曰能能猶安也　經論音論鄭如字謂論撰
書禮樂施政事黃穎云經論匡濟也本亦作綸　磐本亦作盤又作槃步干反　桓馬云槃桓旋也　晏安
本又作宴各依字晏一諫反宴一見反　下賤遐嫁反　屯如子夏傳云如辭也　亶如張連反馬
云難行不進之皃　乘馬繩證反四馬曰乘下及注並同鄭云馬牝牡曰乘子夏傳音繩　班如如字子夏傳云相牽
不進皃鄭本作般　媾古后反馬云重婚本作冓鄭云猶會本或作構者非　相近附近之近下近並同又如字
即鹿王肅作麓云山足　君子幾徐音祈辭也注同又音機近也速也鄭作機云弩牙也
舍式夜反止也注下同徐音捨　往吝力刃反又力慎反馬云恨也　雖比毗志反下皆同　之易
以豉反　不揆葵癸反　以從如字鄭黃手用反　合好呼報反下同　恢弘苦回

周易音義　三　竹

反大也　博施式豉反又下文同　拯拯救之拯　亨于許庚反　他閒閒廁之閒
漣如音連說文云泣下也　應援于眷反又音袁　闉音因塞也春秋傳云當陳隧者井堙木刊
是也　阸於革反又於責反　委仰如字又魚亮反　長也直良反
䷃蒙莫公反蒙也稚也稽覽圖云無以教天下曰蒙方言云蒙萌也離宮四世卦　童如字字書作僮
鄭云未冠之稱廣雅云癡也　筮市制反決也鄭云問　告古毒反示也語也　再三息暫反又如字
瀆音獨亂也鄭云褻也　則復扶又反　能斷丁亂反　夫疑音扶六五注同
闕山五代反　時中張仲反注時中決中同又如字和也　童蒙求我一本作來
求我　不諮本亦作咨又作資並通　果行下孟反注及六三注象同　用說吐活反注同徐又音
稅　桎音質　梏古毒反在足曰桎在手曰梏小爾雅云杻謂之梏械謂之桎杻音丑　所惡烏路反
苞蒙如字鄭云苞當作彪彪文也　用取七住反本又作娶下及注同　獨遠于萬反下
文同　能比毗志反　以巽音遜鄭云當作遜　擊蒙經歷反王肅云治也馬鄭作繫

磐，步干反【法】凡一等重脣音本書多屬開口，與《廣韻》異。即如此條，《廣韻》磐收桓，干收寒

媾，古后反【法】后乃豆之誤，下文姤，媾並古豆反，是也。后字雖有去聲一讀，然《堯典》嫂，蘇后反，是陸固讀后爲上聲矣　舍，式夜反，止也，徐音捨【法】此與《比卦》舍音赦同，特不訓止耳。以下舍止之舍又皆音捨。《廣韻》訓止也，入馬韻，與徐同。《玉篇》亦去聲，訓宫　○吝，力刃反，又力慎反【法】力刃與力慎同，未詳其旨　○從，于用反【法】于用當作子用

漣【法】漣《說文》作㶕○堙【法】正文作闉，《注》引《傳》作堙，殆有誤（榮芬案此條原誤置厄條下，今正）　○厄【法】厄當作戹，本書多誤，並宜改。陸厄、戹不分，故下文《履卦》之厄又作戹

去紀呂反下同　爲之于僞反又如字　扞胡旦反　禦魚呂反本又作衛
䷄需音須字從兩重而者非飲食之道也訓養鄭讀爲秀解云陽氣秀而不直前者畏上坎也坤宮遊魂卦
有孚徐音敷信也又作專　光師讀絶句　亨貞吉一句馬鄭撫爲一句　不陷陷没
之陷　位乎如字鄭音涖　雲上時掌反干寳云升也　於天王肅本作雲在天上　宴烏練反徐
烏殄反安也干同鄭云享宴也李軌烏衍反　樂音洛注同　最遠袁万反干遠險同　於難乃旦反及下文皆同
利用恒未失常也本亦有无咎者　于沙如字鄭作沚　轉近附近之近　後
時胡旦反　衍在以善反徐怡戰反　致寇如字鄭王肅本作戎　則辟音避下同　已
得音紀又音巳　所復扶又反　不速如字馬云召也釋詁云疾也釋言云徵也召也
䷅訟才用反爭也言之於公也鄭云辯財曰訟離宮遊魂卦　窒張栗反徐得悉反又得失反馬作至云讀
爲躓猶止也鄭云至覺悔皃　惕湯歷反王注或在惕字上或在下皆通在中吉下者非　中如字馬丁仲反　吉
有孚窒一句惕中吉一句　涉難乃旦反　猶復扶又反下同　不枉紆往反　而令力呈

周易音義　四　建

反　正夫音符下法同　斷不丁亂反下注並同　契之苦計反下同　其分符問
反　相濫力暫反　爭何爭鬭之爭　陰和胡卧反　而逋補吳反徐方吳反　眚
生領反子夏傳云妖祥曰眚馬云災也鄭云過也　下物遐嫁反　竄七亂反徐七外反逃也　掇徐
都活反說文云拾取也鄭本作惙陟劣反憂也　忤也五故反　復即音服後同者更不音　渝以朱
反變也馬同鄭云然也　不邪似嗟反　錫星歷反又星自反賜也　鞶步干反馬云大也徐云王
肅作槃　帶音帶亦作帶　終朝馬云旦至食時爲終朝　三息暫反注同或如字　褫徐致紙反
又直是反本又作褫音同王肅云解也鄭本作拕徒可反
䷆師彖云衆也馬云二千五百人爲師坎宮歸魂卦　貞丈人絶句丈人嚴莊之稱鄭云能以法度長於
人　之稱尺證反　以王如字物歸往也徐又往況反　毒徒篤反役也馬云治也　畜衆
敕六反聚也王肅許六反養也　否音鄙惡也注同馬鄭王肅方有反　臧作郎反善也　三錫星歷反徐音賜
鄭本作賜　天寵如字鄭云光耀也王肅作龍云寵也　背高音佩　有禽徐本作擒　長

需，字從兩【法】兩盧改雨，是

陷没之陷【法】《篇》《韻》陷無異音異義，此云陷没之陷，作分別之詞，未詳

及下文皆同【法】文乃注之譌

沚【法】沚盧改沚，是

訟，才用反【法】訟音才用，誤，《廣韻》似用切〇辯則【法】則當作財

躓【法】案《損》懲忿窒欲，《釋文》窒鄭、劉作懫，懫，止也。《廣韻》懫，之日切，亦訓止。疑此躓當與彼同

逋，補吳反，徐方吳反【法】逋字音亦改類隔爲音和也

錫，星歷反，又星自反【法】據《廣韻》錫讀去聲，當斯義切，與自不同部

子丁丈反注及下同軍帥色類反
䷇比毗志反卦內並同彖云輔也序卦云比比也子夏傳云地得水而柔水得地而流故曰比徐又甫履反坤宮歸
魂卦凶邪似嗟反求有本亦作永得其炎于廉反缶方有反瓦器也鄭云汲器
也爾雅云盎謂之缶有它敕多反本亦作池匪人非鬼反馬云匪非也王肅本作匪人凶三驅
匡愚反徐六鄭作敺馬云三驅者一曰乾豆二曰賓客三曰君庖狹矣戶夾反則舍音赦又音捨
背巳音佩則射食亦反惡而烏路反舍逆音捨
䷈小畜本又作蓄同敕六反積也聚也卦內皆同鄭許六反養也巽宮一世卦施未始豉反注
皆同陽上時掌反蒸職膺反車說吐活反下文并注並同說云解也輻也音福
雖復扶又反上九云同輿音餘輻音福本亦作輹音服馬云車下縛也鄭云伏菟陰長丁丈
反下血如字馬云當作恤憂也去起呂反注同亦惡烏路反履卦同攣力專反馬云連也徐
又力轉反子夏傳作戀云惠也幾徐音祈又音機注同子夏傳作近唯泰也則然一本作然
周易音義　五　丁松年
則讀即以也字絕句有難乃旦反可盡津忍反
䷉履利恥反禮也艮宮五世卦咥直結反齧也馬云齕說而音悅注及後同行夫音符
下同倭邪似嗟反疢久又反馬云病也陸本作疾坦坦吐但反說文云安也廣雅云平也明也蒼
頡篇云著也不憙虛備反又音喜險厄於革反又作戹眇妙小反字書云盲也說文云小目
跛波我反足跛也依字作破不脩本又作循行未下孟反愬愬山革反子夏傳云恐懼皃
何休注公羊傳云驚愕也馬本作虩虩音許逆反云恐懼也說文同廣雅云懼也逼近附近之近夬古快
反考祥本亦作詳

周易上經泰傳第二

䷊泰如字大通也鄭云通也馬云大也坤宮三世卦道長丁丈反財成音才徐才載反
荀作裁輔相息亮反注同以左音佐注同右民音佑注同左右助也拔蒲八反
茅卯交反鄭音苗茹汝據反牽引也鄉湛同王肅音如彙音胃類也李于鬼反傅氏注云彙古偉字

比，毗志反【法】志依《廣韻》當作至。脂、旨、至與之、止、志陸殆不分，故此六部字多與《廣韻》不合。後仿此

比，徐又補履反【法】補盧改甫，是

它，敕多反【法】敕多反亦類隔也，《廣韻》託何切

蒸，職膺反【法】膺宋本作譍

輻【法】輻當作輹，馬、鄭皆依輹字爲訓也

履，利恥反【法】利恥《廣韻》作力几○咥，直結反【法】直結亦類隔也，《廣韻》徒結切

跛，依字作破【法】破盧改波，是

茹【法】茹《廣韻》平聲作挐，訓牽引，去聲訓飯牛，又菜茹。又上聲訓乾菜也，臭也

美也古文作曹董作夤出也鄭云勤也苞木又作包必交反下卦同音薄交反荒本亦作巟音同鄭注禮云
穢也說文水廣也又大也鄭讀爲康云虛也用馮音憑注同荒穢於廢反不陂彼僞反徐
甫寄反傾也注同又破河反偏也象曰无平不陂一本作无往不復篇篇如字子夏傳作
翩翩向本同云輕舉皃古文作偏偏以祉音恥一音勑子反又音立女處本亦作文處盡夫音符
後皆放此以意求之隍音皇城塹也子夏作堭姚作湟所應如字舊音應對之應上承時掌反
下施始豉反否道備鄙反
䷋否備鄙反卦內同閉也塞也乾宮三世卦道長丁丈反辟難上音避下乃旦反
入邪似嗟反不諂勑檢反否亨許庚反疇直留反鄭作否𠷎字休否
虛虯反美也又許求反息也注同
䷌同人和同也離宮歸魂卦以邪似嗟反炎上時掌反辯物如字王肅卜免
反繫吝繫或作係本作黨係則否方有反又備鄙反褊必淺反狹戶夾反于
六百三十 周易音義 六 張富
莽莫蕩反王肅冥黨反鄭云叢木也物黨物或作朋所比毗志反所當如字
量斯音良又音亮其墉徐音容鄭作庸而效下教反反則得則
得則則吉也一本作反則得得則吉也號戶羔反咷道刀反號咷啼呼也而遠
袁万反內爭爭鬬之爭異災本作它災
䷍大有包容豐富之象乾宮歸魂卦遏於葛反止也徐又音謁休命虛虯反美
也徐又許求反大車王肅剛除反蜀才作輿不泥乃計反用亨許庚反通也下同衆
家並香兩反京云獻也干云享宴也姚云享祀也其彭步郎反子夏作旁干云彭亨驕滿皃王肅云壯也虞
作尪姚云彭旁俗音同上近如字亦附近之近下比毗志反至知音智可舍音捨
斯數色助反晢章舌反王廙作晣同音徐李之世反又作晢字鄭本作遰云讀如明星晢晢陸本作
逝虞作折何難依象宜如字一音乃旦反易而以豉反祐之音又不累劣僞
反下同盡夫津忍反繫辭音係

包，音薄交反【法】音乃又之譌

陂，彼僞反，徐甫寄反【法】甫寄與彼僞同，一類隔，一音和也

祉，音恥，一音勑子反【法】勑子反與音恥同。此與《訟卦》窒字略同，宜通考之。陸意知三紐與精五紐各類，故以勑字爲異讀也

辯，如字，王肅卜免反【法】辯如字者讀並紐也，王音邦紐非有異義，音隨時變耳。六朝以來無讀邦紐者，故《廣韻》不收卜免一讀

莽，莫蕩反，王肅冥黨反【法】冥黨與莫蕩同出者，莽一等字，不當以四等之冥爲雙聲也。此音例後密於前處

休，虛虯反，徐又許求反【法】虛虯、許求幽、尤分部，與《廣韻》同

車，王肅剛除反【法】剛除反以三等字而用一等字雙聲，亦例之疏

尫【法】尫盧改尫，是

數，色助反【法】數、助不同部，當依《廣韻》色句切

☷☶謙 卑退爲義，屈巳下物也。兊宫五世卦。子夏作嗛，云嗛謙也。下濟 節細反。而上 時掌反，下注上承上行同。虧盈 馬本作毀盈。而福 京本作而富。惡盈 烏路反，卦末注同。而

好 呼報反。裒 蒲侯反。鄭荀董蜀才作捊，云取也。字書作掊，廣雅云掊減。稱物 尺證反。平

施 始豉反，注同。大難 乃旦反。自牧 牧養之牧，徐音目，一音茂。名者聲名

聞之謂也 一讀名者聲絕句，聞音問。匪解 佳賣反。撝 毀皮反，指撝也，義與麾同。書云右秉白旄以麾，是也。馬云撝猶離也。鄭讀爲宣。下下 上遐嫁反，下如字，下句同。用侵 王廙作寢。征國 本或作征邑國者非。不與 音預。爲爭 爭鬬之爭。

☳☷豫 餘慮反，悅豫也，備豫也。馬云豫樂。震宫一世卦。不忒 他得反，鄭云差也，京作貸。地奮 方問反。殷 於勤反，馬云盛也。說文云作樂之盛稱殷，京作隱。薦 將電反，本又作䕯，同。本或作廌，獸名，耳非。介于 音界，纖介。古文作砎，鄭古八反，云謂磨砎也。馬作扴，云觸小石聲。苟說 音悅。盱 香于反，睢盱也。向云睢盱小人喜悅之皃。王肅云盱大也。鄭云誇也。說文云張目也。字林火孤反，又火于反。子夏作紆，京作汙，姚作旴，云日始出，引詩旴日始旦。睢 香維反。說文云仰目也。字林火佳反。由豫 由從也。鄭云用也。馬作猶，云猶豫疑也。盍 胡臘反，合也。簪 徐側林反。子夏傳同，疾也。鄭云速也。埤蒼同。王肅又祖感反。古文作貸，京作撍，馬作臧，荀作宗，虞作戠。戠，叢合也。蜀才本依京，義從鄭。冥 覓經反，馬云冥昧，耽於樂也。王廙云深也，又亡定反。鄭讀爲鳴。有渝 羊朱反。盡 津忍反。樂 音洛。

周易音義　十

☱☳隨 從也，震宫歸魂卦。而下 遐嫁反，注下柔同。而說 音悅，注下皆同。大亨貞 本又作大亨利貞。而天下隨時 王肅本作隨之。隨時之義 王肅本作隨之時義。而令 力呈反。否之 備鄙反。以嚮 本又作向，許亮反。王肅本作鄉，音同。入宴 徐烏練反，王肅烏顯反。官有 蜀才作館有。故舍 音捨，下文同。以擅 市戰反。盡隨 津忍反，盡卷末同。位正中也 一本作中正。拘 句于反。用亨 許庚反，通也。陸許兩反，云祭也。之濱 音賓。

☶☴蠱 音古，事也，惑也，亂也。左傳云：於文皿蟲爲蠱。又云：女惑男，風落山，謂之蠱。徐又姬祖反，一音故。巽宫

盱，香于反，又火于反【法】火于與香于同

睢，香維反，又火佳反【法】佳盧改佳，是。火佳與香維同，三等字用一等火字爲紐，與六朝音例不合　○簪，虞作戠【法】案戠疑戢之譌，戢與簪平入相轉，且與叢合義近

蠱，音古。徐又姬祖反【法】姬紐罕見，殆姑之譌。姬祖與音古同，徐下又字殆衍。此亦因雙聲不同等也

歸魂卦 先甲 息薦反彖并注同 後甲 胡豆反彖并注同 以斷 丁亂反 施
令 力政反下同 競爭 爭鬪之爭 治也 直吏反注同 說隨 音悅 創制
初亮反此俗字也依字作刱 復始 扶又反 以振 舊之愼反濟也師讀音眞振振仁厚也 育
德 正肅作毓古育字 有子考无咎 絶句周依馬王肅以考絶句 當事 丁堂反
蠱承 津忍反下皆同 裕父 羊樹反馬云寬也 不累 力僞反
臨 如字序卦云大也坤宮二世卦 剛浸 子鴆反 而長 丁丈反除六三注末及象咎不長皆
同一音此治良反 說而 音悅下同 教思 息吏反注同 無疆 居良反注同 剛勝
升證反下同 佞邪 似嗟反下同 媚 密備反 位當也 本或作當位實非也 知臨
音智注同又如字
觀 官喚反亦也乾宮四世卦 盥 音管 而不薦 本又作薦同牋反王肅本作而[redacted]
薦 顒 魚恭反 足復 扶又反 既灌 官喚反 不忒 吐得反 神道設

周易音義 八

教 一本作以神道設教 省方 悉非反 童觀 馬云童猶獨也鄭云雅也 最遠 袁万反
朝美 直遥反 所鑒 古暫反下同 趣 促裕反 闚 苦規反本亦作窺[redacted]
者狹 下夾反 象曰闚觀女貞 一本有利字 不比 毗志反 觀國
之光 如字或音官喚反 最近 附近之近 居近 如字 德見 賢遍反 平易
以豉反 盡夫觀盛故觀至大觀在上 王肅音官 以觀天下
徐唯此一字作官音 觀盥而不薦觀之爲道而以觀感風行
地上觀處於觀時君子處大觀之時處大觀之
時大觀廣鑒 亦音官 居觀之時爲觀之主觀之盛
也 從盡夫觀以下並官喚反餘不出者並音官

周易上經噬嗑傳第三

噬 市制反齧也 嗑 胡臘反合也巽宮五世卦 齧 研節反 有間 如字下同又音

薦，王又作慶【法】王盧改本

鑒，古暫反【法】據《廣韻》鑒、暫不同部，而《釋文》屢有此音，蓋暫本有士鑒一讀，而《廣韻》脱之。《般庚》暫，才淡反，則與《廣韻》合

間廁之間 與過 一本作有過 頤 以之反 不合 本又作而合 不溷 胡困反濁也不
也亂也韋昭云汙辱也 上行 時掌反注同 勑法 恥力反此俗字也字林作勅鄭云勑猶理也一云整也
屨 紀具反 校 爻教反注及下同馬音教 滅止 本亦作趾足也 桎 章實反 足懲 直冰
反 木絞 交卯反 械 戶戒反 不行也 本或作止不行也 噬膚 方于反馬云柔色肥
美曰膚 未盡 津忍反下同 其分 符問反 胏 七歲反 腊肉 音昔馬云晞於陽而
煬於日曰腊肉鄭注周禮小物全乾曰腊 乾 音干 胏 緇美反馬云有骨謂之胏鄭云簀也字林云食食所
遺也一曰脯也子夏作脯徐音甫荀董同 未光大也 本亦無大字 何校 何可反又音何本亦作荷
音同下同王肅云荷擔 聰不明也 馬云耳無所聞鄭云目不明耳不聰王肅云言其聰之不明 可
解 佳買反
☶ 賁 彼僞反徐甫寄反李軌府瓮反傅氏云賁古斑字文章皃鄭云有也文飾之皃王肅符文反云有文飾黃白色艮宮一世卦 剛上 時掌反注剛上音同 解天 音蟹下同 以明 蜀才本作

周易音義　九

命 折 之舌反注同鄭云斷也斷音丁亂反 其趾 一本作止鄭云趾足 舍 音捨下及注同 車
音居鄭張本作輿從漢時始有居音 安夫 音符 其須 如字字從三水邊作非 而比 毗志
反下同 上附 時掌反 循 似遵反 濡 如臾反 皤 白波反說文云老人皃董音槃云馬
作足橫行曰皤鄭陸作燔音煩荀作波 翰 戶旦反董黃云馬舉頭高卬也馬荀云高也鄭云白也亦作寒案反
媾 古豆反 而閡 五戴反 寇難 乃旦反下同 賁于丘園 黃本賁作世
束帛 子夏傳云五匹爲束三玄二纁象陰陽 戔戔 在干反馬云委積皃薛虞云禮之多也又音牋黃云猥積皃一云顯見皃子夏傳作殘殘 有喜 如字徐許意反無妄大畜卦放此
☷ 剝 邦角反彖云剝剝也馬云落也說文云裂也乾宮五世卦 人長 丁丈反下注皆同 激 經歷
反 拂 附弗反 觸忤 五故反 以殞 于敏反 失處 昌呂反又昌預反 蔑
莫結反猶削也楚俗有削蔑之言馬云無也鄭云輕慢荀作滅 猶削 相略反或作消此從荀本也下皆然 辨
徐音辦具之辦足上也馬鄭同黃云牀簀也薛虞膝下也鄭符勉反王肅否勉反 道浸 子鴆反下同 稍

止【法】止今本作趾

械，口戒反【法】口盧改户，是○或本【法】或本盧改作本或，是

胏，緇美反，《字林》云：含食所遺也【法】盧刻改含爲食，是。惟云字當改爲作，盧亦漏。案字從𠂔聲則旨部字，此音緇美反，是也。或體作 ⿱食士，從仕聲，則《廣韻》阻史切是也。竊謂 ⿱食士即胾字之或體，宜從《廣韻》。陸氏旨、止多不别，此云緇美，仍是就緇字轉爲上聲耳。《六三》肉、毒韻，此爻胏、矢韻，若作 ⿱食士，則失韻矣。胏、⿱食士本非一字，疑《説文》、《字林》誤

何，又音何【法】何盧改河，是

須，水邊作，非【法】作下盧增湏，是

皤，鄭、陸作燔【法】燔盧改蹯，是○翰，亦作寒案反【法】亦作五字乃校語

乃旦反，下同【法】下同盧本作衍，是○賁作世【法】世盧疑貰之譌

辨具之辨【法】辨具之辨兩辨字仍當作辨。若作辨，則但云音辨已足，不必作分别語矣。王音否勉反，與《同人》之辯音卜免同。辨具之辨《廣韻》蒲莧切

近附近之近六三剥無咎一本作剥之無咎非以膚方于反京作簠謂祭器切近如字徐巨靳反鄭云切急也貫魚古亂反徐音官穿也豶頭薄田反得輿音餘京作德輿董作德車廬力居反覆蔭於鴆反所芘本又作庇必利反又悲備反

䷗復音服反也還也坤宮一世卦朋來如字京作崩反復芳福反劉本同本又作覆彖并注反復皆同剛反絶句剛長丁丈反下文注皆同心見賢遍反具存亦本作其存商旅鄭云資貨而行曰商旅客也無祇音支辭也馬同音之是反韓伯祁支反云大也鄭云病也王肅作禔時支反陸云禔安也九家本作敍字音支幾悔音機下同又音祈患難乃旦反遠矣袁万反錯之七故反休復虛虬反最比毗志反仁行下孟反下仁遐嫁反以下仁也如字王肅云下附於仁徐戶嫁反頻復如字本又作頻嚬眉也鄭作卑音同馬云憂頻也頻戚千寂反下同憂也又子六反自考也鄭云考成也向云察也有災本又作災鄭作裁案說文裁正字也灾或字也災籀文也眚生領反下卦同子夏傳云傷害曰災妖祥曰眚鄭云異自內生曰眚自外曰祥害物曰災量斯音良雖復扶又反

大百三七　小五百七十三　周易音義　一　多扶之

䷘无妄亡亮反无妄无虛妄也說文云妄亂也馬鄭王肅皆云妄猶望謂无所希望也巽宮四世卦柔邪似嗟反不佑音又鄭云助也本又作祐馬作右謂天不右行茂對時茂盛也馬云茂勉也對配也下賤遐嫁反不耕穫黃郭反或依注作不耕而穫非下句亦然不菑側其反馬云田一歲也董云反草也畬音餘馬曰田三歲也董云悉耨曰畬說文云二歲治田也字林弋恕反不擅市戰反行違下孟反下之行同稼音嫁穡音色爲獲如字或作穫非比毗志反近附近之近可試試驗一云用也

䷙大畜本又作蓄勑六反義與小畜同艮宮二世卦大畜剛健絶句篤實煇音輝光絶句日新其德鄭以日新絶句其德連下句厭而於豔反夫能音符發句皆然下非夫同令賢力呈反下同險難乃旦反下遇難同多識如字又音試劉作志往行下孟反利已夷止反下及注已則能已同或音紀姚同輿音餘下同本或作轝音同

近，如字，徐巨靳反【法】近鄭訓切急，故讀如字。徐讀巨靳反，則是附近之近矣，故别出之

芘，必利反，又悲備反【法】必利、悲備至部重脣分兩類，與《廣韻》合。後仿此

萠【法】萠（榮芬案當作萠）未詳。盧云：字書無萠

頫，憂也【法】頫盧改嚬

佑【法】佑今本作祐

煇，音輝【法】煇今本作輝，俗字。輝盧改揮

說吐活反注及下同馬云解也 輹音服又音福蜀才本同或作輻一云車旁作复音服車下縛也作畐者音福老子所云三十輻共一轂是也釋名云輹似人屐又曰伏菟在輹上似之又曰輹伏於軸上 憑河皮冰反 良馬逐如字鄭本作逐逐衍云兩馬走也姚云逐逐姚並驅之皃一音冑 曰音越劉云曰猶言也鄭人實反云日習車徒 閑如字闌也馬鄭云習 險阨於革反本亦作厄 童牛無角牛也廣蒼作犢劉云童妾也 牿古毒反劉云牿之言角也陸云牿當作角九家作告說文同云牛觸角著橫木所以告人 抑銳於力反下同本又作挫災卧反 強其良反 爭爭鬭之爭 豶符云反劉云豕去勢曰豶 之牙徐五加反鄭讀爲互 剛暴一本作剛突 禁暴音金 何天音河梁武帝音賀 衢其俱反馬云四達謂之衢 亨許庚反

䷚頤以之反養也此篆文字也巽宮遊魂卦 舍爾音捨注同 朵多果反動也鄭同京作揣 嚼詳略反 令物力呈反 離其力智反 而闚苦規反 顛頤丁田反 拂符弗反違也薛同注下皆同一音敷弗反子夏傳作弗云輔弼也 此行下孟反下立行同 悖也布內反逆也 虎視徐市志反又常止反 眈眈丁南反威而不猛也馬云虎下視皃一音大南反

周易音義　十一

逐逐如字敦實也薛云速也子夏傳作攸攸志林云當爲逐蘇林音迪荀作悠悠劉作跾云遠也說文跾音式六反 施賁始豉反下文同又如字 而比毗志反 得頤一本作得順 難未乃旦反 厲吉厲嚴厲也馬王肅云危

䷛大過徐古卧反罪過也超過也王肅音戈震宮遊魂卦 相過之過並古卧反 棟徐丁貢反 橈乃教反曲折也下同 拯拯救之拯 弱本亦作溺並依字讀下救其弱拯弱皆同 而說音悅注同 救難難乃並乃旦反上六注同 遯本又作遁同徒遜反 藉在夜反下同馬云在下曰藉 唯慎辰震反 枯楊如字鄭音姑謂無姑山榆榆羊朱反 稊徒稽反楊之秀也鄭作荑荑木更生音夷謂山榆之實 老夫如字下同 特吝特或作持 能令力呈反 得少詩照反下同 則稺直吏反 者長丁丈反 淹溺乃歷反 生華如字徐音花 无譽音預又音餘 滅頂徐都冷反

阨，本亦作厄【法】阨當作阸，厄當作戹

揣【法】揣疑從手

嚼，詳略反【法】嚼音詳略反誤，陸於從、邪多混，《廣韻》在爵切

悖也，布內反【法】悖音義家皆蒲內反，無音布內者，又作必內反

視，徐市志反，又常止反【法】志當作至，止當作旨。此二字皆非徐氏之舊，《震釋文》引徐市至反

稺，直吏反【法】稺盧改穉，是。吏《廣韻》作利，是

☵習 便習也重也劉云水流行不休故曰習 坎 徐苦感反本亦作埳京劉作欿險也陷也八純卦象
水 險陷 陷沒之陷 謂便 婢面反下同 重險 直龍反注下並同 俏 七妙反
洊 在薦反徐在悶反舊又才本反爾雅云再也劉云仍也京作臻干作荐 德行 下孟反注同 險難
乃旦反下險難同 則夫 音符 窞 徒坎反說文云坎中更有坎王肅又作陵感反云窞坎底也字林云坎中
小坎一曰旁入 處歁 亦作坎字 而復 扶又反下雖復同 險且 如字古文及鄭向本作檢鄭云木在
手曰梜 枕 徐針鴆反王肅針甚反鄭玄云木在首曰枕陸云閑礙險害之皃九家作玷古文作沈沈直林反 出
則之坎 一本作出則亦坎誤 樽酒 音尊絕句 簋貳 音軌絕句 用缶 方有
反絕句舊讀樽酒簋絕句貳用缶一句 自牖 音酉陸作誘 承比 毗志反下同 之食 音嗣
飯也 象曰樽酒簋 一本更有貳字 祇 音支又祁支反鄭云當為坻小丘也京作禔說文同
音支又上支反安也 盡平 津忍反 徽 許韋反 纆 音墨劉云三股曰徽兩股曰纆皆索名
寘 之豉反置也注同劉作示言衆議於九棘之下也子夏傳作湜姚作寔寘置也張作置 叢 才公反

周易音義 十二

法峻 荀潤反
☲離 列池反麗也麗著也八純卦象曰象火 畜 許六反注同 牝 頻忍反徐扶死反又 外
強 其良反 猶著 直略反卦內同 草木麗 如字說文作蘽 乎土 五肅本作
也 重明 直龍反 明兩作 鄭云作起也荀云用也 明照相繼 一本無明
照二字 履錯 鄭徐七各反馬七路反 警 京領反 辟其 音避象同 日昃
王嗣宗本作仄音同 鼓 鄭本作擊 大耋 田節反馬云七十曰耋王肅又他結反云八十曰耋京作絰蜀才作
咥 之嗟 如字王肅又遭哥反荀作差下嗟若亦爾 凶 古文及鄭無凶字 突 徒忽反王肅唐屑反
舊又湯骨反字林同云暫出 逼近 附近之近 出 如字徐尺遂反王嗣宗勑類反 涕 徐他米反
又音弟 沱 徒河反荀作池一本作沲 若 古文若皆如此 戚 千寂反子夏傳作嘁子六反咨慙也
不勝 音升 逆首 本又作逆道兩得 離王公也 音麗鄭作麗王肅云麗王者之後為
公梁武力智反王嗣宗同 折首 徐之舌反注同 以去 羌呂反 王用出征以正

窞，徒坎反，又作徒感反【法】徒感與徒坎非異讀，又作下疑有脫字

出，王嗣宗勑類反【法】王勑類反誤穿爲徹也，故別出之

若【法】若，盧云：古文當作嵌〇咨【法】咨上當有嘁字

邦也王肅本此十更有獲匪其醜大有功也

周易下經咸傳第四

䷞咸如字彖云感也兊宮三世卦取七具反本亦作娶音同相與如字鄭云與猶親也

而說音悅男下遐嫁反下注必下同見於賢遍反各亢口浪反本或作有拇

茂后反馬鄭薛云足大指也子夏作蹞荀作母云陰位之尊腓房非反鄭云膊腸也膊音市𩓗反王廙云腓腓腸也荀作

肥云謂五也尊盛故稱肥離拇力智反動躁早報反股音古憧憧昌容反馬

云行皃王肅云往來不絕皃廣雅云往來也劉云意未毋武杯定也徐又音童又音鐘京作憧字林云憧遲也丈家反月反又

音每心之上口之下也鄭云脊肉也說文同王肅又音天廣雅云脢謂之脢胂音以人反輔如字馬云上頷也虞作酺

云耳目之間頰兼叶反孟作俠滕徒登反達也九家作乘虞作媵鄭云送也口說如字注同徐音

脫又始銳反

䷟恒如字久也震宮三世卦長陽長陰並丁丈反大衆注同媲普計反配也復

六一一 周易音義 十三 陳坤

始扶又反見於賢遍反浚荀閏反深也鄭作濬令物力呈反餘綿紆粉

反廣雅云積也或承或有也一云常也鄭本作咸承德行下孟反詰去吉反而分

扶運反振恒之刃反馬云動也鄭云搖落也張作震

䷠遯徒巽反字又作遂又作遁同隱退也匿迹避時奉身退隱之謂也鄭云逃去之名序卦云遯者退也

乾宮二世卦夫靜音扶非否備鄙反下同亢苦浪反浸子鴆反注同而

長丁丈反卦內同或如字以遠袁方反注此同辟內音避難可乃旦反何

災音河褚河可反今不用勝外證反又音外注同說王肅如字解說也師同徐吐活反又始銳反

遯巳音以或音紀係遯古詣反本或作繫近二附近之近憊蒲拜反鄭云困

也廣雅云極也王肅作𤻲荀作備好遯呼報反注下同小人否音鄙注下同惡也徐方有反鄭

王肅備鄙反云塞也能舍音捨肥遯如字子夏傳云肥饒裕能累劣僞反繒

則能反繳章略反

䷡大壯 莊亮反威盛強猛之名鄭云氣力浸強之名王肅云壯盛也廣雅云健也馬云傷也郭璞云今淮南
人呼壯爲傷坤宮四世卦 而愼禮也 愼或作順義亦通 用罔 罔羅也馬王肅云无 羝羊
音低張云羖羊也廣雅云吴羊曰羝 觸 徐處六反 藩 方袁反徐甫言反下同馬云籬落也 羸 律悲反又
力追反下同馬云大索也徐力皮反王肅作縲音螺鄭虞作纍蜀才作累張作虆 雖復 扶又反 藩決
音穴注下同 大輿 音餘 之輹 音福本又作輻 行不 下孟反 能說 吐活反
喪羊 息浪反注下同 于易 以豉反注下同鄭音亦謂佼易也陸作埸壃埸也 險難
亦乃旦反 剛長 丁丈反下剛長同 猶與 音預一本作預 其分 扶問反 不詳
詳審也鄭王肅作祥善也
䷢晉 彖云進也孟作齊齊子西反義同乾宮遊魂卦 康 美之名也馬云安也鄭云尊也廣也陸云安也
樂也 蕃 音煩多也鄭發袁反 庶 如字衆也鄭止奢反謂蕃遮禽也 晝日 竹又反 三 徐息
蹔反下及注同 接 如字鄭音捷勝也 上行 時掌反凡上行並同 以著 直略反下著明門 三
以摧于 周易音義 十四
褫 勑紙反又直紙反 摧如 罪雷反退也鄭讀如南山崔崔之崔 未著 張慮反 自
喪 息浪反 愁 狀由反鄭子小反云變色皃 介 音戒大也馬同 聞乎 聞亦作文又作交義
並通 和之 胡卧反 鼫 音石子夏傳作碩鼠鼫鼠五技鼠也本草螻蛄一名鼫鼠 失得 如字
孟馬鄭虞王肅本作矢馬王云離爲矢虞云矢古誓字 失夫 音符
䷣明夷 夷傷也坎宮遊魂卦 以蒙大難 乃旦反卦內同鄭云蒙猶遭也一云蒙冒也
文王以之 王肅云唯文王能用之鄭荀向作似之下亦然 莅 履二反又律秘反 蔽僞 本或
作弊僞 所辟 音避下同 最遠 袁万反下遠難同 遠遁 徒遜反 匿形 女力
反 不遑 音皇 夷于 如字子夏作睇鄭陸同云旁視曰睇京作眱 左股 音古馬王肅作般云
旋也日隨天左旋也姚作右槃云自辰右旋入丑 用承 拯救之拯注同說文云舉也鄭云承也子夏作抍字林云抍上
舉音承 示行 示或作亦 近難 附近之近下最近同 疑憚 但旦反 然後而免
也一本作然後乃獲免也 南狩 手又反本亦作守同 去闇 羌呂反 逆忤 五故反

觸，徐處六反【法】六、觸不同部，六蓋譌。據《姤》下，則六當作録○藩，方袁反，徐甫言反【法】方言與甫言同，易徐者藩爲合口，言爲開口也　羸，律悲反，又力追反。徐力皮反，王肅作縲，音螺，鄭、虞作纍【法】力追與律悲同，未聞其異。此依鄭、王諸本作音也。若依字，則以徐讀爲正，見《姤》下　輹，音福，本又作輻【法】音福依輻作音也，輹則音服　○長，下丈反【法】下當作丁

三，徐息蹔反【法】蹔當作暫

莅，履二反，又律祕反【法】履二反開口也，律祕反合口也，即他處所謂音利又音類也

亦作眱【法】亦盧改京，是

拯【法】拯今《說文》作抍

箕子之明夷 蜀才箕作其劉向云今易箕子作荄滋鄒湛云訓箕爲荄詁子爲滋漫衍無經不可致詰以譏荀爽 爲比 毗志反

䷤家人 說文家居也案人所居稱家爾雅室內謂之家是也巽宮二世卦 熾也 尺志反 而行 下孟反注皆同 閑 馬云闌也防也鄭云習也 中饋 巨愧反食也 嗃嗃 呼落反又呼學反馬云悅樂自得皃鄭云苦熱之意荀作確確劉作熇熇 嘻嘻 喜悲反馬云笑聲鄭云驕佚喜笑之意張作嬉嬉陸作喜喜 之長 丁丈反 以近 附近之近 王假 更白反注同至也鄭云登也徐古雅反馬云大也 愛樂 音洛 以著 張慮反

䷥睽 苦圭反馬鄭王肅徐呂忱竝音圭序卦云乖也雜卦云外也說文云目不相聽也艮宮四世卦 而上 時掌反下上行同 同行 如字王肅遐孟反 說而 音悅 喪馬 息浪反注同 自復 音服 必顯 一本作必頗下相顯亦然 可援 于眷反下得援同又音袁 以辟 音避 于巷 戶絳反說文云里中道也廣雅云居也字書作衖 曳 以制反 掣 昌逝反鄭作犎云牛角皆踊曰犎徐市制反說文作觢之世反云角一俯一仰子夏作挈傳云一角仰也荀作觭劉本從說文解依鄭 其人天 天剠也馬云剠鑿其額曰天 劓 魚器反截鼻也王肅作臲臲魚一反 相比 毗志反下同 元夫 如字 噬 市制反 之弧 音胡弓也 後說 吐活反注同一音始銳反 之弧 本亦作壺京馬鄭王肅翟子玄作壺 媾 古豆反 恢 苦回反大也 詭 女委反戾也 譎 古穴反本亦作決詐也乖也 吁可 況于反 四剠 其京反說文或作黥字

周易音義　一五　駱昇

䷦蹇 紀免反彖及序卦皆云難也王肅徐紀偃反兌宮四世卦 以難 乃旦反卦內及解卦皆同 難解 音蟹上六注同 未否 備鄙反 知矣 音智初六注同 得中 如字鄭云和也又張仲反王肅云中適也解卦彖同 正邦 荀陸本作正國爲漢朝諱 宜待也 張本作宜時也鄭本宜待時也 遠害 袁万反 內喜 如字徐許意反猶好也 來連 力善反馬云難也鄭如字遲久之意 之長 直良反 長難 丁丈反

䷧解 音蟹序卦云緩也震宮二世卦 解之爲義 音蟹下以解來復同 濟厄

目不相視也【法】視盧改聽，是

臲，魚一反【法】以《困釋文》證之，則魚一之一殆誤

詭，女委反【法】女盧改久，是

剠，《說文》或作黥字【法】今《說文》黥或體作剠，蓋誤。盧云：或字疑衍。偉堂疑作字衍　〇蹇，紀免反。徐紀偃反【法】紀免、紀偃獮、阮分部，與《廣韻》同。今《廣韻》與本書同，故易徐

厄或作危　彖曰解 音蟹，自此盡初六注皆同　坼 勑宅反，說文云裂也，廣雅云分也，馬陸作宅，云
根也　否結 備鄙反　者亨 許庚反　宥罪 音又，京作尤　磐結 步丹
反　或有遇 遇或作過　咎非其理也 一本無此八字　所任 而鴆反
斯解 佳買反　之稱 尺證反　失枉 紆往反　旦乘 如字，王肅繩證反　柔
邪 似嗟反　自我致戎 本又作致寇　解而 佳買反，注同　拇 茂后反，陸云足
大指，王肅云手大指，荀作母　而比 毗志反　維有解 音蟹，注有解及象并下注爲解之極同
解難 佳買反　用射 食亦反，注下同　隼 荀尹反，毛詩草木鳥獸疏云鷂　高墉
音容，馬云城也　將解 佳買反　荒悖 布內反，象同　以解 佳買反
䷨損 孫本反，虧減之義也，又訓失，序卦云緩必有所失是也，良宮三世卦　曷 何葛反　二簋
蜀才作軌　用享 香兩反，下同，蜀才許庚反　上行 時掌反，凡上行皆同　陰說 音悅　非
長 丁丈反，下德長遂長同　爲邪 似嗟反　能拯 拯救之拯　大難 乃旦反　二

周易音義　一六　昌祖

簋應 師如字，舊應對之應　偕行 音皆　其分 扶問反　懲 直升反，止也，鄭云猶
清也，劉作澂，云清也，蜀才作澄　忿 芳粉反　窒 珍栗反，徐得悉反，鄭劉作懫，懫止也，孟作恎，陸作脊
欲 如字，孟作浴　已事 音以，本亦作以，虞作祀　遄 市專反，速也，荀作顓　復自 扶又反，凡
三注同　以上 時掌反　化淳 尚春反　以離 力智反　知者 音智　以盡 津忍
反　上祐 音又，本亦作佑　不制 一本作下制　遂長 丁丈反　尚夫 音符
䷩益 增長之名，又以弘裕爲義，繫辭云益長裕而不設是也，巽宮三世卦　民說 音悅　無疆
居良反，下同　下下 上遐嫁反，下如字，注同　涉難 乃旦反，下同　天施 始豉反　之
處 昌預反，下其處同　用享 香兩反，注同，王廙許使反　用圭 王肅作用桓圭　不爲 于僞反
不處 本或作不屆　用費 芳貴反　盡物 津忍反　無厭 於鹽反　莫以
胡卧反　惡盈 烏路反　偏辭 音篇，孟作偏，云周帀也

周易下經夫傳第五

懲【法】懲盧改澂，是

窒，珍栗反，徐得悉反。孟作恎【法】珍栗與得悉同，易徐者，改類隔爲音和也。

恎當依《訟卦》作咥　○作浴【法】段氏曰：浴本作谷。晁氏以迴曰：谷古文欲字，不誤，今本作浴，非也

處，昌預反【法】預盧改慮，是

用費【法】用盧改不，是○無【法】無盧改无

䷪夬古快反決也坤宮五世卦 剛幾音祈 坦然他但反 夬決徐古穴反 而
說音悅注皆同 齊長丁丈反除上六象並同 則邪似嗟反下同 斷制丁亂
反注同 澤上時掌反注同 以施始豉反注同 壯于側亮反 前趾荀作
止 惕勑歷反荀翟作錫云賜也 號戶羔反注及下同鄭王虞音号 莫夜音暮注同鄭如字云
無也無夜非一夜 號呼火故反 九頄求龜反顴也又音求又丘倫反翟云面顴頰間骨也鄭作頯頯
夾面也王肅音龜江比音琴威反蜀才作仇 若濡而朱反 有慍紆運反恨也舊於問反 面權
如字字書作顴 棄夫夫亦作去羌呂反 情累劣偽反 臀徐徒敦反 次本亦作趑
或作欧說文及鄭作趀同七私反注下同馬云卻行不前也說文倉卒也下卦放此 且本亦作趄或作跙同七餘反注
及下同馬云語助也王肅云趑趄行止之礙也下卦放此 牽羊苦年反子夏作掔 牴丁禮反本又作
抵音同或作觝丁啼反 很胡懇反 莧閑辯反三家音胡練反一本作莞華板反 陸如字馬鄭云莧
陸商陸也宋衷云莧莧菜也陸當陸也虞云莧蕢也陸商也蜀才作睦睦親也通也 柔脆七歲反 至

周易音義 十二 徐非

易以豉反 最比毗志反 號咷徒刀反
䷫姤古豆反薛云古文作遘鄭同序卦及彖皆云遇也乾宮一世卦 用娶七喻反本亦作
取音同注及下同 正乃如字正亦作匹 誥四方李古報反鄭作詰起一反正也王肅同 柅
徐乃履反又女紀反廣雅云止也說文作檷云絡絲趺也讀若昵字林音乃米反王肅作抳從手子夏作鑈蜀才作尼止也
羸豕劣隨反王肅同鄭力追反陸讀爲累 蹢直戟反徐治益反本作躑古文作蹢 躅直錄
反本亦作躅蹢躅不靜也古文作蹤 牝頻忍反 豭音家 包有本亦作庖同白交反下同鄭百
交反虞云白芋包之荀作胞 利賓如字 擅人市戰反 遠民袁万反 以
杞音起張云苟杞馬云大木也鄭云柳也薛云柳柔韌木也並同 包瓜白交反子夏作苞馬鄭百交反
瓜音工花反 不舍音捨下同 所復扶又反 物爭爭鬭之爭下卦同
䷬萃在季反彖及序卦皆云聚也兌宮二世卦 亨王肅本同馬鄭陸虞等並無此字
王假更白反 以說音悅下注皆同 則邪似嗟反 孝享香兩反 聚

惕，勑歷反【法】勑歷反類隔也，《廣韻》作他歷切

紆運反，舊於問反【法】於問與紆運同，未聞其異

莧，閑辯反【法】辯乃上聲字，不與莧疊韻，依《廣韻》當作瓣〇陸，商陸也。虞云：莧，蕢也。陸，商也【法】盧改：陸，當陸也。虞云：莧，說也，陸，和也

止也【法】止盧改正，是〇柅，徐乃履反，又女紀反【法】紀蓋几之譌，徐必不以柅、紀同部。依《廣韻》例，則（榮芬案此字下當脫娘字）紐是也

羸，劣隨反【法】據此音，羸爲劣隨，則《大壯》之律悲當作律隨。又《井音義》亦律悲反，徐又邊追反，殆來紐亦分兩類乎　　蹢，直戟反，徐治益反【法】徐治益反與古韻合，易之者嫌不同類也。《廣韻》益，伊昔切，與知三紐不同類

萃，在李反【法】李盧改季，是

以正荀作以正　取澤上時掌反　除戎器如字本亦作儲又作治王肅姚陸云除猶脩治師同
鄭云除云也蜀才云除去戎器脩行文德也荀作慮　若號絕句戶報反馬鄭王肅王廙戶羔反　一握烏學
反傳氏作渥鄭云握當讀為夫三為屋之屋蜀才同　至好呼報反　愞乃亂反　正本亦作匹
妃音配　禴羊略反殷春祭名馬王肅同鄭云夏祭名蜀才作躍劉作禴　多辟匹亦反　以
遠袁万反　之省生領反下同　以比毗志反　未光也一本作志未光也　齎
徐將池反王肅將啼反　咨音諮又將利反齎咨嗟歎之辭也鄭同馬云悲聲怨聲　涕徐音體　洟
他麗反又音夷鄭云自目曰涕自鼻曰洟
䷭升式陵反序卦云上也上音時掌反鄭本作昇馬云高也震宮四世卦　用見大人本或作利
見　以順德如字王肅同本又作慎師同姚本德作得　以高大本或作以成高大　允當
如字下同　閑邪似嗟反　升虛如字空也徐去餘反馬云丘也　用亨許庚反通也馬鄭陸
王肅許兩反馬云祭也鄭云獻也　岐山其宜反或祁支反　攘來如羊反　冥覓經反闇昧之

周易音義　一八　孫勉

義也注同又云日冥也　則喪息浪反
䷮困窮也窮悴掩蔽之義故彖云剛掩也廣雅云困悴也兌宮一世卦　剛揜本又作掩於檢反李於範
反虞作弇　以說音悅卦內同　困窮如字或作困窮非　臀徒敦反　株木張愚反
幽谷徐古木反　不覿大歷反見也注同　獲拯拯救之拯　隱遯徒困反　數
歲色柱反本亦作三歲　困解音蟹　朱紱音弗下同　享祀許兩反注同　難之
乃旦反　不勝音升　豐衍延善反　蒺音疾　藜音黎蒺藜茨草　上比
毗志反　焉得於虔反　來徐徐徐徐疑懼皃馬云安行皃子夏作荼荼翟同荼音圖云內不定
之意王肅作余余　金車本亦作金輿　劓徐魚器反　刖徐五刮反又音月荀王肅本劓刖作臲卼
云不安皃陸同鄭云劓刖當為倪伔京作劓劊案說文劊斷也　祭祀本亦作享祀　遐遠本或作遐
遝　藟力軌反似葛之草本又作藟毛詩草木疏云一名巨荒似蘡薁連蔓而生幽州人謂之推藟　臲五結
反王肅妍喆反說文作劓牛列反薛同　卼五骨反又音月說文作䠇云䠇不安也薛又作杌字同　曰動

齎，徐將池反【法】齎、池不同部，蓋誤

岐，其宜反，或祁支反【法】其宜、祁支一部內分兩類也，《廣韻》亦渠羈、巨支二切

數，色柱反【法】柱盧改主，是

蔾【法】蒺蔾之蔾，從黎入脂，藜藿之藜從黎入齊，盧刻改大字爲藜，非

巨荒似蘡薁【法】盧云：《詩・周南釋文》引《草木疏》作一名巨苽，似燕薁，此似誤

悔音越向云言其無不然 今生力呈反
䷯井精領反雜卦云通也彖云養而不窮周書云黃帝穿井世本云化益作井宋衷云化益伯益也堯臣廣雅云井深也鄭云井法也字林作丼子挺反周云井以不變更爲義師說井以清絜爲義震宮五世卦 無喪息浪反
汔徐許訖反注同幾也王肅音其乞反 繘音橘徐又居密反鄭云綆也方言云關西謂綆爲繘郭璞云汲水索也又其律反又音述 羸律悲反徐力追反下同蜀才作累鄭讀曰虆 瓶白經反 幾至音祈或音機
而覆芳福反 而上水時掌反注及下注上水皆同 井養如字徐以上反 木上如字師又時掌反 以勞力報反注同 勸相息亮反注同王肅如字 井泥乃計反注及下同 滓穢側里反 不嚮許亮反 棄舍音捨下文同
井谷古木反又音浴 射食亦反注同徐食夜反鄭王肅皆音亦云厭也荀作耶 鮒音附魚名也子夏傳謂蝦蟆 甕屋送反李於鍾反鄭作甕云停水器也說文作罋汲缾也 敝婢世反王肅徐扶滅反 谿谷口嵇反 注下章喻反下同 而復扶又反 无與之也一本作則莫之與也

周易音義 十九 余木

渫息列反徐又食列反黃云治也 心惻初力反說文云痛也 汲音急 停汙音烏 其行下孟反象注皆同 甃側舊反馬云爲瓦裏下達上也子夏傳云脩治也干云以甎壘井曰甃字林云井壁也 冽音列絜也說文云水清也王肅音例 不𡵚乃孝反 不食如字又音嗣 井收徐詩救反又如字馬云汲也陸云井幹也荀作甃 勿幕音莫覆也干本勿作网
䷰革馬鄭云改也坎宮四世卦 樂成音洛上六注同 相息如字馬云滅也李斐注漢書同說文作熄 欲上時掌反 革而信之一本無之字 以說音悅注同 鞏九勇反固也馬同 堅仞仁震反 行有如字又下孟反 相比毗志反 文炳兵領反 文蔚音尉又紆弗反廣雅云茂也數也說文作斐
䷱鼎丁令反法象也即鼎器也離宮二世卦 革去羌呂反下皆同 賢愚別彼列反 尊卑序本亦作有序別有序 以木巽火亨本又作亯同普庚反煑也下反注聖人亨大亨亨飪亨者並同 飪入甚反熟也徐而鴆反 以享香兩反注享上帝同 上行

井，精領反。《字林》作丼，子挺反【法】精領、子挺静、迥分部也。《廣韻》亦收丼于静，音隨時變也。《字林》作丼之丼，疑當同《說文》作井

繘，音橘，徐又居密反【法】音橘與居密反喉音分二類，徐氏已然。今《廣韻》質、術二部均無居密一切 ○羸，律悲反，徐力追反【法】徐力追反，追字蓋誤。《大壯卦》云，徐力皮反，是也。與《廣韻》、古韻並合。《姤卦》劣隨反同

甕【法】甕盧改雍，是

炳，兵領反【法】《廣韻》炳收梗，領收静

蔚，敷也【法】敷當作數，見《廣雅·釋詁》三

注享上帝【法】帝下盧補同字，是

時掌切 凝魚承反嚴皃鄭云成也翟作擬云度也 顛丁田反倒也 趾音止 利出徐尺遂反
或如字注及下同 否悲巳反惡也注及下同 是覆芳目反下皆同 趾倒丁老反下同一 以
爲于僞反下體爲同 未悖必內反遊也 我仇音求匹也鄭云怨耦曰仇 可復扶又
反下同 其行下孟切注同 塞悉則反 雉膏如字鄭云雉膏食之美者 折足
示舌反注同 餗送鹿反虞云八珍之具也馬云鍵也鍵音之然反鄭云菜也 形渥於角反沾也鄭作剭
音屋 且施始豉反 所盛音成 知小音智 金鉉玄典反徐又古玄反又古冥反一音古螢
切馬云鉉扛鼏而舉之也 用勁古政反
䷲震止慎反動也八純卦象雷 以成成亦作盛 虩虩許逆反馬云恐懼皃鄭同荀作愬愬
笑言言亦作語下同 啞啞烏客反馬云笑聲鄭云樂也 怠本又作殆 惰徒卧反下同
解慢佳賣反下同 恐致曲勇反下文注皆同 不喪息浪反卦内並同 匕必以反
鬯勑亮反香酒 堪長丁丈反 已出音紀 洊在薦反徐又在悶反 億本又作噫

周易音義 二十 王

同於其反辭也六五同鄭於力反云十万曰億 喪息浪反注同荀如字 貝如字荀音敗 躋本又作隮
子西反升也 雖復扶又反上六注同 蘇蘇疑懼皃王肅云躁動皃鄭云不安也馬云尸祿素湌
皃 无眚生領反 遂泥乃計反下同荀本遂作隊泥音乃低反 困難乃旦反 索
索桑洛反注及下同懼也馬云内不安皃鄭云猶縮縮足不正也 視如字徐市至反 矍矍俱縛
反徐許縛反馬云中未得之皃鄭云目不正 婚媾古豆反 彼動故懼故或作而
䷳艮根恨反止也鄭云艮之言很也八純卦象山 其背必內反徐甫載反 相背音佩
下相背同 否之備鄙反 令物力呈反 而強其兩反 斯邪似嗟反 敵應
應對之應又音膺 其趾如字荀作止 腓符非反本又作肥義與咸卦同 不承音拯救之
拯馬云舉也 不快苦夬反 其限馬云限要也鄭荀虞同 夤引眞反馬云夾脊肉也鄭本作
䐿徐又音胤荀作腎云互體有坎坎爲腎 薰許云反荀作動云互體有震震爲動 器喪息浪反二
䷴漸捷檢反以之前爲義卽喈漸之道艮宮歸魂卦 女歸吉也王肅本還作女歸吉

鉉，又古冥反，一音古螢反【法】古螢與古冥同。《廣韻》作古螢，蓋嫌古冥爲不切，故以螢易之，實則脣音不分開、合口也

盛【法】盛盧改威，是

匕，必以反【法】匕《廣韻》卑履切，是

眚，生領反【法】《廣韻》眚、領不同部

背，徐甫載反【法】徐甫載反與古韻合

利貞 善俗王肅本作善風俗 于干如字鄭云干水傍故停水處陸云水畔稱干毛傳詩云厓也又
云澗也荀王肅云山閒澗水也翟云涯也 則困於小子本又作則困謏於小子 於謗博佷
反 讒訕音史 磐畔干反山石之安也馬六山中磐紆 衎衎苦旦反馬云饒衍 祿養
羊尚反 歡樂音洛 于陸陸高之頂也馬云山上高平曰陸 孕以證反說文云懷子曰孕
戈甑反鄭云猶娠也荀作乘 復反扶又反 邪配似嗟反 合好呼報反 能
閒閒廁之閒 離羣力智反鄭云猶去也 桷音角翟云方曰桷桷橑也馬陸云桷榱也說文云秦
曰榱周謂之椽齊魯謂之桷 安棲音西字亦作栖 不累劣僞反 戔戔五何反
䷵歸妹婦人謂嫁曰歸妹者少女之稱兌官歸魂卦 少女詩照反下皆同 之稱
尺證反下同 爲長丁丈反下皆同 說以音悅後並同 所歸妹也本或作所
以歸妹 不樂音洛 妖邪似嗟反 知弊婢世反 以娣大計反 跛
波我反 娣從才用反又如字 眇彌小反 以須如字待也鄭云有才智之稱荀陸作嬬陸云妾
也 愆期起虔反馬云過也 遲稚夷反晚也緩也陸云待也一音直冀反 不正不應
本亦作无應 有待而行也一本待作時 之袂彌世反 月幾音機又音祈荀
作既 承匡曲方反鄭作筐 刲苦圭反馬云刺也一音工惠反

周易音義　二十一　麗卜棨

周易下經豐傳第六

䷶豐芳忠反字林匹忠反依字作豐今並三直畫猶是變體若曲下作者禮字耳非也世人亂之久矣彖
及序卦皆云大也案豐是腆厚光大之義鄭云豐之言偑充滿意也坎宮五世卦 王假庚白反至也下同馬
古雅反大也 闡昌善反 而令力呈反 以徧音遍 則昃如字孟作稷 則食
如字或作蝕非 則溢本或作則方溢者非 以折之舌反斷也下及注同 其配如字鄭作
妃云嘉耦曰妃 雖旬如字均也王肅尚純反或音脣荀作均劉昞作鈞 則爭爭鬭之爭下皆
同 蔀音部王廙同蒲戶反王肅普苟反略例云大暗之謂蔀馬云蔀小也鄭薛作菩云小席 見斗
孟作見主 曖音愛 鄣音章又止尚反字又作障同 斗見者賢遍反下不見同

不應，本亦作无應【法】盧校正文作无應，不應作注，互易

匡，鄭作筐【法】盧校正文作筐，注作匡，互易

豐，芳忠反，《字林》匹忠反【法】芳忠與忠（榮芬案此忠前脫匹字）同，易之者，改類隔爲音和也。惟他皆以輕脣切重脣，此則以重脣切輕脣耳　若曲下作豆【法】豆盧改者，是　偑【法】偑盧改腆，是　旬，尚純反【法】純與尚同紐，不能爲音切。

蔀，音部，王廙同，蒲户反【法】户乃口之誤，《略例》音步口反，蒲口即步口也。《廣韻》厚部兩收，而姥部無之。《集韻》即兼收姥部，則宋時已誤。部字《廣韻》兩收姥、厚二部，而以厚部爲本音，可知此之音部即蒲口矣。《噬嗑》械，户戒反，今誤户爲口，可見二字易混　之謂【法】之謂盧改作謂之

不邪 似嗟反 沛 本或作旆謂幡幔也又普貝反姚云滂沛也王廙豐蓋反又補賴反徐普蓋反子夏
作芾傳云小也鄭干作芾云祭祀之蔽膝 沫 徐武蓋反又亡對反微昧之光也字林作昧亡大反云斗杓後星王
肅云音昧鄭作昧服虔云日中而昏也子夏傳云昧星之小者馬同薛云輔星也 肱 古弘反姚作股 幡 芳袁
反 幔 末半反 以禦 魚呂反 微昧 音妹 豐其屋 說文作豐云大屋也
闚 苦規反李登云小視 闃 苦鶪反徐苦鶪反一音苦鵙反馬鄭云无人皃字林云靜也姚作閱孟作
窒並通 覿 徒歷反 藏 如字 廕 於鴆反 其行 下孟反 治道 直吏反下
同 天際 如字鄭云當爲瘵瘵病也 翔 鄭王肅作祥 翳光 烏細反 自藏 如字
衆家作戕慈羊反馬王肅云殘也鄭云傷也 有爲 于僞反 不出戶庭 此引節卦九二
文辭應云門庭作戶誤也或云門戶通語
䷷ 旅 力舉反羇旅也序卦云旅而無所容雜卦云親寡旅是也離宮一世卦王肅等以爲軍旅 特
重 直用反 物長 丁丈反 而復 扶又反六五注同 令附 力呈反 非知 音智

周易音義　二十二　徐政

瑣瑣 悉果反或作璅字者非也鄭云瑣瑣小也馬云疲弊皃王肅云細小皃 懷其資 本或
作懷其資斧非 喪 息浪反卦內下卦同 爲施 始豉反 與萌 如字又音預 得
其資斧 如字子夏傳及衆家並作齊斧張軌云齊斧蓋黃鉞斧也張晏云整齊也應劭云齊利也
虞喜志林云齊當作齋齋戒入廟而受斧下卦同 不快 苦夬反 斫 諸若反 平坦 吐但
反 射雉 食亦反注同 而上 時掌反 上逮 音代一音大計反 號 戶羔反 咷
道羔反 于易 以豉反注同王肅音亦 所嫉 音疾字林音自本亦作疾下同 其義焚
也 馬云義宜也一本作宜其焚 喪牛之凶 本亦作喪牛于易
䷸ 巽 孫問反入也廣雅云順也八純卦象風象木 巽弟 大計反本亦作悌 重巽
直龍反 齊邪 似嗟反下并下卦同 志治 直吏反 紛 芳云反廣雅云衆也喜也一云盛也
而復 扶又反下同 神祇 祁支反 頻顣 子寂反又子六反此同鄭意 不樂 音洛
遠不 袁万反 之庖 步交反 先庚 西薦反注同 後庚 胡豆反 卒以

沛作韋【法】韋盧改芇，是

沬，《字林》作昧。鄭作昧【法】鄭與《字林》若同字，陸必不並出，疑是一從本末之末，一從午未之未耳

《說文》作豐【法】豐盧改豊，是

闃，苦鶪反，徐苦鶪反【法】苦鶪與苦鶪同，易徐者，嫌鶪爲開口也

巽，孫問反【法】問乃悶之譌

寸忽反下同 不說字又作悅同 先申音身或作甲字非 以斷丁亂反下同

䷹兌徒外反悅也八純卦象澤 兌說音悅卦內並同 以先西薦反又如字 犯難

乃旦反 麗澤如字麗連也鄭作離云猶併也 黨繫本亦作係 商兌如字商量也

鄭云隱度也 介疾音界隔也馬云大也 將近附近之近 比於毗志反 道長

丁長反

䷺渙呼亂反散也序卦云離也離宮五世卦 王假庚白反下同梁武帝音賈 而上如字

又時掌反 之難乃旦反卦內同 之累劣僞反 享于香兩反 用拯拯救之拯

馬云舉也伏曼容云濟也王肅云拔也子夏作抍抍取也 以逝逝又作遊 厄劇本又作危處又作厄

處 逃竄七亂反 險爭爭鬬之爭 机音几 有丘姚作有近 匪夷荀作

匪弟 丘墟去魚反 渙汗下旦反 以盪徒黨反 險阨於隔反 以假

古雅反 逖湯歷反 血去羌呂反 最遠袁万反下於遠象遠害並同 不近附近之近

周易音義 二十三 長昌

䷻節薦絜反止也明禮有制度之名云分段支節之義坎宮一世卦 男女別彼列

反 復正扶又反 說以音悅注同 澤上有水上或作中今不用 德行下孟

反下注同 故匿女力反 所怨紆万反又紆元反

䷼中孚芳夫反信也艮宮遊魂卦 豚徒尊反黃作遯 說而音悅下注皆同 乖爭

爭鬬之爭 之行下孟反 畜之許六反本或作獸 涉難乃旦反 有它音他 燕

音鷰 鶴戶各反 和之胡卧反注及下同 好爵如字王肅呼報反孟云好小也 爾靡

本又作縻同亡池反散也干同徐又武寄反又亡彼反韓詩云共也孟同埤蒼作縻云散也陸作䌕京作劘 重陰

直龍反 不徇似俊反 或罷如字王肅音皮徐扶彼反 少陰詩照反 長陰

丁丈反 相比毗志反 而閡五代反 憊備拜反 幾望音機又音祈京作近荀作

既 而上時掌反象同 攣力圓反廣雅云拳也 可舍音捨 翰胡旦反高飛 內喪

息浪反

逖【法】盧校逖當在血去條下

燕，音鷰【法】以俗字音正字

本又作縻【法】縻與《埤蒼》重出，必有一誤。盧據宋本改縻

罷，如字【法】如字者依《廣韻》薄蟹切也

小過 古卧切義與大過同王肅云音戈兌宮遊䰟卦 遺之 如字 不宜上 時掌切注同下及文不宜
上上六注上亦同鄭如字謂君也 而浸 子鴆切 以行 下孟切 所錯 本又作措又作厝同七路切
其妣 必履切 于僭 子念切 盡於 津忍切 或戕 徐在良切注同 故令 力呈
切注同 先過 西藹切 而復 扶又切卦末同 晏安 於諫切又音宴 鴆 除蔭切本
亦作酖 沒怯 去業切 公弋 餘職切 則蒸 章勝切字又作烝或作螣字非 小畜
本又作蓄同勑六切 其施 始豉切 而難 乃旦切 已上也 並如字上又時掌切注
同鄭作尚云疾幾也 陽已上故止也 本又作陽已上故少陰止少音多少之少 上六弗
遇 王付切本多誤故詳之 災眚 生領切
既濟 節計切下卦同鄭云既已也盡也濟度也坎宮三世卦 亨小 絕句以小連利貞者非 則
邪 似嗟切下同 曳 以制切 濡其 音儒注同 於燥 西早切 未造 七報切 易
以豉切 棄難 乃旦切卦末并下卦同 婦喪 息浪切注皆同 其茀 方拂切首飾也馬同干云
小五百四十二 大四百三十二 周易音義 二十四
馬髴也鄭云車蔽也子夏作髴荀作紱董作髢 不比 毗志切 鬼方 蒼頡篇云鬼遠也 憊
備拜切鄭云劣弱也陸作備云當爲備憊困劣也 繻有 而朱切鄭王肅云音須子夏作𦈢王廙同薛云
古文作繻 衣袽 女居切絲袽也王肅音如說文作絮云緼也廣雅云絮塞也子夏作茹京作絮 有郤
去逆切 禴 羊略切祭之薄者 沼 之紹切 沚 音止 蘋 音頻 非馨 呼庭切
未濟 離宮三世卦 小狐 徐音胡 汔 許訖切說文云水涸也鄭云幾也 令物 力呈
切 各得其所 一本得作當 經綸 本亦作論同音倫又魯門切 屯 張倫切 蹇
紀勉切 循難 以遵切猶豫也 婪其 息浪切 已比 上音紀下毗志切 以近 附近
之近 暉 許歸切字又作輝 而耽 丁南切 於樂 音洛
周易繫 徐胡詣切本系也又音係續也字從毄若直作毄下系者音口奚切非 辭 本亦作辭辤字
應作詞說也說文云詞者意內而言外也辭不受也受辛者辤辞籀文辭字也 上第七 本亦作繫
辭上王肅本皆作繫辭上傳說於雜卦皆有傳字本亦有無上字者非 韓伯注 本亦作韓康伯

上亦同【法】亦盧改極，是

令，力呈反，注同【法】注盧改下，是

蒸，章勝反【法】勝蓋滕之譌。勝有平去二讀，不得爲疊韻字也

《說文》作絮，云：緼也【法】絮盧改絜，云下補絮字

綸，音倫【法】音倫者，綸之本音也。字又作論，均又魯門反

繫，本系也。字從毄【法】本系也陸意殆謂此當從系，若從糸者，乃別一字也。字從毄，疑當作字從系　〇受辛者辤【法】受辛者宜辤之，盧補宜之二字

注案王輔嗣止注六經講者相承用韓注繫辭以下續之
地卑如字又音婢本又作埤同其易之門本亦作其易之門户斷矣丁亂切之分
符問切章末注同著矣張慮切見矣賢遍切注同縣象音玄雨施
始鼓切相摩本又作磨末何切京云相磑切也磑音古代切馬云摩切也鄭注禮記云迫也迫音百相
盪衆家作蕩王肅音唐黨切馬云除也桓云動也唯韓云相推盪鼓之虞陸董皆云鼓鼓動也霆
王肅呂忱音庭徐又徒鼎切又音定京云霆者雷之餘氣挺生萬物也說文同蜀才云凝爲電運行姚作違行
大始音泰王肅作泰坤作虞姚作坤化姚云化當爲作易知以豉切訖章末同鄭荀董竝音亦
簡能如字姚云能當爲從而成位乎其中馬王肅作而易成位乎其中繫辭
音系卷内皆同焉而明吉凶虞本更有悔吝二字迭田節切剛柔者晝
夜之象虞作晝夜者剛柔之象三極陸云極至也馬云三統也鄭韓云三才也王肅云陰陽剛柔仁
義爲三極能見賢遍切易之序也陸云序象也京云次也虞本作象所樂
大ㄅ十五　小五ㄅ十　周易音義　二十五　應德
音岳適會也虞本作所變而玩王亂切研玩也馬云貪也鄭作翫祐之音又後同爻者户交
反說文云交也小疵除才斯切馬云瑕也辯吉凶如字京云明也虞董姚顧蜀才竝云別也音彼
列切見乎賢遍切乎介音界注同王肅干韓云纖介也纖息廉切震
无咎馬云震驚也鄭云懼也王肅韓云動也周云救也險易以豉切注同京云險惡也
易善也之否備鄙切天地準如字京云準等也鄭云中也平也
弥如字本又作彌綸音倫京云弥遍綸知也王肅云綸纏裹也荀云弥終也綸迹也
天下之道一本作天地俯以音甫察於一本作觀於反
終鄭虞作及終之說如字宋衷始銳切云舍也烟音因
熅紆云切盡聚津忍切下同知周音智注同道濟
如字鄭云道當作導不流如字京作留樂天音洛注同
虞作變天功贍涉豔切範圍鄭云範法也馬王肅張作

凝爲電【法】凝盧改疑，是

犯違張云犯違猶裁成也而知如字荀爽荀柔之明僧紹音智以上時掌反之稱尺證反下章及注同知者音智下之知注知者其知仁知並同其分符問反鮮矣悉淺反注同師說云盡也鄭作尠馬鄭王肅云少也藏諸才剛反鄭作臧云善也衣於既反被皮寄反則有經營之功也本亦无功字一本功作迹成象蜀才作盛象爻法胡孝反馬韓如字云放也蜀才作效形詰去吉反大虛音泰下大極同欻爾況勿反自造在早反下同稱極尺征反爲稱尺證反不禦魚呂反禁止也乎迩本又作邇音尒也專如字陸作塼音同也翕虛級反斂也也闢婢亦反開也易簡以豉反知崇音智注同禮蜀才作體卑必彌反本亦作埤徐音婢下同賾仕責反下同九家作冊京作嘖云情也典禮京作等禮姚作典體以斷丁亂反下注同惡也於嫁反荀作亞亞次也又烏路反馬鄭烏洛反並通言天下之至動而不可亂也衆家本並然鄭本作

周易音義　二十六　黃口

至嘖云嘖當爲動九家亦作冊可遠袁万反之惡烏路反錯之七各反議之陸姚桓玄荀柔之作儀之則盡津忍反子和胡卧反注同靡之本又作縻亡池反徐又亡彼反京作劘行發下孟反下同見乎賢遍反樞尺朱反王廙云戶樞也一云門臼機王廙云弩牙也先號戶羔反咷道羔反或默亡北反字或作嘿利斷丁亂反王肅丁管反其臭昌又反初六藉在夜反下同用白茅卯交反无咎或以此爲別章今不用苟錯七故反本亦作措可重直勇反愼斯術也時震反鄭干同一本作順師用義鄭云術道不德鄭陸蜀才作置鄭云置當爲德下人遐嫁反後同爲階姚作機爲易者本又云作易者乘釁許覲反致寇至徐或作戎宋衷云戎誤乘也者如字一讀繩證反慢藏才浪反誨如字教也虞作悔謂悔恨冶容音也鄭陸虞姚王肅作野言妖野容儀教誨淫泆也王肅云作野音也

稱，尺征反【法】征當作徵

專，陸作塼【法】塼盧改搏，是

之惡【法】盧校之惡二字倒

縻，本又作靡【法】盧校靡作正，縻作注，互易

下，遐嫁反。後同【法】盧校後同二字疑衍

冶，音也。王肅云，作野，音也【法】末七字盧云衍文

大衍延善反又注演同鄭云衍演也千云合也王廙蜀才云廣也 大極音泰 掛一卦買反别也王肅音卦 揲時設反案揲猶數也說文云閱持也一音思頰反徐音息列反鄭云取也 歸奇紀宜反注下同 於扐郎得反下同馬云指間也荀柔之云別也 後掛京作卦云再扐而後布卦 之策初革反字亦作筴 當如字下同 期本又作朞音基同 而伸本又作信音身 而長丁丈反 德行下孟反 酬市由反徐又音疇 酢在洛反京作醋 與祐音又助也馬云配也荀作侑 聖人之道明僧紹作君子之道 以言者下三句無以字一本四句皆有 如嚮許兩反又作響 能與音預下及注同 參伍七南反 錯七各反 綜宗統反 天地之文一本作天下虞陸本作之爻 无籌直周反 研蜀才作揅 幾也如字本或作機鄭云機當作幾幾微也 夫易開王肅作闓音同 物成務一本無夫易二字 冒天莫報反注同覆也 以斷丁亂反下二章同 著音尸 圓而本又作員音同 方以知音智注同下知以藏知注神知皆同 有分符問反 易以以豉反韓音亦謂變易 貢如字告也

周易音義　二一　徐本

京陸虞作工荀作功 洗心劉瓛悉殄反盡也王肅韓悉禮反京荀虞董張蜀才作先石經同 洗濯直角反 藏往如字劉作臧善也 能與音預 不殺馬鄭王肅干所戒反師同徐所例反陸韓如字 者夫音符下同 齊戒側皆反注同 以神明其德夫荀虞顗絕句衆皆以夫字爲下句一本無夫字 闔戶胡臘反 闢戶婢亦反王肅甫亦反 施生始豉反 見乃賢遍反 是故易有大極大音泰注同大極无也馬云北辰也王肅云此章首獨言是故者惣衆章之意 无稱之稱並尺證反 縣象音玄 探吐南反 賾九家作冊 索隱色白反 亹亹亡偉反 莫善乎蓍龜本亦作莫大 見吉賢遍反 河出如字又尺遂反下同 洛出王肅作雒漢家以火德王故從各隹 又以尚賢也鄭本作有以 子曰書不盡如字又津忍反下同 之縕紆粉反徐於憤反王肅又於問反 之奧烏報反 而上時掌反 而錯七故反注同本又作措 之賾本亦

衍，又注演同【法】注蓋作之譌

揲，徐音息列反【法】揲讀舌尖音，當變邪紐，而徐音息列反，則心邪之混殆仙民時已然

酬，徐又音疇【法】徐又音疇，此澄、禪之混

夫，音符，如字【法】如字二字盧改下同，是

洛，王肅作雒，從各佳【法】佳當作隹

緼，紆粉反，徐於憤反【法】紆粉與於憤同。此與《巽卦》之愠均不可解

之奧【法】之盧改淵。陸蓋避唐諱致譌也

作之至賾 而裁 音才本又作財 默而成 本或作默而成之 德行 下孟切

繫辭下第八

而重 直龍切注同 明治 直吏切 繫辭 音係卷內皆同 而命 孟作明

或否 備鄙切 而斷 丁亂切 則見 賢遍切下及注皆同 趣時 七樹切

貞勝 姚本作貞稱 乎累 劣僞切 殉吉 辭俊切後同 未離 力智切

盡會 津忍切下同 貞觀 官煥切又音官 貞夫 音符 確然 苦角切馬韓云

剛皃說文云高至 人易 以豉切下注同 隤然 大回切馬韓云柔皃也孟作退陸董姚作妥

像此 音象 施生 始豉切 大寶 孟作保 曰人 王肅卞伯玉桓玄明

僧紹作仁 禁民 音金又金鴆切 包 本又作庖白交切鄭云取也孟京作伏

犧 許宜切字又作羲鄭云鳥獸全具曰犧孟京作戲云伏服也戲化也 氏 包犧氏大

皞三皇之最先 之王 于況切 不窕 九又切 為罟 音古馬姚氏

小五百卅 大百卅八 周易音義 廿八 滕慶

网也黃本作為网罟云取獸曰网取魚曰罟 以佃 音田本亦作田 以漁 音魚本亦作魚

又言庶切馬云取獸曰佃取魚曰漁 斲木 陟角切 為耜 音似京云耒下耓也陸云廣五

寸耓音勑丁切 為耒 力對切京云耜上句木也說文云耜曲木垂所作字林同力佳切徐力猥切垂

造作也本或揉木為之耒耨非 耒耨之利 奴豆切馬云鉏也孟云耘除草 為市 世本云祝融為

市宋衷云顓頊臣也說文云市時止切 噬 市制切 嗑 胡臘切 不解 佳賣切 易窮則

變變則通通則久 一本作易窮則變變通則久 祐之 音又本亦作佑 下治 直吏切章

末 以別 彼列切一本作辯

同 挎 本又作刳口孤切徐音口溝切 掞 以冉切本亦作剡 楫 本又作檝將輒切下同徐音集

又子入切方言云楫謂之橈或謂之櫂說文云楫舟櫂也 致遠以利天下 一本無此句 諸渙 音喚 以利

天下蓋取諸隨 一本無以利天下一句 重門 直龍切 柝 他洛切馬云兩木相擊以行夜說文

作欜字林他各切同 暴客 白報切鄭作虣 斷木 丁緩切又徒緩切斷斷絕 為杵 昌呂切 掘地 其月

切又其勿切 為臼 求酉切 為弧 音胡說文云木弓 剡木 以冉切字林云銳也因冉切 諸睽 苦圭切又音圭 則

觀，官換反【法】換盧改唤，是

卜伯玉【法】卜盧改卞，是

耒，《說文》云：耜曲木。《字林》同，力佳反。本或揉木爲之耒耨，非【法】盧校耜改耒，下增手耕二字。佳改隹，本或下增作字。力佳反誤，《玉篇》力對切

垂造作也【法】垂造作也四字疑衍

剡木，以冉反。《字林》因冉反【法】此與《玉藻音義》因冉反並囙冉之譌。《聘禮》引徐邈才冉反。古從、邪二紐互通，故《字林》囙冉也。喻、邪最近，影則遠矣，況他處亦無用因字爲紐者

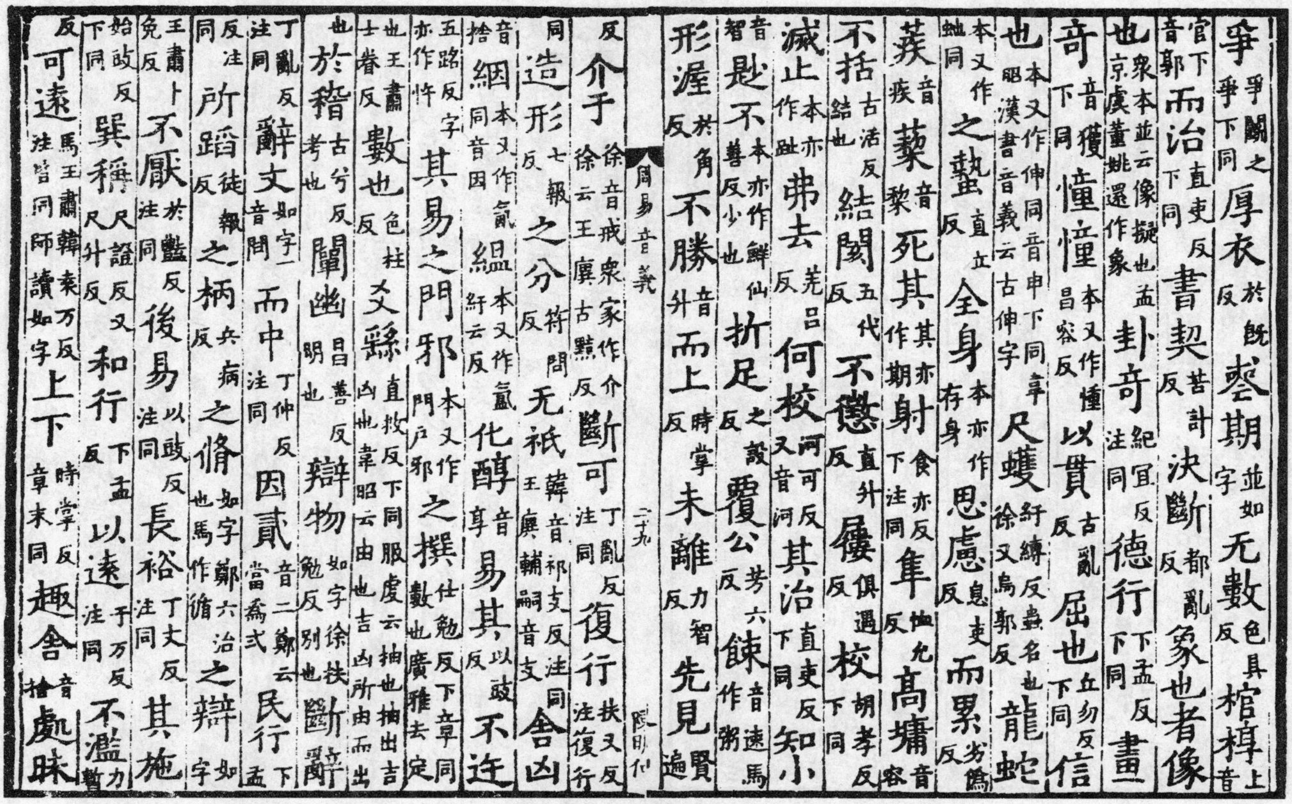

爭〔爭鬭之爭下同〕厚衣〔於既反〕㫷期〔並如字〕无數〔色具反〕棺槨〔上音

官下音郭〕而治〔直吏反下同〕書契〔苦計反〕決斷〔都亂反〕彖也者像

也〔衆本並云像擬也孟京虞董姚還作象〕卦奇〔紀宜反注同〕德行〔下孟反下同〕畫

奇〔音獲下同〕憧憧〔本又作惷昌容反〕以貫〔古亂反〕屈也〔丘勿反下同〕信

也〔本又作伸同音申下同章昭漢書音義云古伸字〕尺蠖〔紆縛反蟲名也徐又烏郭反〕龍蛇

〔本又作蟄同〕之蟄〔直立反〕全身〔本亦作存身〕思慮〔息吏反〕而累〔劣僞反〕

蒺〔音疾〕蔾〔音黎〕死其〔其亦作期〕射〔食亦反下注同〕隼〔恤允反〕高墉〔音容〕

不括〔古活反結也〕結閡〔五代反〕不懲〔直升反〕屨〔俱遇反〕校〔胡孝反下同〕

滅止〔本亦作趾〕弗去〔羌呂反〕何校〔河可反又音河〕其治〔直吏反下同〕知小

〔音智〕匙不〔本亦作鮮仙善反少也〕折足〔之設反〕覆公〔芳六反〕餗〔音速馬作粥〕

形渥〔於角反〕不勝〔音升〕而上〔時掌反〕未離〔力智反〕先見〔賢遍〕

周易音義　二十九　陸明仁

〔反〕介于〔徐音戒衆家作介徐云王廙古黠反〕斷可〔丁亂反注同〕復行〔扶又反注復行〕

〔同〕造形〔七報反〕之分〔符問反〕无祇〔韓音祁支反注同王廙輔嗣音支〕舍凶

〔音捨〕絪〔本又作氤同音因〕縕〔本又作氳紆云反〕化醇〔音享〕易其〔以豉反〕不迮

〔五路反字亦作忤〕其易之門邪〔本又作門戶邪〕之撰〔仕勉反下章同數也廣雅去定〕

〔也王肅士眷反〕數也〔色柱反〕爻繇〔直救反下同服虔云抽也抽出吉凶也韋昭云由也吉凶所由而出〕

〔也〕於稽〔古兮反考也〕闡幽〔昌善反明也〕辯物〔如字徐扶勉反別也〕斷辭

〔丁亂反注同〕辭文〔如字一音問〕而中〔丁仲反注同〕因貳〔音二鄭云當爲式〕民行〔下孟

反注同〕所蹈〔徒報反〕之柄〔兵病反〕之脩〔如字鄭六治也馬作循〕之辯〔如字〕

〔王肅卜免反〕不厭〔於豔反注同〕後易〔以豉反注同〕長裕〔丁丈反注同〕其施

〔始豉反下同〕巽稱〔尺證反又尺升反〕和行〔下孟反〕以遠〔于万反注同〕不濫〔力暫

反〕可遠〔馬王肅韓袁万反注皆同師讀如字〕上下〔時掌反章末同〕趣舍〔音捨〕虧昧

蔾，音黎【法】蔾當作蔾

數，色柱反【法】柱盧改主，是

辯，如字，徐扶勉反【法】扶勉反即如字也。説見《乾》

音妹 而揆 葵癸反，度也 其方 馬云方道 能循 似倫反 以度 待洛反 以要
一遥反，下文要終同 其要 於妙反 易知 以豉反 撰德 鄭作算，云數也 噫 於其反，王[illegible]力反
辭也，馬同 亦要 一妙反，絕句，又一遥反，則句至吉凶 則居 馬如字，處也，師音同，鄭、王肅音基，辭 知者
音智 彖辭 吐亂反，馬云彖辭卦辭也，鄭云爻辭也，周同，王肅云彖舉象之要也，師說通謂爻卦之辭也，一云即
夫子彖辭 則思 息吏反 貫之 古亂反 轉近 附近之近，下章以近同 而上 時掌反
須援 于眷反 剛勝 升證反，一音升 勝其 音升 閑邪 似嗟反 其當 如字
下當文王同 紂 直又反 蒙難 乃旦反 能亨 許庚反 易者 以豉反，注同 其
治 直吏反 德行 下孟反，下德行同 易以 以豉反，下注險易同 知阻 莊呂反 能說
音悅，注同 亹亹 亡偉反，鄭云汲汲也，王肅云勉也 役思 息吏反 探 吐南反 射 食亦反
反 不厭 於豔反 以盡 津忍反，下同 愛惡 烏路反，注同，鄭烏洛反 泯然 亡忍反
比爻 毗至反 辭枝 音支 誣善 音無

周易音義 三十 昌

周易說卦第九

幽贊 本或作讚，子旦反，幽深也，贊明也 著 音尸，說文云：蒿屬，生千歲三百莖，易以為數，天子九尺，諸侯七尺，大
夫五尺，士三尺。毛詩草木疏云：似藾蕭，青色，科生。鴻範五行傳云：蓍百年一本生百莖。論衡云：七十歲生一莖，七百歲生十神
靈之物，故生歷也。史記云：生滿百莖者，其下必有神龜守之，其上常有雲氣覆之。淮南子云：上有叢蓍，下有伏龜 如
嚮 香兩反，本又作響 參 七南反，又如字，音三 天 或作大，者非 而倚 於綺反，馬云依也，王肅其綺反，云立
也，虞同，蜀才作奇，通 數 色具反 參奇 紀宜反 觀變 一本作觀變化 發揮 音輝，鄭云
揚也，王廙、韓云散也 盡性 津忍反 要其 一遥反 迭用 田節反 六位而成
章 本又作六畫 相薄 旁各反，陸云相附薄也，馬、鄭、顧云薄入也 相射 食亦反，虞、陸、董、姚、王
肅音亦，云厭也 數往 色具反，又色主反 而數 色主反，下文同 晅 況晚反，京云乾也，本又作烜，徐古鄧
切，又一音香元反 以說 音悅，後皆同 嚮明 許亮反 而治 直吏反 妙萬物
如字，王肅作眇，音妙，董云眇成也 橈 徐乃飽反，王肅乃教反，又呼勞反 熯 王肅云呼但反，火氣也，徐本作暵，音

紂，直又反【法】又蓋久之譌，《廣韻》紂不讀去聲

亹亹，鄭云：汲汲也【法】汲汲盧改没没，是

漢云熱暵也說文同　莫盛是政反鄭音成云裹也　水火不相逮音代一音大計反鄭宋陸王肅
王廙無不字　悖必內反逆也　爲豕京作彘　爲狗音苟　一索色白反下同馬云數也王肅云
求　長男丁丈反下長女長子皆同　中男丁仲反下同　少男詩照反下少女皆同　爲圜
音圓　瘠在亦反下同王廙云健之甚者爲多骨也京荀作柴云多筋幹　駁邦角反　爲釜房甫反
爲吝京作遴　嗇音色　爲柄彼病反　爲龍如字虞干作駹虞云倉色干云雜色
爲旉王肅音孚干云花之通名鋪爲花皃謂之藪本又作専如字虞同姚云専一也鄭市戀反　蒼筤
音郎或作琅通　萑音丸廣雅云藡也藡音狄　葦韋鬼反蘆　馵主樹反京作朱荀同陽在下　的
丁歷反說文作馰　顙桑黨反的顙白顛　反生麻豆之屬反生戴莩甲而出也虞作阪云陵坂也陸云阪
當爲反　蕃音煩　鮮息連反　爲臭昌又反王肅作爲香臭　寡髮如字本又作宣
黑白雜爲宣髮　爲廣如字鄭作黃　爲近附近之近　三倍步罪反　其究九又
反　矯紀表反一本作撟同　輮如九反王肅奴又反又女九反下又如又反馬鄭陸王肅本作此宋衷王廙作揉宋云使曲者
淺　周易音義　三王　方五
直直者曲爲揉京作柔荀作橈　弓輪姚作倫　美脊精亦反　爲亟紀力反王肅去
記反荀作極云中也　爲薄旁博反　蹢徒低反　爲曳以制反　眚生領反王廙云病
甲冑直又反　乾卦古丹反鄭云乾當爲幹陽在外能幹正也董作幹　鱉卑列反本又作鼈同
蟹戶賣反　蠃力禾反京作螺姚作蠡　蚌步項反本又作蜯同　科苦禾反空也虞作折　槁
苦老反鄭作槀干作熇　爲徑古定反　果蓏力火反馬云果桃李之屬蓏瓜瓠之屬應劭云木實曰果
草實曰蓏說文云在木曰果在地曰蓏張晏云有核曰果無核曰蓏京本作果墮之字　閽音昏　寺如字徐音侍亦
作閽字　黔其廉反徐音禽王肅其嚴反鄭作黚謂虎豹之屬貪冒之類　喙況廢反徐丁遘反　爲
堅多節一本無堅字　爲巫亡符反　附決如字徐音穴　剛鹵力杜反鹹土也
爲羊虞作羔此六子依求索而爲次第也本亦有以三男居前三女後從乾健也章至此韓無注或有注者非也荀
爽九家集解本乾後更有四爲龍爲直爲衣爲言巛後有八爲牝爲迷爲方爲囊爲裳爲黃爲帛爲漿震後有三爲王爲鵠爲
鼓巽後有二爲楊爲鸛坎後有八爲宮爲律爲可爲棟爲叢棘爲狐爲蒺藜爲桎梏離後有一爲牝牛艮後有三爲鼻爲虎

中，丁仲反【法】中據《廣韻》當直衆切。本書尚未見此音，殆陸氏不爾耶

倉色【法】倉當作蒼

筤【法】《五經文字》作筤，盧本改從艹，非

麻豆【法】麻盧改豌

蟹，戶賣反【法】賣盧改買

黔，其廉反。其嚴反【法】其嚴、其廉疊，嚴分部也〇喙，徐丁遘反【法】徐丁遘反，其本作喙也。又案徐與古韻合，今作竹又反，非也

狐死後有二爲常爲輔頻注云常西方神也不同故記之於此

周易序卦第十

之稱直吏反本或作稚　爭興爭鬬之爭下同　所比毗志反下注同　所畜敕六反本亦作

蓄下及雜卦同　以否備鄙反下同　以觀官喚反　亨則許庚反鄭許兩反徐音向同

實喪息浪反　所錯七各反注同徐七路反　之緼紆粉反本又作薀　遠小人

袁万反　有難乃旦反下同　以解音蟹下同　決邪似嗟反　而上時掌反　去

故起呂反下同　以和胡卧反又如字　齊才細反又如字　若長丁丈反　說音悅下及

注同　行過下孟反

周易雜卦韓云雜糅衆卦也孟云雜亂也第十一

雜糅如又反　比毗志反下同　樂音洛注同　臨觀古亂反　屯見賢遍反注及下

皆同鄭如字　經綸本又作論音倫又力門反　上升時掌反下文離上并注同　豫怠如字姚同京作

周易音義　三三　張謹

治虞作怡　則飭音敕注同整治也鄭本王肅作飾　剥爛老旦反　晝也竹又反　誅

也荀云誅滅也陸韓云傷也　解音蟹　難也乃旦反　衆荀作終　去故起呂反　豐

多故衆家以此絕句　親寡旅也荀本豐多故親絕句寡旅也別爲句　道長丁丈反

周易略例此是輔嗣所作既釋經文故相承講之今亦隨出音焉或有題爲第十者後人輒加之耳

明彖　動不能制動一本作天地不能制動　貞夫音符後皆同

琁悉全反又作旋　璣音機本又作機或作璣　輻音福　湊千豆反　則思息吏反　可

遠于万反　能渝羊朱反　至賾仕責反　能與音預　觀彖以斯

一本作以彖觀之

明爻通變　好靜呼報反　度量音亮　朝直遙反　廷音定　必

比毗志反　隆墀本又作坻直其反坻蟻冢　遠壑火各反　而濟一本作而載　能

說音悅　善邇善又作繕　愛惡烏路反次章同　語成而後有格舊本如此

亨，徐音向【法】音向未詳

琁，悉全反【法】《廣韻》琁、旋並似宣切，此讀心紐，非

墀，直其反【法】墀、其不同部，《廣韻》直尼切

一本括作括能與音餘
明卦適變通爻本又作明卦通變適爻又一本直云適變通爻否泰備鄙反險
易以豉反章內同於斷丁亂反要其一遙反辟險音避本亦作避後章同比
復毗志反好先呼報反侮妻云甫反故當如字其介音界本又作分扶問反
明象觀意本亦作見意猶蹄音啼在兔他故反字又作菟筌者七全反筌
辟事見莊子重畫直龍反下胡麥反下同應健音鷹滋漫末半反縱復扶又反
辯位繫辭戶計反下同位分扶問反下同去初羌呂反無六爻無亦作損
略例下舊本如此本或無下字
率音類又音律又所律反相比毗志反險易以豉反之行下孟反去六羌呂反
見咥直結反所怨紆万反又紆元反
卦略凡十一卦

周易音義　三十三

屯難乃旦反遯明夷卦同所馮皮冰反本亦作憑蒙陰昧音妹不諮本亦作資四
遠袁万反觀明夷卦同初比毗志反履不處謂陽爻不處其位爲美履者禮
也今雜卦無此句韓注有或傳寫者誤臨剛長丁丈反遯卦同觀古亂反以所見
一本所作知以近附近之近明夷卦同大過棟橈乃孝反拯弱拯救之拯同
好呼報反所贍常豔反褊矣必淺反遯浸子鴆反長張丈反難
在乃旦反亨在許庚反大壯觸昌錄反藩扶袁反明夷最遠
于万反最近附近之近而難乃旦反能溺寧歷反睽最見賢遍
反豐卦同洽乃咸夾反本又作合豐惡闇烏路反之沛步貝反又普貝反之蔀
步口反明昧音妹本亦作妹又作沬皆末貝反下文同無與如字又音預折其之舌反
經典釋文第二

贍，常豔反【法】常盧改市

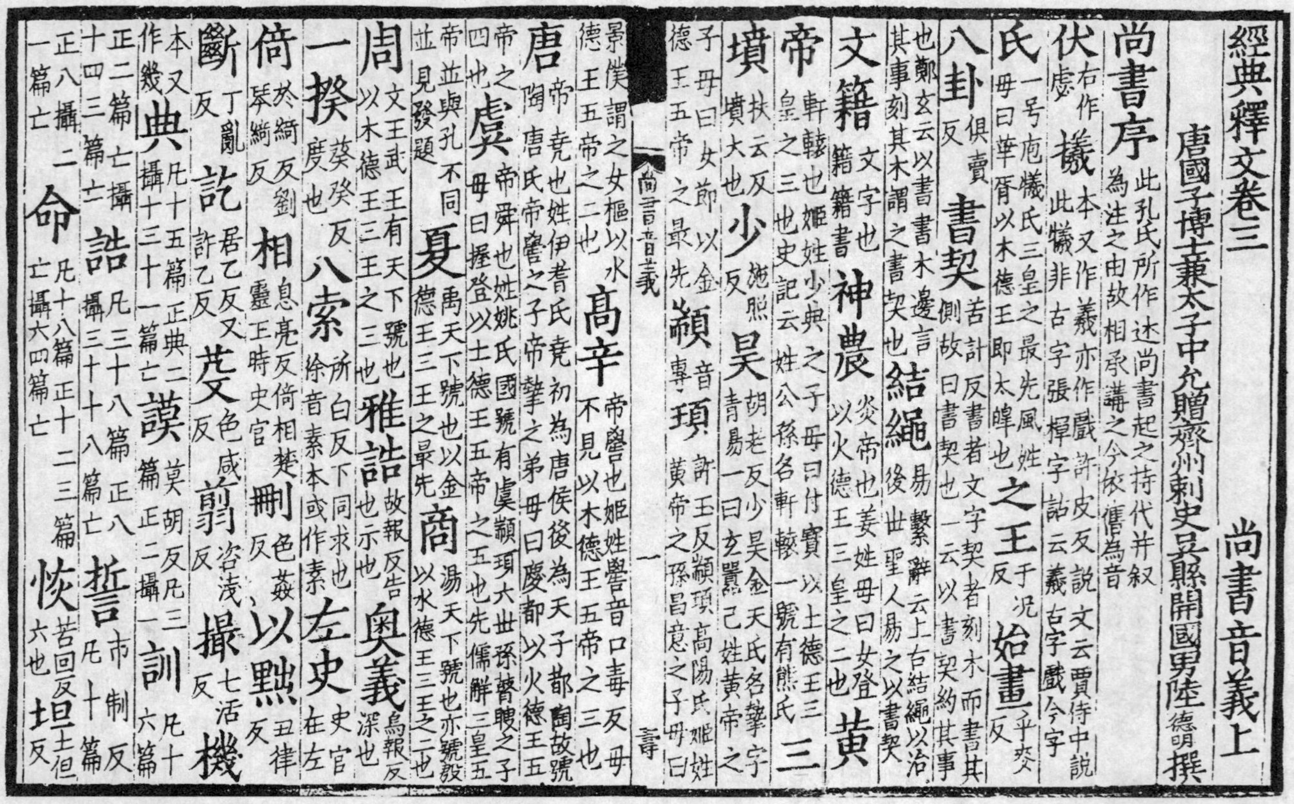
經典釋文卷三　尚書音義上

唐國子博士兼太子中允贈齊州刺史吳縣開國男陸德明撰

尚書序 此孔氏所作述尚書起之持代并叙為注之由故相承講之今依舊為音

伏 右作虙 犧 本又作羲亦作戲許皮反說文云賈侍中說此犧非古字張揖字詁云羲古字戲今字 氏 一号庖犧氏三皇之最先風姓母曰華胥以木德王即太皞也 之王 于況反 始畫 乎麥反

八卦 俱賣反 書契 苦計反書者文字契者刻木而書其側故曰書契也一云以書契約其事也鄭玄云以書書木邊言其事刻其木謂之書契也 結繩 易繫辭云上古結繩以治後世聖人易之以書契

文籍 文字也籍籍書 神農 炎帝也姜姓母曰女登以火德王三皇之二也 黄帝 軒轅也姬姓少典之子母曰付寶以土德王三皇之三也史記云姓公孫名軒轅一號有熊氏 三墳 扶云反墳大也 少 詩照反 昊 胡老反少昊金天氏名摯字青陽一曰玄囂己姓黄帝之子母曰女節以金德王五帝之最先 顓 音專 頊 許玉反顓頊高陽氏姬姓黄帝之孫昌意之子母曰景僕謂之女樞以水德王五帝之二也 高辛 帝嚳也姬姓嚳音口毒反母不見以木德王五帝之三也

唐 帝堯也姓伊耆氏堯初為唐侯後為天子都陶故號陶唐氏帝嚳之子帝摯之弟母曰慶都以火德王五帝之四也 虞 帝舜也姓姚氏國號有虞顓頊六世孫瞽瞍之子母曰握登以土德王五帝之五也先儒解三皇五帝並與孔不同並見發題 夏 禹天下號也以金德王三王之最先 商 湯天下號也亦號殷以水德王三王之二也

周 文王武王有天下號也以木德王三王之三也 雅誥 故報反告也示也 奧義 烏報反深也

一揆 葵癸反度也 八索 所白反下同求也徐音素本或作素 左史 史官在左

倚 於綺反劉琴綺反 相 息亮反倚相楚靈王時史官 刪 色姦反 以黜 丑律反

斷 丁亂反 訖 居乙反又許乙反 芟 色咸反 翦 咨淺反 撮 七活反 機 本又作幾

典 凡十五篇正典二攝十三十一篇亡 謨 莫胡反凡三篇正二攝一 訓 凡十六篇正二篇亡攝十四三篇亡 誥 凡三十八篇正八攝三十十八篇亡 誓 市制反凡十篇正八攝二一篇亡 命 凡十八篇正十二三篇亡攝六四篇亡 恢 苦回反六也 坦 土但反

尚書音義　一　壽

法偉堂經典釋文校記遺稿卷三　尚書音義上

清法偉堂著　邵榮芬編校

張楫【法】楫當從扌

三王五帝【法】三王盧本改三皇，是

多與孔不同【法】多與孔不同，《注疏》誤作與孔子同。阮校云：子當作君。亦誤

芟，色咸反【法】《周頌·載芟》音所銜反，與《廣韻》合。此作色咸反，疑誤

正二篇亡【法】正下盧補三字，是

秦始皇名政二十六年初并六國自號始皇帝焚書坑苦庚反儒焚詩書在
始皇之三十四年坑儒在三十五年逃難乃旦反解音蟹學校戶教反詩箋云鄭國謂學為校闡
尺善反大也明也濟子禮反郡名也伏生名勝年過右卧反後同以傳直專反下傳之子孫同
裁二十餘篇即馬鄭所注二十九篇是也魯共音恭亦作龔又作恭共王漢景帝之子名餘
好治呼報反下好占同壞音怪下同字林作㲉云公褱反毀也及傳謂春秋也一云周易十翼非經
謂之傳論語上如字又音倫科斗上若禾反科斗蟲名蝦蟆子書形似之隸古上音麗謂
用隸書寫古文增多伏生二十五篇謂虞書大禹謨夏書五子之歌胤征商書
仲虺之誥湯誥伊訓太甲三篇咸有一德說命三篇周書泰誓三篇武成旅獒微子之命蔡仲之命周官君陳畢命
君牙冏命合於舊音閤又如字下同皐音高本又作咎陶音遥本又作繇盤步干反本又作般
復出上扶又反下同凡五十九篇即今所行五十八篇其一是百篇之序其餘
錯亂磨滅謂虞書汩作九共九篇槀飫夏書帝告釐沃湯征汝鳩汝方商書夏社疑至臣扈典寶明

居肆命祖后沃丁咸乂四篇伊陟原命仲丁河亶甲祖乙高宗之訓周書分器旅巢命歸禾嘉禾成王政將蒲姑肅慎之命
亳姑凡四十二篇亡悉上特掌反詔爲于僞反覃徒南反深也思息嗣反探
本又作采摭之石反一音之若反敷芳夫反暢丑亮反序所以爲于僞反又如字
義見賢遍反各冠工亂反巫音無蠱音古事漢武帝末征和中江充造
蠱敗戾太子故經籍道息焉貽以之反遺也
堯典第一虞書此十六篇十一篇亡五篇見存孔氏傳傳即注也
以傳述為義舊說漢以前稱傳
昔古也堯唐帝名馬融云謚也翼善傳聖曰堯聰千公反思息嗣反又如字下同著張慮
反遁本又作遯徒遜反退也避也禪時戰反讓也授也放方往反注同徐云鄭王如字勳
許云反功也馬云放勳堯名皇甫謐同一云放勛堯字欽明文思馬云威儀表備謂之欽照臨四方謂之明
經緯天地謂之文道德純備謂之思被皮寄反徐扶義反名聞音問本亦作問溢音逸九族上自高祖

被，皮寄反，徐扶義反【法】皮寄與扶義同，易徐者，改類隔爲音和也

下至玄孫凡九族馬鄭同 黎力兮反 羲和馬云羲氏掌天官和氏掌地官四子掌四時 昊胡老反
重直龍反少昊之後 黎高陽之後 日月所會謂日月交會於十二次也寅曰析木卯曰
大火辰曰壽星巳曰鶉尾午曰鶉火未曰鶉首申曰實沈酉曰大梁戌曰降婁亥曰娵訾子曰玄枵丑曰星紀 嵎
音隅馬云嵎海嵎也夷萊夷也尚書考靈耀及史記作禺銕 暘音陽 谷工木反又音欲下同馬云暘谷海嵎
夷之地名 日出於谷本或作日出於陽谷陽衍字 寅徐以眞反又音夷下同 賓如字徐音
殯馬云從也 出日上尺遂反又如字注同 平如字馬作苹普庚反云使也下皆放此 秩如字 日
中貞仲反又如字 殷於勤反馬鄭云中也 七宿音秀同下 畢見賢遍反下同 析
星歷反 孳音字 乳化上儒付反說文云人及鳥生子曰乳獸曰產 申重直用反 南
訛五禾反 昧武內反 冥莫定反 餞賤衍反馬云滅也滅猶沒也 毨先典反說文云仲秋鳥獸
毛盛可選取以爲器用也 分別彼列反下同 隩於六反馬云煖也 氄如勇反徐又而充反又如
充反馬云溫柔貌 辟音避 耎如充反本或作愞音儒 毳尺銳反 曁其器反 朞居其

尚書音義二　三　張淮

反下同 旬似遵反十日爲旬 匝子合反 釐力之反 熙許其反興也 疇直由反 放
方往反注同 胤引信反馬云嗣也 吁況于反徐往付反一音于 嚚魚巾反 訟才用反馬又本作庸
好呼報反下注同 爭爭鬭也 若予音餘又羊汝反 采七在反馬云官也 復求上扶又反 驩
呼端反 兜丁侯反 共工上音恭注同 僝仕簡反徐音撰馬云具也 都 於下音烏 官
稱尺證反 滔吐刀反 漫末旦反下同又末寒反 背音佩 傲五報反下同 很佷懇反
湯湯音傷 洪戶工反 浩浩胡老反 滌大歷反 襄上時掌反 俾必爾
反 僉七廉反又七劒反 曰於音烏 鯀故本反馬云禹父也 朝臣上直遙反 咈扶弗反忿
戾也 方命如字馬云方放也徐云鄭王音放 圮皮美反 戾力計反 异徐云鄭音異孔王音
怡巳也 朕直錦反馬云我也 巽音遜馬云讓也 否方久反不也又音鄙 忝他簟反辱也 不
肖音笑說文云肖骨肉相似也不似其先故曰不肖 錫星歷反 鰥故頑反 虞舜
虞氏舜名也馬云舜謚也舜死後賢臣錄之臣子爲諱故變名言謚 俞羊朱反 德行下孟反下

出日，上尺遂反【法】盧云：上字後人所增，他經無此例，下竝同

餞【法】盧本云：段氏玉裁曰，餞本是淺字，開寶依《唐石經》改爲餞，餞安得訓爲滅乎

耎，如充反【法】充乃兗之譌

鬭也【法】盧校謂鬭也二字亦後人所改

其行同 瞽音古 傲五報反 瞍素后反 之稱尺證反又如字 諧戶皆反 烝
之丞反 姦古顏反 女于上恧據反 妻千計反 嬀居危反 汭如銳反水
之內也杜預注左傳云水之隈曲曰汭 嬪毗人反

舜典第二

王氏注相承云梅賾上孔氏傳古文尚書云舜典一篇時以王肅注頗類孔氏故取王注從慎徽五典以下爲舜典以續孔傳徐仙
氏亦音此本今依舊音之 難乃丹反 曰若稽古帝舜曰重華協
于帝 此十二字是姚方興所上孔氏傳本無阮孝緒七錄亦云然方興本或此下更有濬哲文明溫恭允塞玄德升聞乃命以
位凡二十八字異聊出之於王注無施也 徽許韋反王云美馬云善也 從才容反 八元左傳高辛氏有才子
八人伯奮仲堪叔獻季仲伯虎仲熊叔豹季貍忠肅恭懿宣慈惠和天下之民謂之八元 揆葵癸反 八凱開在反左
傳高陽氏有才子八人蒼舒隤敳檮戭大臨尨降庭堅仲容叔達齊聖廣淵明允篤誠天下之民謂之八凱 來朝
直遥反 麓音鹿王云錄也馬鄭云山足也 愆起虔反 詢音荀 底之履反王云致也馬云定也本

尚書音義上　四　張銷

或作厎非 正月音政又音征 文祖王云文祖廟名馬云文祖天也天爲文萬物之祖故曰文祖 璿音旋
上帝王云上帝天也馬云上帝太一神在紫微宫天之最尊者 禋音因王云絜祀也馬云精意以享也 六
宗王云四時寒暑日月星水旱也馬云天地四時也 墳扶云反 衍下音演 輯徐音集王云合馬云斂也
五瑞垂僞反信也 牧牧養之牧徐音同 巡似遵反徐養純反 守詩救反本或作狩 岱
音代泰山也 柴士皆反爾雅祭天曰燔柴馬云祭時積柴加牲其上而燔之 巡行下孟反 燔
扶袁反又扶云反 瀆徒木反 同律王云同齊也律六律也馬云律法也鄭云陰呂陽律也 度
如字丈尺也 量力尚反注同斗斛也 衡稱也 贄音至本又作摯 纁許云反 復扶又反下
同 還音旋 華戶化反華山在恒農 十有如字徐于救反 至于北岳 如
西 禮方興本同馬本作如初 藝魚世反馬王云禰也 四朝直遥反注同馬王皆云四面朝於方岳之
下鄭云四朝四季朝京師也 敷音孚 肇音兆 十有二州謂冀兗青徐荊揚豫梁雍并幽營也
濬荀俊反 宥音又馬云宥三宥也 扑普卜反徐敷卜反 榎皆雅反 贖石欲反徐音樹 眚所景反 怙

女，而據反【法】《廣韻》尼據切，此作而據，殆類隔也

《古文尚書》云【法】云盧改亡，是

巡，似遵反，徐養純反【法】似遵、養純邪、喻互變也

柴，士皆反【法】《廣韻》柴，士佳切，是也

四季【法】季盧改季，是

扑，普卜反，徐敷卜反【法】扑字易徐者，亦改類隔爲音和也

眚，所景反【法】眚所景反與《廣韻》合，他作所領者，非

音戶恤峻律反憂也共工上音恭左傳少皞氏有不才子毀信廢忠崇飾惡言靖譖庸回服讒蒐慝以誣盛德天下之民謂之窮奇杜預云即共工裔以制反驩呼端反兜丁侯反左傳帝鴻氏有不才子掩義隱賊好行凶德醜類惡物頑嚚不友是與比周天下之民謂之渾敦杜預云即驩兜也帝鴻黃帝也竄七亂反三苗馬王云三苗國名也縉雲氏之後爲諸侯蓋饕餮也左傳縉雲氏有不才子貪于飲食冒于貨賄侵欲崇侈不可盈厭聚斂積實不知紀極不分孤寡不恤窮匱天下之民以比三凶謂之饕餮杜預云縉雲黃帝時官名非帝子孫故以比三凶也貪財曰饕貪食曰餮縉音晉饕土刀反餮他節反殛紀力反鯀故本反左傳顓頊氏有不才子不可教訓不知話言告之則頑舍之則嚚傲很明德以亂天常天下之民謂之檮杌杜預云即鯀也檮杌凶頑無疇匹之貌殂才枯反喪如字又息浪反考妣必履反父曰考母曰妣遏安葛反或音謁八音謂金鍾也石磬也絲琴瑟也竹篪笛也匏笙也土塤也革鼓也木柷敔也匏白交反故復扶又反闢婢亦反徐甫亦反惇音敦之長丁丈反下同而難乃旦反任音壬又而鴆反奮弗運反俞以朱反懋音茂王云勉也馬云美也稽音啓首稽首首至地臣事君之禮契息列反陶

尚書音義二　五

音遙阻莊呂反王云難也播波左反猾戶八反寇苦豆反宄音軌劓魚器反截鼻也剕扶味反刖足也大辟婢亦反死刑也三處昌慮反於朝直遙反垂如字徐音睡共音恭斨七良反伯與下音餘益皐陶子也羆彼皮反寅如字徐音夷夔求龜反胄直又反王云胄子國子也馬云胄長也教長天下之子弟栗戰栗也永徐音詠又如字於如字或音烏而絕句者非拊音撫徐音府堲徐在力反讒切韻士咸反說如字注同徐失銳反殄切韻徒典反行下孟反注同喉音侯黜丑律反北如字又音佩令力呈反釐力之反馬云賜也理也下土絕句一讀至別方字絕句別彼列反分方云反徐扶問反汨音骨共音恭王己勇反法也馬同槀苦報反飫於庶反槀飫亦書篇名也汨作等十一篇同此序其文皆亡而序與百篇之序同編故序今馬鄭之徒百篇之序揔爲一卷孔以各冠其篇首而亡篇之序即隨其次第居見存者之間衆家經文並盡此唯王注本下更有汨作九共故逸故亦作古

大禹謨第三　卷之二

饕，七刀反【法】七乃土之譌

闢，甫亦反【法】甫疑扶之誤。又案甫亦反又見《繫辭》上王肅音，或古有此讀也

波左反【法】左當作佐

讒，《切韻》士咸反【法】案二陸同時，似不得引《切韻》，疑此皆後人羼入

殄，《切韻》徒典反【法】殄字陸每讀去聲，見《益稷》、《多方》等篇。此蓋亦音去聲，校者嫌與今讀不合，故以《切韻》易之。其讒字及《皋陶謨》之惇、憝等字引《切韻》則無可考矣。據盧校，本書成於陳時，《切韻》則成於隋仁壽時，更不相及也

徐云本虞書揔爲一卷凡十二卷今依七志七録爲十三卷 皐音高 陶音遥 矢本又作夫 謨字又作謩 申重直用反下同 文命孔云文德教命也先儒云文命禹名 易以豉反 治直吏反
俞羊朱反 攸音由徐以帚反 寍安也說文安寍如此願辭也 舍音捨 告故毒反 矜居陵反 眷俱倦反 奄於檢反 迪徒歷反 嚮許丈反 應應對之應下應風同 吁況俱反 度徒布反注中度同 虞度下徒洛反後億度同 樂音洛 去起呂反 熙火其反
咈扶弗反 戾連第反 怠音待 惰徒卧反 曰於音烏 歌樂音洛下音 俾必爾反 壞乎怪反 治直吏反 格庚白反 朕直錦反 耄莫報反 倦其眷反 期頤以之反期要頤養也 厭於豔反 懈工賣反 種章用反 降江巷反 治直吏反注下同 當丁浪反又如字 懋音茂 愆起虔反 宥音又 辜音孤 好生上呼報反 儆居領反 重直用反 假工雅反 盡津忍反 爲民于僞反 丕普悲反大也徐甫眉反 聽徐天定反 出如字徐尺遂反 好如字徐許到反 枚音梅 蔽必世反徐甫世反 斷丁亂

尚書音義上一 六 十又五

反 僉七潛反 禁今鴆反又音金 正月音政徐音征 數音朔 濟濟子禮反 蠢春允反 侮亡甫反 慢亡諫反 咎其九反 誥古報反 憚徒旦反一音丹末反 脅許業反 弗屆下音戒 田本或作畋 號戶高反 旻武巾反 慝他則反 載見賢遍反 瞽音古 瞍素后反 夔夔求龜反 齋側皆反 諴音咸 矧失忍反 易以豉反 當丁浪反下同 還音旋經典皆 誕音但 階皆徐音 楯食允反 翳於計反 闡尺善反 洞徒弄反 蠡音禮

皐陶謨第四

爲帝于僞反 夫音扶 治直吏反下同 蹈徒報反 身脩絶句 惇切韻都昆反 當丁浪反下同 亦行下孟反注性行行正直之行同 愿音願 慤切韻苦角反 恪苦各反 擾而小反徐音饒 毅五既反 斷丁亂反 撓女孝反 浚息俊反馬云大也 嚴如字馬徐魚檢反 翕許及反 俊乂馬曰千人曰俊百人曰乂 百僚本又作寮 撫方武反 凝魚凌

寧，安也。《說文》安寧如此，願辭也【法】寧注有脱誤。蓋謂《說文》安寧字作寍，此從丂寧聲者則訓願辭也　○奄，於簡反【法】簡盧改檢，是

戾，連弟反【法】弟盧改悌，是

懈，于賣反【法】于盧改佳，是

儆，居領反【法】儆、領《廣韻》不同部，陸殆收領於梗，故儆亦所領反。抑或儆、眚第字並收於静也

蔽，必世反，徐甫世反【法】必世與甫世同，亦改類隔爲音和也

號，亡高反【法】亡盧改户，是○慝，他側反【法】側乃則之譌

還，經典皆音旋【法】經典皆音旋殊誤。不目所出，而泛言經典，亦與通例不合

嚴，魚簡反【法】簡盧改檢，是

撫，方武反【法】方乃芳之誤

反馬云定也 兢兢居凌反 業業如字徐五荅反 幾徐音機 有典馬本作五
典 有分符問反 有庸馬本作五庸 衷音中 明畏不如字徐音威馬本作威
有知如字徐音智 思息吏反 襄息羊反上也馬云因也案爾雅作儴因也如羊反

益稷第五

當丁浪反本亦作讜當蕩反李登聲類云讜言善言也 思徐如字又息吏反 孜孜音茲 浩浩
戶老反 墊丁念反 昏音務一音茂本或作務 溺乃歷反 予乘下音繩 刊苦安反
輴丑倫反漢書作橇如淳音蕝以板置泥上服虔云木橇形如木箕擿行泥上尸子云澤行乘蕝蕝音子絕反 樏
力追反史記作橋徐音丘遙反漢書作梮九足反 隨行下孟反 槎士雅反下同說文云衺斫又莊下反
暨其器反 鮮徐音仙馬云鮮生也 距音巨 濬思俊反 畎公犬反 澮故外反
廣尺上音光浪反 深尺上尸鴆反下深二仞同 艱工閑反馬本作根云根生之食謂百穀 食
處昌慮反 鼈必滅反 懋音茂 鹽余廉反 烝之丞反 粒音立 治直吏反下同
尚書音義二　二　柱
當丁浪反 好呼報反 惡烏路反又並如字 應應對之應 徯胡啓反 施始鼓反
重直用反 股音古 肱古弘反 觀舊音官又官喚反 蟲直弓反 會馬鄭作繪胡對
反 彝音夷馬同鄭云宗彝虎也 藻音早本又作薻 粉米說文作黺䊶徐本作絣音米
黼音甫白與黑謂之黼 黻音弗黑與青謂之黻 絺徐勑私反又勑其反馬同鄭陟里反刺也 繡
音秀 背音佩 袞工本反 僭子念反 出如字又尺遂反注同 納如字又音內 撻他木反又
他達反 笞勑疑反 颺音揚 否方有反徐音鄙 任汝鴆反 應應對之應 傲五報反字
又作奡 好呼報反 傲五羔反徐五報反注同 額額五客反 殄徒現反 婁促住反
復往上扶又反 呱呱音孤 弗子如字鄭將吏反 度徒洛反 至于五千
馬云面五千里爲方萬里鄭云五服已五千又弼成爲萬里 州十有二師二千五百人爲師鄭云師
長也 要一遙反 薄蒲各反徐扶各反 長丁丈反五長衆官之長 別彼列反 重
美上直用反 夔求龜反 戛居八反徐古八反馬云擽也 球音求 搏音博 拊音撫

宗彝，虎也【法】也盧改蜼，是○粉米，《說文》作黺䊶，徐本作絣，音米【法】徐本六
字宋人校語。陸所據《說文》自作䊶。抑此徐本指仙民本耶　○絺，又勑其反
【法】勑其未詳。蓋以絺、私不同類，故以勑其易之也。《禹貢》可證（榮芬案此條
原與下出條誤倒，今正）　出，勑遂反【法】勑盧改尺，是　撻，他末反，又他
達反【法】他達與他末同，此蓋後人校語　○殄，徒現反【法】殄徒現反，《多方》、
《文侯之命》並同，慧琳《音義》亦有此讀，《廣韻》缺　○弗子，如字，鄭將吏反
【法】將吏反依《廣韻》宜疾置反，又見《樂記》、《祭義》、《中庸》
薄，蒲各反，徐甫各反【法】蒲各亦類隔改爲音和也
戛，居八反，徐古八反【法】居八與古八同，依《廣韻》則徐是也

柷尺叔反所以作樂 敔魚呂反所以止樂 穅音康 歆許金反 鼗音桃 合如字徐音閤

籥余若反 互音冱 見賢遍反下見細器同 鏞音庸 閒閒廁之閒 鳥獸孔以爲自舞也馬云鳥獸筍簴也

蹌七羊反舞貌說文作牄云鳥獸求食聲 迭直結反 韶時昭反 於

于並如字 喜樂下音洛 盡忠上津忍反 颺音揚 屢力具反 省悉井反

數色角反 懈佳賣反 賡加孟反劉皆行反說文以爲古續字 叢才公反 脞倉果反徐音瑣馬云叢揔也脞小也 惰徒卧反 墮許規反

禹貢第一　卷之三　夏書凡九篇五篇亡一云夏書唯四篇

別彼列反 九州周公職録云黃帝受命風后受圖割地布九州鄹子云中國爲赤縣赤縣之內有九州春秋說題辭云州之言殊也 圻其依反 濬思俊反 刊苦安反 任而鴆反 貢字或作贛

之王于況反 敷芳無反馬云分也 汎孚劒反 隨行下孟反 奠田遍反 瀆音獨下同 冀居器反 州九州名義見爾雅音 載如字載載於書也馬同鄭韋昭云載事也 壺

尚書音義二　八

音胡馬云壺口山名 治如字 岐其宜反 雍於用反後州名同 岳字又作嶽太岳山名 陽山南曰陽水北亦曰陽

覃徒南反 厎之履反 衡如字橫也馬云水名 漳音章 近河附近之近

壤女丈反馬云天性和美也 塊苦對反 上如字賦第一 錯倉各反馬云地有上下相錯通率第一

以供音恭 中丁仲反又如字 中馬云土地有高下 肥符非反 瘠在亦反 旣

從才容反 島當老反馬云島夷北夷國 夾音協注同帶也 碣其列反韋昭其逝反 逆上時掌反

篚方尾反 濟子禮反下同 兗悅轉反 九河徒駭一太史二馬頰三覆釜四胡蘇五簡六絜七鉤盤八鬲津九出爾雅

灉徐音邕於用反 沮七餘反 蠶在南反 墳扶粉反後同韋昭音勃憤反起也馬云有膏肥也

繇音遙馬云抽也 十有三載馬鄭本載作年 漆音七

盛音成 漯天荅反篇韻作他合反 岱音代泰山也 嵎音隅 濰音惟本亦作惟又作維

淄側其反 濱必人反 斥徐音尺說文云東方謂之斥西方謂之鹵鄭云斥謂地鹹鹵 涯魚佳反

鹽餘占反 絺勑其反 種章勇反 畎工犬反徐本作畖谷 枲思似反 鉛寅專反字從㕣

蹌【法】蹌盧改牄，是○迭，直結反【法】迭直結反亦類隔也○韶，時昭反【法】盧本誤時招

墳，勃憤反【法】勃、憤同紐。蓋憤字誤

天荅反，《篇》《韻》他合反【法】他合、天荅同。兼稱《篇》《韻》，宋人語也

絺，勑其反【法】絺、其不同部，《廣韻》丑飢切，是也

畎谷【法】畎盧改畖，谷下補也字○鉛，寅專反【法】寅乃與之譌

合音以選反　怪如字　石怪石碱之屬　菜音來　牧牧養之牧徐音目一音茂注同　檿烏簟反山

桑也　汶音問　沂魚依反水名　蓺魚世反　豬張魚反馬云水所停止深者曰豬劉東胡反　埴

市力反鄭作戠徐鄭王皆讀曰熾韋昭音試　漸如字本又作蔪字林才冉反草之相包裹也　包必茅反字或作

苞非叢生也馬云相包裹也　黏女占反　進長丁丈反　叢才公反　燾徒報反覆也　苴

子餘反包裹也　夏行雅反　翟徒歷反　嶧音亦一音夕　泗音四水名　淮夷鄭云淮水

之夷民也馬云淮夷二水名孔傳云淮夷之水本亦有作淮夷二水也　蠙蒲邊反徐扶堅反字又作玭韋昭薄迷反

蚌也　暨其器反　見石上賢遍反　纖息廉反　縞古老反徐古到反　繒似陵反　達

于河如字說文作菏工可反云水出山陽湖陵南　彭蠡下音禮張勃吳錄云今名洞庭湖案今在九江郡界

三江韋昭云謂吳松江錢唐江浦陽江也吳地記云松江東行七十里得三江口東北入海為婁江東南入海為東

江并松江為三江　震澤吳都太湖　底之履反致也史記音致　大湖音太湖　篠西了反

簜徒黨反或作簜他莽反　夭於驕反馬云長也　喬其驕反徐音驕　少詩照反　長丁丈反

短　尚書音義上　九　沈忍

瑤音遥　琨音昆美石也馬本作瓘韋昭音貫　犀細兮反　旄音毛　楩音鞭又婢善反　卉

徐許貴反　橘均必反　柚由究反　裹音果　㳂悅專反鄭本作松松當為㳂馬本作均云均平

朝直遥反　九江尋陽地記云一曰烏白江二曰蚌江三曰烏江四曰嘉靡江五曰畎江六曰源江七曰廩江八

曰提江九曰箘江張須元緣江圖云一曰三里江二曰五州江三曰嘉靡江四曰烏土江五曰白蚌江六曰白烏江七曰箘江

八曰沙提江九曰廩江參差隨水長短或百里或五千里始於鄂陵終于江口會于桑落洲太康地記曰九江劉歆以為湖漢

九水入彭蠡澤也　沱徒何反　潛捷廉反馬云沱湖也其中泉出而不流者謂之潛　雲徐本作云　夢

云弄反一音武仲反徐莫公反　治直吏反　杶勑倫反徐勑荀反木名又作櫄　榦本又作幹故旦反　栝

古活反馬云白栝也　柘章夜反　礪力世反　砥音脂徐之履反韋昭音旨　砮音奴韋昭乃固反　磬

木佐反　簇子木反一音七木反　箘求隕反韋昭一名聆風　簵音路　楛音戶馬云木名可以為箭

毛詩草木疏云楛如荊而赤莖似蓍　近澤附近之近　匭音軌　菁茅上子丁反徐音精馬同鄭云茅

有毛刺曰菁茅　匣胡甲反又音甲　菹切韻側魚反　縮所六反　纁許云反　璣其依反又音機

檿，烏簟反【法】《廣韻》檿收儉，簟收忝。《詩·生民》、《爾雅·釋木》並同

嶧，音亦，一音夕【法】嶧，音夕，喻、邪互變也

蠙，蒲邊反，徐扶堅反【法】蠙音易徐者，改類隔爲音和也

繒，似陵反【法】繒《廣韻》疾陵切，是也。此陸氏從、邪之混

震澤【法】震澤注有誤〇底【法】底盧改厎，是〇大湖，音太湖【法】音盧改作，是

張須无【法】无盧改元，是

杶，勑倫反，徐勑荀反【法】杶音易徐者，嫌杶、荀不同類也

砥，徐之履反，韋昭音旨【法】音旨與徐同

韋昭一名聆風【法】韋昭下盧補云字，是

菁茅，上子丁反，徐音精【法】子丁、音精，此青、清分部。徐氏殆不分也

璣，《玉篇》渠依、居沂二反【法】《玉篇》八字亦後人增

馬同說文云珠不圜也字書云小珠也玉篇渠依居沂二反 組音祖馬云組文也 納馬云入也 江沱
潛漢四水名本或作潛子漢非 逾羊朱反 瀍直然反 澗故晏反 渾音魂又胡
困胡昆二反 沔亡淺反又亡忍反下同陸渾沔池二縣屬河南郡 滎戶扃反滎澤也 波如字馬本
作播榮播澤名 過烏禺反 導音道下同 菏徐音柯又士可反注同韋胡阿反 被皮寄反徐扶義
反注同 孟豬張魚反又音諸左傳爾雅皆作孟諸宋藪澤也 壚音盧說文黑剛土也 絺勑其反
紵直呂反 纊音曠 緜切韻武延反 華胡化反又胡瓜反 岷武巾反 嶓音波徐甫
河反韋音播 旅如字韋音盧 和如字又作龢鄭云和讀曰洹 言治直吏反下同 黎
鄭力兮反徐力私反馬云小䟽也 璆音虯徐又居虯反又閭幼反馬同韋昭郭璞云紫磨金案郭注爾雅鏐即紫磨
金 鐵天結反 鏤婁豆反 熊音雄 羆彼宜反如熊而黃 貍力疑反 罽紀例反
傾窺井反 渭音謂 雍於用反 涇音經 屬之蜀反 汭本又作內同如銳反馬云入也
逮音代 沮七徐反 灃芳弓反 治直吏反 終南終南山名漢書地理志一名太一三秦記

尚書音義上　十　李仲

云又名地肺 惇惇物山名漢書云垂山也 丕普悲反 球音求 琳韋音來金反 琅音郎 玕
音干山海經云崐崘山有琅玕樹 西上時掌反 崐崘下魯門反馬云崐崘在臨羌西 析星歷反馬
云析支在河關西 搜所由反漢書志朔方郡有渠搜縣武紀云北發渠搜是也 髳音謀又音毛西戎國
名 導言道從首起也 岍音牽字又作汧山名一名吳岳馬本作開 底之履反 柱如字韋知
父反又知女反底柱山名在河水中 太行戶剛反又如字 滄音倉 勝音升 傾窺井反 圉
魚呂反 太華如字又戶化反 陪音裴 尾陪尾山名漢書作橫尾 條列如字本或作別
彼列反 漾羊尚反 弱本或作溺 合如字 黎力兮反馬云地名 溢音逸 山見
賢遍反 虢寡白反 孟津如字洛北地名 湊七豆反 伾本又作岯音丕又皮鄙反徐扶
眉反又敷眉反韋音嚭郭撫梅反字或作邳 處昌慮反 降如字鄭戶江反 殺所界反 溢
字又作隘於賣反 渤蒲兀反 浪音郎 澨市制反 觸切韻尺玉反 匯徐胡罪反韋空
為反 沱唐何反 澧音禮 迆以爾反馬云靡也 沇音兖又以轉反 數色住反下同一本作

渾，音魂，又胡困、胡昆二反【法】困乃困之誤，胡困不能成切。　胡昆即音魂，此七字疑亦後增

導，音道【法】盧校云，經本作道，陸音導，是〇荷，又士可反【法】士盧改工，是〇被，皮寄反，徐扶義反【法】被音易徐，說見前

嶓，音波，徐甫河反【法】嶓音易徐，亦改音和也

案郭注《爾雅》璆即紫磨金【法】案郭注十字後人增，詳盧校本

柱，如字，韋知父反，又知女反【法】柱依《廣韻》如字直主切，其知庾切則意同拄。韋音知女切，誤，柱、女不同部也　〇太行【法】太當作大，下並同

伾，音伾。　徐扶眉反，又敷眉反【法】敷眉反與丕音同

匯，韋空爲反【法】韋音空爲，非

沇，音兗，又以轉反【法】兗疑允之誤，否則又字衍

十所 陶音桃 析之設反 灃音豐 翊與職反 鞏恭勇反縣名屬河南郡 隩於六
反玉篇於報反 滌待歷反 陂彼宜反 槎仕雅反 障章尚反 貫工奐反 較
音角 台徐音怡 行下孟反注同 甸田遍反 爲天上于僞反 納如字本又作內
音同下如字 緫音揔 近附近之近 槀故老反 供音恭 飼音嗣 銍珍栗反
穗字亦作穟音遂 秸本或作稭工八反馬云去其穎音鞂 男任而針反又而鴆反 任王上而
鴆反又而針反 同爲于僞反 綏息遺反 揆葵癸反 度待洛反 奮方問反
要一遥反 束如字一音來 夷馬云易也 差初佳反又初賣反 漸子廉反 被皮寄
反 朔南朔北也 皆與音預 朝直遥反 見賢遍反 訖斤密反

甘誓第二

啓禹子嗣禹爲天子也 扈音戶有扈國名與夏同姓馬云姒姓之國爲無道者案京兆鄠縣即有扈之國
也 甘有扈郊地名馬云南郊地也甘水名今在鄠縣西 誓馬云軍旅曰誓會同曰誥 其將子匠

尚書音義上　十一

反 侮亡甫反 正如字徐音征馬云建子建丑建寅三正也 惰徒卧反 勦子六反玉篇子小反
馬本作巢與玉篇切韻同 罰音伐 御魚慮反 戮音六 北如字又音佩軍走曰北 孥
音奴子也 累劣僞反

五子之歌第三

五人五子名字書傳無聞仲康蓋其一也 須馬云止也 汭如銳反本又作內音同 逸本又作佾
豫本或作忬音同 黎力兮反 喪息浪反 盤步干反本或作槃 度如字 樂音洛
畋音田 羿五計反徐胡細反 距音巨 以從如字或作子用反非 徯胡啓反 近
附近之近 分扶問反 三失上如字又息暫反 不見賢遍反 懍力甚反 朽許久
反 索息洛反 馭音御 腐扶甫反 甘一音戶甘反 嗜市志反 峻思俊反
牆慈羊反 猒於鹽反又於豔反 底之履反 貽以之反 遺唯季反 覆芳服反
供音恭 曷戶割反 鬱音欝 陶音桃鬱陶憂思也 忸女六反 怩女姬反徐乃私

納，如字，本又作內，音同。下如字【法】下疑又之譌

緫，音揔【法】緫音揔，以俗字音正字也

秸，本或作稭，工八反。馬云：去其穎，音鞂【法】稭、鞂二字必有一誤，否則不應不言異文。音疑曰之誤

束，如字，一音來【法】音疑作之誤

訖，斤密反【法】《廣韻》訖、密不同部

勦，子六反，《玉篇》子小反。馬本作巢，與《玉篇》、《切韻》同【法】勦字注錯譌特甚。且字書均無子六一讀，蓋本作子小反，譌爲子六，故校者以《玉篇》正之耳。《集韻》收入一屋，蓋所據《釋文》已誤。注巢字盧改剿，是

嗜，市志反【法】嗜、志不同部，《廣韻》常利切，是也

怩，女姬反，徐乃私反【法】怩、姬不同部，徐音是也。此易徐者，嫌怩、私不同類也。《廣韻》女夷切，依陸意，當女飢切

反 思息嗣反 雖如字或作睢

胤征第四

湎徐音緬面善反 差初賣反又初佳反 胤國名也 肇音兆 舍音捨 逌生[illegible]反

鐸待洛反 鈴音零 藝本又作蓺 更音庚 技其綺反 覆芳服反 倒

丁老反 離如字又力智反 瞑莫定反又亡丁反 俶本又作俶亦作叔同尺六反 擾而小反

嗇音色 馳也車馬曰馳 走步曰走 供音恭 先時上音悉薦反又如字注先時先天同

赦亦作赦 治直吏反 後天上胡豆反 崐音昆 殲子廉反 魁苦回反 脅

虛業反 帥色類反 汙烏故反汙厚之汙又音烏涴泥著物也一音烏卧反 懋音茂 辟

音避 契息例反商之始祖 八遷八遷之書史唯見四 亳旁各反徐扶各反 嚳苦毒

反 帝告下音工毒反 釐力之反 沃徐烏酷反此五亡篇舊解是夏書馬鄭之徒以爲商

書兩義俱通 祇巨支反 復扶又反

尚書音義二 一二 朱春

湯誓第一 卷之四 商書凡三十四篇十七篇亡十七篇見存

相息亮反 湯如字馬云俗儒以湯爲謚或爲號號者似非其意言謚近之然不在謚法故無聞焉及禹

俗儒以爲名帝系禹名文命王侯世本湯名天乙推此言之禹豈復非謚乎亦不在謚法故疑焉 桀

其列反夏之末天子 升音昇 陑音而 格庚白反來也 台以之反下同 殛居力反 恤

荀律反 舍音捨廢也 復扶又反 遏於葛反徐音謁馬云止也 喪息浪反注同 情

徒卧反 罰音伐 賚力代反徐音來 社后土之神 禪時戰反 應應對之應 創初亮

反 改正音征又音正 句龍上音鉤句龍共工之子爲后土 扈音戶 績子寂反 從

上才容反 朡子公反 俘音孚 太行戶剛反一音如字 誼本或作義

仲虺之誥第二

坰故螢反徐欽螢反又古螢反 虺許鬼反 誥故報反 左相息亮反 成湯

伐桀武功成故號成湯一云成謚也 纘子管反 應應對之應 矯居表反 誣音無 藏

涴泥【法】泥上涴字疑衍

契，息例反【法】例盧改列，是○亳，旁各反，徐扶各反【法】亳音易徐亦改音和也

此五亡篇【法】盧校，此字上有脫文

坰，故螢反。又古螢反【法】古螢與故螢同，未詳○左相【法】左相下盧補奚，弦雞

反一條

作郎反 繁音煩 莠羊九反 秕悲里反徐甫里反又必履反 鋤仕魚反 簸波我反 颺

音揚 矧申忍反 之惡烏路反 近附近之近 此行下孟反 懋懋音茂 吝

良刃反 王業上如字又于況反 仇音求 餉式亮反 徯胡啓反 蘇字亦作穌 推

土雷反 懈工債反 建中如字本或作忠非 裕徐以樹反 者王徐于況反或如字

好問上呼報反 鮮息淺反 覆芳服反 暴蒲報反字或作虣

湯誥第三

誕音但 告工毒反 罹力之反本亦作羅洛何反 荼音徒 寃紆元反 譴遣戰反

寤五故反 台音怡 牡茂后反 聿允橘反述也 勠舊音六又力彫反說文力周反史記音力

洛反 穢於廢反 僭子念反差也劉創林反 賁彼義反徐扶云反飾也 煥呼亂反 樂

音洛 俾必爾反徐甫婢反使也 輯音集又七入反 戾力計反 慄慄音栗 隕于敏

反 彝夷徐音 慆他刀反 忱市林反 咎其九反 單音善卷末並同

尚書音義上　十三　孫勉

伊訓第四

祀年也夏曰歲商曰祀周曰年唐虞曰載 祠音辭祭也 見賢遍反 甸徒遍反 總

音摠 少康上詩照反 以上時掌反 纕如羊反 暨其器反 鼈必滅反 亳

旁各反徐扶各反 惟長丁丈反 咈扶弗反 操七曹反又七報反 哲本又作喆 俾必爾

反 儆居領反 酣戶甘反 巫音無 淫樂音洛 殉辭俊反徐辭貴反 畋音田

遠于萬反注同 耆巨夷反 比毗志反徐扶至反 稚直利反 嚚魚巾反 愆去乾

必喪如字又息浪反 以爭諫爭之爭 鑿在洛反 額魚白反 涅乃結反 隸

郎計反 洋洋音羊徐音翔 賚力代反

太甲上第五

朝政上直遥反 倚於綺反 顧音故 諟音是說文理也 祇巨支反 遠于萬反

監工暫反 辟必亦反徐甫亦反 丕普悲反徐甫眉反 先見並如字注同 相亦

秕，悲里反，徐甫里反，又必履反【法】秕音易徐亦改音和也。然秕、里不同部，甫里恐非徐氏原文。甫里、必履殆脣音分二類，《廣韻》卑履切，與必履同

罹，力之反【法】罹、之不同部，依《廣韻》之當作支

聿，述也【法】案《傳》聿遂也。此述疑遂之譌○勠，又力彫反。《史記》音力消反【法】力彫、力消蕭，消分部也

俾，必爾反，徐甫婢反【法】俾音易徐，亦改音和也

儆，居領反【法】儆、領不同部，見前

比，毗志反，徐扶至反【法】比音易徐亦改音和也。比、志不同部，依徐改毗至則合矣

監，工暫反【法】監、暫不同部○辟，必亦反，徐甫亦反【法】辟音易徐改音和也

上息亮反 眛音妹 俊本亦作畯 迪大歷反 越于月反本又作粤 覆芳服反注同 省
息井反 括故活反 度如字 虞度待洛反 則中丁仲反 懌音亦 輕
遣政反 義本亦作誼 俾必爾反後篇同 近附近之近 令太甲令音力呈反

太甲中第六

闋苦穴反 冕音免 胥息餘反 疆居良反 厎之履反 敗必邁反徐甫邁反
縱子用反 戾郎計反 孽魚列反 逭胡亂反 背音佩徐扶代反 徯胡啓反
懋音茂 斁音亦 厭於豔反

太甲下第七

治直吏反注及下同 咈扶弗反 覆芳服反

咸有一德第八

諶徐市林反 而王于況反下以王同或如字 僭子念反 德行下孟反 衰殺色界反衰微也殺害也言小小害也 爲上于僞反下爲民同 爲德上如字下爲下同徐皆于僞反 爲
易以豉反 烝之承反 之長丁丈反 狹戶夾反 盡徐子忍反注同 沃烏毒反徐於毒反
陟張力反 相息亮反 太戊馬云太甲子 桑蘇臧反 穀工六反楮也 朝直遥
巫咸馬云巫男巫也名咸殷之巫也 乂魚廢反 𨹔五忽反 亶丁但反 相息亮反在河北
今魏郡有相縣 圮備美反徐扶鄙反馬云毀也

尚書音義上 一四 孫勉

盤庚上第九 卷之五

盤本又作般步干反 治直吏反 胥徐息餘反 怨紆萬反 盤庚殷王名也馬云祖乙曾孫祖丁之子不言盤庚誥何非但錄其誥也取其徙而立功故以盤庚名篇 籲音喻 感千歷反
盡子忍反 稽工兮反 台音怡 恪苦各反 五邦馬云五邦謂商丘亳囂相耿也
斷又音短 從字容反 蘖五達反本又作枿馬云顛木而肆生曰枿 仆音赴又步北反 厎之履反 斆戶教反下如字 度如字 箴之林反馬云諫也 朝臣直遥反 傲五報反

敗，必邁反，徐甫邁反【法】敗音易徐改音和也

背，徐扶代反【法】背徐音與古韻合

沃，烏毒反，徐於毒反【法】沃音易徐，殆因一等字不宜用於紐也。《廣韻》例如此，陸殆與之同

毀之【法】毀乃殷之譌

圮，備美反，徐扶鄙反【法】圮音易徐，亦改音和

恪，苦角反【法】角當作各，見《皋陶謨》

斆，户教反【法】户教反下，盧補又如字三字

任而鴆反 播波餓反 匿女力反 聒聒故活反馬及說文皆云拒善自用之意 愓他歷
反 拙之劣反 紊音問徐音文 昏馬同本或作暋音敏爾雅昏暋皆訓強故兩存 越本又
作粵音曰于也 昏強其丈反 宄音軌 奉孚勇反注同 恫勑動反又音通痛也
相時上息亮反馬云視也徐息羊反 憸息廉反馬云憸利小小見事之人也徐七漸反 曷
何末反 燎力召反又力鳥反又力紹反 嚮許亮反 撲普卜反 近附近之近 靖
馬云安也 遲直疑反徐持夷反 任而金反馬云占老成人 選息轉反又蘇管反 掩本又
作弇 數色主反 與音預 烝之丞反 射食夜反 準音准 必中丁仲反
侮云甫反 易以豉反 各長丁丈反 伐去下羌呂反 藏徐子郎反 佚音逸
度徐如字亦作渡
盤庚中第十
話胡快反馬云告也言也 誕徐音但 亶丁但反馬本作單音同誠也 造七報反注同馬在早

尚書音義二　一五

反云為也 褻息列反 鮮息淺反 曷何末反下同 俾必爾反 咎其九反 比
毗志反徐扶至反注又下同 共群用反 令力呈反 近附近之近 籲羊戍反 忱市林
反 鞠居六反 臭尺售反 載如字又在代反 屬音燭注同馬云獨也 沈直林
瘳勑留反 穢於廢反 倚於綺反徐於奇反 迂音于 僻匹亦反 迓五駕
反 畜許竹反下同 胥虛業反 勞力報反又如字注同 重直勇反又直恭反 戕
在良反又七良反 之行下孟反 斷丁緩反 治直吏反 盡子忍反 乃告
工號反 我高后本又作乃祖乃父 易以豉反注同 遠于萬反又如字注同 汝
分扶問反又如字注同 隕于敏反 暫才淡反 劓魚器反徐吾氣反 殄徒典
易如字又以豉反注同 長丁丈反下遺長同
盤庚下第十一
奠田薦反 朝直遙反 胥時忍反 腸徐持良反 比毗志反 讒士咸反 降

恫，勑動反【法】恫勑動反類隔也，《廣韻》他孔切

燎，又力鳥反，又力紹反【法】力鳥、力紹篠、小分部

遲，直疑反，徐持夷反【法】遲音易徐，嫌遲、夷不同類也。然改夷爲疑，更不同部，《廣韻》直尼切，是也。持盧改侍

渡【法】桂氏馥曰：渡傳寫之誤，當爲𢾾，《說文》𢾾閉也

誠也【法】誠疑誠，盧校改

比，毗志反，徐扶至反【法】比音見《伊訓》

易，以豉反【法】易上盧補不字

才淡反【法】淡有上、去二讀，似不宜作疊韻○劓，魚器反，徐吾氣反【法】劓音易徐，因三等字不得用一等之吾紐也。又器、氣異部，《廣韻》未部不收　○易，如字【法】易下盧補種字

工巷反徐下江反　去羌吕反　析先歷反注同　治直吏反　弔音的或如字　賁扶云反
長丁丈反注同　相爾上息亮反　好呼報反　任而林反　告故報反

說命上第十二

說本又作兑音悅注及下篇同　相息亮反下同　亮本又作諒如字又力章反　哲本又作喆
誥故報反　台音怡　賚力代反徐音來　俾必爾反　肖音笑　虢寡白反　壞
音怪　供音恭　朝張遥反　礪力世反　揖音接徐音集　瞑莫遍反　眩玄遍反徐
又呼縣反瞑眩困極也　瘳勑留反　警音景　跣先典反徐七顯反　爲己上于僞反
辟必亦反

說命中第十三

緫音揔　宿音秀　后王于方反　長丁丈反　治直吏反下同　豫羊慮反　從
才容反　冑直又反　鎧苦代反　兜丁侯反　鍪莫侯反　易以豉反　笥息嗣
尚書音義上　十六　朱春
反　省息井反本作眚　昵女乙反　喪息浪反　醇音純　粹雖遂反　黷徒木反
數色角反　忱市林反

說命下第十四

台音怡　遯徒頓反　麴起六反　蘖魚列反　羹音庚一音衡　鹽余廉反　梅
亦作楳　醋七故反　以和如字又胡卧反　斅戶孝反　愆起虔反　俊本又作畯　仰
如字徐五亮反　正長丁丈反下同　俾必爾反　撻他達反　阿烏何反　治直吏
反　辟必亦反

高宗肜日第十五

雊工豆反　已音紀　肜音融　繹音亦字書作襗爾雅云又祭也周曰繹商曰肜夏曰復胙
中丁仲反又如字　台音怡　乃復扶又反　豐芳弓反　昵女乙反尸子云不避遠昵
昵近也又乃禮反馬云昵考也謂禰廟也

醋【法】醋盧改酢，是

昵【法】昵盧改尼，注同

西伯戡黎第十六

咎其九反馬云咎周者爲周所咎 黎力兮反國名尚書大傳作耆 受如字傳云受紂也音相亂馬云受讀曰紂或曰受婦人之言故號曰受也 伯亦作拍 戡音堪說文作𢧢云殺也以此戡訓刺音竹甚反 勝詩證反 近附近之近 圻巨衣反 王心于況反下注宜王者同 不相息亮反 不度待洛反 摯音至本又作𢡀 參七南反馬云參字累在上

微子第十七

錯七各反馬云廢也 少詩照反 治直吏反 沈徐直金反 酗况具反以酒爲凶曰酗說文作酌云酒醟 酒面善反 醟音詠說文于命反酌酒也 好呼報反 宄音軌 度如字 讎市周反 淪音倫徐力允反 喪息浪反 涯五佳反又五隹反 出尺遂反 耄字又作旄莫報反 遯徒困反徐徒頓反一音部困反 隮子細反玉篇子兮反切韻祖稽反 隕于敏反 不見賢遍反 省所景反 咈扶勿反 耉工口反 長丁丈反注同

悖　尚書音義上　十七　重過

攘如羊反因來而取曰攘 竊馬云往盜曰竊 神祇天曰神地曰祇 犧許宜反 牷音全 讎如字下同徐云鄭音疇馬本作稠云數也 斂力檢反馬鄭力豔反謂賦斂也徐云鄭力劒反 治直吏反 亟欺忌反數也又紀力反本又作極如字至也 懈佳賣反 瘠在益反 臣僕一本無臣字 舊云馬云言也 刻音克馬云侵刻也 逃難乃旦反 靖馬本作清謂絜也 顧音故徐音鼓

經典釋文第三

伯，亦作拍【法】拍盧改柏，是○戡，《說文》作𢧢【法】𢧢當作𢦟

馬云：參字累在上【法】馬云七字殆有誤

酒醟【法】酒盧改醉，是　醟，音詠，《說文》于命反【法】音詠即于命反，此引《說文》音以實之也　涯，五佳反，又宜佳反【法】宜佳與五佳同，下四字殆校語

遯，徒困反，徐徒頓反【法】徒頓與徒困同，未詳　隮，《玉篇》子兮反，《切韻》祖稽反【法】隮下引《玉篇》十字殆校語，蓋嫌讀去聲與《篇》、《韻》不合。然讀去聲乃徐音，見《顧命》及《詩·蝃蝀》，《廣韻》亦收此讀

讎，徐云鄭音疇【法】鄭音疇，與《繫辭》上酬音疇同○斂，馬、鄭力豔反。徐云，鄭力劒反【法】力劒反乃徐氏原文也。又云鄭力驗（榮芬案當作豔）反者，嫌斂、劒不同部而改之也。此條再考

經典釋文第四　　起第六盡十三

尚書音義下

唐國子博士兼太子中允贈齊州刺史吳縣開國男陸德明撰

泰誓上第一　卷之六　周書凡四十一篇九篇云

虞芮如鋭反三國名 僉七廉反 孟津地名也 惟十有三年春或作十有一年後人妄看序文輒改之 亶丁但反 湎面善反 冒莫報反注下同 嗜市志反切韻常利反 酷苦毒反 榭爾雅云有木曰榭榭本又作謝 陂彼皮反 障之亮反 匱其魏反 刳口胡反 剔他歷反 孕以證反徐養證反 悛七全反 粢音咨黍稷曰粢 盛音成在器曰盛 懲直承反 不爭爭鬬之爭 爲立上于嬀反 相息亮反 否方有反 度徒洛反下注同 億十萬曰億 貫古亂反 類師祭名 冢中勇反 底之履反 從之七容反

泰誓中第二

徇以後反字林云徇巡也 偈苦曷反又苦蓋反 犂力私反又力兮反 昵女乙反 比毗志反 鮐他來反又音怡魚名 逋布吳反 酗況付反 脅虛業反 籲音喻 穢於廢反 辟次亦反 喪息浪反 之長丁丈反 謂己音紀 十人周公旦召公奭太公望畢公榮公太顛閎夭散宜生南宮适及文母 我治直吏反 所惡烏路反一音如字 疆居良反 勗許玉反下同 將士子匠反下篇注同 懍懍力甚反

泰誓下第三

申令力政反 重直用反 夫長丁丈反 已上上音以下時掌反 惰徒卧反 斮側略反又士略反 朝陟遥反 脛戶定反 剖普口反 耐乃代反 痡徐音敷又普吳反 邪似嗟反 技其綺反 褻息列反 喪蘇浪反 斷丁管反 天惡烏路反 孜孜音滋 殄徒典反 殲子廉反 毅牛既反

法偉堂經典釋文校記遺稿卷四

尚書音義下

清法偉堂著　邵榮芬編校

嗜，市志反，《切韻》常利反【法】《切韻》五字校者增，然《切韻》是也

匱，其魏反～孕，以證反，徐養證反【法】《廣韻》匱收老（榮芬案老當作至），魏收未。養證與以證同，未詳

徇，以後反【法】以當作似

斮，士略反【法】士盧改七

牧誓第四
戎車 音居釋名云古者聲如居所以居人也今曰車聲近舍車舍也韋昭辯釋名云古皆尺遮反從漢始有音
居 夫長 丁丈反 步卒 子忽反 賁 音奔 士稱 尺證反 牧 如字徐一音茂說文
作坶云地名在朝歌南七十里字林音母 昧爽 上音妹爽明也昧爽謂早旦也馬云昧未旦也 夜
陳 直刃反 左杖 徐直亮反 鉞 音越本又作戉 旄 音毛馬云白旄旄牛尾 麾 許危反
逖 他歷反 帥 色類反下同 羌 徐起良反說文云西戎牧羊人 髳 音茂侯反 濮 音卜
叟 所求反又蘇走反 比 徐扶志毗志二反 楯 食準反又音允 牝 頻引反徐又扶忍反 索
西各反 妲己 丹達反下音紀紂妻也 復 扶又反 俾 必爾反使也徐甫婢反下同 宄
音軌 慆 去乾反 勗 許玉反 刺 七亦反 貔 音毗 羆 彼皮反爾雅云羆如熊黃白文 迓
五嫁反馬作御禁也 役 馬云役爲也爲音于僞反
武成第五

尚書音義下　二

獸 徐始售反本或作嘼許救反 旁 步光反 魄 普白反說文作霸匹革反云月始生魄然貌
旁近 附近之近 哉 徐音載 豐 芳弓反文王所都也 華 胡化胡瓜二反華山在恒農
非長 丁丈反 不復 扶又反 駿 荀俊反 豆 本又作梪 籩 音邊 以上
時掌反 燔 音煩 暨 其器反 大王 音泰 肇 音兆 王迹 上于況反又如字注
王業王功同 厎 之履反 烝 之承反 萃 在醉反 藪 素口反 魁 苦回反 窟
口忽反 遏 烏末反 周召 上照反本又作邵 貊 亡白反 俾 必爾反 篚 音匪
爲之 上于僞反 應 應對之應 相予 上息亮反 逾 亦作踰 陳于 上直刃反
注同徐音塵 倒 丁老反 漂 匹妙反徐敷妙反又匹消反 杵 昌呂反 著 張略反
散 西旦反 賚 力代反徐音來 巳債 上音以下側界反 賙 音周本亦作周 養 羊亮反
拱 居勇反 所任 而鴆反 治 直吏反
洪範第六　卷之七

車，音居。韋昭《辯釋名》云：古皆尺遮反，從漢始有音居【法】案韋説非也，車古止讀如居，其尺遮反者乃輿之音變，非車之古音也

比，徐扶志、毗志二反【法】比字音誤，且扶志與毗志同，亦不得分爲二讀。當依《伊訓》改爲毗至反，徐扶至反

牝，頻引反，徐又扶忍反【法】扶忍與頻忍（榮芬案忍當作引）同，忍當作死

俾，必爾反，徐甫婢反【法】俾音易徐，改音和也

魄，《説文》作霸，匹革反【法】革字疑誤，《廣韻》霸、革異部○魄然貌【法】貌盧改也，是

○在恒農【法】恒農《大禹謨》作弘農

漂，匹妙反，徐敷妙反【法】漂音易徐者，改音和也

勝商證反 禄父下音甫 範音范 鎬胡老反本又作鄗武王所都也 陰馬云默也
覆也 隲之逸反馬云升也外也猶舉也舉猶生也 相協上息亮反助也 彝以之反 鯀
工本反 陻音因 汩工忽反 五行戶庚反 不畀必二反徐甫至反注同與也
斁多路反徐同路反敗也 殛紀力反本或作極音同 錫星歷反 農馬云食爲八政
之首故以農名之 嚮許亮反一音許兩反 沮在汝反 此巳上時掌反 禹所第
敘馬云從五行已下至六極洛書文也漢書五行志以初一已下皆洛書文也 炎榮甜反 上時掌
反又如字下同 㮇如酉反 鹹音咸 鹵音魯 貌本亦作類 視常止反徐市止反 思
如字徐息吏反下同 儼魚檢反 諦音帝 睿悅歲反馬云通也 哲之舌反徐丁列反又
之世反 成當丁浪反 縱子用反或作從音同 卒子忽反 宿音秀 迭田節反
見賢遍反 比毗志反注同 羅馬力馳反又來多反 之行下孟反 好呼報反 下
人遐嫁反 無虐馬本作云侮 煢岐扃反 畏如字徐云鄭音威 其行如字徐下

尚書音義下　三　徐某

孟反 其爲于僞反 陂音祕舊本作頗音普多反 好呼報反 惡烏路反注同 闢
婢亦反 平平婢緜反 治直吏反 以近附近之近 克馬云勝也 禦魚呂反
能治直吏反 燮息協反 辟徐補亦反 玉食張晏注漢書云王食珍食也韋昭云
諸侯備珍異之食 頗普多反 僻匹亦反 僭子念反 忒他得反馬云惡也 蓍
音尸 霽子細反 蒙武工反徐云鉤反 驛音亦注同 屬音燭 占用二馬云
占筮也 衍以淺反 逢馬云逢大也 冠官喚反 暘音陽 乾音干 援乃管反
以長丁丈反 蕃音煩 廡無甫反徐莫柱反 美行下孟反 治直吏反下政治治其
職皆同 哲之設反徐音制又音哲 咎其九反 豫羊庶反徐又音舒 省悉井反 別
方列反 好呼報反 橫華孟反又如字 凶馬云終也 折音之舌反又時設反 尪烏黃反
班本又作般音同 分器扶問反注同
旅獒第七

彝，以之反【法】彝、之不同部，《廣韻》以脂切

畀，必二反，徐甫至反【法】畀音易徐者，改音和也

視，常止反，徐市止反【法】市止與常止同，未詳。視、止不同部，市止反必非徐氏原文。《廣韻》承矢反　〇儼，魚簡反【法】簡盧改檢，是　〇哲，之舌反，徐之列反【法】之列與之舌同，疊出未詳。下條云，徐音制（滎芬案制當作制），又音哲。《廣韻》哲照紐，哲知紐，則此當作徐陟列反矣

煢，岐扃反【法】《廣韻》煢、扃不同部

辟，徐補亦反【法】補盧改甫，屢見前

哲，徐音制，又音哲【法】哲、哲並從折聲，故徐讀同之。《廣韻》分二字爲二紐，徐則否也。《廣韻》讀哲爲知紐者，意以哲爲智之入聲也，古韻殊不爾

獒 五羔反馬云作豪酋豪也 召公 時照反後召公皆放此 賄 呼罪反 底 之履反 之

長 丁丈反 以供 音恭 不爲 于僞反 侈 昌氏反又式氏反 不易 羊隻反

狎易 以豉反 盡 津忍反下同 玩 五貫反 喪 息浪反 觀 官喚反 畜

許竹反 細行 下孟反 累 劣僞反 仞 音刃字又作刃七尺曰仞一云八尺曰仞 虧 去爲反

簣 其貴反 向 許亮反 乾乾 其連反 昃 音側 世王 如字又于況反注同

巢 仕交反徐呂交反 朝 直遙反 芮 如銳反 圻 音祈

金縢第八

武王有疾 馬本作有疾不豫 縢 徒登反 緘 工咸反 豫 本又作忬 其

爲 于僞反 戚 千歷反 壇 徒丹反築土也馬云土堂 墠 音善 植 時織反徐音值

音至 祝 如字或之又反下同 遘 工豆反遇也 丕 普悲反馬同徐甫眉反鄭音不 瘳 勑留反 下同

籥 予若反徐以略反馬云藏卜兆書管 乃并 必政反 差 初賣反 喪 蘇浪反 孺

如樹 辟 扶亦反治也說文作壁云必亦反法也馬鄭音避謂避居東都 貽 羊支反 名 如字徐亡政反

鴟 尺夷反 鴞 于驕反 誚 在笑反 以遺 唯季反 穫 戶郭反 拔 皮八反

弁 皮彥反徐扶變反 應 應對之應 說 如字徐音始銳反 倡 昌亮反 皆從

才用反又如字 噫 於其反馬本作懿猶億也 沖 直忠反 新逆 馬本作親迎 遺使

所吏反 築 音竹本亦作筑謂築其根馬云築拾也 并見 賢遍反

大誥第九

三監 古懺反視也 相成王 上息亮反注同 誥 本亦作𢍉 猷 音由道也 邦 馬本作大

誥繇爾多邦 盡 津忍反 弔 音的又如字 割 馬本作害 不少 馬讀弗少延爲句 難

乃旦反 累 劣僞反 矧 失忍反 賁 扶云反徐音憤 遺 唯季反 蠢 尺允反 大

難 乃旦反下同又如字 腆 他典反馬云至也 誕 大旦反 祿父 音甫下後同 疵 在斯

反馬云瑕也 令 力呈反 鄙易 以豉反下其易同 敉 亡婢反 先應 應對之應

易，羊質反【法】質盧改隻，是

簣，其貴反【法】《廣韻》簣收至，貴收未

巢，徐呂交反【法】呂蓋誤，毛云當作石

籥，予若反，徐以略反【法】以略與予若同，疊出未詳

壁【法】壁《說文》作𨐨○貽，羊支反【法】貽、支不同部，支當作之

弁，皮彥反，徐扶變反【法】弁音易徐，改音和也

監，古懺反【法】監音惟此與《廣韻》合○邦【法】邦上盧增大誥尔多四字

腆，馬云：至也【法】案《疏》引王肅腆訓主，是也。此至字疑即主字之譌○誕，大旦反【法】誕無讀去聲者，旦疑早之譌

弁必政反注及篇末同 逋布吾反 鰥故頑反 予造爲也馬云遣也 不卬五剛反我也 毖音秘 相息亮反 畏如字徐音威 省悉井反 閟音秘 棐徐音匪又芳鬼反 忱市林反 日思上人實反 之難乃旦反下爲難同 厎之履反 構古候反 治直吏反 菑側其反草也田一歲曰菑 穫戶郭反 猶惡烏路反 不易以豉反 龍力勇反 僭子念反

微子之命第十

正朔上音政 裔以制反 令聞如字又音問 篤本又作竺東谷反 歆許今反 蕃方元反本亦作藩 毗房脂反 俾必爾反 斁音亦 好呼報反 猒於豔反 穎役領反 穗似醉反本亦作穟

康誥第十一　卷之八

數叛上所角反叛亦作畔 梓音子 圻巨依反 魄字又作霸普白反馬云魄朏也謂月三日始生兆朏名曰魄 汭如銳反 和見賢遍反 乃洪大誥治直吏反注及下其治民安治用安治同一本作周公遍洪大誥治 皆勞力報反 孟長丁丈反下同 愼 去羌呂反下欲去夫疾同 怙音戶 冒莫報反覆也 聞如字徐又音問 殪於計反 勖許玉反 遹音聿又音述馬云述也 衣如字徐於既反 者音昫 恫音通又勑動反 瘝古頑反 棐音匪又芳鬼反 忱市林反 往盡徐子忍反 好呼報反 懋音茂 應應對之應注同徐於甑反 眚所領反本亦作省 宥于救反 咎其九反 孩亥才反 劓魚器反 刵如志反 臬魚列反 要於霄反 蔽必世反 斷丁亂反下及篇末同 覆芳服反 彝以支反下同 款苦管反 攘如羊反 宄音軌 暋音敏 憝徒對反徐徒猥反 強其丈反 無不惡烏路反下所大惡疾惡亦惡並音同 鞠居六反 弔音的 泯徐武彰反 戛簡八反 乃別彼列反注同 汝長丁丈反下同 忌其記反 懌音亦 爲求上于僞反 之說如字徐始銳反 假令力呈反 數所角反 殛

篤，東谷反【法】篤、谷不同部，《易·師釋文》毒，徒篤反，是亦以篤入沃也

應，應對之應，徐於甑反【法】應對之應即於甑反也，易徐者殆嫌應、甑不同類也

彝，以支反【法】彝、支不同部，支當作脂

紀力反

酒誥第十二

嗜市志反 王若馬本作成王若曰注云言成王者未聞也俗儒以為成王骨節始成故曰成王或曰

以成王為少成二聖之功生號曰成王沒因為謚衛賈以為戒成康叔以慎酒成就人之道也故曰成此三者吾無

取焉吾以為後錄書者加之未敢專從故曰未聞也 妹邦馬云妹邦即牧養之地 欲令力呈反下

始令勿令同 文王第稱穆周自后稷而封為始祖后稷生不窋為昭鞠陶為穆公劉為昭

慶節為穆黃僕為昭差弗為穆毀隃為昭公非為穆高圉為昭亞圉為穆諸盩為昭大王為穆王季為昭文王

為穆故左傳宮之奇云大伯虞仲大王之昭也虢仲虢叔王季之穆也又冨辰云管蔡巳下十六國文之昭也昭一

音部窋音竹律反揄音投盩音張流反大並音太 毖音祕 少正上詩照反 為祭上于僞反下同

惟行下孟反注及下注之行同 厥長丁丈反下注長官諸侯之長同 賈音古 養羊亮反

洗先典反馬云盡也 腆他典反 省悉井反 饋其位反 信任音壬 畏相

尚書音義一　六

息亮反下同 暇遐嫁反 湎面善反 祇辟扶亦反 酣戶甘反 樂音洛 不

易如字馬以豉反 縱子用反注同 泆音溢又作逸亦作佚 盡許力反 差初佳反又初賣反

很胡懇反 腥聞音問 監工陷反下及注同 劼苦八反 圻巨依反 父音甫 薄

蒲各反徐又扶各反 違如字徐音回馬云違行也 宏大也 辟必亦反 斷丁亂反 佚

音逸 盡子忍反 惡俗上烏各反 三申上息暫反又如字

梓材第十三

梓音子本亦作杍馬云古作梓字治木器曰梓治土器曰陶治金器曰治 塈其器反 敬勞

下音力報反下同 來力代反 宄音軌 亦見如字徐賢遍反 戕徐在羊反又七良反馬云

殘也 折獄上之舌反 監工暫反劉工銜反下同 為民上于僞反注同 其治直吏反

屬婦上音燭妾之事妻也 無令力呈反篤末同 冤紆元反一本作以寬 恬田兼反

辟扶亦反 菑側其反 畎工犬反 垣音袁 墉音庸馬云卑曰垣高曰墉 塈徐許氣反

嗜【法】嗜，說見前

差，初佳反【法】佳盧改佳，是

監，工陷反【法】《廣韻》監、陷不同部〇薄，蒲各反，徐又扶各反【法】扶各即蒲各，又字衍文也。此音見（榮芬案當作前）已四見，並無又字。此亦改類隔爲音和也

監，工暫反【法】監、暫不同部

塈，一音故愛反【法】塈讀故愛反，是爲摡、扢並同，摩也

說文云仰塗也廣雅云塗也馬云至色一音故愛反茨徐在私反樸普角反馬云未成器也斵丁角
反雘在略反徐烏郭反馬云善丹也說文云讀與靃同也又一郭反字林音同夾音協近也朝享
付上直遇反付如字馬本作附拓音託懌音亦字又作斁下同先悉薦反注同監古陷反
爲于僞反

召誥第十四

召時照反相宅上息亮反下注同鎬胡老反見賢遍反下不見同先周公
上悉薦反又如字朏芳尾反又普沒反徐又芳憒反規度待洛反朝直遙反位處
昌慮反汭如銳反共音恭句故侯反屬音燭乃復扶又反瘝工頑反
夫知並如字注同籲音喻呼也號戶高反少詩照反諴音咸喦五咸反徐
又音吟治直吏反下爲治致治皆同比毗志反徐扶志反近附近之近令不上力呈反遺
唯季反讎字或作酬奉幣上如字又芳孔反供音恭徐紀用反注供待同

尚書音義下　七　陳彥

洛誥第十五　卷之九

既相息亮反注及下同使來上所吏反注遣使同辟必亦反少詩照反治
直吏反河朔朔北也瀍直連反南近附近之近伻普耕反徐敷耕反又甫耕
反下同卣正也馬云當也盡子忍反曰記上音越一音人實反燄燄音豔敘絕句
馬讀敘字屬下無令力呈反嚮徐許亮反注同惇都昆反頒音班徐甫云反馬云
猶也棐音匪又芳鬼反蘉徐莫剛反又武剛反馬云勉也被寬上皮寄反又彼美反裒
薄謀反切韻博毛反旁步光反逆五嫁反馬鄭王皆音魚據反毖音祕敉亡婢反治
直吏反下同監我上工銜反注同樂公上音洛無斁音亦猒於豔反單
音丹馬丁但反信也秬音巨鬯勑亮反香酒也卣由手反又音由中樽也禋音因講工巨
反厭於豔反注同馬云厭飫也徐於廉反王在新邑絕句孔馬烝之承反鄭讀王在新邑烝
騂息營反祝之又反一音之六反王賓絕句殺禋絕句一讀咸格絕句太室

茨【法】茨下從次

雘，在略反【法】在盧改柱，是○雘，徐烏郭反。又一郭反【法】一郭與烏郭同

比，毗志反，徐扶志反【法】比，說見前，徐音當作扶至

奉，又芳孔反【法】芳孔反類隔也，當爲普孔反。今俗有此音，《廣韻》闕

伻，普耕反，徐敷耕反【法】普耕與敷耕同，亦改音和也

頒，徐甫云反。馬云：猶也【法】盧云：猶下脱一字，以音求之，或是分字

蘉，徐莫剛反，又武剛反【法】段氏玉裁曰：蘉字從侵從懵省聲，是以蘉，莫崩反見於《五經文字》卄部，《集韻》在十七登，皆本《釋文》，《釋文》古本當是徐莫崩反，又武剛反。倘如今本，則莫剛、武剛音無分別，上剛字必誤　被，又彼美反【法】被音，美疑義之誤。又案被無讀邦紐者。即讀上聲，亦應如《廣韻》皮彼切，彼美二字並非

馬云廟中之夾室裸官喚反誕保文武受命絶句馬同惟七年
攝政七年天下太平馬同鄭云文王武王受命及周公居攝皆七年

多士第十六

不則如字或作則非徙近附近之近弔音的旻天上閔巾反仁覆閔下謂之旻馬
云秋曰旻天秋殺氣也方言降喪故稱旻天也愍眉隕反喪息浪反弋徐音翼馬本作翼義同治直吏反
畀必利反下同秉爲于僞反明畏如字一音威逸樂音洛下同譴棄戰反
嚮許亮反于時夏絶句馬以時字絶句泆音逸又作佾注同馬本作屑云過也不背
音佩之行下孟反甸徒遍反已上時掌反齊敬上側皆反喪息浪反
不復扶又反逖他歷反比事上毗志反注同遠於上于萬反攸賓如字
徐音殯馬云卻也不啻始豉反徐李作商音同下篇倣此

無逸第十七

尚書音義下 八

好呼報反怙音戶相息亮反諺五旦反嚴如字又魚檢反注同馬作儼治直吏
反孝行下孟反惸求營反字又作煢耽丁南反注下同樂音洛注下同卑
服如字馬本作俾使也鮮息淺反注同昃音側本亦作仄眣田節反供音恭愆
起虔反夫音扶酗況付反譸竹求反馬本作輈爾雅及詩作侜同侜張誑也幻音患誑
九況反詛側助反祝之又反詈力智反憾胡暗反叢才工反

君奭第十八 卷之十

爲保太保也爲師太師也馬云保氏師氏皆大夫官相息亮反左右馬分陝
爲二伯東爲左西爲右不說音悅奭始亦反召公名弔音的棐音匪又芳鬼反忱
市林反其終終馬本作崇云充也君已音以遏於葛反徐音謁絶反佚音逸不
易以豉反注同諶氏壬反我道馬本作我迪去之上如字又起呂反尹摯
音至隕于敏反傅說音悅安治直吏反下同屏賓領反辟必亦反重

爲，于僞反【法】于僞反下盧補注同二字

逖，他力反【法】力段氏云：當作歷。《注疏》本亦誤，《牧誓》作歷

怙，音戶【法】戶當作户

遏，徐音謁絶反【法】絶反二字蓋衍，此音前已屢見，並止音謁。又案反乃也之誤

勸上直用反 虢寡白反徐公伯反 閎音宏 夭於表反徐於驕反 散宜上素但反
顛丁田反又音田 南宮括工活反南宮氏括名也馬本作南君 胥附毛詩作疏附傳曰率
下親上曰疏附鄭箋云疏附使疏者親也 奔走奔又作本走又作奏音同詩
云奔走使人歸趣 先後上悉薦反下戶豆反毛詩傳云相導前後曰先後 禦侮詩傳云武臣折
衝曰禦侮 蔑徐云結反 迪見賢遍反注同 冒莫報反下同馬作勖勉也 聞于上音問或
如字 輔相息亮反 造才老反一音七到反 鳴鳥馬云鳴鳥謂鳳皇也本或作鳴鳳者非
以朝直遥反 之易以豉反 爲汝民上于僞反 亶丁但反 喪息浪反
否方九反 勘音堪 不勝音升 俾必耳反 懈佳賣反 鮮息淺反

蔡仲之命第十九

辟婢亦反徐扶亦反 七乘繩證反 從車上才用反 圻巨依反下同 改行
下孟反 封如字徐音甫用反 治直吏反 懋音茂 蕃方元反注同 厥度如字注同

尚書音義下　九　陳明

斷丁亂反 踐似淺反馬同大傳云藉也 數色角反 覆芳服反 成王政如字馬本作征
云正 蒲如字徐又扶各反馬本作薄 近中附近之近

多方第二十

賚誓上音秘 鎬胡老反 別彼列反 譴棄戰反 迪徒歷反馬本作攸云所也
之行下孟反 麗力馳反 重亂上直用反又直龍反 憒勑二反說文之二反 劓
魚器反 不畀必二反 輔相息亮反 愃去羌呂反 要一遥反又一妙反注同
殄亭徧反 巳上時掌反 辟必亦反 間之間廁之間 不蠲吉玄反馬云明
也 一烝之承反馬云升也 任音壬 畀必至反 夾音協 數色角反 要一
遥反 訊音信 倡音唱 殛紀力反本又作極 臬魚列反馬本作劓 相長丁丈反
閱音悦 頗破多反 探吐南反 僻匹亦反

立政第二十一

虢，寡白反，徐公伯反【法】公伯與寡白同，疊出者，嫌公與虢不同等也

括，土活反【法】土盧刻改工，是

俾，必耳反【法】耳誤，他皆作爾

辟，婢亦反，徐扶亦反【法】辟音易徐改音和也　封，徐甫用反【法】甫用切（榮芬案切當作反）是也。《集韻》三用引此作芬用切，誤

踐，似淺反【法】踐音用邪紐，非，《廣韻》慈演切

憒，勑二反，《說文》之二反【法】《說文》有𢡙無憒，其𢡙下引此文。段氏曰：陸不云憒，《說文》作𢡙，知經文作𢡙，今作憒，天寶間衛包所改，《釋文》𢡙作憒，宋開寶間所改。案《廣韻》𢡙，丑利切，與此勑二反同。若憒字，則陟利、之日二切，不讀勑二反也。又《說文》之二反疑之日反之譌（榮芬案此條中𢡙皆當作𡐦）

蠲，吉玄反【法】蠲音吉當作古

盡禮上津忍反下同 任而鴆反 準之允反 綴徐丁衛反又丁劣反 貢音奔 所
長丁丈反除篇末文注以長音直良反餘並同 鮮息淺反 籲音喻 忱市林反 恂
音荀 之行如字徐下孟反 釐力之反 耿工迥反徐公穎反又公永反下同 王天上往況反
下王有同 見德上賢遍反下注同 受德受德紂字馬云受所爲德也 暋眉謹反徐亡巾反一音閔
爲作上于僞反下爲之同 自強其丈反 伻普耕反徐敷耕反又甫耕反 趣七口反
券音勸 契苦計反 藏才浪反 阪音反 遠惡上于萬反 譽音餘又如字
敉亡婢反 傳之上直專反 俾必爾反下同 治直吏反下同 相我上如字馬息亮
反下勸相同 間間廁之間 可復扶又反 話戶快反 稚直吏反本亦作穉 繹音亦 憸
息廉反徐七漸反本又作憸同憸利之人馬云憸利佞人也 勱音邁 詰起一反馬云實也 之比必二反又如字
慎行如字

周官第二十二　卷之十一

尚書音義下　十

還音旋徐音全 巡行下孟反 辟必亦反 治直吏反下至家宰經注同 之長丁丈
反下官長助長君長同 不逮音代一音大計反 懈佳賣反 燮素協反 傅相息亮
反 處昌慮反 少詩照反下同 擾而小反徐音饒 慝吐得反 倡尺亮反下同 阜
音負 治直吏反 一朝直遥反 巡守音狩下同本亦作狩 已上時掌反 議度
待洛反 蓄勑六反 莅音利又音類 斷丁亂反下注同 厖武江反 勝音升 斁音亦
長安上直良反 厭於豔反 肅慎馬本作息慎云北夷也 駒俱付反又如字 麗
力支反 馯戶旦反地理志音寒 貊孟白反說文作貉北方豸種孔子曰貉之言貊貊惡也 俾必爾反馬
本作辨 使近附近之近 柩其久反

君陳第二十三

君陳鄭注禮記云周公之子 監工銜反 懋音茂 治直吏反下注政治同 孜孜音茲
之行下孟反下德行同 應應對之應 繹音亦 度之上待洛反 從七容反 辟

耿，工迥反，徐公穎反，又公永反【法】據《廣韻》則工迥收迥，公穎收靜，公永收梗，而《廣韻》三部並不收，耿字自爲部，且開口而非合口　〇暋，眉謹反，徐亡巾反，一音閔【法】《廣韻》暋、閔收軫，謹收隱，隱部無重脣，若陸收謹於軫，則不得云一音閔矣。殆脣音分二類歟？以徐亡巾反證之，知軫部脣音分二類，故陸收謹於軫也

詰，馬云：實也【法】案詰無實訓，實疑責之誤。阮刻《注疏》本作賓，更誤

還，徐音全【法】還音全，亦邪、從之混

馯，《地理志》音寒【法】《地理志》五字不類，殆校語

扶亦反下同 厥中如字或丁仲反 斷丁亂反 狃女九反 君長誅丈反 坫[redacted]
別彼列反 沮在汝反 否方九反又音鄙 好呼報反 長世上如字 朽許久反[redacted]

顧命第二十四

而治直吏反 相息亮反 顧工户反 命臨終之命曰顧命馬云成王將崩顧念康王命召公畢公
率諸侯相之 懌音亦馬本作不釋云不釋疾不解也 洮他刀反徐音逃馬云洮洮髮也 頮音悔說文
作沬云古文作頮馬云頮頮面也 被皮義反徐扶僞反注同 憑皮冰反下同說文作凭云依几也字林同
父冰反 齊側皆反 盥音管又音灌 加朝直遥反 奭音釋 芮如銳反 彤
徒冬反 賁音奔 之長丁丈反 幾音機徐音畿下同 瘳勑留反 重光上直
龍反馬云日月星也太極上元十一月朔旦冬至日月如疊璧五星如連珠故曰重光 麗力馳反 肄徐以
至反又以制反 侗徐音同又勑動反馬本作詷云共也 斥昌亦反 釗姜遼反又音昭徐之肴反 夫
人如字注同 冒亡報反一音墨馬鄭王作勗 貢如字馬鄭王作贛音勑用反馬云陷也 出如字

大字六 小五百七十 尚書音義下 十一 宗

徐尺劣反 綴丁衞反下同 及王崩馬本作成王崩注云安民立政曰成 幄於角反下同 墉
音容本亦作牖 首手又反 俾必爾反 伋居及反齊侯名太公子 度舊音杜洛反恐誤注
云作冊書法度音宜如字 傳直專反 伯相息亮反 供音恭 黼音甫徐音補 扆
於豈反 屏步經反 畫胡卦反 牖音酉 復扶又反 嚮許亮反 篾眠結反馬
云纖蒻 純之允反又之閏反下同 緣悅絹反本或作純 底之履反馬云青蒲也 蒻音弱 苹
音平 豐芳弓反 莞音官又音關 鏤來豆反 夾工洽反徐音頰注同 筍息允反馬云箁
箬也徐云竹子竹爲席于貧反 紛孚云反 漆音七徐七利反 綏音受 越玉馬云越地所獻玉也
五重直容反 琬紆晚反 琰以冉反 削音笑 夷玉馬云東夷之美玉說文夷玉即珣玗琪
天球音求馬云玉磬 雍於用反本亦作邕 鼖扶云反注同 中法上丁仲反 車渠上尺
遮反車渠車輞也 兌徒外反 共音恭 作才故反 南向許亮反 塾音孰音[redacted]
重直用反 弁皮彥反徐扶變反 綦音其馬本作騏云青黑色 夾徐工洽反 戺音音[redacted]

顧，工户反【法】户誤，俗讀户爲去聲也，故妄改之

被，皮義反，徐扶僞反【法】被音易徐，改音和也〇憑，皮冰反。父冰反【法】父冰與皮冰同，一类隔，一音和也

釗，姜遼反，又音昭，徐之肴反【法】釗音易徐者，依《廣韻》例，肴部無照紐也。徐殆收肴於消（榮芬案消當作宵）

夫人，如字【法】此夫字似宜音扶

贛，音勑用反【法】贛，音勑用反，未詳。疑當作戇，《廣韻》戇，陟降切，與勑用稍近。又《廣韻》丑用切收惷字，訓愚，則與戇音義並同也

度，舊音待洛反，恐誤。《注》云：作册書法度，音宜如字【法】度字注語不類，疑校者語

筍，徐云竹子竹爲席，于貧反【法】筍注徐云七字殆有誤，其于貧反則讀爲筠也

即珣玗琪【法】玗當從于

車渠，車輞也【法】輞盧改輞，是

弁，皮彥反，徐扶變反【法】弁音易徐者，改音和也。下文卞同

夾，徐工洽反【法】夾工洽反疑非徐音，上條可證

廉力占反棱也鉞音越說文云大斧也戣音逵徐音懼其俱反銳以稅反隮子西反徐子詣反蟻魚綺反冒莫報反憑皮冰反下皮彥反徐扶變反眇眇彌小反

咤陟嫁反字亦作宅又音妬徐又音託又豬夜反說文作詫丁故反奠爵也馬本作詫與說文音義同酢才各反

供王音恭嚌才細反互音護宅如字馬同徐殆故反徹丑列反徐直列反處昌呂反

康王之誥第二十五

康王既尸天子馬本此句上更有成王崩三字乘繩證反鬣力輒反壤如丈反見賢遍反下同蕃方袁反朝直遥反喪息浪反贄音至盡子忍反

羑羊久反馬云道也戡音堪遺唯季反注及下同施以豉反無壞音怪甸男

衞馬本從此已下爲康王之誥又云與顧命差異敘歐陽大小夏侯同爲顧命厎之履反至齊

信馬讀厎至齊信絕句熊音雄羆彼皮反畀必利反徐甫至反王天上于況反傳直專反督丁木反鞫居六反脫去羌呂反

尚書音義下　十二　余昊

畢命第二十六　卷之十二

別彼列反朏普忽反徐芳尾反又芳憒反王朝陟遥反鎬戶老反釐力之反

治正上直吏反一本作治政則依字讀令得上力呈反大師上音泰毖音秘密近如字又附近之近

度徒洛反舊作待路反有上時掌反更古行反懋音茂拱九勇反

仰如字徐五亮反治直吏反別彼列反癉丁但反俾必爾反沮辭汝反又慈呂反

守徐始救反重直用反好呼報反覆芳服反鮮息淺反悖布內反

敝步寐反怙音戶侉苦瓜反壓於葉反又於甲反又於豔反政治直吏反

施始豉反浸子鴆反衽而甚反又而鴆反爲周上于僞反人少詩照反

君牙第二十七

穆王名滿君牙或作君雅畫胡卦反蹈徒報反噬市制反陷陷沒之陷

膂音旅累劣僞反令有上力呈反其易以豉反鈌苦穴反治直吏反下注同

鋭【法】鋭再考，或作鈗

吒，陟嫁反，又音妬，徐又音託，又豬夜反。《說文》作詑，下故反【法】吒、夜不同類，故易徐。豬夜即陟嫁。丁故即音妬，下當作丁。詑盧改詫

畀，必利反，徐甫至反【法】畀音易徐，音和也

督，丁木反【法】督、木不同部，此后人誤改

度，待洛反，舊作待路反【法】舊作待路反五字乃校語

沮，辭汝反，又慈呂反【法】辭汝、慈呂邪、從之别，慈呂是也

敝，步寐反【法】敝、寐不同部，《廣韻》毗祭切

施，始鋭反【法】鋭盧改豉，是

辟必亦反
冏命第二十八
冏九永反字亦作㽙 長誅丈反 怵勑律反 惕他歷反 礙五代反 侍御如字一音
禦 僕從才用反注及下注侍從同 繩市陵反 俾必爾反 更古衡反 便婢緜反
辟四亦反徐扶亦反 足恭上將住反 諛徐以朱反 昵女乙反 憸息廉反徐七漸反利口也
本亦作思 近附近之近 道君道導也 瘝故頑反
呂刑第二十九
贖音蜀注下同 耄本亦作薹毛報反切韻莫報反 度待洛反注同馬如字云法度也 詰起一反
蚩尺之反 尤有牛反馬云少昊之末九黎君名 鴟尺之反鴟梟惡鳥馬云鴟輕也 義本亦作誼 宄
音軌 攘如羊反 矯居表反 虔其然反 劓魚器反 刵徐如志反 椓丁角反 黥
其京反 麗力馳反 弁必政反 泯泯面忍反徐音民 棼棼芳云反徐扶云反 覆
尚書音義下　十三　徐果
芳服反徐敷目反 詛側助反 背音佩 約如字又於妙反 發聞音問又如字注同 腥音星
之行下孟反 君帝君冝作皇字帝堯也 遏於葛反 重直龍反注同 黎力兮
反 棐音匪又芳鬼反 鰥居頑反 清問馬云清訊也 折之設反下同馬鄭王皆音悊馬云智
也 種章用反 殖承力反 斷丁亂反下同 祗止而反 治直吏反 賂來故反 爲
天上于僞反 任重上而鴆反下輕重之重 麗力馳反 蠲吉緣反 咎其九反 聽如字
又他經反 少詩照反 長丁丈反 日勤人實反一音曰 天齊于民絕句馬云齊中
也 俾我絕句上必爾反馬本作矜矜哀也 曰吁況于反馬于于於也 度待洛反注同馬云謀造也
兩造七報反注同 核幸革反 不應應對之應下同 疵才斯反 惟來馬本作求云有
求請賕也 墨辟婢亦反 鍰徐戶關反六兩也鄭及爾雅同說文云六鋝也鋝十一銖二十五分銖之十三
也馬同又云賈逵說俗儒以鋝重六兩周官劍重九鋝俗儒近是 閱音悅 顙素黨反 涅乃結反 剕
扶謂反 倍差測加反下同傳云五百鍰也馬云倍二百爲四百差者又加四百之三分之一凡五百三十二

㽙【法】㽙盧改巺，是

繩，市陵反【法】繩《廣韻》食陵切，陸氏市、食不分

憸，本亦作思【法】思盧改愢，是

贖，音蜀，注下同【法】注下盧補及字。案下文無贖字，疑此但當作注同，下乃衍字耳　耄，毛報反，《切韻》莫報反【法】耄下《切韻》乃校語，莫報與毛報同

鴟，尺之反【法】鴟、之不同部，之當作脂

覆，芳服反，徐敷目反【法】芳服與敷目同，疊出未詳

君宜作皇字【法】君宜五字疑校語

鰥，居頑反【法】鰥他皆作古頑，此居字誤〇折，馬、鄭、王皆音悊【法】折馬、鄭、王讀知紐也，詳《洪範》

蠲，吉緣反【法】吉緣他皆作古玄〇聽，如字，又他經反【法】他經即如字也，經殆徑之譌

《說文》云：六鋝也【法】六盧改鍰，是

差，側加反【法】差無側加之音，側當作測

錢三ㄅ錢之一也　刖音月，又五割反，絶也　互見賢遍反　無僭子念反　并必致反
數色住反　刑當丁浪反　謂上時掌反，下注同　鞫九六反　劾亥代反，玉篇胡得反
以儆音景　天相如字，馬息亮反，助也　治直吏反　令衆上力呈反　屬音燭

文侯之命第三十　卷之十三

平王馬本無平字　錫星歷反，馬本作賜　秬音巨　鬯勑亮反　瓚才但反　杓上灼
柄彼病反　義本亦作誼　和馬云能以義和諸侯　別彼列反　敷聞音問　以
王于況反　辟必亦反　閔予如字，又音與　愆去虔反　隤杜回反　隕于敏反
殄大見反　重稱上直用反　乃辟扶亦反　扞下旦反，注同　遣令力呈反　賚
力代反　卣音酉，又音由　釀女亮反　彤徒冬反　馬供音恭　核戶革反　治
直吏反

費誓第三十一

尚書音義下　一四　路寳

伯禽魯侯名　不開舊讀皆作開，馬本作闢　費音秘　譁戶瓜反　監工銜反
敹了彫反　敿居表反　弔音的　鎧苦代反　兜丁侯反　鍪音矛　楯常準反，又音允
紛芳云反　不令力呈反　鍛丁亂反　礪力世反　鍊來見反　牿工毒反　杜本又作𣫞
擭華化反，徐戶覆反　斂徐乃協反，又乃結反　穽在性反　檻戶減反　窒珍栗反　畜
許六反，又丑六反　逋布吴反　佚音逸　商如字，徐音章　賚力代反，徐音來　度待洛反　攘
如羊反　垣音袁　峙直里反，爾雅云具也　糗去九反，一音昌紹反　糧音良　糒音備　楨徐音貞
榦二翰反　築陟六反　守手又反　堙音因　不供音恭　芻初俱反　茭音交

秦誓第三十二

秦穆公伐鄭事見魯僖公三十三年　三帥色類反，下注同，謂孟明視、西乞術、白乙丙　崤
戶交反　蹇悉代反　假工下反　樂音洛　俾必爾反，下同　復扶又反　惟爲于僞反，下爲我
謀同　番番音波　仡仡許訖反，又魚乞反，馬本作訖訖，無所省錄之貌，徐云強狀　射神夜反　截

刖，又五割反【法】割蓋刮之誤，見《易·困卦》及《周禮·秋官·司刑》○并，必致反【法】致盧改政，是　○《玉篇》胡得反【法】《玉篇》五字亦校語

譁，戶瓜反【法】戶疑當作呼，他處皆音花。再考

兜，子侯反【法】子當作丁○楯，常準反，又音允【法】楯讀禪、喻二紐，與塾同

擭，華化反，徐戶覆反【法】《周禮·獸人釋文》擭，華霸反，然則此覆乃霸之譌。《集韻》收徐讀於屋部，則譌已久矣。戶霸與華化音同，陸兼載之者，以化合口，霸開口爲異耳　斂，徐乃協反，又乃結反【法】斂音乃協是也，乃結則音之變

檻，戶減反【法】《廣韻》檻、減不同部

截才節反馬云辭語截削省要也 諞音辨徐敷連反又甫淺反馬本作偏云少也辭約損明大辨佞之人 易羊石反 昧昧音妹 介音界馬本作介云一介耿介一心端慤者字又作个音工佐反 斷斷丁亂反又音短 猗於綺反又於宜反 技其綺反本亦作伎 他本亦作它吐何反 樂音洛 好之上呼報反 啻失豉反 冒莫報反音同 惡烏路反 背音佩 壅於勇反 塞先得反 殆唐在反 杌五骨反 隉五結反徐語折反

經典釋文第四

尚書音義下　十五

損明【法】損疑指之誤

介，音界。馬本作介，云：一介耿介一心端慤者【法】介（榮芬案此介字當衍）此條當是後人羼辭，否則本作介三字衍文

經典釋文卷第五

毛詩音義上　起第一盡第六

唐國子博士兼太子中允贈齊州刺史吳縣開國男陸　德明撰

周南周者代名其地在禹貢雍州之域岐山之陽於漢屬扶風美陽縣南者言周之德化自岐陽而先被南方故序云化自北而南也漢廣序又云文王之道被於南國是也關雎七胥反依字且邊隹且音子餘反旁或作鳥故訓傳第一舊本多作故今或作詁音古又音故傳音直戀反案詁故皆是古義所以兩行然前儒多作詁解而章句有故言郭景純注爾雅則作釋詁樊孫等爾雅本皆爲釋故今宜隨本不煩改字毛詩詩是此書之名毛者傳詩人姓既有齊魯韓三家故題姓以別之或云小毛公加毛詩二字又云河間獻王所加故大題在下案馬融盧植鄭玄注三禮並大題在下班固漢書陳壽三國志題亦然國風國者總謂十五國風者諸侯之詩從關雎至騶虞二十五篇謂之正風鄭氏箋本亦作牋同薦年反字林云箋表也識也案鄭六藝論云注詩宗毛爲主毛義若隱略則更表明如有不同即下己意使可識別也然此題非毛公馬鄭王肅等題相傳云是雷次宗題承用既久未敢爲異又案周續之與雷次宗同受慧遠法師詩義而續之釋題已如此又恐非雷之題也疑未敢明之

毛詩音義上　一　徐政

關雎舊解云三百一十一篇詩並是作者自爲名后妃芳非反爾雅云妃媲也對也左傳云嘉耦曰妃禮記云天子之妃曰后之德也舊說云起此至用之邦國焉名關雎序謂之小序自風風也訖末名爲大序沈重云案鄭詩譜意大序是子夏作小序是子夏毛公合作卜商意有不盡毛更足成之或云小序是東海衛敬仲所作今謂此序止是關雎之序揔論詩之綱領無大小之異解見詩義序並是鄭注所以無箋云者以無所疑亂故也風之始也此風謂十五國風風是諸侯政教也下云所以風天下論語云君子之德風並是此義所以風如字徐福鳳反今不用風風也並如字徐上如字下福鳳反崔靈恩集注本下即作諷字劉氏云動物曰風託音曰諷崔云用風感物則謂之諷沈云上風是國風即詩之六義也下風即是風伯鼓動之風君上風教能鼓動萬物如風之偃草也今從沈說風以動之如字沈福鳳反云謂自下剌上感動之名變風也今不用故嗟遮斜反咨嗟也歎之本亦作嘆湯贊反歎息也蹈之徒到反動足履地也猶見賢遍反角徵陟里反上下時掌反相應應對之應下注同治世直吏反之音絶句安

法偉堂經典釋文校記遺稿卷五

毛詩音義上

清法偉堂著　邵榮芬編校

有故言【法】言字疑（榮芬案此下當有脫文）

二家【法】二當作三

歎，傷贊反【法】傷當作湯，盧改

以樂音洛絶句其政和一讀安字上屬以樂共政和爲一句下放此以思息吏反正得失周云正齊人之得失也本又作政謂政教也兩通莫近如字沈音附近之近厚人倫音后本或作序非曰比必履反曰興虛應反沈許甑反曰頌音訟下以風福鳳反注風刺同刺上七賜反本又作刺而譎古穴反詐也故曰風福鳳反又如字之苛本亦作荷音何苛虐也吟疑今反動聲曰吟風其上福鳳反告於古毒反麟呂辛反趾音止騶本亦作騶側留反召公本亦作邵同上照反後召南召公皆同從岐其宜反山名也或音祇被江皮寄反大王音泰淑女常六反善也哀前儒並如字論語云哀而不傷是也鄭氏改作衷竹隆反窈烏了反窕徒了反毛云窈窕幽閒也王肅云善心曰窈善容曰窕恕音庶本又作念好呼報反逑音求雎七胥反鳩九尤反雎鳩王雎也鳥之有至別者之洲音州水中可居者曰洲興也虛應反沈許甑反案興是譬諭之名意有不盡故題曰興他皆放此摯本亦作鷙音至有別彼竭反下同說音悅樂音洛和諧戶皆反則朝

毛詩音義上　二

直遥反廷徒佞反好毛如字鄭呼報反兔罝詩放此逑音求毛云匹也本亦作仇音同鄭云怨耦曰仇幽閒音閑下同怨耦五口反能爲于僞反不嫉音疾徐音自後皆同妬丁路反以改曰妬參初金反差初宜反又初佳反荇衡猛反本亦作莕接余也沈有並反左右王申毛如字鄭上音佐下音佑助也接余音餘本或作萋荼非共荇菜音恭本或作供下共荇菜並同之菹阻魚反字又作葅九嬪鼻申反內官名皆樂音洛又音岳寤五路反覺也寐莫利反寢也覺也音教悠哉音由思也輾本亦作展哲善反呂忱從車展鄭云不周曰輾注本或作卧而不周者剩二字也芼之毛報反擇也樂之音洛又音岳或云協韻宜五教反

關雎五章章四句故言三章其一章四句一章章八句五章是鄭所分故言以下是毛公本意後放此

葛覃本亦作蕈徒南反覃延也澣本又作浣戶管反濯直角反師傅夫附反欲見賢遍反施于毛以豉反移也鄭如字下同萋萋切奚反茂盛貌延蔓音萬

興，虛應反，沈許甑反【法】興音易沈者，興、甑不同類也。下同

本亦作荷，音同【法】同盧改何，是

騶【法】騂盧改騶，是○岐，其宜反。或音祇【法】岐音分兩類，與《廣韻》同

有至別者【法】至殆與摯同

差，又初佳反【法】佳疑佳○荇，衡猛反。沈有並反【法】荇音與《廣韻》（榮芬案此下當脫合字或同字）《廣韻》收並於迴，故陸氏不用

侵淩子鴆反 日長丁丈反 灌木古亂反叢木也 喈喈音皆和聲之遠聞也
摶黍徒端反鳥名也 叢木才公反俗作藂一本作最作外反 遠聞音問又如字下同 之
穉尺證反 莫莫美博反成就貌 是艾本亦作刈魚廢反韓詩云刈取也 是濩
胡郭反煮也韓詩云濩瀹也音羊灼反 爲絺恥知反精者曰絺 爲綌去逆反麤曰綌 無
斁本又作斁音亦猒也 猒也於豔反本亦作厭 玄紞都覽反紞織五采如絛狀用縣瑱也 紘
獲耕反纓之無緌者從下卬屬於冠 綖音延冕上覆也 朝服直遥反下同 庶士謂庶人在官者本或
作庶人 各衣於既反 謂嫁曰歸本亦無曰字此依公羊傳文 重言直用反 薄
汙音烏煩也 副如字婦人首飾之上 禕音暉王后六服之上曰禕衣 接見賢遍反下見於君子同
煩撋諸詮之音而專反何胤沈重皆而純反阮孝緒字略云煩撋猶捼莏也捼音奴禾反莏音素禾反 褖
衣吐亂反六服之最下者 害澣戶葛反害何也下同 害否方九反 絜清如字
沈音淨 卷耳眷免反苓耳也廣雅云枲耳也郭云亦曰胡枲江南呼常枲草木疏云幽州人謂之爵耳

毛詩音義上　三　時明

險詖彼寄反妄加人以罪也崔云險詖不正也 頃音傾 筐起狂反毛云頃筐畚屬韓詩云頃筐欹筐
也 苓耳音零 畚音本何休云草器也說文同 易盈以豉反下同 憂思息吏
反下憂思同 寘之豉反置也 周行戶康反行列位也注下同 謂朝直遥反 崔徂回
反 嵬五回反毛公崔嵬土山之戴石也毛此注及下釋詁與爾雅同 虺呼回反徐呼懷反說文作瘣 隤徒回
反徐徒壞反虺隤病也爾雅同孫炎云馬退不能升之病也說文作穨 使臣色吏反下同 離其
力智反 我姑如字姑且也說文作夃音同云秦以市買多得爲夃 罍盧回反酒罇也韓詩云天子以玉飾諸侯
大夫皆以黃金飾士以梓禮記云夏曰山罍其形似壺容一斛刻而畫之爲雲雷之形 以勞力到反 不復
扶富反 岡古康反山脊也 兕字又作兕徐履反爾雅云兕似牛 觥古横反罰爵也以兕角爲之字又作
觵韓詩云容五升禮圖云容七升 爲意于僞反下爲樂同 [illegible]勤如字俗本下加心非也 爲樂音洛
碹矣本亦作砠同七餘反毛云石山之戴土也 瘏矣音塗病也本又作屠非 痡矣音敷又普烏反病也
本又作鋪同 吁矣香于反憂也 痛病也一本作痛亦病也者非 樛木

叢，一本作最【法】最盧疑冣之譌

絺，恥知反【法】絺、知不同部，《廣韻》丑飢切

斁，本又作斁，音亦，猒也【法】斁宜再考，殆因猒從犬，故此亦從犬乎

捼莏也，莏音素和反【法】莏當作莎或抄，此不成字

害，户葛反，曷何也【法】曷盧疑衍，或反下脱音字，《泉水》云，鄭音曷，何也

毛公【法】公疑云之誤○隤，徒回反，徐徒壞反【法】壞疑懷之譌，若作壞，則與徒回同矣。《廣韻》作𤸎，杜懷反

夃【法】夃盧改夃

碹【法】碹盧改碹

居虯反木下句曰樛字林九稠反馬融韓詩本並作朻音同字林已周反說文以朻爲木高 逮下 徒戴反又徒帝
反 之心焉 崔集注本此序有鄭注檢衆本並無 藟 本亦作虆力軌反似葛之草也草木疏云一名巨荒
似燕薁亦連蔓葉似艾白色其子赤可食 纍之 力追反纏繞也本又作虆 上附 時掌反 樂只
之氏反猶是也 綏之 音雖安也 樂樂 上音岳下音洛 縈之 本又作縈烏營反旋也說文作縈
螽斯 音終斯爾雅作蜤音同螽斯蚣蝑也 諱惡 烏路反 詵詵 所巾反衆多也說文作辨
音同 蚣 粟容反字林作蜙先凶反郭璞先工反許愼思弓反 蝑 粟居反許愼呂忱並先呂反郭璞才與反案一名斯
螽七月詩云斯螽動股是也揚雄許愼皆云春黍草木疏云幽州謂之春箕蝗類也長而青長股股鳴者也郭璞注
方言云江東呼爲虴蜢音竹白反蜢音猛 情慾 音欲諸詮之音論 不耳 本或作不然 振振
音眞仁厚也 宜女 音汝 薨薨 呼弘反衆多也 揖揖 子入側立二反會聚也 蟄蟄
尺十反徐又直立反和集也 桃夭 於驕反桃木名夭夭少壯也說文作枖云木少盛貌 鱞 本亦
作鰥古頑反老無妻曰鰥 少壯 詩照反 俱當 丁浪反 有蕡 浮雲反實貌 蓁蓁 側巾反至

毛詩音義上　四　時明

盛也 盡以 律忍反或如字他皆放此 莬罝 莬又作兔他故反罝音子斜反莬罟也說文子余反 好
德 呼報反 椓之 陟角反 丁丁 陟耕反椓杙聲 兔罟 音古罔也 杙 本又作弋羊職反郭
羊北反爾雅云樴謂之杙李巡云橛也樴音特橛音其月反 赳赳 居黝反武貌爾雅云勇也 干城 如字爾雅云干
扞也孫炎注云干楯所以自蔽扞也鄭云于也城也皆以禦難也舊戶旦反沈音幹 扞也 戶旦反 以禦 魚呂反
難也 乃旦反下同 任爲 音壬 將 子匠反 帥 色類反沈所愧反 可任 而鴆反後不音者放
此 國守 手又反 折 之設反 衝 昌容反 施于 如字 中逵 求龜反九達道也杜預注
春秋云逵方九軌 施于中林 如字沈以豉反 制斷 丁亂反 芣苢 音浮
苢本亦作苡音以芣苡馬舃也又名車前韓詩云直曰車前瞿曰芣苡郭璞云江東呼爲蝦蟇衣草木疏云幽州人謂之牛舌
又名當道其子治婦人生難本草云一名牛遺一名勝舃山海經及周書王會皆云芣苢木也實似李食之宜子出於西戎衛氏傳
及許愼並同此王肅亦同王基已有駁難也 馬舃 音昔 掇 都奪反拾也一音知劣反 拾 音十 捋
力活反 袺 音結執衽也 執衽 入錦反又而鴆反衣際也 襭 戶結反扱衽也一本作擷同 扱衽

樛，居虯反。《字林》九稠反【法】《廣韻》虯收幽，稠、周收尤，《字林》蓋不分也

巨苽【法】苽盧本《困卦》改荒

蚣，粟容反，《字林》作蜙，先凶反，郭璞先工反，許慎思弓反【法】粟容與先凶同，易呂者嫌蚣、凶不同類也。郭入東部，許音則古今韻皆非矣　蝑，粟居反，許慎、呂忱並先呂反【法】蝑許、呂並上聲，依黍字讀也

蓁，側巾反【法】《廣韻》蓁、巾不同部，此與質併入櫛同。《廣韻》分臻、櫛，音義家多不從

杙，郭羊北反【法】羊北不成切，再考。《爾雅》、《君子于役》又音羊特，喻紐讀一等，殆即疑紐也

帥，色類反，沈所愧反【法】所愧與色類同，疊出未詳

初洽反 漢廣 漢水名也尚書云嶓冢導漾水東流爲漢 被于 皮義反 紂時 直久
反 徧 於邊反 見喬木 本亦作橋渠驕反徐又紀橋反木枝上竦也 休息 並如字古本皆爾本
或作休思此以意改耳 上竦 粟勇反 流水 本或作漢水 泳 音詠潛行爲泳 泭 芳于反本亦作
附又作桴或作柎並同沈旋音附方言云泭謂之䈬䈬謂之筏筏秦晉通語也孫炎注爾雅云方木置水爲柎栰也郭璞云水
中䈬筏也又云木曰䈬竹曰筏小筏曰泭䈬音皮佳反栰筏同音伐樊光爾雅本作柎 翹翹 祁遙反沈其堯反薪貌
尤高絜者 一本無絜字 言秣 莫葛反養也說文云食馬穀也 以上 時掌反下文同
禮餼 虛氣反牲腥曰餼 其蔞 力俱反馬云蔞蒿也鄭云似艾音力侯反 汝墳
符云反汝水名墳大防也常武傳云墳涯也 能閔其君子 密謹反傷念也一本有婦人二字 被
文 皮義反 條枚 妹迴反幹也 惄如 本又作愵乃歷反毛飢意鄭思也韓詩作愵音同 調 張留
反朝也又作輖音同 條肄 以自反餘也斬而復生者沈云徐音以世反非 復生 扶富反 於思 如字
又息嗣反 魴魚 符方反魚名 赬尾 勑貞反赤也說文作經又作䞓並同 如燬 音毀齊人謂火曰燬

毛詩音義上　五

郭璞又音貨字書作焜音毀說文同一音火尾反或云楚人名火曰燥齊人曰燬吳人曰焜此方俗訛語也 瘦病 色救
反 之酷 苦毒反 辟此 一本作辭此 之處 昌慮反 爲踈 于僞反踈亦作疏
麟之止 呂辛反瑞獸也草木疏云麕身牛尾馬足黃色員蹄一角角端有肉音中鍾呂行中規矩王者至仁則出
毛云信而應禮鄭云角端有肉示有武而不用也服虔注左傳云視明禮脩則麒麟至麕音俱倫反序本或直云麟止無之字止本
亦作趾兩通 之應 應對之應序注及下傳應禮同 振振 音真信厚也 相應 音鷹當也 之定
都佞反題也字書作顁音同 題也 徒兮反郭璞注爾雅顁也本作顚誤 示有武 一本示作象
召南鵲巢第二 召亦地名也在岐山之陽扶風雍縣南有召亭案周召皆周之舊土文王受命後以
賜二公爲菜地二南之風皆文王未受命之詩也周南十一篇是先王之所以教聖人之深迹故繫之公旦召南十四篇是先王之教化
文王所行之淺迹故繫之君奭 鵲巢 七略反字林作䧿 積行 下孟反下注同 尸
鳩 本又作鳲音同爾雅云鳲鳩鴶鵴也郭璞云今布穀也江東呼穫穀草木疏云一名擊穀案尸鳩有均之德
飲其子旦從上而下暮從下而上平均如一揚雄云戴勝也 秸 古八反又音吉爾雅作鴶 鞠 音菊爾雅作鵴

翹，祁遥反，沈其堯反【法】案《廣韻》堯入蕭，蕭部無群紐，故易爲祁遥也

秣，《説文》食馬穀也【法】《説文》作䬴，不作秣。此當依《左·僖三十三年音義》，

《説文》下補作䬴二字

閔，密謹反【法】《廣韻》閔、謹不同部，蓋陸收謹於軫也，見《書》音

題，頟也【法】頟盧改額，是

本又作鳲，音司【法】司《注疏》本作同

架之 音嫁俗本或作加功 御之 五嫁反本亦作訝又作迓同迎也王肅魚據反云侍也 百乘 繩證反
同 送御 五嫁反本作迎 一方有之也 一本無之字 將之 如字送也沈七羊反 衆
媵 音孕又繩證反國君夫人有左右媵 姪 待結反字林丈一反兄女曰姪謂吾姑者吾謂之姪 娣 徒帝反女
弟也 采蘩 音煩本亦作繁皤蒿也孫炎云白蒿 于沼 之紹反沚也 于沚 音止渚也
皤 薄波反白也 蒿 好羔反 谿 苦兮反杜預云澗也 于澗 古晏反山夾水曰澗 山夾
古洽反一音古協反 被之 皮寄反注及下同首飾也 僮僮 音同竦敬也 蚤也 音早本多作早
下同 視濯 直角反 溉 古愛反 饎 昌志反酒食也 爨 七亂反 髲 皮寄反鄭音髮
鬄 本亦作髢徒帝反劉昌宗吐歷反沈湯帝反鄭注少牢禮云古者或剔賤者刑人之髮以被婦人之紒因以名
焉春秋以爲呂姜髢是也紒音計 祁祁 巨私反舒遲也 無罷 音皮本或作疲
草蟲 直忠反本或作虫非也虫音許鬼反草蟲常羊也草木疏云一名負蠜大小長短如蝗而青也 喓
喓 於遥反聲也 趯趯 託歷反躍也 阜 音婦 螽 音終阜螽蠜也李巡云蝗子也 草木

毛詩音義上　六　徐政

疏云今人謂蝗子爲螽 躍 音藥 蠜 音煩 異種 章勇反 忡忡 敕中反猶衝衝 當
丁浪反 覯 古豆反遇也 則降 戸江反下也 其蕨 居月反虌也草木疏云周秦曰蕨齊
魯曰虌 虌 卑滅反本又作鱉俗云虌其初生似鼈腳故名焉 惙惙 張劣反憂也 則說 音悅注同
其薇 音微草也亦可食 相離 力智反 采蘋 符申反大蓱也韓詩云沈者曰蘋浮
者曰藻 共祭 音恭本或作供注同 姆 莫豆反字林云亡甫反云女師也鄭云姆者婦人五十無子出不復嫁
以婦道教人若今時乳母也 婉 怨遠反 娩 音晚 麻枲 絲似反 絲繭 古顯反本亦作蠒
紝 女金反何如鴆反繒帛之屬 組 音祖綬也 紃 音旬絛也 酒漿 子詳反 菹醢 音海
禮相 息亮反 而笄 吉兮反 之濱 音賓涯也 采藻 音早水菜也 行潦
音老 大蓱 本又作萍薄經反一本作苹音平 涯也 本亦作厓五佳反 先嫁 蘇遍反 芼
莫報反沈音毛 言澡 音早 之行 下孟反 絜清 如字又音淨 以盛 音成 維筐
音匡方曰筐 及筥 居呂反負曰筥 湘之 息良反烹也 維錡 其綺反三足釜也玉篇宜綺反

髲，鄭音髮【法】音髮未詳，盧校本鄭云：以被誉爲婦人之紒，是鄭音髮爲被也

作鱉【法】鱉當作虌，再考

浮者曰藻【法】藻盧改薻

《玉篇》宜綺反【法】《玉篇》五字疑校語

及釜符甫反　亨也本又作烹同普庚反煑也　魚湆去急反汁也　是鉶本或作銒音形鄭云三足兩耳有蓋和羹之器　羹之音庚劉昌宗儀禮音衡　牖音酉　下如字協韻則音戶後皆放此　也與音餘　有齊本亦作齋同側皆反敬也　季少詩照反下同　迎者宜敬反　俎側所反　其齍音資本或作粢　甘棠杜也草木疏云今棠梨　召時照反　名奭音釋召康公名也燕世家云與周同姓孔安國及鄭皆云醜皇甫謐云文王之庶子案左傳富辰言文之昭十六國無燕也未知士安之言何所憑據　封燕烏賢反國名在周禮幽州之域今涿郡薊縣是也　蔽必袂反徐方四反又方計反沈又音必　芾非貴反徐方蓋反蔽芾小貌　勿翦子踐反去也韓詩作剗初簡反　所茇蒲曷反徐又扶蓋反說文作废云草舍也　去也羌呂反　聽斷丁亂反　人被皮寄反　說　其音悅　勿敗必邁反又如字　所憩本又作愒起例反徐許罽反息也　所說本或作稅又作脫同始銳反舍也　拔蒲八反　行露　厭於葉反徐於十反又於立反沈又於占反　浥本又作挹同於及反又於脅反厭浥濕意也　夜莫本又作暮同亡故反又亡博反小星詩同　禮與音餘　大

毛詩音義上　七　顧洞

多音泰舊吐賀反　而強來其丈反下強委同沈其常反　不度待洛反　可否方九反　令會力政反後不音者放此　昏昕許斤反五禮用昕親迎用昏　穿我本亦作穿音川　謂女音汝下皆同　我獄音玉　埆也音角又戶角反盧植云相質觳爭訟者也崔云埆者埆正之義一云獄名　以咮本亦作噣郭張救反何都豆反鳥口也　紂帛側基反依字系旁才後人遂以才爲屯因作純字　五兩音諒　媒音梅謀也　妁時酌反又音酌廣雅云妁酌也　我墉音容牆也　我訟如字徐取韻音才容反

羔羊小曰羔大曰羊　積行下孟反　五它本又作他同徒何反它數也本或作紽　數也所具反後不音者同　以英沈音映又如字　委於危反　蛇本又作虵同音移毛云委蛇行可從迹也鄭云委曲自得之貌讀此句當云委蛇委蛇沈讀作委委蛇蛇韓詩作逶迤云公正貌　行可下孟反崔如字　從迹足容反字亦作蹤迹又作跡　緎徐音域又于域反縫也孫炎云緎縫之界域　縫也爾雅云緎羔裘之縫也音符用反一本作緎猶縫也則當音符龍反　之縫符龍反注同注縫殺之字又音符用反　五總

憩，本又作揭【法】憇（榮芬案當作憩）盧改憩。揭疑愒

厭，徐於十反，又於立反【法】於十、於立疊出，未詳

夜莫【法】今本此及《小星箋》並無夜莫二字，詳見阮氏《校勘記》

咮，何都豆反【法】都豆反與徐仙民丁遘反同，並合古韻○紂，依字系旁才【法】系當作糸　○訟，如字，徐取韻音才容反【法】訟徐讀從紐，與《易·訟卦》同，從邪不分也

緎，于域反【法】于、域同紐，不能爲切。《爾雅》音許域反，則于乃吁之誤也，否則域爲目之誤

子公反　殺之　所界反，徐所例反
殷其靁　殷音隱，下同。殷，靁聲也。靁亦作雷，力回反　勸以義也　本或無以字，下句始有　不
遑　本或作偟，音黄，暇也　謂使　所吏反　復去　符福反　閒暇　音閑　振振　音眞
爲君　于僞反，或如字　使　所吏反，或如字　處　尺煑反
摽有梅　婢小反，徐符表反，落也。梅，木名也。韓詩作楳，說文楳亦梅字　男女及時也
本或作得以及時者，從下而誤　被文　皮寄反　則隋　追果反，又徒火反　迨其　音待，及也。韓詩
云願也　鄉晚　本亦作嚮，又作向，同，許亮反　差多　初賣反　頃筐　音傾　塈之　許器
反，取也　以蕃　音煩　不禁　居鴆反，一音金
小星之行　下孟反，注同　能盡　津忍反，後放此　嘒彼　呼惠反，微貌　五噣　張救反，又
都豆反。爾雅云：噣謂之柳　四時更　音庚，下同　見　賢遍反，下同　列宿　音秀　寔命　時職
反，是也。韓詩作實，云有也　維參　所林反，星名也，一名伐　與昴　音卯，徐又音茅，一名留，二星皆西方

毛詩音義上　八

宿也　留也　如字，又音柳，下同　抱衾　起金反，被也　與裯　直留反。毛云：襌被也。鄭云：牀帳
也。徐云：鄭音直俱反　帳　張仗反
江有汜　音祀。江水名。毛云：決復入爲汜。鄭云：汜，小水也　美媵　音孕，又繩證反。古者諸侯娶夫人，則同姓
二國媵之　有嫡　都狄反，正夫人也，下同　江沱　徒何反。江水之別也，篇內同　決　古穴反，又音穴　復
入　扶福反　並流　白猛反，又步頂反　有渚　諸呂反。小洲也。水枝成渚。韓詩云：一溢一否曰渚　渚
小洲也　本或無此注　水枝　如字，何音其宜反，又音祇　岷山　本又作嶓，武巾反，山名，在蜀　道
江　徒報反，本亦作導，下篇注同　我過　音戈，下文同　其嘯　蕭叫反，沈蕭妙反　蹙口
子六反，本亦作蹴　解　華買反，又閑買反　說　始拙反，又音悅
野有死麕　本亦作麏，又作麇，俱倫反。爾雅云：郊外曰野。麏，獸名也。草木疏云：麏，麞也。青州人謂之麏
惡無　烏路反，下同　被文　皮寄反　劫脅　居業反，下許業反　苞　逋茆反，裹也　裹
也　音果　殺禮　所戒反，徐所例反　絜清　如字，沈音淨　欲令　力呈反　誘之　音酉

摽，婢小反，徐符表反【法】摽音易徐者，脣音分兩類，且改類隔爲音和也

隋，追果反，又徒火反【法】徒火與追果同，疊出未詳

塈，許器反【法】器《谷風》、《假樂》並同，誤也。《梓材》徐許氣反，與《篇》、《韻》合

噣【法】噣同咮，見《行露》

並，白猛反【法】並《廣韻》但收迥，實則當以白猛爲正音也

枝，何音其宜反，又音祇【法】枝音兩類，與《關雎》岐同

嘯，蕭叫反，沈蕭妙反【法】嘯音易沈者，嫌不切也。《廣韻》嘯爲四等，妙收肖（榮芬案肖當作笑）

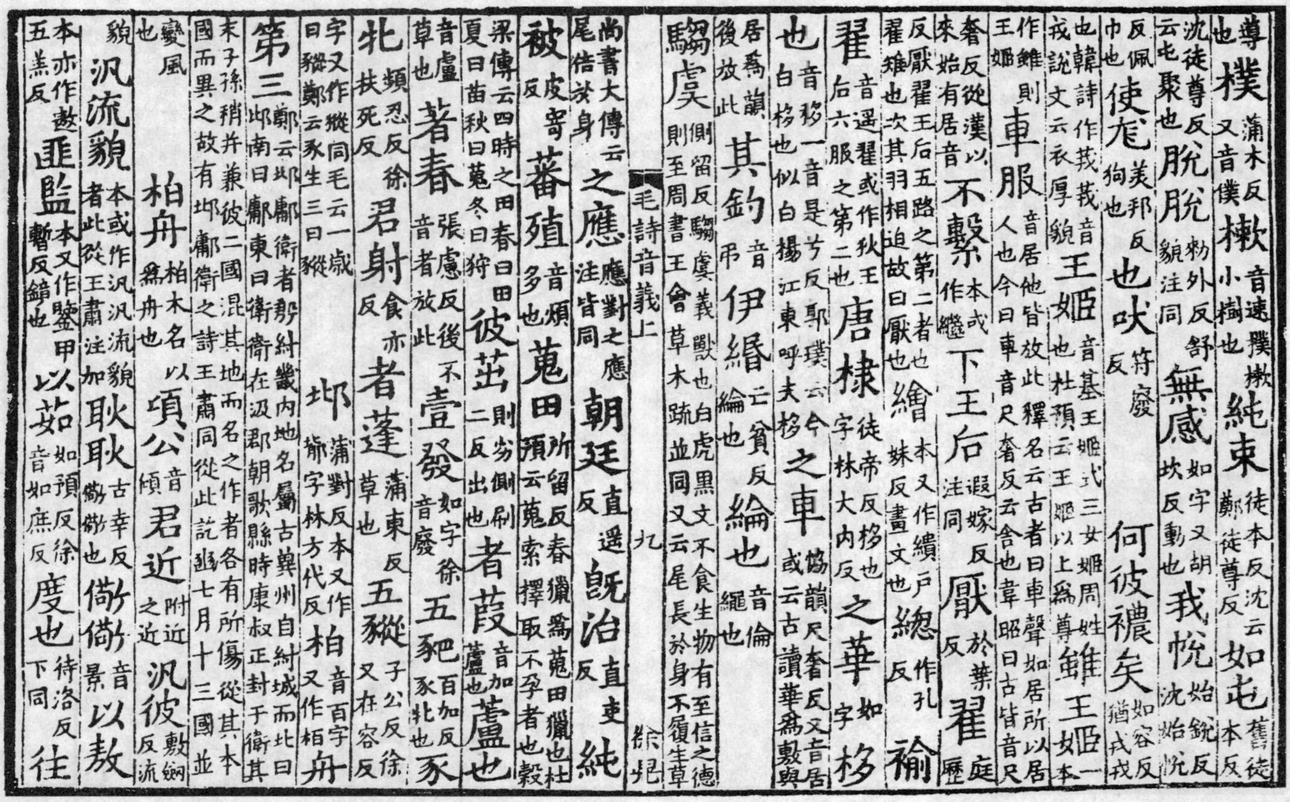
尊也樸蒲木反又音僕樕音速樸樕小樹也純束徒本反沈云鄭徒尊反如屯舊徒本反
沈徒尊反云屯聚也脫脫勑外反舒貌注同無感如字又胡坎反動也我帨始銳反沈始悅
反佩巾也使尨美邦反狗也也吠符廢反何彼襛矣如容反猶戎戎
也韓詩作莪莪音戎說文云衣厚貌王姬音基王姬武王女姬周姓也杜預云王姬以上為尊雝王姬一本
作雝王姬則車服音居他皆放此釋名云古者曰車聲如居所以居人也今曰車音尺奢反云舍也韋昭曰古皆音尺
奢反從漢以來始有居音不繫本或作繼下王后遐嫁反注同厭於葉反翟庭歷
反厭翟王后五路之第二者也翟雉也次其羽相迫故曰厭也繪本又作繢戶妹反畫文也總作孔反褕
翟音遙翟或作狄王后六服之第二也唐棣徒帝反移也字林大內反之華如字栘
也音移一音是兮反郭璞云今白栘也似白楊江東呼夫栘之車協韻尺奢反又音居或云古讀華為敷與
居為韻後放此其釣音弔伊緡亡貧反綸也綸也音倫繩也
騶虞側留反騶虞義獸也白虎黑文不食生物有至信之德則至周書王會草木跡並同又云尾長於身不履生草
毛詩音義上 九 徐垠
尚書大傳云尾倍於身之應應對之應注皆同朝廷直遙反既治直吏反純
被皮寄反蕃殖音煩多也蒐田所留反春獵為蒐田獵也杜預云蒐索擇取不孕者也穀
梁傳云四時之田春曰田夏曰苗秋曰蒐冬曰狩彼茁則劣側刷二反出也者葭音加蘆也蘆也
音盧草也著春張慮反後音者放此不壹發如字徐音廢五豝百加反豕牝也豕
牝頻忍反徐扶死反君射食亦反者蓬蒲東反草也五豵子公反徐又在容反
字又作豵同毛云一歲曰豵鄭云豕生三曰豵邶蒲對反本又作鄁字林方代反柏音百字又作栢舟
第三鄭云邶鄘衛者殷紂畿內地名屬古冀州自紂城而北曰邶南曰鄘東曰衛衛在汲郡朝歌縣時康叔正封于衛其
末子孫稍并兼彼二國混其地而名之作者各有所傷從其本國而異之故有邶鄘衛之詩王肅同從此訖豳七月十三國並
變風也柏舟柏木名以為舟也頃公音傾君近附近之近汎彼敷劍反流
貌汎流貌本或作汎汎流貌者此從王肅注加耿耿古幸反儆儆也儆儆音景以敖
本亦作遨五羔反匪監本又作鑒甲暫反鏡也以茹如預反徐音如庶反度也待洛反下同往

樸，蒲木反，又音僕【法】蒲木反與音僕同。案《爾雅》樕樸音卜，《廣韻》亦收邦、並二紐，然則蒲乃博之誤。又案《傳》云，小木也，《釋木釋文》引同。此作小樹，殆誤

栘，一音是兮反【法】是兮不成切。此舊音之疏者，又見《小雅·常棣》

牝，頻忍反，徐扶死反【法】牝徐音合古韻，説見《易·坤》

邶，本又作背，《字林》方代反【法】背當作鄁，《字林》音合古韻

匪監，甲暫反【法】監音甲暫，亦誤

茹，如預反，徐音如庶反【法】如庶與如預並非二讀，以《六月》及《臣工》兩處證之，則庶反二字疑衍

愬蘇路反之怒協韻乃路反卷也眷勉反注同棣棣本或作逮同徒帝反又音代富而閑
習也可選雪兖反數也儼然魚檢反本或作嚴音同可數色主反悄悄七小反憂
貌慍于憂運反怒也遘閔古豆反本或作覯受侮音武徐又音茂寤辟本又
作擘避亦反拊心也有摽符小反拊心貌拊心音撫迭而待結反韓詩作䥫音同云䥫常也
澣衣戶管反憒辱古對反綠衣毛如字綠東方之間色也鄭改作褖
吐亂反篇各同妾上時掌反注上僭皆同僭子念反州吁況于反毋嬖補計反謚
法云賤而得愛曰嬖嬖卑也媟也黃裏音里間色間廁之間鞠衣居六反言如菊花之色也
又去六反言如麴塵之色王后之服四曰鞠衣色黃也展衣知彥反字亦作襢音同王后之服五曰襢衣毛
氏馬融皆云色赤鄭云色白素紗音沙嫡妾本亦作適同丁歷反女所崔云毛如字鄭
音汝之行下孟反下同以上時掌反衣織於既反下音志俾無甲爾反沈必履反使
也訧兮音尤本或作尤過也過差初賣反又初佳反淒其七西反寒風也

六四二二 小五十二 毛詩音義上 十一

燕燕於見反鳦也戴嬀居危反戴謚也嬀陳姓也名完字又作皃俗音丸即衛桓公也殺
之如字又申志反見已賢遍反差池楚佳反又楚宜反池如字鳦音乙本又作乙郭烏拔反
于野如字協韻羊汝反沈云協句宜音時預反後放此已慎符粉反泣涕他禮反徐又音
弟頡之戶結反飛而上曰頡頏之戶郎反飛而下曰頏而上時掌反篇內皆同竚
立直呂反久也感激經歷反于南如字沈云協句宜乃林反今謂古人韻緩不煩改字實
勞實是也本亦作寔任只入林反毛云大也沈云鄭而鴆反塞瘞於例反崔集注本作實
六行下孟反下篇同以勖凶玉反徐又況目反勉也日月之難乃旦反
以至困窮之詩也舊本皆爾俗本或作以至困窮而作是詩也誤故處昌慮反又
昌呂反我顧本又作顧如字徐音古此亦協韻也後放此相好呼報反注同王崔申毛如字語
於魚據反不述本亦作術終風終日風也韓詩云西風也謔許約反
浪力葬反韓詩云起也笑本又作咲俗字也悉妙反敖五報反謔浪笑敖戲謔也且霾亡皆反徐

侮，音武，徐又音茂【法】侮以徐又音茂證之，則其上聲必音母矣，與古韻合〇辟，本又作擘，避亦反，拊心也【法】擘《篇》、《韻》補革切，其訓拊心者，則作房益切

《韓詩》作䥫【法】䥫盧改戜

鞠塵之色【法】鞠塵之鞠疑當作麴，觀上條改鞠爲菊，可見

俾，俾爾反，沈必履反【法】俾音易沈者，字當收紙，不當收旨也

差，初隹反【法】隹當作佳

竚【法】竚今本從人旁

勖，凶玉反，徐又況目反【法】勖徐音合古韻

處，昌慮反，又昌呂反【法】據《箋》義，則昌慮反是也。昌呂反亦協韻耳

又莫成反風而雨土爲霾 雨土于付反 旹來如字古協思韻多音梨後皆放此 我思如字
且曀於計反陰而風也 且復扶富反 疐本又作嚏又作疐舊竹利反又丁四反又渚吏反或
竹季反劫也鄭作嚏音都麗反 劫也居業反本又作跲音同又渠業反孫輔同崔云毛訓疐爲故今俗人云欠
欠故欬是也不作劫字人體卷則伸志倦則欬案音丘據反王篇云欬欠張口也 嚏欬開愛反 女思
音汝下同後可以意求之疑者更出 虺虺虛鬼反
擊鼓 文仲將子亮反注將者同 殤公音傷 子馮本亦作憑同皮冰反 蔡
從才用反下陳蔡從同 其鏜吐當反擊鼓聲也 城漕音曹衛邑也 有忡勑忠反
爰喪息浪反注同 故處昌慮反 近得附近之近 契本亦作挈同苦結反 闊
苦活反契闊勤苦也韓詩云約束也 成說音悅毛數也鄭相憂悅也 數也色主反 偕音皆俱也
與之約如字又於妙反一本作與之約誓下同 於難乃旦反 相遠于万反 洵呼縣
反遠也本或作詢誤也詢音荀韓詩作夐夐亦遠也 信兮毛音申極也案信即古伸字也鄭如字相親信也

毛詩音義上　十一　壽

凱風開在反南風也 棘心居力反俗作棘 樂夏音洛或一音岳 之長丁丈反下皆同 夭
於驕反夭盛貌 劬勞其俱反 少長詩照反 叡悅歲反下同 叡知音智本亦
作智 在浚音峻衛邑也 浸潤子鴆反 逸樂音洛 睍胡顯反 睆華板反睍
睆好貌 色說音悅下篇注同 雄雉爾雅云雉飛曰雌雄 刺衛俗作刺同
七賜反詩內多此音更不重出 不恤本亦作卹 數起色角反 烝於之升反 泄泄
移世反 奮訊音信又音峻字又作迅同 自貽本亦作詒以之反遺也 遺也維季反沈羊類反
反 阻難乃旦反下同 作繄烏兮反是也 君之行下孟反下君之行同 其朝
直遙反 下上時掌反 女怨如字下女怨同 德行下孟反下注皆同 不忮之跂反害
也字書云恨也韋昭音洎 不臧子郎反善也
匏有苦葉匏音薄交反瓠也 之瓠戶故反 以上時掌反下皆同 渡處昌慮
反 則厲力滯反以衣涉水也韓詩云至心曰厲說文作砅云履石渡水也音力智反又音例 則揭

來，音梨【法】梨當作釐，陸之、脂不分

疐，舊竹利反，又丁四反，又豬吏反，或竹季反【法】丁四與竹利同，易之者，嫌與四不同類也。豬吏反未詳，竹季則合口矣。《廣韻》陟利切

欠欠故欬【法】故盧改欬，是

相憂說也【法】憂乃愛之譌

遺，維季反，沈羊類反【法】羊類與維季同，易之者嫌羊爲開口字也

忮，之跂反【法】跂乃豉之譌，盧本改豉，亦非

厲，《說文》作砅，力智反。又音例【法】力智反誤，殆非《說文》舊音，又音例，是也

苦例反褰衣渡水也揭揭衣竝苦例反下同一云下揭字音起例反一本作揭褰衣長幼張丈反爲
之于僞反求妃音配本亦作配下同瀰弥爾反深水也鷕以小反沈耀皎反雌雉聲或一音户
了反說文以水反字林于水反所難乃旦反下同淫泆音逸之行下孟反不濡而朱
反漬也軌舊龜美反謂車轊頭也依傳意宜音犯案說文云軓車轍也從車九聲龜美反軓車軾前也從車凡
聲音犯車轊頭所謂軓也相亂故具論之其牡茂后反由輈竹留反車轅也旭許玉反徐又許袁反
曰始出大昕之時也說文讀若好字林呼老反大昕許巾反請期音情又七井反下同親迎
魚敬反迨冰音待及也未泮普半反散也招招照遙反號召之貌王逸云以手曰招以言
曰召韓詩云招招聲也卬否五郎反我也本或作仰音同號召戶羔反谷風
古木反東風也黽勉本亦作僶莫尹反黽勉猶勉勉也見譴遣戰反采葑孚容反徐
音豐須也字書作蘴孚容反草木疏云蕪菁也郭璞云今菘菜也案江南有菘江北有蔓菁相似而異菘音嵩
采菲妃鬼反芴也芴也音勿爾雅云菲芴又云菲息菜郭以菲芴爲土瓜解息菜云似蕪菁華紫
大了廿八　久七　毛詩音義二　十三
赤色可食莖河耕反蔓音万本又作蕪音無菁音精又子零反與葍音福本又作葍音富
爾雅葍蕾郭云大葉白華根如指色白可食弁棄俾政反又如字有違如字毛離也鄭俳佪也韓
詩云違張也我畿音祈門內也已訣音訣本或作決裁於門內一本作裁至於門又
一本作裁至於門內荼苦音徒苦菜也如薺齊禮反菜也宴爾本又作燕徐於顯反
又烟見反安也涇音經濁水也渭音謂清水也湜湜音殖持正貌說文云水清見底其沚
音止故見渭濁舊本如此一本渭作謂後人改耳動搖餘招反又餘照反屑以素節
反絜也不復扶富反無發我笱古口反捕魚器韓詩云發亂也以捕音步不
閱音悅容也泳之音詠游也音浮難易夷豉反下同爲求于僞反匍
音蒲又音符匐蒲北反一音服鄭云匍匐盡力能慉許六反毛興也鄭驕也王肅養也說文起也驕
樂音洛憎惡烏路反下皆同賈用音古市也不售市救反阻難乃旦反下
難卻同一音如字覬其音冀育鞫本亦作謝居六反窮也顛覆芳服反注同育

揭，起例反【法】起例當作起列，鄭《褰裳音義》可證

鷕，以小反，沈耀皎反。或一音户了反，《說文》以水反，《字林》于水反【法】鷕字音《說文》是也。《字林》亘紐尚不甚誤，餘皆譌音

旭，許玉反，徐又許袁反【法】徐許袁反讀爲暅、暄也。《易》日以暅徐一音香元反，與此正同。或徐本旭字作暅，亦未可知。段氏據《集韻》許元切，謂元、九形近，當作許九反，不知許元乃《集韻》之音，徐自作許袁，不作許元也。又案旭、勗二字並當作許六反，今許玉反音之變也。徐音多與古合，故《燕燕》之勗，許玉反，徐則況目反。推之此字，徐亦當疊屋韻字，第不知何字之譌耳

昕，許巾反【法】昕《行露》許斤反，是，此誤

菁，音精，又子零反【法】菁具二音，清、青分部也

違張也【法】張盧改很，是

渭，音渭【法】渭當作謂

慉，毛與也【法】與當作興

長張丈反下皆同穉本亦作稺直吏反窮匱求位反乏也無辟音避本亦作避毒
螫失石反何呼洛反旨蓄本亦作畜勑六反御冬魚據反下同禦也徐魚舉反一本下句即
作禦字洸音光武也潰戶對反怒也韓詩云潰潰不善之貌既詒音怡肄以世反勞也徐
以自反爾雅作勩以世反遺也唯季反下同來塈許器反息也
式微黎力兮反國名杜預云在上黨壺關縣寓于音遇寄也于又作乎
旄丘音毛丘或作古北字前高後下曰旄丘字林作堥云堥丘也亡周反又音毛山部又有嵍字亦云嵍丘亡
付反又音旄連率所類反禮記云十國以為連連有率佐牧州牧之牧蔓莚以戰
反又音延蒙如字徐武邦反戎如字徐而容反蒙戎亂貌案徐此音是依左傳讀作尨茸字之
行下孟反下同瑣兮依字作瑣素果反瑣尾少好之貌流音留本又作鶹離如字亦離
鳥名少好而長醜爾雅云鳥少美而長醜為鶹鷅草木疏云梟也關西謂之流離大則食其母少好詩照
反下同長醜張丈反愉以朱反樂音洛褎如本亦作袌由救反又在秀反毛盛服

毛詩音義上　十三　孫勉

也鄭笑貌能稱尺證反耳聾魯工反簡兮居限反字從竹或作蕑是草名非也泠
官音零字從水樂官也字亦作伶為且于偽反大胥思徐反之版音板舍音釋
下篇舍軷同采音菜俁俁疑矩反容貌大也韓詩作扈扈云美貌執轡悲位反如
組音祖可任音壬執籥餘若反以竹為之長三尺執之以舞毛云六孔鄭注禮云三孔郭璞同云形似
笛而小廣雅云七孔翟亭歷反翟翟羽也赫如虛格反渥於角反厚也赭音者丹也有
畀必寐反與也煇字亦作韗暄願反劉昌宗音運甲吏之賤者胞步交反肉吏之賤者翟樂吏之賤
者閽音昏守門之賤者一散素但反酒爵也容五升也厚傅音付有榛本亦作蓁同側
巾反木名子可食有苓音零大苦也本草云甘草與在音預或如字泉水
自見賢遍反注同思之至也一本思作恩毖彼悲位反流貌韓詩作祕說文作䀣云
直視也于淇音其水名孌彼力轉反好貌下篇同于泲子禮反地名飲餞音踐
徐又才箭反送行飲酒也于禰乃禮反地名韓詩作坭音同舍軷蒲末反道祭也遠父于

肄，以世反【法】肄音《汝墳》互異，疑此誤也

塈，許器反【法】器當作氣，詳《摽有梅》

古北【法】北盧改丠，是○《字林》作堥，亡周反，又音毛。山部又有嵍字，亡付反【法】亡周不成切，亡付是也

鶹鷅【法】鷅當從栗　本又作裒，申救反，又在秀反【法】裒盧改褎，申改由。在秀亦從、邪不分也，當作似秀

赫，虛格反【法】虛疑虎

畀，如寐反【法】如當作必

汪反同載輦胡瞎反車軸頭金也還車音旋此字例同音更不重出遄臻市專反速
也不瑕音遐毛遠也鄭過也有害毛如字鄭音曷何也於行下孟反過差初懈
反又初佳反卷末注同肥泉字或作淝音同與漕音曹
北門殷殷本又作慇同於巾反沈於文反又音隱爾雅云憂也背明蒲對反鄉陰本又
作嚮同許亮反爲之于僞反寠其矩反無禮也爾雅云貧也案謂貧無可爲禮一埤避支反厚也
政偏音篇交徧古遍字注及下同凡徧字從彳偏字從人後皆放此讁直革反責也玉篇知革反
更音庚迭待結反敦我毛如字厚也韓詩云敦迫鄭都回反投擿也遺我唯季反加
也投擿呈釋反與擲同本或作擿非摧我徂回反沮也或作催音同韓詩作讙音于隹子隹二
反就也沮也在呂反何音阻北風相攜宄圭反其涼音良雨
雪于付反又如字下同雱普康反盛貌酷暴苦毒反而好呼報反下及注同
同行音衡道也其邪音餘又音徐爾雅作徐下同既亟紀力反急也下同只音紙
大百二十二 小五百二十七 毛詩音義上 十四 陳新
且子餘反下同虛虛也一本作虛徐也之行下孟反其喈音皆疾貌霏芳非
反甚貌能別彼竭反
靜女遺我唯季反下同姝赤朱反美色也說文作姝云好也可說音悅篇末注同
搔首蘇刀反踟直知反躕直誅反貽我本又作詒音怡遺也下同下句協韻亦音
以志反彤管徒冬反彤赤也管筆管著于知略反又直略反下同煒于鬼反赤貌說
懌說本又作悅毛王上音悅下音亦鄭說音始悅反懌作釋始亦反自牧州牧之牧徐音目田官也荑
徒兮反茅始生也洵本亦作詢音荀信也以共音恭竆烏了反窕徒了反之處
昌慮反之爲于僞反注同或如字新臺馬云臺舊曰新爾雅云四方而高曰臺孔
安國云土高曰臺伋音急宣公世子名而要於遥反人惡烏路反泚音此徐又七礼
反鮮明貌說文作玼云新色鮮也瀰瀰莫爾反徐又莫啓反水盛也說文云水滿也汙穢音烏之
行下孟反篇注同燕於典反又於見反安也婉於阮反順也徐於晉反籧音渠篨音儲籧篨

殷，於巾反，沈於文反【法】巾疑斤之譌，《廣韻》殷、文分部，故易沈，沈蓋不分二部也

讁，《玉篇》知革反【法】此引《玉篇》乃後人辨難語。《廣韻》亦屬知紐。下文《君子偕老》亦云讁，丁革反，《南山》亦先直革，後張革，蓋陸以澄紐爲正音也

讙，音于隹、子隹二反【法】于乃千之誤。《廣韻》侯部讙就也，千侯切，誤隹爲侯，而千字不誤

踟，真知反【法】真盧改直，是

泚，《說文》作玼，云，新色鮮也【法】新盧改玉，是　瀰【法】《說文》有濔無瀰，此不云《說文》作濔，疑陸所據本作濔，今作瀰者，後人改也。《五經文字·水部》濔云：見《詩·風》，可證

燕，於典反【法】燕音於典反，以爲與婉疊韻也。此字《傳》既訓安，則不當疊韻

口柔不能俯也 不鮮 斯踐反鄭善也王少也依韓又音仙 有洒 七罪反高峻也韓詩作漼音同云鮮貌

浼浼 每罪反平地也韓詩作浘浘音尾云盛皃 不殄 毛徒典反絕也鄭改作腆吐典反善也 戚

施 千歷反戚施面柔不能仰也 下人 遐嫁反

二子乘舟相爲 于僞反 汎汎 芳劒反 其景 如字或音影 愬伋

先路反 令伋 力征反 於隘 於賣反 駃疾 所吏反本或無駃字一本作迅疾 有

害 毛如字鄭音曷何也 不遠 于万反

鄘 音容 柏舟第四 鄭云紂都以南曰鄘王云王城以西曰鄘也

柏舟共 音恭下同 姜 居羊反共姜共伯之妻也婦人從夫謚姜姓也 蚤死 音早 信

侯 許其反史記作釐曹大家音僖 汎彼 芳劒反 常處 昌慮反 髧 本又作优徒坎

反兩髦貌 兩髦 音毛說文作髳音同禮子生三月翦髮爲鬌長大作髦以象之鬌音丁果反 昧爽

莫背反 而朝 直遙反 櫛 側乙反 纚 所蟹反又色綺反 笄總 子孔反 冠緌

毛詩音義上 一五

汝誰反 靡它 音他 天只 音紙 不亮 本亦作諒力尚反信也 我特 如字匹也韓詩

作直云相當值也 靡慝 他得反邪也 邪也 似嗟反 牆有茨 在良反茨音徐資反

茨蒺蔾也 頑 五鰥反宣公庶子昭伯名也 烝 之升反載馳序注同 蒺 音疾 蔾 音梨 埽

去 丘呂反下同 之行 下孟反 中冓 本又作𦴡古候反韓詩云中冓中夜謂淫僻之言也 不

可詳 如字韓詩作揚揚猶道也 君子偕老 音皆 人君 小君也注云或者小字誤作人耳

副 芳富反首飾也 六珈 音加笄飾也 編 蒲典反或必仙反 以別 彼列反 步搖

餘昭反 委委 於危反行可委曲蹤迹也注同 佗佗 待何反德平易也注同韓詩云德之美貌 行可

下孟反 委曲 如字 平易 以豉反 揄 音遙字又作褕 狄 本亦作翟王后第二服曰

揄狄 欲觀 古亂反又音官 之行 下孟反下同 玼 音此又且禮反鮮盛貌說文云新色鮮也字林云鮮

也音同玉篇且禮反云鮮明貌沈云毛及呂沈並作玼解王肅云顏色衣服鮮明貌本或作瑳此是後文瑳兮王肅注好

美衣服絜白之貌若與此同不容重出本檢王肅本後不釋不如沈所言也然舊本皆前作玼後作瑳字 鮮盛

浼，每罪反【法】浼、每同音，不能爲切，蓋母之譌

櫛，側乙反【法】《廣韻》櫛自爲部，與乙不同部

茨音徐資反【法】茨《廣韻》疾資切，此作徐資，從、邪不分也

第一【法】一當作二，《何彼襛矣音義》可證

玼，《說文》云：新色鮮也【法】新盧改玉，是

音仙 鬒 眞忍反黑髮也說文云髮稠也服虔注左傳云髮美爲鬒 不屑 蘇節反絜也 髢 徒帝反髮也 髮也 皮寄反 瑱 吐殿反充耳 揥也 勑帝反摘也 以摘 他狄反本亦作擿音同本又作擿又作謫並非謫音丁革反擿音直戟反 揚且 七也反徐子餘反下同 晳也 星歷反 審諦 音帝 之莊 如字本又作壯側亮反 與 音餘 瑳兮 七我反說文云玉色鮮白 展也 陟戰反注展衣皆同沈張輦反 縐 側救反靡也 絺 勑之反 是紲 息列反 袢也 符袁反 丹 縠 戶木反 袢延 以戰反又如字 之蹷 子六反 冬衣 於既反著也下褻衣同 則褻 如字舊音吏 禮見 賢遍反 於君子 一本無子字 作禮 陟戰反 媛也 于眷反美女爲媛韓詩作援援取也 依倚 於綺反

桑中 相竊 千節反 弋氏 羊職反 沬之 音妹衛邑也 惡衛 烏路反 行也 下孟反箋同 列國之女 一本作列國之長女長音丁丈反 要我 於遙反注下同 淇 音其衛水 葑 孚容反 葍菁 音精又子形反

毛詩音義二　六

鶉之奔奔 音純鶉鶉鳥鶉音烏南反 行不 下孟反下同 彊彊 音姜韓詩云奔奔彊彊乘四之貌 定之方中 丁佞反下同定星名爾雅云營室謂之定孫炎云定正也 衛爲狄所滅 一本作狄人本或作衛懿公爲狄所滅非也 漕 音曹 攘 如羊反 說之 音悅 熒澤 迴丁反 以廬 力居反 東辟 音壁 揆之 葵癸反 度也 待洛反下同 南視 字又作眡音同 廏 居又反 榛 側巾反 椅 於宜反梓屬草木疏云梓實桐皮曰椅也 梓 音子 漆 音七 長大 丁丈反 彼虛 起居反本或作墟 夾 於 居洽反 濟水 節禮反 依倚 於綺反 使能 所吏反 能說 如字鄭志問曰山川能說何謂也荅曰兩讀或言說說者說其形勢也或曰述述者述其故事也述讀如遂事不諫之遂 儡 本又作讄又作誄皆力水反說文云讄禱也累功德以求福也誄謚也 爲卿大夫 一本無卿字 倌人 音官徐古患反主駕人也說文云小臣也 星言 韓詩云星晴也 說于 毛始銳反舍也鄭如字辭說 星見 賢遍反 爲我 于僞反 操也 七刀反 騋牝 上音來馬六尺已上也下

揥，勑帝反【法】勑帝類隔也

晳【法】晳盧改從白，是

絺，勑之反【法】絺、之不同部，說見前

冬衣【法】冬衣二字今本無，說詳盧校本

援，取也【法】取盧改助，是

菁，音精，又子形反【法】菁音清、青分部

熒【法】熒《注疏》本從水○辟，音璧【法】《廣韻》璧、壁不同讀，盧改壁，是也

榛，側巾反【法】《廣韻》榛、巾不同部，說見《桃夭》

牝，扶允反【法】允盧改死，是

蝢忍反徐扶死反 以上時掌反 六種章勇反下同 過禮一本作過禮制 而復
符富反 蝃蝀上丁計反下都動反蝃蝀虹也爾雅作螮蝀音同 相長張丈反
虹工音洪一音絳 遠父于万反下同 惡之烏路反下惡之皆同 朝隮子西反升也徐又子
細反鄭注周禮云隮虹 氣應應對之應 大無音泰注同
相鼠息亮反篇內同 之行下孟反 高顯之處昌慮反 無止毛止所止
息也鄭止容止也韓詩止節無禮節也 不遄市專反遄速也
干旄音毛 姝好呼報反篇內同 孑孑居熱反又居列反 在浚蘇俊反衛
邑也 之旃之然反通帛爲旃 紕之毛符至反鄭毗移反 組也音祖 之旒音留 縿
所銜反何沈相沾反 彼姝赤朱反 畀之必寐反與也注予同 說此音悅 干旟音
餘鳥隼曰旟 隼荀尹反 糾長張丈反 總以子孔反 驂馬七南反 析
星歷反 祝之毛之六反織也鄭作屬之蜀反著也 著也直略反又知略反
毛詩音義二 十二
載馳也 閔其一本作愍密謹反 唁其音彥弔失國曰唁 載駈字亦作驅如字
協韻亦音丘 跋涉蒲末反草行爲跋水行爲涉韓詩云不由蹊遂而涉曰跋涉 告難乃旦
反 不臧子郎反 不遠于万反注同協句如字 不閟悲位反徐又方冀反閉也 蝱
音盲貝母也藥名也 以療力照反 尤之本亦作訧音同過也 稺直吏反本又作稚 一槩
古愛反 芃芃薄紅反徐又符雄反盛長 長也張丈反 控于苦貢反引也 引
也夷忍反又夷刃反 求援于眷反又音袁沈于万反
衛淇奧第五 鄭王俱云紂都之東也 淇奧上音其下音於六反
一音烏報反淇水名奧隈也草木疏云奧亦水名 入相息亮反 綠竹並如字綠王芻也爾雅作菉音
同竹篇竹也韓詩竹作薄音徒沃反云薄篇筑也石經同 猗猗於宜反美盛也 隈也烏迴反孫炎云水曲
中也 王芻初俱反郭璞云今呼白腳莎莎音蘇禾反一云即菉蓐草也蓐音辱 篇竹本亦作扁匹善
反又音篇郭匹殄反一音布典反竹音如字又敕六反韓詩作筑音同郭云似小藜赤莖節好生道旁可食又殺蟲草木

子，居熱反，又居列反【法】居列與居熱同，疊出未詳

紕，毛符至反，鄭毗移反【法】紕，符至反，《玉篇》作必二，《廣韻》二音俱不收。

紕、移古韻不同部，而《篇》、《韻》並同

閔，一本作愍，密謹反【法】閔、愍並與謹不同部

閟，悲位反，徐又方冀反【法】方冀與悲位同，一類隔一音和也。又字蓋衍

稺，直吏反【法】稚（榮芬案當作稺）、吏不同部

援，于眷反。沈于万反【法】援音線、願分部

薄，篇筑也【法】篇盧改萹，是。筑阮云：當作茿，是

篇，匹善反。郭匹殄反【法】匹善、匹殄獮、銑分部

疏云有草似竹高五六尺淇水側人謂之菉竹也之烈一本作之餘烈有匪本又作斐同芳尾反文貌
下同韓詩作邲美貌也如磋七何反治象名如琢陟角反治玉名如磨本又作摩莫何反治
石名僩兮遐板反寬大貌韓詩云美貌說文云武貌赫兮呼白反赫赫然也德咺兮況晚
反威儀容止宣著也韓詩作宣宣顯也諼兮況元反又況遠反忘也青青子丁反茂盛也本或
作菁音同琇音秀沈又音誘說文作璓云石之次玉者弋久反瑩音榮徐又音營又音瑩磨之瑩琇瑩
美石也會古外反注同鄭注周禮則如字說文作䯤弁皮變反皮弁也之瑱天見反之縫
符用反皪皪本又作礫音歷又音洛之朝直遙反下及下篇同如簀音責積也綽
兮昌若反緩也猗於綺反依也重直恭反注同較兮古岳反車兩傍上出軾者施舍
如字又詩鼓反又式氏反謔兮香略反有弛本亦作施同式氏反
考槃薄寒反考成也槃樂也在澗古晏反山夾水也韓詩作干云墝埆之處也樂也
音洛下同山夾古洽反覺而交孝反又如字邁苦禾反毛寬大皃鄭飢意韓詩作過過美

毛詩音義上　十六　陳彥

見弗過古禾反注同崔古卧反不復符又反下同之軸毛音迪進也鄭直六反病也
告語魚據反碩人嬖妾補意反上時掌反僭子念
反其頎其機反長皃衣錦於既反注夫人衣翟今衣錦同褧苦迥反徐又孔穎反襌也
說文作𦁵枲屬也褧襜昌占反佼好本又作姣古卯反下同襌也音丹為
其于偽反之大音泰下大子同舊音勑賀反邢侯音形姬姓國譚公徒南反國名
柔荑徒奚反蝤似脩反徐音曹蠐本亦作蠀又作齊同音齊沈又音茨爾雅云蟦蠐螬蝤蠐
蝎郭云蝤蠐在糞土中蝎在木中蝎桑蠹是也蟦音肥分反蠹音妬蝎也音曷或音葛瓠戶故反犀
音西瓠瓣補遍反又蒲莧反沈又蒲閑反螓首音秦蛾眉我波反額廣蘇黨
反蜻蜻郭徐子盈反沈又慈性反方頭有文王肅云如蟬而小倩兮本亦作蒨七薦反好口輔
也韓詩云倉白色盼兮敷莧反白黑分也徐又敷諫反韓詩云黑色也字林云美目也匹間反又匹莧反
敖敖五刀反說于本或作税毛始銳反舍也鄭作襚音遂衣服曰襚有驕起橋反壯皃

邲,美貌也【法】邲當從卩

琇【法】琇盧改璓,是○瑩,音榮,徐又音營【法】分榮、營爲二音,與《廣韻》同

嬖,補意反【法】嬖、意不同部,此誤。他皆作補計反,是

褧,苦迥反,徐又孔穎反【法】褧音迥、靜分部。《廣韻》褧字兩部兼收,褧唯收迥

蝤,似脩反【法】蝤《廣韻》自秋切,此亦從、邪不分　瓣,補遍反【法】補、遍同紐,不能爲切。《集韻》收匹見切内,則似補爲譌字。《爾雅釋文》有謙力見切一讀,力必方之譌。方補同紐,又疑遍爲譌字矣。《集韻》收滂紐,而改補爲浦。俟再考。　又案補遍當據《東山音義》改爲盧遍

盼兮,《字林》匹問反,又匹莧反【法】匹問當依《注疏》本作匹間,《論語音義》作匹簡,即因間而加竹。蓋校者因今《廣韻》間、莧同部,不得爲異讀,故改之。不知《字林》分部不必與《廣韻》同也。《集韻》問部不收盼,可知本不作問矣　○說,毛始稅反【法】始稅乃始銳之譌

朱幩孚云反又符云反飾也說文云馬纏鑣扇汗也鑣鑣表驕反馬銜外鐵也一名扇汗又曰排沫爾雅
云鑣謂之钀钀音魚列反沫音末茀音弗蔽也以朝直遥反注皆同用適丁歷反本亦作
嫡夙退韓詩退罷也案禮記云朝廷曰退爲妃音配洋洋音羊徐又音祥盛大也
活活古闊反又如字流也罛音孤魚罟濊濊呼活反毛云施之水中也馬云大魚網目大豁豁也
韓詩云流皃說文云凝流也鱣陟連反大魚口在頷下長二三丈江南呼黃魚與鯉全異鮪于軌反鱣也似
鱣大者名王鮪小者曰叔鮪沈云江淮間曰叔伊洛曰鮪海濱曰鮥發發補末反盛皃馬云魚著罔尾發發然
韓詩作鱍葭音加蘆也菼他覽反王篇通敢反揭揭其謁反徐居謁反長也孽孽魚竭反徐
五竭反盛飾也韓詩作钀牛過反長皃朅欺列反徐起謁反武壯皃韓詩作桀云健也罛音孤罟音古
鮥音洛蘆也音盧亂五患反江東呼之烏蓲蓲音丘氓莫耕反民也韓詩云
美貌無別彼列反華落戶花反或音花復相扶又反弃背音佩喪其
息浪反妃耦音配以風福鳳反佚也音逸蚩蚩尺之反敦厚皃貿莫豆反買

毛詩音義上　丈　蔣盱仲

也頓丘都寸反通稱尺證反愆期起虔反過也字又作諐將子七羊反毛
願也鄭請也故語魚據反垝俱毀反毀也垣音袁所近附近之近鄉其
許亮反本又作嚮漣漣音連泣皃爾筮市制反蓍曰筮體無如字卦兆之體也韓詩作
履履幸也咎言其九反著曰音尸之繇直又反卦兆之辭也我賄呼罪反財也
徑以經定反沃若如字徐於縛反桑葚本又作椹音甚桑實也士耽都南反樂
也鶻鳩音骨樂也音洛下同百行下孟反而隕韻謹反湯湯音傷
水盛皃漸車子廉反注同漬也濕也帷裳位悲反隋也字又作墮唐果反猶
冒音墨此難乃旦反其行下孟反注同不解音懈浸薄子鴆反
咥許意反又音熙笑也又一音許四反說文云大笑也虛記反又大結反有泮音判毛云坡也鄭音畔畔
崖也坡本亦作陂北皮反澤陂詩傳云障也呂忱北髮反云陂阪也亦所以爲隰之限域也本或作破字未詳觀
王述意似作破自拱俱勇反本又作共音同之宴如字本或作丱者非旦旦說文作悬悬悬

洋，音羊，徐又音祥【法】洋音羊、祥，喻、邪互變也

凝流也【法】凝當作礙

菼，他覽反，《玉篇》通敢反【法】《玉篇》五字殆校語，通敢即他覽也〇孽，魚竭反，徐五謁反～揭，欺列反，徐起謁反【法】孽音易徐者，薛、月分部也。朅音亦然。《廣韻》竭字月、薛兩收。陸則止收薛矣

隕，韻謹反【法】隕、謹不同部

咥，許意反，又音熙。又一音許四反，《說文》虚記反【法】意、熙、記並與咥不同部，許四是也。《廣韻》並不收

宴，本或作丱【法】作丱者，因總角丱字而誤也

起很反 惻本亦作惻楚力反 竹竿籊籊他歷反長而殺 以釣音弔

而殺色界反 遠莫如字又于万反注同 遠兄于万反 之瑳七可反沈又七何反笑皃

之儺乃可反說文云行有節也 不惡烏路反 滺滺本亦作浟音由流皃 檜古活反又

古會反木名 楫本又作檝子葉反徐音集方言云楫謂之橈或謂之櫂釋名云楫捷也撥水舟行捷疾也橈音

饒 櫂舟直教反 思鄉本又作嚮同許亮反 芄蘭音丸本亦作丸芄蘭草名 恒

蔓於地蔓音万本或作蔓莚於地者後人輒加耳 佩蒲對反依字從人或玉傍作者非 觿

許規反解結之器 觿與音餘下觿與同 悸兮其季反韓詩作萃垂皃 紳帶音身

不稱尺證反 韘失涉反毛玦也鄭沓也 玦也本又作決音同 沓也徒荅反 彄

沓苦侯反 我甲如字狎也爾雅同徐胡甲反韓詩作狎 狎也戶甲反

河廣 一葦韋鬼反 杭之戶郎反渡也 廣與音餘下遠與同 喻狹音洽

非爲于僞反 跂予丘豉反 容刀如字刀小船也字書作舠說文作𦨴並音刀

毛詩音義上 二十 徐鼎

伯兮 爲王于僞反又如字注下爲王並同 從王伐鄭讀者或連下伯也爲句者非 朅兮

丘列反武皃 桀兮其列反毛云特立也鄭云英桀也 執殳市朱反長丈二無刃 長丈如字又直

亮反 軫本亦作輈之忍反 酋在由反發聲 矛音謀 誰適都歷反主也注同 爲

容于僞反或如字 杲杲古老反 出日如字沈推類反 日復扶又反下同 厭也

於豔反下同 心嗜市志反 憂思息嗣反 焉得於虔反 諼草本又作萱

況袁反說文作藼云令人忘憂也或作蕿 之背音佩沈又如字北堂也 令人力呈反 善忘亡向

反又如字 心痗音每又音悔病也 有狐音胡 喪其息浪反下注同 妃耦音配下注

同 殺禮所戒反又所例反 所以育民人也本或作蓄育者非 生長張丈反

綏綏音雖匹行皃 無爲于僞反 淇厲力滯反

木瓜古花反楙木也 遺之唯季反下注同 瓊求營反美玉也說文云赤玉也 琚音居徐又音渠

佩玉名 楙音茂字亦作茂爾雅云楙木瓜也 爲好呼報反篇內同 結己國以爲

《說文》作䑠【法】《正義》云：《說文》作䑟

英傑也【法】傑阮校本作桀

恩也一本作結己國之恩也 瑶音遥美玉也說文云美名 玖音久玉名字書云玉黑色 芑苴子餘
反 橘均栗反 柚餘救反
王黍離第六王國者周室東都王城畿內之地在豫州今之洛陽是也幽王滅平王東遷政遂微
弱詩不能復雅下列稱風以王當國猶春秋稱王人 黍離如字說文作穗 過故古卧
反又古禾反 顛覆芳服反 彷蒲皇反 徨音皇 鎬京胡老反 能復扶又反
而同於國風焉崔集注本此下更有猶尊之故稱王也今詩本皆無 摇摇音遥 所
愬蘇路反 蒼天本亦作倉采郎反爾雅云春爲蒼天莊子云天之蒼蒼其正色邪 昊天胡老
反夏爲昊天字書從日夰聲夰音工老反 旻天密巾反閔也秋爲旻天 之穗音遂秀也 所更音庚
如噎於結反 君子于役 危難乃旦反下注同 以風福鳳反 曷
至寒末反何也 雞棲音西 于時如字本亦作塒音同爾雅同王篇持理反鑿牆以棲雞 鑿
在各反 言畜許又反 其有佸戶括反說文口活反會也韓詩至也 下括古活反至也
毛詩音義二 三
弋本亦作杙羊職反或音羊特反 君子陽陽 遠害于万反 執簧
音皇笙簧 其樂音洛注且樂和樂及下章同 只且子徐反又作且七也反 陶陶音遥和樂
皃 執翿徒刀反纛也 由敖五刀反遊也 纛也徒報反沈徒老反俗作纛 翳也
於計反 於燕本又作宴於見反 揚之水如字激揚也或作楊木之字非 遠屯
徒門反 戍束遇反守也韓詩云舍 怨思如字沈息嗣反 夂今力呈反 迫近附近之近
或如字 而數音朔 束薪音新 激揚經歷反 至湍吐端反 迅也音信又蘇
俊反 彼其音記詩內皆放此或作已亦同 束蒲如字毛云草也鄭云蒲柳也孫毓云蒲草之聲不與
戍許相協箋義爲長今則二蒲之音未詳其異耳
中谷有蓷吐雷反爾雅云萑也韓詩云茺蔚也廣雅又名益母 飢本或作饑居疑反穀不熟
饉音覲蔬不熟 暵呼但反徐音漢菸皃也說文云水濡而乾也字作灘又作灘皆他安反 鵻音佳
爾雅又作萑音同 菸於據反何音於說文云鬱也廣雅云臭也 仳四指反徐符鄙反又敷姊反別也字林反

時，《玉篇》持理反【法】今《玉篇》時，視之切

弋，或音羊特反【法】羊特不成切，即《兔罝》之羊北也

且，又作且，七也反【法】作且二字未知何字之譌。盧云，二字後人妄增

俗作纛【法】纛從毒聲是也，陸以爲俗，非

其，亦作己，亦同【法】阮校云亦當作或，非也。今案亦同之亦當改作音。《僖二十四年》、《襄二十七年左傳》兩引彼己之子，並音記，是其證

飢，本又作饑，居疑反【法】飢、疑不同部，字当依又本作饑，亦與疑不同部

仳，匹指反。又敷姊反。《字林》及几、扶罪二反【法】匹指即敷姊，一音和，一類隔也。及殆皮之譌

几扶罪二反嘅其口愛反嘆矣本亦作歎吐丹反協韻也其脩如字本或作蓨音同且乾
也歗矣籀文嘯字本又作嘯徒用如字徒空也沈云當作從啜張劣反泣貌將復
扶又反兔爰背畔音佩不樂沈音岳又音洛注同欲覺古孝反又
如字下同所操七刀反本亦作懆沈七感反今作躁與定本異與箋義合慼子六反本亦作戚七歷反
百罹本又作離力知反憂也吪本亦作訛五戈反動也我長張丈反大音代賀反
罦音俘覆車也郭云今之翻車大罔也覆芳服反車赤奢反罿昌鍾反罬也韓
詩云施羅於車上曰罿字林上凶反罬張劣反郭徐姜雪姜穴二反爾雅云罬謂之罦罦覆車也
葛藟力軌反藟似葛廣雅云藟藤也刺桓王本亦作刺平王案詩譜是平王詩皇甫士安以
爲桓王之詩崔集注本亦作桓王之滸呼五反水涯也長不張丈反下同水涯本亦作厓
魚佳反恩施始豉反下同終遠于万反又如字注下皆同之涘音俟涯也王又
無毋恩也一本作王后漘順春反爾雅云夷上洒下不漘旁從小郭云涯上平坦而下水

毛詩音義上　二十二　余永

深爲漘不發聲也隒魚檢反何音檢爾雅云重甗隒郭云形似累兩重甑上大下小李巡云隒阪也詩本
又作水旁兼者字書音呂恬深二反廣雅云濂清也與此義乖
采葛使出所吏反下並同以共音恭艾兮五蓋反
大車檻檻胡覽反車行聲毳衣尺銳反冕名如菼吐敢反騅也
本亦作萑音隹蘆之力吳反亂也五患反巡行下孟反衣繢胡妹反
無禮與音餘哼哼他敦反徐又徒孫反重遲兒如璊音門赬也說文作璊云以毳爲
罽也解此璊云玉赬色也禾之赤苗謂之虋王色如之赬也勑貞反赤也皦日本又作皎古了
反白也壙中苦晃反有別彼列反丘中有麻墝本亦
作墽苦交反埆苦角反又音學本或作遨此從孫義而誤耳之處昌慮反於朝直遥反
則治理直吏反將其王申毛如字鄭七良反下同施施如字伺音司閒
音閑又如字來食如字一鄭音嗣云復來扶又反詒我音怡佩玖音久石次

徒用,如字,徒空也。沈云:當作從【法】阮校云:從當作徒,詳沈意以徒字上屬讀

操亦作懆,今作躁與定本異,與《箋》義合【法】懆疑慘。今作以下十一字当是後人校語,《正義》添入,陸不言定本也　〇大,音代賀反【法】代蓋他之誤,他皆讀透紐

罬,郭、徐姜雪、姜穴二反【法】姜雪、姜穴薛、屑分部也。據此則郭、徐已然

夷上洒下曰漘,旁從水【法】曰盧改不,是。據旁從水句,疑正文只作脣,不從水旁。《伐檀》云,本亦作脣,是也

檻,胡覽反【法】讀檻爲一等者,協韻〇菼,吐敢反【法】菼吐敢反,《廣韻》不收此讀,又見瞻部

《說文》作璊【法】璊盧改⿰毛㒼,是

禾之赤苗謂之樠【法】樠阮改⿰禾㒼,是

本或作逮【法】逮盧改遠,是

伺,音司【法】伺有平去二音,然以去聲爲本音,則音司非矣。疑正文與注互誤,當作司音伺

玉者說文紀又反云石之次玉黑色者 能遺 唯季反下同

鄭緇衣第七 鄭者國名周宣王母弟桓公友所封也其地詩譜云宗周圻內咸林之地今京兆鄭縣是其都也漢書地理志云京兆鄭縣周宣王弟鄭桓公邑是也至桓公之子武公滑突隨平王東遷遂滅虢鄶而居之即史伯所云十邑之地右洛左濟前華後河食溱洧焉今河南新鄭是也在滎陽宛陵縣西南

緇衣 側基反 敝 本又作弊符世反 聽朝 直遙反下同 之館 古亂反舍也 子粲 七旦反飧也 飧也 蘇尊反 諸盧 力於反 欲飲 於鴆反 食之 音嗣 蓆兮 音席大也韓詩云儲也說文云廣多

將仲子 七羊反請也下及注皆同 不勝 音升 祭仲 側界反後放此 弗聽 吐丁反 好勇 呼報反 無折 之舌反傷害也下同 樹杞 音起木名 驟諫 竹救反服虔云數也 君若與之 一本若作將 段將 此一將字如字 誅與 音餘 垣也 音袁 樹檀 徒丹反木名 彊 其良反一音居良反 忍 本亦作刃同而愼反依字木旁作刃今此假借也沈云系旁作刃爲是案系旁刃音女巾反韓騷云紉秋蘭以爲佩是也

毛詩音義上 十三

叔于田 繕 市戰反善也 人說 音悅 甲鎧 苦愛反 巷無 學絳反里塗也 大叔 音泰後大叔皆放此 洵美 蘇遵反信也 于狩 手又反 冬獵 力輒反

大叔于田 而勇 本或作而好勇好衍字 叔于田 本或作大叔于田者誤 乘乘馬 上如字下繩證反後句例爾 如組 音祖 中節 竹仲反 在藪 素口反澤也禽之府也韓詩云禽獸居之曰藪 襢 本又作袒音但 裼 素歷反襢裼肉襢也 以搏 音博 將叔 七羊反請也 毋 音無本亦作無 狃 女九反毛習也鄭復也 狃復 符又反下同 上襄 並如字 鴈行 戶郎反注同 夾轅 古洽反 射忌 注作巳同音記辭也下皆同 抑磬 苦定反騁馬也 控 口貢反止馬也 騁馬 敕領反 鴇 音保驪白雜毛曰鴇依字作鴇 驪 力馳反 白 嫚 本又作慢莫晏反遲也 掤 音冰所以覆矢也馬云櫝丸蓋也杜預云櫝丸箭筩也 鬯弓 敕亮反 弢弓 吐刀反

清人高克 一本作剋 好

餐也【法】阮校改餐爲飧，是也。《正義》作餐，與陸本異

驟，竹救反【法】竹誤，《文十四年》、《哀十四年左傳音義》並作仕救反，是也

忍，依字木旁作刃【法】木盧改韋，是

作鴇【法】鴇盧改鴇，是

利呼報反注同惡而烏路反下同欲遠于万反克將子亮反而御魚呂
及注同翺翔五羔反駟介音界甲也旁旁補彭反王云彊也駟四馬也
一本駟介四馬也二矛莫侯反方言云矛吳揚江淮南建五湖之間謂之鍦鍦音虵或謂之鋋鋋音蟬或謂之鏦鏦音
錯江反其柄謂之矜矜郭音巨巾反重直龍反注下同英如字沈於耕反酋矛在由反
麃麃表驕反武皃重喬毛音橋累荷也鄭居橋反雉名所以縣毛羽也韓詩作鷮逍
本又作消遙本又作搖累荷舊音何謂刻矛頭為荷葉相重累也沈胡可反謂兩矛之飾相負荷
也矛矜字又作𥎊同巨巾反沈又居陵反近上附近之近室題音啼題頭也室劒削
名也方言云劒削自河而北燕趙之間謂之室此言室謂矛頭受刃處也削音笑以縣音玄在軸音逐
地名陶陶徒報反驅驅皃右抽敕由反毛抽抽矢也鄭抽抽刃也說文作搯他牢反云抽刃以習擊手刺也
作好呼報反注同謂將子亮反下同羔裘字或作求刺
朝直遙反下及注同以風福鳳反如濡音儒洵直徐音荀又音句均也且
大百四十三　小五百十六　毛詩音義上　二十四　新
侯侯君也韓詩侯美也舍命音赦處也王云受也沈書者反不渝以朱反變也緣
以悅緰反晏兮於諫反鮮盛皃粲兮采旦反衆意美稱尺證反
遵大路摻所覽反徐所斬反擥也之袪起居反又起據反袂也擥也音覽
袂也面世反惡兮烏路反注同寁市坎反速也故也一本作故兮後好也亦爾
魗本亦作𢿂又作𣫆市由反毛棄也鄭惡也或云鄭音為醜好也如字鄭云善也或呼報反
女曰雞鳴不說音悅下同而好呼報反昧旦音妹相警音景有爛
力旦反不見賢遍反又如字蚤於音早本亦作早別色彼列反弋羊職反鳧音符
閒於音閑繳音灼本亦作繳殽音爻本亦作肴偕老音皆燕樂音洛下同珩
音衡佩上玉也璜音黃半璧曰璜琚音居佩玉名瑀音禹石次玉也衝牙昌容反狀如牙豫
儲直居反出使所吏反問遺尹季反之好之呼報反注同
有女同車大子音泰請妻七計反以女適人曰妻不取如字又促句反

鏦音，錯工反【法】工盧改江。案《方言》音借江反

英，如字，沈於耕反【法】英音易沈者，《廣韻》英收庚，不收耕也

摻，所覽反，徐所斬反【法】摻字《廣韻》音與徐同，敢部不收

寁，市坎反【法】市當作巿，宋本已誤，見毛居正《六經正誤》

有女同車讀與何彼襛矣詩同　如舜戶順反木槿也　華讀亦與召南同下篇放此
親迎魚敬反下同　木槿音謹　洵美恤旬反信也　壻御音細字書作壻　將
將七羊反玉佩聲　傳道直專反
山有扶蘇如字徐又音踈扶蘇扶胥木也　扶胥音踈又相如反　菡本又作歁又作萏户
感反　萏本又作欿又作萏度感反菡萏荷華也未開曰菡萏已發四芙蓉　傎本亦作顛都田反
倒都老反　狂求匡反狂人也　且子餘反辭也注同　人之好美色呼到反下同
狂睹都杜反本亦作覩　有橋本亦作喬毛作橋其驕反王云高也鄭作槁苦老反枯槁也
狡童古卯反　蘀兮他洛反槁也　不倡昌亮反本又作唱注下同　而
和胡卧反注下同　槁苦老反　長幼張丈反　稱也尺證反　漂女匹遥反本亦作
飄　要女於遥反成也注同　狡童擅命善戰反專也　餐兮
七丹反　不遑音皇暇也　褰裳起連反本或作騫非說文云褰袴也　恣

資利反　行下孟反注下同　更出音庚　涉溱側巾反　篡國初患反　揭衣
欺例反又起列反　告難乃旦反　先鄉香亮反本亦作向　也且子餘反下同　涉
洧于軌反　丰芳凶反面貌豐滿也方言作妦　道鈌丘悅反　陽倡
昌亮反　不和胡卧反　親迎魚敬反下親迎同　則爲于僞反　堂兮並如字門
堂也鄭改作棖方庚反門梱上近邊木　梱苦本反亦作閫　近邊附近之近　衣錦如字
或一音於記反下章故此　褧衣苦迥反襌也下如字　襌也音丹　襌縠戶木反　爲
其文于僞反　之大音泰舊勑賀反　紂衣側基反本或作純又作緇並同　纁許云反
袡如鹽反　又易以豉反　東門之墠音善除地町町者也依字當作墠此
序舊無注而崔集注本有鄭注云時亂故不得待禮而行　茹音如後篇同　藘力於反茹藘茅蒐蒨
草也後篇同　在阪音反又符板反　町町吐鼎反又徒冷反　茅莫交反又音妹　蒐所留
反　之爲難乃旦反　易越以豉反下同　行上並如字行道也左傳云斬行栗

舜，户順反【法】户當作尸，盧本亦誤

萏，本又作欿，又作萏【法】盧本改欿爲䓘，改萏爲蓞，並是

褰，本或作騫【法】段氏謂正文當作騫，注當作褰，是也

溱，側巾反【法】溱、巾不同部

堂兮，並如字【法】並盧改毛。阮校云：並者指諸家述毛及作音人。今案陸凡言並必目其人於上，無空言並者，仍疑盧是　○鄭改作棖，方庚反【法】方庚殆丈庚形近之誤，阮刻十行《注疏》本作直　○衣，或一音於記反【法】衣、記不同部，他作於既，是也

咱 復晁反奉又作唊亦作㗅並同 甘耆 常志反 風雨淒淒 七西反

喈喈 音皆 夷說 音悅下同 瀟瀟 音蕭暴疾也 膠膠 音交 不爲 于僞

反 不瘳 勑留反愈也 子衿 音金衿領也本亦作襟徐音琴 世亂 本或

以世字在下者誤 學校 户孝反注及下注同鄭國謂學爲校左傳云鄭人遊於鄉校是也公孫以云夏曰校

沇音敎 以校正 音敎 青青 如字學生以青爲衣領緣衿也或作菁音非也 衣純 章允反

之閏反 嗣音 如字毛嗣習也鄭續也韓詩作詒詒寄也曾不寄問也 傳聲 直專反 碝

本又作瓀如兖反 珉 亡巾反 組 音祖 綬 音受 挑兮 他羔反又勑彫反說文作叟 達兮

他末反挑達往來見皃說文云達不相遇也 但好 呼報反 爲樂 音洛 揚之

水流漂 匹妙反 終鮮 息淺反寡也注下同 迋女 求往反誑也徐又居望反 誑也 九況

反 出其東門 五爭 爭鬭之爭注同 子亹 亡匪反又音尾莊公子 思

存 如字注反下皆同沈息嗣反毛音如字鄭息嗣反 縞衣 古老反又古報反白色衣 綦巾 巨基

毛詩音義上　二十六　三

反綦反也 聊樂 音洛注並同一音岳或云篊留樂又音岳 我員 音云本亦作云韓詩作䰟魂神

也 所爲 于僞反 之難 乃旦反 闉 音因曲城 闍 鄭郭音都城臺也孫炎云積土如水

諸所以望氣祥也徐止奢反又音蛇 如荼 音徒茅秀 茅秀 本或作莠音同計昌宗周禮音莠音

酉 思且 音徂爾雅云存也舊子徐反 與娛 本亦作虞 野有蔓草

音万蔓延也 溥兮 本亦作團徒端反團團然盛多也 婉兮 於阮反 邂 戶懈反 逅

本亦作遘胡豆反邂逅不期而會 瀼瀼 如羊反盛皃徐又乃剛反 溱洧 側巾反下

于軌反鄭國之二水名說文溱作潧云潧水出鄭溱水出桂陽也 渙渙 呼亂反春水盛也韓詩作洹洹音丸

說文作汎汎音父弓反 蕑兮 古顏反蘭也字從竹韓詩云蓮也若作竹下是簡策之字耳 淫泆

音逸 之行 下孟反 士曰既且 音徂往也徐子胥反下章放此 寬閒 音閑 之處

昌慮反 洵 息旬反韓詩作恂 訏 況于反大也韓詩作盱云恂盱樂皃也 且樂 音洛注下同

相謔 許略反 勺 時灼反 藥 勺藥香草也韓詩云離草也言將離別贈此草也 瀏

耆，常志反【法】耆，志不同部

挑達，往來見貌，《説文》云：達不相遇也【法】盧刻來下添相字，據今本《毛傳》也。胡氏承珙云：上經方云不來，此《傳》不當言相見。觀《正義》云，故知挑達爲往來貌，可知《傳》本無相見二字。《釋文》無相字，此必陸氏本作往來貌，傳寫誤貌爲見，淺人後於見下加貌字耳。《説文》云：達行不相遇也。此脱行字（榮芬案此兩句原提行書寫）〇亹，亡匪反，又音尾【法】又音尾三字疑後增，亡匪反即音尾也

邂，户解反【法】解阮校作懈，是也

《説文》作汎汎【法】盧、阮並引段玉裁云：《説文》必本作汎，從水凡聲，胡官切，即洹之别體　蓮也【法】蓮，盧云，當作蘭

芍藥【法】芍乃勺之誤　瀏，力尤反【法】力尤盧改力九。案《廣韻》尤、有二部並收瀏字，則義可兼通。惟《釋文》於尤部字多作力求反，此獨作力尤，是可疑耳

音留深也說文流清也力九反

齊雞鳴第八 齊者太師呂望所封之國也其地少昊爽鳩氏之墟在禹貢青州岱嶺之陰濰淄之野都營丘

之側禮記云大公封於營丘是也 雞鳴賢妃 芳非反 怠慢 武諫反

警戒 居領反本又作敬音同 朝既 直遥反注下皆同 蒼蠅 餘仍反 纚笄

色蟹反何霜綺反 薨薨 呼弘反 妃其 音配本亦作配 猶樂 音岳又五教反

會且 七也反沈子餘反 卿大夫朝會 此一朝如字音張遥反 見惡 烏路

反下同 於夫人 音符或依字讀者非 還 音旋便捷皃韓詩作嫙嫙好皃 好

田 呼報反 無厭 於豔反又於占反本或作饜音同止也 好焉 萬縞反 峱 乃刀反山

名說文云峱山在齊崔集注本作嶩 便捷 本亦作便旋 並驅 本又作駈曲具反注下同 兩

肩 如字獸三歲曰肩說文云三歲豕肩相及者本亦作豜音同又音牽 揖我 一入反 儇兮

許全反利也韓詩作婘音權好皃 倂也 步頂反下文同 譽 音餘下同 兩牡 茂后反 佼好

古卯反本又作姣

【毛詩音義上 二十七 駱賓

著 直居反又直據反又音於詩內協句宜音直據反 親迎 魚敬反注同

象瑱 吐遍反 以縣 音玄下同 爲紞 都覽反 瑩 音榮又音營

東方之日刺衰 色追反本或作刺襄公非也南山已下始是襄公之詩 彼姝

亦朱反 我闥 他達反門內也韓詩云門屏之閒曰闥

東方未明朝廷 直遥反注皆同 挈 苦結反又音結 壺 音胡挈壺氏掌漏刻之官

顛倒 都老反 促遽 其慮反 別色 彼列反 未晞 音希明之始升 令

之 力證反 折柳 之舌反注同 樊圃 音布又音補樹菜蔬曰圃 瞿瞿 俱具反無

守之皃 柔脆 七歲反 藩也 方元反本又作蕃 不任 音壬下同 則莫 音暮

南山之行 下孟反 公適 直革反責也又張革反 彭生乘 繩證反一本作彭生

乘公乘則依字讀 而搤 於革反說文云捉也公羊傳云拉公幹而殺之沈又烏詣反 拉 音郎荅反 猶

復 扶又反下皆同 于禚 音灼地名 行惡 下孟反下之行皆同 崔崔 子雖反又音[illegible]

著，直居反，又音於【法】直居王觀國《學林》引作直屢反，誤。《昭四年、十四年左傳》著邱公《音義》並云，著，直居反，徐直據反，可以爲證。又音於三字殆有誤

令，力證反【法】證當作政

高大皃 無別 彼列反 淫佚 音逸下同 可恥惡 烏路反又如字 有蕩 徒黨
反徐勑黨反平易皃 平易 夷豉反 屨 九具反 五兩 王肅如字沈音亮 冠緌
如誰反 傅姆 上音付下音茂 同處 呂慮反下同 人奇 居宜反 蓺 魚世反樹
也本或作藝技藝字耳 衡 音橫注同亦作橫字又一音如字衡即訓為橫韓詩云東西耕曰橫 從 足容
反注同韓詩作由云南北耕曰由 取妻 七喻反注下皆同 鞫止 居六反毛窮也鄭盈也 令
至 力呈反下同 析薪 星歷反 其邪 似嗟反 甫田維莠 居竭反徐（見下）羊九
反 無田 音佃下同 致治 直吏反 忉忉 音刀憂勞也 桀桀 居竭反徐
又居謁反 怛怛 旦末反 婉兮 於阮反 孌兮 力轉反 總角 本又作揔
子孔反 丱兮 古患反幼穉也 未幾 居豈反注同 見兮 一本作見之 突而
吐活反注同方言云凡卒相見謂之突吐訥反 弁兮 皮眷反冠也 兩髦 音毛 少自 詩照反
盧令 音零下同 好田 呼報反 以風 福鳳反 噣也 直角反本亦作濁畢星名何音

張■毛詩音義上　二十八　曹鼎

攢 繳射 音灼 纓環 於盈反又於政反 而樂 音洛下同 而說 音悅 重環
直龍反下同 鬈 音權毛好皃鄭勇壯也說文云髮好皃 鋂 音梅一環貫二也 且偲
七才反多材也說文云強也
敝笱 婢世反徐扶滅反本又作弊敗也笱音古口反取魚器也 人惡 烏路反 魴 音房 鰥
毛古頑反大魚也鄭古魂反魚子也 易制 夷豉反 其從 才用反注下皆同 魴鱮 才呂
反毛云大魚也廣雅云鰱也音連 唯唯 維癸反沈養水反毛云出入不制也鄭云行相隨順皃韓詩作
遺遺言不能制也 載驅 欺具反又如字下皆同本亦作駈 淫播 波佐反
薄薄 普各反徐扶各反疾驅聲也 笰 音弗車蔽也 朱鞟 苦郭反革也
發夕 韓詩云發旦也 其乘車 繩證反或音繩 魯竟 音境本亦作境 平
易 夷豉反下樂易同 四驪 力馳反 濟濟 子禮反注同美皃 濔濔 本亦作瀰
同乃禮反注同衆也 徒為 一本作從兩通 之行 下孟反 豈 開改反樂也 弟 如字或音待易

桀，居竭反，徐又居謁反【法】桀音薛，月分部，今《廣韻》惟收薛部群紐

丱【法】阮據《唐石經》、《五經文字》改丱，是也〇突，吐活反。《方言》云，吐訥反【法】活必沒之譌，突無音吐活者，吐沒即吐訥也

鱮，才呂反【法】鱮《采緑》篇音敘，是也。陸氏從、邪二紐多混

唯，維癸反，沈養水反【法】養水與維癸同，易沈者殆嫌養爲開口字耶

薄，普各反，徐扶各反【法】普蓋蒲之誤，陸用音和，徐用類隔，書中多此例，此字不容有異讀也。《集韻》亦誤收（棨芬案此條原倒置鞟條下，今正）

笰【法】笰今本作茀。《小雅・采芑》同

鞟【法】鞟今本作鞹

弟，如字，或音待易反【法】《旱麓》豈弟云：一音待，弟易也。然則此反字乃也字之誤

反 樂易音洛 闓音開 圛音亦 汶水音問水名 湯湯失章反大皃 彭

彭必旁反 彷音旁 徉音羊 滔滔吐刀反流皃 儦儦表驕反衆貌說文云行貌

猗嗟於宜反字或作欹猗嗟歎辭 技藝其綺反 頎而音祈長皃 佼古卯反本

又作姣 抑若於力反美色皃 巧趨本又作趍七須反又七遇反 蹌兮七羊反巧趨皃

射侯食亦反注所射每射同 正兮音征注同畫五采曰正 參分七南反又音三 選

兮雪戀反齊也 則貫毛古亂反中也鄭古患反習也 中也張仲反 反兮如字

復也韓詩作變變易 以禦魚呂反 乘矢繩證反四矢也 故處昌慮反

魏葛屨第九案魏世家及左氏傳云姬姓國也詩譜云周以封同姓其地虞舜夏禹所

都之城也在古冀州雷首之北析城之西南枕河曲北涉汾水 葛屨俱具反 褊也必淺

反 陿音洽本或作狹依字應作陜 隘於懈反 機巧如字徐苦孝反 趨利七須反徐

七喻反 儉嗇音色 糾糾吉黝反沈居酉反猶繚繚也 繚繚音了沈音遼 摻

毛詩音義上　二十九

摻所銜反又所感反徐又息廉反說文作攕山廉反云好手皃 纖纖息廉反 廟見賢遍

反 要之於遥反褸也 襋之紀力反衣領也 謂屬音燭 著之直略反 提

提徒兮反安諦也 宛然於阮反辟皃 左辟音避注同一音婢亦反 揥勑帝反所以爲

飾也 安諦音帝 汾沮洳汾音扶云反水名也沮子預反洳音如預反沮洳音

漸洳也 其君子一本無子字 其莫音暮菜也 其漸如字又接廉反 輂車

本亦作旄音毛 趙盾徒本反 公行戶郎反注同 藚音續水舃也一名牛脣說文音似足

反 水舃音昔 昭穆紹遥反說文作佋 園有桃之殽本又作肴

音 省國色領反 且謠音遥徒歌曰謠 之行下孟反下文行國同 我所爲于僞

反下所爲皆同 何其音基下同 何爲如字 夫人音符 無復扶又反 謗

君博浪反罵也 有棘紀力反從兩朿俗作𣗥同 岵音戶毛云山無草木

曰岵此傳共爾雅不同王肅依爾雅 國迫而數音朔 侵削本或作國小而迫數見侵

猗，於宜反，倚嗟歎辭【法】倚乃猗之誤

糾，吉黝反，沈居酉反【法】糾音易沈者，《廣韻》糾收黝，不收有也

摻，所銜反【法】摻收銜部，與《廣韻》異

藚，《說文》音似足反【法】《廣韻》續、藚並似足切，則《說文》一音非異讀。阮校謂小字本、十行本、相臺本所附皆作其或反。然其字亦誤，或本作與或反，形近誤爲其耶　○省，色領反

燭部，故以爲異。

【法】《廣韻》省、領不同部

棘，從兩朿【法】棘（榮芬案當作棘）當從二朿

共《爾雅》不同【法】共疑與之誤，《卷耳》注可證

削者誤 之處昌慮反 夜莫音暮 無解音介 旃哉之然反 屺音起
少子詩照反 無著常志反 十畝之間莫后反古作畮俗作畝皆
同 閒閒音閑本亦作閑往來無別皃 無別彼列反 還兮本亦作旋 泄泄以世反多人之皃
逮也徒賚反又徒帝反 伐檀待丹反木名也 坎坎苦感反伐檀聲 寘之
之豉反 漣力纏反風行水成文曰漣 猗於宜反本亦作漪同 廛本亦作壥又作廛直連反一夫之居
曰壥古者一夫田百畝別受都邑五畝之地居之故孟子云五畝之宅是也 有縣音玄下皆同 貆
本亦作狟音桓徐郭音暄貉子也 宵田音消夜也 貉子戶各反依字作貈 素餐七丹反說
文作餐云或從水字林云呑食也沈音孫 伐輻音福 伐輪音倫 之漘順倫反厓也本亦作脣
且淪音倫小風水成文轉如輪也韓詩云順流而風曰淪淪文皃 囷兮丘倫反圓倉 鶉兮音純
鳥也 素飧素門反熟食曰飧字林云水澆飯也 碩鼠音石大也 斂也呂驗反下
同 貫女古亂反徐音宮事也 無復扶又反 稅斂始銳反 大比毗志反 樂音洛

毛詩音義上　三一　三二

注下同 土如字他古反沈徒古反 之訣古穴反 肯勞如字又力報反注同 倈我本亦
作來同力代反 詠本亦作永同音詠歌也 號戶毛反呼也注同 呼也火故反 喜說音悅
唐蟋蟀第十唐者周成王之母弟叔虞所封也其地帝堯夏禹所都之墟漢曰太原郡在古
冀州太行恒山之西太原大岳之野其南有晉水叔虞之子燮父因改爲晉侯至六世孫僖侯名司徒習堯儉約遺
化而不能以禮節之今詩本其風俗故云唐也 蟋蟀上音悉下所律反蟋蟀蛬也說文蟀
作䘃 僖公許其反史記作釐侯 不中丁仲反 虞樂音洛下皆同 思遠息嗣反注
同 歲聿允橘反遂也 其莫音暮 其除直慮反去也注同 蛬也俱勇反沈
又九共反趨織也一名蜻蛚 不復扶又反 大康音泰徐勑佐反下同 其居義如字偏
韻音據 好樂呼報反下同 瞿瞿俱具反顧禮義 禮樂之外此一樂字音音
蹶蹶俱衛反動而敏於事也 其慆吐刀反過也 休休許虬反樂道之心
山有樞本或作蓲烏侯反茎也 昭公左傳及史記作昭侯 自樂音洛下及注同 有

畝，俗作畝【法】俗作畝與正文同，必有一誤

餐，《說文》作餐【法】注内餐字疑當作湌，否則有脫字

鶉，鳥也【法】鶉注鳥疑鴽之誤，見《鶉之奔奔》　飧【法】飧當作飱　貫，古亂反，徐音宮【法】盧、阮校並引惠氏定宇據《石經·魯詩》貫作宦，謂音宮乃音官之誤，官又宦之誤。案謂宮乃官之誤，是也，《易·剝》貫魚，亦古亂反，徐音宮，與此正同，似不必再改爲宦

喜悅【法】悅盧改說，是

朝直遥反 廷徒佞反 洒所懈反沈所寄反下同 埽蘇報反本又作掃下同 有揄以朱反 荎田節反沈又直棃反 弗曳以世反 弗婁力俱反婁亦曳也馬云牽也 宛於阮反本亦反苑死皃 是愉毛以朱反樂也鄭作偷他侯反取也 有栲音考山樗 有杻女久反栲也 山樗勑書反又他胡反 檍也於力反 廷內音庭又徒佞反 弗鼓如字本或作擊非 灑也色蟹反又所綺反 有漆音七木名 不離力智反

揚之水 封沃烏毒反邑名即曲沃 鑿鑿子洛反 激揚經歷反 湍疾吐端反 洗蘇禮反又蘇典反 去羌呂反 垢濁古口反 所惡烏路反又如字 襮音博領也字林方沃反 繡音秀衆家申毛並依字下文同鄭改爲宵 黼音甫 爲宵音綃本亦作綃 爲純眞允反又眞順反 不樂音洛 皓皓古老反絜白也 鵠戶毒反曲沃邑 粼粼利新反清澈也本又作磷同 澈也直列反或作徹誤 椒聊椒木名 聊辭也 其蕃音煩 衍延善反 一捄音求又其菊反何音掬沈居局反 朋比王肅

毛詩音義上　三二　万印

孫毓申毛必履反謂無比例也一音必二反鄭云不朋黨則申毛作毗至反 佼好古卯反 聊且子餘反下同 匊本又作掬九六反兩手曰匊 綢繆上直留反下亡侯反綢繆猶纏縣也 參也所金反 始見賢遍反下不見見於東同 薪芻楚俱反說文云芻刈草也象芻束草之形 合宿音秀 後陰戶豆反 邂本亦作解戶懈反一音戶佳反 覯本又作遘同胡豆反一音戶冓反邂覯解說也韓詩云邂覯不固之皃 解音蟹 說音悅 直戶音值又如字 粲者采旦反三女爲粲字林作㛑 杕杜徒細反特皃本或作夷狄字非也下篇同杕赤棠木 所弁必政反 湑湑私叙反不相比次也 相比毗志反下文及注同 踽踽俱禹反無所親 遠其于万反 不佽七利反助也 菁菁本又作青同子零反毛葉盛也鄭希少皃 睘睘本亦作煢又作惸求營反無所依也

羔裘 不卹本亦作恤荀律反憂也 豹祛起居反又丘據反袂朱也 居居如字又音據懷惡不相親比之皃 親比毗志反 有悖補對反 豹褏徐救反本又作

荎，直藜反【法】藜阮據影宋本作蔾，云此字載《集韻》六脂，以影宋本爲是。今案二字並僻，非音紐所用，當是本作棃耳

粼，刊新反【法】粼盧改粼，刊改利　　捄，又其菊反。沈居局反【法】捄盧從木云：《集韻》兩載此字皆從木。案今《正義》本亦作捄，似不必改。沈以捄、局同部，与《廣韻》不合，故易之

比，必履反，一音必二反，鄭作毗至反【法】比字此三音皆與《廣韻》合。凡音毗志者，皆當依此改爲毗至

覯，胡豆反，一音戶冓反【法】冓乃溝之譌，若作冓則與胡豆反無異矣。邂一音戶佳反，故此亦一音戶溝反，皆讀爲平聲也。《集韻》十九侯收此讀，是彼時尚未誤

同究究九又反爾雅云居居究究惡也之好呼報反注同

鴇羽音保鴇似鴈而大無後指性不樹止政役音征篇內注同養其羊亮反鄂

侯五各反于苞補交反稹也栩況禹反杼木也稹也本又作槇之忍反何之人

反沈音田又音振廣雅云概也杼也食汝反徐治與反之處昌慮反迫迮測百反

梱口本反致直置反下同靡盬音古蓺魚世反何怙音戶恃也罷

倦音皮鴇行戶郎反注同翮也戶革反爾雅云羽本謂之翮無

衣始并畢政反下注同爲之于僞反之使所吏反注同愈羊主反且奧

本又作燠於六反煖也煖奴緩反有杕之杜宗族本亦作宗矣

陰寡於鴆反又如字本亦作蔭同噬肯市世反逮也韓詩作逝逝及也與比毗志反

反好之呼報反下同曷飲於鴆反下文同食之音嗣下同道周周曲也韓

詩周右也觀也古亂反葛生好呼報反攻戰音貢又如字

毛詩音義上　三十二

多喪息浪反注同弃亡也又如字怨思息嗣反或如字蘞音廉又力恬反又力儉反徐又

力劒反草木疏云似栝樓葉盛而細子正黑如燕薁不可食齊則側皆反本亦作齋下同枕

篋口牒反韣本亦作獨又作櫝徒木反墳墓符云反壙音曠

采苓力丁反大苦也即甘草葉似地黃好聽呼報反幽辟匹亦反下同小

行下孟反爲言于僞反或如字下文皆同本或作僞字非舍音捨下同旃之然反

爲言謂爲人並于僞反若經文依字讀則此上爲字亦依字訕人所諫反采

葑孚容反

秦車鄰第十一秦者隴西谷名也在雍州鳥鼠山之東北昔皋陶之子伯翳佐禹治水有

功舜命作虞賜姓曰嬴其末孫非子爲周孝王養馬於汧渭之間封爲附庸邑于秦谷及非子之曾孫秦仲周

宣王又命爲大夫仲之孫襄公討西戎救周周室東遷以岐豐之地賜之始列爲諸侯春秋時稱秦伯崔云秦

在虞夏商爲諸侯至周爲附庸車鄰本亦作隣又作轔栗人反秦仲始

鴇，無後趾【法】鴇下盧添羽字。阮校小字本、相臺本皆作無後指

槇【法】槇當依《輪人音義》改爲縝，今阮刻《十三經注疏》本所附亦作縝。又案據《輪人考證》則作縝出盧氏意，改作縝是也。詳《輪人》 ○概也【法】概盧改概，是

梱，户本反【法】户十行本作口，是也，《既醉音義》苦本反○致，直置反【法】致、置不同部

蘞，音廉，又力恬反。徐又力劒反【法】音廉與力恬鹽、添分部也。《廣韻》蘞、劒不同部，當作力驗

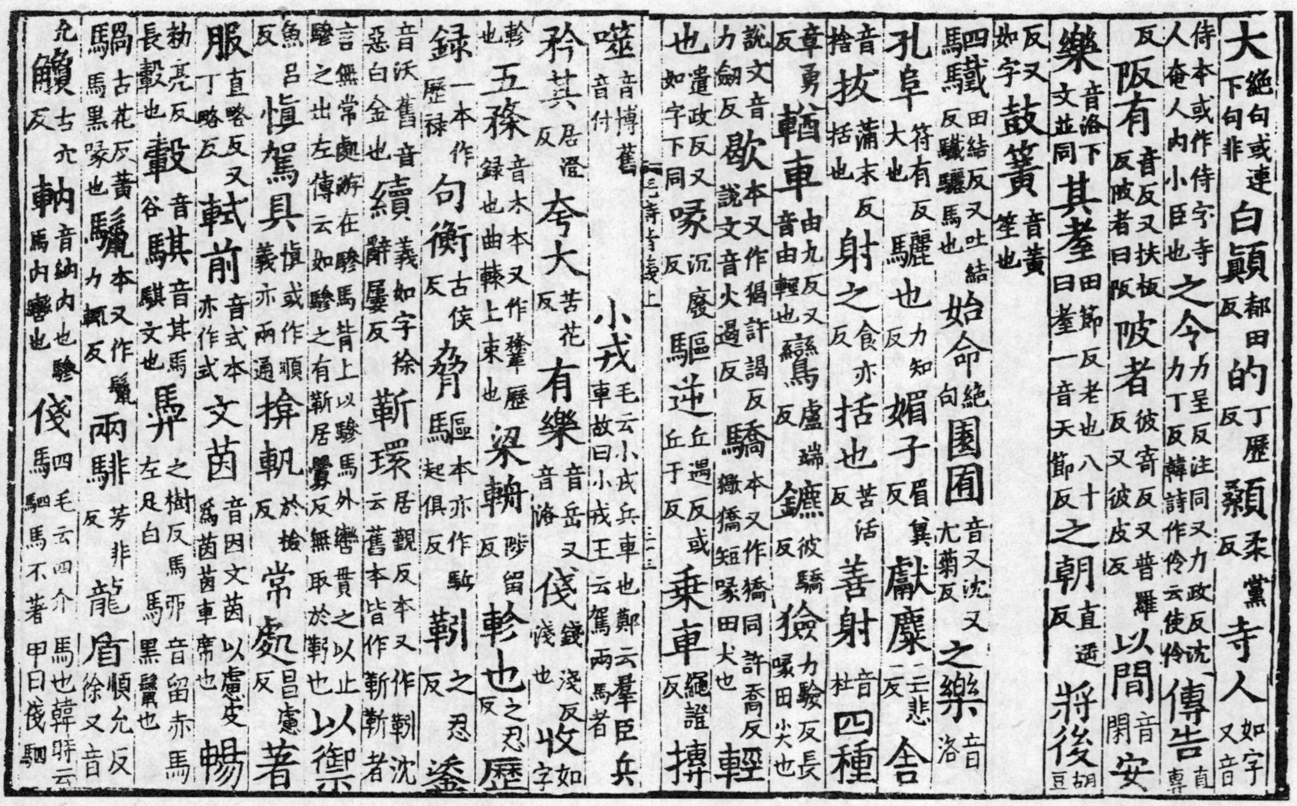
大(絕句或連下句非)白顛(都田反)的(丁歷反)顙(桑黨反)寺人(如字又音侍本或作侍字寺人奄人內小臣也)之令(力呈反注同又力政反沈力丁反韓詩作伶云使伶)傳告(直專反)阪有(音反又扶板反陂者曰阪)陂者(彼寄反又彼皮反又普羅反)以間(音閑)安樂(音洛下文並同)其耋(田節反老也八十曰耋一音天節反)之朝(直遙反)將後(胡豆反又如字)鼓簧(音黃笙也)

四驖(田結反又吐結反驖驪馬也)始命(絕句)園囿(音又沈又尤菊反)之樂(音洛)孔阜(符有反大也)驪也(力知反)媚子(眉冀反)獻麋(亡悲反)舍(音捨)拔(蒲末反括也)射之(食亦反)括也(苦活反)善射(音社)四種(章勇反)輶車(由九反又音由輕車也)鸞(盧端反)鑣(彼驕反)獫(力驗反長喙田犬也說文音力劒反)歇(本又作猲許謁反說文音火遏反)驕(本又作獢同許喬反獫歇短喙田犬也)輕也(遣政反又如字下同)喙(況廢反)驅逆(丘遇反或丘于反)乘車(繩證反)摶(音博舊音付)

小戎(毛云小戎兵車也鄭云羣臣兵車故曰小戎王云駕兩馬者)矜其(居澄反)夸大(苦花反)有樂(音岳又音洛)俴(錢淺反淺也)收(如字軫也)五楘(音木本又作鞪歷錄也曲轅上束也)梁輈(陟留反)軫也(之忍反)歷錄(一本作歷祿)句衡(古侯反)脅驅(本亦作駈起俱反)靷(之忍反)鋈(音沃舊音惡白金也)續(音義如字徐辭屨反)靳環(居覲反本又作靷沈云舊本皆作靳靳者言無常處遊在驂馬背上以驂馬外轡貫之以止驂之出左傳云如驂之有靳居覲反無取於靷也)以禦(魚呂反)愼駕具(愼或作順義亦兩通)揜軌(於檢反)常處(昌慮反)著服(直畧反又丁略反)軾前(音式本亦作式)文茵(音因文茵以虎皮為茵茵車席也)暢(勑亮反)轂(音谷長轂也)騏(音其騏文也)馵(之樹反馬左足白)駵(音留赤馬黑鬣也)騧(古花反黃馬黑喙也)䮷(本又作鬣力輒反)兩騑(芳非反)龍盾(順允反徐又音允)觼(古穴反)軜(音納內也驂內轡也)俴駟(四毛云四介馬也韓詩云駟馬不著甲曰俴駟)

射，音社【法】射去聲，社上聲，且不同紐，音社二字後人妄改也，當食夜反

獫，力驗反。《說文》音力劒反【法】獫音易《說文》，嫌不同部也。與上篇薟音同

玁獢【法】玁當作猲，歇下注不云作玁也

靷，之忍反【法】之忍反乃軫字之音，阮校謂小字本、十行本所附並作音囥（榮芬案囥即胤，避清諱改，口乃標志，以下再出則無之），是也。相臺本作音酳，則宋人避諱改之

鋈，音沃，舊音惡【法】鋈舊音與古韻近

靳，居覲反。《左傳》云，如驂之有靳，居釁反【法】《廣韻》靳與覲、釁並不同部

䮷，本又作鬣【法】䮷，本又作鬣，阮刻《注疏》本上字作鬣，下字作䮷

厹矛 音求三隅矛也 鋈錞 徒對反舊徒猥反一音敦錞鐏也說文云矛戟下銅鐏 蒙伐 如字本或
作瞂音同毛云蒙討羽也伐中干也鄭云蒙厖也討雜也畫雜羽之文于伐故曰厖伐 四介 音界甲也 鐏 徂寸
反又子遻反 之札 側八反 厖伐 莫江反 虎韔 勑亮反下同本亦作韔弓室也 鏤
膺 魯豆反下於澄反毛云膺馬帶也鄭云鏤膺有刻金飾也 竹閉 悲位反本一作䩛鄭注周禮云弓檠曰䩛
弛則縛於弓裏備損傷也以竹爲之䩛音悲位反徐邊惠反一音必結反 緄縢 古本反繩也下直登反約也 紲
息列反 厭厭 於鹽反安靜也 秩秩 陳乙反有知也 知也 本亦作智
蒹葭 古恬反薕也葭蘆也 人被 皮寄反 作緊 於奚反猶是也 遡洄 蘇路反下
音回逆流而上也 薕也 音廉 遡游 順流而涉也 宛在 紆阮反本亦作苑 易得
以豉反 萋萋 本亦作淒七奚反 未晞 音希毛云乾也鄭云未爲霜也 之湄 音眉 水
隒 魚簡反又音簡 且躋 本又作隮子西反升也 中坻 直尸反小渚 之涘 音俟涯也
迂 音于 中沚 音止小渚也 終南有條 本亦作樤音同槄也 槄

毛詩音義上　三十四　通志堂

也 吐刀反山榎也 枏也 如鹽反沈云孫炎稱荊州曰枏揚州曰梅重實揚州人不聞名枏 朝廷 直遥
反 以裼 星歷反 渥丹 於角反渥漬也丹如字韓詩作沰音揵各反沰赭也 淳 之純反又如字
本亦作厚 漬 辭賜反 有紀 如字基也本亦作屺沈音起 黻衣 音弗 將將 七羊反
黃鳥 仲行 戶郎反下皆同 鍼虎 其廉反徐又音針 從死 才容反 惴惴
之瑞反 其慄 音栗 壙中 苦晃反 殲我 子廉反又息廉反 愬之 蘇路反
之防 徐云毛音方比也鄭音房 之禦 魚呂反注同當也 晨風 鴥 說文作鴪
尹橘反疾飛貌字林於寂反 鸇也 字又作鸇之然反草木疏云似鷂青色說文止仙反字林尸先反 之
駛 所吏反疾也 苞櫟 盧狄反木名 六駮 邦角反獸名毛云如馬倨牙食虎豹草木疏云駮馬
木名梓榆也 倨 音據 靡樂 音洛 棣 音悌唐棣也 樹檖 音遂或作遂赤羅也
無衣 好 呼報反下注同 攻 古弄反又如字下注同 亟 欺冀反 同袍 包毛反襺也 襺
也 古顯反本亦作繭 同仇 音求毛云匹也鄭云怨耦曰仇 戈長 直亮反又如字 同澤 如字毛澤

戲【法】戲盧改瞂，是。戲乃俗體，不當以見於《集韻》而遂從之也

閉，本一作䩛，鄭注《周禮》云：弓檠曰䩛。䩛，音悲位反，徐邊患反【法】本下一字當作亦。二䩛字與下從韋作者不一律，盧氏據《弓人》注謂並當作韠，是。患盧改惠，是也。阮云：小字本、十行本所附是惠字

隒，魚簡反，又音簡【法】阮云：簡當作檢，此明末避懷宗諱所改也。考各本附音皆作檢，葉林宗於崇禎時寫此本，全書內往往有改檢爲簡者。今案《王·葛藟音義》並仍作檢

枏，沈云：孫炎稱，荊州曰枏，揚州曰梅，重實，揚州人，不聞名枏【法】阮引段玉裁云：《疏》孫炎曰荊州曰梅，揚州曰枏，當依之乙，是也。案若如今本，則沈氏不必駁之矣　〇漬，辭賜反【法】漬《廣韻》疾智切，此亦從、邪不分

子廉反，又息廉反【法】又上盧增徐字

可贖，食燭反，又音樹【法】此條舊脫，盧補〇鴥，尹橘反，《字林》於寂反【法】《字林》於寂反當作于密反，《魯頌》驈，阮孝緒于密反，是其證。尹橘、于密異紐且分二類，此亦匣、喻之混　鸇，止仙反，《字林》尸仙反【法】《文十八年左傳》、《爾雅·釋鳥音義》並引《字林》已（榮芬案當作己）仙反，是也。《釋鳥》引《說文》止誤上。考《集韻》此字止收諸延、稽延二紐，是其所據《釋文》不作上仙、尸仙也。又案《六經正誤》亦引己仙反，是宋本皆然　檖，或作遂【法】遂盧云：當作椽

淮渾也鄭褻衣也說文作襗云袴也褻衣仙列反近附近之近汙音烏又汙穢之汙垢古口反

渭陽音謂水名水北曰陽麗姬本又作驪同力馳反之難乃旦反

大子音泰都雍於用反縣名今屬扶風乘黃繩證反注同我思息嗣反

瓊瑰古回反石次玉也權輿音餘權輿始也夏胡雅反大也

屋如字具也渠渠其居反猶勤勤也以食我音嗣注篇內同四簋音軌內方外圓曰簋以盛黍稷外方內圓曰簠用貯稻粱皆容一斗二升

經典釋文第五

毛詩音義上

汙，音烏，又汙穢之汙【法】《新臺傳》汙穢陸於彼汙字音烏，則音烏與汙穢非有二音二義，此條又字似衍。又穢乃辱之譌，見《書·允征》及《小雅·青蠅》，蓋此義讀去聲也

屋，如字，具也【法】屋字注盧云：有脫文，疑當作毛如字，宅也，鄭音握，具也

一升【法】升盧改斗，是

經典釋文卷第六
毛詩音義中 起第七盡第十五
唐國子博士兼太子中允贈齊州刺史吳縣開國男陸德明撰
陳宛丘詁訓傳第十二 陳者胡公媯滿之所封也其先虞舜之胄有虞遏父者爲周陶正武王賴其器用與其神明之後故妻以元女其子滿乃封於陳以備三恪其地宓羲之墟在古豫州之界宛丘之側
宛丘 怨阮反毛云四方高中央下曰宛丘爾雅云宛中宛丘郭云中央隆高 之湯 佗郎反蕩也舊他浪反
洵有 音荀信也 則傚 户教反 坎其 苦感反坎坎擊鼓聲 值其 直置反持
鷺 音路白鳥也一名春鉏 爲翳 於計反 指麾 毁危反字又作撝 缶
方有反盎也 盎 烏浪反本亦作瓮 翿 音導又音壽陶翳也
東門之枌 符云反白榆也 亟 欺冀反 會 之栩 况浦反杼也 杼也 常汝反
毛詩音義中 一 陳孝
婆 說文作婆步波反說文婆音同 娑 素何反婆娑舞也 穀旦 鄭音旦明也本亦作且王七也反苟且也徐子餘反 于差 鄭初佳反擇也王音嗟韓詩作嗟徐七何反沈云毛意不作嗟案毛無改字宜從鄭讀 曰相擇 音越下曰以往矣同 以鬷 子公反毛數也鄭揔也 會處
昌慮反 如荍 祁饒反郭云荆葵也 芘 音毗又芳耳反 芣 音浮又芳九反 相說
音悦 乃遺 唯季反 情好 呼報反
衡門 如字衡横也沈云此古文横字 誘 音酉 愿 音願謹也 掖 音亦扶持也 棲遲
音西 興治 直吏反 泌 悲位反泉水也 洋洋 音羊 以樂 本又作𤺌毛音洛鄭力召反沈云舊皆作樂字晚詩本有作疒下樂以形聲言之殊非其義𤺌字當從疒下尞案說文云𤻓治也療或𤺌字也則毛本止作樂鄭本作𤺌注放此
殼愿 苦角反 魴 音房 取妻 音娶下文同
東門之池 池城池也孔安國云停水曰池 以漚 烏豆反柔也 可緝 七立反西州人謂績爲緝
叔姬 音叔本亦作淑淑善也 晤歌 五故反毛遇也鄭對也 紵 直吕反字又作苧 菅

法偉堂經典釋文校記遺稿卷六

毛詩音義中

清法偉堂著 邵榮芬編校

栩，況浦反【法】浦蓋甫之誤，見《小雅・四牡》

杼，常汝反，《説文》丈與反【法】杼《説文》音與徐音同，見《鴇羽》

芘，音毗，又芳耳反【法】芘、耳不同部

逸詩【法】逸阮據小字本改爲晚，是也

古顏反茅巳漚爲菅
東門之楊 親迎魚敬反下注同 牂牂子桑反盛皃 煌煌音皇 肺
肺普貝反又蒲貝反 晢晢之世反
墓門 陳它本亦作佗同徒多反五父也史記以爲厲公 殺君音試本又作弒同
以斯所宜反又如字又音梳鄭注尚書云斯析也爾雅云斯侈離也孫炎云斯析之離讀者如字 析
也星歷反 幽閒音閑 不睹都魯反又作覩 相也息亮反 猶去羌呂
反 禍難乃旦反 有鴞戶驕反惡聲鳥也 萃止徂醉反集也 柟也冉鹽
反 人則 惡之烏路反 訊之本又作誶音信徐息悴反告也韓詩訊諫也
防有鵲巢防邑名也 邛有其恭反丘也 苕徒凋反草也 侜陟留反侜
張誑也說文云有廱蔽也 予美韓詩作娓音尾娓美也 忉忉都勞反憂也 誑也九況
反 甓蒲歷反令適也 鷊五歷反綬草也 令音零字書作瓴 適都歷反字書作甋 綬

毛詩音義中　二　余旲

草音受 怛惕吐歷反
月出 刺好色呼報反序同 而說音悅澤陂詩同 皦兮古了反本又作皎月光也
白晳星歷反 佼人字又作姣古卯反好也方言云自關而東河濟之間凡好謂之姣 僚
兮本亦作嫽同音了好皃 舒窈烏了反又于表反 糾兮其趙反又其小反一音其了反
窈糾舒之安說文音巳小反又居酉反 悄兮七小反憂也 皓兮胡老反 劉兮本又
作懰同力久反好皃埤蒼作懰懰妖也 懮於久反舒皃 慅兮七老反憂也 燎兮力召
反又力弔反 夭紹於表反 慘兮七感反憂也
株林陟朱反株林夏氏邑也 夏姬戶雅反注下同 御叔魚呂反又如字 淫泆
音逸 之行下孟反 觝拒都禮反 乘馬繩證反下乘驕注君乘馬君乘驕車乘並
同 說于音稅舍也注同 乘驕音駒沈云或作駒字是後人改之皇皇者華篇內同
澤陂彼皮反陂澤障也 憂思息嗣反 行父音甫 涕他弟反自目曰涕 泗音四

鴞，户驕反【法】户驕盧據《泮水音義》改爲于驕，不知此二紐本通用也。下條冉鹽盧改如鹽亦不必　○訊，本又作誶，音信，徐息悴反。《韓詩》訊，諫也【法】諫《六經正誤》云：當爲誶，七賜反。案音信當作訊，息悴反則作誶　○卭【法】卭盧改爲邛，是

晳【法】晳當從白

窈，烏了反，又于表反【法】于表當作於表，與下條夭字音同。《集韻》筱、小二部收窈字，並在影紐，是其所據本尚未誤也　糾，其趙反，又其小反，一音其了反【法】其小與其趙同，疊出未詳。其了則謳音，篠部無羣紐也　○燎，力召反，又力弔反【法】力召、力弔笑、嘯分部　○慘，七感反【法】盧云，《五經文字》懆，千到反，見《詩·風》，則此當作懆，陸音非

自鼻日泗 滂普光反 沱徒河反下文同 與荷音河夫渠也 澤障章亮反 夫
音符本亦作芙下同 渠其居反本亦作蕖 之莖幸耕反 佼大古卯反 覺也
音敎 與蕳毛古顔反蘭也鄭改作蓮練田反夫渠實 且卷本又作婘同其員反好皃 悁悁
烏玄反猶悒悒 菡本又作莟又作歒户感反 萏本又作欿大感反 且儼本又作曮魚撿反矜
莊皃 輾轉張輦反本又作展
檜本又作鄶古外反 羔裘第十三 檜者高辛氏之火正祝融之後妘姓之國也其封域
在古豫州外方之北滎波之南居溱洧之間祝融之故墟是
子男之國後爲鄭武所并焉工云周武王封之於濟洛河潁
之間爲檜子
羔裘好絜呼報反下注同 政治直吏反下注同 得玦古穴反 以朝直遥
反注同下篇注亦同 大蜡仕詐反祭名也 見君賢遍反 忉忉音刀 如膏古報反
有曜羊照反

毛詩音義中　三　徐

素冠子爲于偽反下同 欒欒力端反瘠皃 瘠貌情反 音縞冠
古老反 素紕婢移反 皆解佳賣反 故覬音冀 腴本亦作瘦所救反 慱
慱徒端反憂勞也 素韠音畢 藴結紆粉反 子夏户雅反下同 見於
賢遍反下同 援琴音袁下同 衎衎苦旦反 而樂音洛 夫三音符 其行
下孟反
隰有萇楚丈羊反萇楚銚弋也本草云一名羊腸一名羊桃 恣也姿利反 猗
古卯反 狡古快反本亦作獪古外反 猗於可反 儺乃可反猗儺柔也 銚弋音遥 長大
張丈反下同 尋蔓音万 人少詩照反下同 夭之於驕反少也 沃沃烏毒反壯
佼也 樂子音洛注下皆同 妃匹音配
匪風 禍難乃旦反 偈兮起竭反疾也 疾驅丘遇反又如字 怛兮都達反慘
怛反 飄兮符遥反迴風也又必遥反 嘌兮本又作票匹遥反嘌嘌無節度也 亨魚

蕳，毛古顔反【法】《廣韻》蕳收山，顔收刪。案《鄭·溱洧》同

本又作曮【法】曮《集韻》從目，蓋是

滎波【法】滎盧改熒，是

見，實遍反【法】實盧改賢，是

紕，婢移反【法】紕、移不同部，說見《干旄》

恣，姿刺反【法】刺（榮芬案當作刺）阮刻《注疏》本作利，是也

普庚反注同㚘也漑之本又作摡古愛反滌也釜符甫反鬵音尋又音岑釜屬也說文云大
釜也一曰鼎大上小下若甑曰鬵音才今反滌也庭歷反
曹蜉蝣第十四曹者武王之弟叔振鐸所封之國也爵爲伯其封域在兗州陶丘之北荷
澤之野今濟陰定陶是也
蜉蝣上音浮下音由蜉蝣渠略也國小而迫一本作昭公國小而迫案鄭譜云昭公好
奢而任小人曹之變風始作此詩箋云喻昭公之朝是蜉蝣爲昭公詩也譜又云蜉蝣至下泉四篇共公時作今諸
本此序多無昭公字崔集注本有未詳其正也楚楚如字鮮明貌說文作䵄䵄云會五綵鮮色也渠
本或作蟝音同其居反注同略本或作蠌音同沈云二字並不施虫是也之朝直遥反下皆同一讀下朝
夕字張遥反之難乃旦反掘求勿反閱音悅解閱音蟹下同歸說音稅
含息也協韻如字
候人官名刺近附近之近下同共公音恭下篇同遠君于万反下注同而

毛詩音義中　四

好呼報反何戈何可反又音何揭也祋都外反殳也又都律反揭也又竭又苟謁反殳
也市朱反彼其音記下皆同赤芾音弗韠也祭服謂之芾沈又甫味反曹朝
直遥反下在朝同緼音温何烏本反赤黃之色黝於糾反黑色珩音衡以上時掌反鵜
徒低反洿澤鳥也亦曰淘河洿澤音烏一音火故反不稱尺證反注同咮陟救反徐
又都豆反喙也喙也虛穢反又尺稅反又陟角反鳥口也其媾古豆反厚也薈兮
烏會反蔚兮於貴反薈蔚雲興貌朝隮子兮反升雲也婉兮於阮反少貌孌
兮力轉反好貌少貌詩照反下同
鳲鳩音尸本亦作尸鳲鳩秸鞠也秸居八反又音吉鞠居六反莫從音暮下
上時掌反其弁皮彥反伊騏音其騏綦文也說文作綦云弁飾往往冒玉也或亦作璂
作璂音其不稱尺證反不忒他得反正長張丈反下同言任
音壬在榛側巾反木名也又仕巾反字林云木叢生也字林榛木之字從辛木云似梓實如小栗音莊巾反馬

獨也【法】獨盧改揭，是○揭，又苟謁反【法】以《無羊》證之，則苟疑求之譌。阮刻《注疏》本作其謁，亦是

味，陟救反，徐又都豆反【法】味徐音合古韻

喙，又陟角反【法】陟角乃啄字之音

騏，纂文也。或亦作璂【法】纂盧改綦，是。下璂字盧縵（榮芬案當作璂，前脱改字）亦是

榛，側巾反，《字林》音莊巾反【法】榛、巾不同部，《字林》蓋亦併臻於真也

下泉 泉下流也 思治 直吏反 侵刻 音克 洌 音列，寒也 寖 本又作浸，子鴆反 稂 音郎，徐又音良，毛：童梁也；鄭作涼，音良 蕭蓍之屬 非溉 古愛反 蕭蓍 音尸 愾 苦愛反，嘆息也，說文云大息也，音火旣反 覺 音教 蒿也 好刀反 芃芃 薄工反，又薄雄反 膏之 古報反 郇伯 音荀 勞之 力報反 謂朝 直遥反

豳 筆巾反 七月第十五 豳者，戎狄之地名也。夏道衰，后稷之曾孫公劉自邰而出，居焉。其封域在雍州岐山之地，原隰之野。於漢屬右扶風郇邑。周公遭流言之難，居東都，思公劉、大王爲豳公憂勞民事，以比敘己志，而作七月、鴟鴞之詩。成王悟而迎之，以致大平。故大師述其詩爲豳國之風焉。

七月王業 于況反，又如字，下同 觱發 音必，說文作畢發，音如字。觱發，寒也 栗烈 竝如字。栗烈，寒也。說文作颲颲 無褐 音曷，以毛爲布也 于耜 音似 饁 炎輒反，野饋也。字林于劫反 田畯 音俊，田大夫也 至喜 王申毛如字；鄭作饎，尺志反，酒食也。下同 夏正 戶雅反，下滦夏，夏小正同 晚寒 如字，謂節晚而氣寒也 饋 其媿反 饟來

吾十六 吾三十之 毛詩音義中卷 五 徐本

式亮反 又爲 于僞反 離黃 本又作鸝，同力知反 稺桑 直吏反，本亦作稚 祁祁 巨之反，一音上之反，衆多也 迨及 音待，始也 皤蒿 音婆 萑 戶官反，亂也 葦 韋鬼反，葭也 亂 五患反 葭 音加 豫畜 本又作蓄，同，敕六反，下同 條桑 他彫反，注條桑同，枝落也。又如字。沈暢遥反 斨 七羊反，方銎也 猗彼 於綺反，徐於宜反，角而束之 銎 曲容反，說文云斧空也 荑桑 徒奚反 鵙 圭覓反，伯勞也，字林工役反 縕也 許云反 春暴 蒲卜反 滌夏 如琰反 秀葽 於遥反，草也 鳴蜩 徒彫反，蟬也 其穫 戶郭反，下同 隕 于敏反，墜也 蘀 音託，落也 螗 音唐 隊 直類反 王萯 音婦 于貉 戶各反，獸名 狐貍 力之反，獸名 往搏 音博，舊音付 自爲 于僞反 也 載纘 子管反，繼也 其豵 子公反，毛云豕一歲也，鄭云豕生三曰豵 獻豜 古牽反，又音牽，豕三歲 斯螽 音終 莎雞 音沙，徐又素和反，沈云舊多作莎，今作沙，音素何反 在宇 四垂爲宇；韓詩云宇，屋霤也 蟋 音悉 蟀 所律反 蚣 相容反，又相工反 蝑 相魚反，又相呂反

洌，音列【法】盧云，洌寒貌，當從仌，此及《石經》皆從水，誤

太息【法】太盧改大，是

《說文》作畢【法】畢盧改滭，是○寒也【法】寒上疑脱風字

饁，炎輒反，《字林》手劫反【法】手盧改于，是。于劫、炎輒業、葉分部

稺，直吏反【法】稺、吏不同部

祁，巨之反【法】祁、之不同部

條，他彫反。沈暢遥反【法】沈收遥於蕭，暢遥與他彫同，非讀爲超也。陸蕭、宵分部，故易之 ○鵙，圭覓反。《字林》工役反【法】鵙当作鶪。陸收錫，《字林》收昔，《廣韻》與陸同

訊音信本又作迅同　非卒寸忽反　穹起弓反窮也　窒珍悉反徐得悉反塞也
熏鼠許云反　塞向如字北出牖也韓詩云北向窗也　墐户音覲塗也　牖也音酉
蓽戶音必　曰爲上音越下于僞反一讀上而實反下如字漢書作聿爲　及薁於六
反薁薁也　亨葵普庚反　及菽音叔本亦作叔藿也　剝棗普卜反擊也注同
以介音界　棣屬本計反　蘡於盈反或於耕反　凍丁貢反　醪老刀反
而釀女亮反　食瓜古花反字或加艸非　叔苴士餘反麻子也　采荼音徒
薪樗勑書反又他胡反惡木也　食我音嗣　瓠也户故反　拾也音十　之
糝素感反　築場直羊反下同本又作塲塲依字失陽反今亦宜直羊反　圃布古反一
音布　菜茹如豫反　黍稷重直容反注同先種後熟曰重又作種音同說文云禾
邊作重是重穋之字禾邊作童是種蘱之字今人亂之已久　穋音六本又作稑音同說文云稑或從翏後
種先熟曰稑　之囷丘倫反　上入時掌反注同　索素洛反　綯徒刀反絞也

毛詩音義中　六

絞也古卯反　亟其紀力反急也　定將都佞反　鑿冰在洛反　冲
冲直弓反聲也　凌陰力證反又音陵陰室也說文作滕音凌　其蚤早反　祭
韭音九字或加艸非　水復音福　覿徒歷反　祭司寒本或作祭寒　朝
之祿位直遥反　秋刷所劣反爾雅云清也三蒼云埽也　滌場廷歷反埽也
曰殺音越或人實反非　縮也所六反　閒於音閑　躋彼子奚反升也
兕徐履反本或作兇　觥號彭反本亦作觵　無疆居良反竟也或音注爲境非　學
校户教反　既樂音洛
鶪鵙上尺之反下于嬌反鶪鵙鳥也　以遺唯季反本亦作貽此從尚書本也　鶪乃下
反郭音寗　鴂音決鶗鴂似黃雀而小俗呼之巧婦　重言直用反　大平音泰　鴂
子本又作孺如住反　誚公在笑反　鬻子由六反徐居六反稺也一云賣也　迨天
音待及也徐又勑改反　桑土音杜注同桑土桑根也小雅同韓詩作杜義同方言云東齊謂根曰杜字林

窒，徐得悉反【法】窒徐音類隔也

陵陵【法】下陵字當作凌〇滕【法】滕盧改賸，是

鵙鶪，上尺之反【法】鵙、之不同部

迨，徐又勑改反【法】迨徐音又讀透紐也

林作皵桑皮也音同 綢繆上直留反下莫侯反綢繆猶纏緜也 恚怒於季反 拮音吉又音

結 据音居拮据撠挶也韓詩云口足為事曰拮据 捋力活反 荼音徒雀苕也 畜勑六

反本亦作蓄 租子胡反本又作租如字為也韓詩云積也 卒瘏本又作瘏音徒病也 撠京劇

反本亦作戟 挶俱局反說文云持也 萑音丸 苕音條 之難乃旦反 譙譙本或

作譙同在消反殺也 翛翛素彫反注同敝也 殺也色界反又所列反下同 翹翹

祁消反危也 所漂匹遙反 嘵嘵呼堯反懼也 愬之音素

東山 勞歸力報反 其思息嗣反 望女音汝 樂男音洛

以說音悅下同 金縢徒登反 分別彼列反 志伸音身 慆慆

徒刀反又吐刀反久也 其濛莫紅反雨貌 為之干僞反 勿士行毛音衡鄭

音衡王戶剛反 枚莫杯反毛云微也鄭注周禮云枚如著橫銜之於口為繣絜於項中 無行戶剛

反 陳直震反下同 蜎蜎烏玄反蠋貌 蠋音蜀桑蟲也 烝在之承反寘也

毛詩音義上 七

窴也音田又音珍一音陳字書云塞也大千反從穴下眞 窴塡塵依字皆是田音又音

珍亦音塵鄭云古聲同案陳完奔齊以國為氏而史記謂之田氏是古四陳聲同 敦彼都迴反法同

果臝力果反果臝括樓 亦施羊豉反 伊威並如字或傍加虫者後人增耳 在

室本或作堂誤也 蠨音蕭說文作蟰音夙 蛸所交反蠨蛸長蹄也郭音蕭 町他典反或他頂

反字又作圢音同 畽本又作疃他短反町畽鹿迹也字又作墥 熠以執反 燿以照反又以灼反熠燿螢

火也下章皆同 括樓古活反 委黍並如字沈委音於為反委黍鼠婦也本或並作虫邊 蹢

起宜反韋昭呂忱音同云一足意也今詩義長蹢長脚蜘蛛又巨綺反又其宜反又居綺反 燐也洛刃

反字又作螢 螢火惠丁反 令人力呈反 慼思息嗣反下憂思同 作翳於兮

反是也又作緊 鸛本又作雚古玩反水鳥也 于垤田節反蟻冢也 洒所懈反沈所寄反 埽

素報反 螘本亦作蛾又作蟻魚綺反 好水呼報反 拚甫問反 有敦徒端反專專也

注同 栗薪毛如字鄭音列韓詩作蓼力菊反衆薪也 專專徒端反下同 綴焉

恚，於季反【法】恚、季不同部，《廣韻》於避切

本又作租【法】租盧改祖，是○卒瘏【法】瘏今本作痻。案《卷耳音義》云，本又作

瘏，非。則當從今本矣

括樓【法】括似當從木

翳，又作緊【法】翳與注緊字當互易

栗，《韓詩》作蓼，聚薪也【法】盧氏據王氏《詩考》，阮氏據十行本及《集韻》改蓼爲

漻，聚爲衆

張衡反 之辯 盧遍反又白莧反說文云爪中寶也沈薄閑反 皆爲 于僞反 樂之聶

皇駁 邦角反 之禕 許韋反 施衿 繫佩帶其鴆反 結帨 始銳反

破斧以惡 烏路反注同 斨 七羊反說文云方銎斧也 隋 徒禾反何湯果反孔形狹而長也

銎 曲容反 錡 巨宜反字或作奇音同鑿屬也韓詩云木屬 訛 五戈反又作吪化也 銶 音求

徐又音虯木屬也韓詩云鑿屬也一解云今之獨頭斧 是遒 在羞反徐又在幽反毛固也鄭斂也 之休

虛虯反美也

伐柯 古河反斧柄也 朝廷 直遥反注及下篇同 斧柄 彼病反 取妻 七喻反本亦作

娶 我覯 古豆反見也 有踐 賤淺反行列貌 行列 戶郎反 之饌 士戀反

歡樂 音洛 以說 音悅

九罭 本亦作罭于逼反罭魚網 鱒 才損反沈又音撰大魚也 魴 音房 緵 子弄反又子公反字

又作緵 罟 音古今江南呼緵罟爲百囊網也 衮衣 古本反六冕之第二者也畫爲九章天子畫升

龍於衣上公但畫降龍子或作卷音同 卷龍 卷冕反 鳧 音符 鷖 烏兮反又作翳 所

賁 子西反本或作齎同 狼跋 音郎獸名也跋音卜末反躐也

又蕭末反字或作拔同 王功 于況反 大平 音泰下大師大平同 無愆 起然反 載

疐 本又作疐丁四反又陟值反跲也 躐也 力輒反 跲 其劫反又居業反 有難

乃旦反 無玷 丁簟反 公孫 毛如字公孫成王也鄭音遜公周公也孫遁也 赤舃 音昔 盛

屨 俱具反 絇貌 其俱反 遁也 徒遜反 疵瑕 才斯反

鹿鳴之什第十六 音十作者若五等之君有詩各繫其國舉周南即題關雎至於王者

施教統有四海歌詩之作非止一人篇數既多故以十篇編爲一卷名之爲什 小雅 從鹿鳴至菁菁者莪

凡二十二篇皆正小雅六篇亡今惟十六篇從此至魚麗十篇是文武之小雅先其文王以治內後其武王以治外

宴勞嘉賓親睦九族事非隆重故爲小雅皆聖人之迹故謂之正

鹿鳴既飲 於鴆反注同 食之 音嗣注同 筐 丘房反 篚 音匪 侑幣

音樂【法】樂盧改洛，是

隋，徒禾反，何湯果反【法】徒禾音無徵，禾疑果之誤。《周頌・般》隋，吐果反，又同果反，是也 〇銶，音求，徐又音虯～遒，在羞反，徐又在幽反【法】銶、遒二字皆尤、幽分部。今《廣韻》幽部無從紐，故易之

罭，本亦作罭【法】罭與罭不得爲異文。阮云：小字本作棫，亦非，當本作域。偉疑當作緎，《文選・西京賦》注罭與緎古字通 〇第二者也【法】者盧改章，是

卷冕反【法】卷冕當依《采菽》篇作眷勉。盧改反爲衣，大非

疐，又陟值反【法】疐、值不同部，宜合《邶・終風》之疐通考之

音又呦呦音幽　苹音平毛云蓱也鄭藾蕭　蓱本又作萍薄丁反江東謂之薸薸音瓢扶遥反
懇誠苦很反　嘉樂音岳又音洛　藾音賴　鼓簧音黃　好我呼報反注
同　示我毛如字鄭作寘之豉反置也　周行毛如字道也鄭胡郎反列位也　之蒿呼毛
反敼也　蒿敼去刃反字又作藍同本或作牡敼牡衍字耳　視民音示　不恌他彫反愉也
是傚胡教反　愉也他侯反又音踰　芩其令反草也說文云蒿也又其炎反　和樂
音洛注下皆同　且湛都南反字又作耽　夫不音符　四牡茂后反　勞
力報反篇末注同　使臣所吏反注皆同　則說音悅　歌樂音洛　騑騑芳非反　行
不止之貌　倭本又作委於危反　遟倭遟歷遠之貌韓詩作倭夷　而朝直遥反　靡
盬音古不堅固也　情思息嗣反　嘽嘽他丹反喘息也　駱音洛白馬黑鬣曰駱　喘
息川兖反　黑鬣本又鬣力輒反本又作髦音毛　啓跪求毀反郭巨元反沈堪彼反　舍
幣音舍釋　于禰乃禮反　翩翩音篇　鵻音隹夫不也本又作隹　苞栩
況甫反　夫方于反字又作鳺同　不方浮反又如字字又作鳺同草木疏云夫不名浮鳩　殼謹
起角反　將養也以尚反下注同一音如字　杞音起枸檵也　枸音苟本亦作苟同　檵
音計　載驟助救反又仕救反　駸駸楚金反驟貌字林云馬行疾也七林反　來諗音審
毛念也鄭告也
皇皇者華　使臣所吏反注下並同　不辱命也一本作不辱君命　煌
煌音皇又音晃　駪駪所巾反衆多貌　維駒音俱本亦作驕　如濡如朱反鮮澤也
咨本亦作諮　諏子須反咨事為諏爾雅云諏謀也說文云聚謀也　維騏音其　調忍音刃
難易夷豉反　沃若烏毒反沈又於縛反　咨度待洛反注同咨禮為度　維駰
音因馬陰白雜毛也　咨詢音荀諮親為詢謂親戚之謀
常棣大計反字林大內反　召公上照反　為作于偽反　鄂五各反毛云華外發
鄂鄂然也鄭云承華曰鄂　不毛如字鄭改作拊方于反拊鄂足也　韡韡韋鬼反光明也　常棣

音瓢【法】瓢盧改瓢，是

跪，求毀反，郭巨几反，沈堪彼反【法】跪郭讀開口，沈讀溪紐，並與《廣韻》不合，故易之

驟，助救反，又仕救反【法】助救、仕救二音同，蓋在遘之誤，本徐音也

駪，所巾反【法】駪、巾不同部

作拊【法】拊盧改從木，是

棣也本或作常棣棣音以支反又是兮反按爾雅云唐棣棣常棣棣作移者非不拊同不音如字又芳
浮反二聲相近也拊亦作跗前注同一云不亦方于反畏怖普故反裒矣薄侯反聚也脊
井益反亦作即又作鸎鶺皆同令音零本亦作鴒同雝渠也急難如字又乃旦反注同則搖音遙又餘
照反其常處吕慮反況也或作兄非也永歎吐丹反又吐旦反以協上韻鬩
許歷反很也于牆本或作廧在良反外禦魚呂反其務如字爾雅云侮也讀者又
音侮此從左傳及外傳之文很也戶墾反烝也之承反烝塡依字音田與寘真同又
依古聲音塵塵久也故箋申之云古聲塡寘塵同戎相如字又息亮反下同切切然定本
作切切偲偲然相琢陟角反儐爾賓儐反陳也之飫於慮反私也聽
朝直遙反和樂音洛下皆同且孺本亦作擩如具反屬也好合呼報反
相應應對之應和也胡臥反既翕許急反合也且湛荅南反又作耽
韓詩云樂之甚也妻帑依字此蕩反經典通爲妻帑字今讀音奴子也亶其都但反信也
卜五四十三 大二三十三 毛詩音義中卷　十　熊德
伐木丁丁陟耕反伐木聲也嚶嚶於耕反毛云驚懼也鄭云兩鳥聲喬其驕反
高也鄉時本又作鄉同許亮反則復扶又反相彼息亮反視也注同矧尸忍反況
也許許沈呼古反柿貌釃徐所宜反又所餘反舊洪所寄反謂以筐漉酒漉音鹿有
藇音敘又羊汝反美也柿貌孚廢反又側几反以藪素口反曰湑思敘反
肥羜直呂反未成羊也於如字舊音烏粲采旦反鮮明也洒所懈反徐所寄反
埽素報反陳饋其位反八簋居偉反已灑所蟹反又所懈反
[illegible]本又作拚甫問反食音嗣乾餱音侯食也爾雅云餱餱食也以愆
起虔反訕也所諫也之饌士戀反遠之于万反亦如字湑我本又
作醑思敘反莤之也酤我毛音戶一宿酒也說文同鄭音顧又音姑買也莤之所六反與左傳縮酒同義
謂以茅泲之而去其糟也字從艸則泲子禮反坎坎如字說文作竷音同云舞曲也蹲
蹲七旬反本或作墫同舞貌也爾雅云喜也說文云士舞也從士尊爲我于僞反下同以樂樂上下

湛，啟南反【法】啟盧改荅，是

許許，柹貌～柹貌，孚廢反【法】二柹字盧改作柿，固是，但六朝以後柹、柿不分，故赤實果之字當作柹，而書亦作柿。若陸氏本分爲二字，則不當又音側几反矣。仍舊爲是

簋，居偉反【法】簋、偉不同部，《廣韻》居消（棨芬案當作洧）切

于萬反【法】萬盧改万，是

饔【法】饔盧改饔

音岳音洛 追我音待及也 今閒音閑

天保下下俱户嫁反注中下及下臣同 俾必以反使也 單厚毛都但反云信也原

也鄭音丹盡也 不除治慮反注同開也 戩子淺反福也 汲汲七及反 縱足用反 長

張丈反 吉蠲古玄反舊音圭絜也 爲饎尺志反酒食也 孝享許丈反獻也 禴

本又作礿餘若反夏祭名 祠嗣絲反春祭名 烝之丞反冬祭名 嘗秋祭名 諸盩直留反周

大王父名 無疆居良反 尸嘏古雅反 傳神直專反 弔矣都歷反至也

詒爾以之反遺也 遺也唯季反 相燕樂音洛 徧爲音遍 之恒

本亦作緪同古鄧反沈古恒反弦也 不騫起虔反虧也 采薇音微菜也

昆夷本又作混古門反昆夷西戎也 玁本或作獫音險 狁音允本亦作允玁狁北狄也 之

難乃旦反注皆同 命將率子亮反下所類反本亦作帥同注及後篇將率皆同 以勞力報反後

篇勞還皆同 杕杜大計反 重言直用反下重叙同 莫止音暮本或作暮協韻武傳

毛詩音義中　十一

反 脃七歲反 脕音問或作早晚字非也 靡使如字本又作靡所 少而詩照反

堅忍音刃 時坤本亦作巛困魂反 孔疚久又反病也 彼爾乃禮反注同華盛貌

說文作薾 業業如字又魚及反或五盍反壯也 三捷息[illegible]反又如字 騤騤求龜反彊

也 所腓符非反毛云避也鄭作芘必寐反倚也 芘倚其綺反於蟻反 舊 象弭

彌氏反弭弓反末彆也以象爲之 解紒音計又音結本又作紛芳云反 彆說文方血反又邊之入聲

埤倉云弓末反戾也 日戒音越又人栗反 警勑音景 昔我韓詩昔始也 雨雪

于付反 霏霏芳菲反甚也 以說音悅

出車如字沈尺遂反 勞力報反 還音旋 彼牧音目 多難乃旦反注及下

皆同 使裝側良反本又作莊 北旐音兆 彼旄音毛 屬之音燭致也 彼旟

音餘 旆旆薄貝反 鳥隼息允反 旒垂音留 悄悄七小反 況

瘁似醉反本亦作萃依注作悴音同 憔悴慈遥反 憂其馬之不

俾，必以反【法】以當作尔，《書》音屢見

沈古桓反【法】桓乃恒之誤

彆，《説文》方血反，又邊之入聲【法】邊之入聲即方血反也，云又未詳

霏，芳菲反【法】菲乃非之誤，芳、菲同紐不成切也

瘁，似醉反【法】似字此亦混從爲邪也

正 一本作之不正也一本作馬之政 央央 本亦作英同於京反又於良反 近玁 附近之近下近西戎同 軍壘 力軌反 于襄 如字除也本或作攘如羊反 雨雪 于付反又如字 嚶

嚶 於遥反 趯趯 吐歷反 阜螽 音終 躍 音藥 而嚮 許亮反或作鄉音同 而興 許膺反 忡忡 勑中反 則降 戶江反又如字注下皆同 卉木 許貴反草也 萋萋 七西反 喈喈 音皆 采蘩 音煩 祁祁 巨移反 執訊 音信辭也言也

杕杜 睆 華版反字從白或作目邊實貌 蕃滋 音煩 已閒 音閑 以說 音悅 亦莫 音暮本亦作暮 則思 息嗣反又如字 其杞 音起 檀車 徒丹反檀車役車 幝幝 尺善反又勑丹反敝貌說文云車敝也從巾單韓詩作繟音同 痯

痯 古緩反罷貌 敝貌 婢世反 罷貌 音皮 孔疚 居又反 於繇 直又反 魚麗 力馳反下同麗歷也 以上 時掌反 於逸 本或作佚 樂 音洛 諸夏 戶雅反 于罶 音柳寡婦之笱 鱨 音常鱨楊也草木疏云今江東呼黃鱨魚尾微黃大者長尺七八寸許

毛詩音義中　十二　曹鼎

鯊 音沙字亦作魦鮀也今吹沙小魚也體圓而有黑點文舍人云鯊石鮀也 鮀 待何反 大平 音泰 不暴 蒲下反 草木不折不操 草刀反 斧斤 一本作草木不折不芟定本芟作操草刀反 豺祭 仕皆反 獺祭 勑鎋反又他末反 後漁 音魚一本作獻同取魚也 罻羅 音畏 不麛 亡兮反本或作麑同 不卵 魯短反 不隱 如字本又作偃亦如字 塞 蘇代反又新勒反 不數 七欲反又所角反陳氏云數細也 罟 音古

君子有酒旨 絕句 且多 此二字為句後章放此異此讀則非 魴 鱧 音禮鮦也 鮦 直冢反 鰋 音偃郭云今偃額白魚 鮎 乃兼反江東呼鮎為鯷鯷音啼又在私反毛及前儒皆以鮎釋鰋鱧為鯇鱧為鯉唯郭注爾雅是六魚之名今目驗毛解與世不協或恐古今名異逐世移耳 南陔 古哀反 以養 餘尚反 白華 華黍 此三篇蓋武王之詩周公制禮用為樂章吹笙以播其曲孔子刪定在三百一十一篇內遭戰國及秦而亡子夏序詩篇義合編故詩雖亡而義猶在也毛氏訓傳各引序冠其篇首故序存而詩亡 縣中 音玄 合編 必仙反 以見 賢遍反

祁，巨移反【法】祁、移不同部

睆，字從白，或作目邊【法】盧云：據陸語，正文當作皖。目邊下疑有脫字

鯊，字亦作魦【法】盧云：宋本作魦

鯷，音啼，又在私反【法】鯷，又在私反，未詳，在疑似之譌

南有嘉魚之什第十七

南有嘉魚自此至菁菁者莪六篇并亡篇三是成王周公之小雅成王有雅名公有雅德二人協佐以致太平故亦並爲正也　樂與音洛又音岳徐五教反序文同　大平音泰後大平皆同　於朝直遥反下注同　燕樂音洛下注皆同　烝然之承反鄭塵也王衆也　罩罩張教反徐又都學反篧也字林竹卓反云捕魚器也　篧助角反郭云捕魚籠也沈音穫又音護說其形非罩也　遅之直異反下同　以樂音洛協句五教反得賢致酒歡情怡暢故樂　汕汕所諫反樔也說文云魚游水貌　樔側交反字或作罺同　摷罶力弔反又力條反沈旋力到反　以衎苦旦反樂也　樛木居虬反　甘瓠音護　纍之力追反本亦作藟纍同　君子下遐嫁反　翩翩音篇　者鵻音隹本亦作隹　又復扶又反下同　南山有臺臺夫須也　能爲如字又于僞反　有萊音來草也　夫須音符　樂樂上音岳下音洛　無疆居良反　有杞音起　草本疏云其樹如樗一名狗骨　栲音考山樗也　杻女久反檍也　山樗勑居反　檍也

詩音義□　十三

音憶　枸俱甫反枳枸也　楰音庾鼠梓楸屬　枳枸諸氏反　黃耇音苟壽也　保艾五蓋反養也沈音別　由庚崇丘由儀此三篇義與南陔等同依六月序由庚在南有嘉魚前崇丘在南山有臺前今同在此者以其俱亡使相從耳　乃閒古莧反　蓼蕭音六蓼長大貌蕭蒿也　外薄音博諸本作外敷注音芳夫反　四海九夷八狄七戎六蠻也海者晦也地險言具去中國險遠稟政教昏昧也　五長張丈反　湑兮息敘反湑湑露貌　長大如字又張丈反　不爲于僞反　朝見直遥反下賢遍反下燕見同　瀼瀼如羊反徐又乃剛反露蕃貌　蕃貌音煩　被皮寄反　泥泥乃禮反霑濡也　豈開在反本亦作愷下同樂也後豈弟放此　弟如字本亦作悌音同易也後皆放此　樂也音洛下篇同　易也夷豉反　濃濃奴同反又女龍反厚貌　鞗革徒彫反轡也　沖沖直弓反徐音同音勑弓反　垂飾貌　在軾音式　在鑣彼苗反　湛露直減反湛湛露茂盛貌　不晞音希乾也　厭厭於鹽反安也韓詩作愔愔和悅之貌　是渫息列反　飲

罩，《字林》竹卓反【法】竹、卓同紐，不能爲切。竹蓋仕之譌

篧，助角反。沈音穫【法】篧字從隺，不得有助角等音，疑字本從雀也。沈音則當從隺，宜合《釋器》考之

沈旋【法】盧云：旋字後人妄增，當删之

音別【法】別盧改刈，是

薄，音博【法】音博殆誤，《書·益稷》外薄四海固音蒲各反也

濃，奴同反【法】《廣韻》農、同不同部

桓公於嬀反其椅於宜反木名也晐節古哀反字亦作祴音同戒也
彤弓徒冬反彤弓赤弓也以講德習射所𢙣苦愛反很也杜預云很年也說文作𤊨火既反大也
戰也旅弓音盧黑弓也本或作旅字訛弨兮尺昭反弛也說文云弓反也字林充小反弛貌
式氏反大歆於鴆反樂也音洛右之毛音又勸也鄭如字薦右也卒爵
遵律反本或作啐者誤也啐音七內反橐之古刀反韜也韜也本又作弢吐刀反弓衣也好
之呼報反悅也說也音悅醻之本又作酬市由反毛報也鄭厚也勸也賓酢才洛
反菁菁者莪上子丁反下五何反菁菁盛貌莪羅蒿也能長張丈反下
注並同喜樂音洛下并注同選士雪戀反中沚音止汎汎芳劍反
則休虛虯反美也六月從此至無羊十四篇是宣王之變小雅和樂音洛
篇末注同鈌矣苦悅反蓄積勑六反隊矣直類反諸夏戶雅反
棲棲音西簡閱之貌既飭音勑正也依字從力脩飭之字從巾不同也今人食邊作芳以為脩
金　三毛詩音義中　一口
飭之字借作勑音非騤騤求龜反簡閱音悅孔熾尺志反盛也比物毗志
反齊同也有顒玉容反大貌說文云大頭也有嚴如字威也共武鄭如字注下同
王徐音恭羣帥所類反下將帥同後篇放此匪茹如豫反徐音如度也焦穫音護
焦穫周地爾雅十藪周有焦護侵鎬胡老反鄭云此方地名王云京師茹度徒洛反下同織
文音志又尺志反注同白茷本又作旆蒲貝反繼旐曰茷左傳云蒨茷是也一曰旆與茷古今字殊
央央音英鮮明也或於良反下篇同徽織音幟將帥子亮反下大將同後篇將帥放此
皆著知略反十乘繩證反啓行戶郎反注前行同夏后戶雅反
鉤古侯反股音古今經注作鞶無股字以先蘇薦反敵陳直覲反輊竹二
反車佶其乙反又其吉反毛正也鄭壯健貌摯也音至大原音泰歆御於鳥反注
可炰白交反徐又甫久反鼈卑滅反膾鯉古外反采芑音起菜也徐又
音呂反菑側其反田一歲曰菑郭云反草曰菑曰畬音餘田三歲曰畬莅止本又作涖音利

《說文》作𩞄【法】𩞄盧改𩟗，是

股，今經注作鞶，無股字【法】盧云：今經注八字後人校釋之言，非陸氏語

佶，其乙反，又其吉反【法】佶音質部分二類　炰，徐又甫交反【法】交阮校改久，是也。《韓奕》篇徐甫九反可證。《集韻》四十九（榮芬案九當作四）有焦 炰，火熟也，亦書作炰　○莅，音利，又音類，沈力二反【法】力二即音利也

又音頽沈力二反臨也抃也胡旦反千乘繩證反下乘同士卒子忽反下皆同
羨卒錢面反餘也又徐薦反有奭許力反赤也簟茀音弗車蔽也鞗
革音條樊纓步干反馬大帶約軝祁支反廣雅云轂篆錯衡如字沈七故反瑲
瑲本亦作鎗七羊反徐七羨反聲也朱芾本又作常或作紱皆音弗下篇赤芾同有創
本又作瑲亦作鎗同皆七羊反葱珩音衡煌煌音皇又音晃朱衣裳本或作朱衣纁
裳纁衍字駜彼唯必反鉦人音征說文云鐃也又云鐲也鞠旅居六反告也將
戰此如字餘並子匠反闐闐徒顛反長幼張丈反下之長同蠢爾尺允反動
也爾雅不遜也執訊音信嘽嘽吐丹反衆也徐音他焞焞吐雷反又他屯反本又作啍同
盛也霆音廷徐音挺又音定無罷音皮車攻攻堅外
攘如羊反除也却也之竟音境器械戶戒反王肅云械揔名也說文云無所盛曰械
復會扶又反而選宣兗反數也沈思戀反下同齊豪戶刀反依字作毫也龐
毛詩音義中
龐鹿同反徐扶公反充實也甫草毛如字大也鄭音補謂圃田鄭藪也大艾魚廢反
褐纏音曷爲槷魚列反何魚子反門中臬也轚音計劉兆注穀梁云繼也本又作擊音同或古
歷反之左者之左一本無上之字下句亦然而射食亦反抗苦浪反舉也大
綏本亦作緌同而隹反下同出頃苦穎反甫田舊音晡十藪鄭有圃田下同毛依字甫大
也嚻嚻五刀反或許驕反聲也唯數所主反搏獸音博舊音付今近
附近之近金舄音昔有繹音亦陳也時見賢遍反下同決本又作决或作抉同古穴
反鉤弦也既佽音次利也說文子利反云便利也比次毗志反舉柴子智反又才寄反積
也說文作掌士責反不中丁仲反下中者同不猗於寄反又於綺反舍矢音捨如
椎直追反不讙音歡又音喧讙也音花大庖蒲茅反左膘頻小反又
扶了反三蒼云小腹兩邊肉也說文云脅後髀前肉也本亦作髀蒲禮反或又作髃射之食亦反下射左髀同
右腢本亦作髃音愚又五厚反謂肩前也說文同郭音偶謂肩前兩間骨何休注公羊自左膘射之達于

羡，錢面反。又徐薦反【法】薦疑箭之譌。錢誤，此亦從、邪之混。徐讀邪紐，是也。羡，徐箭反，見《十月之交》

有創【法】創當作鶬

嘽，徐音他【法】徐音他，讀爲痑也

槷，魚列反，何魚子反【法】魚子疑當爲魚孑，然與魚列非異讀

甫，舊音晡【法】晡誤，阮作補，是也

左膘，或又作⿰骨肖【法】⿰骨肖本或作⿰骨肖。《五經文字》云：⿰骨号羊紹反，見《春秋傳》，又作⿰骨肖，見《詩》。然則⿰骨肖、⿰骨肖並⿰骨肙之譌。此本此條作⿰骨肖，下條作⿰骨肖，兩岐尤誤。《公羊·桓四年音義》云，一本作胘，音賢。案胘正字，餘皆譌字也。玄、肙同聲，故或從骨作⿰骨肙，又變胘爲⿰骨玄。六朝人書玄作乡，與号相近，因譌而爲⿰骨号。音義家據聲作音，又疑⿰骨肖聲不相近也，乃改而爲⿰骨肖，或又改⿰骨肙之上爲幺，皆因從号聲改讀之故。愈謬愈遠。《字林》已有于小之音，然則字之譌久矣

右髃中心死疾鮮潔也又五回五公二反 射右耳食亦反 左髀本又作髀方爾反又蒲禮反謂
股外 右髃餘繞反又胡了反謂水膁也字書無此字一本作髃音羊紹反又羊招反呂忱于小反本或作膘 踐
毛子淺反 有聞音問注同本亦作問 讙呼端反又作諠 譁音花 去穀起呂反
大平音泰 吉日伯馬祖也 禱丁老反馬祭也說文作禂 爲之
于僞反 旣差初宜反又初佳反擇也 麀鹿音憂鹿牝曰麀 麌麌愚甫反說文作
噳云麌鹿羣口相聚也鄭云麢牡曰麌麌復麌言多也 鹿牝頻忍反徐扶盡反又扶允反 麢
牡本又作麌俱倫反下音茂 麌復扶又反 沮七徐反 其祁毛巨私反又止之反大也鄭改
作麎音辰郭音脤何止尸反沈市尸反 麋亡悲反 儦儦本作麃又作爊表嬌反趨也廣雅云行也
俟俟音士行也徐音矣 或羣或友獸三曰羣二曰友 之射食亦反 旣
挾子洽反又子協反又戶頰反 小豝音巴豕牡曰豝 殪於計反 大兕徐履反本
又作兕 能中丁仲反 鴻鴈勞來力報反下力代反 矜

毛詩音義□　一六

寡本又作鰥同古頑反徐又棘冰反篇內矜寡同老無妻曰矜老無夫曰寡 肅肅所六反本或作翿同羽聲也
劬勞其俱反注及下文同韓詩云數也毛云疾苦也 王使所吏反 矜人棘冰反 偏
喪息浪反 欲令力呈反 賙音周救也 餼之許氣反 去其丘呂反 于
垣音袁 百堵丁古反 其究居又反窮也 嗸嗸本又作嗷五刀反聲也
庭燎力照反徐又力燒反大燭也鄭云在地曰燎執之曰燭又云樹之門外曰大燭於內曰庭燎皆是照衆爲明
箴之之金反諫誨之辭 將朝直遙反下皆同 何其音基辭也下皆同 未央
於良反毛云且也鄭云猶言夜未渠央也說文云久也已也王逸注楚辭云央盡也 將將七羊反本或作鏘注同
且也七也反又子徐反又音且經本作旦 鸞鑣表驕反又必苗反 未渠其據反
未艾毛五蓋反云久也鄭音刈云芟末曰艾 晣晣本又作晢之世反明也 噦噦呼會
反徐又呼惠反徐行有節也 芟末所銜反 夜先悉薦反 鄉晨許亮反字又作嚮
有煇音暉毛云光也 其旂音祈巨畿反 別色彼列反

差，初佳反【法】佳當作佳
牝，又扶允反【法】允盧改死，是
祁，又止之反【法】止阮校云：宜作上，是也。祁、之不同部，之字亦誤
俟，音士，徐音矣【法】俟徐音是也，音士乃音之變
挾，子洽反【法】洽誤，《斯干》篇作沓。然則洽乃合之誤○牡曰【法】牡《騶虞》篇作牝，是也，此誤
且，又音且，經本作旦【法】音且盧改音旦，是也。盧云：經本當作今本，此四字後人校語，亦是　鑣，表驕反，又必苗反【法】必苗與表驕同，又必苗反四字疑後增
旂，音祁，巨畿反【法】畿乃機之譌

沔水 緜善反沔流滿也徐莫顯反 朝宗 直遥反注皆同 春見 賢遍反下文夏見同
鴥彼 惟必反 飛隼 息尹反 湯湯 失羊反波流盛貌 復不 扶又反
蹟 井亦反 弭忘 彌氏反止也下音亡 好詐僞 呼報反 毁惡 烏路反
鶴鳴 草木疏云鶴鳴聞八九里 九皐 音羔澤也韓詩云九皐九折之澤 聲聞 音問
下同 數至 色主反 則見 賢遍又 治平 直吏反 樂彼 音洛沈又五孝反注
及下同 之爰 音袁 檀 音壇 維蘀 音託落也 之觀 古亂反下同 朝廷
直遥反 它山 古他字 爲錯 七落反說文作厝云厲石也字林同千故反 琢玉
陟角反 縠 工木反說文云楮也從木縠聲非從禾也毛云惡木也以上章上檀下蘀類之取其上善下惡
故知縠惡木也 祈 勤衣反 父 音甫下同圻父司馬也掌封圻兵甲者 若
𠷎 此古嚋字本又作壽按孔注尚書直留反馬鄭音受 爲王 于僞反下毋爲父同 底止
之履反至也 亶不 都旦反誠也 不得供 九用反 養也 羊亮反
白駒 馬五尺以上曰駒 皎皎 古了反絜白也 場苗 直良反 縶之 陟立反絆
也徐丁立反 絆也 音半縶足曰絆 於焉 於虔反又如字下同 作繄 烏兮反 場
藿 火郭反 賁然 彼義反飾也徐音奔鄭云山下有火賁毛鄭全用易爲釋 逸樂 音洛
遯思 字又作遂徒遜反徐徒損反 度已 待洛反下音紀 訣之 音決 生芻
楚俱反 毋金 音無本亦作無毋字與父母之字不同宜詳之他皆倣此
黃鳥 聯兄弟 音連 無啄 陟角反 妃匹 音配 于栩 況甫反
我行其野 蔽 必制反徐又方四反 芾 方味反蔽芾葉如生貌 其樗 勅書反惡木也
其蓫 勅六反本又作蓄毛惡菜也鄭牛蘈也 牛蘈 本又作蘈徒雷反 其葍 音福
毛惡菜也鄭葍也 葍 音富 嫁女女不思女 並皆汝 肯媵 音孕又繩證反 亦
祇 音支適也 可惡 烏路反 斯干 干澗也 皆佼 古卯反 而釁
許靳反 落之 如字始也或作樂非 秩秩 直乙反流行貌 干澗 音諫 相好 呼報反

沔，緜善反。徐莫顯反【法】沔音獮，銑分部

錯，乎故反【法】乎盧改千，是

亶，都旦反【法】《六經正誤》云：都旦反作旦誤，《緜》詩、《板》詩亦作旦，誤；《常棣》、《十月之交》音皆作但，亶無去聲，作旦非也。案毛說是也。不第亶無去聲，都旦二字雙聲，亦不能爲音切也

縶，陟立反，徐丁立反【法】縶音易徐，改音和也

釁，許靳反【法】釁、靳不同部

猶矣毛如字道也鄭改作瘉羊主反病也 詢病呼亘反 似毛如字嗣也鄭音巳午之巳 姒

祖必履反 姜嫄本或作原音同 西鄉本又作嚮同許亮反下同 安樂音洛 閣閣

音各猶歷歷也 椓之陟角反椓土也 橐橐音託用力也本或作柝 縮所六反 搯呂忱又牛反沈

呂菊反說文音抽周反引也從手留聲 攸除直慮反去也 攸芋毛香于反大也鄭作幠火吳反覆也或作吁

弘殺所界反 堅致直置反本亦作緻同 相稱尺證反 如跂音企 跂竦栗勇

反 斯棘居力反毛稜廉也鄭云戟也韓詩作朸朸隅也旅即反 斯革如字翼也韓詩作鞠云翅也 稜

廉力登反 挾弓子洽反又子協反又音協 其肘張久反 翬音輝雉名說文云大

飛也 攸躋子西反升也 殖殖市力反平正也 噲噲音快 其正音政長也 噦

噦呼會反 其冥毛莫形反幼也鄭莫定反夜也 正長王丁丈反崔直良反 冥幼王如

字本或作窈崔音杳 熠熠音謂呂忱云火光貌 下莞音官徐又九還反草叢生水中莞圓江南以爲

席鄭云小蒲席也形似小蒲而實非也 乃鋪普吳反又音敷 以樂音洛本亦作落 應人

[illegible] 毛詩音義中 十八 书

應對之應 維熊于弓反 維羆彼宜反 維虺許鬼反 維蛇市奢反 大

人音泰後大人同 載衣於既反注衣以裳下衣之裼同 璋音章半圭曰璋 喤喤音橫

華彭反沈又呼彭反聲也 朱芾音弗 煌煌音皇 裼他計反褓也韓詩作禘音同 褓

也音保齊人名小兒被爲褓 紡芳罔反 塼也音專本又作專 毋詒本又作貽以之反遺也

罹本又作離力馳反憂也 無遺唯季反 無羊 其犉

本又作犉而純反黃牛黑脣曰犉 濈濈本又作湒亦作戢莊立反 美畜許又反 濕濕始立

反又尸立反又處立反 呞本又作齝亦作齝丑之反一音初之反郭注爾雅云食已復出嚼之也今江東呼齝

爲齥音漏洩 或訛五戈反徐又五何反動也韓詩作譌譌覺也 何河可反又音河下及注同 蓑

素戈反草衣也 何笠音立 其餱音侯 何揭音竭又其謁反 索則色白反 以

蒸之丞反薪也 搏禽音博下同亦作捕音步 兢兢其冰反 不騫起虔反

麾之毀皮反 以肱古弘反臂也 擾馴音巡又常遵反 旐維音兆 旟

搯，沈呂菊反【法】呂菊反未詳

革，《韓詩》作勒【法】勒盧改鞠，是

莞，音官，徐又九還反【法】盧云：《注疏》本作九桓反，是。還似宋人避諱改。案盧說非，若作九桓反，仍與官：（榮芬案：不成字，當作音）無異。《爾雅音義》云：俗音關，正與徐音同，則作還不誤。阮刻《注疏》本作如（榮芬案如當作九）完，亦非。《書·顧命》亦云：莞音官，又音關

少兒【法】少盧改小，是

濈，本又作⿰角咠【法】盧云：宋本⿰角咠作湒。阮云：小字本亦作湒，《集韻》廿六緝載濈、湒二形可證。偉案《集韻》出濈、湒二文云：《說文》和也，或省。下出⿰角咠、⿰角戢二文云：角多貌，或從戢。此⿰角咠字正本此詩《釋文》。阮第見彼而未見此，何也

濕，始立反，又尸立反【法】濕，始立反，又尸立反二音非異讀，疑有誤 〇揭，音竭。又其謁反【法】揭音薛、月分部 〇兢，其冰反【法】兢無讀羣紐者，《小旻》讀見紐，或與此異義故異音邪

矣音餘以養羊亮反下同相供九用反溱溱側巾反衆也
節南山之什第十九從此至何草不黃凡四十四篇前儒申毛皆以爲幽王之變小雅鄭
以十月之交以下四篇是厲王之變小雅漢興之初師移其篇次毛爲詁訓因改其第焉
節南山在切反又如字又音截下及注同高峻貌韓詩云視也家父音甫注及下同巖
巖如字本或作嚴音同赫赫許百反如惔徒藍反又音炎燔也韓詩作炎字書作焱說文作𤆉字才
廉反小熱也大師音泰下皆同燔也音煩脅下許業反本又作脇卒子律反不
監古銜反注同視也韓詩云領也斷也都緩反其猗於宜反毛云長也鄭云倚也倚
也於綺反下同山畎本亦作甽古犬反薦徂殿反重也注及下篇注同瘥才河反病也
重也直用反下同疫病音役本又作疢勑覲反長幼張丈反憯莫本或作憯
七感反曾也弔唁音彥服虔云弔生曰唁之氏丁禮反毛云本也徐云鄭音都履反是毗
婢尸反毛厚也鄭輔也王作埤埤厚也畀民本又作俾同必爾反後皆放此桎之實反又丁履反凝
三詩十三又八中 一九 陳氷
也本有作手旁至者誤也鎋字又作轄胡瞎反不弔如字又丁歷反至也下同昊胡老反空
我苦貢反注同窮也愬之蘇路反本亦作訴下同勿罔毛如字鄭音未式已毛音
以鄭音紀殆近附近之近又如字下同瑣瑣素火反小也本或作璅非也璅音早亞於嫁反膴
仕音武厚也不傭勑龍反均也韓詩作庸庸易也鞫九六反盈也訩音凶訟也大戾音麗
乖也之行下孟反乖爭爭鬬之爭下皆同傚爲下教反如屆音戒毛極
也鄭至也心闋苦穴反息也易也以豉反下同反復音服本又作覆芳服反酲
音呈病酒日酲爲用于僞反又如字蹙蹙子六反縮小也王七歷反所騁勑領反極
也日見而乙反縮小所六反相爾息亮反注同視也矛矣亡侯反戈矛也
既懌音亦服也相酬市由反又作醻夷說音悅下同其已音以酢也音昨
覆怨芳服反正長張丈反邪心似嗟反爲王于僞反家父音甫
式訛五戈反以畜許六反正月音政夏之四月也

溱，側巾反【法】溱、巾不同部

節，在切反。又音截【法】據《廣韻》在切反與音截同，殆陸氏收截於薛耶

惔，小熱也【法】熱盧據《說文》改爇

薦，徂殿反【法】薦徂殿反讀爲荐也，依字作甸反

月純陽用事故曰正月　繁霜扶袁反多也　夏之胡雅反下同　建巳音似　心

爲于僞反　行酷苦毒反　癙憂音鼠病也字林癙音恕　以痒音羊病也

我瘉音庾病也　不長張丈反下正長伯長長者皆同　莠言餘久反醜也　惸

本又作煢其營反憂意也一云獨也篇末同　弁其必正反注弁制同　圜土音圓

圜土獄也　是難乃旦反下莫之難同　侯蒸之承反　之處昌慮反下之處同　朝廷

直遥反下皆同　夢夢莫紅反亂也沈莫滕反韓詩云惡貌也　弗勝毛音升乘也鄭尸證

反　尚復扶又反篇末同　作繄烏兮反　憎惡烏路反　蓋卑本又作庳

同音婢又必支反　之行下孟反　訊之本又作誶音信問也　別異彼列反　不局

本又作跼其欲反曲也　不蹐井亦反徐音積累足也說文小步也　維號音豪注同　雷

霆音庭又音挺　陷淪音淪又倫峻反　怖普故反　號呼好路反　爲誣

音無　虺暉鬼反　蜴星歷反字又作蜥螈也　螈也音元　阪田音反又扶版反　有菀

毛詩音義中　二十　孫說

音鬱茂也徐又於阮反　崎起宜反　嶇丘俱反　墝苦交反　埆戶角反又苦角反又音角

在閒音閑　辟匹亦反　扤我五忽反徐又音月動也　迓疾音峻　謷謷

本又作嗸五報反沈五刀反　燎之力詔反徐力燒反　炎熾尺志反　熛怒必遥反

褒補毛反國名　姒音似毛云姒姓也鄭云字也　烕之呼悅反齊人語也字林武劣反說文云從火戌

聲火死於戌陽氣至戌而盡本或作滅　鎬胡老反　又窘求殞反毛困也鄭仍也字林巨畏反　泥

陷乃計反　遠賢于万反　爾載才冉反注及下同　將伯七羊反注將請也皆同

輸墮許規反本又作隳待果反　負于音云益也　輻方六反　婁顧力住反數也又

作屢　數也音朔下同　于沼之紹反池也　克樂音洛注同　之炤音灼之若反

易見夷豉反下如字又賢遍反　慘慘七感反慼慼也　慼慼千歷反　嘉肴

本又作殽戶交反　洽比毗志反　孔云本又作員音同毛旋也鄭支也　慇慇音殷又於

謹反痛也　佌佌音此小也說文作個音徙　蔌蔌音速陋也　方穀本或作方有穀非也　窶

蹐，井亦反，徐音積【法】《廣韻》音積，與井亦反同

烕，從火戌聲，火死於戌，陽氣至戌而盡【法】據火死於戌云云，則戌下聲字衍也

載，才冉反【法】冉當作再

陋其矩反一音慮夭於兆反又於遥反災也是椓陟角反哿哥我反可也
十月之交刺幽王毛如字鄭改爲刺厲王從此至小宛四篇皆然節刺在結反皇
父音甫後皇父皆同惡褱烏路反番也方袁反徐甫言反本或作潘音同韓詩作
緐下同夏八戶雅反政治直吏反爗爗于輒反震電皃沸騰甫味
反沸出騰乘也崒舊子恤反徐子綏反鄭云崔嵬也宜依爾雅音徂恤反本亦作卒山頂丁冷反
崔徂回反爾雅作厜才規反嵬五回反爾雅作㕒五規反處昌呂反胡憯七感反曾也亦作慘
棸子側留反蹶俱衛反趣馬七走反注同趣馬官名掌王馬之政楀音矩弓禹
反豔妻餘贍反美色曰豔毛云豔妻褒姒鄭云豔妻厲王后煽音扇熾也說文作傓云熾盛也
方處一本作熾熾尺志反盛也后嬖必計反司朝直遥反下同擅
市戰反抑此如字辭也徐音噫韓詩云意也汙音烏注同萊音萊噫於其反下同
令我力呈反趣農七住反本又作趨七俱反不戕在良反殘也王本作臧臧善也孫毓
▇毛詩音義中　二十一　徐杲
評以鄭爲改字下共音恭本亦作供于向式亮反邑名下及注同亶都但反信也
多藏才浪反注同知猒於鹽反不慭魚覲反爾雅云願也強也且也韓詩云闇
也強之其丈反黽勉民允反本又作僶同囂囂五刀反衆多貌韓詩作謷謷
之孽魚列反妖孽噂子損反說文作僔云聚也沓本又作沓同徒荅反背憎蒲妹
反注同天隋徒火反我里如字毛病也鄭居也本或作㾖後人改也之痗莫背反又
音悔本又作悔病也有羨徐箭反餘也敢傚戶教反雨無
正音政浩浩古老反又胡老反昊天胡老反不駿音峻長也饑饉其靳
反更相古衡反旻天疾威密巾反本有作昊天者非也威恐起勇反
舍彼音赦除也一音捨淪胥上音倫率也下息魚反相也以鋪普烏反福也王云病
也鋪徧音遍下同于聶直例反我勩夷世反勞也又音曳正長張丈反
下同無復符富反罷勞音皮朝夕直遥反舊張遥反覆芳服反不

番，方袁反，徐甫言反【法】番音易徐，嫌言爲開口也

饉，其靳反【法】饉、靳不同部

勩，夷世反。又音曳【法】音曳與夷世同

退徐音退本又作退　暬御思列反　憯憯千感反　日瘁徂醉反病也　餼許氣
反　曾在登反　之畜勑六反　用訊音信告也徐息悴反又音碎　排步皆反　惡
直烏路反　是出尺遂反音毳　處休虎虬反注同　風切福鳳反　剴微
古愛反又古哀反一音祈　不悖補對反　遻五故反李亦作逆　順說音悅　急笮
本又作迮側格反　鼠思息嗣反注愛思同　爲其于僞反　距止本又作歫音巨
小旻武巾反下同　敷撫扶反　徧知音遍　回遹音聿辟也韓詩作鴥義同　斯
沮在呂反毛壞也鄭止也　邪也似嗟反　僻也匹亦反下同　不恔七全反或也沈又七
旬反　覆用芳服反　之邛其凶反病也　潝潝許急反　訿訿音紫爾雅云潝
潝訿訿莫供職也韓詩云不善之貌　稱其尺證反一本作稱乎　胡底之履反至也　背違
音佩　旣猒於豔反注同　筮數音朔　不復扶又反　占繇音胄　不中
丁仲反　莫適音的　訩訩音凶　決當丁浪反　跬步缺氏反舉足曰跬　動

毛詩音義中　二十二

軔音刃礙車木也字林如戰反　則泥乃禮反　不潰戶對反遂也　或否方九
反徐音鄙　靡膴王火吴反大也徐云鄭音謨法也又音武沈音無韓詩作靡膴猶無幾何　或艾音刈
治也　艾治也直吏反下皆同　有知也音智　馮河符冰反陵也徒涉曰馮河　徒搏
音愽　兢兢己冰反　恐也丘勇反　恐隊直類反本又作墜下篇同　小菀
於阮反小貌　翰飛胡旦反高也　鶻音骨　鵰陟交反何音彫字林作鵃云骨鵃小種鳩也草木疏
云鳴鳩班鳩也　溫克王如字柔也鄭於運反蘊藉也　溫藉在夜反又慈夜反　又復扶又
反下同　有菽音叔　藿也火郭反　螟亡丁反　蛉音零螟蛉桑蟲也俗謂之桑蟃一名
戎女蟃音万　蜾音果　蠃力果反蜾蠃蒲盧也即細腰蜂俗呼蠮螉是也蠮於結反螉音翁　煦況甫
反又況具反　嫗紆甫反又紆具反鄭注禮記云以氣曰煦以體曰嫗　題彼大計反視也　脊
令音零本亦作鴒注同　自舍音捨　視睇大計反　我日而乙反下同　視朝
直遙反　毋忝音無下他簟反字林他念反　桑扈音戶　場大良反　啄粟

距，本又作岠【法】岠阮校改歫，是

印【法】印盧改邛，是

跬，缺氏反【法】毛居正云：缺氏反誤，當作抉蘂反。偉案毛意因跬合口，氏開口也。此當通校再核

宛【法】宛盧、阮並云宋本作菀，是

藉，在夜反，又慈夜反【法】在夜與慈夜同，殆有一誤

蠮，於髻反【法】髻盧改結

場，大良反【法】大當作丈

陜角反 竊脂音切 之治直吏反 填寡徒典反，盡也，韓詩作疹，疹苦也 宜
岸如字，訟也，韋昭注漢書同，韓詩作犴，音同，云：鄉亭之繫曰犴，朝廷曰獄 握於角反 惴惴
之瑞反 恐隕丘勇反，下丁敏反 小弁步干反，樂也，下同
大子音泰，注大子皆同 之傅音付 鸒音豫 斯鸒斯，鵯居也，一名雅烏。小爾雅云：小
而腹下白，不反哺者謂之雅烏。說文云：雅，楚烏也，一名鸒，一名鵯居，奏謂之雅。一云斯，語辭 提提是移
反，群飛貌 樂音洛，下同 卑居本亦作鵯，同，音匹，又必移反 于羅力知反，憂也 王
取七住反 大子音泰 又說音悅 日號上而乙反，下户刀反 旻天云巾反
踧踧徒歷反，平易也 鞫為九六反，窮也 平易夷豉反 惄焉乃歷反，思
也 如擣丁老反，心疾也，本或作㾐，同，韓詩作疛，除又反，義同 疢如勑覲反，病也，又作疹，同
不脫本亦作稅，吐活反，一音始銳反 與梓音子，木名 不屬音燭，徐音蜀 于
裏音里 長大丁丈反 胞音包 胎他來反 菀彼音鬱 鳴蜩音條，蟬也
嘒嘒呼惠反，蟬聲也 有漼于罪反，深貌 萑音丸 葦韋鬼反 渒渒徐孚
計反，又匹計反，衆也 譬彼本亦作辟，匹致反，下同 所屆音戒，至也 伎伎本亦作跂，其宜
反，舒貌 朝雊古豆反，雉鳴也 妃匹音配 壞木胡罪反，又如字，瘣也，說文作瘣，云病也，一
曰腫旁出也，又音同 瘣也胡罪反，木瘤腫也，爾雅云：瘣木，符婁。郭云：謂傴僂，腫無枝條也 相彼
息亮反 投兔他故反 或先蘇薦反 或墐音覲，路冢也，說文作殣，云：道中死人，人所
覆也 先毆起俱反，又作驅，同 隊直類反 涕音替 隕之音藴 醻之市由反
掎矣寄彼反 扡矣勑氏反，又宅買反，徐又直是反，觀其理也 踣之蒲北反 挫
折子卧反 舍彼音捨，注同，又音赦 之佗吐賀反，加也，注同 莫浚蘇俊反，深也
默存本亦作嘿，亡北反 無易夷豉反 耳屬音燭，注同 于垣音袁 我
笱音苟 不閱音悅，容也 高叟素口反 關弓烏環反，下同，本亦作彎 而
射食亦反，下同 夫高音符 磯也居依反，又古愛反，一音祈 復有扶又反

恐隕，丘勇反，下丁敏反【法】丁盧改于，是

居奏【法】奏乃秦之譌（榮芬案通志堂本作秦，不誤）

漼，于罪反【法】于當作千〇渒，徐孚計反，又匹計反【法】匹計與孚計同，殆有一誤。《篇》、《韻》匹備、匹詣二切。《采菽》云：匹弊反，徐孚蓋反。《棫樸》云：匹世反，沈孚計反　譬，匹致反【法】譬、致不同部，《廣韻》匹賜切

涕，音替【法】涕，他皆他禮反，而《廣韻》亦兼入霽〇隕，音藴【法】隕、藴不同音，他皆于敏反

巧言曰父母且徐七餘反協句應爾觀箋意宜七也反此憮火吳反下同毛
大也鄭傲也思也息嗣反下同憮傲五報反下同本又作敖愬王音素大憮
音泰本或作泰徐勑佐反僭始毛側蔭反數也鄭又子念反不信也既涵毛音含容也鄭音咸同也
韓詩作減減少也僭數音朔下同不別彼列反遄市專反疾也沮辭呂反止也
如祉音恥福也遄已音以屢盟本又作婁力住反數也用長丁丈反又直良
反相要於遥反屢數音朔相背音佩時見賢遍反下同用餤
沈旋音談徐音鹽止共音恭本又作恭之邛其恭反病也好爲呼報反不共
音恭本亦作供又爲于僞反奕奕音亦大也秩秩音帙莫之如字又作
漠同一本作謨桉爾雅漠謨同訓謀莫協韻爲勝予忖本又作寸同七損反度之待洛反注
皆同躍躍他歷反毚兔士咸反狡兔也遇犬如字世讀作愚非也進知音智狡
兔古卯反馴者音旬又音脣荏而甚反染音冉數之所主反注同
毛詩音義中　二十四
椅桐於宜反梓漆上音子下音七蛇蛇以支反淺意也其行下孟反如
簧音黃之麋本又作湄音眉水草交曰麋惡之烏路反無拳音權力也
徐又已袁反易誅夷豉反且尰市勇反腫足也骭戶諫反腳脛也瘍音羊本亦作瘍音同創也
腫足諸勇反幾何居豈反注同大多音泰又如字傃能音素
何人斯女與音豫下疑其與之女與於譖皆同大切音泰由已音紀唁
我音彥見王賢遍反得譴遣戰反女即音汝下注同今日而乙反
於已音紀睹女丁古反本又作覩不媿九位反或作愧飄風避遥反疾風也沈又
方消反祇音支適也攪交卯反亂也亟行紀力反疾也脂音支其盱況于
反病也心易夷豉反沈同韓詩作施施善也否難方九反不通也一云鄭符鄙反俾我
必爾反祇祈支反毛病也鄭安也一云鄭上支反說也音悅下同解說音蟹與
音豫復難扶又反下章同壎況袁反土曰壎篪音池竹曰篪相應應對之應和

且，徐七餘反【法】且讀語辭皆子餘反，此七餘殆誤

憮【法】憮盧本改從巾。案鄭訓敖，與《禮記·投壺》同，今《禮記》作幠，似此亦不必改。又案王觀國《學林》引《詩·桑扈》、《禮·投壺釋文》並作憮。又案從心乃夫子憮然之憮　○沮，辭呂反【法】沮訓止，在呂反，前已習見，此獨辭呂反，從、邪二紐陸氏不甚分別也。然《畢命》篇云，沮，辭汝反，又慈呂反，何嘗不別爲二音耶？《文二年左傳》引此詩，亦音在汝反

拳，音權，徐又已袁反【法】《六經正誤》云：已袁反誤，當作起袁反。毛說是也。又案《集韻》作巨袁反，已字形近而譌

脂，音支【法】脂、支不同部

祇，祈支反【法】祈誤，當作祁

胡卧反 如貫古亂反 諒音亮信也 以詛側助反以禍福之言相要曰詛 比次毗志反 繩索素洛反 爲其于偽反 欲長如字又張丈反 蜮音或沈又音域短狐也狀如鼈三足一名射工俗呼之水弩在水中含沙射人一云射人影 有靦土典反姡也 姡户刮反面靦也 吕極音以古以字本作以 巷伯官名也 寺人如字又音侍 巷伯奄於檢反 官本或將此注爲序文者 相近附近之近下近嫌同 萋兮七西反 斐兮孚匪反本或作菲萋斐文相錯也 餘蚳直基反貝黄白文曰餘蚳 大甚音泰注同 哆昌者反大貌說文云張口也玉篇尺紙反又昌可反 其侈尺是反又式是反 辟嫌音避下同 釐婦力之反寡婦也依字作嫠 放乎甫往反 蒸盡之升反 縮屋所六反又作樎同 閒居閒廁之閒又音閑 嫗紆甫反又紆具反本或作煦況甫反 踵章勇反足根也 狹音洽 誰適如字往也王徐皆都歷反下同 緝緝七立反口舌聲也說文作咠云咠語也又子立反 翩翩音篇往來貌字又作扁 惡

其烏路反 捷捷如字又音妾 幡幡芳煩反 訕也所諫反又所姧反 倉卒寸忽反 譛女方味反 投畀必二反下同 豺士皆反字或作犲 猗于於綺反徐於宜反加也 作爲此詩一本云作爲作詩

谷風之什第二十

谷風音穀東風謂之谷風 將恐亡勇反注下同 與女音汝 遭厄本又作阨於革反 難乃旦反 將樂音洛注下皆同 頹徒雷反風之焚輪者 而上時掌反 寘予之豉反置也 崔徂回反 嵬五回反崔嵬山巔也又作嵬 不萎於危反 生長張丈反下同 槁者苦老反 切磋七河反 蓼莪上音六下五河反蓼蓼長大貌 終養餘亮反注除鞠養也穀養也二字餘並同 伊蒿呼毛反 長大張丈反下皆同 憂思息嗣反 伊蔚音尉牡菣也 牡菣去刃反 勞瘁似醉反病也 缾之蒲丁反 罄矣苦定反盡也 維罍音雷 鮮民

蜮，音彧【法】彧阮校改或，是

蚳，直基反【法】蚳、基不同部

縮，又作樎【法】樎《正義》作摍，是也〇閒側【法】側當作廁

緝，咠語也【法】咠盧改聶，是

瘁，似醉反【法】似亦誤從爲邪也

息淺反寡也供養九用反何怙音戶韓詩云怙賴也何恃恃負也拊
我音撫畜喜郁反顧音故反覆也芳福反飄風避遙反後篇同本又
作票卒子恤反終也重自直用反大東譚徒南反國名
饛音蒙滿也簋音軌飧音孫熟食也有捄音虯又其牛反長貌下章同棘
匕必履反饔於恭反施予始鼓反如砥之履反共之音恭本又作恭
睠言音卷本又作眷潸焉所姦反涕下貌說文作澘云涕流貌山晏反出如字徐尺
遂反涕音體爲之于僞反杼直呂反說文云盛緯器柚音逐本又作軸歛之
力豔反後同糾糾居黝反葛屨九具反佻佻徒彫反徐又徒了反沈又徒高反獨
行貌韓詩作嬥嬥往來貌並音挑本或作窕非也周行戶郎反注周行下載施之行并注同轉
餫音運心疚音救病也有冽音列寒意也氿泉音軌泉側出也字又作晷無
寖子鴆反漬也字又作浸穫薪戶郭反毛刈也鄭落木名也字則宜作木旁契契

毛詩音義中　二一六　徐尭

苦計反徐苦結反憂苦也憚人丁佐反徐又音旦勞也下同字亦作癉濕腐音輔朽也畜
之勅六反不來音賚注同勤也熊羆下彼皮反舟檝音接字又作楫相
近附近之近下同使摶音博冥氏莫歷反百僚力彫反字又作寮同鞙鞙
胡犬反王貌字或作琄佩璲音遂監古覽反視也闓置音開字亦作開跂彼
說文作歧丘豉反徐又丘婢反隅貌更其音庚歷也睆彼華板反明星貌服箱息羊反車
箱也何鼓何可反又音河何鼓星名牝服頻忍反簸揚波我反徐又府佐反有斗都口反沈
音主挹音揖⿰奠斗也⿰奠斗也矩于反廣雅云酌也本又作⿰奠斗載翕許急反毛合也鄭引也柄彼病反
揭居竭反徐起謁反四月國構古又反患難乃旦反淒淒
本亦作棲七西反涼風也百卉許貴反草也具腓房非反病也韓詩云變也瘼矣音莫
病也其亟紀力反養其餘亮反蹂踐如久反廣雅云履也令不力呈反
蕃茂音煩與受音豫廢爲如字忕也一音發忕時世反下同一本作廢大也此

捄，音虯，又其牛反【法】捄音幽、尤分部

睠，音卷【法】據《小明》篇，則音卷當作音眷〇潸，《說文》作澘【法】《說文》與正文無異（榮芬案注文澘疑法據本作潸，與通志堂本異），蓋陸正文本作澘，注引《說文》作潸也

穫，鄭落木名也【法】案落上宜補穫字，穫落聯文，《正義》謂據《爾雅》，是也

契，芳計反【法】芳盧改苦，是

監，古覽反【法】監、覽不同部〇跂，《說文》作歧【法】歧盧依《說文》改歧，是

⿰奠斗【法】⿰奠斗盧依《說文》作⿰奠斗，注內⿰奠斗當依《集韻》作鄭。今《集韻》鄭字缺右阝，見《類篇·邑部》

忕也【法】忕盧從大，是

是王肅義 其行下孟反，下之行同 相彼息亮反，視也，注同 曷云舊何葛反，鄭云何也，一云毛安葛反 滔滔吐刀反，大水貌 長理張丈反 盡瘁本又作萃，似醉反，病也，下篇同 鶉徒丸反，鵰也，字或作鷻 鳶以專反，鴟也 鱣張連反 鮪于軌反 鵰也音彫 蕨居月反 桋本亦作荑，音夷 枸音苟 檵音計 赤楝所革反，爾雅云楝赤楝，郭霜狄反 北山 役使如字 己勞音紀，下注喻己同 養其餘亮反 其杞音起 偕偕音皆，強壯也，徐音諧，說文云強也 靡盬音古 溥天音普，大也 之濱音賓，涯也 涯也魚佳反，字又作崖 傍傍布彭反，不得已也 鮮 我息淺反，沈云鄭音仙 得已音以 叫本又作嘂，古弔反，呼也 號戶報反，召也，協韻戶刀反 慘慘七感反，字亦作懆 棲遲音西 偃卬音仰，本又作仰 鞅掌於兩反，何也 猶何戶可反，又音河 揚之芳勇反 或湛都南反 樂音洛 畏咎 其九反 風音諷，放也 議如字，協句音宜 無將大車 祇自

毛詩音義中　二一七　徐改

音支，適也 憂累劣偽反，篇末同，本或作辱 疷兮都禮反，病也 不任音壬 愆 負起連反 冥冥莫庭反，又莫迥反 令無力呈反 于熲古迥反，沈又古頃反，光也 雍兮於勇反，字亦作壅，蔽也，又於用反 自重直龍反，又直用反，累也 小明 艽野音求，艽野遠荒之地 則更音庚 大苦音泰 共人音恭，注下皆同 罪罟音古，網也 方除直慮反，如字，案鄭云四月為除，若依爾雅則宜餘舒二音 云莫音暮，注及下同 憚我丁佐反，勞也，徐又音旦，亦作癉，同 睠睠音眷 譴棄戰反 怒乃路反 方奧於六反，煖也 燠音瘀，又奴緩反 愈蹙子六反，促也 穫戶郭反 菽音叔 詒遺唯季反，下同 我冒莫報反，又亡北反 反覆芳福反，注同 之處昌慮反 爲治直吏反 若祐音又，本或作右，又作佑，並同 好是呼報反，注同 介 爾音界 鼓鍾 將將七羊反，聲也，注同 湯湯音傷，流盛也，下注同 德比毗志反 爲之于偽反，下同 犧象素何反，犧象皆罇名，王音羲 喈

瘁，似醉反【法】瘁音誤，見上《谷風》

楝【法】楝當從束

叫，本又作嚻【法】盧改器（榮芬案當作嘂，又盧前脫嚻字）

疷，都禮反【法】疷阮云：影宋本作疧。偉按氏聲與塵韻，猶祇作振之例。若從氏聲，亦不得音丁禮反。再考。又見下《白華》 〇熲，古迥反，沈又古頃反【法】熲音迥、静今《廣韻》入迥（榮芬案此條有脫誤，疑静下脫分部二字）

怒，乃路反【法】以《邶・柏舟》及《大雅・雲漢》證之，則乃路反上脫協韻二字

喈音皆 湝湝户皆反 回邪似嗟反 鼛古毛反大鼓長丈二尺 妯勑留反徐又直留反毛動也鄭悼也郭音爾雅盧叔反又音迪 不猶如字若也鄭改作瘉羊主反病也 樂音岳 四縣音玄 以籥以灼反樂器 不僭七心反沈又子念反又楚林反 韎本又作昧音妹又莫戒反東夷樂名 曰禁居蔭反北夷樂名 楚茨徐咨反楚楚茨棘貌茨蒺蔾也 田萊音來田廢生草曰萊 言抽勑留反徐直留反 我蓺魚世反 蒺音疾 蔾音黎一音梨 與與音餘蕃廡貌注同 露積如字又子賜反 蕃音煩 廡音無又音武 以妥湯果反安坐也 以侑音又勸也 神坐才卧反 爲其于僞反 濟濟子禮反大夫之容也 蹌蹌七羊反士之容也 或亨普庚反飪之也注同 或肆音四陳也 飪之本又作腍而甚反 將齊才細反下或齊同 解剥上佳買反下邦角反 有肆他歷反解肆也 奉持芳勇反又如字 于祊補彭反門內也說文作鬃云門內祭先祖所彷徨也 之處昌慮反 皇睢于況反下篇同 無疆居良反下篇同 竟界音境 執爨七亂反注惟言爨竈一字七端反餘並同 踖踖七夕反又七略反爨竈有容也 或燔音煩 廩爨力甚反 膟音律 膋音寮脂膏 肝炙之赦反 莫莫音麥 內羞如字內羞房中之羞或作肉羞非也 適

毛詩音義中　二十八

妻音的 之稱尺證反 庶胗字又作侈昌紙反何沈都可反 主共亦作供音恭 獻醻市由反又作酬 卒度如字法也沈徒洛反 邪行似嗟反 以徧音遍下同 熯而善反歎也又呼但反 徂賚如字與也徐音來 受嘏古假反 苾蒲蔑反一音蒲必反下篇同 芬孚云反苾芬有馨香也 神耆市志反徐云又巨之反下章同 幾音機期也 卜予羊汝反下同 乃歆喜今反 女之音汝下同 既齊王申毛如字整齊也鄭音資減取也一音才細反謂分齊也 既筐本亦作匡丘方反 擩而專反又音芮又而純反何耳誰反 醢音海 祭禮畢禮或作祀 尸謖所六反起也 肆夏户雅反 廢方吠反 徹直列反 去也起吕反下同 復皆扶又反 長幼張丈反

妯，盧叔反【法】叔疑督之譌，《爾雅・釋詁》音盧篤反

僭，七念反，沈又子念反【法】七念《羣經音辨》作七心，是也。《禮記・文王世子》注引《詩》以樂不僭《釋文》亦音七尋、子念二反，即（榮芬案即前當脫七尋二字）七心也。《集韻》栝部無清紐，而侵部收此讀，是宋初本並不誤。又《明堂位》注引此亦七尋、則念二反

茨，徐咨反，蒺藜也【法】茨音誤邪紐，詳《牆有茨》。藜當依下文作蔾

莫，音麥【法】麥蓋陌之譌，陸非陌、麥不分者，《左傳・昭二十八年》莫音亡白反，可證

度，沈徒洛反【法】沈徒洛反亦協韻也

嘏，古假反【法】假盧改雅，是。《天保》篇嘏，古雅反

耆，市志反，又巨之反【法】耆與志、之並不同部

擩，而專反，又音芮【法】芮盧改芮，是

勿替天帝反 信南山甸之毛田見反治也鄭繩證反六十
四井為乘 畇畇音匀又作眴蘇遵反又音旬 墾辟上苦很反下婢亦反 所佃音田
本亦作田 一乘繩證反 雨雪于付反崔如字 雰雰芳云反雪貌 霢士革反
霂音木霢霂小雨也 既優說文作瀀音憂 既渥烏學反 疆埸音亦
下同畔也 彧彧於六反茂盛也 畀我必寐反與也注同 齊則側皆反 有
廬力居反 剝邦角反 是菹側居反 以便毗戰反 削思約反 淹
英鉗反 漬子賜反漬淹也 之祜音戶福也 以騂息營反字林許營反 享于
許兩反徐許亮反注及下同 酒鬱紆物反 五齊才細反 納亨普庚反
血膋音聊 中節丁仲反 臭昌救反 無疆居良反
甫田之什第二十一
甫田倬彼陟角反明貌韓詩作箌音同云箌卓也 甫之言丈夫也
毛詩音義中 二一九 中黃
直兩反依義丈夫是也本又作大夫一本甫之言夫也又一本甫之言大也 大古音泰 欲見賢遍反
食我音嗣 賖音奢 貰音世又食夜反說文云貸也 以紓音舒何常汝反 之
蓄勑六反 芸音芸沈又音運本又作耘音同除草也 耔音子沈音茲壅禾根也 薿薿
魚起反徐又魚力反茂盛也 攸介音界鄭舍也王大也 烝我之承反 髦士音毛
俊也 民鋤本或作助同仕魚反 閒暇音閑 之處昌慮反 講肆以四反字亦作
肄 之行下孟反 齊明本又齎又作齍同音資注同器實曰齍 犧羊許宜反
為五穀于偽反下為農為之皆同 大蜡仕詐反 勞農力報反篇末勞賜同
以御牙嫁反迎也注同 吹豳彼貧反本亦作邠 以樂音洛 饁彼于輒反饋也
田畯子峻反本又作俊後篇同 至喜毛如字鄭為饎尺志反下篇同 饎酒 攘其
如羊反鄭讀為讓式尚反 饋也王如字 饋也巨愧反 從行才用反 禾易以豉反治
也徐以赤反 如茨徐私反積也鄭屋蓋也 之庾羊主反 如坻直基反水中之高地

漬，子賜反【法】子乃才之譌，見《禮·儒行》〇騂，息營反，《字林》許營反【法】騂

《字林》音是也，讀心紐乃心（榮芬案此心當作音）之變

倬，《韓詩》作箌【法】箌疑當從艹，見《釋詁》

鋤，本又作助【法】助疑鉏誤

茨，徐私反【法】茨亦誤為邪紐，詳《楚茨》〇坻，直基反【法】坻、基不同部

也如字又子賜反下皆同 有藁吉老反 納稯作孔反 委積如字又於
僞反 年收手又反又如字 無疆居良反 無竟如字 大田
矜寡古頑反注皆同字或作鰥 既種章勇反此注及下注擇種並同 可墾苦很反
先相息亮反 士長張丈反 冒莫報反 橛其月反 覃以冉反徐又以廉反
利也 俶載衆家並如字俶音尺叔反始也載事也鄭讀爲熾菑熾音尺志反菑音緇 栗音列鄭注周禮
云讀如裂繻之裂 既皁才老反 不稂音郎又音粱童粱草也說文作蓈云稂或字也禾粟之莠
生而不成者謂之童蓈也 不莠餘久反 去其起呂反注同 螟莫庭反 螣字亦作蟘
徒得反說文作蟘 蟊賊本又作蛑莫侯反爾雅云蟲食苗心曰螟食葉曰螣食節賊食根蟊隨所食爲
名郭云皆蝗類也 田稺音稚下同 秉如字執持也韓詩作卜卜報也 畀必二反與也
炎火于沾反沈于凡反 氣贏音盈 有渰本又作弇於檢反雲興貌漢書作黤
萋萋七西反雲行貌 興雨如字本或作興雲非也 祁祁巨移反徐也 雨

毛詩音義中　三一

我于付反注內主雨同一本主作注雨如字 不穫戶郭反 斂穧上力檢反下才計反又子
計反穧也 滯穗音遂 秉把巴馬反 故矜音鰥 饋食音嗣 勞
倦力報反 禋祀音因 以享許兩反徐又許亮反 黝伊糾反黑也
瞻彼洛矣洛水名 泱泱於良反深廣貌 溉古愛反 浸水子鴆反
灌溉古亂反 韎音昧又亡界反 韐音閤又古洽反 有奭許力反赤貌 茅
如字 蒐所留反 代韠音畢 任音壬 軍將子匠反下同 紂衣音緇 纁
裳許云反 鞞字或作琕補頂反說文云刀室也 琫字又作鞛必孔反佩刀削上飾 有珌
字又作琿賓一反佩刀下飾 珧珌音遙以蜃者謂之珧 璗徒黨反字又作瑒音同爾雅云黃金謂之璗
璆珌音虯又巨樛反又舊周反玉也沈與彪反又與彪反又張疇反 鐐音遼爾雅云白金謂之銀其美
者謂之鐐徐何盧到反又力弔反本又作璙亦音遼又力小反說文云玉也字書力召反 鏐珌力幽反又力幼
反沈又力虯反黃金之美者郭云紫磨金 士珕力計反說文云蜃屬 能斷丁亂反 篡

螣，字亦作蟘【法】蟘當從弋

田稺，音稚【法】稺、稚同，以俗字音正字也

炎，于沾反，沈于凡反【法】炎音鹽、凡分部。今《廣韻》凡韻無喉音，沈蓋併嚴於凡也　〇祁，巨移反【法】祁、移不同部

璆，音虯，又巨樛反，又舊周反。又與彪反，又張疇反【法】巨樛、舊周幽、尤分部。音虯與巨樛同，疊出未詳。與彪、張疇二反均不可解　〇鏐，力幽反。沈又力虯反【法】力幽、力虯二音同，殆有誤。《廣韻》收尤，力求反，幽部無來紐

初忠反　殺之　本亦作試同言試　裳裳者華　裳裳猶堂堂也　諂　勑檢反　湑兮　思敘反盛貌　而治　直吏反　遠矣　于萬反又如字　我覯　古豆反見也　芸其　音云徐音運　黴見　賢遍反　有駁　邦角反　四駱　音洛　沃若　如字徐於縛反　朝祀　直遥反下及下篇同　桑扈　音戶桑扈竊脂鳥也說文扈作雇　鶯　於耕反有文章也　佼佼　交卯反　樂胥　毛如字皆也鄭徐思敘反有才知之稱　之祜　音戶　才知　音智下同　屏　卑郢反　為天下　于僞反　捍　音汗　患難　乃旦反下患難同　之翰　戶旦反幹也　百辟　音璧注同君也　之楨　音貞　不戢　莊立反　兕　徐履反獸名　觥　古橫反罰爵也以兕角為之　其觩　音虯本或作斛　其樂　音洛　不憮　火吳反　敖　五報反下文同　鴛鴦　於袁反沈又音溫下於崗反又於良反鴛鴦匹鳥也止則為耦飛則為雙　大平　音泰　畢掩　於檢反　性　馹　音徂又音脣　獺　勑轄反又

毛詩音義中　三十一

他末反　戢其　側立反斂也韓詩云捷也捷其噣於左也　無恐　立勇反　乘馬　王徐繩證反四馬也鄭如字下同　在廄　音救　摧　采卧反芻也　秣　音末穀馬也　芻之　楚俱反　今莝　采卧反韓詩云委也　則委　紆僞反猶食也　與於　音豫　齊而　側皆反本亦作齋　盛饌　士戀反　減焉　古攬反　艾之　魚蓋反養也徐音刈　綏之　音士果反又如字　頍弁　缺婢反著弁貌說文云舉頭貌弁皮弁　燕樂　音洛卒章同燕又作宴　如雨　于付反卒章同　朝服　直遥反下皆同　蔦　音鳥說文音弔寄生草也爾雅云寓木宛童是也　女蘿　力多反在草曰兔絲在木曰松蘿又唐蒙　施于　以豉反下同　奕奕　音亦　說懌　音悅音亦本又作繹　依　怙　音戶　解懌　音蟹　何期　本亦作其音基辭也王如字　怲怲　兵命反憂盛滿也　霰　蘇薦反消雪也字亦作霓　樂酒　音洛　而搏　徒端反　死喪　息浪反　無幾　居豈反注同　復幾　扶又反　車舝　胡瞎反車軸頭鐵也　孌

辟，音璧【法】今《廣韻》辟、璧不同部，疑當作璧

憮【法】憮阮校云：影宋本作幠。偉案王觀國《學林》引此亦作幠

減，古攬反【法】減、攬不同部

亦作霓【法】霓盧改霓，是

舝【法】舝盧改舝，是

音疾又音自 姤丁故反 敗國必邁反又如字下注同 思變力兗反美貌 有
齊側皆反下同 美好之少女詩照反本亦作季女 來括本又作佸
音活會也徐古闊反 覯得音遘 好反呼報反注下並同 維鷮音驕雉也 無射
音亦猒也下同 射猒於豔反下同 相樂音洛 析其星歷反 柞薪子洛
反析之以爲薪 湑兮思叙反茂盛也 爲其于僞反下亦爲同 必辟婢亦反又音壁
鮮我息淺反徐音仙善也 覯爾古候反 見女音汝 行如是下孟反一
本無行字 仰止本或作仰之 景行下孟反注有明行同 四牡茂口反 騑騑
孚非反 調均音條 有和胡卧反 慰怨也於願反王申爲怨恨之義韓詩作以
愠我心愠恚也本或作慰安也是馬融義馬昭張融論之詳矣 青蠅餘仍反
營營如字往來貌說文作營云小聲也 于樊音煩 藩也方元反一本甫煩反
汙白汙辱之汙烏路反 令力成反 遠物于万反 愷開在反 悌音弟 樂
毛詩音義中 三十二 王
音洛 易也以豉反 于榛士巾反又側巾反 構我古豆反韓詩構亂也
賓之初筵音延席也 媟息列反 近附近之近 沈如字直林反字或作耽都南反
湎莫衍反飲酒齊其色曰湎徐又莫顯反 淫液音亦淫液者酒時情態也 情態
他代反 秩秩直乙反毛肅敬也鄭智也 折旋之舌反 知也音智下同 肴核
上戶交反下戶革反 菹醢側俱反 孔偕音皆 舉醻市由反 敃縣音玄
既抗苦浪反舉也 斯張如字 舉鵠戶沃反鳱鵠也說文云鵠即鵲也小而難中又云
鵠者覺也直也射者直已志 而棲音西著也 梓人音子 烝衍苦旦反 其
非祭與音餘本作乎又作也並非 發功如字徐音廢 既比毗志反 中的
丁仲反 有勺音的質也本亦作的同 以祈音其 拾發其劫反更也 飲不
於鴆反下同 其爭爭鬭之爭 籥舞余若反 烝衍苦旦反 以洽戶夾反
反 相應應對之應 滌蕩徒歷反 衎樂音洛下樂其湛樂喜樂下又曰樂並同

辟，又音壁【法】壁亦璧之譌

藩，方元反，一本甫煩反【法】一本五字後人校語，甫煩即方元也

榛，士巾反，又側巾反【法】榛、巾不同部

湎，莫衍反，又莫顯反【法】湎二音獮、銑分部

菹，側俱反【法】俱乃居之譌，見《信南山》

鵠，鵠也【法】阮云：鵠鵠當作鳱鵠

祈，音其【法】祈、其不同部

烝衍【法】烝衍條疑衍，不能一簡中疊出也

徧至音遍 錫音析 純嘏古雅反 其湛荅南反樂也 爾能如字徐奴
代反又奴來反 手仇毛音求匹也鄭讀爲㪺音俱謂挹取酒 登餕子峻反 又復
扶又反下皆同 手挹一入反 中者也張仲反 無次也一本作又反
反如字重慎也韓詩作販販音蒲板反善貌 曰既音越下是曰皆同下章放此 幡幡孚袁
反失威儀也 舍音捨 其坐如字徐才卧反 屢力具反數也注及下同本作婁 僊僊
音仙 屢數音朔 之態他代反 率如此音類又所律反 抑抑於力反慎
密也 怭怭毗必反又符筆反媟嫚也說文作佖平一反 媟嫚息列反下音慢 載號胡毛
反注同 載呶女交反 僛僛起其反舞不能自正也注本正或作止按下傞傞是舞不止此宜爲
正說文云醉舞也 其郵音尤過也 之俄五何反傾也廣雅云哀 傞傞素多反舞不止
也一音倉柯反 號呼火故反 讙呶呼端反下女交反 箴之之林反 欲令力呈
反 非惡烏路反 式勿徐云毛如字又云用也鄭讀作慝他得反惡也 大怠音泰徐勑

毛詩音義中 三十三

佐反 勿語魚據反又如字 故爲于僞反下同 顛都田反本作傎 仆何音赴一音蒲
北反說文云頓也 語魚據反 將恚一端反怒也 俾出如字徐尺遂反 童羖
音古 脅許業反 矧敢失忍反況也

魚藻之什第二十二

魚藻音早水草也 鎬胡老反 自樂音洛篇內唯注八音之樂一字音岳餘並同
頒符云反大首貌說文同韓詩云衆貌 著見賢遍反 豈樂本亦作愷同苦在反
樂也下同 悛心七全反改也沈又七旬反 有莘所巾反長貌 有那乃多反鄭安貌王多
也 采菽本亦作叔大豆也 侮慢亡甫反 來朝直遙
反篇內皆同 數徵色角反音朔 爲合于僞反 筐之音匡 筥之音舉
以芼亡報反 則薇音微 爲藿火郭反 用鉶音刑 羹古衡反
乘馬繩證反下注車乘駟乘同 玄衮古本反玄衮冕服 及黼音斧徐又音補 卷

怭，毗必反，又符筆反。《說文》作佖，平一反【法】怭二音，脣音分二類也，平一即

毗必也

俄，哀也【法】哀盧改衺，是

莘，所巾反【法】莘、巾不同部

龍眷勉反下同本又作衮黻音弗絺衣知里反本又作黹同雉知反鷩必滅反冕也
毳尺銳也觱音必沸音弗觱沸泉出貌檻泉銜覽反徐下斬反爾雅云檻泉正出
正出涌出也其芹巨斤反水菜也爲菹側魚反絜清如字一音才性反其
旂巨機反淠淠匹弊反徐孚蓋反又芳計反動也嘒嘒呼惠反中節也載
驂七南反騑馬曰驂載駟音四所屆音界極也中節丁仲反諸侯
將朝于王一本無于字皆以王字絕句一讀諸侯將朝絕句以王字下屬乘乘上音承證
反下音繩赤芾音弗在股音古髀本曰股邪似嗟反注同幅音福偪也如今之行
縢匪紓音舒紓緩也所予音與偪彼力反大古音泰之韠音必
上廣光曠反下同長三直亮反脛本胡定反行縢徒登反解
怠古賣反樂只上音洛下音止申重直用反下同禮樂樂之
上音岳下音洛維柞子洛反又音昨木名蓬蓬步公反盛貌注同殿天多見反填
毛詩音義中　二十四
也注同鎮陟慎反又音珍本作填平平婢延反辯治也韓詩作便便云閑雅之貌汎
汎芳劒反紼音弗爾雅云紼繂也繂音律纚力馳反綏也韓詩云筰也筰音才各反綏
也如誰反葵之其維反揆也膍頻尸反厚也韓詩作肶注同一
角弓而好呼報反騂騂息營反調利也沈又許營反說文作弲音火全反翩
其匹然反紲息列反弓韠也檠音景弓匣也說文云榜也謂轉也胥息徐反易
以羊豉反傚矣戶教反綽綽處若反寬大也有裕羊樹反饒也爲
瘉羊主反病也一處昌慮反怨恚一瑞反比周毗志反爲駒
音拘鄙爭爭鬬之爭而孩本作咳戶才反許慎云小兒笑也幼稺音稚如
食音嗣注同宜如字本作儀注同韓詩云儀我也饇於據反飽也徐又於具反孔取
如字沈又音娶宜令力呈反如飲於鴆反度待洛反所勝音升其量
音亮猱乃刀反沈乃蓮反猨屬塗附如字毛著也鄭木桴也一猨屬音袁字或作猿

絺，知里反。雉知反【法】絺、里不同部，雉知反亦有誤。若依絺字本音，當讀徵紐，不得用澄紐之雉也。或當作知雉，誤倒耳　○檻，銜覽反，徐下斬反【法】檻、覽不同部，此與《大車》同，均未詳。徐音與《廣韻》合。若謂陸讀檻爲一等，則不得以銜字爲紐　○淠，匹弊反【法】淠音匹弊殆誤，《篇》、《韻》並無此讀，詳《小弁》

樂只，下音止【法】只、止不同音，當作紙

騂，息營反，調和也。沈又許營反【法】和阮校影宋本作利，是。沈音與《字林》同，見《信南山》

饇，於據反。徐又於且反【法】饇音御、遇分部也。《廣韻》亦兩部兼收

附著直略反下同木桴音孚字有徽音暉美也與屬音蜀注同讀者亦音
樹亦樂音洛又音岳又五教反下樂善同雨雪于付反注及下同瀌瀌符嬌反徐
符彪反又方苗反雪盛貌見如字下文同韓詩作曣音於見反云曣見日出也晛乃見反日氣也
曰消音越下同韓詩作聿劉向同始見賢遍反又如字肯下遐嫁反注卑下同又
如字遺王申毛如字鄭讀曰隨婁驕王力住反數也徐云鄭音摟斂也爾雅云裒鳩摟聚也沈
力俱反如髦舊音毛尋毛鄭之意當與尚書同音莫侯反之行下孟反
菀柳音鬱木茂也徐於阮反不中丁仲反下注不中同欲朝直遙反篇內同甚
蹈音悼毛動也鄭作悼病也自暱女栗反又女筆反徐乃吉反近也俾予必爾反本
作畀使也後皆同予極毛如字至也鄭音棘誅也愒焉欺例反徐丘罽反息也自
瘵側界反毛病也鄭音際際接也亦傅音附至也四裔延世反
都人士長民張丈反注同不貳音二變易無常謂之貳從容七容

毛詩音義中　二十二

反從容休燕也不復扶又反下注同倡率色類反朝夕直遙反出言如字
士行下孟反下文行歸注操行同則衣於既反過差初賣反又如字所望
如字協韻音亡臺如字爾雅作臺草名笠音立緇側基反撮七活反夫須音符本亦
作扶綢直直留反密也密致直置反本亦作緻無隆俗本作降殺也所界
反又所例反我不見第二章作不見後三章作弗見一本四章同作不字不說音悅琇
音秀徐又音誘爲瑱他見反尹吉毛如字鄭讀爲姞其吉反又其乙反菀
結於粉反屈也積也徐音鬱又於阮反垂帶音帶本亦作帶而厲毛如字帶之垂也鄭當作
裂音列卷髮音權注及下同如蠆勑邁反又勑界反蠍蟲也通俗文云長尾爲蠆短尾爲蠍
蠍音虛伐反如鞶薄寒反螫蟲音釋本又作蠚呼莫反未捷其言反又音虔
漢書音義云舉也又渠偃反一音其蹇反曲上時掌反有旟音餘揚也何盱香俱
反病也采綠綠王芻也憂思息嗣反下皆同一匊弓六反兩手曰

曣見，日出也【法】見阮校云：當作晛，是

暱，女栗反，又女筆反，徐乃吉反【法】乃吉與女栗同。此字似宜以女筆爲正，餘二讀乃各家用字不一律耳，非有異也。《廣韻》尼質切則與女栗同　○愒，欺例反，徐丘罽反【法】愒二音祭、霽分部

吉，鄭讀爲姞，其吉反，又其乙反【法】姞音質部分兩類○菀，於勿反【法】勿阮據影宋本作粉，是

蠆，勑邁反，又勑界反【法】蠆二音夬、怪分部，實則《廣韻》收界於怪，非也

捷，又渠偃反，一音其蹇反【法】渠偃、其蹇阮、獮分部

芻注本或一手曰芻 王芻楚俱反草也 易得以豉反 曲局其玉反卷也 卷
也音權下同又眷勉反沈其言反 采藍盧談反沈力甘反染草也 一襜尺占反衣蔽前謂之
襜郭璞云今之蔽膝 不詹音占至也 于狩尺救反 言韔勑亮反弢也沈治亮
反本亦作卷 于釣音弔 言綸音倫 釣繳音灼亦作繳同 狩與音餘
下同 爲之于僞反下同 維魴音防 及鱮音敘 觀者古玩反多也注同韓
詩作覩 多技其綺反
黍苗 膏潤古報反下同 召伯上照反注及下同 芃芃蒲東反長大貌
一音扶雄反 長大張丈反 勞之力報反注及下篇注同 營謝一本作營謝邑
將徒役一本作將師旅 勞來音賚 勸說音悅又始銳反 我任音壬
注同 我輦力展反沈連與反 轉餫音運本又作運 有輓音晚 牽傍
薄浪反 所爲于僞反 士卒尊忽反一本作士衆 師從才用反下同 土
治直吏反下同 相其息亮反 隰桑 有難乃多反盛貌
庛必利反又彼備反 廕於鴆反 其樂音洛注下皆同 有沃烏酷反
有幽於糾反 膠音交 臧之鄭子郎反善也王才郎反
白華音花野管也 王取七與反 以孽魚列反 爲之于僞反 適
子音的 菅兮音姦茅已漚爲菅 已漚烏候反柔也 柔忍音刃 爲
脃七歲反又音毳 任妃后音壬一本作任王后 之遠于願反下注遠善同又如字注及下
皆同 俾必爾反 不復扶又反 譖申側鴆反 宜咎音柩 英英
如字韓詩作泱泱同 昔夏戶雅反 漦士其反沫也又戶醫反爾雅云漦盝也盝音鹿 黿
音元 嬖之補悌反又必計反 滮池符彪皮流二反水流貌 浸彼子鴆反字亦作
寖 生殖市力反 豐鎬戶老反 歗歌音嘯本亦作嘯 妖大古卯反本又作姣
姣音於驕反 樵彼祖焦反 卬五綱反我也 烘火東反燎也徐又音洪說

本或【法】本或下疑脫作字 ○卷，沈其言反【法】卷與言開合異呼，沈音非也。沈不分開合，如仙民音藩爲甫言也（榮芬案沈不分一語原誤置於采藍條下，今移正） 藍，盧談反，沈力甘反【法】盧談與力甘同，易沈未詳 ○狩，尺救反【法】尺蓋尸之譌

庛，必利反，又彼備反【法】庛音脣音分兩類

取，七與反【法】取、與不同部，與疑具之譌

漦，又戶醫反【法】阮引《六經正誤》云，尺作戶譌 嬖，補悌反，又必計反【法】補悌與必計同，嬖無異讀，此必校者羼入 滮，符彪、皮流二反【法】滮二音幽、尤分部也。《廣韻》尤部無重脣 妖，古卯反，本又作姣，姣音於驕反【法】《六經正誤》云：正文當作姣，注内當作妖。是也。阮氏駁之，殊誤。姣音亦當依毛氏改一音 ○烘，又巨凶、甘凶二反，孫炎音恭【法】音恭與甘凶同

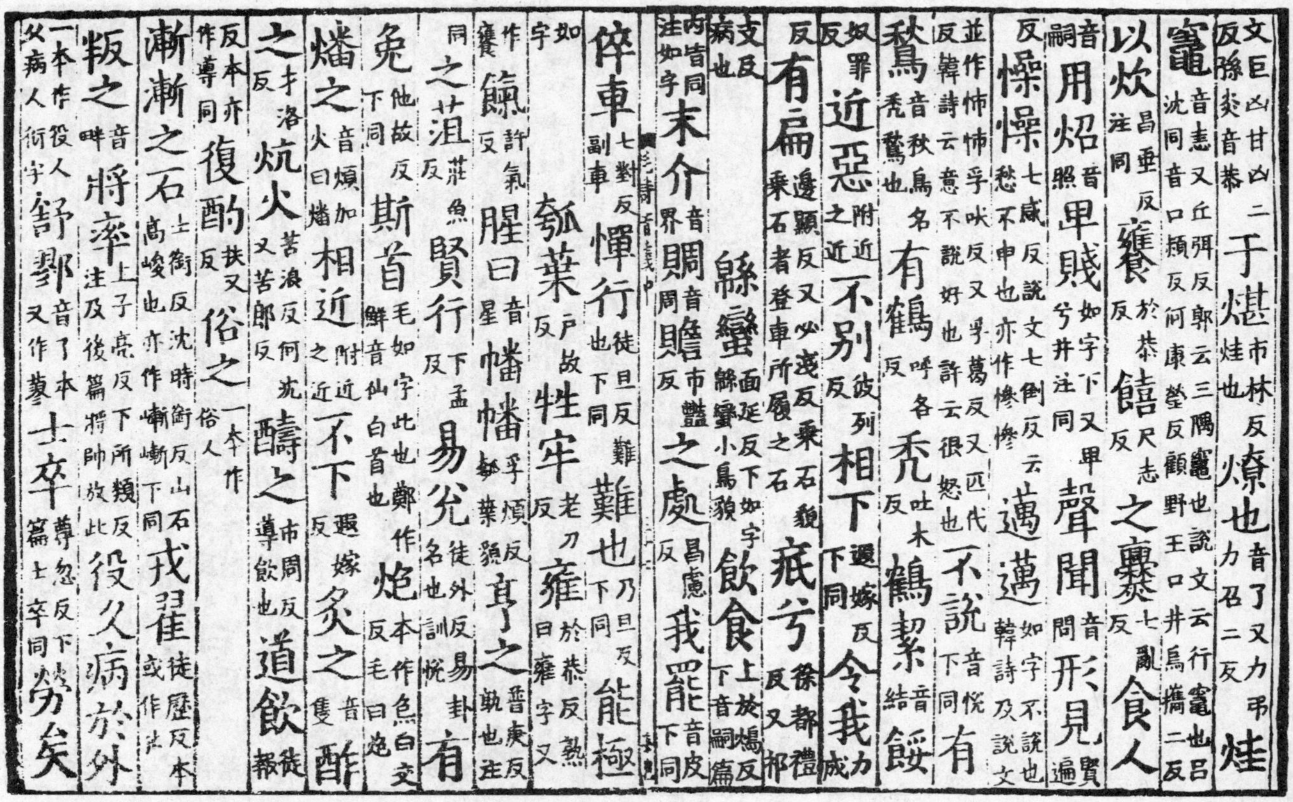
文巨凶甘凶二反㴲炎音恭 于煁市林反烓也 燎也音了又力弔力召二反 烓

竈音恚又丘弭反郭云三隅竈也說文云行竈也呂沈同音口潁反何康瑩反顧野王口井烏攜二反

以炊昌垂反注同 饔於恭反 饎尺志反 之爨七亂反 食人

音嗣 用炤音照 卑賤如字下又卑兮井注同 聲聞音問 形見賢遍

反 懆懆七感反說文七倒反云愁不申也亦作慘慘 邁邁如字不說也韓詩及說文

並作怖怖孚吠反又孚葛反又匹代反韓詩云意不說好也許云很怒也 不說音悅下同 有

鶖音秋鳥名禿鶖也 有鶴呼各反 禿吐木反 鶴絜音結 餒

奴罪反 近惡附近之近 不別彼列反 相下遐嫁反下同 令我力成

反 有扁邊顯反又必淺反乘石貌乘石者登車所履之石 疷兮徐都禮反又祁

支反病也 緜蠻面延反下如字緜蠻小鳥貌 飲食上於鴆反下音嗣篇

內皆同注如字 末介音界 賙音周 贍市豔反 之處昌慮反 我罷音皮下同

毛詩音義中

倅車七對反副車 憚行徒旦反也下同 難也乃旦反下同 能極

如字 瓠葉戶故反 牲牢老刀反 雍於恭反熟曰雍字又

作饔 餼許氣反 腥曰音星 幡幡孚煩反瓠葉貌 亨之普庚反孰也注

同 之菹莊魚反 賢行下孟反 易兌徒外反易卦名也訓悅 有

兔他故反下同 斯首毛如字此也鄭作鮮音仙白首也 炮白交反毛曰炮

燔之音煩加火曰燔 相近附近之近 不下遐嫁反 炙之音隻 酢

之才洛反 炕火苦浪反何沈又苦郎反 醻之市周反導飲也 道飲徒報

反本亦作導同 復酌扶又反 俗之一本作俗人

漸漸之石士銜反沈時銜反山石高峻也亦作嶄嶄下同 戎翟徒歷反本或作狄

叛之音畔 將率上子亮反下所類反注及後篇將帥放此 役久病於外

一本作役人久病人衍字 舒鄹音了本又作蓼 士卒尊忽反下篇士卒同 勞矣

燎，音了，又力弔、力召二反【法】燎音嘯、笑分部

烓，呂、沈同音口潁反【法】沈阮云當作忧，是〇顧野王口井、烏攜二反【法】口井疑誤，詳《爾雅・釋言》，今《玉篇》作口迥，是也

懆，七感反【法】七感乃慘字之音

怖，孚葛反，又匹代反【法】孚葛《廣韻》作北末。匹代誤，《廣韻》普蓋切

鶴，呼各反【法】呼乃乎之譌

扁，邊顯反，又必淺反【法】扁二音銑、獮分部〇疷，徐都禮反，又祁支反【法】疷阮校作疷，是。然都禮反，則字當從氐，祁支反，則字當從氏。兩音並出，是二字陸氏已不能辨矣

漸，沈時銜反【法】漸沈讀禪紐非

如字孫毓云鄭音遶 而上時掌反 卒服寸忽反 皇朝直遥反注同 人
罷音皮 其卒毛子卹反竟也鄭在律反 崔罪回反 嵬五回反本作嵔 之
處昌慮反下同 令力呈反下注同 出使所吏反 白蹢音的蹄也都歷反 烝
涉之丞反 將久雨一本作天將雨 能水奴代反本又作耐 曰駭戶楷反爾
雅說文皆作猨古袁反 尤躁子到反 今離力智反 其繒在陵反爾雅豕所寢
曰繒方言作橧從木音同 波漣音連一本作瀾力安反 勇悍下旦反 滂普郎反
沱徒河反注同 蜀也直角反又音蜀本又作濁 先見賢遍反 它音他
苕之華音條徐音韶苕陵苕草名下音花 王距音巨 其難乃旦反下之難
同 近危附近之近 芸其音云沈音運 諸夏戶雅反下同 罷病
音皮 青青子零反注同 爲鄣章亮反 葉見賢遍反下同 牂羊
子桑反 墳首扶云反大也 在罶音柳本又作霤嫠婦笱也 牝羊頻忍反 之

毛詩音義□　三十八　孫彪

笱音苟 復興扶又反 鮮可息淺反 治曰直吏反
何草不黃 背叛音佩 數起所角反 不矜古頑反注同無妻曰矜
牙孽魚列反 猶復扶又反 匪兕徐履反 有芃薄紅反小獸貌沈又
扶東反 有棧士板反役車也 輂者一本作輦車

經典釋文卷第六

卒，鄭在律反【法】鄭在律反讀爲崒也

悍，戸（榮芬案通志堂本作户，不作戸）旦反【法】戸盧本作户，是。此本初刻作乃，後改爲戸，均誤。阮校本作下旦，同

芃，薄紅反。沈又扶東反【法】扶東與薄紅同，東蓋雄之誤，見《黍苗》

經典釋文第七

毛詩音義下　起第十六盡二十

唐國子博士兼太子中允贈齊州刺史吳縣開國男陸德明撰

文王之什第二十三大雅 自此以下至卷阿十八篇是文王武王成王周公之正大雅據盛隆之時而推序天命上述祖考之美皆國之大事故爲正大雅焉文王至靈臺八篇是文王之大雅下武文王有聲二篇是武王之大雅

文王而王 于況反 於昭 音烏歎辭也注及下於緝并注皆同 昭見 賢遍反下著見同

著 珍慮反 崩謚 音示愼也悉也生存之行終始悉錄之以爲謚也 大王 音泰後大王皆同

亹亹 音尾勉也 令聞 音問注同 哉周 如字毛載也鄭始也左傳作載本又作載同

敷恩 音孚 之施 始豉反 適爲 音的字或作嫡 之楨 音貞幹也 其爲 于僞反下天爲此同 濟濟 子禮反多威儀也後濟濟皆同 緝 七入反 熙 許其反緝熙光明也 假

毛詩音義下　一　民表

哉 古雅反固也 其麗 力計反沈又力知反數也 祼將 古亂反灌也 黼 音甫 冔 況甫反殷冠名字林作冔又火于反 冔也 夏后 戶雅反 藎臣 才刃反

爲之法 一本作爲之法度 聿脩 于必反述也 未喪 息浪反注同 已上 時掌反本作已 目紂 直久反 駿命 音峻又音俊大也 不易 毛以豉反不易言甚難也鄭音亦言不可改易也下文及後不易維王同 無遏 於葛反或作謁音同止也韓詩遏病也 義問 毛音儀善也鄭如字 虞度 待洛反下同 宣徧 音遍下同

大明復命 扶又反 赫赫 呼伯反恐也 徵應 應對之應 炤 章遙反本或作灼 晢 之設反 見於 賢遍反 忱斯 市林反信也 厥適 音的注同 不挾 子燮反達也一作子協反 摯仲 音至摯國名仲字 氏任 音壬注同下大任皆放此 曰嬪 毗申反婦也 之中 丁仲反下同 大任 音泰後大任大姒大姜皆同 身重 直勇反又直龍反謂懷孕也廣雅云有娠也下同 懷孕 以證反 在洽 戶夾反一音庚合反

法偉堂經典釋文校記遺稿卷七

毛詩音義下

清法偉堂著　邵榮芬編校

灌也【法】灌下脫冔字

聿，于必反【法】于乃尹之譌，見《禮·表記》

赫赫，恐也【法】案恐字疑誤。《傳》云，赫赫然著見於天，《箋》亦以炤晢爲言，並無恐訓

挾，子燮反，一作子協反【法】一作五字亦校語也。子協與子燮同，他處多作子協

水名也案馮翊有郃陽縣應劭云在郃水之陽郃音戶荅反在渭音謂水名之涘音士水涯也合

妃音配字亦作配下皆同則爲于僞反下天爲亦爲同之處昌慮反俔牽遍反磬也徐又下

顯反說文云譬譽也韓詩作磬磬辟也親迎魚敬反造舟七報反又七道反毛云天子造舟方

言云浮梁也廣雅作艁音同說文艁古造字一音才早反輝音暉纘女子管反繼也維莘

所巾反大姒國也長子張丈反注同保右音祐助也字亦作佑注同燮伐蘇接反和

也協戶頰反會古外反牧野州牧之牧徐音目在朝歌南七十里是周武王與紂戰於

牧野之地維予毛羊慮反鄭羊呂反不爲于僞反又如字陳於如字又直刃反洋洋

音羊廣也檀車徒丹反煌煌音皇明也駟騵音元駵馬白腹曰騵駵馬音留涼

彼本亦作諒同力尚反佐也韓詩作亮云相也大師音泰鷙之利反上將子匠反

肆伐音四毛疾也鄭故今也師帥所類反亦作率㙉誓音牧本又作牧昧爽

音妹

毛詩音義下　二　陳彥

緜彌延反夲由一本無由字大王也序舊無注本或有注者非瓜古華反瓞田節

反瓝也韓詩瓞小瓜也沮七余反漆音七毛云沮漆二水名瓝蒲剝反小瓜也長大

張丈反嚳苦毒反高辛氏帝也之冑直又反封邰他來反王業于況反亦

如字後王業同亶都但反父音甫本亦作甫陶音桃復音福注同累土於地上也說文

作覆或殷以名言絕句翟音狄屬其音燭岐其宜反其壤而丈反

鑿在洛反爲二于僞反來朝直遥反水滸呼五反水涯辟惡

音避本亦作避後放此相可息亮反賢知音智膴膴音武美也韓詩同堇

音謹毛菜也案廣雅云堇藋也今三輔之言猶然藋音徒弔反荼音徒苦菜如飴音移爰

契苦計反開也本又作挈一音苦結反灼之略反迺疆本亦作壃同居良反注及後放此

迺宣如字鄭云時耕日宣王云徧畀立必爾反本亦作俾注同後皆放此位處

昌慮反其繩如字本或作乘案經作繩傳作乘箋云傳破之乘字後人遂誤改經文縮

《說文》云：譬，譬也【法】《六經正誤》云：《說文》譬，喻（榮芬案當作諭）也，作譽誤。盧本改諭

右，音佑【法】佑盧云：宋本作祐〇燮，蘇接反【法】《廣韻》燮、接不同部

復，音福，《說文》作覆【法】覆盧依《說文》改𥨍，是。音福疑當作音覆，《說文》、《廣韻》𥨍並芳福切，《廣韻》又作𡎾，云：土室，與𥨍同，即此復後起之字。據《箋》云，復者復於土上，是復之義同於覆，則音亦當同〇朝，直遥反【法】案《箋》云：來朝走馬，言其闢惡早且疾也。以早訓朝，則朝不當音直遥反〇膴，音武，美也。《韓詩》同【法】《魏都賦》注引《韓詩》膴膴作腜腜，此同字必有脫誤。本書引《韓詩》大抵皆異文，既同，又何所取乎

《箋》云，《傳》破之乘字【法】破之盧本作破爲，阮云：誤也，此《傳》破二字誤倒，陸意謂《箋》之所云乃破《傳》之乘字也。案阮校是

版色六反 殷音殷 廣輪光浪反 以索桑洛反 捄之音俱呂沈同虆也徐又音
鳩 陾陾耳升反又如之反衆也說文云築牆聲也音而 度之待洛反注同毛居也鄭投也韓詩云
塡也 薨薨呼弘反沈呼萌反爾雅云衆也王云亟疾也 削屢力注反又力朱反注同 馮
馮扶冰反注同 虆力追反沈力戈反字或作樏或作藟音同劉熙云盛土籠也 鍛丁亂反
捊也薄侯反爾雅云聚也說文云引取土 盛之音成 百堵丁古反 鼛音羔大鼓
也長一丈二尺 弗勝音升 謂之應應對之應小鼓也 鼛薄迷反 臯門
音羔 有伉本又作亢苦浪反高也韓詩作閌云盛貌 將將七羊反注同嚴正也 朝門
直遙反下同 大社音泰下大社同 蜃市軫反器名 不殄田典反 厥愠紆問
反恚也 不殞韻謹反墜也 柞子洛反櫟也後同 棫音域白桵也後同三蒼云棫即柞也
字林于目反 拔矣蒲貝反又蒲蓋反下同 兌矣吐外反成蹊也又徒外反 恚也
一遂反 隊也直類反 成蹊音兮 櫟音歷 白桵如誰反後同 絕去羌呂反

毛詩音義下 三 余文

恚惡惡人上烏路反下如字 脫然通外反本亦作兌 混夷音昆 駾矣
徒對反突也 其喙許穢反困也徐又音尺銳反 之使所吏反 惶怖上音皇下音普
故反 虞芮如銳反二國名 蹶俱衛反動也 盍往胡臘反 其竟音景 提
挈苦結反 閒田音閑 先蘇薦反注同 後胡豆反注先後同 本音奔本亦作奔
奏如字本又作走音同注同 御魚呂反本又作禦音同 侮亡甫反 相息亮反 道
音導本亦作導 折之設反 衝昌容反
棫樸上雨逼反下音卜沈又符卜反樸抱木也 芃芃薄紅反盛也 槱之音酉積也
字亦作櫵弋九反云積木燒也 抱木必茅反 蕃興音煩 樸屬之欲反 豫
斮一本作斫 燎之力召反 辟王音壁君也注及下同 趣之七喻反趣也 奉
璋音章毛半圭曰璋鄭璋瓚也 瓚在但反字或作贊 祼以古亂反 峩峩
本又作俄五哥反盛壯也 髦士音毛俊也 淠匹世反舟行貌沈孚計反 涇音經 烝徒

呂沈【法】呂沈阮校改呂忱，是

《說文》云：引取土【法】土盧、阮並云：《正義》作引取也，不誤。段氏欲合取、土二字爲堅，似未確

拔，蒲貝反，又蒲蓋反【法】案《廣韻》貝，布蓋切，則貝、蓋同部，蒲貝即蒲蓋也，未知其所以異，疑二蒲字有一作浦者 ○恚，一遂反【法】遂、恚不同部，據《廣韻》遂當作避

槱，字亦作櫵，云積木燒也【法】字亦乃《字林》之譌，覩下云字可見

抱木【法】抱盧改枹，是。據《說文》當作苞

辟，音璧【法】音璧盧本作音壁，蓋據《桑扈》篇改，殆誤。《廣韻》辟、壁同部，壁則在錫部

之丞反 楫之 音接櫂也徐音集方言云楫謂之橈或謂之櫂郭注云楫橈頭索也所以縣櫂謂之楫說文云
楫舟棹也釋名云在旁撥水曰櫂又謂之楫 櫂也 直教反 倬 陟角反大也 追 對迴反雕也毛云金
曰雕鄭云亦治王也注同 琢 陟角反治玉也注同 雕 都挑反 其相 如字一云鄭息亮反 研
倪延反 其好 呼報反 而樂 音洛下同 罔罟 音古
旱麓 戶但反下音鹿本亦作鹿旱山名麓山足 榛 側巾反字林云木叢又仕人反 楛 音戶
草木疏云楛木莖似荊而赤其葉如蓍上黨人籛以爲筥箱又屈以爲釵也 豐樂 音洛下同
被其 皮僞反 豈弟 本亦作愷又作凱苦亥反弟亦作悌徒禮反一音待豈樂也弟易也
後豈弟皆同 樂易 以豉反下同 瑟彼 所乙反絜鮮貌字又作璱 黃金所
以流鬯也 一本作黃金所以爲飾流鬯也是後人所加 秬 音巨黑黍 鬯 敕亮反以
黑黍米擣鬱金草取汁而煑之和釀其酒其氣芬香調暢故謂之秬鬯 爲勺 上灼反字或作杓 攸
降 如字下也又戶江反注同 鳶飛 悅宣反 鴟 尺尸反 騂牲 息營反字林火營反

毛詩音義下　四　徐芃

畜頑 香又反 以享 許丈反徐許亮反 以介 音界後同 所燎 力召反又力弔反說
文作尞一云柴祭天也又云燎放火也字林同尞音力召反燎音力小反 熂 許氣反芟草燒之曰燎何
沈虛刈反 所勞 力報反注同 勞來 力代反本亦作徠同 佑助 音又 藟 力軌反字
又作蘽同 施于 以豉反注同 枚 芒回反 延蔓 音萬
思齊 側皆反本亦作齋齋莊也下同 思媚 美記反後同愛也沈音眉 德行 下孟
反 見其 賢遍反 徽音 許韋反美也 恫 音通痛也 殃禍 音凶本又作凶
刑于 刑法也韓詩云刑正也 以御 毛牙嫁反迎也鄭魚據反治也 適妻 丁歷反
兄勗 許玉反下同 辟 必亦反下同 廱 於容反 無射 毛音亦厭也鄭食夜
反射斁 保安無猒也 於豔反下同一本作保安也射猒也非 烈 毛如字業也鄭作厲力世
反又音賴病也 假 古雅反大也 不瑕 毛音遐遠也鄭古雅反已也 之行 下孟反下皆同
孝弟 音悌本亦作悌 諫爭 爭鬭之爭 無斁 毛音亦猒也鄭作擇 髦 俊也

楫，《方言》云：楫謂之橈，或謂之櫂。郭注云：楫，橈頭索也，所以縣櫂謂之楫【法】今《方言》作所以縣櫂謂之緝，注，繫櫂頭索也。盧氏據此謂郭注本解緝字，此兩楫字本皆作緝，陸氏引之，大誤。偉案據陸所引，似所以縣櫂句亦郭注，非《方言》本文，陸本《方言》或與今本不同，未可據今本駁之。楫之言緝，此例甚多，分爲二字亦不必

研，倪延反【法】延字殆誤，研、延不同部，《廣韻》五堅切

榛，又仕人反【法】仕人反誤，《青蠅》兩音並作巾

瑟，所乙反【法】《廣韻》瑟、乙不同部

一云【法】阮云：小字本所附無一字

射，猒也【法】射猒也下盧本有非字，阮云：十行本所附正有非字

一本此下更有古之人無斁於有譽之俊士也此王肅語故令力成反俊乂音刈
皇矣一本無矣字天監代殷莫若周絶句周世世脩德
一讀莫若周世絶句周世脩德爲一句一本無下一世字義並通崔集注莫若周也世世脩德王天下
往況反下追王當王同其政如字政政教也鄭作正正長也爰究九又反爰度待洛
反篇內皆同毛居也鄭謀也謂夏戶雅反下文長夏并注同正長張丈反篇內皆同共
也音恭下同其行下孟反耆之巨夷反毛惡也鄭云老也式郭苦霍反大
也又如字本又作廓乃眷本又作睠又作劵並音卷同須假戶嫁反本又作暇浸
大子鴆反屏之必領反除也菑本又作甾側吏反又音緇木立死也韓詩云反草也
翳於計反毛云自斃爲翳爾雅云木自斃神蔽者翳鄭云相覆蔽韓詩作殪云因也因高填下也
神音申灌古亂反木叢生栵音例又音列栭也辟之婢亦反沈必亦反檉勑貞
反河柳也椐羌居反樻也字林紀庶反又音舉攘之如羊反剔之他歷反字或作鬄又
七刀反

毛詩音義下　五　李親

作㯷同檿烏簟反山桑也柘章夜反自斃婢世反本或作蔽必世反栭音而舍人
注爾雅云江淮之間呼小栗爲栭栗樻去愧反又去軌反何音匱草木疏云節中腫以扶老即今靈壽是也
今人以爲馬鞭及杖險隘於懈反刊除苦干反串夷古患反毛云習也鄭云串
夷混夷也一本作患或云鄭音患混夷音昆路瘠在昔反詩本皆作瘠孫毓評作應後之解
者僉以瘠爲誤以應應對之應下應和同厥配本亦作妃音同注同媲普惠反配也郭
璞音譬字林匹地反又爲于僞反下爲生明君爲之立後同省昔井反善也斯拔
蒲貝反斯兌徒外反易直也易以豉反下施易同大伯音泰注大伯同著珍慮
反傳世直專反貉本又作貊武伯反靜也德正應和曰貉左傳作莫晉同韓詩同云莫
定也勤施始豉反王此如字鄭云君也徐于況反比必里反徧復音遍帝
祉音恥施于以豉反注同易也延也畔援毛音袁取也又于願反鄭胡喚反畔援拔
扈也韓詩云畔援拔扈也歆許金反羨錢面反誕但旦反大也拔蒲末反下同字

謂夏【法】盧本謂下補殷字，謂避宋諱脫。阮校云，謂即殷字之誤，是也

本又作睠，又作券，並音眷同【法】眷盧改卷。偉疑當作並與眷同，又作券之券恐亦誤

神，音申【法】神盧改神，是

檿，烏簟反【法】檿、簟不同部

樻，節中腫以扶老【法】以盧改似，是

媲，普惠反。《字林》匹地反【法】《易·恒》及《釋詁》媲，普計反，是也

比，必里反【法】阮校云：十行本所附比在徧上，此音克順克比之比。比，里不同部

偏復【法】復盧改服，是

羨，錢面反【法】羨、錢不同紐

誕，但旦反【法】旦疑旱之譌，亦（榮芬案亦當作若）非如此，則誕、但同聲，同紐矣。再考

或作踐反 扈音戶 阮魚宛反 徂共音恭注同毛云徂往也共國名鄭云徂共皆國名 赫虎格反 斯怒毛如字此也鄭音賜盡也 以按安旦反本又作遏安葛反此二字俱訓止也 周祜音戶 鄉周本又作嚮許亮反下同 阮疆居良反注同 脊井亦反 而令力成反 重言直用反 鮮息淺反又音仙毛小山別大山曰鮮鄭善也 別大彼列反 見於賢遍反 詢爾音荀 鉤古侯反又古侯反鉤梯也 援音袁 臨如字韓詩作隆 衝昌容反衝衝車也說文作衝轒輼陷陣車也 崇墉音容城也 鉤梯他兮反 執訊音信言也字又作訙又作誶並同 馘古獲反獲也字又作聝殺而獻其耳也字林截耳則作耳傍獻首則作首傍 是類如字本或依說文作禷 是禡馬嫁反師祭名 動搖如字一音羊照反 致其社稷羣神本或作羣曰 孽孽魚列反又五葛反 茀茀音弗強盛 仡仡魚乙反韓詩云搖也說文作忔 肆音四毛云疾也鄭云犯突也 無拂符弗反鄭佹也王違也 撃剌七亦反 佹也九委反突也 無復扶又反

毛詩音義下　六

靈臺神之精明稱靈四方高曰臺靈臺所以觀祲象察氣之妖祥也杜預注左傳云靈臺在始平鄠縣今屬京兆府所管 昆古門反鄭注禮記云明也 蟲直弓反本或作虫非 冥也亡丁反冥冥無知貌字林云幽也又亡定反 祲子鴆反陰陽氣相侵漸成祥 觀臺占亂反下觀臺節觀同 經度待洛反下同 應天應對之應 言說音悅 勿亟居力反亟急也 靈囿音又于目反 麀音憂麀牝 牝也頻刃反 之處昌慮反 濯濯直角反娛遊也 翯翯戶角反肥澤也字林云鳥白肥澤曰翯下沃反 喜樂音洛下文於樂注喜樂皆同 靈沼之邵反池也 於牣音刃滿也 魚躍羊略反 皆跳徒彫反 虡音巨植曰虡 樅徐七凶反又音衝衝牙也沈又音子容反 賁符云反字亦作鼖大鼓也 鏞音容大鍾也 於論於音烏鄭如字下於樂於論皆同論音盧門反思也一云鄭音倫下同 辟音璧水旋丘如璧注同 植者恃職反 曰栒旬尹反栒者曰栒所以縣鍾鼓 以縣音玄 鼉徒何反沈又音檀毛云魚屬亭木疏云形似蜥蜴四足長丈餘甲如鎧皮堅厚宜冒鼓 逢逢薄紅反和也埤蒼云鼓聲也亦作韸徐音豐

訊，字又作誶【法】誶盧本作訙，阮校本同。案訙見《正月》，訊之俗也。誶則訊之古文，疑作誶是，特字當從卤耳

仡，《說文》作忔【法】忔盧改圪，是

牝，頻刃反【法】刃盧改忍，是

沼，之邵反【法】邵誤，當作紹

樅，衝牙也【法】衝牙段云：當作崇牙，是也

植，特職反【法】特盧據宋本改恃。案皆時之誤也，見《書·金縢》

栒，旬尹反【法】旬尹乃荀尹之誤

逢，亦作韸【法】韸當作鼟

矇音蒙有眸子而無見瞍依字作叟蘇口反無眸子也字亦作瞍說文云無目也字林先公反云目有眸無珠
子也眸子莫佳反下武復受扶又反王業
于況反哲王張列反本又作悊又作喆皆同知也音智下同登假音遐已也本或作遐成
王如字又于況反此爲如字來許王如字鄭音賚賚勤也下篇來孝同之枯音戶下同
文王有聲遹尹橘反述也又音述駿音峻大也觀厥古亂反多也注同
令聞音問本亦作問烝哉之承反君也韓詩云美也以應應對之應淢況域反溝
也成間有淢廣深八尺字又作洫韓詩云洫深池匪亟居力反下亟同或作棘其欲音欲
本亦作欲廣古曠反深尸鴆反之行下孟反伊濯直角反大也韓詩云美也之
垣音袁維翰戶旦反幹也徐音寒維辟音璧君也注及下同又音婢亦反法也昔亦氾
芳劒反字亦作汎濫力暫反大王此及下言大王者並如字必挈苦計反本又作契或苦結
反有芑音起草也詒厥以之反傳也孫謀王申毛如字鄭音遜順也猶傳
毛詩音義下　七　陳祖
直專反下同
生民之什第二十四自生民至卷阿八篇成王周公之正大雅
生民姜嫄音原姜姓嫄名有邰氏之女帝嚳元妃后稷母也鄭云高辛氏之世妃克禋
音因毛敬也鄭祭天名以弗音拂去也注同去也起呂反下同禖音梅下同祠于
嗣絲反本亦作祀九嬪婢人反韣音獨弓衣祓也音拂又音廢下同齊肅
側皆反本亦作齋稱未齊敬同武敏密謹反毛疾也鄭拇也歆許金反毛饗也鄭歆歆然攸
介音戒毛大也鄭左右也載震眞愼反毛動也鄭有娠也而見賢遍反齊敏
側皆反又如字敏如字毛云疾鄭云拇也育長張丈反下同拇也音母大指足介
右如字掮處昌慮反不復扶又反下故復同誕彌面支反終也如達他末
反注同毛云生也鄭云羊子也說文云小羊也沈云毛如字言易以豉反下同不坼敕宅
反不副孚逼反說文云分也字林云判也匹六反無菑音災注同寘之之豉反置也下

瞍，依字作叟【法】盧云：據陸語，知正文作叟。注云，依字作瞍，俗人妄依《注疏》本乙改　有眸無珠【法】有眸盧校改有眹。阮云：考《周禮釋文》則所校是也　眸，莫佳反【法】佳盧改侯，是

亟，居力反。下亟同【法】下文不見有亟字，即有之，亦當作下同，不必云下亟同，下亟二字疑當作注

弓也【法】也盧改衣，是

敏，密謹反【法】《廣韻》敏、謹不同部

副，匹亦反【法】亦阮校影宋本作六，是

同隘於懈反巷戶降反腓符非反避也藉之在夜反呱矣音孤泣聲
也尚書云啓呱呱而泣是也覃徒南反本或作譚毛云長也鄭云始能坐也訏況于反毛大也
鄭張口鳴呼也匍音蒲又音符本亦作扶匐蒲北反又音服本亦作服岐其宜反知意也嶷
魚極反識也說文竹嶷云小兒有知覃長張丈反或如字識別彼列反蓺之魚世反樹
也荏叔而甚反叔或作菽音同毛云荏叔戎菽也鄭云戎叔大豆也郭璞云今胡豆是旆旆
蒲貝反長也檖檖音遂苗美好也幪幪莫孔反茂盛也瓜天田節爪反唪唪
布孔反徐又薄孔反多實也長也如字又張丈反有相[illegible]亮反注同助也茀厥音弗治也
韓詩作拂拂弗也實種支勇反注種雜種種生不雜下嘉種恭注同實褎徐秀反長
也實穎營井反穗也尚書云唐叔得禾異畝同穎是也有郃他來反台稷所封國也今在京
兆武功縣維秬音巨黑黍也秠孚鄙反亦黑黍也一稃二米又孚悲反郭芳婦反穈音門赤苗
也爾雅作虋同郭亡偉反赤粱粟也芑音起白苗也徐又巨巳反郭云白粱粟也稃芳于反字書云穈穅

【毛詩音義下】 八 陳祖

也天應應對之應故爲于僞反下天爲已同恒之古鄧反徧也本又作亘是穫
[illegible]郭反是任音壬注同肇祀音兆毛始也鄭郊之神位也徧音遍下同舂傷容反
揄音由又以朱反抒臼也說文作舀弋紹反簸波我反蹂音柔叟叟所留反字又作
溲濤米聲也爾雅作溞音同郭音騷烝之之丞反浮浮如字氣也爾雅說文並作烰云
米也持食汝反蒼頡篇云取出也穅者音康字亦作康俗米旁作康非淅米星歷
反說文云汏也汏音大將復扶又反於鑿子洛反精米也字林作毇云糲米一斛舂爲八
斗也子沃反簠音甫簋音軌取羝都禮反牡羊也字亦作羝軷蒲末反道祭也說文云出
必告道神爲壇而祭爲軷字林同父末反燔音煩傳火曰燔後皆同烈音利又音類芟所銜反
獮息淺反既奠徒練反爇如悅反馨呼[illegible]反傳音附貫古亂反
諏足須反謀也卬五郎反我也盛音成注同其香一本作馨亶都但反誠也道
莊居反醢音海上時掌反行以迄許乙反至也

穈，音門【法】穈當從麻，即靡之省聲，當音靡爲反，音門者，依《爾雅》作音也。

穈、虋聲近而混

叟叟，濤米聲也【法】濤疑洮，再考

毇【法】毇據《說文》當作糳，又見《桓二年左傳》，段說殆非

傳火曰燔【法】傳盧改傳，是

行葦 韋鬼反行道也葦草也 者 音苟爾雅云壽也 凍梨 利知反又利兮反方言云
凍梨老也 敦史 如字本又作惇同 敦彼 徒端反鄭注同 泥泥 乃禮反注同張揖作苨苨
云草盛也 爲此 于僞反注内爲設同 之筵 以然反席也鋪陳曰筵藉之曰席 年穉 直吏反
有緝 七習反 重席 直龍反下同 蹴 子六反 踖 子亦反 或酢 才洛反 奠
斝 古雅反又音嫁爵名也夏曰醆殷曰斝周曰爵 夏曰 戶雅反 醆 側簡反字或作琖同 醓 他感
反肉醬也鄭注儀禮云醓汁也 醢 呼改反 脾 婢支反 臄 渠略反函也字或作醵 或咢
五洛反毛云徒歌曰咢爾雅云徒擊鼓謂之咢徒歌謂之謠 函 胡南反何又戶感反本又作胹同說文云
函舌也又云口裏肉也通俗文云口上曰臄口下曰函 比於 毗志反 炙用 者夜反 敦
弓 音彫畫弓也注及下同徐又都雷反 鍭 音侯又音侯矢名 鈞 規旬反 舍矢 音捨注同 參
亭 七南反 中蓺 丁仲反下皆同 可與者 音預下與爲同一本直云可者無與字
矍 俱縛反 相 息亮反矍相圃名 之圃 布古反又音布 觀者 古亂反又音官 如堵

毛詩音義下　九　陳鍔

丁古反 奔軍 音奮奮覆敗也 之將 子匠反 序點 都簟反 揚觶 之豉反爵
名容三升 語 魚據反 孝弟 音悌 耆耋 徒節反 好禮 呼報反下皆同 耆不
弗武反下同 耄 莫報反字或作薹同八十曰耄 勤 音其百年曰期頤 僅 其靳反 既句
古豆反說文作彀云張弓曰彀 既挾 子協反又子合反 一个 古賀反 已徧 音遍 維
醹 如主反厚也說文厚酒也字林同音女父反 大斗 字又作枓都口反徐又音主 三尺也
謂大斗之柄也 有醇 音淳 台背 湯來反徐又音臺台背大老也爾雅云壽也 鮐 湯來反魚
名一音夷 維祺 音其吉也 以介 音戒毛大也鄭助也後皆放此
既醉 大平 音泰後大平皆放此 之行 下孟反第四章下以下注皆同 下徧 音遍下同
乃見 賢遍反 惠施 式豉反 有俶 尺叔反毛始也鄭乃也 嘏 古雅反 褻
味 息列反 絜清 如字又才性反 志好 呼報反 不匱 求位反竭也 教道
音導 施及 以豉反 壼 苦本反毛廣也鄭梱致也 梱 苦本反 致 直置反 胙 本又作祚

張楫【法】楫盧改揖，是

醓，醓汁也【法】醓盧改醢，是

堵，寸古反【法】寸盧改丁，是

奮，覆敗也【法】奮無覆敗之義，此注殆有脱誤，觀《射義音義》可見

勤，音其【法】若陸氏本作勤，則《音義》必詳其所出，必無徑音爲其之理，況正文作勤，注自作期，陸亦無此例。勤字必後人改，不可因《集韻》收入七之而誤信爲原本也

僅，其靳反【法】僅、靳不同部

捆【法】捆盧云：當從宋本作梱。案《鴝羽釋文》即作梱

才路反 胥羊刀反嗣也 天被皮寄反注同 附著直略反下同 盩厔爾力之
反子也 淑媛于眷反 之妃音配又芳非反 賢知音智 傳世直專反
鳧鷖音符水鳥也鷖音於雞反鳧屬也蒼頡解詁云鷖鷗也一名水鴞 神祇祁支反
安樂音洛篇末注同 遠聞音問或如字 品齊才細反 來爲于僞反助
也注同協句如字 渚之與反 沚也音止 既湑息汶反酒之泲者 泲子禮反字又作
薺同 在潨在公反毛水會也說文云小水入大水也徐云鄭音在容反水外之高者也 瘞於例反
埋亡皆反字亦作薶同 攸降戶江反 崇重直龍反下同 亹音門毛云山絕水也
鄭云亹之言門也 熏熏許云反毛和說也鄭坐不安之意說文作醺云醉也 和說音悅 但
令力呈反
假樂音暇嘉也 保右音又助也注同 申重直用反 且君且王一本且並
作宜字 相勗香玉反 不愆起連反過也 無惡烏路反又如字注同 立朝直遙

毛詩音義下　十　陳錫

反 緻直致反本或作致 其行下孟反 無疆居良反下篇同 徒樂音洛 百辟
音璧注同 媚于眉備反注同 匪解佳賣反注同 攸塈許器反息也
公劉王云公號劉名也尚書傳云公劉名也王基云公劉字也后稷之曾孫 召康本亦
作邵上照反後皆同 涖音利又音類徐力自反 夏之戶雅反下夏人同 幼少詩照反
相成息亮反 迺埸音亦 迺裹音果 餱音侯食也字或作糇 糧本亦作粮
音良糇也 橐他洛反 囊乃郎反小曰橐大曰囊說文云無底曰囊有底曰橐 思輯
音集又七立反 之難乃旦反 積委上子智反下於僞反 爲夏于僞反又如字 戚
揚七歷反斧也 鉞也音越 之從才用反又如字 盾也字又作楯順允反又音允
句子音鉤 士卒尊忽反下篇卒士卒皆同 曰爲于僞反下非爲爲公劉皆爲同 永
歎他安反字或作嘆 宣徧音遍 相此息亮反下相此皆同 甗本又作巘魚輦反又
音言又音魚偃反又音彥毛云小山別於大山也與爾雅異 復降音服又扶又反注復下同 及

泲，又作薺【法】薺疑齎

潨，在容反【法】容疑宗

塈，許器反【法】器當作氣，詳《摽有梅》

涖，力泊反【法】力泊盧云：宋本力自反，是也

甗，魚輦反。又音魚偃反【法】魚輦、魚偃獮，阮分部

瑤音遥 鞸必頂反 琫必孔反 山 別彼列反 反復之本亦作覆同芳福反
溥原音普大也 迺 覯古豆反見也 之 䖸昌慮反下之䖸同 廬 旅力居
反寄也 論難魯困反下乃旦反 館客一本作館舍 蹌蹌七羊反 乃
依毛如字鄭於豈反箋云或扆字 乃 造七報反 用 匏步交反 則 殺所戒反
搏豕音博沈又音付 食之音嗣 飲之於鴆反 相其息亮反注同 寒
煖况袁反又乃管反 淩 濬子鴆反 三單音丹 度其待洛反及下同 爲
羨音賤又音衍下同 其 廣古曠反 取厲本又作礪 取鍛本又作碫丁亂反 鍛
石也說文云碫厲石字林大嗅反 材木一本作材末 夾其古洽反又古協反 皇 澗古晏
反 遡 其音素鄉也 過澗古禾反注同 遡 鄉本又作嚮許亮反文與卷阿篇注同
挍其音敎 芮本又作汭如銳反毛云水涯也鄭云內也 鞫居六反毛究也鄭水外也 水
涯五佳反字亦作厓 曰 澳於六反又於報反字或作奧

毛詩音義下　十一　陳明仲

泂 酌音迥遠也 行 潦音老行潦流潦也 挹 彼音揖又音邑 餴甫云反餾也又
作饙字書云一蒸米也 饎尺志反酒食也字林充之反 餾力又反又音留爾雅饙餾飪也孫炎
云蒸之曰餴均之曰餾鄭云餴孰爲餾 齊 絜側皆反本或作齋 繫 物於芳反 樂 以
音洛 易以羊豉反 說安音悅 罍音雷祭器也 滌也徒歷反 溉古愛反既清也 清
才性反又如字 卷 阿音權曲也篇內同大陵曰阿 票 風避遥反迴風也本亦
作飄 被 德皮寄反 長 養張丈反下同 猥 來烏罪反 爲 長于僞反
樂 易音洛下樂王同易音以豉反後樂易皆放此 伴音判徐音畔 奐音喚徐音換毛
伴奐廣大有文章也鄭伴奐自縱弛之意 自 從子用反本又作縱 施本又作弛同書氏反
各 任音壬或如鴆反 而 治直吏反下爲治同 也 與音餘 共 己音恭本亦作恭
酋在由反又子由反又在幽反終也 昄徐符版反大也孫炎鄭方滿反字林方但反又方旦反
茀沈云毛音弗小也徐云鄭音廢福也一云毛方味反鄭芳弗反 有 馮符冰反注同本又作憑

羡，音踐【法】踐下有脫文，《注疏》所附作賤，殆是。賤、羡不同音，此亦混邪爲從也　〇材木，一本作材末【法】材末盧改材木，是

字或作隩【法】阮云：小字本、十行本所附皆作奧

挹，音揖，又音邑【法】挹二音緝部分兩類也。《廣韻》揖伊入切，邑於汲切

酋，在由反，又在幽反【法】在由、在幽尤、幽分部也。今《廣韻》幽部無從紐，陸意與《廣韻》同　昄，方滿反。又方但反【法】方滿與方但同，特疊韻有開合之異耳　茀，鄭芳沸反【法】沸盧云：宋本作弗。阮云：小字本所附是沸字。案作弗是也。此據祓字作音，祓有廢、拂之讀

饌几士戀反又士轉反具也本亦作撰贊道徒報反本亦作導放傚方往反顒
顒魚恭反溫貌卬卬五剛反盛貌令聞音問本亦作問令望如字協韻音亡切
磋七何反或作瑳聲論魯困反德行下孟反翽翽呼會反衆多也說文云羽
聲也字林云飛聲也又外反仁瑞垂僞反藹藹於害反爾雅云臣盡力也說文作譪譪云
臣盡力之美也之朝直遥反亦傅音附戾也令不力呈反下欲令同梧桐
音吾被溫皮寄反不棲音西菶菶布孔反又薄孔反又薄公反萋
萋七西反菶菶萋萋梧桐盛也喈喈音皆皇鳳鳴也行中丁仲反下同有
乘繩證反不復扶又反
民勞如字從此至桑柔五篇是厲王變大雅賦斂力豔反重數音朔繇
役本亦作傜音遥姦宄音軌本亦作軌汔許一反危也鄭幾也說文巨乞反諸
夏戶雅反下同幾也音祈下同民罷音皮詭隨俱毀反式遏

三　詩音義一　一二　陳明刊

於葛反止也憯不七感反本亦作憯曾也柔遠音柔本亦作柔能邇徐云毛如
字鄭奴代反伽也伽檢字書未見所出廣雅云如若也均也義音相似而字則異舊音如庶反義亦
難見鄭注尚書云能恣也與此不同民逑音求合也惽音昬說文作惽云憿也釋文惽亦不
憭也憿女交反惽憿大亂也鄭云猶讙譊也說文云憿亂也讙音歡又許元反譊女交反本又作譁音
花謂好呼報反爭訟爭鬪之爭王休許虬反美也誘掖音亦作
慝吐得反惡也以近附近之近注同小愒起例反息也徐丘麗反憂泄以世反又
息列反毛去也鄭出也發也應之應對之應繾綣上音遣下起阮反字或作卷繾綣反覆也
反覆芳服反欲令力呈反板音版卒子恤反僤
本又作癉當但反病也沈本作癉出如字徐尺遂反話戶快反善言也說文云會合善言也
于亶丁旦反誠也言行下孟反憲憲許建反猶欣欣也方蹶
俱衛反動也泄泄徐以世反猶沓沓也爾雅云憲憲泄泄制法則也說文作呭云多言也

本亦作徭，音遥【法】徭盧據宋本改傜，是○汔，許一反【法】一乃乙之誤

惽，《說文》作昬【法】作昬之昬，盧據《說文》改怋，是○釋文惽亦不憭也【法】釋文

惽七字盧改爲又釋惽云不憭也。阮云：當作又云惽不憭也

愒，起例反。徐丘麗反【法】愒字二音祭、霽分部

亶，丁旦反【法】旦乃但之譌

爲之于僞反 輯矣音集，又七入反，和也 繹矣音亦，本亦作懌，説也 説也音悦

下同 戒語魚庶反 同僚字又作寮，力彫反，官也 囂囂五刀反 謷謷

五報反 善道音導，下道民皆同 芻初俱反 蕘如謠反，芻蕘，薪采者也，説

文云：蕘，草薪也 或知音智，又如字 謔謔虛虐反，喜樂也 灌灌古亂反，猶欵欵也

蹻蹻其略反，驕貌 喜樂音洛 言耄莫報反 熇熇徐許酷反，沈又許各反

反，熾盛也，説文云：火熱也 方懠才細反，疾怒也 夸毗苦花反，下毗，體柔也 不復扶又反

弭謗彌耳反，止也 殿都練反，郭音坫，説文作唸 屎許伊反，郭音香惟反，殿屎，呻吟

也，説文作吚 呻音申 吟如字，本又作唫，同 揆度待洛反 賦斂力豔反

以共音恭，本亦作供 惠施式豉反 賙音周 贍市豔反 如壎許元反

如篪音池 如攜下圭反 相和如字，又胡卧反 孔易鄭音亦，注易易也上

字同，又以豉反 多辟匹亦反，邪也，注同 立辟婢亦反，法也，注同 易也以豉反，下同

毛詩音義下 十三 駱昇

摩本又作掣，尺製反 東與西與此音余 之行下孟反 爲邪似嗟反

价人音界，毛云：善也。説文同，鄭作介，云甲也 維藩方元反，屏也 大師音泰，注大

師同 維垣音袁 維翰胡旦反，幹也，徐音寒 被甲皮寄反 世適丁歷反，下同

同 踈遠于万反 於難乃旦反 之渝用朱反，變也 昊天胡老反 曰

明音越，下同 遊羡餘戰反，溢也，一音延善反，本或作衍

蕩之什第二十五

蕩唐黨反，蕩蕩，法度廢壞之貌 召穆時照反，本又作卲，卷內召公召伯皆同

之辟必亦反，注同，君也，沈云毛音婢益反 多辟匹亦反，邪也，本又作僻，注同 賦

斂力豔反 駿刑荀閏反，本亦作峻 多邪似嗟反 烝民之承反，衆也 匪

諶市林反，誠也 鮮克息淺反，注同，寡也 教道音導，本亦作導 彊禦魚呂

反 掊克蒲侯反，聚斂也，又自伐而好勝人也，徐又甫垢反 而好呼報反 朝廷

弭，彌耳反【法】弭、耳不同部〇屎，《説文》作吚【法】吚盧據《説文》改㕧。案《釋訓》引《説文》與此同，《五經文字》亦云《説文》作吚，未知孰誤。宜仍之以待考

摩【法】摩段云：當作⿸疒⿱林手

直遥反下朝廷同　滔德他刀反漫也　滔漫亡諫反本亦作慢又作漫下同一音亡半反　倨慢居庶反　多懟直類反　寇攘如羊反　姦宄音軌　侯作側慮反祝詛也注同本或作詛　侯祝周救反注同本或作兄非　靡届音界極也　靡究音救　炰白交反　烋火交反注同炰烋猶彭亨也　亨也許庚反　不逞勑領反　無背布内反又蒲妹反後也　無陪本又作培蒲廻反貳也　湎面善反徐莫顯反飲酒齊色曰湎韓詩云飲酒閉門不出容曰湎　既愆本又作𠎝起連反過也　式號戶刀反注同　式呼火胡反又火故反注同崔本作謼或一本作或號或呼　卑晝必爾反使也本亦作俾後皆同　耽湎本或作湛都南反　不爲于僞反　蜩音條蟬也　螗音唐蝘也　如沸方味反　蟬市延反字林云蟪蛄　蝘音偃蟬屬也草木疏云一名蛁蟟青徐謂之螇螰楚人名之蟪蛄秦燕謂之蛥蚗或名之蜓蚞郭云俗呼爲胡蟬江南謂之唐蜩　沓沓徒荅反　近喪附近之近又如字注同　奰皮器反舊音備怒也不醉而怒曰奰

毛詩音義一　一四　[illegible]

覃徒南反　忕於市制反又時設反說文云習也　好怒呼報反　臣扈音戶　顛都田反仆也　沛音貝拔也　之揭紀竭反見根貌　先撥蒲末反絕也　仆蒲北反又音赴也　拔也皮八反又半末反　見貌賢遍反謂樹根露見王如字言可見　蹶貌其厥反沈居衛反一音厥　夏后戶雅反注同　抑於力反抑抑密也　自警居領反　靡喆本又作哲亦作悊陟烈反智也下同　則知音智　德行下孟反注同　以倡昌亮反　道之徒報反本亦作導下敎道同　訏況于反大也　謨莫蒲反謀也沈云本亦作漠音莫　爲天下于僞反篇末今我爲王同　顛覆芳服反下覆謂覆用并注同　荒湛都南反注及下同　樂於音洛下文及注同　克共九勇反執也注同　雖好呼報反　耆酒市志反　儆女戶敎反　廣索所白反　淪胥音倫率也　洒色懈反灑也注同又所寄反　埽素報反　廷内音庭　灑也色蟹反　用逷他歷反毛

湎，面善反，徐莫顯反【法】湎二音獮、銑分部

不出客曰湎【法】客盧云：宋本作容，當從之。阮謂閉門不出客，如陳遵投轄井中是也

螇螰【法】螰盧改蟧，是○蜓蚞【法】蜓阮云：當作蜓。是

奰，皮器反，舊音備【法】據《廣韻》則音備與皮器反同

警，居領反【法】《廣韻》警、領不同部

洒，色懈反【法】懈阮校作蟹，是也　逷，他歷反，沈上益反【法】上盧云：宋本作土，是。他歷、土益錫、昔分部。依《廣韻》例，則土益爲類隔

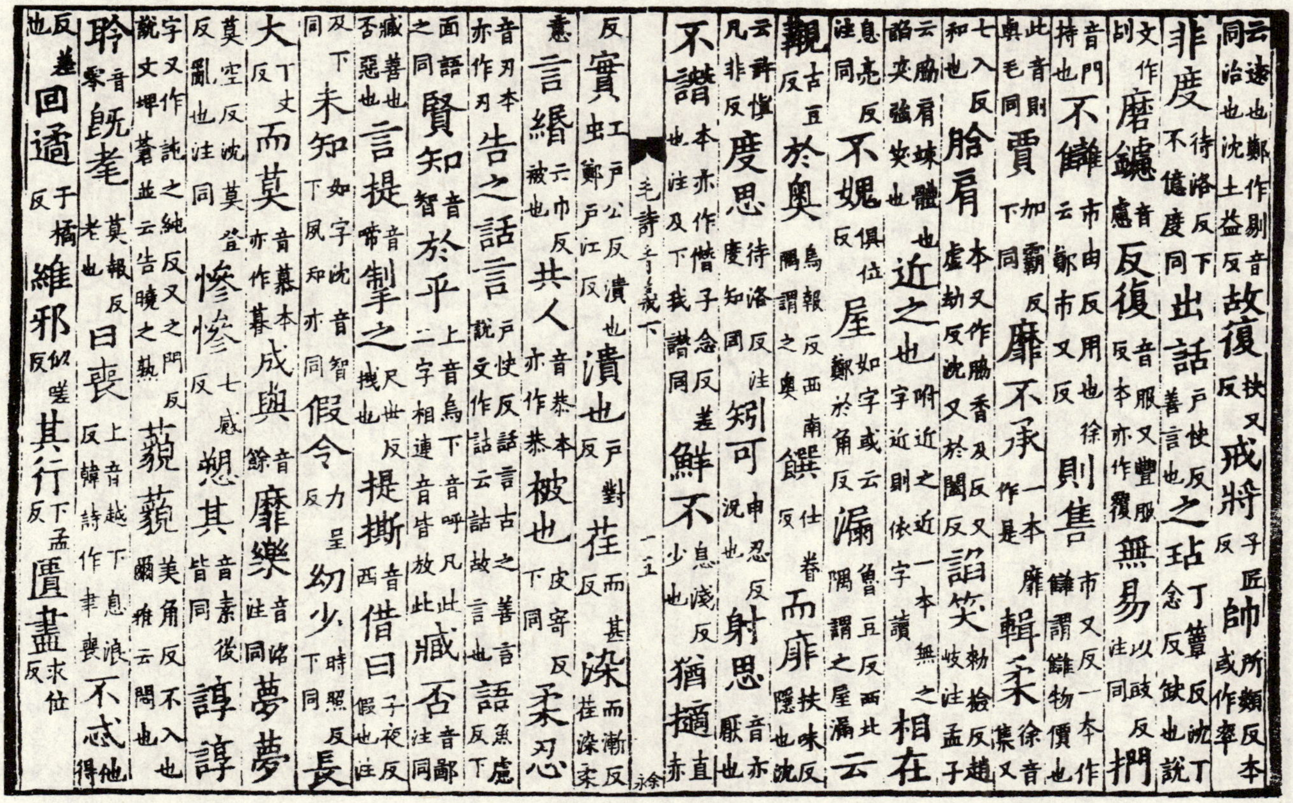

扉，扶味反【法】扉盧改扉，是

少，時照反【法】時當作詩

遹，于橘反【法】于蓋尹之誤，見《文王有聲》

彔柔芮伯如銳反國名苑彼音鬱注同茂貌又於阮反侯旬如字又音荀均
也捋采力活反注同瘼此音莫病也言陰於鴆反本亦作蔭下同爆
本又作暴同音剝下同爍本又作爍或作落同音洛郭盧角反柔濡而轉反人
庇必寐反又音秘本亦作芘同當被皮寄反倉初亮反喪也注同兄音況注同
滋也本亦作況塡兮音塵久也倬彼陟角反明大貌騤騤求龜反不息也旟
音與旐音兆有偏音篇本亦作翩不泯面忍反又名賓反滅也徐又音民鳥
隼荀允反適長上丁歷反下丁丈反有黎力奚反毛齊也鄭不齊以
藎才刃反災餘曰藎本亦作燼同猶比毗志反又如字下同廣雅云頻比也蔑資
音滅輕也止疑魚陵反定也今復扶又反下不復考皆同爲梗古杏反病也
而好呼報反力爭爭鬬之爭下同慇慇於巾反樊光於謹反爾雅云憂也
僤怒都但反厚也本亦作亶同士卒尊忽反痻武巾反病也一音昏注同我

毛詩音義下　十六

圉魚呂反毛云垂也鄭改作禦音同謂禦寇也爲毖音秘愼也斯削相略反以
濯直角反我語魚據反禍難乃旦反下患難同遡風音素之僾
音愛唈也荓云字又作迸音普耕反徐補耕反李或作拼同使也不逮音代一音
大計反及也好是呼報反注但好同家王申毛音駕謂耕稼也鄭作家謂居家也下句
家穡惟寶同穡本亦作嗇音色王申毛謂收穡也鄭云吝嗇也尋鄭家嗇二字本皆無禾者下
稼穡卒痒始從禾鄉也本又作嚮同許亮反下同唈烏合反令代力呈反不
能治人者食人音嗣蟊莫侯反說文作蚉卒痒音羊病也蟲
孽魚列反說文作蠥云衣服謌謠草木之怪謂之妖禽獸蟲蝗之怪謂之蠥哀恫音通
痛也本又作侗具贅之芮反又拙稅反屬也穹蒼起弓反朝廷直遲
反下皆同者與音餘下所行者惡與同其相毛如字質也鄭息亮反助也宣徧
音遍下同之行下孟反下荼毒之行悖逝之行民之行皆同有肺本又作胇芳廢反

濡，而轉反【法】濡不得音而轉反，陸於濡、耎二聲多混

庇，必寐反，又音祕【法】庇二音至部脣音分兩類也

泯，又名賓反。徐又音民【法】按《廣韻》，則名賓反與音民同

蔑，音滅【法】據《廣韻》蔑、滅不同部，《書·君奭》音亡結反，是也

慇，於巾反，樊光於謹反【法】慇、巾《廣韻》不同韻，此讀平聲於巾，上聲於謹，知陸以巾、謹、靳爲同類矣

鄭云：名嗇也【法】名盧改吝，是

蟊，《說文》作蚉【法】《說文》作蝥，不作蚉。此當與《釋蟲》蝥、蚉二條參校

甡甡所巾反衆多也声類云聚貌 巳譖子念反不信也本亦作僭 相輩一本作相配 歟
背音佩卒章同 罪役一本作罷役罷音皮 覆芳服反下及注除覆蔭字皆同 狂王居況反鄭求
方反 爲王于僞反 分別彼列反 卑白才早反 弗迪徐徒歷反 索音色 荼
毒音徒 慍恚紆運反 大風毛如字鄭音泰泰風西風也 有隧音遂道也 中垢
古口反 敗類伯邁反注同 則懟應對反之懟 我悖蒲對反逆也 之閒如字又音閑
陰女鄭音蔭覆蔭也王如字謂陰知之 赫毛許白反炙也與王赫斯怒同義本亦作嚇鄭許嫁反口
距人也莊子云以梁国嚇我是也 患難乃旦反 職涼毛音良薄也鄭音亮信也下同
至酷口毒反 邪者似嗟反 令民力呈反 善詈力智反 觝
距都禮反距或作拒
雲漢雲漢天河也自此至常武六篇宣王之變大雅 仍叔而升反 撥亂半末反
反 脩行下孟反 欲銷音消 去之起呂反 復行扶又反下注復

大廿八五、冊五 毛詩音義上 卷 二十七 依幺丹

韮并篇末注同 見憂並如字徐憂音於救反 倬彼陟角反王云著也說文云
著大也 愒雨苦蓋反貪也本又作渴苦葛反篇末同 饑音飢又音機 饉其靳
反 薦在見反重也 臻側巾反至也 重也直用反下同 罪與音餘
下所困與精誠與殺我與同 我聽依義吐定反協句吐丁反 爲旱于僞反下爲旱
同 聽聆音零 大甚音太徐他佐反下大甚並同 蘊隆紆粉反本又作熅紆
文反韓詩作鬱同 蟲蟲直忠反徐徒冬反亦雅作爞云熏也郭又徒冬反韓詩作烔音徒東
反 雷聲尚殷殷於謹反或如字 然一本作雨雷之声尚殷殷然 奠徒薦反
瘞於例反埋也 則索色白反 不齊側皆反本亦作齋 言徧音遍
耗呼報反韓詩云惡也 斁丁故反敗也說文字林皆作殬 可推吐雷反去也注同 兢兢
本又作矜居陵反恐也 業業如字郭五荅反危也 如霆音庭又音梃一音徒佞反 孑遺
居熱反 去也起呂反下同 恐也丘勇反下同 不相毛如字鄭息亮反 于摧在雷反又子雷反毛至也

甡，所巾反【法】甡、巾不同部

索，音色【法】《易》云，索，色白反，則索與色不同讀，此音色誤也

饑，音飢，又音機【法】饑既具二音，則陸亦知飢、饑不同部矣，他處又混之，何也

饉，其靳反【法】饉、靳《廣韻》不同部

蟲，《爾雅》作爞【法】爞盧改爞，是〇烔，音徒冬反【法】烔盧改烔，冬改東，皆是

鄭作嗺子雷反嗟也可沮在呂反止也炎炎于廉反熱也本或作惔音同民近
附近之近所芘音祕又必二反本亦作庇蔭於鴆反本亦作廕百辟音璧下同
雩音于祭名滌滌徒歷反旱氣也旱魃蒲末反旱神也如惔音談燎也說文
云炎燎也徐音炎如焚本又作樊同扶云反憚暑毛丁佐反勞也韓詩云苦也鄭徒旦
反畏也如熏本又作燻許云反灼也燎也力皎反又力照反燋枯子消反
畏難乃旦反我遯本亦作遂徒困反黽勉彌忍反又音湎瘨都田反病
也沈又都薦反韓詩作疹恥吝反云重也憯七感反曾也急禱丁老反或都報反不
莫音暮本亦作暮明祀本或作明神悔怒協韻乃路反虞度待洛
反下同鞫哉居六反窮也疚哉音救病也本或作安又作究同趣馬七口
反趣馬官名不秣音末穀馬也說文作餘施其式氏反本又作弛同不縣音玄
禄餼許氣反之長丁丈反下之長同勞倦力報反作賙音周瞻

三　詩音義下　十八　毛詩

卬音仰本亦作仰下同何里如字憂也本亦作㾖爾雅作悝並同王云㾖病也有嘒
呼惠反衆星貌昭假音格毛至也鄭升也沈云鄭古雅反無贏音盈無幾居豈
反爲我于僞反注同令心力呈反
崧高胥忠反高貌山大而高曰崧釋名云崧竦也吉甫本又作父音同後人名字
放此復平音服又扶又反褒賞保毛反維嶽字亦作嶽魚角反白虎通
云嶽者何埆功德也駿極音峻大也巡守音狩本亦作狩虞夏戶雅反下
同之翰戶旦反又音寒榦也于蕃方元反賢知音智本或作哲楨榦
音貞有難乃旦反往扞戶旦反相穆息亮反贖刑音樹一音
常欲反亹亹亡匪反勉勉也王纘祖管反繼也韓詩作踐踐任也欲離
力智反下欲離同令往力呈反下皆同傳子直專反爾庸本亦作墉音容
毛云城也鄭云功也井牧手又反又如字後放此有俶本又作⿰亻井尺叔反作也藐藐

焚，本又作樊【法】樊盧改焚，是

長，下丈反【法】下盧改丁，是

井牧，手又反【法】阮云：牧字不得有手又反之音。蓋字作井收，謂井田所收也，與《正義》作井牧絕異。案阮校是也　俶，又作⿰亻井【法】⿰亻井盧改⿰亻付，是，見《書·允征》

亡角反美也 蹻蹻渠略反壯貌 濯濯直角反沈土學反明也 樊纓步冊反

爲將于僞反 乘馬繩證反注同 故復扶又反下同 介圭音界 往

近音記毛已也鄭辭也 王餞賤淺反送行飲酒也沈祖見反音賤字林子扇反云送去食也

于郿亡悲反又亡冀反地名屬扶風今爲縣 告語魚據反 復重直用反 意

解音蟹 土疆居良反 以峙如字本又作峙直紀反兩通 其粻音張糧也 式

遄市專反速也 委積於僞反子賜反 番番音波勇武貌 嘽嘽

吐丹反毛喜樂也鄭云安舒 虎賁音奔 喜樂音洛 良翰協句音寒 周

徧音遍下同 揉此本亦作柔汝又反順也又如字一音柔注同 聞于音問

其風福鳳反注同王如字云音也 贈送也詩之本皆爾鄭王申毛並同崔集注本作

贈增也崔云增益申伯之美 烝民之丞反衆也 中興張仲

反 彝音夷常也 好是呼報反注皆同 禮知音智 哀樂音洛 好惡烏路

毛詩音義下　一九

反 昭假音格至也注同 訓道音導 不解佳賣反本或作懈下文匪解同 百

辟音璧 出納並如字納亦作内音同 喉舌音侯 發應應對之應

若否音鄙惡也注同舊方九反王同云不也 夜莫音暮 茹之音汝又如

庶反廣雅云食也 濡如朱反一音如宛反 毳昌銳反本又作脃士歲反 堅強其良

反下同或其丈反 矜寡古頑反 德輶餘久反又音由輕也 民鮮息淺反寡

也 我義毛如字宜也鄭作儀儀匹也 易耳以豉反 袞職古本反冕服名

捷捷在接反言樂事也 犯軷步葛反道祭也 將將七羊反本亦作鏘同 逼

本亦作偪彼側反 隘於懈反 臨菑側其反臨菑地名 騤騤求龜反 喈

喈音皆 韓奕音亦韓姬姓國也梁山奕奕然爲韓國之鎮故

曰韓奕 馮翊音翼 始騷素刀反動也 之祚徂路反 甸之毛徒遍反

治也鄭繩證反或云鄭亦徒遍反 有倬陟角反明貌韓詩作晫音義皆同 匪解音懈

濯，土學反【法】土盧本作古。阮云：小字本、十行本作士，是也

餞，音賤【法】阮刻《注疏》本一音賤，是也○沈祖見反，《字林》子扇反【法】祖見、子扇霰、綫分部

濡，一音如宛反【法】宛於阮反，與濡不同部，當作兖

虡共毛九勇反執也鄭音恭云古恭字榦不古旦反戎辟音璧君也當
爲于僞反楨榦音貞覿見賢遍反下同黑水西河一本黑上
有書曰二字璆其樛反又其休反琳字又作玲音林孔安國云璆玲美玉也鄭注尚書云
璆美王玲美石也琅音郎玕音干琅玕珠也綏章本亦作綏毛如誰反大綏也鄭
音雖車綏也簟徒點反茀音弗車蔽也錯衡七洛反雜也沈采故反赤
舄音昔鏤音偏鍚音羊當盧也鞹苦郭反革也皮去毛曰鞹鞃苦弘反沈
又音泓軾中也亦作軏鞃胡肱反又弦三同淺幭莫歷反一音篾覆式也本又作簚同
鞗革音條鞗革謂轡也金厄於革反毛云烏蠋也鄭謂纏搤烏蠋音蜀
爾雅作蠋蠋桑蟲也韓子云大如指似蠶沈音書王爲于僞反來朝直遙反藩
也方袁反本又作蕃同樊纓步丹反纏搤於革反一本作厄同于屠音徒
地名顯父音甫本亦作甫注同其肴戶交反本亦作殽同炰鄭薄交反徐甫九反
六一フ十、小丘フ七　毛詩音義下　二十　洪福
鼈卑滅反其蔌音速菜肴維筍字或作笋恤尹反爾雅云竹萌也乘
馬繩證反注同下百乘亦同蒻音弱中鱠古外反有且子餘七救二反多貌
燕胥思徐反皆也又思咨反取妻七喻反本亦作娶下注同汾王符云反毛
大也鄭水名蹶父俱衛反流彘直例反梨音離又力兮反又作黎比公
音毗梨比莒君号也將將七羊反本亦作鏘諸娣大計反妻之女弟爲娣從之
才用反注同又如字祁祁巨移反徐靚也靚也音靜又才性反媵之音孕又繩證反
曲顧一本作回顧道義如字又音導爲韓于僞反注同姞其一
反又其乙反姓也又音佶相攸息亮反注同韓樂音洛注反下文注同使於所吏
反訏訏況甫反大也魴音房鱮音序麀音憂噳噳愚甫反本亦作
麌同熊音雄羆彼皮反有貓如字又武交反虎淺毛也本又作猫音同爾雅云虎
竊毛曰虦猫虦音仕版反令居力呈反使也又力政反命也王力政反善也燕譽於遍

璆，其樛反，又其休反【法】璆二音幽、尤分部〇琳，字又作玲，音琳【法】玲音琳似誤

鞃，亦作軏、鞃，又弦三同【法】《六經正誤》云：又作弦，王同，欠作字，王同謂王肅本與此同，作三同誤。阮以毛説爲非，云：軏、鞃、弦合而言之，故曰三同。案陸書例只云並同、亦同，無計其數者，若如阮説，則三字並舉可矣，何必别出弦字乎？仍以毛説爲是　幭，一音篾。本又作簚【法】幭字注内篾、簚二字疑當從艹

籔【法】籔盧本作蔌，是

且，子餘、七救二反【法】阮云：相臺本所附救作叙，是也。《有客》且，七序反，是其證

梨，音離【法】梨、離不同音

祁，巨移反【法】祁、移不同部

姞，其一反，又其乙反，又音佶【法】據《六月音義》佶亦其乙、其吉二反，此云又音佶，未詳

訏，況甫反【法】訏況甫反，蓋亦協韻，他處訏大多平聲

反又於顯反安也譽協句音餘溥彼音普大也所完音桓燕師於見反注同安也徐云鄭

於顯反王肅孫毓並烏賢反云北燕國其追如字又都向反其貊武伯反追貊戎狄國名說

文作貉云北方人也長是張丈反令撫力呈反獫本亦作玁音險允如字本亦作狁

實墉毛如字鄭作寔市力反寔是也下同實壑火各反城池也濬脩音峻

深也貔皮本亦作豼音毗猛獸也即白狐也一名執夷草木疏云似虎或曰似熊遼東人謂之白羆

江漢二水名滔滔吐刀反廣大貌淮浦音普夷行下孟反命將

子匠反帥所類反或作率循流如字本亦作順流圭爲于僞反下圭爲同至

竟音境本亦作境同來鋪普吳反病也徐音孚湯湯書羊反洸洸

音光武貌又音汪復經扶又反使傳張戀反以車曰傳遽其據反以馬曰遽鄭

注玉藻云以車馬給使有爭爭鬭之爭之滸音虎沈又音許水涯也疆土

居良反注及下同匪疚音救病也王命行伐一本作王法征伐非可以

毛詩音義下　二十一　徐杲

兵操切之也操音七刀反一本無兵字又本兵操作急躁躁音早報反其分符問

反來毛如字鄭音賚云勤也下同旬毛音巡又音荀徧也鄭作營維翰戶旦反又音寒

徧也音遍下同名甄音釋爲虎于僞反下爲虎爲其同肇音兆謀也韓詩

云長也爾祉音恥福也大諫音泰氂爾力之反賜也沈又音賚圭

瓚才旱反秬音巨鬯勑亮反一卣音酉又音由中尊也本或作攸錫山

土田本或作錫之山川土田附者是因魯頌之文妄加也庸王休許虯反令聞

音問矢施如字爾雅作弛式氏反

常武繹音亦騷素刀反徐音蕭赫赫火百反字又作爀盛貌大祖音泰

下及注大師大相皆同大將子匠反第一章注同言警音景暴掠音亮

左右陳如字徐直覲反行戶剛反列也淮浦音普涯也說文云水瀕也爲

之于僞反下爲其同使軍將子匠反下同有嚴毛魚檢反鄭如字匪紹

氂，沈又音賚【法】《集韻》十四泰引氂音賚爲徐邈讀

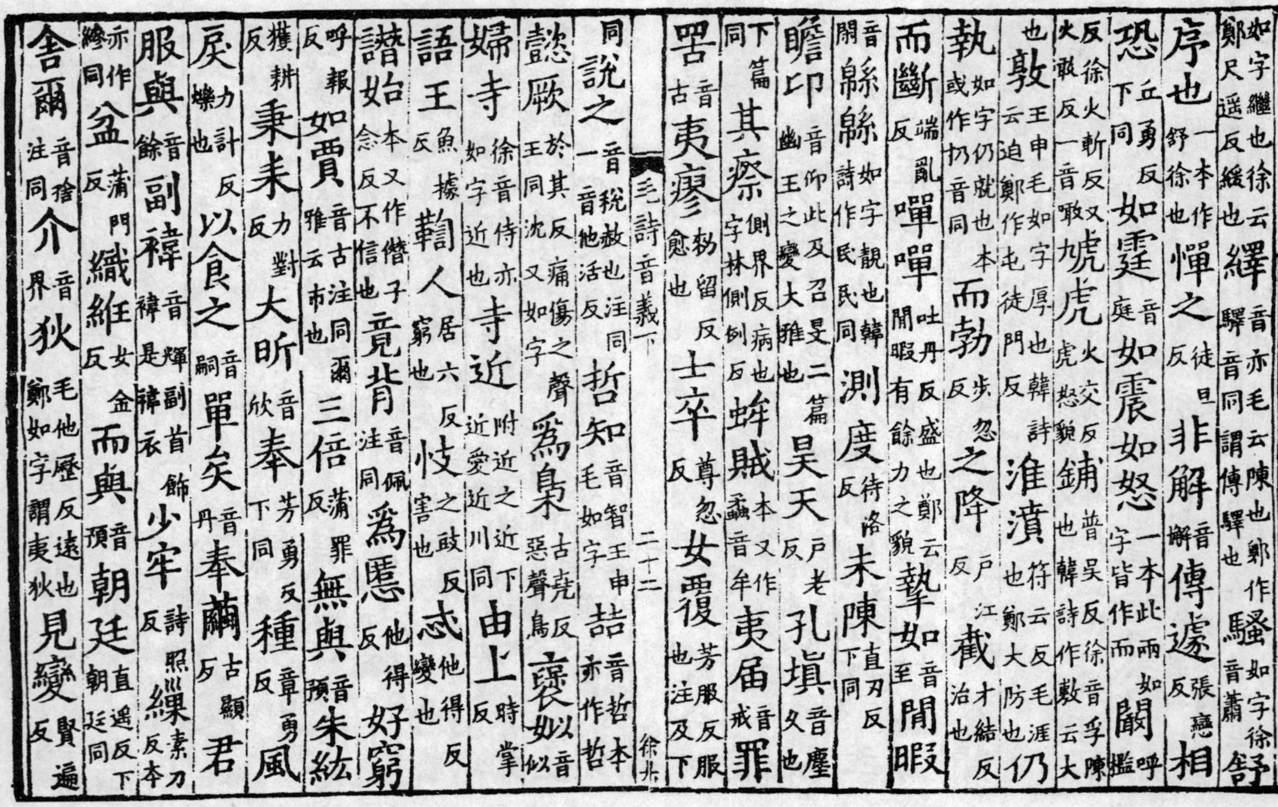

如字繼也徐云鄭尺遥反緩也繹音亦毛云陳也鄭作驛音同謂傳驛也騷如字徐音蕭舒
序也一本作舒徐也憚之徒旦反非解音懈傳遽張戀反相
恐丘勇反下同如霆音庭如震如怒一本此兩如字皆作而闞呼檻
反徐火斬反又火敢反一音噉虓虎火交反虎怒貌鋪普吴反徐音孚陳也韓詩作敷云大
也敦王申毛如字厚也韓詩云迫鄭作屯徒門反淮濆符云反毛涯也鄭大防也仍
執如字仍就也本或作扨音同而勃步忽反之降戶江反截才結反治也
而斷端亂反嘽嘽吐丹反盛也鄭云閒暇有餘力之貌摯如音至閒暇
音閑緜緜如字靚也韓詩作民民同測度待洛反未陳直刃反下同
瞻卬音仰此及召旻二篇幽王之變大雅也昊天戶老反孔塡音塵久也
下篇同其瘵側界反病也字林側例反蟊賊本又作蝥音牟夷屆音戒罪
罟音古夷瘳勑留反愈也士卒尊忽反女覆芳服反服也注及下
毛詩音義下　二十二　徐北
同說之音稅赦也注同一音他活反哲知音智王申毛如字喆音哲本亦作哲
懿厥於其反痛傷之聲王同沈又如字爲梟古堯反惡聲鳥褒姒音似
婦寺徐音侍亦如字近也寺近附近之近下近愛近川同由上時掌反
語王魚據反鞫人居六反窮也忮之豉反害也忒他得反變也
譖始本又作僭子念反不信也竟背音佩注同爲慝他得反好窮
呼報反如賈音古注同爾雅云市也三倍蒲罪反無與音預朱紘
獲耕反秉耒力對反大昕音欣奉芳勇反下同種章勇反風
戾力計反嫌也以食之音嗣單矣音丹奉繭古顯反君
服與音餘副褘音輝副首飾褘是褘衣少牢詩照反繰素刀反本
亦作繅同盆蒲門反織維女金反而與音預朝廷直遥反下朝廷同
舍爾音捨注同介音界狄毛他歷反遠也鄭如字謂夷狄見變賢遍反

闞，呼檻反，徐火斬反。一音噉【法】呼檻阮刻《注疏》本作呼減，《廣韻》同徐。若作呼減，則與火斬同矣。噉疑當作瞰

覆，服也【法】覆無服訓。《箋》云：覆猶反也。服蓋反之譌

被甲皮寄反 不弔如字，又音的 殄瘁似醉反，病也 渥於角反 譴告弃戰
反 離人力智反 觱音必 沸音弗，觱沸，泉出貌 檻胡覽反，徐音下斬反 藐藐
亡角反，毛大也，鄭美大也 克鞏九勇反，固也 箴之之林反 召旻上時
照反，下密巾反，下同 瘨我都田反，沈又音殄，又音田，病也 令民力呈反，一本作令故民 居
圉魚呂反，垂也 邊竟音境，本亦作境 內訌戶工反，潰也，徐云鄭音工，爭訟相陷入之
言 爭訟爭鬭之爭，下同 讒惡烏路反 昏椓丁角反 靡共音恭，注皆
同 潰潰戶對反，亂也 回遹音聿，一音述 奄人如字，本又作閹 王遠
于萬反 而近附近之近 維邪似嗟反 皋皋音羔，頑不知道也，爾雅云刺素
食也 訿訿音紫，爾雅云不供事也，莫供職也 其玷丁簟反，缺也 㾘音庚，爾雅云病
也，說文云嬾也，一本作泉 業業如字，一音五荅反，危也 孔貶彼檢反，墜也 隊也
直類反，又作墜 不潰毛戶對反，遂也，鄭作彙，音謂，茂貌 棲音西，謂棲息也 苴七加反，毛

毛詩音義下　二十三　孫勉

水中浮草也，鄭樹上棲苴也 枯槁口老反 我相息亮反 之疚音救，病也，字或
作宊 斯粺皮賣反 職兄音況，下同 糲米蘭末反，沈音賴，又音厲 茲
復扶又反，下同 主長如字，又張丈反 之率字又作繂，音類，又音律，又所律反 鑿
八子洛反，又音昨，字林云糲米一斛舂為八斗，音子波反 自頻舊云毛如字，鄭作濱，音賓
俱云厓也，案張揖字詁云瀕今濱，則瀕是古濱字 者與音餘 溥斯音普，徧也 不
烖音災 徧也音遍，下同 辟國音闢，開也 日蹙子六反，促也 以喪
息浪反

清廟之什第二十六　周頌

周頌三十一篇，皆是周室太平德洽，著成功之樂歌也。名之曰頌，頌者，誦也，容也，歌誦盛德，序太平之形容，以此至美告於神明，皆成王周公時作也。

清廟本又作庿，古今字也，苗笑反，廟，貌也。清廟者，祭有清明之德者之宫也。杜預云：肅然清淨

瘁，似醉反【法】似誤，此從、邪之混

檻，胡覽反，徐音下斬反【法】《廣韻》檻、斬不同部。闞、檻徐並音火斬反，徐以三字同部，是也。《廣韻》收闞、斬於豏，殆非

苴，七如反【法】七如反誤，《羣經音辨》作士加，是也

張楫《字詁》【法】楫盧改揖，是

之稱也 雒邑 音洛本亦作洛水名字從水後漢都落陽以火德爲水剋火故改爲各傍隹
朝諸侯 直遥反 於穆 音烏注同於歎辭穆美也後發句歎辭皆放此以意求之
顯相 息亮反注同 見也 賢遍反下著見同 駿奔 音峻毛云長也鄭大也下篇同
無射 音亦猒也 見厭 於豔反下同 德與 音餘下同
維天之命 韓詩云維念也 大平 音泰後大平皆放此 假以 音暇嘉也 溢我
音逸毛慎也鄭盈也徐云毛音謚 溢慎也 市震反本或作順案爾雅云毖神溢慎也不作順字
王肅及崔申毛並作順解也 明與 音餘 乃單 音丹 成王能厚之也
一本作能厚行之也今或作能厚成之也 猶重 直龍反
維清 刺伐 七亦反 緝 七入反 熙 許其反緝熙光明也 肇 音召始也 禋
音因祀也徐又音烟 迄用 許乞反至也 之祺 音其祥也爾雅同徐云本又作禎音貞與崔本
同 烈文 烈光也 以朝 直遥反 辟公 音辟注下皆同 祉

毛詩音義下　二十四

福 音恥 無疆 居良反竟也 傳世 直專反 累也 劣僞反下同 訓道 音導
天作 謂大王 音泰後大王大祖皆同 諸盩 直留反又音儔 不窋 陟律
反 岐山 其宜反 道 音導 汧 口田反又口見反 自豳 彼貧反 之行 如字
道也王徐並下孟反 夷易 羊豉反下徐易曰皆同 佼易 古卯反 乾以 其連反
巛以 苦魂反字亦作坤 訂大王 待頂反又直丁反說文云評議也譜云參訂時驗
謂平比之也字詁云訂平也 昊天有成命成王 王如
字徐于況反 其命 音基本亦作基始也 宥密 音又寬也 王功 于況反 敢
解 音懈下同 止苛 音河 刻也 音克 單厥 都但反厚也注同
我將 如字毛云將大也鄭云將奉也 我享 許丈反徐許亮反 右之 音又注及下同
本亦作佑 肥腯 徒忽反說文云羊曰肥豕曰腯 伊嘏 古雅反毛大也鄭受福曰嘏
時邁 邁行反 巡 音句 守 手又反本或作狩注同 柴望 士佳反說文字林作

肇，音召【法】《廣韻》肇上聲，召去聲，此疑誤。他處並音兆

易，羊鼓反，下徐易曰皆同【法】徐盧改除，是

紫巡行[下孟反，下出行同]封禪[市戰反]徧于[音遍]實右[音又，注同。助也]

震疊[徒協反，懼也]懷柔[如字，本亦作濡，兩通，俱訓安也]喬[音橋，高也]嶽

[本亦作嶽，同音岳]賢知[音智]載戢[側立反，聚也]載櫜[音羔，韜也]韜

也[吐刀反]不復[扶又反]肆于[音四]時夏[戶雅反，大也，注同]

執競[其敬反，執持也，競強也，韓詩云執服也]大功[本或作天功]斤斤[紀覲

反，明察也]喤喤[華彭反，和也，徐音皇，又音宏，注同]磬筦[音管，本亦作管，同]將

將[七羊反，集也，注同，說文作蹡蹡，行貌]穰穰[如羊反，衆也]反反[如字，毛難也，鄭

順習貌，沈符板反，又音販]反復[扶又反，重也，又音服]以重[直用反]

思文烝民[之承反，衆也]作粒[音立]阻飢[莊呂反，難也，馬融注尚書作祖]

云始也]作艾[音刈，鄭注尚書五蓋反，本或作乂，音同]貽我[音夷，字又作詒，同遺

也]來牟[並如字，牟麥也，字書作麰，音同，牟字或作麰，孟子云麰大麥也，廣雅云麳小麥

毛詩音義下　二十五　惠實

麰大麥也]疆爾[居良反，竟也]介[音界，大也，後放此]時夏[戶雅反，注同]遺

也[唯季反，下同]出涘[音仕]以燎[力召反]封竟[音境，本或作境]

臣工之什第二十七

臣工王釐[力之反，理也]來茹[如預反，度也，徐音如]茹度[待洛反，下

同]來朝[直遙反，下皆同]維莫[音暮，本或作暮，注同]新畬[音餘，田二

歲曰新，三歲曰畬]耒[力對反]耜[音似]措[七故反]於夏[戶雅反]被甲

[皮寄反]於皇[音烏，注同]迄用[許乞反，至也]康樂[音洛，下同]明見

[賢遍反]庤乃[持恥反，具也]錢[子踐反，銚也]鎛[音博，鎒也]奄[鄭音淹，久

也，王、徐並如字]觀[古玩反，注同，多也]銍[珍栗反，穫也]艾[音刈]銚[七遙反，何

士堯反，沈音遙，世本云垂作銚]鎒[乃豆反，或作耨，呂氏春秋云耨柄尺，此其度也，其耨六寸

所以間稼也，高誘注云耨芸田也，六寸所以入苗間也，字詁云頭長六寸，柄長一尺，鎒古字也，今

斤，紀覲反【法】斤、覲不同部

貽，音夷【法】貽、夷不同部

銚，七遥反，何士堯反【法】士乃七之譌，二音乃宵、蕭分部也，堯四等字無紐（棨芬案紐前當脫牀字） ○鎒，芸田也【法】芸田盧據《呂氏春秋》改芸苗。案芸苗似不可通，疑田下脫器字耳

作𥞤同銍穫也戶郭反本或作鑊音同釋名云銍穫鐵也說文云銍穫禾短鎌也此則銍
器可以穫禾故云銍穫也小爾雅云截穎謂之銍截穎即穫也
意嘻意又作噫同於其反嘻音僖毛云噫嘆也嘻和也噫嘻有所多大之聲也禱也
丁老反又丁報反龍見賢遍反而雩音于是與音餘成王如字
又于況反注同假爾鄭王並音格至也沈云毛如字光被皮寄反浚發本亦
作駿音峻毛大也鄭云疾也發發伐也一本無一發字有徑古定反有畛
之忍反又之人反有洫況域反有澮古外反耜廣古曠反
振鷺上之慎反羣飛貌下音路白鳥也一名春鉏水鳥也一音盧夏殷戶雅反
杞音起其處昌慮反無斁音亦厭也無厭於豔反豐年芳弓
反大也豐年大有年也多稌音杜稻也徐勑古反高廩徐力錦反又力荏反倉也
及秭咨履反數億至萬曰秭一本作數億至億曰秭韓詩曰陳穀曰秭也齍盛上音

毛詩音義下 二十六

資下音成之穗音遂數萬色主反下數億同爲醴音禮烝畀必寐
反予也注同祖妣必履反祫胡甲反本或作洽皆徧音遍畀予音與
有瞽音古樂官也無目眹曰瞽眹音直謹反本或作鼓而合乎祖也本或
作合乎大祖治定直吏反設虡音巨植者曰虡應應對之應小鞞也注同
田毛如字大鼓也鄭作𣝗音胤小鼓也縣鼓音玄注皆同鞉磬字亦作鼗音桃鞉鞉
鼓也柷尺叔反木椌也圉魚古反楬也飾栒荀允反如鋸音據植者時力
反又直吏反衡者華盲反卷然音權又起圓反小鞞步兮反木椌
苦江反楬苦瞎反矇音蒙有目眹而無見也視瞭音了視瞭有目人也相
之息亮反喤喤華盲反又音橫又音皇編小薄殄反又必緜反史記音
甫連反字林聲類韻集並布千反賣餳夕清反蜜也又音唐方言云張皇也即乾餹也
音唐如篴字又作笛同徒歷反併而步頂反永觀古玩反又如字注同多也

廩，徐力錦反，又力荏反【法】廩二音殆來紐亦分兩類乎

祫，胡甲反【法】甲當作夾，見下

眹，音直謹反【法】眹、謹不同部

圉，魚古反【法】古盧改呂，是

衡，華盲反【法】衡與喤開合異呼，而同音華盲反，雖脣音分屬開合，究嫌未析。

《廣韻》衡户庚切

喤，華盲反，又音横【法】音横與華盲反同，疑當如《執競》篇作音宏

賣餳，密也。張皇反【法】餳《六經正誤》云：賣餳作錫（榮芬案當作餳）誤。是宋本已誤從易矣。盧刻改密爲蜜，改反爲也，並是

和樂 如字或音洛 無愆 去連反 潛 在廉反糝也爾
雅作涔郭音潛又音岑韓詩云涔魚池小雅作槮時砧反 獻鮪 于軌反 猗 於宜
反 與 音余 漆 音七 沮 七余反 有鱣 張連反 鰷 音條鯈也 白鱨
音常 鰋 音偃 鯉 音里 糝也 素感反舊詩傳及爾雅本並作米傍參小爾雅云魚
之所息謂之橬橬槮也謂積柴水中令魚依之止息因而取之也郭景純因改爾雅從小
爾雅作木傍參音霜甚反又疏廕反又心廩反字林作罧音山沁反義同 鮥也 音
洛爾雅云鮥叔鮪 鮎也 乃謙反沈又奴廉反 雝 和也 禘 大計
反大祭也 大祖 音泰 於祫 戶夾反合也大祭名也 相維 息亮反助也注同
辟公 音辟君也注同 於薦 鄭如字王音烏 假哉 音暇嘉也徐古雅反 宣悊
音哲本亦作哲同 宣徧 音遍下同 才知 音智 克昌 如字或云文王名此
禘於文王之詩也周人以諱事神不應犯諱當音處亮反 瑞應 應對之應 既右 音祐

毛詩音義下　二十七

下同助也 大姒 音泰下音似文王妃 載見 賢遍反下並同 辟
王 音辟下同 和鈴 音零和在軾前鈴在旂上左傳云錫鑾和鈴昭其聲也 央
央 於良反徐音英 鞗革 音條 有鶬 七羊反本亦作鎗同 休有 許虯反又
許求反注同 在軾 音式 多祜 音戶福也 朝見 直遥反下篇並同 畀 必爾反本
又作俾 緝熙 七入反 純嘏 古雅反 福祚 才故反 有客
二王之後爲客也 來見 賢遍反序注同 既絀 勑律反又作黜同 有萋
七西反 有且 七序反萋且敬慎貌 敦 都回反徐又音彫 琢 陟角反 重
言 直用反 不肖 音笑 駮而 鄭邦角反又音角雜也 之縶 陟立反絆
也 絆也 音半 餞送 音賤 安樂 音洛 夷易 以豉反下同
武大武 如字徐音泰注同 於皇 音烏注同 遏劉 於葛反止也 耆
定 毛音指致也鄭巨移反老也韓詩音同鄭云惡也 汲汲 音急

橬，槮也【法】槮盧改椮，是

鮎，沈又奴廉反【法】鹽部無泥紐，沈蓋不分鹽、添也

大姒，下同姒【法】同盧本改音。《校勘記》舊案云：下同姒不誤，當是鄭《箋》作大似，故陸云下同姒，《大明》、《思齊》作大姒則不爲音。案鄭《箋》果作似，陸不容不出似字，舊案殆非。《正月》褒姒音似，當改爲下音似

駮，又音角【法】案音角當是駮字本音

耆，鄭巨移反【法】耆、移不同部

閔予小子之什第二十八
閔予小子毛云閔病也鄭云閔傷悼之言朝於直遥反注同嬛嬛其傾
反孤特也崔本作惸在疚本又作宊音救病也上下時掌反又如字孝行下孟
反敢解音懈訪落訪謀也落始也有艾五蓋反數也徐音刈
判普半反分也渙音奐散也多難如字協韻乃旦反未任音壬下二篇注
皆同年長張丈反休矣許虬反敬之一本無之字
不易鄭音亦王以豉反顯見賢遍反遠人于万反上下時掌
反佛時毛符弗反大也鄭音弼輔也仔音茲毛云仔肩克也此二字共訓鄭
亦同訓此二字云仔肩任也肩古賢反德行下孟反注同侵也子鴆反
示道音導小毖音祕慎也患難乃旦反下
過難之難皆同懲而直升反艾也韓詩云苦也荓普經反爾雅作甹音同蜂
詩音義下　二十八
本又作峯孚逢反荓蜂摩曳也辛螫音釋韓詩作辛赦赦事也摩尺制反本又作掣
曳以制反艾音刈字或作忩下同剗初亮反復有扶又反譎音訣誑王
九況反拚飛芳煩反鷦也子消反鳥始小後大者也于蓼音了
載芟所銜反除草也甸師田見反載柞側伯反除木也澤澤音釋
釋注同爾雅作郝音同云耕也郭云言土解也千耦五口反其耘音云本又
作耘除草也徂畛之忍反徐又音真侯彊其良反有餘力畛易本又
作場音亦家長張丈反下同有徑古定反謂閒音閑傭音容
賃也女鴆反烝達音證解散音蟹有嗿勑感反衆貌饁
于輒反饋饟也饋其愧反饟也式亮反有略如字利也字書作畧同俶
載毛並如字鄭作熾菑下篇同實函户南反含也下篇同熾尺志反盛也
菑側其反實種章勇反下其種同根株音誅驛驛音亦爾雅

蜂，本又作蠭【法】蠭阮云：小字本所附作峯，亦譌，唯十行本所附作夆爲是

摩【法】摩《集韻》十三祭所載掣、瘳二字下皆無摩。案六朝俗本不能盡概以《説文》，《集韻》無摩，然有摩字，即摩之譌，阮未之思耳

作繹繹云生也有厭於豔反下同緜緜如字爾雅云麃也韓詩作民民云衆貌
其麃表嬌反芸也說文作穮音同云穮耨鉏田也字林云穮耕禾間也方遙反達
射食亦反先長張丈反載穫戶郭反其積子賜反又如字注同
及秭音姊烝之丞反畀必二反予也注同有飶蒲節反芬芳也說文云食
之香也字又作苾音同一音蒲必反注同有椒子消反徐子料反毛云猶飶也沈作俶尺
叔反云作椒者誤也此論釀酒芬香無取椒氣之芳也案唐風椒聊箋云椒之性芬芳王注云
椒芬芳之物此傳云椒猶飶飶芬香椒是芬芳之物此正相協無故改字爲俶俶始也非芬香
其馨呼庭反匪且七也反且此也又子餘反下同來見賢遍反
良耜音似良善也耜田器也秋報社稷也本或有冬字者非畟
畟楚側反猶測測也爾雅云畟畟耜也郭云言嚴利也其種章勇反筐丘方反
筥紀呂反饟式亮反其笠音立伊糾居黝反又其皎反其鎛

毛詩音義上　二十九　閔予

音博趙徒了反刺也又如字沈起了反又徒少反以薅呼毛反說文云拔田草也又云
或作茠引此以茠荼蓼荼蓼上音徒下音了趙刺七亦反下同以盛
音成薅去起呂反朽止虛有反爛也挃挃珍栗反穫聲也積之
子賜反其比毗志反注同如櫛側瑟反祭酺音蒲又音步合醵
其據反又其略反合錢飲酒也犉牡如純反本亦作犉黃牛黑脣曰犉有捄音虯角貌
復求扶又反下同絲衣絲衣繹祭之服繹音亦祭之
明日又祭也字書作釋之融餘戎反尚書作肜音同其紑孚浮反徐孚不反絜鮮也
又音培又音弗載如字又音戴同弁皮變反俅俅音求恭慎也說文作絿同
鼐乃代反郭音乃大鼎也鼒音茲小鼎也徐音災爾雅云圜弇上謂之鼒郭音才
說文作鎡字音茲門塾音孰門側堂也或音育舉冪亡歷反本亦作鼏
圜音圓弇古奄字光字又作兕徐履反觥古橫反罰爵也字又作觵同

麃，《說文》作穮，云：穮，耨鉏田也。《字林》云：穮，耕禾間也【法】盧云：今本

《說文》訓同《字林》

芬芳也【法】芬芳也，案《傳》作芬香也，下條内亦作芬香

無故改字爲俶【法】故蓋取之譌

繹，《字書》作釋【法】釋盧改襗，是，見《高宗肜日》

俅，《說文》作絿【法】今《說文》俅下引《詩》弁服俅俅，絿下引《詩》不兢不絿，疑陸

氏誤記

其斛 音斛本一作觩 不吳 舊如字譁也說文作吳吳大言也何承天云吳字誤當爲
吳從口下大故魚之大口者名吳胡化反此音恐驚俗也音話 不敖 五誥反本又作傲注同 讙
也 音花 不讙 火官反又火元反 敖嫚 亡諫反
酌 音灼字亦作汋 大武 如字徐音泰 於 音烏注同 鑠 舒灼反美也 蹻
蹻 居表反武也 之造 毛才老反爲也鄭七報反詣也 傳相 直專反
栢禡也 馬嫁反師祭也 栢武志也 本或以此句爲注 婁豐 力住
反亟也 亟也 欺冀反數也下同 匪解 音懈注同 於昭 音烏注同 間
之 間廁之間代也注同 賚 來代反與也徐又音來 數
時 音尋繹也 繹思 音亦 猶徧 音遍下篇同 於繹思 鄭如字王於音
烏 而王 于況反又如字下篇同 般 薄寒反樂也注同 巡
守 手又反 般樂也 音洛崔集注本用此注爲序文 於皇 音烏注同 隨
毛詩音義下　三二　陳明仲
山 吐果反注同郭云山狹而長也又同果反字又作嶞 喬嶽 上音橋高也下音岳 翕
河 許及反合也 裒時 蒲侯反毛聚也鄭衆也 於繹思 毛詩無此句齊
魯韓詩有之今毛詩有者衍文也崔集注本有是採三家之本崔因有故解之
駉第二十九 本或作駉之什者是隨例而加耳商頌亦然 魯頌
魯者周公之子伯禽所封之國也周公有大勳勞於天下成王留之輔相而封
伯禽焉其封域在禹貢徐州蒙羽之野十七世至僖公當周惠王襄王之時能
遵伯禽之法外征淮夷內脩德教國人美之於是國卿季文子請周而使史克
作頌四篇夫子刪詩錄之者以周公有致太平之勳成王命魯郊祭用天子禮
樂故取魯頌而同於王者之後焉
駉 古熒反說文作驍又作駫同 牧乎 徐音目 坰野 古熒反徐又苦營反或苦
瓊反遠也林外曰坰下同 行父 音甫注同行父季文子名也 牡馬 茂后反草木疏

斛，本一作觩【法】二阮改又，是〇吳，《說文》作吳，吳大言也【法】二吳盧改吳，是也。其改正文吳爲虞，則誤，蓋因正文與《說文》無別也。偉疑正文當隨俗作吳，則與《說文》異體矣　吳，何承天云：吳字誤，當爲吳，從口下大，故魚之大口者名吳，胡化反，此音恐驚俗也，音話【法】話與胡化反不同音，此音話二字後人誤增，宜刪　〇傳，直專反【法】專盧改專，是

坰，古熒反，徐又苦營反，或苦瓊反【法】苦營與苦瓊同，營蓋螢之誤。《書·仲虺之誥·序》至於大坰，徐音欽螢反，是其證

云騰馬也說文同本或作牧　有驈戶橘反阮孝緒于密反顧野王餘橘反郭音述驪馬白跨曰驈　有驪力知反沈又郎西反純黑馬也說文字林云深黑色馬也　白跨苦化反又苦故反又胡瓦反郭云髀間也蒼頡篇云兩股間也　黃騂息營反赤黃曰騂下文同　字林火營反　四種章勇反　有駑音奴　飲食上音蔭下音嗣又並如字　無疆居良反音也　反覆芳服反　有騅音隹蒼白雜毛曰騅　有駓符悲反字又作駓黃白雜毛曰駓郭云今桃花馬也字林作駓音丕　有騏音其蒼祺曰騏　伾伾敷悲反有力也說文同字林作駓走也父之反音丕　蒼祺音其字又作騏　驒徒河反青驪驎曰驒說文云馬文如鼉魚也韓詩及字林云白馬黑髦也　駱音洛白馬黑鬣曰駱樊孫爾雅並作白馬黑髦鬣尾也　騮音留赤身黑鬣曰騮字林云赤馬黑髦尾也　雒音洛黑身白鬣曰雒本或作駱同　繹繹音亦善走也一本作善走也雀本作驛　驎本亦作甐郭良忍反毛色有深淺斑駮隱甐今之連錢驄也呂忱良振反孫炎音鄰云似魚鱗也　黑鬣力輒反　無斁音亦厭也　駰音因舊於巾反讀者並音因陰白雜毛曰駰　騢音遐形白雜毛曰騢說文云赤白雜色文似鰕魚　驔音覃徒點反字林云又音譚豪骭曰驔　有魚如字字書作䮇字林作䱥音並同毛云一目白曰魚爾雅云一目白瞯二目白曰瞯音閑　祛祛起居反彊健也　彤白徒冬反赤也　豪骭戶晏反　無邪似嗟反注同　無復扶又反　有駜備筆反又符必反馬肥彊貌字林又父必反　乘黃繩證反下同　大學音泰　咽咽本又作鼝同烏玄反又於巾反鼓節也　樂兮音洛注喜樂下于胥樂兮及注安樂同　之朝直遙反　駽呼縣反徐又火玄反又胡眄反青驪曰駽又音炫　歲其有本或作歲其有矣又作歲其有年者矣皆衍字也　詒孫子以之反遺也本或作詒厥孫子詒于孫子皆是妄加也　詒遺唯季反下同　泮水普半反　頌僖音希　頖宮音判本多作泮泮宮諸侯之學也泮半也半有

毛詩音義上　三十一

驈，戶橘反，阮孝緒于密反，顧野王餘橘反【法】戶橘、于密分兩類也。舊讀匣紐，顧讀喻紐，此匣、喻之混。據此知餘紐即匣紐之譌。榮，永兵切，即此之于密也；營，餘傾切，即此之戶橘、餘橘也

有駓，《字林》作駓〜伾伾，《字林》作駓【法】王氏筠據宋版云：有駓下《字林》作駓，伾之下《字林》作駓。駓與上文駓下重出。阮校云，當作駓，是也　○祺，音其【法】祺疑當從衣，蓋基之或體也

雒，本作駱【法】案作駱則與有驒有駱復，疑駱爲洛之譌

驎，本亦作甐【法】甐乃粼之誤，《爾雅釋文》可證

祛【法】阮云：相臺本所附作祛字從衣，與《唐石經》合，毛居正以祛爲從示，其說非是

駜，備筆反，又符必反。又父必反【法】備筆、符必同部分兩類也。父必與符必同，殆誤

駽，呼縣反，又火玄反，徐又胡眄反。又音炫【法】阮校本徐字在呼縣反之下，是也。音炫即胡眄反，又音炫三字疑後人增

者矣【法】段玉裁云：矣字衍，是也

僖，音希【法】僖、希不同部

水半無水也鄭注禮記云頖班也所以班政教其芹其巾反水菜也天子辟音辟下同圜
如音貟來觀古亂反又音官伐伐蒲害反又普貝反有法度本又作茷言噦噦
呼會反有聲也其藻音早水草也蹻蹻居表反彊盛也昭昭之繞反其
茆音卯徐音柳韋昭萌藻反鳧葵也干寶云今之鼬蹝草堪爲菹江東有之何承天云此菜出東
海堪爲菹醬也鄭小同云江南人名之蓴菜生陂澤中草木疏同又云或名水葵一云今之浮菜即豬蓴
也本草有鳧葵陶弘景以入有名無用品解者不同未詳其正沈以小同及草木疏所說爲得鳧
葵音符者與音餘屈此丘勿反毛云收也鄭云治也徐云鄭又其勿反韓詩云屈
收也收斂得此衆聚昭假古百反至也之行下孟反又如字伊祜音户福也蹻蹻
本又作蹻亦作蹻居表反武貌獻馘古獲反截耳也皐陶音遥皐陶唐虞之士官狄
彼王他歷反遠也孫毓同鄭作剔音同治也沈云毛如字未詳所出韓詩云鬄鬄除也烝烝
之承反皇皇毛如字美也鄭作暀暀于況反猶往往也不吳鄭如字讙也又王音誤作吳音

毛詩音義六　二十二　孫佑

話同瘍余章反于訩音凶訟也讙也音歡讙譁音花無爭爭鬬
之爭其觓音虯毛云弛貌鄭云持弦急也其搜依字作捘色留反毛衆意鄭勁疾也
孔博徐云毛如字王同大也鄭作傅音附無繹本又作射又作斁或作懌皆音亦厭
也施貌式氏反本又作弛同致者直置反士卒尊忽反堙井音因
褰也刊木苦干反服虔云削也度已待洛反翩彼音篇飛貌飛鴞于嬌
反惡聲鳥也桑黮說文字林皆作葚時審反桑實也爲此于僞反憬
彼九永反遠行貌沈又孔永反說文作懬音獷云闊也一曰廣大也其琛勑金反捷
爲舍人云美寶曰琛大賂音路遺也遺也唯季也
閟宮筆位反毛閟閉也鄭閟神也音祕同僖公音希有侐況域反清靜也說文云靜
也一音火李反枚枚莫回反礱密也韓詩云閒暇無人之貌也姜嫄音元是禖
莫回反礱密路東反礪也無災字又作灾本亦作菑音同回邪似嗟反

芹，其巾反【法】芹、巾不同部

彼，逵也【法】逵盧改遠，是《韓詩》云，鬄鬄除也【法】疑當作《韓詩》作鬄，
云：除也

吳，讙也，又王音誤作吳，音話，同【法】讙也今《箋》作譁也，注内
吳當作吳。盧云：當云何作吳，音話，非。此段文字有脫誤。偉案又王音誤句
不詞，又字當是脫於後而衍於前者。若改爲王音誤，又作吳，音話同，則順矣

瘍【法】阮校謂瘍爲《傳》傷也之傷，《釋文》當在于訩之下，是也。盧校添不字於
瘍之上，以爲經不揚之釋文，殆非

致，直置反【法】致、置不同部

天用是馮依本又作憑同皮陵反一本作馮依其身不㧘粉宅反裂也不
副孚逼反重直容反本又作種同穋音六本又作稑音同稙徵力反先種曰稙徐時力
反韓詩曰長稼也穉音雉後種曰穉韓詩云幼稼也菽麥音叔大豆也畀民
必爾反本又作俾下皆同長大張丈反有秬音巨黑黍也纘禹子管反繼
也粒食音立大王音泰後大王大平皆同翦商子踐反毛齊也鄭斷
也斷也音短下同自豳彼貧反王迹于況反之屆音戒極也
無貳音二屆極紀力反下同虞度待洛反下同無復扶又反
敦商鄭都回反治也注同王徐都門反厚也又與音預東藩方元反
乃筴初革反令專力呈反匪解音懈不忒他得反騂
息營反赤色也犧許宜反純毛牲楅衡音福逼也犧尊鄭素河反毛云
有沙飾則宜同鄭王許宜反尊名也將將七羊反毛炰蒲包反胾側吏反肉

毛詩音義下　三十三　張劭

也羹音庚又音衡洋洋音羊徐音翔衆多貌不禴羊灼反秋祫咸夾
反以楅音逼有沙素河反刻鳳皇於尊其羽形婆娑然也一云畫也豚也字又作豘
徒門反鉶羹字又作鉶音刑爲其于僞反觝都禮反有橫古曠反一
音光有柎方于反爾熾尺志反僭踰子念反千乘繩證反注
千乘同朱英如字徐於耕反矛飾也綠縢徒登反繩也重弓直龍
反注同鬯中勑亮反弓衣也字或作韔同貝冑直又反朱綅息廉
反說文云綫也沈又倉林反又音侵烝徒之升反增增如字綴之沈知稅反又張
劣反艾也音刈台背他來反丁音貝而艾五蓋反中時張仲反而
重直用反大山音泰本又作泰下注大室皆同遂荒如字毛有也鄭奄也韓詩
作荒云至也近海附近之近鳧音符山名繹音亦一音夕字又作嶧同山名也
蠻貊字又作貉武伯反夷行下孟反應辭應對之應純嘏

穉，音雉【法】《廣韻》穉去聲，雉上聲，當作稚。以稚音穉（榮芬案穉當作稺），前已屢見

英，如字，徐於耕反【法】《廣韻》英收庚，故易徐，嫌徐庚、耕不分也

《韓詩》作荒，云：至也【法】盧云：作荒字誤，浦堂疑是作兂。案兂字亦無至訓

古雅反魯朝直遥反在薛字又作辥息列反是與音余見齒五兮反齒落更生細者也字書作齯音同一音如字爲之于僞反祝慶之又反下同是

斷音短是度待洛反松桷音角榱也方曰桷有舄音昔大貌徐又音託奕奕音亦榱也色追反其姣古卯反屬功音燭孔曼音萬長也

那第三十　商頌

商者契所封之地名成湯伐桀王天下遂以爲國号後世有中宗高宗中興時有作詩頌之者當周宣王之時宋大夫正考父校商之名頌十二篇於周之大師以那爲首歸而祭於先王孔子錄詩之時止五篇而已乃列之以備三頌

那祀乃河反多也微子名啓紂庶兄周武王封之於宋爲殷後正考父音甫本亦作甫宋湣公之曽孫孔子七世祖大師音泰後大甲大古大戊大祖皆放此朝聘直遥反

曲折之設反猗與於宜反歎辭也與音余下同置我毛如字殷人置鼓鄭作植字時職反又音值爲楹貫而樹之鞉鼓音桃小鼓也夏后户雅反注同縣鼓音玄下同

毛詩音義下　三十四　徐成

爲楹音盈柱也貫而古亂反作濩户故反殷湯樂曰大濩衎我苦旦反樂也奏假毛古雅反大也鄭作格升也衎樂音洛下以樂我同齊之側皆反本亦作齋下同所耆市志反所爲于僞反僾然音曖愾然苦代反

淵淵古玄反又烏玄反嘒嘒呼惠反和也依倚於綺反於赫音烏注同庸鼓如字依字作鏞大鍾也有斁有奕夷繹並音亦繹字又作懌同有恪苦各反敬也夷說音悅下同薦賤練反本又作薦同饌士戀反烝嘗之丞反

烈祖烈祖有功烈之祖復興扶又反下亦復同斯祜音戶福也無疆居良反音貢也下同清酤音戶酒也賚我毛如字賜也鄭音來申重直用反下皆同王天下于況反無言音境本又作境以裸古亂反致齊側皆反本亦作齋鬷子東反總也假毛古雅反大也鄭音

其姣【法】盧云，其字當爲衍文

淵，古玄反，又烏玄反【法】淵不得讀見紐，蓋本作烏元反，後誤烏爲古，校者乃記又烏元反四字耳

格至也下以假以享同有爭爭鬬之爭注同綏我音妥安也黃耈音苟總也音揔調腥音條裸音灌約軧祈支反轂飾也諸侯助祭者乘篆轂金飾錯衡之車駕駟馬故曰軧錯衡如字徐又乘故反鶬鶬七羊反本又作鏘言文德之有聲也溥將音普穰穰如羊反轂飾古木反下音式在鑣彼苗反篆轂直轉反來朝直遙反來假音格鄭云升也王云至也

玄鳥玄鳥燕也一名鳦音乙祀高宗毛王如字鄭作祫戶夾反三年喪畢之祭也高宗殷王武丁也雊雉古豆反之異尚書云高宗祭成湯有飛雉升鼎耳而雊是也復興扶又反於契息列反殷之始祖也本又作偰同又作禼古字也後放此古者喪三年既畢祫于大祖明年禘于羣廟一本作古者君喪三年既畢禘于其廟而後祫祭于大祖明年春禘于羣廟案此序一注舊有兩本前祫後禘是前本兩禘夾一祫是後本也芒芒莫剛反大貌後同有娀息忠反契母之本國名郊禖

毛詩音義下　三十五　許茂

音梅本亦作高禖遺卵力管反居亳傍各反地名正長張丈反下同編音遍不解音懈武王于況反又如字注同不勝毛音升任也鄭式證反十乘繩證反注同大糦尺志反黍稷也韓詩云大祭也勝任音壬下何任同大國與音余畿疆居良反來假音格至也下同祁祁巨移反或上之尺之二反景員毛音圓均也鄭音云維河鄭云河之言何也王以為河水本或作何是何音河河可反本亦作苛音同毛云任也鄭云擔負也下篇何天同來朝直遙反擔負都藍反下篇同長發如字父也大禘大計反鄭云大禘者郊祭天也王云殷祭也王者于況反又如字濬音峻深也悊音哲字或作哲芒芒音亡依韻音忙是疆居良反竟界也幅方目反廣也隕音圓毛均也鄭周也徐于貧反諸夏戶雅反下皆同作圍音還又音圓深知音智發見賢遍反禎音貞祥也其音音墝王天下于況反下湯王言王之王德皆同桓撥本末反治

軧【法】阮云，軧誤軝，是

四馬【法】四阮本作駟，案此載《箋》語，《箋》本作四

有娀【法】娀盧本改娀，是

祁，巨移反，或上之、尺之二反【法】祁與移、之不同部，尺之疑尸之譌　何，音河，河可反，本亦作苛【法】阮云：相臺本所附作又河可反，又字當有。盧云：苛字荷之誤　擔，都藍反【法】擔盧依宋本改從木。阮云：《六經正誤》所載亦是檐字。《羣經音辨·木部》云，檐荷也，都濫切，《詩箋》檐負天之多祿，是其證。其手（榮芬案手下當脫部字）云，擔荷也，都覃切，非此《箋》字（榮芬案箋下疑脫檐字）　芒，音亡，依韻音忙【法】此條當作音忙，依韻音亡，《元鳥》篇芒，莫剛反，是音忙者，此亦當同。依韻音忙四字乃後人語，陸言協韻不分洪纖之等，此字音忙自協，不必再言依韻。且此詩皆陽韻，若音忙，則反入唐韻，更爲失韻，故知忙、亡必當互易。蓋後人以忙與上下韻字不同部，故記之如此。陸則無陽、唐之分，故知非陸語也。陸言協韻者二十，協句者七，取韻者一，無言依韻者

也韓詩作發發明也徧也音遍下同政治直吏反相土息亮反注相土皆同相土契孫也
有截才結反整齊也出長張丈反湯齊如字浸大子鴆反日躋
子兮反升也鄭注禮記讀上爲湯躋讀此爲日齋齋莊也昭假古雅反鄭云暇也徐云毛音格鄭音
暇寀王肅訓假爲至格是王音也沈云鄭箋云寬暇此以義訓非韓字也是祗諸時反下
士遐嫁反小球音求美玉也下同綴流陟劣反徐又張衞反毛云表也鄭云結也
二同之休虛虯反美也珽吐頂反天子玉笏長三尺杼上終葵首長三直亮反
旒綴所衞反著焉直略反歸鄉本亦作嚮許亮反下篇同不絿音求
徐音虯急也是遒子由反又在由反聚也小共大共毛音恭法也鄭音拱執也一云
毛亦音拱駿音峻毛大也鄭俊也又一云毛亦作俊讀厖莫邦反厚也徐云鄭音武講反是叶拱及
寵韻也之龍毛如字和也鄭作寵傅奏音孚本亦作敷不戁奴版反恐也
不竦小勇反懼也是總子孔反本又作酸音宗恐也曲勇反戁憚
詩音義下　三十六
丹末反載旆蒲貝反秉鉞音越得中張仲反三蘖五葛反餘也韓
詩云絕也韋顧二國名也漢書古今人表作韋鼓已姓音紀又音杞中葉
如字又張仲反橈敗女教反一音女卯反亂也實左音佐注同右音又注同左右助也
阿倚於綺反下同殷武撻彼他達反疾也韓詩云達也
罙入面規反毛深也鄭冒也說文作冞從冂米云冒也其阻莊呂反險也裒荊
蒲侯反聚也冒也莫報反下同之隘於懈反窄也而俘音孚囚也猶處
昌慮反下同氐都帝反西方夷狄國世見賢遍反而背音佩多辟音僻下同
君也注放此王音辟邪也禍適直革反徐張革反注同過也韓詩云數也匪解音懈注同
來朝直遙反不僭子念反王天下于況反重告直用反是
斷音短注同方斲陟角反說文云斫也是虔其連反椹也爾雅作榩松桷
音角有梴丑連反又力鱣反長貌柔梴物同耳字音羶俗作易直以豉反下同

非韓字也【法】韓字誤，盧改爲改，字形亦不近〇祇，諸時反【法】祇、時不同部

下土【法】土盧改士，是

酸【法】酸盧改鬷，是

梴，丑連反，又力鱣反，長貌，柔梴物同耳。字音鱣，俗作【法】力蓋誤字。柔梴當作柔挺，從手，見《老子音義》。音鱣阮校本作音羶，是。此當作又尸鱣反，長貌，柔挺物同耳，字音羶，俗作埏

椹陟金反　棆魯門反擇也　材沈音倫理也

經典釋文卷第七

勘官登仕郎前守趙州柏鄉縣主簿臣張　崇甫

勘官登仕郎前守丹州司法參軍臣李　守志

勘官登仕郎試大理評事前守唐州湖陽縣令兼監察御史賜緋魚袋臣皇甫　與

勘官宣德郎試大理評事前守許州錄事參軍兼監察御史臣姜　融

勘官朝請大夫行國子監丞柱國臣馮　英

詳勘官通議大夫守少府少監兼判國子司業事上柱國賜紫金魚袋臣聶　崇義

銀青光祿大夫檢校工部尚書守司農卿兼判國子監事臣衛　融

乾德三年五月　日

之詩音義七　三十七

重詳勘官朝散大夫太子中舍權判太府寺國子監事上柱國賜紫金魚袋臣陳　鄂

重詳勘官嶺南西道節度判官朝奉郎行尚書司封郎中上柱國臣姚　恕

開寶二年正月　日

推忠協謀佐理功臣金紫光祿大夫尚書吏部侍郎參知政事上柱國東平郡開國侯食邑一千戶臣呂　餘慶　等進

推忠協謀佐理功臣金紫光祿大夫尚書吏部侍郎參知政事上柱國河東郡開國侯食邑一千戶臣薛　居正

推忠協謀同德佐理功臣起復光祿大夫尚書左僕射兼門下侍郎同中書門下平章事昭文館大學士監修國史上柱國天水郡開國公食邑二千戶食實封肆伯戶臣趙　普

經典釋文第八

周禮音義上　起天官盡春官下

唐國子博士兼太子中允贈齊州刺史吳縣開國男陸德明撰

天官冢宰第一 本或作冢宰上非餘卷放此

惟王 如字干寶云王天子之號三代所稱 雒 音洛水名也本作洛後漢都洛陽改為雒 之景

京領反下皆同 辨 本亦作辯徐邈劉昌宗皆方免反別也一音平勉反 別也 彼列反下同 以

縣 音玄下同 埶 魚列反下同 召誥 上詔反下古報反 太保 音泰 汭 人銳反

體國 鄭云體猶分也干寶云體形體 面朝 直遙反 令天 力呈反 冢宰

鄭云宰主也干云濟其清濁和其剛柔而納之中和曰宰 掌邦治 直吏反注邦治下治官皆同

大宰 音泰注及後放此 副貳 徐音二 府藏 才浪反下同 官長 丁丈

反下皆同 自辟 必亦反徐方狄反 胥 鄭徐劉思敘反戚思餘反下皆同 徭役 音遙

周禮音義上

諝 劉思敘反 宮正 此以下鄭摠列六十職字干注則各於其職前列之 膳夫 上戰反 庖

人 徐扶交反 賈八人 鄭徐音古劉音嫁下放此 裹肉 音果 苞苴 子餘反 物

賈 音嫁 內饔 鄭於容反 割亨 戚普庚反劉普孟反 之稱 尺證反 亨人

劉普庚反 主爲 于僞反下爲主同 甸師 田遍反 主共 音恭下皆同 𤄶人

音魚本又作魚亦作𩵋同又音御 鼈人 必列反 腊人 音昔 醫師 意其反 有

和 胡卧反又音禾 齊 才計反 瘍 音羊 瘍創 初良反 奄 於檢反謂精氣閉藏也劉

於驗反徐於劍反 奚 如字又胡禮反 從坐 才卧反 奚 如字又胡禮反 從坐 才卧反

漿人 子良反 凌人 力證反字從冫或力外反 醢人 呼在反 不盡 津忍反 醯

人 本又作醯呼西反 冪人 莫歷反 解止 佳賣反 掌幕 武博反 貨

賄 呼罪反 司會 古外反注同鄭云主天下之大計 尚書 音常 簿書 步古

反後簿書皆同 少內 詩詔反 歲斷 丁亂反 閽 音昏 囿 音又 斿 本亦作游

法偉堂經典釋文校記遺稿卷八

周禮音義上

清法偉堂著　邵榮芬編校

景，京領反【法】《唐韻》（榮芬案唐當作廣）景、領不同部

太保【法】阮云，《注疏》本作大，此作太，非

府藏【法】阮云：注云府治藏，此當出治藏二字

辟，必亦反，徐方狄反【法】辟二音昔、錫分部

奄，於驗反。徐於劍反【法】於驗、於劍豔、梵分部

掌幕【法】掌幕今本作幕人

音由 未冠古亂反 嬪符眞反婦也 內治直吏反 女祝之六反鄭徐之又反
典枲絲里反 裁縫咸奉容反徐扶用反下同 縫人劉扶用反 涂人如豔反劉而險
反 追師丁回反治玉石之名一曰雕 屨人紀具反 夏戶雅反注同翟雉名 采如字或作菜
夏翟音狄 爲緌如誰反 大宰邦國鄭云大曰邦小曰國邦之所居亦曰
國于云國天子諸侯所理也邦疆國之境 治典直吏反注下治典邦治治官治職之治皆同 以擾而小
反鄭而昭反徐李尋倫反 以詣戶皆反 以詰起一反禁也于云彈正糾察也 馴也似倫反 度
作待洛反 猶傳側吏反下同猶立也 灋古法字 官聯音連 以弊必世反斷也鄭
蕭計反徐劉府世反 斷也丁亂反下同 斂弛尸氏反 以比毗志反鄭房利反 簡稽
古奚反鄭又音啓 以版音板 傅別音附下彼列反 書契苦計反 劑子隨反爾雅云劑翦
齊也 以要於妙反徐於召反後不音者放此 朝覲直遙反凡言朝覲皆同 辠古罪字 劓
魚冀反 刖音月又五刮反 以馭魚慮反 賦貢鄭云賦口率出泉也貢功也干云賦上之

周禮音義上　二　毛諒

所下貢下之所納於上 采邑音菜 周召上照反 毛聃乃甘反 月奉
符用反本或作俸 口率徐劉音類戚音律一音所律反下同 所稅舒銳反 八柄兵命
反 其行下孟反注同 殛紀力反 鮌古本反 敺起俱反 園圃布古反又音布
毓古育字 藪速苟反 牧牧養之牧徐音目劉音茂 蕃鳥扶元反 飭化音敕
商賈音古行曰商處曰賈下注同 閒民音閑 秝音述 曰瑳七何反
曰琢陟角反 曰鏤婁豆反 爲人于僞反 傭音容 賃女鴆反 梁
苽音孤彫胡也字或作菰 果蓏力果反 其樊如字又方元反 畜牧許又反又許六反
羨稱尺證反下同 犛降力之反 曰圉魚呂反養馬曰圉 貨於褚二反
疏不孰色居反菜也劉音蘇 曰饉其靳反 家削本亦作稍又作鄁所教反徐所召反
幣餘鄭婢世反于必世反 名與音餘 鄉大夫劉音香 毋處昌慮反後可以
意求 羞服干云羞飲食也服車服也服或作膳 芻初俱反 匪頒鄭音班徐音墳 好用

追，丁回反。一曰雕【法】案一曰當作一音，《詩·有客》篇敦都回反，徐又音雕，是其證。追、敦聲義並同

擾，而小反，徐、李尋倫反【法】尋倫反蓋徐、李本作馴，故有此誤

幣，必世反。徐、劉府世反【法】府世即必世，類隔也

比，毗志反，鄭房利反【法】此音易徐者，改音和也。比、志不同部，徐音是（棨芬案兩徐字均當作鄭）

要，於妙反，徐於召反【法】於妙、於召分兩類也，於妙即平聲之一遙〇辠，古罪反【法】反盧改字，是

聃，乃甘反【法】聃《禮記》音透紐，《廣韻》同。此讀泥紐，再考

殛，紀力反【法】阮云，葉本殛作極

饉，其靳反【法】饉、靳不同部

呼報反注同 贈勞力報反 嬪貢鄭音頻司農音賓 爲摯音至本亦作贄 楛

矢音戶 櫄勑倫反 幹古旦反 篠西了反 簜大黨反 絺勑其反 紵直呂

反 璣徐音饑劉音其既反一音機 琅音郎 玕音干 柚羊救反一音羊受反或音揄 繫

邦音計 以治直吏反下注王治凡治眡治皆同 曰藝干云宜作吏 德行下孟反 勑

音助 乃縣音玄注同 挾日子協反字又作浹同干本作帀子合反十日也 木鐸待洛反 以

徇辭俊反 其參七南反鄭云卿三人也干云三公也 傅其戚音附徐方慕反 各監

古衡反 爲民于僞反 之平音評 要之一遥反 糞弗運反 洒色責反

前期如字干本同徐昨見反本或作先如字又悉薦反 所諏子須反謀也 散齊西但

反下側皆反下同 眡音視本又作視後皆同 滌直歷反 濯直角反 謂溉古愛反 甑

甗魚善反徐音彥一音言本又作甗音歷 納亨普庚反注同劉普孟反 鄉祭許亮反

獻齊才計反 神示本又作祇音祇 享先生許兩反劉音向注享幣同 時

周禮音義上　三

見賢遍反下同 春朝直遥反下文同 之酢音昨 依前於豈反本亦作扆 含

王本又作唅戶暗反後同 既窆彼驗反徐補贈反 辟琮才宗反 巡守音狩

本亦作狩後巡守皆放此

小宰宮刑鄭如字謂宮中之刑也干同杜作官 之治直吏反下及注皆同 爭訟

爭鬬之爭 專達干云達決也 其委於僞反下賙委同 積子賜反 斂弛

尸氏反劉本作施音弛杜作施 涖音利又音類 王巹勑亮反 牲鑊戶郭反 王

齍音資 六鄉音香 屬其音燭 六綱徐音鳳劉音引本或作引 上相

息亮反 豕與音餘 政役鄭音征司農如字 以比毗志反注同 以傅音附

注同 別彼列反注同 要會古外反凡要會之會計之字皆放此 士卒子忽反下同 簡

閱音悅 貸子他代反 傅著直略反 平賈音嫁 月平劉音病

弊羣必世反 治也如字下文治其弛舍同 斷也丁亂反下同 不解佳賣

絺，勑其反【法】絺、其不同部

傅，徐方慕反【法】方幕（榮芬案幕當作慕）反讀如布也

眡【法】眡阮云：葉本作眡

示，本又作祇，音畿【法】示、祇並與畿不同部

予【法】阮云，予當作子，謂貸生子。案此據《正義》本也

反傾邪似嗟反共其音恭禮本供字皆作共可以意求之裸將古亂反不
爲于僞反莫稱尺證反啐之寸對反含禭音遂所賙音周
使齎子兮反今上時掌反下同夏之戶雅反後放此
宰夫掌治直吏反注及下之治贊治官掌又治皆同朝之直遙反後皆同治藏
才浪反注治藏同別異彼列反辟於音譬本亦作譬下皆同傳吏直專反
辟名徐芳石反劉芳益反于云不當也畜獸許又反作見賢遍反比
官如字注同戚毗志反委積上於僞反下子賜反此二字相連皆同此音飲郎徐於鴆反注同
食音嗣注飲食公食同賓賜之飧音孫牽一本作賓賜掌其飧牽于本同傚
獻昌六反用賻音附而賵孚仲反共辨薄莧反期會如字
警戒京領反
宮正比宮徐方履反一音毗志反注下並同直宿戚如字劉息就反下同析
周禮音義二　四　徐昇
吐各反夕莫音暮本亦作暮行夜下孟反爲其于僞反下注皆同有解
佳賣反情徒卧反離部力智反重門直龍反聞於音問又如字
忘守手又反又音手下文同出疆居良反之倅七內反分別彼列反
德行下孟反苛其呼何反又音何持操七曹反疏數音朔祿
稾彼錦反去其起呂反其奇音羈徐去宜反袤似嗟反亦作邪譎古穴
反觚音孤會其什如字注同敎道徒報反下道導同蹕音畢徐又音痺
讀火戚如字徐音亘塡音田街音佳倚廬於綺反
宮伯適子丁歷反於徼古吊反候便婢面反頒其音班
膳夫之食音嗣飯也注及下食用公食同食飯扶萬反依字作飰二十甕
徐劉音瓮屋貢反之饌仕眷反盡聞津忍反淳下同之純反熬五刀反淳
毋莫胡反一音武由反炮步交反牂作郎反擣珍丁老反膋了彫反五

辟，徐芳石反，劉芳益反【法】芳石、芳益同，以古韻衡之，則劉音是也

辨，薄莧反【法】薄他皆作薄

比，徐芳履反【法】芳阮刻《注疏》本作方，是也。此與《宰夫職》比官條同，此之方履反即彼之如字也

呵【法】呵盧改苛。阮云：葉本、宋本、岳本並同

膋，了彫反【法】阮云：閩、監、毛本了並作力

虀（作西反）三臡（劉奴兮反，徐耳齊反）稌（音杜，徐他古反）苽（古吳反）䣼（本又作涼，力羊反，徐力放反）醫（於美反，徐於計反）酏（以支反，劉書支反）朝食（如字，下奉朝同）陪鼎（徐蒲來反）授祭品（鄭云禮飲食必祭示有先也，干云祭五行六陰之神與民起居）刌（寸本反，劉音忖，沈寸没反，徐倉典反）大札（側八反，徐音截，疫癘也。杜注左傳大死曰札）有烖（音災）疫（音役）癘（音厲）君爲（于僞反）見於（賢遍反，下文及注同）而閒（劉古莧反，戚如字）

庖人六畜（許又反，注同，即六牲也）六獸（司農云麋鹿熊麕野豕兔，鄭云有狼無熊，干注麕作麞，熊作貆）六禽（鄭云羔豚犢麛雉鴈也，司農及干鴈鶉鷃雉鳩鴿）麕（本又作麇，亦作麏，居倫反，麞也）鶉（音純）鷃（於諫反）鴿（古合反）麛（音迷，麑子）未孕（以證反，一音乘）鱻（悉然反，生肉也）薨（苦老反，乾肉也）計數（色柱反，下按數同）不褻（息列反）好羞（呼報反）鮺（側雅反）蟹（戶買反）胥（息徐反，劉音素，字林先於反，蟹醬也）乃令

周禮音義上　五　徐充

（力呈反）付使（所吏反）乘禽（繩證反，下同）膏香（牛脂也，禮記作薌，音同）腒（其居反，乾雉也）鱐（所留反，乾魚也）臊（素刀反，杜云犬膏也，司農及干云豕膏也）腥（音星，杜云豕膏，鄭干云雞膏也，或作雉膏）鱻羽（鄭云鮮魚也，羽鴈也，杜云鮮羽鴈也）羶（書然反，羊脂也）煎和（胡臥反，下文同）暵熱（呼旱反，劉呼旦反）水涸（胡洛反，徐戶格反）爲人（于僞反）

內饔　割亨（普庚反，注及下同）肆解（託歷反）齊以（才細反）胾（側吏反）膰（音燔，本亦作燔）脀（職升反）庮（音由，徐餘柳反，干云病也，司農云朽木臭也）泠毛（音零，徐郎年反）而躁（早到反）犥（本又作臕，芳表反，又苻表反，徐又孚趙反）而沙（如字，一音所嫁反，或蘇他反）鳴貍（音鬱，徐於弗反）豕盲（亡亮反）眂（視二反，又音視）睫（音接，一音將業反）而般（音班）臂（如字，徐本作辟，音方紙反）螻（音樓，如螻蛄蟲臭也，干云漏內病也，此依禮記文）是別（彼列反）澌也（音西）蛄（音姑）掌共（共依注音具）膴（火吳反，徐凶武反）胖（普半反）鍛（丁亂反）牒切（直輒反，又之涉反）鉶羹（音刑）大臠（力轉

臡，徐耳齊反【法】耳齊不成切，亦類隔也

醫，於美反【法】盧云，此醫之譌，醫不成字

陪，徐蒲來反【法】陪徐音合古韻

刌，徐倉典反【法】倉典反未詳，當是方音○夭死曰札【法】阮云：宋本及《注疏》本夭皆大。案《左・昭十九年傳》杜注：大死曰札，小疫曰瘥，短折曰夭。然則作大是也

畜，許六反【法】六盧改又，是

鳩鴿【法】鴿盧本作鴿，是也

孕，一音乘【法】一音乘下疑脫證反二字

鱻羽，鄭云：鮮魚也，羽，鴈也。杜云：鮮羽，鴈也【法】案此引鄭、杜二家說，與今本不同

犥，芳表反，徐又孚趙反【法】芳表、孚趙小部分兩類

貍，音鬱，徐於弗反【法】音鬱與於弗反同○睫，一音將業反【法】《廣韻》業部無精紐，此將業反正《序例》所謂或音、一音出於淺近者　○臂，徐本作辟，音方紙反【法】徐本作辟疑作擘之誤，紙亦恐誤，以《內則釋文》證之，自見

反好賜呼報反注同外饔饗食音嗣長帥色類反
亨人之齊才細反注同爨七亂反大羹音庚又音衡下同肉湆
去及反甸師耕耨乃豆反齍盛音資芸音云徐音運本或作耘
茅音卯徐音茲三推出誰反又他回反茜所六反酒滲所鴆反浚也
荀閏反劉思順反焫如悅反苴子餘反音租又以藉在夜反泲酒子禮反醴
齊才細反蓏力果反秩大結反受眚生景反斷其丁亂反不踐
音翦獸人掌罟音古搏所音博劉音付後同觸攫俱縛反
反又俱碧反又作擭華霸反弊田如字徐蒲計反注于之樹反仆也普卜反一音芳豆反
又音趣鞏所音來本亦作萊植虞直吏反又時力反徐音栽而珥徐如志反以
享許丈反劉音向後皆放此禴由若反祀祊音方折之設反馘古獲反以數
色主反一音所筋角音斤獻人水偃於建反徐本作匽一返反關空

周禮音義上　六　徐茂

戚音孔下同王鮪位軌反魚鱻薨本又作槁苦老反鼈人取
互戶故反干云對也萮莫千反簎戚狄角反劉倉伯反徐倉格反沈槍昔反案莊子云冬則
擉鼈於江擉音叉角反義與此同今從彼讀蜃上軫反鄭云大蛤也干云鮨類貍物莫皆反以
杈音义共蠯薄佳反徐又父幸反蠃郎戈反蚳直其反徐長梨反蚍蜉子螔音夷
又音移蝓音由又音揄蚌字又作蜯蒲項反又蒲杏反蛾子宜綺反蟲舍音捨
蚔蝝悅全反字林允絹反腊人解肆勑歷反捶之蘂反豆
膴亡音蕪出注胖普半反杜音版夾脊戚古洽反劉古協反公食音嗣豕
麕京倫反反覆芳服反腍而甚反爓徐廉反乃亨普庚反
天官下本亦作天官冢宰下
醫師瞑眠見反徐云千反眩玄見反徐音玄劉虎縣反無瘳勑留反疕戚匹婢反
徐芳鄙反劉芳指反一音芳夷反頭瘍也亦禿也瘍音羊身創也造焉七報反則稽

湆【法】盧云，湆當作湇，今各經並從湇下日

浚，荀閏反，劉思順反【法】荀閏與思順同，疊出未詳

焫，如悅反【法】焫盧改焫，是

仆，普卜反【法】仆無音普卜者，疑蒲北之誤，再考

數，色主反，一音所【法】數不得音所，一音所下當脫具反或角反二字

萮，莫千反【法】千當作干。阮云，葉本作干○簎，倉伯反，徐倉格反【法】倉伯與倉格同　○蜃，市軫反【法】阮云：葉本市作上。偉案二字同

杈，音义【法】杈阮云：宋本注及《釋文》皆作扠○蚳，直其反，徐長梨反【法】蚳、其不同部，徐音是也。陸易徐者，因蚳、梨不同類也　○蚌，又蒲杏反【法】蒲杏反俗讀也

瞑，徐云千反【法】云乃亡之誤，此書云、亡多相貿○疕，徐芳鄙反，劉芳指反【法】芳鄙、芳指旨部分兩類

古兮反考也後皆放此 食醫 六食音嗣下食齊同 之齊才細反下皆同徐蔣細反 眡
音視 凡和胡臥反 飴蜜以之反 菫音謹 荁音丸 枌符云反 娩音問 槁
苦老反 滫劉思酒反徐相幼反 瀡相槃反 宜稌音杜又他杜反 宜苽音孤 穜
本亦作秔音庚 彫胡劉本作凋音彫 恒放甫往反 疾醫 痟音消
痒以掌反 疥音介 嗽西豆反本亦作軟 上氣時掌反注同 欬也苦代反
喘昌兗反 作見賢遍反下同 其贏音盈後不音者同 治合如字又音
閤下同 劇易以豉反 五藏才浪反下文及注同 角徵張里反 休王往況反
扁本亦作鶣蒲典反徐扶忍反 鵲漢書音義云鶣鵲魏桓侯時醫人史記云姓秦名少齊越人
倉公史記云姓淳于名意臨淄人爲齊太倉令漢文帝時人 九竅苦弔反 秦和
左傳昭元年晉平公疾秦伯使醫和爲之即此人也 岐伯其宜反 榆羊朱反本亦作俞 柎
劉音附徐音鈇岐伯榆柎皆黄帝時醫人 少者詩照反 瘍醫 折瘍劉本作斯

周禮音義上　七

同時殺反 之祝之樹反 劀音刮徐工滑反 之齊才細反 生創初良反 踠
於阮反徐烏臥反 跌待結反徐徒紇反劉徒没反 附著徐豬略反 刮去羌呂反
黄堥本又作鍪劉音武又音無徐音毋又音務沈武侯反 礜音豫 上著直略反
五氣氣音餼出注 獸醫 畜獸許又反下同 爲其于爲反
趣聚本亦作驟同仕救反 食之音似 酒正 功沽音古 大酋將由
反下同 秫稻音述 必齊戚才細反下皆同一讀此如字 麴糵魚列反 湛接廉反
饎昌志反 自釀女亮反 泛芳劍反 盎烏浪反 緹音體 醪魯刀反
猶翁鳴動反下同一音於勇反 鄭白即今之白醝酒也宜作醝假借也在何反 差酒
初賣反 醳音亦徐音昔 曰醫於己反徐於計反注同 酏以支反 泲者子禮反下同
從毆烏兮反徐烏例反本或作毉 省也所景反 截昨再反 之粥之六
反劉音育 稀者音希 清糟音糟下同沈子由反 臆本又作醷於紀反徐於力反

滫,徐相幼反【法】《廣韻》幼部無心紐,徐不必爾也

扁,徐扶忍反【法】徐古(榮芬案古當作扶)忍反與古韻合

折,劉本作斯【法】斯當從斤

劀,音刮,徐工滑反【法】《廣韻》刮收轄,滑收黠

跌,徐徒紇反,劉徒没反【法】徒紇與徒没同

堥,本又作鍪。又音無,徐音毋【法】《校勘記》舊案云:鍪當作堥。毋盧改母,云:作毋則與上無音同

翁,鳴動反【法】阮云:宋本鳴作烏,是

醳,音亦,徐音昔【法】音亦之字徐多音夕,喻、邪交變,此昔疑夕之誤,再通考之　醫,於己反【法】於己反誤,《膳夫》音於美反　〇截,昨再反【法】昨盧改昨,是

三貳徐音二下同爲尊于僞反唯嗛苦簟反衮古本反鷩
必列反徐劉方利反毳充芮反希冕本又作絺同張里反醆側産反粢才計
反醍音體本亦作緹以飲於鴆反度當徒洛反侯朝直遥反
酒人比其咸必履反又毗志反徐扶利反親食音嗣侑音又漿人
若糗丘酉反又昌紹反留間如字徐音澗用柶音四凌人治鑑
胡暫反本或作監音同如甄直僞反與盛冰音成爲二于僞反廣
八尺長丈二尺深三尺凡度長短曰長直亮反度深淺曰深尸鴆反度廣狹曰廣光曠
反度高下曰高古倒反相承用此音或皆依字讀後放此漆赤中用朱漆其中朝覿
直歷反秋刷所劣反清也如字又才政反下同籩人䵶芳弓反徐又芳勇反
或郎第反蕡符文反徐蒲悶反膴火吳反鱐所求反枲思里反腜感章涉反
又直輒反𥻸皮逼反本又作偪同糗幹音乾又作乾析幹同種直龍反又音童其腴
周禮音義上　八　余集
音臾以啗徐徒覽反劉徒暫反乾䕩音老徐刀到反榛側巾反劉士隣反少牢
詩部反凡言少牢皆放此不裸古亂反蔆音陵芡音儉㮚古栗字重言
直用反蔆芰其寄反餌而志反餈財資反餌餅必領反爲
于僞反下文同黏女廉反著直略反醢人韭音久菹莊魚反
醓吐感反本又作盜或一音昌審反麋臡乃兮反又人齊反菁作寧反又音精茆
音卯北人音柳麇京倫反膞乾普博反莝倉卧反骭戶諫反徐戶幹反蔓
音万又莫干反徐音蠻蠃力禾反蜱婢支反徐蒲佳反析星歷反蠯蒲佳反徐薄雞
反蜃市軫反豚拍音博蚳音遲又音夷蝓音踰又音由大蛤音閤蛾
子魚綺反爲膊音博下同芹音勤徐又音謹說文作菦云菜類蒿也音謹箈
音迨鄭云箭萌也爾雅作箟同鄭司農云水中魚衣也當徒來反此云北人音秃改反又丈之反未知所出筍
息尹反蒲蒻音若酏食音嗣下同糝素感反餗音速餰之然反糔

希，張里反【法】希、里不同部

鑑，胡暫反，本或作監，音同【法】鑑胡暫反與監古暫反同。本或作監，盧云：《左傳・襄九年正義》引此文作鑒，疑監字當本作鑒

深，尺鴆反【法】尺盧改尸，是

䵶，或郎第反【法】阮云：宋本第作弟。案作弟是誤爲字從豊也

腜，又直輒反【法】腜《廣韻》同又音

楅，本又作偪【法】偪盧改煏，是。又案正文當作𥻸

榛，側巾反，劉士隣反【法】榛與巾、隣不同部

菱芰【法】菱盧改蔆，是

臡，乃兮反，又人齊反【法】人齊即乃兮，類隔也○菁，作寧反，又音精【法】菁二音青、清分部

蒲雞反【法】蒲葉本作薄，盧從之。案二字同

蚳，又音夷【法】蚳、夷不同音，又音夷誤也。按此亦陸分支、脂爲二也

糔，徐相幼反【法】徐相幼反與《醫師》滫同（榮芬案此條原誤倒屬條上，今正）

思栁反劉相早反徐相幼反溲所栁反矚呂蜀反一音粟爲王于僞反五齊徐劉
于西反下同沈才細反若䐑直輒反少儀詩照反爲軒音獻皆䐑之涉
反本或作臡下同爲辟必亦反又音檗爲宛於阮反又於月反之醢呼改反之
稱尺證反醢人五齊子兮反下之齊共齊昌齊皆同醯人苦
鹽音鹽工戶反出注散鹽悉但反下同不湅音練下同齊事才細反鬻
音煑盬音古冪人莫歷反氣與音餘皆鬴音甫宮人之
脩劉音修本亦作修朝直遥反下同辨色如字本又作別彼列反井匽於建
反徐音偃不蠲音圭又古玄反絜也去其起呂反爲饎尺志反謂霤力救反
受畜敕六反絜清戚才性反本亦作清掌舍梐步禮反枑
戶故反再重直龍反下同爲拒音矩下同徐胡故反䙌音衰戚疏關反居擧慮
反溜力救反水湅徐劉色蔃反戚色冑反槖當路反爲藩方元反壝

大司六十二 小四〇七八

周禮音義上　九

戚唯季反劉欲鬼反徐羊誰反一音待果反又時累反埒徐音劣遊觀工喚反一音官
幕人幄烏學反帟音亦綬音受掌次張事劉音帳戚如字下邦之張
事皇邸徐當禮反一本作皇羽邸後版徐音板屏風薄刑反朝日
直遥反注朝日同重帟直龍反注下同爲之于僞反大府受藏
才浪反注受藏言受藏同稍秣音末好用呼報反下同使者色吏反斥幣
音尺徐蚩柘反玉府玩好呼報反內府皆同及之藏才浪反注同蠙
珠劉薄田反徐音頻一音父賓反含玉戶暗反枕尸之鴆反楔先結反令
可力呈反飯唅扶晚反衽而甚反又而鴆反牀笫側美反徐側敏反袍襗
劉音澤徐待各反簀也音責王敦音對徐丁雷反注同盛血音成下同歃之色洽
反徐霜獵反文織音志一音如字劉音至爲王于僞反獻遺唯季反下同
內府使者所吏反小治直吏反外府不徧古遍字下同復

矚，一音粟【法】案矚不能音粟，《內則》作徐又音燭〇齊，徐、劉于西反【法】于乃子之誤，盧本亦誤

鬻，音煑【法】鬻（榮芬案當作鬻）、煑同字爲音

本亦作清【法】清盧改清，是　䙌，音衰，戚疏關反【法】盧云：疏關反當本亦作椽。案椽亦無疏關之音，當本作欑　槖，當洛反【法】阮云：宋本洛作路，岳本槖音妬。案《注疏》本作橐，詳《校勘記》。竊意路是也。此與上條欑字段氏有說，見《周禮漢讀考》

壝，一音待果反，又時累反【法】待果、時累二音，則字當作墮（榮芬案疑當作墥）

斥，音尺，徐蚩柘反【法】柘盧改柘，是

蠙，徐音頻，一音父賓反【法】據《廣韻》則音頻與父賓反同，未知徐意云何

笫，側美反，徐側敏反【法】笫徐側敏反者，讀敏如美，非入軫部也

織，音志，一音如字，劉音至【法】織劉音至，非。此疊出志、至二音，陸亦分此爲二部，而他處多混，何也

出扶又反徐音服後數音朔有奇紀宜反足枝如字一音奇幣齎
音咨注同一音祖係反問幾徐舉豈反司會古外反下同之治直吏反注同
攷音考司書九正音征注同猶比毗志反餘見賢遍反下同
之簿步故反下同朽蠹都路反器械戶戒反六畜許又反稅
斂力驗反職內種章勇反寫下戶嫁反藏中才浪反
職歲而編必緜反又必連反一音方千反職幣拼也音拯楬之其列反
以著直略反徐張恕反司裘中秋音仲注同毴音毛毨先典反裘
與音餘鶉音淳麛音迷其鵠古毒反爲祭于僞反可以與
音預下得與同德行下孟反比於毗志反下同而中丁仲反下天子中之以下中之
而難中以中皆同所射食亦反下自射所射共射皆同爲臯諸允反本亦作準著
於直略反又張略反參七素感反干五五旦反劉音鴈本又作豻遠尊于万反射

周禮音義上　十　駱昇

正音征下同鳱音干劉音鴈一音岸廞許金反徐又火飲反遣車弃戰反興
也虛譽反下同掌皮毛毴尺銳反細縟音辱餘見賢遍反
內宰省文所景反其奇紀宜反衺似嗟反本亦作邪紝女金反組
音祖紃似倫反縫線仙戰反字亦作綫后祼古亂反瑤爵音遥不
與音預酳士靳反劉侯吝反又音胤王齍音咨瀍劉諸允反注皆同徐音純市朝
直遥反下同介次音界或作分非爲純諸允反下同四咫音紙與音餘中春
音仲調度徒弔反下待洛反或如字種直龍反本或作重音同先種後孰曰種緊如字書禾旁作重是種稑
之字作童是穜稙之字今俗則反之稑音六後種先孰曰稑本又作穋同之種章勇反注藏種同傳
類直宣反下同番音煩孶音玆本又作滋又上時掌反而徧云音遍
絕句從容如字內小臣使令力呈反道之音導相九息亮反注
同爲后于僞反好事呼報反下同問遺唯季反御見賢遍反下同

技，如字，一音奇【法】技盧改枝，是○齎，音咨，注同。又祖係反【法】又祖係反盧據宋本改爲一音祖係反　○治，直吏反，注同【法】注同阮云：宋本作下同，目下文以逆羣吏之治也，此注無治字

簿，步故反【法】故乃古之譌，《序官》音步古反，云：後簿書皆同。此亦簿書也，不當獨異。且故字去聲，若簿讀去聲，則與步同音，不得以步故作反語也

編，必綿反，又必連反，一音方千反【法】必綿與必連同，連疑典之誤。必綿、方千則仙、先分部也　○毴，音毛【法】惠氏《九經古義》云：毴當爲髦字之誤也。鄭氏《尚書》云：中秋鳥獸髦毨，中冬鳥獸毴髦，涉下而誤耳。案陸音毴爲毛，《疏》釋毨，而不釋毴，是陸、賈並未誤，其誤在陸、賈後矣

酳，七靳反，劉侯吝反，又音胤【法】七盧改士，與《集韻》合。侯吝即《集韻》之于秋，《校勘記》謂即羊進，非也。今于秋切之酳譌爲酮，校者未之見耳。又案侯吝當作俟吝，見《士虞禮》，阮校宋本作俟吝。偉案作俟吝則與士靳同矣，作侯似誤。又案或陸以酳、吝不同類，故改俟吝爲士靳也

而偏云，絕句【法】阮云：宋本作絕句，偏音遍，似得之

掖庭劉音亦　閽人兩觀古奐反　褰經徐音崔　刻識
式志反又音式　尨云江反　狂易以豉反徐音陽　無帥色類反注同　使者色吏反
將帥子匠反　苛本又作呵呼河反又音何徐黑嗟反　則爲于僞反　之闢本又
作辟婢亦反避也注同　掌埽素報反　門燎力召反又力弔反　寺人
相息亮反下及注同　道徒報反後同　弔臨良鴆反後同　内豎便
疾婢面反　俟朝直遥反下同　則爲于僞反注下同　遣車弃戰反後遣車
皆放此　頮沐呼内反　九嬪　婉於阮反　娩音晚　御見賢遍
反　月上時掌反　放月方往反　王齍音咨劉祖稽反　王敦音對
世婦　濯摡古愛反拭也　拭音式清也　涖陳音利又音類　女御
持翣所甲反　如使所吏反　之介音界　女祝　禱祠丁考
反一音鄭郞反　梗古猛反徐依鄭音元　禬古外反又戶外反　禳如羊反　去之起呂反下

周禮音義二　二　駱賓

同　女史　治之直吏反注同　典婦功　事齎音咨
本亦作粢　凡授音受出注　其苦音古　而賈音嫁注下同　而楬其列反
分別彼列反　布紵音佇　而著直略反徐張庶反　典絲　受
良良音古出注　及依於豈反　盥巾音管　線似戰反　纊音曠劉古曠反
著直略反下同徐豬略反　盱口香于反　綦劉音其沈音忌　握烏學反劉烏豆反
文織音志　茵音因　會之古外反舊戶外反　傅著音附
典枲　數物色主反一音所　蕢苦迴反又口穎反劉祜熒反　苦功音古
内司服　褘衣音暉　揄狄音遥　鞠衣居六反又丘六反　展衣
張彥反注同　緣衣或作褖同吐亂反　君卷古本反下同　朝服直遥反　屈
狄音闕　襢衣張彥反　翬音暉　見王賢遍反　言宣丹但反　玭
音此劉倉我反本亦作瑳與下如字同倉我反　展如字　媛也音援　其行下孟反　作秘

苛，呼河反，徐黑嗟反【法】黑嗟與呼河同，徐讀嗟入歌也

燎，力召反，又力弔反【法】燎二音笑、嘯分部

齍，音咨，劉祖稽反【法】齍二音脂、齊分部

齎，音咨，本亦又粢【法】又盧改作，是。而粢字仍是譌文。阮刻《注疏》本作本亦作資，段氏《漢讀考》作本亦作資，云：今本誤粢

線，似戰反【法】似蓋仙之誤，見上《内宰》

數，一音所【法】數一音所，非，見上《獸人》○蕢，又口潁反【法】潁盧本作穎

揄，音遥【法】阮云：宋本作音遥，據鄭注爲音也

劉吐亂反 白縳 劉音絹聲類以爲今作絹字說文云鮮色也居援反徐升卷反沈升絹反 張

顯 如字徐音張 喪衰 七雷反 以上 時掌反 紛 本又作帉芳云反 帨 始銳反佩

巾徐音歲 磐 步干反 袠 陳乞反 縫人 錦 褚 張呂反 僞 荒

鄭注禮記改僞爲帷 纁 許云反 萋 本又作蔞所甲反 纁 披 彼僞反 衣 蔞

於既反 度 西 音宅古文庑與度字相似因此而誤 接 櫃 劉上所甲反下音柳 翣 止

所中反一音所立反 染人 春暴 步卜反劉步落反注同 秋染 如琰反注

染夏 夏 戶雅反後除春夏之字皆同可以意求不復重出 作 纁 音勳一音鬱 始

湛 徐子廉反劉慈鳩反 羽 ⿰目巛 古犬田反 曰𪇖 直劉反劉音壽徐音酬 曰蹲 音存徐祖

混反一音遵 曰希 如字劉張履反 以放 方往反 追師 丁回反下及注同 編

步典反又必先反注同 冠禮 古亂反後冠禮同 毋追 音牟 君卷 古本反 紞

丁敢反 紘 音宏 綖 以然反徐羊戰反 步繇 以招反本或作搖 假紒 音計 髮

周禮音義上 二 駱寶

皮寄反 髲 本又作髮大計反劉音地 以見 賢遍反 亦纚 所買反又所綺反 追

琢 丁角反 以縣 音玄 瑱 它見反 鬒 之忍反 屑 髯 大計反下同沈音剃 卷

髮 卷免反劉羌權反 衣鞠 於既反下衣緣同 移 袂 昌氏反下同 純衣 側其

反徐如字 屨人 繶 於力反 青句 音劬一音姜喻反 著 服 徐丁庶反

一知略反 反與 音餘 有約 音劬 有純 章允反下同 下緣 悅面反下同 舄

音歷反 覆 芳服反 以見 賢遍反 之救 戚如字劉音拘 著 舄 知略反又

直略反 中紃 音巡 衣翟 於既反 非純 如字 去飾 起呂反下皆同 散

屨 素但反注同 夏采 以乘 繩證反注乘車皆同 建 綏 而誰反注下同依字

作緌誤作綏耳 適室 丁歷反 東 榮 如字劉音營 衣尸 於既反 復 反

扶又反 朝服 直遙反 以卷 古本反 屈狄 音闕 玄䞓 勑貞反 爲

⿰衤遺 音維徐音遂 於橦 直江反

縳，鮮色也，居援反【法】段云：色爲巵之誤。絹有鮮支之名，支或作巵也。居援誤，《聘禮》引作居掾，是也。《廣韻》絹、援雖同部，然分爲二類

袠，陳乞反【法】袠他處多作陳乙反，此作乞，誤

翣，本又作箑【法】《廣韻》箑山洽切，翣所甲切，未詳其故

不復重也【法】也盧改出，是

⿰目巛【法】⿰目巛當作甽

曰希【法】盧移曰希條於曰蹲上〇編，步典反【法】編音步典疑誤，《廣韻》方典切，宜通考之

髲，劉音地【法】劉音地者，讀地四等，非讀髲入寘也

以縣【法】以縣今本注作以紘縣〇卷，卷免反【法】《詩·采薇、采綠音義》卷眷勉反，此卷免亦當作眷免。卷字見紐有上、去二讀，又有群紐一讀，不能爲音紐也 〇著，一知略反【法】一知略反盧於一下補音字。偉案一爲又之譌

救【法】救今本作拘，陸氏作救，與《爾雅》同

⿰衤遺，音維，徐音遂【法】段氏曰：《說文》無⿰衤遺，據徐音疑本作襚，或作⿰礻遺，《說文》㫃部⿰㫃遺即旞字（榮芬案⿰衤遺、⿰㫃遺並當作⿰㫃遺，旞當作旞）

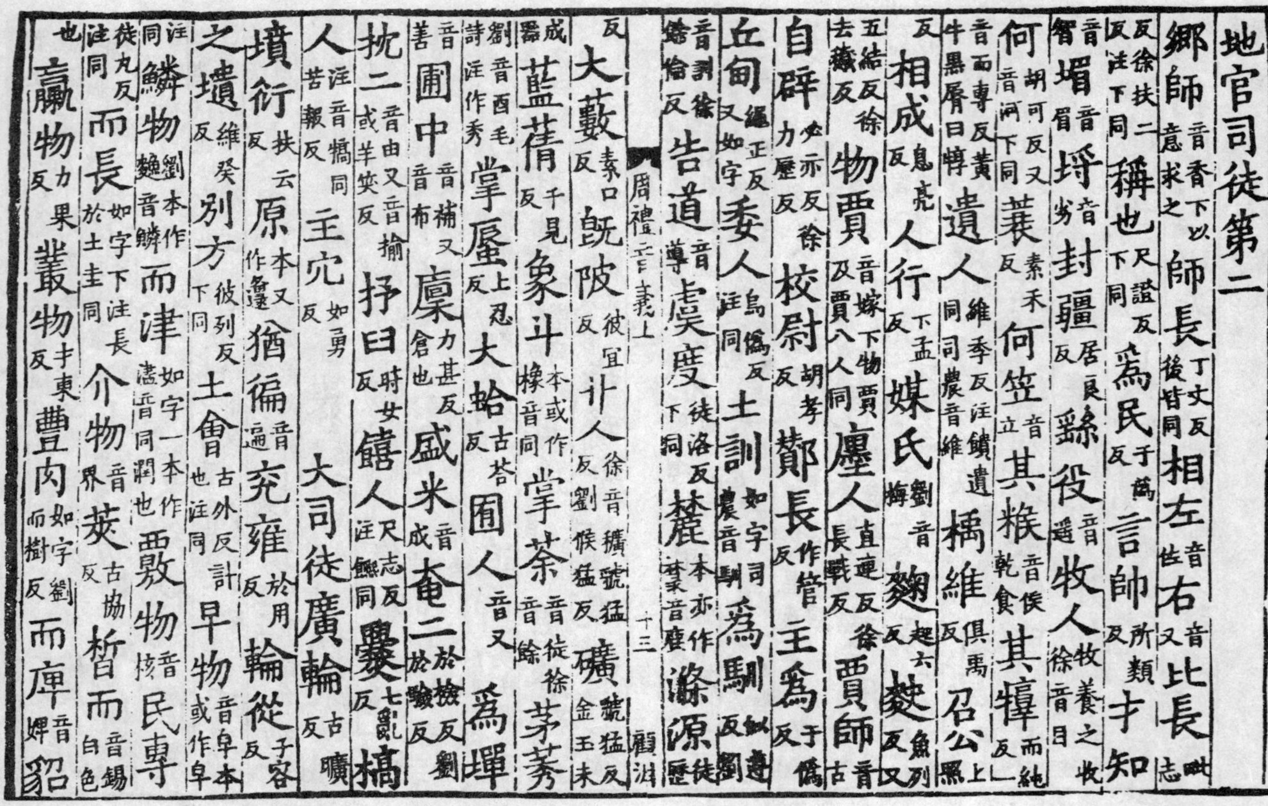

地官司徒第二

鄉師音香，下以意求之 師長丁丈反，後皆同 相左音佐 右音又 比長毗志反，徐扶二反，注下同 稱也尺證反，下同 爲民于僞反 言帥所類反 才知音智 㛯音眉 埒音劣 封疆居良反 縣役音營 牧人牧養之牧，徐音目 何胡可反，又音河，下同 蓑素禾反 何笠音立 其糇音侯，乾食 其犉而純反，一音而專反，黃牛黑脣曰犉 遺人維季反，注鐀遺同，司農音維 橋維俱禹反 召公上照反 相成息亮反 人行下孟反 媒氏劉音梅 麴起六反 麩魚列反，又五結反，徐去穢反 物賈音嫁，下物賈及賈八人同 廛人直連反，徐長戰反 賈師音古 自辟必亦反，徐力歷反 校尉胡孝反 酇長作管反 王爲于僞反 丘甸繩正反，又如字 委人烏僞反，注同 土訓如字，司農音馴 爲馴似遵反，劉音訓，徐錯倫反 告道音導 虞度徒洛反，下同 麓本亦作禁，音鹿 滌源徒歷反

周禮音義上　十三　顧洲

大藪素口反 既陂彼宜反 卝人徐音礦，虢猛反，劉侯猛反 礦虢猛反，金玉未成器 藍蒨千見反 象斗本或作橡，音同 掌荼音徒，徐音餘 茅莠劉音酉，毛詩注作秀 掌蜃上忍反 大蛤古荅反 囿人音又 爲墠音善 圃中音補，又音布 稟力甚反，倉也 盛米音成 奄二於檢反，劉於驗反 抌二音由，又音揄，或羊究反 抒臼時女反 饎人尺志反，注饎同 爨七亂反 槁人注音犒同，苦報反 王冗如勇反 大司徒廣輪古曠反 墳衍扶云反 原本又作邍 猶徧音遍 究雍於用反 輪從子容反 之壝維癸反 別方彼列反，下同 土會古外反，計也，注同 早物音皁，本或作皁，注同 鱗物劉本作麟，音鱗 而津如字，一本作濜，音同，潤也 覈物音核 民專徒丸反，注同 而長如字，下注長於土圭同 介物音界 莢古協反 皙而音錫，白色也 羸物力果反 叢物才東反 豐肉如字，劉而樹反 而庳音婢 貂

比，毗志反，徐扶二反【法】比音易徐，改爲音和也，然不作毗二而作毗志，則非

麩，魚列反，又五結反，徐去穢反【法】《漢書·司馬遷傳》注云，齊人謂鞠餅爲媒，即本此注，彼云鞠餅，即此之麴麩也。仙民音去穢，正從夬聲得音。陸氏先列魚列、五結之讀，則音、義皆誤矣。麴與蘗二物，麴麩非麴蘗也

甸，繩正反【法】正乃證之譌，盧本不誤

稾，注音稿，同，苦報反【法】盧改正文爲稾，注爲槁，則同字矣。阮云：《唐石經》作稾，蓋經文借禾稾字，故司農讀作枯槁也。經注有從牛者，蓋非。盧文弨曰：《注疏》本槁或作犒，此習於俗用，而改舊文，不知古無犒字，觀《疏》以枯槁爲言，知唐人尚未誤也

冗【法】冗盧改宂，是

鱗，劉本作麟，音鱗【法】麟盧本改鮝。案鮝無通鱗之理，偉疑此即鱗字易爲右形左聲作麟耳。粦亦作粦，正是其例。六朝人書粦爲麥，見於石刻者甚多書麥作麦。蓋此字舊作麟（榮芬案當作麟），校者疑爲從麥，而改爲麟，遂不可通。此如今人好以《說文》改古書，其病正同。盧改據《集韻》，《集韻》錯誤甚多，況此文正文未出，止見於注，安知非即麟之誤乎

音彫 貒吐官反 貉胡洛反依字作貈 縟毛音辱一音如勇反 專圜音圓又徒
丸反 臞其俱反又作臞音稍與考工記燿後音同 貔音毗一音房私反 貙勑宜反 萑音丸
葦于鬼反 柞栗子洛反 理致直記反 爲櫜古毛反劉古到反 蓮
芟音儉 韜吐刀反 不爭爭鬭之爭 不愉音偷又音揄 又不虩薄報反 不
解佳買反 少而詩照反 以相息亮反注同 以毓音育 分野扶問反
反 其種章勇反 榛栗側人反 猶蒔時至反 騂剛雖營反 赤
緹音低 土深尺鴆反 日景如字本或作影非下及注同 猶度待洛反下同 近
日附近之近下同 遠日于万反 日跌待結反 封疆居良反下同 顓之宣反
臾音揄 其率音律又音類後注同 正之音征 字之如字一音滋 爲其于僞反
反 百畝本亦作畮古畝字 丘甸劉常證反 乃復扶又反下同 奠也劉音定
弛力式氏反 舍禁音捨注同 去幾羌呂反注及下注去蹕同 眚禮所景反注

周禮音義上 十四

省同 殺哀所界反徐所例反注同 蕃樂方袁反注同徐文注皆音煩 種食章勇反
幼少詩照反 拼音拯 捄音救本亦作拯救 曰矜古頑反 今癃音隆 筭
卒子忽反 嫐音美 聯兄弟一本作聚兄弟 約椓陟角反 乃縣
音至注同 挾日子協反 爲比毗志反下同 相賙音周 給足劉子喻反 飭
材音勑注同 商賈音古 閒民音閑 六行下孟反 睦婣音因 不
弟音悌注同 情思悉吏反 心應應對之應 大招上朝反本亦作韶 大
濩音護本亦作護 地治直吏反注及下正治并注同 而斷丁亂反注同 不厭
於涉反或於驗反 其肆託歷反注肆解肆去同司農音四注肆陳同 六引如字又音胤
六紼音弗 大札側八反 上其時掌反 計簿蒲戶反注同
小司徒 九比毗志反注下皆同 施舍式氏反 六畜許又反後六畜皆同
之卒子忽反注及下皆同 相別彼列反 猶徧音遍 七人以上時掌反

圜，音圓，又徒丸反【法】圜不得音徒丸反，蓋字或作團也

臞，又作燿【法】燿盧改臞，是○貔，音毗，一音房私反【法】房私即音毗，不得爲異讀　臑【法】臑盧改貙。案當作貙　○致，直記反【法】致、記不同部

又音揄【法】阮云：宋本、十行本、閩、監、毛本揄皆作愉，此誤

榛，側人反【法】人盧改巾，云：舊側人反譌，依前後文改○蒔，時至反【法】蒔、至不同部　○深，尺鴆反【法】尸誤尺，與《春官·薆人》同

眚禮，所景反，注同【法】眚禮注同阮云：葉本、宋本作注省同，此無省非。注云，省禮謂殺吉禮也，明眚爲省殺之意，故經作眚，注作省，陸所見鄭注是省禮，今本注作眚禮，非

蕃，方袁反，注同，徐文注皆音煩【法】阮云：葉本、宋本徐作餘，當據正。此謂蕃樂之蕃，經、注皆方袁反，從杜子春讀爲藩閉義也，餘經文及注蕃字皆音煩，文如下四日阜蕃，注如下安之使蕃息等。今案阮校是也，惟文乃及之形近譌字耳　拼，音拯【法】拼、拯同字爲音　筭【法】筭盧改筭，是

毋過音無　爲羨錢面反　爲甸繩證反出注注同　夫仁音扶　少康
詩照反　溝洫況逼反　爲除于僞反　言乘繩證反下同　治澮古外反
其政依注音征　其肆託歷反　使臣所吏反　脩行下孟反　引窆
彼驗反劉補鄧反　復土劉音福一音服　斷其丁亂反　治成直吏反注治成及下
文同　鄉師其治直吏反下六鄉之治同　復免音福　之辟婢亦反
不偪鄙力反　匱其位反　茅蒩子都反一音子餘反或云杜側魚反鄭將呂反　爲
菹側魚反　爲藉慈夜反下皆同此如字下皆慈夜反　苴子都反又將呂反　[illegible]
音忖　而去羌呂反　守祧他彫反　其隋戚吁恚反劉相恚反　是與音餘
華九玉反　人輓音晚　一狸里其反　執纛桃報反劉音毒　御匶音舊
執紼音弗　執翿劉音桃戚徒報反　羽葆音雨　橦也直江反　其
行戶剛反下行列同　而備補鄧反　謂封彼驗反　斷其丁亂反　明
周禮音義上　十五　張靖
爲于僞反下爲州長爲鄉大夫爲州黨同　鳥隼雖允反　之旟音餘　別異彼列
反　課殿都遍反下同　市朝直遥反下同　之蘬古難字本亦作[illegible]　楬豆
苦瞎反　軾九勇反　軸音逐　楅音福又音逼　鄉大夫所治直吏
反下考治下治所治處同　德行下孟反下及注德行之行六行皆同　復多音福下同　上其書
時掌反　寶藏才浪反　寧復扶又反下猶復同　張皮射之食亦反　樂
與音餘　矍俱縛反本或作瞿音同　相息亮反　如堵丁古反　揚觶支豉反
州長各屬音燭合也聚也注下皆同　會民如字注同　重申直用反
黨正教治直吏反族師治令同　彌數所角反　祭禜榮敬反　大蜡
仕詐反依字作措　爲民于僞反　農隙去逆反本又作郤　孝弟音悌下同　昬
冠古亂反　族師祭酺音步或音蒲　校人戶教反　蝝悅全反
螟覓經反　酺與音餘下步與同　雩禜榮敬反本亦作禜下黨禜同　葬如字劉才

羨，淺面反【法】盧云：毛本錢面反。阮云：宋本、十行本、閩、監、毛本皆作餞。偉案作餞（榮芬案此及上文餞皆當作錢）是也，見《詩・皇矣》篇，然實從、邪之混

藉，慈夜反，下皆同。此如字，下皆慈夜反【法】皆同下盧補或云二字。阮云：宋本無慈夜反等七字。案盧補蓋是

纛【法】阮云，葉本、宋本纛作纛，是也。偉案《詩・君子陽陽》篇云，纛俗作纛。二字若以《說文》衡之，皆俗字也。纛字有聲有義，似較從毒（榮芬案當作每）者爲稍合，陸及《五經文字》皆正纛而俗纛，極不可解。段引緐字之從每，證纛從每之爲正，不知《說文》緐字之解先迂曲難通矣

幢【法】幢阮云，葉本幢作橦，是

郎反 埋本或作貍莫皆反 閭胥各數色主反 政役如字杜音征
皆會如字下會同 爲暨其器反又斤乙反 觵古横反 撻吐達反 扑也
普卜反 比長之治直吏反 有皋本亦作罪 衺似嗟反 不便
婢面反 則荷呼何反又音何 封人唯爲于僞反下同 單出
音丹 丘乘繩證反 其福音福 置緷本又作紖持忍反 水槀古老反
絜清如字又才性反 著牛直略反 令不力呈反 得抵丁禮反
如椵音加沇一音瑕 以豸直氏反 毛炰薄交反 爓似鹽反 去其
起呂反 肥腯徒忽反 鼓人又別彼列反 鬼享許丈反劉虛讓反
反牛人職同 鼖扶云反 鼛音羔丈二尺 編鐘必仙反 錞音淳錞于也 錞
碓頭音對本又作椎直追反 鐲直角反鉦也 鉦音征 鐃女交反 有秉兵政
反本又作柄下同 且卻起略反 鐸待洛反 大鈴音零 帗音拂劉音弗

周禮音義二　一六　張肯

鼜千歷反 發昫本又作朐亦作煦休具反劉休武反或況冢反 之眚生領反
舞師旱暵呼但反 爲皇音皇 牧人阜蕃音煩 牲牷
音全 黝於糾反司農音幽 尨云江反 表貉莫霸反 爲甈丘例反 副普逼
反 辜音孤 禳如羊反 憚其待旦反 牛人職人戚音特或餘式反劉之式
反注樴同 以繹音亦徐音夕 之杙餘式反劉餘則反 積膳子賜反注同 飧音孫 食
也音嗣下文同 執冪民狄反 折俎之設反 槁牛苦報反注同 遣奠
弃戰反 牽傍薄浪反注同 之互劉音護徐音乎 盆簝音老劉魯討反受肉
籠也 以盛音成 縣肉音玄 充人散祭素但反注同 近之附近之近
地官下
載師廛里直連反 以場直良反 圃布古反又音布 賈田音古注同
畺地居良反 吏爲于僞反 果蓏力果反 州長丁丈反後皆同 亦

政役【法】阮云，《唐石經》以下本皆作役政，注亦先役後釋政，此蓋誤倒

扑，普卜反【法】普卜盧本作普木，然他處多普卜反

呵【法】阮云：葉本呵作荷

豸，直氏反【法】氏盧改氏，是

腯，徒忽反【法】忽盧改忽，是，見《詩·我將》

編，必仙反【法】《注疏》本作必先反，前也數見，亦必先、必千、方千等反

昫，本又作朐【法】朐阮云：葉本、宋本、十行本同，閩、監、毛本作呴。盧改從之

憚，待旦反【法】待毛本作特，盧改爲徒，皆同，然作徒者多

杙，餘式反，劉餘則反【法】餘則不能成切，又見《詩》方羊特切（榮芬案切當作反，方蓋音之誤）　○犒【法】犒盧改槁

互，劉音護，徐音乎【法】乎盧改牙，云：舊作乎則與互同音護，不煩別出，今從宋本正。《楚茨正義》引亦作牙。偉案以俗字音正字，《釋文》多有，如總音揔之類，互音乎是似不必改　簝，音老，劉魯討反【法】音老阮云：宋本、十行本同，閩、監、毛本作寮。案作寮蓋是，若音老，則與劉音無別。《廣韻》蕭部收簝，《玉篇》亦止力彫切一音

監古銜反 盡如津忍反 者與音餘 林麓音鹿 涂巷音徒 去
一起呂反下同 如比徐方二反 率之音律又音類 桼林本又作漆音七劉本作桼字之變也
音同 疊場音亦 儳布劉音讒徐才鑒反 皆說音悅 欲令力呈反 以
衣於既反下同 有間音閑 閭師以飭音敕 以畜許又反下
同 不衰七回反下同 縣師大比毗志反後放此 之卒子忽反
量其音良 遺人唯季反劉音遂 施惠式豉反後施惠皆同 廩人良甚
反 易以以豉反 作墐音艱又音謹 有庌劉音雅 均人地政
音征出注下同 上下時掌反 四酺矣甫反 㽞㽞音均又舒均反又音
甸聶氏常純反 師氏以媺音美 行本下孟反下及注同 以知音智之
稱尺證反 覆燾徒報反 說命音悅 敬遜音遜 夫孝音扶
王朝直遥反注及下皆同 國中鄭丁仲反注中禮者同杜音得 則從才用反下同 爲
周禮音義上　十七　吳玉
與音預下同 聽治直吏反下同 且蹕音畢 保氏五馭音御
德行下孟反下文及注同 剡羊冉反 注之樹反下同 襄尺音讓本作讓諸音非
差分初佳反又初宜反下同 重差直龍反 夕桀音的此二字非鄭注沈祥易反 嚴
恪如字又音儼 薺薺子禮反 蹌蹌七良反 闞呼檻反 仰仰本又
作卬五剛反 濟濟皇皇上子禮反又音齊下于況反又音往 纍纍顛顛上律
悲反下音田又如字 暨暨其器反 詻詻五格反 匪匪芳非反 王闈音韋
宮中巷門 司諫而強其丈反注同 則易以豉反 以行如字下注同
司救如字劉音拘 之衺似差反注作邪同 酗況付反 謍音詠 好訟呼報反
去其起呂反 著之直略反一音丁略反 近罪附近之近 調人之難
乃旦反注及下同 共和並如字 之畜許又反 辟諸音避下同 從兄才用反 眡
父音視 盥而音管 謂重直用反 後復扶又反下不復聽同 媒氏以

闞，呼檻反【法】《廣韻》闞、檻不同部。闞盧補作闞闞

上時掌反 奇數於綺反，本或作倚，音同 以別彼列反，下同 冠子古喚反 純帛
側其反，依字從糸才 中冓古候反 而棧士板反，劉才產反，或士諫反 有茨疾私反
司市之治直吏反，下及大治小治同 豆區烏侯反 行列戶剛反，下行列同 者具
以豉反，下之易同 售受又反 商賈音古，注曰賈下商賈賈師皆同 成賈音嫁，注下不音者皆同。聶
氏及沈云成賈、定賈、奠物賈、其賈、平賈、大賈、小賈、賈賤、恒賈、而故賈，凡十二音嫁，餘音古 徵儥劉音育，聶
氏音笛，字林他竺反 質劑子隨反 月平皮命反，下月平同 賈氏劉音嫁，聶沈音古，注
賈氏同 禁虣薄報反 而去起呂反 扑也普卜反，下文同 斂賒
傷蛇反 同共如字 則爲于僞反，下爲民同 賒貰音世，貸也，劉傷夜反，一時夜反
廄音側，本又作是 販夫方万反 其便婢面反 奠賈音定，又田見反 上旌
皆掌反，注同 殳也音殊 防誑九況反 物行遐孟反，又如字，聶胡剛反 苦者音古
以郤起略反 好奢呼報反 在賈音古，注同 得粥音育，下同 中度

周禮音義二　十八　吳玉

丁仲反，下同 廣夾音洽 數十二色主反 爲柎劉方符反，沈音附 一幕
劉音莫 一帟音亦 遊觀古喚反，下同，或音官 爲說如字，解說也，聶如銳反
質人用長如字 其淳音准 幅廣光曠反 匹長直亮反 當
中丁仲反 淳尸劉章純反，下同 國基如字，本或作朞，同 之好呼報反
廛人絘布音次，本或作次 總布劉依杜音讒，鄭音揔 爲儳音讒 租穇
音揔 官爲于僞反，下同 以畜勑六反 皆說音悅 ⿰宁者知呂反，本或作貯，又作褚，皆同
藏於如字，劉本作葬，音同 瘦本又作廋，所又反 臞其俱反，又作臞，音稍 以紓音舒，劉當
汝反 胥師 表縣音玄 飾行下孟反 慝者他得反，惡也 巧
飾苦教反，又如字 令欺力呈反，下文同 小治直吏反，下之治同 而斷丁亂反
賈師音古，下注賈師同 而奠音定 別也彼列反 重困直用反 而
更音庚 爲官于僞反 司虣 闘囂五羔反，許驕反，讙也 讙

從系才【法】系當作糸〇棧，士板反，劉才產反【法】棧二音潸、產分部

奠物賈。而故賈【法】奠下、而下盧補賈字，是也

賈民【法】賈民盧改賈氏。阮云：葉本、宋本、余本皆作氏，此淺人依《唐石經》今本所改 〇賖，一時夜反【法】賖盧改賒，是。阮云：宋本一作又

夾【法】夾今本作狹〇柎【法】阮云：柎閩、監本同，十行本、毛本作柎，盧本同，余本又作柎。按依音則劉本作柎，沈本作柎，其作柎者誤也 〇說，聶如銳反【法】如銳乃始銳之譌 〇淳，音準【法】阮云：準葉本作准，《注疏》本並同

總，音惣【法】惣乃總之俗

音說【法】說盧本作悅，是

音歡　則摶音傳下同　司稽所操七曹反　以徇辭俊反
肆長相近附近之近下及注同　相遠于万反注同　或數色主反　故
別彼列反　令相力呈反　賈人音古　泉府楬而音竭　其
抵音帝本也又都禮反　爲癉音旦又丁左反　揃音箋又倉廉反　著其直略反
別治直吏反　之貸音特注不出者同　別其彼列反　貸民吐代反　本賈
音嫁一音古　所賈音古　假令力呈反　償時亮反　則會古外反後放此
司門管鍵其展反又其偃反司農音蹇居免反　籥羊略反　正其音征　毄音計本又
作繫　監門古銜反注同　造焉七到反注同　司關猾商音滑　其
治直吏反　辟稅音辟一音芳益反　節傳張戀反注下皆同　凶札側八反又音截
札瘥才何反病也　猶苛呼多反又音何　令𣂪力呈反　皆說音悅　啟關
音叩苦狗反　則爲于僞反　謂朝直遙反　掌節則別彼列反下

周禮音義上　十九

相別同　使者所吏反下之使注使節使者同　英蕩如字又吐黨反　爲帑吐黨反　盛
此音成　郵行音尤字從垂作卸誤　遂人爲酇作管反後同　制
分扶問反又如字下分制同　比閭毗志反下同　追胥如字劉張類反　致甿亡耕反
興耡音助李又音鉏　以疆其良反　懵懵本又作懜莫崩反又音蒙李武冰反　猶
會古外反下一字同　爲率音律又音類　錢音翦劉音踐　鎛音博　復予扶又反
令相力呈反　百晦音畝　萊音來　有數色主反　奇受居宜反　有
畛之忍反劉音真　有洫況域反　有澮古外反　乘車繩證反　遂從
子容反下同　去山起呂反　盡主津忍反　施舍式氏反下施舍皆同　政役音征注同
而屬音燭　六綍音弗　及𥦗劉昌絹反穿也本作窆彼驗反與注相應　與說始銳
反　千人與音餘　啟朝直遙反　之封彼驗反或如字　之傰補鄧反　政治
直吏反下治訟皆同　遂師耕耨奴豆反　斂艾音刈　庇其又作庀匹爾反

癉，音旦，又丁左反【法】阮云：宋本左作佐，是○揃，又倉廉反【法】揃、廉不同部，殆或作籛歟？揃疑當從木，《篇》、《韻》並云，㮍古文㯼，又見《秋官・職金》

鍵，其展反，又其偃反【法】鍵二音獮、阮分部

疆，其良反【法】阮云：疆諸本同，誤也，《唐石經》作彊。當據以訂正○懵，本又作懜【法】阮云，宋本懜作儚

塴【法】阮云：宋本塴作傰　庇，又作庀，匹爾反。劉副美反【法】《廣韻》庇、爾不同部，易劉者嫌庇、美不同類也。此讀爲庀也

具也劉副美反一音芳米反脩行下孟反抱磨劉音歷丘籠力董反及
蜃古軫反以為于偽反神坐才卧反復土音服或音福乃説始銳
反或吐活反更復扶又反龍輴勑倫反作槫市專反李徒官反作輇
市專反適歷音的又音釋比敘匹爾反出注行列戶剛反遂大
夫徑術音遂善相息亮反道民音導大比毗志反下比及注同微
屬其音燭聚也注同一地治直吏反縣正趣其如字李倉苟反本又
作趨音促鄙師禜也音詠數其色主反下同其媺音美
里宰治處直吏反令街音佳彈如字一音丹因放沈方往反
旅師閒粟音閑注同而用而音若出注興積子賜反注同之治
直吏反注同復之音福期不音基以上時掌反稍人丘乘
繩證反注丘乘曰乘丘甸并為甸甸讀禹畯之畯皆同音輂輦居錄反卒伍子忽反所

周禮音義上　二十一　蘇

調徒弔反下同皆徧音遍遞焉徒禮反又音弟本又作適音釋委人賦
斂力豔反凡畜勑六反注同葵芋于附反稍聚俗裕反下文同藩蘿
音羅本亦作纙土均之政音征出注為之于偽反豐省所景反
草人相其息亮反之種章勇反注除種禾以外並同氾勝芳劒反李又音凡
凡糞粉運反本亦作糞赤緹音低李他奚反聶吐弟反墳壤符粉反用麋
音眉渴澤其列反鹹潟音昔一音鵲用貆呼丸反又音丸李一音喜元反埴時力反一
音職壚音盧李一音閭彊其兩反注同槩本又作監呼覽反劉音檻用蕡扶云反一音蒲悶反
輕爂孚照反李音婦堯反縓色七絹反潟鹵音魯貆也他官反粉解
胡買反下同作盆符粉反稻人畜水勑六反注同蕩水如字李吐
黨反以列祿計反注同以澮古外反寫水戚如字劉殤故反其芟所銜反
町原徒頂反以去起呂反下同之畦劉音圭又下圭反晦也音劣薉之

磨，劉音歷【法】磨盧據宋本改磨。案當作磨

比，匹爾反【法】比、爾不同部，然《廣韻》亦收庀於紙

遞，徒禮反，又音弟【法】弟即徒禮反也，疑當作悌

聚，俗裕反【法】俗當作從紐字，此從、邪之混

彊【法】阮云，彊宋本作彊。偉案《唐石經》作彊

寫，戚如字，劉殤故反【法】殤故不成音。此亦音律當（榮芬案當應作尚）疏時之音切也

薀崇紆粉反或憂羣反水涸胡洛反芒種章勇反注芒種同旱暵呼旦
反雩斂戚力驗反注同以闉音因土訓宜麻如字一本作麋李及聶氏
云皮反劉沈皆作麋音紀倫反案注辨土所宜荆揚皆言穀幽并不應論獸紀倫之音恐非地慝他得反
别其彼列反迣虛鬼反蝮孚目反行視下孟反誦訓辟
邑音避注同所惡烏路反山虞爲守者于僞反下爲之同堅
濡戚如兗反又音柔柔忍音刃掄材魯門反又音倫不拘音俱本亦作佝音同場
壇徒丹反或音禪植虞時力反又音值而珥如志反又音耳林衡林
禁音鹿部分扶問反下同蕃茂扶袁反川衡川奠
音奄下同魚鱅所留反蜃上忍反蛤古荅反澤虞以當
丁浪反後文皆同自爲于僞反下注同芹音勤茆音卯蓤音陵芡音儉
迹人麛音迷卵力管反卝人華猛反又虢猛反劉侯猛反沈工猛反錫
周禮音義上　二一　包正
石星歷反鍻也以忍反劉常忍反啖直覽反本亦作淡角人滌浣
戶翫反以度度上如字下待洛反羽人羽翮戶革反爲摶
除轉反注同劉徒端反爲縛劉古本反沈除轉反之箴之林反之緷古本反劉音渾
一音戶本反李又基遠反相近附近之近掌葛蕡紵苦迥反
可緝七入反掌染草茅如字劉音妹蒐所留反茅蒐蒨也
槖音託又音卽紫茢音列劉閒計反或音例染夏如球反掌荼畜
聚勑六反茅蒡音秀劉音酉掌蜃互物戶故反蚌蛤
蒲項反御濕魚呂反本亦作禦以白器如字劉蒲霸反圃人苑
觀古亂反燕樂音洛梟鶴戶各反又作鸛古亂反場人批
蒲梨反或房迷反把白加反享亦許丈反劉几享皆音向後放此稾人匪頒
上音分亦如字下音班稍食音嗣注同好用呼報反上下時掌反司稼職同數

旱，呼旦反【法】呼旦《注疏》本作呼但。案陸氏本有二讀，《廣韻》同，《樂師》亦音呼旦反

不應倫獸【法】倫盧本改論，是

壇，或音禪【法】禪乃墠之譌

禁，音鹿【法】禁今本作麓

卝，革猛反【法】阮云：葉本革作華，非也。偉疑葉本是也

浣，戶翫反【法】浣疑當作垸，再考。《集韻》未收，垸之譌無疑

縛，劉古本反～緷，李又基遠反【法】劉音縛爲古本反，依緷字作音也，李音緷爲基遠反，依縛字作音也。蓋其本與陸本互有不同

茢，音列，劉閒計反，或音例【法】閒計與音例霽、祭分部

枇，蒲梨反，或房迷反【法】枇二音脂、齊分部

邦色主反注同 殺邦所界反下注同殺減也 糒也音備 則捿依注音扱 一扱
初洽反劉初輒反又差及反李聶創涉反 舍人 簋音甫或音簠李又方于反 筥米
姜呂反又音呂 飯米扶晚反注同 熬穀五羔反 錯于七故反 蚳比阜夷反 蜉
音孚 四種章勇反下同 縣音玄注下同 穜稑直龍反下音六同稑職同 見內賢遍
反 司稼之種章勇反注知種同 猶徧音遍下同 出斂力驗反注同
度徒洛反 春人其齍音資注同本亦作粢 饗食音嗣注蕪
與食及饍人職同 餼人昌志反 致飧音孫 槁人苦報反 內朝
直遙反注同 宂食如勇反 之食音嗣 斷獄丁亂反 弊訟必世反 丞
相息亮反 者與音餘 尚書音常又時掌反 直上時掌反 掌豢
音患 其潘芳袁反本或作蕃音同 瀾魯旦反 戔餘音淺本亦作殘 可褻息列反

春官宗伯第三

周禮音義上　二十二

僉曰七潛反皆也 曰俞羊朱反然也李一音由 女秩音汝 氏姓如字劉音紙
大廟音泰下放此 隮本又作躋子兮反升也 夏父音甫 鬭夏虛觀反 鬱
人於物反 鬯人勑亮反 秬其許反李其虛反 一稃音孚 鋪之普具反又音孚
藉之在夜反 守祧他堯反 奄八人於檢反劉於驗反 周為于偽反 才
知音智 三昭上招反說文作佋 少府詩照反 冢塋音營 之長丁丈反
皆放此 之稱尺證反 矇音蒙 眡音視鄭常至反 瞭音了又力小反字林同云明也 杜蒯
如字劉音屠下苦怪反 目眹直忍反本又作朋或作眣劉又音睫 之瞍本又作瞍素口反說又云無目
也字林云目有眹無珠子也先玄反 鎛師音博 韎師武莫拜反劉李音妹 味食飲
之味如字又莫介反 嗼莫戒反又音味 荎直基反劉直棃反李音姪 著直居反李張慮反 韎
韐古洽反又音閤 籥師餘若反 猶繹音亦祭之明日又祭也字書作釋 去籥起呂反下
同 鞮丁兮反許慎云屨也 鞻九具反又力俱反呂忱云鞮革屨也鞻者鞮鞻 所屝房味反 躍鼓

扱，劉初輒反。李、聶創涉反【法】創涉與初輒同

戔，音淺【法】阮云：淺宋本作殘，當據正。《易·賁》音在千反

瞭，音了，又力小反【法】瞭二音筱、小分部

瞍，先久反【法】久乃幺之誤，見《詩·靈臺》。阮云：葉本久作元，余本作么，皆誤。偉案葉本作玄乃幺形之譌，余本是也

荎，直基反，劉直棃反【法】荎、基不同部，劉音是也。易之者嫌與棃不同類也

繹，字書作釋【法】釋盧改襗，是

鞮，屨也【法】屨盧依《說文》改履。阮云：葉本、十行本、閩、監本作履

徒臘反李吐臘反沓行他荅反又如字謂楯食允反又音允華氏時髓反燋哉約
反焌音俊又子寸反問著音尸眡祲子鴆反李且荏反甸祝音電後不音者同
詛祝側慮反謂祝之之又反使沮在呂反沈音敘馮音憑相氏息亮反注
同宿劉息就反一音夙離力計反不貣吐得反或音二巾車如字劉居覲反猶
衣於既反大宗伯地示音祇本或作祇下神示地示之例皆放此下卷亦然佐
王本或作佐音同享之許丈反後不音者同以禋音因李又音煙以槱羊九反本亦作楢音
同積也燎良召反飌師音風芃芃薄工反一音房逢反棫音域樸音卜三
能他來反下同圜丘于權反以貍亡皆反劉莫拜反沈如字劉直蔭反疈孚逼反一
音方麥反共工音恭句龍古侯反下同厲山如字本或作烈爲禩音祀又作祀
爲罷如字一音芳皮反披磔張格反亦食此音嗣下食宗族同少昊
詩照反下少昊同曰重直龍反該古來反蓐收音辱不見賢遍反此內不音者同
周禮音義上　二三　度香
四竇音獨本亦作瀆下同省文所景反磔禳如羊反及蜡士詐反百
種章勇反及郵有牛反畷音綴井田間道左思吳都賦云畛畷無數又陟劣反以肆
他歷反解骨體祼古亂反以禴餘若反以烝之承反是祫戶夾反率
五音律又音類含戶暗反本亦作唅襚音遂凶札如字又音截不縣音玄爲
火于僞反下荀偃爲同以禬劉戶外反徐古外反以更音庚下同所喪
息浪反于澶善然反日朝直遙反注下不出者皆同更遞音弟而徧
音遍下同猶朝也張遙反頫覜他弔反一音他堯反竟外音境僭子念反沈
創林反差初佳反沈初宜反閱衆音悅封疆居良反不別彼列反昏
冠古亂反脤上忍反膰音煩見命如字下士相見同以上時掌反虙
甫伏反賓先悉薦反下先時同後之胡豆反爲瑑直轉反信圭
音身麤縟音辱愼行下孟反六摯音至本或作贄鶩音木守

沮，沈音敘【法】沮沈音敘者，沈亦誤從爲邪也

貣【法】貣今本作貸

芃，房逢反【法】房、逢同紐，不能爲切。《庸風》芃徐又符雄反，是也

禩，音祀，又作祀【法】盧云：又作祀三字當爲衍文，是也

閱衆【法】閱衆今本作簡衆〇不別【法】不別阮云：當作之別。注云，嘉禮之別

有六

介音界或作分扶問反 以繢胡對反 衣之於既反 皮與音餘 神坐才臥反後神坐放此 植壁音值又時力反一音置 黃琮才宗反 赤璋音章 白琥音虎 玄璜音黃 混戶本反本又作崐音昆 論音倫本又作崙魯門反 各放方往反 爲制于僞反 其中丁仲反又如字 令民力呈反下同 淫失如字本亦作佚 蕩滌徒歷反 邪穢似嗟反 道人音導 急悍戶幹反劉音旱 戚胡板反 其種章勇反 省牲本又作眚同息井反後省牲鑊皆同 鑊戶郭反 玉齍音咨下同 詔相息亮反注下同後詔相皆放此 溉古愛反本又作漑或作摡 享牲普庚反 不與音預下同 載果音祼古亂反出注小宗伯職放此 曰儐必刃反本或作賓同 純衣側其反 假祖音格至也 立依於豈反 南鄉許亮反 以筴初革反 乃頒音班 小宗伯 威仰如字劉五郎反 熛怒必消反 含樞昌朱反 紐女九反 招拒居禹反沈又音巨 汁光音叶劉子集反 之卭常遥反 適子丁歷反

周禮音義上　二十四　陳者

毛六牲戚如字劉莫報反 苽也音孤 斝彝音假又音嫁 蜼音誄又以水反 獻尊素何反 著尊直略反 大尊音泰 饎人昌志反 視享普庚反劉普孟反 將贊才但反 之齎子兮反本又作賫 祓社孚物反劉音廢 以從才用反 齊車側皆反 則與音預注則與與其祭與祭與執事同 大甸音田出注下甸役同 而鎑于輒反劉于法反 謳曰音誄 巻溳云婢反杜音泯云忍反李云辨反 大斂力艷反下及注同 九稱尺證反 縣音玄 衰冠七雷反 甫室毛昌緒反李毛反 依杜昌銳反鄭大夫音穿 腐房甫反 脃之脃七歲反舊作脺誤劉清劣反或倉没反字書無此字但有臎字音千劣反今注本或有作臎字者則與劉音爲協沈云字林有脺音卒脺者牛羊脂臎者耎易破恐字誤案如沈解義則可通聲恐未協脺已下皆非鄭義 離也力知反 肄儀以志反習也沈音四又似二反 李 肄師 牲牷音全 及其祈祈及注機同巨既反或巨依反 珥而志反注衈同 刲羊苦圭反 俠室古洽反劉古協反 職人劉之弋反戚音弋注

泆【法】泆盧改失，是

溉，或作概【法】阮云：概當作摡，是

拒，居禹反，沈又音巨【法】拒二音麌、語分部

腐脃之脃，七歲反，舊作脺，誤。劉清劣反。臎字音千劣反，今注本或有作臎字者，則與劉音爲協。沈云，《字林》有脺，音卒。脺者牛羊脂，臎者耎易破，恐字誤。案如沈解。義則可通，聲恐未協。脺已下皆非鄭義【法】《注疏》本作腐脃之脺，上下異字，更誤。詳見盧氏《考證》及臧氏《經義雜記》、段氏《周禮漢讀考》。惟臧氏、段氏並謂案如以下十九字爲後人坿記，則未必然。蓋沈本作脺，因其不合，欲改爲臎。陸氏意謂作臎，義則可通，而千劣反之音則與七歲反不合，故斷從脃也。脺已下皆鄭義，言脺、臎皆無腐義也

離，力知反【法】力知反誤。此注引《檀弓》，今《檀弓》音力智反〇肄，以志反【法】肄、志不同部　〇祈，或旦依反【法】旦盧改巨，是

夾室【法】夾室盧依宋本改俠室

職同　監門古銜反　及果古亂反下同　𪎭音羨　相治息亮反下相其禮反注同

爲剽芳遥反或方遥反　徽識式志反又昌志反　匪甕於貢反　公食

音嗣下同　誤與音餘下倣與同　之衰七雷反注同　不中丁仲反注同　爲夫

于僞反下爲取同　師甸音田下大甸同　類造七報反注造猶同　牧之戚音目劉音茂　表

貉莫駕反鄭音陌後表貉皆同　蚩蚘音尤　之芟色銜反　載柞側百反　獮

息淺反　及禜音詠　酺也音蒲又音步　鬱人　焦中子遥反劉似消反本

人作鐎音同李元即脩反　造冰七報反下同　士併薄令反　襢章善反沈又音但　第

側几反　遂貍亡皆反　遣奠弃戰反　斝之古雅反　之嘏古雅反

王酳侯吝反又音胤　脯膰音煩　鬯人　社壝唯癸反劉欲鬼反　大

罍音雷或郎追反　壇墠音善或音禪　禜門音詠　用瓢婢遥反　齎

音齊在兮反杜音資　營酇作管反　作剽匹召反　蠡也力兮反或郎戈反　劃

丁未十之　小四卄　周禮音義上一　二十五　景

去起吕反　柢音帝　用脩音卣羊久反又音由中罇也　凡祼音埋出注　用概

古愛反　凡疈孚逼反　用散素旱反注及下注同　獻象素何反　蜯步項反　曰

合音含本亦作含　將如字本又作漿　設斗音主注同　給淬七內反　共介音界　被

之普皮反又皮寄反　爲埶于僞反　神與音餘　畛於之忍反致也　某父音甫

本又作甫　雞人用黝於糾反　嘑旦火吳反本又作呼　以詔古弔反　以

警音景　朝服直遥反　比於毗志反　纕如羊反　司尊彝

泲之子禮反下同　醴齊才計反下文注除齊語齊人並同　兩獻本或作戲注作犧同

素何反注及下注汁獻同　斝彝音嫁　兩著直略反注同　朝享直遥反注朝享

朝受政猶朝及下注朝用同　蜼音誄又以水反　兩大音泰注同　酌盎烏浪反　玉

琖莊產反　爲酢才洛反　彝卣音酉又音由本亦作攸　蛇虺上蛇下許偉反

射隼食亦反下荀尹反　禺屬音遇劉音禺　卬鼻魚丈反又五剛反　獻

剽，祊遙反【法】阮云：葉本、余本、十行本祊皆作方。偉案作方是，然此二讀

《篇》、《韻》並無

焦，劉似消反，本又作鐎【法】焦，劉似湇（榮芬案疑當作消）反，蓋亦混從爲邪。

《廣韻》鐎，即消、昨焦二切　○禮【法】禮盧本從衣，是

酳，侯吝反【法】侯乃侯之譌，見《士虞禮》，又詳《天官·内宰》○壝，唯癸反，劉欲

鬼反【法】壝二音旨、尾分部

酌素何反司農音儀 涚酌舒銳反李一音雪 脩酌直歷反注同 爲數音朔下同
爲賫子兮反 挩飾舒銳反飾或作拭 勺而上酌反下同 齊和胡卧反
醴醆莊產反 粢才計反記作齊音同 緹音體 舊澤音亦下曰醳音同 摩
沙素何反 去滓起呂反 浩酒胡老反或古老反 司几筵彤徒冬反 莞
音官又音丸 繅本又作繰音早 朝覲直遥反下注來朝朝者同後朝覲朝見之類放此 黼
音甫 依於豈反下及注同 南鄉許亮反下及注同 紛純章允反劉之閏反司農音均下
同 爲王于僞反下爲布同 爲蠙彼貧反 緣也悦絹反 藻率音律
下同 馮玉皮冰反 蒲蒻音弱 編以必緜反 繢胡內反 柔礝本或作儒
又作擩同如兗反 甸役音田注同 其柏鄭音檮劉依司農音迫 用萑音丸 毋
敦音道劉音疇 藏中才浪反 曰燾音導 翌日音翼劉音育 於祊
補庚反 天府守藏手又反下才浪反 傳世直專反 玉鎮珍忍
五二一 八四二三 周禮音義上 二十六 蘇
反又音珍 作瑱他見反 琬於阮反 琰以冉反 天球音求 賁鼓
扶云反 兌之徒外反 垂之如字劉音端 見於賢遍反 之治直吏反下
反注同 中丁仲反下注同 沃盥音管 朝于直遥反 者與音餘 數穀
數上所主反下所具反 下能他來反 而上時掌反 典瑞之藏才浪反
以見賢遍反下見於時見殷見同 繅藉在夜反下同 以朝直遥反注及後放此 韋
衣於既反 薦申如字下同一音箭 謂函初洽反或初輒反 杼上除汝反 信
圭音身 瑑圭直轉反 以覜他弔反 有圻魚斤反 鄂魚各反 有
邸丁禮反又音帝 著其直略反 僢而昌絹反 同柢音帝 以肆如字
又他歷反注同 以挹於十反又於集反 衈彼音恚又作䘏 取殺色界反劉色例反下同
邸射食亦反注同 以造七報反 射剡以冉反或因冉反 度其待洛反下
度地度日同 地中如字劉丁仲反 徹守劉守又反注徹守同 王使之所吏反下令使

挩飾，本或作拭【法】盧於本上添下字。阮云：葉本飾或作拭。案葉本是也

澤【法】澤今本作醳，誤

嚅【法】嚅余本作礝，盧以爲非，阮以爲是。偉案嚅、礝並誤也。鄭屢言柔濡，《釋文》讀濡爲耎亦屢見，此亦濡之誤耳。濡見《桑柔》及《地官·誦訓》（榮芬案《誦訓》當作《山虞》）

鎮，珍忍反【法】忍疑刃之誤，再考

數穀數，上所主反，下所具反【法】此當作民數穀數，二字同音，盧以陸氏爲誤，是也。案陸本經文必是脱去民字，故作音如此，然亦失考矣

函【法】函今本作插

挹，於十反，又於集反【法】於集與於十同，集疑及之譌，《廣韻》伊入切與於十同

者亦王使於使者皆同 閽府音閽 豥音茂 騶圭音祖 以斂力驗反注同 令
汁力呈反下令爲同 和難乃旦反注同 及鄭音誤 叚嘉音遐本又作瑕亦作假皆同 結
好呼報反注同 易行下孟反注同 除慝吐得反 飯王扶晚反注同 含玉
戶暗反 枉左張汪反 右顛如字儀禮作顛音同 典命 樊纓畔干反
介牢音界 適子丁歷反 則下遐嫁反 射姑音亦 司服 鷩
必滅反劉甫弊反 毳昌銳反劉清歲反 希冕本又作絺陟里反劉豬履反注下皆同 不
窋張律反 諸盩直留反或音胄 裨衣婢支反又方支反 罽衣居例反 作
繢胡對反 作黹張里反 希刺七亦反劉七賜反沈此擊反下同 以韎劉音妹又
莫拜反 衣韎於既反 之跗方符反又音附 注之樹反 緹衣音體音提 眡
朝音視 凡甸音田注同 斬衰七雷反下皆同 齊音咨 此近附近之近 作
絣音弁 爲天于僞反下及注除爲害一字皆同 胥易以豉反 去其起呂反下同

周禮音義上 二七 孫兔

縞冠古老反劉剛操反 其齊側皆反注士齊同 有襦音儒本亦作襦 而屬
音燭 是廣古曠反後廣袤同 其祛起呂反 以上時掌反 袳之昌氏反 斂
衣力驗反 廞衣虛今反 典祀 而蹕音畢 遮列章奢反
令入力呈反 守祧 黝於糾反司農音幽 堊烏路反或烏洛反本或作惡同 其隋
許恚反劉相恚反 世婦 比其本亦作庇鄭毗志反注及下同司農匹氏反劉芳美反沈
又上二反 齍盛音咨下文同 相外息亮反 朝莫音暮下同 而呵胡何反 譴
也弃戰反 內宗 佐傳直專反注同 則從才用反 外宗
羞齍音咨 不與音預注同 冡人 夾處古洽反古協反劉 亦
併薄冷反 別尊彼列反 請度待洛反注量度同 之變彼驗反又補鄧反
去碑起呂反 以咸本又作緘同古鹹反 巾車如字劉居覲反 猶語魚據反下
同 俑者音勇 以泣音利又音類 職喪 贈賵芳鳳反 齍

叚，音遐，又作瑕【法】叚今本作瑕，與《左傳》同

樊，畔干反【法】畔干盧改步干，謂他處作步字者多，因（榮芬案當作固）是，惟《釋文》慣用同韻而四聲異者爲切紐，此亦爾也，似不必改

希，本又作絺，陟里反【法】絺、里不同部，劉音是也，易劉未詳

黹，張里反【法】黹、里不同部○刺，七亦反，劉七賜反，沈此繫反【法】七亦、此繫昔、錫分部

祛，起呂反【法】祛他皆起居反，呂字蓋形近之譌，再考

比，又上二反【法】上乃方之譌，見《夏官・大司馬》

呵，胡何反【法】胡、何同紐，二字必有一誤

併，薄令反【法】令當作冷。盧云：舊令譌冷，據宋本改令。不知作冷乃善本也。

薄冷反見前《鬱人》

號音咨

宗伯下

大司樂　瞽宗音古宗殷學　命夔求龜反　育子音胄本亦作胄　泮

宮音判本亦作頖同　興道許應反劉虛甑反注同下音導　諷誦方鳳反　以詔

古愛反劉古哀反　倍文音佩　大卷大劉皆音泰戚如字卷音權又眷勉反又居遠反沈

又居勉反　大磬上昭反　大濩戶故反　共財音恭　能禪時戰反　傳

土音孚或音附　其邪似嗟反　以說音悅　其長如字　上生時掌反後上生

皆同　去一起呂反下文去樂及注同　度律待洛反　謂徧音遍　物鬽眉冀反

羽贏力果反下贏物同　戛擊居八反劉古八反　鳴球音求　搏音博　拊

芳甫反　鼗徒刀反　柷昌六反　敔本又作梧魚呂反　以閒閒廁之閒　鎗鎗本又

作蹌七羊反　於予上如字劉音烏下羊汝反　效應應對之應後皆同不更音　夏正音征

六百五十八字　小四百字　周禮音義二　二十八　杞

大蔟音太下七豆反下同　西竇本又作瀆同音獨　樂與音餘　蕤賓人誰

反　函鍾胡南反函鍾林鍾也　中呂音仲亦如字後同　姜嫄音元本亦作原　所

妃音配本亦作配　閟宮音祕　無射音亦下同　夾鍾古洽反　圜鍾

于權反　被也皮寄反　介物音界　大蜡士嫁反　易致以豉反　孔

竅苦弔反　蛤蟹古荅反　之分扶問反　之知音智　爲畜許又反下

同　魚鮪于軌反　不淰音審　不獝休律反本又作獝亦作獝同　不狘休越反

爲角如字古音鹿　爲徵張里反下同　靁音雷　九磬依字九音大諸書所引皆

依字　崐崘本又作混淪各依字讀　而裸古亂反　礐苦篤反　大辰如字劉音泰

與鬼音餘本亦作與　辟之音避下同　宿縣音玄下樂縣之類皆放此　屍出音尸

本亦作尸　騶虞側留反　召南上照反下召南同　挾矢子協反又音協　三宥音又

勸也　敗楚必邁反　城濮音卜　大傀劉九靡反舊音怪說文以爲傀偉之字解引此

興，許應反，劉虛甑反【法】興音易劉者，嫌爲舌前音也

卷，音權，又眷勉反。沈又居勉反【法】眷勉與居勉同，必誤。阮作卷勉，是也。

再考　○殫，時戰反【法】殫盧改禪。阮云：作殫是淺人據今《國語》所改○傳，

或音附【法】音附無義，殆誤

戛，居八反，劉古八反【法】古八與居八同，疑有誤

蜡，七嫁反【法】七盧改士，是

靁，音雷【法】靁、雷同字○九磬，依字九音大【法】依字盧改依注，是

輿，本亦作與【法】盧本輿、與二字互易，是

傀，劉九靡反【法】傀、靡不同部，《篇》、《韻》均不收此音

文字林公回反李一音杜回反 會稽古外反 沂山魚依反 雍州於用反 奔賁
于敏反 猶繹音亦 大札側八反鄭音截 令弛式氏反 哀樂音洛 歐樂
許金反 興也許應反後皆放此 鎛師音博 樂師 幼少詩照反
舞勺章略反 帗音拂一音弗 作翌音皇 析羽星歷反下同 犛牛舊音
毛劉音來沈音狸或音茅字或作犛或作斄皆同 旱暵呼旦反 趨以劉清須反 采齊
本又作薺徐私反 朝廷直遙反下同 作踧倉付反 鼓陔改才反 撞黃直江
反 采蘋音頻 采蘩音煩 毋怠音無下同 視瞭音了 令相息亮
反注及下同 晃見賢遍反下注同 饗食音嗣下注疏食同凡言饗食皆放此 遂倡
昌亮反 治訟直吏反 大胥之版音板 之酎直救反 適子丁歷反
以上時掌反下六上同 舍采音釋下音菜注同 疏食所居反劉音蘇 以下戶嫁反
曲折之設反 爲大于僞反 不紕匹毗反劉博鷄反 比樂鄭如字下同比校也杜毗

周禮音義上　二十九　宋安

志反次比也鄭大夫匹婢反具也 爲庀匹婢反 陳數所主反 大昕音欣
小胥 鱑古橫反本或作觵同 兕徐履反 其觩巨樛反 而撻吐達反 抶
勑乙反又勑栗反 也 荊扑普卜反 士犆音特本亦作特 筍息允反 簴音巨 去
其起呂反下同 縏纓步干反 以朝直遙反 辟王音避 爲堵丁古反
大師 䶕白交反 玄枵虛驕反 娵子俞反 訾子斯反 大梁如字
劉音泰 降婁戶江反 貿觑音茂 取妻七喻反 土塤虛袁反
曰興虛應反注皆同 治道直吏反下治功皆同 言鏞普吳反又音孚 爲之
于僞反下爲之爲作皆同 歌邶步內反 知仁音智 擊拊音撫 鼓𣗳音胤小鼓
也 道音導 引之引並音胤 授將子匠反下同 士卒子忽反下同 大
呼火故反 數怒所角反 之行下孟反下同 小師搖之
音遙本亦作摇 鮐以之反 餳辭盈反李音唐 漆筩音動 有椎直追反 六

齊，徐私反【法】徐私恐誤，混從爲邪

踧，倉注反【法】倉注或作倉付，阮氏以倉付爲是，不知何見。不知音切之例，宜多揣測之談。六朝書芻或作刍，故誤而爲多，非從足多聲之字也，宜改作[足芻]

比，劉如字【法】劉盧改鄭，是

庀【法】阮校本庀皆作庀，是也

鱑【法】鱑盧改觵，是。從魚、從角之字多相亂，如鮌或爲[角玄]，鰃或爲[角畏]○抶，勑乙反，又勑栗反【法】勑乙與勑栗今不分○犆，音特【法】犆今本作特○簴【法】簴今本作虡

搖，本亦作搖【法】注云本亦作搖，則正文必不作搖。段云：當是䍃之誤，《追師》注步䍃本或作搖可證。盧本改注之搖爲遙，殆誤

空音孔　篪音馳　篴音狄　併而薄冷反　令奏力呈反　應鼙薄西反

喪與音預　其和戶卧反注同　錞于音淳本或作淳　贊牘世

奠音定　繫戶計反注同　以刺七賜反　瞍素口反　賦　德行下孟反　怵

懼勑律反比本作休　眡瞭　擊頌衆家不音當依字或音容　相贊息亮反注

同　鼜音戚　愷樂音洛　疾數音朔　典同　聲䃥古本反或胡本

反　陂聲彼義反　聲韽劉音闇又於贍反鄭於貪反或於感反李烏南反　侈

聲昌氏反又式氏反　筰側百反　弇沈威音掩劉於驗反　甄音震注同　作硍音艱又苦

耕反字林音限云石聲　鏗苦耕反　鎗初衡反劉初耕反　唶唶側百反　短罷

皮買反字或作矲音同桂林之間謂人短爲矲雉雉音苦買反　鶕烏南反　當𨁈音婢李又孚葵

反一音豐已反　[illegible]音蒲年反　正傭勑龍反　形大上大音泰下形大下大厚同舊莞佐反上音時掌

反　飛鉆張林反又其廉反威或音沾劉又渠金反說文云鐵鋷也一曰膏車鐵鉆鋷音竹涉反　涅

周禮音義上　三一　又文

乃結反劉其兼反　鴻殺色介反　舊約也舊如字或於教反　掉也徒弔反劉

奴較反　之齊才計反注同　廣古曠反　長也音亮

磬師　教縵莫半反杜音慢　學操七曹反　鍾師　夏納

本或作納夏　齊夏側皆反本又作齋　祴夏音陔古哀反　驁夏五羔反劉

五到反　使臣色吏反　與聞音預　緐遏於葛反　執傹音競詩作

競　穰穰如羊反　合好呼報反　和之胡卧反　笙師　龡

昌垂反　竽音于　春牘音獨或大祿反　七空音孔下同　髤香牛反或七利反

鞔之莫干反　鎛師　以鼓扶云反　將趨左傳作掫音莊九反

杜注云行夜　籥章　豳彼貧反注邠同　蒯苦對反劉苦壞反　桴音浮

伊耆又作帆阢二皆音耆　中春音仲下同　以樂音洛　田畯音俊　饁于輒

反劉于法反　而索色白反　爲其于僞反　勞農力報反　穫稻戶郭

篪【法】篪乃篪之譌〇篴【法】篴誤從遂〇併兩【法】兩盧改而

韽，鄭於貪反。李烏南反【法】烏南與於貪同　鎗，初衡反，劉初耕反【法】鎗二音庚、耕分部　矲矮，矮音古買反【法】阮云：葉本、余本、十行本皆作矲雉，雉音苦買反，當據以訂正。《集韻》十三駭雉字注云，桂林云云，所據《釋文》未誤也。偉案陸此語本於《方言》，《方言》云：桂林之中謂短矲。郭注矲䂙也，《廣韻》亦云矲䂙，短也，字從皆聲，讀苦買反。毫無疑義，自《釋文》譌䂙爲雉，《集韻》遂因之。阮氏反謂未誤，抑何失考？且《集韻》雉下明有䂙字，阮亦不引，何也？至段氏遂謂此雉從佳（榮芬案當作佳）聲，與從矢佳聲之字不同，捫燭揣籥，更無足辨　𨁈，音婢，李又孚葵反，一音豐已反【法】𨁈與葵、已並不同部

鐵鋷【法】鋷盧改銸，是

約，於教反【法】於教反殆誤，詳《巾車》，又見《輪人》

髤，或七利反【法】髤讀七利反，是也

桴，音孚【法】阮云：葉本作音浮，蓋誤。案《禮運》、《明堂位》蕢桴，並音浮。然則葉本是也　〇帆阢【法】帆盧改帆。案阮謂帆、阢並當從几聲，是也

反　蹐堂子兮反　無疆居良反　鞮鞻氏曰任音任下同　典庸器博選胥兗反　從者子容反　爲鐻音距舊本作此字今或作虡　大卜三兆音兆亦作𠀤　之璺舊許靳反沈一依聶氏音問云依字一作璺璺　王之坼也龜兆文似之占人注同　呼劉火嫁反又音呼坼之呼　謂繇直又反下同　又重直用反　坼也敕白反　曰濟節細反又子禮反　曰圛音亦　曰蟊音濛劉莫遘反沈音謀　揲時設反劉音舌　虙音服　戲本又作虧音羲　重之直龍反　三夢音夢本多作夢　觭夢居綺反注觭同又紀宜反杜其宜反　咸陟音得　作緷如字或胡本反字林云大束也說文音運云緯也聶音微　爲煇音運　視祲子鴆反　曰瘳務留反　以命龜命亦作令　謂菑音災　見吉賢遍反　鮒也音附左傳作魴　演其以善反　視高音示下同　冢適丁歷反　竟界音境　疆居良反　鄆田音運　骨近附近之近　令可力呈反　爇也人悅反　龜燋哉約反　西塾

周禮音義上　三十一　徐杲

音孰舊音育　卜師謂與音餘　辨龜如字劉皮勉反　左倪五計反又五未反　後弇於檢反　龜人繹音亦　果魯火反注贏同　靁力胄反又如字　龜郤起略反　乾解音蟹一音佳買反　釁龜許靳反　亟氏本又作𦵔同時髓反　燋哉約反李又粗堯反一音哉益反　契苦計反劉苦絜反　薪樵在消反　楚焞吐敦反又徒敦反又在悶反又祖悶反一音純李一音祖館反　謂炬其呂反　焌音俊又存悶反又祖悶反李祖館反　戈鐏存悶反劉祖悶反　契柱張主反　占人八簭音筮　龜長如字下同　則毄音係　以比毗志反一音必履反　中否丁仲反　簭人巫更九巫皆音筮出注　巫比毗志反注同　僉也七廉反　不說音悅下同　相簭息亮反注同　者與音餘　占夢本又作寢音同　建厭於琰反　休王于況反　倮魯火反　而轉如字又張戀反　入郢以井反劉餘政反　有適直革反　噩五各反注鄂同　覺時古孝反下同　寤五故反　幾本又作𧥢

璺，舊許靳反，沈一依聶氏，音問，云：依字一作璺【法】璺、靳不同部。阮云：二一字誤衍　○鏬，劉火嫁反，又音呼坼之呼【法】鏬當作罅，金旁、缶旁多相亂。呼坼之呼亦火嫁反　○蟊，音濛，劉莫溝反，沈音謀【法】阮云：余本溝作遘，葉本誤作遙。偉案作遘亦非，《洪範》蒙音武工、亡鉤二反，《釋天》之雺亦止亡公、亡侯二反，無去聲　揲，時設反，劉音舌【法】劉音舌與時設非異讀，或亦如《廣韻》分禪紐爲二類邪？再通考之

辨，如字，劉皮勉反【法】皮勉即如字，劉於他處皆方勉反○倪，又五未反【法】五未反阮引段氏云：此當是五禾反，《說文》禾，古兮反。偉案音切必不用此僻字，此未乃米之譌耳。《莊子・山水》篇之晲，《秋水》篇之倪，陸並云，郭五米反，是其證。《集韻》已沿此誤　釁，許靳反【法】釁、靳不同部　○𦵔，本又作䔿【法】盧據宋本改正文爲巹，注爲𦵔。阮云：賈公彦本作從竹之筮，轉寫誤從廾，《集韻》因分從竹、從廾爲兩字。鄭君云：燋焌用荊筮之類。此釋官名筮氏之故也。《說文》竹部筮，擊馬也　燋，又粗堯反，一音哉益反【法】粗堯盧據毛本改祖堯，阮刻《注疏》本作殂堯。案祖堯殆是，《廣韻》即消切，蕭韻不收。哉益未詳　焞，又在悶反，又祖悶反。一音祖館反【法】焞注在悶、祖悶、祖館三讀，皆依焌字作音

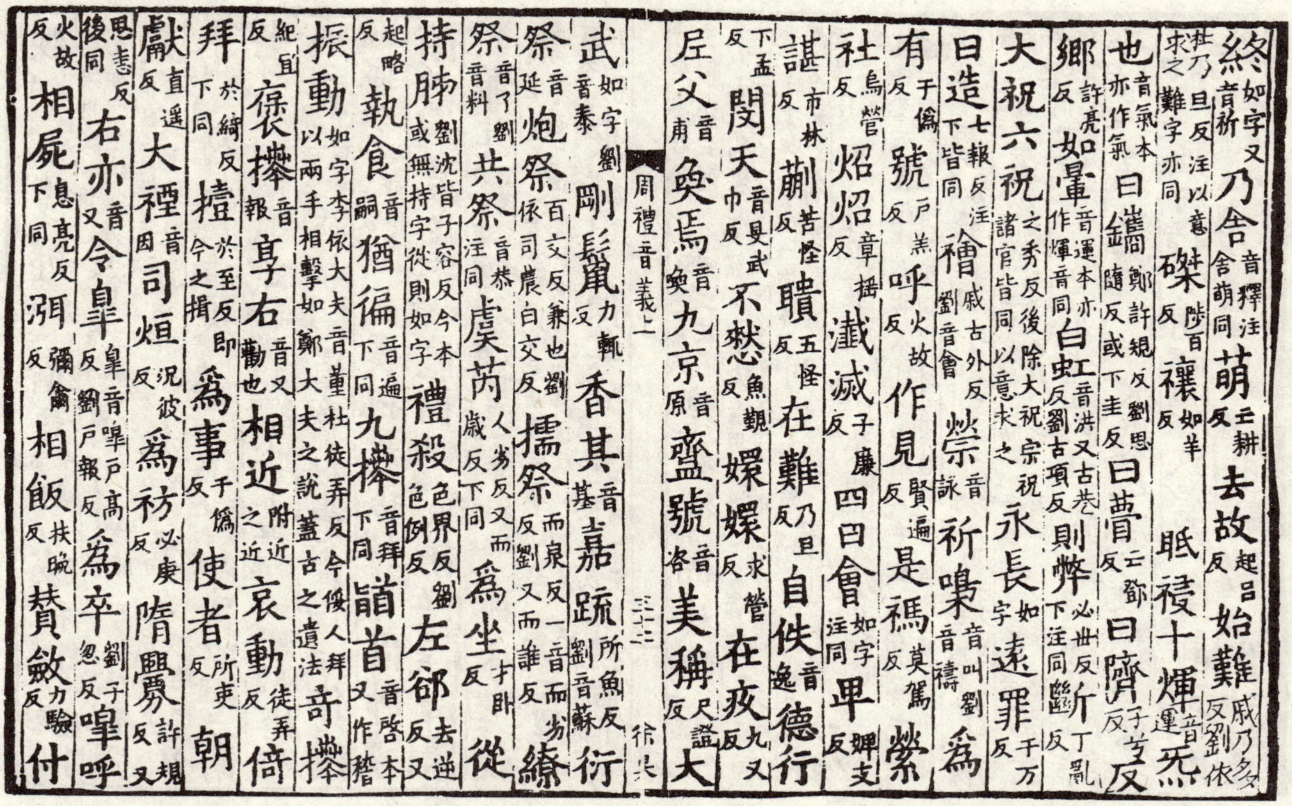

終如字又音祈 乃舍音釋注舍萌同 萌亡耕反 去故起呂反 始難戚乃多反劉依杜乃旦反注以意求之難字亦同 礫陟百反 禳如羊反 眡祲十煇音運 炁也音氣本亦作氣 曰鑴鄭許規反劉思隨反或下圭反 曰瞢亡鄧反 曰隮子兮反 鄉許亮反 如暈音運本亦作煇音同 白虹音洪又古巷反劉古項反 則弊必世反下注同 斷丁亂反 大祝六祝之秀反後除大祝宗祝諸官皆同以意求之 永長如字 遠罪于万反 曰造七報反注下皆同 禬戚古外反劉音會 禜音詠 祈嘄音叫劉音禱 爲有于僞反 號戶羔反 呼火故反 作見賢遍反 是禡莫駕反 禜社烏營反 炤炤章摇反 瀸滅子廉反 四曰會如字注同 卑婢支反 諶市林反 蒯苦怪反 聵五怪反 在難乃旦反 自佚音逸 德行下孟反 閔天音旻武巾反 不憖魚覲反 嬛嬛求營反 在疚九又反 尼父音甫 奐焉音奐 九京音原 盭號音咨 美稱尺證反 大

周禮音義上 三十二 徐杲

武如字劉音泰 剛鬣力輒反 香萁音基 嘉蔬所魚反劉音蘇 衍祭音延 炮祭百交反兼也劉依司農白交反 擩祭而泉反一音而兖反劉又而誰反 繚祭音了劉音料 共祭音恭注同 虞芮人劣反又而歲反下同 爲坐才臥反 從持胏劉沈皆子容反今本或無持字從則如字 禮殺色界反劉色例反 左郤去逆反又起略反 執食音嗣 猶徧音遍下同 九㩙音拜下同 䭫首音啓本又作稽 振動如字李依大夫音董杜徒弄反今倭人拜以兩手相擊如鄭大夫之說蓋古之遺法 奇㩙紀宜反 褎㩙音報 享右音又勸也 相近附近之近 哀動徒弄反 倚拜於綺反下同 撎於至反即今之揖 爲事于僞反 使者所吏反 朝獻直遥反 大禋音因 司烜況彼反 爲祊必庚反 隋釁許規反又思恚反後同 右亦音又 令皋皋音嘷戶高反劉戶報反 爲卒劉子忽反 嘷呼火故反 相屍息亮反下同 洱彌爾反 相飯扶晚反 贊斂力驗反 付

嘄，劉音禱【法】嘄不得音禱，殆劉本自禱耳（榮芬案自後疑脱作字）

禆【法】阮云：葉本、余本作卑，與《羣經音辨》合，當作（榮芬案作誤，當作據）正

擩，而泉反【法】擩當從耎

左郤【法】盧本作郤左，依《鄉飲酒禮》乙正。陸氏不分郤、卻

佞人【法】段云：佞當倭字之譌，是也

慟【法】阮校各本慟皆作動

撎，於立反【法】阮云：葉本、余本、十行本、閩、監、毛本立皆作至，當據正。偉案《廣韻》撎在至部，緝部無之，《集韻》同

練付音附出注復梯他兮反猶語魚據反下同祓社芳弗反劉音廢以
從才用反一音如字下注同舍奠音釋一音赦山川與音餘小祝彌
烖依注音救云爚反下注同遠辠于万反敖五羔反爲名音銘下取名同緽
末勑貞反竹杠音江重木直龍反下同粥之六反又音育盛以音成二鬲
音歷可别彼列反識識並傷志反一讀下識如字斯盡津忍反蚍音毗蜉音浮
四種章勇反下同西坫丁念反道齎音咨遣奠弃戰反作禩
音祀無令力呈反下今可同喪祝爲披彼寄反下同倡帥昌亮反
傾戲音虧菆塗才官反龍楯勑倫反及朝直遥反注皆同御匶
音舊離其力智反下同飯於扶晚反還車音旋一音回鄉外許亮反執
翿音導與更音庚説載吐活反注同劉詩悅反去棺起呂反四翣所甲
反本亦作篓安錯七故反便其婢面反窆之彼驗反劉補鄧反桃厲劉音例記

周禮音義上　三十三　葛珎

作茢黍苕穢也音例亦音列惡之烏路反亳社步博反而棧劉才產反一音士諫反
甸祝表貉莫駕反注禡同甸以音田下文同舍奠音釋下同乃屬
音燭鎑于輒反禂牲音誅一音禱别其彼列反爲馬于僞反下同令侏
音誅字林音朱司巫巫尪烏黃反共匰音丹及蒩子都反爲
鉏子都反下同鉏藉慈夜反下同租飽劉上音緬又音卷下音苞又音弭沈租音子餘
反茅裹音果爲神于僞反刌茅音村守瘞於例反下禓
音傷男巫望衍依注音延爲之于僞反爲矰音曾彌兵
與弭同及下敉皆亡氏反女巫上巳音祀旱暵呼旱反繆公音穆縣
子音玄暴巫蒲卜反大史之治直吏反下及注其治同爲王
于僞反下爲有同厎曰音曰于朝直遥反下同攷焉音考爭訟爭鬬之爭則
辟婢亦反劉芳益反注同抵冒丁禮反中數所主反下同作叶音協爲

裫【法】盧本作梯，是

緽【法】緽阮云：葉本、余本同，閩、監、毛本、盧本緽改禎，非。偉案《集韻》禎之重文有緽，殆即本此，然終是俗譌也

菆，才官反【法】菆音疑誤

還，音旋，一音回【法】還不音回，殆一作回耳

說，劉詩悅反【法】此說字不能讀詩悅反，悅殆銳之誤

彌，與弭同，及敉皆亡氏反【法】阮云：葉本、余本、《注疏》本皆云及下敉，此脫下字

汁音執又音協劉子集反 與大師音泰注大師同 抱式劉音勑今俗音如字 焉
知於虔反 夾日古洽反劉古協反 當先悉薦反 遣之弃戰反注同 其行
舍下孟反 筭音釋 以盛音成 中則釋丁仲反 於竟音境
小史奠音定 繫世戶計反注同 昭穆如字或作卲音韶 校比毗志反
馮相氏音憑下息亮反 以會如字注同 以見賢遍反下皆同 南僞五和反 直
某音直 保章氏文識音志又音試又如字下同 運本又作煇又作暈音同
朓他了反晦而月見西方 側匿女力反劉吐則反朔而月見東方曰側匿亦名朒朒女六反 有分
扶問反注同 參爲所林反 娵訾上子須反下子斯反 降婁戶江反 彗似歲反又
息遂反 孛音佩 之相息亮反下同 內史八柄本又作枋兵病反 王
治直吏反下同 興父音甫 遡吐歷反 王匿吐得反 食九音嗣下同 牘
也音獨 外史令下戶嫁反 之乘繩證反 檮徒刀反 杌五忽

周禮音義二　三十四　葛玠

反 三墳扶云反 使于所吏反注同 御史之治直吏反注及下凡治同
數凡所主反 見在賢遍反 巾車錫音陽 樊纓步干
反下同 二斿音留 般革步干反 三重直龍反 罽居例反 爲幓所銜
反又所廉反 則屬音燭 大旂其依反 以賓如字劉沈方刃反 婁領
戶感反 率以音律又音類 以朝直遙反注皆同 龍勒如字戚音老 條纓
依注作絛他刀反 鞔莫干反 前樊依注作翦子踐反淺也 鵠纓戶篤反 重
翟直龍反注同 朱總作動反 厭翟於涉反注同 繢戶對反 翳烏兮
反劉烏計反 坐乘繩證反下皆坐乘同或如字 爲緦咸云撿字林蒼雅及說文皆無此字衆家
亦不見有音者唯昌宗音廢以形聲會意求之實所未了當是廢而不用乎非其音也李兵廢反本或作總恐是意
改也 作繄烏兮反 著馬直略反 兩鑣表驕反 幨車昌廉反 潼
容本亦作潼詩注作童皆音同 衡輨劉音管一音胡瞎反 謂蔽劉音弗下及文並同

式，劉音勑，今俗音如字【法】《廣韻》栻，恥力反（榮芬案當作切），故劉音式爲勑

昭，如字，或作卲，音韶【法】卲盧云，《集韻》載此字，毛本作邵。偉案卲不（榮芬案不下脫成字）字，蓋佋之譌耳　○譌，五和反【法】譌盧改僞。阮云：葉本、余本、《羣經音辨》皆作南僞。偉案賈引《禮注》多云鄭康成曰，此條則引《書》平秩南僞，是《郡（榮芬案當作羣）經音辨》不足爲此條之證。且此注作辯秩，亦不作平秩也　朒，女六反【法】盧本女六上補音字。案朒當從肉

繆【法】阮云：葉本繆作幓

寊，如字，劉、沈方刃反【法】如字劉，阮云：余本作劉如字○領，尺感反【法】尺盧改户，是

下坐乘皆同【法】阮云：葉本作下皆坐乘同，此誤，當移正。是也○蒼推【法】推乃雅之誤　緦，李兵廢反【法】兵疑丠之誤

幢容，本亦作潼【法】阮云：幢誤，葉本、余本作潼容，與《集韻》一東合，當據正

輨，一音胡瞎反【法】一音胡瞎者，字作轄也

一(音少世反)見於(賢遍反下同)去飾(起呂反下去戈去毛同)有握(劉音屋下

馬皆作幄烏學反沈云劉音非)軿車(薄經反)連車(音輦本亦作輦)組(音祖)輓

(音晚)有翣(所甲反)從容(七容反)爲軩(市專反)爲翳(烏帝反)

爲髦爲鬛(並音獵髦或音毛)五乘(繩證反下五乘同)犬複(莫歷反)

尾櫜(沈音羔劉姑道反)謂贏(魯火反劉又音果)覆笭(力丁反劉又音泠)

爲搢(本又作揟同思如反)之弢(吐刀反)之緣(悅絹反下同)攝蔽(音服)虎

賁(音奔)子劍(古堯反又音昭)棼蔽(扶云反)堊車(烏路反又烏洛反)爲

蘋(扶文反)作轅(音摠又音藻李一音倉會反)萑(音丸)髹飾(香求反)爲

軟(音次)爲漆(音七)垸之(胡翫反)豻複(五旦反胡犬也)此禫(直感反)

夏篆(音瑑直轉反)縵(莫干反)棧車(才產反又仕板反)有約(如字又於

皃反下同)方箱(息羊反)散車(素旱反)輜車(側其反)有沽(音古)入

周禮音義上　三十五　徐宗

齎(音咨)以償(時讓反)遣車(弃戰反注同)從車(才用反注同)敝

車(婢世反)不任(音壬)以和(胡卧反下相應和同)警衆(音景)爲軨(音零劉音

領)典路用說(書銳反舍車也注及下駕說并注同)有朝(直遙反下同)趣

馬(倉口反)贄路(章銳反又作綴張衛反)左墊(音孰)上計(時掌反)屬

車(音燭)路從(才用反注及下注同)車僕之萃(七內反副也下及注同)

廣車(古曠反注同)苹車(薄經反又薄田反)輕車(遣政反注同)橫陳(

直刃反下同)猶屏(并領反又薄經反)公喪(息浪反)四十乘(繩證反下千乘乘車同)

爲軿(薄經反)司常爲旜(之然反)鳥隼(息允反)爲

旟(音餘)爲旐(音兆)爲旞(音遂)徽識(式志反又音志又昌志反下同)所被(

普皮反又皮寄反)著絳(丁略反又直略反)大閱(音悅)升朝(直遙反下朝各就同)

扞難(乃旦反)辟害(音避)題別(彼列反下相別同)亡則(音無)解說

下馬皆作幄【法】阮云，下蓋千（榮芬案當作干）之誤

笭，力丁反，劉又音泠【法】音泠與力丁同，泠疑當作冷，《廣韻》迥部收笭

蔽【法】蔽今本或作箙，是也。此隸書竹、艹之混

蕷，扶文反【法】蕷（榮芬案當作蕷）《廣韻》抹袁切〇轅，李一音倉會反【法】李倉會反，字作轅也　縵，莫干反【法】莫干當作莫半，見成五年《左傳》

約，如字，又於貌反【法】約讀去聲，《廣韻》收笑，則《詩·擊鼓釋文》又於妙反是也。此於貌反與《典同》於教反同，恐並誤

別，彼列反，丁相別同【法】阮云：《注疏》本丁作下，當校正

吐活反 弊之 婢世反劉薄許反 仆之 薄北反一音赴 甸亦 音田 獲旌 如字

李一音胡霸反 都宗人之壝 唯癸反劉欲鬼反 禱祠 本亦作禱

丁老反一音丁報反 報塞 西代反 家宗人居句 紀慮反下紀具反

繭栗 工典反 齊肅 側皆反 其知 音智 曰覡 胡歷反李音胡隔反

令此 力呈反 物鬽 眉秘反 以禬 依注胡對反劉又戶外反 之札 側八反又

音截 於墠 音善 螭鬽 勑知反

經典釋文第八

周禮音義上 三一六 余宗

居句，紀慮反，下紀具反【法】居與倨同。他處句字無音，此音紀具反，讀爲章句之句，似誤。《磬氏》句音鉤，是也。又案《庖人》句兵沈音俱具反，是當時有此一讀

經典釋文卷第九

周禮音義下 起夏官盡考工記下

唐國子博士兼太子中允贈齊州刺史吳縣開國男陸　德明撰

夏官司馬第四

輿司馬 音餘衆也 行司馬 戶剛反注同行行列也 軍將 子匠反凡軍將將帥之類放此 師帥 所類反下將帥之字皆同 爲卒 子忽反後皆同 卒長 丁丈反卷內不出者放此 一比 毗志反 大祖 音泰下大師及下文大僕同 皇父 音甫 旣微 本亦作敬京領反 見於 賢遍反下同 廣有 光浪反 作勛 香云反劉音訓 賈四音嫁注及下同 量人 音亮或音良下同 猶度 待洛反下同 司爟 古喚反 爲燋 哉約反李又音灼 若觀 古喚反下同 火與 音餘 掌疆 居良反注及後同 環人 戶關反劉戶串反 郤也 起略反下同 挈壺 劉苦結反一音結又戶結反 盛

周禮音義下　一　陳寺

水 音成 射鳥氏 食亦反 搏鳥 音博一音付本又作捕音步 掌畜 許六反注同劉許又反 虎賁 音奔下同 世爲 于僞反 放想 方丈反本或作倣音同 事褻 息列反 弁師 皮彥反 大稱 尺證反 鎧也 苦愛反 戈盾 常允反又音允 句子 古侯反下音結 矢箙 音服 槀人 古老反 箭幹 如字沈古旱反 參乘 繩證反 齊右 側皆反下齊僕并注同 大馭 音御 朝覲 直遙反後朝覲皆同 朝朝 上如字下直遙反 莫夕 音暮 校人 戶教反字從木若從手旁作是比校之字耳今人多亂之注校之校人同 趣馬 七口反劉清須反注同 皁一 才早反 趣養 清須反又七口反一音七句反 蹶惟 居衛反 牧師 舊音目劉音茂沈音木 廋人 所求反 數也 色主反數之同 圉師 魚呂反 乘一人 繩證反注同 麗一人 如字稱也 訓道 音導下同 邍 音原 撢人 他南反與探同 以語 魚據反 大司馬制畿 音祈 別也 彼列反下皆同 樂業 如一又音洛下音五

法偉堂經典釋文校記遺稿卷九

周禮音義下

清法偉堂著　邵榮芬編校

句子，下音結【法】孑、結不同音，此誤○槀人【法】盧云：槀當從禾，是

比校【法】校盧改挍，是

斂反監國古銜反詰禁去吉反鄉民許亮反比小毗志反注同親也
九伐如字劉扶發反馮弱皮冰反馮猶乘陵眚之所景反瘦所又反粗
者音麤本亦作麤其竟音境則壇依注作墠音善憚之以徒旦反下同本
或無之者荒蕪音無坐殺才臥反放弒本又作殺同音試獸行下孟
反悖人必內反去之起呂反夫唯音苻聚麀於牛反牝鹿也乃
縣音玄注同治象直吏反挾日子協反有分扶問反所共音恭
凡供字皆作共後放此假令力呈反中春音仲下放此列陳直覲反下之陳
可陳陳前徇陳行陳巡陳皆同餘以意求之蒐狩所留反辨鼓如字劉方免反鐸
直各反鐲直角反鐃女交反賁鼓扶云反將軍如字本或作軍將
執提徒兮反鼙薄兮反謂鉦音征讙火官反嘵女交反攝
提爾雅云大歲在寅日攝提格䟽數音朔下注䟽數同表貉莫駕反注同火弊

周禮音義下　三　陳哲

婢世反劉薄計反後射食亦反下王射同其豵子工反獻肩詩作豣音同施
生式豉反爲禡莫駕反茇舍蒲末反撰車息轉反又仕轉反注音篹息緩
反萊沛步末反一音貝又普貝反謂數色主反簿書步古反後簿書皆放此
徽識音志一音試下同朝位直遥反被之皮僞反下同治於直吏反
至比毗志反鄉甀直僞反不見賢遍反亨礿餘共反不孕羊證
反去不起呂反大綏而誰反下同各書音畫出注雲氣本或作气同
獮田息淺反祀祊音方出注皆殺如字劉色界反大閱音悅空辟
音避芟除所銜反令車力呈反下令走同田卒子恤反污萊音烏
正行戶剛反下行列行陳皆同什也音赴鄉表許亮反摺劉如字又音箭一音初洽
反扑普卜反甘誓如字劉胡甘反摝音鹿李扶表反鐸待洛反涿鹿
丁角反沈音濁劉音獨過閶吐剛反闔吐臘反劉湯荅反過琅音郎車驟

伐，劉扶發反【法】段云：當作廢，此與《輈人》劉音同。案《秋官·大行人》音亦作扶發，《考工記·輈人》音作扶廢

夫，音苻【法】苻當作符

治象，直吏反【法】盧校云：五字是衍文，删之

本或作軍將【法】軍將下盧云：少音工匠反四字。案盧說未知所本，工蓋子之譌

沛，步未反【法】阮云：余本未作末，當據正也

摺，一音初洽反【法】初洽反依插字作音也

摝，李扶表反【法】盧云：李所見本必從麃。偉案李音誤

驟，在救反【法】在盧依毛改仕，是

在救反劉才遵反先人悉薦反三闋苦穴反且卻起略反吕和胡卧反爲
止于僞反下爲相疑同以分扶問反又如字注同易野以豉反注同壘門力軌反
驅逆起具反又如字逆要於遙反如著直慮反有繣戶卦反劉又胡麥反
或音卦自畀必二反與也曰豝音巴本亦作巴爲慎如字亦音辰麎音辰又音
腎止尸反麎麋牝也三獀本亦作猣子工反皆駴本亦作駭胡楷反李一音亥皆譟
素報反鼓鼖音符又芳甫反饁獸于輒反劉于法反享烝之升反後皆放此
以從才用反下同比軍必履反注同或毗志反劉方旨反作庀匹是反劉芳美反具也沈
方二反眡事音視秉鉞音越猶道音導城濮音卜則厭於涉
反李一音於入反注同於殽戶交反劉音豪鄉師許亮反弔勞老報反注同
同則相息亮反注同與慮音預又如字注與謀同屬其音燭注同植直吏
反注同華元戶化反楨也音貞饗食音飼後饗食皆放此遺奠

周禮音義一　三　張謙

弃戰反後遺奠遺車之類皆同司勳治功直吏反注同若咎
音羔繇音遥以識音志般庚步干反從與音預國正音征注同本亦
作征少府詩照反馬質物賈音嫁注及下同無種章勇
反下同以亢苦浪反又音剛下同御也魚呂反本亦作禦下同禁去起呂反小子注去之同
以縻亡皮反內更音庚下及注同償也不任用音壬又而鴆反乃復扶又反
月直音值爲傷于僞反
量人市朝直遥反下及注同州涂本又作塗國分也扶問反還市
如字劉戶串反支湊七豆反肉炙章夜反奠竁昌絹反苞筲所交反
斝歷古雅反劉依司農音嫁琖側產反劉本作湔音同之嘏古雅反
小子羊肆依注音鬄他歷反一音餘四反節折之設反掌珥依注音衈
而志反後同一音仍祈于音機作禨音祀爲刉音機字書云劃也一曰斷也或古愛

豝，本亦作巴【法】巴疑當作豝，見《集韻》○麎，音辰，又音腎，止尸反【法】盧本止尸上添又字，又云：腎字當爲衍文。案後説非，止當作上，《爾雅釋文》可證。《吉日》篇作市尸反，市、上同紐

曰獀【法】盧本改曰獀作三獀

比，必履反，劉方旨反【法】方旨與必履同○庀【法】阮云：案葉本、余本、十行本庀作庛，當據正。案《遂師》亦作庛

勞，老報反【法】老報盧改力報，非

楨【法】楨盧改楨，是

國分也【法】國分也條當在州涂條上，盧本乙正

竁，昌銳反【法】阮云：葉本銳作絹，十行本、閩、監、毛本同，後人以爲誤，故改作銳也。案《秋官・烜氏》亦音昌銳反

反又公內反 字與音餘 侯禳如羊反 謂磔陟格反 以豭音家 徇
陳辭俊反
羊人 食饗音嗣本又作飧飧 爲眦徐賜反與漬同 楢羊久反 燎良召反
其賈音古 司爟 柞子洛反 楢羊久反又音由 見於
賢遍反 掌固 枳棘居氏反 刺者七賜反 遮守劉待
禮反又待計反 塹七豔反 凡守者劉收又反注凡守者下有守同 難易以豉
反 妄離力智反 巡行下孟反下皆同 爲衆于僞反 解惰佳賣反 鑿
音戚 造次七報反下同 將趣莊久反劉祖侯反杜七住反 者與音餘 相近附近
之近 與燎音預 之竟音境注及下同 司險 猶徧音遍 洫況域反 澮
古外反 畛之忍反
候人 道治直吏反注道治及下方治同 何戈胡我反又音河 與役都外反劉

周禮音義下 四 張謹

睹律反 于朝直遙反 轘轘戶關反
環人 以蒐側留反劉子侯反 撝馬音兩又音亮 掉徒弔反又如孝反 鞅於兩
反 折之設反下同 馘古獲反 執俘音孚 軍慝他得反 搏音博又房
布反劉音付 諜音牒 反間間廁之間 降圍戶江反注同 降鄣音章劉諸
讓反 挈壺氏 畚音本 爲軍于僞反下爲沃同 縣其音玄
下皆同 令軍力呈反 以盛音成下同 稾假彼錦反劉方鴆反 讙呼端反
囂五高反一音許驕反 省煩所景反 事便婢面反 聚欜音託 次更
音庚下同 相敲苦交反又苦教反 行夜下孟反 共百如字 火爨七端反
射人 見君賢遍反下同 不與音預 西鄉許亮反 朝燕直遙反下
文及注皆同 詔相息亮反下及相孤同 以齊側皆反 治逆直吏反 射三侯
食亦反下及注射侯所射射雉射豕皆同 三獲如字劉胡伯反 五正音征下及注同 豻侯五旦

眦，徐賜反【法】徐字誤，此亦誤從爲邪

槧【法】阮云：葉本、《注疏》本槧皆作塹，此誤

畚，音本【法】畚盧云：當從由，是

達【法】盧據宋本改逆。阮云：今本經作達，蓋涉注中達字誤

獲，劉胡伯反【法】伯當作化，見《考工記·梓人》

反劉音鴈注同肆之劉餘二反一音四九重直龍反長杠音江有軀勑誅反下
同言正音政下志正大射正同能中焉丁仲反下文注射中中侯同去白起呂反下去扑同
之廣古曠反曰鵠古毒反下大夫戶嫁反下天子同以上時掌反下上曰以上同
德行下孟反善搏音博劉音付而擬本又作儗同度焉待洛反參
七讀爲摻素感反于五與豻同五旦反告卒子恤反注同史數所主反注同去
扑普卜反劉方遘反說文父豆反軀劉力朱反一音如字夫介劉古拜反注及下同
之倅七內反劉倉愛反夫從才用反注同比其毗志反苛罰音何又呼
何反朝位直遙反下皆同
服不氏擾之而小反馴也劉音饒熊羆彼皮反馴也似遵反一音脣熊
蹯音煩掌也抗皮注亢同苦浪反劉公郎反巾車如字劉居吝反者中丁仲反
射鳥氏食亦反下射鳥同鳧音扶鴈鴇音保鴞于苗反毆起俱反

周禮十一　卷十　五　陳孝

烏鳶弋專反善鈔初教反又初交反便汚婢面反劉符絹反并夾
音甲著侯直略反鍼箭其炎反李其嚴反沈云或作鉆
羅氏畢居音匹又如字羅襦女俱反或須注繻同音索饗色白反
衣絮女居反字又作袽中春音仲
掌畜阜蕃音煩注同鵞五何反夘鳥劉本作夗音夘鶩音木
鶉音純鴽音如
夏官司馬下
司士之版音板王治直吏反下注治處同眞食音定乃食音嗣其
論魯頓反下同又如字任官音壬正朝直遙反注下皆同後內朝外朝朝聘朝覲視朝朝位
之類放此以意求之南鄉許亮反下注同大僕音泰下放此宿衛音夙劉息就反
士擯必刃反逡遁七巡反下音巡告見賢遍反主食如字劉音嗣

扑，普卜反，劉方遘反，《說文》父豆反【法】今《說文》無扑，所引疑攴字之音。方遘疑（榮芬案疑字誤，當作乃）芳遘之譌，《天官・獸人音義》作普卜反，又芳豆反，可以互證。《說文》二字疑又字之譌，《夏官・校人》注亦音方遘反

便，婢面反，劉符絹反【法】便音易劉者改音和也○夾，音甲【法】《廣韻》夾、甲不同音　○鍼，其炎反，李其嚴反【法】鍼二音鹽、嚴分部

繻，女俱反【法】女蓋汝之譌，俱部無女紐也。《集韻》十虞繻汝朱反，一曰細密網，是其所據本尚未誤，《羣經音辨》亦無異讀　○衣絮【法】阮云：葉本、余本作衣絜（榮芬案當作絮），今本作絮，非　○夘，劉本作夗，音夘【法】二夘（榮芬案當作夗）字未詳

王食【法】阮云：葉本作主食，今諸本皆誤作王

詔相息亮反　昭穆上招反後同　長幼丁丈反　士從才用反注并
使爲色吏反又如字注士使命使同　介音戒　歸脤上軫反　負斂力豔反　執
披方寄反注同　有守劉手又反下皆同
諸子之倅七內反　敎治直吏反注同　大子音泰下注同　卒伍子忽反前
後注及下皆同　弗正音征下國正同　適子丁歷反
司右齊右側皆反　而比毗志反注同　其乘繩證反　屬其音燭注皆
屬　殳矛音殊　虎賁氏音奔劉方問反　先後悉薦反下戶豆
反又皆如字　出將子匠反　局分扶問反　挫薄禮反　柩戶故反　之難
乃旦反　葬從才用反下并篇服氏從車從戶車同　所馮皮冰反　四方使所吏反注
及下同　旅賁氏　戈盾常準反又音允　夾王古洽反劉古協反後放此
則裘七雷反　則介音戒　被甲皮僞反
周禮音義下
方相氏　時難乃多反注同　毆疫起俱反　魌頭音欺　先匶悉薦
反下音樞　之道音導下同　入壙苦晃反又音曠　方良上音罔下音兩注同又並如字　蔓
求龜　大僕　與遽其據反　窮寃於元反　上變時掌
反　傳張戀反下文同　急聞如字劉音問　肺石芳廢反　遽令力呈反　郵
驛音亦　參乘繩證反　辟王音避劉之皆反　之告色景反　窆彼驗
反注之封音同劉皆逋鄧反　而備補鄧反　汜祭芳劍反　縣喪音玄注同　謂
免音問　髽莊瓜反　弔勞力報反下命勞後弔勞皆同　則相息亮反注及下
并御僕藏同　小臣　覲苑古喚反　盥音管
祭僕　不與音預注同　歸胙存故反　臂臑奴報反字林人于反又云羊吳
反　折之舌反　九个古賀反注同　御僕　奉槃芳勇反
爲王于僞反　持翣所甲反　夾蜃辰軫反劉薄忍反　序更音庚　隸

遽令，力呈反【法】盧依宋本刪遽令一條，而補令聞力呈反五字於肺石條上，是也

汜【法】汜盧改汜，是

臑，奴報反，《字林》人于反，又音羊吳反【法】羊、吳不同等，不能爲切語，《鄉飲酒》、《鄉射》、《少儀》等《音義》屢引《字林》人于反，亦不再引此音。今案此五字乃臂羊矢也四字之譌，《鄉射禮》引《字林》臂羊豕也可證，惟豕、矢不同耳。《六經正誤》引作羊矣反，蓋矢、矣形近，矣、吳形近，故展轉致誤耳

蜃，劉薄忍反【法】薄忍未詳，疑誤

僕之埽素報反注汜埽洒埽同 除如字劉直庶反 糞方問反 洒所賣反劉霜寄反
唯桃勑彫反 曰拚方問反本又作扮同 灑也所買反劉霜寄反 乘石如字劉常烝反
上車時掌反下同 有扁邊典反 蹕音畢 儆字又作警音景 弁師聯數所主
反 冠卷起全反 當簪莊林反 廣袤音茂 冠縰所買反劉霜綺反 象
與音餘 采繅音早司農云古藻字 邃延息遂反劉詩遂反 二斿音留下同 屬兩
音燭 鷩必滅反 希衣張里反劉豬履反 諸侯依注侯音公 瑉玉本又作珉亡貧反
玉瑱吐練反 作璑音無 會五采劉古外反注同井䯤擓二字亦同或一音戶外反 玉璂
音其本亦作琪 象邸丁禮反 乃著張略反 反紒本又作紛音計 如綦音其下同 縫
中扶用反下同 如薄劉芳惡反 下柢丁禮反劉音帝 辟積必亦反劉博歷反下同
司兵干櫓音魯 卒兩子忽反下同 廞虛金反 興也虛應反下同 干
笮字又作笮側白反劉舟伯反 司戈盾乘車繩證反後

周禮音義下　七　鄭

乘馬陪乘參乘皆準此注王所乘車依字讀 扶蘇與音餘
司弓矢其守劉手又反亦如字下攻守同 藏才張反沈如字 中春音仲下同
矢箙音服盛矢器也以獸皮爲之詩云象弭魚服 盛矢音成 射甲食亦反下以意
求之 椹質張林反 夾弓古洽反劉古協反 庚弓師儒相傳讀庾本或作庾 豻
侯音岸又音鴈 使者所吏反注同 蹲甲音存劉才官反 參侯素感反
則易以豉反 爲鞎戶根反一音魂或胡本反李音良一音居言反又音很 利攻如字劉音
貢 非強其丈反又其良反 枉紆往反 絜劉苦結反又音結一音戶結反弩矢也 鍭
音候劉侯弩矢 矰音增 茀劉扶弗反李一音孚忽反一音敷或音弗弩矢 庳方二反弩矢
散射素旦反注同 言中丁仲反下中深射中同 結繳章藥反 刜也孚物
反 後訂李音亭呂忱同劉當定反 軒輖音周一音丁二反 痺病方二反 倫
比方二反 弊弓婢世反惡也徐扶滅反 之衰初危反 而圜音圓 得與

洒，所買反，劉霜寄反【法】阮云：葉本、《注疏》本買作賣，是
拚，又作扮，同【法】阮云，葉本扮作坋，當據正〇灑，霜寄反【法】寄字殆綺之誤，
見下屣（榮芬案屣當作縰） 乘，劉常烝反【法】乘《廣韻》食陵切，與常不同紐

邃，許遂反【法】阮云：葉本、《注疏》本許作詩。偉案《集韻》式類切内收邃字，則
作詩蓋是，然終恐非原本也。此與騂、挼等字同例，心、曉二紐相涉，則作許爲
是。又疑許乃詳之誤 希，張里反，劉豬履反【法】希音易劉，誤 會，並䯤、
檜二字亦同【法】阮云：葉本檜作擓，岳本同 璂，本亦作琪【法】盧引孔云：
琪疑當作⿰王綦 紛【法】紛盧改紒，是 〇薄，劉芳惡反【法】薄芳惡反，再考
笮，劉舟伯反【法】舟《注疏》本作丑，是，而《集韻》不收此讀。舟疑才之誤，因鐸
部笮讀從紐也

作庾【法】作庾之庾盧改庚，是

鞎，一音魂，或胡本反【法】魂及胡本二音俱宜删 庳，方二反～痺，方二反【法】
庳方二反則字疑從畀。而《篇》、《韻》無此字。依字庳當音婢，方二反，非。下痺字
則當從畀矣 散，素旦反【法】素旦反阮云：十行本、閩、監、毛本並同，盧本改
但，非。偉案上父（榮芬案當作文）散屨、散車之散並讀上聲，則盧是也。若讀去
聲，則當云如字，不得爲素旦反 〇輖，一音定周反【法】定周盧改丁二，是也
比，毗志反【法】阮云：毗志反葉本、余本、十行本皆作方二反，盧本已改正

音預 并夾音甲注同 乘矢繩證反四矢曰乘矢 矢籋劉奴輒反又女十反 物
從才用反 籠魯東反 爲其于僞反 則更音庚注同
繕人抉古穴反注同 彄也苦侯反 韝古侯反劉云彄字之異者 扞胡旦反 挾
矢子協反一音戶牒反 著右丁略反或直略反下同 若擇劉音澤又音亦一音徒洛反
骨與音餘 弨兮昌遥反 無會古外反下大會同後會計之類放此
稾人以齎音咨後皆同 勞之力報反 試其音考出注 下上時掌
反注同 見在賢遍反 戎右革使色吏反注使謂同 傳
王直宣反下注傳敦同 陳中直愼反劉直吝反 爲王于僞反下爲衆同 玉敦音對
劉又都愛反沈都迴反注同 歃血所洽反徐所輒反 桃茢音烈沈音例 盛以音成
苕音條 帚之受反 齊右側皆反下齊車齊僕皆同 王乘
劉繩證反沈音繩 右與音餘 則拱居勇反 卻行音却

周禮音義下　八　略昇

道右從車才用反下及注同馭夫職放此 大馭犯軷蒲末反注跋涉
同 下祝之又反 菩劉音負一音倍 芻初俱反 轢之音歷 險難乃旦
反 別異彼列反下同 磔犬陟格反 取羝丁兮反 乃舍音釋 兩
軹音紙 祭軓音犯注軓同 爲軒劉音雞 當重直龍反 兩轊
音衛 軌當媿美反又音犯 采薺才私反 爲鈴音零
戎僕自將子匠反 王倅七內反副也劉倉愛反
齊僕以賓如字劉方刃反 王乘車如字
道僕朝夕直遥反注朝夕同 朝朝上如字下直遥反 莫夕音暮
田僕循行下孟反 驅逆如字又起遇反後同 逆衙本又作御同五嫁反
植旌直吏反樹也又時力反 植樹如字一音豎 比禽毗志反次也注同 種
物章勇反下同 數之所主反 人扣音口下同

夾，音甲【法】夾、甲不同音

韝，苦侯反，劉云：彄字之異者【法】阮云：葉本、余本、《注疏》本苦皆作古。偉案作古是也。此韝字之本音，下引劉説乃異讀，言劉讀同彄耳

陳，直愼反，劉直吝反【法】陳音易劉，未詳

卻，音却【法】卻、却同字

注軓同【法】盧云：軓當作軋

校人三乘繩證反注及下注乘四同四圉魚呂反爲皁才早反趨馬
倉走反劉沈清須反下同爲毄音計本又作繫爲廄九又反八麗依注八皆音六此
應應劉之應之筴初革反騋音來牝頻忍反劉扶忍反數與音餘下禮
與同降殺所界反無令力呈反下令皆同近母附近之近駣徐音肇劉音道
李湯堯反沈徒刀反爲其于僞反下爲蹄齧同蹄齧大計反又音帝後同騬音繒
又音繩臧僕子郎反相士息亮反見成賢遍反下同從車才用
反毛馬如字劉莫報反執扑普卜反劉方遘反遺人唯季反貍
之亡皆反本亦作埋祈沈直金反劉直蔭反使者所吏反注同
趣馬駕說始銳反居治直吏反注同牧庌音雅後同
巫馬相醫息亮反注同其賈音嫁注同徐音古粥之音育賣也
牧師中春音仲注同累牛力追反劉音類
周禮音義下　九　朱
庾人佚特音逸散馬素但反注同聒馬古活反毋令音無下力
呈反下使令同括押音甲中物丁仲反不復扶又反以上時掌反下同
牡驪茂后反下力知反絕句牝玄頻忍反絕句駒褭奴了反劉音繞郭璞音同
劉義異鄭圉師除蓐音辱茨牆在私反翦闔戶臘反爲訝
五嫁反廡也亡甫反庇馬必二反又音祕苫也傷占反鈇椹方苻反
所射者食亦反圉人捧衆家並扶恭反
職方氏七閩亡巾反又音文又亡千反漢書音義服虔音近蠻應劭音近文鄭氏音旻九
貉孟白反六畜許又反下皆同芊蠻亡氏反劉音如芊鳴近米李云今周禮本或無
此字國語則有會稽古外反澤藪素口反具區起俱反其浸
子鴆反本云作寖爲陂彼宜反灌溉古愛反鑞也音臘篠也素了
反鵁音交鶄音精雲瞢亡貢反劉亡鳳反李一音亡雄反頳湛直減反劉

趣馬【法】阮云：葉本、余本作趨馬

牝，劉扶忍反【法】段云：當作扶死

騬，音繒，又音繩【法】騬音繒未詳，或即音繩之譌，又音繩三字則校語也

庇，必二反，又音祕【法】庇音分兩類

又音沈李唐感反　華山如字劉胡化反　圃田布古反　熒洛戶扃反　波溠
音詐左傳音同李莊加反字林同劉胙雖反云與音大不同故今從高貴公　絲枲思似反　六擾
而少反徐劉音饒　中牟上如字下莫侯反李中音仲牟又無不反　泆爲音逸　曰播音波
下同　既都張魚反本或作豬　沂山魚祈反　淮泗音四　沂沭音述李一音餘戍反
明都禹貢作孟豬今依書讀　睢陽音綏　東莞音管劉音灌　爲洙
音殊　大野如字劉音與　河泲子禮反　盧維上音雷下於恭反　鉅野音巨
雍沮七餘反　雍州於用反下注州名同　涇汭如銳反李又而類反　在汧徐口千反
劉苦見反李一音空定反　在豳彼貧反　汭垸弓六反詩作鞫　貕養音兮　般
陽步干反　楊紆於于反　汾扶文反　潞音路　長子丁丈反長子縣名屬上黨
虖喚胡反李呼哥反又香刑反　池徒多反李如字　嘔夷烏侯反一音驅　在鄗徐於
據反縣名屬太原劉烏古反　鹵城音魯　此率音律又音類　徧知音遍　有奇
周禮音義下　十
紀宜反　亦見賢遍反　比小毗志反下文比小國并注同　猶女音汝　國竟
音境　共具音恭又九用反　晝朝直遙反
土方氏　日景如字　相宅息亮反注同　度地大洛反　之深尸鴆反
稙張力反　稺直吏反　糞種章勇反
懷方氏　續食音嗣　合方氏　相奏采豆反本或作湊　好
善呼報反注及下同　高尚如字劉古到反
訓方氏　爲王于僞反下同　之傳直專反注同　好惡烏路反　行辟
下孟反下匹亦反　形方氏　華離華依注音呱苦蛙反　哨劉羊售反
沈且笑反　呱邪似嗟反　山師　岱畎古犬反劉孤茗反又孤善反
嶧陽音亦　螫音釋劉呼洛反　噬音逝
川師　蠙蛛薄田反劉扶忍反沈音蠙　暨魚其器反沈其氣反　萑蒲音丸

高貴公【法】高貴下盧據左氏音補鄉字，是

沭，一音餘戍反【法】戍當作戌，《集韻》不誤

莞，音管【法】管疑官

盧【法】盧今本作廬，非

汭，如鋭反，李又而類反【法】汭李音合古韻

垸【法】垸今本作泦

虖，又香刑反【法】毛居正云：當作香于反。以《易·豫》盱火孤反，又火于反例之，則毛說是也，《集韻》已誤　〇在鄗【法】阮云：在鄗條當在虖池上

鹵城【法】鹵城條當在嘔夷上

遾師墳衍房云反相其息亮反
匡人其慝他得反猶背音佩
撢人而語魚據反諭說如字劉尸銳反和說音悅猶鄉許亮
反下同　都司馬其正音征本亦作政音下同駿子㚇反戾
力計反

秋官司寇第五

侀也音刑鄉士音香注同訝士五嫁反迎也朝士直遙反卷內同司剌
七賜反殺也三訊音信司約劉於妙反一音如字注同約束劉詩樹反一音如字
約辭於妙反歃血所洽反賈四人音嫁又音古司圜于權反罷
民音皮下同閩隸亡巾反又音文貉隸孟百反蜡氏讀爲狙清預反注同蠅
蟲以繩反掩骼更白反貍亡皆反又作埋骴本又作胔似賜反雍氏

周禮音義下　十一　徐虎

於勇反劉如字注同隄防丁兮反萍氏音平又蒲丁反爲蛢蒲丁反爾雅云
蛢黃蛢郭注云甲蟲大如虎豆綠色萍號蒲丁反萍蓱上音平本亦作苹同下蒲
丁反者蘋音頻寤覺音教下同司烜音毀注燬同火也爲垣劉音袁
條狼氏音滌徒歷反除也注同冥氏如字又莫歷反麋取亡皮反庶氏
依注音藥煑之煑又章預反毒蠱音古搏蟄音博劉音付下直立反翨氏
音翅失豉反又吉豉反鳥翮柞氏側百反注唶屋笮皆同挍剝古飽反薙氏李或
作雉同他計反徐庭計反去草起呂反芟夷所銜反薀崇紆粉反徐憂群反
翦小反他計晢音摘他歷反徐丈列反沈勑徹反李又思亦反蔟氏倉獨反蠹
蠹都路反赤犮氏赤如字一音采昔反犮徐音跋畔末反劉房末反捇拔上采
昔反徐呼陌反下畔末反劉房末反或蒲八反蟲豸直氏反蟈氏古獲反注同劉音或又音
國爲蜮劉音或一音古獲反蝦音遐蟇音麻螻音樓鼃戶媧反又斛佳反

說，尺銳反【法】尺銳當作尸銳，盧本亦誤〇和悅【法】悅盧本作說，是
下同【法】盧本刪下字，偉疑下乃亦之誤

骴，似賜反【法】骴音誤從爲邪

冥氏【法】《漢書·儒林傳》蕭該《音義》云：《冥氏春秋》之冥，劉昌宗音莫歷反
注唶、屋笮皆同【法】盧云：唶字文當重　挍剝【法】盧云：《注疏》本作刊，此
作挍，義晦，挍從手亦非。偉案刊剝本《柞氏》，《疏》本是也　晢，音摘，他歷
反。沈勑徹反，李又思亦反【法】他歷反盧改他爲宅，非，宅、歷二字不能合爲一
紐，宅蓋因它而誤也。《君子偕老釋文》摘，他狄反，與此正同。字本作擿。勑、
徹同紐，不能爲切語，古讀徹如轍，或沈亦爾邪？晢，李讀思亦反，當是其本從
析，然誤也。段氏據此改《說文》，殆非
赤犮氏，赤，一音采昔反，犮，徐音跋，畔末反，劉房末反【法】赤音采昔未詳，畔末
與房末同　捇，采昔反，徐呼陌反【法】捇徐呼陌反，以爲赫省聲也，《玉篇》亦
呼號切，殆並誤。《羣經音義》丑格切，與析（榮芬案當作拆）同

黿(莫幸反)食蛙(戶蝸反劉斛佳反沈和佳反)蜮乃(音或)短狐與(音餘下官與同)壺涿氏(陟角反又音濁)相近(附近之近)主射(食亦反)絜清(才性反又如字)囂(五高反一音許驕反下同)讙(音歡)如箸(直慮反)爲繣(戶卦反又胡麥反)伊耆(巨之反)爲蜡(仕詐反)國使(所吏反)環人(戶關反劉戶串反)才知(音智)狄鞮(丁兮反)曰譯(音亦)跛者(彼可反)之好(呼報反)國治(直吏反)

大司寇詰四(起吉反)施荒(莫報反)度作(待洛反)爲民(于僞反)篡(初患反)殺(音試本亦作弑)糾守(劉音狩注同)將令(子匠反)上愿(音願劉又音原)糾暴(依注暴作恭)愨慎(苦角反)罷民(音皮注下皆同)不愍(音敏劉云靦反尚書作愍音敏又作昏皆訓強)寘之(之豉反置也又音示)爲邪(似嗟反下同)著其(丁略反一音直略反)兩造(七報反至也注同)百个(古賀反)與(音餘)

周禮音義下　十二　徐茂

兩劑(子隨反)文石(如字劉音問)尌之(音樹)桎(音質)梏(古毒反)末著(直略反下附猶著皆同)肺石(芳廢反肺石赤石也)惸獨(其營反)其長(丁丈反下及注同)上書(時掌反)乃縣(音玄注及下同)挾日(子協反)盟約(於妙反)之藏(才浪反)司會(古外反下司會皆同)之治(直吏反下同)斷之(丁亂反下注皆同)弊之(必世反斷也後訓斷者皆同)爲憋(劉芳滅反又音畢設反)事比(必利反)納亨(普庚反劉普孟反注同下納亨放此)趣(本亦作蹕音畢止行也)

小司寇之難(乃旦反)冢適(丁歷反)芻蕘(而招反)南鄉(許亮反)州長(丁丈反)不見(賢遍反)賓以(必刃反注同)敘更(音庚)訊之(音信)盡心(津忍反)讀鞫(九六反)爲治(于僞反)元咺(況阮反)鍼(其廉反)嚴子(劉音莊注傳作莊案漢書明帝名莊改爲嚴)則赧(女板反)則喘(昌兗反)聽聆(音零)牟子(莫侯反劉無不反)眊然(莫報反本又作旄同)不

蛙，户媧反，劉斛佳反，沈和佳反【法】斛佳、和佳與户媧同，惟佳爲開口耳

耆，巨之反【法】耆、之不同部

尌【法】阮云：葉本尌作尌，盧本同

漢書【法】書盧改諱

眸【法】眸盧據宋本改牟

偷他侯反徐吐豆反　德行下孟反　夫謀音扶　而鮮息淺反　叔向許亮
反　謂憔昨遥反　悴秦醉反　之後與音餘　三刺七賜反　斷庶丁亂
反後皆同　剸魚器反　刖音月又五刮反　大比毗志反注同　以上時掌反下注同　數
民所主反　鑊水户郭反　而辟婢亦反劉符益反一音匹亦反沈音避注同後而辟皆放
此　王道音導　宣徧音遍　入會古外反後要會之字皆放此
士師之灋音法　以左右音佐下音又注左右助也同　徇之似俊反　縣
于音玄　其犅劉音粗沈才古反　曰誥古報反　後射食亦反　閭
比毗志反下同　比追如字劉張類反　胥之如字劉思叙反注稰同　司搏音博
劉音付　事比必利反　邦汋上灼反注同　斟汋之林反下音灼　刺探
七亦反又七賜反　邦諜音牒　反間間廁之間　干冒音墨　撟邦音矯　寶
藏才浪反　作傰劉音崩徐音朋又補鄧反　荒辯依注辯音販　風別之

周禮音義下　十三　徐杲

別皆彼列反下傅別及注同　數條所主反　紓民音舒本亦作舒　傅別音附
注同　約於妙反又如字　亳社步各反　道王音導下三公道盜賊道同　洎其器反或
音凡　刉音機劉音奇　珥而志反注衈同　反將子匠反　干行户剛反　陳
也直刃反　計簿步古反
鄉士令劾户代反　反覆芳服反方士職注同　汁日音協合也本亦作協下同
不中丁仲反　所措七故反　夾道古洽反劉古協反　則為于僞反遂士縣士訝
士職同　方士畺地居良反　而上時掌反注下並同　鄗田
許六反劉敕六反或音勗　相近附近之近　上治直吏反注下有治並同
訝士造焉七報反　謂讞魚竭反　則道音導
朝士州長丁丈反注同　罷民音皮司圜職同　外刺七賜反下同　纆亡北
反　示于之豉反又如字本或作寘　叢棘才公反　兩觀古亂反　閽人音昏

偷【法】阮云：葉本、岳本偷作愉，當據正

辟，概亦反，劉符益反【法】概盧改婢，是。婢亦與符蓋（榮芬案當作益）同，改音和也

鄗，許六反，或音勗【法】音勗與許六反同，陸蓋誤勗入燭，與《廣韻》同也，詳《詩》燕燕

繹於音亦徐音夕見於賢遍反內與音餘下國服與同呼趨本又
作趨同七須反劉音清欲反傳語徐子損反劉才官反李一音篆俘而音而孚搏音博
又音付放失音逸又如字自畀必二反齓初謹反又勑謹反劉測吝反沈劉允反毀齒也
之治直吏反下之治以治及司民職王治并注同國期居其反乞鞫九六反劉己目反
爲治于僞反下爲治爲民同爲別彼列反下同共賈上如字下音古畜積勑六
反下子賜反又如字出者尺遂反劉勑類反又如字坐臧才臥反地傳音付注同凡
屬如字或音燭注同町畔徒頂反又他頂反比屬毗志反下及下文大比同抵冒
丁禮反上人時掌反下文以上并注同相辟音避爲變彼驗反
司民猶去起呂反下同更著丁略反三能吐才反近文
昌附近之近司刑劓魚器反李魚界反又疑婢反刖音月又五刮反
李五骨反黥也其京反窒之本又作涅同乃結反徐丁吉反又丁結反類與音餘斷

周禮音義下　一四

足丁管反臏頻忍反徐方忍反劉符人反攘傷如羊反降畔戶江反
撟虔居兆反司刺七賜反下及注同遺忘音妄注同不
坐才臥反下同而軼待結反中人丁仲反若閒閒廁之閒投射
食亦反老耗本又作旄同亡報反惷愚勑江反又貞巷反劉癡用反癡騃五駭反李
又五亥反又吐在反以上時掌反司約於妙反後及注皆同蔓子
求龜之比毗志反又必二反者與音餘斐豹音非徐方眉反劉方持反沈芳
尾反辟藏才浪反注下皆同爲之于僞反請隧音遂
司盟子瘞才戈反禮義音儀詛其側慮反與共如字
惡之烏路反臧紇恨發反劉胡沒反沈胡謁反使卒子忽反出
豭音加出行戶剛反詛射食亦反以省所景反則爲
于僞反注同職金楬而音竭璽之音徙守藏劉音

俘，而孚【法】而盧本作音，是

鞫，九六反，劉己目反【法】己目與九六同

出，尺遂反，劉勑類反【法】出字二音徹、穿之混

劓，又疑婢反【法】劓、婢不同部，且此字無讀上聲者，此音殆誤從婢字濁上而去耳

老【法】阮云：葉本老作耗

斐，劉方持反【法】斐、持不同部，劉音誤，《篇》、《韻》作斐

狩 以著直略反沈張慮反 揃其音翦 表識中志反又如字又音志 罰目賣

常戊反下同一音蜀 金版音板 餅金必領反 槍七羊反 雷劉音誄沈云當爲儡郎對

反 推揨直追反下宅耕反本又作楟劉去告如字劉亦誤

司厲貫而音嫁 舂槀古老反 謂坐才臥反下同 戮女音汝 以

上時掌反 毀齒況僞反下同 犬人用牷音全方亦作牷 伏

瘞於例反徐烏計反 轢之音歷 用駹亡江反 爲祓九委反劉居綺反 祓

縣音玄 罷辜劉孚通反 凡相息亮反注同 政治直吏反

司圜著黑丁略反 幪莫公反劉莫貢反 刑輿音餘

掌囚梏古毒反張揖云參著曰梏偏著曰桎說文云梏手械也所以告天桎足械也所以質地 拲

劉云三家姜奉反一家居辱反漢書音義韋昭音拱云兩手共一木曰拲兩手各一木曰梏李奇音恐 而桎

之實 以上時掌反 爲王于僞反 而著丁略反徐張慮反

周禮音義下 十五 張清

掌戮賊諜音牒 而搏注作膊同普博反磔也 鈇鉞音斧 今要一遥

反 反閒閒廁之閒 去衣起呂反 踣諸皮北反僵也 僵尸居良反

禁御音禦 遠之于万反 守囿音又 斷足丁管反 髡苦門反

守積子賜反注同 司隸而搏音博 爲百于僞反注及下

注同 涅廁乃結反 厲遮章奢反 例也本又作列同音烈 罪隸使令

上如字劉力呈反 色吏反沈力政反下 牽傍步浪反注同 助轉如字劉張戀反

蠻隸校人戶教反 閩隸阜蕃扶元反下注同

貉隸不生如字劉色勑反 乳而樹反 於圈求阮反 檻戶覽反

秋官司寇下

布憲以詰起吉反謹也 縣之音玄下同

禁暴氏橋誣居表反 好爲呼報反下文則爲下注皆爲同 譔誕武諫

揃【法】揃疑當從木，見《泉府》

揨，宅耕反，本又作楟【法】揨《注疏》本從木。案二字並當從亭

槀，古老反【法】槀，古老反，槀，苦老反，此再酌

瘞，於例反，徐烏計反【法】瘞二音祭、霽分部。疑徐音是〇祓，九委反，劉居綺反【法】祓盧本從支，是。劉讀開口

檻，户覽反【法】《廣韻》檻、覽不同部

反一音亡半反又免仙反徐塋山反本或作慢誕音但
野廬氏巡行下孟反聚㯼音託得令力呈反下欲令同轚互
音計沈古的反迫隘烏賣反環轅戶關反本亦作轘同坻閣徐之侖反劉都禮反
砥柱音旨射邪食亦反下似嗟反隄渠丁兮反兵杖直亮反則
萛音暮操持七曹反反間間廁之間
蜡氏清預反骴似賜反注殨胔皆同殨又作潰作春子亦反李慈益反掩骼
古百反不蠲古玄反舊音圭絜也惟饎昌志反罷民音皮服褻七雷
反皆爲于僞反下爲其陷爲其就禽同所蔵紆廢反今本多作穢惡也烏路反
置楬音竭縣其音玄
雍氏澮池古外反爲阱在性反塹也擭胡化反作鄂也謂陂彼宜
反障之尚反爲塹七豔反本又作壍柞劉才伯反戚在洛反鄂也劉五格反

周禮音義下　十六　張清

戚五各反柴誓音秘敷乃音杜斂乃乃協反又乃結反徐戎劉本
作郤音徐爲苑紆阮反劉於願反
萍氏捕魚音步苛察音何又呼何反沽買音姑又音故下如字一本作賣
波洋音翔又音羊卒至寸忽反
司寤氏行夜下孟反下行夜同微候古弔反先明悉薦反星隕
于敏反司烜氏夫遂方苻反或云司農音苻明齍音資注作粢
同墳燭苻云反庭燎力召反爲蕡扶云反李音婦輩反中春音仲爲
季于僞反下爲薙皆爲同風燥素早反又素報反明竁昌絹反刑剭徐音
屋劉音渥薙與音餘
條狼氏趨辟七須反下婢亦反又音避劉薄易反徐扶亦反注趨辟辟行人同令
卒子忽反下衍卒同辟車必亦反又婢亦反車轘戶串反一音環大文音泰注同

坻【法】坻疑當從氏，再考

骴，似賜反【法】骴音誤從爲邪

陂，披宜反【法】披盧改彼，是

辟，婢亦反，劉薄易反，徐扶亦反【法】薄易、扶亦並同婢亦

行前戶剛反 以警京領反 復請劉上音服下音情
脩閭氏掌比毗志反下同 宿互如字劉息就反 國粥音育 其追如字劉張
類反 爲脩音胥又息呂反 冥氏音覓 罿昌容反劉上凶反 罦音浮 以扃
古熒反 絹古犬反一音古縣反翨氏注同 毆之丘于反後同 搔也音爪
庶氏章預反 毒蠱音古 說禬劉音潰戶內反 嘉艸音草本亦作草
敎令力呈反 求去起呂反 燻之許云反
翨氏而掎居綺反注同 鷹隼息允反 羽翮戶革反
柞氏側百反 林麓音鹿 刊陽苦干反 斫去起呂反 其肆以四反
薙氏秋繩音孕以證反含實也注同 而芟所銜反 甍音萌 茲其音基
茲其鉏也 鉤鐮音廉 取茭音交 剗之初產反劉側展反
硩蔟氏掌覆芳復反毀也注同 夭鳥音妖後夭鳥同 若鴞于驕
周禮音義下 十七 徐鼎
反 服鳥音服 縣其音玄 從娵子須反徐劉沈並 至荼劉沈音餘李音
舒又音徒案爾雅正月爲陬即離騷所云攝提貞于孟
陬皆側留反又子侯反爾雅又云十二月爲涂音徒今
注作娵荼二字是假借耳當依爾雅讀 從攝提格至赤奮若爾雅曰大歲在
寅曰攝提格在丑曰赤奮若
翦氏蠹物丁故反 以攻如字劉音貢 禜音詠 莽草亡蕩反又
莽草藥名 爲櫜劉古毛反本或作橐他各反 凡庶章預反
赤犮氏以蜃市軫反 灰洒色買反劉霜寄反 蟲豸直氏反 以
坋蒲悶反 淳之之純反 貍蟲其皆反劉莫拜反 䗪章夜反 肌居其
反 求本或作蛷音求劉音俱 蟈氏掌去起呂反注去之同 鼃
戶媧反 黽莫幸反 牡蘜莫口反下弓六反 爲聒于僞反下古活反銜枚氏放此
煙被皮義反注同 假令力呈反注同

剗，劉側展反【法】側乃測之譌，《集韻》二十八獮剗，測展切，刈也，即本此

莽，亡蕩反，又莽草藥名【法】又字殆有脫誤

洒，色買反【法】買當作賣，見《夏官·隸僕注》

肌，居其反【法】肌、其不同部

壺涿氏炮土步交反注泡苞同 狐蜮音蜮 燔之音煩 牡橭劉音枯杜
讀爲枯云枯榆木名也劉亦音枯案如杜義則音姑山榆也 爲梓音子本或作橭 爲櫜
勑居反 庭氏掌射食亦反下注同 鳴呼奐故反下文鴟呼同
大陰音泰下文同 陽與音餘 譆譆許其反 詘詘劉音出本亦作出
銜枚氏司囂五羔反下同 讙者呼丸反 在朝直遙反下同 禁
嘂音叫 鳴吟魚今反
伊耆氏爲函音咸 去之起呂反 別吏彼列反 卒子忽反
杖鉞直亮反又音丈下音越 大行人要服於遙反下文及
注同 春朝直遥反後皆同 以比毗志反注同 春見徐賢遍反戚如字夏秋冬放此
更音庚 迭直結反 而徧音遍下文注皆同 時見賢遍反下殷見同 九伐
如字劉扶發反 之好呼報反注同 殷覜通弔反 之慝吐得反 使來色吏

周禮音義下　六

反 惡行下孟反 間問間廁之間注同 歸脤上忍反 致禬音會 澶
淵市然反 繅藻音藻 藉在夜反下及注同 九斿音留下同 樊纓畔干
反下同 九乘繩證反下同 介九音界下及注同 車軹之氏反或居氏反 擯
必忍反後皆同 者 再祼古亂反 而酢才洛反 食禮音嗣下及注皆同 五
積子賜反後皆同 二勞老報反下及注并小行人司儀職放此 信圭音申後信圭同 衣
版於既反 著冕丁略反 屬其章玉反 幓音衫 以罽居例反 齊
僕側皆反 當軫與音餘下是與步與皆同 以飲於鴆反下同 不羕
羊尚反 餽之本又作饋求位反徐絕畏反 柱地張矩反 九飯扶晚反 降殺
色界反 無相息亮反注同李息丈反 其摯本又作贄音至 見賢遍反下文壹見而
見之朝見皆同 傳辭直專反 齊酒才計反 各下戶嫁反注同 嬪物
婢人反 絺勅之反劉褚履反 纊音曠徐劉古曠反 見傳上賢遍反下直戀反

梓，本或作橭【法】阮云：疑當作本或作杍，注云：故書橭爲梓，若依此，則故書橭爲橭（榮芬案橭當作杍）矣

鳴【法】鳴盧本改嗚，是

伐，劉扶發反【法】段云：發當作廢

擯，必忍反【法】忍疑誤，他皆必刃反

屬其【法】屬其今本作其屬，殆是

相，李息丈反【法】相無讀上聲者，李殆讀丈爲去聲乎

一音上如字下直專反屬象徐劉皆章束反下及注同作叶音協詞音辭譯
官音亦爲汁之十反叶也又音協爲諝思叙反耆慾市志反下音欲本多作欲
狄鞮丁兮反重譯直龍反才知音智以上時掌反賫其
子兮反賓而劉云應擯小行人職同詔相息亮反注同
小行人之使色吏反注同後使者使適使之四方竹使使臣皆同眡館音視所
爲于僞反瑱圭劉吐電反案王執鎮圭瑱宜作鎮音琮才宗反琥音虎璜
音黄之好呼報反槁禬苦報反下音會作槀古老反教治直吏反
康樂音洛
司儀擯相息亮反此職內經注除相爲賓相朝相授相親相隨相待相爲國客相聘相禮皆同
壝土唯癸反劉欲鬼反爲與音餘下尺與同三重直龍反下三重重耳同敦丘
音頓沈又都門反陶丘徒力反昆侖力門反三復音服或芳服反之玷丁簟反沈

周禮音義下　十九　騶寳

都念反宮縚吐刀反之行下孟反見王賢遍反諸侯毛毛謂須髮也劉
本作耄音毛皆旅如字又音臚力於反傳辭直專反下除春秋傳皆同末上時掌反下
上傳上車同致飧素尊反下同授幣依注授音受賓拜送依注賓音擯下
賓使者同告辟音避劉薄歷反注同下客辟三辟趨辟放此已辟音避詔侑音又
拂闑魚列反中帳直庚反鴈行戶剛反還圭音環又音旋饗
食音嗣凡饗食皆同賁也芳味反降殺色界反下豊殺則殺及後殺禮皆同逡
巡七旬反客甚勞如字下甚勞勞辱同客刅本亦作從同才用反乘禽繩證
反下乘皮同上下時掌反各稱尺證反束紡芳往反不朝如字又直
遥反不背音佩東鄉許亮反下同
行夫傳張戀反注同遽其庶反其使色吏反注及下同有難乃旦
反注同傳命直宣反象胥職同焉使劉焉音夷

耆，市志反【法】耆、志不同部

眡【法】眡盧據宋本改從氐

槀，古老反【法】古老反則字疑作稾，從禾

壝，欲鬼反【法】《廣韻》尾部無喻紐，或劉收鬼於旨乎

賓拜送【法】阮云：岳珂云，賓亦如之，音擯，非賓拜送也。盧云：拜送二字當改爲亦如之三字

環人殉環徐音循或辭俊反及疆居良反苛留音何又呼何反象胥
閩亡巾反又音文貉亡百反國使所吏反壹見賢遍反而賓音擯
下同相之息亮反下同
掌客政治直吏反注同侯長丁丈反注同敵用丁歷反從者才用
反下注從賓同繭栗古典反鉶音刑牲三十有六依注牲音星下牲十有八受牲禮同
二十筥姜呂反二十甕烏弄反五藪素口反劉色縷反三秅
丁故反或丈加反乘禽繩證反下及注同三食音嗣下食大牢再食壹食注不食同皆
見賢遍反注下除相見見讀皆同皆飪而甚反西夾古洽反劉古協反下同非
衰初危反下同差也初佳反又初宜反倍鼎音裴二行戶剛反下六行四行
二行皆同從陳子容反稾賨古老反幷刈必政反又必盈反曰總
本又作緵子工反李又音揔手把必馬反楝梠音呂一穧才計反參差初林

周禮音義六　廿　駱賓

反下初宜反不復扶又反勞賓老報反造館七報反秅秭徐音姊劉
祖禮反皆為于僞反下同愛費芳味反芻稍所教反舊疎詔反煎
子然反劉子賤反亨普庚反劉普孟反掌訝野廬力於反求
索色白反道之音導下文注道之道賓道王同退復入迎復扶又反為之
于僞反亦如字之治直吏反注下同訝為于僞反下則為同凡從才用反注同於
竟音境詔相息亮反掌交之好呼報反注下皆同惡
烏路反注同辟行音避注同之說音悅注同之難乃旦反
朝大夫國治直吏反注下同君長丁丈反注同殿之都練反
冬官考工記第六鄭云此篇司空之官也司空篇亡漢興購千金不得此前世識其事
者記錄以備大數爾
與居音預監百古銜反以上時掌反凡言以上放此共工音恭面埶

倍鼎【法】《注疏》本作陪鼎

手把【法】杷盧改把，是

稍，所教反，舊疎詔反【法】稍二音效、笑分部

音勢 以飭音勑下同 以辨皮莧反具也注及下同 以長丁丈反下同 操也七曹
反 販甫万反 粤無音越 鏄音博田器也注及後同 燕無音烟 函戶南反鎧
也後同 無盧魯吳反下皆同本或作蘆 倚乃直里反 錢子淺反 斯撊音趙
一音大了反 合姤工口反 鎧也苦代反 爲纑音盧下同 竹櫕才官反李
音纂 柲也音祕劉又音筆 摩鐧力庶反 夫人徐劉方無反沈音扶 草蔵
音織劉云織字之異者 燕近附近之近 矜柲其巾反李其京反 畜牧許又反下
音目又音茂 知者音智 創物初亮反依字作刱 始閭音開 爍金徐劉
余灼反義當作鑠始灼反 合此如字劉音閤 爲枳吉氏反 鸛徐劉音權公羊傳同本又
作鸜左傳同其俱反 鴝音欲 踰濟子禮反四瀆水 貉戶各反獸名依字作貈 踰
汶音問水名 爲貜音袁 之削如字李思約思詔二反 妢胡扶云反 之
笴古老反注作槀同 矢幹古旦反或古旱反 櫄勑倫反 箘其隕反李其轉反
周禮音義下 三二 陳用中
簵音路 枯音戶尚書作楛音同 爲邠彼貧反 以泐音勒 以澤音亦李音
釋 再扐音勒 後卦如字又俱賣反 解散音蟹 刮摩古八反 摶
李音團劉音博 埴時職反 言拍普百反 黏土女廉反 作捖劉音刓戚
音完李侯管反 㮚古栗字 段桃徐丁亂反劉徒亂反 韗況万反劉音運本或作韗同
畫繢戶對反後同 筐音匡 㡆莫黃反 玉楖側筆反 陶旊
甫罔反又音甫 侏儒音朱 椵屬古馬反字或作檟 爲鞄匹學反劉音僕 鞄
瓬如兗反柔革工 芒芒莫黃反下同 放於甫罔反方下同 甒大音武下音
泰 卑宮如字劉音婢 盡力津忍反 溝洫況域反 六畫音獲
而迆以氏反後同 崇於本亦作古崈字 殳長音殊下直亮反後放此 酋
矛在由反或且州反 皆捷徐劉初輒反戚初洽反 車輢於綺反劉於寄反車
倚也一音起寄反 倚移於綺反下以氏反下放此 著戈丁略反 邪倚似嗟反

盧，本或作蘆【法】蘆當依《說文》從竹

創，依字作刱【法】刱盧據《說文》改刱

簬【法】阮云：簬葉本、十行本從路○桔【法】桔盧本改枯，是，今本作楛

卦，又俱賣反【法】賣乃買之譌，見《易釋文》

楖，側筆反【法】《廣韻》楖、筆不同部

鞄，音僕【法】音僕疑誤，見後《鮑人職》

皆插【法】阮云：插葉本作捷，盧文弨《考證》云：宋本作皆接。當由誤記

其樸普剝反劉音僕一音扶禄反屬章欲反下及注同戚速徐劉將六反李音促
注同附著直略反下同以操七曹反作數色角反下同則易以豉
反已庳音婢登阤徐丈爾反劉堂何反李音他輈人同已大也音泰劉他餓反
阪也音反乘車繩證反後乘車皆放此軹音只轂末也轐焉音卜又音
僕軹軎音衛旃僕之然反下如字又音卜軌廣古曠反後放此
輪人輻牙音許下皆同中冬音仲下中夏同以橿居良反其
鑿在洛反又曹報反內如銳反依字作枘而合音閤又如字輪輮而久反劉音柔李而又反
輪敝婢世反徐劉伏滅反幎爾莫歷反諸圜于權反均致直置反下注積致同
掣音蕭又色交反又音蛸李又所咸反肉稱尺證反注同易直以豉反纖殺
色界反劉色例反下同一音如字掣參上色交反又音蕭劉音蛸下所林反桼螵戚眺照反
劉平堯反蛸音蕭又音消其眼魚懇反其幬音疇下同劉又音濤李一音持
周禮音義下　二十二　陳明仲
株反或一音蹈幔轂莫干反則裹音果隅見賢遍反限切魚懇反李
如字下同切五旦如字李倉愛反其綆依注音餅李方善反又姑杏反玉篇云鄭衆音補管反其
蚤音爪下同言餅必井反劉本頃反輪箄劉薄歷反李又方四反一音薄計反下皆
同爪牙劉音雅其蚤側吏反注及下皆同不齵五溝反一音隅相佹九委
反匡刺洛割反下同如胾側吏反立梟古堯反稹理之忍反本又作縝劉
依司農音眞一音眞不歊李戚好角反劉呼報反作秏呼報反歊暴步角反下
同劉步莫反一音蒲報反必撓乃孝反則柞莊百反則摯讀爲槷劉魚列反戚
魚結反迫唶莊百反令牙力呈反卷內皆同厚一寸胡豆反後放此而中
丁仲反詘之丘勿反度兩待洛反下度之同之阞音勒揱音蕭其藪
素口反李一音倉豆反轂空音孔趨也七住反又七須反下同去一起呂反後去一去二
皆同爲賢如字劉李胡田反注同相稱尺證反下同陳篆直轉反必

掣，又所咸反【法】所咸反殆依摻字作音

螵，戚眺照反，劉平堯反【法】螵二音宵、蕭分部，《廣韻》蕭部無脣音

切，李倉愛反【法】倉愛未詳

綆，《玉篇》云：鄭衆音補管反【法】阮云：《玉篇》以下九字亦後人附著，非陸氏語　○餅，必井反，劉本頃反【法】本頃與必进同　○箄，李又方匹反【法】箄盧改從畀，後《車人》同。阮云：葉本、余本、岳本、十行本匹皆作四，與《集韻》合，當據正　牙，劉音雅【法】牙音雅未詳　齵，五構反【法】阮云：葉本、余本、岳本、十行本構皆作溝，當據正　稹，本又作稹【法】阮云：余本作本又作稹，與《集韻》合，盧本改作縝　○摯，讀爲槷【法】槷盧改從執，是。據此則正文從執亦誤

後去一去二【法】去一去三（榮芬案當作二）盧改去三去二，又云：然當云，下去三及注去二皆同

數色角反李色住反　轂約烏孝反又如字　丸漆如字又胡喚反　量其音良
下量其數同　鑿曹報反又如字後同　深尸鴆反下放此　大扤五骨反或五活反　而強
其良反劉其尚反　不勝音升　故竑獲耕反　而殺色界反劉色例反注同　之
溓依字力簟反依注音黏女廉反　衺小劉初危反一音如字　黏著直略反下附著同
爲𣪐胡飽反又下教反李又苦教反　近轂附近之近　人脛刑定反　揉輻
而九反又音柔李又奴丑反一音而又反　火槁劉苦老反沈居趙反　平漸子廉反下同　無
爇魚列反依注音涅乃結反李一音素結反　倨句音據　鑿內如稅反　樧也
素結反　足晃賢遍反注同　綆參方穎反下七南反又音三　不掉徒弔反
欲杼直呂反　欲侔亡侯反劉莫豆反　是摶徒丸反李又丈轉反　不藐
本又作䠣音吝李一音鱗　不挫作臥反李又祖加反　瘣也胡罪反　中規丁仲反下
同　萬之姜禹反李又音俱注同　蔞良主反劉音流下文同李又里俱反　縣之音玄後皆
周禮音義下　卅三　茂
同　相直音值　則斲陟角反　難易以豉反　杠中音江　桯圍
讀爲楹音盈　信其音申　部廣古曠反劉音經下同　爲下于僞反下爲雨同　弓
鑿才報反　蓋橑音老劉力報反　鑿空音孔　弓菑側吏反劉音廁
撓之乃教反　剡其以冉反又才冉反　庛軹方二反　輨或作幹俱音管　近
部附近之近　蚤圍音爪　幾半音析　欲卑音婢下同　隤下大回反
霤力又反　潦車音老　車輿音餘　轂𢿱音隱　不隊直類
反落也　輿人　參稱尺證反注同　爲隧雖遂反注遂同又音
遂注燧同　如鑽作官反　之較古學反　兩輢於綺反劉於既反下同　作榷
音角　植者直吏反下同　轛音對又張歲反李一音都回反　繫綴張歲反　軨令
立劉音領又音零下同　鄉人許亮反　中規丁仲反下音同　弘殺色界反
凡居如字舊音據　無幷如字又必政反　偏邪似嗟反　棧車士板反劉才

約，烏孝反【法】約，烏孝反，見《典同》

槁，劉苦老反，沈居趙反【法】阮云：居趙反則字當作撟，惠氏《禮說》云：《長笛賦》撟揉筋牙，李善引鄭此注云，揉謂以火撟之，是一本作撟之證　○摋【法】阮云：葉本摋作樧，余本、十行本注及《釋文》皆從木，當據正

摶，徒丸反【法】徒盧改徒，是

剡，又才冉反【法】剡才冉反誤邪爲從○輨，或作幹【法】阮云：余本、十行本、毛本幹作斡，當據正

隊，直類反【法】直類反下盧依宋本補落也二字

輢，劉於既反【法】既乃寄之譌，見上

轛，又張歲反【法】轛、歲不同部

棧，士板反，劉才産反【法】棧二音潸、産分部

反反産 欲弇劉於驗反又於撿反 為其于僞反 華鞔莫干反 易
圻以豉反下㪟白反
輈人張留反車轅也方言云楚衛之間轅謂之輈 五棃音木本又作鞏同 種馬章勇
反 齊馬則皆反 與轐音卜舊方木反又音僕 之咸本又作減同洽斬反
率寸音類又音律下同 軓前劉音犯注同 作軓音犯 所討音擣
與隧雖遂反 兩軛於革反 不勝音升 其孫音遜注同 無
弧音胡杜音烏 不汙李音烏一音紆 今夫音符 轅摯竹二反輈也
覆車芳服反 必易以豉反下注之易諭易同 輈也音周一音弔或竹二反 上
阪時掌反下登上同 必縊一臂反劉一計反 作偪音逼 不摾音袁
其郕丁禮反 必緧音秋 作艘音秋與緧同 欲頎苦佷反 典
音畛又勑珍反注同 馬倚於綺反 利準音水又如字下及注皆同 重讀直用反又直龍
周禮音義下
反 不揵杜音蹇鄭音倦 不便婢面反 不罷音皮 不契苦結反注同 需
音須又乃亂反注同 衣衽而甚反又而鴆反 環濟子召反李音在學反 之被皮寄反
沂鄂魚斤反下五各反 九斿音留 宿之音秀下同 象伐如字劉扶廢反 與
參色林反 東辟音壁 弧韣音獨 張幓所銜反本又作縿同 又為于僞
反 下齊才細反下及注皆同 段氏丁亂反 刃削如字李音笑下同 鑒隧
音遂 錞于音淳 豆區烏侯反 鬴也音輔 錢鎛子淺反 則忍
音刃 㮚氏 鋒鍔五各反
冶氏 鋋徒頂反 三垸音丸 異齊才細反 稾中古老反 句子
古侯反下句兵同 接柲音祕 而邪似嗟反 以啄丁角反 必橫劉華孟反
又如字 磬折之設反 而便婢面反 曼胡莫干反 三鋝色劣反又音劣
或音環 鍰也戶關反又于眷反 萊稱尺證反 中矩丁仲反注同 與刺

轐，音卜，舊方木反【法】方木即音卜也〇咸，洽斬反【法】洽疑誤，此音又見

《㮚氏》

艘，與緧同【法】阮云：葉本、十行本艘作緅，《集韻》艘、緧同字本此

需，乃亂反【法】乃亂反則字當作耎

燧，音遂【法】阮云：葉本、十行本燧作隧

鋋，徒頂反【法】鋋徒頂反（榮芬案此下當有脫文）

七賜反注同 著柲 直略反 鑮 徂悶反劉祖悶反 折輿 音餘
桃氏臘廣 力闔反一音獵李魯頰反 之莖 戶耕反 劒夾 古協反又古洽反下
同 鐔 咸音淫徐劉音尋一音徒南反 於把 必雅反劉音霸 戚 易制 以豉反 裨
晛 婢支反劉音畢 笏 音忽 虎賁 音奔 說劒 吐活反劉詩挩反
鳧氏兩欒 力端反本又作鑾 之銑 先典反 之鉦 音征 上祛 丘書反徐
丘庶反 之甬 音勇 之旋 如字李信犬反 蹲熊 音存 盤龍 畔干反 辟
邪 必亦反下似嗟反 之篆 直轉反 之擵 音靡劉亡奇反又莫賀反 之隧 音遂
窐而 劉烏華反徐於蛙反又於圭反 似夫 音符 從鳥 子容反下同 數也 色主反
有說 徐始銳反注同 大厚 音泰劉他賀反下同 則柞 側百反注咋同 鍾掉
徒弔反 則近 附近之近 短聞 音問下同 易竭 以豉反
臯氏消湅 音練下同 不復 扶又反 咸也 洽斬反本亦作減 同齊
周禮音義下　二十五
才計反 稱分 尺證反 其臋 徒門反徐劉徒恩反 謂覆 芳服反 聲中
丁仲反 應律 應對之應 槷而 古愛反 恩索 所白反求也 允臻 側巾
反 爲民 于僞反 以觀 古亂反示也又如字注同 使放 方往反 啓道 音導
函人七屬 之樹反下及注同 合甲 如字舊音閤注同 謂要 於遙反下同 甲
鍛 丁亂反 不摯 音至 大孰 音泰劉蒐鹹反 言致 直置反下同 其鑽
作官反 空 音孔又如字下同 其窓 於阮反或云司農音鬱 其易 以豉反下同 敗
蒧 音職本或作蒧 其朕 直忍反 槖之 音羔劉古道反 謂卷 眷勉反下
文同 衣之 於既反 齘 戶界反 更也 音庚 便利 婢面反
鮑人作鞄 匹學反劉音樸 荼頡 戶結反 鞄䒨 人兗反 荼白
音徒 芧莠 音酉又音秀 煩擱 人專反劉而垂反或如詢反 摶之 直轉反或
除面反下同 縛一 直轉反 如瑱 他見反本或作顛音同 不韡 音虧又許皮反

說，劉詩悅反【法】悅疑銳誤。非誤也，詳《士昏禮》
旋，李信犬反【法】信疑似之誤，然似、犬不同等，不能成切
擵，音靡【法】阮云：葉本、余本、十行本皆作音摩，當據正
臋，徒門反，徐、劉徒恩反【法】臋音易徐者，嫌恩爲開口也
鞄，匹學反，劉音樸【法】鞄字《總目》云：劉音僕，與此不同，考《集韻》僕有步木、
蒲沃二讀，其切内均不收鞄，是《集韻》所據《釋文》不作僕也。然樸有博木、步木
二讀，其切内不收鞄，覺部鞄、樸並匹角切，則又非異讀，疑作樸亦誤也。《集韻》
鞄有匹沃、匹學、粥（榮芬案當作弻）角三切，又皮教一切，《玉篇》普角、步教二
切，通而考之，劉音當作撲擊之撲，弼角切
瑱，本或作顛【法】段云：顛當作[耳真]

其著直略反下眂其著同之札側八反劉側列反者鋪普吳反又音孚著之直略反又丁略反其線思賤反注緫同澣之戶管反而腥於角反劉音屋則需人兗反注同作劙而髓反又人兗反沾渥於角反信之音身劉音新下皆同爲帴音踐或山箭反如俴音踐劉仕顯反羊豬戔劉音普見反依字才丹反字林昨善反沈云馬融音淺于實爲殘與周易戔戔之字同亦音素干反不知其義或云字則如沈釋而羊豬戔之語未見出處俗謂羊豬脂爲膻音素干反豈取此乎案周禮注殘餘字本多作戔宜依殘音不𪏭音吝或作鄰音同注同韗人況万反衆家並音運爲鞠音陶徒刀反爲穹起弓反下同空邪似嗟反上三音參七南反近晉附近之近之賁扶云反本或作𩍅敼又作鼖皆同短聞音問下同以圜音環爲韗音章謂麇俱倫反爲其于僞反易漬以豉反鍾氏朱湛子潛反或子鴆反又音鴆丹秫音述漸

周禮音義下　二十六　余永

車子潛反下漚漸同湻而章均反注及下同爲纁許云反緅側留反劉祖侯反又復扶又反以紺古闇反之縓倉絹反范倉亂反之竀勑貞反本又作經亦作赬者與音餘㡛氏音芒湅絲音練下同涗水書銳反漚絲烏豆反李又烏侯反㬥之步卜反劉步莫反下同作湄劉音眉一音奴短反所浼子禮反曰湊烏禾反又於僞反一音乃罪反以欄音練李又來殘反或音蘭渥烏豆反與漚同注渥菅同蜃常軫反繒人似陵反渥菅古顏反爲湛子潛反士冠古亂反白屨九具反以魁苦迴反又作魹柎之方于反魁蛤古盍反粉之如字劉方問反而盝音鹿而揮音輝去其起呂反朝更此一字張遙反餘皆朝廷之朝

冬官考工記下

需，人兗反【法】需當作耎〇劙，而髓反【法】而髓反未詳

帴，或山箭反〜俴，劉仕顯反【法】山箭、仕顯二讀並疑，《廣韻》有所八一讀〇戔，劉音普見反【法】普見反未詳，字不必作戔也

鞠【法】鞠當從革

易，以鼓反【法】鼓乃豉譌

㡛【法】㡛《說文》⿰巾巟

湄，一音奴短反【法】一音奴短反蓋字本作渜也，若作湄水，司農無緣訓爲溫水矣

繒，似陵反【法】繒音誤從爲邪

魁，又作魹【法】隸書斗字似毛，故爲魹也〇蛤，古盍反【法】古盍蓋誤，當作古合，《地官·序官》作古合

玉人信圭音身朝覲直遥反下皆同用龍莫江反用瓚才旱反下同司農音讚
伯用將如字劉音陽讀餈之然反餍作旦反下尊遐嫁反
見禮賢遍反下同中必府結反戚如字鹿車縪劉府結反沈音畢云劉音非也
案北俗今猶有此語音如劉音蓋古語乎劉音未失組約如字劉阿駁反爲執手僞反失
隊直類反有邸丁禮反又音帝下文同杼上直呂反之珽他頂反椎
也直追反下同閷也色界反劉色例反殺字之異者本或作殺下取殺殺文同相玉息亮反自
炤音照度景待洛反此下注同裸圭古亂反注淉果皆同琬圭於阮反而
繅音早王使所吏反下同藉也慈夜反琰圭餘冉反除慝吐得
反易行以豉反又音亦改也行音下孟反注同以上時掌反瑑飾直轉反去
起呂反頫苛音何璧羨以善反延也又音賤徑也好三呼報呼老二反璧孔也注同
肉倍柔又柔育二反下同之瑗于眷反劉于願反其衺音茂璧琮才宗

周禮音義下　二七　沈貴

反射四食亦反注下注同金勺上灼反注同衡四音横注謂並同衡祈
沈如字劉居綺反小爾雅曰祭山川曰祈沈案爾雅祭山曰庪縣祭川曰浮沈祈音九委反今讀宜依爾雅
爾雅音大祝音泰校人户教反以覡吐弔反視也有鉏劉李測魚反沈徐加
反駔琮音祖爲稱尺證反錘直僞反劉直危反之柢音帝劉作枑户
古反僢倡絹反勞力報反注同玄被皮寄反造賓七報反
楖人莊密反本或作櫛雕人音彫本亦作彫
磬氏倨音據句沈音鉤注同劉如字先度待洛反去一起呂反假
令力呈反後皆同已上時掌反注同大上音泰劉他賀反下同磨鑢音慮其
耑音端劉又音穿本或作端矢人候矢音候劉音侯茀
矢依注音殺色黠反劉色例反李音拂參訂音亭劉當定反槀中古老反下同絜
矢苦結反又音結矰矢音增閷依注爲茀劉苻弗反李音拂而閷本又作殺色界

瓚，司農音讚【法】據注音讚乃後鄭義，不關司農，豈陸所見與今本不同耶

約，劉阿駁反【法】劉阿駁反讀約爲二等也，故《春官·典同》戚音於教反，《巾車》又音於貌反

羨，又音賤【法】羨音賤，誤邪爲從

瑗，于眷反，劉于願反【法】瑗二音線、願分部

祁，音九委反【法】祈音之祁疑當作庪

鉏，劉、李測魚反，沈徐加反【法】鉏字二音並誤，測、徐並當作仕，徐與加不同等，不能爲切，徐或除之誤，然亦不合也，徐亦誤從爲邪　〇柢，劉作枑，户古反【法】《天官·掌舍》枑，户故反，此作户古誤，户、古並上聲，不能成切

楖，莊密反【法】楖、密不同部

稾【法】稾下當從禾

反注下皆同令趣七踰反一音促鏃也子木反或比木反而羽于付反注及下同其
笴古老反下相笴同以辨皮勉反劉方勉反夾其古洽反劉古協反其比
毗志反下反注同能憚音但都達反李直旦反注同李又直丹反綖十直項反三垸
音丸則摷音躁子到反旁掉也沈又色到反掉也徒弔反而搖本又作搖羊招反
橈之乃孝反之稱尺證反搦其女角反凡相息亮反注同而
摶徒丸反瑕蠹丁故反陶人爲甗魚輦反又音言劉魚建反
沈魚偃反一音彥甗也二鬴音輔鬲實音歷五觳音斛
瓬人方往反髺音刮貇苦很反頓傷也薜卜革反劉薄駮反破裂也注同暴
音剝又音雹或蒲到反墳起也爲其于僞反不任音壬爲跀劉音月或五刮
反一音兀又五活反墳起扶粉反堅致直致反器中丁仲反下同膞
市專反注輇同中縣音玄後皆放此旣拊音附又方附反尌音樹本又作樹儗
六百十四五之二十　周禮音義下　二十八　秋昭
度疑紀反下徒浴反則埒芳苻反又普回反相勝音升
梓人爲筍息允反本又作簨橫者曰筍虡音巨植者曰虡植曰直吏反又時力反
羸力果反下同貔音毗螭勑知反卻行羌略反劉去逆反仄行音側
紆行乙俱反李又香于反以脰音豆頸也以注陟又反劉都豆反一音之樹反肎
鳴本亦作骨又作肎于本作骨云骸尻屬也賈馬作胃賈云靈蠵也鄭云榮原屬也不知榮原之屬以何鳴
作骨者恐非也沈云作肎爲得亦所未詳聶音胃劉本作胷音鹵雕琢丁角反蟞屬必滅
反本反作蟞螾衍上羊忍反下如字爾雅云螾衍入耳郭璞云蚰蜒也案此蟲能兩頭行是卻行劉云
或作衍蚓衍音延今曲蟮也鼁戶蝸反黽莫幸反蜩音條蟬也蜺五兮反又五歷
反又五結反蚣思容反蝑思餘反又思呂反榮原如字原亦作螈音同又五丸反弇
口於檢反燿後所教反劉羊李羊肖反爲峭音稍劉李音與燿同沈蘇堯反頃
小音傾李一音褧鋭喙況廢反一音昌鋭反決如字又烏穴反吻劉無憤反戚亡粉反

鏃，比木反【法】比盧改七，依《禹貢》音也。段云：比蓋此之誤，是也

搖，本又作搖，羊招反【法】阮云：葉本、十行本、閩、監、毛本皆作本又作搖，羊招反，疑正文搖字當本作繇

甗，魚輦反，又音喑，劉魚建反，沈魯偃反，一音彥【法】阮云：葉本喑作言，案葉本是，若作喑則與音彥同矣。《集韻》廿二元收甗，本此。魯改魚，是。魚輦、魚偃獮、阮分部。魚建、音彥願、線分部　○墾【法】墾宋本作貇　○薜，劉薄駮反【法】薜音薄駮未詳

致，直吏反【法】吏盧改致，是

注，劉都豆反，一音之樹反【法】注劉二讀並合古韻　骹尻屬也【法】骹尻乃鼈之誤分也　肎，劉本作胷【法】胷未詳　蜺，五歷反，又五結反【法】蜺讀入聲，五歷反是也，五結反乃聲之轉　蚣，息容反【法】阮云：葉本、余本、《注疏》本息皆作思　燿，所教反，劉、李羊肖反【法】段氏據《羣經音辨》燿字有羊胄、羊湑（榮芬案當作消）二音，阮氏引之，謂此當作劉羊胄、羊肖二反，李蓋胄之誤。偉案下條云：劉、李音與燿同。證知此李字亦非誤，惟劉、李音燿爲羊肖，故云音與燿同，若劉有二音，則下條必析言之矣。胄蓋肖之誤，似仍舊爲得。又案哨劉羊售反，見《形方氏》注

吻，劉無憤反【法】《廣韻》憤、粉同部，劉殆讀憤爲去聲乎

數目劉音促李粗角反 顅苦顏反又楷田反李又古㦻反又戶弔反 遠聞音問下同
口勝音權 作桱劉苦顏反又客田反一音工定反棄左傳有華桱音苦耕反 為鬜劉苦
顏反呂忱同云鬜禿也或苦瞎反一音枯曷反 摶身徒丸反 傭勑龍反 凡攫俱縛
反舊居碧反李又九夫反 䌷色界反劉色例反 援簭上音袁下音筮 頢領許慎口忽
反云禿也劉古本反李又其懇反一音苦紇反又音混 撥𪗾必末反沈蒲末反 其匪芳鬼
反注下同 頹𪗾如字李湯過反 廢措七故反注同 作厝劉音錯七洛反又七故反 勺
一升上灼反注同 觚三升依注作觶之豉反下同 則一豆矣依注作斗舊音
主亦多口反下一豆酒同 觚豆音孤 鄉衡許亮反注同 之長丁丈反 參分方去
反注參分下身居一分同 而鵠古篤反注下同 所射食亦反下射三侯下文射共同 兩个
讀為幹古旦反下及注同李云大鄭依字 傅地音附 擠幹力荅反 亦為于僞反 象
率音類本又作類又音律 縜于貧反或尤粉反劉侯犬反一音古犬反 於植直吏反 籠

周禮音義下　二十九　宋侏

綱鹿工反 而棲音西 則春讀為蠢出允反作也出也 畫正音征下皆同 三
獲如字下皆同或音胡化反 謂勞力報反 使臣色吏反 折俎之設反 猶
女音汝下文并注同 毋或音無 強飲其丈反下同 詒曾孫羊之反又羊志
反 遺也唯季反
盧人力吳反下同 戈柲音祕 殳音殊 酋矛在由反 言適在由反或子由
反沈慈有反 言罷音皮 言羸劣皮反 句兵劉俱具反沈音鉤下注同 無彈
徒旦反注同 刺兵七賜反注同 無蛸於全反又於兗反李又烏犬烏玄二反或巨兗反 兵
椑薄兮反注鼙同 兵摶徒丸反 謂掉徒弔反 悁邑烏玄反 謂橈
乃教反下同 蟲蛸巨兗反 隋他果反 圜音圓 則校古飽反李又侯巧反
傅人音附下及注同 所操七曹反 絞而古飽反 為矜巨巾反下同 之
被皮義反注同 去一起呂反下同 晉圍如字又音箭 把中音霸 鐏也

顅，又户弔反【法】户弔未詳

攫，李又九夫反【法】夫字恐誤

頢，劉古本反，李又其懇反【法】《疏》云：舊讀頢字以沽罪反，劉炫以爲音壺，然則古本當作苦本。其懇不成切，殆音之誤，懇下衍反字耳

大鄭【法】阮云：大鄭蓋先鄭之誤

縜，劉侯犬反，一音古犬反【法】劉侯犬反，一音古犬反，與《秋官・冥氏》絹字音同，殆有誤，又見《大射儀》

獲，或音胡化反【法】《集韻》禡韻有獲，當即本此，惟《夏官・射人》又作胡伯，當再通考。案作伯誤，當據此改

蛸，於全反，又於兖反，李烏犬、烏玄二反【法】蛸前四音仙、先、獮、銑分部

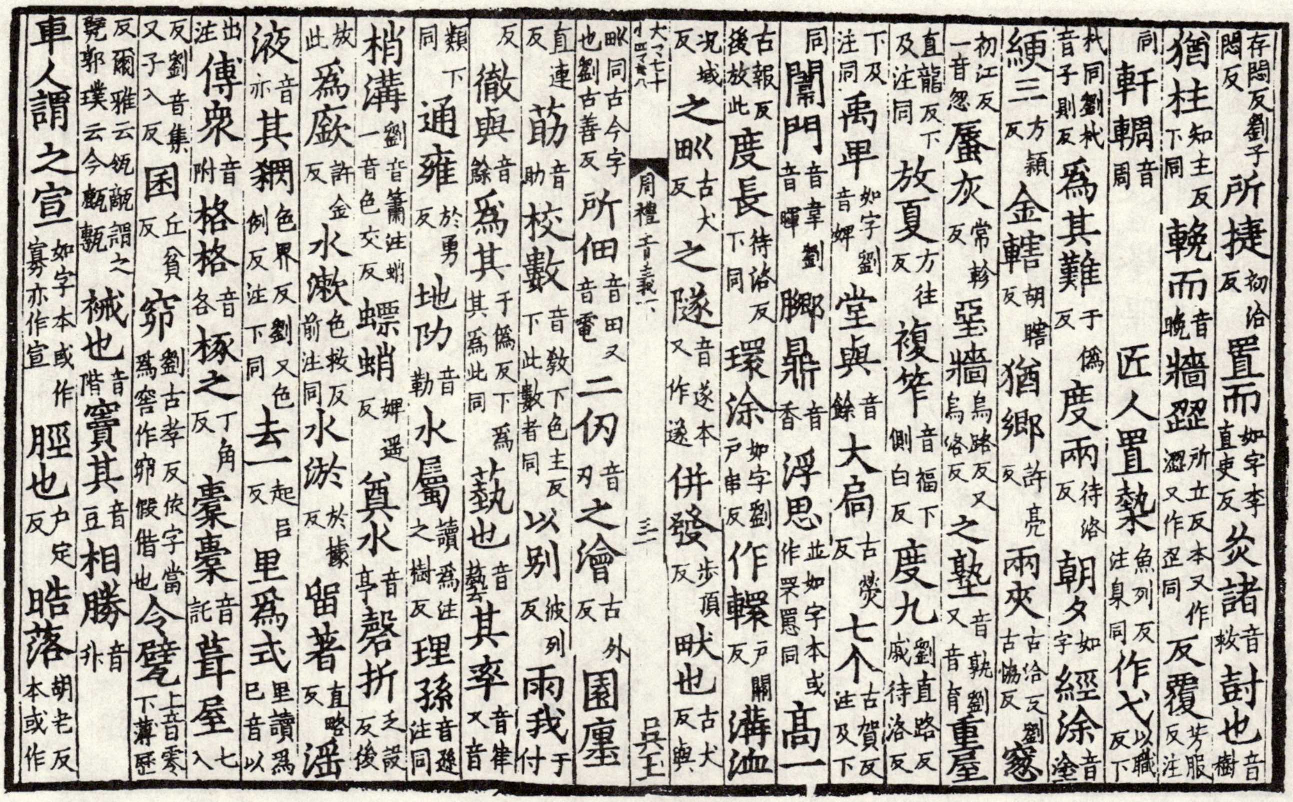
存悶反劉子悶反 所捷初洽反 置而如字李直吏反 灸諸音救 封也音樹
猶柱知主反下同 輓而音晚 牆澀所立反本又作澀又作歰同 反覆芳服反注同
同 軒輖音周 匠人 置槷魚列反注臬同 作弋以職反下
杙同劉杙音子則反 爲其難于僞反 度兩待洛反 朝夕如字 經涂音塗
綆三方穎反 金轄胡瞎反 猶鄉許亮反 兩夾古洽反劉古協反 窻
初江反一音忽 蜃灰常軫反 堊牆烏路反又烏洛反 之墼音熟劉又音育 重屋
直龍反下及注同 放夏方往反 複笮音福下側白反 度九劉直路反咸待洛反
下及注同 禹卑如字劉音婢 堂與音餘 大扃古熒反 七个古賀反注及下
同 闈門音韋劉音暉 膷鼏音香 浮思並如字本或作罘罳同 高一
古報反後放此 度長待洛反下同 環涂如字劉戶串反 作轢戶關反 溝洫
況域反 之甽古犬反 之隧音遂本又作遂 併發步頂反 畎也古犬反與
周禮音義下 三一 吳玉
甽同古今字也劉古善反 所佃音田又音電 二仞音刃 之澮古外反 園壆
直連反 莇音助 校數音敎下色主反下此數者同 以別彼列反 兩我于付
反 徹與音餘 爲其于僞反下爲其爲此同 埶也音藝 其率音律又音
類下同 通雍於勇反 地阞音勒 水屬讀爲注之樹反 理孫音遜注同
梢溝劉音簫注蛸一音色交反 螵蛸婢遙反 甄水音亭 磬折之設反後
放此 爲廞許金反 水漱色救反前注同 水淤於據反 留著直略反 滛
出注 傅衆音附 格格音各 椓之丁角反 槖槖音託 葺屋七入反
液音亦 其綱色界反劉又色例反注下同 去一起呂反 里爲式里讀爲已音以
反劉音集又子入反 囷丘貧反 窌劉古孝反依字當爲窖作窌假借也 令甓上音零下蒲歷
反爾雅云瓴甋謂之甓郭璞云今甑甎 㼝也音階 賓其音豆 相勝音升
車人謂之宣如字本或作寡亦作宣 脛也戶定反 晧落胡老反本或作

輓，音挽【法】阮云：葉本作音脕。偉案音脕與《巾車》合

劉杙音子則反【法】子乃予之譌，《地官・牛人》注作劉餘則反

宣，本或作寡，亦作宣【法】亦作宣三字與正文複，阮謂當分二條，亦未確。偉疑此宣字當作寘，即寡之隸變，亦宣寡所由致誤也　皓，劉作皓，音灰【法】正文皓盧改從日，是也。段云：灰當作夰，自《集韻》時已誤。案段說於形聲皆近，惟夰字稍僻，恐未必以之作音

顯音同，劉作皓，音灰 柯欘 户阿反 之欘 張玉反，《爾雅》句欘謂之定，郭云：斫也。句欘 音劬，又音淭 之定 丁寧反，或音如字 上俛 音免 耒 力對反，劉音誄，或良水反 庛 依注音刺，七賜反，李又似斯反 顇疵 似斯反 緣其 如字，沈悅戰反 相中 如字，又丁仲反 應 一步 應對之應 利推 如字，李湯雷反 或作摶 徒丸反 謂牙 五嫁反，李五家反，下同，本或作逕 大安 音泰，又菟餓反，下同 反鞣 人九反，劉音柔 仄鞣 音側 則 易 以豉反 耎者 人兗反 爲泥 于僞反，下同 綆寸 方穎反 牝服 步忍反，又扶死反，李扶緬反，服依注音負，詩音如字 輪箄 薄歷反 謂較 音角 鬲 長 沈於革反，劉音隔 厭牛 於甲反

弓人既聚 似主反，具也 檍 於力反，劉又烏克反，一音意 檿桑 烏簟反 杻 女丑反 箕簏 音服 凡相 息亮反，下同 鄉心 許亮反 則遠 于万反，下遠於同 近根 附近之近 射遠 食亦反，下同 菑 側冀反，又側其反，沈子冀反，劉音㓨

栗 音烈，李又如字 不迆 羊氏反 不菑 側其反 畬 音餘 以鋸 音據 副 析 昔逼反，下星歷反 倚移 於綺反，下羊氏反，下同 邪行 似嗟反 裂繻 音須 秋䌷 戚色黠反，劉色例反，下同 紾 劉徒展反，許慎尚展反，又徒展反，與注抮縳之抮同，角紾縳之意 而昔 七各反，下同 抮縳 並與紾同，縳又徒轉反 牞理 才若反，又七奴反 錯然 七各反，李云鄭且若反 瘠牛 在亦反 夫角 音扶，下皆同 戚於 子六反，注同，李又音促，又且六反 剫 乃老反，本又作腦 而休 音煦，下同 爲煦 況付反，劉音休，下同 之畏 讀爲隈，烏回反，下同 故胞 七歲反 而摶 徒丸反 凡昵 女乙反，又音職 作樴 音職 爲[illegible] 女乙反，《爾雅》云：暱也，劉沈並音刃 脂敗 音職，吕忱云：膏敗也 必剽 芳妙反，戚芳昭反，或扶召反，後同 撊然 下板反，或胡簡反 登陴 婢支反，劉蒲佳反，又房卑反 敝之敝 婢世反，扶捨反 爵之 子略反 惻隱 本或作懚，同 測度 徒洛反 液角 音亦，下同 爲醳 音亦，劉沈音釋，下同 眞體 讀爲定，下同 縶中 音景 析濟 子召反 復內

庛，李又似斯反【法】似斯反亦誤從爲邪

聚，似主反【法】聚音誤從爲邪〇檿，烏簟反【法】《廣韻》檿、簟不同部

箕【法】箕疑從廾

䌷，戚色界反【法】阮云：葉本、余本、十行本界作黠，當據以訂正。偉案《集韻》䌷收怪部，《梓人》與此同，《磬氏》但音色界反　紾，劉徒展反，許慎尚展反【法】徒展、尚展澄、禪之混　牞，才若反【法】若盧改苦，是　錯，鄭且若反【法】鄭且若反讀皵也，《爾雅·釋木》皵謝音舄，即且若也。據或本作且苦反，謂與《周義（榮芬案當作易）音義》馬七路反同，蓋誤　蹙，子六反【法】阮云：葉本、余本、十行本蹙皆作戚，當據以訂正

撊，下板反，或胡簡反【法】撊二音潸、產分部〇陴，婢支反，又房卑反【法】房卑與婢支同　〇隱，本或作懚，同【法】阮云：余本、十行本懚作㥯，閩、監、毛本作隱，可證爲㥯字之誤，當訂正

扶又反 則易以豉反 滑致直致反下言致同 則合讀爲合 被弦皮寄反
反 無邪似嗟反 必荼音舒下同 由幨昌廉反注同 重醳直龍反
稱尺證反下各稱同 其帤女居反 則需人兖反下注罷需同 襦有劉音須沈音
音僞本亦作禣 衣絮本亦作帤周易作袽皆女居反 中陴苻支反又音卑 疏數音朔
必倅莫侯反或亡又反 繳不音灼 由挫子卧反 蹴折子六反 之隈
烏回反 恒角古鄧反又如字下同 不校古卯反及下同 爲裻音督 絚古鄧反或
古登反沈又居肯反 爲搄古鄧反 辟如音譬下注變辟同或房赤反 終紲息列反弓柲也
柲音祕又補結反 爲發于僞反 緄古本反劉古寬反 縢本又作縢徒登反 茭
司農古歷反鄭戶卯反 解戶賣反注同 茭讀音交下茭亦同 激發古歷反 足
掔烏奐反 骹之骹戶卯反 蕭臂如字下文同本或作辟一音房赤反 於
挻勑頂反注同或徒令反 有樹方輔反下同 爲湖音胡 漂絮匹妙反下
周禮音義下 三三
相預反 引如引依注音譬 重明直用反 撟幹居兆反劉枯老反沈古了反
無燂音潛又音尋或大含反 鬻膠章呂反 苟愉吐侯反或吐豆反 其
畏烏回反 其敝讀爲蔽必世反劉又博計反 宛之於阮反 已應應對之應
注下皆同 不罷音皮 柎里劉音婢 於網色界反劉色例反注下同 而羽讀爲
扈音戶 難易以豉反下同 堂之直庚反或之亮反又詩尚反注同沈云或音堂非 辟
戾劉必亦反衆家皆匹亦反 不勝音升下注同 有三有讀爲又三讀爲參 被筋
皮寄反 擐之戶串反劉郭犬反 三倅本又作桙亦作椊同莫侯反倅箄也 三鋝色劣
反又音劣 三邸丁禮反或丁計反 三斞羊主反 鍰也音環又于眷反 合九
如字一音閤下同 豐肉如字劉而樹反 忿埶音勢 中且丁仲反注及下同 作
數音朔 以愿音願愨也一音元 愨也苦角反 夾臾古洽反劉古協反下音同
厮射候食亦反注下除繳射大射小射用射外皆同 獲劉胡䕶反 繳射諸若反

絮【法】段云：絮當作絜〇裨【法】阮云：葉本、十行本裨作陴

辟，房赤反【法】赤蓋亦之誤，他處皆作亦

蕭【法】蕭盧依《注疏》本改簫

挺，或徒令反【法】令乃冷之譌

撟，居兆反，劉枯老反，沈古了反【法】居兆、古了小、篠分部，劉音則讀爲槁也

燂，音僭【法】僭盧據宋本改朁。偉（榮芬案偉下當脫案字）朁、僭並潛之誤，《注疏》本作潛是也，然亦混邪爲從

倅，本又作椊【法】椊盧（榮芬案盧下當脫據字）宋本改桙，云《集韻》、《類篇》皆有桙字。偉案《集韻》之桙即本於此，然終是俗譌也。疑此桙字陸本作牟　于卷

反【法】卷疑眷之誤

木椹張林反 梱復苦本反 若背補內反注同 角環如字又户串反 上

筋蕡扶文反注同 斥音尺 蠖枉縛反又於郭反 臬實絲子反

冉時掌反 覆之孚服反注下皆同 句弓劉九具反沈音鉤 猶善音善

本又作善下同

經典釋文第九

經四千八百四十三字

注一万二千三百卅一字

周礼音義下　三三　麦

捆【法】阮云：葉本、余本捆皆從木，當據正

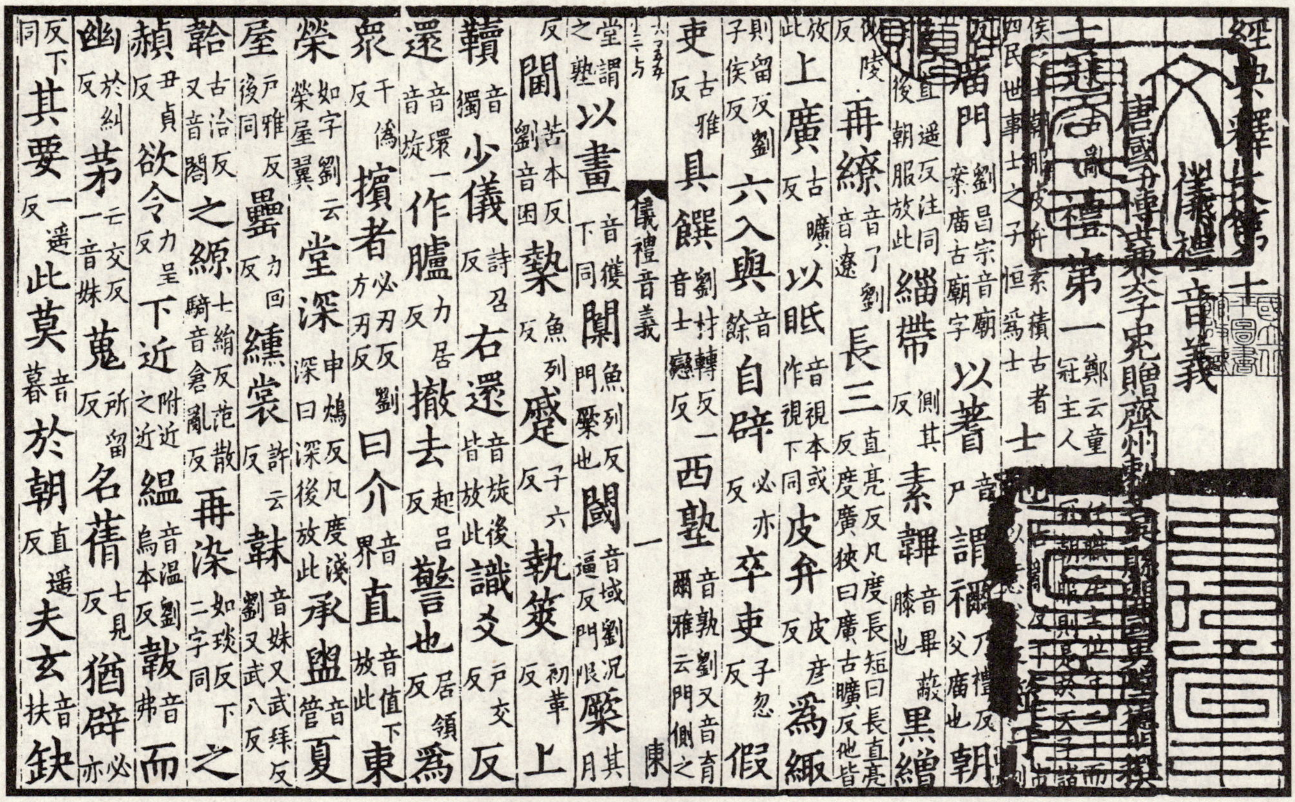
經典釋文卷第十　儀禮音義
唐國子博士兼太子中允贈齊州刺史吳縣開國男陸德明撰
士冠禮第一 鄭云童[illegible]冠主人[illegible]
侯之士[illegible]并素積古者四民世事士之子恒爲士 士 音[illegible]
[illegible]廟門 劉昌宗音廟案庿古廟字 以著 尸 謂蓍 乃禮反父廟也 朝
[illegible]直遥反注同後朝服放此 緇帶 側其反 素韠 音畢蔽膝也 黑繒
似陵反 再繚 音了劉音遼 長三 直亮反凡度長短曰長直亮反度廣狹曰廣古曠反他皆
放此 上廣 古曠反 以眡 音視本或作視下同 皮弁 皮彥反 爲緅
則留反劉子侯反 六入與 音餘 自辟 必亦反 卒吏 子忽反 假
吏 古雅反 具饌 劉捋轉反一音士戀反 西塾 音孰劉又音育爾雅云門側之
儀禮音義　一　康
堂謂之塾 以畫 音獲下同 闑 魚列反門橜也 閾 音域劉況逼反門限 橜 其月
反 閫 苦本反劉音困 槷 魚列反 蹙 子六反 執筴 初革反 上
韇 音獨 少儀 詩召反 右還 音旋後皆放此 識爻 戶交反
還 音環一音旋 作臚 力居反 撤去 起呂反 警也 居領反 爲
衆 千僞反 擯者 必刃反劉方刃反 曰介 音界 直東 音值下放此
榮 如字劉云榮屋翼 堂深 申鴆反凡度淺深曰深後放此 承盥 音管 夏
屋 戶雅反後同 罍 力回反 纁裳 許云反 韎 音妹又武拜反劉又武八反
韐 古洽反又音閤 之縓 七絹反范騎音倉亂反 再染 如琰反下之二字同
赬 丑貞反 欲令 力呈反 下近 附近之近 緼 音溫劉烏本反 韍 音弗 而
幽 於糾反 茅 亡交反一音妹 蒐 所留反 名蒨 七見反 猶辟 必亦
反下同 其要 一遥反 此莫 音暮 於朝 直遥反 夫玄 音扶 缺

法偉堂經典釋文校記遺稿卷十

清法偉堂著　邵榮芬編校

儀禮音義

天子諸侯【法】天子諸侯盧改諸侯天子，云：諸侯句絶，不連下讀

繒，似陵反【法】繒音誤從爲邪

緅，劉子侯反【法】緅，劉音合古韻

以畫，音獲～識爻，户交反【法】以畫條下盧據《通解》增記爻二字，注云：户交反。而改識爻條之户交反三字爲音志

擯，必刃反，劉方刃反【法】方刃、必刃同

缺，劉屈絹反【法】劉音不誤，又見《喪服》經

依注音頍，去蘗反，又音跬，劉屈綃反，下皆同此 項下講反 青組音祖 屬于章玉
反，注同 緇纚山買反，舊山綺反 笄音雞 組紘音宏，纓從下而上者 同篋
苦協反 著頍丁略反，下著卷同 四綴丁衛反 有縕劉紀屈反 著卷
去圓反 名蔮古內反 猶著直略反 以叏土刃反 之簪側金反
以上時掌反 隋方他果反，狹而長 櫛實莊乙反 于簞音丹，笥也
笥息嗣反，字林先字反 甒亡甫反，又音武 有篚方尾反 實勺上若反
觶之豉反，爵容三升也，字林音支 角柶音四，匕也 脯醢音海 如笭力丁反，一
音泠 以斞九于反，又音俱，挹也 作廡音武 一匴素管反，本或作算 西坫
丁念反 無繅音早 玉琪音其 象邸丁禮反 爲篹素管反，劉
音纂 爲檐以占反 于阼才故反 猶酢才各反 袗玄之刃
反，劉之慎反，一音眞，同 紒音計，後同 錦緣以絹反 并紐女九反 道

儀禮音義　二

之音導 當碑彼宜反 相鄉許亮反，本又作嚮 近其附近之近 作
浣戶管反 適子丁歷反 辟主音避，下辟爲同 爲賓于偽反，下爲不
同 乃祝之又反，一音之六反，注皆同 鶬焉七良反 復出扶又反 見
者賢遍反 屬音燭 面枋音柄，彼命反 薦脯本又作𧃌，子見反，或
作廌，非也；廌依字直買反，解廌獸名，後放此 啐七內反 捷柶初洽反，本又作插，亦作扱 見
于母賢遍反，下及注入見如見，見于君贄見與見姑見母同 闈音韋，劉音暉，宮中小門也 猶
俠古洽反，劉古協反，下同 應也應對之應 處也昌慮反 帷幕武博
反 後賓戶豆反 奠贄本又作摯，音至 非朝直遙反 少牢
詩召反 泲其子禮反，下同 清糟子曹反，劉本作蓸，音糟 儷皮音麗
兩也 飲賓於鴆反 皆與音預，注同 爲介音界 則醮子召反，劉
側教反 以盛音成 由便婢面反 撓之劉好高反 爲聶女輒

櫛，莊乙反【法】櫛、乙不同部　笥，息嗣反，《字林》先字反【法】笥二音同

甒，亡甫反，又音武【法】甒下又字疑衍　觶，《字林》音至【法】音玉（榮芬案當作至）當作音支，見《檀弓下》及《曾子問》音義，觶與至不同音，字（榮芬案字下脫林字）不容有此誤也　笭，力丁反，一音泠【法】笭，力丁反，盧云：《注疏》本力呈反，譌。偉案力丁反即音泠也，不得爲異讀，恐音泠之泠乃譌字也，泠蓋冷之謂（榮芬案當作誤），又見《周禮·巾車》

斞，九于反，又音俱，挹也【法】斞誤，當從臾，注又字疑衍

玉璂【法】盧、阮並云：璂，宋本作琪　襜【法】襜，盧依宋本改檐，詳《考證》

袗，之刃反，劉之慎反，一音真，同【法】盧云：袗之刃反《士昏禮》內作之忍，似此脫爛。偉案盧說是，若作之刃，則與之慎同矣。一音真，同下蓋脫一也字

撓，劉奴高反【法】阮云：奴高，宋本作好高，即《集韻》之呼高，宋本是也。偉案《廣韻》、《集韻》豪部泥紐並無撓字，作好是也

反折俎之說反注同嚌之才詣反嘗也若殺如字劉色例反下同離
肺芳吠反扃古螢反扛鼎也鼏亡歷反鼏覆也胖音半反於鑊戶郭反
亨普庚反爲鉉玄犬反范古顏反劉音關又玄犬反蠃醢力禾反螔
音移劉音夷蝓音踰劉又音由爲蝸力禾反又古華反加俎嚌之齊音
祭出注美稱尺證反下之稱美稱同能共音恭重有直用反下注同
涖之音利一音類惟祺音其爾女音汝下同作麋亡悲反黃
耇音苟無疆居良反竟也下同疆竟音敬又音景之休虛虯反
亶丁但反時劉本作古昔字爲癉劉音旦一音丁但反爲瑕古雅反又
作假既湑息呂反之祜音戶福也于假古雅反大也長幼丁丈
反作父音甫又如字下同屨九遇反青絇其于反繶於力反純
章允反劉之閏反注下同縫中扶用反紃也音旬純緣以絹反以魁
苦回反柎方于反劉音鈇蜃上忍反蛤音閤以繢戶內反纁屨

儀禮音義　三

音歲大古音泰注同齊則側皆反注同本亦作齋其緌如離反注同而
敝婢世反劉齋斃反以上時掌反下以上同適子丁歷反本又作嫡母追
音牟下丁回反注同猶堆丁回反本或作塠同殷冔況甫反於槃畔于反
憮火吳反篡初患反殺本又作弒亦作試同申志反下同坊記音房之
殺色界反舊所例反注同而謚時志反
士昏禮第二鄭云士娶妻之禮以昏爲期因而名焉必以昏者取其陽往而陰來納采
亡在反釋也取妻七住反亦作娶下同紹介音界爲神于僞反下明爲鄉爲
今爲同尊處昌慮反於禰乃禮反使者所吏反後使者舉使皆同莫
音暮內霤力又反楹間音盈合好呼報反甒醴亡甫反下音禮鄉
爲神亮反本又作鄉如冠古亂反下同授校劉胡鮑反又下孝反一音苦交反雜同

扃，扛鼎也【法】扛鼎，盧改鼎扛○鼏，鼏覆也【法】鼏覆之鼏，盧改鼏

鉉，范古顏反【法】古顏蓋古頑之誤，《公食禮》劉古頑反○螔，音移，劉音夷【法】

螔劉音誤，此支、脂之混

休，虛蚪反【法】蚪當作虯

柎，方于反，劉音鈇【法】盧、阮並云：柎宋本作拊。音鈇與方于反同

緌，如離反【法】離乃誰之譌

敝，劉齋斃反【法】齋疑府或補之譌○母追【法】盧據宋本改毋

謚【法】謚，盧本改諡

采，亡在反【法】阮云：亡在《通解》作七在，是

校，又丁孝反【法】阮云：丁宋本作下，不誤

几辟劉房益反一音避注同　拂拭上音弗下音式　逡巡七旬反下音旬　角柶音四
梧授吾故反　面枋彼命反　疑立魚乞反又音嶷　主爲于僞反下巾爲蓋爲同　執
觶之豉反　坐啐七內反　猶扱初洽反　從者才用反後從者皆同　復使扶又反下
不復皆同　玄纁許云反　儷皮音麗偶也　純帛側其反　請期音情又士井反　陰
和戶卧反　去蹄起呂反注同下大西反　肫劉音純音之春反字林之閏反　髀步米反字林方
爾反云骹骨也又作髀　皆飪而甚反　扃古熒反　鼏亡狄反　壻之悉計反從士從
胥俗作埍女之夫　鄉內許亮反　右胖音判　飯必扶晚反　近竅附近之近
下苦弔反　以扛音江　爲髀必爾反又毗支反　作鉉胡畎反　承盥音管　饌
于仕戀反劉仕轉反　醓醬呼西反　巾之如字劉居近反　四敦音對劉又部愛反下
敦南對敦同　食齊上音嗣下才計反下同　大羹泣如字大又音太亦作泰羹劉音戶庚反字林
作羹云肉有汁也戶耕反劉亦太義同　湆劉云范去急反他皆音泣字林云羹汁也口恰口劫二反　在爨

儀禮音義　四

七亂反　大古音泰　比墉音容牆也　綌冪去逆反　加勺上灼反　以庪居委
反劉居綺反　合巹音謹劉羌懇反字林作蒼居敵反蠡也以此巹爲警身所奉之警　破匏白交
反　三酳以刃反劉士客反下文同　緇袘以豉反又音移注同　從車才用反下注同　二乘
繩證反　以上時掌反後以上倣此　親迎魚正反下同　衣緇衣上於既反下如字
謂緣以絹反又以全反下皆同　持炬音巨　炤道音照　有裧昌占反　共
之音恭　爲神于僞反下注爲爲行同　纁袡如占反　髮也支義反　追
師丁回反　編次必連反劉步典反　袗玄之忍反一之慎反又普真後同　毋莫候反字林亡
又反劉音毋又音茂　纚笄山買反劉霜綺反　縚髮他刀反本又作岦同　朱綃音相消
別彼列反下別出同　被皮義反下及注同　纇苦迴反劉古熒反禪也　黼音斧劉音捕　姪
大結反字林丈一反　娣大計反　禪也音丹　朱襮音博　刺黼士亦反劉
音刺史之刺　而下遐嫁反　婦乘如字劉音繩證反下記同　御塵魚呂

拂拭，上音弗【法】音弗誤，別有辨。上音弗三字蓋衍文，《注疏》本無〇逡巡【法】
阮校引張氏《士昏禮識誤》云：鄭氏於《儀禮》用逡遁字凡十有一，開寶《釋文》之
本獨於此作巡，諸《釋文》之本皆作遁。盧本改遁　梧授【法】梧授今本作迎受

巾，劉居近反【法】近有上、去二讀，不能爲切脚，且與巾不同部，疑覲之誤，見《考
工記》《春官·序官》及《大射儀》〇敦，又部愛反【法】部當作都，盧亦未改
湆，劉云，范去急反，他皆音泣。《字林》云：口恰、口劫二反【法】音泣與去急同。
口恰雙聲，不能爲切紐，恰蓋給之譌

綌冪【法】阮云，綌冪宋本冪作鼏，張氏《士昏禮識誤》曰：按《釋文》冪作鼏，後撤
尊冪，《鄉飲酒》、《鄉射》尊綌鼏（棨芬案鼏當作冪）同　庪【法】庪盧改庋，是。
阮云：宋本作庪
迎，魚正反【法】魚正盧改魚敬，是
緣，又以令反【法】以令盧改以全，是

袗，之忍反，一之慎反。又普真反【法】一之慎反盧一下補音字。阮云：普疑音
之譌，反衍字，《士冠禮釋文》可證

御【法】御今本作禦

反令衣力呈反作幜劉音景道之音導下同塍席以證反又御
證反于輿烏報反西南隅塍御依注音訝五嫁反迎也下注塍御御受御枉餕御賛盥者
朼者必復反劉云匕器名朼者朼載也由便婢面反下同啓會古外反卻于
去盥反啜涪昌悅反呥嚌子閭反三飯扶晚反注及下同主爲于僞
反下爲塍爲尊盥同溦也所又反演也以善反齊肝才計反肝炙諸夜
反洒撤劉直列反餕之音俊說服吐活反劉詩悅反下親說同劉云訓解通同勿
言脫也絜清如字又才性反下做此作稅舒銳反劉詩說反御枉而甚反又
而鴆反卧席將覵劉古遍反今本亦作見因著丁略反俟見賢遍反注及下
皆同執笲音煩竹器而衣於既反菨劉芜居反蘆劉音盧拜處
昌慮反則俠古洽反劉古協反後倣此叚脩丁亂反本又作腵同脯也戶牖子九
反疑立魚乞反又音嶷注同始冠古亂反下猶冠冠子同盥饋其位反孝

小四、五五 大六、六十二 儀禮音義 五 許

養予亮反記注共養同取女七住反作倂步頂反焠劉七內反本或作淬如琰反
汚汙穢之汙娣從才用反勞人力報反用菫音謹考妣必履反
帥道音導下帥道同扱地初洽反劉芜及反又魚及反昬昕音欣不腆他典
反用鮒音附不餒奴罪反始扱初洽反劉芜及反左奉芳勇反攝
之之涉反注及下同猶辟必亦反爲門于僞反阨狹於賣反下音洽見
文賢遍反下注婦見同官長丁丈反俟迎魚敬反下親迎同三屬音燭注同
說水舒銳反緇被皮義反注同纚裹劉音里爲鎬戶老反則辟
音避醮之子召反適婦丁狄反下同共養九用反䁹室音況賜也可
妻七計反惷失容反劉勑用反又池江反一音竹降反字林丑凶反又丑降反愚也子爲一僞反我
與音預注同虞度大各反下同不億於力反謂卒七忽反服期音朞
下同爾相息亮反注同助也勗帥許玉反劉朽目反猶女音汝下同大以音泰

幜【法】盧引浦云：幜當作幜○塍，又銜證反【法】銜證疑神證之譌，觀《鄉飲酒禮》、燕禮釋文》可證　○御授【法】授盧改受，是　○同者【法】者字衍文，詳阮校。

盧改爲音，非

洒撤【法】洒撤今本作乃徹

稅，詩稅反【法】阮云：葉抄、宋本作詩說反，是也。偉案詩、說同紐，作說亦非，疑本作悅，上說服條可證　○覵，今本亦作見【法】今本五字乃後人校語，臧琳說同

菨【法】菨毛本作笑○蘆【法】蘆今本並從竹

養，子亮反【法】子乃予之譌

扱，初洽反，劉芜及反，又魚及反【法】扱字劉兩音皆本讀也，而《篇》《韻》並不收，皆習於近讀而失者也

猶【法】阮云：猶宋本作可，是也

勗，許玉反，劉朽目反【法】勗劉讀與古韻合

毋違音無注同 施衿其鴆反 結帨舒銳反 施鞶步干反 無愆
去遣反 以盛音成 申重直用反 使識申志反又音式 適長丁狄反下
丁丈反 紀裂上音巳下音列 繻音須 而傳直專反 齊喪側皆反 壻
見賢遍反注下徐相見皆同 請覿音狄見下 得濯丈角反 摡於古代反
造繒七報反 闔扉音非
士相見禮第三鄭云士以職位相親始承贄相見之禮
贄本又作摯音同 用腒其居反乾雉也 奉之芳勇反下同 願見賢遍反凡
卑於尊曰見敵而曰見謙敬之辭也下以意求之他皆倣此 耿古幸反 介音界 別有
彼列反 爲其于僞反下爲其同 爲脰音豆頸也 大崇音泰劉唐餓反下同 下
人遐嫁反 復見扶又反又音服注同 曰鄉許亮反 曩也乃蕩反 猶
傳丈專反下文皆同 謂擯必刃反 相者息亮反 請還劉音旋下皆同
小四、十 大、五七 【儀禮音義】 六 壽
嫌褻息列反 辟正音避注同 以索悉各反 有行户郎反 衣其
於既反 繫聯音連 韠莫兮反 彌蹙子六反注及下同 恭愨苦角反
摯鶩亡卜反鴨也 必辯皮勉反劉方勉反 不疑音擬又如字注同 邪
鄉似嗟反下許亮反 疑度大各反 君近附近之近下同 妥而他果反安坐也
已爲于僞反下爲嫌示爲皆同 孝弟音悌 中視如字劉丁仲反 抱劉薄報反
毋改音無下同 嫌解古賣反 惰他臥反 毋上時掌反 侍坐如字
又才臥反 欠起劒反劉欺劒反 伸音申 猶辦皮莧反 作蚤音早 膳葷
香云反 葱薤户界反 先飯扶晚反注同 徧嘗音遍注同 呫嘗音貼
他篋反穀梁未甞有呫血之盟呫嘗也劉音當簽反云此意謂未快或楚未詳或音沾 其釂子召反盡
爵也 隱辟匹亦反一音避劉房益反此同 君爲于僞反 若食音嗣 飲之於鴆
反 俛而音逸 逡七旬反 遁音巡 比及比利反 命使所吏反注

溉，古代反【法】阮云：溉宋本作摡，張氏《識誤》曰：案《釋文》云、摡，古代反，《少牢饋食》摡鼎、匕、俎，摡甑、甗、匕與敦，摡豆、籩、勺、爵、觚、觶等字皆作摡

贄，本又作摯，音同【法】同疑至之誤，見《士冠禮》。本書於此字無不作音者

大，音泰，劉唐餓反【法】大字《考工記》三見，劉音他餓、他賀、菟餓三反，並讀透紐，與《詩》、《禮》舊音同，此獨讀定紐，未詳。又見《鄉射禮》、《燕禮》、《聘禮》、《喪服記》○相也【法】也盧據宋本改者，阮校同

惰，他臥反【法】《鄉飲酒禮釋文》惰，徒臥反，是也，此他乃徒之譌

欠，起劒反，劉欺劒反【法】起、欺同紐，疑欺爲其之誤

呫嘗【法】案此條注多誤，詳盧氏《考證》及阮校

辟，匹亦反，一音避，劉房益反【法】此辟訓逡巡，與《士昏禮》同，彼但有劉音及一音，不言匹亦反

俛，音逸【法】逸盧改免，是○比，毗志反【法】阮云：毗志宋本作毗利

同 有饋其位反 臾腫諸勇反 備躓音致 跲也其業反劉居業
反 作拙以制反劉音泄 草茅莫交反 刺草七亦反劉此歷反 猶剗
初限反劉測展反

鄉飲酒禮第四鄭云諸侯之鄉大夫三年大比將獻賢者能者於其君以禮賓之與之飲酒之禮

賓介音界 知仁音智 六行下孟反下德行同 而頌音班 大比毗志反劉音鼻
少師詩照反 邦索色白反 禮屬音燭下文共注同 尊長丁丈反
警也音景 所爲于僞反 敷席音孚又普吳反劉豐吳反 牖前音酉 斯
禁如字劉音賜 二勺上灼反 堂深申鴆反後皆放此更不音 東榮如字劉音營禮
內皆放此 羹如字劉戶庚反卷內皆同 定丁佞反注同 一相息亮反 傳命丈專反 賓
厭於涉反推手曰揖引手曰厭已下皆同 當楣亡悲反 復拜扶又反下復盥不復復重同

小四六七一 大四九 儀禮音義 七 許

爲手于僞反 坋汚步困反劉扶問反 疑立魚乞反又魚力反注同後疑立皆放此 趨
盾徒本反 小辟音避劉房益反 設折之設反注及下同 弗繚音了劉力彫反又力
弔反 嚌才計反字或作嚌同嘗也 猶紾音軫又徒展反劉徒典反一音土展反 從上時掌反
坐挩始鋭反拭也注帨同 啐酒七內反嘗也 專爲于僞反下當爲爲工同 由便婢面
反下由便皆同 取觶之豉反字林音至 殺於所界反劉色側反下殺皆同 言疑魚乞反又音嶷
省文所景反 下賓遐嫁反下下賓下主人禮下同 示徧音遍下同 之長丁丈反注下皆
同 辯有音遍注下皆同 相者息亮反下及注同 何瑟戶可反又音河擔也 挎戶孤反一
音口候反挎也 之少申召反下少長同 視瞭音了 瞽音古 矇音蒙 冕見賢遍
反 則爲于僞反下不爲同 擔之丁甘反 近其附近之近 則誸戶孝反本又作傚同
君勞力報反下勞賓同 使臣所吏反下同 更是音庚又古鸎反 賢知音智 大師
音泰注大師大平大皆同 則爲于僞反注同 南陔古才反 相風上如字下方鳳反 復重

腫【法】腫盧改踵。阮云：依《説文》當作尰

敷，又普吳反，劉豐吳反【法】豐吳即普吳之類隔

榮，劉音營【法】劉音營不分爲兩音也，至本書及《廣韻》乃分之

嚌，或作嚌，同【法】《玉篇》嚌同齸，不同嚌〇紾，一音土展反【法】土蓋上之譌，見《考工記·弓人》

觶，音至【法】音至當作音支，詳《士冠禮》〇殺，劉色側反【法】側譌字，他處皆作例，盧本不誤

挎，户孤反，一音口候反【法】户當作口，見《大射儀》，盧亦未改。候乃侯之譌，亦見《大射儀》，盧亦譌

更，音庚，又古鸎反【法】古鸎反誤，此庚、耕分部

直用反 惡能音烏 考父音甫 和一胡臥反 乃閒閒廁之閒注及下注並閒或閒皆同 魚
麗力知反本或作離下同 纍力追反 蔓音万 宴樂音洛下人樂同 之治直吏反 之
長知字 關雎七余反 葛覃大南反 卷耳力轉反劉居晚反 召南
音邵注同 采蘋毗人反 后妃芳非反劉音配 干岐其宜反一音祇 王業如字劉于
況反 之采七代反 化被皮義反 肆夏戶雅反下同 繁遏於葛反 作
相息亮反下及注同 爲有于僞反下爲賓同 解古賣反 惰徒臥反 以監古銜
反 退共丸勇反注同 少長丁丈反下及下庭長同 皆弟大計反 以鄉許亮
反下皆鄉同 相旅息亮反下注升相同 仲別彼列反下同 辟受音避下辟國君同 縢
以證反又成證反送也 爵 不弛式氏反下同 傳請丈專反 之少申召反 爲
僎音遵 說屨吐活反劉詩悅反注同 爲稅始銳反 胾醢壯吏反 鄉設
許亮反本又作鄉同 子札壯八反 酒罷皮賣反劉音皮 三重直龍反下注同 公如音若
小四、七五 大、二七十六 儀禮音義 八 許
出注 人去起呂反下同 之朝直遙反下皆同 復自扶又反下而復復差同 息勞力報
反下皆同 不殺所八反注同劉色例反 以筋居勤反 不與音預注及幕末文注同 禮瀆
音獨劉又音濁 素韠音畢 而衣於既反 布純劉之閏反或章允反注同 純緣以絹
反 冪迷狄反 亨于普庚反下注亨狗同劉虛讓反 五挺大頂反本亦作脡同 猶織音職
本亦作職音同 陳敶昌慮反 冠禮古亂反 左胸其于反屈中日胸 胳肺劉音
格一音各 進奏本又作腠同千豆反理也 前脛戶定反 辟臑乃報反字林人于反 膞
劉音純 猶拴苦圭反 作骼古白反 降殺所界反下同 其妨如字一音芳亮
反 之長丁丈反 復差初佳反又初賣反又初宜反 雖爲于僞反 縮所六反下同
霤力又反 縮從子容反下同 特縣音玄 爲蹙子六反 授從才用反
鄉射禮第五鄭云州長春秋以禮會民而射於州序之禮也謂之鄉者州鄉之屬 鄉射
食夜反 州長丁丈反 猶警音景 語也魚據反 此爲于僞反下同 殊

覃【法】覃盧、阮並云：宋本作蕈，與張氏《識誤》同。盧刻改爲蕈，下《燕禮》同

卷，力轉反，劉居晚反【法】力轉當依《燕禮》改爲九轉，盧亦誤。卷二音獮、阮分部

岐，其宜反，一音祇【法】岐二音支部分兩類

縢，又成證反【法】成誤，他皆作繩

罷，皮賣反【法】賣當作買，盧本亦誤

織，音職，本亦作職，音同【法】阮云：宋本大字作織，小字作職。案職誤，小字當作織

別彼列反斯禁如字劉音賜加勺上灼反篚音匪縣于音玄注同辟射
音避下辟射同所射食亦反中掩劉丁仲反束之如字以爲于僞反下爲人同獲
者如字劉胡蘖反下文同羞定多佞反注同朝服直遥反下注及朝同一相息亮反注
同傳命丈專反下傳同賓厭一涉反下賓厭同當楣亡悲反作浣戶管反
疑立魚乞反又音嶷注下同小辟婢亦反一音避折俎之設反後皆放此嚌之才計
反注同坐挩始銳反注下同啐七內反拭也音式醋主才各反報也劉云與酢同音義
便也婢面反後放此取觶之豉反禮殺所界反劉色例反後皆同人復扶又反示
徧音遍下同之長丁丈反注及下注同德行下孟反下德行同辯有音遍後皆同爲
僎音遵別於彼列反夾爵古洽反劉古協反不去起呂反注同再重直容
反下同欲大音泰劉唐餓反相者息亮反下及注同何瑟胡可反又音河于縣音
玄乃合如字劉音閤下合足同不間間廁之間大王音泰下大師同成王如字劉于
大七千七十三　小五千七十

儀禮音義　九　蔡

況反瞽矇音蒙則爲于僞反下注爲有爲己爲位爲當明爲同人相息亮反下文作相以
相注相謂同解倦古賣反以監古咸反袒徒旱反決古穴反兼挾
劉音協一音子協反下皆同乘矢繩證反後乘矢皆同猶閭音開下同著右丁略反一
音直略反大擘補革反劉薄歷反大指也射韝古侯反劉苦侯反見賢遍反鏃於子木反一
音七木反弣右芳甫反劉方輔反年少中召反楅豐音福倚于於綺
反下同比括古活反以比毗志反劉音鼻注同相近附近之近爲泣音利又音類說
如字又吐活反又始銳反注同當辟音避相工息亮反三笴劉古老反矢幹也字林云笴箭
也公但反矢幹古但反又古旱反鄉堂許亮反弓矢拾其劫反劉其輒反更也除決拾
以外皆同拾更音庚搢三音進又音箭劉又祖雞反插也後同一个古賀反下皆同捷也初洽
反下同復言扶又反下復言同豫則音謝出注下鄉遐嫁反猶併步頂反下皆同
不去起呂反下注同取扑普卜反劉方逼反後皆同以撻他達反欲令力呈反於

獲，劉胡檗反【法】檗盧依宋本改蘗。案《考工記・弓人》注亦作檗

傳，下傳同【法】下傳下盧補主人二字

醋【法】醋今本作酢

大，劉唐餓反【法】大字劉他處皆讀透紐，此讀定紐，再考。詳《士相見禮》

爲位【法】位盧改泣，是

監，古咸反【法】前後監字並古銜反，此作古咸，誤也

比，毗志反，劉音鼻【法】音鼻與毗志同　相，息幹反【法】阮云：幹宋本作亮，今本幹字係剜改而後誤。偉案盧本直作息亮，不言有異，疑此幹字乃欲剜補三笴條注榦字而誤剜此耳，觀下條矢幹不作榦可知，或盧據初印之本尚未誤也

幹，古但反【法】古但當作古旦，見《考工記・總目》

插【法】阮云：插宋本作捷，張氏《識誤》所見亦作捷，見《士冠禮識誤》

音榭【法】阮云：榭宋本作謝　扑，方逼反【法】方逼雙聲，不能爲紐，方蓋芳之譌。芳逼即《集韻》之拍逼也。又案逼當爲遘，見《夏官・射人、校人音義》

中丁仲反，下中人者中，中則以中並同。猶閒閒廁之閒。儀省所景反。仆也音赴。還其

劉戶串反，一音環，下還其後同。無射食亦反，注同。從傍蒲郎反，或作旁。說決吐活反，又始銳

反，下說決拾皆同。而乘成證反，下乘同。拊之芳甫反。四四數所主反，下侯數同。不索

悉各反，盡也。應曰應對之應。乃復扶又反，下注復言復射同。鄉獲許亮反，又作嚮，下皆同。

皆與音預，下將與同。繹已音亦。尊別彼列反，下尊別同。立比毗志反，下及注同。

見其賢遍反。乃徧音遍，下同。卻手去逆反，注同。𢐀弓蒲比反。毋周

亦作無同。覆手芳伏反，注同。命去起呂反，下皆同。共而九勇反，下共而俟同。不貫古亂反，中也。

猶中丁仲反，下中正、下文若中同。中正音征。近其附近之近，下自近、近司馬同。有題

大兮反。識也申志反，劉音式。貢枯音戶，字又作楛。先數所主反，下及注同。爲其

于僞反，下爲其、爲侯、爲將同。爲純如字，全也，禮記音全。縮從子容反，下同。爲蹙子六反。

易校以豉反。爲奇居宜反，下同。面鄉許亮反，本或作嚮。以中丁仲反，下皆同。將

大二七十小五四丹六　儀禮音義　一　蔡

飲於鴆反，下相飲同。而畢如字，劉音婢。其少詩召反。下無遐嫁反，下相下同。加弛

尸氏反。執弣芳甫反。辟飲音避，下辟轝、辟中、辟俎同。三處昌慮反，下放此。右个劉音

幹，義見周官，下同。辟設扶益反，注辟之辟轝及下注辟薦同。先三耦悉薦反，下同，又如字。說

矢如字，又始銳反，後說矢同。以樂樂下音洛，下句同，又皆如字。傳尊直專反。相應應對之應。

下同。騶虞壯由反。還鄉許亮反，下同。五豝音巴。五豵子工反。說侯

吐活反，下說纍并注同。不復扶又反，下不復、復尊皆同。當監古銜反。相工息亮反。禮

殺所界反，下皆同。小逡七旬反。遁音旬。則長丁丈反，注及下皆放此。不與音預

下同。授從才用反，注及下從者同。亦爲于僞反，下同。則摳苦侯反。其被皮義反。狗

胾壯吏反。設臽徒覽反。迭於大結反。皆與音預，注同。朝服直遙反，下

皆同。說朝吐活反，下同。猶勞力報反，下除勞倦一字皆同。無介音界。不殺如字，劉色

例反。不與音預，注及下大夫與皆同。德行下孟反。見物賢遍反。所好呼報反。

乘，成證反，下乘同【法】成誤，他皆作繩。下乘下盧補矢字

𢐀，蒲比反【法】阮云：盧改𢐀爲踣，改比爲北，是也

騶，側留反【法】側留反盧依宋本改壯由，偉案宋本誤

爲，于爲反【法】于爲反誤

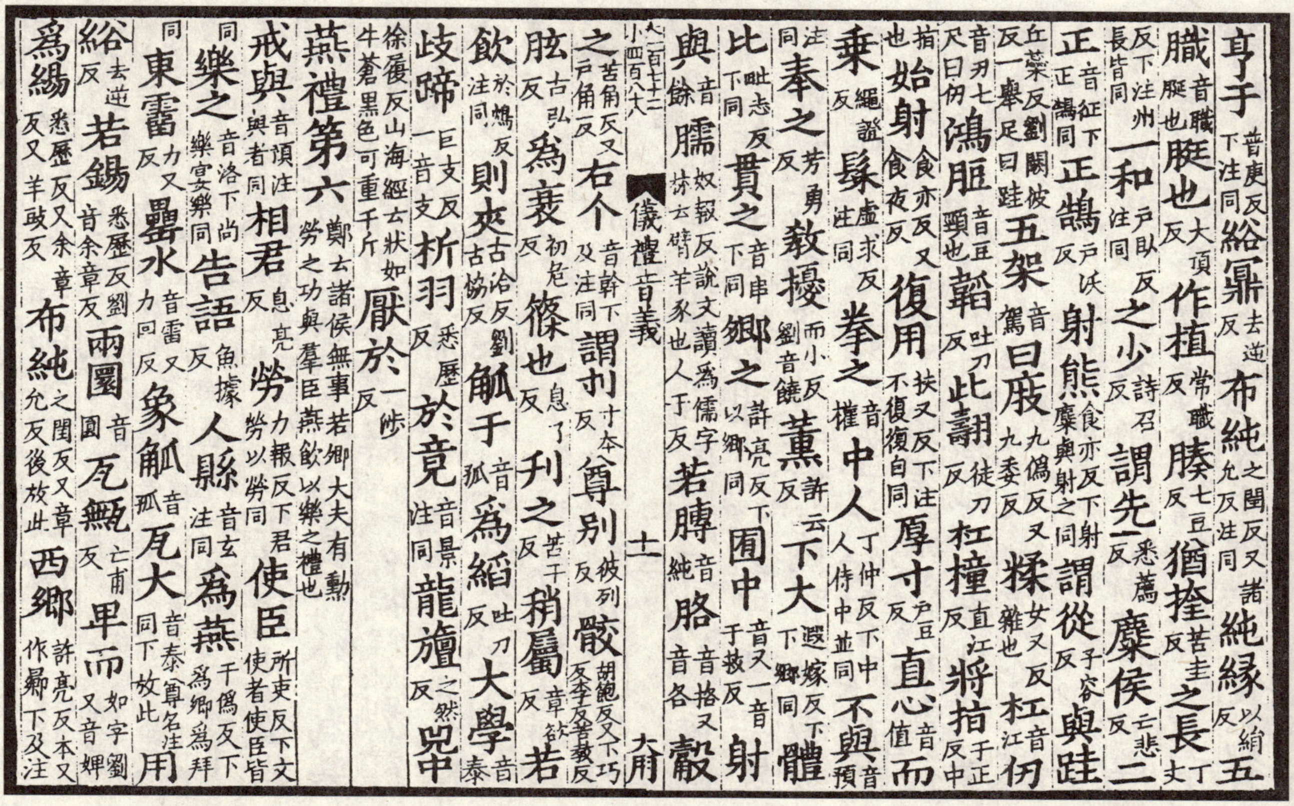

亨于普庚反下注同　縮冪去逆反　布純之閏反又諸允反注同　純緣以絹反　五
膱音職脡也　脡也大頂反　作植常職反　腠七豆反　猶挂苦圭反　之長丁丈
反下注州長皆同　一和戶臥反注同　之少詩召反　謂先悉薦反　麋侯亡悲反　二
正音征下正鵠同　正鵠戶沃反　射熊食亦反下射麋與射之同　謂從子容反　與跬
丘蘂反劉闕彼反一舉足曰跬　五架音駕　曰庪九僞反又九委反　糅女又反雜也　杠音江　仞
音刃七尺曰仞　鴻脰音豆頸也　韜吐刀反　此翿徒刀反　杠橦直江反　將指子正反中
指也　始射食亦反又食夜反　復用扶又反下注不復復白同　厚寸戶豆反　直心音值　而
乘繩證反　綠盧求反注同　拳之音權　中人丁仲反下中人侍中並同　不與音預
注同　奉之芳勇反　敎擾而小反劉音饒　薰許云反　下大遐嫁反下下鄉同　體
比毗志反下同　貫之音串下同　鄉之許亮反下以鄉同　囿中音又一音于救反　射
與音餘　臑奴報反說文讀爲儒字林云臂羊豕也人于反　若膊音純　胳音格又音各　觳
大一百七十二　小四百八十八　儀禮音義　十一
之苦角反又戶角反　右个音幹下及注同　謂扚寸本反　尊別彼列反　骹胡飽反又下巧反李苦孝反
肱古弘反　爲衺初危反　絛也息了反　刋之苦干反　稍屬章欲反　若
飲於鴆反注同　則夾古洽反劉古協反　觚于音孤　爲縚吐刀反　大學音泰
歧蹄巨支反一音支　析羽悉歷反　於竟音景注同　龍旜之然反　兕中
徐履反山海經云狀如牛蒼黑色可重千斤　厭於一涉反
燕禮第六鄭云諸侯無事若卿大夫有勳勞之功與羣臣燕飲以樂之禮也
戒與音預注與者同　相君息亮反　勞力報反下君勞以勞同　使臣所吏反下文使者使臣皆
同　樂之音洛下尚樂宴樂同　告語魚據反　人縣音玄注同　爲燕于僞反下爲卿爲拜
同　東霤力又反　罍水音雷又力回反　象觚音孤　瓦大音泰尊名注同下放此　用
綌去逆反　若錫悉歷反劉音余章反　兩圜音圓　瓦甒亡甫反　冪而如字劉又音婢
爲緆悉歷反又余章反又羊鼓反　布純之閏反又章允反後放此　西鄉許亮反本又作嚮下及注

一和【法】一和條上盧依《通解》補樂賢一條，注云：音洛

跬，丘蘂反，劉闕彼反【法】跬字二音同

拳之【法】拳殆非誤，詳《石經考文提要》拳之。盧引朱子云：横而奉之，或誤寫作拳，《釋文》遂以權音，令人失笑。案見《文集·永嘉儀禮誤字》篇　　襦，如朱反【法】襦，如朱反，阮云：宋本無此條，別有一條云：薰，許云反　　囿，音又，一音于救反【法】于救反即音又也，不得爲異讀。依《詩·靈臺釋文》則救乃目之譌也　　臑，《字林》云：臂羊豕也【法】盧云：《説文》臑，臂羊矢也，徐鍇云，骨形象羊矢，此作羊矢（榮芬案當作豕）譌

謂扚【法】謂扚條下盧依《注疏》本補説失一條，注云：吐活反，又始鋭反，下同　骹，胡飽反，又下巧反【法】下巧與胡飽音同，依《考工記·輪人》音，則巧乃教之譌也

岐蹄【法】岐盧依宋本改歧，又云：當作岐爲是

宴樂【法】宴盧依張氏《識誤》所引監本改爲宴

壘，音雷，又力回反【法】力回與音雷同，回當爲追之譌。《周禮·春官·鬯人釋文》音雷，或郎追反，是其證　〇錫，悉歷反，劉音余章反【法】劉云余章反，誤爲錫也

同 莞筵音官 加繅音早 師長丁丈反下同 太僕音泰下大宰太平大王皆同

由闑魚列反 之近附近之近 又復扶又反下復與復去復再拜又復將復而復同 敢伉

苦浪反敵也 辟正音避下辟正主辟君皆同 爲鱓章豉反 坋步困反劉扶悶反 塵如字

劉直吝反 嚌之才計反 扰手始鋭反 坐啐七内反 酢主才各反 宰

脀劉思敍反一音如字不脀薦同 縢觚上以證反又繩證反送也 酌散思旦反注及下同 禮殺

所界反下皆同 壹弛尸氏反 類與音餘下人與與並同 命長丁丈反後不出者同 爲其

子僞反下爲拜猶爲爲其爲祭同 相飲於鴆反 文辯音遍下同 作徧音遍後同 別尊彼列

反 兼卷九轉反劉居遠反 重席直容反注下皆同 猶去起呂反下同 則先悉薦

反下先大夫同 牧有牧養之牧劉音目 大尊音泰劉徒餓反 近君附近之近下同 私昵女乙

反 之坐才臥反 之處昌慮反 無脀之承反 聲矇音蒙 執技其綺

反 少牢詩召反 左何胡我反又音河 相入息亮反注及下相祭并注同 則傚戶教反太又作效同

大一百八十八 小四千五十五 儀禮音義 十二 董

其更音庚 賢知音智 便其婢面反 南陔工才反 風切方鳳反 重雜

直用反 惡能音烏 考父音甫 乃間間廁之間注及下注放此 魚麗力知反 下賢

迴嫁反 纍力追反 蔓音万 之治直吏反 之長如字 關雎七如反 葛蕈

大南反 召南上照反注同後放此 采蘋音頻 與王如字又于況反 之采七代反 被于

皮寄反 以監古銜反 俱相息亮反 爲君于僞反下爲位所爲同 皆說吐活反劉

寄悅反注同 䐣士戀反劉才悶反 肝膋音遼 狗胾壯吏反 南鄉許亮反 媵

觚觚依注音觶 欲令力呈反 亦學戶教反敎也 大樂音泰 別於彼列反 鑮

人本又作鎛音博下同 皆辟音避劉房益反 旬人六練反 燋也哉約反劉哉妙反

闕人音昏 掌共音恭 陔夏戶雅反下同 之使所吏反下使人同 不腆

它典反 寡鮮息淺反 重直用反 傳命大專反 朝服直遙反注同 素

韠音畢 今辟音辟 而衣於既反 亨于普庚反注同 公食音嗣 饗

坋，步困反，劉扶悶反【法】據《鄉飲酒釋文》則此扶悶乃扶問之譌

散，思旦反【法】思旦當作思但，《大射儀》可證

爲祭～文辯【法】爲祭盧依張氏《識誤》改爲恭。又文辯改夫辯

卷，九轉反，劉居遠反【法】卷二音獮、阮分部

大，劉徒餓反【法】大讀定紐，與《士相見》及《鄉射禮》同

下賢，避嫁反【法】阮云：避宋本作迴。張氏《識誤》曰：下賢注爲延嫁反。偉案

避、延並誤，當作遐 ○睢，七徐反【法】七徐盧、阮並云：宋本作七如。偉案《鄉

飲酒禮音義》作七徐，與此同

說，劉寄悅反【法】寄譌，前已屢見，並作劉詩悅反

腆，他典反【法】盧依宋本改他爲它

時許兩反或作鄉非燕爲于僞反公父音甫下同飲南於鴆反下文若飲并注同堵
父音者劉音覩猶遠于万反樂闋若穴反應之應對之應示易以豉反
則勺音灼劉又音照於鑠上音烏下舒若反栗蹙子六反酏以皮反劉書支反糝
食素感反糗去久反乾飯屑也劉香久反孟子曰舜糗飯茹草餌音二粉餈才私反祖
徒早反朱襮如朱反稍屬章欲反辟不音避俟復扶又反一笴工但
反又工老反厭於一涉反下同公鄉許亮反相者息亮反

大射儀第七鄭云諸侯將有祭祀之事與其羣臣射以觀其禮也

大射食夜反治官直吏反下之治同視滌大歷反謂溉古代反命量
音亮下量人皆同參七依注音糝素感反後放此干五依注音豻五旦反劉音鴈後放此巷涂音徒
所射食亦反下射之射糵侯同以爲于僞反豹鵠古毒反後同下天戶嫁反巾
車如字劉居覲反後皆放此見鵠賢遍反又如字注同掌裝音莊所射食亦反下射之所射

儀禮音義　十三　孫春

侯同中此丁仲反下難中中之皆同任巳音壬言較音角鳱鵠音干劉音岸又音鴈正
者音征下爲正同題肩大西反捷黠戶八反參分七南反又音三大半音泰下大
蔟同宿縣音玄注同鎛本又作鏄音博大蔟七豆反沽音姑洗西典反皆編
必連反又甫千反下同爲堵丁古反應鼙應對之應注同下步迷反之跗方于反便其
婢面反後皆同頌磬如字一音容無射音亦爲賓于僞反下同省文所景反簜
在大黨反蕺大刀反倚于於綺反西紘音宏有柄彼命反劉本作秉音同
以梲尺六反用錫悉歷反劉相亦反細布也若絺勑其反細葛也劉作綌音卻綴諸
陟衛反又丁劣反近似附近之近而卑如字劉音婢箭篠素了反爲鼏于僞
反下注爲隸爲有爲射同卷辟必亦反橫之如字劉古曠反作緆悉歷反劉余章反又羊豉反
兩園音圓壺獻素河反出注下注獻並同爲沙素河反下同滓之子禮反說
于始鋭反醆酒壯簡反西鄉許亮反下皆同當共音恭劉居俸反羞定

酏，以皮反【法】皮盧改支，是，見張氏《識誤》

鳱，音于【法】鳱，音于，盧本作鳱，音干，是也

沽，音姑【法】沽今本作姑

絺，劉作綌，音卻【法】絺盧依宋本作絺。盧云：綌字無考，必本是綌字之誤。偉案盧説是也，注云，今文絺或作綌，是劉音所本

下注獻並同【法】注盧改汁，是

多侯反耳肉普庚反大史音泰後大平大師大史皆同在干音岸從者才用
反正相息亮反之長丁丈反又復扶又反下復再同賔辟婢亦反又音避
注同逡七旬反遁音旬肆夏戶雅反凡代名及樂章九夏皆放此巡守手又反敢亢
苦浪反劉音剛辟正音避下注上辟皆同于篚音匪宰胥相呂反又如字後同齊之
才計反梲手始銳反坐啐七內反樂闋苦穴反以醋才各反本亦作酢酌
散思但反下皆同禮殺所界反下禮殺皆同命長丁丈反注及下皆同降造七報反一
人與音餘下同爲拜于僞反下猶爲爲大尊爲君爲皆同相飲於鴆反夫辯音遍
後并注作徧皆同重席直容反注下皆同布純之閏反又章允反猶去起呂反辟
君音避下辟君同臑奴到反則先悉薦反下注先大夫同大尊音泰近君附近
之近下同私昵女乙反之坐才卧反之處昌慮反下放此無脀之承反諷
誦方鳳反少師詩召反下丈及姓皆同相大息亮反下及注皆同視瞭音了杜蒯

儀禮音義　十四　張富

苦怪反分別彼列反左何胡可反又音何挎越口胡反又口侯反西縣音玄下同
則詨戶敎反亦作傚於勞力到反陪于劉蒲來反餘長丁丈反下之長同
皋陶音遥長六直亮反東坫丁念反以監古銜反不背音佩
下爲背同挾音協又子協反下皆同乘矢繩證反注同見賢遍反鏃子木反又七木
反於弣芳甫反或方武反猶闓音開著右丁略反又直略反下同射韝
古侯反劉苦侯反弓把音霸大擘彼革反劉薄歷反楅音福疏數音朔壹
從子容反公射食亦反次下三字同中之丁仲反下注於中矢中同遂比毗志反劉音鼻
注同不拾其業反劉其輒反下文及拾發拾取飫拾皆同一个古賀反下同捷也初洽反本
又作扱射三食亦反下二字同取扑普卜反下同以撻土達反欲令力呈
反猶閒閒廁之閒併也步頂反下皆同合足如字劉音閤命去起呂反注下同
去扑去侯注塵皆同共而九勇反下共而侯皆同還其劉戶串反下注還其同說決上活

陪，劉蒲來反【法】陪劉音合古韻

次中【法】次中盧依宋本改於中。阮校案：次中指下次中隱蔽處句，宋本於字誤

共而去皆同【法】阮云：共而去宋本作共而侯，亦誤，當作共而侯，下凡三見，故
云皆同也

反又始銳反劉詩悅反下說決拾皆同　曰毋音無下同　射獲食亦反注同　拾更音庚　坐
乘承證反注下同　數之所主反　不索悉各反一音所伯反　乃復扶又反下注復言復賓復
並行爲復復釋君復皆同　比耦毗志反下同　見其賢遍反　左還音患注下放此一音環
南踣步比反　將背音佩下同　覆手芳伏反注同　梱之口本反劉音涃　作魁
古回反　中離丁仲反注矢中中鵠值中猶中不中下所中中三侯若中皆同　其邪似嗟反　爲絹
劉侯犬反又于貧反一音占縣反又古犬反　不著直略反下同　傳告直專反　一笴工但反劉
古老反　以笥息嗣反字林先字反劉音司　萑音完　葦于鬼反　以韜土刀反　將
指子匠反　契於苦計反　以袂面世反　右隈烏回反　揉之而九反劉
奴丑反又耳了反　宛紆阮反　爲紐女九反　稍屬之玉反注及下稍屬同　眂笄
音視本亦作視　先數所主反注數者校數同　則縮所六反　從也子容反下同　作
蹙子六反　易校以豉反　自近附近之近下注近其同　爲奇居宜反下同　當

儀禮音義　十五　陳壽

飲於鴆反下文相飲公飲君皆同　奉豐芳勇反下同　其少詩召反　加弛尸氏反　辟
飲音避下辟中辟俎皆同　爲之于僞反下爲大侯當爲嫌爲爲復爲其皆同　兩獻素多反
教擾而小反劉音饒　卒錯劉音厝　右个劉音幹注及下同　祝侯之又反下
同　若女音汝下同　而射食亦反下始射同　彊飲其丈反下同　貽女以之
反遺也　辟薦婢亦反注同　鄉許亮反注同　言拾其業反下大夫拾同　坐說
劉詩悅反又始銳反下同　一个古賀反下同　用應應對之應下同　失正音征　無當
丁浪反　奏貍里之反　不朝直遥反　有弧音胡弓也　疏數音朔　所擬
音擬　度也大各反　乘之繩證反　若長丁丈反下士長同　授從才用反注
同　去藏起呂反　皆說土活反下同　猶蹴子六反　踖子亦反　謂[月巽]
音損又才悶反又士戀反　肝膋力彫反　狗胾莊吏反　有炮薄交反或作炰缹同音缶
鱉本又作鼈必滅反　膾鯉古外反　鶉市春反　鴽音如　洗象觚音觶

乘，承證反【法】乘他皆作繩證反，是也，《廣韻》乘、承不同紐，陸蓋不分

梱，劉音涃【法】涃字太僻，《士冠禮》閫，苦本反，劉音困，然則此涃亦困之譌也

魁，古回反【法】古回當作苦回，盧本亦誤　○絹，劉侯犬反，又于貧反。一音占縣反，又古犬反【法】絹《校勘記》謂當作絹，是也。然侯犬、古縣、古犬三音與《冥氏》同，則作絹已久，今永懷堂本亦作絹。阮校云：占當作古。偉案《秋官・冥氏音義》正作古縣反　笥，息嗣反，《字林》先字反，劉音司【法】笥二音疊出，未詳，已見《士昏禮》　○眂算【法】阮云：宋本作眂笄，並是也

鼏注同【法】注同二字誤，鼏字即注文也。案下注云鼏，不言司射先反信（榮芬案信當作位），然則此注字當作下　○一个【法】一个條盧移鼏字條上

出注 欲令力呈反 曰復扶又反 中三丁仲反注同 而和戶卧反 懽樂
音洛 聯事音連 敎治直吏反 相大息亮反 釋縣音玄 別内
彼列反 皆辟劉芳益反一音避 閒合閒廁之閒 所樂如字又音洛 甸人
大見反 闇人音昏 燋也劉哉約反字林子弔反 掌共音恭 薪蒸章凌
反 内霤力又反 入鶩五刀反注同鶩夏樂章
聘禮第八 鄭云大問曰聘諸侯相於久無事使卿相問之禮也小聘使大夫
聘禮匹正反問也 因朝直遥反後皆同 命使所吏反下以意求之 上介音界
副也下故此 易於以豉反 大宰音泰官名下放此 先行悉薦反 管人
古緩反劉音官管人掌館舍之官後同 布幕音莫 玄纁許云反 皆乘繩證反
辟使音避 南鄉許亮反下以意求之 賈人音嫁後同掌物價之官 監其
古銜反 爲當于僞反下同 復展扶又反下不復入復校復請不復皆同 之稱尺證

儀禮音義　十六　陳閒

反 之率音律劉音類 四只劉音紙 于筭音煩器名 必盛音成 躐
力涉反 載旜之然反通帛爲旜孤卿所建 表識知字又音試 相近附近之近
櫝大木反函也 繅音早也注璪同 藉圭在夜反後皆放此 璋音章半圭
加琮才宗反劉又音綜半辟也 繒也似陵反又才陵反 妃合音配本亦作配 瑑圭
大轉反 以覜他弔反 朓舍音捨 于竟音景後同 直徑古定反 猶
道音導下請道同 非爲于僞反下爲其且爲所爲來爲主凡爲明爲同 餼之許氣反猶
遺也拄脬曰饋謂殺而未孰 積唯子賜反或如字 用少詩照反少牢皆同 以秣音末
執筴音策 掠也音諒 師從才用反下同 一肆以二反劉常一反習也注同
爲壝劉以垂反一音以癸反 一壇大是反封土曰壇 畫階音獲注同 外垣音袁 皆
與音預注同 以幾音機本亦作譏 問從才用反下注授從同 幾人居豈反 當共音恭
本或作供同後放此 委積上於僞反下子賜反後放此 各下戶嫁反 拭圭音式 拭

辟，劉芳益反【法】案《燕禮》公荅再拜，大夫皆辟與此經同，彼辟，劉音房益反，則此芳亦房之譌矣　○燋，劉哉約反，《字林》子弔反【法】燋引劉音與《燕禮》不合

蒸，章凌反【法】凌盧改淩

之稱【法】之稱條上盧依《注疏》本增于禰一條，注云：乃禮反

識，又音志【法】音志阮云：宋本志作試

繒，似陵反，又才陵反【法】繒二音從、邪之分也。據此，又似陸亦分從、邪爲二紐，此當以才陵爲正音　瑑，大轉反【法】瑑音大字類隔也，然疑丈之譌

肆，以二反，劉常二反【法】肆二音喻、禪紐變也，與塾音孰，劉音育（榮芬案當作育）同　○壝，劉以垂反【法】壝、垂不同部

清如字劉才姓反放而方往反私覿大歷反有勞力到反下文及注皆同便
疾婢面反後放此者與音餘乘皮繩證反後乘馬乘禽乘皮皆同儐勞必刃反劉
云與擯同簋方音甫劉音蒲本或作簋外圓內方曰簋內圓外方曰簠圜音圓不揲他典反善也厚
也之祧他條反遠廟爲祧謂始祖廟也既拚方問反謂灑埽也劉符變反俟閒如字劉音閑
奄卒寸忽反齊戒側皆反本亦作齋設飱音孫注同熟食曰飱飪一而審反劉而鴆
反孰也六鉶音刑槀實古老反弁刈魚廢反訝五嫁反迎也俟辦
蒲莧反辦具之辦而傳大專反下同後傳命放此所爲于僞反下爲其皆同直音值闑魚列反
閾外音域又況域反而上時掌反所別彼列反皆裼西歷反相君息亮反下
放此賓辟音避劉房益反注同後賓辟之類幷注各放此逡七勻反遁音旬必後戶豆反又
如字下反後同鴈行戶郎反下同中棖直庚反爾雅謂之楔門兩傍木也西塾音孰劉又音育
猶近附近之近下同依前於豈反本又作衣繢戶內反純劉之閏反一音章允反後放此鄉

水　儀禮音義　七　龐切渠

入許亮反下同又盡津忍反先賓悉薦反立處昌慮反當楣亡悲反言
辟音避又扶益反見其賢遍反下皆可以意求之坫之丁念反廱音迷或作麛同青豻
五旦反胡地野大也劉音鴈褎本又作褏詳又反絞衣戶交反爲溫于僞反下及注賓爲同
凡襢音但劉上戰反則攝之涉反下及注皆同弁執必性反一音如字下同告糴大歷
反汶陽音問公食音似下親食同加萑音完几與音餘塵坋蒲悶反劉
本亦作坋被也或作被皮義反爲梧五故反几辟婢亦反又音避注同加柶音四面枋彼命
反以歓於鴆反尚攝劉音攝一音以涉反啐七內反相幣息亮反下以相幷注同殺
也所界反右靮丁歷反從者才用反注及下注可從從者皆同辟享音避下辟堂辟君又辟皆
同扣馬音口還牽劉戶串反纖縟音辱儷皮音麗兩也其復扶又反下
乃復復時同重入直用反道入音導下亦道賓道師道放此遽伯其居反無恙
羊亮反公勞力到反注及下同之行下孟反又如字足躩駈碧反劉俱碧反嫌近附近

簋方【法】簋方條詳盧氏《考證》

設飱，注同【法】注同上盧補下及二字

辦具之辦【法】辦盧改辨，是

逡，七旬反【法】七旬反阮云：宋本旬作勻。偉案疑宋本誤

豻，五旦反【法】阮校引張氏《識誤》曰：監本旦爲但。偉案監本誤也

之近下放此 下見戶嫁反 韎韋音昧又亡拜反劉又武八反 魚腊音昔 扃古螢反 鼏
亡狄反 膷音香牛臛也 臐許云反羊臛也 膮許堯反豕臛也 牲臛火各反字林火郭反 唯燖
劉音尋一本作爓音潛 空之用彼驗反 韭音九 菹莊居反 醓醢他感反又注曰醓醢汁也 百
甕烏弄反 百筥居呂反 二行戶郎反下同 五籔劉色縷反一音速注不數之數同卷末放此
爲逾劉音余後同說文大潚反 三秅丁故反四秉爲秅字林丈加反 比輈丁留反車轅 大
祖音泰 不下戶嫁反後下君下朝皆同 冶令直吏反 執綱直軫反 別於彼列反下
同 于宁直呂反劉直慮反 亦見如字劉胡眄反 亦爲于僞反下文注爲之爲大夫爲賓皆同
相拜息亮反下注如相同 醙所九反白酒也 黍閒閒廁之閒 從拜才用反又如字 壹食
音嗣注反下皆同 再大普庚反 以飲於鴆反 俶獻昌叔反始也 鴈鶩劉下音木
以侑音又 易以以豉反 琥璜音虎 若鄉許亮反 賄用呼罪反劉音誨下同
束紡劉敷网反 之縳劉音須一本作縛息絹反案說文白鮮色也居掾反聲類以爲今正絹字 以
大百六十五 小五百十三 儀礼音義 十八
遺唯季反 車造七到反下同 爲拜于僞反下爲且見爲爲行注君爲酢爲之爲皆同 展
軨力丁反劉音領 以好呼報反 見爲賢遍反 受勞力到反後同 惡其烏路反
使之將子匠反一本作使之將兵將則後加字 攘乃如羊反 衆從才用反 盡言津忍反
猶女音汝 當復扶又反下將復又復復以復記同 尊長丁丈反 於闑魚列反劉魚子
反 于禰乃禮反 獻從才用反注同 辟國音避 下辯音遍下文辯亦復明辯同
與音預 饗食音嗣凡饗食皆同 喪殺色界反 素純諸允反又之閏反下純同 去褎
起呂反下七回反下注皆同 作訃音赴 別於彼列反下別處同 括髮古活反 爲之
具于僞反又如字下爲之棺同 爲致于僞反下文爲客同下爲大 棺古患反一讀如字 斂之
力豔反下同 俟閒劉音閑又如字 不亨本又作饗 百名名謂文字也 以上
時掌反凡以上放此 方版音板 人稠直由反 處嚴昌慮反下常處
同 必璽音徙 幾月居豈反 作齎子兮反 釋軷

膗，火各反，《字林》火郭反【法】膗，《字林》火郭反，蓋字從霍聲也

醓醢，他感反，又注曰醓，醢汁也【法】醓醢條注解疑有誤

逾，劉音余【法】逾、余不同音，余疑俞〇秅，《字林》疾加反【法】阮云：疾宋本作丈，是也

縳，劉音須，鮮色也【法】縳當作縛，須當作絹，說詳《校勘記》。段云：色當作卮，見《內司服》

使之將，一本作使之將兵，將則後加字【法】將則盧改兵則，是也

闑，魚列反，劉魚子反【法】《廣韻》子、列同部，此蓋非二讀

棺，古患反【法】患疑誤，《廣韻》古玩切

蒲末反道神也注跋涉音同 車騎其義反 爲難乃旦反 餞之在淺反送行飲酒也 轢
之力秋反 作祓芳弗反又音廢 與纅音早注藻及璪音同 剡上以冉反字林才冉反云鋭 厚
半戶旦反 韋衣於既反 玄纁許云反劉又音訓 繫音計劉胡帝反 長尺直亮
反又如字 絇呼縣反劉云舊音縣李胥倫反一音巡 組音祖 作約音巡劉音圖聲類以爲約字 又
賫子兮反注同 爲行戶郎反下有行同 爲肆以二反 孫而說音遜下音悅注及卷
末注同 爲砥之氏反 爲大音泰劉唐餓反下大宜同 飧不素昆反 絜清才性反又
如字 評大五嫁反 其贄音至 鞠窮劉音弓本亦作躬 不勝音升 上如示掌
反 蹜蹜所六反 如爭爭鬭之爭 失隊直類反 怡焉以之反 卷去阮反 豚
他門反 見於賢遍反下不見同 蹌焉七羊反 俞俞羊朱反劉音庚 鶩也五何反一
相閒閒廁之閒注及下猶閒同 畜獸許又反 從廏居又反 衣食於既反下音嗣
聘于于音爲羽危反出注 谷稱尺證反 以緼於問反 瓦大音泰 而單劉音
才 儀禮音義 十九
婢 五臟音藏 之脡大頂反 冉扱初洽反 以相息亮反注及下注相拜同 爲
蹙子六反 猶遺唯季反 辟正音避 若昭式遙反注同 作臉而甚反劉音審
祝祝上之六反下之又反 肦肉音班賦也 及庚所求反 下之戶嫁反 中丁仲反注
同 比放也甫往反 有齊才計反 和者戶臥反 請觀古亂反下注同又如字
猶道音導 爲之于僞反 私樂音洛 恩殺所介反 君復扶又反下
同 量名音亮 穧名才計反下同 萊易音來 聚把百馬反 日稷
劉宰孔反字林子工反 作緵劉音總
公食大夫禮第九鄭云主國君以禮食小聘大夫之禮也
公食音嗣下注後食饗食禮同 易以以豉反 以爲于僞反下爲既爲從爲公爲賓同 三
辭息暫反又如字 拜使所吏反下同 賓朝直遙反下及注同 羹定多佞反生
同 若編必緜反劉方緜反 兼亨普庚反 鼎扛音江 作鉉胡犬反一音扃劉古

剡，以冉反，《字林》才冉反【法】剡，《字林》音才冉，是呂氏亦從、邪不分也，當讀邪紐

約，《聲類》以爲約字【法】注《聲類》以爲約字盧云：字疑有譌。阮云：注内約字疑作絇。案阮校是也

砥，之氏反【法】砥、氏不同部，氏疑履之譌〇大，劉唐餓反【法】大讀定紐，詳《士相見禮》

豚，他門反【法】他門盧改大本，是也，詳《考證》及阮校

昭，式遙反【法】式遙反與他處不合，式疑市之譌

食，音嗣，下注後食、饗食禮同【法】禮上盧增食字。阮云：今本不誤，禮字疑衍

編，必緜反，劉方緜反【法】必緜音和，方緜類隔　鉉，胡犬反□音扃【法】胡犬反下闕文盧作一，是也，阮校宋本同

頑反又音玄又音關槃匜以支反設湆劉羌立反下及注並同截漿昨冉反別
於彼列反擯辟婢亦反又音避及下同逡七旬反遁音旬擯從才用反道
之音導遠下戶嫁反東夾古洽反劉古協反北鄉許亮反後皆放此不拾音涉
下同曰辵勑略反去鼏起呂反卷末注去會同大夫長丁丈反注及下注之長同猶
更音庚腊飪而審反進奏千豆反注同七个古賀反鬐也巨之反魚
近附近之近下宜近相近同胂羊朱反骨鯁古孟反滑胣七歲反俎拒劉音
巨由便婢面反後放此殺於所界反授醯呼西反處也昌慮反下放此疑
立魚乞反又魚力反注同君離力智反醓他感反麋臡奴兮反醢有骨者也字林作腝人兮
反菁子丁反劉音精萁士丁反不綪側耕反直豕音值並併步頂反下
皆同不和戶卧反注不和同于鐙音登瓦豆也大古泰下大宰皆同為風
于僞反下為其為將同設鈃音刑而卑劉音婢又如字食有音嗣下為食食禮同以

儀禮音義　三　沈芷

辯音遍下同擩于人悅反劉而玄反又而誰反染也人漸反又七內反少儀詩召
反刌之寸本反挩手始銳反扱上初洽反拭也音式為臠力轉反
之膴火奴反復出扶又反下復告復發將復不復復自皆同膷音香臐許云反膮呼堯
反牛炙章夜反下同臛火各反又火沃反牛鮨巨之反注鰭音同郭璞云鮨鮓屬衆
人媵依注音媵以證反又繩證反三飯扶晚反注同歠湆昌悅反漱所又反乘
皮繩證反下乘皮下文之乘同以侑音又相幣息亮反為君于僞反下為其為之致同
從者才用反注同曰梧五故反易退以豉反盡以津忍反它時土多反本
又作他不與音預注同為施如字又注式豉反擯朝直遥反除之朝一字皆同拜食
音嗣下以意求之蝸醢力禾反毋過音無鶉音淳鴽音如于甕烏送反
辟正音避亨于普庚反布純諸閏反又諸允反下及注同加萑音丸純
緣以絹反作莞音官或音丸敷之如字又普吳反劉芳蒲反鉶芼亡報反豕

鬐，巨之反【法】鬐、之不同部

鯁，古孟反【法】孟疑猛之誤

擩，而玄反【法】玄疑宣之誤，《春官・大祝》作而泉。而玄又見《士虞禮》及《特牲禮》

染，又七内反【法】七内反蓋字有作淬者，《既夕記》洗去條云，劉本作淬，七對反　○膴，火奴反【法】膴音多作火吳，此奴疑誤

膗【法】膗今本或作臛○鮨，巨之反。鮨，鮓屬【法】鮨、之不同部。鮓盧作鮓，依宋本改也

于甕，烏送反【法】于甕條上盧補無母一條，注云：音牟。似無據

敷，又普吳反，劉芳蒲反【法】普吳音和，芳蒲類隔

薇音微 苦荼音徒 菫荁音丸 爲共音戶爾雅云地黃也劉又云共一音遐嫁反 作
幕音莫 凡炙章夜反 和也戶臥反 加繅音早
覲禮第十鄭云覲見也諸侯秋見天子之禮曰覲禮
覲禮其靳反 辟勞力到反注同下王勞注勞之勞其以勞請事勞同 之朝朝服並直
遥反下以意求之 使者所吏反下放此 爲人如字又于僞反 見侯賢遍反下侯見皁見同
乘馬繩證反下乘馬皆同 左驂七南反 騑芳非反 之從者才用反 司空與
音餘篇末注月與館與同 女順音汝下注猶女同 卿爲或作鄉非 訝者五嫁反 詔相
息亮反 先朝悉薦反 分別彼列反 諸任音壬 禆冕婢支反劉音卑注同
衣禆衣上於既反下如字下衣此衣放此 而冠古亂反下冠冕同 言埤毗支反一音卑 公
袞工本反 驚必列反 毳尺鋭反 孤絺丁里反劉本作希張里反 於祧他彫
反 弧音胡 韣音獨 有繅音早 張繆所銜反又所感反本又作縿下同 侯信

儀禮音義　廿一　曹鼎

音申 以藉才夜反下繅藉同 韋衣於既反 廣袤上古曠反下音茂 爲璪音早
斧依於豈反注依如同 今綈大西反 屏風步丁反 莞席音官 紛純諸允
反劉之閏反下同 纘之戶內反 南鄉許亮反下放此 傳大專反下傳此傳而皆同 而上
時掌反下而上同 四享四依注音三享音香丈反劉虛讓反 積畫音獲 絲纊音曠劉古曠反 卓
上劉丁角反 折其之設反 右肱古弘反 奉篋苦協反 大史音泰後大史大
常大陰皆同 是右音又亦如字注右王之右同 耋老大結反又音鐵 毋下音無 謂食
音嗣下同 遺土以垂反後同 爲埒音劣 猶重直龍反下同 監之工銜反 巡
守音狩下同 方琥音虎 黃琮才宗反 見王賢遍反 侯先悉薦反下同
四傳大專反注同一音乎 作傳音付 俠門古洽反 樊纓步干反 二乘
繩證反 盟約如字又於妙反 詛祝莊慮反 如皦古了反 燔柴音煩 地
瘞乙例反 愒苦蓋反 作殪一計反 之處昌慮反

覲，其覲反【法】其覲反盧依宋本改覲爲靳，是也。然與《廣韻》不合，陸蓋收靳於震也

訝，五嫁同【法】盧改同爲反，是

絺，丁里反，劉本作希，張里反【法】張里之里蓋誤，《周禮·司服》希冕，劉張履反，是也。丁、張同紐，此疊出，未詳

揭，苦蓋反【法】揭盧依宋本改爲愒，是也

喪服經傳第十一鄭云天子以下死而相喪衣服年月親疏降殺之禮也喪必有服所以爲至痛飾也

斬衰七回反字又作縗後皆同斬者不緝也縗以布爲之長六寸廣四寸在心前縗之言摧也所以表其中心摧痛

苴七如反有子之麻　絰大結反實也　絞帶戶交反後皆同一音如字　菅古顏反草也毛詩傳云茅已漚爲菅　屨九具反屨也　明爲于僞反下同　在要一遥反後放此　之𨰻丘蘂反劉屈絹反

齊衰音咨緝也後同　不緝七入反下同　有蕡扶云反麻實　大搹音革挽也　去五起呂反下同　各齊如字劉才計反　擔主市豔反注同　條屬音燭注同

六升衆並如字鄭音登登成也　鍛丁亂反　菲也扶未反杜預云草屨也　倚於綺反　廬力居反　寢苫失古反草心　枕之鴆反　塊苦對反土也本又作由說文云塊俗由字　歠昌悅反

粥之六反劉音育　一溢如字劉音實鄭云二十兩曰溢爲米一升二十四分升之一射慈同王肅劉逵袁準孔葛洪皆云滿手曰溢　柱丁主反注同　楣亡悲反梁也　疏食音嗣又如字　飯素劉扶晚反

儀禮音義　二十三　曹鼎

今本多作飤字　食如字又音寺　扼也於革反　爲殺所界反劉所例反　猶著直略反下　以別彼列反下遠別別於同　右縫扶弄反下左縫出縫皆同　梁闇烏南反　壘劣委反又力水反　墼古狄反劉薄歷反　涂塈劉其既反又許氣反一古慨反　爲父于僞反凡爲服之例放此意求之

長子丁丈反後長子長殤皆同　言嫡本又作適同丁歷反　所傳太專反　與禰乃禮反　爲所爲上于僞反注同下如字　布總子孔反　箭笄音雞　髽側瓜反　篠也素了反　露紒音計下同　之括如字劉音活　如著丁略反　幓頭七消反　子冠古亂反　子免音問　無袵而甚反又而鴆反裳際也　長六直亮反後放此　厭於一葉反後皆放此　家相息亮反　闇寺音昏守門人也寺內小臣　牡麻茂后反　枲麻思似反　沽功音古後同　藨皮表反劉扶表反　蒯苦怪反草也　女以音汝下同　期矣音基本又作朞後皆放此　帶緣以絹反同　大子音泰　無施以豉反注同　從爲于僞反　旁尊劉薄浪反下注同

降殺【法】降盧改隆

苫，草心【法】案苦無草心之訓，心疑也字之譌

二十四【法】盧删四字，云：宋本無四字，與注合

縫，扶弄反【法】弄譌，他處皆作用○壘，劣委反，又力水反【法】壘二音紙、旨分部

墼，劉薄歷反【法】塹（榮芬案當作墼）不得音薄歷反，劉本蓋作甓也

幓，七消反【法】幓依音當作幧

藨，皮表反，劉扶表反【法】皮表音和，扶表類隔

如字 胖合 普半反 則辟 音避下注辟大同 適子 丁狄反本又作嫡後除適人之類可以意求之
遠別 彼列反下同 而見 賢遍反下同 將上 時掌反 孰後 如字又音候下放此 何
算 素管反劉音選 大祖 音泰注大祖同 近政 附近之近 稷弁 息列反 序昭
市遥反又如字下昭穆皆放此 綴之 丁劣反 適人 施隻反 妻稺 直吏反 爲之 于僞
反下爲其同 敢與 音預注同 於朝 直遥反注下章注同 及者與 音餘 所寓
音遇寄也 圻内 巨衣反本又作畿同 越竟 音景 恩殺 所界反 未冠 古亂
反 文縟 音辱 不樛 居虯反 猶數 音朔下同 散帶 悉但反 爲其
于僞反 姪 大結反字林丈一反 嫂 本又作嫂同素早反 人治 直吏反注治猶同 猶行
户郎反下同 卑遠 于万反 猶傻 素口反 人稱 尺證反 之別 彼列反下
有別并傳同 上而 時掌反 相爲 于僞反下其爲爲之下文所爲同 見恩 賢遍反下
以見同 不復 扶又反 總衰 音歲 接見 賢遍反注同下章不見并注放此 澡

儀礼音義 二十三 徐琪

麻 音早 治去 起吕反後注猶去則去同 莩 音敷 垢 古口反 無絇 其俱反 娣
大計反 姒 音似兄弟之妻娣姒或云謂先後亦曰妯娌 弟 大計反本亦作悌 長 丁丈反注同
殤子 而注反 有食 音嗣 傅姆 音茂劉音母字林亡又反 見於 賢遍反 則
勑 其俱反 緦麻 音絲 省文 色景反 朝服 直遥反後章放此 庶孫
之中殤 依注中音下 不見 賢遍反章末注同 則爲 于僞反下記所爲下注必爲相
爲爲其同 婿 息計反女之夫 縓 七絹反范倉亂反 緣 以絹反下及注同 一染 而漸反
不見 賢遍反 嫌其爲 如字又于僞反 若辟 音避下同 祖 徒旱反 免
音問字或作絻注同 幼少 詩召反 虞祔 音附 錫衰 思狄反 謂墳 扶云反
屍 音尸 柩 其又反 其斂 力驗反 之稱 尺證反 滑易 以豉反 素總
子孔反 折笄 之設反 有著 丁略反下同 櫛 莊乙反 榛笄 莊巾反 刻
鏤 劉音陋 摘頭 他狄反 大飾 音泰劉唐餓反 三袧 劉音鉤又恪侯反 猶

樛【法】樛段云：依《玉篇》引，當從手

殺色界反劉色例反下同 大古音泰 以便婢面反 謂辟音辟博歷反下皆同 廣

古曠反 袤音茂 袂屬音燭劉又音蜀 之肱古弘反 袪尺起魚反 併兩

步頂反 拱尚九勇尸

士喪禮第十二 鄭云士喪其父母自始死至於既殯之禮於五禮

適室丁狄反注同適室正寢之室也 幠火吳反覆也 用斂力豔反後皆同 者齊側皆

反本亦作齋 比庸如字牆也本亦作墉 當牖音酉窻也 袵而甚反曲禮注云卧席也 去死

起吕反 簪裳側林反劉左南反 左何戶我反又音河 扱領初洽反劉初輒反 則

夏戶雅反後夏祝皆同 純衣側其反 纁裳許云反 中屋如字劉丁仲反 用

篚方鬼反本或作篋苦協反 以衣於既反注及衣戶同 西北厞扶未反本或作扉音非

楔齒息結反 爲將于僞反下并注不爲同 含戶暗反本亦作唅後放此 綴足

丁劣反劉張歲反 辟戾音壁下力計反 以馮音憑 俠牀古洽反 亦適

儀禮音義 三四 張當

丁狄反 使者至所吏反 屋劉羌據反閉也 者三息暫反 人襚音遂

衣服曰襚 執要一遙反後放此 言遺唯季反與也 別於彼列反下皆同 爲

銘亡丁反禮記云銘明旌也 赬末丑貞反 旗識識之上音試下音式亦作試 爲

旆步貝反 竹杠音江 橦也丈江也 梠也音吕 甸人大練反 揺

坎其勿反又其月反 爲垼音役 東鄉許亮反注同後放此 塊竈苦對反劉先苦

雷反謂宜用土塊也 廢敦劉音對又都愛反及注下皆同 重直容反注重鬲於重同 鬲音歷

下放此 皆濯大角反 造于七報反注同 五種章勇反 以盛音成下同

渜濯上奴亂反下直孝反下文放此 以汲居及反 將縣音玄大歷反 漑

古愛反 事遽其據反 不綪注作緈側庚反後皆同說文云緈縈繩也 江洒音細

水名也一本作沱大何反江別爲沱 謂縈於營反 繩索悉各反 以親如字劉音清刃反

鬠劉音膾又戶膾反後同 纋中音憂一音何侯反 廣袤古曠反下音茂 賓爲

辟戾，音壁【法】《既夕禮》辟戾，音必亦反，與此音壁不同，必有一誤。壁，博歷反見《喪服》篇。《考工記・弓人》辟戾亦音必亦反，然則此壁乃壁之譌

塊，苦對反，劉音古雷反【法】古阮校本作苦，是也。苦雷反即《集韻》之枯回切

濯，大角反【法】大角乃丈角之譌。又見下鍛濯條。案此卷多用大字，如下文軸，大亦反；澹，大斷反之類，以類隔法御之，亦自可通

綪，側庚反【法】綪，《廣韻》側莖切，是也。此混耕於庚。《既夕》篇作側耕，是也，《特牲饋食》同，《少牢饋食》同

纋，何侯反【法】何當作阿，《集韻》收烏侯切内，是其證

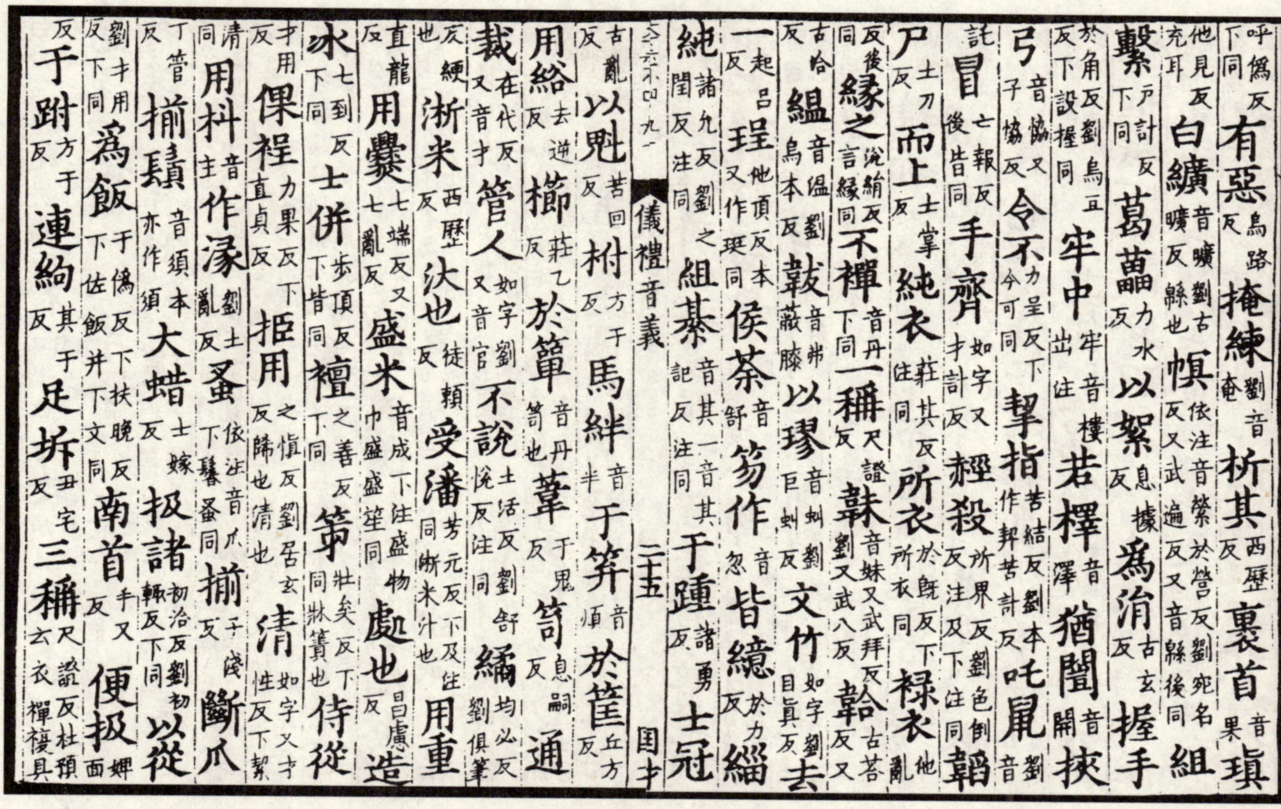

呼偽反下同 有惡烏路反 掩練劉音奄 析其西歷反 裹首音果 瑱他見反充耳 白纊音曠劉古曠反緜也 幎依注音縈於營反劉宛名反又武遍反又音緜後同 組繫戶計反下同 葛藟力水反 以絮息據反 爲消古玄反 握手於角反劉烏豆反下設握同 牢中牢音樓出注 若檡音澤 猶闓音開 挾弓音協又子協反 令不力呈反下今可同 挈指苦結反劉本作契苦計反 吒鼠劉音託 冒亡報反後告同 手齊如字又才計反 䋁殺所界反劉色例反注及下注同 韜尸土刀反 而上士掌反 純衣莊其反注同 所衣於既反下所衣同 褖衣他亂反後同 緣之說絹反注緣同 不襌音丹下同 一稱尺證反 韎音妹又武拜反劉又武八反 韐古荅反又古洽反 縕音媼劉烏本反 韍音弗蔽膝 以璆音虯劉巨虯反 文竹如字劉目眞反 去一起呂反 珵他頂反本又作珽同 俟荼音舒 笏作音忽 皆繶於力反 緇純諸允反劉之閏反注同 組綦音其一音其記反注同 于踵諸勇反 士冠

儀禮音義 二十五

古亂反 以䰢苦回反 柎方于反 馬絆音半 于笄音頎 於筐丘方反 用綌去逆反 櫛莊乙反 於簞音丹笥也 葦于鬼反 笥息嗣反 通裁在代反又音才 管人如字劉又音官 不說土活反劉舒悅反注同 繘均必反劉俱筆反綆也 淅米西歷反 汏也徒賴反 受潘芳元反下及注同淅米汁也 用重直龍反 用爨七端反又七亂反 盛米音成下注盛物巾盛盛笙同 處也昌慮反 造冰七到反下同 士併步頂反下皆同 襢之善反下同 第壯矣反下同牀簀也 侍從才用反 倮裎力果反下直貞反 挋用之愼反劉居玄反晞也清也 清如字又才性反下絜清同 用枓音主 作㳙劉土亂反 蚤依注音爪下鬊蚤同 揃子淺反 斷爪丁管反 揃鬊音須本亦作須 大蜡士嫁反 扱諸初洽反劉初輒反下同 以從劉才用反 爲飯于偽反下扶晚反下佐飯并下文同 南首手又反 便扱婢面反 于跗方于反 連絇其于反 足坼丑宅反 三稱尺證反杜預云衣襌複具

幎，於營反，劉宛名反【法】宛名與於營同

吒鼠【法】吒段校本作矺

緣之，說絹反，注緣同【法】緣之二字既出注，不當云注緣同，注蓋譌。又案説絹當作悅絹，下文音悅面反，可證 ○璆，巨虯反【法】巨、虯同紐，不能爲音，蓋巨休之譌 ○笏作【法】笏作條盧移於以璆條上，改爲竹笏，詳《考證》

繘，均必反，劉俱筆反【法】繘二音質部分兩類也

第，壯矣反【法】第，《玉篇》壯几切，是也，《廣韻》亦誤收止部，注云：又側几切，而旨部則失收。《既夕》篇作側几反 ○挋，晞也【法】晞也阮云：宋本晞作飾。按《說文》飾，㕞也，挋有㕞義，故云飾也。今本鄭注亦譌作晞

曰稱下放此　而衣於既反下同　不紐女九反　不數所主反　省文所景反　欿
見賢遍反　捷也初洽反下同　于掔烏亂反　大擘補革反劉薄歷反大指也下同
爲藉才夜反　有碅苦侯反　擐劉郭大反一音患　作挽烏亂反　櫜之
古刀反劉古道反　爲橐音託　鬊音舜劉又音旬亂髮也　辟奠婢亦反又音避　重木
直容反下及注同　縣物音玄下同　簪孔側林反劉左南反　鬻本又作粥之六反一音育　餘
飯扶晚反注同謂以飯尸之餘米爲粥　於養羊亮反　冪用本又作鼏亡狄反　久之
依注音灸　用軨劉舉琴反下同說文其闇反　竹䈙音蔑　辟屈音碎　綪絞戶交
反後同　縮從子容反下同　赬裏丑貞反赤也　無紞丁敢反　被識申志反　無
別彼列反　散衣息但反下及注同　袍襺古典反　盡用津忍反　取稱尺證反
饌于劉牀轉反一音士眷反後同　鍛濯丁亂反下大角反　齊坫丁念反　爲奠于舉
反下爲舉爲不爲塵皆同　苴七如反　大鬲音革又作搹同　絰大結反　搕音乞本又作扢　去
大一百七十二　小四百六十七　儀禮音義　二十六　陳国才
一起呂反下并注同後放此　齊音咨後同　易服以豉反　宜差初賣反　簀也音責
殺之色界反劉色例反　四鬄託歷反解也　去蹄大兮反　兩胉音博劉音百又
音魄脅也　扃古螢反　肩髀步啓反又必爾反下文同　則辟婢亦反　或眞本又作顛
下田反　倒衣丁老反　馮尸音憑後皆同　髺髮音括劉音活　人免音問
後放此　雞斯所買反劉霜綺反下作纚同　而紒音計下同　令著丁略反下同　幓
頭七消反　作繞音問　髽側瓜反　宮縚他刀反　爾毋音無下同　縱范音
揔劉又在紅反　扈扈並音戶　俟子音夷　鄉賓許亮反　東夾古洽反劉
古協反　錯七故反下及注同　其便婢面反　爲鉉胡犬反劉古頑反又音關又音玄　乃朼
必李反　進柢丁計反本也後同　爲脾必爾反又毗支反　爲胝劉音帝　俎從
劉才用反　巾巾並如字劉下居覲反　由重直龍反　代更音庚下同　憔悴在遙反下
在季反　禮坊音房本亦作防　挈壺苦結反　縣壺音玄　不背音佩　以褶

捷也【法】捷今本作插○掔【法】掔當作掔

擐，劉郭大反【法】段校大作犬，是也

軨，其闇反【法】闇蓋音之譌，《說文》巨今切○辟，音壁【法】此辟不當音壁，亦壁之譌

扃，古營反【法】營譌，當作螢○髀，步啟反，又必爾反【法】髀音薺、紙分部

令【法】阮云：今張氏《識誤》作今，是也。偉案令乃之之譌○幓【法】幓當作幧

鉉，劉古頑反，又音關【法】古頑、音關山、删分部。今《廣韻》頑誤入删○朼，必李反【法】盧、阮並云李宋本作李，是也。然朼、李不同部，李當作履，見《特牲饋食》

褶，音牒，一特獵反【法】一蓋又之譌，否則下脫音字。特獵類隔也，即《廣韻》之直葉

音牒一特獵反 雖複方服反 與襌音丹 爲燎力召反或力弔反 火燋劉哉約反又祖堯反一音哉益

反後同本作燭 紟其鴆反劉居鴆反下皆同 必盡津忍反下注同 又復扶又反下不復將復復執皆同 瓦甒

亡甫反 髺亙苦瞎反劉苦割反 蠃醢力禾反 無縢大登反 四脡大頂反 縢緣悦面

反 袐組古本反劉古魂反 爲蝸力禾反又古華反 掘其勿反又其日反 殔以二反劉音四 見賢遍

反 衽而甚反 小要一遥反 用楯敕倫反 櫕至在官反劉本作㯐音同云禮記作櫕 不墍

其器反劉本作墍古㦖反 用軸大六反 輁軸九勇反 輓而音晩本又作挽 熬五刀反 蚍音毗 蜉

音浮 令不力呈反下令足同 爲舉于僞反下同 鱄市轉反劉市專反 鮒音附 左胖音判 鋪

於普吴反又音孚 奉尸芳勇反又如字下放此 爲銘于僞反下爲安爲神祝爲爲葬同 設柎方于反 從

設才用反下皆同 于奧一報反 鬐巨之反 闔戶戶臘反下同 堊室於各反 厭於一涉

反下注同 招彌亡婢反又作弭 桃茢音列又音例 惡之烏路反 下天子戶嫁反下尊下王同 釋

菜七代反 人辟婢亦反又音避下不出者同 爲謔許略反 耆酒市志反 窟室苦忽反

儀禮音義　二十七　明

朝至直遥反下朝者同 公焉於虔反 在壑火各反 由便婢面反 敢讙火官反又

許元反下同 囂許驕反劉五高反下同 聒尊古活反 逡七旬反 遁音旬 辟位音避下文不辟

注同 立乘繩證反下文及注乘車同 小俛音免 始歠昌悦反 粥矣之六反劉音育 辟門

婢亦反注同 拊心芳甫反 直東音值下直西同 併於步頂反又必性反 啓會古外反注同

猶度大各反下文度茲并注同 免經如字又音勉注同下放此 之處昌慮反下灼處同 少儀詩召

反 上櫝音獨函也 爲其于僞反注爲其爲下同 右還劉戶串反一音旋注及下同 畫地

音獲 之竁昌絹反 徧視音遍 楚焞存悶反劉吐敦反又徒敦反又子悶反又音純 以鑽子官

反一本作灼 炬也音巨 菙氏時髓反 掌共音恭 燋契本又作挈苦計反劉苦結反下同

爇焦人悦反 其焌劉音俊又存悶反又子悶反李作館反 族長丁丈反注及下同 涖音利又音

類 于闐魚列反 閾外音域劉呼逼反 有近附近之近

既夕禮第十三 鄭云士喪禮之下篇也既已也謂先葬二日已夕哭時也與葬間一日若上士二廟則既夕哭在前葬三日也

燎，力召反，或力弔反【法】燎二音笑、嘯分部

輴【法】阮云：張氏《識誤》引《釋文》輴作楯，宋本亦作楯。案盧本於《既夕》篇亦依宋本、張本改爲楯　〇軸，大六反【法】大六盧依《注疏》本改丈六，是也

鬐，巨之反【法】鬐、之不同部〇厭，一涉及【法】阮云：及宋本作反，是也。案盧本已改

耆，市志反【法】耆、志不同部

免，如字，又音勉【法】音勉即如字也，勉疑問之誤

焞，存悶反，又子悶反【法】存悶、子悶皆焌字之音

爇，之悦反【法】之阮校本作人，是也。案盧本作如悦反

請啓舊士井反 啓殔以二反劉音四 侇牀音夷本亦作夷 饌于劉士轉反
朝柩直遥反下朝祖朝同般朝周朝同 用蒸之承反薪也 鬠側瓜反 散帶
悉但反 爲將于僞反下爲啓爲其同 爲有 相見賢遍反 子免音問後放此
子冠古亂反 袒音但 止讙火官反 嗃也許驕反劉五高反 聲三息暫
反又如字下放此 拂扐本又作彷佛上芳味反下芳丈反 噫於其反又於喜反 作繞
音問後同 夏祝戶雅反下之六反後皆放此 于重直龍反後放此 憮火吾反 拂
去起吕反 輁九勇反 轉轔音鄰 爲軹音紙 著金丁略反下著之同
之楯勑倫反 䡅從才用反後以意求之 鄉戶許亮反下鄉外鄉柩皆同 巾之
如字劉居觀反 直柩音值下文同 爲禦于僞反下爲褻爲遷爲其爲載爲設爲苞同 北
輴竹求反 辟新音避下同 馬鞅於丈反 絛絲他刀反下同 如爵側九
反 執策初革反 側昳大結反 紐女九反 經丑貞反 齊三才計反下同 如字
儀禮音義　二十八
注同 承霤力又反 車笭力丁反 衣以於既反 縣於音玄 不揄
音遥 絞戶交反 以聯音連 上韏彼誰反 設披彼義反劉方寄反下同 爲
藩方元反 屬引音燭注同著也引音胤又如字注引所以引同後屬引皆放此 猶著直略
反 曰綍音弗 乘車繩證反注及下注乘車同 成味武葛反劉音妹 成斲丁角
反 竽音于 笙音生 筲息允反 簴音巨 折橫之設反後皆同 猶庪九委反劉
居綺反下以庪同 窆事彼驗反劉逋鄧反 壙上苦晃反又音曠 抗席苦浪反劉
音剛後皆同 苞筲色交反 綼於側耕反 便也婢面反後放此 見善
賢遍反 御也魚吕反亦作禦下同 加茵音因 以藉才夜反下當藉同 緣之
以絹反 上綪側耕反 以裹音果 畚音本 種類章勇反劉之用反 一
次 縠音斛劉又戶角反 甕烏弄反 冪亡狄反本又作鼏 甒亡甫反注同 二 木
桁戶庚反又戶郎反 久之依注音灸 兩敦音對劉又都愛反 兩杅音于又作盂

饌于【法】于盧改于，是

拂扐【法】扐字不見《玉篇》，疑拂扐並從彳而誤也

輴【法】阮云：輴宋本作楯，張氏《識誤》亦作楯，盧依宋本改

披，彼義反，劉方寄反【法】披二音改類隔爲音和也

音同 槃匜音移劉音徒何反 杅盛音成 爲桙音牟劉音杅 下笮
側白反矢服也 甲鎧苦代反 兜丁侯反 鍪音牟 干楯常允反又音允 矢
箙音服本亦作服 杖笠音立 箑所甲反扇也 爲神于爲反爲將爲還爲柩爲
其爲哭爲行皆同 馮依音憑後放此 還柩劉音患下還車同 公賵芳鳳反車馬曰賵
旌繁步干反 前輅音路 使者所吏反下公使同 奠幣如字劉音定
子棧士板反劉才産反注輚同 胥徒如字劉思敍反 之長丁丈反下注之長同 相
閒閒廁之閒 復有扶又反下同 若賻音附貨財曰賻 則梧五故反 于
陳如字劉直吝反下同 玩好呼報反 九行戶郎反下同 書遣弃戰反注及下讀遣
井往同 爲燎力召反 少牢詩召反 左胖音判 髀不步禮反又方爾反
作脾必爾反又婢支反 刲也苦圭反 後肫劉音純又之春反 溷音患又戶困反
胂音申 脾析劉音毗注同一音婢支反下思狄反 蜱皮佳反 蠃力禾反 脾肶
[illegible] 儀禮音義 二十九 龍
尺之反 蜯也步講反 爲蝸力禾反又古華反 棗糗去九反 粉餌而志反
辟醴音避下不辟注同 猶併步頂反 倚之於綺反後放此 由闑魚列反
道稾古老反 脛骨戶定反劉胡孟反下同 三个古賀反 臂臑乃到反
取骼劉音格一音各 毋哭音無下同 低仰五郎反 去杖起呂反 說載
土活反 於緘古咸反劉古陷反 拾踊其業反劉其輒反後放此 加見賢遍反注皆同
不復扶又反 聖周子疾反 容柷尺六反 拾更音庚 彷徨音旁
音皇 離也方智反 猶屬音燭下同 適寢下狄反注同 東首手又反
比墉音庸 者齊側皆反本又作齋後同 養者于亮反後燕養幷注同
去樂起呂反後同 皆埽素到反 爲有于僞反下放此以意求之 穢惡
紆廢反劉烏外反下烏路反 屬音燭下屬幅幷注同 纊音曠劉古曠反新緜 盡孝
于忍反 人諦大兮反 纚所買反又所綺反 牀笫側几反 衽而甚反又西鴆反

翣【法】翣盧依張氏本改作箑

棧，士板反，劉才産反【法】棧二音說見前

脾，劉音毗，注同，一音婢支反【法】脾，婢支反，是也。劉音毗，混支於脂

脾肶，尺之反【法】脾肶條阮校云：宋本作肶，頻尸反，胵，尺之反，分爲兩條。段玉裁云，脾誤，肶當作胵，《禮記注》同。偉案據音尺之反，則宋本作胵是也。胵、之不同部，《廣韻》處脂切

脛，户定反，劉胡孟反【法】脛、孟不同部，此混諍於映也。《廣韻》下更切收胻，即脛之音變，則劉音不爲無本

拾，其業反，劉其輒反【法】拾二音業、葉分部

聖周，子疾反【法】今毛本注不見聖周二字，阮本有。今韻收即於職，而聖則質、職兼收，此專音子疾反，乃古韻之僅存者

養，于亮反【法】于當作予

啼【法】啼阮云：宋本作諦，張氏《識誤》本同。盧依張改，諦與啼通，引《管子》、《荀子》、《春秋繁露》、《淮南子》皆作諦，詳《考證》

衽，又西鴆反【法】西盧改而，是

朝服直遙反後同　執要一遙反後同　衣朝於既反　楔貌悉結反

如軏於華反　綴足丁劣反劉丁衞反　校在劉胡飽反一音苦交反　辟戾

必亦反　當腢五口反劉五侯反　或卒七忽反　長子丁丈反下注長猶同　作計

音赴　別尊彼列反　淅米西歷反　差盛七何反又初佳反劉藏何反下音成　抗

衾苦浪反劉音剛　禮之善反　倮力果反　袒音但　簀音責　盝音祿

便也婢面反　鬠古外反　褌音昆　幓音衫　于笄音煩　柱丁主反　顛

丁千反　瑱塞佗殿反　掘坎其勿反又其月反　從也子容反　爲坅五錦反劉

音作感反埤蒼云坎也坑也　甃用音役　塊苦內反　塩也普逼反劉音逼　不辟必亦

反劉又薄歷反注同　及觳苦角反又戶角反　足跗方于反　不見賢遍反下不見同　不

被皮義反　縓七絹反范倉亂反　紕毗支反劉音卑　緆他計反劉羊豉反　一染而漸反

緇純諸允反劉之閏反注同　設握如字劉烏豆反　中指如字劉丁仲反　于掔

大百六十一　小四百四十四　儀禮音義　三二　丘文昌

烏亂反　涅廁乃結反塞也　復往扶又反　設棜於庶反　齊于如字

劉才計反　坫丁念反　素勺土灼反注同　面枋彼命反　及錯七故反　辟

奠婢亦反劉音芳益反注辟襲奠同　神遠于万反　辟斂音避下辟患同　髺髮

音括　便離力智反　奉尸芳勇反下奉之同　人說土活反劉詩悅反下不說同　髦

音毛　爲鬌丁果反劉徒禍反　之散息但反　外縪音必劉扶結反　屬

音燭　厭一涉反注同伏也　著於直略反注同　寢苫失占反編藁也　枕之鴆

反　編必連反　藁古老反　歠昌悅反　粥之六反劉音育　一溢音逸劉音實　麋

也亡皮反　曰蓏力果反　端衰七回反　作堊烏洛反一音烏路反　狗幦亡狄

反覆苓也　覆笭力丁反劉音領本或作軨　其臑乃管反　爲幕音莫　蒲

菆側留反劉作侯反杜蒲菆也　木錧音管　爲鎋戶瞎反　木鑣彼苗反

齊如字又子淺反　繅車音早　駹亡江反　車輿音餘　布裧尺占反

差，又初佳反【法】佳盧本作隹，是也，阮云：宋本作隹

掔【法】掔當作掔。

勺，土灼反【法】土盧改上，是也

辟患【法】阮校本患作忌，是也

縪，又扶結反【法】據《考工記・玉人》音，則扶乃府之譌

臑【法】臑當從耎〇幕【法】幕今本作幂

猶緣悅絹反下同差飾初皆反比真必二反注同諸宎本又作突
一弔反又音香見爾雅內蟣音穢又以接反猶先悉見反供養九用反洗
去悉禮反劉本作淬七對反聽朝直遥反下文及注同猶相息亮反下同之昕
音欣饌于士轉反近西附近之近先先柩上如字下西見反後後
柩上如字下戶豆反乘車繩證反後皆同革靾息列反載旜之然反
縣于音玄下注同夏毛戶嫁反士齊側皆反豹犆音直韇也
居良反劉本作繣音獲稾車古老反劉古到反載蓑素禾反猶散
悉但反用茶大奴反茅莠且御魚呂反劉本作衙音禦易也以豉反管
古頑反筲三所交反皆綸餘若反皆湛子廉反劉子鴆反以爲
如字還車音患爲鄉許亮反翫好呼報反於垣古鄧反道也
斂服收斂之斂注同祝說土活反劉詩悅反蜃車市軫反之圍作
儀禮音義　三十一　吳文昌
輇作槫並音市專反又市轉反劉團反輇市專反槫大官反沽功音古有弭
面爾反無緣以絹反弓檠音景弛則式氏反緄古本反縢大登
反注同爲柴音祕撻他達反爲銛劉音括一音息廉反有韣音獨弓衣
也矢翭音侯又音候骨鏃子木反一音七木反射之食亦反笴古老反又
工但反軒輖音周字林云重也一曰摯車也又音弔輖摯音至本又作贄音同又字
林竹二反同
士虞禮第十四鄭云虞猶安也士既葬其父母迎精而反日中而祭之於
殯宮以安之禮
饋食其位反側亨普庚反劉虛兩反注同一胖音判用鑊戶郭
反饎尺志反冪用云狄反苴子徐反劉子都反下及記同扚七本反猶
藉在夜反後皆同便其婢面反後放此別於彼列反二敦音對劉又都愛

差，初皆反【法】初皆反段云：皆當是賣。偉案乃佳之譌耳

管，古頑反【法】管當作菅。古頑他處皆作古顏。案此與《士冠禮》之鉉，古頑反譌爲古顏反正同

柴【法】柴盧依張氏《識誤》改爲柴，是也

翭矢【法】翭矢二字盧乙正作矢翭

又都放此 匜水 音移 錯 七故反後同 簞巾 音丹 作鉉 玄犬反 南鄉 許亮

反 羞燔 音煩 臨位 力舊反下同 鬠 側瓜反 散帶 悉但反 祝免

音問注同 澡葛 音早 爲其 于僞反下爲神同 長 丁丈反下文并注同 近南

附近之近後放此 東縮 所六反 從也 子容反下從并注同 爲燭 子六反 倚

杖 於綺反注及下同 祔杖 音附 啓會 古外反後放此 顯相 息亮反下文不相并

注同 捊衣 音宣手發衣曰捊又作擐音患古患反 少牢 詩召反後放此 祝祝 劉下

之又反及注下放此 奉簠 芳勇反下芳鬼反本亦作簠 哭從 才用反後以意求之 既封

彼驗反劉通鄧反 淳尸 章純反注及下同 辟執 音避 妥尸 他果反劉湯回反坐

安 擩 人悅反劉而玄反又而誰反也 墮祭 許恚反注同又相恚反 猶隮 許規反

嚌之 才計反 湆 去及反 胾 側吏反 尸飯 扶晚反注及下并下注九飯同 啗肉

太敢反 舉胳 音格一音各 三个 古賀反 曰個 古賀反 肵俎 音祈後同

大一百五十八 小四百五十 儀禮音義 三十二 蔡

酳尸 以刃反劉侯吝反 賓長 丁丈反下賓長皆同 肝炙 之夜反 進柢 丁計

反後同 併也 步頂反 以醋 才各反本亦作酢 直室 音值 繶爵 於力反

有篆 六轉反 猶養 予亮反下同 尸謖 所六反起也 前道 音導

下前道尸爲道同 厞用 扶未反劉音非隱也 爲厭 一豔反下同 飫也 於庶反 不

櫛 莊乙反 期以 音基篇末同 用梯 於庶反 凡爲 于僞反下爲淺爲神本爲

圭爲同 羹飪 而甚反 辟臑 乃報反 肫 音純又之春反 骼 音格又音各

左膉 音益脰肉也後同 脰 音豆頸也後同 殳矛 音殊下莫侯反 鱄 市專反又市轉

反 鮒 音附 髀 步禮反又方爾反 鬐 巨之反 爲胝 音帝 下尸 戶嫁反 以

盛 音成 淺 劉音箭一音贊 污 汙穢之汙注同 負依 於豈反 若薇 音微

用荁 音丸 苦荼 音徒 堇類 音謹 爲枯 如字又音姑劉本作枯音先古反

爲苄 音戶劉音下 蠃 力禾反 不褐 苦瞎反劉苦割反本或作毼同 不說

捊，又作擐，音患，古患反【法】古患上盧補又字，是

簠，芳鬼反【法】簠當讀非紐，芳蓋方之譌○封，劉通鄧反【法】通盧改逋，是

淳，之純反【法】之純反盧云：宋本之作韋，《注疏》本作童，皆譌，之字亦改刻，與《内則》同，今從之。阮校引嚴杰云：韋、童皆章之誤 ○擩，韋悅反【法】韋悅盧作人悅，依宋本改

酳，劉侯吝反【法】阮云：侯宋本作俟。偉案宋本是也。《周禮・鬱人注》亦誤

養，才亮反【法】才盧、阮並云：宋本作予，是也

枯，劉本作枯，音先古反【法】作枯之枯盧本改楛，是也。偉案先乃羌譌

楬【法】楬毛本作毼

他活反，劉詩悅反，下說經說首并注同 鄉尸許亮反，下注皆同 蹶子六反 踖子亦反 辟
退音避，又婢亦反 使適丁狄反 不綏依注音墮，許恚反，劉相恚反 湆胾
莊吏反，劉本作截，酢再反 拾踊其業反，注下同 更也音庚，下同 牖 鄉許亮反，亦
窓也 不復設扶又反，又下並復又復同 重閒直用反 顯相息亮反，注及下顯相
同 悲思息嗣反 剛鬛力涉反，系曰剛鬛 昧冒亡比反，又亡報反 香合
本又作薌，音同，黍曰薌合 普淖女孝反，劉徒較反，普，大也，淖，和也，謂黍稷 明齊才計
反，注同，明齊新水也 溲酒所求反，注醙同 涚齊始銳反 明粢音咨，一音側其反
袷事音洽 爾女音汝，下同 勸彊其丈反，下同 報葬禮記音芳付反，下同
令正力呈反 離也力智反 乃餞抜淺反，送也 于濟子禮反 于
禰乃禮反，劉本作泥，音同 四脡徒頂反，又他頂反 烏翅申豉反 從也
子容反 入臨力蔭反 重餞直勇反，下重帶同，又直用反 胊在其俱反 闈
大一之大十一 小四之三十一 儀禮音義 三十三 蔡
門音韋，劉音暉 不與音預，注同 隮祔子兮反，升也 差疏初賣反
搔依注音爪 揃子淺反，注鬋同 頭嗌音益 中月劉丁仲反，注同 而禫大感反
猶閒閒廁之閒，下同 言澹大斬反 某妃豐非反，劉又音配
特牲饋食禮第十五鄭云諸侯之士以歲時祭其祖禰之禮
不諏子須反，謀也 職褻息列反 爲詛莊助反 來與音預 闑西
魚列反 閾外于逼反，又況逼反 爲筮于僞反，下爲神爲視皆同 作槷魚列
反 爲蹷子六反 西塾音孰 謂著音尸 之長丁丈反，下長占并注同 言
妃音配，又芳非反 禫月大感反 還即音環 由便婢面反，後放此 畫地
音獲 其馮音憑 主人辟劉芳益反，一音避 傳命丈專反，下同 將涖
音利，又音類 有鼏亡狄反 棜在於庶反 從也子容反 木輿音預 鈃
音刑 兩敦音對，劉又都愛反，後放此 當夾古洽反，劉古協反，後皆同 近南附近之近，下同

昧冒，亡比反，下亡報反【法】案昧無亡比之讀，此條誤也。比當作北，下當作又，皆爲冒字作音也

粢，音咨，一音側其反【法】粢、其不同部

餞，抜淺反【法】抜不成字，乃疾之譌

烏翅【法】烏盧據《周禮》注改烏，云：宋本同

澹，大斬反【法】大字蓋類隔，即《廣韻》之徒減也

作【法】作盧依宋本改爲

轝【法】阮云：轝宋本作輿，張氏《識誤》同

兄弟從如字又才用反後以意求之　濯溉古愛反　省文所景反下文省同
以筴初革反　羹飪而甚反　視饎尺志反注糦同　齊坫丁念反　亨
于普庚反注及下注不能亨亨者同　以鑊戶郭反　摡之古愛反　釜鬵音尋
劉側林反　藉用慈夜反　萑音完細葦也　細葦于鬼反　尸盥音管
匜音移　簞音丹　不揮許韋反　凡鄉許亮反下同　敷席音孚
本又作鋪普吳反後同　纚所買反又所綺反　宵音消依字作綃綺屬　猶辨皮莧反
少牢詩召反下少牢皆同　蝸醢力禾反　直室音值　賓長丁丈反下注庭
長下賓長弟長并注放此　用鮒音附　爲其于僞反下當爲不爲爲捋爲改同　道之
音導下以道猶道同　既錯七故反下文及注同　朼載必履反　刊其若干反　惡
桑烏路反　抽扃古螢反　東枋音柄本亦作柄下同　升肵音祈　鉶芼
壬報反　啓會古外反下并下注於會同　祝曰州又反下文卒祝祝曰同　普淖女孝反
小刁字十大刁五八　儀禮音義　三十四　明
爲厭一葉反　詔侑音又　武方音無　妥尸他果反劉湯回反　彊之
其丈反　挼祭依注音墮許恚反劉相恚反後隋祭挼祭皆放此　換醢如悅反劉而玄反又
而誰反後同　啐酒七內反　刌肺寸本反　齊敬側皆反　共之音恭　菜
和戶卧反下不和同　客絜丑慮反調和之也　湇去及反　不嚌才計反　先
食悉薦反又如字　啗之大敢反　三飯扶晚反注及下同　膮許堯反　炙章夜反下
肵炙同　胾醢莊吏反　得綪側耕反　舉骼音格又音各後皆同　不復
扶又反下爲復復拜不復并復入同　者三息暫反　盛肵音成注同　三个古賀反干個同
及臑乃報反　酳以刃反又士刃反　樂之音洛　下大戶嫁反下下尸同　以醋
才各反　聽嘏古雅反受福曰嘏嘏長也大也　摶黍大官反　挂于俱賣反一音卦
注同　奉納芳勇反　季少詩召反下同下少年之少亦放此　以燔音煩　爲
王于僞反下爲絶爲異爲將爲酬必爲同　不提丁禮反　染污而漸反　襲處

溉【法】溉阮云：宋本作概，葉鈔本、張氏《識誤》本同○鬵，音尋【法】鬵誤從爲

邪，說見前

辨，皮莧反【法】阮云：辦宋本作辨，張氏《識誤》本同，作辨是也。詳《校勘記》

刊，若干反【法】若盧改苦，是

扃，古熒反【法】熒盧依宋本改螢

挂，俱賣反【法】賣乃買之譌，見《易釋文》

昌慮反 之別 彼列反 之與 音余下爲之與燕飲與同 位辯 音遍後皆同 加

勺 時灼反 鄉賓 許亮反 獻長 丁丈反注下皆同 薦脀 之丞反 殺

也 所界反下皆同 將傳 大專反 孝弟 音悌 定好 呼報反 洗散 悉但

反下音同 猶養 羊亮反下同 供養 九用反 尸謖 所六反起也 爲將餕

于僞反下同 去之 起吕反 奠然 本或作㒺或作蕢 食蕢 劉子峻反與餕同 有

以 依注音似或如字 言女 音汝下同 其坐 才卧反 親昵 女乙反 厞用 扶未反

厭 一豔反 飫 於庶反 朝服 直遥反下皆同 韠 音畢 齊服 側皆反 順

從 子容反下南從從横同 饌于 扶轉反又如字 覆兩 芳伏反注同 盝 音鹿 瀝

音曆 且爲 于僞反下爲婦爲餕爲尸爲其同 褭之 音果 玄被 皮義反 若薇

音微 冬萱 音丸 苦荼 音徒 堇蠋 音謹 膴膴 亡甫反 如飴 以之反 爲

芐 音戶劉又音下 西辟 步曆反又音辟 直屋 音值 梠 音侶 皆去 起吕反 近

校勘 儀禮音義 三十五

南 附近之近 奉槃 芳勇反 淳沃 之純反劉音純 作激 古狄反一本作浮劉本作

徼音敷 辟位 婢亦反又音避注同 逡 七旬反 遁 音旬 弟婦 大計反或作娣下弟同

姒婦 音似本或作似 燔燎 力召反或力弔反 肫 時倫反又之春反又之罪反 有併

步頂反 放而 方往反 數奇 居宜反下同 猶挂 苦圭反 不提 丁禮反 髀

步禮反又方爾反 脡 他頂反 骹 戶角反又苦角反 辟大 音避 長兄 丁丈反注同 皆

殽 戶交反 見政 賢遍反又如字 皆與 音預

少牢饋食禮第十六 鄭云諸侯之卿大夫祭其祖禰於廟之禮

少牢 詩召反後放此養牲所曰牢少牢羊豕也 而芻 初俱反犓養也 丁巳 音祀注皆同 先

諏 子須反 朝服 直遥反後朝服皆放此 上韇 徒木反 大廟 音泰下文大筮大祝

皆同 著之 音尸 圜而 于宣反 重以 直用反 占繇 直又反卦兆辭 由便 婢面

反後者同 畫地 音獲 命滌 大歷反 當共 音恭 且齊 側皆反下同 滌溉

蕢，劉子峻反【法】蕢乃簣之譌

饌，扶轉反【法】扶當依《士喪禮》劉音作牀

西辟【法】辟毛本作壁

激，一本作浮，劉本作徼，音敷【法】《經義述聞》謂字本作敫，由敫譌激，是也。偉案《漢·王子侯表》臨樂敦侯光，師古曰：敦字或音七灼反，是亦敦、敫互譌之證。敷盧改敫，張氏《識誤》亦云：敷必敫字之誤。偉案敫字僻，陸必不取以爲音，《校勘記》云：浮與湻形似而誤，徼又㪍之誤，故其字音㪍。今案此說蓋是，惟以徼爲㪍之誤，則形不相近耳

肫，又之罪反【法】之罪反誤，據《士昏禮》則罪乃閏之誤

己，音紀【法】音紀宋本有誤作音記者，大謬，見《朱子文集·記永嘉儀禮誤字》篇

圜，音宣反【法】音盧依宋本改于，是

古愛反一本作濯 又爲于僞反下爲此爲尸同 下人戶嫁反 比於毗志反次也注同 封
羊苦圭反 省也所景反 人槩古愛反 割耳普庚反 亶人力甚反注
同 甑甗子孕反下魚展反又音言劉音彥又魚变反 與敦音對劉又都愛反後皆放此
爲烝之膺反 放于方往反注司猎依也 羹定多佞反 右胖音判 髀音
步禮反又方爾反 髀臑奴到反又人于反 膊劉音純說文之允反 骼音格又音各下同
脡他頂反 猶上時掌反下同 近竅附近之近下苦弔反 從前劉子容反 縪
側耕反後同 併也步頂反下文同 作辯音遍一音皮莧反 作髀必爾反又婢支反
溷音患又戶困反 腴羊朱反 副倅七內反 卒脀之承反 鄉內許亮反 兩
甒亡甫反注甒同音 棜於據反 去足起呂反 設罍音雷 有枓音主 斞
水九于反劉又苦侯反 爲賓于僞反下爲尸爲將爲其爲神同 槃匜以支反 與
簞音丹 于奧烏報反 神坐才臥反 道之音導下爲道同 作枋

儀禮音義　三六　陳

反 以從如字又才用反後放此 以相息亮反注同助也 肵俎音祈 長
杔丁丈反注及下賓長同 爲刌七本反 俎拒音巨 進腠七豆反 相見賢遍反
用鮒音附 令其力呈反 祓錫依注讀爲髲鬄上音皮義反下大計反劉士歷反下
同 侈袂本又作移昌爾反 醓他感反 嬴力禾反 韭菹側魚反菹亦同 或
剔他計反 之紒音計 不纚所買反又所綺反 亦衣於既反 綃衣音消
爲緆音羊 爲蝸力禾反又工華反 相從息亮反注及下注同 啓會古外
反及下同 以重直容反注同 祝祝下之又反 剛鬛力輒反 普淖女孝
反 皆辟音避又房益反下同 後尸戶豆反 奉槃芳勇反下同 没霤
力又反 妥尸他果反 不啐七內反 而殺所界反後禮殺同 隋祭許規反劉
相規反下同 辯音遍 擩于如悅反劉而誰反 作徧音遍後皆同 重言直用
反 直於音值下注直室同 皆芼士報反 有柶音四 尸扱初洽反 用

甗，劉音彥，又魚變反【法】彥下又字蓋衍，否則變爲建之譌

膊，《說文》之允反【法】之允音《集韻》不收，再考

錫，劉士歷反【法】阮云：士宋本作土。案作土是也，見《詩·采蘩》引

袂，本又作移【法】移盧改袳，是〇韭菹【法】案經文葵菹在嬴醢之前，此標韭菹而

音之，未詳

㮇，如帨反【法】帨盧改悅，是

直於【法】盧云：直於《注疏》本作置于

薇音微 先食作飲飯者皆非 啗之大敢反 嚌之才計反 羞胾莊吏反 膴許云反 膮許堯反 又復扶又反下復嘗同 小數所角反 獨侑音又 爲祝于僞反下同 操以七刀反 乃醑音胥又士刃反 既食音寺 又飲於鴆反 樂之音洛 從也子容反 爲籩子六反 尸醋才各反 以綏許規反劉相規反并注挼及脀亦放此下皆同 受嘏古雅反 摶之大官反 無彊居良反 于女音汝下同 來女依注音釐力之反賜也劉音釐亦音來力代反亦訓賜也下音汝 猶傳大專反 抉音決 㦸大結反劉土結反 挂于俱賣反又音卦 屬于音燭 尻苦刀反 折一之設反後同 辟人音避 猶養予亮反下文同 尸謖所六反 爲不于僞反 四人養音餕 乃辯音遍下同 湆于去及反

有司第十七本或作有司徹於去大夫既祭賓尸於堂之禮

儀禮音義　三十七

有司徹直列反字又作撤 以厭一豔反 於枋百庚反 大𪔂音秦下大宰同 爲賓于僞反下爲尸同 少儀詩召反下之少年少同 汜埽芳劍反下素到反 曰拚方問反 爲聶女輒反 燅音尋劉徐鹽反溫也注燖同 肵音祈 亦不與音預注同 扃古熒反 鼏亡狄反 去其起呂反下撤去同 禮殺所界反劉色例反下皆同 爲鉉玄犬反 侑于音又 道尸音導 爲籩子六反 並併步頂反後皆同 匕湆去及反 豕脀之承反 長左丁丈反後皆同 麷芳中反熬麥也 蕡扶云反熬枲也 醓他感反 麋臡乃兮反又人兮反 枲也思治反 辟鉼音避下亦辟鉼辟主同 肫音純 胳音格又音各本亦作骼 臑奴到反 脡他頂反 復序扶又反下復復言同 不折分之設反下皆同 嚌才計反 下尸戶嫁反下注下尸下之亦下下賓下主人下大夫下上大夫同 而挼之石反 加膴火吴反依注音冔況羽反劉呼孤反後同 刳魚口吴反口侯反

嚌，丁計反【法】阮云：丁宋本作才，是

袂，音決【法】阮云：袂宋本作抉。段玉裁云：袂不當有決音，《儀禮》嘉靖本、鍾人傑本皆作抉，今案《五經文字》、《九經字樣》並無抉字，宋人重修《玉篇》始載之。偉案錢氏大昕謂袂字當作秩，而於音決則無說，竊意正文當音秩，《爾雅·釋宫》秩，顧丈一反，丈一即音秩也　挂，俱賣反【法】俱賣當作俱買　養，子亮反【法】子亮當作予亮　養【法】養當作餋

汜，芳劍反【法】汜盧改氾，是○埽，索到反【法】索阮校宋本作素，是也。索雖同紐，然他無用索字者

枲，思治反【法】治疑始之譌，枲無讀去聲者

劉呼孤反【法】呼、孤同部，不可爲音紐，二字必有一譌

大臠 力轉反 揳 人悅反劉而誰反 執挑 湯堯反劉湯姚反又他羔反一音由又食
汝反 以挹 一入反 之歃 初洽反劉初輒反下扱同 或作桃 本又作抌劉弌羔反 飯
橾 七消反 以抒 食汝反 覆手 芳伏反下同 啐 七內反 羊燔 音煩
由便 婢面反 糗 去九反 與腶 丁亂反本又作段音同加薑桂以脯而鍛之曰腶脩
餌也 音二 擣肉 劉本作擣同丁老反 爲斷 丁亂反 之枘 音四 挩
手 由銳反注紛悅音同 宜鄉 許亮反 粉餈 在私反 則酏 以支反劉書支反
食 音寺下同 餕食 素感反 膴 許云反 膮 呼彫反 有截 側吏反 以
辯 音遍注偏同後放此 儀度 大各反 作羛 劉音儀 不別 彼列反 親
昵 女乙反 爲衆 于僞反下爲不爲鬼同 隆汙 音烏 延熹 許其反 不綏
許恚反本亦作隋同 七飯 扶晚反後皆同 乃盛 音成注及下同 無髀 步禮反又方爾反
三个 古賀反 爲摕 之石反劉音與摭同 也與 音余 酳尸 以刃反又士刃反

儀禮音義　三十八

其綏 并注挼及隋皆許恚反後放此 弟婦 音娣 㲉折 苦角反又戶角反
尸謖 所六反 乃⿱艹養 音俊 扉 扶味反 取敦 音對劉又都愛反下同 厭
一豔反 飫 於庶反 不令 力呈反 作茀 音弗

經典釋文卷第十

楔，如帨反【法】盧云：如帨宋本作人悅，今帨字從宋本改悅。偉案此如字亦剜刻者，或本即作人也　執挑，劉湯姚反，又他羔反；　或作挑，劉弌羔反【法】劉於兩挑字既有異讀，則必一作挑，一作桃，可知也。《釋文》於經、注並作挑，胡氏《正義》又並作桃，皆誤　操【法】阮云：操宋本作橾，是也　〇以脯【法】阮云：以脯當作於脯　〇餌，音二【法】餌、二不同音　〇挩，由銳反【法】張氏《識誤》云：監本由作申，是也

膮，許堯反【法】阮云：許堯宋本作呼彫，同也。張氏曰：膮，呼報反，監本報作雕。偉案呼報誤

揲，之石反【法】阮云：揲宋本作摕，石當作舌。偉案《集韻》拓古作摕，當即據此。《五經文字》亦云：摕，之石反，見《禮經》。是作摕不誤。阮云：石當作舌，於音理亦合，惟無可證

綏，許惠反【法】阮云：惠張氏《特牲識誤》引作恚，是也

⿱艹養【法】⿱艹養當作⿱⺮養

經典釋文第十一
禮記音義之一 起第一盡第五
唐國子博士兼太子中允贈齊州刺史吳縣開國男陸德明撰
曲禮第一本或作曲禮上者後人加也檀弓雜記放此曲禮者是儀禮之舊名委曲說禮之事禮
記此記二禮之遺闕故名禮記 鄭氏注
毋不敬音無說文云止之詞其字從女內有一畫象有姦之形禁止之勿令姦古人云毋猶今人言莫也案
毋字與父母字不同俗本多亂讀者皆朱點母字以作無音非也後放此疑者特復音之嚴魚檢反本亦作儼同
矜莊皃若思如字徐息嗣反矜莊居冰反樞機昌朱反敖五報反慢也王肅五
高反遨遊也不可長丁丈反盧植馬融王肅並直良反欲如字不可從足用反放
縱也樂不舊音洛皇侃音岳可極如字皇紀力反桀其列反夏之末主名癸紂
直丑反殷之末主名辛狎而戶甲反習也近也近也附近之近下注內不出者皆同貴儀音戚
禮記音義之一　一　馬手
本亦作戚誣人音無後並同有畜勑六反以賙音周樂氏音岳謂宋司城
樂喜有害如字本亦作難乃旦反咎犯其久反重耳直龍反爲傷于僞
反下爲傷爲近皆同臨難乃旦反很胡懇反鬩也勝舒證反分扶問反鬩
呼曆反猶鬭也謂爭爭鬭之爭下文皆同傷知音智若夫方于反丈夫也如齊側皆
反本亦作齋音同注同乞丐匃音蓋乃還音旋後放此使從色吏反牲
幣徐扶世反弗享許兩反夫禮者音扶凡發語之端皆然後放此親疏
所居反或作疎決徐古穴反嫌疑戶恬反別同彼列反下注下文同說人音悅又始
悅反注同佞乃定反口才曰佞媚眉忌反向曰媚不辭本又作詞同說文以詞爲言詞之字
辭不受也後皆放此費芳味反言而不行爲辭費侵侮徐云撫反輕慢也不好呼報反注同
善行下孟反下行脩同取於人舊七樹反謂趣就師求道也皇如字謂取師之道取人
如字謂制師使從已辯訟皮勉反徐方勉反君臣上下上謂公卿下謂大夫士宦學

法偉堂經典釋文校記遺稿卷十一

禮記音義之一

清法偉堂著　邵榮芬編校

欲，如字【法】如字下盧補一音喻三字，云：撫州本有之。阮校亦據補

辭，辭不受也【法】阮云：葉本細注辭作辤。偉案作辤雖與《説文》合，然與正文之作辭無涉。盧云：所引有脱誤，是也

音患 班朝直遙反 涖官本亦作莅，徐音利，沈力二反，又力位反，臨也 禱丁老反，鄭云：求福曰禱 祠
音詞，求得曰祠 共給音恭，本或作供 不莊側良反，徐側亮反 學或爲御鄭此注爲
見他本也，後放此 撙節祖本反，趨也 猶趨七俱反，就也，向也 嬰本或作鸚，厄耕反
母本或作鵡，同音武，諸葛恪茂后反 不離力智反，下同 狌狌本又作猩，音生 禽獸
盧本作走獸 聚麀音憂，牝鹿也 麀牝頻忍反，徐扶盡反，舊扶死反 大上音泰，注同
大上謂三皇五帝之世 施而始豉反，下文同 負販方万反 輕佻吐彫反 好禮呼報
反，下同 不懾之涉反，怯也，惑也 猶怯丘劫反，何胤云：憚所行爲怯 冠古亂反 曰艾
五蓋反，老也，謂蒼艾色也，一音刈，治也 曰耆渠夷反，賀瑒云：至也，至老境也 不與音預 而
傳直專反，沈直戀反 八十九十曰旄本又作耄，同，亡報反，惛忘也，注同，本或作八十曰耋
九十曰旄，後人忘加之 惛音昏，一音呼困反 忘也亡亮反，又如字 將知音智 曰悼
徒報反，謂可憐愛也 期頤羊時反，養也 猶要於遙反，又如字，下同 養道羊尚反，又

〈禮記音義之一　二　路昇

如字 猶聽吐丁反，後可以意求，皆不音 勞苦如字，又力報反 坐乘繩證反 稱
尺證反也 長者丁丈反，下皆同 必操七刀反 而夏遐嫁反 凊七性反，字從冫
水，冷也，本或水旁作，非也 牀衽而審反，徐而鴆反，席也 儕仕皆反，等也，沈才詣反 四皓戶老反，四
皓：園公、綺季、夏黃公、角里先生 卑遠于万反 僚友本又作寮，了彫反，同官者 其弟大計
反，下注同 之行下孟反 必告古毒反 冠工喚反 惇行都溫反 差退
初佳反，徐初宜反 主奧烏報反，西南隅也，沈於六反 尊處昌慮反，下同 棖直衡反 闑
也 闑魚列、五結二反 以上時掌反，凡言以上皆放此 食音嗣 饗本又作享，香兩反 爲
槩古愛反，量也 饌具士戀反 爲其于僞反，下注除不爲孤皆同 苟訾音紫
毀也，沈又將知反 君子樂音洛 暝本亦作冥，莫定反，下同 爲卒子忽反 不純諸允
反，又之閏反，緣也，下及注皆同 純緣悅絹反 縞冠古老反，沈又古到反 素紕婢支反，徐補移反
早喪息浪反 適子丁歷反 常視音示 無誑本或作誆，同，九況反，欺也 不衣

涖，沈力二反，又力位反【法】涖字二音一開口，一合口

趨，七俱反，就也，向也【法】案趨字條音義俱誤

牝，扶允反【法】允盧改死，是

恌【法】恌盧依宋本改佻。案此字忄旁乃剜刻者，蓋本亦作佻，校者因與今本不合而改之

耆，渠夷反【法】耆此音是也，凡音渠之者當依此改

忘加【法】忘加盧本作妄加，是也○惛，呼困反【法】困阮云：葉本作困，十行本同，是也（榮芬案此條原與妄加條誤倒，今正）○怜【法】怜六朝俗字

甪【法】甪盧依宋本改角。案此甪字亦係剜改

差，初佳反【法】佳當爲佳

闑，魚列、五結二反【法】闑薛、屑分部

卒，才忽反【法】阮云：葉本才作子，撫本作七。案子、七同母，此本作才，非也。偉案子、七不同母，此倉卒之卒，當以七忽爲正，才蓋寸誤　○紕，補移反【法】補疑甫之譌

於飯反下同 大温 音泰徐他佐反 便 婢面反 易也 以豉反 提 大兮反 攜 户圭反

手奉 芳勇反又扶恭反下及注奉扃奉席奉箕皆同 辟 匹亦反側也徐芳益反沈扶亦反注同 咡 徐如

志反口旁也何云口耳之間曰咡 挾之 音協 掩口 於檢反 鄉尊 許亮反本又作嚮後文注皆同

屛氣 必領反 從於 才用反下皆同 拱手 俱勇反 而上 時掌反下同 不呼

火故反號叫也 謦內 京領反 二屨 紀具反下曰屨 單言聞 音問又如字下同 視

必 常止反下同徐音示沈又市志反 奉扃 古螢反何云關也一云門扇上鐶鈕 瞻無 徐如字 户

闔 胡臘反 不拒 其許反 毋踖 在亦反一音席蹴也 摳衣 苦侯反提也下及注同 趨

隅 七俱反向也注同本又作趍徐音奏又如字 慎唯 于癸反應辭也注同徐于比反沈以水反 諾 乃各反

乃應 應對之應 由闑 魚列反門橛也 門橛 求月反門中木 踐閾 于逼反一音況域反

門限也 下賓 遐嫁反 敷也 芳夫反 道之 音導 復就 音服後此音更不重出 拾

依注音涉 級 音急階等 躡 女攝反 之併 步頂反 以上 時掌反下皆同 重 直勇反徐治恭

禮記音義之一　三

反 蹉 本亦作差同七何反 跌 大結反 相過 古卧反後不音者放此 帷薄 位悲反帷幔也

薄 平博反簾也 爲其 于僞反下並同 迫也 音伯 上介 音界 並坐 如字又步頂反後放

此 橫肱 古弘反 不跪 求委反本又作危 授坐 本又作俛仰 凡爲 于僞反 撲

本又作糞徐音奮掃席前曰撲 加帚 之手反 於箕 音基 膺 於陵反 葉 如字以箕舌

袂 武世反衣袖末 拘而 古侯反徐音俱 謂掃 先報反又先早反 擁帚 於勇反 而

扱 依注音吸許急反斂也 箕去 丘呂反下注同 如橋 居廟反井上桔槔 令左 力呈

反 卬 本又作昂又作仰同五剛反又魚文反下同 㮏 本又作契又作絜同音結 槔 古毛反絜皐伏

字作桔槔見莊子 請衽 而審反卧席也 何趾 音止 坐在 才卧反又如字 函 胡南反容也

丈 如字丈尺之丈王肅作杖 指畫 胡麥反 於牖 羊九反 重席 直龍反注同 再

辭曰固 一本作曰固辭 不恙 羊尚反爾雅云憂也 所爲 于僞反下同 無作 才洛反慙

也 去齊 音咨注同本又作齌謂裳下緝 下緝 七立反 毋撥 半末反發揚 毋蹶 本又

辟，匹亦反，徐芳益反【法】匹亦與芳益同，辟、益古韻同部，徐音是

視，常止反【法】視、止不同部

瞻無，徐如字【法】瞻無之無盧謂本是毋字。偉案盧説蓋非，毋無異讀，不必言如字，徐讀無爲如字，不讀作毋耳　○拒，其庶反【法】阮云：葉本庶作許，是也，十行本同　○唯，于癸反，沈以水反【法】唯字《廣韻》同沈音，此匣、喻之變

葉【法】葉毛本作擖

㮏，音結~槔，古毫反【法】㮏槔盧依撫本改挈皐，是也，觀注文自見

作蹷居衛反又求月反行急遽皃 行遽其據反 書筴本又作策初革反編簡也 盡後津忍
反後■此 爲汙汙辱之汙又一故反後放此 一毋儳徐仕鑒反又蒼鑒反又蒼陷反暫也 旣説
音悅 毋勦初交反一音初教反㨮取 説如字注同徐舒鋭反 㨮也徐力敢反 應也應對
之應下同 侍坐才卧反後放此 篇卷音眷徐久戀反 唯而于癸反徐于比反注同 爲
有于僞反下爲饌同 不見賢遍反 跋半末反本也 則去起呂反下風去免去同
燼多才信反 有厭於豔反下同 不叱尺質反 狗古口反 風去方鳳反 不
唾吐卧反 有穢紆廢反徐烏外反 惡也烏路反 欠丘劒反 伸音身 撰仕轉
反猶持也 杖屨紀具反下同 曰蚤音早 莫音暮 離席力智反 泠力呈
反 少閒音閑注同 探人音貪 耳屬之玉反 干垣音袁 毋噭古弔反
淫視如字徐市志反 毋倨音據 毋跛彼義反又波我反徐方寄反偏任也 毋髢徒細
反髮垂如髮 毋袒徒早反露也 毋褰起連反 皆爲于僞反下爲妨爲于皆爲爲其

小四九十 大三六十 禮記音義之二 四

爲後同 號戶高反本又作啼字 呼火故反又如字 睇太計反 眄莫遍反 伏覆
芳伏反 髮皮義反 袪丘魚反 爲肆以二反餘也 不上時掌反 爲妨音芳
猶著丁略反 同杝羊支反衣架也 枷本又作架徐音■古本無此字 巾櫛側乙反
嫂叔字又作嫂素早反 漱裳悉便反澣上 於梱本又作閫苦本反同限也 重別
彼列反下及注同 澣也戶管反 行媒音梅 不相知本或作不相知名名行字耳 傳
昏直專反 判妻普叛反 齊成側皆反 取妻七住反本亦作娶下賀取妻同
非媵羊證反又繩證反 本繫音計又戶計反 有見賢遍反 辟嫌音避
本亦作避下同餘皆放此 筋力音斤 黑臀徒孫反 掮擿徐吐曆反又或音的 爲醫
於其反 二十冠古亂反 許嫁笄古兮反 左殽戶交反熟肉有骨曰殽
右胾側吏反大臠 食居音嗣飯也注食飯[illegible]同徐音自 羹居古衡反舊音衡 皆便
婢面反下同 其近如字 膾古外反 炙章夜反注同 醢徐音海本又作醢呼兮反 醬

汙辱之汙，又一故反【法】汙辱之汙即一故反也，又字殆衍○儳，又蒼鑒反，又蒼陷反【法】蒼鑒、蒼陷鑑、陷分部　○勦【法】勦盧依宋本改從刀

卷，音眷，徐久戀反【法】久戀與音眷同○唯，于癸反，徐于比反【法】于癸與于比同，脣音分屬開口合口，故徐以比疊韻，陸嫌其不切而易之

燼，才信反【法】燼讀從紐是也。陸從、邪多混，故他處又或作邪紐。《廣韻》仍之，非也

視，徐市志反【法】視、志不同部，此非徐氏原文○跛，彼義反，徐方寄反【法】方寄與彼義同

漱，悉侯反～梱，芳本反【法】阮校諸本侯作侯，芳作苦，是也。盧本已改正

食，音嗣，徐音自【法】食徐音自，誤邪爲從，且不同部。此徐音之最誤者

子匠反 蔥渫以制反烝蔥也 烝之承反 酒漿子羊反字亦作牂 客燕本亦作宴
於遍反 宜放方兩反 公食音嗣此儀禮篇名也後放此下文及注執食同 左朐其俱反屈
中曰朐 客祭禮飲食必祭示有所先也干寶注周禮云祭五行六陰之神與人起居 延道音導 徧
祭音遍下注同 魚腊音昔 湇醬音泣 三飯符晚反下注禮飯以手同依字書食旁作卞扶
万反食旁作反符晚反二字不同今則混之故隨俗而音此字 後辯音遍下同 酳音胤又士覲反漱口也以酒曰酳以
水曰嗽 親饋徐其類反 爲于僞反 汗下半反本或作汗 捼乃禾反沈耳隹反 莎息禾反沈
又息隨反 毋摶徒端反 爲欲■僞反皆同 去手起呂反 流歠川悅反 毋
咤陟嫁反叱咤也 毋齧五結反 固獲並如字徐云鄭擭霸反專之曰固爭取曰獲一音謹 飯
黍扶晚反 以箸直慮反說文云飯攲也 嚃他苔反一音吐計反又音退不嚼菜也 不
嚼疾略反又序略反 絮勑慮反調也謂加以鹽梅也 毋刺七亦反 弄魯凍反 淡
度敢反 能烹普彭反煑也 辭以窶其禹反貧也 濡肉音濡字亦作濡 斷
一五十六 五廿七小 禮記音義之一 五 景
也音短 嘬初怪反 炙章夜反 臠也力轉反 少牢徐式照反凡少牢皆同
嚌之才細反 卒食子恤反後更不音者同 齏本又作齊將兮反 相者息亮反注
同 鄉音向 少者式召反下皆同 未釂子妙反盡也 先尊悉薦反又如字 亢禮
苦浪反 僮僕音同 其核戶革反 溉者古愛反 重汙直勇反徐治龍
反 陶梓音桃瓦器也沈音遥 萑竹音丸葦也 傳己直專反 侑曰音又
餕餘子閏反食餘曰餕 重穀直龍反 偶坐五口反配也一曰副貳也下才卧反又如字
用梜古協反沈又音甲字林作筴古著也公洽反 梜箸直慮反 爲天于僞反下同 削
息略反 瓜古華反 副之普逼反四析也 絺勑宜反細葛 副析星曆反下同 橫
斷音短下同 華之胡瓜反中裂 以綌去逆反葛 累之力果反一音如字 倮也
力果反沈胡瓦反 疐之音帝 去疐丘呂反 齕之恨沒反徐胡切反 冠者如字
徐古亂反 不爲如字徐于爲反 不惰徒禾反一音徒卧反 私好呼報反 至刅本又

漿，字亦作將【法】將蓋牂之譌

後【法】後盧依撫本改后〇酳，又仕覲反，嗽口也【法】盧依宋本改仕爲士，改嗽爲漱

嚼，疾畧反，又序畧反【法】嚼讀從紐是也，序畧反誤

少牢，武照反【法】武盧依撫本改式，是

梜，沈又音甲，《字林》作筴，公洽反【法】公洽與音甲洽、狎分部

絺，勑宜反【法】絺、宜不同部

爲，如字，徐于爲反【法】于爲當作于僞〇刅，失忍反，又詩忍反【法】失忍與詩忍同

作哂失忍反又詩忍反齒本也 不至詈 力智反罵詈 則見 賢遍反 水潦 音老雨水謂之
潦 拂其 本又作佛扶弗反下同戾也 爲其 于僞反下爲其同 喙害 吁廢反又陟溝
反又知胄反又丁角反 佛戾 力計反 竹籠 力東反 以冒 莫報反 畜馬 許六
反養也徐況又反 則馴 似遵反狎也徐食倫反沈養純反 乘綏 音雖執以登車者 胄
直又反兜鍪 操右 七刀反持也下及注皆同 右契 苦計反 操量 音亮一音良升斛
鼓 隱義云樂浪人呼容十二石者爲鼓 醬齊 本又作齏同子兮反 便也 婢面反 鎧
苦愛反 兜 丁侯反 鍪 莫侯反 券要 字又作桊音勸 凡遺 于季反輿也注
同 弛弓 本又作施同式是反謂不張也注同 隤然 本又作頽徒回反順皃 承弣 音撫
把中也徐音甫下同 弭頭 亡婢反弓末也 耶也 似嗟反 把中 音霸手執處也 垂
帨 徐始銳反佩巾 磬 徐苦定反 折 徐時列反又之列反沈云舊音逝 還辟 辟拜
上辟扶亦反下辟音避注同 覆手 芳服反 與 音餘 其鐏 在困反舊子困反銳底曰

禮記音義之一　六　汪

鐏注同一讀注音作管反 矛戟 本又作舒音謀兵器 其鐓 本又作錞徒對反平底曰鐓注同一
讀注丁亂反 銳 以稅反 底 丁礼反 拂之 如字 所馮 皮冰反 去麈 起呂
反 效馬 胡教反呈見也下同 手便 婢面反 呈見 賢遍反 犬齛 世本亦作噬
帝世反 以績 胡對反畫也 以掬 九六反手中也兩手曰掬 弗揮 音輝何云振去餘酒
曰揮 脃也 七歲反 苞苴 子餘反苞裹也苴藉也 簞 音單 笥 思嗣反字林先
自反沈息里反簞笥竹器也圓曰簞方曰笥 裹魚 音果 以葦 韋鬼反 盛飯 音成
圜曰 音員 如使 色吏反注及下使者使也竝同 凡爲 于僞反下注爲哀樂爲其廢喪事竝同
朝服 直遙反 強識 如字又式異反 善行 下孟反皇如字 怠 音代 昭穆
時招反○ 幼少 式召反 乘必 繩證反下注二處乘車同 齊者 側皆反 哀樂
音洛下無容樂非樂所同 思也 絲嗣反又如字 毀瘠 在昔反瘦也 骨見 賢遍反
戶才故反○ 門隧 音遂道也 有創 初良反又初亮反○ 瘍有 音羊本或作痒

喙，又陟遘反【法】阮云：葉本遘作溝，十行本亦作遘。偉案此遘字乃剜刻者。然作遘是也，前已屢見 ○畜馬【法】阮云：撫本作畜鳥，盧本已改正

馴，似遵反，徐食倫反，沈養純反【法】馴三音邪、禪、喻互變也

耶，似嗟反【法】耶今本作邪

笥，《字林》先自反【法】笥、自不同部，《字林》音非也。自乃字之譌，見《儀禮》

怠，音代【法】《廣韻》怠上聲，代去聲，殆陸讀怠爲去聲耶

勝音升任也反金衰麻七雪反數也所主反下皆同殯必刃反下同斂
力驗反下同貶於彼檢反字林方犯反者傷如字下同舊式亮反能賻音附公羊傳曰錢財
曰賻穀梁傳曰歸生者曰賻不問其所費芳味反一本作所費下句放此有能遺
于季反與也皆爲于僞反下爲其皆同登壟力勇反冢也塋域音營執紼
音弗引棺索引棺本亦作引車索悉各反望柩求又反入臨力鴆反如字舊
東容反不相息亮反注同送杵聲杵昌呂反由徑經定反邪路也不辟音避本亦作避
下注同內莅而審反柔弱皃心狠胡墾反小俛音免禮不下遐嫁反又如字遽
其庶反沈於又其於反不上時掌反不與音預車綏耳佳反則載音戴本亦
作戴下及注同塵埃烏來反鳴鳶悅專反鴟也車騎其寄反有摯音至
貔婢支反徐扶夷反孔安國云貔執夷虎屬皆猛健貅本亦作貅許求反又虛蚪反貔貅摯獸以警
音景師從才用反下同行列戶剛反招搖並如字北斗第七星急繕依注音勁

禮記音義之一　七　三

吉政反軍陳直覲反杓端敷招反徐必遥反分也扶問反之讎常由反
多壘力軌反徐力水反又軍壁軍辟本又作壁布狄反數見色角反爲無
于僞反下爲不爲其爲有皆同則埋徐武乖反褻之息列反慢也之使也色吏反諱
辟音避下启同禹與雨並于矩反一讀雨音于許反丘與區並去求反一讀區音羌蚪
反又丘于反案漢和帝名肇不改京兆郡魏武帝名操陳思王詩云脩阪造雲日是不諱嫌名逮事音代
一音大計反心瞿本又作懼同俱附反適士丁歷反入竟音境所惡烏路
反筮市制反冠娶古亂反假爾古雅反下同是瀆徒木反麗
力知反猶與音預本亦作豫必踐依注音善王如字云履也爲著昔尸監
駕古衙反且爲于僞反展軨歷丁反一音領轄頭轊也舊云車闌也盧云車由
右上時掌反下之馬不上下注而上車同去塵羌呂反跪乘繩證反下除乘君不乘奇車乘
路馬皆同分轡悲位反四馬八轡故云分并轡必政反右攘如羊反卻也又音讓辟

貶，彼檢反，《字林》方犯反【法】貶、犯輕重脣不同，未知《字林》之意云何，殆讀爲輕脣耶

綏，耳佳反【法】佳阮云：撫本作隹，是也

貔，婢支反，徐扶夷反【法】貔、支不同部，徐音是也○貅，許求反，又虛蚪反【法】貅二音尤、幽分部

壘，力軌反，又力水反【法】力水與力軌同，未詳其旨

禹與雨，並于矩反，一讀雨音于許反【法】于矩、于許麌、語分部○丘與區，並去求反，一讀區音羌蚪反【法】去求、羌蚪尤、幽分部　○漢和帝名肇【法】阮云：葉本作肈

音避徐扶亦反本或作避字非也　車驅起俱反徐起遇反　而騶仕救反又七須反徐仕遘反　拘之古侯反又音俱　非贄本亦作摯音至　朝位直遥反下同　善藺力刃反　自御之依注音訝五嫁反迎也　跛者波我反　眇者名小反　爲其于僞反下注爲若爲感爲捶同　蓌拜子卧反又側嫁反詐也挫也沈租稼反又子偎反盧也作蹲　惡空烏路反　遠嫌于万反　奇車居宜反奇邪不正之車何云不如法之車　廣欬開代反　五巂本又作巂惠圭反規也車輪轉一周爲巂一周丈九尺八寸地　爲縈本又作縈如捶反徐而辟反　策彗音遂徐雖醉反又囚歲反竹帚也　卹蘇没反注同　勿音没注同卹勿搔摩也　驅如字又羌遇反　搔素刀反　摩莫何反　齊牛側皆反　載鞭必緜反　足蹙本又作蹴徐采六反又子六反　馬芻初俱反

曲禮下第二

凡奉本亦作捧同芳勇反　提者徒兮反　上衡時掌反衡謂心平也　綏之

禮記音義之一　八　六

依注音妥湯果反又他回反謂下於心也　勝音升　操幣七刀反　行舉足一本作行不舉行　曳以制反　踵支勇反　磬折之列反又市列反一音斷　垂佩步内反本或作珮非　佩倚於綺反謂附身也徐又音其綺反　有藉在夜反下同　則裼星曆反　藉藻音早本又作繅　見美賢遍反　辟琮才冬反　姪大節反字林丈一反　娣大計反　家相息亮反　長妾丁丈反下注長老同　辟天子音避本又作避下同　僭作念反　儌胡孝反　使音史　射市夜反　則辭以疾如字本又作有疾　爲疾如字本又作疢音救　去國三世鄭云自祖至孫盧王云世歲也万物以歲出万物歲爲世　朝直遥反下皆同　復立扶富反下復還同　臧紇恨發反徐胡切反沈胡謁反　不爲父于僞反　作謚音示　倒筴多老反　去塵羌呂反下徹猶去去琴瑟同　傎丁田反　重素直龍反注同重素衣裳皆素　袗絺之忍反單也　士轄千見反　葦席于鬼反　爲其于僞反　苞屨白表反草也　扱初洽反　衽

騶，又七須反，徐仕遘反【法】七須、仕遘均與古音合

一周丈九尺八寸地【法】地字阮刻《注疏》本作也○縈，徐而媿反【法】阮云：葉本媿作辟，撫本作婢，十行本亦作婢。偉案作婢蓋是

使，音史【法】使音史，未詳，殆如字之誤○射，市夜反【法】射《廣韻》神夜切

謚【法】謚盧依宋本改從益，阮校同

而審反 厭冠於涉反伏也 蔍白表反一音扶苗反 齊衰本又曰齎音咨下七雷反

下文同 蒯苦怪反 之菲扶味反屨也 方板字又作版音同 書賵芳作反車馬曰

賵 廏車九又反 凡家造才早反一本作凡家造器器衍字 犧賦許宜反 養

器羊尚反一如字 不粥音育賣也 不衣於既反 去國祭器不踰竟

音境注及下同一本作大夫士去國下去國踰竟亦然 寓祭魚具反寄也 覬巳音冀 爲壇

徐音善注同 鄉國許亮反 撤緣悅絹反 鞮屨都兮反又徒兮反鞮屨屨無絇

素簚本又作幭莫曆反注同白狗皮覆笭 髦馬音毛 不蚤依注音爪謂除爪也 鬋

子淺反鄭云謂翦鬢也 無絇求俱反 覆笭力丁反車闌 不鬄吐曆反又他計反

不自說亦劣反又如字 惡其烏路反 接見賢遍反下文見國君注謂見同 爲幕

莫曆反又音莫 勞之力報反注下君勞同 還辟婢亦反下同還辟逡巡也 使者色吏反 非

見賢遍反下大夫見士見下注拜見同 辟正音避 男女相荅拜也一本作不相荅

禮記音義之一 九

拜皇云後人加不字耳 遠別彼列反 麛音迷 卵力管反 生乳如注 祭

肺芳廢反 不縣音玄下同 皆爲如字舊于僞反下爲妨于僞反 憂樂音洛

出疆居良反下同 不恙羊尚反 分職方云反徐扶問反 皆擯必刃反

予一人依字音羊汝反鄭云余予古今字則同音餘 皆祝辭也本或作皆祝祝辭也

下祝字之又反又之六反 畛於之忍反致也 某父音甫注同 大祝音泰下文注除大宗皆同

百辟必亦反 登假音遐注同巳也 登上時掌反下同 若僊音仙 措之

七故反置也 而祔音附 有嬪音頻 卝人革猛反又號猛反徐故猛反卝人掌金玉錫石

未成器者 陶音桃陶人爲瓦器也 瓬方往反瓬人爲簠簋之屬 築音竹築氏爲書刀 冶音也

冶氏爲箭鏃 鳧音符鳧氏爲鐘也 段本又作鍛多亂反段氏爲錢鎛 函音含函人爲甲鎧

韗況万反一音運一音況運反韗人爲鼓 萑葦音丸 曰亨許兩反獻也舊許亮反後

皆放此不復重出 其治直吏反 其會古外反 之長丁丈反後皆同 自陝式冉

齊，本又曰齎【法】曰盧改作，是

廏車【法】車盧改庫，是

幕，莫曆反【法】案莫曆反乃冪字之音，陸於冪、幕殊欠分析

卝，革猛反，徐故猛反【法】案故猛與革猛同音，盧云：《注疏》本故猛反作故孟反，非，《周禮·卝人》徐音穬號猛反。偉案盧引彼證此，亦是，但此條已有號猛一讀，不當再重故猛。疑故爲胡之譌，當合《周禮·地官》及下《禮運》音考之

亨，許兩反【法】亨盧依撫本改享

陝，依字當作陜【法】阮云：撫本陜作陝，十行本同。偉案盧本改陝是也

反依字當作秩何休注公羊傳云弘農陜縣是也一云當爲郟古治反謂王城郟鄏也　召公時照反又作邵音同
一相息亮反　其擯本又作儐必刃反　天子謂之伯父本或有同注一字衍文
曰牧牧養之牧徐音目　辟二音避下同　謙稱尺證反　當依本又作扆同於豈反
注同狀如屏風畫爲黼文高八尺　而見賢遍反下文注除相見皆同　覲其靳反　當宁徐珍呂反
又音儲門屏之間曰宁　夏戶嫁反　唁音彥穀梁傳云弔失國曰唁　取易以豉反　於郤
立逆反　涖牲音利徐力二反又音類　曰盟音明徐亡幸反　郤間如字又音閑　坎用
苦感反徐又苦敢反後同　嗇夫音色　自謂寡人一本作自稱　適子音的　其行
百孟反　使於色吏反下同　濟濟子禮反　蹌蹌本又作鶬或作鏘同七良反　僬
僬子妙反　體盤步丹反　甈將六反　之妃芳非反　穛人而樹反　縣於
彼檢反　去上羌呂反　小童本或作僮　陪重直恭反　之稱尺證反　使自
稱色吏反注使謂同本或作使者自稱　所遠于万反　爲奪于僞反　則號戶刀反
禮記音義之一　十　丁杞
度其待各反　物齊才細反　儗人魚起反注同猶比也　所褻息列反　數
地色主反下數畜同　數畜許又反鄭注周禮云始養曰畜　歲徧音遍本亦作遍下同　句芒
古侯反下音亡　蓐收音辱　玄冥亡丁反　禋祀音因　中霤力救反　爲其
于僞反　復廢扶又反　妄祭本亦作無福　索牛所白反性同求也　犧牷
音全本作純　於滌直的反養牲官也徐又同弔反　大武如字一音泰　剛鬣力輒反　豚
曰徒門反　腯肥徒忽反注同本或作豚　翰音戶旦反長也　羹獻古衡反徐又音衡
槀魚苦老反乾魚　鮮魚音仙　脡祭他頂反徐唐頂反直也　薌音香　合
如字或音閤　薌萁字又作箕同音姬語亂也王音期期時也　稷曰明粢音咨一本作明粢吉
本無此句　嘉疏本又作蔬色魚反　韭音久　曰鹹本又作醎音咸　鹺才何反　量
音亮又音良　作腯徒忽反　翰長如字　稻菰音孤本又作苽音同　爲人于僞
反　傎壞音顛　澌也本又作凘同音賜盡也　曰柩音舊白虎通云究也久　曰降

覲，其靳反【法】《廣韻》覲、靳不同部

郤【法】郤盧改郤。偉案陸無郤、郤之分，覩《儀禮》郤字多音去逆反可見〇坎，苦感反，徐又苦敢反【法】坎二音感、敢分部

度，侍各反【法】侍盧作待，是

腯肥，徒忽反，本或作豚【法】盧云：此正文當作腞肥，《釋文》當作本或作腯，觀鄭注云，《春秋傳》作腯，則此不作腯明矣。《釋文》下又有作腯，徒忽反一音，若腯字上先見，當云注同，下不必更出矣。此段當以《左傳釋文》互證　〇萁，字又作箕【法】阮云：段玉裁校本云，大萁字當是其字之誤，撫本箕作萁。偉案段說、撫本並是也

戸江反又音絳落也注同　曰漬　辭賜反　相懺　子廉反　汙　纖汙之汙一作汙戸旦反　祖妣　必履反毋也　皇辟　婢亦反法也徐扶亦反　稱號　尺證反下之稱皆同　德行　下孟反下同　言媲　普計反　短折　市設反　任爲　音壬又如字　不上　時掌反下及注同　於袷　音劫交領　綏視　依注音妥他果反　遊目　如字徐音流　則敖　五報反　辟頭　本又作僻匹亦反　君命　絶句　大夫與士肄　本又作肆同以二反習也　之處　昌慮反下皆同　竇藏　才浪反　貨賄　呼罪反字林音悔　輟朝　丁劣反止也　莫適　丁歷反　腥　音星　凡摯　音至徐之二反本又作贄同　天子鬯　勑亮反香酒　摯匹　依注作鶩音木鴨也　樊纓　本又作繁步丹反　射韝　徐音溝又古侯反一音古豆反　椇　俱羽反木名　榛　側巾反木名字林云仕巾反木叢也古本又作亲音壯巾反云似梓實如小栗也　見以　賢遍反　枳椇　居紙反　今邳　被悲反下邳也　郯　音談東海縣名　埽　悉報反　灑　所買反又山寄反　親迎　魚敬反　賤婦人之職　本又有無婦字者

禮記音義之一　十一　鄭

檀弓第三　檀弓魯人檀大丹反姓也弓名以其善於禮故以名篇　卷之二

公儀仲子　公儀氏仲子字魯之同姓也其名未聞　免焉　音問注同以布廣一寸從項中而前交於額上又卻向後繞於髻　乃祖　音伹　舍其　音捨下皆同　適子　多歷反下皆同　何居　音姬下同語助　孫蔑　忙結反　孫腯　徐本作遁徒本反又徒遜反　立衍　以善反　爲親　于僞反下爲晉同禮爲爲師同　孔子曰否　絶句　左右　徐上音佐下音佑今並如字左右扶持也下同　就養　以尚反下同　稱其　尺證反　以語　魚據反又如字　叔向　香亮反叔向羊舌肸　之葬　徐才浪反又如字　請合　如字徐音閤後合葬皆同　欲文　如字徐音問　不喪　如字下同徐息浪反下放此　子思伋　音急子思名也孔子之孫　毋期　居疑反本又作朞後放此　道隆　力中反盛也　道汙　音烏下同殺也　殺也　所戒反又所例反下同　自予　羊許反許也一云我也又音餘　稽顙　素黨反稽顙觸地無容　頹乎　徒回反㥷也　頎　音懇惻隱之皃又音懇　觸　昌欲反　少孤　詩召反下文同　不憤　扶云反

漬，辭賜反【法】漬《廣韻》音從紐，是也，此誤從爲邪〇妣，媲也【法】媲阮云：葉本作母，此本誤。偉案媲字乃剜刻者　〇辟，婢亦反，徐扶亦反【法】辟音易徐者改音和也（榮芬案此條原與上妣條倒次，今正）

肄，本又作肆【法】盧依撫本改大字肄爲肆，小字肆爲肄

凡摯，音至，徐之二反【法】音至與之二反同

韝，古侯反【法】古侯蓋苦侯之譌，《周禮·夏官·繕人》、《儀禮·鄉射禮》音可證

榛，古本又作亲，音壯巾反【法】阮云：撫本亲作亲。偉案古本二字誤，此二條皆《字林》語，以《詩·鳲鳩釋文》觀之，可見古本或即《字林》之誤　〇灑，所買反【法】買乃賣之譌

適，多歷反【法】多歷盧改丁歷

向，香亮反【法】亮疑誤，《左傳》音皆讀上聲〇葬，徐才浪反，又如字【法】葬即藏之本字，徐音乃本讀，後乃以則浪爲如字耳

於識 式志反又如字 常處 昌慮反 之度 本又作之數 防墓 防也之墓也庾云防
衛墓崩 不應 應對之應 三 息暫反又如字 泫然 胡犬反 涕 音體 使者
色吏反下反注同 醢之 音海 蒯 苦怪反 聵 五怪反蒯聵衛靈公之大子出公輒之父莊公也
篡輒 初患反輒出公名也 啗食 本又作啖待敢反 以怖 普故反 命覆 芳服
反注同 期可 音朞 衣衾 音欽 以爲極云 並如字極已也徐紀力反王以極字絕句云作
忘向下讀孫依鄭作云而如王分句 不樂 如字又音岳 聊 側留反又作鄒 梁紇 恨發反徐胡切
反又胡沒反 五父 音甫注及下同 衢 求于反 亦爲 如字又于僞反 曼父 音万 其
愼 依注作引羊刃反 以輤 七見反 翣 所甲反 不相 息亮反注同 不綏 本又
作緌同耳佳反 去飾 起呂反 陶 大刀反 即周 本又作堲同子栗反又音稷注下同何云治土爲甎
四周於家 燒 叔招反 折即 之設反管子云左手執燭右手折即即燭頭燼也弟子職其篇名 棺
音官 椁 音郭 上梓 音子 牆置 在良反 長殤 丁丈反下式羊反十六至十九

禮記音義之一　十二　郝

爲長殤十二至十五爲中殤八歲至十一爲下殤七歲已下爲無服之殤生未三月不爲殤 爲正 音征下同又如
字 斂用 力驗反下皆同 乘驪 力知反徐郎兮反純黑色馬 騋 音來馬七尺已上爲騋 乘
翰 字又作鶾胡旦反又音寒白色馬 物萌 亡耕反 乘騵 音原馬白腹 駵 力求反赤馬黑
鬣尾 用騂 息營反徐呼營反純赤色也一云赤黃色 曾參 所金反一音七南反後同 齊斬
音咨本亦作齋齋衰之字後皆放此 饘 本又作飦之然反說文云糜也周謂之饘宋衛謂之餰 粥 之六
反徐又音育字林云淖糜也 布幕 本又作幂音莫徐音覓下同 縿 音綃徐又音蕭 繰也
古謙反 綃 音消徐本又作綃桑堯反 僭巳 子念反 爲辟 莫曆反 孋姬 本又作驪
亦作驪同力知反 重耳 直龍反 子蓋 依注音盍戶臘反下同何不也 蚤卒 音早 如
嬖 必計反 欲弒 本又作煞音試注同徐云字又作嗣音同 皆惡 烏路反 突 徒忽反 傳
音富 咎犯 其九反 臯落 古刀反 子少 詩召反 多難 乃旦反 爲君 于僞
反下爲時同 雉經 如字徐古定反如雉之自經也 共世子 音恭本亦作恭注同 言行 下孟反

太子【法】阮校：葉本太作大

不樂，如字，又音岳【法】岳盧改洛，是

即，子栗反，又音稷【法】又音稷，此誤入職韻之始

四周於家【法】家盧依毛本改作棺

驪，力知反，徐郎兮反【法】驪二音支、齊分部

翰，字又作鶾【法】鶾盧改鶾，是〇萌，亡耕反【法】萌、耕不同部，此當作武庚反，《廣韻》亦誤　〇騂，息營反，徐呼營反【法】騂徐音是也

饘，《說文》云：糜也【法】糜蓋當作糜

幕，本又作幂【法】此亦幂、幕不分〇縿，音綃，徐又音蕭【法】縿當作繰。綃、蕭二音宵、蕭分部

弒，本又作煞，音試，注同。徐云：字又作嗣，音同【法】嗣、試不同音，此俗讀也

傳，音富【法】富、傳不同部，富蓋付之譌

而莫音暮為樂音洛又音岳終無已夫音扶絕句本或作已矣夫又復方目
反乘丘繩反年夏戶嫁反縣音玄卷內皆同賁父上音奔下音人名字皆同
馬驚敗一本無驚字公隊直類反綏息佳反圉人魚呂反股裏
上音古下音里中馬丁仲反誄之力軌反謚也以上時掌反隅坐不與成
人竝音並絕句睆華板反明皃孫炎云睆漆也徐又音剖之簀音責牀第也與音餘下同
畫衡賣反牀笫上音床下側吏反為刮古滑反瞿然紀具反下同曰
吁音虛注同吹氣聲也一音況于反憊皮拜反羸困也革矣紀力反徐又音極急也注同
請七領反覬也音冀斃音弊仆蒲北反又音赴而設音殺慨苦愛反
而廓苦郭反何云開也揗索所白反郲音誅婁力俱反或如字郲人呼郲聲曰
婁故曰郲婁公羊傳與此記同左氏穀梁作邾升陘音形魯僖許宜反之髽側瓜
反臺鮐上音胡下音臺去羌呂反纚所買反又所綺反黑繒韜而紒音計

禮記音義之二　十三

錫衰上悉歷反下七雷反與音餘吉笄音雞素總音揔韜吐刀反闊
音縱爾毋音無後同從從音揔高也一音崇又仕江反扈扈音戶廣也大也爾女
音汝大高音泰一音勑佐反下大廣已猶大大重同蓋榛側巾反木名又士鄰反長尺
直亮反凡度長短曰長皆同此音子襌大感反比御必利反下比及同蔑迷結反
彈琴徒丹反成笙音生絲屨音句組纓音祖無絇其俱反縞
古老反又古報反厭于甲反溺奴狄反弗除如字徐治慮反大公音泰注及下注大史
云皆同忍離力智反下相離同曰樂樂並音岳一讀下五教反又音洛丘首手又
反注同期音基名鯉音里誰與音餘下閣也與同曰嘻許其反又於其反悲恨之
聲蒼梧音吾陟知力反升也帝嚳苦毒反高辛氏帝也騷素刀反又一音蕭
夫音相差之初佳反又初宜反嬪也婢人反蓋祔音父於爨士亂反
矯之居表反謙儉其檢反適室丁歷反而語魚據反澌也本又

復，方目反【法】阮云：撫本方目作扶又，十行本同。偉案扶又是也

綏，息佳反【法】佳當作隹

第，側吏反【法】第不讀去聲，吏蓋史之譌。第、史不同部，說詳《儀禮》

吁【法】吁今本作呼

僖，許宜反【法】僖、宜不同部，此誤　鮐，音台【法】音台阮校撫本、葉本並作音臺。案《明堂位注》引此文音大來反，又並作駘，此作鮐殆誤

從，一音崇【法】《集韻》鉏弓切收從，云：鄭康成讀。疑所據作鄭音崇也

榛，側巾反，又士鄰反【法】《廣韻》榛與巾、鄰並不同部

厭，于甲反【法】于乃於之譌

音斯賜下同 顓孫音專 相近附近之近 易成以豉反 之奠田見反

餘閣音各 皮藏字又作蔵同九毀反人居偽反 街里音佳 哭嫂悉豆反注同

人倡長尚反注同 踴音勇 娣姒大計反下音似 縮所六反從也 縫音逢又扶用反

下同 衡依注音横華彭反 從也子容反 解佳買反 曰伋音急 水漿子良反

俯音甫 跂丘豉反 爲曾于僞反 不稅徐他外反注同 以上時掌反 使者

色吏反 賻音附 賵芳用反 乘馬繩證反四馬曰乘 貸他代反 副音仆 何

傅直專反一本作傅音附 惡乎音烏惡乎猶於何也 別親彼列反下同 夫由音售

扶皇如字謂大夫即伯高 見我如字皇賢遍反 爲爾于僞反下注爲其爲褻爲我我爲皆同 來

者一本作爲爾哭也來者 之滋音咨 不嗜市志反 薑居良反 而喪息浪反下

喪明喪爾明同 女何音汝下同 洙音殊 泗音四洙泗二水名 華陰徐胡化反 異

稱尺證反 罪與音餘 離羣羣朋友也上音詈 索居悉各反猶散也下注索居

六五小四九十 禮記音義之一 十四 [illegible]

同 責知又反 致齊側皆反 見齒賢遍反 衰與七雷反下同後五服之衰

皆放此不復音 不當丁浪反注同 惡其烏路反 精麁本又作麤七奴反 廣

狹音洽 不應應對之應 褻息列反 偏倚於彼反又於寄反 稅本又作説同他活反

徐又始鋭反下及注同 驂七南反騑馬曰驂夾服馬也 騑芳非反 偏頗破多反 予鄉

本又作嚮許亮反 而出如字徐尺遂反 涕音體 施惠始豉反 予惡烏路反 夫

涕音扶 識式志反又音式下及注章識皆同 啼呼火故反 饋祥其位反 遺

也于季反 拱而恭勇反 儆孔本又作效胡教反下同 之嗜市志反食也注同

蚤作音早 枻羊世反亦作枻 消搖本又作逍遙 頹徒回反 所放方兩反

委乎本又作萎同紆危反注同病也 殆幾音析又音機 在作才故反 兩楹音盈

夾之本又作挾古洽反下注同 饋食音嗣 疇如字又直留反 嚮明本又作鄉同許亮反

聽治直吏反 正坐才卧反又如字 之處昌慮反 置知吏反 翣所甲反

皮藏【法】皮盧改皮，是

副，音付【法】阮云：葉本付作仆，十行本同。偉案作仆是也，盧以作仆爲非，殆未通考本書也　〇夫由【法】夫由永懷本作夫猶，殆誤

滋，音咨【法】咨、滋不同音，此誤〇嗜，市志反【法】嗜、志不同部

洙，音姝【法】阮云：葉本姝作殊，十行本同。按音殊是也

離羣，上音利【法】阮云：葉本利作詈，十行本、岳本並同。案作詈是也

稅，徐又如鋭反【法】如盧本作始，是也

嗜，市志反【法】嗜盧依撫本改耆，嗜、志不同部

枻【法】枻當作抴

夾，本又作挾【法】阮云：葉本挾作狹，撫本、十行本作俠，盧本改俠

木於既反 如攝所甲反又所洽反 與音餘 設披彼義反 綢練吐刀反韜

也徐直留反注同 設旐直小反 杠音江竿也 乘車繩證反 布廣光浪反

度廣狹曰廣他皆放此 幅方木反 褚張呂反 幕音莫褚幕覆棺者 蟻魚綺反蚍蜉也

又作蛾 蚍避尸反徐扶夷反 蜉音浮 之仇音求讎也 寑苫始占反草也 杭于

之熇反 干楯本又作盾食允反又音允 市朝直遙反注同 衙音咸 而使色吏反

爲負于僞反下爲其負相爲同 從父如字徐才用反 爲魁苦回反首也 杓必遙反又匹遙

反 而陪步回反 皆經大結反 易墓以豉反注同 芟治所銜反 填

池依注音奠徐盧王並如字 載處昌慮反下同 遣奠弃戰反本或作遷奠非 推

昌隹反又叱回反 柩其久反 辟音擗下擗賢辟不懷並同 復升扶又反 從者

才用反下同 禮與音餘下同 夫祖音扶 飯於煩晚反 牖下羊久反

小斂力驗反禮家凡小斂大斂之字皆同不重出 於阼才故反 且服也本或作且服過

大百五十一 小五百 禮記音義之二 十五 寉

裼裘星曆反 夫夫上音扶下如字一讀並如字注及下同 袒括徒旱反下古活反

而見賢遍反注及下同 予之羊汝反下同 和之音禾或胡臥反下同 樂由音岳又音

洛 未忘音亡 彌亡卑反 牟莫侯反 爲之于僞反注爲之重服下爲之服皆同 廢

適丁歷反又及注同 涕洟上他計反下音夷自目曰涕自鼻曰洟 子瑕音遐本又作蝦古雅

反 也中丁仲反注及下注禮中之中同 冠字古亂反 揺求月反又求勿反 中霤

力救反 綴足丁劣反又丁衞反 躐行良輒反 不復扶又反 子碩音石 請

鬻本又作粥音育賣也注同 惡因烏路反 蘧伯本又作璩其魚反 玉從才用反又

如字 名拔皮八反徐蒲末反 樂哉音洛下同一讀下音五教反 則瑗于卷反又於願反

剌其七賜反 弁人皮彥反 孺子而注反 可傳直專反 括古活反 [illegible]

昌之反 卜人師依注音僕師長也謂大僕也本或無師字者非也前儒如字卜人及醫師也 從

毋才用反 二夫人音扶注同 相爲于僞反注及下注夫爲妻同 爨緦上七亂反

襵，所洽反【法】阮云：撫本、葉本襵作攝，與岳本、十行本合。偉案此衣旁亦改刻者，《集韻》三十三洽，婴之重文作攝，不作襵。又案此所洽反亦誤，當作所輒反　○幅，方木反【法】幅，木不同部，木蓋目之譌

蚍，避尸反，徐扶夷反【法】蚍二音同，改音和也

填池，依注音奠徐【法】徐盧改徹，是

柩，其久反【法】柩不讀上聲，久蓋又之譌

飰，煩晚反【法】盧云：案前云食旁作卞，扶万反，此不相應。阮云：葉本作飯

瑗，于卷反，又於願反【法】《廣韻》瑗，于眷切，又于願切，是也，當據以改正。《周禮·玉人釋文》亦與《廣韻》同

下音緃 縱縱依注音揔急遽皃 折折大兮反安舒皃注同 陵躐力輕反 㠯惰
徒臥反 騷騷素刀反急疾皃 謂大音泰一音他佐反下注同 謂絞戶交反後同 紾
其蘆反 衾冒莫報反 遠之于万反 遠别彼列反 妻期音基 不
知音智 成味依注音沬士曷反 成剄陟角反 滕本又作滕徒登反 靧也音悔
洗面 竽笙音于下音笙 不和胡臥反 之調直弔反 簨息允反橫曰簨 虡
音巨植曰虡 植曰時力反又音值 問喪問或作聞喪息浪反注及下皆同 孫于音遜
朽許久反 有爲于僞反下爲桓司馬爲敬叔則爲之注爲民作爲嫁母皆同 宋向式上反 戌
音恤 名魋大回反 侈也昌氏反又申氏反 而朝直遙反注同 孟僖許宜反
閲音悅 將應應對之應 汲汲音急 繆公音木 出竟音境 焉得於虔
反 公叔木音式樹反又音朱徐之樹反 贈襚音遂 子璅息果反依字作瑣 滕
伯徒登反 爲孟上僞反下及下注爲人同 伯鞏恭勇反 外內易以豉反
中二百廿二 小二百廿七 禮記音義之一 十六 霍任
帷堂意悲反 綌衰去逆反麤葛也下七回反 繐裳音歲布細而疎曰繐 輕
涼音良 子皐音高 無相息亮反 沽也音古略也 易之音亦徐以豉反
稱家尺證反 有亡皇如字無也一音無下同 惡乎音烏注同 齊才細反又如字
注同 豐省所領反 之比必利反 毋過音無 還葬音旋便也 縣棺
音玄 已斂力驗反 而封依注作窆彼驗反下棺也徐又甫鄧反 設碑彼皮反 繂
音律 作堋北鄧反 士賁音奔人名 汰哉本又作大音泰自矜大 醯呼兮反
醢音海 罋烏弄反 慶遺于季反又如字 革矣紀力反 不墾苦很
反 衎爾苦旦反注同自得之皃 爲小君于僞反下爲之服爲其父爲君服同 深邃
先遂反 難人乃旦反 見之如字又賢遍反 反壤而丈反 反復扶又反
音服非 大古音泰 自燕烏田反 爲壟力勇反 坊者音防 旁殺
色戒反下同 茨瓦徐在私反茅覆屋 門廡音武 卑如字又音婢 狹戶夾反 又

僖，許宜反【法】僖、宜不同部，宜當作其

繆，音木【法】木疑目之譌，又《春官・女巫》作音穆

帷，意悲反【法】意不知何字之譌，《曲禮上》音位悲反

已斂【法】盧移已斂條於縣棺條上

狹，户甲反【法】户甲反阮云：撫本同，是也。葉本甲作交。偉案交乃夾之譌，當依葉本訂正，狹與甲不同部也

昜以豉反 馬鬛力輒反 斷其音短下同 上之時掌反一以上同 廣
裦古曠反下音茂徐又亡侯反 重霤直容反 衣以于既反 椑蒲歷反房益反[illegible]
尸棺 杝音移 堅著直略反 水兕徐里反 漆之音七 不令力政反本又作
合 楔齒悉節反 綴丁劣反又丁衛反 飯煩晚反 不剥邦角反 也與
音餘下同 倮力果反謂不巾覆也 埃加音哀 乾腊音昔 逮日音代或大計反 縓七絹
反淺赤色今之紅也 緣悅絹反下注同 於薰本又作纁許云反 要經一遙反下注小要同 下大
結反 無絇其俱反屨頭飾 角瑱吐練反充耳 衡依字作横華彭反下衡三同 長袪
起魚反一昔丘據反 謂褎本又作袖昔徐秀反 袂口面世反 袪裼音昔 麛裘音迷
本又作麑同鹿子也 青豻音岸胡地野犬 褎絞戶交反 四重直龍反注皆同 深
邃雖遂反 被之皮寄反注同 其厚胡豆反度厚薄曰厚皆同此音 杝棺
羊支反木名 椵杝徒亂反 梓音子 謂屬音燭 周帀本又作迊同子合反
珠

禮記音義之一　七　王宊

能濕乃代反 衽而審反又而鴆反小要 髹又作髤許求反 題徒低反頭也 湊
七豆反聚也 紂衣本又作緇又作純同側其反 明爲于僞反下文及注爲其變皆同 衍以善
反 菆塗才官反 龍輴勑倫反 畫輤音表 謂黼音甫 以刺
七亦反 於縿音消 幕音莫 別姓彼列反注同 於朝直遙反下同 誄
力軌反 耆老巨支反 莫相息亮反佐也注同 尼父音甫 其行下孟反
大縣郡縣之縣 皆厭于葉反注同 大廟音泰 惡野烏路反 衘枚
上音咸下木坏反 叫呼火故火胡二反 稅人始銳反謂以物遺人也 謂遺維季反
縞古老反注同 紕避支反 月禫大感反 月樂音岳 賜帟音亦幕之小者
共焉音恭本亦作供
檀弓下第四　卷之三
君之適丁歷反下及下適室同 長殤丁丈反下及注同下式羊反 三乘繩證反下及注

椑，櫬尸棺【法】櫬當作親

兕，徐里反【法】兕、里不同部，里當作履

絇，履頭飾【法】履盧改屨，是。阮云：葉本作屨〇衡，依字作横【法】依字阮刻

《注疏》本作依注，是也，上文今也衡縫音可證　〇裼，音昔【法】裼、昔不同讀，此

音誤也

椵【法】椵當作（榮芬案當作從）段

縿，音消【法】縿當作繅

厭，于葉反【法】厭、于不同紐，于乃於之誤也〇枚，木坏反【法】坏盧改杯

同皆下戶嫁反降殺色戒反遣車弃戰反爲差初佳反又初宜反遠
之于万反朝亦直遙反注同越疆居良反本又作壃下越疆同蹻固居表反蹻
固人姓名不說他活反本亦作稅徐又音申銳反下同入見賢遍反蹻失居表反
點多忝反倚其于綺反徐其綺反字晳星歷反擯者必刃反本又作儐同
後放此則爲于僞反下亦爲爲之變同是日人一反不樂音岳又音洛注同執
引音胤注同車索及壙苦晃反又音曠後同執紼音弗棺索羸音盈曰臨如字徐力
鴆反袒免音問辟正音避下辟難同使人色吏反又如字狎則戶甲反近
南附近之近與哉音餘悼公音道游擯必刃反注同擯相息亮反下
同詔音照侑音又齊穀依注音告又古毒反爲之于僞反下及注同王者
如字徐于況反重耳直龍反注及下皆同辟難乃旦反在翟音迪本又作狄嚴
然魚檢反本亦作儼同喪亦息浪反注及下皆同孺子如樹反後同𥝩也直吏反本又作

禮記音義之一　一八

稚得與音預稽音啓顙桑黨反子顯依注音韅呼遍反徐苦見反使
者色吏反子蟄陟立反後同仁夫音扶則遠于万反伯歜昌燭
反有禱丁老反一音丁報反祠之音詞鄉其本又作嚮同許亮反飯用扶晚
反道褻息列反銘音名旌音精別已彼列反注同本或無已字非識之
式至反皇如字重與奠也與音如字一本作重與奠與二與並音餘綴重丁劣反又丁衛
反聯也音連筭桑亂反縣諸音玄齊敬側皆反辟踊婢亦反下
音勇慍哀庚皇紆粉反積也又紆運反怨恚也徐又音鬱袒括觀闊反去飾羌呂
反下及注去樂去桃茢並同其衰七雷反侈袂昌氏反下彌世反哀衰所追
反哻況甫反歠徐昌悅反歠歠一音常悅反爲其于僞反下注爲父母爲有凶爲人甚
同食之音嗣易也以豉反粥之六反後同之處昌慮反下同所
養徐羊尚反既封依注音窆彼驗反下同已慤本又作殼苦角反注及後同

倚，于綺反【法】此于亦於之譌

悼，音道【法】道當作導

夫，音扶【法】阮云：葉本、十行本扶作符。偉案扶、符同

識，式至反【法】至當作志

筭～辟踊～慍哀～袒括【法】盧移筭字條於辟踊條下，又移慍哀條於袒括條下

北首手又反 舍奠音釋注同 離力智反下同 卒哭遵聿反 易喪
以豉反徐音亦 祔音附 比至必利反 末有莫曷反無也 期而音基 桃茢
音列徐音例萑苕杜預云黍穰也鄭注周禮云苕帚 惡之烏路反注及下注同 凶邪似嗟反下注同 萑
音完 苕大彫反 難言乃旦反 之朝直遥反注及下皆同 用殉辭俊反以人從死曰
殉 殆幾音祈又音機下同 芻靈初俱反束茅爲人馬曰芻靈 俑者音勇偶人 爲
舊于僞反下爲君爲使人皆同 古與音餘下同 諸膝音悉 將隊本又作墜
直媿反 捷在接反 爲瘠徐在益反 疑夫音扶 食食上如字下音嗣
遺車弃戰反下文及注同 一乘繩證反下同 七个古賀反下及注同 焉知
於虔反 大儉音泰或他佐反 偪音逼本或作逼 包伯交反 子相息亮反下注同
西鄉許亮反下皆同 俠古洽反一音頰 羨道徐音賤音義隱云羨車道 曰噫本又
作意同于其反 毋音無 斯音賜盡也 沾依注音覘勑廉反視也 其行下孟反 會

禮記音義之一　十九

見賢遍反下文不敢見同 矣夫音扶下同本亦有無夫字者 從祖才用反 欲去
羌吕反 之號戶刀反 而徑古定反 人喜則斯陶徒刀反 斯咏
音詠謳也 咏謳本亦作嘔烏侯反 斯猶依注作摇音遥 相近附近之近也 慍斯
戚紆運反怒也戚憤恚也此喜慍哀樂相對本或於此句上有舞斯慍一句并注皆衍文 戚憤扶粉反
恚一瑞反 歎吟本或作唫魚今反 斯辟婢亦反撫心也 躍羊灼反 惡之
烏路反 斯倍音佩下同 所復扶又反 絞衾戶交反下音欽 設蔞音柳
翣所甲反 而食音嗣注同謂虞祭也 有舍音捨注同廢也 之訾似斯反病也
疫病音役 師還音旋 出竟音境 大宰音泰注及下文注大宰大師大史大
廟大傅皆同 嚭普彼反 使於色吏反 夫差音扶下初佳反夫差吳王名闔廬子
盍嘗戶臘反 斑白伯山反本又作頒音同 厲與音餘下及注有此與同 慨
焉苦愛反 僾兒皮拜反 乃讙音歡 喜說音悅下同 知悼

瘠，徐在益反【法】瘠徐音是也，他音在亦反，非

羨，徐音賤，《音義隱》云：羨，車道【法】徐音賤誤邪爲從也。義字盧云：疑衍

噫，于其反【法】于蓋於之譌

近，附近之近也【法】阮云：撫本無也字，十行本同〇愠斯戚，此喜、愠、哀、樂相對【法】阮云：葉本小愠字作怒，十行本同，是也

辟，撫心也【法】撫當作拊

訾，似斯反【法】訾音誤從爲邪

嚭，普彼反【法】嚭，彼不同部，當作鄙

斑白【法】斑盧依撫本改班〇慨，苦愛反【法】苦愛反下盧依宋本補僾兒二字。阮云：僾兒二字下既列爲大字，此應删

音智下同彪彼虯反李調如字左傳作外嬖嬖叔樂闋苦穴反止也杜蕢
苦怪反注蒯同作屠音徒曠飲於鴆反下飲斯飲之飲曠飲調飲寡人皆同襄者
乃黨反嚮也嚮也本亦作鄉同許亮反諫爭爭鬭之爭子卯不樂如字賈逵
云桀以乙卯日死受以甲子日亡故以爲戒鄭同漢書翼奉說則不然張宴云子刑卯卯刑子相刑之日故以爲忌而云夏殷
亡日不推湯武以興乎疾日人一反比葬必利反下同爲一于僞反嬖必計反
匕必季反是共音供敢與音預知防音房又扶放反揚觶之豉反字林音
支又云酒器揚近附近之近下聲相近同名拔蒲八反粥音祝行之下孟反有難
乃旦反注同石駘大來反石碏七畧反適子丁歷反注同言齊側皆反
子亢音剛又苦浪反莫養羊尚反下皆同度諫大洛反啜叔昌劣反叔或作菽音同大豆也
王云熬豆而食曰啜叔斂手力檢反還葬音旋後同稱其尺證反下注之稱同於
從才用反注下同執羈音基靮丁歷反紖陳忍反疾革本又作亟居力

禮記音義之一　二十

反急也注同襚之音遂脫君本亦作說又作挩同他活反與縣音玄注同潘氏
苦干反乾昔音干屬之之玉反夾我古洽反猶繹音亦去羌呂反注
同籥羊勺反般請音班注及下同機封彼驗反多技其綺反下同豐
碑彼皮反時僭子念反後皆同斲大丁角反其繂音律繞而沼反
各重直龍反下天戶嫁反四植時力反爾旨古以字強使其丈
反女者音汝與音餘下若與同其母音無噫於其反禺人音遇又音務注
同走辟音避罷音皮倦其卷反頸上吉領反振之音亦繇役
本亦作徭音遙弗能弗亦作不爲謀于僞反下注國爲下爲懿同復無扶又反下復射謂不
復死難乃旦反隣重依注音童下同汪烏黃反踦魚綺反未冠古亂反
士行下孟反馬槊音篤本亦作督子射食亦反下同斃一人本亦作弊
婢世反仆也下同韔弓勑亮反韜也仆也蒲北反又音赴韜之吐刀反又及

爭鬭之爭【法】盧云：此音似非，當音諍。偉案《詩·思齊箋》諫爭亦音爭門之爭，又《大學》迸逼諍反，諍音爭門之爭，一音屢見，則必無誤，蓋陸讀爭門之爭亦如諫爭之爭，非二讀也，惟訓引之爭乃讀平聲耳。爭門之爭讀去聲，與攻戰之攻讀去聲同　○匕，必季反【法】季乃李之誤，實當作履

羈，音基【法】羈、基不同音

潘，苦干反【法】苦乃普之譌

其繂【法】其盧改以，是

倦，其卷反【法】《書·大禹謨》作其眷反，是也

隣【法】隣俗體，疑誤

本或作又及一人又一人後人妄加耳 朝直遥反 不與音預 參乘繩證反 戈盾食允
反又音允 曹桓公依注音宣 請舍胡闇反 相啖徒暫反 食音嗣徐音自 衣
之於既反 強之其丈反下注同 拂槐芳勿反下其火反 剡音列 叔肸許乙反
爲介音界注及後同副也 難惠乃旦反 昭穆常遥反 蕢苦怪反 辟
於徐音避又婢亦反 畫宮音獲注同 于奪徒外反注并兑同 杞音豈 殖時職
反 華還胡化反 且于子餘反 肆諸殺三日陳尸音四 市朝直遥
反 以上詩掌反 執拘音俱 弊盧力居反 子贛吐孫反魯哀公子 設
撥半末反緋也 輴車勑倫反 榑幬上音郭下大報反覆也 欑塗
才丸反下音徒 揄沈本又作瀋同昌審反 澆古堯反 之汁之十反 滑于八
反 不中丁仲反又如字 何學如字或音戶教反非注同 廢去羌呂反下同 士揙求勿
反又求月反又戶忽反 肂本又作肆以二反棺坎也 見賢遍反 衽而審反 爲之于僞
大一千七 小四四

禮記音義之一　二十　王

反下爲妾注爲之下弗爲服皆同 禮輿音餘 孌必計反 犯蹤力輒反 庚古衡
反 償徐音尚 僭子念反 侈昌氏反又赤氏反 邑長丁丈反 有餽
本又作饋其位反遺也 使焉色吏反 見在賢遍反 辟其音避 木鐸
大各反 舍故音捨 所敗必邁反 櫜音羔甲衣 鞬本亦作韇勑亮反弓衣 不
戢側立反 似重直用反 無苛音何本亦作苟 識之申志反又如字 執贄
音志 下賢戶嫁反 已夫音符 重強其丈反 虛墓本亦作墟同起魚反注同
之處昌慮反下同 以莅音利又音類 不解佳買反舊胡買反 憔在遥反
悴在醉反 爲無于僞反下同 長子丁丈反下官長并注同 於禜音盈 名
札側八反 坎深式鴆反 廣輪古曠反 揜坎本又作掩於檢反 可隱
於刃反注同據也 從也子容反 且號戶高反注同 郳婁力俱反下同 弔含
胡闇反注及下同 僭稱子念反 易則易並以豉反下及注同 拒之本又作距 頍

啖，徒暫反【法】暫疑誤，《廣韻》去聲雖有啖字，然別一義，且啖、暫亦不同部，或者亦動靜異讀乎　食，徐音自【法】食徐音誤邪爲從　○柩，其久反【法】久亦又之譌

杞，音豈【法】杞、豈不同音

華還【法】《左傳》華還還音旋

侈，昌氏反，又赤氏反【法】昌、赤同紐，赤字譌也，《王制》作又式氏反

贄，音志【法】贄、志不同部，志當作至

夫，音扶【法】扶盧依宋本改符。案扶、符同

也 徒固反本亦作鈍 祝先 之六反 畿内 音祈 刎其 勿粉反徐亡粉反 大饑
居宜反字林九衣反本又作飢同 黔敖 其廉反徐渠嚴反 而食 音嗣下奉食同 蒙袂
彌世反 輯屨 側立反斂也 貿貿 徐亡救反又音茂目不明皃一音牟 輯斂 力檢反下
同 左奉 芳勇反 微與 音餘注同 狂狷 音絹 有殺 本又作弒同式志反
下臣殺子殺同 貜 俱縛反 且也 子餘反 瞿然 本又作懼紀具反 斷斯 丁亂
反 殺其人 如字 壞其 音怪 洿其 音烏 豬 音誅 復處 扶又反 奐
焉 音喚本亦作煥奐爛言衆多也 輪囷 起倫反 全要 一遥反注及下注要君同 九京
依注音原下同下亦作原字 善禱 丁老反祈也 之畜 許六反又許又反 馴守 上音
巡下如字又手又反 子貢 本亦作贛音同 爲埋 于僞反下亡皆反下並同 狗 古口反 其封
彼劒反出注 闈人 音昏守門人也 弗内 上如字下音納 其廄 九又反 鄉者
許亮反 下之 戶嫁反 人辟 音避下同 内霤 力又反 子罕 吁旱反

禮記音義之一　二十二　王稚

覘 勑廉反下同 民説 音悦下注同 窺 去規反 扶服 並如字又上音蒲下音蒲
北反本又作匍匐音同 當之 丁郎反 子般 音班 殺 音試 遏之 於葛反 不與
音預 原壤 如丈反 材也 音才 貍 力知反 女手 如字徐音汝 之卷 音權
本又作拳 佯不 音羊 從者 才用反 以巳 並音以 叔譽 音預 叔向
許亮反 名肸 許乙反 處父 音甫注同 大傅 音賦 行 舊下孟反皇如字 弁
必正反專也注同 植 直吏反又時力反注同 其知 音智 狐射 音亦又音夜 辟難
乃旦反 要君 一遥反 追然 音退本亦作退和柔皃 不勝 音升 妥 他果反 吶
如悅反徐奴劣反舒小皃 官長 丁丈反 鍵也 其展反徐其偃反籥也 不屬 音燭 學
子柳 戶教反教也注同 衣衰 依注衣作齊音咨 而繆 依注讀曰樛音居虯反 爲
舅 于僞反下爲舅爲天子不爲兄不爲蠶同 魯頓 徒困反又作鈍 仲衍 以善反注同 繐
衰 上音歲下七雷反 之縷 力主反 好輕 呼報反 喪 如字 末吾 莫曷反

刎，勿粉反，徐亡粉反【法】亡粉與勿粉同○饑，居宜反，《字林》九衣反，本又作飢【法】饑、宜不同部，《字林》音是也。即作飢，亦不得音居宜反，此條不可解

黔，其廉反，徐渠嚴反【法】黔二音鹽、嚴分部

豬，音誅【法】豬、誅不同部

狗，古口反【法】盧移狗，古口反一條於之畜條下

罕，吁旱反【法】吁蓋呼之譌

貍，力知反【法】貍、知不同部

向，許亮反【法】向讀去聲，再考

吶，如悅反，徐奴劣反【法】奴劣與如悅同，據此可知日、泥本同紐○鍵，其展反，徐其偃反【法】鍵二音獮、阮分部　○繆，依注讀曰樛【法】樛疑摎，再考

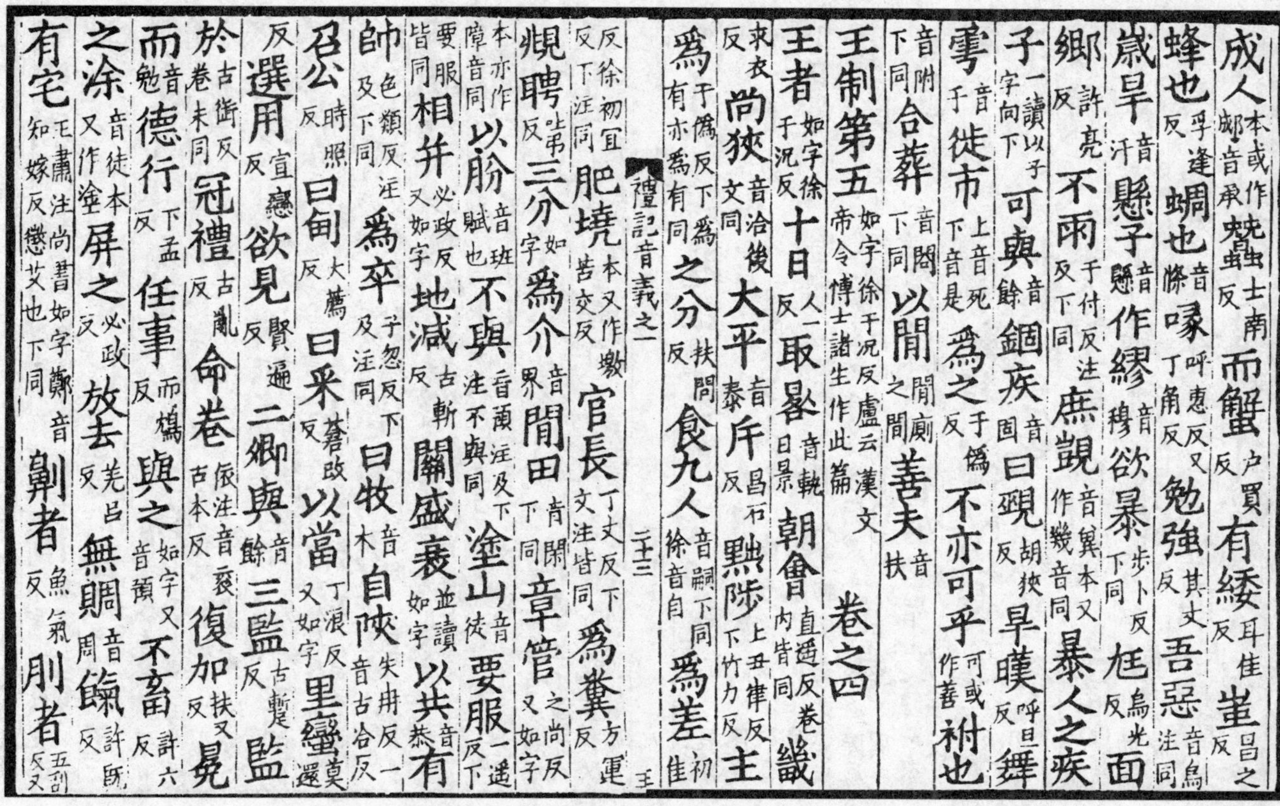
成人本或作鄭音承蠶士南反　而蟹戶買反　有緌耳佳反　蚩昌之反
蜂也孚逢反　蜩也音條　喙呼惠反又丁角反　勉強其丈反　吾惡音烏注同
歲旱音汗　懸子音懸　作繆音穆　欲暴步卜反下同　尩烏光反　面
鄉許亮反　不雨于付反注及下同　庶覬音冀本又作幾音同　暴人之疾
子一讀以子字向下　可與音餘　錮疾音固　曰覞胡狄反　旱暵呼旦反　舞
雩音于　徙市上音死下音是　爲之于僞反　不亦可乎可或作善　祔也
音附下同　合葬音閤下同　以間間廁之間　善夫音扶
王制第五如字徐于況反盧云漢文帝令博士諸生作此篇　卷之四
王者如字徐于況反　十日人一反　取晷音軌日景　朝會直遥反卷内皆同　畿
求衣反　尚狹音洽後文同　大平音泰　斥昌石反　黜陟上丑律反下竹力反　主
爲于僞反下爲有亦爲有同　之分扶問反　食九人音嗣下同徐音自　爲差初佳
禮記音義之一　二十三　王
反徐初宜反下注同　肥墝苦交反本又作墽　官長丁丈反下文注皆同　爲糞方運反
覜聘吐弔反　三分如字　爲介音界　閒田音閑下同　章管之尚反又如字
本亦作障音同　以盼音班賦也　不與音預注及下注不與同　塗山音徒　要服一遥反下
要服皆同　相并必政反又如字　地減古斬反　闕盛衰並讀如字　以共音恭　有
帥色類反注及下同　爲卒子忽反下及注同　曰牧音木　自陝失冉反一音古洽反
召公時照反　曰甸大薦反　曰采蒼改反　以當丁浪反又如字　里蠻莫還
反　選用宣戀反　欲見賢遍反　二鄉與音餘　三監古暫反　監
於古銜反卷末同　冠禮古亂反　命卷依注音袞古本反　復加扶又反　冕
而音勉　德行下孟反　任事而鴆反　與之如字又音預　不畜許六反
之涂音徒本又作塗　屏之必政反　放去羌呂反　無賙音周　餼許既反
有宅王肅注尚書如字鄭音知嫁反懲艾也下同　剕者魚氣反　刖者五刮反又

成，音承【法】成、承不同音〇蠶，士南反【法】士蓋才之譌，否則在之壞字

喙，呼惠反【法】惠字譌，他處並叶廢部字

旱，音汗【法】旱、汗不同音，此亦誤。此幅多誤，疑出後人羼改〇縣，音懸【法】他處縣皆音玄　〇不雨，于付反【法】盧移不雨條於作繆條下。偉案讀雨爲于付反，則經文爲歇後語矣。此六朝人異義異音之弊。又案《左傳·莊公三十一年、僖公二年、三年、文公二年、十年、十三年》諸不雨字《釋文》並無音，而於雨雪、雨螽等則音于付反，疑此條非陸氏之舊　徙市，上音死，下音是【法】死、是二音並誤

日，又一反【法】又盧本作人，是。阮校諸本並作人，日，人一反《檀弓》篇兩見

食，徐音自【法】食徐音混邪爲從

牧，音木【法】木當作目

監，古蹔反【法】監、蹔不同部

劓，魚氣反【法】劓、氣不同部，氣乃器之譌

音月守囿音又髡五忽反本又作完音同徐戶官反守積子智反一朝直遥反

數來色角反又所具反巡守手又反本或作狩後巡守皆同省之色景反岱宗

音代柴仕佳反依字作柴覲見如字舊賢遍反大師音泰後大學太汨大子大樂正太史

皆同納賈音嫁注同所好呼報反下及注同惡烏路反好辟匹亦反徐芳亦

反則侈昌氏反又式氏反滛邪似嗟反君削息約反君絀丑律

反退也昭穆常遥反凡言昭穆放此易樂音岳南嶽音岳下同歸假

音格至也祖禰乃禮反父廟也瀕音頻造乎七報反下及注同與諸侯如字

曰朝直遥反以柷昌六反男樂音岳以鼗音挑鈇方于反又音斧鉞

音越賜圭字又作珪案說文珪古字圭今字瓚才旦反爲鬯勑亮反秬酒

音巨黑黍也曰辟音辟明也注同頖宮音判班也禡於馬怕反師祭也又音百姓

同爲兵于僞反下爲畫物同禱丁老反以訊音信注同本又作誶馘古獲反截耳

大頁六十 小四百五十二　禮記音義之一　二十四

斷耳音短下斷殺同乾豆音干之庖步交反曰蒐所求反曰獮

息淺反腊音昔不合如字徐音閤不揜音掩本又作掩大綏依注音緌耳佳反下

注同田獵力輒反驅逆丘于反又丘遇反獺徐他達反又他瞎反豺仕皆反設

罻音尉一音鬱小網也零落本又作苓音同說文云草曰苓木曰落昆蟲直隆反下同

未蟄直立反不麛本又作麑音迷同不卵力管反殺胎吐來反

殀夭上於表反殺也下烏老反少長斷殺丁亂反又音段少長上詩召反下丁丈反不

覆芳服反注同之杪亡小反末也度支大各反下音之豐秏呼報反所

殺色戒反又色列反量入音亮之率音律又音類本又作繂之畜勑六反後皆同

之仂音勒又音力什音十越紼音弗躐也力輒反輴車勑倫反

索悉各反曰浩胡老反食日人一反下同降期居宜反縣封

上音玄下音窆彼驗反不爲于僞反注又爲同引紼音弗以上時掌反下大夫

辟，匹亦反，徐芳亦反【法】《曲禮》音辟，匹亦反，徐芳益反，是也

瓚，才旦反【法】旦疑但之譌

斷殺，丁亂反，又音段【法】上文斷耳條注云：音短，下斷殺同，是此字已音於上，不必再出。又彼云音短，此云丁亂反亦不相應。《廣韻》斷有三讀，獨不音段，疑段當作短。又見《少儀》大喚反，並宜校改

度支，下音之【法】支、之不同音

殺，又色列反【法】阮云：依前後音列爲例字之誤。是也

期，居宜反【法】期、宜不同部

以上同 無辟音避之 祧他彫反 契及息列反 適寢丁曆反
曰礿余若反 夏曰戶嫁反注夏曰礿夏祭曰下云夏薦同 禘大計反 曰烝之承
曰祠音詞 中霤力救反 郊鯀古本反 黃能乃登反本又作熊音雄 犆
礿音特 祫禘音洽絕也 歲朝直遥反 互音戶又戶故反 下天子戶嫁
反 大牢如字又音泰 少牢詩照反 四之日人一反 稻音盜 夘
力管反 繭栗字又作蠒公典反 握厄角反 長不丁丈反 出虜方于
反 燕伊見反 藉在亦反 稅式銳反 借子亦反 市廛直連反 邸
舍丁禮反 關譏居宜反 不征本又作正音同注下皆同 凶札側八反又音截
林麓音鹿山足也 夫圭音珪 不粥音育賣也後皆同 執度度地
上如字丈尺也下大各反量也 沮澤將慮反沮洳也 寒煖乃管反又況袁反下又同 謂
萊音來何脩云草所生曰萊萊一云草 沛也蒲貝反何脩云水所生曰沛何休注公羊傳云草棘曰沛 之
礼記音義巳 二十五 建
處昌慮反 任而鴆反 築音竹邑 食壯音嗣又如字下側狀反 燥素老反
好惡上呼報反下烏路反 異齊才細反 緩急戶管反 異和胡卧反下同
臭尺救反 器械戶戒反何休注公羊云攻守之器曰械鄭注大傳云禮樂之器及兵甲也郭璞三蒼解詁云械
器之總名 旃裘上之然反下音求 與絺勑宜反 綌去逆反 被髮彼義
反下 雕本又作彫同彫刻鏤也 題大兮反 交趾音止 刻其音克 肌音飢
涅之乃結反 相嚮許亮反 僢昌戀反 衣皮於既反下同 不粒音立
耆欲市志反 曰寄京義反 狄鞮丁兮反知也 曰譯音亦
閒之如字又閒廁之閒 度大洛反 必參七南反 咸行緘反 樂事
音岳又音洛 以防本又作坊音同 恤孤辛聿反 以逮音代又大計反 不肖
音笑 以絀勑律反 帥音率 循音巡 謂敖本又作傲同五報反 很胡墾反 孝弟大計
反本又作悌 皆朝直遥反 于庠音祥 與執音預 國蜡仕詐反 覬其音冀 亦

稻，音盗【法】《廣韻》稻上聲，盗去聲

握，厄角反【法】握、厄不同紐，厄當作戹

譏，居宜反【法】譏、宜不同部。此與《雜記下》譏字同誤

度，大洛反【法】阮云：葉本洛作各，是也。偉案洛、各同，下條亦作大洛

絺，勑宜反【法】絺、宜不同部

復扶又反下又復復移復與同　爲之于僞反下又爲親爲爲其大亦爲皆同　選士宣戀反下皆同
德行下孟反　不給音急　傜役本又作繇音遥　樂正音岳　之長丁丈反下
同　夔求龜反　命女音汝　冬夏戶嫁反注及下注夏官同　適子丁歷反下注同
皆造才早反徐七到反　小胥息餘反又息呂反下同　去食丘呂反　屏之
必郢反　曰棘依注音棘又作棘蒲北反偪也　言偪彼力反　大逺音泰舊他佐反　其
論如字舊力困反　任官而金反下注同　衣甲於既反　發卒子忽反　執技
其綺反本或作伎後同　臝本又作羸力果反　肱古弘反　擐衣舊音患今讀宜音宣依字
作撣字林去撣撣辭也先全反　髀脛胡定反　見勇賢遍反　明辟婢亦反注同　三
刺七智反殺也　斷其丁亂反下斷斷計同　之中如字又丁仲反　天論音倫理也
注同　郵罰音尤俗作郵過也　麗郎計反　當丁郎反　假他古雅反　之量
徐音亮後皆同　以别彼列反　氾與本又作汎孚劒反　比必利反注同例也　正平皮命

忘　禮記音義之一　二十六　王汝霖

反　棘木紀力反　要之於妙反謂要最舊一遥反　槐回懷二音　三又義作宥遺
忘音妄　爲人于僞反　易犯以豉反後易犯同　例人音刑　折言思曆反
亂名如字王肅作循名　巧賣起教反又如字　巫蠱音古　鷸冠尹必反徐音述
瓊弁皮戀反　般百關反　行僞下孟反　虛華戶瓜反又如字　曰卜
人一反　金璋之羊反　不中丁仲反下皆同　幅廣方服反　耒耜力對
反下音似　仲夏戶嫁反下春夏同　蜃常忍反雉化爲之　竟上音境　苛察
音何又呼河反本亦作呵　諱惡烏路反注同　札書側八反　齊戒側皆反本亦作
齋下皆同　司會古外反注同司會冢宰之屬掌計要者　勞農力報反　食禮音嗣
注及下注并下文食之並同　養於如字徐以尚反下同　瞽亦音古　異粻陟良反糧也
不離力智反　止觀古亂反　唯絞戶交反　紟其鴆反　衾冒亡報
反　不㸑乃管反溫也下同　珍從才用反又如字　不與音預下及注同　言糾居黝

役【法】阮云：撫本役作役

屏，必郢反【法】上文屏之四方之屏與此同義而彼音必政反，據《廣韻》上聲乃屏蔽之義，去聲爲屏去之義，疑郢字譌也

擐，舊音患，今讀宜音宣【法】音患本徐爰，作撣。音宣本蕭該，詳《顏氏家訓·書證篇》

郵，音尤，俗作郵，過也【法】小字郵盧依《郊特牲》改郵，是

例人【法】例人盧改例也，是

華，戶瓜反，又如字【法】戶瓜反即如字也，蓋誤，或音花乃如字耶？再考

糾，徐居酉反【法】徐蓋有、黝不分部，故音黝（榮芬案當作糾）爲居酉也

反徐居酉反作絿音求又音蚪翌音皇本又作皇昪俛甫反縞衣古老反又古報
反纁許云反則牟亡侯反追丁雷反復除上音福下如字又直慮反不
養者如字又以尚反期音基少而詩照反下注少者同之矜本又作鰥同古頑反
廩兵品反瘖於金反瘂也聾力東反跛彼我反躄必亦反兩足不能行也
侏儒音朱遂別彼列反下文并注同隨行如字一音戶剛反下鴈行同任并必性
反本又又併提音啼契本亦作挈苦結反十億於力反雍州於用反斷
長音短去一羌呂反爲率音律又音類閒田音閑下同祿食音嗣
又如字下皆同爲朝于僞反絜清如字徐才性反用潘芳袁反米汁也辟賢
音避冠古亂反長幼丁丈反斛洪谷反幅方服反狹戶甲反
月令第六此是呂氏春秋十二紀之首後人刪合爲此記蔡伯皆王肅云周公所作　卷之五
孟春昬參所林反中如字徐丁仲反後放此長也丁丈反於諏足俱
禮記音義之一　三七　丁松年
反又足侯反本又作娵同觜子斯反爲人于僞反軋也乙八反解孚音敷大
皞上音泰後文及注大蔟大史大寢大室大微大廟大祝大尉大宰皆同皞亦作昊胡老反大皞宓戲也句
芒古侯反下音亡句芒木正也少昊之子曰重爲之後句芒皆放此宓戲音密又音服戲又作虧亦作犧
又作羲同許宜反曰重直龍反律中丁仲反猶應也後放此凡如此之例十二月文注皆可以類求
之大蔟七豆反奏也猶應應對之應下皆放此律長直亮反又如字後皆放此律
空徐音孔臭羶失然反先脾婢支反於藏才浪反後放此直脾
丈吏反又如字下宿直同後放此于奧烏報反及胥時忍反解凍東送
反蟄蟲直立反上冰時掌反下注以上同獺祭他達反又他瞎反左个古賀
反偏也後放此乘鸞力官反路本又作輅載青音戴後放此旂巨機
反後放此衣青於既反後放此下注衣甲保猶衣同其器本又作器同冬夏此卷內可以意
求之衡璜音黃火畜許又反貫土古亂反朝祀直遥反下文注同龍

絿，音求，又音糾【法】阮云：葉本糾作蚪，十行本同，是也

廩，兵品反【法】兵品反盧依《月令》改力甚反。偉案此字有兵品一讀，似不必改。
又按盧氏《考證》云，改爲力甚反，與《月令》音合。而書内則作力品反，誤也

狹，户甲反【法】今《廣韻》狹、甲異部，《咸有一德》篇音户夾反，是也

戲，又作虧【法】虧阮云：撫本、葉本作虧，是也

下注依甲【法】依盧作衣，是○冬夏，此卷内可以意求之【法】冬夏條注似有脫

卷本又作袞古本反 玄端音冕 先立春悉薦反 乃齊側皆反本亦作齋
齋卷內放此 還乃音旋後放此 命相息亮反注同下善相并注放此 施惠如字又始
反 休其許收許虯二反美也 毋有音無本亦作無下同 不當丁浪反 宿息六反徐
音秀 離依注音儷呂計反偶也 不貸吐得反徐音二 馮音憑 相息亮反又如字 候
伺音司又息嗣反 載耒力對反字林云耕曲木垂所作力佳反又力水反 耜音似 措七故
反 置保介音界注同 帝藉在亦反說文作耤云帝耤千畝 三推出佳反又吐回反下
同推謂伐也 參乘繩證反 爲天于僞反下爲仲春爲傷爲死氣皆同 勞酒力報
反注同 氣上時掌反注上同 萌動莫耕反 烝達音證又之丞反 冒莫報
反覆也 橛求月反 封疆居良反注皆同 徑術古定反注同術依注音遂 田畯音俊
之分扶問反 嵎夷音愚 阪險上音反又蒲版反下許儉反 道民音導 既
飭音勑 農率所類反謂田正 用牝頻忍反 妊而林而鴆二反 毋覆芳服
禮記音義之一 二十八 宋本
反 孩蟲戶哀反 胎吐來反 夭烏老反 麛音迷 卵力管反 掩骼
江百反 埋胔才賜反蔡云露骨曰骼有肉曰胔胔亦作骴 肉腐扶矩反 蚤落音早
有恐丘勇反 大疫音役 猋風必遙反徐芳遙反本又作飄 宿直音秀 好
風呼報反 藜力兮反 莠音酉 水潦音老 大摯音至蔡云傷折 首
種章勇反鄭云首種謂稷蔡云宿麥 仲春日在奎苦圭反 昏弧音胡 降
婁戶江反 夾鍾古洽反一音頰 四隙去逆反 倉庚並如字本或加鳥非 鸝
黃力知反 搏穀音博 幼少詩召反 省所景反注同減也徐所幸反 囹音零
圄魚呂反囹圄今之獄 去羌呂反 桎音質今之械也 梏古毒反今之杻也木在足曰桎在手曰梏
掠音亮考捶 械戶戒反 暴尸步卜反 捶治之蘂反 高禖音梅 施
生始豉反 孚乳上如字一音芳付反下而樹反季春同 娀簡風中反簡狄有娀氏女 生
契息列反 九嬪毗人反 謂從才用反 弓韣大木反弓衣 有娠

休，許收、許虯二反，美也【法】他處皆許收訓息，許虯訓美，再通考之

貸，吐得反，徐音二【法】貸當作貣，見《春官·序官·馮相氏》。貣、貳形近，故徐音二也　○耒，力佳反【法】佳盧作隹，是，下三推注同

經術【法】經盧改徑。偉案二字古通用

猋【法】猋盧改猋，是。阮云：岳本、十行本作猋。案阮、盧並云：《說文》有猋無猋。不知《說文》自有猋部，殆惟求之犬（榮芬案當作火）部而不得也

省，所景反，徐所幸反【法】省音與《廣韻》同，徐音合古韻

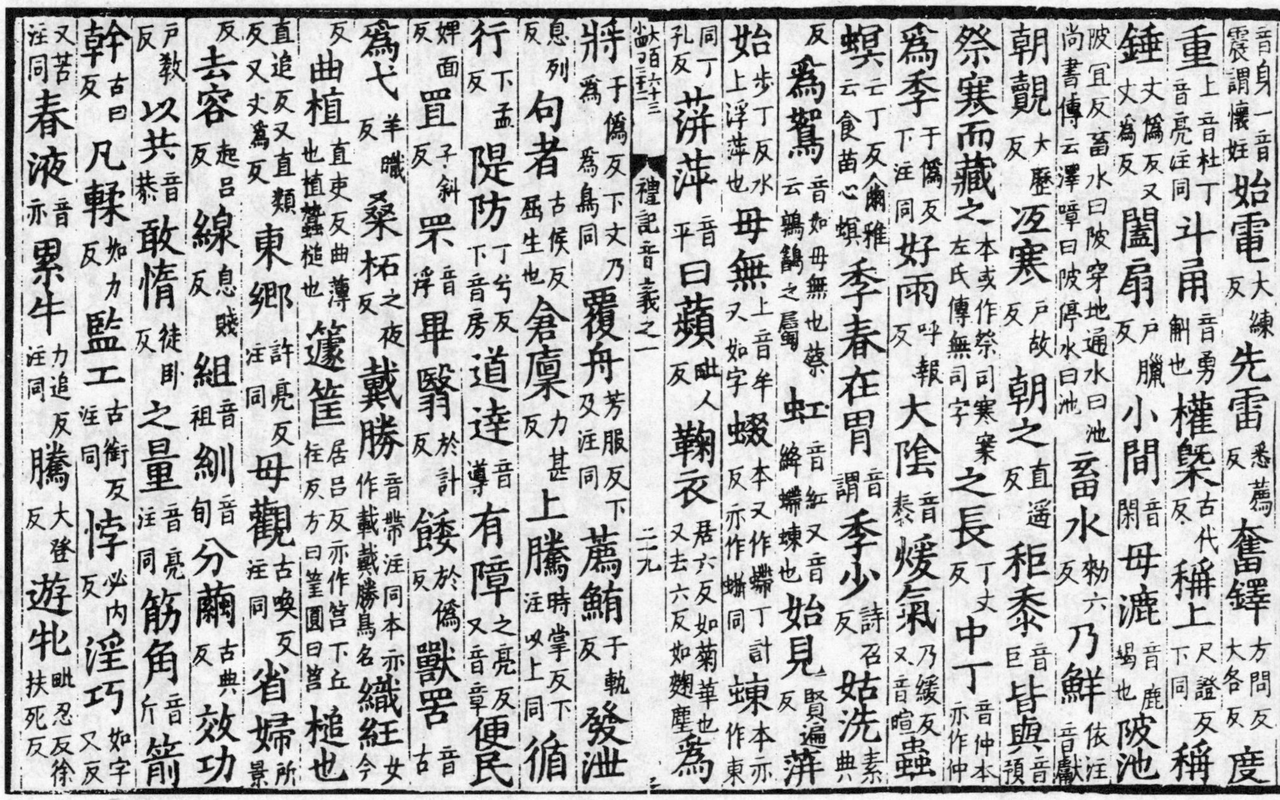
音身一音震謂懷妊 始電大練反 先雷悉薦反 奮鐸方問反大各反 度
重上音杜下音亮注同 斗甬音勇斛也 權槩古代反 稱上尺證反下同 稱
錘丈僞反又丈爲反 闔扇戶臘反 小間音閑 母漉音鹿竭也 陂池
陂宜反畜水曰陂穿地通水曰池尚書傳云澤障曰陂停水曰池 畜水勑六反 乃鮮依注音獻
朝覲大歷反 沍寒戶故反 朝之直遙反 秬黍音巨 旨與音預
祭寒而藏之一本或作祭司寒案左氏傳無司字 之長丁丈反 中丁音仲本亦作仲
爲季于僞反下注同 好雨呼報反 大陰音泰 煖氣乃緩反又音暄 蟲
螟亡丁反爾雅云食苗心螟 季春在胃音謂 季少詩召反 姑洗素典反
爲鴽音如母無也蔡云鵪鶉之屬 虹音紅又音絳螮蝀也 始見賢遍反 蓱
始步丁反水上浮萍也 毋無上音牟又如字 蝃本又作螮丁計反亦作蝃同 蝀本亦作東
同丁孔反 蓱萍音平 曰蘋毗人反 鞠衣居六反如菊華也又去六反如麴塵 爲
禮記音義之一 二九
將于僞反下文乃爲鳥同 覆舟芳服反下及注同 薦鮪于軌反 發溢
息列反 句者古侯反屈生也 倉廩力甚反 上騰時掌反下注以上同 循
行下孟反 隄防丁兮反下音房 道達音導 有障之亮反又音章 便民
婢面反 罝子斜反 罘音浮 畢翳於計反 餧於僞反 獸罟音古
爲弋羊職反 桑柘之夜反 戴勝音帶注同本亦作戴戴勝鳥名 織紝女今
反 曲植直吏反曲薄也植𥳑槌也 籧筐居呂反亦作筥下丘往反方曰筐圓曰筥 槌也
直追反又直類反又丈僞反 東鄉許亮反注同 毋觀古喚反注同 省婦所景
反 去容起呂反 線息賤反 組音祖 紃音旬 分繭古典反 效功
戶教反 以共音恭 敢惰徒卧反 之量音亮注同 筋角音斤 箭
幹古旦反 凡鍒如九反 監工古銜反注同 悖必內反 淫巧如字又反
又苦注同 春液音亦 累牛力追反注同 騰大登反 遊牝毗忍反徐扶死反

度重，上音杜，下音亮【法】度音杜蓋誤，度去聲，杜上聲。阮云：撫本作量，此本量誤重　○槩，古代反【法】阮云：撫本槩作概，代作大。偉案槩、概、漑等字多古代、古愛反，無作古大者

鴽，音如，母無也【法】母無《公食大夫禮注》作無母。《爾雅》作鴾母，則此必作母無，若作毋無，則二字同音，如燕燕之類疊字可矣，不必異其字也。此作毋，蓋後人所誤　毋無【法】毋無今本作鴾母

戴，音帶【法】《廣韻》戴，帶不同音，陸殆不分代、泰耶

槌，又直類反，又丈僞反【法】《廣韻》槌，馳僞切，與丈僞同，然直類反是也

累，力追反【法】累《廣韻》作摞，亦收脂部，可證去聲收寘部之非

皆乘繩證反 在廄居又反 挍數所主反 國難乃多反後及注同驅疫鬼

磔竹伯反磔磔牲也 穰本又作攘如羊反 氣佚音逸後同 索室所白反 毆

疫丘于反 大恐丘勇反 暵呼旱反又呼旦反 蚤降音早 孟夏發女

音務 言炳音丙 長育丁丈反此月內除律長長大繼長皆同 著見賢遍反

炎帝于廉反炎帝神農也 顓頊上音專下音勗 音徵張里反後放此 去一起呂

反 中呂音仲又如字 無射音亦 臭焦子遥反 先肺芳廢反 竈

陘音刑 螻音樓 蟈古獲反螻蟈蛙也蔡云螻螻蛄蟈蛙也 蛙烏蝸反即蝦蟇也 丘

蚓以忍反 萆挈上皮八反下起八反 王萯房九反 赤騮音留本又作駵

菽本又作叔音同 以粗七奴反大也 木畜許又反下水畜同 先立悉薦反 欣

說上許斤反下音悅 熛怒必遥反下奴故反 為將于僞反下為逆為妨為傷下文為天子皆

同 飲酎直又反重釀之酒 長大如字下繼長同或丁丈反非也 必當丁浪反 蕃

禮記音義之一　三十　甚之

廡音煩下亡甫反下同 有壞音怪注同 墮許規反又作隳下注同 始絺勑其反

出行下孟反下同 勞農力報反 聚畜丑六反又許六反 斷薄丁亂

反注同 薺才禮反 草艾魚廢反後皆同 言醇音純 謂重直龍反或直用

反 釀女亮反 於朝直遥反 飲蒸之承反後皆同 數來所角反 則

蝗徐華孟反范音橫字林音黃 仲夏昏亢音剛又苦浪反 蕤賓人誰反

應鐘應對之應 交酢才各反 螳音堂 蜋音郎螳蜋螵蛸母也 鶪古闃

反搏勞鳥字林工役反 反舌鄭云百舌鳥蔡伯喈云蝦蟇 螵匹遥反 蛸音消 搏

勞音博又作伯 壯佼古卯反 助長丁丈反下長氣同 鞀大刀反本亦作鞉同 鞞

步西反 竽音于 篪音池本又作篪同 簧音黃 飭鐘音勑 柷昌六反 敔

魚呂反本又作圉 為將于僞反下文為民注為傷為其皆同 大雩音于 百辟必亦

反注同 句龍古侯反 龍見賢遍反下御見同 以雛仕于反又仕俱反雛也爾雅云

穰【法】穰盧作禳，是。阮云：葉本作禳

蛙，烏蝸反【法】盧移蛙，烏蝸反一條於丘蚓條下

絺，勑其反【法】絺、其不同部

鍾【法】盧、阮並云：撫本、葉本鍾作鐘

搏勞鳥【法】搏今本作博

雛，仕于反，又仕俱反【法】仕俱與仕于同，未詳疊出之故，或于與俱依古韻分為兩部乎

生吹雛 含桃 本又作函湖南反含桃櫻桃也 櫻 於耕反 艾藍 力甘反 可別
彼列反下文別羣同 暴布 步卜反 太陽 音泰 無索 所白反 不難 乃旦
反又如字 挺重 大頂反寬也 則執 如字本作蓺 相跡 大計反蹹也本或作踶音同
瘦人 所留反 敎騑 音兆又音道字林音桃 陽爭 爭鬭之爭注同 從能
子用反 致和 戶臥反 嗜欲 市志反 晏陰 伊見反 角解 戶買反 蟬
始 市志反 半夏 戶嫁反半夏藥草 木菫 音謹木菫王蒸也一名舜華 王蒸
之承反 臺榭 音謝 樓觀 古喚反 闍者 音都 雹 步角反 凍 丁貢反
百螣 音特食苗葉蟲 乃饑 居疑反又音機 零落 本又作苓音同 民殃 於良反
疫 音役 季夏去一 起呂反後放此 不任 音壬又如字 純恪 苦各反 蟋蟀
上音悉下音率 腐草 扶矩反 爲熒 本又作螢戶扃反螢火蟲也或作腐草化爲螢者非也
攫 俱縛反一音九碧反 搏 音博 始摯 音至本亦作鷙同 蛟 音交 鼉 大多反又徒丹
禮記音義之一 三十
反 黿 音元 冒 亡報反 榜人 必孟反 材葦 于鬼反 柔刃 而愼反
爲艾 于僞反下文爲民注爲求福爲其同 以共 音恭 黼 音甫 黻 音弗 差貸
音二又他得反 以別 彼列反 旗 音其 章識 申志反又如字 行木 下孟反 徭
役 音遥 徑 音逕 辱暑 如字本或作溽音同濕也 燒薙 他計反芟草又直履反
芟草 所銜反 菜地 音來 夏日 人一反 畜於 勑六反 不復 扶又
反 以糞 方問反 土彊 其丈反注同 易行 以豉反 強 其兩反 騂 好覽
反 鮮落 音仙又仙典反 風欬 苦代反 鷹隼 息允反 蚤鷙 上音早下
音至亦作鷙摯也 走竄 七亂反 中央 於相反 蟲倮 力果反虎豹之屬淺毛者又采
瓦反 露見 賢遍反 中霤 力又反 複穴 方服反 五藏 才浪反 圜
于權反 以閎 音宏 之長 丁丈反 土畜 呼又反下金畜同 孟秋少暤
詩召反注下放此少暤金天氏黃帝之子 蓐收 音辱蓐收少暤之子曰該爲之 應涼 應對之應

含，湖南反【法】湖疑胡之誤，書内無用湖爲紐者

嗜，市志反【法】嗜盧改耆。阮云：撫本作耆。案與志不同部 ○蟬始，市志反【法】志字誤。此爲蟬字作音，非爲始字作音也。篇中屢以始字紐候，皆無異讀，不應此獨去聲，即讀去聲，亦當仍爲審紐字，何又改爲禪紐？種種不合。然《羣經音辨》、《集韻》並收此讀，且引蟬始鳴爲證，則宋時已譌。《集韻》收於審紐内，較賈氏稍有斟酌，蓋已微覺其誤矣。《詩·蕩》、《爾雅·釋蟲音義》蟬並音市延反，當據彼改正　菫，音謹【法】菫譌不成字　饑，居疑反【法】饑、疑不同部，此音屢誤

貸【法】貸亦當作貣，見《孟春》

傜役【法】盧、阮並云：撫本役作役

徑，音逕【法】盧云：徑音逕一條當在者欲條下

夏日【法】盧移夏日條於不復條下

土彊【法】阮云：葉本彊作彊 ○騂，好覽反【法】好覽反盧依《周禮》改好爲呼。偉案好與呼同　○鮮，仙典反【法】典字譌，平聲既在仙部，則上聲不得與典同部

畜，呼又反，一金畜同【法】呼又反盧改呼爲許，云：舊作呼譌。偉案作呼亦不譌。一金之一盧本作下，是也

狐貉戶各反依字作貈生旃之然反則陂彼義反左樞昌朱反行
戮音六寒蜩大彫反蜺也五兮反寒螿總章子孔反白駱音洛
黑鬣音獵本亦作髦音毛又一本作旄尾也先立秋悉薦反軍帥所類
反下同本或作師注放此於朝直遥反招拒音矩將諸子匠反下同詰誅
去吉反好惡並如字又上呼報反下烏路反繕囹市戰反罪邪似嗟反摶執
音傅察創初良反注同審斷決丁亂反下同蔡徒管反一讀絶句決字下屬贏
音盈注同猶解古賣反完胡官反隄丁兮反本又作提防本又作坊音房謹
壅於勇反畢好呼報反坏步回反牆垣音袁大使色吏反介
蟲音界注同稻蟹胡買反復還扶又反下音環又音旋多瘧魚略反
仲秋觜子斯反又子髓反觿戶圭反又戶規反盲風亡庚反疾風謂闔
音文依字作蟁又作蚊蚋人銳反又如悅反其養餘亮反下同麋亡皮反粥
大一百卅九 小四百三十 禮記音義之一 三十一 徐
之六反字林羊六反具飭丑力反後放此有量音亮下度量同朝宴直遥反此
爲于僞反下爲民同必當丁浪反下不當反注同枉紆往反撓女教反又乃絞反字
林作撓非申重直用反循行下孟反芻初俱反草也豢音患養也養牛羊曰
芻犬豕曰豢以所食得名瞻音占肥瘠在亦反皆中丁仲反乃難乃多
反注同竇音豆窖古孝反循囷丘倫反隋曰他果反謂狹而長趣
民七住反本又作趨又七緣反坏戶音陪務畜丑六反浸盛子鴆反始
涸戶各反竭也角見賢遍反下同易關以豉反注同便婢面反匱
其位反注同賈客音古又古雅反應陽應對之應有恐丘勇反復生
扶又反數所角反季秋無射音亦詰貞列反來賓高誘注呂氏春
秋則云賓雀與鄭異爲蛤古荅反鞠本又作菊九六反豺音柴僇禽音六本或
作戮甲重直用反之簿步古反徐步角反之收如字又守又反之委紆僞反

旃，之然反【法】旃盧作旃，是。阮云：撫本作旃

隄，本又作提【法】提盧改堤。偉案堤、提古亦同用，如提封亦作堤封是也

撓，《字林》作撓，非【法】林疑又之譌

務畜【法】盧移務畜條於坏户條上

豺，音柴【法】《廣韻》豺、柴不同音

簿，步古反，徐步角反【法】角盧依撫本改各，是也

紆偽反 猥卒溫罪反下七忽反 習吹昌睡反注同 爲將于僞反下文又縣爲注爲又
爲同 徧祭音遍 合諸侯制絕句 而縣音玄 殳音殊 矛士侯反
度大各反 同乘繩證反 校人户教反 而須音班 騶側求反
載丁代反又如字注同 旐音兆 以綴九立反 趣馬七注反又七走反 駕說
之陳直覲反 大常音泰 載旟音餘 搢音箭 扑普卜反 挾
矢子協反又音協 祀祊鄭注周禮音方 爲炭吐旦反 墐其靳反 辟
殺音避 乃趣音促又七住反 不當丁浪反注同 供養九用反下餘亮反注同
以去起呂反 貪者市志反 熊乎弓反 蹯音煩 鼽音求說文云病寒鼻
窒 嚔丁計反 邊竟音境注及後同 隆六中反 坼丑白反 爆風乃管反
反又許元反 氣解古買反 惰徒臥反 孟冬 析木思歷反 顓音專
項許玉反顓項高陽氏 玄冥亡丁反少昊之二子脩及熙爲玄冥玄冥水官 黿鼉必滅反 財

經典釋文 禮記音義一卷 三十三

匱其位反 應應對之應注同 臭朽許九反本亦作歹字林云乃腐也說文云歹或爲朽字
辟除必亦反又婢亦反 爲軷步曷反 壤如丈反 厚二戶豆反 廣
五古曠反 爲蜃常忍反大蛤 不見賢遍反下注錄見同 鐵驪力知反
與彘直吏反 爲袗之忍反又之刃反 先立冬悉薦反 叶光
本又作汁音協 禺人音遇 椓聚丁角反又作涿同 釁龜許靳反 筴初格反
反 蓍音尸 繇文直又反 相爲于僞反下爲仲冬爲天子皆同 上騰時掌反又
如字下上柚同 蓋藏才浪反又如字 循行下孟反 積聚子賜反下才柱反又並如
字仲冬同 鍵閉其輦反又其偃反 管籥羊灼反 封疆居良反注及下注同 要
塞先代反注同 塞傒上先則反下音奚 徑古定反 鍵牡亡古反又茂后反
摶鍵音博一本作傳直專反 害氣虛愧反 爲壘音徒 塋音營 丘
壟力勇反 襲音習 斂力驗反又力撿反 効功戶教反 淫巧如字又苦孝反

墐，其靳反【法】《廣韻》墐、靳不同部

熊，乎弓反【法】乎盧依《斳干》音改于，是也，然本書乎、于亦互用

解，古買反【法】買當作賣

彘，直吏反【法】吏當作例

釁，許靳反【法】《廣韻》釁、靳不同部〇筴，初格反【法】格蓋革之譌

繇【法】阮云：葉本繇作繇

聚，才柱反，又並如字【法】聚，才柱反，即如字也，柱疑住或注之譌。案據《郊特牲》當作才樹反

牡，亡古反【法】牡，亡古反，北音也，字書多不收此讀

注同功致直吏反下注同之長丁丈反不當丁浪反注同別之彼列反
國索所百反屬民之玉反下同滌大歷反場直良反躋彼
子兮反兕徐履反觵古宏反臘先祖力合反謂蜡仕迓反字
林作禬勞農力報反將帥上子匠反下色類反大閱音悅唯狩
手又反上泄息列反下同復出扶又反參伐所林反下同仲冬東
辟必亦反又必狄反益壯莊亮反曷旦本亦作鶡同苦割反曷旦鳥名暢月
勑亮反克也猶女音汝大陰音蔭必重直龍反注同省婦所景
反注同大酋子由反又在由反大酋酒官之長秫稻音述麴丘六反蘖魚列反
湛子廉反漬也熾尺志反炊也火齊才計反注火齊同監古銜反差貸
音二又他得反注同之長丁丈反穫稻户郭反畜獸許六反不詰起吉
反藪澤素口反教道音導陽爭爭鬭之爭注同去聲起呂反注及下
大一百七十六小六百二十六 禮記音義之一 重刊 三十四 姉
同禁耆市志反從八子用反芸音云香草荔力計反馬䪥挺出
大頂反馬䪥户介反麋亡悲反角解音蟹上行時丈反氛
霧芳云反雨汁于付反下音執注同謂雨雪雜下也瓜瓠户故反好雨呼報
反多疥音介季冬婺女無付反昬婁力侯反旦氐丁兮
反一音丁計反玄枵許驕反北鄉音向雉雊古豆反雉鳴雞始乳
如住反大難乃多反下注同磔出竹百反爲厲于僞反題肩大兮
反神祇音祁腹堅本又作複又方服反厚也五種章勇反注同鎡音茲
錤音其合古荅反吹昌睡反而罷如字又音皮乃復扶又反君
子說音悅小人樂音洛以共音恭下文以共皆同薪燎力召反可
析思歷反下同炊爨七亂反幾終音祈又音機故處昌慮反猶
女音汝令之力呈反而縣音玄辟寒毗異反胎吐來反犬

致，直吏反【法】致、吏不同部

觵，古宏反【法】《廣韻》觵、宏不同部○臘，力合反【法】合當作盍，《考工記・桃氏》音作力闔

貸【法】貸當作貣

䪥【法】阮云：撫本、葉本䪥作䪥，是也○麋～角解【法】盧移麋、角解二條於荔、挺出條上

祇，音祁【法】《廣韻》祇、祁不同音○腹，本又作複，又方服反【法】又字蓋衍

錤，音其【法】盧云：《注疏》本作音基，是

辟，毗異反【法】異誤，辟、異不同部

烏老反注同　少長上詩召反下丁丈反　乃句古侯反　消釋如字一本作液音亦

經典釋文卷第十一

經典釋文卷第十二

禮記音義之二　起第六盡第十

唐國子博士兼太子中允贈齊州刺史吳縣開國男陸德明撰

曾子問第七　曾子，孔子弟子曾參也。以其所問多明於禮，故著姓名以顯之。　卷之六

大祝　音泰。下文注大祝、大宰、大宗、大廟、大史皆同此音。下之六反。《說文》云：祝，祭主贊詞者　裨冕　婢支反

命毋　音無，本亦作無　絺冕　知里反，本又作黹，徐張履反　祝聲　之六反，下同。徐之又反　三　息暫反，又如字，下聲三及三者三皆放此　噫　於其反　歆　許金反　警神　居領反　少

師　失召反，下少牢升注同　奉　芳勇反，下注奉者同　以衰　七雷反，下同　子從　才用反，下同

敢見　賢遍反，下而見伯父廟見旅見同　徧告　音遍，下同　於禰　本又作祢，乃禮反　視

朝　直遙反，注及下同　爲將　于僞反，下爲事同　公袞　古本反　鷩　必列反　毳　昌銳反

釋軷　步末反　牲幣　依注，牲音制，制幣一丈八尺　於殯　音賓，出注　將冠

禮記音義之二　一　余永

古亂反，下及注皆同　徹饌　仕戀反　埽　悉報反　冠醮　子妙反。酌而無獻酬曰醮　以與

音預，下至脫衰與奠皆同　相爲　于僞反，注爲人其所爲服爲君爲其皆同　辟正　音避，下同　士則朋

友　一本作士則朋友奠　脫　湯活反　擯相　息亮反　取　七住反，本亦作娶，下文取婦取女同　累

力弭反　親迎　魚敬反，下同　縞　古老反　總　音揔　服期　居宜反，下同　償　音尚　過

古臥反　相飲　於鴆反　食　音寺　相離　力智反　有供　九用反　養　羊尚反

盥饋　音管，下其位反　不菲　一本作扉，扶畏反，草屨　朝廟　直遙反　猶爲　于僞反，下

爲庶毋爲其下文君爲皆同　禮與　音餘，下禮與同　亟舉　徐起吏反　西鄉　許亮反

先桓子　悉薦反　夏卒　戶嫁反　巡守　手又反，本亦作狩　齊車　側皆反，本

亦作齋，注及下同。齊車，祭祀所乘金輅也　祫祭　音洽　老聃　他甘反，老聃即甘子也　祔之　音附

以從　才用反，下從而從同　禪　必蹕　音畢，止行　少喪　如字，下及注皆同。讀者亦息浪反　以

遺　如字，猶垂反，又于季反　者幾　居豈反，下同　雨霑　竹廉反　衣青　於既反，又

法偉堂經典釋文校記遺稿卷十二

禮記音義之二

清法偉堂著　邵榮芬編校

《說文》云：祝，祭主替詞者【法】阮云：段玉裁校宋本替作贊

絺，知里反，徐張履反【法】絺、里不同部，徐音是也。此易之未詳

累，力弭反【法】累《廣韻》亦收紙，然非也，說見《月令》

期，居宜反【法】期、宜不同部

遺，猶垂反【法】遺、垂不同部

如字下同 嘗禘 大計反 簠 音甫徐方于反又音浦 簋 音軌 陳 饌 仕戀反又仕轉
反下同 三 飯 扶晚反下同 不侑 音又絕句下皆放此 酳 音胤又仕覲反 不酢 才各
反 比至 必利反 賓長 如丈反下文誄長同 爲其 于僞反下爲彼爲親妻爲婦爲爲已病皆
同 之治 直吏反 義斷 丁亂反 服除 如字徐直慮反 民中 如字又丁仲反
適妻 丁歷反 不誄 力水反累也謂謚也 時行 下孟反 作謚 音示徐又以二反
出疆 居良反 以椑 薄歷反櫬身棺謂杝棺也 共殯 音恭注同下必刃反 苴經
七餘反下大結反 散帶 息但反 弁 皮彥反 柩 其又反 如爵 如或作加誄也 爲
已 音以 子免 音問 既引 以刃反下皆同 既封 依注音窆彼驗反 及塗 音徒
扱 初洽反 上衽 而審反又而鴆反 祝曰 之六反又之又反下同 舊爲介子 于僞反下
注爲有異居爲無曰同介音界副也下同 庶子爲大夫其祭也 本或此下有如之何三字非也
不厭 本或作饜於豔反注下皆同 不綏 注作墮同許垂反徐又況垂反注同 皆辟 音避

禮記音義之二　二　余永

下同 厭飫 於去反 尸謖 色六反起也 俎敦 音對又東論反 爲嘏 古雅反 奠
觶 之豉反字林音支 不歸 如字徐其位反 諸與 音預 其詞 如字告也下及注同
昭穆 常遙反下音木後放此 爲壇 大丹反下注同注或作墠音善 遠辟 徐于万反 之
稱 尺證反 不附祭 附依注音備本或作祔亦同 於奧 烏報反 無肵 音其又忌
依反勤也 之適 丁歷反下同 如有昆弟 一本作加有昆弟 共 音恭 于堩 古鄧反道也
且不 如字徐子餘反 吾從 才用反又如字 既明反 絕句 遲數 音速出注 朝
天子 直遙反 大夫使 色吏反下君使所使同 不蚤 音早 不莫 音暮 則
近 附近之近 慝作 他得反惡也 痁患 始占反病也 而恐 丘勇反 爲君
于僞反又如字 塗邇 音邇近也 即周 本又作堲子栗反下同 繩組 本又作縆古鄧反一
音古恒反 鉤之 本又作拘古侯反 斂葬 力驗反下同 史佚 音逸 長殤 丁丈反下
同 則棺 古患反下文棺斂衣棺注棺謂皆同 召公 本又作邵同上照反下同 爲史 于僞反下爲辟

謚【法】謚盧改謚

櫬身棺【法】阮云：葉本櫬作儭

綏，注作墮，同，許垂反，徐又況垂反【法】許垂必許恚之譌，若作垂，則與徐音同矣。《郊特牲音義》墮，許恚反，或許垂反，是其證

肵，音其【法】肵、其不同部，陸意蓋收脂不收微耳

棺，古患反【法】棺，古患反，與《聘禮》同

爲𣳦有下文同 周公曰豈絶句 言是豈絶句 於禮不可絶句 同處
昌慮反 辟道婢亦反 無辟音避下同 禮與音餘下皆同 作難乃旦
反 粊音祕
文王世子第八文王周文王昌也鄭云以其善爲世子之禮故著謚号標篇言可法也
朝於直遥反 曰三如字又息暫反 衣服徐於既反又如字 内竪上主反小臣
又復扶又反 及莫音暮注及篇末皆同 蹈徒報反 憂解胡買反 食
上時掌反 寒煖乃管反徐況煩反 末有亡曷反勿也 應曰應對之應 爲
失于僞反 飪而審反生熟之節 不稅本亦作脫又作説同音他活反 而養羊尚反
壹本亦作一 飯扶晚反下及篇末皆同 箴藥本亦作鍼之林反 所勝音升 瘳
丑由反差也 女何音汝後同 九聆音零本或作齡 人壽音受後同 安樂音洛
子爾羋汝反 傳直專反 莅阼音吏又音類下同 莅視本或作莅臨也 周
禮記音義之二　三三　吳文昌
公相息亮反 而治徐直吏反下注治定同一音如字 抗苦浪反舉也 長幼丁丈
反後皆同 則撻他達反擊也 凡學世子戶孝反敎也下小樂正學干籥師學戈學舞干正同
俊選息戀反後同 春夏戶嫁反下放此 羽籥羊灼反 干楯食準反又
音尹 句子古侯反 秉翟大曆反 大胥如字又音泰胥息徐反又息呂反注皆放此
之版音板本又作板 舍采音釋後舍采同 秋頒音班 旄人音毛 不僭
七尋反又子念反 大師音泰下文注大樂正大學大傳大祖大寢皆同 瞽宗音古瞽宗殷學
名 上庠音詳上庠虞學名 播詩彼我反 功易以豉反 合語如字
徐音閤注同下大合樂放此 語説如字徐始鋭反注語説同 論説力門反徐力頓反注同 三
行下孟反下又德行同 侍坐才卧反又如字 遠近間並如字間猶反同注同徐古辦容也
指畫乎麥反 分別彼列反 廣三尺古曠反又如字 三寸一本作廣三尺
三寸三分 函丈胡南反 相辟音避下辟君同 億可本又作噫音抑 有蕢

粊，音祕【法】盧云：《注疏》本作費，案《説文》作粊，《廣韻》作粊。偉案盧於《儀禮·既夕篇》改爲粊，是也

莅，音吏【法】吏當作利

播，波我反【法】我蓋餓之誤，《廣韻》播讀去聲

説，徐始説反【法】説盧依宋本改鋭，是

間，猶容也，徐古辨反【法】辨蓋辦之譌，辨乃上聲

求龜反 小拔 其彼反 後復 扶又反 遠之 于万反注同 近是 附近之近
既興 依注爲釁音虛覲反 擯于 必刃反本亦作擯注同 無介 如字下注同副也 米
廩 力甚反 懌 音亦悅懌 少傅 詩召反下音賦後同 積浸 子鴆反 爲之
于僞反下爲說其爲君皆同 國治 直吏反下而治國治並同 況于 依注作迂音同又音紆大也
欲令 力呈反 學之 音效下及注同 孝弟 大計反又作悌下孝弟皆同 之倅 七對
反副也 其朝 直遙反後不出者並同 登餕 音俊 之適 丁歷反 質盬
音管 行列 戶剛反 者稠 直由反密也 出疆 居良反 守於 如字又手又反
下同 諸父守貴室 本或作守貴宮貴室 冠取 古亂反下七喻反後放此 相爲
于僞反下注爲君同 宜免 音問下及注同 于賵 芳鳳反 賻 音附 承 音贈出注
含 胡暗反本又作唅贈賻唅襚皆贈喪之物也車馬曰贈布帛曰賻珠玉曰唅衣服曰襚摠謂之贈贈猶送也
甸人 大遍反 縣 音玄 縊 一智反 則纖 依注音鍼之林反刺也徐子廉反注本或作纖

禮記音義之二　四

讀爲纖者是依徐音而改也 剸 之兗反割也 亦告 依注作鞠久六反 鍼刺 七亦反又
七智反下同 臏 頻忍反徐扶忍反 劓 魚器反 刀鋸 徐音據 讞 徐魚列反言也
大辟 婢亦反後不音昔放此 宥之 音又寬也 又復 扶又反下不復復自行皆同 爲
之 于僞反下不爲服爲黍祖注非爲又爲之舞同 之比 必利反 之殺 色戒反徐所例反差也 差
也 初佳反徐初宜反 弔臨 如字徐力鴆反 官治 直吏反 衆鄉 許亮反注同
百姓 本或作異姓非 遠之 于万反 大昕 音欣說文云旦明日將出也讀若希 警
衆 音景起也 養也 如字徐羊尚反後皆依徐音 之處 昌慮反下同 五更 江衡
反注同蔡作叟音素口反 咏焉 音詠 以樂闋 苦穴反終也 以樂 音洛 里⿰馬豈
皇音奐冀及也本又作愷又作驗亦作驥 兊命 注作說同音悅 朝夕至于 直遙反旦曰朝
暮曰夕舊如字 朝朝 上如字下文朝夕之食上同下直遙反 食上 時掌反 親齊 側皆反注
同 齊 才細反 和 胡卧反

含，胡諳反【法】諳盧依宋本改暗，是

臏，頻忍反，徐扶忍反【法】頻忍音和，扶忍類隔

禮運第九鄭云禮運者以其記五帝三王相變易及陰陽轉旋之道　卷之七
與於音預　蜡仕嫁反索也祭名夏曰清祀殷曰嘉平周曰蜡秦曰蠟字林作䄍　索所百反　於觀
古亂反注同闕也　喟然去媿反又苦怪反説文云大息　之處昌慮反下同處同　逮音代反也
一音代計反　俊選宣面反下文皆同　爲其于僞反下文爲己皆同　禪位善面反
所長丁丈反　矜寡古頑反　無匱其媿反　有分扶問反注同　良
奥烏報反　惡其弃上烏故反下同　不憚大旦反　施無始豉反　悋
力刃反又力覲反　禦風魚呂反　傳位丈專反　俗狹音洽　嗇音色　勇知
音智　敦朴普角反　之稠直由反　成治直吏反　在埶音世本亦作勢　者
去羌呂反注同　爲殃於良反　復問扶又反下復問同　相鼠息亮反注同
遄死市專反疾也　殽於戶教反法也徐戶交反　冠昏古亂反　朝聘直遥
反　則易以豉反　之極言紀力反如字徐　聞與音餘　小有正音征本或作有
大十七字　小四四十五　禮記音義之二　五　杞
夏小正　坤苦門反　乾其連反　其燔音煩　捭豚卜麥反注作擗又作擘皆同
汙尊烏華反注同一音作烏　抔步侯反手掬　蕢依注音由苦對反又苦怪反土塊也　桴
音浮　鼓捶　齊敬側皆反　釜本又作鬴音父　甑即孕反　燒石如字又舒照反　鑿
地在洛反　掬九六反本亦作臼音蒲侯反　堛普逼反　摶土徒端反　築徐音竹　屋
而號戶毛反　皐某音羔　飯扶晚反注同　腥音星　而苴子餘反苞也徐爭初
反　遣奠弃戰反　知氣音智　北首手又反注同　南鄉許亮反注同　營
窟苦忽反　居橧本又作增又作曾同則登反　樔本又作巢助交反　茹其音汝　衣
其於既反　鑄作之樹反　合土如字徐音閤　令音零　甓步歷反　及甒
音武　大也音泰皆罇名　臺榭音謝本亦作謝　牖戶音酉　以炮薄交反徐
扶交反　裹燒音果　以燔音煩　如亨普伻反煮也下合亨同　鑊戶郭反
以炙之石反　貫之古亂反　醴音禮　酪音洛　烝之承反　釀女亮反　酢

逮，一音代計反【法】代盧改大

匱，其媿反【法】其媿盧、阮校別本作其魏。偉案全書多作媿，別本誤也

吝，力刃反，又力覲反【法】力覲與力刃同，此亦來紐分兩類

遄，疾貌【法】疾貌下盧補也字，阮校別本貌作也。案據注作也是也

汙，一音作烏【法】烏上作字疑衍

掬，本亦作臼，音蒲侯反【法】臼盧改𦥑，云：不當音蒲侯反，疑當有又作抔三字脱耳。偉案注云：抔飲手掬之也。《釋文》抔下云，手掬，即本此注。掬以訓抔，似無再作抔之理，且抔字音已見上，即使此注又作抔，亦但記異文足矣，不必再作音也。考《集韻》𦥑與㝅、裒同字，並音蒲侯反，與此條同，必有所本，不必疑其誤也。改爲𦥑，則是

炮，薄交反，徐扶交反【法】薄交音和，扶交类隔

七故反 截 子再反徐祖冀反 醴醆 側眼反 粢 依注爲齊子細反注五齊皆同 醍 音體
祝嘏 本或作假古雅反 之祜 音戶福也 粢讀 音咨 泛齊 芳劒反徐音汎 盎
齊 烏浪反 爲主人 于僞反下同 其祝 之六反徐之又反注同 其殽 本或作肴
戶交反 越席 音活注同字書作趏越席翦蒲席也杜元凱云結草 以冪 本又作鼏同莫歷反 衣
其 於旣反 澣帛 戶管反 示號 音秖本又作祇 齍號 音咨皇云黍稷 大
古 音泰下大史同 爓 似廉反 湅 如豔反又如琰反 樂也 音洛 鈃 本又作鉶音刑盛和
羹器形如小鼎 羹 音庚舊音衡 分別 彼列反下文同 於 音烏 乎 好奴反 吾含
音捨下含襢皆同 郊禘 大計反 褫鼠 音兮 契 息列反 醆斝 古雅反又
音嫁斝名也夏曰醆殷曰斝周曰爵 僭君 子念反注同 脅君 許劫反 儗於 音擬 焉
於虔反 期不 居其反 入朝 直遥反注同 或與僕相 息亮反一讀如字則連下
爲句 等輩 卜內反 弟鍼 其廉反又祇廉反 干乘 時證反 壞法 音怪
大六七小四七十 禮記音義之二 六 杞
諱惡 烏路反 自拱 徐居勇反後拱持同 爲謔 許約反 孔甯 本又作寍寗左
傳作寍公羊作甯各依字讀 行父 音甫 數如 色角反 取殺 申志反又如字 大柄
兵命反 儐鬼 必刃反 以治政 皇如字徐直吏反下文注以治政同 爲言 于僞反下又爲
遂爲皆同 所操 七刀反 臣倍 步內反 俗敝 音弊本亦作弊 疵國 才斯反病也
肅峻 恤俊反 煇光 音暉 不見 賢遍反 殽以 戶教反注及下同 大會
古外反 而上 時掌反下上配上生皆同 共國 音恭 所樂 音岳又音洛又五孝反好也注同
治也 直吏反注同下以自治注身治成治皆放此 並併 步頂反 過差 初佳反一音初買反
何以守位曰仁 本亦作人 所養 羊尚反又如字下同 百姓則君 則音明
出注 分定 扶問反後文注除三分去一三分益二皆同 舍義 音捨 之知 音智注同 去其
羌呂反後皆同 之斷 丁亂反 之施 始豉反下施生同 謂之變 音辯出注 耐以
音能 辟於 婢亦反開也徐芳益反 傳書 文專反 愛惡 烏路反下皆同 弟第

截，徐祖冀反【法】截、冀不同部，冀疑異之誤

泛，芳劒反，徐音汎【法】泛徐音非異讀，疑有誤

乎，好奴反【法】乎今本作呼

鍼，其廉反，又祇廉反【法】鍼二音同，必有一誤。《昭元年三傳音義》並止其廉一讀，疑又祇廉反四字乃後人校語也。又《周禮·夏官·射鳥氏》注鍼箭《音義》鍼，其炎反，李其嚴反，然則祇廉或祇嚴之譌

差，初買反【法】買當作賣

辟，婢亦反，開也，徐芳益反【法】辟二音同，改音和也，然徐音合古韻

上如字下音悌長惠丁丈反 爭奪爭鬬之爭 測度大洛反 不見賢遍
反 竅於徐苦弔反孔也 播於彼左反舒也 五行四時絶句本亦作播五行於四
時 屈伸音申 迭相大計反又田結反 竭也義作揭其列反負擔也 還相
音旋下同 六和戶卧反注同 更相古衡反下同 角徵張里反 南事律名京房
律始於執始終於南事凡六十 畫繢戶對反 以圜音環又音圓 別聲彼列反
被色皮義反徐扶義反 爲柄本又作枋兵命反 爲量音亮下同 爲畜許六
反下同 政治直吏反 於鱗良人反 相近附近之近 操七刀反 所捊
薄侯反徐音普傋反 介僎上音界下音遵 可睹丁古反 爲倪五計反視也 魚
鮪于軌反魚名 淰音審徐舒冉反 矞字又作獝況必反 狘況越反 閃失冉
反 秉蓍音尸 瘞於例反一音於器反 繒本又作增同似仍反又則登反又似登反 儐
鬼皇音賓敬也舊必信反 在朝直遙反下同 卜筮市制反 瞽音古 侑

禮記音義之二　七　虎切非

音又 皆應應對之對 列宿音秀 之藏如字徐才浪反 大一音泰下注同 合
於月之分本或作日月之分日衍字 曰養音義出注 冠昬古亂反 摯幣
本又作贄音至 罷也音皮 大竇音豆孔穴也 壞國音怪又乎怪反 喪家息浪反
有蘖魚列反 醇耳市春反 養菁子丁反 耨之奴豆反鉏也 所盛
市正反又音成 乖刺力達反本或作制 無耜音似 不種之用反不亦作弗何休注公羊云弗者不
之深也下皆放此 不穫戶郭反 知收如字又手又反 不見賢遍反 不苑于粉反積
也 不繆音謬 有畜丑六反 不殺所戒反徐所例反注同 渚者之汝反 漁
人音魚 獻鼈必列反 蜃石忍反 司爟古亂反 丱人華猛反又瓜猛反徐
古猛反 仲夏戶嫁反下同 謂食音嗣 齊才細反下皆同 須爵音必班
當丁浪反 媒氏音梅 而取音娶本又作娶 稽士古兮反 之栽音災 妖
孽又作蠥魚列反妖又作祅說文云衣服歌謠草木之怪謂之祅禽獸蟲蝗之怪謂之蠥 螟亡丁反 蝥

播，彼左反【法】盧本改彼爲波，云：前播音波我反，此處舊音彼左反，《注疏》本作彼佐反，疑皆非也。偉案播字《釋文》本有上、去二讀，未便爲非。《廣韻》只讀去聲，疑左作佐是

被，皮義反，徐扶義反【法】被二音同，改音和也

繒，似仍反，又似登反【法】兩似字皆誤從爲邪

苑，于粉反【法】于當作於

丱人，華猛反，又瓜猛反，徐古猛反【法】華盧改革，依《周禮·地官》及《曲禮》音改也，《地官》革字，阮校葉本作華，與此正同。竊意作華爲是，瓜猛與古猛同，若作革猛，則三音同矣

徐音終 澧本又作醴音禮 麒麟音其下音栗人反 郊棷素口反徐物會反澤也本或作藪
宮沼之紹反池名 卵力管反 胎土才反 可俯音府 而窺本又作闚去規反
銀甕本又作罋烏弄反徐於弄反
禮器第十 鄭云以其記禮使人成器孔子謂子貢瑚璉之器是也
錯則七路反本又作措又厝音同 猶去起呂反 回邪似嗟反 辟也匹亦反 如
竹箭節見反 有筠于貧反鄭云竹之青皮也 故貫古亂反 改柯古何反
篠西了反徐音小 柔刃而慎反 廣狹音洽又户夾反 常差初佳反徐初宜反
上下時掌反 大殺色戒反徐所例反注同 恇懼音匡又丘往反 猶恐丘勇反 稱
次尺證反後皆同 匪革紀力反注同急也 堵者本又作闍音都又丁古反徐音常邪反 七
介音界副也後皆同俗讀古賀反非也 五重直龍反下及注皆同 八翣所甲反 相食
音嗣下同 餼許既反 西夾古洽反又古協反 其使色吏反 抗木苦浪反又音剛

禮記音義之三　八　毛端

又户剛反 輿茵音因 縮二所六反 以犢音獨本亦作特 相朝直遥反下及注同
灌用古亂反注同 鬱鬯丑亮反 脯醢上音甫下音海 繁纓步干反下及注
同 琥音虎又作虎 璜音黄 單席音丹 翦繁子淺反一音賤 鵠纓胡毒
反 之量音亮 器皿命景反字林音猛 以散悉旦反注同 舉觶支豉反 外
缶方有反 瓦甒音武 曰觚音孤 不壇大丹反 椸禁於據反 猶
去起呂反 斯禁如字劉昌宗音賜 隋長他果反 足高如字又古報反 龍
卷本又作衮同古本反 黼音甫 黻音弗 熏字又作纁許云反 裳緑繰本又
作璪亦作藻同子老反注同 不琢字又作瑑丈轉反徐又依字丁角反 大羹音泰 不和
胡卧反 越席音活 犧尊鄭素何反王如字 幎本又作冪又作鼏莫歷反 樿章善反又
市戰反白理也 杓市灼反 長三直亮反 杼上直吕反 作幕音莫 不殺
所戒反又所例反下而殺注芟殺皆同 詡萬況矩反也徧也 徧也音遍 樂五孝反注同

胎，七才反【法】七乃土之譌，盧依宋本改土

甕，烏弄反，徐於弄反【法】於弄疑於用之譌，否則當爲平聲字，《易・井釋文》李，於鍾反是也。又案或以徐用於紐爲非，故易爲烏耶

箭，節見反【法】見字誤，陸非線、霰不分，殆隨手掇拾，未細檢耳。《郊特性》羨，才箭反，又辭見反，誤與此同，非箭、羨可入霰也 〇篠，西了反，徐音小【法】篠二音筱、小分部　狹，音洽，又户夾反【法】《廣韻》洽、夾同部

重，注及下皆同【法】盧依宋本改爲下及注皆同，是也

皿，命景反，《字林》音猛【法】《廣韻》梗部脣音亦分二類，命景即《廣韻》之武永也。此等皆梁、陳間人所分，《字林》則不爾也　散，悉旦反【法】旦當作但

猶見賢遍反下外見告見皆同 之致直置反注皆同 誠愨字又作殼苦角反下文同 爲樂音洛 匹士
本或作正上 之攘如羊反盜竊 以上時掌反 鏤簋力豆反下音車 朱紘音宏 藻梲章悅反依
字當作棳梁上侏儒柱 栭謂音而 達棱力登反 斵陟角反 而礱力工反 澣衣又作浣戶管反
濯冠直角反 以朝直遥反 隘矣本又作阨於賣反狹也 不爲于僞反下爲母爲父母皆同 不
摩本又作靡毀皮反齊人謂快爲靡 蚤音早 褓大音保又保毛反本又作保 夏父音甫 不綦
音忌不亦作弗 燔柴音煩又芳雲反 於奧依注作爨七亂反下同 子彊若侯反 大廟音泰下注大平
下文大廟並同 躋僖子西反升也本又作隮 饎爨昌志反下七亂反 盛於音成 於鉶步丁反 不當
丁浪反 期也音基 猶去起呂反下去賓同 有撖所監反又所覽反芟也 芟也所咸反 有放方往
反下有放必放同 不致本或作不至 而撫之石反 詔侑音又本或作宥 武方音無出注 就養
羊讓反 詔圜音圓下圜丘同本亦作詔圓 猶醵其庶反又其約反合錢飲酒曰醵 與音餘 近人
附近之近注同 而遠于万反 獻𤛑似廉反 下役戶嫁反 已蹙本又作蹙子六反又音促 愿貌
大二百五 小五百四十 礼記音義二 九
音願大愿音泰 不見賢遍反下龍見同 頖宮本或作泮依注音判 惡依注皆呼又作虖好胡反 池
大河反注同 嘔㕧烏侯反 泰山本或作大音泰下注放此 順之至也順亦作慎 散齊悉旦反下
側皆反後放此 相步息亮反注同 溫之紆運反注同 溫藉徐子夜反 告導音導 朝事
直遥反下朝夕注視朝同 以樂樂之上音岳下音洛 鸞刀力端反 莞音官一音丸 簟徒點反
而槀古老反字又作藁 鞂江八反徐古八反 穗音遂 而烝之承反 亹亹亡匪反徐音尾
勉勉反 樂之音洛 升上時掌反 巡守手又反 爒燎力妙反又力弔反 禪於戰善
反 梁父音甫本亦作甫 龍假音格至也 爲暘音陽 爲燠於六反 大治直吏反下及注同
罍音雷 犧尊素河反注下同 縣鼓音玄 應鼓應對之應 作獻本又作戲同素可反
下同 之分扶問反 夏籥戶嫁反下音藥 裸用古亂反 雞彝徐音夷 作護戶故反本
亦作濩 以道音導 蘧伯玉其居反 名瑗于卷反 之知音智 而從才用反 薦
盎烏限反 血膋了彫反 洞洞音同 屬屬之玉反 羞美定一作丁磬反一音奴子

致，直置反【法】致、置不同部

隘，本又作阨【法】阨當從戹

齊人謂快爲靡【法】靡阮校各本作麾，云：此本誤

燔，芳云反【法】芳蓋房之誤。《舜典》燔，扶袁反，又扶云反，是也

芟，所咸反【法】《廣韻》芟、咸不同部，他皆所銜反

詔圜【法】詔圜《注疏》本作韶圜，殆是，陸本非也

散，悉旦反【法】旦誤，《祭義》散，悉但反，是也

藉，徐子夜反【法】子蓋字之誤，蘊藉之藉無讀精紐者，《内則》作字夜反

鞂，江八反，徐古八反【法】古八與江八同，殆因古爲一等字，故易之耶○亹，亡匪反，徐音尾【法】音尾與亡匪反同○燎，力妙反，又力弔反【法】燎二音笑、嘯分部。據下篇則力弔乃徐音，徐蓋不分兩部也

瑗，于卷反【法】卷當作眷，詳《檀弓》

屬，之六反【法】之六《注疏》本作之玉，是

爲祊百彭反 繹祭音亦 一獻昌慮反 壬事與音餘 魚腊音昔 內金
音納 見情賢遍反下注世一見同 焆物音照本亦作照 絲纊音曠緜也劉昌宗古曠反 縧蕩
大黑當反 蕃服本又作藩方煩反下同 近之附近之近 肆夏依注作陔古來反注又作祴音同 袒
襲音但下音習 受和户卧反 強言其丈反 跛彼義反偏任曰跛注同 倚於綺反依物曰倚注同
子路與音預 晏朝直遥反又張遥反
郊特牲第十一鄭云以其記祭天用騂犢之義也郊者祭天之名用一牛故曰特牲 卷之八
膳市戰反 用犢音獨 牲孕餘證反 誠慤苦角反 繁纓步干反 三獻
爓本亦作燗以廉反 灌用本又作祼古喚反 腶脩丁喚反鍛脯加薑桂曰腶脩 三重直龍反下注同
而酢才各反 之介音界注同 猶單音丹下文注同 饗禘音樂出注下春禘同 而
食音嗣 夏禘户嫁反 俎奇居宜反下鼎俎奇同 用褻息列反 旦明旦音神出
注 篆字直轉反 示易以豉反注同 朝聘直遥反下文注朝覲朝服皆同 樂闋
大曰八千五 小四百九十 【禮記音義二 一
苦穴反止也 婁嘆力注反本又作婁 匏竹步交反匏笙也竹篪簫也 別土彼列反下注無別同
爲作于僞反下文爲君同 往德于況反 庭燎力召反徐力弔反 僭天
子子念反後竝同 私覿大歷反下同 而使色吏反 私見賢遍反下同 慶父
音甫 鵠牙直蔭反 殺二君音試 弁自作才路反本又作弁自祚階 宮縣音玄注及
下同 諓鍚音陽注同 于盾本亦作盾純尹反又音尹 傅其音附 背補佩反 反坫
丁念反 繡依注作宵音消注或作綃亦同 黼音甫 以籚音廉 於反爵焉本或作賓
反爵焉非 領緣䋤綃反 繒似陵反 朱襮音博 過古卧反 寓公音遇寄也 南
鄉許亮反下鄉君南鄉同 以辟音避注同 鄉人裼音傷強鬼名也 強鬼其丈反 時難
乃多反下同本又作儺 索室色百反下文注皆同 毆疫字又作驅同起居反 縣弧音胡 說㤜
始銳反 三日齊本又作齋同側皆反後放此 何居音姬 繹之音亦 祊百彭反 商賈
音古 販夫甫万反 北庸本亦作墉音容牆也 大社音泰下文注大社大陽大廟大古大王皆同 王爲

禘，音樂【法】音藥盧云：當音樂。偉案禘當爲禴，故陸音藥，藥與禴同讀也。若樂字則異部異紐，無緣用以爲音，盧說甚誤

繒，似陵反【法】繒音誤從爲邪

毆，起居反【法】居乃俱之譌

于僞反下文爲社爲幷皆同 喪國息浪反 薄社本又作亳步各反 牡牖音酉 乘時證反注同又徒編反 共音恭 粢音資 曰甸徒練反又繩證反 卒伍子忽反 算具思管反 爲省思淺反 而盥依注音鹽 行行田上如字下及下行田皆下孟反 使歆許金反 燔柴音煩 巡守手又反 岱宗音代 夏正音征下同 猶徧音遍 以稱尺證反 用騂息營反徐呼營反 圜丘本又作圓音員 凡爲如字或于僞反非也 擇可與如字一音預 而還音旋下同 重相直用反 爲庛九又反 省鑊戶郭反 氾芳劍反本亦作汎 埽素報反 剗初產反又初覲反 令力呈反 王被皮義反 卷本又作衮同古本反及注卷冕同 冕亡辯反字林亡辯反 載丁代反本亦作載 璪音早 不過古和反 在滌范音迪徐徒嘯反 以別彼列反 所搜本又作廋所流反 除慝吐得反下之慝皆同 大蜡八仕詐反蜡祭有八神先嗇一司嗇二農三郵表畷四貓虎五坊六水庸七昆蟲八 伊耆巨夷反伊老耆古天子號也或云即帝堯是也

禮記音義二　一一

百種之勇反下之種也同 郵本亦作尤有周反字或作郵 表畷丁劣反田畯所以督約井間處也又丁衞反 田畯音俊 督約因妙反 教擾而沼反馴也 迎貓字又作貓音苗 爲其于僞反下同 祭坊音房後注同 其蟹火各反 祝辭之六反又之又反 猶坑苦衡反 螟莫經反 螽音終又依字 榛杖側巾反以榛木爲杖也 褒殺所界反徐所例反注及下德之殺並同 臘先祖力合反 勞農力報反 草笠音立 使使上音史下及下使者皆色吏反 緇撮七活反又七括反 其餉如尚反 伊糾居黝反 好田呼報反下好女可好皆同 果蓏力果反 以蓄尹六反又許六反 蘊財於粉反 以移以豉反注同羨也 羨也才箭反又辭見反 烝之承反 畀必利反 祖妣必履反 之與音餘 既嗜而收絕句 積聚並如字徐上音慈賜反下才樹反 之菹爭居反 其醢音海

乘，時證反【法】《廣韻》乘、時不同紐，下條甸字繩證反，是也

氾，芳劍反【法】氾盧改氾，是

過，古和反【法】上文尊賢不過三代之過，與此過字義同而彼音古臥反，疑此和字誤

臘，力合反【法】力合誤，詳《月令》

撮，七活反，又七括反【法】七括與七活同，必誤也

羨，才箭反，又辭見反【法】羨、見不同部，辭見反誤，與《詩·采芑音義》又徐薦反同誤。又此二音亦見陸氏從、邪不分　○嗜【法】嗜盧改蜡，是

麋音眉 臡字又作臡乃兮反字林作腝人兮反 茆音卯又力首反
麕九倫反 蠃力戈反 豚拍音博 薦即見反又作薦同或作廌非
可者市志反 路車本亦作輅音同 可樂皇音洛下同徐五孝反
可便婢面反徐扶綿反 莞音官徐音丸 簟大點反 越音活注同
稾又作槀古老反 鞂簡八反徐古八反 不和胡卧反 不琢依注
爲文轉反 彫多調反又作雕字 幾巨依反注同 之乘時證反 樸也
音角反 司烜音毁 陰鑑古暫反 籍神字夜反 沂魚斤反
鄂五各反 俎寄居宜反 醯醢上呼兮反本又作醓同 斷也
丁乱反 冠義古乱反下文始冠冠而敝之而冠於作冠而字之冠礼士礼冠皆同
齊則側皆反 其緌耳佳反 以上時掌反後以上皆同 敝
大百示三百平 【礼記音義二 十二 高涼
本亦作敝婢世反徐又房列反 不復扶又反 適子丁歷反 近
附近之近 醮子妙反 毋追上音牟下多雷反 殷冔況甫
反字林作火于反 見墓訪患反 殺音弑 賢行下孟反下
德行同 取於音娶本又作聚 附遠皇于万反 尊別兵列
反下及注皆同 不腆天典反 信事側吏反又如字正也注同
親迎魚敬反 男先悉見反及見注同 倡昌亮反 道
音導 執贄音至本亦作摯 聚麀音憂 出乎大門
而先如字絶句又悉遍反 以知音智 婦盥音管 饋
其位反一本無婦盥饋三字 婦餕音俊 爲腊直輒反
滌蕩音狄徐又同弟反 樂三如字徐息慙反同

臡,字又作臡,乃兮反,《字林》作腝,人兮反【法】臡盧、阮校別本作臡,是也,當依改。盧云從宋本、撫本改腝爲腝,而書内實未改

鞂,簡八反,徐古八反【法】鞂易徐,說見《禮器》

之乘,時證反【法】之乘條盧本誤乘爲秉,乘、時不同紐

鑑,古暫反【法】鑑、暫不同部

寄,居宜反【法】寄盧改奇,是

下文注始冠而敝之【法】盧本始冠下又補一冠字,是也

緌,耳佳反【法】佳阮校撫本作隹,是

灌用鬯臭絶句爽以鬯字絶句鬱字又作鬱同合鬯絶句爀蕭如恍
反饒也下音蕭香蒿也合如字徐音閤羶沈法音馨許經反薌音香圭瓚在旦
反鉶南音刑蒿也呼毛反湅以如珓反羶當失然反詔
祝之六反下及注並同又之又反膟音律膋力雕反燎手力妙反又力弔反下文同
爐音盧以墮許恚反或許垂反之奧烏報反北墉音容室與
堂與並音餘下遠者與同本作室與堂也與則如字讀遠人徐于万反倞也音亮
肵音祈爲尸于僞反嘏辭古雅反爲犆徒得反相息亮反注及下之相
井注同侑音反妥尸他果反嘏長直良反徐知兩反或詁音古祭
齊才細反注及下說齊井注同謂綏許恚反說齊始銳反清也字又作涚泲
子禮反之下同慌氏莫剛反漚絲烏豆反爲汎本又作泛同齊絜
側皆反篇末文注同腥肆勑歷反注同爓臉而審反腊直輕反舉斝
禮記音義之二　十三
古雅反之坐才卧反縮酌所六反注同醴齊才細反下皆同去滓起呂
反醳酒音亦不共音恭斟也章金反尊彝音夷注于之樹
反醆側產反盎齊烏浪反差清初賣反又初佳反汁之十反獻
依注爲素向反下注同舊澤依注讀爲醳音亦徐詩石反爲其于僞反腊
毒上音昔隱義云腊久也久酒有毒辟依注作弭亡妣反遠罪于万反
內則第十二鄭云以其記男女居室事父母舅姑之法
后王鄭云后君也謂諸侯也王天子也盧云后王后也王天子也孫炎王肅云后王君王也井六
卿必政反或兼如字一音古念反咸盥音管洗手漱所救反徐素遘反漱口
也下同櫛側乙反梳也縰所買反徐所綺反黑繒韜髮笄古兮反總子孔反束
髮也拂髦音毛冠緌耳佳反纓飾也緌鞸音必紳音申大帶搢
徐音箭又如字搢插也笏音忽韜髮吐刀反振去起呂反著之丁略

瓚，在旦反【法】旦蓋但之誤

辟，亡妣反【法】妣當作婢

漱，徐素遘反【法】漱徐音合古韻

緌，耳佳反【法】佳阮校撫本作隹，是

反下又及注同髻多果反扱本又作𢭃又作插初洽反徐采協反使令力星反紛
芳云反拭物巾或作帉同帨始銳反佩巾也小觿許規反本或作觿音同解結錐金燧音遂
火鏡拭物音式礱力工反捍戶旦反拾也謂射捍管遰時世反徐作滯刀鞞也筆
彄苦侯反刀鞞必頂反鑽火子官反偪本又作幅彼力反行縢也行縢
徒登反屨九具反著綦其記反注及下同屨繫也如父母一本作如事父母衣
紳如字又於既反注同今簪徐側林反又作南反箴之林反線本又作綫息賤反纊
音曠縏字又作槃同步干反袠陳乙反又作帙小囊奴郎反又作橐徐音託明爲子偽
反衿纓本又作紟其鴆反結也往同纓入作纓衣燠本又作奥同於六反暖也苛音何疥也
養本又作餋以想反搔之素刀反摩也怡說音悅苛疥音界說文云瘙瘍也
時便婢面反少者詩召反後皆同奉槃芳勇反本或作捧下同長者丁丈
反後皆同以帨始銳反拭手也本又作帨同以溫本又作薀又作慍同於運反注同藉也
禮記音義之二　十四　文玉
字夜反饘之然反厚粥也酏羊支反薄粥也芼毛報反蕡字又作𧃵扶云反徐扶畏反大
麻子注同粱音良秫音述粥之六反又羊六反熬五羔反枲實思里反飴
羊之反餳也堇音謹菜也荁音丸似堇而葉大也枌扶云反白榆也免音問注同新生曰免
薨字又作槀苦老反乾也滫思酒反溲也瀡音髓滑也以滑胡八反又于八諸卷皆
同以膏之古報反調如字又徒弔反和如字又胡卧反夏用戶嫁反溲所九反
未冠古亂反爲迫于僞反而朝直遙反下而朝同後成人如字徐胡亘反
下同衣服如字又於既反枕簟徒點反灑本又作洒所買反又所賣反埽素報
反孺子如樹反蚤寢音早以上以或作巳上時掌反後放此奉席芳勇反下
同何鄉許亮反將衽而鴆反又而甚反卧席也何止本又作趾足也卧處昌慮
反縣衾音玄篋枕口協反而襡音獨韜也不傳文專反注同移也
敢近附近之近敦音對又丁雷反牟木侯反齊人呼土釜爲牟卮音支酒器也匜

温，又作愠【法】愠疑誤

滑，胡八反，又于八反【法】于八即胡八也

羊支反一音以氏反杜預注左傳云沃盥器也 非餕音俊 如埶字又作埶木侯反 應唯反徐伊水反 愼齊側皆反 噦於月反 噫於界反 嚏音帝 咳苦愛反 欠丘劒反 伸音申 跛彼義反 倚於義反又其寄反 睇大計反傾視也 視如字徐市志反 唾吐臥反 涕本又作洟同吐細反 重衣直龍反 袒音但 裼思歷反 撅居衛反揭衣也 揭衣起例反又起列反一音起言反 不見賢遍反下同 爲其于僞反 可穢紆廢反又烏會反 刷色劣反 去丘呂反 垢古口反 請漱素侯反後皆同 請澣本又作浣戶管反 和漬似賜反 綻字或作綻直莧反徐治見反 裂本又作列 紉箴女陳反徐而陳反下之林反 補綴丁劣反又丁衛反 猶解胡賣反又佳買反 燂湯詳廉反溫也 潘芳煩反淅米汁 靧音悔洗面 瀾力旦反 褻遽其據反 以篚非鬼反 共湢彼力反本又作偪浴室也 不嘯依注音叱尺失反 障也音章 解也佳賣反下解倦同 若飲於鴆反 食音嗣 不耆市志反 而去起呂

禮記音義之二　圭　孫允

反本又作而食之 謂難乃旦反 姑予以渚反下同 遠于万反 懟直類反本又作懟 姑縱本又作從足用反 寧數色角反 譴責弃戰反 猶爲于僞反 說則音悅下同 而撻吐達反擊也 思貽以之反遺也 遺也以季反 謂傳文專反 介婦音界注及下同 解勌本又作倦其卷反 掉磬徒弔反隱義云齊人以相紋訐爲掉磬崔云北海人謂相激事爲掉磬也 下冢戶嫁反 使令力呈反 私畜許六反又許又反又勑六反 茝蘭本又作芷昌改反韋昭注漢書云香草也昌以反又說文云虈也虈火喬反齊人謂之茝昌在反 必復扶又反 適子丁歷反 皆齊側皆反 稰思呂反熟穫曰稰 穛側角反生穫曰穛 膷音香牛臛也 臐許云反羊臛也 膮許堯反豕臛也字林云豕羹也火收反 牛炙章夜反下同 胾側吏反 牛膾古外反 芥醬徐嬭邁反 鶉順倫反 鷃音晏 公食音嗣飤食糝食並同 爲鴽音如下文同 重醴直龍反注同陪也 清糟子曹反徐祖到反 醇也常倫

唯，于癸反，徐伊水反【法】伊乃以之誤，見本篇末

倚，於義反【法】跛倚之倚他處皆讀上聲○視，徐市志反【法】視、志不同部

揭，起言反【法】起言反字作搴（榮芬案疑當作搴）也

漬，似賜反【法】漬混從爲邪

解，胡賣反【法】賣蓋買之譌

予，以渚反【法】予今本作與

勌，其卷反【法】卷疑當作巻

反清泲子禮反酢七故反截才載反醷本又作臆於紀反徐於力反檻力暫
反以諸乾桃乾梅皆曰諸糗起九反又昌紹反餌音二下同酏讀曰餰又作餰之然
反又之善反擣本又作擣丁老反下同與餈本又作粢自私反下同糁西感反狼臅音
昌錄反徐又音燭食音嗣飤也下放食麥食食齊皆同徐如字蝸力戈反醢而苽音孤
字又作蓏同雉羹絶句麥食脯羹鷄羹絶句折之列反稌音杜徐他
古反稻也和糁上胡臥反下三敢反注同不蓼音了蓼齊才細反下丈同析星歷
反下同濡豚音而下同苞苦伯交反濡雞醢音海一本作醯一兮反次下句同
卵醬依注音鯤古門反魚子也亨普彭反煑也荼音徒作櫊音闌本又作攔音門
腶脩丁亂反蚳直其反蟻子也捶脯徐之蘂反蜱本又作蚍音毗蜉本又作桴
音浮卵鹽力管反為胖音判視夏戶嫁反下放此膏薌音香牛膏
腒其居反乾雉也盧云雉腊也說文云北方謂鳥腊曰腒鱐本又作鱐所求反乾魚也膏臊

禮記音義之二　一六

索刀反大膏也麛音迷鹿子也膏腥音星鷄膏也說文作胜云犬膏臭也膏羶
升然反斗膏也為其于僞反大盛音泰麇九倫反本又作麕又作麕下田豕麇同
有軒意憲出注後放此切肉如藿葉也蜩范上音條蜩蟬也下音犯范蜂也蠭本又作蜂芳凶反芝栭音之
音而本又作檽蔆音陵芰也椇音矩枳椇榛側巾反柹音俟柤側加反芰
其寄反枳椇上居氏反用韰戶界反俗本多作薤非也藙魚氣反茱萸也會古外
反稽古兮反之撥色八反似茱萸而實赤小和戶卧反注皆同又如字用醯呼兮反
也畜與許又反又許六反鶉鷄羹本又作鶉羹鷄羹魴鱮上音房下音敘
烝皇絶句之丞反雛字又作鶵仕俱反又匠俱反賀讀魴鱮烝雛為句燒如字一音焦皇絶句雉
皇此一句一讀雉薌為句蘇荏而甚反言調徒弔反狼去起呂反下並同尻
苦刀反腦奴老反皆為于僞反下皆為同伏扶又反乳而樹反鰫音容
如篆直轉反鯁人本又作鯁古猛反字林云鯁魚骨也又工孟反竅也苦叫反贍

糗，又昌紏反【法】紏盧改紹，云：今從宋本，與《周禮・籩人》同〇餌，音二【法】

餌、二不同音

糁，三敢反【法】《廣韻》糁、敢不同部，上文西感反是也

濡，音而【法】濡蓋本作濡

蚳，直其反【法】蚳、其不同部〇蜉，本又作□【法】盧本補作蚹

栭，音而，本又作檽【法】檽亦當從需

柹，音俟【法】柹音俟，《廣韻》同，然與古韻不合，當鉏（棨芬案當作鉏）几反

鯁，又下孟反【法】下盧改工，是

丁敢反 攢之 再官反本又作攢 庮 音由惡臭也 泠 音零冷結毛如氈也 氂 毛昌銳反 而
蹗 早報反 麃 本又作爊劉昌宗音普保反徐芳表反又普表反 而沙 如字一音所嫁反注同
交睫 音推 腥 依注作星皇云肉中如米者說文云腥星見食豕令肉中生小息肉也字林音先定反
而般 音班 辟 本又作擘必避反徐方避反 漏 力便反依注音螻 鵠 胡篤反 鴞
于驕反 胖 音判 鴇 音保 奧 於六反 鹿胃 音謂字又作膶同 一薰 許云反或
作燻又作葷 不解 胡買反 嘶也 音西字又作嘶音同 腐臭 扶甫反 前脛
胡定反 螻蛄 音姑 鵝 五何反 鶩 音木 脾 扶移反 肶 昌私反 肉腥
音星字林作胜云不熟也先丁反 聶而 本又作攝又作牒皆之涉反下同 麕為 九倫反 辟
鷄 必益反徐芳益反注同 為宛 于晚反 脾 婢支反 諸醢 徐呼兮反本或作醯 麋
痿 於僞反益州人取鹿殺而埋之地中令臭乃出食之名鹿痿是也 近由 附近之近 羹食 音嗣
注羹食并下文食禮同 庋食 字又作庪九委反或居彼反本亦作攱 於坫 丁念反 夾室
禮記音義之三　十七　麥
古洽反又古協反 同麃 昌慮反 異粻 知良反糧也字林云量也 絞 古交反 紟
其鴆反本又作枔同 衾冒 亡報反 不僾 乃管反 於朝 直遙反下同 珍從
才用反又如字 不與 音預下同 齊喪 側皆反 衰麻 七回反 東膠 音交
咼而 況甫反 縞 古老反又古報反 樂其心 音洛下同 忠養 羊亮反 為
法 于僞反 德行 下孟反 三王有 音又出注 為惇 音敦厚也 淳
熬 之純反下五羔反下及注同 淳母 依注音模莫胡反下同 黍食 音嗣 炮 步交反
若將 依注音牂子郎反牝羊也 刲 苦圭反 刳之 口孤反又口侯反 編 必縣反又步典反
雈 音丸蘆也 以苴 子餘反苞裹也 以謹 依注作墐音斤徐如字 炮之 絕句 塗
乾 絕句涂本亦作塗 擘之 必麥反絕句 濯手 直角反 去其 起呂反注同 皽
章善反皽臭也 糔 息酒反又相流反又息了反 溲 所九反 以付 徐音賦 鉅 音巨其據反
鑊 戶郭反 使湯 一本作使其湯 穰 如羊反草也 魄莫 上普伯反或普博反下亦

麃，徐芳表反，又普表反【法】普表與芳表同，以《内饗釋文》證之，則二讀必有一誤。《廣韻》三十小引房表切，則芳當作房，普表《内饗》作孚趙，同

脾，扶移反~肶，昌私反【法】肶阮校撫本作肶。案《廣韻》作膍胵，其肶字則同膍，是也。此作脾肶二字，並誤，宜再校。《校勘記》引段説亦未核，再取段氏《説文注》通考之。段謂肶當作肶，其説可位（榮芬案當作信），惟《集韻》、《類篇》並無此字。《玉篇》膍字注引作膈脛，正膍胵之誤，《篇海》脛正作胵　○宛，于晚反【法】于當作於，《少儀》音可證　○痿，於僞反【法】痿盧云：《廣韻》作𤸊，於爲切，音不同。偉案此第據支韻言之耳，《廣韻》寘部固有痿字，音義並與此同

粻，《字林》云：量也【法】云量也盧依毛本《正誤》改爲丈量反。案《爾雅·釋言音義》引《字林》又作丈庚反，俟考　絞，户交反【法】絞，户交反不誤，阮欲改爲交反（榮芬案爲下脱古字）則大誤矣。古、交同紐，何以爲切？絞衾之絞音户交反已不啻六七見矣

謹，依《注》作墐，音斤【法】《廣韻》墐、斤不同音，《詩·七月》音覲

鉅，音巨，其據反【法】盧引梁氏説，謂其上似脱又字，是也

穰，羊如反【法】羊如當依盧本乙轉○莫，亦作漠【法】漠盧改膜

作滇武脣反 解析星曆反 必胲音每徐亡代反夾脊肉 其餌音二筋腱也本或作

歡下句作餌 筋音斤 腱徐其偃反皇紀偃反一音其言反隱義云筋之大者王逸注楚詞云筋頭也

醯與音餘 湛諸子潛反直蔭反又將鴆反一音陟鴆反注同漬也 期朝音朞 以

洒所買反徐西見反 而鹽音豔又如字 乾而之食一本無而食之三字 濡肉

音儒下同 肝膋音遼徐音勞 糝食音嗣下酏食同 幪之音蒙 舉焦字又

作燋子消反 爲酏讀爲餰之然反又之善反注餰反 臆音憶 餰矣本又作餰又作餰並同

之然反又音贊 闍寺音昬 同杝本又作椸以支反 枷音嫁 縣音玄 之揮音輝

篋笥息吏反 竿謂音干 揮杙音弋 無閒徐閒廁之閒皇如字讀

年未五十本又作年未滿五十 必與音預 不復扶又反下文夫復同 姪大結

反 娣大計反 兩媵羊證反又繩證反 齊漱爭皆反下皆同 澣音浣 如

朝直遥反下文朝服注朝於君皆同 爲繆居虯反 必後胡豆反 辟女音避

禮記音義之二　十八　顧渊

下辟人雖辟皆同 敢見賢遍反下及注同 使姆音茂字林云又反女師也一音母又音亡以反

鄉前休亮反下文西鄉皆同 接以依注音捷字妾反勝也下接子同 謂食音嗣

下注食子食乳皆同 射天地食亦反 言承如字徐音拯救之拯 大古音泰 嫡妻

本亦作適同丁歷反 一處尺御反 者市志反 爲兒于僞反下爲改爲大溫皆同 爲

髻丁果反徐大果反 夾囟言信又思忍反 當楣音眉 相息亮反 孩而

字又作咳戶才反 左還音旋轉也 辯音遍下同 如養羊尚反 褖衣通亂

反 適子丁歷反注及下同 易諱以豉反 三月之末一本作子生三月之

末 申繻音須 食子音嗣注及下文食母同 勞賜力報反 旬音均出注 尊

別彼列反下其別同 食食上如字下音嗣 男唯于癸反徐以水反 女俞以朱反然

也 鞶革步干反 盛帨音成 緣之于絹反 裂音列或音厲 與

音預 如厲音列 必後胡豆反 數日所主反 襦字又作襦音儒 袴苦故反

胲，音每，徐亡代反【法】胲諸書並無上聲一讀。徐音合古韻○餌，音二【法】餌、二不同音

湛，子潛反，直蔭反，又將鴆反，一音陟鴆反【法】直蔭上盧補又字，是也。案直陰反是也，字與沈同，陟鴆反亦通，餘二音並非

餰，之然反，又音贊【法】餰蓋從展省聲，音贊似非，而《廣韻》只收音贊一讀

齊，爭皆反【法】爭盧改側。案此卷多用爭字

緣，于絹反【法】于蓋予之誤，否則尹之誤，見《玉藻》

請肆本又作肆同以二反習也 爲大音泰 舞勺章略反注同 而冠古亂反
以衣於既反 惇行如字又下孟反 孝弟音悌 孫友音遜注同 所好呼報反
則去如字 婉紆晚反徐紆願反 娩音晚徐音万 麻枲思里反 絲
繭古典反 織紝女金反又如林反 組音祖 紃音巡 以共音恭 絛也他刀
反 禮相息亮反 謂應應對之應 接見賢遍反 爲衒古縣字本又作
御字魚據反
玉藻第十三 鄭云以其記服冕之事也冕之旒以藻紃貫玉爲飾因以名之 卷之九
玉藻本又作璪音早 二旒力求反 邃雖醉反深也注同 延如字徐餘戰反冕上覆也
字林作綖弋善反 龍卷音袞古本反注同 玄端音冕出注下諸侯玄端同 而朝直遥反篇
內除下注朝之餘皆同 則闔胡臘反 左扉音非一本作則闔門左扉 而餕音俊 酳也以支
反 御瞽音古樂人也 上下時掌反 哀樂音洛 裨冕婢支反 伯
大一百六十三 小四百九十九 禮記音義之二 十九
鷩必列反 男毳昌銳反 大廟音泰後大廟同 下天子戶嫁反 辨
色如字徐扶免反別也 別也彼列反 必復扶又反 相挾戶頰反 四簋音甫
本或作簋 䏶也音胃 稷食音嗣 同庖步交反徐扶交反下同 君子遠于万反
踐音翦子淺反出注 爲旱于僞反下皆爲猶爲明爲失皆同 春夏戶嫁反 衣
布於既反注君衣布同 搢本徐音箭又如字 去丘呂反下剸去同 珽他頂反 荼
音舒 笏也音忽 遰列支奢反 靈射音亦周禮作繹爾雅作斁 圻也勑白
反 羔幦音覓徐苦狄反 虎犆依注音直下同 苓也本又作軨音零 緣也
尹絹反後文注皆放此 齊車側皆反下文注皆同 鄉明許亮反 東首手又反注
同 迅雷音峻又音信 衣服於既反下衣布同又如字 五盬音管 而靧音悔 櫛
側乙反 用樿章善反 機其既反 絺丑疑反 綌去逆反 刷色劣反 去
垢右口反 出杅音雩浴器也 履蒯苦怪反 連用力旦反注同 釋澀

衒，古縣字，本又作御字，魚據反【法】案衒、縣不同字，且縣則爲妾（榮芬案當作御）。亦不可解。當是古炫字音縣五字轉寫脫誤耳

辨，如字，徐扶免反，別也【法】扶免反即如字也，疑扶字誤。徐殆讀爲邦組，與別字一聲之轉

庖，步交反，徐扶交反【法】庖二音改音和也

幦，音覓，徐苦狄反【法】苦乃莫之誤。《集韻》收此讀於詰歷切內，則其譌久矣

絺，丑疑反【法】絺、疑不同部

所戢反　便於婢面反　乃屨九具反本又作履　煇如音暉　長三直亮反後放此
杅上直呂反　終葵如字終葵推也　如椎直追反下同　相玉息亮反　珽
他頂反本又作珵音呈　自炤音照　侯荼音舒出注　前詘丘勿反　後直如字
徐胡豆反　懦者乃亂反又奴卧反怯懦也又作儒人于反弱也皇云學士　圜音圓　殺其色戒
反徐所側反篇内皆同　黨鄉之細也退謂傍側也一本或作黨鄉之細者謂
傍側也避君之親黨　爲于僞反又如字　躐力輒反　爲汙于僞反下爲大有同汙汙穢之汙又
烏卧反　先飯煩晚反下至三飯文注皆同　辯嘗音遍　辟貪音避　先徧
音遍本又作備　覆手芳服反注同　敢飧音孫注反下同　循咡耳侍反　先
君息薦反下同　從者才用反　凡侑音又　已偞虛涉反厭也　猶大音泰
下同下瓦大亦同　洒如先典反又西禮反肅敬皃王肅作察云明皃也　言言魚斤反注同和敬皃　油
油音由悅敬皃本亦作由王肅本亦作二爵而言注云飲二爵可以語也又云言斯禮注云語必以禮也三爵而油注云悅敬

禮記音義之二　二十

皃無巳反下油字也　訟敬音悅　隱辟匹亦反徐房亦反注同　而屨一本作而後屨　俛
音免　逡七巡反　遁音巡　著屨丁略反　猶鄉許亮反　飲賤於鴆反
用棜於據反注同　斯禁如字又音賜　始冠古亂反下冠而注始冠同　而敝音弊
本亦作弊　繢戶内反注繪同　緌本又作蕤耳佳反注及下皆同　齊冠側皆反下同　綦組
音其徐其記反雜色也　以上時掌反下而上同後皆放此　縞冠古老反又古報反下同　子
爲于僞反　冠卷起權反下同　素紕音埤又婢支反　閒傳古閑反直專
反　惰游徒卧反　罷民音皮　屬武章欲反　著冠皇直略反徐丁略反
去飾丘呂反下同　散送悉旦反注同　始衰所追反　不旄音毛　蓋僭
子念反後同　朝玄直遙反　深衣三袪起魚反本或無衣字　要中一遙反下文注同
縫音逢紩也　齊音咨本又作齎注同　紩也直乙反徐治栗反　衽當而審反又而鴆
反　屬衣音燭下同　袂可面世反　回肘竹丑反　今褎音袖下文同　袷

懦，乃亂反，又奴卧反【法】乃亂、奴卧二音字當作愞。案此詳見段氏《説文注·心部》，當據録入

飯，煩晚反【法】煩盧改扶。案本書煩晚、扶晚互見，不必改

偞，虛涉反【法】虛涉疑誤，《廣韻》此義收帖，呼牒切

言言，魚斤反【法】《廣韻》誾，魚巾切，不與斤疊韻

飲賤【法】飲賤一條今本注無之，阮刻本經唯饗野人皆酒注云：蜡飲故不備禮，附《釋文》云，蜡駕反（榮芬案蜡下脱鋤字），今《釋文》亦無此條，豈注内蜡飲二字陸本作飲賤耶？盧、阮校勘皆未及，何也？又案殿本注作飲賤者不備禮，與陸本合，宜再考他本

紕，音埤，又婢支反【法】埤下又字疑衍。據《閒傳》則埤當作紕，盧引孔云當作直戀反，是也

散，悉旦反【法】旦阮云：十行本作但，當依改

紩，直乙反，徐治栗反【法】以直乙、治栗爲兩讀者，陸以乙與櫛韻，不收質也

二音功曲領也　緣廣徐公曠反後放此　裏布音里　相稱尺證反　不衣於既
反注及下注同　織音志注織染同　染繒似綾反　去位如字　閒色閒厠之閒　振
絺依注爲袗之忍反襌也　襌也音丹下文注同　當裼思歷反　纊音曠綿也
爲繭古典反　縕紆粉反又紆郡反　爲袍步羔反　絮也息慮反　爲
絅苦迥反徐又音迥　爲褶音牒袂也　有黼音甫　誓省依注作獮息典反秋
獮名　君衣於既反下文不衣同　復有扶又反　服與音餘　辟君音避　豹
包教反　玄綃音消綺屬　麛音迷　青犴音岸胡地野犬　絞衣尺交反蒼
黃色　大蜡仕嫁反　臘先祖力合反　見美賢遍反注下注及下文同　以球
音求美玉也　魚須文竹崔云用文竹及魚班也隱義云以魚須飾文竹之邊須音班　無
說本又作稅同他活反下及注同　事免音問注同　爲必于僞反　指畫乎麥
反　造受皇七報反舊七刀反　去起呂反下注去上則去去飾同　素帶音戴　終
七千四又六小四·三二　禮記音義之二　二十一　才
辟依注爲裨婢支反下同徐又音卑下緆辟終辟皆放此　率音律注及下同　并必政反
紐女久反　用組音祖　下天子户嫁反　繂音律　幓頭七消反又七曹
反　韠音必　圜音圓　後挫作卧反　其頸吉井反又吉成反　再繚音了
無箴音針　下士崔如字或户嫁反　縕音温赤黃閒色　韍音弗　幽讀爲黝幼
糾反黑也下同　韎莫拜反又音妹　褘衣音翬許韋反注及下同　揄狄音摇羊消反翬
揄皆雉名爾雅云伊洛而南素質五色皆備成章曰翬江淮而南青質五色皆備成章曰鷂鷂音遥謂刻畫此
雉形以爲后夫人服也　翟雉直曆反　著於直略反又丁略反　紳長音申本亦
作申下同　而重直龍反　屈狄音闕注同　再命褘衣依注音鞠居六反
曲六反　襢衣張戰反　褖衣吐亂反注作稅音同　覆齊音咨本又作齋注同
頤以支反　霤力救反　及袷居業反交領　聽鄉許亮反　磬折
反又市列反篇末放此　裳緝七入反　使使上音史下色吏反　鎮圭珍刃反徐音珍

繒，似綾反【法】繒誤從爲邪

依注作獮，息典反【法】典、獮不同部，他處韻淺是也。《明堂位》作仙淺反

臘，力合反【法】合誤，見《月令》

說，本亦作稅【法】亦盧改又，是。阮云：十行本亦作又

造，皇七報反，舊七刀反【法】七刀疑誤，或舊讀造爲操耶○帶，音戴【法】帶、戴不同音

頸，吉井反，又吉成反【法】據《投壺釋文》則吉成蓋巨成之誤

頤，以支反【法】支當作之

徵守手又反 漢使色吏反 事處昌慮反 士辟音避下同辟辟光辟
德皆同 祝嘏古雅反 爲或于僞反下爲幼爲起事同 右徵張里反注同 所中
丁仲反下文同 趨十須反本又作趣 采齊依注作薺疾私反采薺詩篇名 周還音旋本亦
作旋下同 宜圜音圓 折還之設反 玉鏘七羊反 見於賢遍反下同 非
辟本又作僻匹亦反又婢亦反徐芳益反 齊則側皆反注同 績側耕反結也蜑也 有衡
昌容反 與裁音災 眚色耿反 組綬音受 而純讀爲緇側其反 佩瑜
羊朱反 而綦音其 佩瓀而兖反徐又作碝同 玟武巾反字又作砇同 而緼音溫 弁
紐必正反下女丑反 未冠古亂反下並同 之稱尺證反 衣紒音計 肆束
音肆以四反餘也 屨約其俱反 見先生賢遍反 幼少詩照反下少儀同 猶
免音問 先飯扶晚反 客飧音孫注及下同 于核行隔反 所操
七刀反 忖也本又作刌寸本反切也徐子本反 後君子胡豆反 先君子悉見反
大丁六七八四五七 禮記音義之二 二十三 陳
火齊才細反 補脫音奪 重也直用反又直龍反 覆案芳服反 愼
乎尊卑也 愼一本作順 有葷許云反注葷同 桃茢音列又音例 去
茢起呂反下同 皆造七報反注同 辟凶必亦反 邪也似嗟反 焚
吐敢反郭璞云烏蘁也取其茁爲帚 帚之手反本或作箒 爲君于僞反下注爲其同 復以扶又
反下不辟也音避下辟尊者同 敵者本又作適音狄 不聽天丁反 唯而
千癸反徐以水反 親齋才細反病也 杯圈起權反注同 卮音支 匜以支反 介
拂音界下及注同 闑魚列反門橛也 中棖直衡反門楔也謂兩傍木 門楔徐古八反
皇先結反 鴈行戶剛反 相沿悅宣反 履閾音域又況域反 蹈半徒報反
毋移上音無下如字 蹢數色角反下同 靡迆羊爾反 圈去阮反又舉遠反注
同 豚本又作豘同犬本反徐徒困反注同 齊如流音咨本又作齌同 曳踵章勇反 尊
處尺慮反 弁行皮彥反急也 剡剡以漸反字林因冉反 頤霤上音夷下力救

辟，匹亦反，徐芳益反【法】匹亦與芳益同

裁，音災【法】裁、災同字○眚，色耿反【法】《廣韻》眚、耿不同部

瓀，而兖反，徐又作碝【法】碝盧云：宋本作碝。案以《詩·子衿》音證之，則作碝是也

飧，音孫【法】飧當從夕

先，悉見反【法】悉見盧改悉薦。案二音同

剡，《字林》因冉反【法】因乃囚之誤　頤霤，上音夷【法】頤霤條盧移於弁行上。音夷誤，下文同

反爲霆音夷徐音追宿宿色六反本或作蹜同惕惕音傷又音陽直而疾也
齊齊子兮反恭慤皃賀在啓反濟濟徐子禮反有威儀也翔翔本又作洋音詳齊
遬音咨又側皆反下音速蹙蹙子六反不睇大計反噦於厥反欬
苦大反立容德如字得也徐音置如睹丁古反纍纍良追反羸力皮
反儽皮拜反顛顛字又作巔音田又丁年反憂思息嗣反視容本又
作目容瞿瞿紀具反又紀力反蕑蕑吉典反暨暨其記反詻詻
五格反視容如字徐市志反辨卑讀爲貶彼檢反字林貶音方犯反毋讇音諂舊又
音鹽注同有下戶嫁反顚實依注讀爲闐音田自別彼列反又如字分
陜失冉反守臣手又反之適丁曆反謂見賢遍反臣孽依注音櫱
五葛反徐五列反傳陟戀反注同遽其庶反事使色吏反注同爲賓必刃
反介也注同

大一、五二　小四、卅三　禮記音義之二　二十三　郑人

明堂位第十四鄭云以其記諸侯朝周公於明堂所陳列之位
朝諸侯直遥反注及下皆同辟王音避一本作辟正王負斧音甫依
本又作扆同於豈反注同南鄉許亮反偝也本又作背音倍屏風竝經反戶
牖音酉九采七在反四塞先代反注同又先則反此周公明堂之位也
本或無周公之字上近附近之近藩服本又作蕃方元反下同壹見壹又作一下賢
遍反下同要服一遥反殷紂直九反相武息亮反頒音班度量
徐音亮注同豆區烏侯反筐音匡筥紀吕反千乘繩證反注同畢
俟必爾反本又作俾下同綠縢大登反載音戴弧音胡韣音獨弓衣也旂
其衣反本又作旗音其二旒本又作斿力求反季夏戶嫁反注及下季夏夏礿皆同以禘
大計反大廟音泰後大廟皆同犧象素何反注上皆同山罍音雷灌
用古亂反玉瓚才旦反圭瓚也彫本亦作雕篹息緩反又祖管反籩屬玉琖

惕，音傷，又音商【法】商與傷同音，盧本作音陽，是也，而校勘亦未言其異，此殆後来補刻之譌歟

顛，字又作巔，音田【法】作巔必無音田之理，阮刻《注疏》本作顛，是也。盧、阮均未校及，何也　〇瞿，紀具反，又紀力反【法】又紀力反未詳　〇暨，其記反【法】暨《地官·保氏》作其器反，是也。此作其記誤，陸氏至、志多混　詻，五恪反【法】恪當作格，見《地官·保氏注》　讇，音諂【法】讇、諂同字

偝，本又作背，音倍【法】倍乃佩之誤。倍上聲字，與偝不同讀

本或無周公之字【法】之疑二

瓚，才旦反【法】旦疑但之誤

側眼反夏爵名用玉飾之 斝散先旦反注同 梡苦管反虞俎名 嶡居衛反又作橛音夏
夏俎名 禓而星曆反 昧音妹 任而林反或而鴆反 以沙素何反 黃彝
音夷 其直如字柄也 大盾字又作楯常準反又音允 自卷本又作衮同音古本反下又同
不僭七尋反又則念反 副褘音輝注同 肉袒音誕 步摇本又作繇同以昭反
六珈音加 追師丁回反 揄翟羊昭反 夏礿音藥 秋省讀爲獮仙
淺反 大蜡仕嫁反 巡守手又反 祀祊音方本又作方 索鬼所白反 門
與音餘 有侻苦浪反 將將七長反 木鐸大各反 警衆京領反
藻本又作繅音早 梲專悅反 復廟音福注同 重直龍反注同 檐以占反 刮
楹古八反 達鄉許亮反注同 反坫丁念反 康圭音抗苦浪反出注 欂
音博又皮麥反一音旁各反徐又薄歷反字林平碧反 盧如字本又作櫨音同 侏儒音朱 [illegible]
莫何反 爲好呼報反 桴思音浮 鉤車古侯反 乘路徐食證反注同

大一、大三 小四、卅五 禮記音義之二 二十四 刘

爲欒力丸反 之綏依注爲緌耳佳反 謂注之樹反 旄牛音毛 於
杠音江 大麾毀皮反 左伏直亮反 黃鉞音越 駱音洛 黑鬣
力輒反 蕃鬣字又作番音煩郭璞云兩被髮 騂剛息營反又呼營反 順正
音征又如字 爲純于偽反 大音泰本又作泰 著直略反注同 以斝音嫁又古
雅反注同 其勺市灼反下同 夏禴音藥 祼用古亂反 蕢讀爲由苦對反
桴音浮 葦于鬼反 籥音藥 蕢其位反又苦怪反 如笛本又作篴音狄 拊
芳甫反 搏音博 揩擊居八反注同 大琴徐本作瑟 以糠音康 柷昌六反
反 敔魚呂反本又作圉 米廩力甚反 頖宮音判 之委于偽反又作積子賜
反 瞽矇音蒙 貫鼎古喚反 大璜音黃 封父音甫注同 分魯
扶問反 縣鼓音玄注及下注同 簨本又作筍恤尹反 虡音巨 植我市力反又
音置徐音徒吏反又徒力反 鼗鼓音桃 應應對之應 朄音胤 和鍾章凶反說

散，先旦反【法】旦當作但

綏，依注爲緌，耳佳反【法】佳當作佳

鬣，郭璞云，兩被髮【法】盧云：郭注髮作毛。偉案此髮字乃髦之誤

植，市力反，又音置，徐音徒吏反，又徒力反【法】音置與徒吏反同，市力、徒力則

禪、澄之混　〇朄，音胤【法】朄盧云當從柬

文作鍾以此鍾爲酒器字林之用反 女媧 徐古蛙反又古華反 共工 音恭 宓 音密本又作虙音伏
戲 音羲 無句 其俱反字又作劬 重 直龍反 辟婁 所甲反又作萋 植 市力
反徐徒力反 羸 力果反 重手 直龍反 以挂 音卦 縣紘 徐音宏 載
以 音載 兩敦 音對又都雷反 四連 本又作璉同力展反 六瑚 音胡 八簋 音軌
椇 俱甫反 斷木 丁亂反又丁管反 歷 俱衛反 横 古曠反又音光又華盲反 言
枳 吉氏反 曲撓 音擾 下跗 方于反 楬 徐苦瞎反注同又苦八反 周獻 素何
反 禿 土木反 黻 音弗 韍 莫拜反 緌 耳佳反注並同 綢練 吐刀反注同徐
音籌 從車 才用反下同 遣車 弃戰反 翣夾 古洽反 樞路 其久
反 熏 字又作纁香云反 縿 所銜反 傳之 丈專反注同 相[illegible] 本又作殺音試
注同 有誄 力軌反 人髽 側瓜反 於臺 音胡 駘 大來反 近誣
如字又附近之近

禮記音義之二　二三五　張三

喪服小記第十五 鄭云以其記喪服之小義 卷之十
斬衰 七雷反下並同 括髮 古活反 爲母 于僞反注及下注同 免 音問篇內同
齊衰 音咨又作齌 惡笄 古兮反 卷 俱免反下皆同 子冠 古亂反下同
髽 側巴反 別男女 彼列反下文有別注不服別畢別皆同 苴杖 七余反 削杖
思略反 爲父母 于僞反下爲夫注爲無後並同 長子 丁丈反篇內並同 稽 音啓 顙
素黨反 恩殺 所戒反徐所例反後文注同 爲出母 于僞反下注爲其族人爲其昆弟同
所傳 丈專反下傳重皆同 已上 音紀 王者 如字又于況反下同 禘其 大計反
兄縶 知急反 繼禰 乃禮反 適士 丁歷反篇內同 不爲 于僞反下注爲君母
自爲已同 祭殤 音傷 祔食 音附 所食 徐音嗣 共其 音恭 爲墠 音
皇音善徐徒丹反 巳 音以 則不爲 于僞反注妻爲猶爲皆同 之期 音基下文及注不及
期皆同 無施 以豉反 其爲妻 于僞反注爲妻猶爲皆同 伸 音申 正見 賢遍

重，直龍反【法】重，直龍反，盧删此條○翣，所甲反，又作萋【法】萋《天官・縫人》作篓

撓，音擾【法】擾殆誤○楬，苦瞎反，注同，又苦八反【法】楬二音鎋、黠分部

禿，上木反【法】上盧改土，是○黻，音弗【法】盧云：黻正文作韍，注云韍或作黻，則不當單音黻字，豈陸所見本正文作黻，注云黻或作韍與　緌，耳佳反【法】佳阮校撫本作隹，是　樞，其久反【法】久疑又之譌。此音屢見，或亦讀上聲耶

別男子【法】子盧據宋本改女，是。阮云：葉本作女

爲墠，皇音善，徐徒單反【法】阮校本單作丹

之期【法】之期盧改子期，是（榮芬案此條原倒在爲墠條上，今正）

反以上時掌反凡以上皆同養以尚反爲父母于僞反下文不爲注不相爲同應
歲應對之應益衰衰則並色追反下益衰同不禫大感反則必爲
于僞反注爲之下注父爲之下爲君皆同幼少詩照反說喪皇他活反徐他外反注及下同補脫
音奪朝覲直遙反閽寺音昏羣介音界不爲君母于僞反下
妻爲君注大夫爲庶子同去一起呂反下去扶并注同絰大結反如要一遙反下文要絰注上至
要皆同不辟婢亦反徐扶亦反如不知姓一本無知姓二字報葬依注音赴
芳付反下同喪借音皆假令力呈反不厭一妻反徐於艷反下文注皆同爲
慈母于僞反下其妻爲爲母之爲妻禫爲庶母爲祖庶母皆同不貳降一本作隆見
同賢遍反亾則如字又音無昭穆常遙反後昭穆皆放此猶間閒廁之間
爲父母妻于僞反注目所爲下文則爲其母子爲妻下注恩爲已爲之變爲今死者皆同冠
而古亂反視濯大角反溉祭古代反縞麻古老反下適戶嫁

禮記音義之二　二六

反下丁歷反得伸音申養羊尚反惡其烏路反適祖丁歷反下
女戶嫁反而省所領反下及注同不爲衆子于僞反下注猶來爲下文爲出母爲
大杖同澡麻一本又作藻音早一本無麻字不絕本或作不絕木非也詘而丘勿反
澡率上音早下所律反又音律而上時掌反而糾居黝反徐居虯反散帶
先但反下文注並同廟從才用反毋爲長子于僞反注母爲子爲已下文爲父母並同
報虞音赴下同皆冠如字又古亂反下及注皆同爲兄弟于僞反下注爲人君
爲母下文爲之小功皆同比反必利反絞垂古卯反不縟音辱不朝直遙
反下文同

大傳第十六鄭云以其記祖宗人親之大義故以大傳爲篇

不王如字又于況反下同不禘徒細反下同大微音泰下文注大祖大王皆同熛怒
必遙反含樞紐中昌朱反下女九反招拒俱甫反叶本又作什汜配戶牒反

說【法】說《毛詩》作稅

汜【法】汜盧改氾，是

芳劍反 省於 舊仙善反善也案爾雅云省即訓善息靖反無煩改字 干祫 徐音洽 大
難 乃旦反 壇 大丹反 墠 音善 逡奔 息俊反疾也注同 追王 丁況反
亶 丁但反 父 音甫 著焉 知慮反 祖禰 本或作祢年禮反 昭繆 音木
別之 彼列反下至其庶姓別文注並同 繆讀 莫侯反又音謬 而聽 體寧反 與
焉 音預 不贍 本又作儋食艷反 紕 匹彌反徐孚夷反又方齊反錯也 繆 音謬本或
作謬 度量 音其注同 正朔 音征 殊徽 諱韋反 器械 戶戒反 別
衣 彼列反 權稱 尺證反 作椲 詐韋反 長長 並丁丈反後除注遠者長
並同 有別 彼列反 際會 音祭 名著 知慮反 爲子 于僞反下相爲
同 屬乎 音燭 是嫂 本又作嫂悉早反 名遠 于万反下同 復謂 扶又
反 則令 力呈反 人治之 直吏反注同 袒免 音問 殺同 色界反徐所例反
而戚 千歷反 單於 音丹 婚姻 如字 繫之 音計又戶計反 弗別 皇如

禮記音義之二　二十七　寉

字舊彼列反注及下同 綴之 丁衛反連合也 以食 音嗣 定繫 戶計反一音計 夫
爲妻 于僞反下至其義然也注皆同 而上 時掌反 別嫌 彼列反 不得爲 于僞
反下爲其士注死爲之爲其妻爲之大功不相爲皆同 辟宗 音避 世適 丁歷反下文及注皆同
唯己 音紀 無移 本或作施同以豉反移猶傍也 罰中 丁仲反 無斁 音亦 猒
也 於豔反下同

少儀第十七 詩照反少猶小也鄭云以其記相見及薦羞之小威儀

始見 賢遍反下文注除二相見並同 聞名 如字徐音問注皆同 嗛 音謙本又作謙 遂
之 于万反 重則 直用反 傳辭 丈專反下傳辭同 階上 時掌反 罕見
賢遍反 亟見 去冀反注及下同 數也 色角反 皆爲 于僞反下文爲君喪注雖
爲並同 適它 音他本亦作他 從者 才用反 朝會 直遙反 致襚 音遂
賈人 音嫁徐音估注同 以斂 力豔反 文織 音志鄭注周禮云畫繢之屬 納

于祫【法】于盧改干，是

繆，音木【法】木當作穆或目，見《春官·女巫》及《檀弓》

贍，本又作儋【法】贍盧依宋本改贍。偉案儋疑當作澹，經、傳多以澹爲贍○紕，匹彌反，徐孚夷反，又方齊反【法】紕、彌不同部，徐音是。此改音和，而疊韻則非

徽，諱韋反【法】諱蓋許之誤，觀下禕字音可證

繫，戶計反，一音計【法】繫音與上條互異，宜通考之

甸大見反賵馬芳仲反賻馬音附戶樞音舊由便婢面反有
跪其委反長臨直良反排薄皆反闔初臘反又音合說屨吐活反本
亦作脫下注同尊長丁丈反下文注尊長皆同其音母三行下孟反不度大洛
反計也注同民械戶戒反不訾子斯反氾埽上芳劍反下悉報反曰拚
弗運反又作𢷎以鬣力輒反帚也膺於陵反胷前也擖以涉反舌也徐音葉絜清
徐才往反又如字將去起呂反下搉去同自鄉許亮反於著音尸義與
音餘下同大十音泰恭孫音遜本亦作遜同燕見賢遍反下請見同卑褻
息列反不特本文作犆音特不畫胡麥反不翣本又作萎所甲反盧云扇也
端愨苦角反侍射食夜反下注客射同拾取其劫反直飲音蔭不
勝詩證反觥古橫反不擢直角反乘車繩證反轡冰媚反
拕徒可反引也又他佐反諸髀徐音見苓也力丁反右腋音亦以散
[illegible] 禮記音義之一 二十八
悉但反請見賢遍反朝廷直遙反後朝廷皆同近君附近之近曰罷音皮
注同師還音旋下文注皆同欠起劍反伸音申運笏音忽還屨音旋
蚤音早莫音暮解倦古賣反頻伸本又作嚬音頻玩弄五亂反
易以以豉反汙澤戶旦反一音烏量音亮乞假如字又音氣爲人于僞反
遠罪于万反不窺苦規反伺人音司曲處昌慮反或爭爭鬭之爭
不偷他侯反不長丁丈反絕句無訕所諫反徐所姦反疾惡烏路反無
謫勑儉反而相息亮反注同怠惰徒卧反而更音庚毋拔蒲末反注
同急疾也王本作挍古孝反毋報音赴可卒才忽反謂數色角反循枉上音
句下紆往反邪曲也可復扶又反意度如字本又作億音抑下大各反於說如字注同又始
銳反鴻字又作洪殺色界反侈昌氏反弇於檢反毋訾子斯反傳疑
[illegible]反之美音義出注下同濟濟子禮反齊齊皇皇齊如字皇音往出注

闔，胡臘反，又音合【法】闔二音盍、合分部

擖，以涉反，徐音葉【法】音葉與以涉反同，疑當作獵

翣，本又作萎【法】萎從卄，與《明堂位》同

卒，才忽反【法】才當作寸，見《曲禮上》

徐于況反 匪匪讀爲騑芳非反 牡音母 長幼丁丈反下及注同 樂人音岳 典
如字又詩證反 道音導 諷誦福鳳反 大卷音權 大濩户故反 龜筴
音策 近尊附近之近 迫狹音洽 介者音界 下人户嫁反 低頭丁兮
反 爲夫于僞反 柄尺兵命反 毋跣悉典反 爲權于僞反 稅屨
本又作脫又作說吐活反 還立音旋注同 朝祀直遥反 公喪息浪反 傳乘上丈
專反又陟戀反下繩證反下文除要車同 費賈音稼 便也婢面反下同 糟也早勞反
已解上如字又音異下庚買反 執緤息列反 守犬守又反又如字注同 執紖
丈引反 執靮丁曆反 畜養許六反 宋鵲七略反大也 囚俘音孚
稅綏本又作脫又作說同吐活反 袒音但 櫜音羔甲衣也 奉芳勇反 胄
直又反 鎧苦代反 弢吐刀反 兜丁侯反 鍪亡侯反 韣音獨弓衣也 執
拊芳武反 并於必政反 啓櫝音獨劒函 夫襓上音扶注同下如遥反劒衣也

大六十 小四六十上　禮記音義之二　二十九　昰宋

劒函音咸 襲郤去略反下文同 苞苴子余反 茵席音因 熲
京領反注同警扰也又坰迴反 編束必緜反 菅音姦 葦于鬼反 以裹音果 著
薴上音宁下音辱 授潁役頃反 削授音笑 辟用音避 謂把音霸 刺
刃七智反又七亦反 則辟匹亦反注同 正鄉許亮反下鄉國同 卒尚子忽反注
同 行伍户剛反下音五 主詡況矩反 險阻側吕反 覆芳富反謂伏兵也徐
音赴 譞況煩反譞詐也或云譞譁 之處昌慮反 虞度大各反下同 先飯煩晚
反下小飯同 流歠昌悅反 而亟紀力反注同 噦噫上於月反下伊結反 數色角
反 噍字又作嚼子笑反又在笑反 介爵音界注同 僎爵音遵 爲騶責留
反本又作馴音巡 著濡音儒 擩之補麥反下同 鯁肉格猛反 易離以豉
反下同 析也星曆反 右腴以朱反腹下也 右鬐音祈脊也 脊子昔反 祭膴舊火吳反
依注音哻況甫反徐況紆反 大臠力轉反 謂刳口胡反又苦侯反 凡齊才細反注

稅，本或作脫【法】盧云：宋本或字作又，撫本同

穎【法】阮校本作熲，與《九經三傳沿革例》引同，詳《校勘記》

菅【法】菅《正義》本作萑

著薴，上音宁【法】宁疑貯之誤，宁本澄紐字。著薴之著與《既夕禮》茵著用荼之著同，而彼處無音，依義同褚，則當張呂反，故疑宁爲貯之譌　穎，役頂反【法】迥部無喻紐，頂蓋潁之譌，見《尚書·歸禾序》

及下以齊并注同 謂食音嗣 齊和户卧反下齊和同 由便婢面反 謂爲
于僞反下爲君同 軌媿美反 范音犯 兩軹音旨 轊頭音衛 軾前音式
國腴國與篸同音患 濊本又作濊紆廢反一音烏外反 必盟音盲又古亂反 不提心
丁禮反注同絶句 挂苦圭反 犂之本又作離同力兮反又知力反 有滑起及反 爲君
子于僞反注同 葱薤户戒反 萎乾上於危反又於僞反下音竿 進喙許穢反
出見賢遍反 撙者本又作尊注下皆同 鄉尊許亮反下鄉人同 禨者其記
反 醮者子笑反 折俎之設反下及注皆同 始冠古亂反 聶而之涉反注
及下皆同 爲膾古外反 言牒直輒反 復報扶又反 麋鹿音眉 爲
軒音獻注同 麕俱倫反 爲辟音辟又補麥反徐扶益反注同 兔爲他故反 宛
脾上於阮反下毗支反 切葱若薤實之絶句 皆菹莊居反 與焄許云
反 淹之於廉反又於劫反 燔亦音煩 柄尺兵命反 齊之才細反 悅

王　禮記音義之二　三十　景

手本又作挩始鋭反 饋食音嗣 擩干本又作儒而專反又而悅反徐耳誰反 爲
罔本亦作罔又作調亡兩反 道瞽音導 爲其于僞反下爲宵下文爲人爲己同 冕
見賢遍反 抱燋側角反又子約反或音在遥反 未蓺人悅反 禮殺色戒反
辟匹亦反徐孚益反 咡而志反 不歆許金反 臭之許又反 使者色吏
反 臂本亦作辟必豉反注同 臑奴報反又奴到反說文云臂羊犬讀若儒字林人於反 九个古賀
反下同 植豕大得反 折斷丁管反又大喚反 分之方云反又扶問反本又作个古賀反
靡敝亡皮反注同 彫幾其衣反注同 不組音祖 縢大登反 不常
如字恒也本亦作嘗 秣音末穀馬 毻亟本又作極紀力反急也一音其力也 沂魚巾反 鄂
五各反 及紟其蔭反結也 朱緅息廉反又音侵 鎧飾苦代反

經典釋文卷第十二

軹，音旨【法】軹、旨不同部

禨，其記反【法】禨、記不同部

辟，音璧，又補麥反，徐扶益反【法】音璧阮刻《注疏》本作音壁，誤，《內則》音必益反，則作璧是也。又案《內則》作徐芳益反，此作徐扶益反，必有一誤

擩，本又作儒【法】儒盧改擩，是。阮云：撫本、葉本作儒。偉案作儒亦誤也

辟，匹亦反，徐孚益反【法】徐以辟、益疊韻，是也

臑，奴報反，又奴到反，《說文》云讀若襦，《字林》人於反【法】奴報與奴到同，疊出未詳。《字林》人於反，殆魚、虞不分部也　○斷，丁管反，又大喚反【法】大喚疑丁喚之誤，再考

經典釋文卷第十三　禮記音義三
唐國子博士兼太子中允贈齊州刺史吳縣開國男陸德明撰
學記第十八鄭云學記者以其記人學教之義　卷之十一
慮憲音獻法也　以謏思了反徐所穆反小也　聞音問聲問　擬度大各反　躬
下戶嫁反　方策初革反　不琢丁角反治玉曰琢　大學音泰後大學皆同　兌
命依注作說音悅下兌命放此　不舍音捨　兌當徒外反　嘉肴戶交反　則
睹丁古反　己行下孟反下注德行同　自強其丈反又其良反下注同　相長丁兩反下
注長釋長者皆同　學學上胡孝反下如字　言學人胡孝反又音斆　有塾音熟
一音育　術有音遂出注　中年徐丁仲反注同　猶閒閒厠之閒下同　大比毗志反
反　樂羣五孝反又音岳下不能樂學同　斷句丁亂反　謂別彼列反　所趣
七住反　鄉也許亮反　之比必履反一音必利反　說服音悅　蛾子魚起反注
禮記音義三卷　一重刊　蘇
同本或作蟻　蚍音毗　蜉音浮爾雅云蚍蜉大蟻　乃復扶又反　大垤大結反毛詩傳
云蟻冢也　之朝朝服並直遙反　芹音勤　藻音早　宵雅音消小也
肄三本又作肆同以二反注同習也　宴樂音洛　相勞力告反又如字　爲始于僞反
鼓篋苦協反　孫其音遜注及下皆同　警衆京領反　夏楚古雅反注同　槄也
吐力反爾雅云槄山榎　扑普卜反尚書云扑作教刑　撻他達反　卜禘大計反　斿其音由本亦作游　斿
假戶嫁反舊古雅反　弗語魚據反　悱悱芳鬼反　憤憤扶粉反一本直作排憤　學不儠
等學胡孝反注同儠音里輒反　長穉直吏反　操七刀反注同　縵末旦反　雜弄徂合反　愽
依於豈反注皆同　不興虛應反　歆也許金反　謂閒音閑　樂其音岳又音洛又五孝反
雖離力智反　呻其音申一音新吟也　佔其敕沾反視也　其訊音信問也字又作誶　呻吟魚金
反又作訡同　其難乃旦反　爲訾才斯反又音紫　于數色住反　其施始移反下同　也
悖布內反　也佛本又作拂扶弗反　其去如字又起呂反　心解胡買反　則忘亡亮反

法偉堂經典釋文校記遺稿卷十三　禮記音義之三

清法偉堂著　邵榮芬編校

蛾，魚起反【法】蛾、起不同部

蜉，音浮【法】音浮阮云：葉本浮作孚，十行本、岳本並同。偉案作孚誤也

假【法】假今本作嘏

穉，直吏反【法】穉、吏不同部○愽【法】阮云：撫本愽作博，盧本作博

呻，音申，一音新，吟也【法】阮刻《注疏》本作一音親。案作親殆誤

反之易以豉反下文注皆同禁於居鴆反又音金下同情慾音欲一音喻下注同頓

者徒困反謂摩本又作靡莫波反徐亡髮反思專息吏反下思放同切磋

七多反扞胡半反注同格胡客反又戶隔反扞格不入也注同不勝音升又升證反凍

洛胡客反下同此二字並從氵或作旁作非一音戶各反時過姑臥反則壞音怪徐胡

拜反燕朋音鷰猶褻息列反下同燕辟音譬注反下罕辟同道而

音導注道示及下同強而沈其良反徐其兩反下同爲發于僞反下爲學者同好問

呼報反下好思好述同長善丁丈反下文及注同善教如字一本作學胡孝反樂

放方往反傚也胡教反而臧子郎反而解胡買反下文注同美

惡烏路反又如字顓頊上音專下許玉反見與音餘則齊側皆反下

同奉書芳勇反折而之設反相說音悅如撞丈江反叩之

音口從容從依注讀爲春式容反富父音甫重撞直用反而

小四百八十三　禮記音義三　二

復扶又反雜難乃旦反語之魚據反下同雖舍音捨又如字注下同良

治也音錮音固穿字又作穿音川鑿在洛反爲箕音基注同撓而小反下

同曲屈也一音力孝反角幹古旦反相勝音升任也一本作稱尺證反始駕者一本

作始駕爲諸則貫古患反習也無當丁浪反主也下及注皆同不治直吏反不

約徐於妙反沈於略反注同不齊如字或原本又作源或委於僞反注同一

勺時酌反

樂記第十九鄭云名樂記者以其記樂之義

角徵張理反後放此雜比毗志反下文同猶見賢遍反相應應對之應

篇內同彈其徒丹反足樂音岳又音洛羽旄音毛干盾本又作楯述允反

又音允翟羽音狄執籥羊灼反噍子遥反徐在堯反沈子堯反踧也謂急也以殺色界反徐所例

反其樂音洛嘽昌善反寬綏也以散思旦反粗以采都反又才古反踧也子六

格，胡客反，又户隔反【法】格二音陌、麥分部

洛，或作水旁，非，一音户各反【法】或作水旁，非，盧改爲或水旁作，非，阮校撫本同

〇辟，音譬，注及下罕辟同【法】毛本罕辟之辟作譬

撓，女孝反【法】阮云：葉本女作力。十行本作乃

噍，子遙反，沈子堯反【法】子遙、子堯宵、蕭分部

反寬綽處約反以道音導其行下孟反出治直吏反下同治世
之音絶句安以樂音洛絶句當讀上至安絶句樂音岳以樂二字爲句其政和崔讀上句
依雷下以樂其政和揔爲一句下亂世亡國各放此以思息吏反又音笥和否音不玉藻音早御
瞽音古幾聲居希反又音祈上下時掌反怗徐昌廉反弊也懘昌制反又昌紙反敗
也㳙敗音弊則陂彼義反注同傾也其財匱其媿反乏也迭相田節反猶
散蘇旦反旄荒莫報反比於毗志反猶同也注同又如字僕上音卜水名誣上
音無下同師涓古玄反爲晉于僞反下爲分也扶問反克諧戶皆反而
治直吏反下民治行同則幾音機一音巨依反注同食饗音嗣下食饗同蹴越音踧下同
壹倡昌諒反注同腥魚音星不和胡卧反瑟底都禮反畫疏音獲
祫祭音洽不臑音而肉湆去及反好惡上呼報反下烏路反又並如字後好惡二
字相連者皆放此猶見賢遍反知誘音酉猶道音導有悖布內反下同

禮記音義之三　三　竹

淫佚音逸強者其良反脅弱許劫反知者音智苦怯起劫反
以遏於葛反本亦作節衰麻七雷反安樂音洛冠古亂反注同笄音雞以
別彼列反下文注皆同樂勝始證反析居思歷反飭貌音勑本又作飾音式
斌斌彼貧反本又作彬好惡著張慮反不肖音笑必易以豉反注同不
爭爭鬬之爭明長丁丈反若敖五羔反賢知音智相沿悅專反因也述
也功偕古諧反俱也作大濩戶故反下同屈伸音申綴兆丁劣反徐
丁衛反下綴遠綴短皆同簠簋上音甫下居洧反並祭器名上下時掌反周還
音旋裼思歷反襲音習謂鄭作管反後同無邪字又作耶同似嗟反王者
如字徐于況反治定直吏反注治定治主下治辯同治辨本又作辯舊音遍案廣雅辨偏也薄莧反
辨偏音遍孰亨普衡反徐許兩反獻爛在廉反禮粗倉都反後皆同
則徧音篇下同所好呼報反淫侉苦瓜反及夫音扶下皆放此夏長

思，息吏反，又音笥【法】案音笥與息吏反同。考笥從司聲，当屬邪紐，《大射儀》劉音司，是也。此條或亦讀笥爲司耶？又案笥或斯之誤，見下　〇懘，昌制反，又昌紙反【法】《廣韻》紙部亦收懘，然懘、紙實不同部，且祭、泰四部字無讀上聲者

臑【法】臑亦當從需〇湆【法】盧云：湆當從目，泣聲

爛，在廉反【法】爛音誤邪爲從

戶嫁反下丁丈及下注長養皆同 仁近附近之近又其靳反下同 惇和音純本又作敦 地卑
如字又音婢下同 上齊上時掌反齊依注讀為躋又作隮子兮反升也 相摩本又作磨末河反迫
也 相蕩本或作盪同大黨反動也 雷霆音廷又音挺 奮之甫問反奮迅也易作潤之
煖之徐許表反沈況遠反 猶迫音伯 奮訊本又作迅音信 而蟠步丹反委也或蒲河反注
同 樂著直略反處也注著之言同 大始音泰注同 言處昌呂反 夔求龜反舜臣
命女音汝 舞行戶剛反下同 知其行下孟反注同 大咸如字一本作大卷卷音權
韶上遥反注同 大濩音護 則饑居祈反 法治直吏反注同 夫豢音患
養也 穀食音嗣 善酗許具反 綴知劣反 以樂之音洛下所樂哀樂康樂皆同
之分扶問反 著其知慮反 心知音智 應感於甑反篇內同 猶見賢遍反
噍子遥反 殺色界反又色例反 思憂息吏反又音斯 嘽昌善反 諧戶皆反
慢本又作慢莫課反 易以豉反注同 粗七奴反 廣賁依注讀為憤快粉反 勁

禮記音義之三　四　建

正吉政反 寬裕羊樹反 肉而救反肥也注同 好呼報反 流辟匹亦反
邪散似嗟反後皆同 狄成他歷反注同 滌大歷反注同 濫力暫反 子札
側八反 賁讀音奔又補義反 挍憤本又作交古卯反又音郊 憯差子念反 之
傚戶教反 稽之古奚反 道五音導 之行下孟反 不懾之涉反 四
暢勑亮反 恐懼曲勇反 省西頂反 猶度大各反 興道上許寧反下音
導 諷誦芳鳳反 大卷音權 之稱尺證反 比終毗志反 大蔟
音泰下七豆反 長幼丁丈反下同 形見賢遍反 土敝音弊 禮慝吐得反注
及下同 慢易以豉反 流湎緜鮮反 狹則音洽注同 乎和胡卧反 慝
穢字又作穢紆廢反徐烏會反 倡昌尚反又音唱下同 其分扶問反 其行下孟反
倩從目反 邪辟匹亦反 心知音智 以著張慮反 假祖古伯反 周
還音旋注同 迭相大浩反 中呂音仲 鄉方許亮反 詩言其

近，附近之近，又其靳反【法】附近之近即其靳反也，又字殆衍

思，又音斯【法】思、斯不同音

省，西頂反【法】省、頂不同部，省（榮芬案當作頂）疑潁之誤

諷，芳鳳反【法】芳乃方之誤，見《大司樂》、《少儀》作福鳳，福、方同紐也

穢，字又作歲【法】歲依盧本當作濊，十行本同〇倡，昌尚反，又音唱【法】音唱蓋作唱之誤，見《詩·蘀兮》

志一本無言字歌咏音詠以警音景見方賢遍反下及注昔同以著張慮
反注同往復音伏以飭音勑注同不拔步葛反又支八反獨樂皇音洛庚
音岳不厭於豔反以好呼報反以聽過本或作以聖過如字嗚鐃女交反施
也始豉反九流本又作旒音流黒緣悅絹反來朝直遥反去僞起呂反
偵天音負猶依象也精粗七奴反理治直吏反訢合依注音僖許其反猶
蒸也一讀依字音欣煦許具反徐況甫反嫗於具反徐於甫反下反注同區依注音句古侯反徐丘于反一
音烏侯反萌莫耕反翼奮方問反角觡古伯反無䚡曰觡蟄蟲音立反
嫗伏扶又反孕以證反鬻音育生也徐又扶衰反胎生他才反不殰音獨
鄭云内敗曰殰案謂懷任不成也字林云胎敗卵生力管反不殈呼闃反范音溢徐況逼反一音
況狄反卵坼不成曰殈猶裂也猶蒸之膺反無鰓息才反内敗乃對反或作骨肉之字者
誤鋪筵普胡反又音敷去僞起呂反而上如字或時掌反行成下孟反注同
大字五 小四百六 禮記音義之三 五、 蘇
才技其綺反爲治直吏反今夫音扶下同以廣如字舊古曠反弦匏
白交反笙音生簧音黄拊鼓音撫注同復音伏以相息亮反注同即拊也以韋
爲之實之以穅王云輔相也徐思章反訊疾音信大師音泰播樂彼佐反[車柬]
音亂以穅音康漆音七甬音勇有椎直追反進俯本又作府以濫
力暫反溺乃狄反及優音憂侏音朱傌音儒獶雜乃刀反獼猴也依字
亦作揉獼音彌武移反本亦作彌猴音侯本亦作侯所好呼報反注同相近附近之近
徐如字鏗苦耕反鎗七羊反又士衡反時當丁浪反下及注同疾疢勑覲反莫
其云伯反克長丁丈反注同王此于況反克俾依注音比必履反注同徐扶志反
帝祉勑紀反施于以豉反注施延同應和如字又胡卧反炤臨上音照本亦作
照下如字勤施始豉反徧服音遍玩習又作翫音五換反燕女於見反安也
趨音促數音速傲字又作敖同五報反辟匹亦反徐芳益反喬志徐音驕本或作驕

殈，呼闃反，范音溢，徐況逼反，一音況狄反【法】殈案范所據蓋作[歹益]，言[歹益]即溢也，字本作溢，故有坼裂之義。徐所據本，則與今本同，故讀況逼反，猶洫、侐今皆收職韻也。呼闃、況狄一開口，一合口，皆四等字，又混入錫部，殆誤矣。《詩》維天之命，假以溢我，《左·襄廿六年傳》引作何以恤我，此益、洫互譌之證

傌，音儒【法】傌俗儒字〇獿【法】獿当從夒

辟，匹亦反，徐芳益反【法】辟音易徐屢見，豈陸謂亦、益不同部也

敗名必邁反 孔易以豉反 鞉鼓音桃 椌苦江反柷也 楬苦瞎反敔也 壎
許袁反 篪直支反 柷昌六反 圉本又作敔魚呂反 簨恤尹反 虡音巨 竽瑟
音于 以和如字徐胡卧反 獻酬市由反 酳音胤又仕覲反 酢音昨 長幼丁丈
反 聲鏗苦耕反徐苦庚反 立號胡到反 立横古曠反充也下及注同 石聲
磬依注音罄口挺反一音口定反 聽磬口定反 封疆居良反下是疆同 聲濫
力敢反下及注皆同 立會戶外反又古外反下同 畜聚勑六反 擥力敢反 鼓
鼙步西反 聲讙呼端反又音喧 思將子亮反下注大將下將帥同 帥本又作率所類
反下將帥同 讙囂許驕反又五羔反 鎗七羊反又吐衡反徐勑庚反 牟賈亡侯反
侍坐才卧反又如字 咏歎上音詠下音歎 淫液音亦 不逮音代又大計反 歌
遲真異反 蹈厲音悼 已蚤音早 憲左依注音軒 其傳直專反下
文注同傳猶說也 老耄莫報反下同 萇弘其良反 遲之遲並直詩反徐直

禮記音義之三　　六　　蘇

尼反 吾語魚據反 女音汝下且女同 大公音泰 周召音邵注及下同 之治
直吏反下注及下同 持盾述尹反又音允 失行尸剛反下同 且夫音扶 復綴
丁劣反又丁衛反注及下同 孟津本亦作盟音孟 夾振古治反注及下同 鐸大各反 一
刺本亦作壹刺七亦反 分夾扶問反注同分部曲 牧野音也徐又以汝反 欲語
魚據反 反商依注音及 封黃帝之後於薊音計今涿郡薊縣是也即
燕國之都也孔安國司馬遷及鄭皆云燕國郡邵公與周同姓案皇帝姓姬君奭蓋其後也或黃帝之後封薊者滅絕而
更封燕郡乎疑不能明也而皇甫謐以邵公爲文王之庶子記傳更無所出又左傳富辰之言亦無燕也 於祝
之六反 於杞音起 使之行下孟反注同視也 商容如字孔安國云殷商之賢人也鄭云商
禮樂之官也 而復音伏 弛政始氏反注同廢也 華山戶化反如字又 而弗復
扶又反下同 衅而字又作釁同許靳反 倒載丁老反 建依注讀爲鍵其展反徐其偃反 櫜
音羔注同 般虛音墟 皆令力呈反 去其起呂反 苛政音何本又作荷役也 甲

鏗，苦耕反，徐苦庚反【法】鏗音易徐是也，徐蓋庚、耕不分

濫，力敢反【法】濫讀上聲，《廣韻》不收，殆依擥作音也

鎗，七羊反，又吐衡反，徐勑庚反【法】盧改士爲七云：毛本作吐（榮芬案當作叱）衡，官本作士衡，皆七之譌。阮云：撫本七作士，十行本同，作七是也。偉案七衡即《廣韻》之楚庚也，徐讀徹紐殊誤

遲之遲，並直詩反，徐直尼反【法】直詩與直尼非異讀，未詳其意，疑詩爲冀之誤

燕國郡【法】國下郡字《注疏》本同，疑都之譌。盧刻改爲祖，未知所本。王西莊《蛾術編》卷二十四有迮氏考證一段，宜採録

衅，許靳反【法】《廣韻》衅、靳不同部

鎧苦代反又開改反爲鑄止樹反郊射食亦反左射下右射同沈皆食夜反貍首
側由反騶虞側由反貫革古亂反後同裨婢支反搢音進笏音忽虎
賁音奔注同憤怒也孔安國云虎賁若虎賁獸言其猛也說劒此活反朝覲直遙反射
穿食亦反衣裨衣上於旣反下如字而冠古亂反猶捷本亦作插初合反徐
采協反憤怒扶粉反食三老音嗣五更古衡反注同大學音泰注大
學同而饋其媿反而酳音胤又仕覲反弟也大計反東膠音交則夫
音扶爲重于僞反則易以豉反下反注皆同子如字徐將吏反諒音亮油然音由
好貌行成下孟反與爭爭鬭之爭德煇音輝而錯本亦作措同七路反
其減胡斬反又古斬反注及下同勉強其丈反又其兩反則銷音消有報
依注讀曰褒音保毛反下同則樂樂上音洛下音岳而耐古能字下及注同三台
吐才反以道音導繁瘠在亦反廉肉如又反注同邪氣以嗟反曲

禮記音義之三　七　方中

折之設反鴻本亦作洪殺色界反徐所例反闋作苦穴反族長丁丈反
閨門音圭比物毗志反注同雜也以飾音式又音勑詘伸丘勿反要其
一遙反注要猶會同行列戶剛反注同荷戈本又作何胡可反一音何與綴詩作𧙃同都外
反鈇方夫反又音甫鉞音越其儕仕皆反輩也猶輩布內反子贛音貢
請誦七領反徐音情能斷丁亂反及注同下好禮呼報反文換戶亂反下
行戶剛反字處昌慮反而屢力住反數也色角反下同上如時掌
反抗苦浪反如隊直媿反如折之設反槀苦老反倨音據中矩
丁仲反句中紀具反鉤古侯反纍纍本又作累力追反說之音悅和
續胡卧反
雜記第二十鄭云雜記者以其雜記諸侯及士之喪事　卷之十二
乘車繩證反下及注同左轂土木反其緌依注作緌耳佳反下及注同復

強，其丈反，又其兩反【法】強字二音同，殆丈、兩分兩類

殺，色界反，徐所吏反【法】阮校葉本、十行本吏並作例，是也

鈇，方夫反，又音甫【法】夫字雖有音扶一讀，然如字讀則與方同紐，夫蓋于之誤，見《王制》

綏，依注作緌，耳佳反【法】佳阮云：撫本作隹

音伏下同 予使羊汝反 裒衣本又作褒保毛反後皆同 去其起吕反下去輤同 其
輤千見反注輤與蒨同 有裧昌占反 緇裳帷本或作緇布裳帷 將殯必刃
反本或作賓音同 取名於櫬初靳反又楚陣反 與蒨絶句一本作輤讀以與字絶句與則
音餘 蒨旆上千見反下步具反 邊縁悦絹反 爲説吐奪反本亦作脱下并注皆同 亦
侇音夷隱義云侇之言移也使依韻集大兮反息也 遠之于万反 輲車依注作輇
又槫同市專反又布轉反注及下同 所别彼列反 蜃車慎忍反 相近附近
之近 以楯敕倫反下同一本作輴同 葦席于鬼反 凡訃音赴注及下同 長子
丁丈反後長子皆同 大子音泰後大子同 適子丁歷反下文注適子其適宗適適妻並同 適者
依注音敵大歷反下適者同 使其賓依注音至下同 朝廷直遥反下注同 大夫爲
其于僞反下士爲其同注除爲士卿爲爲正皆放此 齊晏於諫反 晏嬰一盈 麤
衰七雷反 苴七餘反 絰大結反 杖菅古顔反 屨九具反 食粥之六

大刁六十五 小四七十 禮記音義三 八 楊十三

倚廬於綺反 寢苫始占反 枕草之鴆反下同 其縷力主反 齊
斬音咨下齊衰皆同 不緝七入反 以上時掌反卷内以上皆放此 高行下孟反
賢著知慮反 則爲其于僞反下則爲之注爲之造作同 而著丁略反 朝
服直遥反注下文皆同 之紕音準又之閏反 虆音藟本又本亦作藟 讀賵芳鳳
反 宗人相息亮反注同 以鞠九六反又曲六反注同 以襢張戰反 復音伏 狄
稅他喚反下文放此 爛力旦反 脱音奪下同 叔隗五罪反 趙衰初危反
下之户嫁反 作展張戰反下同 有褘音輝 自揄音遥下文并注
同 紗縠户木反 皆袍步羔反 不禪音丹 令袿音圭 襈仕眷反
重直龍反 繒矢茨陵反 陽長丁文反 褕絞户交反注同 屬於
音燭注及下條屬并注同 翟也音狄 去振起吕反下同 大夫附依注作祔音同下並同 昭
穆常遥反卷内皆同 别於彼列反 并祭必政反 敢掾音彖 要絰一遥反 麻重直龍反 功

裒，本又作褒【法】此可證裒即褒之俗

櫬，初靳反，又楚陣反【法】櫬二音靳、震分部也。觀此可知陸初不收靳於震，而震部之字多以靳疊韻，殆收靳於震，與平聲真部之巾同耶

輲，市專反，又布轉反【法】布阮校本作市，是

虆，音藟【法】虆俗藟字

令【法】令阮校撫本作令，是

衰七雷反 冠而古亂反下而冠同 之稱尺證反 惻怛且末反 散帶悉但
反後散帶皆同 妾爲于僞反下不爲妻注爲舊君同 以殺色界反徐所例反 與殯音賓 錫
衰思雷反 辟尊音避 稽徐音啓 顙桑黨反 以別徐彼列反注同 右縫
音逢注同 大古音泰下大古同 異材才再反又如字 右辟必亦反下同 縿纓
依注爲繅音早 當所銜反又音早 而紋古卯反 朝服直遙反後朝服放此注同 去其起呂反注同
相遂音遂 遺車弃戰反注同下遺車遣奠皆放此 者與音餘 九个古賀反
同 有章本或作鄣音同注亦同 隱翳於計反 載粻陟良反米糧也 脯
醢音海 義稱昌升反又尺證反 衣衰上於旣反下七雷反下同 玄縞古老反又古報
反注同 冠卷苦圓反 而迎魚敬反注同 鬯勑亮反本亦作暢 臼其究反 以椈
弓六反 杵昌呂反 以梧音吾桐木也 以擣丁老反本亦作擣 枇音匕本亦作朼音同
注同 長三尺直亮反下同 刋苦干反削也 其柄兵命反 率帶上音律下音帶本亦

大一百五十七 小五百四十七 禮記音義之三 九 蔡

作繂也音律 加箴之金反 甕於貢反盛醯醢之器 甒音武瓦器 筲所交反竹器
衡依注作桁戶剛反徐戶庚反度也 實見音間廁之間棺衣也注同 間如字注同徐古莧反一解云鄭
合見間二字共爲覸字音古辯反 折入之設反注同承席也形如牀無足也 以度九委反又九僞反徐居綺反字
亦作庋同 重直龍反 埋之亡皆反 所倚於綺反 處昌慮反 皆辯音遍
不惟伍悲反下同 殯肂以二反埋棺之坎 其度字林戶臘反閉也纂文云古闔字玉篇羌
據公荅二反云閉也 遂去起呂反 繭古典反 與稅他奐反注同 纁許云反 裲
字又作緇而占反裳下襈也王肅云婦人蔽膝也 大褔音燭 絖字又作纊音曠 緼于粉反 爲
袍薄勞反 一稱尺證反下放此 之緣悅絹反 爲君于僞反又如字 使色吏反 復
音伏 官館本亦作觀音同 必拾其劫反下同 卷衣音衮古本反 申重直龍反又直用
反下同 佩韍音弗 稱尺證反下同 與音餘 一股音古 纏經直連反 鋪席
普胡反又音敷徐芳烏反後放此 絞戶交反下文同 紟其鴆反 爲之于僞反 廣尺古曠

縿，依《注》爲澡，音早【法】參、喿之混，漢時已然，見《隸辨》

臼，其究反【法】究蓋九之誤，《易》音求酉反，是也

擣【法】擣俗擣字

帶【法】帶俗帶字

見，音間【法】《既夕禮》藏器於旁加見，即此見字也，彼音賢遍反，此音間厠之間，似誤　○庋，徐居綺反【法】庋徐音是也

辯【法】辯疑辨之誤

度，《字林》戶臘反，《玉篇》羌據、公荅二反，云：閉也【法】《玉篇》以下皆後人增

緼，于粉反【法】于乃於之譌

鋪，普胡反，徐芳烏反【法】芳烏即普胡之類隔

反長直亮反終幅方服反其介音界後皆同相者息亮反下皆同知適丁曆反含者本又作唅說文作琀同胡闇反下同襚音遂執要一遥反內霤力救反賈人音嫁介賵芳鳳反孤須矣從此盡篇末皆無其字有者非陳乘繩證反注北輈竹由反車轅也鄉許亮反注同不見賢遍反上客臨如字視也徐力鳩反注及下同一介音界舊古賀反相息亮反執綍音弗賓為于偽反寡君命絕句下敎此毋敢音無下同使臣色吏反注同為恭如字舊于偽反下同與客拾其劫反辟其音避下辟之同士盥音管干斂力劍反下同馮之皮冰反本或作憑下同脫字音奪重著直用反夜燎力召反又力弔反乘繩證反注同執引以刃反一音餘刃反

雜記下第二十一

猶為于偽反下乃為同期大功音基殤長丁丈反下長子同旣顈口迥

大四十六小四百三十六 禮記音義之三 十 蔡

孔穎反沈苦頂反草也注同又喪如字又息浪反下又喪同去麻起呂反附於義作祔出注未祫音洽將與音預下同視濯大角反其它音他同處昌慮反下之處同使者色吏反差縗初賣反又初佳反適子丁歷反為新于偽反下為人說同之酢音昨嚌之才細反皆啐七內反徐倉快反入口也胥為徐在益反稱其尺證反下同少連詩召反不解佳賣反注同期悲哀音基怠惰徒臥反解倦其眷反堊室烏各反字亦作堊同時見賢遍反注同長中丁丈反巳殺巳或作以下巴界反徐所例反醲美女龍反目瞿九遇反下同朝服直遥反注及下武叔朝皆同釋禫大感反綅冠息廉反黑經白緯曰綅當袒音但植牲音特同與音餘祝之六反徐之又反注同稱昌升反徐尺證反注祝稱同相為于偽反下賓為飯為其同關轂工木反輠胡罪反又胡瓦反又胡管反回也州仇音求鑿巾在各反以飯扶晚反注同冒者莫報反下及注

斂，力劍反【法】斂，力劍反，阮校葉本劍作斂。案劍字右旁係改刻者，必其先亦作斂也。然斂字太僻，必誤。《廣韻》斂、劍不同部

引，以刃反，一音餘刃反【法】引字本有上、去二讀，餘刃蓋餘忍之誤，否則二音無異矣

揜形於險反　將惡烏路反　既遣棄戰反注同　而裹音果　餘與
音餘注何異與同　不見如字　夫大音扶　卷三紀轉反又厥挽反　歸于如字徐音匱同
非爲于僞反注及下注爲母爲姑姊妹皆同　問與賜與並音餘注皆同　滅脫
音奪下同　問遺于季反下文皆同　必三如字又息暫反　施惠始豉反　縣子
音玄　期之音基下同　如剡徐以漸反　惻怛旦末反　執紼音弗　功衰
弔本又作大功衰弔庾云有大字非　不與音預下文注不與同　既封彼驗反又如字　執贄
音至　盈坎口敢反下同　長少丁丈反下詩詔反　爲壙苦晃反入音曠　視不如字徐市
音反　皆爲于僞反注爲食父爲三父母所爲亦爲不爲並同　人食之音嗣注見食同　醯酪
音洛　食食上如字下音嗣　酢七故反　截才代反　有瘍音羊　有創初良反
無免音問注同　於埴古鄧反道路也　不辟音避注同　期之音基　給繇音遙
本又作傜　鷖於奚反　彌徐五兮反一音迷　嗁徒奚反本又作謕同　號徐本作唬胡刀反　不
大一万七九　小四百五十二　禮記音義之三　十一　李
偯於豈反下文同說文作㥢　重則直龍反　喪冠古亂反下及注皆同　三者息暫反
取婦七住反又如字　侈昌氏反　袂彌世反　不與音預注同　聲聞音問又如字
辟琴音避一音婢亦反　不紳音申　要絰一遙反下六結反　衣采者於既反又
如字　玄纁許云反　不扉本又作屝扶味反　世柳良九反　相者息亮反下及注
皆同　飯九扶晚反注同　飯含本又作唅胡闇反下文同　賵臨如字徐力鴆反　無筭
悉亂反　比葬必利反下同　爲士于僞反　銜枚音梅　執鐸大洛反　羽
葆音保　執引以慎反注同　以茅亡交反　朝于直遙反　道正音導　縷
音陋　簋音軌　朱紘音宏　反坫丁念反　藻音早　梲章悅反　有笄音鷄
上屬音燭　薄音博又皮麥反又步博反徐又薄歷反　櫨音盧　侏儒音朱　不
弇於檢反本亦作揜　言併步頂反　偪下音逼本又作愊　越疆紀良反　自
闈音韋宮中之門劉昌宗音暉　髽麻側瓜反　嫂不悉早反　遠別彼列反　無

揜，於檢反【法】揜，於檢反，阮校葉本檢作險，又云：十行本作儉。案此檢字乃改刻者　○卷，紀轉反，又厥挽反【法】卷二音獮、阮分部

彌，徐五兮反【法】徐五兮反讀爲倪也　號，徐本作唬，胡刀反【法】唬殆號之爛文，唬與號異字不得同音

縷【法】縷阮本作鏤，《考證》亦未言其異

其行下孟反 駑馬音奴 自貶必檢反 易共上以豉反下音恭 六種章勇反 璝悲而樹反本亦作孺 乃復扶又反 於蜡仕嫁反 樂乎音洛反 下及注同 索也色百反下同 屬民音燭 先嗇音色 飲烝之承反 勞農力報反 非女音汝 不弛尸是反下及注同 弓弩乃古反 大廟音泰 外宗爲于僞反注同下爲火爲之服下注爲其亦同 瘕焚九又反 上以時掌反 辟也匹亦反 不與焉音預注同 弗辟音避注同 同僚本又作寮力彫反 内難乃旦反下同 厚半戶豆反 剡上以冉反 畫之胡卦反徐胡麥反 冉行戶剛反 奚當如字注同舊下浪反 則釁許靳反 純衣側其反 拭羊音式 干碑彼皮反 拭靚本亦作靜同才性反 刲羊苦圭反 夾室古洽反 其衈如志反 刉古代反又古對反一音其既反 珥如至反 皆鄉許亮反下同 朝服直遥反 以豭音加反注同 尊彝以之反 比至必利反 使者色吏反下使臣使者同 儐

大三八十三 小四五七 禮記音義之三 十二 蔡

者必刃反本又作擯 傳焉丈專反 器皿武景反字林又音猛 所齊子兮反下同 畀所必利反與也又婢支反償也 而共音恭 粢盛上音咨下音成 不肖音笑 不敢辟音避 少施失召反下及注同 食我音嗣 而爲于僞反下來爲亦爲同 倨音據 慢武諫反本亦作慢 施父音甫 吾飧音孫 十个古賀反 其卷音眷徐紀勉反 云與音餘下同 婦見賢遍反下注同 供恭用反 養羊尚反 不復扶又反 則鬈音權又居阮反 去之起居反 髻丁果反 紒音計字又作紒 韠音必 長三直諒反 下廣古曠反下同 會古外反注同 紕以婢支反又方移反注同 純以之閏反又反注同徐方移反 紃以音巡徐辭均反 領縫扶用反下同 之縧本又作絛同吐刀反

喪大記第二十二鄭云以其記人君以下始死小斂大斂殯葬之大事故以大記爲名 卷之十三

皆埽悉報反 爲賓于僞反下爲其爲賓爲王人皆同 徹縣音玄注同 士去起呂反注及下注同 東首手又反下注南首同 北牖依注音酉舊音容下注牖下放此 爲墉

珥，如至反【法】珥、至不同部，至當作志

彝，以之反【法】彝、之不同部

畀，又婢支反，償也【法】婢支反訓償，未詳

齊【法】齊當作齎

去，起居反【法】居誤，《注疏》本作呂是也〇紒，音計，字又作紒【法】紒即紒之隸

純，之閏反，又支允反，注同，徐力移反【法】純字不能讀來紐，《集韻》亦無力移一讀，疑上文紕字徐讀方移反譌闕著此耳。《曲禮》紕，婢支反，徐補移反，補移即方移也，是方移一音確爲徐讀，脫於上，而譌附於下耳

音容廢牀仕良反本或作床字褻衣息列反新朝直遥反後朝服皆同屬
音燭纊音曠新緜也一音古曠反易動以豉反適寢丁歷反注同正處昌慮
反下同林麓音鹿階梯他兮反簨恤尹反虡音巨以卷本又作衮同古本反
注同屈狄音闕注同玄赬勑貞反禮衣知彥反稅衣他亂反東
榮如字屋翼也劉昌宗音營三號戶高反注同捲衣俱勉反徐紀阮反褘衣
音輝以鷩必列反揄狄音遥以毳昌銳反東霤力又反以篋
苦牒反乘車繩證反左轂工木反之惡烏路反衣尸於既反注衣尸同
以斂力驗反後不出者皆同而去起呂反以袡而廉反婦人嫁時上服人諦大兮
反本又作帝扳本又作攀普班反一音班援音袁徐于願反爲寄于僞反下皆同下注爲毋爲其
罷倦皆同徒跣悉典反扱初洽反衽而審反又而鴆反裳際也拊心音撫使者
色吏反鄉其許諒反馮之皮氷反本或作憑後皆同人袒天旱反説髦本作

大三六六一 小五六八九 禮記音義之三 十三

稅同他活反徐他外反注同髦音毛人髽側瓜反奉尸芳勇反注同夷于堂
如字夷尸也陳也本或作侇同音移一本作奉尸于堂從而才用反又如字汜拜芳劒反而免
音問後放此拾踊其劫反裼裘思歷反之卷起權反出壺音胡縣
之音玄及下注同代更古行反下同罷音皮倦其卷反爲漏音陋給
爨七亂反又七官反下爨鼎同爲䵂音俱水斗也隱義云容四升也挈壺苦結反又音結
下君戶嫁反下成君不相下下大夫同照饌仕眷反滅燎力石反又力弔反南
鄉許諒反事處昌慮反以衰七雷反人爲于僞反下人爲注爲下注爲君皆同
竟内音境下同輯之側立反下同斂也則去起呂反後去杖皆同以見賢遍
反斂也力檢反下同以柱知主反近尸附近之近爲夫人于僞反下及注妾爲
君爲人得並同棄杖本亦作古弃字斷而丁管反下注斷足爪同大盤本又作槃步干反
造冰七報反下及注皆同造猶内也士併步頂反注同襢之善反單也注同笫側里反簀也

榮，劉昌宗音營【法】劉不分榮、營爲二音也〇捲，俱勉反，徐紀阮反【法】捲二音

獮、阮分部

夷，本或作侇，同，音移【法】侇、移不同音

倦，其卷反【法】卷當作眷，見《書・大禹謨》

含一胡暗反濡奴亂反下文同濯直孝反下文同于坎口感反札側八反爛
力旦反祖簣音責盛水音成廣八古曠反長丈直亮反深三
尸鳩反幠用好胡反去死起呂反注同楔齒桑結反角柶音四綴
足丁劣反又丁衛反下注同適室下歷反管人如字掌管籥之人又古亂反掌館舍之人也下同
沒音急不説吐活反繘均必反汲水綆也抗衾苦浪反舉也用盆蒲奔反沃
水烏谷反用枓音主又音斗絺巾勑其反一本作綌去逆反挋音震拭也如它
音他下同挋拭音式差七何反淅也注差淅同沐音木甸人田遍反爲垼音役
鄭注儀禮云塊竈也陶人音桃出重直龍反鬲音歷鬻諸許反西北
厞扶味反隱也舊作扉音非門扉也爨之七逭反差淅先歷反其潘芳袁
反米汁也差初佳反率音律又音類而上時掌反食粥之育反又音育下同一
溢音逸劉昌宗又音實下同莫一音暮疏食音嗣下及下注疏食皆同不盥古緩反於

禮記音義之三　十四　姚

簒本又作匴又作算悉緩反又蘇管反竹筥也以醯呼雞反杯杅音于竹筥居呂
反歠昌悦反手飯扶晚反作簨息尹反徐音撰期之音基下同爲母
爲妻並于偽反下注爲其同不與音預下同比葬必利反君食之音嗣下父
之友食之皆同不辟音避粱肉音良粱米也以簞徒點反以葦于鬼反有
莞音官又音完布絞戶交反後同縮者所六反縞衾古老反九稱
尺證反杜預云衣單複具曰稱後放此絞紟其鴆反後皆同縮從足容反連數色主反
見之賢遍反絞一幅本又作畐方服反爲三絕句不辟絕句補麥反又音璧
徐扶移反無紞丁覽反廣終古曠反析其思歷反下同之強其丈反被
識式志反又音志又音式下同去之起呂反下注同不倒丁老反注及下同散衣悉但反
無繸音遂複衣音福褶音牒袷也袷也古洽反袍必步毛反不
禪音單繭古典反與稅吐亂反袡而廉反纁許云反紾絺之忍

濡，奴亂反【法】濡當從耎

絺，勑其反【法】絺、其不同部

沃，烏谷反【法】沃、谷不同部，他皆烏酷、烏毒二反

爨，七逭反【法】逭疑官之誤，音紐例不用生字，且此字應讀平

簒，又作算，悉緩反，又蘇管反【法】蘇管與悉緩同，《明堂位》作又祖管反，是也

辟，徐扶移反【法】辟、移不同部，徐必無此音。以《少儀》辟雞音證之，移疑益之誤

反 亦爲于僞反下文則爲之同 之篋苦協反 不詘丘勿反 給紵直呂反 便

也婢面反 大胥依注作祝之六反下同 胥樂官思餘反 不紐女九反舊而慎反

鄉左許亮反 士與音預注同 爲傲音執本亦作執 錦冒莫報反下及注同

黼音甫 殺色戒反徐所例反下及注同 之裁才再反注同 韜尸本又作叏吐刀反下同

鋪席普吳反又音敷下皆同 亚止本或作亚止門外門外衍字耳 主辟必亦反 凶邪

姪大結反似嗟反 娣大計反 長子丁丈反下同 服膺於陵反 奉之

芳勇反 拘之音俱一音古侯反 同處昌慮反 居倚於綺反 苫始占反

枕之鴆反 甴苦内反 檀章善反注同露也 障之音章下同 柱張主反 楣

音眉 見面賢遍反 適子丁歷反 屬目音燭 無辟音避下注猶辟同

黝於糾反 堊烏路反又烏各反注同 禫而大感反 作道音導 不復扶又反

期居音基下同 爲毋爲妻並于僞反下爲之賜注爲之則爲並同 以上時掌反

八六六九 小四·平 礼記音義之三 十五 徐秀

直君如字又音值當也 先後君悉見反下胡豆反一音並如字 夾階古洽反 祝

相息亮反下相止並同 下正君戶嫁反 屬六音燭後皆同 押步歷反 四

重直龍反下同 水兕詞履反 被之皮義反下同 其厚戶豆反 杝棺

以支反 是差初佳反徐初宜反 時僭子念反 金鐕子南反釘也 椽陟用反本

又作琢 著直略反 小要一遥反下同 鬌爪音舜亂髮下側功反 實于綠

音角出注 小囊乃剛反徐音託 盛之音成 爲簍魯口反 用輴勑倫反 攢

才完反下同 以幬音道注同覆也 不暨其器反注同 見衽賢遍反注同 猶蕞

才工反本亦作叢 記參初金反 差初宜反 題音啼 湊七豆反 四注徐之撚反下同

差寬初賣反又初佳反 搖地其越反又其勿反 作鎛徒對反又徒卧反又徒猥反

作埠依字支允反又支閏反徐都卧反沈都雷反 敖五羔反 四種章勇反下及注同 八

筐音匡 魚腊音昔 蚍七毗 蜉音浮 黻三音弗 錦褚張呂反下同 加

紐，而慎反【法】而慎反者字作紉也

傲，音執，本亦作執【法】本亦作執，則注不當云執或爲執（榮芬案當作傲）矣，此

執字必誤　〇韜，本又作叏【法】阮云：撫本叏作支，是也

辟，必亦反【法】此辟似不當讀必亦反，再考

囊，乃剛反，徐音託【法】徐音託，字作橐也

僞依注讀爲惟位悲反　齊五如字徐才細反　黼萋所甲反　皆戴丁代反下
及注同　纁披彼義反徐甫髮反下同　戴綏依注爲緌音蕤耳佳反下同　紐女九反
揄絞音遥注同　緇側其反　及壙苦晃反　惡其烏路反　以衣於既反下
衣以皆同　以上時掌反下魚上同　車苓音零　縣池音玄下皆同　動摇音遥一音
以照反　則去起吕反　齊象車蓋蕤絶句一讀以蕤向下　瓜古華反　分
扶問反又皮莧反又夫云反　廣三古曠反　高二古報反又如字　柄長直諒反又如字後放此
而從才用反　用輴依注音輇市專反下同王敕倫反　四綍音弗　二碑彼皮反
御棺一本作御柩　羽葆音保　用國依注亦作輇市專反王如字云一國所用　比出必利反
注同　作團徒丸反　曰引音胤　爲率音律　凡封依注作窆彼驗反下及注
機封同　以咸依注讀爲緘古緘反　毋音無下同　讙音華　説載吐活反　輓棺
音晚　繞而沼反　要一遥反　舒縱子用反下同　縱舍音捨　有隧音遂延道

大五百十六　小四百廿六　礼記音義之三　二六

也　爲椷古咸反一本作緘　而上時掌反　抗木苦浪反徐戶剛反　五重直龍反下
同　容祝昌六反　容甒音武

祭法第二十三　鄭云以其記有虞氏至周天子以下所祭祀羣神之數也　卷之十四

禘黃帝大計反　嚳口毒反　顓音專　頊許玉反　鯀本又作鮌古本反　篇
末皆同　冥莫經反　祖契息列反下同　圜丘音圓　大昊音泰下大廟大祖大
昊同昊亦作皞胡老反下放此　句古侯反　芒音亡　夏曰戶嫁反後夏曰皆同　少昊
詩召反下放此　蓐收音辱本■音辱　以上時掌反下上去以上同　之殺色界反徐所例
反　燔柴音煩爾雅云祭天曰燔柴　泰壇大丹反下同　瘞於滯反　埋武皆反爾雅云
祭地曰瘞埋　泰折之設反注同舊音逝又音制　用騂私營反字林云火營反　祭處昌慮
反　言坦吐但反　炤本又作昭同章遥反又之召反　哲之設反一音制　用黝於糾反　相
近依注讀爲攘如羊反下音巨依反王肅作祖迎也　於坎苦感反　幽宗雩宗依注並

披，彼義反，徐甫髮反【法】披二音同，改音和也

咸，依注讀爲緘，古緘反【法】《廣韻》緘、鹹不同部，此疑誤。下文作古咸反是

昊，亦作皞，胡老反【法】阮云：撫本皞作皞，是，《説文》、《五經文字》皞字並在日部

蓐，音辱，本亦音辱【法】音辱盧本作作辱，是。阮云：十行本作本亦作辱

注並讀爲祟槷敬反王如字 見怪賢遍反注同 亡其如字無也一音無 吁嗟許于反
癘疫音役 大凡如字徐音泰 腐爲音輔 更立古衡反 通數
色主反下同 設廟本亦作廧古字 墠音善 有禱丁老反一音丁報反 適士丁歷
反篇內同 顯考無廟顯音皇出注 大夫采七代反 昭穆上遙反 不
腆他典反 袷乃音洽 魯煬餘讓反徐音傷 王爲于僞反下皆同注爲社事亦同 靁
力又反 作譴棄戰反 此與音餘 脾婢支反 肺芳廢反 肝音干 腎
上忍反 使者色吏反 惡言烏路反 繆乎音謬 祭殤音傷 之奧
烏報反 陰厭於豔反下同 能禦魚呂反 菑音哉下同下文或作災注作裁並同 能
扞胡旦反 厲山力世反左傳作列山 共工音恭下及注同 鄣鴻音章 而殛紀力
反注同尚書云殛鯀於羽山又云鯀則殛死 顓頊能脩之本或作顓頊脩黃帝之功 以文
治直吏反 去民起呂反 及夫音扶 业陵此古丘字 而王于況反 蒼
大字七千小四百二 禮記音義之三 十七 蘇
梧音吾
祭義第二十四鄭云名祭義者以其記齊戒薦羞之義
欲數色角反下同 則怠大改反 曰祠嗣思反 悽音妻 愴初亮反 旣
渪本亦作濡音儒 怵勑律反 惕他曆反 皆爲于僞反下文見所爲竝注同 放其
方往反 致齊側皆反後不出者同 散齊悉但反注同 所樂音岳又五孝反 所
耆市志反注及下並同 屈到居勿反屈到楚莫敖 耆芰其寄反楚人謂菱爲芰 僾然
音愛微見皃 周還音旋本亦作旋注同 愾然開代反 闔戶戶臘反 致慤
苦角反 敬養羊尚反 鄉也許諒反下文鄉也鄉之注鄉之同 言夫曰音扶本或
作言夫忌日 爲相息亮反下文同 不作才各反 奠盎烏浪反 齊齊乎
如字舊子禮反 愉愉乎羊朱反 盎齊才細反 繹曰音亦 儐尸音賓 之
忠如字謂盡中心 文王與音餘 樂與音洛下同 尸侑音又 仲尼嘗

渪，本亦作濡【法】渪俗字

屈，屈勿反【法】屈勿当作居勿，盧本不誤

絶句旹秋祭奉薦而進絶句其親也愨絶句趨音促注及下注皆同以
數色角反速也徐音速注同子贛音貢濟濟子禮反下同漆漆依注音切下同
濟濟者容也口白反賔客也下客以遠同漆漆者容也羊凶反儀
容也下若容以自反同樂成音岳又五教反慌況往反注及下同一音荒惚音忽注及下同本又
作忽所當丁浪反一槩古代反比時必利反徐甫至反注同先時悉薦
反又如字洞洞音動下同屬屬音燭下同如弗本亦作不何休云弗者不之深
也勝音升也與音餘黝於糾反堊烏路反祝祝上之六反下之又反又並
之六反仿孚往反佛孚味反以詘求勿反注及下弁篇末同徐丘勿反敬齊如字
注及下同王徐側皆反婉順憂阮反敖也五報反如奉芳勇反儼魚檢反
恪苦各反既冠古亂反孺子而樹反敬長丁丈反下及下注皆同爲
其于僞反下爲其同近於附近之近乎王于況反至弟音悌下同五更
得　禮記音義之三　十八　顧澄
古衡反下更相同措諸七路反序從才用反注同于碑彼皮反袒而徒旦反
鸞刀力端反以封洗圭反膟音律膋力彫反爓祭音尋泄息列反
腒直輒反神見賢遍反一本作神可見則如字曰暘音陽以別彼列反下同相
巡依注音沿悅專反汜說芳劒反不悖布內反以去起呂反爭爭鬭之爭
有奇紀宜反邪似嗟反不治直吏反魄也普白反噓音虛吸
許及反斃干本亦作弊婢世反陰爲依注音蔭於鴆反土壤如丈反君焄
許云反香臭之氣耳蒿許羔反氣烝出皃烝出之膺反爲蕉表驕反又皮表反
以爲黔首則其廉反徐又其嚴反黑也黑首謂民也秦謂民爲黔首則法也爲民于僞
反復加扶又反遠邇音爾燔音煩燎力召反又力弔反羶依注音馨許經反後
羶薌同薌音香見以依注見作覸音間廁之間徐古辯反見間依注合爲覸字音間廁之間
以俠古洽反甒音武爲藉在亦反藉田說文作耤朱紘音宏秉耒

比，必利反，徐甫至反【法】比字徐音他處誤作甫志者皆當以此正之

洞，音動【法】動當爲慟，見《禮器》

敖，五報反【法】敖《注疏》本作敖，考他無借敖爲敖者，此條恐是刻誤，非陸氏舊也。盧、阮皆不言與經異文，何也

措，七路反【法】措今本作錯○袒，徒旦反【法】旦蓋早之誤

黔，其廉反，徐又其嚴反【法】黔二音覽、嚴分部

見，徐古辯反【法】辯疑誤，見《雜記》

力内反醴酪音洛齊音咨本又作齊朝之直遥反注躬朝同犧牷音全近
川附近之近仞有音刃七尺曰仞大昕許斤反曰欲出使蠶才南反奉芳勇
反下及注同種章勇反風戾力計反爆也以食音嗣蚤音早本亦作早胞七歲
反氣燥悉早反惡濕烏路反旣單音丹奉繭古典反服
與音餘注同副褘音暉其率音類又音律又所律反夫人繅悉刀反下
同說文作繅云抽繭出絲也以此爲旒繅字音所咸反三盆蒲奔反掩也三掩本亦作淹徐於
驗反又於斂反則易以豉反下同子如字徐將吏反下及注同諒音亮下同油然音由則
樂樂則安■音洛下不樂同與爭爭之爭■德煇音輝言行下孟
反下理行而行皆同而措本亦作錯七故反其減胡斬反又古斬反下同倦也則銷音消有
報依注音裒保毛反下音同能養羊尚反後皆同言與音餘先意悉薦反參
直徐所林反莅官音利又音類本又作涖戰陳直覲反烖及音災於親
禮記音義之三　十九　景
本亦作烖及於身亨孰普彭反而薦將見反不遺如字又于季反樂自
音岳皇五孝反溥之本亦作敷同芳于反而放甫往反下同至也而準諸尹反平也
無輟張劣反斷一丁管反不匱其媿反下同博施始豉反惡
之烏路反數月色主反下同瘳矣丑留反差也頃步讀爲跬缺婢反又丘弭反
一舉足爲跬再舉足爲步不徑古定反邪也邪似嗟反趨七俱反於朝直遥反後皆同而
弟音悌下及下注同爲之于僞反不併步頂反徐扶頂反車徒辟音避
注同鴈行戶剛反下同所擔都甘反少者詩照反下同不遺如字棄忘也一
本作匱其媿反而長下丈反下文皆同爲甸田見反頒禽音班於廋本又作搜
音蒐所求反狩音獸士卒子忽反下同放乎方往反食三音嗣下同五更
古衡反下同大學音泰下大學注大卜皆同而酳音胤又仕覲反巡守手又反本或作狩于
竟居領反不復扶又反下丈注將復入同舉觶之豉反見爵賢遍反之

繅，悉刀反【法】繅乃繰之譌

併，步頂反，徐扶頂反【法】併徐音類隔

施始豉反卷冕古本反明知音智斷其丁亂反必恐曲勇反所
以語魚預反陶陶音遥遂遂本又作燧音遂思慮息嗣反而術
義作述出注
祭統第二十五鄭云統猶本也以其記祭祀之本故名祭統
五經吉凶軍賓嘉之五神祇祈之反心怵勑律反祐助音又君長
丁丈反下所長同道之音導其爲于僞反注爲謂同一音如字追養羊尚反下同
者畜許六反下同盡此徐子忍反下同之行下孟反取夫人七住反所
共音恭下文以共皆同芹其斤反茆音卯蚳丈之反蝝悦專反蜩音條蔆
本亦作菱音陵芡音儉榛側巾反齊盛本亦作齋與粢同音咨下及注同純服
側其反注及下純冕同以見賢遍反少陽詩召反乃齊側皆反本又作齋下不出者同
言齊也齊不齊並如字下以齊之同耆欲市志反其邪似嗟反
已　禮記音義之三　二十　三壽
反詑其居乙反止也先期悉薦反又如字大廟音泰後大廟皆同副禕
音輝圭瓚才但反祼尸古亂反執紖直忍反注同徐以忍反大夫
從才用反下皆同執芻初俱反宗婦執盎烏浪反注同從夫人
絶句一讀以從字絶句薦涚水舒鋭反徐音歲羞齊本亦作齊才細反注同爲
才細反下盎齊同以樂音洛下同竟內音境篇內皆同近主附近之近獻
柄兵命反作縿直忍反槀也苦老反下同共其音恭盎齊
之屬莫重於祼一本無之屬二字道之以禮音導有
餕音俊施惠始豉反下文注並同能知音智尸謖所六反起也百官
進依注作餕自畀如字隱義音必利反以別彼列反下同見其賢遍反下同脩
於廟中也一本脩作徧徧及音遍下同積重直龍反下同凍餧
乃罪反夫人音扶見之如字舊賢遍反畜積勑六反本與音餘下是與同

祇，祁之反【法】祇、之不同部，之當作支

蚳，文之反【法】文阮校本作丈，是也，盧本作丈

涚，徐音歲【法】涚徐音誤，此方言也

畀，必利反【法】畀、利不同部

君長丁丈反下長幼皆同　所惡烏路反　見事賢遍反下皆同　之殺色界反徐所例
反下同　鋪普胡反又芳夫反　延羊然反　爲依于僞反下注爲其皆同　于彷伯更反
言詷徒貢反　索祭所伯反　則伸音申　子行戶剛反注同徐胡孟反
之適丁歷反　以瑤音遙　以散悉但反　之差本又作之等　謂酳音胤
又仕覲反　有昭上遥反後放此　南鄉許亮反　而舍依注音釋　卷冕古本反
執校戶教反又戶交反又下卯反下同柄也　執鐙音登又丁鄧反豆跗也　龔處
昌慮反　下跗芳符反　貴髀必氏反又必履反　不重直龍反　臂臑
乃報反肱骨也　有畀必利反下及注同與也　煇依注作韗同況万反又音運下同申吏也　胞步交反下同肉
吏　翟音狄樂吏也　閽音昏守門者也　以見賢遍反注皆同　見此畀如字舊必利反
下同　韗磔知宅反　日礿羊灼反字又作禴　夏祭戶嫁反下注夏者孟夏同　草
艾音刈　可芟所銜反　給爨七亂反　亨普彭反徐普孟反　自名如字徐武政反
大丁本小四大十三　禮記音義之三　二十一　桂
下及注自名同　論譔音撰　身比毗志反謂次比也下及注皆同　斟酌之林反　傅音附徐音
賦一音直專反謂傳述　著直略反徐張慮反　之行下孟反　以見賢遍反注同　知
足音智注同　孔悝口回反　公假加百反至也注同　蒯苦怪反　聵五怪反　褻
之保毛反　左右音佐　右音又下啓右并注同一讀此左右並如字　難乃旦反　奔走本亦作犇　無
射音亦注同　爲簽初革反　猶女音汝後皆同　從馬才用反　坐殺才卧反
寘之之豉反　厭也於豔反下同　鎬京胡老反　纂乃子管反　侯衔
苦旦反　烝之承反下文注同　鉏仕居反　耆欲市志反　不解古賣反　休哉
許糾反　予圉魚呂反　予女羊許反注同　以辟必亦反又婢尺反注同明也　施
于如字著也　彝鼎以支反　猶著張慮反又直略反下同　約如字徐於妙反　劑
子隨反　是誣音無　不傳直專反不本亦作弗　八佾音逸　赤盾食準反又音允
羽籥羊灼反

詷，徒貢反【法】詷當從同

跗，芳符反【法】芳當作方○髀，必氏反，又必履反【法】髀二音紙、旨分部，又音非也

彝，以支反【法】彝、支不同部

經解第二十六 鄭云經解者以其記六藝政教得失解音佳買反徐胡賣反一音蟹 卷之十五
易良 以豉反下易良同 屬辭 音燭徃及下同 比事 毗志反下同 朝聘 直遥反篇
內同 近愚 附近之近下除遠近一字並同 愛惡 烏路反 戰爭 爭鬭之爭下文同 淑
人 常六反 不忒 吐得反 王鏘 七羊反本又作鏘 皆鈴 音零 在軾 音式 和
應 應對之應 民說 音悅 除去 羌呂反下而去之同 霸王 徐于況反 所操
七刀反 方圜 音圓 誠縣 音玄注同 衡稱 尺證反 謂錘 直僞反 彈
徒丹反 畫 胡麥反 朝覲 其靳反 長幼 丁丈反下皆同 昏姻 音因 之別
彼列反 猶坊 音房本又作防下同 而壞 音怪 春見 賢遍反 嫁取 七住反本
亦作娶 淫辟 匹亦反 而倍 音佩下同 之行 下孟反 止邪 似嗟反 遠
罪 于万反 差若 初佳反徐初宜反 豪 戶刀反依字作毫 一氂 李其反徐音來本又作釐 繆
以 音謬

禮記音義之三 二三 桂

哀公問第二十七 魯哀公也鄭云善其問禮著謚以顯之
長幼 丁丈反 以別 彼列反 疏數 色角反 雕 本亦作彫 鏤 力豆反 黼 音甫
黻 音弗 喪筭 悉亂反 備其鼎俎 本亦無此句 豕腊 音昔 卑
其 如字又音婢 雕幾 音祈注同幾附纏之也 語以 魚據反 好實 呼報反
無厭 於豔反 敖慢 五報反 午其 五故反一音如字注同王肅作迕迕違也 當
欲 丁浪反注同 猶稱 尺證反 侍坐 才卧反 愀然 七小反舊慈糾反又在由
反又音秋又千了反下同 夫婦 別 彼列反 不肖 音笑 親迎 逆敬反下及注同
舍敬 音捨 不親不正 一本不皆作弗 本與 音餘下本與敬與並同 已猶大 音泰
之好 呼報反 焉得 於虔反 爲言 于僞反 之分 扶問反 外治 直吏
反下同 之行 下孟反下君之行同 妃以 芳非反 則愾 許乞反又許氣反至也 大至
音泰注同 居函 彼貧反 樂天 音洛下及注同 怨天 於元反又於願反 朝會

迎，逆敬反【法】逆敬盧改魚敬，非

直遥反 熠察 音照本亦作照 惷愚 始容反徐音容反又湯邦反一音丁絳反字林丑凶反又丑絳反愚也 冥煩 莫亭反徐亡定反 子志 依注音識徐音試 使易 以豉反 蹴然 子六反又在育反敬皃 辟 音避

仲尼燕居第二十八 鄭云善其不倦燕居猶使三子侍言及於禮著其字言可法也退朝而處曰燕居

燕居 於見反 汎說 芳劒反 女三人 音汝後同本亦作汝 吾語 魚據反下及注語女音同 不徧 音遍 不中 丁仲反下同 之給 音急徐渠急反又其劫反下同 足恭 將注反又如字 鮮仁 仙淺反 近於 附近之近 能食 音嗣 敏頓 徒遜反 乘車 繩證反又如字 者與 音餘下無相與同 昭穆 上遥反穆亦作繆音同 食饗 音嗣注同 句龍 古侯反 長幼 丁丈反後皆同 朝廷 直遥反下及注皆同 量鼎 音諒注及下同 而錯 七故反本又作措後同 易知 以豉反 別也 彼列反下其別同 豆區 烏侯反 之治 直吏反下其治治國並同 瞽之 音古 無相 息亮反 倀倀 勑良反無見皃 其

大·六十 小四八七 禮記音義之三 二十三 蘇

策 初革反 爲衆 于僞反又如字 倡始 尺亮反 畎畝 古犬反 而縣 音玄注同 樂闋 苦穴反 夏籥 音藥 行中 丁仲反下同 還中 音旋 采齊 本又作薺在細在私二反注同 序更 音庚下同 振鷺 音路 禮繆 音謬注同 禮行 下孟反又如字 冬夏 戶嫁反 大子 音泰下大子下文大平同 適子 丁歷反 俊選 宣面反 皆造 才早反徐七到反 蘷 求龜反 窮與 音餘 傳於 文專反注同

子曰師乎 絶句 復問 扶又反 必鋪 普胡反徐音孚 行而樂之 音洛又音岳 所治 直吏反注同 奧 字又作奥烏報反 阼 才故反 符長 丁丈反隱義云符謂甘露醴泉之屬長謂麟鳳五靈之屬 瑞應 應對之應徐於甑反 之處 昌慮反 昭然 章遥反徐之紹反明也 發矇 音蒙 矣 本亦無矣字

孔子閒居第二十九 閒音閑鄭云名孔子閒居者善其倦而不褻猶使一子侍爲之說詩著其氏言可法也退燕避人曰閒居

閒居 音閑 凱 本又作愷又作豈丘在反注同 弟 本又作悌徒禮反注同 樂 音洛 易 以豉反

畎，古犬反【法】畎盧依宋本改畎，是

禍裁音災哀樂相生音洛舊音岳塡耳音傾好惡並好字一音上呼報反下烏路反近之附近之近長人丁丈反其命依注音基宥密音又逮大計反注同安和皃選宣面反匍音扶音蒲匐音服又蒲北反傚之胡孝反賙恤音周衰七雷反絰大結反施及以豉反下同畜許六反曰聞音問下令聞并注同施易也並以豉反以勞力報反注及下同勞來力代反私炤音照本亦作照湯齊依注音躋亦作隮子兮反詩如字曰人實反齊側皆反注齊莊同詩作躋子兮反昭假音格至也注同遲遲直私反是祗諸夷反敬也使王于況反下王天下王功皆同神氣風霆音廷絕句風霆流形絕句耆欲市志反注同嵩高息忠反惟嶽音岳峻極私俊反之翰胡旦反徐音寒于蕃方表反爲之于僞反下川爲嶽爲皆同賢知音智弛其徐式氏反一音式支反注同皇作施大王音泰注同弛施也如字皇本作施布也蹶然居衞反徐音厥隊直媿反

辟後音避

坊記第三十坊音防徐扶訪反經文皆同鄭云名坊記者以其記六藝之義所以坊人之失也

辟則匹亦反注同舊芳益反徐又音辟坊與音餘邪似嗟反侈昌氏反又尺氏反斯喬音驕本亦作驕下同不慊口簟反恨不滿之皃之級音給而好呼報反下同樂音洛又音岳其幾居豈反又音機荼毒音徒之行下孟反惡之烏路反下猶惡皆同千乘繩證反下注同高一古報反長三直亮反下同別微彼列反下同朝廷直遥反下皆同僭號子念反下同辟其音避下同皆爲于僞反相彼息亮反盍旦音渴徐苦蓋反注同以殺音試本又作弑子云自此以下本或作子曰則近附近之近觴酒音傷衽席而審反又而鴆反以上時掌反好呼報反不偝音佩下及注同不愉音偷本亦作偷以畜許六反注同毛詩作勖定姜之詩此是魯詩毛詩爲莊姜子衎苦旦反而號戶羔反注同稱

侈，昌氏反，又尺氏反【法】昌、尺同紐，尺蓋尸之譌

究於袁反尚技其綺反注同不吝力刃反又力鎮反往行下孟反以畜
勑六反上施始豉反下同以莅音利又音類其難乃旦反詢于音荀芻
初俱反蕘如遥反不爭爭鬭之爭履無如字毛詩作體爾女音汝下及下文皆同
鄉卜許亮反本亦作鄉度是徒洛反注同毛詩作宅鎬京胡老反於乎
音烏下火吳反注同大誓音泰本亦作泰注同弛其式氏反注同弃也駮親邦角反
乃讙音歡火官反喜樂音洛鄂鄂五各反本又作諤說則音悅復
諫扶又反不匱其媿反綽綽昌灼反有裕羊樹反爲瘉羊主
反病也猶更古衡反以衣於旣反差遠初賣反能養羊尚反
爲其于僞反下專爲同相褻息列反厭辟不辟並必亦反君也注同孺
子而注反長民丁丈反注及下事長同簋音軌鉶音刑饗食音嗣下文食禮同
盤步干反盂音于以菲芳鬼反薄也去禮起呂反親饋其位反禴
禮記音義之三　二十五　王
祭音藥寔受時力反易作實豕與音餘酒肴戶交反三日齊側皆反注
同散齊悉但反醍酒音體羣昭常遥反卒度如字法度也徐徒洛反
中霤力救反飯於扶晚反牖下音酉於壙苦晃反不爭爭鬭之爭
下民爭同殺其音試注及下同于音如字君卓勑角反注同弟以音悌鄭段徒亂
反本亦云鄭叔段也遲直志反而爲于僞反貳圉魚呂反晉惠公太子懷公名饋
獻本又作孅音同之贄音至以見賢遍反脩好呼報反饋違于季反下
同遺民不內音納反如字耕穫戶郭反不菑側其反田一歲也畬音餘
田二歲也賤行下孟反注同斂穧子賜反又才計反捃君運反拾音十采葑
芳容反采菲芳尾反蔓音万徐音蠻菁音精又子丁反葍音富又音福則
幷必政反又如字下同不離力智反與女音汝無媒音梅注同伐柯古何反斧
柄取妻七樹反後皆同横從子容反注同横行治其田也本亦作遊

吝，力刃反，又力鎮反【法】吝二音未詳

讙，音歡，火官反【法】阮刻《注疏》本音歡上有依注二字，是也，否則音歡已足，不必再加火官反矣，通例如此

穧，子賜反，又才計反【法】子賜蓋誤，《詩》音作子計反

葍，音富，又音福【法】案《詩》及《爾雅》均不音富，惟蕌則音富耳

行治其田　易治以豉反　不取同姓如字又七樹反　猶去起呂反注同　大伯音泰

猶殺音試注同一音如字　繆侯音穆　來朝直遥切　有見賢遍反注及下同　以辟音避　遠于万反下遠色同　好德呼報反下及注同　猶捕蒲布反

中網丁仲反　以篚音匪　淫泆音逸本又作佚同　妃匹音配一音如字　親

迎魚敬反　行父音甫

經典釋文卷第十三

大十四 小六十　礼記三　二十六 下　李宗

經典釋文卷第十四

禮記音義之四　起第十六盡第二十

唐國子博士兼太子中允贈齊州刺史吳縣開國男陸德明撰

中庸第三十一　鄭云以其記中和之爲用也庸用也孔子之孫子思作之以昭明聖祖之德也　卷之十六

率性　所律反循也　則知　音智下知者大知皆同　人放　方往反　傚之　胡教反　離也　力智反下及注同　惡乎　音烏　不睹　丁古反　恐懼　匡勇反　閒居　音閑下注同　莫見　賢遍反注顯見同一音如字　有佔　勑廉反　哀樂　音洛注同　中節　丁仲反下注爲之中同　長也　丁丈反　小人之中庸也　王肅本作小人之反中庸也　忌憚　徒旦反忌畏也憚難也　畏難　乃旦反　常行　下孟反　中庸其至矣乎　一本作中庸之爲德其至矣乎　民

鮮　息淺反下及注同　罕也　呼坦反希也少也　知者　音智下文大知也子知注有知皆同　不肖　音笑下同　矣夫　音扶　也與　音餘下強與皆同　舜好　呼報反下同　易　以豉反　罟　音古罔之摠名　擭　胡化反尚書傳云捕獸機檻　陷　陷沒之陷　阱　才性反本或作穽同阱穿地陷獸也說文云穽或爲阱字也　知辟　音避注知辟辟害皆同　期月　音基　拳拳　音權又起阮反徐羌權反奉特之皃　服膺　於陵反徐音應又　奉持　芳勇反　可蹈　音悼又徒報反　問強　其良反下同　所好　呼報反　言女　音汝下抑女同　不校　交孝反報也　衽金　而審反又而鴆反　不厭　於豔反　哉矯　居表反下同　不倚　依彼反徐其蟻反　所傃　音素　猶鄉　本又作嚮許亮反下皆同　行佹　又委反下同　譎　音決　汲汲　音急　隱行　下孟反　遯世　本又作遁同徒頓反　費而　本又作拂同扶弗反猶佹也徐音弗注同　以與　音預注皆與之與以其與同　舜好　呼報反　故與　音餘　所憾　本又作感胡暗反恨也注同　鳶飛　悅專反字又作鳶

法偉堂經典釋文校記遺稿卷十四

禮記音義之四

清法偉堂著　邵榮芬編校

膺，徐音應，又於陵反【法】膺二音未詳，徐蓋讀應爲去聲乎

費，本又作拂，同，扶弗反【法】阮云：段玉裁校本引《羣經音辨》拂作佛。偉案作佛故音扶弗反，若作拂，當作芳弗反矣。《大學注》拂，猶佹也，與此相同，亦借拂爲佛也

戾力計呂結二反魚躍羊灼反猶著張慮反下同道造在老反伐
柯古何反睍而徐音諂睥睍也言顧行行顧言皆下孟反注聖人之
行同或一讀皆如字慥慥七到反守實皃言行下孟反相應於陵反舊音應對之
應患難乃旦反下同不援音園注同牽持也已音紀無怨於願反又
於元反下反注並同居易以豉反注同平安也徼幸古堯反正音征注同鵠古毒
反注同正鵠皆鳥名也一曰正正也鵠直也大射則張皮侯而棲鵠賓射張布侯而設正也棲皮細兮反辟
如音譬下同自邇音爾近也自卑音婢又如字注同好合呼報反既
翕許急反合也和樂音洛下及注同且耽丁南反妻帑音奴子孫也本
又作孥同尚書傳毛詩箋並云子也杜預注左傳云妻子也相應應對之應和胡臥反齊
明側皆反本亦作齋洋洋音羊其傍皇薄剛反謂左右也徐方岡反僾於
愷反又音愛之格古百反來也不可度待洛反注同思矧詩忍反況也注同
大百四十六 小五百八 禮記音義之四 二 霙
可射音亦厭也厭也於豔反字又作猒下同盡敬子忍反不可揜
音掩於檢反此夫音扶而著張慮反也與音餘令聞音問下令聞同
故栽依注音災將才反注同植也培之蒲回反益也覆芳伏反初載之載
並音災本或作哉同嘉樂戶嫁反詩本作假音同假嘉也皇音加善也憲憲音顯注同
興盛皃一音如字保佑音佑助也下注同纘徐音纂哉管反繼也大王音泰下及
注大王皆同壹戎衣依注衣作殷於巾反戎兵也謂一用兵伐殷也尚書依字讀謂一著戎衣而天下大
定胄與直救反下音餘武王末亡遏反老也追王于況反注追王同期之
音基注同組紺音組紺古闇反組紺大王之父也亦曰諸盩盩音置留反以上時掌反不爲
服于僞反埽悉報反糞弗運反本亦作糞亦作拚同昭穆常遥反穆又作繆音
同以逯本又作逮同音代燕毛於見反注並同別所彼列反共雞音恭
饋食其位反舉觶音至於其長丁丈反下謂長同省文色領反

傍，徐方岡反【法】阮云：撫本岡作罔。偉案作罔是，惟徐義讀如仿佛之仿，則方當作芳

佑，音佑【法】盧本作音祐，是

觶，音至【法】觶、至不同音

色領反 示諸 依注音寘之䜴反置也 易爲 以䜴反 知力 音智本亦無力字 治之
要也 治音直吏反一本作治國之要治則如字 方筴 初革反方版也筴簡也 方版 音板
本亦作板 蒲盧 並如字爾雅云蜾蠃蒲盧即今之細腰蜂也一名蠮螉 蜾 音果 螺 力果
反本亦作蠃音同 土蜂 芳封反字亦作蠭同 螟 莫瓶反 蛉 音零螟蛉桑蟲也 爲巳
音紀 之殺 色界反徐所例反 而治 直吏反一音如字 脫誤 音奪 重在 直用反
知仁 音智下近乎知注言有知皆同 長 丁丈反 巳臨之 音紀 勉強 其兩反注同
好學 呼報反 近乎 附近之近下同 力行 皇如字徐下孟反 子庶民 如字
徐將吏反愛也下句放此 蕃國 方元反 不眩 玄遍反 齊明 側皆反 去
讒 起呂反 遠色 于万反 好惡 呼報反下烏路反又並如字注同 薄斂 力驗
反 既 依注音餼許氣反 稟 彼錦反一本又力錦反既稟謂哨食也 稱事 尺證反
朝聘 直遥反 槀人 苦報反一音古老反 以下上 時掌反 不跲 其劫反皇

大百五十 小五百五十一　禮記音義之四　三　吳玉

音給躓也 行前 下孟反 不疚 音救病也 躓也 徐音致 而中 丁仲反又如字下中
道同 從容 上七容反 弗措 七路反下及注皆同置也 必強 其良反 大平 音泰 禎
祥 音貞 妖 於驕反左傳云地反物爲妖說文作祅云衣服歌謠草木之怪謂之祅 孽 魚列反說文作
蠥云禽獸蟲蝗之怪謂之蠥 見乎 賢遍反下不見注著見同一本乎作於 蓍龜 音尸注同
皆爲 于僞反 自道 音導注自道同 知也 音智注同 無疆 居良反 不
貳 本亦作貣音二 今夫 音扶下同 昭昭 章遥反注同本亦作炤同猶耿耿小明也 一
撮 七活反 華嶽 戶化戶瓜二反本亦作山嶽 不泄 息列反 一卷 李音權又
羌權反羌羌阮反猶區也注同 寶藏 才浪反 一勺 徐市若反 黿 音元 鼉 徒河
反一音直丹反 鮫龍 音交本又作蛟 鼈 必列反 耿耿 公迥反又公頂反舊音孔頂反
猶區 羌俱反 於穆 上音烏下於乎亦同 於乎 好奴反 愼德 如字一本又作
順 是與 音餘 洋洋 音羊 峻極 思閏反高大也 優優 於求反倡優也 不

稟，彼錦反，一本又力錦反【法】一本又力錦反六字疑後人校語，陸氏作音，無音一本者　○跲，皇音跲【法】跲盧本作給，是

泄【法】泄毛本作洩

耿，公迥反，又公頂反【法】《爾雅音義》迥，户頂反，則公迥與公頂不得爲異讀，疑公穎之譌，《書・立政》篇耿，工迥反，徐公穎反，是其證。又案《禮・雜記下》潁，口迥反，沈苦頂反，亦二讀並出，此殆辨開合口之異也

優，於求反，倡優也【法】盧疑倡優也三字爲竄入，是也

凝本又作疑魚澄反成也 如嬦音壽 不驕本亦作喬音嬌 不倍音佩 其默

士比反 且哲陟列反徐本作知音智 謂與音餘 而好呼報反下同 裁及音災

行同倫下孟反 杷不音起 王天下于況反又如字 不繆音謬 不

悖布內反後同 遠之如字又于万反 近之如字又附近之近 不厭於豔反後皆同

無射音亦注同 而蚤音早 行在下孟反 而斷丁亂反 曷爲于僞

反又如字 撥亂半末反 莫近附近之近又如字 道與音餘 編年必緜

反又甫連反 辟如音譬下同 覆幬徒報反 之錯七各反 當焉

丁浪反又丁郎反 浸潤子鴆反 作燾徒報反 明叡音銳 知音智

下聖知同 齋莊側皆反 有別彼列反 溥博音普 普徧音遍 思

慮息嗣反又如字 見而賢遍反 不說音悅 施及以豉反 蠻貊

本又作貊武伯反說文云北方人也 所隊直類反 能經論本又作綸同音倫 夫

小㕧六千 【禮記音義之四 四 吳玉

焉於虔反 所倚依綺於寄二反注同 肫肫依注音之淳反懇誠皃 浩浩

胡老反 被德皮義反 偏頗破河反 懇誠苦很反 純純音淳

又之淳反 尚絅本又作潁詩作褧同口迥反徐口定反一音口穎反 惡其烏路反 之著

張慮反 闇然於感反又如字 而日而一反下同 的然丁曆反 易知以豉

反下易畢同 禪爲音丹 爲其于僞反 露見賢遍反 淡而徒暫反又

大敢反下注同 不厭於豔反 其睹音覩 探端音貪 之昭本又作炤同之召反

又章遙反 不疚九又反 隱遯大困反本又作遁字亦同 無愆起虔反 相在

息亮反注同 不愧本又作媿同九位反 視女音汝 奏如字詩作鬷子公反 假古雅

反大也 有爭爭鬭之爭注同 大平音泰 鈇方于反又音斧 鉞音越 百

辟音譬君也注同 末也亡曷反 德輶音酉一音由注同 易之以豉反

載依注讀曰栽音災生也詩音再 猶比必履反下同或音毗志反又必利反皆非也 有

編，必緜反，又甫連反【法】編字《廣韻》平聲收先、仙兩部，此有二讀，蓋與《廣韻》同。然《廣韻》緜、連並收於仙部，則此二字必有一誤。

重直勇反又直容反

表記第三十二鄭云以其記君子之德見於儀表者也卷之十七

不矜居陵反自尊大也應聘應對之應用己音紀心厭於豔反足

憚大旦反裼襲思曆反下音習毋相音無下同瀆也大木反以樂

音洛注同又音岳朝極直遥反下注朝聘同以倦本又作勌其眷反分別彼列

反已至音以以辟音避以遠于万反不揜於檢反遠恥于万反

日強上人實反下同下其良反安肆音四日偷他侯反注同苟且也放恣咨嗣反

儳焉徐在鑑反又仕鑒反輕賤皃齊戒側皆反以見賢遍反注同邑竟

音境狎下甲反習也侮云甫反怢於時世反又時設反褻息列反謂摯

音至本亦作贄初筮市制反再三息暫反又如字所懲直陵反創初亮

反又初良反乂本又作艾魚廢反又皇魚蓋反不讎音酬大甲音泰注同無能

大二百三十字小三百九十六字　禮記音義之四　五　吴安昌

胥以寧尚書作罔皃胥匡以生以辟音璧君也之仁音民出注刑戮

音六本或作僇音同而好呼報反而惡烏路反強仁其兩反下文同知者音智

所辟音避謂斷丁亂反道有至義依註讀為道有至有義以

王于況反字脫音奪有數所住反憯七感反怛册葛反豐

水芳弓反有芑音起詒厥以之反遺也烝哉之承反君也數世

色主反拘本亦作苟檵音計遺于季反下同我今毛詩作我躬不閱音悅

容也能勝音升取數色住反度人待洛反注同儗度魚起反難

中丁仲反德輶音酉一音由輕也民鮮息淺反注及下並同仰止本或作仰

之景行下孟反注明行同行止詩作行之好仁呼報反下同鄉道許亮

反年數色住反強焉其兩反一本作俛音勉本或作僶非也孳孳音兹斃

而音弊仆也本又作弊后已音以罷音皮頓如字又徒困反能復扶又仆

仆也蒲北反又音赴易辭以豉反下同猶解古買反徐又音蟹恭近附近之近下同
罪咎其九反制行下孟反以已音紀以移昌氏反注汜移之移移猶大也同徐又怡者反一音以示反
汜移芳劒反敷怖普故反其行下孟反注無其行同
衰七雷反絰田節反甲冑直又反色稱尺證反下文并注同惟
鵜音啼徒兮反鵜鶘胡汚澤之鳥一名淘河不濡而朱反彼記本又作已音同徐紀吏反
汚澤音烏本又作洿一音火故反濡汚汚辱之汚粢盛音咨杜預云黍稷曰
粢在器曰盛秬音巨黑黍鬯勑亮反香酒也庇民必利反徐方至反又音祕覆也易
道音亦徼祿古堯反葛藟音誄力水反施于以豉反條枚
亡回反毛詩傳云枝曰條幹曰枚豈本亦作愷又作豈同開待反樂也後放此弟如字本又作悌音同
易也注及下皆同樂也音洛下同易也以豉反下同回邪似嗟反曲也之
行下孟反下至下文行之浮於名也文注皆同以要一遙反延蔓音万之謂
大四百五十四字小四百六十九字 禮記音義之四 六 吳文昌
與音余聿懷尹必反述也謂王于況反謚以音示下賢戶嫁反
不復扶又反欲行下孟反便人婢面反又婢緜反注同謂便習也辟仁
音避以強其良反徐其兩反以說音悅毋荒音無憐之力田反而
遠于万反注及下同近人附近之近注及下同朝廷直遙反下同惷而傷容反徐
昌容反范湯江反又丁絳反字林音丑降反又丑凶反喬而音驕朴而普角反詐諼
況袁反詐也忘也以贊音至相施始豉反下文同勝而始證反以本怏
音鞅與上怏於同令其力呈反谣巧苦穀反又如字而蔽畢世反又音弊本
數色角反未厭於豔反強民其兩反注同貢稅申銳反不
勝其敝音升任也注同敝音弊猶任如金反難復音伏易之音亦
不勝世謚反又音升憯七感反怛旦達反恥費芳貴反注同不傳
文專反辯別彼列反下不別同刑曰音越惟威如字威畏也讀者亦依尚書音

畏也　不誣音無　爲君于僞反　大畜勑六反下同　豙吐亂反　靖
共音恭本亦作恭同　以女音汝注同　則讇本亦作諂勑檢反　藏之如字鄭解詩作
藏云善也　易退以豉反下及下注易絕同　以遠于方反　爲主人于僞反下同　出
竟音境　不要於遥反注同　言爲于僞反　其強其良反其兩反　舊不
辟音避　難乃旦反　朝廷直遥反　則愼本亦作古昚字　不復扶又反
唯天子唯音雖出注　不易以豉反　鸜之字林作鸜說文作鸜音士略反　姜
姜居良反　鶉之士倫反　賁賁音奔注同　餘行下孟反下文幷注同　能
賻音附　所費芳貴反　饋焉其位反　皆辟音避　如醴徐音
禮　淡以大敢反又大暫反徐徒闞反注同　酸悉官反　酢七故反　餤音談
徐本作鹽以占反　口譽音餘注同　繩也市升反左傳以繩爲譽　則衣於旣反
則食音嗣　皆爲于僞反　歸說音悅又始悅反注同　怨菑音災
大一刀四十一　小四刀四十一　禮記音義之四　七　沈貴
所惡烏路反　有已音以　晏晏於諫反　信誓本亦作矢誓　旦
旦如字字林作悬　亦已音以　和說音悅　反覆反覆並芳服反　穿
音川　窬范羊朱反徐音臾　也與音餘　順而說音悅　夏至戶嫁反
別乎彼列反　牲牷音全純色也本亦作全注同　齊盛音咨本亦作齍　易
富以豉反注同　傳世丈專反下同　共儉音恭　以迄許訖反至也　祭
虩昌慮反下建國之虩同　巡守手又反　大廟音泰　朝聘直遥反　君
長丁丈反　下應應對之應　慢也字又作慢武諫反
緇衣第三十三鄭云善其好賢者之厚故述其所稱之詩以爲其名也緇衣鄭詩美武公
也劉瓛云公孫尼子所作也
子言之曰此篇二十四章唯此一子言之後皆作子曰　上易以豉反下同　不苟
音何　以錯七故反本亦作措同　好賢呼報反注同　如緇側其反　惡惡上烏

愼，本亦作古昚字【法】盧依《說文》改爲昚，是也

說，音帨，又始鋭反【法】始鋭反即音帨也，阮校葉本、撫本鋭作悅，是也

路反下如字注同 巷伯戶降反巷伯小雅篇名 作愿音願 還子音旋 㮨兮
七旦反 衣緇衣上於旣反下如字 取彼譖人本又依詩作譖人 投畀
必利反下同 豺虎仕皆反 有昊胡老反本或作皓同 有格古伯反來也 有
遯徒遜反亦作遁逃也 不倍音佩下注同 涖之音利又音類 孫心音遜注同 蚩
尢尺之反 倍畔本或作叛俗字非也 不任而鴆反 所行下孟反注同又如字 不
拘音俱 上好呼報反下皆同 好惡烏路反 如景如字一音央領反 儆禹
胡孝反 赫赫許百反 成王如字徐于況反 故長丁丈反 以說音悅 有
梏音角詩作覺大也直也 德行下孟反下又 如綸音倫又古頑反綬也 如紼音弗
大紫 嗇夫音色 棺索悉洛反 不倡昌尚反 危行而行皆下孟反
注及下皆同 相應應對之應 不僁起虔反過也 愼女音汝 道人音導 必
稽古兮反 出話胡快反善言也 於音烏注同 緝七入反 熙許其反毛詩傳
大二十五 小四十八 禮記音義之四 八 杞
云緝熙光明也 長民丁丈反下君長同 不貳本或作貸同音二下同 從容七凶反
黃黃徐本作横音黃 大蜡仕嫁反 而說古悅 尹吉依注爲告音誥羔報反
不忒他得反本或作貳音二 章義如字尚書作善皇云義善也 癉惡丁但反病
也 靖共音恭本亦作恭 好是呼報反 章好如字又呼報反注同 愼惡
如字又烏路反注同 貪後昌氏反又式氏反 臣儀音義出注 行如字 不援音袁
注同 知慮音智 版版布綰反注同 卒癉丁但反病也本亦作癉 辟也匹亦
反字亦作僻同 止共音恭皇本作共郭云躬恭也 之卭其恭反勞也 以褻息列反
播刑徐補餓反 不迪音狄道也 折字延善反 不治音値 臣比毗志
反注同親也 見遠賢遍反下同 若毋音無下同 柄權音秉兵永反 交爭
爭鬬之爭 不蔽必世反 葉公舒涉反注同葉公楚大夫沈諸梁也字子高爲葉縣尹僭稱公
也 敗大補邁反 以嬖必惠反徐甫詣反又補弟反字林方豉反賤而得幸曰嬖云便辟愛妾

紼，音弗【法】紼毛本作綍

貳，本或作貸，同，音二【法】貸盧依《中庸》改作貣

卭，其恭反【法】卭當作邛，盧本已改正

莊后側良反齊莊也下及注同　適夫人丁歷反　齊莊側皆反下同

仇仇音求爾雅云敖也　君陳本亦作古陳字　若已弗克見音紀尚書

無已字　小人溺乃歷反　謂覆芳服反　水近附近之近注虫近人同　德

易以豉反下同　狎徐戶甲反　絜清如字又才性反　洪波本又作鴻　泳之

音詠潛行爲泳　游之音由　則侮亡甫反　捍胡旦反　格戶白反　口費芳貴

反注同　煩數色角反　所覆芳服反又芳又反　爲哼　或爲悖並布

內反　可慢本又作僈音武諫反　難卒寸忽反　大甲音泰　自覆芳服反注

同　省括古活反　于厥度如字又大各反注同尚書無厥字　蹷其反又紀衛反一

音厥　女之音汝　凝魚起反本亦作擬　射食亦反下同　兊命依注作說本亦作說

起兵尚書作戎　在笥司吏反　爲說音悅　傅說音悅　朝祭直遥

反　天作孽可違也魚列反下同尚書作天作孽猶可違也　不可以逭本又

小四百三十七　大一百五十七　禮記音義之四　九　壽重刊

作逭平亂反逃也尚書作弗可逭無以字　猶辟音避　尹言音誥出注報反　天見

大依注音先西甲反　相亦息亮反　在亳步各反　好之呼報反下同　莊齊

側皆反　詩云昔吾有先正從此至庶民以生揔五句今詩皆無此語餘在小雅節南

山篇或皆逸詩也　且清舊才性反一云此詩協韻宜如字上先正當音征　誰能秉國成

毛詩無能字　卒勞力報反注勞來同詩依字讀　君長丁丈反　勞來力再反

者與音餘　君雅音牙注同尚書作牙　夏曰戶嫁反注同尚書無曰字　資冬資依

注音至尚書作咨違上句云怨咨　祁寒巨伊反徐巨尸反是也字林上尸反　行無下孟反下行有

格同　比式如字比方法式　是故一本作是以　精知如字一音智注同　氾愛音泛

虞度待洛反下同　能好呼報反下皆同　其正音征下同出注　有鄉許亮反又

音香下同　輩類布內反　徼利古堯反下同　惡惡上烏路反下如字　不

著張慮天　此近附近之近　問遺于季反　邪似嗟反徐以車反　辟

潔【法】阮校葉本潔作絜

笥，司吏反【法】司殆思之誤

匹亦反　周行戶剛反又如字　其軾音式　其敝鄭婢世反敗也庾必世反隱蔽也
人苟或言之一本無人字　不見如字又賢遍反　葛藟徒南反
毋射音亦注同　射厭於豔反後皆同　令君子力呈反　行從而下孟
反下則行下注以行同　寡言寡音顧出注　之玷丁簟反又丁念反玷缺也下及注同
可摩莫何反　君奭音釋　周田觀文依注讀爲割申勸寧　召公音
尚照反本亦作邵　近之附近之近　使王于況反　言與音餘　允命音悅
毋予音無　放方往反　傚戶教反　德偵音貞問也周易作貞　幹事
古半反
奔喪第三十四鄭云奔喪者居於他邦聞喪奔歸之禮實曲禮之正篇也　卷
之十八
奔𡘋此正字也說文云從哭亡亡亦聲也　以哭空木反　荅使色吏反注同
大一万五千十三小三千六十六　禮記音義之四　十重刊　東
驚怛都達反　猶辟音避　之分扶問反又方云反　別於彼列反
冒昏亡北反又亡報反　唯著張慮反　有爲于僞反一音如字　至竟
音境下同　哭辟音避　市朝直遙反　爲驚于僞反　斬衰七雷
反後皆同　括髮古活反　袒徒旱反　去飾羌呂反　西鄉許亮反下西鄉
同　絞帶古卯反下同徐戶交反　成踊音勇　不散悉但反　闔門戶臘
反　相者息亮反下相者皆同　次倚於綺反　不以數也色主反本亦作不以
爲數數色具反　爲之于僞反注變於爲父下注爲母皆同　自齊音咨下同　免麻
音問下及注皆同　而免本或作而不免者非　東髽側瓜反　拾踊其劫反更
也注同　闈門音違舊音暉　去起呂反　纚色買所綺二反　大紒音計
更也音庚下同　相者息亮反下同　爲父于僞反　遂冠音官　袒
成音但　殺之色界反下哀殺同　不復扶又反　既期音基下同　爲母

于僞反注及下爲父同有鄭子短反之處昌慮反一之處同不離力智反明

日之朝朝且也下同而數色主反亦爲于僞反待齎子西反資糧也

一音咨之差初佳反又初宜反下同辟爲音避使於色吏反皆爲于僞

反下注各爲同拾踴其劫反便也婢面反祔則音附長者丁丈反

如昆弟之喪如若也不稅吐外反唯嫂悉早反凡爲于僞

反下注同

問喪第三十五鄭云問喪者善其問以知居喪之禮所由也

雞斯依注爲笄纚笄音古兮反纚音色買反徐所綺反徒跣悉典反扱初洽反

上衽而鴆反又而甚反注同惻怛都達反傷腎市軫反乾肝並音

于焦肺方廢反水漿子羊反本亦作𥻉之⿱麻食武皮反本亦作糜同粥

之六反字林與六反六淖糜也以飲音蔭食之音嗣去冠起呂反耶巾以嗟

大二百五十九小四百十四 禮記音義之四 二 丕良

反亦作邪栢頭古瞎反本或作貊五藏才浪反心脾婢支反夫悲音扶

相應應對之應而斂力豔反下同曰極其又反志懣亡本反又音滿范音悶下同

殷殷並音隱如壞音怪字林作𣫍音同辟踴婢尺反徐扶亦反注及下皆同拊心

芳甫反汲汲音急上堂時掌反不可復扶又反下復反復生皆同心悵

勑亮反愴焉初亮反惚焉音忽愾焉徐音慨苦代反儌幸古堯反

成壙古晃反倚廬於綺反寢苦始占反草也枕之蔭反塊苦對

反又苦怪反土也匍音蒲又音扶匐蒲北反又音服盆衰色追反爲之于僞反下

注相爲爲褻同斷決丁段反下古穴反猶傎丁年反屨求月反又九月反冠

者音官之免音問注及下皆同爲褻息列反則著張慮反又張略反

而廣古曠反禿者吐祿反無髮也傴者於縷反一音紆矩反背曲也跛者

補禍反又彼我反足廢也有錮音故稽音啓注同顙桑朗反下注同何爲于僞反盡

篇末文注皆同不緦音思謂緦服也冠之古亂反苴杖七餘反削杖悉若
也体羸力垂反劣也疲也辟尊音避之處昌慮反下同不遽
其慮反

服問第三十六鄭云服問者善其問以知有服而遺喪所變易之節也傳曰此引
大傳文也有從如字范才用反爲其于僞反注及下皆同齊衰上音咨下七雷反後放此
不厭於涉反下同服差初佳反又初宜反下同有期音基下及注皆同累
重劣彼反又劣僞反以上時掌反澡麻音早斷本丁管反下文同於
免音問下及注不免者皆同去絰起呂反下同爲稅上如字下吐外反注及下皆同此
要一遥反殤長丁丈反月筭徐音蒜悉亂反重麻直勇反徐治龍
反注爲其于僞反注除爲殤在緦皆同不緌音蕤繫纓飾也君爲于僞反後
文皆同注諸侯爲天子下注亦爲此三人士爲國君同遠嫌于万反畿外音祈大

大下卌四 小四二十六 礼記音義之四 一二 杷

子音泰下及注同適婦丁歷反下同見大賢遍反驂七南反乘
音剩所不爲于僞反下爲其母同伸君音申錫衰思歷反無免
絰音勉去也下無免絰并注皆同徐並音問恐非雖朝直遥反有稅吐活
反注同說或吐活反又始鋭反罪多本或作辠案辠正字也秦始皇以其似皇字改
爲罪也上附時掌反列也徐音例注同本亦作例等比必利反

閒傳第三十七鄭云名閒傳者以其記喪服之閒輕重所宜也
服苴士余反而見賢遍反齊衰音咨下同若枲思里反
喜樂音洛而偯於起反聲餘從容也說文作㥜云痛聲三折之設反從
容七容反唯而于癸反徐以水反士與音預歛焉力驗反食粥之六
反一溢音逸劉音實二十兩也莫一音暮蹠食音嗣下蹠食同醯
醬本亦作醯呼兮反下同醴酒音禮期而音基下及注皆同中月如字

徐丁仲反 而禫大感反 居倚於綺反 寢本亦作寖七審反 苫始占反 枕之鴆反 塊苦對反又苦怪反 不稅吐活反 苄戶嫁反蒲苹也 翦子踐反 牀可徐仕良反 柱知矩反一音張柱反 楣音眉 居復音伏 去其起呂反下去麻同 其縷力主反 之差初佳反後放此 爲母于僞反下注爲後同 三重直龍反注三重同 一縓七戀反 緣徐音掾悅絹反 要絰一遥反 素縞古老反又古報反注同 而纖息廉反注同黑經白緯曰纖 去一起呂反下同 四糾居黝反下同 一殷音古 辟男音避 朝服直遥反 素紕婢支反又音紕 皁緯音謂 紛芳云反 帨始銳反 綅徐息廉反又音侵 麻葛重直龍反注及下不言重言重者同 著張慮反 主爲于僞反 長中丁丈反

三年問第三十八 鄭云名三年問者善其以知喪服年月所由也

稱情赤證反注及下皆同 別親彼列反 無易音亦注同 創音瘡初良

大六四千三 小四四千二 〔禮記音義之四 十三 徐榮

反 鉅音巨大也 其愈徐音庾差也 遲徐直移反 倚廬於綺反 枕之鴆反 塊之鴆反 思慕如字一音息吏反 是斷丁亂反 復生音伏 之屬音蜀 失喪息浪反又如字 反巡徐詞均反 過其徐音戈一音古卧反 鳴號音豪戶羔反 蹢本又作躑直亦反徐治革反 躅直録反徐治六反蹢躅不行也 踶徐音馳字或作踟 躕音廚 燕於見反 雀本又作爵 有啁張留反 噍子流反啁噍聲 頃苦穎反 莫知音智 由夫音扶下皆同 邪淫似嗟反 人與音餘下君子與同 曾鳥則能反 夫焉於虔反 若四音四馬馬也 之過古卧反徐音戈 隙本又作郤去逆反空隙之地也 爲之于僞反下注爲母同 立中如字又丁仲反注同 去也起呂反 至期音基注及下同 期斷丁亂反下注同 加隆焉爾一本作加隆爲爾 焉使徐如字一音於乾反焉由然也一云發聲也注及下同 倍之步罪反注同 爲殺色界反徐所列反

躅【法】躅毛本作躅

殺，色界反，徐所列反【法】列乃例之譌，盧本作例，阮校十行本作例

深衣第三十九 鄭云以其記深衣之制也名曰深衣者謂連衣裳而純之以采也有表則謂之中衣以素純則曰長衣也

以應 於證反 短毋 音無下同 見膚 賢遍反 被土 彼義反 爲 于僞反 汙 汙辱之汙一音烏卧反 續衽 而審反又而鴆反 鉤邊 古侯反 屬 也 音燭下皆同 鳥喙 許穢反 裕 以樹反 要 一遥反注同 縫 扶用反下注同 袼之 本亦作胳音各腋也 運肘 竹九反又張柳反 當掖 本又作腋音亦 袂之 彌世反袪末曰袂 反詘 丘勿反 爲䏰 烏亂反 毋厭 於甲反徐於涉反下同 髀 畢婢反徐亡婢反一音步啓反 厭脅 許劫反 當無 丁浪反注同又丁郎反 爲中 丁仲反又如字 以應 應對之應下同 之殺 色界反徐所例反 袂圜 音圓 胡下 下垂日胡 曲袷 音劫交領也下注同 及踝 胡瓦反 謂裻 音督 跟也 音根 下齊 音咨亦作齎下同 緝也 七入反 行乃 下孟反又如字 若卬 音仰本又

大字一千四百五十八 禮記音義之四　十四　陳[illegible]

作仰一音五郎反 志者與 音餘 擯相 息亮反 完且 音丸 弗費 芳貴反又孚沸反注同 苦衣 於既反 而易 以豉反 鍛 丁亂反 濯 音濁 衣純 之允反又之閏反後皆同 朝祭 直遥反 以上 時掌反 大父母 音泰大父母祖父母也 以繢 胡對反畫文也 袂緣 悅絹反注同 廣各 古曠反注同 緆 徐音以豉反皇音錫案鄭注既夕禮云飾衣領袂口曰純裳邊側曰綼下曰緆也

投壺第四十 鄭云投壺者主人與客燕飲講論才藝之禮也別錄屬吉禮亦實曲禮之正篇也皇云與射爲類宜屬嘉禮或云宜屬賓禮也 卷之十九

投壺 壺器名以矢投其中射之類 奉矢 音捧芳勇反下及注皆同徐音如字下奉中同 枉矢 紆往反 哨壺 七笑反徐又以救反枉哨不正見王肅云枉不直哨不正也 樂賓 音洛下同一讀下以樂音岳言投壺以樂 嘉肴 戶交反 又重 直用反下及注同 稅屨 本亦作脫上活反 請投 七井反下文同 人般 步干反下同 還 音旋下同 曰辟

被，彼義反【法】彼疑皮之譌

髀，畢婢反，徐亡婢反【法】《注疏》本亡作匹，蓋是

費，芳貴反，又孚沸反【法】孚、芳同紐，孚蓋浮之誤

緣，悦絹反，下同～廣，古曠反，下同【法】阮云：十行本下作注，是也。二下字並同

請，七并反【法】并蓋井之誤

音避徐扶赤反注及下同 南鄉許亮反 度壺徒洛反注同 以二矢半一本
無此四字依注則有 八筭悉亂反下皆同 之處昌慮反 去坐才卧反又如字下同 邪
行似嗟反 比投毗志反頻也徐扶質反注同 勝飲上尺證反下於鴆反注及下同 請
爲于僞反 勝者立馬俗本或此句下有一馬從二馬五字誤 不拾其劫反下
文及注皆同 技藝其綺反 任爲而林反 將子匠反 帥色類反 爲
樂音洛 貍首吏持反 閒若一閒廁之閒注同 大師音泰 拾更
古衡反下同 請數色主反注同 爲純音全下及注同鄭注儀禮如字云純全也 爲
奇紀宜反下同 遂以奇筭告一本此句上更有有勝者司射王字誤 鈞
居旬反等也 則縮色六反直也 其它音他 勝與音餘下勝與同 尚技
其綺反 行觴失羊反字或作觴同 皆跪其委反 奉觴芳勇反下注奉觴同
賜灌古亂反 敬養羊尚反注同 猶飲於鴆反下飲不勝同 各直

禮記音義之四 十五 徐茂

如字又持吏反 請爲于僞反 去其起吕反 其坐如字又才卧反注同 籌
室中直由反 五扶方于反下及注同 鋪四指普烏反又芳夫反 禮
褻息列反 常處昌慮反 筭長直亮反注同 壺頸吉井反又
九領反徐其聲反 爲其于僞反 躍而羊略反 圜音圓 囷去倫反 有
奇紀宜反 其滑乎八反 以柘止夜反木名 毋音無下皆同 去其起吕
反注同 毋憮好吾反下同敖也 毋敖五報反舊五羔反敖慢也 偝立音佩徐扶代反
舊又蒲來反 若是者浮縛謀反罰也 年稺直吏反 爲其于僞
反 憮敖五報反又五羔反下同 傲也五報反 正鄉許亮反 梁丘
據本又作處同音据 作鞄蒲交反 ○圜音圓 鼙薄迷反鄭呼爲鼙也
其聲下其音搨搨然搨音吐臘反 □方鼓鄭呼爲鼓也其聲高其音鏜鏜然鏜音吐郎反 庭
長丁丈反注同 及冠古亂反 皆與音預

勝飲，上尺證反【法】尺證反阮云：十行本同，撫本尺作戶，誤。偉案作戶是，作尺乃誤耳

頸，吉并反，又九領反【法】吉并盧本作吉井，以《玉藻》證之，則作井殆是。然作吉井則與九領非異讀，不當別出。且《玉藻》亦吉井、吉成兩讀，吉并與吉成同。今姑仍之，俟考

憮【法】阮云：憮字當從巾旁，十行本及岳本並作幠，是。偉案宜再考

儒行第四十一（行音下孟反，鄭云以其記有道德之所行。儒之言優也，和也，言能安人，能服人也。此注云儒行之作，蓋孔子自衛初反魯之時也）服與（音餘）少居（詩照反，注同）衣（於既反，注所衣也。衣少所居同）逢掖（上如字，下音亦。逢掖，大掖也）長居（丁丈反，注同）冠章甫（古亂反，注而冠焉，冠長所居同。章甫，殷冠也）單衣（本又作襌，音丹）祛尺（去居反）儒行（下孟反，下力行同）遽（其據反，卒也，急也）數之（色主反，下同）更僕（古衡反，代也，注同。一音加孟反）猶卒（七忽反）大僕（音泰）燕朝（直遥反）擯（必慎反）相（息亮反）爲久（[illegible]反，下爲孔子同）猶鋪（普吾反，又音孚，下同）如慢（音慢）而易（以豉反，下險易同）粥（徐本作粥，章六反，畢謙皃。一音羊六反）不愊（普力反，一音逼，謂愊怛也）怛（丹達反，驚怛也，本或作恨者非）觕齊（側皆反，注同，齊莊也）難（乃旦反，注同，可畏難也）行必（皇如字，舊下孟反）冬夏（戶嫁反）有爲（于僞反）選處（昌慮反）以遠（于万反）

禮記音義之四　　夫　　徐茂

多積（子賜反）易祿（以豉反，又如字）難畜（許六反，又如字）不見（賢遍反）近人（附近之近，下可近同）淹之（於廉反）以樂（五孝反，又音岳）好（呼報反）劫之（居業反）沮之（在呂反，注同）鷙蟲（音至，與摯同）攫（俱縛反，一音九碧反）摶（音博）不程（音呈）不斷（音短，直卯反，絶也，又丁亂反，注同）浸（子鴆反）漬（才賜反）劫脅（許劫反）恐（曲勇反）怖（普路反）省聲（所景反）猶量（音亮，又音良，下同）不更（居孟反）不溷（音辱）面數（所具反）剛毅（魚既反）傾邪（似嗟反）甲冑（直又反，甲鎧，冑兜鍪也）干櫓（音魯，干小楯，櫓大楯也）戴仁（音戴，本亦作戴）鎧（開代反）兠（丁侯反）鍪（莫侯反）小楯（時準反，又音允，徐辭尹反）環堵（音環，方丈爲堵，面一堵，牆也）篳門（徐音畢，鄭云篳門，荊竹織門也，杜預云柴門也）圭窬（徐音豆，鄭云門旁窬也，穿牆爲之如圭矣。說文云窬，木戶也。郭璞三倉解詁云門旁小窬也，音臾。左傳作竇，杜預云圭竇小戶）

攫，俱縛反，一音九⿱君石反【法】阮云：撫本⿱君石作碧，十行本、岳本同。偉案作碧是也，見《月令》〇斷，音短，直卯反【法】短與直卯不同讀，短下蓋脫一又字

也上鋭下方狀如圭形也蓬戶步紅反蓬户以蓬爲户也甕烏貢反牖音酉以甕甕爲牖
并日必政反注同下而一反以諂本又作讇勑檢反穿牆音川君應
應對人應與稽右奚反注同合也爲楷苦駭反法式也弗援音袁引也
取也注下同弗推昌誰反進也舉也注同讒諂仕咸反有比毗志反徐扶至
反竟信依注爲信音申憂思息嗣反篤行下孟反上通時掌
反又如字注同寬裕羊樹反去已起呂反不遠于万反又如字不辟音避
下同怨於元反又於願反推賢而進達之舊至此絕句皇以達之連下爲句
患難乃旦反任舉如字徐音據有澡音早靜而如字徐本作諍
音爭麤本又作麁七奴反翹之祁饒反世治直吏反注同不沮徐在
自反注同獨行不孟反注及下注同又如字脱脱吐外反怪姤丁路反壞
已乎怪反又音怪近文附近之近砥音脂又音旨厲力世反分國如字錙

禮記音義之四　一七　王

側其反八兩爲錙說文云六銖也銖音殊說文云權分十黍之重賢知音智並立
如字又步頂反本亦作竝則樂音洛又音岳相下戶嫁反不厭於豔反其
行皇音衡又下孟反本方絕句立義絕句志行丁于反下注儒行同毀
謗補浪反孫音遜接似輒反又如字分散方云反徐扶問反之施
始豉反斥已音尺隕于敏反獲本又作穫同戶郭及注同隕獲困迫失志皃
充詘求勿反注同徐音立勿反充詘喜失節之皃不慁胡困反注同辱也不累
力僞反注同係也一音力追反長上丁丈反不閔本亦作愍武謹反病也不爲
于僞反命儒命名也妄常鄭音亡亡無也王亡尚反虛妄也相詬徐音
遘恥也又呼候反靳故居覲反杜預云戲而相媿爲靳也行加王孟反注同
大學第四十二鄭六大學者以其記博學可以爲政也
大學舊音泰劉直帶反則近附近之近其知如字徐音智下致知同在

銖，音硃【法】阮云：撫本硃作殊，是也。十行本、岳本同

接，似輒反【法】似字誤

格(古百反) 所好(呼報反) 國治國治(並直吏反，下同) 毋自(音無) 如
惡惡(上烏路反，下如字) 臭(昌救反) 好好(上呼報反，下如字) 自謙(依注讀爲慊，徐
苦簟反，厭也) 閒居(音閑) 厭(讀爲黶，烏斬反，徐又烏簟反，黶然閉藏皃也) 揜其(於檢
反) 而著(張慮反，後同) 其肺(芳廢反) 肝然(音干) 言厭(於琰反，一音於涉反)
體胖(步丹反，大也，注及下同) 顯見(賢遍反) 淇澳(音其，本亦作奧，於六反，本又作
隩，一音烏報反) 菉竹(音綠) 猗猗(於宜反) 有斐(芳尾反，一音匪，文章皃) 如瑳
(七何反) 如琢(丁角反) 如摩(本亦作磨，末何反。爾雅云：骨曰切，象曰瑳，玉曰琢，石曰磨) 僩
兮(下板反，又胡板反) 赫(許臣反) 喧兮(本亦作咺，況晚反) 可諠(許袁反，詩作諼)
(或作喧，音同，忘也) 恂(依注音峻，思俊反，一音思旬反) 慄(利悉反) 澳(於六反) 隈(烏回
反) 嚴峻(私俊反) 於(音烏，下於緝熙同) 戲(好胡反，徐范音義) 樂其樂
(並音岳，又音洛，注同) 康誥(古報反) 大甲(音泰) 顧諟(上音故，本又作顧，同，念也；下音

禮記音義之四　一八　王

是，正也) 峻德(徐音俊，又私俊反) 爲題(徐徙兮反) 盤(步干反) 銘(徐音冥，亡
丁反) 邦畿(音祈，又作幾，音同) 緡蠻(音緜，一音亡巾反，毛詩作緜，傳云：緜蠻，小鳥皃) 岑
(仕金反) 蔚(音鬱，又音尉) 安閒(音閒) 止處(齒渚反) 樂土(音洛) 焉
(於虔反) 得知(音智) 於緝(七入反) 熙(許其反) 吾聽訟(似用反) 猶
人也(論語作聽訟吾猶人也) 毋訟(音無) 虛涎(音但) 所忿(弗粉反) 懥
(勑值反，忿懥，怒皃也。范音稚，徐丁四反，又音勳) 恐懼(丘勇反) 所好(呼報反，下故好而知同)
樂(徐五孝反，音岳) 作懫(音致) 作疐(音致，又得計反) 而辟(音譬，下反注同)
(謂譬喻也) 賤惡(烏路反，下惡而知同) 所敖(五報反) 惰(徒臥反) 其惡惡
(上如字，下烏路反) 鮮矣(仙善反，注同) 故諺(魚變反，俗語也) 心度(徒洛反) 美
與(音余，下薄與同) 志行(下孟反) 弟者(音悌) 事長(丁丈反，下長幷注同)
不中(丁仲反，注同) 耆欲(時也反) 貪戾(力計反) 賁事(徐音奮，本又作

僩，下板反，又胡板反【法】胡板與下板同，非異讀，殆有一誤

題，徐徙兮反【法】徙乃徒之譌，盧本改正

忿，弗粉反【法】弗蓋拂之譌，《集韻》收奉紐，未詳所本

僨注同猶覆敗也 覆敗芳福反 于濟子禮反 爲犇音奔 所好
呼報反注同 君行下孟反或如字 夭夭於驕反 蓁音臻 不忒他得反
興弟音悌 不倍音佩注同 有絜音結 拒之音矩本亦作矩 偝棄
音佩本亦作倍下同 挈也苦結反 爲巨音拒其呂反 所惡烏路
反下皆同 毋以音無下同 樂只音紙 所好好皆呼報反 節彼徐音截前
反一音如字 巖巖五銜反 辟則四亦反注同 僇矣音六 其所行
下孟反又如字 邪辟似嗟反 未喪息浪反 峻命恤俊反大也 不
易以豉反注同 爭民爭鬬之爭 施奪如字 言悖布內反下同 以
上時掌反 多藏才浪反 専佑音又 觀射父食亦反又食夜反父音甫
時辟音避 驪姬力宜反本又作麗亦作孋同 在翟音狄 子顯許遍反
爲之于僞反 若有一个古賀反一讀作介音界 臣此所引與尚書文小異

禮記音義之四　九　王

斷斷丁亂反 無它音他 技其綺反及注同 休休許虯反尚書傳曰樂
善也鄭注尚書云寬容皃同休注公羊去美大之皃 好之呼報反 不啻音試詩豉反 媢
疾莫報反妬也尚書作冒音同謂覆蔽也 以惡烏路反下能惡人同 俾不本又作卑必爾
反使也 所敗必邁反 於殽戶交反 皆樂音岳又音洛 妬也丁路反
佛戾上扶弗反下力計反 迸諸北孟反又逼諍反諍音爭鬬之爭皇云迸猶屏也 放去
丘呂反 命也依注音慢武諫反 能遠于万反 好人呼報反下皆同 之所惡烏路
反下同 拂人拂弗反注同危也 菑音烖下同 逮音代一音大計反 夫身
音扶 猶佹九委反 不肖音笑 於施始豉反 予由汝反 畜許六反下
同 馬乘徐繩證反下及注同 仲孫蔑莫結反 以上時掌反 采地
七代反本亦作菜○ 爲之于僞反 長國丁丈反 患難乃旦反 猥至烏罪反
捄之音救本亦作救 已著張慮反

拒，音矩【法】雷氏浚曰：拒或是柜之譌，漢碑規矩多作規柜，此即榘字省矢旁，猶今字省木作矩也，非《説文》木部之柜字

佛【法】佛毛本作拂○迸，北孟反，又逼諍反，諍音爭鬬之爭【法】陸殆讀爭鬬之爭爲去聲，觀《檀弓注》爭字音可見

予，由汝反【法】予今本作與

冠義第四十三冠音古亂反鄭公名冠義者以其記冠禮成人之義卷之二十
和長丁丈反下同三行下孟反故冠古亂反除下文玄冠及注緇布冠玄冠以外並
同衣紒音計筮曰市至反著曰筮重禮直用反後同於阼才故反
以著張慮反醮於子笑反彌尊音弥適子音嫡不醴
音禮見於賢遍反下皆同奠摯本亦作贄同音至鄉大夫鄉先
生並音香注同於朝直遥反爲人少詩照反之行下孟反下同
重與音余孝弟音悌可以治直吏反不敢擅市戰反
昏義第四十四鄭云昏義者以其記娶妻之義内教之所由成也
昏者一本作昏禮者婚禮用昏故經典多止作昏字將合如字徐音閤之好
呼報反納采七在反采擇也請期徐音情又如字筵几音延使者
色吏反所傳直專反醮子子妙反之迎魚敬反下以迎同男先
禮記音義之四　二　王
悉薦反子承命本或作子承父命誤壻字又作聟悉計反女之夫也依字從士從
胥俗從知下作耳拜奠大見反授綏音雖合徐音閤又如字巹徐音
謹破瓢爲杯也說文作巹云蠡也字林几敛反以比巹爲警身有所承說文云讀若赤舄几酳徐音
胤又仕覲反酬酢音昨如冠古亂反下文始於冠同醮與音余先道
音導之别彼列反下同朝聘直遥反下匹政反沐音木浴音欲俟見
賢遍反下及注同執笲音煩一音皮彦反器名以葦若竹爲之其形如筥衣之以青繒以盛
棗栗腶脩之屬棗栗音早爾雅云棘實謂之棗俗作枣誤腶脩丁亂反本又作腶或
作鍛同脩脯也加薑桂曰腶脩何休云婦執腶脩者取其斷斷自修飾也贊醴依注作禮脯
醯音海婦以特豚饋其位反一本無婦字供俱用反養羊尚反
適寢丁歷反以上時掌反當於夫丁浪反稱也一音丁郎反下注同下
注和當亦同委於僞反積子賜反蓋藏才浪反猶稱尺證反下同

巹，以比巹爲警身有所承【法】比當作此

醯，音海【法】阮云：撫本作醢，此本醢誤醯

行和下孟反 先嫁悉薦反 芼莫報反 以蘋音頻 藻音早毛詩傳云蘋大萍藻聚藻
詩箋云蘋之言賓藻之言早 婉紆免反 娩音晚詩箋云婉娩貞順皃又音挽 齊盛
音咨 爲壇徒丹反 九嬪毗人反 內治直吏反下及注除治后治陰德皆同 相
應如字音應對之應 適直革反下注同責也 見賢遍反下及注同 曰爲于僞
反下文皆同 蕩滌上徒浪反下直曆反又杜亦反 去起呂反 穢紆廢反 斬
衰七雷反下同 資衰依注作齊音咨注又作齍者同
鄉飲酒義第四十五鄭云鄉飲酒義者以其記鄉大夫飲賓於庠序之禮
尊賢養老之義也別錄屬吉禮
于庠音詳鄭云鄉學也州黨曰序學記云古之教者家有塾黨有庠術有序國有學
盥洗音管 揚觶之豉反說文云鄉飲酒角也字林音支 致絜音結下同
一本作致絜敬也 不爭爭鬭之爭下同 則遠于万反 鬭辯如字徐甫免反
大一丹八 小五・十五 禮記音義之四 三十一 郑
下同 鄉人士君子鄭云鄉人鄉大夫士州長黨正也君子謂卿大夫士也周禮天子六
鄉鄭司農云百里內爲六鄉外爲六遂司徒職云五家爲比五比爲閭四閭爲族五族爲黨五黨爲州五州爲
鄉鄉大夫每鄉卿一人州長每州中大夫一人黨正每黨下大夫一人族師每族上士一人閭胥每閭中士一
人比長五家下士一人諸侯則三鄉 州長丁丈反篇內皆同 謂卿去京反注同 飲
國於鳩反 羞出音修 主人共之也音恭 東榮如字屋翼也劉音營
猶清如字皇才性反 介音戒下放此輔賓者 僎音遵輔主人者 成魄普百反說
文作霸云月如生魄然也 之坐才臥反又如字 嚴凝魚矜反成也 祭薦本又作𧄍
同 嚌才細反 肺芳廢反 啐七內反 專爲于僞反下及注專爲同 孝
悌音悌下同 之行下孟反 國索色百反 禮屬音燭 大守
音泰下手又反 相息亮反漢制郡有太守國有相或息羊反則以連下句 易易以豉反皆
注及下易易同 別矣彼列反注及下注同 省矣所領反徐䟽幸反注同 不酢音昨

婉，紆免反【法】紆免《內則》作紆晚，是也○娩，音挽【法】挽、晚音同，挽疑免之譌，《廣韻》有此一讀

卿，去京反，注同【法】阮云：撫本注作下，是也

成魄，月如生魄然也【法】如乃始之誤，見《書・武城》

隆殺色戒反注及下同 笙入音生 間歌間廁之間 合樂音閣 如字徐 不復扶又反 少長詩召反 於沃於木反 能弟音悌下弟長同 猶脫徒活反又音奪 廢朝直遥反注朝夕既朝同 莫不音暮下同 先夕悉薦反 五行下孟反 亨狗普庚反 在作才路反 之委於僞反 大古音泰 南鄉許亮反下及注鄉仁南鄉東鄉皆同 蠢也尺允反蠢動生之皃 者夏戶嫁反下同 假也古雅反下同大也 愁也依注讀爲揫子留反下同斂也爾雅云揫聚也 中者藏也如字下同徐才浪反 借藏音佩 嚴殺色戒反又如字 介覵音間之間 所共音恭 三鄉去京反 大參七南反

射義第四十六 鄭云射義者以其記燕射大射之禮觀德行取於士之義也別錄屬吉禮

長幼丁丈反 言別彼列反 老穉直吏反 德行下孟反下文注德行皆同 必中丁仲反下同 正音正 鵠古毒反徐又如字 騶虞側尤反徐側侯反 貍首力之反貍之言不來也首先也此逸詩也鄭以下所引曾孫侯氏爲貍首之詩也 采蘋音頻 采蘩音煩 樂循徐辭均反 五豝百麻反獸一歲曰豝詩傳云豕牝曰豝 南澗音諫山夾水曰澗 之濱音賓涯也 被之皮義反徐扶義反 僮僮音童本亦作童毛詩傳云竦敬也 可數色角反下同 長學丁丈反 比於毗志反下同親合也 而中丁仲反下同 得與音預下皆同 而削胥略反 計偕音皆俱也 共工音恭 矍俱縛反注同 相息亮反矍相地名 之圃音補徐音布樹菜蔬曰圃 蓋觀古亂反又如字 如堵丁古反 菜蔬所魚反一本作疏 賁軍依注讀爲僨音奮覆敗也 之將子匠反 與爲音預奇也注同 不入一本作不得入者非也 賁讀音奔 覆敗芳卜反 奇也

脫，徒活反，又音奪【法】音奪即徒活反，非異讀，必有誤，或徒爲吐之譌

正，音正【法】阮云：十行本、岳本並作音征

居宜反下同後人者如字又音倀公罔人姓也又作罔之裘裘名也之語助
序點多箪反序姓點名也揚觶之豉反孝弟音悌耆音祁巨文
反六十曰耆耋大結反七十曰耋一云八十曰耋好禮呼報反下同修身以俟
死絕句者不此二字一句下及注皆同旄本又作耄莫報反八十九十曰耄期本又作旗
音其如字百年曰期頤頤養也稱道如字稱言也行也不亂絕句本或作而不亂葢
勸音勸又音觀少也期頤以支反鄭注曲禮云期要也頤養也言有此行
不絕句下孟反行音繹音亦徐音釋舍也如字舊音捨中矣丁仲反下及注
皆同父鵠古毒反徐如字注同各射食亦反下射天地四方同得與音預下皆同
絀地勑律反朝者直遙反先令力呈反已乃音以課中口卧
反桑弧音胡以桑木爲弓蓬矢步工反飯扶晚反食音嗣注同人
爲于僞反所爭爭鬭之爭下及注有爭皆同揖讓而升下絕句而
大二百五十 小四百四十 禮記音義之四 二十三 玉文
飲一句者袒音但決遂古穴反說吐活反決拾音十郤左
手丘逆反又羌略反弛弓式氏反又始是反爭中丁仲反下文注同失正音征
注同若夫音扶不肖音笑棲皮音西梏音角直也下同有的丁歷反
辭養如字徐羊尚反之識音式一音志飲女音汝
燕義第四十七 鄭云名燕義者以記君與臣燕飲之禮上下相報之義也
之卒依注音倅七對反又蒼忽反副也教治直吏反注及下同別其彼列反
大子音泰後大子大字同朝位直遙反合其如字徐音閤卒伍子忽反注
同伍音五弗正音征游卒七內反注同南鄉許亮反莫敢適
音敵大歷反本亦作敵爲其于僞反下文爲疑同蹴子六反本亦作蹴踖子昔反又精亦
反亢禮苦浪反使宰夫本亦作使膳夫上至時掌反復以扶又反
大音泰舊絕佐反相近附近之近稽首徐本作道音啓以道民音導下同

稱道，如字，稱言也，行也【法】言也下蓋脫道字

弛，式氏反，又始是反【法】始是與式氏同，《鄉射》、《大射》弛可之弛亦止尸氏反一音，此又始是反四字或校者語也

踖，子昔反，又積亦反【法】積亦反阮云：撫本、葉本積作精。偉案《釋文》無以積爲組者，況踖、積同讀乎？作精蓋是。然精亦、子昔初非異讀，亦不可解。《廣韻》踖字又有從組一讀，考《素冠釋文》瘠，情昔反，恐精、積並情之譌

什一 音十 不匱 求位反 等差 初佳反又初宜反 脯醢 音海
聘義第四十八 鄭云名聘義者以其記諸侯之國交相聘問重禮輕財之義
七介 音界下及注同 各下 戶嫁反 而傳 丈專反下同 陳擯 必刃反本
又作儐下文及注皆同說文云擯或儐字 之使 所吏反 于竟 音境 郊勞 力報反
拜況 本亦作貺音同貺賜也 當楣 音眉 私覿 大曆反見也 雍 字又
作饔音同 餼 許既反 還圭 音旋下及注同 璋 音章 賄贈 呼罪反字
林音悔 享 許兩反本又作饗 食 音嗣下同 比年 必履反 使者 色吏反
以媿 本又作愧音同 皆爲 于僞反 辟琮 才工反 三積 子[illegible]反 芻
薪 初俱反 倍禾 步罪反 乘禽 繩證反 一食 一又作壹食音嗣
幾中 徐音畿又音基 行成 下孟反 人渴 若葛反 肉乾 音干 日
莫 音暮 齊莊 側皆反 敢解 佳賣反 惰 徒卧反 長幼
大字四五七 小字四四 禮記音義之四 二十四 陳政
丁文反 有行有行 並下孟反下有行同 順治 直吏反 爲陳 直靳
反 賤碈 武巾反字亦作珉以玉之石 爲玉 子爲反下同 多與 音余 作
玟 武巾反又音枚 爲濡 音儒 縝密 音軫一音真 知也 音智 致 直置
反本亦作緻 不劌 九衛反傷也字林云利傷也又音巳芮反 如隊 直位反又音遂 叩
之 音口 詘然 其勿反絕止皃 枯木 苦老反亦作槁 瑕 音遐王病 揜 音掩
瑜 羊朱反玉中美 孚 依注音浮 尹 依注音筍又作筠于貧反 隱翳 於計反
作姇 音孚徐方附反 白虹 音紅天氣 見於 賢遍反 朝聘 直遙反
喪服四制第四十九 鄭云以其記喪服之制取其仁義禮智四者也別錄屬喪禮
訾之 徐青紫毀也一音子斯反 知也 音智下同 故爲 于爲反下及注同 斬
衰 七回反注及下同 之治 直吏反下同 恩揜 於檢反 義斷 丁亂反
猶操 七刀反皇云持也 期而 音基下同 苴衰 七余反 墳墓 扶云反

琮，才工反【法】才工蓋誤，他處皆才冬、才宗等反

渴，若葛反【法】若乃苦之譌

枯，苦老反【法】枯蓋槀之誤，阮刻《注疏》本作槀，《樂記》同

反不培步回反徐扶來反爲毋于僞反下注爲君同齊衰音咨見無
賢遍反食粥之六反擔主是豔反又食豔反又餘墊反不言而事
行者扶而起一本作扶而後起扶或作杖非面垢音苟禿者吐木反不
髽側瓜反傴者紆主反不袒徒旱反跛者彼我反男子
免音問下同不解佳買反期悲音基之殺色戒反不解衣
古買反不肖音笑諒闇依注諒讀爲梁闇讀爲鶕音烏南反下同徐又並如字案徐後
音是依社預義鄭謂卒哭之後翦屏柱楣故曰諒間闇即廬也孔安國讀爲諒陰諒信也陰默也楯謂
音眉如鶉音淳柱楣知主反殷衰色追反而復扶又反下同言
不文如字徐音問事辨本又作辯同皮莧反當共音恭唯而余癸反徐
以水反注同齊衰音咨本又作齋侑者音又爲之于僞反應耳
應對之應衰冠七雷反菅音姦屨徐紀具反食粥之六反期
大九七小六四一　禮記音義之四　二五　关
二年音基比終必利反知者音智本或作智弟弟上音悌下如字
經典釋文卷第十四　經三千七百二十四字注一万八百七十二字

擔，是豔反，又食豔反【法】是豔與食豔同。此本上豔字乃改刻，下豔字又剜去，未知原本如何，盧、阮校亦未及

解，佳買反【法】買當作賣，否則不解衣一條可以不出矣，況又有《雜記音義》可證也

楯，音眉【法】楯盧本作楣，是也

唯，余癸反，徐以水反【法】余乃于之誤，此再通考

期三年【法】期三年誤，盧本作期十，是也，《考證》未言其異

經典釋文卷第十五
春秋音義之一　起第一盡第五
唐國子博士兼太子中允贈齊州刺史吳縣開國男陸德明撰
春秋序 此元凱所作既以釋經故依例音之本或題爲春秋左傳序者沈文何以爲釋例序今不用
繫日 工帝反 別同異 彼列反 錯舉 七各反下皆同 於策 本又■
作冊亦作筴初革反 簡牘 徒木反 孟子 孟子書名姓孟名軻字子輿鄒邑人與齊宣王同時
人著此書 檮 徒刀反 杌 五忽反檮杌四凶之一杜云頑凶無儔匹之皃 之乘 繩證反車乘也一云
兵車 韓宣子適魯 宣子名起晉大夫適魯在昭二年 盡在 津忍反後放此 以
王 于況反又如字 赴告 古毒反一音古報反崩薨曰赴禍福曰告 記注 張住反字或作註
則刊 苦干反削也 先經 悉薦反 後經 戶豆反 所重 直用反又直龍
反 將令 力呈反下令學者同 要終 於遙反 究其 久又反 饜 於■反 飫
春秋音義之一　一
於預反 自趨 七住反又七俱反 之浸 子鴆反 膏澤 古刀反 渙然
呼亂反 怡然 以之反 闡幽 昌善反明也 褒 保刀反 貶 彼檢反字林方犯反
暢之 勑亮反 歸趣 七住反 爲例 于僞反又如字 文見 賢遍反下同
舍族 音捨 參會 七南反又音三 與謀 音預 婉而 於阮反 諱辟
本亦作避音同後放此 辟假 古雅反後不音者同 不汙 於俱反曲也 丹楹 音盈 刻
音克 桷 音角 獻捷 在妾反 懲惡 直升反 而長 丁丈反 所傳 直專
反 數句 色主反下同 錯綜 宗宋反 爲斷 丁亂反 膚引 方于
反 條貫 古亂反 而去 起呂反 子駿 音俊子駿劉歆字 創通 初亮
反字書作剏 亦復 扶又反下同 以見 賢遍反下同 比其 毗志反 譜第
本又作諡同布古反 歷數 所具反後不音者皆同 素王 于況反下王魯素王同 黜周
勑律反 危行 下孟反 言孫 音遜本亦作遜 不出 如字又尺遂反 矣夫

法偉堂經典釋文校記遺稿卷十五

春秋左氏音義之一

清法偉堂著　邵榮芬編校

乘，一云兵車【法】兵盧依浦氏改丘

音扶下若夫同嘉瑞垂偽反其應應對之應之祚十路反胤也以刃
反中興丁仲反不隊直類反成王如字又于況反周正音政讀者多音征後
皆放此人包必交反之防扶放反又音房通論力頓反近誣如字舊音附近
之近誣音無小邾張俱反射音亦反袂緜世反拭面音式
春秋經傳集解佳買反舊夫子之經與丘明之傳各卷杜氏合而釋之故曰經傳集解隱
公名息姑惠公之子母聲子諡法不尸其位曰隱第一此不題左氏傳公羊穀梁二傳既顯姓別之此不言自見
杜氏　盡十一年
傳惠公名不皇諡法愛人好與曰惠其子隱公讓國之君元妃芳非反傳曰嘉耦曰妃始
適本又作嫡同丁歷反無謚實至反之姪直結反字林文一反兄女也娣也
大計反女弟也始娶七住反娣媵以證反又繩證反婦人謂嫁曰歸
本或無曰字此依公羊傳以楨音貞為桓于偽反尚少詩照反大子音泰
春秋音義之一　二
舊大字皆作大後大子皆放此為經元年于偽反後凡為經為傳張本起本之例皆放此更不音
經元年朝廟直遙反下同儀父音甫儀父邾子之字凡人名字皆放此于蔑
亡結反地名繼好呼報反鄒縣側留反卞縣皮彥反本或作弁克段
徒亂反鄭伯弟名于鄢於晚反又於建反又於然反不弟音悌又如字儁傑音俊
下音榮滎陽戶扃反本或作滎非宛陵於阮反又於元反宰咺呼阮反之賵
芳鳳反亦與音預下同睢陽音雖祭伯側界反國名傳祭仲同稱使如字
又所吏反小斂力驗反以見賢遍反下同傳元年以別彼列
反夏殷戶雅反三代之号可以意求見異賢遍反故不書爵一本無故
字以奬將丈反求好呼報反與盟如字又音預費伯音祕有
郁於六反皆放甫往反後此倒皆同娶于取住反宛縣於元反共
叔音恭共地名凡國名地名人名字氏放皆不重音疑者復出後放此在鄂五各反寤生五故

反　惡之烏路反注同　亟請欺冀反數也　爲之于僞反　嚴邑五銜
反本又作巖　虢叔瓜百反國名　復然扶又反　大叔音泰注及下皆同　過百
古卧反後不音者皆同　曰堵丁古反　長三直亮反又如字　高古報反又如字　經三
古定反　參國七南反又音三　焉辟於虔反　何猒於鹽反　滋蔓音万
自斃婢世反本又作獘舊扶設反踣也　斃踣蒲北反　廩延力錦反　不暱
女乙反親也　完音桓　繕申市戰反　具卒尊忽反步兵也注及下同　乘繩證反注
反下同　弇共音恭　汲郡居及反　不弟大計反又如字　難之乃旦反注同
遂寘之豉反置也　封疆居良反　舍肉音捨　以遺唯季反下同　不
啜川悅反　華元戶化反　繄烏兮反又烏帝反語助　公語魚據反　闕地
其月反　隧而音遂　其樂音洛注及下同　融融羊弓反和樂也　洩洩羊世
反舒散也　施及以豉反又式智反　不匱其位反　以別彼別反　通稱尺證反
春秋音義之一　三
巳上時掌反　則襄七雷反　諒闇音亮又音良下如字　東莞音官
傳見賢遍反下三見同　有蜚扶味反負蠜也　負蠜音煩又音盤　敗宋
必邁反敗佗也後放此　子少詩照反　朝歌如字　孫滑于八反又平八反　爲
之于僞反　陜縣失冉反依字作陜　豫音預　衆父音終　不與音預　小
斂力驗反注同　經二年　氐羌都兮反下郤良反　別種章勇
反　駒支音拘　濟陽子禮反濟水名凡地名皆同　入向舒亮反國名　譙國
在遥反　龍亢音剛又苦浪反　將卑子匠反　無駭戶楷反　方與上音房下
音預　紀裂音列　繻音須　卿爲于僞反下爲魯同　以別彼列反　子
帛音白　和解如字又戶買反　結好呼報反　傳二年之好
呼報反注及下同　氏還音旋後皆同　夅父音琴　復脩扶又反　卿
爲于僞反　經三年　已巳音紀下音祀後放此　食之如字本或

滑，于八反，又平八反【法】盧本于八作干八，誤

音同大量音亮盈縮所六反即傳直專反印段因忍反求
賻音附在殯必刃反不共音恭本又作供音同致令力呈反不復
伏又反別內彼列反爲君于僞反惡其烏路反傳三年
不柎音附爲公于僞反隱見賢遍反以別彼列反王朝直遥
反不復扶又反專任而鴆反後不音者皆同子狐音胡交質音致下同
將畀必二反與也祭足側界反蓋茇所銜反要之於遥反閒
之閒廁之閒澗谿苦兮反爾雅云山夾水曰澗山瀆無所通曰谿沼之紹反池也畤音止
本又作沚亦音市小渚也之毛毛草也蘋音頻大蓱也蘩音煩皤蒿也薀紆粉
反聚也藻音早大蓱蒲丁反皤蒿蒲多反白蒿也筐丘方反筥九呂
反筐筥皆器也方曰筐圓曰筥錡其綺反有足釜潢音黄汙音烏潢汙停水也行潦
音老行潦流潦也又焉於虔反盟約如字又於妙反行葦于鬼反洞酌

春秋音義之一　四　上交

音迴以共音恭之行下孟反而屬章欲反注同殤公舒羊反先
君舍音捨與夷如字一音餘以歿音沒奉馮皮冰反本亦作憑義夫
音符注同商頌似用反是何本又作荷河可反又音河注同任也任何音壬忿而
芳粉反之稱尺證反必傳直專反僨于弗問反仆也所爲于僞反
厲嬀九危反州吁況于反嬖人必計反親幸也賤而得幸曰嬖而好呼報反弗
禁居鴆反一音金惡之烏路反石碏七略反於邪似嗟反下同淫泆
音逸夫寵音扶發句之端後放此不憾本又作感同胡暗反恨也五年同能昣之忍
反重也鮮矣息淺反少也妨貴音芳少詩照反陵長丁丈反閒親
閒廁之閒下同之比必二反去順起呂反下同弑其音試先經悉薦反
經罕伐杞音起取牟亡侯反言易以豉反雍丘於用反弑其
本又作殺同音試凡弑君之例皆放此可以意求不重皆君完音丸翬許歸反強君

其文反 去族起吕反下同 弇溺乃歷反 于濮音卜 傳四
年諸篡初患反 不復扶又反下文復伐同 蔡從才用反 賦調徒弔反
而棼扶云反亂也 棼緼於云反 弗戢莊立反 王覲其靳反見也
朝陳直遥反後不出者皆放此 褊小必淺反一音必殄反 耄矣至報反八十曰耄 請
泄音列又音類臨也 孺羊奴侯反 惡州吁烏路反 與焉音預 于
邢音刑國名 經五年 入郕音成國名 將卑子而反 二嫡
都歷反 爲別于僞反 螟亡丁反蟲食苗心者 公子彄苦侯反 傳五
年 觀魚者本亦作漁者 以度待洛反一音如字 亟行欺冀反數也 春
蒐所求反索也 秋獮息淺反説文作玁殺也穀梁傳云春曰田秋曰蒐 冬狩手又反圍
守也 蒐索所百反 不孕以證反 爲苗于僞反 農隙去逆反
振旅之慎反整也旅衆也 猶復扶又反下同 以數所主反注同 器械戶戒

春秋音義之一　五　三

反 辨等如字又方免反別也 行伍戶郎反 順少詩照反注皆同 長丁丈反下注同
鳥獸之肉一本作其肉 於組莊吕反 不射食亦反 皁隸才早反
臣輿音餘 雜猥烏罪反 巡行下孟反 捕魚音步一音傳 不從
才用反 他竟音境 曲沃烏毒反 傳見賢遍反一本作具 衛牧州牧之牧
徐音目 以燕於賢反國名 洩駕息列反 曼伯音万 剛父音甫 入
音金鐘石磬絲琴瑟竹簫管土塤木柷敔匏笙革鼓也 八風八方之風謂東方谷風東南清明風南方
凱風西南涼風西方閶闔風西北不周風北方廣莫風東北融風 匏白交反 蹈之徒報反 六佾
音逸 而僭子念反 爲道音導本亦作導 其郛芳夫反郭也下同 於使
色吏反下同 之難乃旦反 經六年 渝平羊朱反變也 于艾
五蓋反 言易以豉反傳同 傳六年 狐壤如掌反 使者所吏
反 頃父音傾 之長丁丈反下丈又注同 諸鄂五各反 不復扶又反下同

耄，至報反【法】至報誤，盧刻作莫報，阮校宋本作毛報，並是

捕，音步，一音搏【法】一音搏阮云：北宋本、葉本搏作傳，是也。案宜再通考之

結好呼報反 子佗徒何反人名皆同 實難乃旦反注同 不悛七全反止也 之燎力召反又力弔反 鄉邇本又作嚮同許亮反 鄉近附近之近 可僕普卜反 周任音壬 去草起呂反 芟所銜反刈也說文作癹匹末反云以足蹋夷草 薀紆粉反積也 信矣如字一音申 公爲于僞反 請糴直歷反 傳見賢遍反 焉依如字或於虔反非 雍縣於用反 左右音佐下音祐又並如字 不蔇其器反至也 經七年 與嫡本又作適同丁歷反 沛國音貝 瑯邪音郎 臨沂魚依反 共縣音恭 汎城音凡 之使所吏反下同 見夷賢遍反 強虣蒲報反 戰陳直覲反 傳七年 繼好呼報反注同 爲宋于僞反注爲宋同 爲援于眷反 鄭復扶又反 歃色洽反歃血也 如忘亡亮反服虔云如而也 洩伯息列反 政治直吏反 請妻七計反 爲鄭于僞反 經八年 句陽古侯反

春秋音義之一　六

使宛於阮反 歸祊必彭反 費縣音祕 見在賢遍反 繼好呼報反 宿與盟音預下不與同 禱河丁老反或丁報反 有邳蒲悲反 邳來閒如字 小斂力驗反 傳八年 泰山如字東岳 能復扶又反 巡守手又反 所近附近之近下同又如字 欲爲于僞反下爲魯同 遂畀必二反 鍼子其廉反 誣其亡符反 莊共音恭本亦作恭 不與音預 而背音佩 紀好呼報反注同 嬀汭如銳反 胙之才故反報也 舊邑之稱尺證反 經九年 震電徒練反 雨雪于付反傳同 挾卒音協 華縣戶化反 傳九年雨霖音林爾雅云久雨謂之淫淫雨謂之霖 不共音恭本亦作供 說宋音悅 宋使所吏反注同 故復扶又反 侵軼直結反又音逸空也 覆扶又反注及下同伏兵也 戎輕遣政反 以逞勑領反 解也音蟹或佳買反 祝聃乃甘反一音土甘反

芟，《說文》作癹，匹未反【法】未盧本作末，是，阮校北宋本同

衷戎丁仲反又音忠盡殪於計反死也三處昌慮反後駐丁住反將
令力呈反要終於遥反經十年去氏起呂反傳同于
菅古顔反未陳直覲反取郜古報反字林又工笙反伐載音再字林
作戴云故國在陳留易也以豉反傳同傳十年以勞力報反注同
饔餼許氣反通稱尺證反經十一年薛侯
息列反郲音來釐城音來王元規力之反與謀音預還使音環
傳十一年爭長丁丈反下注及丈同夏所户雅反周諺音彦俗言也
則度大洛反諸任音壬注同大宮音泰大宫鄭祖廟公孫閼安葛反
挾輈音協張留反車轅大逵求龜反爾雅云九達謂之逵杜云道方九軌此依考功記傳
中音附注同蝥莫侯反弧音胡射之食亦反下及注同隊而直類反周
麾許危反又許偽反招也而呼火故反周徧音遍逭逃徒頓反不共
大小四六八　春秋音義之一　七　重刊費
音恭本亦作供音同注及下同與聞音預共億於力反安也餬其口音胡粥也
說文云寄食鬻本又作粥之育反又眞六反以壽如字又音授復奉扶又反又音服
昬媾古豆反重昬直龍反覆亡芳服反不暇行嫁反禋祀
音因絜齊側皆反本亦作齋之爲于偽反吾圉魚呂反財賄呼罪
反字林音悔無寘之豉反置也乃亟紀力反急也下注同大岳音泰既厭於豔
反度德待洛反量力音良下同相時息亮反無累劣偽反注同
使卒尊忽反注同出猳音加豬別名行出户剛反注同以詛側慮反
故令力呈反正邪似嗟反下及注同鄔劉烏戶反緱氏古侯反一音苦侯反
鄔聚才遇反蔿尤委反邘音于忿生芳粉反在沁七鴆反字林先
荏反郭璞三蒼解詁音狗沁之沁沁文何踈鴆反韋昭思金反水名絺勑之反樊扶袁反隰
詳立反郕尚征反欑茅才官反向舒亮反注同軹縣音紙盟音孟

載，音再，《字林》作戴，云：故國在陳留【法】阮校云：當云《字林》作㦰，《說文》㦰字注云：故國在陳留，是也

緱，古侯反，一音苦候反【法】苦候阮校北宋本候作侯，是也

沁，音狗沁之沁【法】阮校引段云，當作狗吣之吣

陘音刑 隤徒回反 于竟音境 鄎音息一本作息 不度待洛反 不韙韋鬼反是也蒼頡篇同 其喪息浪反 傳聞直專反 臧否音鄙又方九反注同 大宰音泰注同 爲其于僞反 少故詩照反 菟裘兎都反下音求 梁父音甫 復居扶又反下同 反譖側鴆反 請殺音試下同一音如字 賂尹氏音略 而禱丁老反或多報反 鍾巫士夫反 齊于側皆反 社圃布古反 寪氏于委反

桓公名軌惠公之子隱公之弟母仲子史記亦名允謚法辟土服遠曰桓 第二

杜氏 盡十八年

經元年篡立初患反 脩好呼報反傳同 近垂附近之近 祊田百庚反 令鄭力呈反 傳元年請復扶又反 爲周公于僞反 獨見賢遍反 渝盟羊朱反變也 無享許丈反 遺使所吏反

大六二 卜三八 春秋音義之一 八 壽刊

宋華户化反大夫氏也後皆同 父督音篤 而豔以贍反美色也 經二年閨門音圭 取郜古報反 大廟音泰傳大廟放此 召陵上照反 主帥所類反或作師 傳二年爲賂于僞反注除爲會一字並同 惡其烏路反 婉而於阮反 大宰音泰 數戰音朔 子馮皮冰反 遂相息亮反下注傳相同 著儉張慮反後不音者同 之稱尺證反 越席户括反越蒲結草 祀天車本或無天字者非 粢音咨稷也爾雅云 食音嗣飴也 不鑿子洛反精米也字林作毇子沃反云糲米一斛舂爲八斗 衮冕古本反 黻音弗下同 珽他頂反玉笏也 韋鞸音必 玉笏音忽 持簿步古反徐廣云持簿手版也 幅舄音逼行縢也下音昔 行縢徒登反 複履音福 紞多敢反字林丁坎反冠之垂者 紘獲耕反纓從下而上者 綖音延字林弋善反冠上覆 而上時掌反下上下同 藻率音律 鞞補頂反 鞛布孔反鞞鞛刀削之飾 藉玉在夜反 刀削音笑 鞶步干反

鑿，子各反，精米也。《字林》作毇，子沃反，云：糲米一斛舂爲八斗【法】阮校云：北宋本毇作鑿，是也，八斗不誤，今本《説文》作九斗誤也。《説文》毇下云：米一斛舂爲九斗，今本《説文》誤作八斗。偉案《詩·生民釋文》亦引《字林》作毇，則毇非誤字。八、九字誤詳《説文段注》。偉則謂毇、鑿同字耳，諸家紛紛之説，俱可不必

反紳帶也 游音留注同旌旗之游 馬膺於稜反 如索悉各反 鬴音甫 相戾
力計反 色比并是反 器械戶戒反 鍚音揚鄭玄云馬面當盧 鈴音零 馬
額頞洛反 在鑣彼驕反 旂勤衣反 而寘之豉反聞也 官邪似嗟反
雒邑音洛本亦作洛 受夏戶雅反 郟古洽反 鄏音辱 近楚附近
之近 舊好呼報反注同 舍爵音赦置也舊音捨 自參七南反一音三 以上時掌
反 曰仇音求 君之名子如字或弥政反 嘉耦五口反 曰妃芳非反 其
替他計反廢也 少子詩照反 以諷方鳳反 靖侯才井反 欒賓力官
反 適子丁歷反 爲小宗本或作爲大宗誤 有分扶問反又如字 親七刃反又如字
等衰初危反殺也注同 無復扶又反 分別彼列反 衰殺所界反 覬
音冀 覦羊朱反字林羊住反說文云欲也 侯甸徒練反 陘庭音刑
經三年王正月從此盡十七年皆無王唯十年有二傳以為義或有王字者非 于嬴音盈 約言
春秋音義之一 九 三桂
如字又於妙反 不歃所洽反 長垣音袁 于讙呼端反 蛇丘以支反
傳三年 汾隰扶云反汾水名下溼曰隰 驂七南反騑馬也 絓止戶卦反 騑馬芳非
反 共叔音恭注同 各殉似俊反 媒介音界 之好呼報反注同 齊侯
送姜氏本或作送姜氏于讙 公子則下卿送公子公女 芮伯如銳反國
名 惡芮伯烏路反 馮翊音翼 經四年公狩手又反冬
獵曰狩 夏之戶雅反下同 伯糾居黝反 傳四年
經五年 侯鮑步飽反 從王如字又才用反 大雩音于祭名 龍見賢遍反
螽音終 蚣相容反 蝑相魚反 定陶同勞反 傳五年 子佗
大何反 子免音問 五父音甫 襄之音習 將右軍子匠反下及注大將同 左
拒俱甫反方陳也下同 方陳直覲反下文之陳及注同 王卒尊忽反下同 萃於似類
反 曼伯音万 魚麗力知反注同 彌縫扶容反 五乘繩證反 繻葛

膺，於稜反【法】稜盧改陵，是。阮校宋本同

侯甸【法】侯甸疑誤，今傳本作今晉甸侯也

曼，音萬【法】錢氏大昕云：曼、萬當讀重脣音。詳《養新録》

音須檜古外反又古活反旝也說文作檜建大木置石其上發機以磓敵麾也許危反射王
食亦反中肩丁仲反猶殿多見反無隕于敏反勞王力報反注同名
仲字足一本作字仲足重言直用反啓蟄直立反夏正音征龍見
賢遍反注同龍宿音秀遠爲于僞反閉必計反又必結反字林方結反而烝之丞
反度其待洛反不復音服後不音者皆同危難乃旦反經六年
寔來時力反實也省文所景反大閱音悅簡車馬也是適丁歷反傳同
長子丁丈反傳六年遂章于委反於瑕下加反少
師詩照反注及下同後皆放此而被皮寄反下注被甲同難間間廁之間隨張音亮
反自後大也注同一音如字師後昌氏反又式氏反羸師劣追反注及下同熊率
音律且比子餘反抗衡苦浪反民餒奴罪反餧也嬌舉居兆反性
牷音全肥腯徒忽反肥也其畜吁又反注及下皆同蕃滋音煩瘯七木反本

春秋音義之一　十　五

又作蔟同蠡力果反說文作瘰云瘯瘰皮肥也無疥音界癬息淺反說文云乾瘍讒慝
他得反遠聞音問又如字九族杜釋與孔安國鄭玄不同禋祀音因民饑
音飢又音機於難乃旦反下同二帥所類反少良詩照反饋之其媿反遺
也餼許既反牲腥曰餼妻鄭七計反下及注同接以如字鄭注禮記作捷讀此者亦或捷
音食之音嗣桑弧音胡蓬矢步工反射天地食亦反于阼
才故反申繻音須曰鯉音里周人以諱事神名絕句衆家多以名字
屬下句木鐸待洛反徇曰似俊反本又作狥同舍故音捨下同具敖五羔反
經七年焚咸丘扶云反火田也緌來須唯反筑陽音逐
傳七年辟匹亦反本又作僻同陋盟音孟向傷亮反而背音佩于
郟古洽反經八年烝之承反此夏戶雅反爲下于僞
反復烝扶又反見瀆賢遍反兩雪于付反祭公側界反

旝，《說文》作檜【法】旝，《說文》作檜，阮校葉抄本旝作檜，檜作旝

蠡，力果反，《說文》作瘰，云瘯瘰皮肥也【法】阮云：葉鈔本瘰並作絫。案《說文》痤，小腫也，一曰族絫，並無皮肥之說

筑陽，音逐【法】音逐盧云：《注疏》本音竹，譌。阮云：筑本音竹，而筑陽音逐乃自古《漢書音義》相傳如此。地名往往與本音異也。偉案《廣韻》亦二義分收

傳八年有鬻許𩍐反注同弋陽餘職反請下遐嫁反下注同不
然將失楚師一本無師字天去起呂反注同弟繙亡巾反
經九年仲父母音申射姑音亦又音夜傳九年爲
書于僞反爲好呼報反鄾人音憂沔水面善反聃甥乃甘
反衡如字橫也一音橫陳直覲反注同又如字而北如字一音佩嵇康音賀背背巴
音佩注同而夾古洽反又音古協反宵潰戶對反夏陽戶雅反適子丁歷
反享曹許兩反施父色豉反人名字下音甫經十年中
背如字一音丁仲反下音佩惡三國烏洛反又烏路反傳十年譖
其側鴆反詹父章廉反求旃之然反之也周諺音彥吾焉
於虔反以賈音古注同賈也無厭於鹽反下同共池音洪一音恭以見賢遍反
交綏荀隹反經十一年聽迫吐定反于折之設反又市列

春秋音義之一　十二　包正

反夫鍾音扶于闞口暫反須昌宣瑜反傳十一年
屈瑕居勿反楚大夫氏貳軫音二下之忍反皆國名鄖人音云國名蒲騷
音蕭又音繆隨絞古卯反州蓼音了本或作鄝同隨絞州了四國名江夏戶雅反滇
城音云本亦作鄖棘陽紀力反湖陽音胡莫敖五刀反且日人逸反虞
度待洛反郊郢以井反又以政反恃近附近之近盍請戶臘反何不也濟
婁計反億兆於力反將妻七計反下注同大援於眷反子亹亡匪反本
或作亹封疆居良反爲公于僞反鄧曼音万女於是據反注曰女同雍
於恭反姞其吉反又其秩反應命應對之應經十二年汶陽音問
侯躍羊略反于虛去魚反武父音甫地名有父字者皆同甫音重書直用反下
同以見賢遍反皆陳直覲反傳十二年于句古候
反瀆音豆婁盟力具反本又作屢音同用長丁丈反注同故數音朔下同而

援，於眷反【法】於當作于

憾戶暗反　而輕遣政反　無扞戶旦反衛也　釆樵在遥反薪也　而覆
扶又反伏兵也注同　諜之徒恊反伺也　數之色主反　枝江賈而反　諜伺也音笥
巡徧音遍　經十三年　傳十三年　遂見賢遍
反　心濟箋詣反　難言乃旦反　風諫方鳳反本亦作諷　不解戶買反
狃於女九反　狃忕時世反又時設反　而好呼報反又如字　假易以豉反注同
不借子夜反　貸他代反　慢武諫反　盡行津忍反比類可以意求　使
徇以俊反宣令也　及鄗於晚反又於万反　亂次以濟本或作亂次以濟其水　盧
戎如字本或作盧音同　縊于一豉反自經死也　荒谷如字本或作亢音同　冶父音也
脩好呼報反　經十四年之好呼報反　曹輿音預
御廩力錦反倉也　先其悉薦反又如字　致齊側皆反
傳十四年大逵求龜反　大宮音泰　之椽直専反榱也圜曰椽方曰桷說
春秋音義之一　三　包正
文云周謂之椽齊魯謂之桷　經十五年倚任於綺反　守介音界　小行下孟反
吏立音庚　年人士俟反　于櫟音歷　陽翟徒歷反　豙昌氏反
相縣息亮反　傳十五年舍其音捨　之汪烏黃反池也　暴
其步卜反　櫝伯徒干反　經十六年城向失亮反　定之丁佞反
傳十六年故復扶又反　烝之承反　急子如字詩作伋
上淫時掌反一音如字　屬諸音燭下同　爲之于僞反　右媵羊政反
朔構古豆反　會古外反　公使所吏反　諸莘所巾反　惡用音烏安也
注同　飲以酒於鴆反一本以作之　子洩息列反　黔牟其廉反又音琴
經十七年于趡翠軌反　皆陳直覲反　傳十七年
彊事居良反注及下皆同　彊場音亦　虞度待洛反下同　齊背音佩下同　以
底音旨下同　惡之烏路反下及注所惡皆同　子亹音尾　復惡扶又反注同一音服則乎

忕【法】阮云：葉鈔本、盧本忕作忕，是也

椽，《說文》云：周謂之椽，齊、魯謂之桷【法】周謂之椽，盧改椽爲榱，云：《說文》云：榱，秦名爲屋椽，周謂之榱，今依改正。阮校云：此條不誤，他處引《說文》有誤耳，說詳段玉裁《說文讀》

注意復重直用反下同經十八年于濼盧篤反又力角反一音洛說文四沃
反言戕在良反傳十八年相瀆徒木反公讁直革反責
也王又丁革反讁譴遣戰反爲公于僞反乘公如字又繩證反注同上車時掌
反拉公力荅反幹而古旦反舊好呼報反歸咎其九反彌相
息亮反而轘音患車裂也車裂音列以知音智又如字欲弑申志反
屬諸音燭匹嫡丁歷反注同臣擅市戰反於難乃旦反
莊公名同桓公子母文姜謚法勝敵克亂曰莊第三杜氏盡三十二年
經元年遜于本亦作孫音同注及傳同單伯音善采地七代反且
別彼列反諒闇音梁又音亮親迎魚敬反之比必利反郱蒲丁反
鄑子斯反郚音吾臨朐其俱反訾城子斯反
傳元年父殺音試一音如字而復扶又反去姜起呂反未闋苦穴反
春秋音義之一　十三　毛訟
經二年于禚諸若反公馮皮冰反傳二年好會呼報反
經三年溺乃狄反故去起呂反以酅戶圭反本又作巂于滑乎八
手入二反傳三年重盟直用反以難乃旦反在櫟音歷或音
書灼反經四年享食音嗣又如字本或作會以見賢遍反狩
手又反于越竟音境本又作境傳四年子吉熱反方言云楚謂
戟爲子戟爲陳直覲反將齊側皆反注同僻陋匹亦反僭
號子念反銜應應對之應構郎蕩反木名又莫昆反又武元反屈重直用
反一音直容反梁溠高貴鄉公音側嫁反水名字林壯加反入員音云或作鄖漢
汭如銳反內也漢水西也水曲曰汭下齊遐嫁反難也乃旦反
經五年郳五兮反國名後爲小邾犁來力兮反昌慮如字又力於反
傳五年數從音朔經六年螟亡丁反衛俘芳夫

鄑，子斯反【法】《十一年釋文》亦作子斯反，盧刻並改子斯反。案作斯是也。杜以訾即鄑，是二字當同讀，且斳之類亦無精紐

櫟，音歷，或音書約反【法】阮校宋本約作灼

反囚也傳六年寗乃定反跪其毁反宥之音又不度
待洛反下同立衷丁仲反節適也注同王音忠弗強其丈反注同必披普靡反又
普知反蕃滋音煩說魯音悅祁侯巨支反字林上尸反騅甥音佳噬
齊市制反下粗兮反齧也五結反焉取於虔反無復扶又反下文同
經七年不見賢遍反注及傳皆同夜中夜中夜半也丁仲反又如字星
隕于閔反落也不匿女力反漂殺匹妙反又匹遥反傳七年
數與音朔偕音皆俱也經八年郕降戶江反傳皆同諸
兒如字一音五兮反傳八年夏書戶雅反後放此臯陶音遥連
稱尺證反又如字期戊音基本亦作朞如適丁歷反注同絀之勑律反從
妹才用反下從者皆同閒公如字注同或古莧反非曰捷在接反克也以女音汝姑蕡
扶云反貝丘補蓋反而啼田兮反樂安音洛敢見賢遍反射
春秋音義之一　十　毛諒
之食亦反隊于直類反喪息浪反屨九具反徒人費音秘奚
御魚呂反袒而音但之紛數文反于牀士良反鮑叔步卯反
召忽時照反子糾居黝反雍廩力錦反經九年
于蔇其器反繒縣才陵反乾時音干岐流其宜反又巨移反竭
涸戶各反惡齊烏路反譎古穴反浚蘇俊反深也洙音殊水名泗
音四傳九年公喪息浪反傳乘直專反又丁戀反下繩證反注
同傳乘乘他車如字辟于音避本亦作避一音婢亦反管召時照反讎
也市由反射相公食亦反生竇音豆而稅本又作說同土活反一音失銳反
解嫌蟹反夷吾縛扶略反舊扶卧反治於直吏反注同高傒音兮
使相息亮反經十年長勺上酌反末陳直覲反十
一年經注同宋強其丈反背蔇音佩傳乘丘繩證反于莘所巾

騅，音佳【法】佳盧改隹，是

齊，粗兮反【法】粗乃徂之誤，齊從母字，非清母也，阮校、段玉裁校本粗作徂

解，嫌蟹反【法】嫌、蟹並匣母字，不能爲紐，且此解當讀見母，盧刻依《注疏》本改爲古買，是也。阮校北宋本、葉鈔本並作姑蟹，是

反將率子匠反率又作帥同所類反滅譚徒南反
傳十年曹劌古衛反請見賢遍反下同何閒閒廁之閒注同與也
猶與音預未徧音遍注同犧牲許宜反之屬音蜀請從才用反
之乘繩證反三鼓息暫反又如字其轍直列反登軾音式有伏
如字舊扶又切旗音其靡音美怖普布反遽也其據反雩門音于皋
比音毗注同過譚古禾反經十一年鄑子斯反
傳十一年爲宋于偽反未陳直覲反下及注皆同撓敗乃孝反二音乃
巧反沮岸在呂反壞也一音子餘反岸崩謂之沮喪其息浪反得儁音俊本或
作俊之比必利反退復扶又反狡壯交卯反下側亮反之難乃旦反京
師敗本或作京師敗績者非得校音教悖焉蒲忽反一作勃同盛皃桀紂
直久反言懼而名禮絕句或以名字絕句者非公子御魚呂反本或作禦說

大一丁九四 小三丶卅三 春秋音義之一 十五 郑

音恍共姬音恭射南宮食亦反長萬丁丈反歂孫生市專
反搏之音傳取也靳之居覲反戲而相媿曰靳服云恥而惡之曰靳
經十二年于酅音攜不警居領反傳十二年
批而普迷反又蒲穴反字林云擊也父迷父節二反大宰音泰奔亳步各反南
宮萬奔陳本或作長萬長衍字也下亦然乘車繩證反注同犇好呼報反注
同亦請南宮長萬於陳以賂絕句飲之於鴆反犀革
音西裹之音果比及必利反皆見賢遍反醢之音海肉醬也
經十三年北杏戶猛反蛇丘音移于柯古河反
傳十三年通好呼報反背北杏音佩十四年經注同
經十四年于鄄音絹甄城音絹一音真或音旃又舉然反或作鄄
傳十四年自櫟音歷苟舍音捨鄭子子儀內蛇市奢反申

轍，宜列反【法】宜盧本作直，是，阮校北宋本、葉鈔本同

鄑，子蘄反【法】蘄當作斯，說見《元年》。阮校北宋本、葉鈔本並作斯

繻音須 有妖於驕反 炎以音豔 洛誥古報反 餤餤音豔 無

釁許靳反 無裏音里 憾焉戶暗反 宗祏音石藏主石函也 守臣

手又反 莊公之子猶有八人傳唯見四人子忽子亹子儀並死獨厲公在八人名字記

傳無聞 乃縊一賜反 爲莘于僞反下所巾反 以語魚據反 繩食承反說

文作謚 譽音餘又如字 以食音嗣注同 堵敖丁古反下玉羔反杜云楚人謂未成君爲

敖史記作杜敖 以說音悅 之易以豉反注同 之燎力召反又力弔反 鄉邇

許亮反 撲滅普卜反 般庚步干反本又作盤 易長丁丈反

經十五年伐郳五兮反 傳十五年復會扶又反

諸侯長丁丈反 爲宋于僞反 間之間廁之間一本作聞

經十六年介於音界 而爲三恪苦各反本或作爲三恪之客 都

費扶味反又音祕 緱氏古侯反一音苦侯反 傳十六年宋故

也本或作爲宋故 爲不禮于僞反 與於音預 公子閼安未反案隱十

一年鄭有公孫閼距此三十五年不容復有公子閼若非閼字誤則子當爲孫 刖音月又五刮反 強鉏

仕魚反 斷足丁管反 公父音父王音如字 共叔音恭 遂并如字王必政反

詭諸九委反 采地七代反後放此 蔿國于委反 報施始豉反 之

難乃旦反 不見賢遍反下同 復自扶又反 經十七年

鄭詹之廉反 始伯音霸又如字本又作霸 殲于子廉反盡也 齕而

五亂反 而盡津忍反 遁逃徒遜反 多麋亡悲反

傳十七年 頡氏烏納反又苦荅反 工婁力侯反 饗齊本又作享

經十八年有蜮本又作蜮音或短弧也本草謂之射干 短弧本又作斷同丁管反弧又

作狐音胡 射人食亦反 傳十八年 饗醴音禮 之宥

音又 五瑴音角雙玉爲瑴字又作珏 是借子夜反 爲王于僞反 少子

繩【法】盧本移繩字一條於以語條上

詩照反 启稱 尺證反 闞縎 古巾反 以畔 絕句本或作扳俗字 那處

那又作眀同乃多反下昌呂反又昌慮反 編縣 必緜又一音步典反 游涌 音勇水名

經十九年 滕陳 以證反又繩證反送也 出竟 音境 之好 呼報反

傳十九年 鬻 音育 拳 求圓反 大閽 音昏守門人也 贏 音盈姓也字從

女 踖陵 在亦反一音七略反 及湫 子小反 鄀縣 音若 夕室 朝夕之夕 經

皇 田結反經皇闕也 強諫 其丈反 太伯 音泰 校尉 戶教反字從本 王姚

羊消反 嬖子 必計反 子頹 徒回反 之圃 必古反又音布圃也 爲圃 音又徐于

目反苑也 苑也 於阮反 近於 附近之近 祝跪 求委反 而收 式周反

經二十年 傳二十年 爲伐 于僞反下文同 于鄎 烏若

反 徧舞 音遍 哀樂 音洛 殃咎 於良反下其九反 去盛 是呂反 饌

仕眷反 奸王 音干 盍納 胡臘反何不也

大二百八十七 小三百五十 春秋音義之二 十七 大月

經二十一年 袝姑 音附 傳二十一年 于弭 面爾反

圉門 魚呂反 西辟 蒲歷反 復與 扶又反 效尤 戶教反 徧舞

音遍 號守 音狩本或作狩後放此注同 于玤 蒲項反 鞶 步干反又蒲官反紳帶也

鑑 上暫反鏡也 始惡 烏路反又如字 王使 所吏反 經二十二年

大眚 所景反 盪 音蕩本又作蕩 滌 徒歷反 御寇 音禦本亦作禦 惡其

烏路反 不見 賢遍反又如字 傳二十二年 顓孫 音專 弛

失氏反 負擔 丁暫反 去離 力智反 官謗 布浪反 翹翹

祁堯反遼皃 車乘 繩證反 飲桓公 於鴆反注同 酒樂 音洛下注同

卜妻 七計反 和鳴 如字又戶卧反注同 將將 七羊反本又作鏘鏘 並于正

卿 本或作並爲誤 陳佗 大多反 其少 詩照反 見陳侯 如字又賢遍反 大

史 音泰 使筮 上制反 著 音戶 遇觀 古亂反注皆同 之否 備矣反注

那，又作眀，同，乃多反【法】阮引元和顧之逵云：眀乃明字之譌

鞶，步干反，又蒲官反【法】又蒲官反四字疑後增

鑑，上暫反【法】上盧本作工，是。阮校北宋本、葉本同

將將，七羊反，本又作鏘【法】阮校北宋本、葉鈔本重鏘字

太【法】阮校北宋本、葉鈔本太作大，是

同 爻辭戶交反 乾天其然反 陳摯音至本又作贄同 有觀
古亂反 而著直略反 大獄音泰下音岳 楚復法又反 猶豫音預
本亦作頹 南蒯苦怪反 卜偕子念反 其應應對之應 縣驗音玄
經二十三年祭叔側界反 爲祭公于僞反 丁穀音谷 宮
楹音盈 射姑示亦反又音亦 于邑音戶 卷縣音權字林丘權反韋昭丘云反說文
丘粉反 傳二十三年長幼丁丈反 族偪彼力反 士蔿
于委反 去富子起呂反下同 惡其烏路反 間之間廁之間
反 經二十四年刻音克鏤也 桷音角椽也字林云齊魯謂榱爲桷 桷椽直專
反 要公於遙反 孟任音壬後孟在皆同 覿徒歷反見也 以見賢遍反下
同 奢夸苦瓜反 傳二十四年御孫魚呂反本亦作禦
侈昌紙反又尸氏反 男贄眞二反 別貴賤彼列反 榛栗側巾反
大字三百小二百 春秋音義之一 十八 壹
棗脩脩脯也鍛脯加薑桂曰脩 虔音乾 經二十五年女叔
音汝陳大夫氏 嘉好呼報反傳同 傳二十五年相魯息亮
反下同 正月音政正月建巳之月 慝未他得反陰氣 夏之戶雅反 之眚
所景反災也 城聚才喻反 經二十六年 傳二十
六年簡牘徒木反 不究音救 不復扶又反 申解居蟹反
經二十七年于洮他刀反 具見賢遍反 自爲于僞反 所
黜勑律反 城濮音卜 傳二十七年越竟音竟 所
畜勑六反下及注皆同 哀樂音洛 力強其丈反 亟戰欺冀反 將
饑居疑反又音機 召伯音邵 廖力彫反 經二十八年邾
子瑣素果反 築郿亡悲反 告糴徒歷反
傳二十八年烝於之承反 重耳直龍反 驪戎力知反 女

射姑，示亦反，又音亦【法】射當作食亦反，此作示，誤。又《檀弓下》及《桓九年》射姑並亦、夜兩音，無讀示亦反者

洮，徒刀反【法】阮云：北宋本、葉鈔本徒作他。案徒刀反訓盥、訓洗，他刀反讀如滔，杜注云，魯地，當讀如滔。偉案經、傳地名之洮並他刀反

人昵據反注以曰女同 卓子敕角反 閨音圭反 闥吐達反 關塞素代反 二屈
求勿反一音居勿反 之疆居良反下同 疆場音亦 故復扶又反 說之音悅
諸羣責鴆反 二耜音似 廣一古曠反 共塈苦很反 欲蠱音古
惑也 六百乘繩證反 入桔及結反 扶待結反 鬬御魚呂反本亦作禦下
注反禦同 彊其良反又居良反 鬬梧音吾 不比井里反 爲旆蒲見反 長尋
直亮反 曰旐音兆 王孫喜殿丁見反 純門如字 及逵求龜反
縣門音玄注同 夜遁徒困反 諜告音條 楚幕音莫 諜問
閒廁之間 經二十九年 延廏居又反 有蜚扶味反 備
難乃旦反 皆重直用 傳二十九年 嚮入許亮反本或作
向同 輕曰遣政反 龍見賢遍反下皆同 角亢苦浪反又音剛 而栽
字林才代反一音再說文云築牆長版 定星多佞反 經三十年 將
大二百九十四 小三百二十五 【春秋音義之一　十九　吴孝昌
甲子匠反 將降戶江反下文注同 鄣音章下同 魯濟子禮反
傳三十年 射師食亦反又食夜反 而梏古毒反 曰桎之實反 楚
僭子念反 鬬穀奴走反楚人謂乳曰穀漢書作穀音同 於音烏 菟音徒 以紓
音舒一音直汝反緩也 之難乃旦反下注同 欲爲子偽反 薊縣音計
經三十一年 刺奢七賜反 戎捷在妾反 相遺唯季反傳同 俘
音孚 傳三十一年 以警音景戒懼也
經三十二年 飲酖音鴆本亦作鴆 不與音預 斂力驗反 子般音班 書
殺音試一音如字下同 傳三十二年 爲管仲于偽反注及下同
先見賢遍反又如字 于莘所巾反 内史過古禾反 監其古暫反本又作鑑
反 先脾婢支反 宗區丘于反 史嚚五巾反 大祝音泰下同 涼
德音良薄也 黨氏音掌 閟音祕 講肆音四又以二反 圉人犖音洛又力

桔，及結反【法】及當作户，見《僖三十二年》

彊，居良反【法】彊盧依《石經》改彊，是，阮校北宋本、葉鈔本並同

穀，奴走反，楚人謂乳曰穀，《漢書》作彀【法】彀盧改穀，是。段氏《説文注》謂此大字當作穀，注引《漢書》當作彀，亦是

肆【法】肆阮校北宋本、葉鈔本並作肆，是也

角反 反覆芳服反 鄉者許亮反 鍼巫其廉反 晝酒音獲 共

仲音恭 閔公云謹反

閔公名啓方莊公之子毋叔姜史記云名開謚法在國遭難曰閔第四

杜氏 盡二年

經元年 出疆居良反 省難乃旦反下及傳同 傳元年

豺仕皆反 狼音郎 可厭一鹽反 諸夏戶雅反注同 親暱女乙反近也

宴安於見反本又作晏音同一音烏諫反 酖毒直蔭反 勞來力報反一力代反

仲孫湫子小反 不去起呂反下同 自斃婢世反 踣蒲北反 間攜

間廁之間注同 覆昏芳服反注同 霸王于況反注同 見莊賢遍反 公將

子丘反下及注同 趙衰初危反 魏犨尺由反 滅耿古幸反國名 還爲于僞

反 又焉於虔反 大伯音泰注同 適子丁歷反本又作嫡 且諺音彥 若

大一百七十二 小三百三十 春秋音義之一 二十 劝

祚在路反 遇屯張倫反 之比毗志反注及下同 辛廖力彫反 蕃昌

音煩 兄長丁丈反 經二年 吉禘大計反 入桃他彫反 昭

穆上饒反 未闋苦穴反 大廟音泰 孫于音遜注同 美稱尺證

反 見惡烏路反 師潰戶內反 傳二年 渭汭如銳反 隈

曲烏回反 舟之僑音喬 卜齮魚綺反 共仲音恭 武闈音韋一音暉

費縣音祕又扶味反 乃縊一賜反 與知音預 故孫音遜 亳社

步各反 好鶴呼報反下戶各反 乘軒許言反大夫車也 余焉於虔反 玦

古穴反 使守手又反下守及注同 決斷丁亂反 禦難乃旦反 孔嬰

齊 殿丁見反 熒澤戶扃反 無復扶又反下復逐同 爲之于僞反下文爲

衛同 不去起呂反藏也一云除也 華龍戶化反 大史音泰 故恐丘勇反

也 少詩照反 烝於之承反 強之其丈反 共滕音恭 以盧力居反一反舍

殿，丁見反【法】丁見盧本改丁練，同。案《莊二十八年》亦作丁見

也 于曹 詩作漕音同 歸唁 音彥 無虧 去危反 三百乘 繩證反下
及注同 別見 賢遍反 五稱 尺證反 雞狗 音苟 歸遺 于季反 單
複 音丹下方服反 人惡 烏路反注同 好利 呼報反 能遠 于万反 爲之
于僞反 皁落 古刀反 別種 章勇反 粢盛 音咨下音成 朝夕 如字
又張遙反 君膳 市戰反 則守 手又反下同 則從 才用反下同 監國 古銜
反 嗣適 丁歷反本又作嫡下配適同 將焉 於虔反 謂將 子匠反下將上軍並同
不共 音恭本又作供 於難 乃旦反下同 公衣之偏 於既反下衣身之偏衣之純衣之尨
服注衣之同 叔向 許丈反 無慝 他得反 遠炎 于万反注及下同 衷 音忠 旗
也 音其 閟其 音祕 尨服 莫江反 受脤 市軫反祭社之肉 盛以 音成
阻之 莊呂反疑也 盡敵 子忍反下盡敵同 諗周 音審吉也說文云深謀 之鎡
直救反 而屬 章欲反 衛文公大布之衣 本或作衣大布之衣誤 厚

春秋音義之一　二十一　張清

繒 疾陵反 諒闇 音良又音亮 三十乘 繩證反下同 迸散 榮諍反
僖公上 名申莊公之子閔公之兄母成風諡法小心畏忌曰僖 第五
杜氏 盡三十三年
經元年聶北 女輒反 觀釁 許覲反 于檉 敕呈反 于酈
力知反 莒拏 女居反又女加反 傳元年復入 扶又反下文同 常
準 之尹反 人潰 戶內反 撰具 仕眷反又仕轉反 分災 甫問反又如字 州
長 丁丈反 于犖 音洛又力角反 虛丘 起居反 要而 於遙反 爲魯
于僞反 重來 直用反 無厭 於鹽反 汶陽 音問 及費 音祕 萊蕪
音來 經二年大陽 音泰一音如字 見經 賢遍反 于貫 古亂反
貰城 市夜反又音世 傳二年屈產 求勿反又居勿反注同 之乘
繩證反注同 宮之奇 其宜反 懦 本又作燸乃亂反又乃貨反弱也字林偄音乃亂反㥜音讓夫反云

貰，市夜反，又音世【法】貰當言（榮芬案當作音）世爲正，市夜反乃俗讀也，詳《漢書·高紀》常從王媼武負貰酒顏注

懦，本又作燸，《字林》㥜音乃亂反，偄音讓丈反【法】燸阮刻《注疏》本作糯，殆誤，《集韻》作燸。丈盧改犬，是。阮校北宋本作夫

弱也强諫其良反又其丈反且少詩照反長於丁丈反暱之女乙反顛
軨音零伐鄍亡丁反坂音反以說音悅聚抄初教反又楚稍反強取物賄
故呼罪反惡貪烏路反故爲于僞反下同寺人如字又音侍寺人奄官名貂
音彫豎貂上主反擅貴時戰反漏洩息列反又以制反必易以豉反
五稔入甚反熟也掤伯乃甘反侵掠音亮經三年下丕
皮悲反僮縣音童廬江力居反涖盟音利又音類臨也
傳三年夏六戶雅反爲陽穀于僞反鄭難乃旦反于
囿音又菀也經四年于陘音刑召陵上照反傳皆同陳袁
袁陳大夫氏也本多作轅濤塗音桃與謀音預下同
傳四年所近附近之近大公音泰注同公薁音釋女竇音汝夾
輔古洽反舊古協反以夸苦瓜反無棣大計反齊竟音境下皆同

春秋音義之一　二十二　張清

不共音恭本亦作供下及注同以縮所六反裹束也音果菁茅子丁
反苞匭音軌本或作軌苞或作包巡守手又反而溺乃歷反水濱音賓
故復扶又反完乘繩證反注同是爲于僞反注同之好呼報反下及注
同謙稱尺證反僥福古堯反要也漢以爲池本或作漢水以爲池水衍字
葉縣始涉反以當丁浪反之費芳味反鄭菑音談申侯
見賢遍反資糧音良屝屨符費反草屨也齊侯說音悅以衮
古本反衮冕上公服斂力驗反不如依字讀或一音如據反其繇直救反兆辭也渝
羊朱反變也攘公如羊反除也之羭羊朱反美也一薰許云反香草也一
蕕音由臭草也易消以豉反卓吐濁反歸胙才故反祭之酒肉也姬
寘之豉反地墳扶粉反犬斃婢世反原款苦管反必辯
兵免反不樂音洛注同被此皮寄反又皮綺反縊于一賜反遂譖

六【法】六盧改四，是

如，或一音而據反【法】阮校北宋本、葉鈔本而作如

經五年惡用烏路反 杞伯姬來絕句來歸寧
朝其子猶言其子朝 越竟音境 自爲于僞反 復稱扶又反 軼
縣音大 言易以豉反 傳五年遂登觀古亂反注同 臺
以望絕句 而書本或作而書雲物非也 審別彼列反 重申直用反 爲二
公孚丁僞反下乃爲之請同 寘薪之豉反 譴讓弃戰反 焉用慎將虔反
尨莫江反又音蒙 茸如容反又音戎尨茸亂皃 適從丁歷反 及難乃旦反 寺
人披普皮反 不校音教 乃徇似俊反 踰垣音袁 其袪起魚反袂也
奔翟音狄 袂面世反 取焉七喻反本又作娶 美城之絕句 樓櫓
音魯 秋諸侯盟本或此下更有于首止三字非 撫女音汝 以輕遣政反下同
所喪息浪反 侯復扶又反六年經注同 輔車尺奢反牙車也 大伯音泰下及注同
之昭上饒反注同後昭穆放此 唯偪彼力反 吾享興兩反 遠聞音問反如字
春秋音義之一 壬三 吳玉
繄物烏兮反是也 所馮皮冰反下注同 晉使所吏反 不臘力盍反 童
謠音遥 不見賢遍反 均服如字同也字書作袀音同 振振音眞注同 鶉
之述春反又常倫反 賁賁音奔 焞焞他門反 傅說音悅 近日附近
之近 巳上時掌反 童齔初問反又恥問反毀齒也 嬉戲許宜反 或中丁仲反
夏之戶雅反下同 言易以豉反 經六年 傳六年
郤去逆反 芮如銳反 近秦附近之近 以見賢遍反 各罷扶罵反又扶買
反 宛縣於元反 衰絰七雷反下直結反注同 輿櫬於覲反棺也 爲質
如字一音置本又作贄音至 其縛如字舊扶臥反 而祓芳弗反徐音廢說文云除惡之祭也
經七年 不厭於鹽反傳同 寗母如字又音無注同 方輿音房下音預 泥
母乃麗反又音寗王奴兮反 傳七年 何憚徒旦反難也 難也乃旦
反此年及八年經傳並同 請下戶嫁反 朝不如字 知女音汝下皆同 疵瑕似斯反又

軼，音犬【法】盧刻軼改軼，犬改大，並是。阮校葉鈔本同

鶉，述春反，又常倫反【法】述春、常綸（榮芬案當作倫）分兩紐。再通考之

齔，初問反，又恥問反【法】二問字並疑吝之譌

櫬，於覲反【法】櫬他皆楚靳、初靳等音

疾務反 罪釁 許靳反，下文同 政狹 音洽 洩氏 息列反 去之 起呂反 不
奸 音干 共時 音恭，注同 釁隙 去逆反 覆亡 芳服反 替矣 他計反
雖復 扶又反 介於 音界 堵叔 丁古反，又音者 可間 間廁之間 惡大叔
烏路反，大音泰，叔又作州 經八年于洮 他刀反 未與 音預，下同 大
廟 音泰 與殺 音試 傳八年虢射 食亦反 期年
音基，本或作朞，注同 不祔 音附 茲父 音甫 目夷長 丁丈反
經九年御說 魚呂反，下音悅 不復 扶又反 殤 式長反 而笄 古兮反
之冠 古喚反 相比 毗志反 故重 直用反 不與 音預 傀諸 九委反
殺其君之子 上如字，又音弒，傳同，公羊音弒 傳九年之稱 尺證
反 一人劍 古堯反，又音昭 脩好 呼報反，下于好并注同 賜齊侯胙 才素
反 耋老 田節反，一音他結反 加勞 力報反 一級 音急，等也 咫尺 之氏反，八寸曰

春秋音義之一　二十四　吳玉

咫 顛隊 直類反，下同 以遺 于季反 先諸侯 悉薦反 復西 扶又
反，下不復會同 平鄭 普悲反 藐諸 妙小反，又云角反 縣藐 音玄 無猜
士才反，疑也 焉辟之 於虔反，下文焉能克同 之玷 丁簟反，又丁念反，缺也 令不及
魯 力政反，本又作命 今復 扶又反 重發 直用反 從夷吾 才用反 隰 音習
易出易入 並以豉反 不好 呼報反 長亦 丁丈反 不僭 子念反，下注同 鮮
不 息淺反 無好 呼報反，又如字 無惡 烏路反 宋治 直吏反
經十年雨雪 于付反 傳十年不篡 初患反 共大
子 音恭，大音泰，本亦作 故復 扶又反，下文及注同 畀秦 必利反，下注同 不歆 許金反，饗
也 西偏 匹綿反 遂不見 賢遍反，又如字 所馮 皮冰反 郤稱 尺證反，一
音如字 冷至 力丁反 七乘 繩證反 左行 戶郎反，下同 共華 音恭 騅
歂 音隹，下市專反 纍虎 力追反 山祁 巨之反，字林上尸反 背大 音倪 焉

叔，又作州【法】州盧改卝，是，阮校北宋本、葉本同

大廟，音太【法】太盧本作泰，阮校北宋本、葉鈔本同

騅，音佳【法】佳盧改隹，是，阮校葉鈔本同

能於虔反　經十一年踰闔音域門限也一音況城反
傳十一年內史過古禾反受玉惰徒卧反長丗直良反又丁丈反
揚拒俱宇反泉皐古刀反　經十二年陳侯杵臼
昌呂反下其九反　傳十二年之郛芳夫反狄難乃旦反下同
不共音恭焉能於虔反二守手又反注同始見賢遍反下同陪臣步回
反之使所吏反謂督音篤凱開在反本亦作愷悌音弟本亦作弟所勞
力報反注同凱樂音洛下同悌易以豉反下同勞力報反來力代反不
復扶又反　經十三年濮陽音卜　傳十三
年爲戎于僞反下注欲爲同難故乃旦反戎卒子忽反荐在薦反重
饑音飢又音機也乞糴直歷反重施式豉反下同自雍於用反秦國都
反絳古巷反晉國都況舟芳劒反河汾扶云反
春秋音義之一　二十三　徐宗
經十四年鄫子似陵反本或作繒侯肸許乙反
傳十四年澶淵市然反而還戶關反期年音基大咎
其九反幾亡音祈又音機背音佩後皆同施式豉反注及下除施毛十五年皆同安傳
音附　經十五年牡丘茂后反不復扶又反冬螽音終本亦
作螺中絕丁仲反又如字愎諫皮逼反己卯晦音悔于婁力侯反
下邳蒲悲反　傳十五年諸夏戶雅反下注同屬貫
君音燭詛無莊據反烝於之承反解梁音蟹注及下注同詰之
起吉反遇蠱音古千乘繩證反三去起居反又起據反一音起呂反下同不
孫音遜注同惡其烏路反小駟音四狡古卯反憤扶粉反張
脈中亮反注同下音麥僨興方問反動也三施式氏反年末注同可狃女九
反忕也時世反又時設反還濘乃定反泥也故隋大果反公號戶刀反又戶報反

注及下而施毛十五年皆同【法】阮校葉鈔本而作除，是也，謂除注中施毛之施讀平聲，其餘皆讀去聲也

忕【法】忕盧改從大，是

輅奏五嫁反迎也 拔舍蒲末反注皆同 厭息於冉反一音於甲反又於輒反下同
子甇於寅反 履薪如字徐本作屨九具反 抗絕苦浪反 荐之
在薦反 上下時掌反 絻服音問又作免音同 衰經七雷反下大結反
令行人力呈反下同 曰上天降災此凡四十一字檢古本皆無尋杜注亦不得有有是
後人加也 鄟縣音戶 焉用於虔反 以要於遙反 重其直用反下皆同
難任音壬注及下同 子縶張執反又丁立反 聚慝他得反後同 復相
息亮反 質其音置下注質秦同 祇以音支 史佚音逸 大史音泰 無
怙音戶 飴甥音怡 爰田于元反 孺子如喻反 喪君息浪反後注
輯睦音集又七入反 好我呼報反 惡我烏路反 衆說音悅 州
長丁丈反下長男同 之睽苦圭反又音圭 其繇直又反 士刲苦圭反刺割也
無衁音荒血也 承筐曲方反 無貺音況本亦作況 無應應對之應下無

春秋音義之一　二十六　徐宗

應同 中女丁仲反 鄭責側介反又如字 可償市亮反又音常 相息亮反注同助
也 爲嬴音盈 車說吐活反注同 其輹音福又音服案車旁著畐音福老子所云
三十輻共一轂是也車旁著复音服是車下伏菟 下縛如字又扶臥反 寇難乃旦反 之
警音景 姪其待結反字林丈一反 其逋補吴反 之虛去魚反 王相
于況反下息亮反 講虛本又作構各依字讀 此夫音扶 先君之敗德及
絕句 可數乎一讀又可數乎數則音色主反 雖復扶又反下同 之孽魚列反
傳尊本反 沓徒合反 有邪似嗟反 以風方鳳反 知達音智 不憚
徒旦反 而舍如字又音捨 言還音環 饋七其位反 蛾魚綺反本或作蟻一音五
何反 晳本或作析星歷反 盍行戶臘反 焉入於虔反 又饟許氣反

經典釋文卷第十五 經四千一百六十七字 注八千五百一十六字

甇，於寅反【法】寅盧改耕，阮校北宋本作庚

此凡四十七字【法】七盧改二，是

縶，張執反，又丁立反【法】丁立即張執之類隔，並非異讀，疑有誤字

責，側介反【法】《集韻》收此責於臻部緇詵（榮芬案當作詵）紐內，殆所據本側介爲側人耶

晳，本或作析，又星歷反【法】晳、析本星歷反，云又未詳

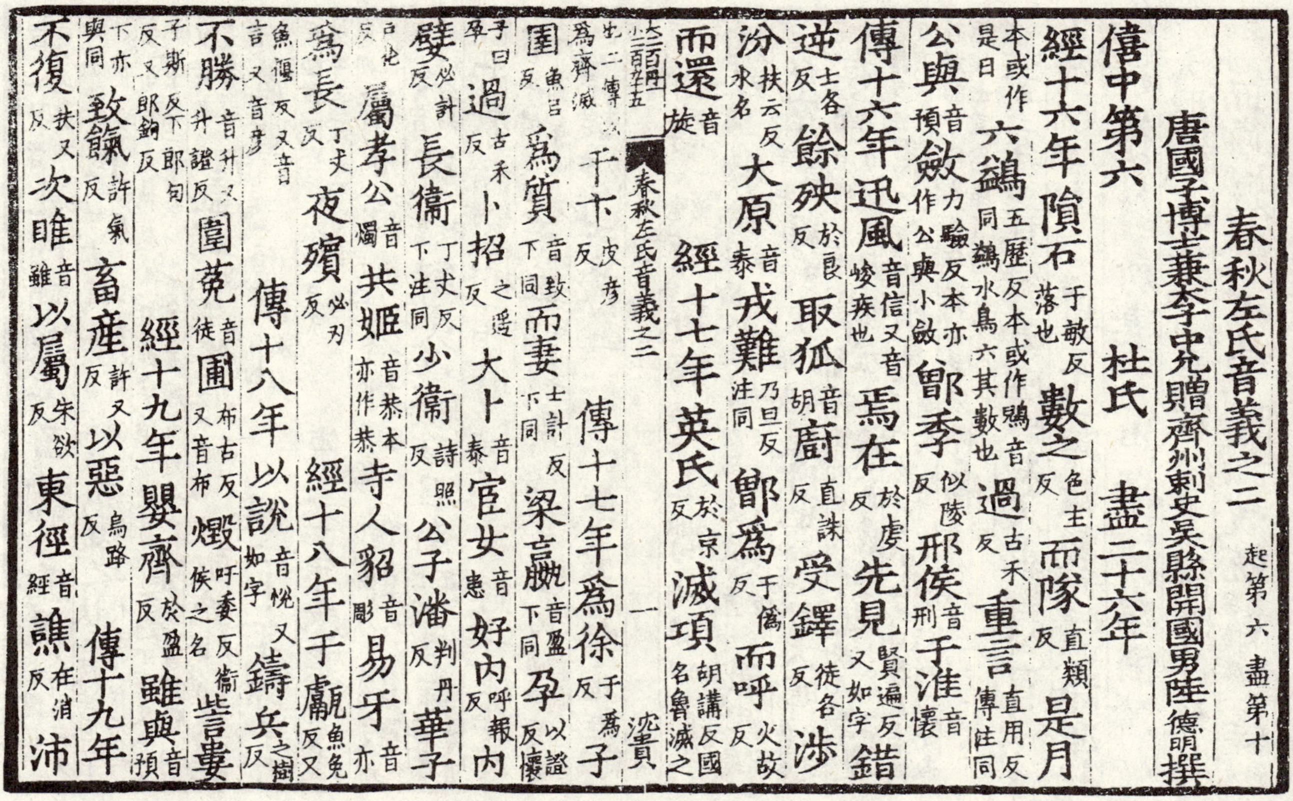

春秋左氏音義之二　起第六盡第十

唐國子博士兼太子中允贈齊州刺史吳縣開國男陸德明撰

僖中第六　杜氏　盡二十六年

經十六年隕石于敏反落也數之色主反而隊直類反是月本或作是日六鷁五歷反本或作鶂音同鷁水鳥六其數也過古禾反重言直用反傳注同公與音預斂力驗反本亦作歛公與小斂鄫季似陵反邢侯音刑于淮音懷

傳十六年迅風音信又音峻疾也焉在於虔反先見賢遍反又如字錯逆七各反餘殃於良反取狐音胡廚直誅反受鐸徒各反涉汾扶云反水名大原音泰戎難乃旦反注同鄫爲于僞反而呼火故反而還音旋

經十七年英氏於京反滅項胡講反國名魯滅之

大二百四　小二百六十五　春秋左氏音義之二　一　濟貫

出二傳注爲齊滅于卞皮彥反

傳十七年爲徐于爲反子圉魚呂反爲質音致下同而妻七計反下同梁嬴音盈下同孕以證反懷子曰卒過古禾反卜招之遙反大卜音泰宦女音患好內呼報反內嬖必計反長衛丁丈反下注同少衛詩照反公子潘判丹反華子曰也反屬孝公音燭共姬音恭本亦作恭寺人貂音彫易牙音亦爲長丁丈反夜殯必刃反

經十八年于甗魚免反又魚偃反又音言又音彥

傳十八年以說音悅又如字鑄兵之樹反不勝音升又升證反臺菟音徒圃布古反又音布燬吁委反衛侯之名訾婁子斯反下郎句反又郎鉤反

經十九年嬰齊於盈反雖與音預下亦與同致餼許氣反畜產許又反以惡烏路反

傳十九年不復扶又反次睢音雖以屬朱欲反東徑音經譙在消反沛

法偉堂經典釋文校記遺稿卷十六　春秋左氏音義之二

清法偉堂著　邵榮芬編校

爲長，丁丈反【法】丁丈盧改于僞，是

勝，音升，又升證反【法】升證盧改尺證，非

音貝入泗音四杜祠音辭或音祠六畜許又反注同爲用于僞反下爲人目又
如字注放此伯長丁丈反不降戶江反下同而復之扶又反注同一本作而復伐之伐衍
字也因壘力軌反軍壘以御如字治也詩音五嫁反迎也適妻丁歷反本或作嫡大
姒音泰下音似盍姑胡臘反脩好呼報反下同亟城欺冀反民罷
音皮溝塹七豔反而潰戶內反經二十年郜子古報
反姬姓國字林工空反入滑于八反傳二十年啓塞素則反洩
息列反堵寇丁古反王又音者爲邢于僞反衛難乃旦反鬭穀奴口
反於音烏菟音徒鮮矣息淺反下同召南上照反早莫音暮本亦
作暮汙辱汙穢之汙一音烏路反相時息亮反經二十一年爲
邢于僞反下爲邢同于盂音于揔見賢遍反須句其俱反傳同獻
軒建反捷在接反于薄如字傳二十一年巫尫烏黃
大一百今二　小二百五五　春秋左氏音義之二　二　吕貝
反祈禱丁老反或丁報反瘠病在亦反上嚮許亮反本亦作向故
爲于僞反貶食彼撿反省用所景反以懲直升反戰泓烏宏
反任宿音王注同顓音專臾羊朱反風姓也本或作皆風姓大皞音泰下胡
老反存濟子禮反注及下注同伏戲許宜反本或作犧又作犧封近附近之近諸夏
戶雅反注及下同爲之于僞反猾夏于八反亂也叔孫豹百教反案杜注所引是叔
孫婼語今傳本多作豹恐是傳寫誤也宜爲婼音勑若反紓禍音舒解也
經二十二年之比必二反升陘音刑邾人縣音玄公冑直救反
主帥所類反傳二十二年被髮皮寄反下注同陸渾戶門
反一音胡困反爲質音致所妻七計反巾櫛側乙反卑稱尺證反下之稱
同大叔音泰注同協比毗志反焉能於虔反土說音悅仲孫湫
子小反而御魚呂反本亦作禦可易以豉反下同兢兢居陵反本或作矜蠭芳容

汙，汙穢之汙，一音烏路反【法】烏路反非異讀，再考

兢兢，居陵反，本或作矜【法】阮云：北宋本、葉鈔本作矜矜

反本又作𧔢俗作蝰皆同 蠆 敕邁反一音敕戒反字林作蠆丑介反又他割反 登陘 本亦作升陘

縣諸 音玄 堄 丁侯反 鍪 莫侯反 既陳 直覲反 殲焉 將廉反盡也

皆咎 其九反 不重 直用反下同 阻隘 於賣反 勍敵 其京反強也 胡

耇 音苟 為利 于僞反 鼓儳 仕銜反又仕減反儳巖也 整陳 直覲反一音如

字 芊 彌爾反楚姓也 勞楚子 力報反 柯澤 音哥 師縉 音晉 俘

芳扶反囚也、 馘 古獲反戰所獲 踰閾 音域一音況域反門限 爾近 如字又附近之近下同

為鄭 于僞反 叔詹 章廉反 不歿 門忽反 卒於 子恤反 無別

彼列反下同 城濮 音卜 所殺 音試 經二十三年 圍緡

亡巾反 絀稱 本又作黜敕律反 傳二十三年 不與 音預 復召

扶又反下不復成嫁同 焦夷 子消反 遂呂臣 為被反 不任 音壬 以靖

音靜 其人能靖者與 音餘絕句 有幾 居豈反 重耳 直龍反 期

小四大ㄗ七十 春秋左氏音義之二 三 何

期 上如字下音基下亦作朞下注未期亦音基 從重耳 才用反後皆同 委質 如字 乃

辟 婢亦反注同罪也 蚤膝 辛七反 不濫 力暫反 以呈 敕景反本或作逞 已

見 賢遍反 重發 直用反下重詳同 又為 于僞反又如字 於難 乃旦反 而

校 音教報也 趙衰 初危反 顛頡 戶結反 魏犫 尺由反 臼季 其久

反 賈佗 徒河反 廧 在良反 咎 古刀反 叔隗 五罪反 伯儵 直由反本又作

儵 音同 妻趙 七計反下同 生盾 徒本反 請待子 絕句 之塊 苦對反又苦怪

反 二十乘 繩證反注及下皆同 寘敗 必邁反 醒 星頂反 曹共公 音恭

聞其駢 薄賢反 脅 絕句許業反駢脅合幹也說文云駢脅并也廣雅云脅幹謂之肋通俗云

腋下謂之脅 欲觀 如字絕句一讀至裸字絕句 裸 力果反又戶化反 浴 音欲 薄而

如字迫也國語云薄簾也 合幹 古旦反 負羈 紀宜反 相國 息亮反下及注同 子

盍 戶臘反 蚤自 音早 自別 彼列反 乃饋 其貴反遺也 盤飱

俘，芳扶反【法】阮云：葉鈔本扶作夫

馘，戰所獲【法】戰所獲阮云：北宋本、葉鈔本獲下有截耳二字

犫，尺油反【法】油盧改由，阮校北宋本同

脅，《說文》云：駢脅并也【法】脅并盧依《說文》改作并脅，詳《考證》。案《疏》引《說文》作駢脅并幹也，則此乃并字下脫幹字耳

飱【法】飱當作飧

音孫說文云餔也字林云水澆飯也　寘辟之豉反　竟外音境　令人力呈反　不
蕃音煩注同息也　而從之如字一音才用反　同儕仕皆反等也　其過王古禾反
鞭弭莫爾反弓末也爾雅云弓有緣者謂之弓無緣者謂之弭　右屬音燭注同　櫜古力
反受箭器　鞬九言反弓衣　無緣悅絹反　惡之烏路反　大咎其九反　與
焉音預　奉芳勇反　匜以支反一音以紙反器名也說文云似羹魁柄中有道可注水　沃盥
古緩反　揮之許韋反　湔也音箭又音牋　一去上服起呂反　自
拘音拘　如衰初危反下同　見意賢遍反　斷章丁緩反　一級音急
經二十四年　蔽於必世反　之難乃旦反　傳二十四年
羈紀宜反說文云馬絡頭也　絏息列反馬繮也說文云係也　從君才用反又如字　馬
繮居良反　璬日古了反　質信音致　令狐力丁反　臼衰初危反　解
縣戶買反　盧柳力居反下力九反　公子縶張立反　于郇音荀　畐
又丁六當圭　春秋左氏音義之二　四　建
彼力反　為文于僞反　而殺音試又如字　寺人披普皮反本又作侍人披　請
見賢遍反　女郎至音汝下皆同　田渭音謂水名　濱音賓　女為于僞反
女中宿丁仲反下注中鈞同一本作女中宿至　夫袪起魚反　衣袂彌制反　及
難乃旦反下及注同　置射食亦反注同　仲相息亮反　行者甚衆本一
作甚其　未輯音集又七入反本亦作集　秦卒子忽反　共之音恭本亦作供　之豎
上注反左右小使也　守藏才浪反下同　里鳧須房孚反韓詩外傳云晉文公云過曹里鳧
須從因盜重耳資而亡重耳無糧餒不能行介子推割股以食重耳然後能行　盡用律忍反　求見
賢遍反下得見同　心覆芳服反下同　之守手又反又如字　懼者其衆矣
本或作甚衆矣　公遽其據反　妻趙七計反　屏括步丁反下古活反　為嫡
本亦作適丁歷反注同　下之遐嫁反下同　從亡才用反　介音界　之推昌誰反　盍
亦戶臘反　誰懟直類反怨也　欲令力呈反　焉用於虔反　與女音汝

絏，《說文》云：繫也【法】阮云：繫北宋本、葉鈔本作係。案《說文》紲，系也，此亦唐人避諱所改

俞彌羊朱反下亡皮反 爲滑子偽反 不聽吐定反 而執二子本或作而
執其二子其衍字也 大上音泰 以蕃方元反 郕霍音成 毛聃乃甘反 郜
雍於用反注同 酆音風 郇音荀 邘音于 凡蔣將丈反 邢茅亡交反
胙才故反下注祭胙同 祭側界反 召穆上照反注同 糾合居黝反收也 常
棣丈計反字林天內反 鄂五各反 不方九反 韡韡韋鬼反 鬩于呼歷反爭
訟皃毛詩傳云很也 外禦魚呂反下同 其侮亡甫反詩作務 訟爭爭鬬之爭本又作諍
外扞戶旦反 暱近女乙反親也 即聾鹿工反 從昧音妹 用嚚
魚巾反 堵叔丁古反又音者 不別彼列反 又渝羊朱反變也 頹叔徒回反
桃叔如字本或作姚亦宜音桃 取櫟力狄反 施者如字注同 未厭於豔反又於鹽
反 貪惏力南反方言云殺人而取其財曰惏 近之附近之近 遠之于万反 王替
他計反 坎欿苦感反下大感反 鞏縣九勇反 于汜音凡後皆同 好聚

大一百八十七 小四〇七字 春秋左氏音義之二 五 耕

呼報反 鷸冠尹橘反翠鳥也 惡之烏路反注同 不衷音忠適也一音丁仲反注
同 彼已音記 不稱尺證反注及下同 刺小人七賜反 子臧之及一本
作之 也夫音扶 自詒以支反遺也 詒遺唯季反下同 夏書戶雅反後夏書
皆放此 其施始豉反 膰焉符袁反祭肉也周禮又作燔字音義皆同 享宋公有
加絕句 禮也一本無也字讀則揔爲一句 告難乃旦反下同 守官手又反注及下同
左鄢父於晚反 將鉏仕居反 後聽吐定反 經二十五
年 侯燬況委反 惡其烏路反 自爲于偽反 越竟音境 于
洮吐刀反 傳二十五年 掖以音亦說文云以手持人臂曰掖 惡其
烏路反 文侯仇音求 下卑遐嫁反 隰城音習 享醴音禮 之宥
音又助也 請隧音遂闕地通路曰隧今之延道 闕地其月反 皆縣音玄 柩其又
反 所惡烏路反 欑茅才官反 呼曰火故反 其俘芳夫反 伐鄀

酆，音風【法】風當作豐

訟爭【法】阮云：北宋本、葉鈔本、盧文弨本訟爭作爭訟，是也

桃子【法】阮云：北宋本、葉鈔本子作叔

柩，其久反【法】其久盧據《三十三年》改爲其救，阮校北宋本作其又，而又以盧改爲誤，謂陸於此自讀上聲，而於彼自讀去聲云。偉案阮說殊含混，本書柩字本有上、去兩讀，終以去聲爲正。偉疑其久皆其又之誤，《集韻》有部收柩，則亦據誤本耳

音若國名字林云楚邑楮斫反欒寇魚呂反屯兵徒門反援于眷反秦人
過古卧反王音戈析星歷反俗作拼隈烏回反而係音計輿人音餘而傳
音附注同之處昌慮反欲令力呈反搵地其勿反又其月反本又作䦈其月反乃降
注江反後除注降名皆同不復扶又反爲頓千偶反諜出音牒諜間間厠
之間所庇必利反又音秘伯貫古亂反狐溱側巾反之好呼報反注同
酈之力知反原守手又反勃鞮步忽反下丁兮反壺飧音孫從
才用反舊如字徑古定反行也一讀以壺飧從絶句讀徑爲經連下句乘於杜意餒而奴罪反餓也披
普皮反經二十六年于向舒亮反至巂本又作酅戶圭反注同
同一音似轉反魯竟音境傳同滅夔求龜反秭歸音姊圍緡士巾反
傳二十六年茲丕普悲反犒師苦報反勞也勞齊力報反下文同王
趾音止足也恐乎丘勇反下及注皆同縣罄音玄罄同罄亦作磬盡也大公音泰下及

括　春秋左氏音義之二　六　柳

注同夾輔古洽反舊古協反彌縫扶容反副使所吏反而道音導祝
融余忠反鬻熊音育熊摯音至自竄七亂反字林又千外反適
子丁歷反二十乘繩證反左右並如字寘桓之豉反魯援
于眷反
僖下第七　杜氏　盡三十三年
經二十七年有好呼報反與盟音預　傳二十七年
不共音恭本亦作恭下注同責禮也本或作責無禮者非於睽苦圭反又音圭終
朝如字注同不戮音六復治扶又反於蔿于委反貫三人音官
又古亂反飲之於鴆反伯嬴音盈幼少詩照反下同傳政直專反幾何
居豈反三百乘繩證反下同先軫之忍反報施式豉反注同蒐于
所求反被廬皮義反下力居反元帥所類反注同郤縠本又作縠同胡木反臣

飱,音孫【法】飱盧改飧,是

巂,一音似轉反【法】似字誤從爲邪

竄,《字林》又于外反【法】于盧改千,阮校葉鈔本同

亟欺冀反數也　說禮音悅　將中子面反下將上將下皆同　郤溱側巾反　欒
枝魯官反　中行戶朗反　少長丁丈反　執秩直乙反
經二十八年　刺之七賜反殺也　子叢似東反　不枉紆往反　畀
宋必利反與也注同　譎而古穴反　城濮音卜　小子憖魚覲反　不與音預
踐土似淺反上如字或一音杜　同歃所洽反本又作喢　元咺況晚反　雖爲于僞反下
爲其同　訟訴本又作愬蘇路反　陳共音恭下共公同　狩于本又作守音同　比
再如字王俾利反　侯孺乃侯反　傳二十八年　汲郡音急
將中子匠反注同　胥臣思徐反　斂盂徐音廉又力檢反盂音于　以說于
晉音悅或如字　以說焉如字王音悅　磔張宅反　輿人音餘衆也　爲將
如字又于僞反　兇懼凶勇反　恐懼丘勇反　棺而古患反一音官　乘軒許言
反大夫車　報施始豉反注同　報飧音孫　顛頡戶結反　從亡才用反
[illegible]　春秋左氏音義之二　七　[illegible]
爇如悅反燒也　見賢遍反　使者所吏反　距音巨　躍羊略反　三百上如
字又息暫反百音陌勸也下放此　跳踊徒彫反　猶勸音邁　乃舍如字又音捨下同
以徇似俊反　門尹般音班　舍我音捨　藉之在亦反借也　使爲于僞
反　公說音悅　以畀必利反　允當丁浪反　過分扶問反　伯棼扶云
反王扶粉反　以間間廁之間注同　讒慝吐得反　乘入繩證反　西廣古曠
反注同　六卒子忽反注同　宛春於元反又於阮反　出竟音景　三施始豉反
公說音悅　乃拘音俱　過楚古禾反　背惠音佩下及注同　以亢苦浪反當
也　崔夭於表反　背酇戶圭反丘陵險阻名也　毐毐亡回反又梅對反　舍
其音捨　子搏音博手搏也　而盬音古唼也　其腦乃老反　唼也子荅反又所荅
反又子甲反　上嚮許亮反下同或作向　君馮皮冰反　軾音式　得臣與音預　寓
目音遇寄也　爲大夫于僞反　令戒力呈反　車乘繩證反下注皆同　詰起吉

叢，似東反【法】似東反誤，他處皆才公反。此混從爲邪也

踐，似淺反【法】踐亦誤從爲邪

爇，如悅反【法】阮云：北宋本、葉鈔本、盧本爇作爇，是

反朝如字注同詰朝平旦將見如字又賢遍反韅許見反王又去見反在背曰韅說文作𩋾云著掖皮
靷以刃反在胷曰靷說文云軸也鞅於杖反在腹曰鞅說文云頸皮也靽音半在後曰半一云縶也
在背如字有莘所巾反之虛丘魚反少詩照反注同長丁丈反注同
攻如字又音貢陳于直覲反六卒子忽反下同將中軍子匠反下及注同
師潰戶內反二旆蒲貝反僑遁徒困反夾攻古洽反又音頰衡
雍於用反卷縣音權又丘權反往勞力報反故爲于僞反下丈同鄉
役許亮反本又作鄉同屬也猶屬音燭四音駟介音界被甲皮義反步
卒子忽反傅相息亮反大輅音路彤弓徒冬反赤弓玈弓音盧
黑弓也本或作旅字非也矢千本或作旅弓十旅矢千後人專輒加也秬音巨黑黍也鬯勑亮
反香酒也一卣音酉又音由器名爾雅云卣中尊也虎賁音奔糾逖勑歷反遠反王
慝他得反惡也三辭息暫反又如字後例放此丕顯普悲反大也休命許虯
小四千六十　大一千五十七　春秋左氏音義之三　八
反注同美也三見賢遍反使攝君事並如字或讀連上奉字爲句使音所吏反非也
別於彼列反皆辨將丈反助也有渝羊朱反變也殛之紀力反本又作
極誅也下是糾是殛同畀必爾反本亦作俾使也隊其直類反隕也祚國才故反隊
隕于敏反德攻如字一音公送反瓊求營反說文云赤玉玣皮彥反本又作弁會
弁本又作璯古外反又戶外反先戰如字又悉薦反畀余必利反與也賜女音汝
之麋亡皮反水草交曰麋宋藪素口反剛愎皮逼反糞土弗問反盡
心盡力並津忍反皆從如字又才用反荅王使所吏反下前使同欲令
力呈反連轂胡木反縊而一賜反一音於計反縣絕音玄屬文音燭喜
見賢遍反從公才用反又如字入守手又反故聽吐丁反宛濮於阮
反甯渝羊朱反近濮附近之近其衷音忠或丁仲反下同誰扞戶旦反
牧圉音目養牛曰牧養馬曰圉先期悉薦反長牂子郎反使也所吏反

靷，《說文》云：軸也【法】軸也上盧據《說文》增引字○鞅，《說文》云：頸皮
也【法】頸皮也盧云：本書作頸靼也
陳，直靳反【法】靳盧本作覲，阮校葉鈔本同

歂犬市專反 華仲戶化反又如字 射而食亦反下法同 柅之支鳩反注同

左旃章然反通帛曰旃爾雅云因章曰旃 祁瞞莫干反 奸命音干 茅茷扶發

反 之僑其驕反 旅凱開在反 樂也音洛 授馘古獲反 授數色主

反 鍼莊其廉反 爲坐如字或一音才臥反 長吏丁丈反 吏卒子忽

反 刖鍼音月又五割反 寘諸之豉反 納槖音託衣槖也 饘之然反糜也

幽隘於賣反 衣囊乃郎反 糜也亡皮反 子適丁歷反 諸侯

見賢遍反 之殺音試 泄冶息列反下音也 危疑如字一本危作僞音九委反 爲

解戶賣反又古買反 振鐸待洛反 正邪似嗟反 舍此音捨 公說

音悅 三行戶郎反下反注同 將中行子匠反 屠擊音徒 古狄反又音計 先

蔑亡結反 今復扶又反 經二十九年 介音戒國名 黚巨廉

反又音琴 陬子侯反又側留反 翟泉直歷反 大倉音泰 大雨于付反傳同 雹

大百九十七 小三百六十三 春秋左氏音義之二 九

蒲學反 傳二十九年 昌衍以善反 饋之其媿反 芻

米初俱反 陳轅音袁 濤塗音桃 小子慭魚覲反 向戌式亭反

輯睦音集又七入反 以瀆徒木反 上敵時掌反又如字 公與音預 重發

直用反 復來扶又反 燕好呼報反注同 三犧許宜反

經三十年 魯爲于僞反 函陵音咸 氾南音凡傳同 兼冢宰

如字又經念反 傳三十年 狄閒閒廁之閒 醫衍以善反 酖衛

侯 公爲于僞反注同 十瑴音角 同好呼報反 周歂市專反 冶音也

廑音覲又音謹人名也漢書音義云古勤字也鄭氏音勤 子適丁歷反 過鄭古禾反

佚之狐音逸 夜縋丈僞反 縣城音玄 焉用於虔反下焉取之同 陪鄰

蒲回反益也 若舍音捨又如字 共其音恭本亦作供 使人所吏反 朝濟上如字注

同 設版音板 言背音佩 何厭於鹽反 封疆居長反 伯說音悅

饘，之然反，糜也～糜，亡皮反【法】二糜字並當作麋，若作麋（榮芬案當作糜），不得音亡皮反

泄，息例反【法】例盧本作列，是。阮校葉鈔本同

蔑，立結反【法】立盧本作亡，阮校北宋本同

大倉，音泰【法】音泰阮校北宋本、葉鈔本作音蒼，殆誤

縋，文僞反【法】文盧改丈，是〇倍鄰【法】阮云：北宋本、葉鈔本倍作陪，是

反爲于僞反微夫人音扶注同不知音智無與音預周公閱音悦
昌歜在感反昌蒲菹菹莊居反熬稻五刀反經三十一年
分野扶問反自爲于僞反狄難乃旦反顓音專頊許玉反之虛
起魚反傳三十一年竟界音境重館直龍反注同方
與音房下音預自洮吐刀反東傳音附盡曹津忍反樂安音洛
三行戶郎反軍帥所類反卜曰三百年曰音越或人實反非也相
奪息亮反注及下皆同夏后戶雅反下同不歆許金反以間間廁之間惡
公子烏路反下同經三十二年伯捷在接反廬力於反帳
張亮反傳三十二年交使所吏反窆棺彼驗反一本作塗
柩有其救反禮云在牀曰尸在棺曰柩牛呴呼口反過古禾反又古卧反軼我
直結反又音逸籥也餘若反蹇叔紀輦反悖心必內反孟子本或作孟
大百八十八 小三百五十六 春秋左氏音義之二 十 余
兮中壽音授又如字木拱九勇反合手曰拱與師音預於殽本又
作崤戶交反劉昌宗音豪澠池縣善反又縣忍反夏后戶雅反注同皐古刀反所
辟音避南谷古木反又音欲相歎許金反又音欽本或作嵁力含反惡其烏路
反爲明于僞反經三十三年背喪音佩掎之居綺
反同陳直覲反訾子斯反隕霜于敏反傳三十三
年免冑直救反堄丁侯反鍪亡侯反大將子匠反超乘繩證
反下及注皆同師輕遣政反下同則脫他活反易也脫易以豉反先牛
悉薦反注又以先之同犒師苦報反行賈音古獻遺唯季反步師
步猶行也從者才用反下同不腆他典反厚也爲從于僞反下爲吾子同之積
子賜反注同使遽其據反傳也傳車張戀反秣馬音末穀馬也説文作
䬴云食馬穀也餼牽許氣反性腥曰餼性生曰牽原圃布古反其麋亡悲

昌蒲菹【法】阮云：北宋本、葉鈔本菹作葅

行，戶郎反【法】郭盧改郎，是，阮校北宋本、葉本同

反以間閑廁之間令敝力呈反郊勞力報反注同贈賄呼罪反
審當丁浪反又如字天奉扶用反與也注及下同可縱子用反下同秦施
始豉反注及下同一曰縱子用反數世所主反背君音佩墨衰七雷
反經直結反萊駒音來文嬴音盈三帥所類反注同所妻七司反
適母丁歷反不厭於豔反又於鹽反就戮音六以逞勑領反而拘
音俱猶卒子忽反隳軍許規反毀也而長丁丈反而唾他卧反左
驂七南反以纍律追反繫也釁鼓許覲反鄉師許亮反不
替他計反一眚所景反過也掩大德於檢反復伐扶又反及箕
音基別種章勇反臼季其九反使所吏反過冀古禾反又古卧反缺
耨乃豆反鉏田也饁之于輒反字林于劫反野饋也鉏也仕居反本又作鋤野饋
其位反冀芮如銳反欲殺音試或如字殛紀力反誅也鯀古本反禹父也

春秋左氏音義之二　十二

實相息亮反不共音恭采葑芳逢反采菲芳匪反先且居
子余反將中軍子匠反復與扶又反重也又音服還也軍行戶剛反桔
戶結反柣大結反覆于芳服反注同之汪烏黃反池也髡苦門反屯
徒門反斂而力豔反鄶城古外反夾古洽反一音古協反泜音雉又直里反王又徒死
反東徑音經而陳直覲反注同紓我音舒緩也一音直呂反費財芳味
反遁矣徒困反簡編必連反又布千反倒錯丁老反而祔音附以
上時掌反烝之承反嘗禘天計反
文上文公名興僖公子母聲姜謚法慈惠愛民曰文忠信接禮曰文第八　杜氏　盡十年
經元年來錫星歷反其比必利反例也又如字喪邑息浪反君
頵憂倫反又丘倫反傳元年能相息亮反見其賢遍反下
注孤見同食子音嗣注同難也乃多反又如字供俱用反養余亮反期之日

間，間側之間【法】《注疏》作閒，音閑，《注》同。案注云今敝邑閒暇若何，則音閑是也，此作間厠之間恐誤

一日縱【法】可縱條既云下同，一日縱一條不宜再出

卒，子忽反【法】子盧改寸，是

難，乃多反【法】多《注疏》本作旦。案作多是也，《文七年傳》注音同

居其反碁同不愆起虔反不悖必内反毛伯衛來錫公命
一本作王使又一本作天王使緜訾子斯反新汲居及反諒闇音良又音亮且
居子余反陳共音恭更代古孟反又音庚大甚音泰又如字彊戚居良
反注同尚少詩照反下文同蠭目本又作蜂芳逢反豺聲仕皆反江芈
亡氏反杜云江芈成王妹史記以爲成王妾曰呼好賀反發聲注同役夫如字役夫賤者稱者
稱尺證反殺女音汝大事謂弑君申志反一本無此注宮卒子忽反
從子玉如字又才用反熊蹯音煩掌也不瞑亡丁反又亡千反末斂力驗反
大師音泰而環如字又音患舊好呼報反下及注同要結於遥反外援
于眷反秦帥所類反芮良夫如銳反之詩大雅桑柔篇有隧音遂
道也敗類必邁反注同蹊音兮徑古定反誦言似用反惛亂音昏本亦
作惛覆芳服反畀必爾反本亦作俾注同復使扶又反經二年
春秋左氏音義之二 十二
彭衙音牙不見賢遍反郤陽戶納反族去起呂反嘗稱尺證
反猒不於涉反士穀戶木反本又作穀同垂隴力勇反有收如字又手又反
大廟音泰注及傳大廟同躋僖子兮反升也廟坐才卧反又如字玄纁許云反
傳二年禦魚呂反將中子匠反趙衰初危反郤溱側巾反
鞫居九六反故蚩尺之反因呼火故反狼瞫尺甚反字林式衽反公乘
繩證反盍死戶臘反死處昌慮反與女音汝爲難乃旦反共用
音恭注同不得復扶又反旣陳直覲反遄市專反疾也沮在汝反止也王
赫火百反重施式豉反必辟音避毋念音無注同以猒於涉反注同猒
也士蔿于委反書士穀本或作書曰晉士穀爲衛于僞反令居
力呈反閔上時掌反一本無上字夏父戶雅反昭穆上遥反後昭穆之例放此又
長丁丈反年少詩照反不先悉薦反下不先皆同先鯀古本反禹父先

鞫，九六反【法】鞫阮校北宋、葉鈔本作鞠○嗤，尺之反【法】嗤阮校北宋本作蚩

閔上，時掌反，一本無上字【法】上盧改閔，是，阮引顧廣圻說非

契息列反殷始封之君 不窋知律反不窋后稷之子 不肖悉召反 匪解佳賣
反 不忒他得反差二也 邶風音佩 不知音智下同 塞關悉再反 販
席甫万反 藻梲章悅反 祀爰居爰居海鳥也爾雅一名雜縣樊光云似鳳皇爰居事
見國語莊子云魯侯御而觴之于廟 公子成音城本或作戍音恤 轅選息究反 取汪
烏黃反 爲穆公于僞反 好舅呼報反注同 娶七注反 元妃芳非反
粢盛音咨下音成 適夫人丁歷反 共祭音恭
經三年伐沈尸甚反 沈潰戶內反 平輿音餘音預 爲赴于僞
反又如字本或作來赴 雨于付反注及傳同 螽音終 而惰徒火反傳注同 天祐音又
傳三年輕走如字又遣政反 逃竄七亂反 爲衛于僞反 大陽
音泰 不解佳賣反下同 采蘩音煩 于沼之紹反 于沚音止 以共
音恭 詒厥以之反 詒遺唯季反下同 隊而直類反 之帥所類反 兵
大百七十七 小三百八十二 春秋音義之三 一三 徐
解音蟹又佳買反 菁菁子丁反 者莪五多反 樂且音洛下文何樂小國之樂
同 還上時掌反又如字 嘉樂戶嫁反下如字注同 經四年甯
俞羊朱反 祔姑音附 傳四年而壞音怪 圍邧顧晥
反音元 爲之于僞反下文注爲賊爲哥皆同 去盛起呂反 饌仕眷反 不矜居陵
反 爰究音救謀也 爰度待洛反亦謀也注同 湛露直減反 彤弓徒冬
反 肄業以二反習也注同依字作肄 詳不音陽一音祥 宴樂音洛下注宴樂
同 不睎音希 所愾苦愛反恨怒也 玈弓音盧 以覺音角 舊好
呼報反 辱貺音況 取戾力計反罪也 經五年歸含
本亦作含戶暗反口實也珠玉曰唅說文作琀云送終口中玉 且賵芳鳳反車馬曰賵 召伯
上照反 入鄀音若 盧江力居反 傳五年公子燮息協
反 臧蔘音了字或作鄝音同 皋陶音遙 甯嬴音盈 沈漸似廉

與，音餘【法】阮云：北宋本、葉鈔本與作輿

佯，音陽，一音祥【法】佯阮校北宋本、葉鈔本作詳

反任同 濡溺一本作濡弱 元爽苦浪反 其行下孟反 其難乃旦
反 軍帥所類反下同 蒐于所求反 經六年 侯驪奐官
反 卿共音恭 狐射姑音亦一音夜 不告月月或作朔誤也 故闕不告
朔本或作苦月 傳六年舍二軍音捨注同 軍帥所類反下
同 將中子匠反 趙盾徒本反 過溫古禾反 當也丁浪反 碑
獄婢亦反後同著更不音 逋逃補吾反 舊洿音烏本又作汙同 大傅音泰
下同 賈佗徒何反 從文公才用反 求好呼報反 且娶七住反 越
竟音境 自爲于僞反 任好音壬 子車氏音居 中行音仲本亦
作仲下戶郎反 鍼虎其廉反 爲殉似俊反殺人從死曰殉字林弋絹反 爲之賦
于僞反下注爲立聲教爲作善言同 猶詒以之反 殄瘁似醉反病也 王者如字
一音于況反 聖知音智 分之扶問反注同 話言戶快反善也 度量音亮
大百八十五小三百七十六 春秋音義之三 十四 徐
引道音導下同 以遺唯季反 不復扶又反注同 焉用於虔反 從
者才用反 卒得寸忽反 三思息暫反 公少詩照反注同 以難乃旦反注
及下皆同 長君丁丈反下皆同 好善呼報反下皆同 且近附近之近 必杼直呂反又
時呂反除也 公子樂音岳一音洛 嬖於必計反 辟也匹亦反又作僻下同 社祁
巨之反 讓偪彼力反 姞其吉反又其乙反 季隗五罪也 故復扶又反下將復怨
反 亞卿於嫁反 諸郫婢支反 軍帥所類反下命帥同 使臾羊朱反 駢
蒲賢反又蒲丁反 其帑音奴妻子也 欲盡津忍反 介人音戒因也 非知
音智 帥扞戶旦反 諸竟音境 爲民如字治也或于僞反非也
經七年 須句其俱反 郲復扶又反 易也以豉反 城郚音吾
郲難乃旦反 王臣如字往方反本或作王臣 令狐力呈反 殷適丁歷反本亦作
嫡 諱背音佩 于扈音戶 卷縣音權又丘權反 分別彼列反 書將

瘁，似醉反【法】瘁音誤從爲邪

抒，直呂反，又時呂反【法】阮校云：葉鈔本抒作杼。偉案作杼是也，直呂、時呂並杼字之音。若作抒，則止時呂一讀耳，且《正義》說杼之訓除爲聲近，正以杼爲木名、器名，與訓除義遠也。若抒則義與除近，《疏》不必辭費矣

王臣，本或作五臣【法】五盧改壬，是。阮校北宋本、葉鈔本同○殷【法】殷盧改廢，是

子匠反 帥所類反 涖盟音利又音類 傳七年閒晉
之間或如字 難也乃且反注同 寘文之豉反下同 大皞音泰下戶老反 鱗矔
古亂反 華御事魚呂反本又作御音同 將去起呂反下及注同 庇必利反又悲位反下
同 瘖矣本又作陰於鴆反 葛藟力軌反本或作蘽 能蘽類反 蔓
音万 瘖麻許求反本又作庥 爲比必爾反 舍司馬音捨下同 子卬五郎反
之難乃旦反 穆嬴音盈 舍嫡丁歷反本亦作適同 將焉於虔反下焉用同
而屬音燭 畏偪彼力反 乃背音佩 箕鄭音基 居守手又反下注同
將中子匠反下注同 步招上遙反 菫陰音謹一音勤 卒然寸忽反 而
復扶又反 先人悉薦反 有奪人之心本或此下有後人待其反誤 訓卒
子忽反 秣馬音末 蓐食音辱 刳首苦胡反 之使所吏反 爲寮
本又作僚力彫反 爲賦干僞反下爲同寮同 匆初俱反 蕘音饒 中行戶郎反下同
小三八十五字 大一八十字 春秋左氏音之■二 十二 子茂
惡有烏路反 酆舒芳忠反 狄相息亮反 戴己音紀音祀 其
娣大計反 難也乃多反 則爲干僞反下且爲自爲同 鄢陵於晚反 舍
之音捨注同 復爲音服又扶又反 用休許虯反注同 不樂音洛 盍使戶臘
反 說之音悅 經八年衡雍於用反 會雒戎音洛本或作伊
雒之戎此後人妄取傳文加耳 宜去起呂反 不舍音捨 傳八年解
揚音蟹 中屬丁仲反 令鄭力呈反 皆見賢遍反 且復扶又反
公壻音細俗作聟 之音音墉下注同 能相息亮反 適祖母丁歷反
效節戶教反致也 士縠戶木反 將中子匠反 從亡子用反 蒯得苦怪
反 爲明干僞反 經九年以共音恭本亦作供下同 之襚音遂
衣服曰襚說文作裞云贈終者衣被曰裞以此襚爲衣死人衣 僻陋匹亦反 曹共音恭
傳九年君少詩照反下注同 狼陂彼皮反 公子茷莫江反 以懲

己，一音杞【法】阮校北宋本、葉鈔本杞作祀，《十四年》作又音祀，《注疏》本兩處並作祀。盧校云改爲祀，其實書内未改。《襄十四年釋文》亦作杞。案當一律改爲祀。案《國語·鄭語》注莒，己姓，《補音》己，居理反

壻，音細，俗作聟【法】壻《注疏》本作壻，盧刻本改聟，據《昏義釋文》宜作聟

宣升反不恪苦各反盲爲于偽反公子茷扶廢反厥貉武百
反執幣傲本又作傲五報反注下同從子才用反若敖五刀反奉使
所吏反諸夏戶雅反方嶽音岳援好呼報反下文注同
經十年公與音預斂力驗反稱將子匠反帥所類反女栗音汝
一音如字頃王音傾傳十年少梁詩照反下注同夏陽戶雅反北
徵如字三蒼云縣屬馮翊音懲一音張里反裔似尹必反強死其丈反城濮音卜
毋死音無縊一豉反而縣音玄王使所吏反沿漢悅專反順流曰沿泝
江息路反逆流曰泝入郢以井反又以政反渚宮章呂反水中可居者曰洲小洲曰渚洲音州
今復扶又反見賢遍反麇子九倫反勞且力報反逐道音導大
藪素口反睢陽音綏右盂音于獵陳直覲反弋陽以職反兩
甄吉然反命夙眉病反載燧本又作䆳音遂取火具扶其恥乙反以
大百九十三 小三百十二 春秋左氏音義之二 夫 王
徇似俊反子舟音州不茹如呂反詭隨九委反
文下第九 杜氏 盡十八年
經十一年伐麇九倫反叔彭生叔又作紂本或作叔仲彭生仲行字郤缺
丘悅反子鹹音咸傳十一年復伐扶又反錫穴音羊本或作錫
星歷反來見賢遍反鄋所求反說文作鄋云北方長狄國也在夏爲防風氏殷爲汪芒氏字林鄋一音
先牢反瞞莫干反鄋瞞狄國名漆姓音七叔夏戶雅反駟乘四時證反注及下皆同
僑如本又作喬其驕反蓋長如字又直亮反椿舒容反衝也其喉音侯以戈
古禾反其處昌呂反而名如字或亡政反御之魚呂反本亦作禦耏班音而征
稅舒銳反減潞音路且壽如字一音授之種章勇反郕音成朱儒
如朱反夫鍾音扶弗徇似俊反順也經十二年見公賢遍反
復稱扶又反一音服舍夷音捨皆陳直覲反蒲坂音反及鄭

狗，似俊反【法】狗盧改徇，是。阮校北宋本同

姑幕音莫 貞亭音云一音運本又作鄖音同
傳十二年 郕邽音圭 不復扶又反 見其賢遍反 未笄古兮
反 之好呼報反注及下皆同 重之直用反 珪璋音章 不腆他典反 徼福
古堯反要也 徼要於堯反下同 瑞節垂僞反 以藉在夜反薦也注同 厚
賄呼罪反 秦爲于僞反 令狐力丁反 將中子匠反下皆同 臾駢
步邊反 欒力官反 盾徒本反 步招上遙反 深壘力軌反 曰穿音川
年少詩照反 且惡烏路反 輕者遣政反 肆焉音四 禱求丁考
反一音丁報反 裹糧音果 軍帥所類反 散位悉但反 致爭爭鬭之爭 未
慭魚覲反又魚轄反缺也方言云傷也字林云閒也牛吝反 使者所吏反 將遁徒困反 薄
諸蒲莫反下同 必敗卑賣反 復侵扶又反 經十三年
蘧其居反 蒢文居反 大室音泰注及傳同 于沓徒荅反 于棐方尾

春秋左氏音義之二 十七

反又非尾反 傳十三年 詹嘉章廉反 之塞悉代反 令
帥力呈反 華陰戶化反 潼關音童 難日乃旦反下人實反 中行戶郎
反注同 始將子匠反 其知音智 其帑音奴 躡士女涉反 與夫音扶
若背音佩下同 繞朝如字又張遙反 以筴本又作策初華反馬檛也 馬檛張瓜
反馬杖也王鄒華反字林作筡云箠也竹瓜反 譟而素報反 而還音旋 劉累劣彼反
于繹音亦 鄒縣側留反 必與音預 傳世直專反 傾頹大回反 以
見賢遍反 鰥寡古頑反 欲爲于僞反下皆同 鄘風音容 三捷息暫
反又如字下在接反 經十四年 侯潘判干反 星孛音佩徐扶憒反嵇康
音勃海字 彗也嵇似歲反一音雖遂反 既見賢遍反 捷菑側其反 不度
特洛反 之竟音境 單伯音善 爲魯于僞反 王使所史反
傳十四年 頃王音傾 公閱音悅 懲不直升反 妃齊音配本亦作配

禱，丁考反【法】考盧改老，是

蘧蒢【法】蘧蒢《公》《穀》二字並從竹

棐，方尾反，又非尾反【法】方《注疏》本作芳，是也，《大誥》音可證。盧所據《注疏》本作方味反，更誤，又《宣元年》棐林即此棐也，亦音方尾反

驗仕欽反施於式豉反數也音朔盡其津忍反貸於公音特又音忒注
殺者如字又音試多畜勑六反本亦作蓄憾本又作感戶暗反恨也將復扶又反
宋殺音試下同八百乘繩證反注同貜俱縛反居碧反且子餘反長丁丈反下
注同立適丁歷反駢啓乃甘反儀守手又反舒蓼音了而還音旋盧
力於反又音盧注同戢黎側立反子變昔協反麇九倫反已氏音紀又音祀爲
請如字一音于僞反下以爲請同十五年亦放此使與音預盡室津忍反以復扶又反尚少
詩照反立難乃多反又如字汗君汗辱之汗告難乃且反夫己氏音扶己音紀焉
用於虔反　經十五年華孫戶化反奉使所吏反皆從才用反
其郛音孚郭也　傳十五年爲單于僞反下爲孟反下注爲惠叔皆同皆從
才用反注放從同又音如字贄幣音至率多所類反又音律使重所吏反亞
旅於嫁反長庶丁丈反寘諸之豉反竟上音境不殯必刃反

春秋左氏音義之二　十八　徐政

下人皮彥反期年居其反爲孟于僞反共仲音恭聲己音紀
史佚音逸毋絕音無仲說音悅聞於國音問或如字下同孫蒐
土結反遠於于万反下同于句古侯反黽本又作黽莫幸反戾丘力計反
去盛起呂反饌仕眷反等差初佳反又初宜反爲魯于僞反下似爲同拘
執音俱不與音預下同怠解佳賣反而還音旋王使所吏反下
王使同且數音朔齊難乃且反下注同惡其烏路反爲公于僞反己
則音紀王使所吏反女何音汝相畏息亮反又如字以守手又反
經十六年郪丘音西又七西反壞之音怪巴人必麻反杵臼
昌呂反下強柳反　傳十六年魯爲于僞反君閒如字疾差也瘳
也勑周反差也伯禽至僖公十七君史記魯世家魯公伯禽子考公酋弟煬公熙子
幽公宰弟魏公費子厲公擢子獻公具子順公濞弟武公敖
子懿公戲弟孝公稱子惠公弗皇子隱公息姑弟桓公允子莊公

貸，音待【法】貸不能音待，《廣韻》他代切，是也，《襄九年音義》亦他代反

變，普協反【法】普阮校北宋本、葉鈔本作昔，是

爲，于僞反，下以爲同【法】以盧本作似，是。阮校本同

弟魏公潰、子厲公擢、子獻公具、子順公濞、弟武公敖、子懿公戲【法】阮云：北宋本、葉鈔本潰作費，擢作躍，北宋本戲作獻。盧云：順公濞舊順作真，今依《史記》改。偉案此本順不作真

同子閔公門兄僖公申十七也公世本作徽公順公一作慎公魏故壞音怪大饑音飢音機訾
枝子斯反麇九倫反百濮音卜於選息兗反又息戀反阪高音反一音扶板反
反蔿賈于委反無屯徒門反聚才住反又如字見難乃旦反一音如字自
盧力於反又音盧振廩力甚反倉也句古侯反澨市世反揚窻初江反
王卒子忽反潘尫烏皇反可克本或作可擊蚡扶粉反冒莫報反杜
云蚡冒楚武王父也史記楚世家云蚡冒卒弟熊達殺蚡冒子而代立是爲楚武王與杜異服陘音刑隰
音習皆北如字軍走曰北一音佩唯裨婢支反儵直留反乘馹人實反傳
車也傳車丁戀反二隊徒對反注同部也石溪苦兮反本又作谿子員
補蓋反今俗本多作貞音云自侚人慎反子鮑步卯反以上時掌反不饋
其媿反詒也以支反又以志反遺也不數音朔注同而鹽移驗反鮑適丁歷
反之施式豉反鱗矔古亂反公子朝如字所庇必利反又悲位反姑

春秋左氏音義之二　十九　余集

紓音舒緩也盍適戶臘反之稱尺證反其難乃旦反帥甸
徒遍反故重直用反蕩虺況鬼反　經十七年西鄙
西當作北出注見殺音試本或作弒下同　傳十七年齊難乃旦
反下及注皆同黄父音甫黑壤如丈反遂復扶又反注同不與音預執
訊音信偕偕音皆言汲汲音急之適丁歷反以蒇勑展反勑也前
好呼報反一本作事比近毗志反一朝直遥反再見賢遍反餘幾居豈
反所株虛求反蔭於鴆反鋌而他頂反疾走皃蔭芘必利反又悲位反本或作
株於儵直留反之竟音境爲齊于僞反鞏朔九勇反爲質
音致甘歜昌欲反郕垂音審語偷他侯反苟且也
經十八年伯罃於耕反爲介音界諱殺申志反本或作弑之稱
尺證反　傳十八年欲令力呈反先師悉薦反下同見於賢遍反

鹽，移驗反【法】盧云：《注疏》本以驗反似當作以贍反。偉案以贍與移驗、以驗並同

反 邴音丙又彼病反 歠昌悅反 乃揾其卧反又其月反 而刖音月又五刮反 斷其
丁管反 職驂七南反 乘繩證反注同 以扑音十反字宜從手作木邊非也 扶職
勑乙反擊也 扑華市柴反又之柴反 慼激古歷反 女妻音汝 舍爵
音赦置也 惡懿烏路反 敬嬴音盈 嬖必計反 宣公長丁丈反 而
屬音蠋 仲見賢遍反 何聽吐定反 復發扶又反 過市古禾反又
古卧反 殺適丁歷反 季佗從何反 諸竟音境 大史音泰 失隊
直類反 之養餘亮反 鷹於陵反 鸇之然反說文止仙反字林巳仙反 度功
待洛反注及下同 以食音嗣養也注同 壞法音怪 匿也女力反 還觀音旋
去之起呂反 帝顓音專 頊許玉反 苗裔以制反 隤徒回反 敳
五才反一音五回反 檮直由反韋昭音桃 戭以善反漢書作敷韋昭巳震反 尨降
莫江反下下江反 皐陶音遙 八愷開在反和也 帝嚳苦毒反 伯奮
大四六十五 小四五十二 〔春秋左氏音義之二　二十　德秀
甫問反 仲熊音雄 季貍力之反 稷契息列反依字當作偰古文作卨 熊羆
彼皮反 宣徧音遍 不隕下敏反隊也 隕隊直類反 以揆葵癸反 契
作斯列反 諸夏戶雅反 好行呼報反 頑嚚魚市反心不則德義之經爲頑
口不道忠信之言爲嚚 比周毗志反比近也周密也 渾戶本反 敦徒本反渾敦不開通之皃
驩呼端反 兜都侯反 少皡詩照反注同下胡老反 蒐所留反隱也 慝他得
反惡也 回邪似嗟反 窮奇其宜反其行窮其好奇 共工音恭 其行下孟反
其好呼報反 話言戶快反善也 舍之音赦 傲五報反 很戶墾反 檮
徒刀反 杌五忽反檮杌凶頑無疇匹之定 謂鮌古木反 能去起呂反注及下皆同 盈
厭於鹽反 窮匱其媿反 饕他刀反貪財曰饕 餮他結反貪食曰餮 闢四
婢亦反 四窻七工反本亦作聰 以禦魚呂反 螭勑知反山神獸形 魅亡備反說文作彪亡老精
物也彪或從未 戴舜多代反 十六相息亮反下注同 去四起呂反 數舜色主

扑，普卜反，字宜從手，作木邊非也【法】盧云：《説文》無扑字，此手與木必互譌。段云：扑者攴之隸變。偉案《傳》云：以扑扶職，則扑明是扶之物，盧説是也

匿，女力反【法】女力反盧云：《注疏》本女乙反，孔云是。阮云：《集韻》尼質切本此。偉案女乙誤也，此訓掩，當入職部，其尼質一讀則親暱之義，與此不同

檮，直由反，韋昭音桃【法】音桃阮校葉鈔本作音投〇戭，以善反，《漢書》作戭【法】注内戭字盧本作敷，是。阮校北宋本、葉鈔本同

鮌，古本反【法】鮌盧改鯀，阮校北宋本、葉鈔本同

四窻，七工反，本亦作聰【法】阮校北宋本、葉鈔本四聰本亦作窻（榮芬案四上當脱作字）

反慎徽許歸反美也激稱古歷反宋武氏之族本或作武穆之族者
後人取下文妄加也道昭音導向魚舒亮反
宣上宣公名倭一名按又作委文公子毋敬嬴謚法善問周達曰宣第十桂氏盡十年
經元年喪取七喻反本亦作娶卿爲于僞反宥之音又牟縣
亡侯反趙盾徒本反棐林芳尾反非好呼報反侵崇音崇本亦
作崇傳元年尊稱尺證反舍族音捨篡立初患反得
復扶又反爲立于僞反下同陳共音恭解揚音蟹秦急崇絶句
必救之本或作崇急秦必救之是後人改耳侯後昌氏尸氏一反驟諫仕救反
經二年鄭爲于僞反下同夷皐古刀反傳二年命
於楚本或作受命于楚非也元帥所類反見贖食欲反十乘繩證
反下皆同俘二芳夫反馘百古獲反本或作馘百人者人衍字狂狡古卯反輅
大二百八十字小四百千字 春秋左氏音義之二 二一 吳文昌
鄭五嫁反迎也注同倒戟丁老反宜其禽也一本作宜其爲禽果毅魚既
反著於心直略反食士音嗣羊斟之金反不與音預私感
戶暗反本又作憾注同敗國必邁反又如字殄民大典反以逞勑領反叔牂子郎
反爲植直吏反注同將主也將主子匠反謳曰烏侯反睅戶板反出目也說文
字林云大目也蘇林云寢視不安皃孟康云猶分然也皤步何反大腹也于思于思如字又西才反
多鬚皃賈逵云白頭皃棄甲復扶又反來力知反又如字以協上韻多鬚字又
作鬚脩于反驂乘七南反犀音西兕徐里反則那乃多反丹漆
音七不吝力刃反其咎其九反陸渾戶昏反而惡烏路反其難
乃旦反將艷婢世反國以殺申志反厚斂力驗反彫牆本亦作彫
下在良反彈人徒丹反胹音而煑也熊蹯扶元反寘諸之豉反畚音本
草器也草索素各反之筥九呂反見其手一本作首及溜力救反屋

鬚，脩于反【法】鬚阮校北宋本、葉鈔本作鬚，是也

兕，徐里反【法】阮云：北宋本里作履，是也

鬻也鮮克息淺反少也下同衮職古本反鉏仕俱反麑音迷一音五兮

反闕矣婢亦反盛服音成本或作成而睡垂僞反觸槐音懷又音回

飲趙於鴆反祇本又作提上支反彌明面支反遂扶以下舊本皆作

扶房孚反服虔作跣先典反云徒跣也今杜注本往往有跣者公嗾素口反說文云使犬也服本作噉

夫音扶獒五羔反杜云猛犬也尚書傳云大犬也爾雅云狗四尺爲獒說文云犬知人心可使者明

桲音傳翳桑於計反多蔭音陰又於鴆反食之音嗣下同舍其

音捨以遺唯季反下注同簞食音丹筍也思嗣反諸橐他洛反

既而與音預公介音界以御魚呂反趙穿攻如字本或作弑竟

之音境下文注同聞公弒申志反大史音泰爲法于僞反注同黑

臀徒門反無較音角麗姬力知反詛無側慮反之適丁歷反本

又作嫡下注同爲置于僞反公行戶郎反注及下同以括古活反中子

大三百七十九字小四百二十八字 春秋左氏音義之二 二十三 晏昌

如字又丁仲反屏季步丁反見信賢遍反旄車音毛一本作軞爲衰

初危反 經三年 傳三年復發扶又反及

郔音延周疆居良反勞楚力報反昔夏戶雅反鑄鼎之樹

反著之張慮反舊直略反螭勑知反山神也魅亡備反本又作䰡怪物也罔亡丈反

兩本又作蜽音同罔兩水神也說文云山川之精物也天休許虯反下同天祐音又載祀

杜云皆年也爾雅云商曰祀唐虞曰載周曰年夏曰歲商紂直九反天祚才故反所底

音旨致也郟古洽反鄏音辱燕姞其乙反又其吉反伯儵直留反爲妾

音汝人服媚云冀反欲令力呈反陳嬀九危反子臧作郎反酖

之直蔭反及葉式涉反子俞音揄惡瑕烏路反下同從晉如字

又才用反石癸居揆反必蕃音煩下同亢龍苦浪反將鉏仕俱反大

宮音泰注同刈蘭魚廢反 經四年及郯音談取向

鉏，仕俱反【法】俱當作居，見《祭統》

今杜注本往往有跣者【法】有跣者疑當爲有作跣者

底，音旨【法】底，音旨盧，云：此當作底。阮云：非也

鉏，仕俱反【法】俱當作居

舒亮反　承縣韋昭之甑反音承又音拯　稻卒徒老反

傳四年　不治直吏反　獻龜音元　將見賢遍反　將解如字又音蟹

及食音嗣　涑栺如琰反　先公悉薦反　爲難乃旦反　畜老許又反注

同王許六反　猶憚徒旦反難也　御亂魚呂反　去疾起呂反下皆同　豎長

丁丈反　而舍音赦下同　於難乃旦反　餒而奴罪反餓也　鬬般音班　蔿

賈于委反　賈爲于僞反　椒處昌慮反　又惡烏路反注同　圄魚呂反囚

也　伯嬴音盈　轑陽音遼　烝野之承反　爲質音致　漳澨音章

市制反　皐滸呼五反　伯棼扶云反　射王食亦反下同　汏他末反過也

輈陟留反車轅也　鼓跗芳扶反　著於直略反　鉦音征　以貫古亂反

笠音立　轂古木反　於䢵本又作鄖音云國名　畜于許六反養也　夢中

音蒙又亡貢反　乳之如主反　乳穀奴口反　於音烏菟音徒　妻伯比

春秋左氏音義之二　叁

七計反　箴尹之金反　使於所吏反　自拘音俱　經五年　不

與音預　小斂力驗反　傳五年　強成其丈反　厭尊

於涉反　累其劣僞反　自爲于僞反　以別彼列反　廟見賢遍反下

同　遣使所吏反　經六年　傳六年　數戰所角

反　其貫古患反習也注同　可殪於計反　爲于僞反下注同　召桓上照反

曼滿音万　伯廖力彫反　蔀步口反又普口反　闚其苦規反　闚其

苦鵙反　不覿徒歷反　間一間廁之間　經七年　伐萊音來

不與音預　黑壤如丈反　傳七年　脩好呼報反　不與音預

下及注與謀同年末不與放此　應命應對之應　例別彼列反下注同　向陰舒亮反　故

相息亮反　同歃所洽反又所甲反　以監古銜反

經八年　大廟音泰傳同　爲繹于僞反　省文所景反　魯竟音竟

汏，他來反【法】來盧改末，是，阮校本同

猶繹去起呂反注及傳同 籥羊略反 管也音管 惡其烏路反 聲
聞音問又如字 傳八年秦諜徒協反間也今謂之細作 絳市
古巷反 楚爲于僞反 疆之居良反 汲滑于八反 納音如銳反一音如悅反 會
稽古外反下古兮反 楚疆其良反 蠱疾音古 喪志息浪反 葛茀
方勿反引棺索也 引柩其又反 經九年竟外音境 洩冶息列反
音也 傳九年加諷方鳳反 厚賄呼罪反字林音悔 言易以豉
反 無將子匠反 帥所類反 夏姬戶雅反 皆衷音忠王丁仲反懷也 其
衵女乙反一音女栗反說文云日日所衣裳也字林同又云婦人近身內衣也仁一反 御叔如字一音魚呂反
近身附近之近 無儆戶教反 具聞如字一音問 弗禁居鴆反又音金 多
辟本又作僻匹亦反注同邪也 立辟婢亦反法也注同 辟邪似嗟反下同 危行
下孟反 言孫音遜 爲厲于僞反 事見賢遍反 柳棼力手反下扶云
反
春秋左氏音義之二　廿四　宋求
反 經十年濟西子禮反 略見賢遍反下同 陳夏戶雅
反 取繹音亦 傳十年崔杼直呂反 其偪彼力反 守
臣手又反 之使所吏反注同 恩好呼報反 夏氏戶雅反 似女音汝 其
廄居又反 射而食亦反 斲子竹角反 經十一年楚復
扶又反下復封陳同 于櫕才端反 函音咸 播蕩補賀反又如字
傳十一年及櫟力狄反 兵爭爭鬬之爭 我焉於虔反 夏楚
盟于辰陵本或作楚子 諸郔音延 艾獵五蓋反下力涉反 城沂
魚依反 無慮如字一音力於反廣雅云無慮都凡也 板幹古旦反本亦作幹楨也 楨
音也貞 畚築音本 盛土音成 爲作于僞反又如字 基趾音止 略行
下孟反 具餱音侯乾食也 糧音良 乾食如字一音嗣本或作乾飯 度有
待洛反 監主古銜反 不愆起虔反過也 踰氏音路 以創初亮反 爲

陳（于僞反）少西（詩照反）轘諸（音患車列也）使於（所吏反）皆僭

（子念反）女獨（音役）以蹊（音兮徑也）徑也（古定反）吾儕（仕皆反輩也）

乃復（扶又反）夏州（戶雅反）又儌（古堯反）

經典釋文卷第十六　經四千四百九十六字　注九千四百八十三字

經典釋文卷第十七

春秋左氏音義之三　起第十一盡第十五

唐國子博士兼太子中允贈齊州刺史吳縣開國男陸德明撰

宣下第十一　杜氏　盡十八年

經十二年又儆古竟反于邲扶必反一音弼成陳直覲反背盟蒲對反下注同傳十二年十臨徐力鴆反哭也下注同大宮音泰注同守陴婢支反徐扶移反僻普計反倪五計反復闉扶又反注同故為于為反于逵求龜反塗方九軌也爾雅云九逵謂之逵說文作馗云九逵道似龜背故謂之馗逵或馗字肉袒徒旱反所祐音又其俘芳夫反囚也海濱音賓其翦子淺反削也前好呼報反注同厲宣鄭桓公友周厲王之子宣王之母弟桓武鄭武公名滑突桓公之子不泯彌忍反徐亡彰反滅也要福於遥反九縣莊十四年滅息十六年滅鄧僖五年滅弦十二年滅

春秋左氏音義之三　一

黃二十六年滅夔文四年滅江五年滅六滅蓼十六年滅庸傳稱楚武王克權使鬬緡尹之又稱文王縣申息凡十一國不知句以言九能下遐嫁反可幾音冀潘尫烏黃反出質音致將中子匠反下反注並同下沈尹將將左將右皆放此先縠戶木反本又作縠音同彘季直例反臾駢羊朱反駢蒲邊反輂朝九勇反而勦初交反勞也徐又于小反焉用於虔反覲釁許靳反罪也服云間也不為于僞反注同不罷音皮怨讟徒木反謗也此陳直覲反下同工賈音古而卒子忽反注同乘繩證反注皆同輯睦音集又七入反不奸音干犯也蔿敖于委反追蓐音辱挾輈胡牒反又古洽反一音古協反蹋伏徒臘反為幡芳元反見騎其寄反旌識申志反一音志後勁吉政反殿丁練反別也彼列反等差初佳反又初宜反攻昧音妹仲虺許鬼反侮亡云呂反左相息亮反汋曰章略反於鑠音烏舒若反美也耆昧也音旨致也

法偉堂經典釋文校記遺稿卷十七

春秋左氏音義之三

清法偉堂著　邵榮芬編校

《說文》作馗，云：九逵道【法】九逵盧改九達，是也○袒，徒旱反【法】徒旱反阮云：北宋本、葉鈔本旱作旦（榮芬案旦下脫是也二字）。偉案袒無去聲，阮說誤

此十一國【法】阮校北宋本、葉鈔本作凡十一國

勦，初交反，徐又于小反【法】于小盧本作子小，是，阮校北宋本同

徐又其夷反老也注下同 無疆居良反 以務烈所絶句 軍帥所類反下及注有帥元帥三帥
同 知莊音智 否臧子郎反 故應應對之應 川壅於勇反本又作雍注皆同 夭
且於表反 飲馬於鴆反 嬖人必計反字林方豉反 伍參士南反 旆
蒲貝反大旗也 南鄉本又作嚮同許丈反 剛愎皮逼反很也 愎很胡墾反 誰適
丁歷反 改乘繩證反 於管古緩反熒陽管城管叔所封也本或作管古顏反非也 在敖
五力反山名 鄗苦交反山名 皇戌雖律反 使如所吏反 師驟仕救反 敗
楚必邁反 不易以豉反 申儆敬領反 紂之直九反 蚡扶粉反 冒
莫報反 蓽路音必 藍力甘反 縷力主反 箴之章金反誡也 不匱
其位反 要也一遥反 二廣古曠反下及注皆同 一卒子忽反注同 五乘繩證反
下同 復以扶又反下不復逐同 序當其次一本作序當其夜 知季音智荀首後為
智氏 原屏步丁反 必長丁丈反 身行下孟反 少宰詩召反注及下同
大百七十八 小百四十三 春秋左氏音義之三 二 牟供之
夾輔古洽反舊古協反 毋廢音無 候人戶豆反 謂伺音司一音息嗣反 為
諂勑檢反 單車音丹 挑戰徒了反下文同 羣帥所類反 麾未多反近
也 壘力軌反 摩近附近之近 左射食亦反下三字同 以菆側留反矢之善者
兩馬徐云或作輛皆力掌反或音亮飾也 掉徒弔反徐乃較反正也 鞅於丈反 示閒音閑
折之設反注同 馘古獲反 斷耳音短 麇興亡悲反 麗著直略反 從
者才用反下從者同 魏錡魚綺反 魏犨尺周反 欲敗必邁反又如字 請
使所吏反 及熒戶扃反 射一食亦反 於鮮音仙注同 二憾胡暗反
能好呼報反下同 喪師息浪反 儆警音景 徹去起呂反 七覆
扶又反注同 帥將如字又子匠反 七處昌慮反 為乘繩證反下三十乘元戎十乘幷注皆
同 而說舒銳反注及下同 屈蕩居勿反 楚王更音庚 迭直結反 搏
之音博 使軘徒溫反 使騁勑景反 出陳直覲反下注皆 先人悉薦

篳路，音必【法】阮云：葉鈔本篳作蓽，《玉篇》亦作蓽。案《襄十年》亦從竹

兩馬，徐云或作輛【法】輛盧作䩩，是，阮校北宋本、葉鈔本同

反注及下同 卒奔 子忽反下及丁注同 可掬 九六反兩手曰掬 右拒 音矩本亦作短下同 殿其
唐狡 古卯反 四十乘 繩證反下從之乘井注易乘同 若萃 似醉反集也 殿其
多練反注同 廣隊 直類反 甚之 其器反敎也 脫扃 古熒反徐公寘反車上兵闌也
服云扃横木校輪間一曰車前横木也西京賦云旗不脫扃薛綜云扃所以上旗也 不帆 凡劒反本又作蚆普霸反 差
輕 初賣反 之數 所角反 二子乘 繩證反 趙傁 素口反老稱 老稱
尺證反 尸女 音汝 皆重 直龍反 知罃 於耕反 還戰 音環 廚武
直誅反 毋射 食夜反又食亦反 抽擢 直角反 可勝 音升 池陂 彼宜反
射連尹 食亦反下同 將不 子匠反 楚重 直勇反又直用反注上重字同 輜
側其反 重也 直用反 衡雍 於用反 君盍 戶臘反 京觀 古亂反注
及下京觀同 載戢 側立反藏也 載櫜 古刀反韜也 韜也 他刀反 時夏
戶雅反注同 耆定 音旨注同致也 鋪時 普吳反徐音敷布也 繹思 音亦陳也 屢
經四十二 一 春秋左氏音義之三 三 何
豐 力注反數也注同 屢數 所角反下數致同 㬥骨 蒲卜反本或作暴 焉得
於虔反 而強 其丈反 鯨 其京反大魚名 鯢 五兮反大魚也 以懲 直升反 淫慝
他得反 史佚 音逸 毋怙 音無下音戶 以要 一遥反 瘼矣 音莫病也 者也
夫 音扶 渥濁 於角反 城濮 音卜 未歇 許謁反盡也 國相 息亮反下熊相同
喜見 賢遍反 不競 其敬反 以重 直用反 宜僚 了彫反 蕭潰 戶內反
拊而 芳甫反撫慰之也 如挾 戶牒反 纊 音曠緜也 言說 音悅 遂傅 音附
還無社 音旋 司馬卯 馬鮑反 號申叔 徐戶到反一音戶刀反呼也 麥麴 去六
反 山鞠 起弓反 以禦 魚呂反下同 不解 音蟹下同 眢井 烏九反眢井廢井也字林云井無水
也一皮反 而承 拯救之拯注同 茅絰 直結反 則已 音紀舊音以 乃應 應對之應 號而
戶刀反哭也注同 無守 手又反 宋為 于偽反 有約 於妙反又如字 陳共 音恭 舊
好 呼報反 欲背 音佩十四年經注同 經十三年 傳十三年

眢，烏丸反，《字林》云井無水也，一皮反【法】盧云：皮字定誤，當是袁字。阮云：皮字不譌，《集韻》五支有眢字，音之轉也。偉案皮乃官之誤，草書形近也。《集韻》據誤本收入支部，不當援以為證

拯【法】阮云：葉鈔本拯作承

累及劣僞反 使人所吏反 我說如字又音悅 以說音悅又如字 而亢苦浪
反禦也 誰任音壬 經十四年 傳十四年 縊而一賜反
復室扶又反 以妻七計反 爲郊于僞反 蒐焉所留反 簡閱音悅
中行戶郎反 質於音致 子馮皮冰反 惡宋烏路反又烏洛反 抶宋勑乙
反 宋聾力工反闇也 晉使所吏反下殺其使同 殺女音汝 見屖賢遍反 過
我古卧反一音古禾反 投袂面世反袖也 袖也徐又反 屨及九具反 窒皇直結反室
皇門闕也 魯樂音洛 蔿賄呼罪反 公說音悅 經十五年 潞氏
音路 別種章勇反 王札子側八反徐又側乙反 召伯上照反 倒札丁老反 螽
音終 稅畝始銳反 復十扶又反 蝝生悅全反字林尹絹反螽子也劉歆云蚍蜉子也董仲舒云
蝗子 傳十五年 度時待洛反 納汙音烏注同 山藪素口反 瑾
其靳反 瑜羊朱反 匿瑕女力反藏也 含垢古口反本或作詬徐云亦音垢 爲說于僞反

二三六 春秋左氏音義之三 四 是

解揚音盤 無降戶江反 望樓音魯 女則音汝下注而女也同 無霣于敏
反廢隊也 廢隊直類反 其守手又反 將子匠反 利道音導 析思歷反
骸戶皆反本又作骨公羊傳作骸何休注云骸骨也 以爨七亂反炊也 國斃婢世反 爲
質音致 酆舒芳忠反 潞相息亮反 三儁音俊 耆酒市志反 黎
民禮兮反國名 復立扶又反 及雒音洛 魏顆苦果反 有嬖必計反
必以殉似俊反本或作必以爲殉 其治直吏反下治命同 以亢苦浪反禦也 躓而
陟吏反徐丁四反 以瓜古華反 衍以善反 吾喪息浪反 說是音悅 叔向
香丈反 也夫音扶 能施式豉反 獻狄俘芳夫反 于周不敬一本不敬
作而敖 之魄普白反 經十六年 留吁況于反 別種章勇反
又并必政反一音如字 宣謝本又作榭音同 郯伯音談 傳十六年
鐸辰待洛反 以黻音弗 將中子匠反 大傅音泰注同 人遠于万反 也

窒皇，門闕也【法】阮云：闕葉鈔本作闥，亦非。杜注作闕

黎民【法】民盧改氏，是

也夫，音夫【法】盧本作音扶，是，阮校北宋本同

夫音扶 競競居陵反本亦作矜 諺曰音彦 爲毛召于僞反 之難乃旦反注同

復亂扶又反 相禮息亮反注同 殽戶交反 烝之承反 有折之設反注同

經十七年 錫我星歷反 斷道直管反一音短 叔肹許乙反 傳

十七年 齊頃音傾 跛而波可反 不復扶又反下同 欒京廬音盧

又力於反 於搴音安 蔡朝如字 及斂徐音廉一音力漸反 盂音于 卷楚音權

一音居免反 苗賁扶云反 皇使所吏反注及下同 不逮音代或大計反 汲汲音急 或

沮在呂反止也 君好呼報反 爲是于僞反 犯難乃且反 將焉於虔反 不

拘九于反 復爲扶又反 竅乎素協反 者鮮息淺反 庶遄市專反 如

祉音恥 鳩乎徐音豸直是反解也本又作豸注同或音居牛反非也 鳩解音解此訓見方言

嘉好呼報反下同 經十八年 子臧子郎反 人戕在良反徐又在

精反 鄫子才陵反 僭而子念反 以徵如字明也本又作徵直升及上也 至笙音生徐又

春秋左氏音義之三　五　交

勑貞反云本作檉亦作朾案徐後音是依二傳文 魯竟也音境 傳十八年盟

于繒才陵反 爲質音致 解緩佳賣反 曰弑音試注同弑字從式殺字從殳他皆

放此 以別彼列反 一朝如字 卒暴寸忽反 欲去起呂反下注將去並同 以張

如字一音陟亮反 殺適丁歷反注同 大援于眷反 仲也夫音扶 請爲于僞

反 壇帷音善除地僞墠而張帷也 於介音界 祖音但 括髮古活反

成上成公名黑肱宣公子謚法安民立政曰成 第十二 杜氏 盡十年

經元年 爲甸徒練反一音繩證反 一乘繩證反 卒七子忽反 重

斂力驗反 茅戎亡交反史記乃二傳皆作貿戎 別種章勇反 傳元

年 郯垂音審 詹嘉之廉反 單襄音善 爲平于僞反下文同

徹戎古堯反要也 欲要[illegible]遙反 背盟音佩下同 齊難乃且反下同

繕完市戰反下和端反 具守手又反 結好呼報反 逞解音蟹

鳩，徐音豸，直是反，解也。本又作豸，注同【法】段校本鳩作廌，下鳩同，云：此正文必非鳩字，廌之形誤爲鳩也。《正義》、《釋文》皆引《方言》，今本《方言》無鳩也之文，有瘛解也之文，瘛亦廌之譌。郭音胡計切乃後人妄增也

僭，呼念反【法】呼盧本作子，是，阮校北宋本、葉鈔本同

經二年新築音竹皆陳直覲反僑如其驕反注同郤克去逆反于窜音安以與音預匹敵如字本或作適亦音敵公鮑步卯反汶陽音問以好呼報反匱盟其位反傳二年頃公音傾嬖人必計反就魁苦回反封竟音境而膊普各反磔也磔也陟百反甯相息亮反向禽舒亮反石碏七略反甯俞羊朱反復欲扶又反子喪息浪反隕子于敏反止御魚呂反鞫居居六反曲縣音玄注同繁纓步干反注同不愆起虔反百乘繩證反下同城濮音卜將中子匠反且道音導以徇似俊反于莘所巾反靡笄如字又音摩笄音雞不腆他典反詰朝起吉反朝如字注及下朝夕朝食同請見賢遍反繹感胡還反本又作撼無令力呈反輿師如字下無令輿師同一音所類反不復扶又反擔也丁甘反齊壘力軌反賈余音古買也注同欲賣莫懈反

春秋左氏音義之三　六　莊

師陳直覲反邴夏音丙又彼命反夏戶雅反解張音蟹下如字一音直亮反軍將子匠反下將在左同貫余古亂反下注同及肘竹九反余折之設反朱殷於閑反徐於辰反注同近烟附近之近汙車汙穢之汙字林一故反推車昌誰反又他回反注及下推車同一殿之多練反注同若之何其以病絕句擐甲音患左并必政反徐方勝反右援音袁枹音浮鼓槌也字林云擊鼓柄也三周華如字又戶化反不注之住反元帥所類反射其食亦反下并注皆同越隊直類反綦毋音其下音無喪車息浪反寓乘繩證反寓寄也其處昌慮反俛定音勉俯也仆車音赴又蒲北反華泉戶化反絓於戶卦反一音卦驂馬七南反轏中仕產反又仕板反士車也字林仕諫反云臥車也以肱古弘反而匿女力反注同縶張立反馬結也絆也音半奉觴式羊反爲魯于僞反注同無令力呈反屬當音燭注同適也戎行戶郎反奔辟音避注同徐扶臂反服氏扶亦反

鞫，居六反【法】鞫盧、阮並云：宋本作鞠

殷，徐於辰反【法】徐音殷於辰，彼時殷、真不分部也

絓，户卦反～驂，七南反【法】陸本《傳》文絓上無驂字，故爲注內驂字作音，詳盧氏《考證》

反從君才用反又如字宛紆元反茷扶廢反呼曰火故反任患音壬不
難乃旦反狄卒子忽反注及下同輕出遣政反迸入補諍反戈楯食準
反又音允冒之亡報反守者手又反辟女子音避注皆同一音扶赤反單還音舟
銳司徒悅歲反可復扶又反辟司徒音壁必覓反注同徐甫亦反石窌
力救反一音力到反馬陘音刑賓媚美冀反賂以音路紀甗魚輦反徐音彥又音
言字林牛健反王甗也玉甑子孕反又慈陵反爲質徐音致下同難斥乃旦反
盡東津忍反使壟力勇反東西行戶郎反又如字疆理居良反注下皆
同易也以豉反四王夏禹殷湯周文王武王也之王于況反五伯夏伯昆吾商伯
大彭豕韋周曰齊桓晉文也或曰齊桓晉文宋襄秦穆楚莊疆竟如字又音境是遒在由反徐子由
反聚也命使所吏反以犒苦報反從者才用反橈敗乃教反曲也不
泯彌忍反舊好呼報反收合如字一音閤餘燼似刃反背城音佩

春秋左氏音義之三　七

復借扶又反親暱女乙反而紓音舒緩也音直呂反於難乃旦反注同以
爲于僞反以藉在夜反注同薦也上鄍覓經反三帥所類反注及下同用
蠡市忍反蛤也炭吐旦反燒蠡蛤爲炭也用殉似俊反殺人從葬燒蛤古荅反
以瘞於例反壙苦晃反一音曠重器備直恭反多也注同椁有音郭
有翰戶旦反一音韓檜古外反徐音會去惑起呂反去之同下而爭爭鬬之爭其
侈昌氏反又式氏反過衛古禾反又古卧反夏氏戶雅反下同殺死申志反下文殺
靈侯同殺御叔魚據反喪陳息浪反下注而喪同死易以豉反黑要
一遙反烝焉之承反使道音導注同吾聘女匹政反下音汝屈巫居勿反
知罃音智下於耕反共王音恭申叔跪其委反一音呂委反從其父才用反
適郢以井反又以政反使介音界邢大夫音刑錮之音固勿令力呈
反自爲如字于僞反爲吾于僞反必屬章欲反後同代帥所類反下

辟，一音扶亦反【法】扶亦盧本作扶赤，葉鈔本同

燼，似刃反【法】似刃亦從、邪之混也

蠡，市忍反【法】阮云：北宋本蠡作蜃，下注燒蠡同

郢，以并反【法】并盧改井，是，北宋本同

注稱師軍帥將帥同 吾知免矣一本無知字 郤伯見賢遍反下同 也夫音扶
勞之力報反 庚將子匠反下同 求好呼報反下同 行使所吏反 濟
濟子禮反 吾儕仕皆反等也 閔民音愍 棄逋補吳反 逮鰥古頑
反 施及始豉反 王卒子忽反注同 令二君力呈反 皆強其丈反 冠
之古亂反 執斵竹角反 執鍼之林反 織紝女金反徐而鴆反 爲質
音致 大夫說音悅 去疾起呂反 不見賢遍反 之別彼列反 不解
佳賣反 攸塈許器反息也 數年所主反 宴樂音洛 誰居音基
語辭也 有任音壬當也 是夫音扶 齊捷在妾反 淫緬面善反 而
勞力報反 侵敗必邁反 親暱女乙反 淫慝他得反 謂暴本又作虣
薄報反 掠音亮 又奸音干 大師音泰 淫從子用反本亦作縱 三吏三吏三公
也三公者天子之吏也 使相息亮反注同 經三年所馮皮冰反 蛇丘
春秋左氏音義之三　八　茂
以支反音如字 廧在良反 咎如古刀反 別種章勇反 書將子匠反 帥
所類反 傳三年 覆諸扶又反伏兵也注同 鄍亡袁反又莫干反徐武且
反一臣万 不勝音升下注同 俘芳夫反 馘古獲反 以釁許覲反 求紓
音舒緩也 各徵直升反 相宥音又 纍力誰反繫也 其好呼報反下同
不與音預 不爲于僞反 臣不任音壬下亦不任同 封疆居良反 楚
將子亮反 帥所類反 如潰戶內反 僭王子念反 荀騅音佳 君爲
于僞反下爲兩君同 敢任音壬注同 賈人音古下同 寘諸之豉反 褚中
中呂反 經四年城鄆音運 傳四年宋共音恭
不易以豉反 大史音泰 彊許居良反 展陂彼皮反 取鉏仕居
反 任音壬 泠敦力下反 將中子匠反 取汜音凡注同或云祀 祭側界反
許愬音素 經五年 傳五年原屏步丁反

雎，音佳【法】佳當作隹

能令力呈反 舍我音捨又音赦 弗聽吐丁反 福女音汝 從人才用反
餫諸音鄆 野饋其媿反 以傳中戀反驛也注及下同 驛也音亦 辟
重匹亦反徐甫赤反本又作僻 曰辟音避 捷之在妾反 邪出似嗟反 絳人
古巷反 朽壤如丈反 君爲于僞反 去盛起呂反 餼也仕戀反 乘
縵武旦反又莫半反 請見賢遍反注皆同 爲質音致下注同 鼓譟素報反
復入扶又反下同 向爲人舒亮反 辭以子靈之難乃旦反又一本
無之難二字 以新誅子靈爲辭一本無爲辭二字 月倒丁老反
經六年取鄟徐音專又市巒反 伯賁音秘 傳六年子
游相息亮反下相同 端諦音帝 魯倚於綺反 其難乃旦反注同
言易以豉反 夏陽戶雅反 說音悅下文注同 陸渾戶門反 別種
童勇反 于鍼其廉反一音針 登陴婢支反 復命扶又反 郇瑕音荀
春秋左氏音義之三 九 蘇
解縣音蟹 而近附近之近下及注近寶皆同 監音古鹽也 猗氏於宜反 君樂
音洛下謂樂同 將新子匠反下注軍將同 大僕音泰 惡易以豉反不注同 覲古瓦反成也
疾疢勑覲反本或作疹同 墊丁念反 隘於賣反 羸困劣僞反 沈溺
乃歷反沈溺濕疾也 重膇治僞反一音直媿反重膇足腫 足腫章勇反一音常勇反 有汾扶云
反水名也 澮古外反水名 垢穢古口反 驕佚音逸 公說音悅 公子成音城 欒
諸魚呂反 桑隧音遂 軍帥所類反下注同 子盍戶臘反何不也 經七
年鼷鼠音兮 伐郯音談 傳七年者也夫音扶 昊
天戶老反 號天戶刀反 相成息亮反 如晉見賢遍反 于氾音凡
共仲音恭 鄖公本亦作員音云邑名 軍藏才浪反 此申呂所邑
也一本作所以邑也 以御魚呂反 共王音恭 子閻音鹽 黑要一遥反 子
罷音皮下同 遺二子唯季反 讒慝他得反 貪惏力含反 請

傳，中戀反【法】中戀盧改直戀，非，直戀乃經傳之傳也

縵，武旦反，又莫半反【法】莫半與武旦同，疑是後人校語

鄟，徐音專，又市巒反【法】市巒阮刻《注疏》本作徒欒，《集韻》二讀俱收

使所吏反　壽夢莫公反　説之音悅　季札側八反　一卒子忽反注同　舍
偏音敷舊音捨　九乘繩證反下注同　令吳力呈反　戰陳直覲反　寘其
之豉反　諸夏戶雅反　惡孫烏路反　反戚七狄反　經八年來
語魚據反　通稱尺證反　來媵以證反又繩證反　適夫人丁歷反　姪
大結反字林大一反　娣大計反　傳八年餞之餞淺反送行飲酒也説文云送
去食也字林子扇反毛詩箋云祖而舍軷飲酒於其側曰餞　不復扶又反　其行下孟反注同　過
差初賣反又初佳反　猶喪息浪反　妃耦音配下五口反　長有諸侯如字一音丁丈
反　申驪力馳反　沇子揖徐音集又於立反　平輿音餘一音預　愷開在反樂也
悌徒禮反易也　也夫音扶　過許古禾反　自爲于僞反下文爲趙嬰同　共
姬音恭　祁奚巨之反字林上尸反　趙衰初危反　趙盾徒本反　皆數
所主反　無僻匹亦反注及下同　前詰陟列反　有邪似嗟反　敢侮亡甫反

春秋左氏音義之三　　一　　蘇

鱞寡古頑反　蘧里其居反　城巳惡如字巳猶太也本或作城巳惡矣　虞
度待洛反　狡焉交卯反　狡猾于八反　封疆居良反注同　唯然音維本或
作雖後人改也　暴掠音亮　勇夫重直龍反又直勇反　閉補計反又補結反一音戶旦反
不復扶又反　君後諸侯如字徐胡豆反　經九年之好呼報反
頃公音傾　傳九年魯復扶又反下同　強請其丈反　爲
祀于僞反下注爲魯下文爲歸汝陽同　逆叔姬絕句　我也本或作爲我也爲衍字　以御
魚呂反　以要一遙反　蹶父九衞反　爲女于僞反　相所息亮反　韓樂
音洛下同　施及以豉反　重勤直勇反又直用反　緑衣如字本又作禒吐亂反注同　邶
風音佩又作鄁　銅鞮丁兮反　伯蠲古玄反又音圭　使在所吏反　而縶
中立反　拘執九于反　使稅吐活反解也徐始銳反注同　泠人力丁反樂官也依字作伶　操南
音七刀反下同　公語魚據反　不背音佩下同　舍其音捨　少小詩照反

輿，音餘【法】輿盧本作與，云：從宋本改。案《文三年傳》亦作輿

僻，匹亦反【法】僻盧本作辟，云：從宋本

閉，一音户旦反【法】一音户旦反盧云：閉或作閈，故有此音

君盍戶臘反 浹辰子協反徐又音子荅 也夫音扶 管古顏反 蒯苦怪反
蕉在遙反 萃在醉反 代匱其位反 爲將並如字或于僞反非也本或作僞將
也 而紓音舒 晉使所吏反注及下同 勿亟紀力反急也或欺異反數也 脩好
呼報反 經十年見生代賢遍反 獳卒乃侯反
傳十年糴徐徒弔反一音杜敎反又士弔反 茷徐扶發反一音蒲發反又蒲艾反 大宰
音泰 之使所吏反下及注使在同 公子繻音須 立髡苦門反 頑如字徐五班反 州
蒲本或作蒲州滿 爲質音致 卷縣音權字林立權反如淳漢書音同 被髮皮寄
反 搏膺音溥 而踊音勇 壞大門音怪下同 及寢門一本無及字 公
覺古孝反 求醫於其反 懼傷我絕句 焉徐於虔反一讀如字屬上句 逃
之絕句 居肓徐音荒鬲也說文云心下鬲上也 肓鬲音革 攻之音工 達
之不及達鍼也 鍼也音針 甸人徒練反 饋人其媿反 爲之如字 張
中亮反腹滿也注同
大百八十六 小三百六十中 春秋左氏音義之三 十一 陳囯才
成下第十三 杜氏 盡十八年
經十一年郤犨尺由反 僑如其驕反 傳十一年且莅
音利又音類 不娉本亦作聘匹政反 叔肸許乙反 無媒亡回反 爲姒音似
失儷力計反耦也 沈其徐直蔭反注同一音如字 已不能音以又音紀 庇其
必利又音祕 伉苦浪反敵也 不復扶又反下文注復出皆同 惡惠烏路反 伯與音餘
本亦作與 于鄄音絹 前好呼報反注同 鄇田音侯字林音候 候人如字本又作音
人音侯 單襄音善 與檀徒丹反 勞文力報反 狐溱側巾反 華
元戶化反 令狐力丁反 史顆苦果反 而背音佩卷內皆同 經十二
年瓅澤素果反依字宜作瑣 傳十二年之難乃旦反 公子
罷音皮 好惡並如字又上呼報反下烏路反 菑危音災 交贄本又作摯之二反

亟，紀力反，或欺異反【法】欺異盧改欺冀，非

糴，徐徒弔反，又士弔反【法】糴盧改糶，非，詳阮氏《校勘記》。士弔反阮云：北宋本士作土，是也

卷，音權，《字林》立權反【法】立盧本作丘，是，見《莊公二十三年經》

無壅於勇反有渝羊朱反殛本亦作極紀力反誅也注同甲必爾反使也本亦作
俾隊其類反失也注同胙國才故反成好呼報反盡閒宋之閒閒廁
子反相息亮反而縣音云注同云莫音暮本亦作暮施及以豉反重
之直用反加遺唯季反焉用於虔反之治直吏反下注治世同閒於
音閑注同享宴許丈反舊又許亮反本亦作饗宴音於見反徐於顯反不倚於綺反則
折之設反朝而直遥反朝曰朝徐音朝旦之朝以扞戶旦反蔽也赳赳居黝反一音居
醜反扞難乃旦反負冒莫報反又亡北反爲搏音博噬之市制反以
駁邦角反能爲于僞反干城戶旦反本亦作扞又如字以語魚據反矣
夫音扶本亦無此字必復扶又反鄢陵謁晚反漢書音義一建反經十
三年郤錡魚綺反道過古禾反或古臥反伯廬力吳反本亦作盧
傳十三年而惰徒卧反先使所吏反子從才用反爲介
大一百七十ラ 小四百四十ラ 【春秋左氏音義之三】 十三 相
音界輔相息亮反下同受脤市軫反宜社之肉也盛以音成盡力津忍反下
同執膰音煩祭肉也呂相息亮反注同逮我音代一音大計反相好
呼報反下同勠力相承音六嵇康力幽反呂靜字韻與飂同字林音遼辟麗上音避下力知反
畀我必爾反本亦作俾下及注同躬擐音患甲冑直又反跋履蒲末反草行也
之疆居良反埸音亦不詢思巡反謀也擅及市戰反恐懼丘勇反
蔑死我君本或以我字在死上非迭我直結反徐音逸殺地戶交反奸
絕音干費符味反滑于八反緱氏古侯反撓亂乃卯反徐許高反傾
覆芳服反下同之隕于敏反下同事見賢遍反逞志勑景反快也欲
闕其月反徐如字蝥賊莫侯反爾雅蟲食苗爲蝥食節爲賊不悛七全反改也涑川
音速字林同徐息錄反又浮我芳夫反不復扶又反惠稱尺證反注同狄難
乃旦反箕音基一音其郜古報反芟所銜反痍音夷本又作夷傷也之聚才喻

勠，呂靜《字韻》與飂同，《字林》音遼【法】段玉裁校《字韻》作《韻集》

蝥，《爾雅》蟲食苗爲蝥【法】蟲食苗爲蝥，盧據《爾雅》苗下增根字

才偷反衆也注同 傲福古堯反 與女音汝下文皆同 同好呼報反一音如字 復

脩音服又扶又反 我寡君讀者亦作寡人 季隗五罪反 廧在良反 咎

如音羔 狄應應對之應注同 惡君烏路反下同 昊天戶老反 康共音恭

以懲直升反 昵就女乙反親也 要也一遥反 欲道音導 將中軍

子匠反凡將某軍者放此以意求之 趙旃之然反 欒鍼其廉反 晉帥所類反注

同 乘和繩證反注同 麻隧音遂 成差初佳反徐初宜反 不更音庚 女

父音汝 復不扶又反 侯麗力馳反 徑扶風音經 迓本又作訝五稼反迎

也 子般音班林作班 自訾子斯反 大宮音泰下同 子印一刃反 子

駹武邦反 負芻初俱反 守子又反 欣時如字徐云或作款亦音欣案公羊傳

作喜時宜音忻 經十四年 傳十四年 侯彊其丈反注

同 見賢遍反注強見下而見之同 又以爲如字或于僞反 雖惡烏路反 而宥

六一、三七五九一 春秋左氏音義之三 十三 郑

音又 子相息亮反注同 叔傲五報反本又作敖音同下同 享食音嗣 兕徐辭姊反 觥

古橫反 其觩徐音蚪又巨彪反一音巨秋反 好禮呼報反 所敗必邁反下同 復伐

扶又反 疆許居良反下同 舍族音捨注同 之稱尺證反 而晦呼內反 婉

而怨晚反 不汙憂于反曲也注同 懲惡直升反 子衎徐苦旦反 不內如字

徐音納 酌飲市略反又章略反 國也夫音扶 鱄也徐市戀反一音專 不聳

息勇反 舍其音捨或音赦 盡寘之豉反 經十五年 世

子成音城 共公音恭 欲挾音協 士燮息協反 無咎其九反 子

鰌音秋 同好呼報反 于葉舒涉反 傳十五年 將

見賢遍反 應天應對之應 不拘九于反 子囊乃郎反 以庇必利反又

音祕 暴隧音遂 數戰所角反 少司寇詩召反下同 鱗矔古亂反

向帶音帶本又作帶 大宰音泰 戌在音恤 故去起呂反 於雎

般，音班，林作班【法】阮校北宋本、葉鈔本林作亦，是也。盧據山井鼎，林上補亦字，非 ○欣，如字，徐云：或作款，亦音欣【法】款盧改欵，無據。阮氏謂欣、款同韻同聲，不誤，又引《集韻》二十一欣收款爲證，亦未確。偉疑爲歖之譌

相，息浪反【法】浪盧改亮，是，北宋本、葉鈔本同

觩，徐音蚪，又巨彪反【法】巨彪與音蚪非異讀，未詳其說，疑又字衍耳

音雖徐許惟反又音綏 得復扶又反 登丘而望之則馳絕句 騁而
勑景反 睢澨市制反木涯也 水涯本又作崖魚佳反一音宜 決壞音怪 登陴
毗支反 樂裔以制反 州犂力兮反 而驟仕救反 民惡烏路反 子
好呼報反 於難乃旦反 傳見賢遍反 經十六年雨木
冰如字公羊傳云雨而木外也舊子付反 著樹直略反 欒黶於斬反徐於玷反 鄢
陵謁晚反又於建反 苕丘音條 非使所吏反 刺公子七賜反爾雅云殺也
依字作刺 傳十六年 近鄭附近之近 將鉏仕魚反徐在魚反 諸
汋七藥反徐音酌一音市藥反 陂彼庇反 夫渠音扶 不儆京領反 覆之
徐敷目反一音扶又反又芳又反 汋陵音勺又七藥反一音常藥反 爲晉于僞反 居守
手又反 句耳古侯反 與往音預注同 非使所吏反 過申古禾反 正
邪似嗟反注皆同 下應應對之應 烝民之承反注同 敦厖莫邦反敦厚也厖大
六、七、十 小四、四八 春秋左氏音義之三 十四 推
也 其好呼報反 瀆齊徒木反 話言戶快反 奸時音干本或作干 而
罷音皮本亦作疲下注同 所底徐音旨一音之履反 吾不復見子矣扶又
反一本無復字 喪列息浪反下同 以紓音舒緩也 以遺唯季反下注問遺也同 集
睦集又作輯音同亦七入反 復從徐子容反音或如字 之亟去吏反數也 亟數所角
反 驕亢苦浪反 盍釋戶臘反 晨壓於甲反徐於輒反 而陳直覲反下
及注皆同 筰其側直反 范匄本又作丐古害反 行首戶郎反一音如字注同 營
壘力軌反 輕窕勑彫反又勑弔反 相惡如字又烏路反 王卒子忽反下皆同 而
囂許驕反徐讀曰噭五高反注及後同 諠況元反本又作喧 譁音華本又作嘩 巢車說文
作轈云兵車高如巢以望敵也字林同 爲櫓音魯 大宰音泰官名大者多同以意求之 張幕
音莫 塵上時掌反 爲行戶郎反下夾公行同 皆乘繩證反下同 左將子匠反下
去將同 帥所類反下元帥同 戰禱丁老反或丁報反 賁皇扶云反 故憚徒旦

汋，音勺，又七藥反，一音常藥反【法】常藥與音勺非異讀

底，徐音旨【法】底當作底

從，徐子容反，音或如字【法】盧云：音字疑衍

筰，側直反【法】阮云：北宋本直作百，是也〇匄，本又作丐【法】丐盧本改丐

反萃於似醉反國䠞子六反射其食亦反注及下射之同中厥丁仲反注同

陽長丁丈反激南古狄反有淖乃孝反徐徒徐反泥也共王音恭夾公

古洽反焉得於虔反冒也莫報反徐莫北反離局力智反注同遠其

于萬反掀公徐許言反云捧轂舉之則公軒起也一曰掀引也胡根反一音虛斤反字林云舉出也火氣也又丘近反潘

尪烏黃反之黨一本作潘尪之子黨案注云黨潘尪之子也則傳文不得有子字古本此及襄二十三年申鮮

虞之傳摯皆無子字蹲甲在尊反徐又在損反聚也一音才官反七札側八反徐又側乙反夸王

苦瓜反尚知音智詰朝如字注同言女音汝夢射食亦反下至使射呂錡皆同

中之丁仲反下及注皆同中項戶講反伏弢他刀反弓衣也韎韋莫拜反又音妹

徐莫蓋反之跗方于反注之樹反若袴苦比反而屬童玉反猶近

如字一本作與音預介者音界爲事于僞反使者所吏反注及下同令擅

伊志反揖也字林云舉首下手也杜溷戶昏反又戶本反茀府勿反翰胡徐音韓

大一百七十 小三百五十一 春秋左氏音義之三 一五 張自丁

諜音牒輅之五嫁反乘繩證反輕兵遣政反又如字不去起呂反

於熒戶扃反內旌音精叔山冉如琰反爲國故于僞反乃

射食亦反再發如字徐音廢盡殪於計反搏人音博中車丁仲

反折之設反又市列反軾音式子茷扶廢反謂夫音扶之麾許危反

曰臣人實反之使所吏反下免使者同好以呼報反下及注皆同閒暇音閑不

使所吏反又如字往飲於鴆反執榼苦臘反造于七報反得犒

苦報反從者才用反而復扶又反注及下同卒乘繩證反下同展陳

如字徇曰似俊反蒐乘所留反秣馬音末脩陳直覲反又如字蓐

食音辱申重直用反逸縱子用反能見賢遍反天敗楚也

夫音扶三日穀本或作三日館穀訓也君幼本或作君幼弱之覆芳服反臣

之卒從此已前皆子忽反初隕于敏反盡圖戶臘反壞隤戶怪反徐音懷

掀，徐許言反，一音虛斤反。《字林》云：舉出也，火氣也，又丘近反【法】盧云：火氣也乃焮字之訓，不當並引，此三字當爲衍文。偉案此三字上當有闕文，並丘近一讀當亦是焮字之音，蓋或有誤掀爲焮者，故辨證之耳

韎，莫拜反，又音妹【法】妹盧改妹，是，阮校同

中軍【法】軍盧改車，是，阮校本同

下徒曰反欲去起呂反晉難乃旦反子鉏仕居反女不可音洪儆
蒲京領反設守手又反未弭亡氏反有篡初患反殺音試不
復扶又反下及下文復請同以伯如字又音霸申守手又反下注同敢過古臥反又古禾反
食使者音嗣使音所吏反注同之介音界下文敢介大國同而後食一本
作聲伯而後食不與音預將主子匠反我斃婢世反稾丘力甚反苟
去起呂反下同淫慝吐得反下文同則夫音扶若朝如字吾爲于僞
反相二息亮反不衣於既反不食舊如字對上句應作嗣音偃與音預
其難乃旦反始見賢遍反亦閒徐音閒廁之閒讀者或如字語諸魚據
反不見賢遍反又如字注同經十七年北宮括古活反柯
陵古河反狸力之反脤市軫反玃俱縛反徐居碧反且子餘反傳十
七年虛滑起居反髡頑苦門反侯獳乃侯反爲質音致
大一百八十ソ小三百八十三ラ　春秋左氏音義之三　十六　陳升
戲童許宜反曲洧于軌反治曲直吏反驕侈尺氏反又尸氏反難
將乃旦反下同祝我之又反與婦人如字徐忻預反于闕音突巷門也相
冒亡報反謫我直革反責也譴責遣戰反相靈息亮反下相施氏同
處守手又反而索所白反注同頃公音傾刖鮑音月又五刮反匡句
須其俱反之知音智鄉日許亮反本亦作向危行下孟反涉洹
音桓一音恒今土俗音袁林慮力於反長樂音洛下樂平縣同瓊求營反玉也瑰
古回反珠也含象戶暗反本亦作含言之之莫音暮戒數所角反崔
杼直呂反以難乃旦反下及注同盧降下江反自鄢一本又作自鄢陵
盡去起呂反下文同而嬖必計反魚矯居表反而梏古毒反械也
戶戒反軍帥所類反居守手又反敵使所吏反君盍戶臘反嘗
使所吏反又如字覘之勑廉反伺也音同又絲嗣反射而食亦反不偪

彼力反下同易有以豉反信知音智下同清沸甫味反䧺徒回反結祍
西甚反徐而鴆反坐處昌慮反一朝如字爲軌本又作宄音同御姦魚呂反下
同不施如字或式豉反違去起呂反下同厭少詩照反焉用於虔反道
吳音導下及注同伐駕如字一音加釐力之反虺許鬼反橐師
他洛反經十八年復入扶又反鹿囿音又遣輕遣政反
士魴音房于虛起居反朾他丁反傳十八年一乘
繩證反注同其少詩照反菽麥音叔易別以豉反下彼列反癡者
勑疑反齊爲于僞反之難乃旦反王湫子小反徐子鳥反犇萊
音來殺絕音試施舍如字一音始豉反止逋布吳反逮鰥古頑反涇
慝他得反賦斂力驗反宥音又罪戾力制反節省所景反下同
不從子用反本亦作縱魏相息亮反魏頡戶結反魏顆苦果反孝弟音悌本或作悌

渥濁於角反右行戶郎反士蔿下委反辛將子匠反下軍將同
弁皮彥反本又作卞下同絅居黝反校正戶孝反注同共時音恭本亦作供下文同
省卿所景反令軍力呈反鐸待洛反遏於葛反徐音謁訓卒子忽反
乘繩證反下及注皆同六騶側留反之長丁丈反軍帥所類反下之帥爲帥皆同
以復扶又反下及注復入皆同以上時掌反取朝如字郲古洽反城郜古報
反三百乘繩證反惡其烏路反曰復歸音服一音扶又反以惡
曰復入本或作以惡入曰復入西鉏仕居反徐在居反吾音魚西鉏吾人名也無
猒於鹽反猶憾戶暗反以閒如字又閒廁之閒吾釁許靳反而披
普彼反注同分也崇長丁丈反患難乃旦反勞公力報反語之
魚據反注同來見賢遍反台谷勑才反一音臺彘季直例反世適
丁歷反襄元襄公名午成公子母定姒謚法因事有功曰襄辟土有德曰襄第十四杜氏盡九年

經元年魯與音預于鄫才陵反公孫剽匹妙反字林匹召反
傳元年爲宋于僞反彭城降戶江反注同歸寘之豉反瓠
丘徐侯吳反音戶故反東垣音袁爲質音致其郛芳夫反元帥所類
反於洧于軌反焦夷如字徐在堯反不與音預鄫縣才河反又子旦反
迂迴音于繼好呼報反經二年伯睔古困反徐又胡忖反甯
殖市力反齊姜如字謚法執心克莊曰齊或音側皆反非傳二年伐
萊音來正輿子音餘本亦作與以索所白反謚應應對之應年末同其
行下孟反美檟古雅反木名爲櫬初覲反棺也養姑徐余亮反話
言戶快反善也哲知音致下同爲不哲矣一本作不爲哲矣不妣必履反
公適丁歷反本亦作嫡烝之承反畀必利反與也注同以洽戶夾反孔偕音皆
偕徧音遍越疆居良反齊竟音境負擔都暫反射楚食亦
[illegible] 春秋左氏音義之三 十六 文玉
反非異人任音壬注同絕句一讀至人字絕句不爲于僞反若背音佩棄
力脈本作棄功誰暱本又作昵女乙反徐乃吉反復憂扶又反下文復復會同
經三年長樗勑居反單子音善袁僑其驕反傳三
年鄧廖力彫反組甲音祖下皆同被練皮義反徐扶僞反注及下同要
於遙反咎子其九反憂恚一僞反子相息亮反皆同介在音界晉
爭爭鬭之爭爲鄭于僞反吳好呼報反不易以豉反注同多難
乃旦反年內同虞度待洛反于邾音而解狐音蟹爲諂他檢反爲
比毗志反能舉善也夫音扶絕句一讀曰夫爲下句首頃公音傾亂行
戶郎反注同行陳直覲反用鉞音越公跣先典反無重直用反注同禮
食音嗣注同又如字特爲于僞反經四年傳四年
爲陳于僞反鮦陽孟康音紂直九反一音童或音直九反非有咎其九反下同肆

瓠，徐侯吳反，音戶故反【法】音上疑有脱字，《注疏》本上有一字

睔，古困反【法】盧云：宋本困作困，疑譌。偉案作困是也。《集韻》睔與困、忖同部，不與困同部

棄【法】棄盧依宋本改弃

相，息亮反，皆同【法】皆盧改注，是

夏戶雅反注及下同　奏九夏一曰王夏二曰肆夏三曰韶夏四曰納夏五曰章夏六曰齊夏七曰族夏
八曰祴夏九曰驁夏　肆夏一名樊國語云金奏肆夏樊遏渠杜遂分爲三夏之別名呂叔玉云肆夏時
邁也樊遏執競也渠思文也　韶夏上招反　名遏於葛反　夏納本或爲納夏誤　名
渠其居反　子貟音云徐于貧反　通使所吏反下注及文皆同　藉之在夜反薦也
舍其音捨　而重直用反下皆同　敢與音預下及與同　牧伯目　徐音　相樂
音洛　以勞力報反注以此勞同　騑騑芳非反　咨諏子須反　咨度待洛反下文注
同　咨詢音荀　咨難乃旦反　不過古禾反　君長丁丈反注同　爲
已于僞反下注爲定姒爲言下爲執事同　蒲圃布古反　場直良反　不御魚呂反止也注
同　須句其俱反　顓音專　臾羊朱反　之比必二反　蓋相息亮反　朝
夕如字　褊小必淺反　不共音恭　顚借子亦反注同　閒陳閒廁之閒　伺
音司　閒音閑又閒廁之閒又如字　其使所吏反　夏訓戶雅反下注皆同　后羿音詣
春秋左氏音義之三　十九　明
自鉏仕居反　大康音泰　中康音仲下同　子相息亮反下及注同　熊髡
苦門反　尨莫邦反　圉魚呂反　寒浞仕角反徐在角反　樂之音洛下樂安同　詐
慝他得反後同　不悛七全反改也　而亨普彭反煑也　以食音嗣注同　有鬲
音革　生澆五弔反　及殪許器反　斟之林反　灌古亂反　于過古禾反注
及下同　干戈古禾反　掖縣音亦漢書作夜孟康音掖　之燼才刃反遺民也　少康詩照
反注及下同　后杼直呂反　官箴之林反　芒芒莫郎反遠皃　晝爲平麥
反分也　攸家如字本或作攸處　不擾如小反亂也　冒于莫報反貪也又亡北反　其
麀音憂牝也　鹿牡茂后反　可重直用反下文同　猶數所角反　不恢
苦回反大也　以好呼報反下文同　不懲直升反　荐居在薦反又才遜反聚也或云草也
易土以豉反輕也徐神豉反注同　可賈音古　不聳息勇反懼也　公說音悅
臧紇恨發反　狐駘徒來反徐勑才反　番縣本又作蕃應劭音皮一音方袁反白

韶夏【法】韶夏盧《考證》出昭夏，云宋本作昭夏，其書内仍作韶夏〇夏納，本或爲納夏，誤【法】夏納，本或爲納夏，誤，阮校北宋本作納夏，本或爲夏納，誤。偉案據上注則北宋本是也

番縣，本又作蕃，應劭作皮。白褎《魯國記》云，陳子遊爲魯相番子也，國人爲諱改曰皮【法】作盧改音，阮校北宋本、葉鈔本同。遊盧據《後漢書》改爲逸。阮云：魯相番從艸，盧本已改。盧云：番本有皮音，《漢書・古今人表》司徒皮，即《詩》之番也，不必定爲蕃諱。偉案盧說是也，惟應氏本讀皮如婆，不讀符羈切耳。白說之誤，師古已駁之

襃魯國記六陳子游爲魯相嗇子也國人爲諱改曰皮 目台吐才反 皆髽側瓜反 合
髻音計本又作結又作紒音同 朱儒本或作侏亦音朱 經五年子
巫云扶反 鄫見賢遍反 不復扶又反下同 傳五年愬
戎悉路反 淩虐白報反 奉使所吏反 覿鄫直歷反見也
賢遍反 之好呼報反 將爲于僞反 共王音恭 嚴斷丁亂反 挺
挺他頂反正直也 扃扃工迥反徐孔穎反明察也 背盟音佩 鄫近附近之近下文陳近
同 魯竟音境 致譴棄戰反 故復扶又反 所以見賢遍反 子
囊乃郎反 我喪息浪反 改行如字徐下孟反 民朝如字 城棣直計反一
音徒姝反 入斂力豔反 西鄉許亮反 宰庀匹婢反具也 無衣於既反
無食如字又音嗣 無重如字又直龍反 相三息亮反 私積子賜反
經六年 傳六年少相詩照反 狎戶甲反習也 長相

春秋左氏音義之三　二十　徐政

丁丈反 調戲徒弔反 梏華古毒反 以貫古亂反 其懦乃亂反又乃臥反
反 射子罕食亦反注同 幾日居豈反 射女音汝 不勝音升 見
且賢遍反注同 復託扶又反 堙之音因土山 環城戶關反又音患 傳於
音附 堞音牒女牆也一名俾亦謂之俾倪徐養涉反 王湫子小反徐子鳥反 共公音恭 遷于
郳五兮反本或作遷萊于郳萊衍字 其疆居良反 經七年郯子
音談 城費音祕 事難乃旦反 于鄬于軌反字林几吹反 于鄵七報反又采南反字
林千消反 所殺音試下同 爲書于僞反 上其名時掌反 傳七
年 啓蟄直立反 夏正戶雅反 隧正音遂 多難乃旦反 長
子丁丈反下師長同 好仁呼報反注及下同 靖共音恭下注同 介爾音界下及注同
參和七南反或音三 臣後胡豆反下文不後寡君同 子相息亮反下子駟相同 未嘗
後如字徐胡豆反 無悛七全反 委蛇於危反下以支反下同 召南上照反 爲

扃，徐孔穎反【法】阮校葉鈔本作徐孔穎反。偉案此亦本作穎而改爲穎也

鄵，又禾南反【法】阮云：北宋本、葉鈔本禾作采，是。偉案采南反者誤從參聲也

埶 于僞反 背君 音佩 經八年公子燮 悉協反 邢丘
徐音刑 悼難 乃旦反 傳八年復脩 扶又反 伯業 音霸
又如字本亦作霸 先之 悉薦反 辟殺 婢亦反罪也注同 子駟 許其反徐音怡 以
彊 居良反注同 子蟜 居表反 人壽 音授或如字注同 幾何 居豈反 之難
乃旦反 以紓 音舒 敬共 音恭 二竟 音境注同 而庛 必利反又音祕下同 不罷
音皮 背之 音佩至卷末皆同 杖莫 直亮反下同 完守 手又反或如字下手官弁注同
其咎 其九反下同 無適 丁歷反下同 騑也 芳非反 伯駢 扶賢反又扶經反
儆而 居領反 悉索 悉各反盡也注同一音所百反 女何 音汝 馮陵 皮冰反注同
啓蹠 其委反 傾覆 芳服反 所控 苦貢反引也 夫人 音扶注同 一个
古賀反注同 獨使 所吏反 以見 賢遍反或如字 摽有 徐扶妙反又扶表反落也 以
興 許膺反 今辟 音辟本多即作辟字後放此 彤弓 徒冬反 復受 扶又反

大九十三 小… 春秋左氏音義之三 二十一 王

城濮 音卜 衡雍 於用反 孫臧 如字徐才浪反 經九年于
戲 許宜反 傳九年畚 音本草器也 挶 九録反土轝也 具綆
古杏反汲水索 缶 方九反汲水瓦器 蕢 其位反 籠 力東反 輿 音預 汲索 悉各反 盈
鑒 戶暫反 所任 音壬 畜 勅六反本又作蓄 水潦 音老 繕守 手又反注守備同
巡行 下孟反下同 丈度 待洛反下同 之處 昌慮反 摽表 必遙反 隧
正 音遂 華閱 音悅 官庀 芳婢反見也下同 樂遄 市專反 皇鄖 音云
本亦作負音同 校正 戶教反注同 出馬 如字徐失遂反下同 武守 手又反下同 西鉏
吾 音魚 儆宮 音景 四鄘 本又作墉音同城也 般庚 步干反字亦作盤 以
禳 如羊反 湮濁 於角反 於味 竹又反徐丁遘反 以出 如字徐尺遂反 內
如字徐音納 鶉火 音純 得見 如字又賢遍反 閼伯 於葛反 相土 息亮反注同
契孫 息列反 之釁 許靳反 猶數 所主反下同 所更 音庚 遇艮

挶，九録反【法】盧云：挶《石經》從木作梮

輿，音預【法】輿盧改轝

摽【法】摽盧改標，云：六朝人木旁、手旁往往互用，今定正從木

守，手又反，下同【法】下乃丁之譌

古恨反 日云 如字猶無也讀者或音無 元亨 許庚反下同 論彖 吐亂反 以折
之設反 之長 丁丈反下同 嘉德 易作嘉會 而與 音預 而姣 戶交反注同徐
又如字服氏同嵇叔夜音效 士雃 苦田反 失選 息戀反注同 少於 詩照反下同 中
行 戶郎反 欒黶 於斬反 新軍將 子匠反 晉饑 音飢又音機 鄭
門 音專本亦作專 行栗 如字行道也栗表道樹 于汎 音凡 盛 音成 糇糧 音侯
乾食也 肆眚 生領反徐所幸反 人恐 丘勇反 鄭復 扶又反 敝罷
音皮 暴骨 蒲卜反注同徐扶沃反 以爭 爭鬬之爭注同又如字 未艾 魚廢反息
也一音五蓋反注同 公孫蠆 勑邁反 皆從 才用反 適子 丁歷反 使
介 音界注同 介猶間也 音間廁之間又如字 以要之 一遙反注強要下要人要盟皆同
強要 其丈反 歆其 許今反 墊 丁念反 隘 於懈反 所厎 音旨至也
以庇 必利反 能休 許虯反 復伐 扶又反下注同 閏月 依注讀爲門五日

大六七七五 小三六十三 春秋左氏音義之三 二十三 桂

陰阪 音反又扶板反 三番 芳元反 更攻 音庚 洧津 于軌反 冠而
古亂反注下皆同 盍爲 戶臘反 以裸 古亂反 謂灌 古亂反 卺酒
勑亮反 之祧 他彫反 罷戎 音皮徐音彼 中分 並如字徐音丁仲反 輸積
子賜反下同 聚 才住反 以貸 他代反 崇省 所景反 期年 音基本亦
作朞 于向 舒亮反

襄二第十五 杜氏 盡十五年

經十年 于柤 莊加反 偪陽 徐甫目反又彼力反本或作逼 妘姓 音云 不
復 扶又反 傳十年 壽夢 莫公反 相大子 息亮反注
同 賢行 下孟反 秦堇 徐音謹 步挽 音晚 縣門 音玄注及下同
郰人 側留反 紇 恨發反 抉之 烏穴反徐又古穴反 以出 如字一音尺遂反 狄虎
音斯 彌 徐音弥一音武脾反 爲櫓 音魯大楯也 大楯 常尹反又音尹 一隊 徒對

雃，苦田反【法】苦盧改苦，是，阮校本同

彌，徐音弥【法】弥盧改弭，因弥即彌也。偉案此書以同字異文爲音者甚多，如《曾子問》邇音迩之類，此不足爲難

反徐徒偎反 邶風音佩 及堞音牒徐養陟反 隊則直類反 而後扶又反注
同上時掌反 者三息暫反又如字 其斷徒亂反 以徇似俊反 水
潦音老 知伯音智 以几本又作机同 女成音汝下及注皆同 余瓛劣危
反 可重直用反 任乎音壬注同 帥卒子忽反 何貺音況賜也 有
禘大計反 題以大兮反識也 旌夏戶雅反注同 師帥所類反 題
識申志反又如字下同 其行戶郎反 卒見寸忽反 去旌起呂反 及著
徐都慮反一音除慮反 雍於用反 桑林見賢遍反注同 祟見息遂反 請
禱丁老反 疾差初賣反 夷𠗂芳夫反 令居力呈反下令在勸令同 秦
丕茲一本作泰不茲 于訾言毋子斯反下音無 師數所角反 疲病音皮
問繇直救反兆繇之辭 而喪息浪反下同 禦寇魚呂反 孫蒯苦怪反
爭競爭鬬之爭下文有之爭同 幼少詩照反 任其音壬 間諸侯間廁之間
春秋左氏音義之三　二三　有
故長丁丈反 田洫況域反 堵氏音者或丁古反 皆喪息浪反下同 封疆
居良反 子嬰許其反本亦作熙又音怡 知難乃旦反 其處昌慮反 不
儆音景 公孫夏戶雅反 尨羣匹婢反 閉藏才浪反又如字 完
守手又反 七乘繩證反 尉翩音篇 政辟婢亦反 得與音預下魯不與
同 請爲于僞反 至治直吏反 城梧音吾 鄭復扶又反 覺
賢遍反下同 還鄭本又作環戶關反徐音患注同繞也 夾頳音穎 能御魚呂反
能庇必利反 難要一遙反 伯與本又作輿音同 王右音又注同助也 史
狡古卯反 以說音悅注同又如字 篳門音必篳門柴門也 閨音圭本亦作圭
竇音豆 從王才用反注同又如字 騂息營反字林許營反 旄音毛 王爲于僞
反 共祭音恭 東底音宜 之相息亮反下同 以賄呼罪反 不勝
音升 之長丁丈反 則何謂正矣何或作可設也 所右音又下同亦並如字

堞，音牒，徐養陟反【法】陟乃涉之譌，見上《六年音義》

著，徐都慮反【法】都盧改張，云：依宋本。偉案王觀國《學林》卷六引此亦作都，似不必改

底【法】底盧改底，非

所左音佐下同亦並如字 其契苦計反注同 經十一年復在
扶又反 于亳蒲洛反徐扶各反 鄭與音預 良霄徐音消 傳十
一年更帥音庚 賦稅舒銳反 將復扶又反 僖閎音宏 詛諸
側慮反 五父音甫 之衢其俱反 相要一遙反 其乘繩證反注及下並同 壞
其音怪 足成將任反亦如字 不舍音捨 國幾音機近也注同餘音譏 說之
音挩 使彊居良反注同 埸之音亦注同 之難乃旦反 其莫音暮 于
向舒亮反 于瑣素果反 宛陵於阮反又於元反 濟隧子禮反下音遂 數
伐所角反 罷於音皮 毋音無下皆同 蘊年紆粉反 毋壅於勇反
留慝他得反下同 速去起呂反 同好惡並如字或讀上呼報反下烏路反
將王將丈反助也 閒間厠之間 茲命本或作茲盟誤 大祖音泰凡大祖大廟大
宮皆放此 之比必利反 已姓音紀或音祀 任姓音壬 殛之紀力反注同誅也 俾

春秋左氏音義之三　二十四　建

失本又作[illegible][illegible]反 隊命直類反 踣其蒲北反徐又敷豆反 斃婢世反 大
夫詹之廉反 不與音預 以復扶又反注同 石奠[illegible]略反 以攝
如字又之涉反 言使所吏反注同 爲介音界 納斥徐音尺一音昌夜反 侵掠
音亮 叔肸許乙反 叔向許丈反 以藉在夜反注同 鮮不息淺反 赦
宥音又 師悝苦回反 師蠲古玄反又音圭 廣車古曠反注同 軘
車徒温反 淳十述倫反耦也徐又之倫反 五乘繩證反下及注同 二肆音四 縣
鍾音玄 其鎛音博 九合諸侯謂五年會戚又會城棣救陳七年會鄬八年會
邢丘九年盟于戲十年會柤又伐鄭戍虎牢十一年同盟亳城北又會蕭魚 與子樂之音洛一音
岳注同 殿天都遍反注及下同 便蕃音煩注同 數也所角反 庶長丁丈
反下及注同 鮑步卯反 御之魚呂反後放此 于櫟力的反徐夫灼反 易秦
以豉反 經十二年 圍台勑才反又音臺一音翼之反 入鄆音運

己，或音杞【法】音杞說見《文七年》及《十四年》，《注疏》本、盧本此處並同，不作祀。阮校北宋本、葉鈔本作祀，是也

悝，普回反【法】阮校北宋本普作苦，是也

櫟，徐失灼反【法】阮云：北宋本、葉鈔本、盧本失作夫，非也

不與音預　傳十二年　臨於力蔭反下同　嚮其許亮反或作向
於禰乃禮反　魯爲于僞反下告同　爲邢音刑　凡蔣將丈反案富辰所稱邢在
蔣下今傳在凡上未知何者爲是　茅亡交反　胙才故反　祭側戒反徐又如字　燕長丁丈
反下同　敢譽音餘又如字　非適丁歷反　先守手又反　劉夏戶雅反　秦
羸音盈　經十三年　取邿音詩　任城音壬　亢父苦浪反又
音剛下音甫　言易以豉反傳同　傳十三年　舍爵如字又音捨
俘馘古獲反　爲將于僞反　軍帥所類反下文無帥同　伯游長丁丈反
事見賢遍反　將佐子匠反　難其乃旦反或如字　什吏音十　卒乘
子忽反下繩證反　爲汏音泰　數世所主反　也夫音扶　休和許蚪反　有
好呼報反　之治直吏反　讒慝他得反　黜遠于万反又如字　不爭爭鬭之爭
其技其綺反　以馮皮冰反注同　少主詩召反　而喪息浪反　于鄢音偃
[illegible]　春秋左氏音義之三　二十五　明
以殁音没　窀張倫反厚也一音徒門反　穸音夕夜也　以共音恭下同　諸夏戶雅反
必易以豉反徐神豉反　三覆扶又反注同伏兵也　庸浦判五反　吴天胡考反
事閒音閑　先征息薦反　巡守手又反下同本又作狩　不習則增絶句一本
無增字則連下總爲句　焉用之於虔反本或作將焉用之　其使所吏反注同
經十四年　其使所吏反　雖介音界　惰慢徒卧反　傳十四
年爲吴于僞反注爲吴卒不爲同　務婁徐莫侯反下力侯反務又音如字婁或音力俱反　楚
使所吏反　迫逐音百　瓜州古華反　今燉徒門反　煌音皇　被普皮反
苫式占反　蓋戶臘反爾雅曰白蓋謂之苫　蒙冒莫報反　不腆他典反　與
女音汝下同　剖分普口反中分也　中分丁仲反又如字　漏洩息列反徐以世反　詰
朝起吉反下如字注同　無與音預注及下同　使復扶又反　裔以制反　胄直又反
毋是音無　狐狸力之反又作貍同　豺狼仕皆反　所嗥戶羔反　有殽戶交反

汰，音泰【法】汰盧改汏，是，阮校同

昊，胡考反【法】考盧本改作老，阮校北宋本同

戎亢苦浪反當也捕鹿音步徐又音賦掎之居綺反踣蒲北反又敷豆反僵也
僵也居良反離逷他歷反贄幣音至不與於會音預無瞢
莫贈反徐又武登反悶也一音武忠反青蠅以仍反凱悌開在反下徒禮反下文及注同子介
音界其使所吏反注同之長丁丈反季札側八反少弟詩召反適
子丁歷反奸君音干相傳直專反于竟音境朝邢如字下乃多反
如淳朝音株匏有白交反則揭起例反子說音悅棫林位逼反徐于日反一
音於鞹反饜惡烏路反從帥所類反下及注皆同多遺唯季反汏奓
昌氏反本或作侈又尺氏反而女音汝召公上照反注同公奭詩亦反所施如字又始豉反
爲之于僞反日旰古旦反晏也而射食亦反於囿音又入使所吏反又如字
公飲於鴆反之麋亡悲反本或作湄無拳音權有嬖心計反不解
音蟹欲先悉薦反并必政反帑音奴子也蘧伯玉其居反傾覆

大一八四 小四四五　春秋左氏音義之三　二十六　郑

芳服反蘧瑗于眷反知愈羞主反差也當差初賣反懼難乃旦反
反出竟音境下文皆同子蟜居表反近戚附近之近如鄄音絹故爲
于僞反下爲孫氏同公佗徒何反公差初佳反徐初宜反射爲食亦反下及注徐禮射一字皆同或
一讀射而禮平音食夜反背師音佩求中丁仲反兩軥其俱反徐又古豆反說文同云軛下曲者
服云車軛兩邊又馬頸者車軛於革反卷者音權又起權反子爲于僞反貫臂
古亂反一音官注同子鮮音仙適毋丁歷反舍大臣音捨之比必二反中
擲側乙反厚成叔本或作郈音同弔于衛本或作弔于衛侯侯衍字也使齊
在亦反發洩息列反大叔音泰之好呼報反又重直用反注及下同語
臧魚據反以守手又反弟鱄徐市轉反又音專以郲音來從而才用
反又如字注同不說音悅注及下同羔袖本又作褎在又反公孫剽匹妙反一音甫遥反
字林父召反相之息亮反唁衛侯魚變反徐作殆音唁弔失國曰唁糞土

奭，許亦反【法】阮云：北宋本許作詩，是也

袖，在又反【法】在當作似，此從、邪不分也

方問反 或輓音晚 或推如字又他回反 舍新軍音捨下及注同 知朔音智 之
長丁丈反 氄裘直例反 無帥所類反注同 未任音壬 出其君
如字徐出音黜 卬之音仰本亦作仰 雷霆徒丁反又音挺本亦作霆 寘神其位反 之
祀本或作之祀誤也 弗去起呂反 親暱女乙反 其難乃旦反 贅爲
詩音古 盲者莫庚反 以風方鳳反 箴諫之林反 士傳直專反注同
不與音預 非謗如字本或作誹音亦同又甫味反 其技其綺反 道人在由反徐又在
幽反又子由反 木鐸待洛反 徇於似俊反 鈴也力丁反 以從子用反本或作
縱 爲庸于僞反 囊殿多練反 不儆音景 之隘於懈反 要而
一遇反 險阨於責反 右我音又 世胙才故反 不壞如字服本作懷 繄烏兮
反 命女音汝 環戶關反 史佚音逸 仲虺許鬼反 侮之亡甫反 左
相息亮反 析羽星歷反 見意賢遍反 行歸下孟反注同 經十五年
大一八六 小四、卅五 春秋左氏音義之三 二十七 鄭ノ
傳十五年 令聞音問 重勞直用反 敢閒閒廁之閒 過魯
古禾反 公監古銜反 罷戎音皮又皮買反 蔿于委反 子馮皮冰反 從
子才用反 橐師音託 公子成音城 屈到居勿反 箴尹之林反
宮廄徐音救 無覦羊朱又徐音踰 無覬音冀 寘彼之豉反下同
周行戶郎反注及下同 周徧音遍下同 各任音壬 曰圻音祈 四十乘
繩證反下千乘同 師茷扶廢反徐音伐 爲質音致 子皙星歷反 女父
音汝 諸卞皮彥反 其相息亮反注及下皆同 易淫樂以豉反輕也 之矇
音蒙 不爲于僞反下文爲之攻之同 湨古歷反 鄉共音恭 皆喪息浪反
堵苟音者苟本或作狗 娶於七住反

經典釋文卷第十七 經四千九百二字 注一万一千八十六字

遒，在由反，徐又在幽反【法】在幽與在由同，徐殆不分幽、由爲二部也，再通考之

阨，於革反【法】阮云：北宋本、葉鈔本革作賣，是也

湨，古闃反【法】盧、阮並云：宋本作古歷反

經典釋文卷第十八

春秋左氏音義之四 起第十六盡第二十

唐國子博士兼太子中允贈齊州刺史吳縣開國男陸德明撰

襄三第十六 杜氏 盡二十二年

經十六年湨梁古闃反徐公壁反軹縣之氏反韋昭音枳重序直用反數侵所角反圍郕音成傳十六年彪也彼蚪反羊舌肸許乙反叔向許丈反就閒音閑乘馬繩證反烝于之承反冬祭也警居領反守手又反莒犂徐力私反一音力兮反比公音毗注同將爲于僞反下文爲夷同之使所吏反向戌舒亮反下音恤公孫蠆勑邁反子蟜居表反遂相息亮反從公才用反又如字注同棫林爲逼反徐于目反函氏音咸欒黶於斬反子格古百反湛市林反徐文林反一音直斬反

小三六大三千 春秋左氏音義之四 一 金

阪音反徐又扶板反復伐扶又反孟孺本又作孺如住反子速本亦作遬音同徼之古堯反要也要也一遙反好勇呼報反海陘音刑徐古定反魯隘於懈反禘祀大計反朝夕如字下同釋感胡暗反本亦作憾比及必利反之閒音閑中行戶郎反圻父其依反下音甫注同嶅嶅五刀反劬勞求于反句在占害反無鳩居牛反集也經十七年子牼苦耕反徐戶耕反桃虛起居反華臣戶化反傳十七年莊朝如字凡人名字皆放此司徒卬五郎反注同孫蒯苦怪反曹隧音遂越竟音境遂飲於鴆反重丘直龍反其瓶步經反而詢呼豆反罵也罵也馬嫁反愬于悉路反臧紇恨發反近防附近之近下居近澤門同郰叔側留反復還守扶又反又音服喑之音蔭以杙羊職反抉烏穴反徐又古穴反其傷如字一本作傷音羊爲齊于僞反皐比音毗侵易

法偉堂經典釋文校記遺稿卷十八

春秋左氏音義之四

清法偉堂著　邵榮芬編校

以豉反　以鈹普皮反　畀余必利反與也注同　必聘勑領反　惡之烏路反年末注
同　瘈狗徐居世反一音制字林作狾九世反云狂犬也　大宰音泰後放此　爲平公于僞
反　妨於音芳　農收如字又手又反　謳曰烏侯反　澤門如字本或作皋門者誤　之
皙星歷反徐思益反白也　之黔徐音琴一音其廉反黑也　執扑普卜反扶也　以行
下孟反　而抶恥乙反　吾儕仕皆反　有闔戶臘反　廬力居反　區區
丘于反小皃　有詛莊慮反　有祝之又反　分謗補浪反　鹿本又作麤　衰
七雷反本又作縗同注同　不緝七入反　苴七余反麻有二者也　絰帶直結反以苴麻爲絰及帶
杖竹杖也禮記云苴杖竹也　菅古顏反草也　屨也具反以草爲屨　食鬻之六反音羊
天反謂朝一溢米暮一溢米　倚廬於綺反廬倚東牆而爲之故曰倚廬　寢苫傷廉反編
草也　枕草之鴆反注同王儉云夏枕古冬枕草　枕由苦對反一音苦怪反　不解音蟹
經十八年之使所吏反　入竟音境　齊數所角反　負芻初俱反

大字小四四十　春秋左氏音義之四　二　金

傳十八年長子丁丈反或如字　純留徒溫反或如字地理志作屯　爲曹于僞
反　所殺申志反　首隊直位反　跪而其委反　奉之芳勇反　梗
陽古杏反　巫皐古刀反　二觳古學反　而檮丁老反一音丁報反　怙恃音戶
棄好呼報反　背盟音佩　謂數所角反　實先悉薦反　後之
戶豆反　守宦手又反又如字　敢復扶又反下注復次同　沈玉音鴆或如字　魯濟
子禮反　禦諸魚呂反　塹防士豔反　廣里古曠反注同　析文星歷
反　敢匿女力反　千乘繩證反　子盍戶臘反　公恐曲勇反　斤
山澤音尺一音昌夜反　必旆步蓋反　䟽陳直覲反注同　乃脫勑活反注同一
音他外反　旗識申志反一音赤志反　夜遁徒困反　聲樂音洛注同　班別彼列
反　連大並如字　塞隧音遂道也　而殿丁練反下及注同　郭最徐子會反
於隘於懈反　射殖食亦反下注同　中肩丁仲反　矢夾古洽反或古協反

扑【法】扑盧云：字當作朴

屨，也具反，以草爲屨【法】也盧本作九，是，北宋本、葉本同。阮云：北宋本、葉
鈔本爲屨作爲履

脫，勑括反【法】勑括盧改吐括。偉案此類隔也，本書甚多，何獨改此
旗幟【法】阮云：北宋本、葉鈔本幟作識，是也

脰音豆頸也其衷音忠殺女音汝乃弛式氏反本又作施音同亦舍音捨皆
衿其鴆反城守手又反克郣音詩雍門於用反之萩音秋本又作秋
示閒音閑其楢勑倫反又相倫反木名劉難乃多反或如字左驂七南反迫
音百還于音旋一音患以枚每回反馬檛也數所主反注同闔戶臘反門板馬檛
陟瓜反不恐曲勇反郵棠音尤扣馬音口略行下孟反以輕遣政
反下同斷鞅音短及維本又作濰音同水名及沂魚依反東莞音官蓋
縣古害反下邳蒲悲反入泗音四欲去起呂反下同揚豚徒門反見
使所吏反難易以豉反於汾扶云反子西守手又反下同韡
縣尺由反犨然章延反入汴皮彥反蘧于委反本人作蔿子馮皮冰
反侵費扶味反滑于八反雍梁於用反右回如字徐胡猥反蟲
牢力刀反純門如字一音市荀反濰水音雌多凍丁弄反幾盡
大一八十四 八四十八 【春秋】之四 三 永
音析吾驟仕救反經十九年祝柯古多反漷水好虢反徐
音郭又虎伯反字林口郭口獲二反西郛芳夫反傳十九年督揚
丁毒反毋侵音無彊我居良反蒲圃布古反過魯古禾反如
鞌音安賄荀呼罪反乘馬繩證反又四馬爲乘同先吴悉薦反又如字壽
夢莫公反元帥所類反癉丁但反徐音旦疽七徐反生瘍音羊惡
創初良反及著張慮反又直慮反雍於用反請見賢遍反而視如字徐市
至反下同不可含戶暗反本亦作唅下同口噤其蔭反盥而音管其爲于僞
反下注爲懷子同乃復扶又反乃瞑亡丁反一音亡平反桓譚以爲荀偃病而目出初死其目未合尸冷乃合
非其本所知也傳因其異而記之耳兵并如字又必政反將中軍子匠反後放此召伯上照反下
同勞力報反來力代反之長丁丈反之仰如字徐五亮反下同膏雨如字徐古
報反常膏古報反又如字輯睦音集本又作集鑄鐘之樹反聲應應對

純，如字，一音市荀反【法】市荀即如字也，未詳○濰，音雌【法】雌盧本作維，是。

北宋本、葉本同

郛，芳扶反【法】阮校宋本、葉本扶作夫

瞑，一音亡平反【法】瞑與平不同部，據《文元年音義》則平疑千之誤

之應則借如字一音倩亦反且夫音扶彝器以之反而懲直升反娶
七住反其姪直結反鬷聲子公反中子音仲亦作仲下皆放此子嬖
必計反屬諸之蜀反注同立適丁歷反本或作嫡閒諸侯閒廁之閒衛
詩照反下注簡公猶少同崔杼直吕反黥其京反刖音月又五刮反不暴蒲卜反
於句古侯反瀆音豆灑藍色買反徐所綺反藍音力甘反之難乃旦反注及下同
甲守手又反下問守備同圭嬀居危反亞宋子於嫁反實相息亮反注同
號之徐胡報反召也一音户刀反將傅音附食高唐音嗣工僂吕侯反
夜縋直僞反醢衛音海大隧音遂控于苦貢反度齊待洛
反共子音恭蹷其徐求月反拔也一音居月反又居衛反經二十年
于向舒亮反于澶市然反縶汗音紆又近附近之近公子
燮悉移反傳二十年莒數所角反下同和解古買

大七五十
小五八廿
春秋左氏音義之四　四　永

反又户買反自復扶又反下始復同其好呼報反下皆同背楚音佩之偪彼力
反與於音預呼於大故反而去起吕反褚師張吕反段徒亂反
共公子音恭常棣大計反樂爾音洛妻帑音奴魚麗力馳
反樂只之氏反本亦作旨奉使所吏反之策初革反出其君
如字徐音黜有餕奴罪反餓也經二十一年以漆本或作淶
徐音七閭丘力於反商任音壬傳二十一年公姑姊
杜以公之姑及姊是二人也或曰列女傳稱梁有節姑妹謂父之
妹也此云姑姊是父之姊也一人耳以杜氏爲誤案成二年楚侵及
陽橋孟孫往賂以公衡爲質杜云衡成公子也楚師及宋公衡逃
歸臧宣叔云衡父不忍數年之不宴以棄魯國則公衡之年下計
猶十七八成公是其父固當三十有餘從成二年至此三十八歲
姑又成公之姊則年近七十矣假令公衡非成公之子猶是成公
之弟成九年伯姬歸于宋伯者長稱九年始嫁則爲成公之姊成
公不得有姊矣若成公則有庶長之姊以成公公衡之年推之亦
不復甚嫁故知二人也唯公羊以成公即位年幼據左氏成四年傳
云公如晉晉侯見公不敬公歸欲求成于楚得季文子諫而止此非年

借，如字，一音倩亦反【法】倩盧本作情，北宋本同。阮云：《集韻》廿一昔借讀秦亦切，引《春秋傳》計功則借人。偉案倩疑精之譌，《集韻》獨引此條，可知他處無讀從紐者

漆，本或作淶【法】淶盧改涑，阮以爲非

㓜也反覆推之杜氏不誤 妻之七計反下同 其從才用反下同 子盍胡臘反下盍反同 詰
盜起吉反治也 務去起呂反下皆同 皁牧在早反 凡八等之人謂皁輿隸僚僕
臺閭牧也 洒西禮反 濯直角反 軌度待洛反 不懲直升反 當令力呈
反 復討扶又反 公子鉏仕居反 叔孫還音旋 殺之申志反又如字 闞
地求月反 𦈢古典反緜衣也禮記云纊爲𦈢 衣裘於既反 鮮食息淺反少也下鮮過
并注同 瘠則在亦反 瘦也所又反 彊逐其丈反 不相能如字徐乃代反
幾亡其依反 不爲于僞反下文吾爲同 作難乃旦反 懷子好呼報反
施式䜴反 城著直據反又張慮反 易逐以䜴反 邴豫音丙 叔羆彼皮
反 不知音智下及注同 詩小雅案今小雅無此全語唯采叔詩云優哉游哉亦是戾矣 王
鮒音附 弗應應對之應下注同一本作不應 皆咎其九反 德行下孟反注同
較然音角 乗馹人實反傳也 無彊居良反下注同 有謩莫胡反 勳

大字九十九 小四百冊四 春秋左氏音義之四 重刊 五 捌

如字書作訓 宥之音又 鯀古本反 殛紀力反 大甲音泰 而相息亮反 右
王音又 宣子說音悅 之乘繩證反 入見公賢遍反下文始見并注同 言
爲國于僞反下不爲巳亦爲子皆同 姑叔丁故反 禍女音汝下同 人閒閒廁之閒 於
難乃旦反 掠之音亮 守臣手又反注同 罪重直用反注同 郊甸徒練反
伏竄七亂反 輔相息亮反 保任音壬 傚之戶教反或作效 環轅音袁
錮欒音固 齊殺申志反下同 剽匹妙反 知起音智 中行喜戶郎反
邢蒯苦怪反 先二子悉薦反 欲與音預下同 其枚本亦作板 子
爲于僞反 嘗射食亦反 經二十二年 寵近附近之近
傳二十二年之守手又反 爲公于僞反 兩過古禾反 御叔魚呂反又
魚據反 焉用於虔反 多知音智又如字 而傲五報反 使人所吏反注同
不任音壬 之蠹丁故反 少正詩照反注下少牢同 孫僑其驕反 有戲

罷，彼皮反【法】音彼皮反，則字本作羆可知，此作罷乃傳刻之譌。《注疏》《傳》文作羆，而所附《釋文》作罷，則其誤久矣

許宜反 不共音恭下共杷同 觀釁許靳反 差初宜反又初佳反一音七何反注同 池徐本
作沱直知反一音徒何反注同 重之直用反 石盂音于 石臭勅略反 公孫夏
戶雅反下同 見於賢遍反又如字 胥酎直又反 與執音預 燔焉本又作膰音煩祭肉
也 間二年間廁之間又如字 先壇悉薦反 罷病音皮 荐至在薦反仍
也 不惕他歷反懼也 朝夕如字 堪任音壬 黑昡古弘反 盡歸津忍
反凡此例可求故時音之 復錮扶又反注同下復使下注復生不復行皆同 馬數所主反 十乘
繩證反 令富力呈反 君焉於虔反下焉入同 泄命息列反又以制反 轘
觀起音患車裂也 四竟音境下同 取殯必刃反 吾與音預 殺吾如字
一音試 遂縊一賜反 公子齮五綺反 屈建君勿反 弗應應對之應
不敢不見賢遍反 游眅普板反 大叔音泰 請舍音捨
襄四第十七 杜氏 盡二十五年

春秋左氏音義之四重刊 六

經二十三年 伯匄古害反 畀我必利反 復入扶又反注同 還與
戶關反 君爭爭鬬之爭 雍榆於用反 朝歌如字 爲之于僞反 廢
長丁丈反 亦少詩召反 輕行遣政反 傳二十三年喪
之如字徐息浪反 徹去起呂反 禮爲于僞反下注爲召下而爲並同 絕期居其反
懟二悉路反 使慶樂往絕句 從陳侯才用反又如字 板隊直類
反注同 其長丁丈反 析歸父星歷反 滕之以證反又繩證反 以藩方元
反注同 有鄣之亮反又音章 知不音智又如字 無咎其九反 所祐音又 而
鷸式羊反 午匿女力反 而飲於鴆反 偏拜音遍 原屏薄經反
之難乃旦反 知悼音智 子少詩照反注同 嬖於必計反 七輿音餘
王鮒音附 侍坐才卧反 以走如字一音奏 民柄彼命反 可強
其丈反下注強取同 無解徒賣反 墨縗七雷反本又作衰音同 冒莫報反 經

眅，呼板反【法】眅盧作販，是，阮校北宋本同。阮云：北宋本呼作普，與《玉篇》合。偉案《廣韻》同

直結反冒結以經冒其首也一云纏冒經三者皆墨之 内應 應對之應 臺觀 官奐反 備
守 手又反 既乘 繩證反下騎乘趣乘并注同 備隋 待果反 隊也 直類反
跳 徒彫反 上獻子 時掌反 左援 音袁 斐豹 音非一音芳匪反 督戎
丁毒反 閉著 陟略反 帥卒 子忽反 訟女 音汝注同 射之 食亦反 不中
丁仲反 又注 之住反注同 屬矢 之玉反 槐本 音懷 而覆 芳服反注同 轢
槐 音歷 斷 音短 肘 張九反 王孫揮 許韋反 召揚 上照反 申鮮虞
音仙 之傅摯 音至本或作申鮮虞之子傅摯 晏父戎 音甫 貳廣 古曠反注同
邢公 音刑 牢成 魯刀反一本作窂成 襄罷師 音皮徐音彼一音皮買反 狼蘧 音郎
踈 其居反 肱 起居反徐又音脅或起業反 侯朝 如字一音直遙反 桓跳 徒彫反 大殿
都練反注同 夏之 戶雅反 御寇 魚呂反 駟乘 繩證反 間大國 間廁之間
又如字 其咎 其九反 其難 乃旦反 欲殺 申志反下同 以說 音悅又如字 於
大一廿七 小四卌八 春秋左氏音義之四 七 永
背 音佩 二隊 徒對反徐徒猥反 登大 音泰 行 徐戶郎反一音如字 隘道 於懈反
熒 戶扃反 廷 音庭本亦作庭 築壘 力軌反 辟也 音辟 郫 婢支反 少水
詩照反少水地名下注孟氏之少立少同 京觀 官奐反 趙勝 音升一音申證反 晏氂 力之
反徐音來 無適 丁歷反 公彌長 丁丈反下皆同 公鉏 仕居反 紇也 恨發反 具
敝車 婢世反徐扶滅反 飲我 於鴆反下皆同 吾爲 于僞反下注爲定爲公鉏同 重
席 直恭反 新樽 音尊本亦作尊 復絜 扶又反下非復下文復戰同 澡之 音早
慍而 紆運反怨也怒也 位處 昌慮反 朝夕 如字 恪居 苦各反 舍旃
音捨 惡臧 烏路反下之惡子之惡我亦君所惡同 騶 側留反 豐點 都簟反徐之廉反
好 呼報反 羯 居竭反 弗應 應對之應 焉在 於虔反 疾疢 恥刃反
反 之療 力召反 將辟 婢亦反徐甫亦反注同 藉除 徐音借又如字藉亦借也 穿
藏 才浪反 隧正 音遂下文且于之隧同 申從 才用反上同一音如字 娶于 七住反

跳，徒彫反【法】徒彫盧云：《注疏》本作他彫，譌。偉案下《二十八年傳》作直彫反，與徒彫同

鑄之樹反 蛇丘音移 所冶直吏反 其姪大結反又丈一反 大蔡龜名也一云龜出蔡地因以爲名 宗祧他彫反 請爲先人于僞反下爲已請自爲請爲其先人下文遂自爲也同 知不足音智 要君一遥反下同 毋或音無下同 不聽吐定反 殺適丁歷反 蕩覆芳服反 盍以户臘反 誰居音基注同 猶與音餘 且干子餘反 杞殖市力反 華還胡化反下音旋 狹路户夾反 近莒附近之近 敝廬力居反 得與音預 臧孫聞之見賢遍反 齊侯絕句一讀以見字絕句齊侯向下讀 知之音智下同

經二十四年 陳鍼其廉反

傳二十四年 宜咎其九反 惡之烏路反 大饑居疑反又音機 以上時掌反注同 所治直吏反 事見賢遍反 隰叔徐入反 復爲扶又反下同 主夏户雅反注同 既没其立言今俗本皆作其言立於世撿元熙以前本則無於世二字 大上音泰 史佚音逸 周任音壬 宗祊布彭反注同 寓書音遇

大一・九四 小四・二五 【春秋左氏音義之四 八 禾

寄長國丁丈反 之難如字又乃旦反 之賄呼罪反 没没如字一音妹沈溺也 將焉於虔反 遠聞音問又如字 則樂樂則並音洛 也夫音扶下也夫同 臨女音汝 毋寧音無 浚我思俊反取也 以焚扶云反斃也服云焚讀曰僨僨僵也 焚斃婢世反 子説音悦 爲重幣于僞反下注魯爲同 子西相息亮反 介恃音戒因也注及下同 是以請請罪焉請並七井反徐上請字音情 薳啓彊其良反又居良反 蒐軍所求反 因閲音悦 數所主反 不戢側立反藏也 黔其廉反又其今反如淳音耿弇反 陬縣側留反又子侯反韋昭音諏 討其音基又如字漢書作斤如淳斤音基 張骼庚百反一音古洛反 輔躒力狄反徐音洛 宛於元反 射犬食亦反徐神后反 子大叔音泰 卑下遐嫁反 常分扶問反 部蒲口反徐扶苟反 婁本或作塿路口反徐力侯反部婁小阜也 小阜扶有反 在幄於角反帳也 而後食音嗣 御廣古曠反注同 已皆乘乘車下乘字繩證反注及下皆同 皆踞

婁，本或作塿【法】阮云：北宋本、葉鈔本塿作塿，是也

踞，俱盧反【法】阮校北宋本俱作居，盧校《注疏》本同。偉案作居是也

處反轉張戀反注及下同衣裝也一音張巒反衣裝側良反一本作囊取胄直救反
於橐古毛反入壘力軌反搏人音博徐甫各反挾囚音協復踣
扶又反下復討同曩者奴黨反曏也怯也去業反之亟居力反急也注同爲
楚于僞反下注同荒浦判五反師祁犂力兮反又利之反城郟古洽反
公孫揮許韋反降下戶嫁反又如字以語魚據反鬷蔑子公反下
人戶嫁反言易以豉反且夫音扶知人音智亡釁許覲反
經二十五年雖背音佩重丘直龍反衞衎苦旦反吴子
遏於葛反徐音謁傳二十五年爲晉于僞反下爲己娶同孟
公綽昌若反徐本作卓音綽使偃取之如字又七住反注同音七住反注本或作娶字辯
別彼列反坎下苦敢反兊上徒外反巽下音遜中男丁仲反風隕
于敏反不可取七住反注同其縣直又反蒺音疾藜力私反無應

春秋左氏音義之四　九　宗

應對之應則喪息浪反救嫠也本又作嫠力之反寡婦也驟如愁又反徐在遘反閒
伐閒廁之閒注閒晉之難同之難乃旦反欲殺申志反以説音悅又如字又近
附近之近下近於公宮并注同乃爲于僞反下旨爲下注爲崔子同且于子餘反公拊芳甫反拍
也楹音盈衆從才用反重言直用反別下彼列反陪臣干徐云
讀曰犴胡旦反注同服音如字掫側柳反徐又子俱反一音作侯反説文云掫夜戒有所擊也從手取聲字林同音子侯反服本
作諏子須反云謀也今傳本或作諏猶依掫音行夜也下孟反下同又射食亦反之中丁仲反
股音古反隊直類反封具求付反鐸父徒洛反僂力侯反堙音因
祝佗徒何反不説他活反弁皮彥反申蒯苦怪反監取古銜反以
帑音奴鬷蔑子公反死難乃旦反下皆同豈爲于僞反注皆爲及下文同私
暱女乙反敢任音壬當也而殺申志反吾焉於虔反下同枕尸之□反
同三踊羊寵反叔孫還音旋而相息亮反下同大宮音泰注同曰

藜【法】藜當作蔾，再考

干，徐云：讀曰犴，胡旦反【法】案犴當作豻，故音胡旦反。若作犴，則當讀如岸矣

掫，側留反，《説文》云：掫夜戒有所擊也【法】阮云：北宋本留作柳，是也。案側當作則。偉案留當作柳，以《昭二十年》證之，誠是，云側當作則，則非也。盧本依《説文》戒下增守字，又云：《昭二十年正義》所引亦無守字，疑所見本不同。阮云：《廣韻》十九侯、《集韻》四十四有引並有守字

所不與崔慶者 本或此下有有如此盟四字者後人妄加 乃歃 所洽反又所甲反
故復 扶又反 以帷 位悲反 縛其 直轉反 虞乘 繩證反 推而
如字又他回反 知匿 女力反藏也 其暱 女乙反親也 及弇 於檢反又於廉反 狹道
音洽 枕轡 之鴆反 食馬 音嗣 瘞 於滯反 埋之 無皆反 四翣 所甲反
不蹕 音必止行也 七乘 繩證反注下七百乘同 自泮 普半反 以莊公說
如字又音悅注同 隰鉏 仕居反 獨使 所吏反 三十帥 所類反注及下注將帥同 正
長 丁丈反注同 處守 手又反注處守同 守國者 如字或手又反 宛沒 於元反
陳隧 音遂徑也徐又徒猥反下同 井堙 音因塞也 木刋 苦干反除也 隧徑 古定反
無別 彼列反下文同 親御 魚呂反 侵掠 音亮 陳侯免 音問注同徐又音万
喪冠也 擁社 於勇反抱也社社主也 而纍 類悲反一音呂軌反 執縶 陟立反 而
見 賢遍反注同 數俘 所主反注但數同下芳夫反 祝袚 芳弗反徐音廢 少弭 亡氏反
大字八十八 小字多卅 春秋左氏音義之四 重刊 十 拼
道之 音導 郯之役 扶必反 左廣 古曠反 遽以 其據反 子捷
在接反 子駢 蒲賢反又蒲丁反 子盂 音于 墊 丁念反方言云下也 隘 於懈反
私卒 子忽反下同 陳以 直覲反注同 後駐 張住反 復逐 附又反下復伐陳同
傅諸 音附 舒鳩潰 戶內反 虞閼 於葛反 大姬 音泰 妃胡公
音配本亦作配 之長 丁丈反 三恪 苦洛反 五父佗 徒何反 夏氏 戶雅反
播蕩 補賀反 介恃 音戒 以馮 皮冰反 可億 於力反 逞 勑景反 億
度 待洛反 其衷 音忠 開道 音導 其辟 婢亦反注同誅也 一圻 音祈 以
衰 初危反注同差降也 數圻 色主反下數甲兵數疆潦各并注同 城濮 音卜 能詰 起吉
反 相鄭 息亮反 以足 舊將住反又如字下反注同 使疕 匹婢反治也 度山 待洛
反注及下注同 以共 音恭 藪澤 素口反 焚燎 力召反 之處 昌慮反 辨
別 彼列反下同 表淳 音純 鹵 音魯淳鹵埆薄之地也說文云鹵西方鹹也 埆薄 音學

辨別【法】阮校北宋本、葉鈔本辨作辯

鹵，《說文》云：鹵，西方鹹也【法】鹹也盧依《說文》改也爲地

疆居良反注同 潦音老 規偃於建反一音如字 豬陟魚反尚書傳云停水曰豬
町原徒頂反 防隄丁兮反 小頃苦穎反 牧隰州牧之牧 衍沃以善反賈云下平曰衍有流曰沃
量入音良又音亮注同 步卒子忽反 甲楯食準反又音尹
器杖直亮反 而脛遺攴反 獲射食亦反下同 必殪於計反死也 疆
其居良反 鷹於陵反 鸇之然反徐又居延反 以語魚據反 朝夕如字 不
說音悅注同訃作闔容也 匪解佳賣反 弈音亦圍棋也 棋音其
襄五第十八 杜氏 盡二十八年
傳此傳本爲後年脩成當續前卷二十五年之傳後崩編爛脫後人傳寫因以在此耳 城郲古洛反
別二十彼列反 涖盟音利又音類 伯車音居 鍼也其廉反 傳爲
于鄬于詭反 特跳直彫反 傳寫直專反一本作轉 經二十六年君
剽四妙反 背國音佩 于澶市延反 以駮邦角反 世子痤才禾反
春秋左氏音義之四　十一
惡其烏路反 傳二十六年 子貞音云 不應應對之應
暴骨蒲卜反徐扶沃反 道二國音導 能御魚呂反 拂衣芳弗反 騫
裳起虔反本或作褰音同非也說文云褰絝也 於治直吏反 而力爭爭鬭之爭 己
侈昌氏反又尸氏反 子鮮音仙 爲復于僞反注同 敬姒音似 強命其丈反
蘧伯玉其居反 瑗于眷反徐于万反 今殺申志反 誰畜許六反注同容也一
音楊六反 請使所吏反 可還音環 遂見賢遍反一 淹恤於廉反徐於嚴反又
也 猶夫人也夫音扶 孫襄居守手又反 復攻扶又反下復愬同 於
竟音境 頷之本又作頷五感反搖頭也 易生以豉反 大叔音泰 朝夕如字 負
羈居宜反 紲息列反 扞戶幹反 牧圉魚呂反下同 復愬悉路反 先
輅音路本亦作路 先八邑徐悉薦反下同或如字 降殺所界反 見經賢遍反
人爲于僞反 及雩音于徐況于反如淳同韋昭音虛或一呼反 婁如字徐力俱反如淳音樓

騫裳，本或作褰，音雖同，非也【法】盧本非也上增義字

頷，本又作頷，五感反【法】頷盧改顉，云：以《説文》、《玉篇》定作顉，又云：五感《注疏》本作户感，亦非，今從宋本改　復愬，悉路反【法】復愬盧云：按上文孫氏愬於晉，下文始言復愬，今爲愬字作音，不當併連復字，下當有復愬扶又反，疑傳寫者失之。偉案上文復攻條下已云下復愬同，則必不重爲作音，此復字直是衍文耳

城麇九倫反 皇頡戶結反 穿封戌音恤 易以豉反 別識彼列反
上其手時掌反下注同 介弟音界 道囚音導 抽戈勑留反 印一刃反
堇父音謹 以爲請于僞反又如字 更遣使所吏反 疆戚居良反注同
不得與音預 女齊音汝 爲衛侯故于僞反下爲臣注爲林父爲臣同 嘉
樂戶嫁反注同 相齊息亮反下同 蓼蕭音六 大平音泰 緇衣側其
反 黎兮七且反 違遠于万反 宗祧他彫反 見周書賢遍反 將
仲子兮將音七羊反注同本亦無兮字此依詩序 鄭七穆謂子展公孫舍之罕氏也子西公孫 穆公十
夏駟氏也子産公孫僑國氏也伯有良霄良氏也子大叔游吉游氏也子石公孫段豐氏也伯石印段印氏也
一子謂子良公子去疾也子罕公子喜也子駟公子騑也國公子發也子孔公子嘉也子游公子偃也子豐也子印也子
羽也子然也士子孔也子然二子孔巳亡子羽不爲卿故止七也 宋芮如銳反 諸隄徐丁兮反沈直兮反
共姬音恭 長而丁丈反 而婉紆阮反 而很胡墾反 而惡烏路反下皆同
小四百六十 大一千七七 春秋左氏音義之四 二 婁
惠廧音牆或作牆 伊戾力計反 復發扶又反 夫不音扶注同 惡安
音汝 敢遠于万反 好之呼報反 敢近附近之近 有共音恭本又作供下同
歛用口感反 盟處昌慮反 而聘勑景反 聒而古活反下同讙也 讙
也呼端反 乃縊一賜反 乃亨普彭反 使饋其位反 先之悉薦反又如字
左師令力呈反 使者所吏反下文通使同 左師諛羊朱反 使夏戶雅反
先下遐嫁反 子朝如字 娶於七住反 子牟亡侯反 爲申公如字
舊于僞反 爲國于僞反 杞梓徐上音起下音子皆本名也 不僭子念反下皆同 不
濫力暫反 殄徒典反盡也 瘁在醉反病也 怠解佳賣反 爲之于僞反下
爲之不舉同 則飫於據反饜也 饜也本亦作厭於豔反下同 饌仕眷反 朝夕如字
救療力召反治也 析公星歷反 人寘之豉反 之殿多練反注同 將遁
徒困反 輕窕徐勑堯反又通弔反 易震以豉反 鈞聲音均除居旬反 宵

歛，古感反【法】古盧本作苦，王觀國《學林》引作口

潰戶內反 桑隧音遂 申麗力馳反 復侵扶又反 華夏戶雅反
之鄐許六反徐又起六反 蒐所留反 乘繩證反 閼也音悅 秣馬音末 蓐
食音嗣 師陳直覲反 降彭城戶江反 而雍害於勇反注同 之
邢音刑 譙國在遙反 酇縣才多反又子且反或作贊 楚罷音皮 事見
賢遍反 伯賁扶云反下同 鄢陵音偃 晨厭本又作壓於甲反徐於輒反 而
陳直覲反下成陳并注同 精卒子忽反 欒范易以豉反注及下易成同賈音亦 行戶郎
反注及下同賈音銜 欲令力呈反下同 不復扶又反下復注同 郤錡魚綺反 四萃在醉
反 師熸子潛反火滅為熸 娶於本又作取七住反 女賓音汝 許恚一睡
反 為許于僞反下為國同 昧於音妹 貪冒亡報反又亡北反 釁於許覲
反 以足子住反又如字 子展說音悅下注同 不禦魚呂反 墮其許規
反 縣門音玄 子汜音凡徐扶嚴反 廩丘力甚反 所治直吏反 其竇

六二公四 小四二十 春秋左氏音義之四 一三 蘇

音豆 介于音戒 於比必利反 經二十七年 孔奐呼亂
反 不與音預下同 楚先悉薦反又如字 晉歃所洽反又所甲反 弟鱄市轉
反又音專 復患扶又反 倚順於綺反 傳二十七年 諸
喪息浪反注同 不稱尺證反 為賦于僞反注同 相鼠息亮反注同 鄘
風音容 祇成音支適也注同 勿與音預 復攻扶又反 衣其於既反 枕
之鴆反 欲斂力驗反 內我音納本又作納 以沮在呂反 止使者所吏
反 不鄉許亮反本亦作嚮 誰愬悉路反 公喪息郎反又息浪反 稅服徐云
讀曰繐音歲注同謂繐衰也服音吐外反 繐衰七雷反本亦作縗 一乘繩證反 通稱
尺證反 少師詩照反 欲弭徐武婢反 之蠹本又作蠹丁故反 大菑音災
難之乃旦反下懼難同 我焉於虔反下將焉用之焉用有信焉能害我同 為介音戒
後注同 折之徐之設反注同又音制 俎莊呂反 使舉是禮也沈云舉謂記錄之也

鄐，徐又起六反【法】阮云：北宋本起作超，是也

黑肱古弘反 更相音庚 朝見賢遍反 使駟人實反 傳也陟戀反
子晳星歷反 得復扶又反 以藩方元反 楚氛芳云反，徐扶云反 哀
甲音忠丁徐仲反 單音丹盡也注同 斃婢世反踣也 踣也蒲北反 以僭子念反不信也
則夫如字或音扶 不與音預 先晉悉薦反或如字 狎主戶甲反更也 狎更
音庚 德只之氏反 辨具皮莧反 一坐才卧反 歆大夫於鴆反 而重
直用反下二字同 聞於音問又如字 事治直吏反 無媿九位反 以語魚據反下
同 能歆許金反 之好呼報反 垂隴力勇反 二子石從才用反
草蟲直忠反 召南上照反下同 忡忡敕忠反 旣遘古豆反 則
降戶江反又如字下注同 鶉之順倫反 賁賁音奔 牀第側里反簀也 踰
閾音域徐況逼反門限也 非使所吏反注同 簀也音責 盡心津忍反 其
樂音洛下注及文至樂以安民並同 蔓音万 邂戶賣反 逅戶豆反 印段一刃反
六九七二 小四　春秋左氏音義之四　十四　蘇
蟋蟀所律反 大康音泰 其居音據 好樂呼報反下同 瞿瞿俱付
反 受天之祜音戶 匪敖五報反 焉往於虔反下政其焉往同 倡賦昌亮
反 巳侈昌氏反又尸氏反字林充豉反 五稔而甚反熟也穀一熟故爲一年 皆數所主反 能
去起呂反下皆同 蔽諸侯必世反徐甫世反服虔王肅董遇並作弊婢世反云踣也 無厭於鹽反徐
於廉反 彼巳音記 偏喪息浪反 娶東七住反 无咎音無本亦作無下其九反
相崔息亮反 朝陽如字一音直遙反 盧蒲嫳普結反徐敷結反 復告
扶又反 難乃旦反 吾助女音汝 圉人魚呂反 請爲于僞反下注嫳爲爲齊莊同
喋其音牒徐養涉反 辟諸婢亦反徐甫亦反 蘧罷音皮 僕賃女鴆反
以喪如字又息浪反 經二十八年 以應應對之應 惡之烏路
反 孫揭居謁反 耆酒市志反 爲宋于僞反 傳二十
八年 梓慎音子 玄枵許驕反 時菑音災注同 發泄息列反下同

蔽，必世反，徐甫世反，服虔、王肅、董遇並作弊，婢世反，云踣也【法】蔽字注盧氏《考證》據《正義》謂服虔作斃，王、董皆作蔽，以陸氏槩云踣也爲誤，不知同讀婢世反即同訓爲踣，並無斃、蔽之别，本書屢見矣，況弊即斃也

厭，於鹽反，徐於廉反【法】於廉與於鹽非異讀

嫳，普結反，徐敷結反【法】阮云：敷結當依《集韻》作蒲結，非也。此由不知本書通例之故。即如上文蔽，必世反，徐甫世反，又當改甫爲何字乎

之宿音秀下同角亢音剛又苦浪反秏名呼報反時復扶又反北燕烏賢反剸縣音計不與音預下同後賄呼罪反重丘直龍反從子才用反圃布古反石碏七略反曰其人實反過此古木反又古卧反又廷于況反往也後同勞于力報反而傲五報反下同而惰徒卧反君不國事大國古本無小字將爲于僞反還之音環使駟人實反之休許虯反注同乘皮繩證反不易以豉反之難乃旦反曰女音汝何與音預跋涉白末反草行爲跋水行爲涉敢憚徒旦反之頤以之反無應應對之應不幾居依反又音祈近也不能復扶又反下復顧同裨竈避支反鳥帑音奴惡之如字一音烏路反禍衝尺容反之分扶問反相鄭息亮反下同爲壇徒丹反郊勞力報反焉用於虔反下焉用作壇焉避之焉用盟同宥其音又其菑音災怠解佳賣反共其音恭好田

大ㄋ九十 ㄋ八十二

■春秋左氏音義之四　十五　及富

呼報反耆酒市志反數曰所主反見於賢遍反之難乃旦反妻之七計反注及下注同辯別彼列反下同可相取七住反本亦作娶斷章音短惡識宗音烏安也注同皆嬖必計反下同欲爲于僞反而先悉薦反後之戶豆反親近附近之近兵杖直亮反公膳市戰反公膳謂公家供卿大夫之常膳以鶩音木鴨也則去起呂反藏也其洎其器反肉汁也說文云洎灌釜也字林已莅反饋其位反知無音智于萊音來无宇從才用反奉龜芳勇反慶嗣繼嗣之嗣本或作慶翩誤無悛七全反改寤五故反而戕在羊反殘也救難乃旦反下外難同夫子愎皮逼反大公音泰慶雋戶結反環公宮音患爲優如字徐於求反優俳皮皆反俳優也絆之音半介慶音界抽桷音角擊扉音非門扇也椽也直專反門闔戶臘反自後刺七亦反猶援音袁於甍亡耕反屋棟也字林亡成反

爲君于僞反下爲之誦同說服吐活反一音如字反陳直覲反于嶽五角反以
鑑古暫反必瘁在醉反本或作萃同食慶封音嗣氾祭芳劒反弗
說音悅茅亡交反鴟尺之反刺不敬七賜反吴句餘古侯反下句讀同
而殲子潛反盡也喪羣息浪反故鉏仕居反公子鉏也本或作故公鉏者非句
瀆音豆邶音蒲對反殿多薦反又如字注及下同非惡烏路反且夫音扶有
愊音福無黜勑律反放也嫚徐音慢北竟音境亂治也直吏反
能令力呈反拱辟居勇反徐音恭其柩其救反著崔杼丁略反
爲宋于僞反過鄭古禾反迋勞力報反黄崖本又作涯魚佳反
濟澤子禮反行潦音老之蘋音頻藻音早寘諸之豉反之
爲于僞反下除而爲之備一字竝同駕音加鵞五何反喪之如字又息浪反之隙
去逆反本或作郤廢好呼報反徵過張陵反審也本或作懲誤

大九十小四　春秋左氏音義之四　十六　系

襄六第十九　杜氏　盡三十一年

經二十九年侯衎皆旦反閽音昏守門人殺吴子中志反餘祭
側戒反仲孫羯居謁反杞復扶又反使札側八反北燕音烟
傳二十九年親襚音遂說文云衣死人衣遣使所吏反下同賵襚芳鳳反一本作贈
之比必利反祓殯音拂徐音廢凶邪似嗟反桃茢音列徐音例黍穰如羊
反鄭注周禮云茢苕帚郟敖古洽反熊麇九倫反取弁本又作卞皮彦反魯邑公冶音也
璽書音徙印也廣雅云印謂之璽說文作壐從土云王者印也籀文從王印也一刃反致使所吏反注并下
注而賞其使同衹見音支本又作多音同服云衹適也強之其丈反邶風音佩寄寓音遇
服斂力驗反年少詩照反靡盬音古不堅固也啓跪其委反藩
方元反明近附近之近餼國許氣反以貸他代反下同施而始豉反下文同叔
向許丈反知悼子音智子大叔音泰下同而夏戶雅反注下皆放此肆

以二反餘也詩傳云斬而復生曰肄方言云枿餘也秦晉之閒曰肄協比毗志反女齊音汝相禮
息亮反注同司徒侈昌氏反又尸氏反力𩇕婢世反專則人實𩇕
之絕句將及矣本或作侈將及矣者非爲杞于僞反下文爲之歌皆同三耦五口反
邵伯上照反鄅鼓父于陵反黨叔徐音掌愠曰紆運反怒也怨也
虞虢瓜百反焦子消反滑乎八反玩好呼報反下好善同瘠魯在亦
反毋寧音無而焉於虔切說之音悅壽終音授召南上照反本亦作
邵未盡津忍反安樂音洛下和樂聲下文樂而不荒同邶鄘音容盡被
皮義反以思息嗣反下憂思同以爲別彼列反隕滅于敏反有治直吏反
泱泱於良反又於郎反弘大也韋昭於康反大公音泰將復扶又反下不復識同歌
豳彼貧反樂而不淫音岳又音洛注同下而又何樂而可以樂放此爲成王于僞
反王業如字又于況反刪定所姦反汧隴苦賢反去戎起呂反又如字渢

春秋左氏音義之四　十七　徐政

渢扶弓反徐敷劒反中庸之聲也韋昭音凡大而婉紆阮反約也險而依注音儉易
行以豉反注同思深息嗣反注同自鄶古外反至矣哉一本無矣字不
倨音據徐音居倨傲五報反屈橈乃孝反不偪彼力反不厭於豔
反徐於贍反不匱其位反施而始豉反不費芳味反不底丁禮
角徵張里反象箾徐音朔南籥羊略反有感戶暗反本亦作憾恨也
大平音泰舞韶上昭反本或作招音同濩音護徐又音戶郭反溝洫況域
韶箾音簫不幬徒報反覆也說晏音悅下皆同於難乃旦反下皆同未
歇許謁反縞帶古老反徐古到反繒也紵衣直呂反蘧其居反瑗于眷反
史朝如字下文公子朝同史鰌音秋猶爭爭鬬之爭于幕音莫其
萃在醉反集也厚施式豉反公孫蠆勑邁反宥之音又好以
呼報反爲高氏于僞反下注爲子產同高豎上主反曾孫酀於顯反

高傒音兮城緜音綿而寘之豉反旃之然反子晳星[illegible]言
女音汝將强其丈反裨婢支反湛市林反本亦作諶其與如字或音預幾
何居豈反屢盟力住反用長丁丈反下同能紓直呂反徐音舒解也紓
解音蟹將焉於虔反下同喪其息浪反驅除音並如字一讀上丘具反
下直據反經三十年蘧罷音皮世子般音班傷夫
乃定反以惡王烏路反下惡宋同一音如字共姬音恭注皆同傳亦放此耆酒
市志反言復扶又反于澶市然反字林丈仙反云木在宋
傳三十年問王子圍之爲政一本無圍字服虔王肅本同吾儕
仕皆反焉與於虔反下音預下將與與於食同匿其女力反相鄭息亮反方
爭爭鬭之爭下注駟良爭同而愎皮力反很也很也胡墾反好在呼報反相
下戶嫁反食音嗣輿人之音餘衆也年長丁丈反夏正戶雅反使
六百八十 小四百八 春秋左氏音義之四 十八 政
走如字速疾之意也一曰走使之人也服虔王肅本作吏云吏不知歷者于鹹音咸僑如其驕反及
虛鬼反二畫音獲下同併三步頂反復陶徐音服一音福魯使所吏反以語
魚據反可媮他侯反薄也咨度待洛反鄭難乃旦反詛盟側慮反
爲大子于僞反娶於士住反儋季丁甘反子括古活反將
見賢遍反注同單公音善惁期起虔反下同諸廷音庭注壬廷同鳴
呼本又作烏乎音同此夫音扶視躁早報反圍蔿于委反平時
音止又音市本或作畤甘過音戈鞏成九勇反瑕廖力彫反音勑留反或
叫徐古弔反千宋大廟音泰一本無大字叫呼火故反譆譆許其反熱
出出如字鄭注周禮引此作詘詘劉昌宗亦音出亳社步各反殷杜也待姆徐音茂字
林亡又反一音母女師也結好呼報反繕城上戰反弱植徐直吏反一音時力反大
夫敖五報反本亦作傲服本作放云淫放也以介音界卿共音恭耆酒市志

市志反 窟室口忽反地室也 公焉於虔反 壑谷呼洛反 而罷皮買反徐
扶彼反 雍梁於用反 醒而星頂反 左相息亮反 侮之云甫反 汏
傪音泰 禍難乃旦反下及注同 弭難彌氏反 方爭爭鬬之爭 附著
直略反 斂伯有力豔反下同 不與音預下文不與同 之瀆徐音豆 師
頡戶結反 介于音界下同 禭之音遂 枕之之鴆反 股音古 聞難乃旦
反 與子上用兩珪質于河質音如字一音致一本作與子上盟絶句用兩珪質于河
別爲句 沈珪音鴆又如字 公孫肸許乙反 非復扶又反 子蟜居表反
公孫揮許韋反 生莠羊九反草也 降婁戶江反下及注同 奎婁
苦圭反 娵子須反 訾子斯反 東辟音辟 玄枵許驕反 爲任音壬
之比毗志反 公孫鉏仕居反 芋尹于付反 相楚息亮反下書相之同
去身起呂反 艾王魚廢反 爲宋于僞反 北宮他徒何反 不
春秋左氏音義之四　十九　陳鍚
信也夫音扶一讀以夫爲下句首 而偪彼力反 偪近附近之近 在治直吏反
而要一遙反下注同 焉往於虔反 必大焉先並如字 復命扶又
反 如是三息暫反又如字 受筴初革反 惡其烏路反注同 分部
扶運反 封洫況域反溝也 封疆居良反 大人之忠儉者本或作大
夫者非 踣之蒲北反 豐卷眷勉反徐居阮反 芻初俱反 豢音患牛羊曰芻
犬豕曰豢 而褚張呂反 褚蓄勑六反又許六反本又作畜同 並畔薄杏反又薄頂反
殖之時力反徐是吏反此協下韻 經三十一年 所樂音洛一音
岳又一音五教反 殺者申志反 傳三十一年 語之魚據反下
吾語諸同 語偷他侯反 諄諄徐之閏反或一音之純反 盍與戶臘反 懦弱
乃亂反 無厭於鹽反 民生幾何居豈反本或作民生無幾何 朝不
如字注同 讒慝他得反 以說如字 工僂力侯反 灑所蟹反崔山所綺反

湝竈生領反徐本作省所幸反一音息井反一音鎖 孔虺許鬼反 之難乃旦反
好其呼報反 大誓音泰本亦作泰 君欲楚也夫音扶 若不
復扶又反 拱鄈九勇反大鄈也 毀齊在亦反 之娣大計反 齊歸
如字注同 公子裯直由反 立長丁丈反 非適丁歷反 鮮不息淺反
比及葬必利反一本無及字 三易如字又息暫反 縗本又作縗亦作衰同七雷反下同
衰衽而甚反徐而鴆反裳下也 嬉戲許其反 惰而徒卧反 多涕他禮反
反 相鄭息亮反 使盡子忍反 壞音怪下皆同 其館古亂反字從食
字林云客舍也旁或作舍非 之垣音袁牆也 斥見賢遍反 是以令力呈反下注同
完客音丸 其閈戶旦反說文云閈也汝南平輿縣里門曰閈沈云閈也 閎獲耕反杜云門
也爾雅云衖門謂之閎是也爾雅又云所以止扉謂之閎然爾雅本止扉之名或作閣字讀者因改左傳皆作各音案下
文云門不容車此云高其閈閎俱謂門耳於義自通無爲穿鑿 客使所吏反注同 雖從才用反下

春秋左氏音義之四 二十 余永

賓從同 葺牆侵入反徐音集一音子入反覆也謂以草覆牆也 共命音恭 寡君使
丏本又作匄古害反士文伯名也今傳本皆作此字或作正字釋例亦然解者云士文伯是范氏之族不應與范宣子同名
作正是也案士文伯字伯瑕又春秋時人名字皆相配楚令尹陽丏字子瑕即與文伯名字正同又鄭有駟乞字子瑕匄
與乞義同則作匄者是又案魯有仲嬰齊是莊公之孫又有公孫嬰齊是文公之孫仲嬰齊於公孫嬰齊爲從祖同
時同名鄭有公孫段字子石又云伯石印段字伯石傳又謂之二子石然印段即公孫段從父兄弟之子尚同名字伯瑕與宜
子何廢同乎 褊小必淺反 介於音界注同 悉索所白反一音悉各反 不閒音閑
未得見賢遍反下及注同 敢暴步卜反下同 燥濕素早反 朽蠹
丁故反蠹敗也 以重直用反下重罪同 僑閈其驕反 重耳直龍反 卑庳
庳音婢亦音卑 無觀古亂反 臺榭音謝本亦作謝土高曰臺有木曰榭 庫廄
九又反 平易以豉反注同治也 汚人本又作圬同音烏汙人塗者 塓館莫歷反塗也
甸設徒遍反 庭燎力妙反徐力遥反一音力弔反庭燎大燭 行夜下孟反下巡行同

湝，一音息并反【法】并當作井

葺，侵入反，徐音集，一音七入反【法】七入與侵入同，此謂徐讀從緝，又讀清緝也

巾車如字巾車掌車官也劉昌宗周禮音居數反 脂轄戶瞎反 各瞻之廉反規也

憂樂音洛 菑患音災 當復扶又反 銅鞮丁兮反 數里

所士反 迫迮側百反 水潦音老 賓見賢遍反 贏諸侯音盈受也

宴好呼報反 如是夫音扶讀者亦以夫爲下句首 之輯音集七入反 之

繹本亦作懌音亦 說繹音悅 莒犁徐力私反或音力兮反 比公音毗 去疾

起呂反 展輿音餘本又作輿音同 殺之乃立殺音試本或作乃自立者設 賈

朱鉏仕居反 故復扶又反 重明直用反 屈狐庸君勿反狐音胡

巢隕于敏反 閽音昏 戕在良反 餘祭側界反 傳國直專反

相衛息亮反 過鄭古禾反 廷于況反 勞于力報反下及注同 棐林芳尾反本

又作斐 數世所主反 濯直角反 以上時掌反 能斷丁亂反下同 裨

婢支反 諶市林反 乘以繩證反 鮮有息淺反 鄉校戶孝反下同學也鄭

大一夲二 小四 春秋左氏音義之四 二十一 陳

國謂學爲校 謗議布浪反 夫人音扶下并注同 朝夕直遥反舊如字 所惡

烏路反又如字 不遽其據反 使道音導注同 長而丁丈反 曰少詩照

反注同 曰愿音願謹善也 知治直吏反下注之治同 能操七刀反 其傷

多一本作其傷實多 棟也丁弄反 榱崩所追反椽也 將厭本又作壓於甲

反徐於輒反下同 學製音制 所庇必利反又音秘 貫則古患反習也注同 厭

覆芳服反 慢易以豉反 鮮克息淺反 令聞音問本亦作問 衛

詩此邶風刺衛頃公故曰衛詩 棣棣本又作逮直計反 可選息兗反注同 選

數所主反下文同 斟酌之林反 而降戶江反注同 而復扶又反 之行下孟

反 可樂音洛又音岳

昭元昭公名裯襄公子母齊歸在位二十五年遜于齊在外八年凡三十二年薨于乾侯謚法威儀恭明曰昭 第二十

杜氏 盡三年

經元年公二招常遥反于虢瓜百反當先悉薦反取鄆
音運不稱將子匠反下同帥所類反言易以豉反弟鍼其廉反大
鹵大如字徐音泰下音魯穀梁傳云中國曰大原夷狄曰大鹵莒去疾起呂反莒
展出奔吴一本作莒展輿疆鄆居良反注同子麇九倫反以瘧
音虐書弑申志反或作殺音同傳元年旦娶七住反爲
介音界注同人惡烏路反褊小必淺反下同從者才用反請墠音善
除地也辱貺音況布几本亦作机筵音延莊共音恭草莽莫蕩
反而懲直升反不憾戶暗反所雍於勇反本文作壅注及下注同之祧他彫
反遠祖廟也垂櫜古刀反弓衣也先歃所洽反復得扶又反下雖復同而
駕如字又音加注及下同衷甲音忠楚重直用反子相息亮反東
夏戶雅反淳于音純不罷音皮謗讟音獨誹也方畏反行諸
大八十一　小二了卒　春秋左氏音義之四　二十二　陳
子念反下同是穮彼驕反耘也是蔉古本反耘也音云除草也饑饉
其靳反耕鉏住居反之收手又反又如字鮮不息淺反是難乃旦反下
同注並特緝七入反欲背音佩注同誕也但音便篡初患反二子
樂音洛注及下樂憂而樂同小國共音恭注及下同樂王鮒音附小旻亡斤反
馮河皮冰反絞古卯反切也而婉紆阮反注同臧否悲矣反方九反舊持
之如字本或作特誤當身丁浪反瀆齊徒本反其使所吏反下注其使出
使下召使者同相趙息亮反注同而爲于僞反下注爲諸侯同梁其踁戶定反
以藩方元反之隙去逆反之咎其九反注同也賄呼罪反思難
乃旦反下同辟汚音烏注及下同疆居良反注及下至莒之疆事同場音亦注同表旗
其首虢餮吐刀反餮吐結反夏有戶雅反觀音館舊音官扈音戶
鄍縣音戶姺西典反又西禮反又邳皮悲反嬴姓音盈狎主戶甲

鉏，住居反【法】住乃仕之誤

持之，本或作特，誤【法】特盧據《十九年》音改恃

故更音庚又焉於虔反注同吴濮音卜有釁許靳反過也勿

與音預無亢苦浪反徐又音剛禦也禦也魚呂反去煩起呂反宥善

音又小宛紆阮反可復扶又反褎姒音似滅之如字詩作威音呼悅反少

懦乃亂反弱也過鄭古禾反瓠葉戶故反猶與賓客享

之許丈反又普庚反夫人音扶注同於幕武博反折俎之設反釆

虆音煩省穡所景反徐所幸反注同死麕九倫反脫脫吐外反我

悅始銳反使尨武江反也吠扶發反常棣直計反兄弟比

毗志反下注得比同兕爵徐履反於戾力計反下同飲酒樂音洛注同不

復此扶又反注及下不復年弁注同勞趙孟力報反下以勞之同於潁營井反水名

於雒汭如銳反劉夏戶雅反弁端委本亦作弁是端委子盍

戶臘反何不也亦遠績功本或作亦遠績禹功大庇必利反又音祕焉能於虔

大八十　小四十　春秋左氏音義之四　重刊　二十三　栟

反下焉用焉能同吾儕仕皆反朝不如字下同以語魚據反將知音智

而耄莫報反亂也不歆許金反曾夭於兆反幾被音析曾阜

扶九反數月所主反注同賈而音古注同欲贏音盈注同利也而惡

烏路反注下同顋乎許驕反徐五高反注同惡讙呼端反或作諠指楹音盈

柱也可去起呂反使強其丈反贄幣音至超乘繩證反橐

甲古刀反本或作櫜丁隆反及衝尺容反交道也我好如字一音呼報反直鈞音均

絕句女皆音汝下皆同奸之音于犯也其長丁丈反下同養其親

如字下同女嬖必計反弗下戶嫁反兵其從兄如字又才用反無重

直用反又直勇反能亢苦浪反私難乃旦反而蔡蔡叔上蔡字音素葛

反放也說文作𥻨音同字從殺下米云𥻨𥻨散之也會杜義下蔡叔如字夫豈音扶懼選息轉

反徐素短反注及下同數也選數所主反注及下文數世同千乘繩證反下及注同爲

晉侯于僞反造舟七報反注同造舟爲梁也李巡注爾雅云比其舩而度也郭云併舟爲橋
自雍於用反自竇子兮反本又作賫同而還音環不徑古定反得
見賢遍反已坐才卧反女叔齊音汝未艾魚廢反注同其
幾何居豈反下同鮮不息淺反注同五稔而甚反不啻始豉反
視蔭於金反本亦作陰朝夕如字注同日景如字又於領反翫歲五喚
反說文云習猒也又作忨云貪也而愒苦蓋反貪也其與如字又音預鄭爲
于僞反閨門音圭竇薰許云反隧音遂數子皙色主反又色具
反強與其丈反下音預大原音泰崇卒子忽反下及注皆同又阨本又作隘
於懈反不便婢面反以什音十共車音恭今去起呂反下皆同爲行
戶郎反步陳直覲反下丈五陳未陳同五乘繩證反注五乘同以徇辭俊反前
拒九甫反彊鄅居良反注同務婁並如字務又音謀一音無瞀胡徐音
大七十二 小四十三 春秋左氏音義之四 重刊 二十四 栟
茂一音謀大尨武江反也夫音扶臺駘他才反爲祟息遂反閼
伯於葛反帝嚳苦毒反相能如字又奴我反相土息亮反大夏
戶雅反注下同主參所林反注及下同方震本又作娠之慎反又音申懷任也大
叔音泰注及下同懷胎他來反屬諸之玉反而蕃音煩叔虞封
唐是爲晉侯案史記叔虞封唐侯叔虞之子燮父改爲晉侯有裔以制反遠
也曰昧音妹爲玄冥師師長也爲官之長少皞詩照反下戶老反之長
丁丈反下直長同纂昧子管反宣汾扶云反洮他刀反障大澤之尚
章反又音障注同陂障彼皮反顓頊音專下許玉反沈音審姒音似癘音例
疫音役禜之音詠徐又音營禜攢子管反哀樂音洛朝以如字
所壅於勇反湫子小反集也徐音秋又在酒反服云著也底丁禮反滯也服云止也露
羸劣危反下同嬪御婢人反以惡烏路反如字又取同七住反辨別

翫，又作玩【法】玩當作忨

彼列反有省所景反徐所幸反注同去同起吕反其輿如字反音預幾
何居豈反而好呼報反怙富音戶近女附近之近下同如蠱音古以
喪息浪反不祐音又以降音絳下及注同罷退也或音戶江反容彈徒丹反又
徒旦反慆吐刀反下同堙音因乃舍音捨注同發見賢遍反赤聲
徵張里反爲菑音災下同喘渴昌兗反洩注息列反下如字思慮
息利反主相息亮反改行下孟反其咎其九反能御魚吕反本亦作
禦淫溺乃狄反耆欲時志反蠱命景反說文讀若猛字林音猛異下
音遜艮上古恨反長女丁長反下同少男詩照反下同而說音悅城壁
尺州反櫟音歷徐失灼反郲古洽反爲介音界出竟音境縊而一豉
反絞也殺之申志反絞也古卯反幕音莫平夏戶雅反宮廄
居久反共王音恭爲長丁丈反從車才用反五乘繩證反下同之
[illegible] 春秋左氏音義之四　二十五　九
餼許氣反一卒子忽反底祿音旨且夫音扶不侮亡甫反鰥
寡古頑反史佚音逸自別彼列反遂罷音皮遂啓疆其良
反又居良反汏後音泰自說徐音悅一音始悅反不數所主反既烝之承反冬
祭名趙衰初危反及雍於用反經二年惡之烏路
反少姜詩照反傳放此致襚音遂傳二年來見賢遍
反脩好呼報反所以王于況反周弘正依字讀而說音悅四臣大顛閎夭
散宜生南宮适四輔謂先後奔走疏附禦侮彌縫扶恭反補合如字音閤賦
鄖才結反徐又如字式訛五禾反譽之音餘注同殖長丁丈反邵南
上照反下同爲平公于僞反下文爲之請同使見賢遍反下見疆同亢也苦浪
反淇音其澳於六反爲好呼報反後文注皆同少齊詩照反以適丁歷
反介休音界下許料反郊勞力報反注料同女無音汝下及注皆同郊使

所史反下同以近附近之近下同欲去起呂反擊劍初良反乘遽其據
反爾雅云馹遽傳也孫炎注云傳車驛馬傳中戀反驛音亦務共音恭下文注皆同
無厭於鹽反女矯居表反朝夕如字下同以印一刃反褚師張呂
反注同之衛其于反非伉苦浪反儷力計反其使所吏反巳
頗普多反經三年重丘直恭反鄉共音恭傳放此
大雨于付反雹蒲學反傳三年張趯他歷反
爲此來于僞反閒朝閒廁之閒而數於所具反徐所王反守
適丁歷反注同本或作嫡下同而令力呈反復薦扶又反下不出者皆同有知
音智朝夕如字奉質徐之二反又音如字多難乃旦反不腆他典反
焜胡本反又音昆服云明也燿羊照反服云照也殞命于敏反之好呼報反
徼福古堯反大公音泰要也一遙反敢譽音餘董振之刃
春秋左氏音義之四　二六　董遜
反一音眞注同嬪嬙本又作嬙在良反獨任音壬在衰七回反本亦作縗經
直結反其兕音況吾弗知絶句四量音亮下及注同豆區烏侯反注
及下皆同以五升爲豆四豆爲區四區爲釜舊本如此直加
豆爲五升而區釜自大故杜云區二斗釜八斗是也本或作五豆爲區五區爲釜者謂加舊豆區爲五亦與杜注相會非
於五升之豆又五五而加也量貸他代反蜃食軫反蛤古荅反賈音如嫁
民參七南反又音三賦斂力驗反公聚徐在喻反一音在主反朽蠹丁故
反三老杜云八十以上上中下壽也服云工老商老農老也凍丁貢反餒奴罪反上壽
音授下同以上時掌反屨賤九具反踊貴音勇刖足者之屨也刖者
音月又五刮反而或燠於喻反徐音憂又於到反一音於六反休之虛喻反徐許留反燠
休痛念之聲也賈云燠厚也休美也將焉於虔反伯戲許宜反其相息亮
反服如字大姬音泰軍行戶郎反公乘繩證反卒列子忽反注同無

長丁丈反注同 罷敝音皮 滋侈尺氏反又昌氏反 道殣音覲餓死爲殣說文云道中死者人所覆也毛詩作墐傳云墐路冢也 欒郤去逆反 皁才早反 隸力計反 不悛七全反改也 以樂音洛又音岳 慆憂吐刀反藏也 讒鼎士咸反鼎名也服云疾讒之鼎也 昧旦音妹 丕顯普悲反 怠解佳賣反 況日人實反 此難乃旦反 肸聞許乙反 近市附近之近下同 湫子小反徐音秋又在酒反下同 隘於賣反小也 囂塵許驕反一音五高反囂聲也塵土也 爽塏苦待反爽明也塏燥也 燥也素早反 朝夕如字下雖朝夕同 有鬻羊六反賣也 令不與力呈反 爲是于僞反 省於所景反下周 如祉音恥 遄已市專反 本壞音怪 故復音服下卒復爲其復欲復之同 還其音環 譖曰音彥 叚相息亮反 筴初革反 賜女音汝 以胙才路反 之汏音泰驕也 猶荷戶可反任也又音可 自郤稱尺證反 以別絕句 三傳

小三百十一　春秋左氏音義之四重刊　二十七　栟

矣直專反注同 乃舍音赦又音捨下同 又焉於虔反 爲之請之于僞反下爲其復爲少姜下注爲之辟仇爲平公逆皆同 爲介音界 辟仇音避 公孫蠆勑邁反 而遠于万反 猜焉七才反疑也 糞除甫問反 實不忘我好呼報反下同絕句一讀以好字向下 東竟音境下同 盧蒲嫳普結反又四舌反 見賢遍反 種種徐本作董董音章勇反短也 欲去起呂反 大夫比毗志反注同 衛術苦旦反 子產相息亮反 之夢如字徐莫公反注同 又喪息浪反 而嬌九危反 一个古賀反

經典釋文卷第十八　經四千八百三十二字　注一万一千二百六字

汏【法】汏盧云：當作汏，是

經典釋文卷第十九

春秋左氏音義之五 起第二十一盡第二十五

唐國子博士兼太子中允贈齊州刺史吳縣開國男陸德明撰

昭二第二十一 杜氏 盡七年

經四年大雨于付反傳大雨雹同雹蒲學反沈子音審爲齊于僞
反取鄫才陵反傳四年復田扶又反注同與
焉音預不易以豉反注同有難乃旦反下文注同結驩喚端反
請閒徐音閑音如字一虞度待洛反方傪昌氏反又尺氏反欲
逞勑景反所相息亮反助也注同不殆直改反危也多篡初患
反殺申志反何鄉許亮反本又作嚮四嶽音岳岱音代在兖州
華如字又胡化反在雍州衡如字在荆州恒如字本或作常在冀州案作恒者是也此岳本

春秋左氏音義之五　一　徐永

名恒山漢爲文帝諱改作常耳三塗山名服云大行轘轅崤澠也陸渾戶昏反又戶困反
大室音泰下文大室同大室即中岳嵩高山也在豫州沶鄉音市又音尒漢書音義音
釋或一音肆則當水旁作示恐非本或作濼字誤也燕代烏賢反以亨許庚反注同通
也其疆居良反以喪息浪反下同里丕普悲反衞邢音刑紂
作直九反以隕于敏反許楚使所吏反叔向許丈反時見賢遍
反下注朝見昏見同少安如字將焉於虔反注同偪彼力反可禦魚呂反止
也下誰能禦之同謂夏戶雅反下同西陸朝如字注同覿徒歷反在昴
音卯蟄蟲直立反下除中反奎星苦圭反沍寒戶故反閉也以道音導
獨共音恭黑牡茂后反黑牡黑牲也秬黍音巨黑黍玄冥亡丁反桃弧
音胡以桃爲弓以禳如羊反凶邪似嗟反皆與音預喪浴音欲祭寒
而藏之本或作祭司寒者非祭韭音九傳之直專反輿人音餘風壯

法偉堂經典釋文校記遺稿卷十九

春秋左氏音義之五

清法偉堂著　邵榮芬編校

傪，昌氏反，又尺氏反【法】尺乃尸之譌

三塗，山名，服云：大行、轘轅、崤澠也【法】澠盧依宋本改黽

沶，或一音肆，則當水旁作示，恐非【法】盧本肆改肆（榮芬案當作隸），示改尔，是也。沶，俗沴字，與隸音同

側亮反也偏音遍無愆起虔反過也淒風七西反寒也霖雨音林
震霆音亭又音挺又音亭佞反無菑音災下同癘疾音例天札側八
反一音截天死曰札字林作壯列反云天死也而殺如字又色界反徐色例反豳風彼貧反
鑿在洛反沖沖直忠反凌陰陵證反一音陵其蚤音早以難乃旦
反夏啓戶雅反注放此啓夏禹子鈞臺音均臺陂彼宜反景亳
步各反鞏縣九勇反盟津音孟岐陽其宜反之蒐所求反酆
芳弓反召陵上照反向戌舒亮反下音恤公孫僑其驕反共
職音恭薦守手又反善相息亮反屬有章玉反適也宗祧
他彫反言爲于僞反將墮許規反布也服云輸也後見如字一音賢遍反
爲仍而承反有緡亡巾反爲黎力兮反汏也音泰而復
皮逼反很也胡墾反時見賢遍反又如字費遂扶味反大夫從才用
春秋左氏音義之五　二　余永
反注同屈申居勿反播於波佐反又波可反揚也徐云字或作播數袁反焉用之
於虔反斧鉞音越以徇似俊反崔杼直呂反楚共音恭麇九倫
反士祖音但輿櫬初覲反棺也造於七報反所將子匠反下將帥同
釋其縛如字舊扶臥反於鄢於晚反又於建反爲許于僞反城賁
音境注同與爭爭鬬之爭言易以豉反著立公直居反徐直據反去
疾起呂反潰散戶對反將帥所類反重發直用反蠆尾
勑邁反渾侯溫反罕徐許但反於涼音良薄也徐音亮棘櫟力狄反徐
又失灼反酇縣才河反沈尹射食夜反又食亦反一音夜於夏戶雅反汭
如銳反箴尹之林反宜咎其九反薳于委反啓彊其良反又居良反
罷賴皮買反徐甫綺反之難乃旦反娶於七住反天壓於甲反又於輒
反弗勝音升下同上僂力主反肩傴紆甫反而猳音加猪也喙

札，《字林》作壯列反【法】作下脱死字，見下《十九年》

汏，音泰【法】汰盧改汏

夏，户雅反【法】户雅反下盧補注同二字

猳，音加【法】猳今本作豭

許穢反口也號之徐胡到反一音戶刀反下同從者才用反志識申志反一
音式饋之求位反餉也召女音汝下同始見賢遍反下接見同問其
姓女生曰姓姓謂子也子長丁丈反下同能奉芳勇反曰唯維癸反徐以水反
反唯應辭猶咊也爲豎上注反小臣也取之七住反又如字丘猶音由強與
其丈反下同爲孟鍾于僞反又如字釁鍾許覲反使拘音俱萊書
音來萊書人姓名觀於公古亂反注同又如字見仲賢遍反下及注并杜泄見同
杜泄息列反不食音嗣何去起呂反注及下同使寘之豉反置也本或作
寘于个古賀反謂廂屋廂也息羊反本又作箱令空力呈反而相息亮
反叔孫婼勑略反牛賂音路使惡烏路反葬焉於虔反下將焉用同
介卿音界次也左乎如字注同不便也舊音佐不便婢面反舍路式夜反置
也注同或音捨而復賜扶又反以媚眉冀反經五年
春秋左氏音義之五　三　孫勉
舍中軍音捨傳同年夷大侯反姑幕亡博反蚡泉扶粉反
傳五年臧氏子郎反復以扶又反取二分扶運反或如字於殯
必刃反之柩其又反僖閎音宏詛諸側慮反之衢其俱反鄭
地直亦反葬鮮音仙徐息淺反不以壽終爲鮮注同不以壽音授勿與音預
之虛起居反射之食亦反中目丁仲反使亂大從如字社云使從
於亂也服云使大和順之道也亂殺適丁歷反本又作嫡又披普彼反析也析也星歷
其見賢遍反塞關悉代反死語魚據反周任音壬德行
下孟反注同艮下古恨反坤上苦門反以餒奴罪反餓也爲皁才早
反爲輿音餘爲僚力彫反晡時布吳反日昳田結反禺中
遇俱反有應應對之應謙下如字又遐嫁反避難乃旦反敗言必邁反又
知字注同有攸音由牝牛頻忍反舊扶死反過鄭古禾反勞子蕩

艮下～坤上【法】艮下、坤上兩條盧案文乙轉

昳，由結反【法】由盧依宋本改田

力報反後皆同于汜徐扶嚴反蒍氏大胡反子產相息亮反其使
所吏反往見賢遍反贈賄呼罪反女叔齊音汝焉知於虔反
子家羈居宜反奸大國音干取鄆音運之難乃旦反下及注並同
思莫徐息吏反謂羣臣慮也一音如字無爲于僞反胥胥先結反以
亟紀力反急也以此諷方鳳反本亦作風音同爲介音界子大叔
音泰索氏悉落反焉能於虔反道之音導其好呼報反度
待洛反注同吾仇音求爲闇普昏刖足音月又五刮反羊舌肸
許乙反享覜他弔反徐又他彫反有瑋音章享饗並許丈反鄭服皆以
享爲獻耳覜見賢遍反下同臣爲于僞反君使所吏反述職
述其所治國之功職也巡功巡所守之功績巡守手又反設机音几不倚
於綺反有好呼報反下同飧有音孫注熟食陪鼎薄迴反徐扶坯反加

春秋左氏音義之五　四　孫勉

也城濮音卜於邲皮必反於鄢謁晚反重之以睦直用反姻
親音因而麇丘隕反又其反羣也注同中行吳戶郎反范鞅於丈反
反知盈音智之將子匠反張趯他歷反張骼古百反或音各輔
櫟力狄反又力各反本又作躒同苗賁皇扶云反之選息戀反而使所吏
反注及下注同任出音壬韓賦七邑韓襄起之兄子箕襄邢帶二人韓氏族韓須叔禽叔
椒子羽四人皆韓起子凡七人人一邑百乘繩證反下皆同羊舌四族見注不錄銅
鞮丁兮反若喪息浪反楊肸叔向本羊舌氏食采於楊故又号楊肸也食
我音嗣長轂古木反往遺唯季反王欲敖五報反叔向以
其所不知絕句多知如字一音智不敢見賢遍反娶於七住反
自爲于僞反驟見仕救反愬于悉路反誘也音酉惰徒卧反
閒而音閑注同又如字未陳直覲反故重直用反遠射食夜反又

汜，徐扶嚴反【法】汜盧改汜，是

索氏，悉落反【法】偉案此即京索之索也。王觀國《學林》據《漢書·高帝紀注》晉灼音册，師古音求索之索，又《蕭何傳》師古音山客反，謂《文選》陸士衡《漢高帝功臣頌》五臣注索桑各切爲誤，又韓退之《偃城夜會聯句》與咢字韻同押亦誤。觀此，則此字本可兩讀也。又《定四年傳》殷餘民索氏之索亦素洛反

羊舌四族，見注不録【法】見注不録四字盧云：是後人删省

音食亦反 常壽過古禾反 於瑣素果反 遽不其據反 鵲岸
五旦反 以馹人實反傳也 中戀反 蹶由居衛反 犒師苦報反 以
釁許覲反 女卜音汝 以守手又反下同 余亟紀力反 好逆呼報反
使臣所吏反下並同 休解佳賣反 馮怒皮冰反盛也徐又殸冰反注同 雖羸
力危反 脩完音丸 難易以豉反 豈爲于僞反 以禦魚呂反 一否
悲矣反舊方有反 萊山音來 觀兵舊音官注云示也讀爾雅者皆官奐反注同 岻
箕直夷反 雩音于徐況于反如淳同韋昭音虛 婁力侯反徐力俱反如淳音僂 五
稔而甚反 經六年 華戶化反 合比如字又毗志反 薳
罷音皮 傳六年 鑄刑之樹反 使詒以之反遺也
遺唯季反 虞度待洛反下同 刑辟婢亦反下皆同 有爭爭鬭之爭注及
下皆同 禁禦魚呂反 嚴斷丁亂反下及注同 聳之息勇反 以

大日六十九 小四二 春秋左氏音義之五 五 王

行下孟反 說以音悅 莅之音利又音類 之長丁丈反 而傲本又作遨
古堯反 其巧如字又苦孝反 夏有戶雅反注同 相鄭息亮反 封洫
況域反 立謗布浪反 參辟七南反一音三 日靖音靜 錐刀音隹 盡
爭此一字如字 數改所角反 見鍼之林反 火見賢遍反注同 求旣
音況 爲驩音歡 好貨呼報反注同 寺人本又作侍 柳良久反寺人名 惡
之烏路反 盟處昌慮反下同 乃與寺人柳比毗志反 見於
賢遍反又如字 女夫音汝下并注同夫音方于反注同 女喪息浪反 毋俾必尔
反 過鄭古卧反又古禾反 從鄭伯才用反或如字 以勞力報反注及下同 乘
諸柤側加反 不敢見賢遍反下見如見王注見鄭伯如見楚王私見鄭伯同 乘
馬繩證反 降殺所界反 芻初俱反 采樵似遥反下同 不抽勑留
反 不強其丈反又其良反 匄本或作丐音蓋乞也說文作匄云乞也逯安說云人爲匄 廢

匄，本或作丐【法】丐盧改丐

黜勑律反不慁户困反患也晉竟音境下注同楚僻匹亦反注及下同邪也
我衷音忠僻邪似嗟反效僻户孝反下同焉用於虔反侯説
蘧泄音悦息列反乾谿苦兮反城父音甫宫廏九又反士匄
古害反本或作丐相息亮反爲介也注同士鞅於丈反今傳本皆作士匄相士鞅古本士匄或
作王正董遇王肅本同學者皆以士匄是范宣子即士鞅之父不應取其父同姓名人以爲介今傳本誤
也依王正爲是王元規云古人質口不言之耳何妨爲介也案士文伯是士鞅之族亦名匄無妨今相范
鞅即文伯也然士文伯名古本或有作丐者解見前卷襄三十一年爲介音界左右諂勑檢反諛
芉朱反經七年暨齊其器反與也傳同不重直用反叔
孫諾勑略反徐又音釋舊好呼報反傳七年于虢瓜百
反燕竟音境瑤音遥罋烏送反徐於容反王櫝徒木反公孫皙
星歷反徐思益反俟釁許覲反濡上徐音須説文女于反一音而又而于二反
大四百五十小四百五十五 春秋左氏音義之五 六 王
鄭縣音莫本又作莫斝耳古雅反一音嫁王爵也禮記夏曰醆殷曰斝周曰爵説文斝從
斗匱也其位反王旌音精析羽星歷反游至音留於軫
之刃反芋尹于付反斷之音短封疆居良反下同定分扶問反溥
天音普毛傳云大也今左氏傳本或作普之濱音賓濱涯五佳反所以共
音恭有圉魚呂反養馬者也女胡音汝將焉於虔反荒閲音悦
閲蒐所求反僕區烏侯反徐又如字僕區刑書名也服云僕隱也區匿也爲隱匿亡人之法
也數紂色具反或色主反逋逃布吴反萃在醉反藪素口反故
夫音扶又方于反之好呼報反以輯音集又七入反失隕于敏反宗祧
他彫反共王音恭傳序直專反郟敖古洽反復有扶又反質子
音致又如字使臣所吏反質幣音至徐之二反又如字而見賢遍反以
道之音導下同勞于力報反下同爲介音界相儀息亮反仲孫

令相范鞅【法】令盧改今，是

濡，一音而又、而于二反【法】而又、而于二反有誤

軫，之刃反【法】刃當作忍

矡俱縛反又俱碧反惡之如字或烏路反非也降婁戶江反下同大咎其九

反取讁直革反讁也譴也遣戰反故復扶又反下復伐同爲孟于僞

反注及下爲杞取成同孫守手又反下守邑同挈苦結反鉼蒲丁反之知

音智注小知同汲者音急以借子夜反喪邑息浪反有猜七才反

閒晉如字注同桃虛起居反萊柞音來子洛反又音昨長鬣力輒

反者相息亮反鬚音須光夸苦華反好以呼報反注同大屈

君勿反大屈弓名服同又云大曲也賈云寶金可以爲劒出大屈地見公賢遍反公語魚據反

無適丁歷反而傳直專反祈禱丁老反音丁報反無瘳敕留反

黃能如字一音奴來反亦作熊音雄獸名能三足鼈也解者云獸非入水之物故是鼈也一曰既爲

神何妨是獸案說文及字林皆云能熊屬足似鹿然則能既熊屬又爲鼈類今本作能者勝也東海人祭禹廟

不用熊白及鼈爲膳斯豈鯀化爲二物乎堯殛紀力反誅也本又作極音義同鯀古本反禹父也

春秋左氏音義之五　七　陳明仲

夏郊戶雅反注及下同差也初賣反爲豐于僞反下爲初言同以夫

音扶能任音壬下同析薪星歷反負荷本亦作何河可反又音河擔也

丁甘反若屬音燭有疆居良反埸音亦介而音界公孫泄

息列反復立扶又反說也如字下及注同徐始銳反治政直吏反說而

後信音悅曰魄普白反強死其丈反注及下同馮依皮冰反注同之

胄直又反從政三世矣子良公子去疾生子耳公孫輒輒生伯有良霄三世爲鄭卿

無腆他典反蕞爾在最反小皃政柄彼命反公孫鉏仕居

馬師頡戶結反罕魋徒回反爲寘之豉反爲子產于僞反注

同從嬖必計反庇其必利反又音秘鶺本又作即精亦反鴒本又作令力丁反

急難如字又乃旦反注同行則搖音遙又以照反宣子說音悅還衛

音環陟恪苦各反高圉魚呂反孟僖子病不能禮本或作病

先夸【法】先葉鈔本作光，宋本、《注疏》本亦作光，此作先誤也

不能相禮相音息亮反　相儀息亮反　郊勞力報反　適嗣丁歷反　而
僂力主反　而傴紆甫反　敢侮亡甫反　饘之然反爾雅餬饘也　鬻
之六反孫炎云淖糜也　以餬音胡　必屬音燭　單獻音善　襄頃音傾
或憔在遥反詩作盡　悴在醉反　多語魚據反　婣音周又直周反徐又
勑周反　姶烏荅反　孟縶張立反　烝鉏之承反　使覊居宜反
相之息亮反下同　史朝如字　跛也波我反　遇屯張倫反　之比
毗志反注同　元亨許庚反注元亨皆同　非長丁丈反注同　康叔名之
如字徐武政反　其縣直又反　嗣吉何建本或作可建　又焉於虔反
昭三第二十二　杜氏　盡十二年
經八年招常遥反　侯溺乃歷反　干徵師古丹反　蒐所求
反　于紅工戶東反　千乘繩證反　沛國音貝　公子過古禾反　不

春秋左氏音義之五　八　陳明仲

稱將子匠反　帥所類反　復稱扶又反　孔奐呼亂反　嬖人
必計反　傳八年魏榆地名服云魏邑也榆州里名　或馮焉
皮冰反注同　聽濫力暫反失也　怨讟徒木反　崇侈昌氏反又尸氏反　虒
音斯本又作虒同　祁巨之反一音目之反　臨汾扶云反　怨遠于万反注同　怨
咎其九反下文同　僭而子念反注同不信也　是出如字又尺遂反　是瘁在醉反
哿矣古可反嘉也毛詩傳云可也　卑躬必爾反本又作俾　處休許虬反美也
適夫人丁歷反本又作嫡　公子勝升證反又音升　屬諸音燭　癈
疾甫肺反　哀公縊一豉反　憂恚一睡反　疑爲于僞反下爲子良立
宰爲之立宰同　故重直用反　相鄭息亮反下而相吾室同　若何弔也本或
作若可弔也　千乘繩證反注同　數軍色主反　西竟音境　且見賢遍反
頃公音傾下文並同　鑄也之樹反　捷也在接反　孺子而樹反本亦作孺

傴，紆羽反【法】羽盧依宋本作甫○鬻，孫炎云：淖糜也【法】糜當從麻

長矣丁丈反 則數人色主反下同 去戎起呂反 著常張略反 子盍胡臘反下同 請從才用反 稽顙音啓下素黨反 請寘之豉反 於幄於角反 加經直結反 使穿音川 封戍音恤 城麇九倫反 不諂勑檢反 皇頡戶結反 女知音汝下同 顓頊音專許玉反 鶪火市春反 析木星歷反 將復扶又反一音服 自幕音莫 瞽音古 瞍素口反 舜重直用反 曰嫣九危反 已見賢遍反

經九年 仲孫貜俱縛反徐又居碧反 郎囿音又苑也於郎地築苑也舊于目反

傳九年 趙黶於減反 濮西音卜 於葉始涉反 其處昌慮反 閻嘉以廉反 張趯他歷反 詹桓之廉反 自夏戶雅反注同 駘他來反依字應作邰 芮如銳反 岐其宜反 之長丁丈反下師長同 所治直吏反 斄城他來反又音來一音力之反本或作釐 蒲姑如字又音薄

春秋左氏音義之五　九　毛諒

商奄於檢反 樂安音洛 巴必加反 燕於賢反 亳步各反 以蕃方元反 屏周必井反 廢隊直類反注同 是爲于僞反注同 如下本又作弁皮彥反 髦音毛 始冠古亂反 檮徒刀反 杌五忽反 四裔以制反 以禦魚呂反 螭勑知反 魅本又作鬽武冀反 之姦古顏反 瓜州古華反 敦徒門反 煌音皇 使偪彼力反 郊甸徒遍反 戎焉於虔反又如字 之咎其九反 封殖時力反 封疆居良反 以畜許又反一音許六反 牧音目又音茂 文之伯如字又音霸 子說音悅 與襚音遂贈死衣服 頒俘芳夫反 賨滑平八反又于八反 以說如字又音悅 將復扶又反下注復封皆同 水妃也芳非反一音配注同 所相息亮反注同治也 妃以五成妃音配注並同 自爲于僞反 戲陽許宜反 飲酒樂音洛 屠音徒禮記作杜 蒯苦怪反 請佐公使尊使音如字亦所

斄，他來反，又音來，一音力之反【法】盧云：正文疑當作斄，方與他來、他反及音來爲合，斄則音力之反

吏反 以飲 於鴆反下又飲同 女爲 音汝下皆同 甲子喪 息浪反 人舍
音捨 爲疾 于僞反下爲是同 公說 音悅 知氏 音智下同 悛 七全反 荀躒
本又作擽力狄反徐音洛 舊好 呼報反 勿亟 紀力反 歡樂 如字又五教反一音洛
焉用 於虔反 以勦 初交反又子小反勞也 經十年耆酒
市志反傳同 好內 呼報反 侯虒 彼虯反 宋公成 音城何休音恤
傳十年婺女 武付反 非孛 蒲對反 裨竈 婢支反 之虛
起魚反注同 玄枵 許驕反 任氏 音壬注同 大公 音泰注同 之妣 必履反 二
十八宿 音秀 說婦人 音悅 而惡 烏路反注同 而騁 勑領反 傳
言者 直專反 先伐諸 一本無伐字 焉往 於虔反下焉歸同 不差 初賣
反 靈姑銔 扶眉反又音平 率吉 所律反徐所類反 請斷 丁管反注同
于稷 杜云祀后稷之處也一云稷地名六國時齊有稷下館 之處 昌慮反 有爭 爭鬭

春秋左氏音義之五　十　毛諒

之爭 可強 其丈反注同 薀利 紆粉反 生孽 魚列反 薀畜 勑六
滋長 丁丈反 具幄 於角反 幕 音莫 從者 才用反 衣屨 九具反
載周 如字詩作哉毛云哉載也鄭云始也 能施 始豉反下注同 周徧 音遍 爲
之 于僞反 取鄭 古杏反 獻俘 芳夫反 亳社 步洛反 視民 如字
詩作示字 不佻 他彫反偷也 畜牲 許又反 見新 賢遍反下不得之見下文因見同
贄 音至 喪焉 於虔反 百乘 繩證反 自賁 芳味反下同 幾千
人 居豈反 不可數 所角反 在衰 七雷反本又作縗 經 直結反 嘉
服見 如字又賢遍反下同 是重 直用反 以見 賢遍反下同 欲敗 必邁反下
同 自勝 音升 語諸 魚據反 親推 如字又他回反注同 能任 音壬下同
喪夫人 息浪反夫音扶注同 惡寺人柳 烏路反寺又作侍 柳熾 尺志
反 炭 吐旦反 則去 起呂反 其處 昌慮反 比葬 必利反 元公

宋公成，音城，何休音恤【法】盧云：案公羊作戌，故音恤，非讀成爲恤也

好呼報反惡烏路反經十一年子虔其連反侯
般音班雖殺申志反傳放此比蒲音毗徐扶夷反禝祥子鵲反徐又七
林反北宮他徒河反厥憖魚靳反徐五巾反一音牛轄反齊歸如字
傳十一年萇弘直良反歲復在扶又反下歲復在同然壅於勇
反注及後同蔡近附近之近下同於感戶暗反以敝婢世反有繒武巾
反以喪息浪反下且喪君同而隕于敏反而亟欺冀反數也無咎其九
反下同非胙本又作祚在路反無拯拯濟之拯救也注同沒振之慎反弃捐
以専反捄助音救本亦作救不可復振扶又反本亦無此字脩好呼報反夢
以帷位悲反一本作夢以其帷幕孟音莫其僚力彫反遠氏為彼反本
又作蘤之簉本又作蓪初又反副倅也說文蓪從艹副倅七對反令副力呈反
雙生如字或音所敬反一鄉四月本又作鄉亦作向同許亮反將焉於虔反

春秋左氏音義之五　十一　陳錫

鮮矣息淺反復在扶又反本或作於狐父音胡有著張慮反徐治居
反注及下同常處昌慮反有禬古外反領會也說文云帶所結也所以道
音導下同以語魚據反歸祐音又岡山音剛侯廬力吳反相
為于偽反或如字不羹舊音郎漢書地理志作更字城櫟力狄反而寘
之豉反下同檀伯徒丹反之長丁丈反不勝音升曼伯音万實
出如字徐音黜不掉徒弔反經十二年高偃音匽
成熊音雄公子憖魚覲反一讀為整正領反不書將子匠反帥
所類反傳十二年將為于偽反過女音汝迂
直音于一音於則朝如字而堋此鄧反徐甫贈反下棺也禮家作窆彼驗反義同
豈憚待旦反為賦于偽反蓼蕭音六壽樂音洛相鄭
伯息亮反下同有酒如淮舊如字四瀆水也學者皆以淮坻之韻不切云淮當為濰

憖，一音五轄反【法】五轄盧依宋本改牛轄

簉，本又作造【法】造盧改蓪

學者皆以淮坻之韻不切【法】不切盧云：疑當爲不協

濰齊地水名下稱澠亦是齊國水也案澠是齊水齊侯稱之荀吳既非齊人不應遠舉濰水古韻緩作淮
足得無勞改也如坻直疑反徐直夷反杜云山名也詩云宛在水中曰坻坻水中高地也中此
丁仲反下及注同如澠音繩入時水如字本或作濟音同代更音庚齊
君弱吾君經吾君以為弱也軍帥所類反強禦魚呂反卒
子忽反秉繩證反公孫傁素口反徐又所流反日旰古旦反別種
章勇反沾縣張廉反韋昭音坫字林他兼反緜皐古刀反肥累劣彼
反又力輒反伯絞古卯反跪尋求委反又音詭弟過古禾反下庚皮之子過同
將去起呂反孫鰌音秋南蒯苦怪反費邑音祕子叓音庚
注同蒯語魚據反注同殺適丁歷反無頗普河反偏也逃介音界
注同副使所吏反湫乎子小反徐又在酒反一音秋攸乎如字徐以帚反愁
險於蕢反懸危音玄本又作縣深思息嗣反注同枚筮武回反沉

春秋左氏音義之五　十二　陳錫

卜芳劒反遇坤困門反之比毗志反注同之長丁丈反外內
倡昌亮反和戶臥反供養九用反下餘亮反弗當如字注同或丁浪反
且夫音扶注同欲令力呈反參成七南反又音三飲鄉人於鴆反
有圃布古反園也之杞音起枸杞音苟本又作狗通稱又證反倍
其音佩為季于偽反下同守手本亦作狩同手又反注同潘子普干反
司馬褻音篤本亦作督顯尹午五刀反徐許驕反之援于眷反兩
雩于付反王皮冠一本作楚子皮冠秦復陶復音服一音福陶音徒刀
反復陶兩衣也所遺唯季反翠被普義反注及下同豹舄音昔執鞭
必縣反或華傍作更者五孟反非也析父星歷反從才用反莫見音暮下賢遍反
去冠起呂反舍鞭作捨熊繹音亦呂級音急本又作伋夒父
素協反下音甫下同有分扶問反下及注皆同辟在匹亦反泝鄉音市又音示

篳路音必　藍縷力甘反下力主反　草莽武黨反　跋涉蒲末反

以共音恭　禦魚呂反　長曰丁丈反　少曰詩照反　曾居才能反一本作嘗

遠我于万反　不羹音郎　千乘繩證反　子與音預　剝

圭邦角反　鏚音戚斧也　柲音祕柄也　如響許丈反本又作嚮音同　響應

應對之應　以斷音短　淫慝他得反　出復扶又反　左史倚於綺反徐

其綺反　相息亮反　三墳扶云反　八索所白反本或作素　周行如字又下

孟反　車轍直列反　祭公側界反　祈招常遙反又音昭　祈父音甫　獲

殁音沒　祗宮音之又音祁　篡初患反　殺申志反　其焉能於虔

反　愔愔一心反徐於林反安和皃　金冶音也　去其起呂反　饋不食，

其位反　數日色主反　於難乃旦反　克勝升證反又音升

昭四第二十三　杜氏　盡十七年

春秋左氏音義之五　十三　頌端

經十三年　圜費音祕　乾谿苦兮反　長垣音袁　不與音預

注同　讒慝他得反　侯盧音盧又力居反

傳十三年　囚俘芳夫反　治區夫上音也區音烏侯反一音丘于反

衣之於既反　食之音嗣　而共音恭　若憚待旦反　爲之聚

也于僞反　將焉於虔反　其效戶孝反　薳于委反　掩於檢反

而質音致　蔡洧于軌反　使與音預　於守手又反　中犨

尺州反　郊亭音婷　蔓成然音万　羣喪息浪反　常壽過

古禾反　其子從如字　朝吳如字　子晳星歷反　強與其丈反

已徇音紀下似浚反　能爲于僞反　黑肱古弘反　不羹音郎　許

葉始涉反　築壘力軌反　辟音壁本亦作辟　請藩方元反注同離也

離也依字應作籬今作離假借也力知反　須務牟亡侯反　史猈皮佳反徐

數，色主反【法】色主反盧云：《注疏》本作所主反，當從之

扶盤反又扶移反又或扶瞻反本或作褠音同 罷敝 音皮徐甫綺反一音蒲買反 魚陂
彼宜反 後者劓 魚器反截鼻之刑 訾梁 子斯反注同 而潰 戶內反
知擠 子細反隊也說文云排也一音子禮反 溝壑 許各反 隊也 直類反 祇
取 音支 王沿 以全反順流也 夏 戶非反漢水也 入鄢 徐於建反二音於晚反入本或
作芊尹 于付反徐又音羽 冉奸 音干 謂斷 丁管反 棘闈 音韋
棘里名闈門也孔晁云棘楚邑闈巷門 王繿 一敢反 殉而 似俊反 觀從謂子于 本或
作謂子于曰 夜駭 戶楷反 相恐 丘勇反下同 而呼 好故反反同 周徧 音遍 不書
殺 申志反 熊居 音雄 衣之 於既反 子旗 音其 五帥 所類反謂蕩侯潘子司馬督囂尹午
陵尹喜五人 見舟 賢遍反 淮汭 如銳反 羣賂 音路 宥罪 音又 爲君 于僞反
韡樂 力狄反 自說 音悅 不復 扶又反下將復使同 毋勤 音無 王樞
其又反 詬天 本又作詢呼豆反徐許后反 而呼 火故反 余畀 必利反徐甫至反
大七、小四、卄二 春秋左氏音義之五 十四 壽
反與也 無厭 於監反 共王 音恭 冢適 丁歷反下無適音同 乃徧 音遍
見於 賢遍反下注微見同 巴姬 必加反 密埋 亡皆反 大室 音泰 五
人齊 側皆反本又作齋 而長 丁丈反注及下同 跨之 苦化反 肘加 中九
反 皆遠 于万反 皆厭 於甲反徐又於[illegible]反 紐 女九反辟紐也 審識 申志反又
如字 屬成然 音燭 市賈 音古 好惡 並如字又上呼報反下烏路反下皆放此
爲應 應對之應 無釁 許靳反 苛 音何本或作荷音同下同 慝 他得反
芊姓 彌爾反 以去 起呂反 數其 所主反 又遠 于万反 其
貴亡矣 亡音無又音如字 下善 遐嫁反 齊肅 側皆反注同嚴也 藏
賄 呼罪反 不從 子用反 不厭 於豔反 好學 呼報反 趙襄 初危
反 顛頡 戶結反 從出 才用反 賈佗 徒河反 齊妻 七計反 欒
魯官反 郤 去逆反 縠 戶木反 方相 息亮反下同 共有 音恭 與主

烏報反 無施式豉反 虎祁音斯 爲取于僞反 郠故工杏反 下
邳皮悲反 四千乘繩證反下及注皆同 羊舌鮒音附 幄幕於角
反下音莫四合象宮室曰幄在上曰幕軍旅之帳也 淫芻初俱反說文云刈草也 蕘如遙反飼
牲曰芻草薪曰蕘 胥伯音徒 饋叔其位反 一篋苦協反 遺貨徒木
反 無猒於鹽反 數也音朔 爲此役也如字或于僞反 以厎音旨
傾覆芳服反 間朝間厠之間 長幼丁丈反 巡守手又反 方
嶽音岳 於好呼報反下注同好同 不治直吏反舊如字 齊犧許宜反 不
旆步貝反 復旆之扶又反 以恐丘勇反下同 愬于音素 朝夕
如字注同 幾亡音祈 不共音恭注下注同 雖睧在亦反 儥於方問
反什也 什也音付一音蒲比反 杞郕才陵反 近魯附近之近 數以
音朔 敢與音預下文不與同 造于七報反 爲墠音善本或作壇 會
大刀七十七 小二刀廿十二 春秋左氏音義之五 十五 壽
處昌慮反 先盟悉薦反 好以呼報反 使人所吏反 咎之其九
反 瀆易以豉反 競爭爭鬭之爭下爭鼓同 蒙裹音果 司鐸射
徒洛反下食亦反又食夜反 奉壺芳勇反 以蒲本又作匍同步都反又音扶本亦作扶
伏本又作匐同蒲北反又音服 守者手又反又如字 御之魚呂反 往飲於鴆
反 箭箙音童又音勇 子服湫子小反徐音椒又子鳥反案子服湫又作子服椒止
一人耳 從才用反注同 爲治直吏反 不警音景 舊好呼報反 守
備手又反 若爲于僞反下爲夷將爲同 何瘳勑留反 差也初賣反
諺曰音彥 將焉於虔反 [illegible]稱尺證反 坐叔才卧反 使近附近
之近 經十四年 去疾起呂反 意恢苦回反 惡之
烏路反 傳十四年 以舍音捨 司徒老祁巨夷反字
林上反 閒差初賣反 遂劫居業反 畏子以及今絕句 能復

郠，亡杏反【法】亡當作古，見上《十年》

祁，《字林》上夷反【法】夷盧本作户（棨芬案當作尸），是也

扶又反子韓晳星歷反假好呼報反分貧如字徐甫問反長孤
幼丁又反收介特音界又古賀反注同單身音丹宥孤音又賦
秭始鈚反罪戾力計反詰姦起吉反責問也慝他得反罷罷音皮
召陵上照反好於呼報反注同邊疆居良反著丘直居反徐直據
反庚與音餘本亦作輿共公音恭惡公子烏路反下同公子鐸
待洛反氏比毗志反無厭於鹽反本又作饜下注同居鄖音云公子
鉏仕居反鄐許六反又超六反命斷丁亂反注同蔽罪必世反斷也注同徐
甫世反王補弟反鬻獄羊六反賣也掠美音亮取也敗官必邁反又如字之
稱人證反皐陶音遙乃施如字服云施罪於邢侯也孔晁注國語云施廢也口氏反
荅當丁浪反三數色主反又色具反下同不爲于僞反末減武葛
反末薄也減輕也義也夫舊音扶一讀方于反下同爲頗普河反故重
大[illegible]小[illegible] 春秋左氏音義之五 一六 李宝
直用反經十五年籥入羊略反去樂起呂反爲
叔弓于僞反復立扶又反不遠于万反傳十五
年將禘大計反齊戒側皆反有咎其九反之祲子鴆反祆
氣也喪氛芳云反徐扶云反惡氣也蓋見賢遍反莅事音利故爲
于僞反去樂起呂反注及下同賁無極扶味反亦長丁丈反必及
於難乃旦反故寘之豉反女何音汝而背音佩鼓聚才喻反
好惡呼報反下烏路反或並依字讀下并注皆同不愆起虔反過也復加扶又
反以庇必利反又音祕所喪息浪反而繕市戰反守備平又反請
降戶江反民見賢遍反將焉於虔反以貫音古下同戴本又
作鳶悅全反鞮丁兮反不與音預苟櫟力狄反本又作躒爲介音界
樽以本或作尊又作罇並同分器扶問反年內同彝器以之反常也而遠

鐸，符洛反【法】符盧改待

鄐，許六反，又超六反【法】超盧依宋本作起

夫，舊音扶，一讀方于反【法】一讀方于反蓋以夫字下屬爲句也，然施之下文，猶義也夫句，則不安。《注疏》本作一音芳于反，或語詞別有此一讀否？再考

去樂【法】去樂一條盧移故爲條前

丁方反又如字故數音朔大蒐所求反姞姓其吉反又其乙反闞鞏
九勇反出鎧開代反齣參所金反注同鍼戚音戚鉞音越秬鬯音巨
音暢彤弓徒冬反虎賁音奔東夏戶雅反福祚之不登
叔父絕句焉在於虔反下焉用之同孫伯黶於斬反女司
典音汝數典色主反所樂音洛下文注皆同絕期居其反下同靜
默亡北反本或作嘿同經十六年誘音酉雩音于
傳十六年無質之實反信也或音致既而復扶又反蒲隧音遂
下邳被悲反取慮上音秋下力居反如淳取音陬訾之陬慮音郲婁之婁如
陂彼皮反鄭人音談甲父音甫之亢苦浪反也夫音扶我
肄以制反勞也徐又以自反注同恭恪苦各反禦之魚呂反止也注及下同適
縣音玄注同幾爲居豈反數也服音機近也言數音朔陵侮亡甫反
春秋左氏音義之五　十七　宗閑
夫猶音扶不衷丁仲反又音忠衷當丁浪反或如字刑之頗普河
反類如字事類也一音力對反徐注同又力猥反放紛芳云反放從子用反
罷民音皮承命以使所吏反下奉命以使同百乘繩證反受
脤市軫反數世色主反焉得於虔反下焉用之同僻匹亦反邪
似嗟反共朴普角反之守手又反無幾居豈反可偷他侯反
若屬音燭盍求戶臘反之難乃旦反下同又如字一共音恭下而共無
藝同何厭於鹽反不復扶又反下弗敢復并注同賈罪音古下我無強賈同
銳乎悅歲反細小也成賈音嫁本或作價請夫音扶重求直用反
比耦幽志反更相音庚以艾魚廢反蓬蒲東反蒿呼高反藜
力兮反藋徒弔反我無強其丈反下強奪同又其良反注放此毋或音無下同
匄奪古害反舊又姑末反乞也寶賄呼罪反或作貨勿與音預以好呼報

邳，普悲反【法】普蓋蒲之譌

反下及注並同　背盟音佩　以徼古堯反　餞宣子賤淺反字林子扇反　子

齹才何反字林才可士知二反說文作齹云齒差跌也在河千多二反　蔓草音万　邂

戶賣反　逅戶豆反　孺子如佳反　別於彼列反　彼已音記　舍命

音赦又音捨　不渝羊朱反　褰裳起虔反　涉溱側巾反　不復

扶又反　令子力呈反下同　愛樂音洛又五孝反　擇兮他洛反　印段

一刃反　其唱昌亮反本或作倡同　和女戶卧反下同女音汝　貺起音況　皆

叱女乙反親也　數世色主反　私覲其靳反　命起舍音捨　夫

玉音扶　藉手在夜反注同　語季魚據反　奢傲五報反　惡識

烏路反　尚少詩照反　屠擊音徒　豎柎音附又方于反　蓺山

音藝　令繁力呈反　經十七年　陸渾戶門反　孛

音佩音勃　一　長岸五旦反　傳十七年　菁菁子丁反

春秋左氏音義之五　十八　張謹

者　莪五河反　樂且音洛　饌仕眷反　禦之魚呂反注同　正月

音政　慝未他得反　於夏戶雅反下文當夏四月注當夏家同　是宿音秀

鼛奏音古　嗇夫音色　少皞詩照反下胡老反　已姓音紀又音祀

師長丁丈反　縉雲音進　共工音恭　大皞音泰下同　少皞

摯音至　燕也於見反　鶬音倉　鴳本亦作鷃於諫反　鷩雉必滅反

爲蜃市軫反　鵻鳩音隹本又作隹本或作鵻子遙反或子堯反　鶻鳩本又

作睢七徐反　鷙而音至本亦作摯下同　有別彼列反　鴶本亦作秸鞠八反又音吉

鵴本亦作鞠居六反　爽鳩所丈反　鶻鵰陟交反又陟留反又音彫　五種

章勇反下同　曰鶞音存又音遵本或作鷷　鶅雉側其反　曰翟音狄又音

濁　曰希如字一音丁里反本又作鵗　曰翬許韋反　度量音亮　九

扈音戶　鳻扶云反又如字　鶞勑倫反　唶唶側百反又子夜反又助額反　嘖

己，音紀，又音祀【法】音祀當合《文七年》、《襄十一年》證正，使歸一律

鵻，音隹，本又作隹，本或作鵻【法】鵻盧改鵻，注兩隹字並改隹，鵻改鵻，並是

嘖音責又音賾　顈項音專許王反下　厝蒯苦怪反　於雒音洛　乃
讋音景　獻俘芳扶反　以應應對之應　夏之戶雅反下文同　星見賢遍反下
賢遍反　彗所以似銳反又息遂反　嚮伏許亮反又作向　火出而見賢遍反下
及注皆同　其與如字又音預　之虛起居反下同　之分扶問反　濮陽音卜
之牡茂后反　相搏音博一反作溥音同　當復扶又反　椑竈婢支反
瓘古亂反　斝古雅反　玉瓚才旦反　勺也上若反　以禳本亦作攘
如羊反下同　陽旬古害反　易用以豉反　魴也音房　乘舟如字又繩
證反下同　環而如字又音患　塹之七豔反　其隧音遂　炭吐旦反　闔
廬戶臘反下力居反　喪先王息浪反　長鬣力輒反　髭子斯反
鬚音須　我呼乎路反又如字下同　皆迭待結反又音弟更也　迭更音庚
昭五第二十四　杜氏　盡二十二年
春秋左氏音義之五　十九　駱寶
經十八年入鄅音禹許愼郭璞皆音矩國名　琅邪音郎本或作郎　自
葉始涉反　傳十八年毛伯過古禾反　萇弘直良反
反　稔之而審反孰也　侈故昌氏反又尺氏反　夏伯戶雅反　昏見賢遍
反　壬午大甚本或作火甚　其處昌慮反下祭處同　故登以望
氣本或作以望氛氣　數日所主反　禳火如羊反　今復扶又反下同　國幾
音祈又音機下同　竈焉於虔反　有中丁仲反　里析星歷反　將有
大祥本或作大祥非也　身泯面忍反　將先悉薦反　以知音智　使與
音餘　其柩巨又反　為其于偽反　欲令力呈反　巡行下孟反下文行
火下注履行同　主祏音石　石函音咸　易救以豉反　各儆音景　寘諸
之豉反　所燬許靳反灸也　玄冥亡丁反　四鄘音容城也　賦稅始銳反
妘姓音云　盡俘芳夫反　從帑音奴　不說學音悅　歸以語

侈，昌氏反，又尺氏反【法】尺當作尸

泯，而忍反【法】而盧改面，是

魚據反 上替他計反 殖也時力反 生長丁丈反 爲火故于僞
反下將爲蒐同 袚禳芳弗反徐音廢 蒐場直良反 處小昌慮反 過女
音汝注同 而鄉許亮反本亦作向注同 及衝昌容反 使從才用反 登陴
婢支反 忘守手又反音如字 一𢅓然遐板反動忿皃 勁忿吉政反 恐懼丘勇
反 讒慝他得反 之間間廁之間 荐爲在遍反重也 荐重直用
友下文同 他音音墖注同 楚喪息浪反 君盍戶臘反 許先悉薦反
而復扶又反 蔽障章亮反 不可易以豉反注同輕也 子說音悅
於析星歷反 經十九年爲鄅于僞反 加殺
音試 不舍音捨 傳十九年城郟古洽反 其僅
音觀 以持如字本或作恃怙之字非也 鄖陽古閔反 五員音云 少師
詩照反 王爲之于僞反注同 與逆音預 嬴氏音盈 向戌傷亮

春秋左氏音義之五 二十 宋求

反下音恤 園蟲直忠反 悼公瘧魚略反病也 舍藥音捨注及下注舍子
同 郳人五兮反 伐濮音卜 之伯音霸又如字 諸夏戶雅反 僻
陑匹亦反 城父音甫 而寘之豉反 王說音悅 紀鄣音章 贛
榆古弄反如淳音耿弇反下音俞 犛婦力之反寡婦也依字作嫠 紡焉方往反
以度待洛反注同 而去之起呂反藏也裴松之注魏志云古人謂藏爲去案今關中猶有此音
紡纑力吳反麻縷也 夜縋直僞反 鼓譟素報反 上之人亦譟
一本作城上之人亦譟 共公音恭 幼少詩照反 駟氏 聳息勇反懼也 札
側八反一音截大死也字林作[歹止]壯列反云夭死也 瘥才何反小疫也字林作瘥 夭於表反短折也
昏如字未名而死曰昏 小疫音役 又喪息浪反 懼隊直類反 立
長丁丈反注同 實剝邦角反 諺曰音彥 無過古禾反下同又一音
古卧反 猶憚待旦反 其使所吏反注同 沈尹戌音恤 葉公始涉

袚，芳弗反【法】弗盧改佛

札，側八反，一音截，夭死也。《字林》作[歹止]【法】夭盧改大，[歹止]盧依《集韻》作殀

子旗音其 以挑徒了反 民樂音洛 勞罷音皮本或作疲 洧
淵于軌反 ·爲榮爲命反 我覿大歷反見也 賢遍反之
知音智 躒由九衞反 舍前音捨又音赦 經二十
年自鄭莫公反一音亡增反字林音夢案夢字字林亡忠反 之使所吏反 兄縶
張立反 華亥戶化反 君爭爭鬭之爭 惡之烏路反 侯盧
力烏反本又作盧力於反 傳二十年望氛芳云反氣也 幾
亡音祁又音機 後弭彌耳反 汏侈音泰 奮揚方問反 大子
冤於元反 遣令力呈反 使而所吏反又如字 冉奸音干 使還
音環下還豹同 盂以戶臘反 棠君尚君或作尹 弟員音云 之長
丁丈反 吾知音智注及下知也同一音如字 不逮音代一音大計反 度功待洛
反 擇任音壬注同 愈差初賣反 其肝古旦反 僚也力彫反

春秋左氏音義之五　二十一　陳彥

姑爲于僞反 乃見賢遍反 鱄設諸音專 吳殺申志反
而惡烏路反 御戎魚呂反又如字 公孫援于眷反 拘向勝九于
反 其廩力甚反 大子欒力官反 爲質音致下同 辰及地
皆元公弟案公子辰是景公之母弟地是辰兄皆當爲元公之子今注皆作元公弟誤耳
無慼千歷反 狎齊豹戶甲反輕也 與鄭音絹 惡北烏路反
褚師中呂反 圃布五反 欲去起呂反 公子朝如字 適毋丁歷
反本亦作嫡 見宗魯賢遍反 爲驂七南反 乘焉繩證反注及下
驂乘與乘一乘駟乘就公乘皆同 勿與音預又如字 吾遠于万反 借我
子夜反 親近附近之近 聞難乃旦反 是僭子念反不信也 祝鼉
烏蝸反 寘戈之豉反 要其一遥反 從公孟如字又才用反 華齊
戶化反下同 及閎音宏 斷肱丁管反下古弘反 以中丁仲反下中南楚同

弭，彌耳反【法】《注疏》本作爾，是也。盧本亦誤

鼉，烏蝸反【法】鼉固有烏蝸一讀，而《秋官·序官》及《莊子·秋水》並音戶蝸反

乘驅繩證反又如字閥門音悅慶比如字又婢志反鴻駵音留驄
徒回反復就扶又反之衢其俱反遂從才用反注及下注同肉袒
徒旱反氏爭爭鬭之爭之處昌慮反射公食亦反欲令力呈反
反從公才用反又如字下從公同析朱星歷反鉏仕居反竇出音豆
頃公音傾在音音增草莽莫蕩反之好呼報反宗祧
他彫反以其良馬見賢遍反下注為客禮見同為未于僞反致使
所吏反注同乘馬繩證反又如字將掫側九反又祖侯反行夜也行夜下孟反
從者才用反牧圉魚呂反扞外戶旦反執鐸待洛反終夕
與音預下不與聞謀與於青之賞同燎力召反又力弔反一本作終多與於燎徧賜音遍
苑何忌於元反名牢力刀反女何音汝不為于僞反疚於
居又反病也回邪似嗟反下同知難乃旦反下同郳甲五兮反鬼閻以廉
春秋左氏音義之五　二十二　陳尭
反又以必盬古緩反而食音嗣下食公子同所質音致下同費遂
冉反扶味反求去起呂反滋長丁丈反注及下同詢許倢反恥也本或作詬同少
司詩照反下注少瞭同寇牼苦耕反三公子為質如字信也注同公
遽其據反而女音汝齊侯疥舊音戒梁元帝音該依字則當作痎說文云兩
日一發之瘧也痎又音皆後學之徒僉以疥字為誤案傳例因事曰遂若痎已是瘧疾何為復言遂痁乎
遂痁失廉反瘧疾也期而音基不瘳勑留反裔款以制反齊嬖
必計反君盍戶臘反史嚚魚巾反公說音悅屈建居勿反事
治直吏反不媿九位反本又作愧無猜七才反建以語魚據反與
焉音預注同下祝史與焉亦同以蕃音煩祉音恥為信于僞反又如字下為
暴君使同外內頗普何反邪似嗟反辟違匹亦反從欲子用反下淫從
如字同或音厭私於豔反注同撞鐘直江反斬艾魚廢反本又作刈輸

邪，似嗟反【法】似疑以之譌

掠音亮 其聚才住反又如字 謗讟徒木反 無悛七全反 數美所主反 矯誣居表反 求媚眉記反 其言僭子念反下僭令同 嫚武諫反 萑蒲音丸 舟鮫音交 藪之素口反 薪蒸之丞反麤曰薪細曰蒸 鹽蜃市軫反 入從其政如字一音征 偪介彼力反下音界 迫近附近之近 強易其丈反 其賄呼罪反 則應應對之應注同 養長丁丈反 皆詛莊慮反 祝有益之又反下善視同 億兆於力反 公說音悅 去禁起呂反下去其否同 以薄斂力驗反 巳責本或作債音同 除逋布胡反 于沛音貝 旃以之然反 韙之于鬼反是也 至自佃音田本亦作田 遄臺市專反 而造七報反 和夫音扶 焉得於虔反 如羹音庚舊音衡 醯呼兮反 醢音海 以烹普庚反煑也 燀之章善反然也 炊也昌垂反 齊之才細反又如字 以泄息列反減也 無爭爭鬭之爭 和齊並如字一讀上戶卧反下才細反 鬷子工反緫也 嘏古雅反大也 緫也音揔 一氣杜解以為人氣也服云歌氣也 五聲宮為君商為臣角為民徵為事羽為物 角徵張里反 大蔟音泰下七豆反 蕤賓人誰反 無射音亦 七音宮商角徵羽變宮變徵也 八風易緯通卦驗云東北曰條風東方曰明庶風東南曰清明風南方曰景風西南曰京風西方曰閶闔風西北曰不周風北方曰廣莫風條風又名融風景風一名凱風 六府水火金木土穀 三事正德利用厚生 哀樂音洛下同注皆同 周流傳本皆作流然此五句皆相對不應獨作周流古本有作疏者案注訓周為密則與疏相對宜為疏耳 豳風彼貧反 專壹如字董遇本作摶音同 季荊仕側反 虞夏戶雅反 大公音泰 爽鳩氏樂之本一作之樂 鮮死息淺反 水懦乃亂反又乃卧反一音儒 民狎戶甲反 而翫五亂反 以治直吏反 數月所主反 萑音丸 符音蒲又如字 盡

大一五十二 小四三十三 春秋左氏音義之五 二十三

遄，七專反【法】七盧改市，是

之本或作盡殺之殺衍字 糾之居黝反 汔可許乙反其也 苛政音何
無本又作毋 從子用反注同 詭隨九委反 式遏於葛反 憯不
七感反曾也 不絿音求急也 是遒在由反又子由反聚也
經二十一年 頃公音傾 披其普彼反
傳二十一年 將鑄之樹反 無射音亦注同 律中丁仲反 泠
州鳩力丁反字或作伶樂官也或作冷字非也 不窕他彫反 不槬戶化反 心
億於力反安也 則樂音洛 不咸如字本或作感戶暗反 適子丁歷反
以長丁丈反 不解佳賣反 攸塈許器反息也 欲惡烏路反
歸費音秘注同 故為于偽反 人恐丘勇反下注同 華貙勑俱反
少司詩照反 相惡如字又烏路反 亟言欺冀反 飲之於鴆反下同
及從才用反 張匄古害反本亦作丐 而訊音信問也 又重直用反
大六七十四 小三六十女 【春秋左氏音義之五 二十四 壽
將見賢遍反 不勝音升 曰任音壬 鄭翩音篇 豐愆起虔
反本或作衍 睢陽音雖 舊鄘音容本或作墉 廚人直誅反 濮音卜
先人悉薦反 後人戶豆反 盍及戶臘反 二帥色類反注同 苦
雒古含反 偃州員音云又音圓 死難乃旦反 而不能送
亡君絕句 待復扶又反下文復即之同 乃徇似俊反 揚徽許歸反說
文作微云識 徽識本又作幟申志反又昌志反一音式 去備起呂反 裹首
音果 而荷何可反又音何 翟僂力主反 說甲他活反下注同 華
姓他口反下注同 不訾本又作呰才斯反又音紫 曹翰音寒又戶旦反 中行
戶郎反 赭丘音者丘又作业 為鸛古喚反 為鵞五多反 皆陳直覲
反 莊堇音謹本或作莊堇父 干犨尺由反 將注之樹反 則闗烏環
反本又作弯同下同 傳天音附 相余息亮反 豹射食亦反又音食夜反下及注皆

徽，許歸反，《說文》作微【法】微乃徽之譌，盧本改正

赭丘，音者，丘又作业【法】业盧依《說文》改丠

同　狎更音庚　殪一計反死也　抽殳音殊　長丈直亮反又如字　折股
之設反下及注同　扶伏並如字上又音蒲下又蒲北反本或作匍匐同　言女音汝　伍乘
繩證反注及下同　君焉於虔反　搏膺音博　而呼好故反　我迋求狂
反恐也　迋恐丘勇反　雖上音雖　乃復扶又反　蓫越子委反　朱
愬音素　懼洩息列反又以制反
經二十二年　別從彼列反　大蒐所求反　昌間如字　叔鞅
於丈反　單子音善　鞏縣九勇反　子朝　難乃旦反　郟古洽反
鄏音辱　傳二十二年　苑羊於元反　牧之州牧之牧
齊帥所類反　下之遐嫁反　大惡烏路反　無過古禾反　無亢
苦浪反　不衷音忠　能復扶又反下復欲同　省臧悉井反又所景反下子郎反
邊卬五郎反　祁犂力私反又力兮反　仲幾音機　樂輓音晚　後

春秋左氏音義之五　二十五　張謹

弭彌氏反　王子朝如字凡人名字皆張遙反或云朝錯是王子朝之後此音潮案錯姓
亦有兩音　之長丁丈反　說之如字又音悅　王語魚據反　伯盆扶粉反一
音扶云反　劉摯音至下同　惡賓烏路反下注同　願去起呂反　有欲
位之言一本位作立　自斷丁管反　自憚徒旦反　其犧也
許宜反　遽歸其據反　實難乃旦反　弗應應對之應注同　皆從
才用反　比芒音亡　縈錡魚綺反　錡潤古晏反　見王賢遍反注
同　略行下孟反　僞羅音秋　鳶悅全反　鞮丁兮反　洮佗徒多
反　守之手又反又如字　之喪息浪反下注羣喪同　郊要一遙反　餞賤淺
召莊上照反　伯奐音喚　單旗音其　不捷才接反　背盟音佩
注同　樊頃子音傾本或作須字　令單力呈反　以說如字或音悅　奔
平畤音止又音市一本作千平畤下同本或作平壽誤　鬷子工反　稠直由反

省，悉井反【法】并當作井

朝，此音朝【法】音朝盧改音潮，是

鞏簡九勇反 圍車音補 鄩音尋 肸許乙反 東圉魚呂反
苟躒力狄反 于社市者反，本或作杜，下皆同 王子匄古害反 司馬
督音篤 于汜音凡 于解音蟹 任人音壬 右行詭戶郎反，下
九委反

昭六第二十五　杜氏　盡二十六年

經二十三年叔孫婼勑略反 執使所吏反 庚輿音餘
雞父音甫 胡子髡苦門反 沈子逞勑并反 夏齧戶雅
反，下五結反 大倉音泰 傳二十三年郊鄩音尋 潰
戶內反 告閒音閑 道徑音經 公孫鉏仕居反，下同 將禦魚呂
反 欲過古禾反，下遂過同 芋地亡交反 斷其丁管反 弗殊如字
說文云死也，一曰斷也 而壓其月反，又音厥，又居衞反 人愬息路反 言使
【春秋左氏音義之五　二十六　余永
所吏反 重發直用反，下重發同 命介音界，注同 去衆起呂反 士彌
亡支反 牟亡侯反 將焉於虔反，下同 分別彼列反 從者才用反，下
同 以鄒側俱反 蕘而昭反 期焉本又作朞，同居其反，從旦至旦爲朞 模
法莫胡反，字從木 不解音蟹 爲叔孫于僞反 告女音汝 吠狗
扶廢反 必葺七入反，補治也 毀壞音怪 取訾子斯反 尹圉魚呂反
劉佗徒河反 阪道音反，又扶板反 近東附近之近 西闈音韋，一音暉
攻蒯苦怪反 而好呼報反 苟鑄之樹反 執殳音殊 著丘
公直除反，又直慮反 師熸子潛反，字林子兼反 無復扶又反，下注往復、敗復、增脩同 而
狂求匡反 帥賤所類反，注及下帥賤同 去備起呂反 敦陳直覲反，下未陳
并注同 師譟素報反 所厭於甲反，本又作壓，同 在鄖古閑反 吳
子諸樊案吳子遏號諸樊，王僚是遏之弟，子先又以爲遏弟，何容僚子乃取遏號爲

逞，勑并反【法】并當作井

著，直除反，又直慮反【法】直、除同紐，不能爲切，他處皆直居反，見《昭四年》及《十四年》

傳爲設耳未詳以傲古堯反要其一遥反乃縊一賜反蓫澨市制
反公爲于僞反注及下注鄰國爲之寸相爲同囊瓦乃郎反城郢以井
反又餘政反守在手又反下文除守其交禮並同四竟音境下及注同四援于眷
反民狎戶甲反國焉於虔反其疆居良反場音亦之壘
力軌反辟也音躃不僭子念反不懦乃亂反又乃卧反弱也不耆巨之
反一音巨支反強也岔扶粉反冒莫報反一圻音祈土數所主反
經二十四年仲孫貜俱縛反徐俱碧反郁於六反釐本又作釐
力之反又音來傳二十四年南宮嚚魚巾反見王
賢遍反度義待洛反注同紂有直九反億兆於力反有治直吏
反于鄔烏戶反緱氏古侯反又苦侯反鄔聚才住反梁其踁
戶定反而欬苦代反不腆他典反從者才用反莅問音利

〈春秋左氏音義之五　　二十七　余集

乾祭音干下側界反介衆音界注同大也其使所吏反猥出烏罪
反陽不克莫絕句攻瑕戶加反及杏戶孟反皆潰戶內
反大叔相息亮反氂不本又作釐力之反其緯有貴反之
隕于敏反蠢蠢昌允反動皃動擾而小反本又作動攝五儕仕皆
反瓶之本又作缾步丁反惟罍音靁器也黃父音甫用成周
之寶珪于河本或作沈于河沈音直蔭反又如字拘得音俱王定而
獻之本或作王定之東訾子斯反吳疆居良反略行下孟反下
同吳踵章勇反躡楚女輒反疆場音亦胥犴五旦反勞
王力報反之衲如銳反歸王如字又其媿反遺也乘舟繩證反又如字歸
遺唯季反壽夢莫公反圉陽魚呂反之帥所類反注同幾
如是居豈反又音機爲梗更猛反病也

經二十五年叔詣五計反鸜其俱反嵆康音權本又作鴝音劬公羊傳作鸛音權郭璞注山海經云鸜鵒鴝鵒也鵒音欲重上事直龍反又直用反公孫
音遜本亦作遜注及傳同魯竟音境下同唁公音彥弔失國曰唁不與音預
小斂力驗反取鄆音運傳二十五年車轄
本又作舝胡瞎反將爲壬僞反酒樂音洛下哀樂同相近附近之近禮
坐如字又才卧反樂哀音洛注及下同皆喪息浪反下同以妻七計反
強橫華孟反公若從才用反又如字注同焉得於虔反逞其
志勑景反之行下孟反注同發見賢遍反下解見同角徵張里反
六畜許又反又褚六反麇亡悲反麕九倫反本亦作麇黼黻上音甫下音弗
畫繢戶對反昏媾古豆反妻父曰昏重昏曰媾姻音因壻父曰姻亞於嫁反本
亦作婭同兩壻相謂曰亞重昏直龍反治功直吏反以效戶孝反長
春秋左氏音義之五　二十八　政余
育丁丈反民有好呼報反注及下於好皆同惡烏路反下注及下於惡同哀
樂音洛下及注皆同以赴禮者赴或作從之難乃旦反子焉於虔
反宋背音佩下同以使所吏反師己音紀一音祀童謠音遥
往饋求位反遺也唯季反跦跦張于反又張留反跳行皃跳行直彫
反徵褰起虔反袴也字林己偃反又音愆與襦本或作襦而朱反袴也袴也
苦故反說文作絝裯父直留反下音甫下同喪勞息浪反注同娶妻七住
反申夜姑本或作射音夜又音亦相其息亮反注同季姒音似人
檀直丹反人名也或市戰反抶己勑乙反秦遄市專反又愬音素又作
訴展與夜姑並如字公思展及申夜姑也與及也讀或作餘音者非也將要一遥
反將爲于僞反下同季郈音后字林下遘反相近附近之近介其
又作芥音界不下遐嫁反從弟才用反後從者皆同將禘大計反謀

逞其志【法】盧移逞其志條於焉得條上

裯，直留反【法】裯盧改禂，云：《石經》亦從衣

起呂反 公賁 音奔又扶云反又彼義反 侍人 本亦作寺人 僚柤 側加反
反 數月 所主反下數世同 不見 賢遍反 臧孫以難 如字注同 郈
孫以可 絶句 勸 勸公逐季氏也 儌幸 古堯反 舍民 音捨 臣
與 音預 若泄 息列反注同漏泄也又以制反 如闞 口暫反 於沂 魚依反
五乗 繩證反 慝作 他得反姦惡也 曰冥 亡定反 可畜 勑六反本
亦作蓄下皆同 將薀 本亦作蘊紆粉反 翳戾 子公反下力計反 陷西 陷没
之陷 北隅 本或作堣音同 而踞 音據 櫝丸 音獨下胡官反 箭筩 音童
又音動一音勇 爲近 于僞反 自咎 其九反下同 令魯 力呈反 下之
遐嫁反 莒疆 居良反 若胙 才路反 勠力 音六又力彫反 繾綣 音遣
起阮反繾綣不離散也 好亡 呼報反 而惡 烏路反 焉可 於虔反 於難
乃旦反 不與 音預 稽 音啓 顙 息黨反 幄內 於角反 自鑄 之樹反

春秋左氏音義之五　二十九　余永

反 復納 扶又反 齊於 側皆反本又作齋 乘馬 如字騎馬也 俱輕
遣政反 將爲 于僞反 而相 息亮反 以殺 音設 編 蒲田反 掊 步口
反又音附 以籍 在夜反 苓林 力丁反 骸骨 戶皆反 眂宴 女乙反
失隊 直類反 祇辱 音支 僂 力主反又力具反 句 居具反 與僣 子念
反注同 魴假 音房 賈正 音嫁注同 計簿 步戶反 戈楯 食準反又音允
州屈 居勿反一音其勿反 茄人 音加 熊相 息亮反 禖 音梅 郭卷
音權〻武眷勉一反 爲巢 于僞反
經二十六年 帥賤 所類反 郫陵 音專又市轉反一音徒丸反 召
伯 依注當音召氏 傳二十六年 魯竟 音境 女賈
音汝 縛 直轉反卷也 如瑱 他殿反 易懷 以豉反 高齮 魚綺
五千庚 羊主反十六斗曰庚 能爲 于僞反下當爲下文爲魯君同 其說

如字又始銳反公子鉏仕居反公孫朝如字納質音致信女音汝
欲降戶江反下同之飲於鴆反於淄側其反以厭於冉反又於葉
反注同入汶音問不勝音升注同又始證反炊鼻昌垂反泄聲息列
反射之食亦反下及注皆同中丁仲反下中手同楯瓦常允反又音允瓦楯脊也
脊也子亦反繇音由過也朐其俱反本又作軥同車軛汰他達反矢激也輈
陟留反車轅也匕入必履反矢鏃也車軛於革反矢激古狄反矢鏃子木
反或七木反斬鞅於丈反殪於計反死也叱之昌貴反將亢苦浪
反下同復叱扶又反下復欲同而罵馬嫁反白晳星曆反鬒
之忍反黑也須眉本又作鬚偹于反苑何於阮反刜芳弗反說文云
擊也又父勿反又忿勿反斷其丁管反鑿遣政反又音磬又苦頂反一足行也字林
丘貞反呼曰火故反林雍乘繩證反褚氏張呂反一音楮呂反萑

大五六十 小四六十　春秋左氏音義之五　三十　把

谷音丸又古亂反知躒音智下音歷女寬音汝本亦作汝闕塞素代
反之長丁丈反下文同非適丁歷反而好呼報反則治直吏
反下同瀆嫚武諫反賂吾音路于滑于八反重見直用反下
賢遍反爲後還于僞反下且爲同圉澤魚呂反隄上音低
或音啼成公般音班以藩方元反亦作蕃傾覆芳服反而溺乃歷
反于難乃旦反王愆起虔反惡疾也于彘直例反以間間廁之間
注同猶與也一音如字與也音預下同敎官戶敎反尚少詩照反下文同
而長丁丈反下文同攜王戶圭反奸命音干下同替之他計反郟
古洽反鄏音辱與鄫才陵反于戲許宜反生頹徒回反施
于以豉反避難乃旦反處氾音凡黜去起呂反下同爲王于僞
反降妖本又作訞於驕反說文云衣服謌謠草木之怪謂之妖頵王子斯反共職

音泰有間間廁之間注及下以間先王并注同剝亂布角反羣不弔

如字舊丁歷反至也注同無猒本又作厭於鹽反貫瀆古患反習也瀆易

以豉反倍奸音佩傲五報反佷戶懇反矯誣居音反震盪本又

作蕩徒黨反竄在七亂反字林七外反攸底音旨獎順將丈反狡滑

古卯反滑又作滑于八反毋速音無其難乃旦反無適丁歷反遠晉

于万反彗星似歲反又息遂反分野扶問反使禳如羊反祗取

音支不謟本又作慆他刀反疑也聿懷戶橘反夏后戶雅反注同公說

音悅下注書說同有施式豉反下不出者皆同豆區烏侯反公量音亮下同

其施之如字又始豉反厚斂力驗反與女音汝少情徒卧反本亦作惰同

工賈音古本亦作商賈不滔吐刀反慢也慢也武諫反本又作慢武半反臣共

音恭下同而箴之林反而婉於阮反

春秋左氏音義之五　三十一　七

經典釋文卷第十九　經六千五百五字注一万一千六百五十五字

經典釋文卷第二十
春秋左氏音義之六 起第二十盡第三十
唐國子博士兼太子中允贈齊州刺史吳縣開國男陸德明撰
昭七第二十六 杜氏 盡三十二年
經二十七年居于鄆音運 吳鉏申志反注同 君僚力彫反
亟欺冀反 罷音皮 殺始察反 郤去逆反 宛於阮反又於元反 信近附近之近
祁犂力兮反又力之反 扈音戶 曹伯午音五 邾快苦夬反
傳二十七年掩餘於檢反 後復扶又反 莠尹由九反 工尹
麇九倫反 沈尹戌音恤 有復音福 校人胡孝反 沙汭如銳反
以殺申志反下文同 鱄設諸音專 上國有言賈云上國與中國同服云上古
國也 不索所白反 堀室本又作窟同苦忽反 掘其勿反又其月反 夾之古洽反又
大三百二十 小三百二十 春秋左氏音義之六 一 文玉
古協反下同 以鈹普皮反說文云劍也 恐難乃旦反 寘劍之豉反 炙音夜
反 抽劍勑留反 刺王七亦反 闔廬戶臘反 相傳直專反 立
適丁歷反 使命所吏反 說之音悅 鄢將師於晚反又音烏戶反 費
無極扶味反 比毗志反 而惡烏路反注同 賄而呼罪反 譖郤側鴆反
飲子於鴆反 好甲呼報反 吾幾音祁 羣帥所類反 爇如悅
反燒也 一編必然反又必千反 菅古顏反 秉秆古但反說文云禾莖也或古旦反
苫也式占反李巡云編菅茅以覆屋曰苫 把必馬反 稾古老反 炮之步交反又彭交
反燔也 燔音煩 及佗徒河反 匄古害反 呼于火故反 而說他活反 堅
守手又反 不慆他刀反疑也 也夫音扶 且知子餘反 近鄆附近之近 之
難乃旦反年末同 進胙才故反 詛也側慮反 中廏九又反 謗讟音獨
去朝起呂反朝如字下朝夕同 喪大子息浪反 邇近附近之近 幾及音祁

法偉堂經典釋文校記遺稿卷二十

春秋左氏音義之六

清法偉堂著　邵榮芬編校

殺，始察反【法】殺、始不同紐，始字誤

幾，音祁【法】祁乃祈之譌，《注疏》本作祈

又音幾 將焉於虔反 矯子居表反 不愆起虔反 疆埸居良反下音亦
知者音智 在坐才卧反 曰重直勇反又直恭反 重見賢遍切注同 子
慭魚覲反 媟息列反
經二十八年 斥丘音尺一音昌夜反 竟音境傳同
傳二十八年 其造七報反 一个古賀反注同 單使所吏反 逆著
中略反一音直略反 祁勝巨之反字林云大原縣上尸反 鄔臧舊烏戶反又音偃案地名在周者烏
戶反隱十一年王取鄔留是也在鄭者音偃成十六年戰于鄢陵是也在楚者音於建反又音偃昭十三年王沿夏將入
鄢是也在晉者音於庶反字林乙袪反郭璞三倉解詁音瘀於庶反閒騆音厭飫之飫重言之大原有鄔縣唯周地
者從烏餘皆從焉字林亦作隖音同傳云分祁氏之田以爲七縣司馬彌牟爲鄔大夫即大原縣也鄔臧宜以邑爲
氏音於庶反舊音誤 惡直如字又烏路反 實蕃音煩 多辟本又作辟匹亦反 立辟
婢亦反 無與音預 爲之于僞反 慭使魚覲反發語音也 楊食我
大一百二十五 小五百四十 春秋左氏音義之六 二 文玉
音嗣 叔向許丈反 欲娶七住反 夏姬戶雅反下皆同 庶鮮息淺反少也注同
吾懲直升反 妾媵繩證反又時證反 少妃詩照反 子貉亡白反 黰
黑之忍反美髮也說文作今又作鬒云稠髮也 以鑑古暫反鏡也 后夔求龜反 取
之如字又七住反 君長丁丈反 貪惏力躭反方言云楚人謂貪爲惏 無饜本亦作厭
於鹽反 忿纇本又作類力對反戾也服作類 后羿音詣 篡夏初患反 共子
音恭本亦作恭 末喜本或作嬉音同國語云桀伐有施有施氏以末喜女焉韋昭注漢書云嬉姓也 妲
己丁達反下音几國語云有蘇氏之女也韋昭云己姓也 褒姒音姒龍斄所生褒人所養者也毛詩
云姒姓也鄭箋云姒字也 孋姬本又作麗同力知反獻公伐孋戎所得而以爲夫人穀梁傳云滅虢所得莊
子云支封人之子 女何音吱 不敢取七住反又如字 強使其丈反 叔向嫂
素早反兄妻也依字宜如此 長叔丁丈反 是豺本又作犲同仕皆反 莫喪息浪反
梗陽古杏反 盂音于丁文同 銅鞮丁兮反 魏戊音茂 知徐音智

媵，繩證反，又時證反【法】繩證、時證二紐疑有一誤

褒姒，音姒【法】姒乃似之譌

揄次資利反又如字 樂霄音消 趙朝如字 僚安力彫反 見於賢遍
反注及下見魏子同 成鱄音鄟又市轉反又音附 不偪彼力反 淫行下孟反 唯
此文正詩作准此正季 帝度待洛反下及注同 莫其詩音亡白反又如字爾雅云貌莫安定也
下及注同 克長丁丈反下及注同 王此于況反注能王同 帝祉音恥 施于以豉反注同
應和應對之應下如字又胡卧反 勤施式豉反注及下注同 徧服音遍注同 悔吝
力刃反 近文附近之近 鬷蔑子工反 以上時掌反下并注同 娶妻七住反 爲
妻千偽反 射雉食亦反 女遂音汝下同 夫音扶 不颺餘常反 吾幾
音祁 毋墮音無下許規反損也 不能斷丁亂反 闇没以占反 聞於如字
又音問 饋入求位反 比置必利反 令坐力呈反 自咎其九反 食之音嗣
軍帥所類反本又作率同 屬之玉反注同 厭於鹽反又於豔反注同
經二十九年來唁音彦 復不扶又反 鄆潰戶對反
大一、廿六、四、廿 春秋左氏音義之六　三　重刊陳
傳二十九年君祇音支 故復扶又反 召伯上照反 不說
音悦 數日所主反 于鄟列勉反 賈馬音古買也注同 具從才用反下同
衣屨九具反 乘馬如字又繩證反 塹而七豔反 隋塹徒火反 將爲
如字一音于偽反 之櫝徒木反棺也 爲作于偽反下同 以食音嗣 帷裹古火
反 龍見賢遍反下見龍朝夕見同 莫知音智下謂之知實知注無知同 豢音患養也 飂
力謬反古國名 有畜以制反 甚好呼報反 耆時志反 以飲於鴆反下同 食
音嗣下不能食能飲食之食夏后同 乃擾而小反順也 鬷川子工反 有夏戶雅反下
皆同 少康詩照反下少皞同 乘龍繩證反 河漢各二杜云合爲四出服云河漢
各二乘 所治直吏反 以更音庚注同代也 復承扶又反 潛醢音海 不知
音智 朝夕如字下朝夕見同 若泯彌忍反滅也 乃坻音直又丁禮反此也 鬱堙
音因塞也 君長丁丈反下皆同 句芒古侯反注及下皆同 祀重直龍反下皆同 祀犂力兮

鱄，音鄟，又市轉反【法】鄟《注疏》本作剸，殆是鄟有歧讀，且字僻也。《定八年》音專，又市轉反，與此同，鄟又疑不誤。《襄廿七年》云：鱄，市轉反，又音專

反蓐收音辱本又作厗摧徂回反玄冥亡丁反中霤力救反在
乾其連反本亦作乹之姤古豆反巽下音遜爻辭户交反其夬古快反
兌上徒外反亢龍苦浪反其巛本又作坤空門反之剝邦角反艮上
古恨反少皞户老反曰重直龍反曰該古哀反顓音專頊許玉反
共工音恭大皞音泰烈山如字禮記作厲山以上時掌反汝濆音賁
中行户郎反以鑄之樹反計令力呈反被廬皮義反下力居反文
公搜本又作蒐所求反中軍帥所類反擅作市戰反令復扶又反
其咎其九反與焉音預朝歌如字經三十年去疾
起呂反頃公音傾傳三十年且徵直升反明也本或作懲誤非
復扶又反詰之起吉反子蟜居表反共使所吏反在共音恭注及下同
備御魚呂反注同及辨皮莧反嘉好呼報反之閒音閑下同執
春秋左氏音義之六　四　廿
紼音弗索也輓索本又作挽音晚下悉各反明氐音旨印段一刃反少
卿詩照反注同女盍音汝下胡臘反下同有省所景反下同監馬古銜反
於竟音境莠尹音誘吾好呼報反一本作若好吾邊疆居良反以
重直用反之胄直又反大王音泰翦喪息浪反以祚才故反
姑億於力反安也將焉於虔反播揚彼我反又波賀反注同防壅於勇反
反以灌古亂反斷其丁緩反注同伍員音云又惡烏路反莫
適丁歷反任患音壬以肄本又作肆以制反下同勞也罷敝音皮下文同
亟肄欺冀反注同數也所角反經三十一年荀躒
力狄反適歷丁歷反童丘直龍反以濫力甘反或力暫反昌慮音閭
又如字傳三十一年無咎其九反下注放此爲子于僞反出
君如字又勑律反跳行素典反于費音祕探言他南反知伯音智之

好呼報反施及以豉反宗祧他彫反夫人音扶下及注同敢與音預之
難乃旦反敢復扶又反一乘繩證反衆從才用反馬稽首啓又古
兮反不為利回于僞反下不為同義疚久又反病也懲不義直升反下
同而去起呂反下同攻難乃但反以徼古堯反貪冒亡北反又亡報反將
寘之豉反數惡所主反注同之稱尺證反婉而於阮反言別彼列
反贏而本又作贏力果反入郢以井反又羊政反之應應對之應有謫直革
反經三十二年取闞口暫反國參七南反
傳三十二年彊事居良反小爭爭鬭之爭之分扶問反其殃
於良反狹小音洽俾我本又作卑同必爾反注同親暱女乙反弛周式氏反注
同重耳直龍反徼文古堯反下同蝥賊亡侯反無徵怨張升反召
也榮施式豉反勿與音預以紓音舒又焉於虔反衰序初危
春秋左氏音義之六　五　竹
反注同衛彪彼虬反傒音兮大咎其九反之渝羊朱反譴怒
弃戰反揣高卑丁果反度高曰揣又初委反度高待洛反下文及注同仞溝
本又作刃而慎反洫況域反相也息亮反下同幾時居豈反下皆同知費芳貴反
書糇音侯本又作餱糧音良屬役之欲反授帥所類反注同而效
户孝反致也徧賜音遍從公才用反下同雙琥音虎陪貳蒲回反有
妃音配世從子用反本亦作縱始震如字一音身嘉聞音問遂以名
之如字又武政反受費音祕殺適丁歷反
定公上定公名宋襄公之子昭公之弟謚法安民大慮曰定第二十七
杜氏　盡七年
經元年仲幾音機大雩音于煬宮羊讓反禱之丁老反
隕霜于敏反殺菽本或作尗音同　傳元年涖政音利反音

類奸義音干大䤇其又反屬役之欲反原壽過古禾反菟
蕪音無近吳附近之近去其起呂反注同柏槫音郭庚寅裁才代
反又音再注同薛郳五兮反小邾國爲夏戶雅反注同于邳皮悲反仲虺
許鬼反左相息亮反薛焉於虔反納侮亡甫反過分扶問反故
復扶又反萇弘直良反既厭於豔反其祚才故反亟言起冀反
不中丁仲反故朝夕如字羈未居宜反子家子反得見賢遍反下同而
從君才用反注義從同又如字下從君從公放此守龜手又反壞隤徐音懷又戶怪反下
徒回反如闞口暫反惡昭烏路反又如字駕鵞音加下五何反自旌音精
惡之如字又烏路反將焉於虔反犨簡九勇反而好呼報反
經二年兩觀古亂反注及下同橐瓦乃郎反傳二年爲
我于僞反注下同見舟賢遍反夷射姑音亦下音夜閽音昏守門人也以
春秋左氏音義之六　六　建
敲苦孝反又苦學反說文作毃云擊頭也字扶同又一日擊聲也口交反又口卓反訓此敲云橫擿也又或作茅
或作[illegible]口交反經三年子穿音川子拔皮八反傳三
年臨廷音庭下同鉼水步丁反本又作缾鑪力吳反炭他旦反隋也徒火
反先葬悉薦反又如字五乘繩證反殉五人辭俊反藏中才浪反
卞急皮彥反而好呼報反下文及注同躁疾早報反于郯音談肅
爽上如字又所六反下音霜肅爽駿馬名駿馬音俊先從才用反下同飲先於鴆
反自拘九于反弄馬魯貢反請相息亮反注同夫人音扶注同以
償市亮反不共音恭注同而沈音鴆若復扶又反爲質音致
經四年國夏戶雅反召陵上照反楚竟音境公孫生本又
作姓音生臯鼬由又反復稱扶又反異處昌慮反伯成音城劉
卷音權一音眷勉反劉盆扶粉反爲告于僞反下吳爲蔡同孔圉魚呂反

敲，《說文》作毃，又或作茅【法】《說文》作敲之敲當作毃。又作茅以下有脫誤

皆陳直覲反 死難乃旦反 并數所反 惡之烏路反 傳四年水潦音老 疾瘧魚略反 祇取音支 羽旄音毛 析羽星歷反下故此 或旆步貝反 旐音兆 令賊力呈反下次令慕同 嘖有壯責反至也一音責 忿爭爭鬭之爭 梲侘徒河反 從才用反下師從旅從同 大梲音泰下大梲大上大史大原同 共二音恭注同 儌大古堯反 且夫梲扶音 出竟音境下同 祓社音弗徐音廢 鼖鼓許靳反 鼓鞞步西反本又作鼙 以從如字又才用反 嘉好呼報反 將長丁丈反 欲令力呈反 先衞悉薦反下文先衞同 歃也所洽反又所甲反 以蕃方元反 相王悉亮反 分魯公扶問反下並同 大輅音路本亦作路大輅金路也下皆同 大旂其依反交龍爲旂諸侯所建 錫星歷反錫同姓也 夏后戶雅反下皆同 之璜音黃美玉名 封父音甫下武父同封父國名 繁弱扶元反繁弱弓名 索素洛反下同 長勺市灼反下同 輯其音集又七入反 共

秋四十五 春秋左氏音義之六 七 王

魯音恭下文以共王職同 倍敦本亦作陪同步回反 典策本又作冊亦作筞或作筴皆初革反 彝器羊之反 迸散彼諍反 皆令徐力呈反 少皞詩照反注及下同下胡老反 之虛起居反注及下皆同 綪七見反 茷步貝反又音吠 旃旌章然反 陶氏徒刀反 繁氏步河反 錡氏魚綺反 封畛之忍反田一音真 甫田布五反本亦作圃同 塗所徑音徒下音經 鄭藪素口反 蓋近附近之近下近戎同 相土息亮反 東蒐所求反 巡守手又反 聃季乃甘反 彊以君良反注及下同 闕鞏九勇反甲名 沽洗鍾名上音孤下音息典反 之長丁文反王文乃長衞同 惎音忌毒也 閒王閒廁之閒 道紂音導 蔡蔡叔上素達反放也注同下蔡叔如字 乘繩證反 改行下孟反 見諸賢遍反 之昭上饒反說文作紹 伯甸徒練反 晉重直龍反 鄭捷在接反 齊潘普安反 宋王臣如字本或作壬如林反 茲丕普悲反 可覆芳服反 弘說音悅 爲之于僞

反下楚爲沈同　臨力鴆反　黃父音甫　語我魚據反　無怙音戶　無敎五報反　無復怒扶又反重也注同　伍員音云　州犂力兮反　嚭普鄙反　子乾其連反　爲質音致　舍舟音赦置也又音捨舟也注同　淮汭人銳反　夾漢古洽反　沿漢悅全反　上下時掌反注同　遮使正奢反　大隧音遂　冥亡丁反本或作寘之豉反　阨於懈反本或作隘音同　惡子烏路反　而好呼報反　而陳直覲反下文及注同　江夏戶雅反　難而乃旦反　其卒子忽反下同　其乘繩證反　廣死古曠反　雍澨市制反　季芊面彌反楚姓　畀我必利反世族譜季芊畀我皆平王女也服云畀我季芊之字　涉睢七餘反下同　鍼尹之林反　燧象音遂火燧以繫象尾　被創初良反　吳句古侯反　到而古項反　褢之音果　雲夢如字又音蒙　中肩下仲反　奔鄖音云　以從才用反下同一音如字　將殺如字又申志反下我殺同　蔓成音万

春秋左氏音義之六　八

不茹音汝　矜寡古頑反　非知音智　殺女音汝　其衷音忠又竄七亂反　竄匿女力反　施及以豉反　之辟匹亦反　若難乃旦反　楚竟音境　鑢金音慮氏也金名本又作鑪　使見賢遍反下注敢見同　以約如字又於妙反　申包必交反　以荐在薦反　荐數也所氣反　草茅舊作茅曰交反今本名作莽莫蕩反下同　無厭於鹽反　彊居良反　場音亦　逮吳音代　取分扶問反　勺飮市灼反又音灼　爲之于僞反　同仇音求

經五年

傳五年　周亟紀力反注同　行東野下孟反下桓子行同　璵本又作璵音餘　璠音煩又方煩反　斂力驗反　當去起呂反　不狃女九反　彼爲僞反注同　子洩息列反　使僭子念反　逆勞力報反下同　時從才用反下從父昆弟皆從王並同　百乘繩證反注同　于沂魚依反　遠射食亦反又

芊，面彌反【法】彌乃爾之譌，《注疏》本、盧本不譌

亦反又食夜反散卒子忽反堂谿芳兮反下同居麇九倫反下同綦
骨步卜反以歆許金反闉音因輿音餘本又作與羊汝反輿罷
音皮復失扶又反葉公舒涉反從其母如字又才用反公父音甫
音甫公何藐亡角反一音彌小反大詛莊慮反父歜音欲反秦遄
市專反焉能於虔反成曰具九反聊屈其勿反又君勿反藍尹
力甘反亹亡匪反其帑音奴舍音捨又音赦謀殺式志反大難
乃旦反爲君于僞反下爲身同無厭於鹽反遠丈于万反以妻
七細反脾洩婢支反下息列反脾洩地名袒而音但經六
年祁犂力兮反又力之反公爲于僞反圍鄆音運
經六年爲晉于僞反注同儋翩丁甘反下音篇豚澤杜孫反
發大夫必計反之難乃旦反盤鑑盤又作鞶步丹反及又蒲官反下古暫
大〻〻十小三〻七十 春秋左氏音義之六重刊 九
反爲質音致注同大姒音泰下音似鄭俘芳夫反強使其丈反注
同下放此不復扶又反其釁許靳反爲之于爲反欲令力呈反終
纍力追反又力執反夫差音扶下初佳反小惟子位悲反本又作惟亦如字之帥
所類反大惕他歷反於鄀音若此見賢遍反下文見囿非注同爲戍子僞
反下同令使所吏反其憾戶暗反說子音悅有難乃旦反下文同見
國侯温反又侯困反飲之於鴆反楊楯食允反又音允賈禍音古爲國
于僞反下同越疆居良反而使所吏反下同比趙毗志反亳社步各反
詛于側慮反五父音甫之衢其俱反姑蕕音由又作猶一音由舊反單
劉音善經七年于鹹音咸非使所吏反于沙如字又星和反
傳七年甲貳丁仲反復黨扶又反瑣素果反涉佗徒何反
捘子對反公斂力檢反又音廉或音慮點反墮伏許規反而女音汝下又同苦

盤，步丹反，又蒲官反【法】又蒲官反與《莊二十一年》同，疑後增

苦荑，始占反【法】荑乃誤字，若本作荑，不應無音，蓋涉苦而加艸耳。今經本作夷

蒍始占反 於難乃旦反 嘗氏音掌
定下第二十八 杜氏 盡十五年
經八年 臯鼬由又反 國夏戶雅反年末注同 于厎顏寡反 燕
縣音煙 侯柳力九反本或作抑 曲濮音卜 不見賢遍反 之蕢音蕢 封
父音甫 傳八年 六鈞音均三十斤爲鈞 古稱尺證反 異強
其丈反 而傳直專反 子鉏仕居反 與一人俱斃婢世反仆也顏高與一人俱爲
子鉏所繫而仆 仆也音赴又蒲北反孫炎云前覆曰仆 偃且如字 射食亦反下同 子鉏
中丁仲反下同 頰古協反 殪於計反死也言顏高雖爲子鉏所擊偃仆且射子鉏中頰而死言其善射
也一讀且音子餘反云偃且人姓名也檢世族譜無此人一讀者非也 乃呼大故反注同 也殿丁電
反注同 單子音善 儋翩丁甘反下音篇 伐盂音于 好逆呼報反 其
使所吏反 使溷侯溫反又侯困反 大行音太下戶郎反一音衡 廩丘力甚反 之

春秋左氏音義之六 十 姚

郛芳夫反 焚衝昌容反戰車也說文作轒云陷陣車也 或濡人于反 馬褐
戶葛反褐馬衣也 必復扶又反 盡客苦百反 苫越式占反 儋如其驕反
入竟音境 中行戶郎反 鄟澤音專又市轉反本亦作鄟音同 涉佗徒河反
焉得於虔反 將歃所洽反 捘衛子對反擠也 及捥烏喚反 捘擠
也子計反一音子禮反說文云排也 晉詬呼豆反恥也 語之魚據反 爲質音致
注及下同 羈紲息列反 以從才用反下注從弟下從者同 有難乃旦反 以激
古狄反 丨監帥古衛反 爲周報子偶反下同 季寤五故反 不狃女九反
欲去起呂反 更季氏音庚代也舊古孟反下皆同 褅于本計反 丨蒲圃
布五反 先癸巳悉薦反 以鈹普皮反 盾食允反又音允 夾之五洽反 陽
越殿丁見反 咋爲仕詐反暫也 於難乃旦反 圉人魚呂反 以爲于僞
反 而騁勑領反 射之食亦反下同 不中丁仲反 闔門戶臘反 劫公

瓦，顏寡反【法】作顏亦通，疑頑之誤

夾，五洽反【法】五乃古之譌

居業反　州仇音求　說甲本又作稅同他活反　得脫徒活反或他活反　曰嘻
許其反懼聲　辨舍上音遍注偏同下如字　于讙音歡　駟歂市專反　鄧
析星歷反　經九年伯蠆勑邁反　分器扶問反
傳九年向巢舒亮反　衰絰七雷反下田結反下同　舍鐘音捨　其
邢似嗟反注同　彤管徒冬反　邶風音佩　雖說音悅　竿旄音于
下音毛　鄘風音容　蔽芾芳味反蔽芾小皃　召伯音邵注同　所茇畔末
反草舍也　而祇音支　若麟本又作驎呂辛反　倅爲芳夫反　萊門音來
天菑音災　師罷音皮　焉於虔反　頃覆音傾本又作傾下芳服反　鍥
苦結反　其軸音逐　葱靈初江反或音怱　輜車側其反說文云衣車也　爲
衛于僞反下同　必娶七注反　鄉相息亮反　於霤力又反　所樂如字
又五孝反　犂彌力兮反　又謠古穴反　曩者乃黨反嚮也　之難乃旦反
小三刁八十一　大三千十四　【春秋左氏音義之六　十一　呂受言
如驂七南反騑馬也　之靳居覲反車中馬也本或作如驂之有靳非也　與書爭爭鬪
之爭又如字　千乘繩證反　不復扶又反　褚師中呂反　其帥所類反注
同　事見賢遍反　致襚諸志反　媢武冥反　杏戶猛反　晳星歷反
幘音策又音責齒上下相值也說文作齰音義同　而衣於既反　貍力之反　製音制裘也
吾晛音況賜也　今常力呈反　不共音恭　三襚音遂　比殯必利反　故
挽音晚　親推如字又他回反　經十年夾谷古洽反又古協反二傳作頰谷
音古木反　鄆音運　讙火官反　汶陽音問　孔子相息亮反　圍郈
音后字林下遘反　弄馬魯貢反　暨其器反與也　仲佗徒河反　石彄苦侯
反　向魋大同反　靜難乃旦反　傳十年丘相息亮反注
同　兵劫居業反　合好呼報反下同　裔以制反遠也　之倅芳夫反　謀
夏戶雅反　不偪彼力反　爲愆去連反　遽其據反　辟之婢亦反又音避

芾，芳味反【法】芳《注疏》本作方，不誤。盧本亦誤芳

焉【法】盧云：焉字上似脱君字〇鍥，苦結反【法】《釋詁》契，絶也，音苦計、苦結二反，又引此契其軸，契、鍥古今字也，則此亦當有苦計一讀

襚，諸志反【法】志誤，《哀十五年》音諸若反

注同 去萊起呂反 出竟音境 三百乘繩證反 盟詛側據反 玆
無還音旋 以共音恭注同 要盟一遥反 犧象許宜反又息河反注同犧
象皆尊名 秕音鄙穀不成者也字林音匕或作秕又必履反 稗皮賣反草似穀者 子盍戶臘反下
同 齊爲衛于僞反 邯音寒 鄲午音丹 城其西北而守
之一本或作城其西北隅 胥熸子潛反 涉佗徒河反 如植市力反立也一音值 不
遄市專反 若藐音貌又亡小反 射之食亦反下并注同 翂鋒芳逢反 向
巳許亮反亦作嚮 逆呵呼多反 刺之七亦反 復圍扶又反 在楊水
卒章本或作楊之水卒章 齊使所吏反注同 爲之于僞反下注爲齊同 衆
兇音凶一音凶勇反 得紓音舒 偪魯彼力反 必倍步罪反 走呼火故
反 介侯犯音界 犯殿丁見反 物識申志反又如字 與之數色主
反注同 名簿步古反 嬖必計反 遽其居反 富獵力輒反 尾鬣

春秋左氏音義之六　十二

力輒反爾雅舍人注云馬鬉也鬉音子工反 抶魋勑乙反 盡腫章勇反 有頹
普多反 出竟音境 辰爲于僞反注猶爲同 廷吾求往反又古況反欺也 褚
師張呂反 屬與音燭 封疆居良反 所惡烏路反注同一音如字 十一年傳
經十一年 叔還音旋 叔詣曾孫也案世族譜叔還是叔弓曾孫此云叔
詣誤也 傳十一年
經十二年 墮郈許規反毀也注及下傳同 毀壞音怪又戶怪反 公孟彄
苦侯反 孟縶陟立反 墮費音祕 大雩音于
傳十二年 滑于八反 羅殿丁見反下同 曹竟音境下同 在行
戶郎反 申句須音劬 樂頎音祈 保障之尚反又音章 子爲不
知並如字一本爲作僞 陽不知也陽本亦作佯音同 經十三年
垂葭音加 圃音又 大蒐所求反 比蒲音毗 士吉射食亦反又

藐，又口小反【法】口小《注疏》本作七小，是

食夜反 朝歌如字 ○傳十三年鄍氏古闃反 郈意茲彼命反又音丙
傳必張戀反又直專反注同 數日所主反 言當丁浪反 衛侯乘繩證反下同
乘廣古曠反 呰君必利反 乃介音界 侯輕遣政反 著丁略反
是以爲于僞反注同一音如字 而寘之鼓反 好不呼報反 其從才用反
說劒他活反注同 不與音預反如字 中行戶郎反 知文子音智 相
惡如字入烏路反下同 曼多音万 洮之如字又音鳩 荀躒力狄反 三如字又息
暫反 折之設反 肱古弘反 欲令力呈反 史鰌音秋 於難乃旦反下注同 者鮮
息淺反 必與音預注同 始惡烏路反 將去起呂反 宋朝如字 愬音素
經十四年趙黶於咸反 佗人吐何反又徒何反 子牂子郎反 皆惡
烏路反 檇李音醉依說文從木 亂陳直覲反下同 黎陽力兮反 于洮吐刀反
歸脤市軫反 盛以音成 蒯苦怪反 聵五怪反 比蒲音毗 莒父音甫
大字十小三七五 春秋音義六卷 十三 永
○傳十四年惡董烏路反 知文音智 盍以胡臘反 發難乃旦反
與謀音預 將爲於虔反 莫矣音暮 乃縊一四反 肯楚音佩 陳
好呼報反 句踐古侯反 陳于直覲反 三行戶郎反下同 屬劒之欲
反下同又之注反 自剄古頂反本又作刎 闔廬戶臘反 將指子匠反 一屨九具
反 於陘音刑 夫差音扶 於廷音庭本又作庭 曰唯唯癸反舊以水反 于脾
婢支反 析星歷反 成鮒音附 桃甲如字本又作姚 爲夫人于僞反 獻盂
音于 婁豬力侯反字林作[redacted]力付反云求子豕也下張魚反 盍歸戶臘反 艾五蓋反老也字
林作𧂭音艾三毛聚居者 [redacted] 音加壯豕也 戲陽速許宜反 少君詩照反本亦作小君 將戕
在良反殘殺也 以紓音舒 諺曰音彥 於潞音路 籍父
經十五年鼷鼠音兮 食處昌慮反 渠蒢直居反 下具音側 城漆
音七 ○傳十五年之贄音至 替也他計反 近亂附近之近下皆同 取費芳味反

縊，一四反【法】賜謁四，《注疏》本同，盧本改正

唯，唯癸反，舊以水反【法】唯乃惟之譌，《注疏》本、盧本不誤。惟癸、以水亦一部分二類也

婁，力侯反，《字林》作䝏【法】䝏不成字，殆誤○艾，五蓋反，老也，《字林》作豰【法】豰盧本改豭，是也

而中丁仲反 微知著知之難並如字又音智 其易以豉反 子蓋才何反 爲之于僞反 事見賢遍反 蘧音渠 拏女居反又女加反 不祔音附 不克襄息羊反成也

哀上哀公名蔣定公之子蓋夫人定姒所生敬王二十八年即位謚法恭仁短折曰哀 第二十九

杜氏盡十三年

經元年得見賢遍反下同 此復扶又反 一處昌慮反 ○傳元年而栽才代反又音再注同說文云築墻長版 圍壘力軌反 周帀子合反 廣大古曠反 高陪並如字高又古報反注同 厚一户豆反 夫屯徒門反夫兵屯守也 故令力呈反 以辨扶免反又方免反別也 別也彼列反下同 係纍力維反 出降户工反 使疆居良反 夫椒音扶椒松子■反又作 檇李音醉 大湖音泰 甲楯食允反又音允 會稽古外反下古兮反會稽山名 上會稽時掌反 大夫種章勇反 大宰音泰 嚭普鄙反 伍員音雲 去疾起呂反本又作去惡 有過古禾反國名注及下同 澆五叫反一音五報反下同 殺斟之林反 灌古亂反 斟鄩音尋 寒浞仕捉反 夏同姓户雅反下注皆同 夏后相息亮反注及下注同 復爲扶又反 后緡亡巾反 昏忘亡亮反 方娠音震又音身懷妊也 自竇音豆 少康詩召反 之長丁丈反 甚澆音忌毒也 庖正步交反 妻之七計反注同 二姚羊昭反虞姓也 諸綸音倫 有鬲音革 之燼徐刃反又秦刃反 女艾上如字又音汝下五蓋反 諜澆音牒 季杼直呂反 誘豷許器反 過戈並古禾反 之績一本作迹 吴難乃旦反 務施始豉反 而長丁丈反下同

春秋音義六卷 一四

敬王二十八年【法】八盧改六，是

陪【法】陪乃倍之誤，盧本同

促，仕捉反【法】促當作浞

燼，徐刃反，又秦刃反【法】徐刃、秦刃，此分從、邪爲二也。他皆不分，此疑後人所附，然秦刃是也

可竢本又作俟音仕待也介在音界求伯如字又音霸生褎才喻反又
如字爲沼之兆反池也汙池音烏故復扶又反邯鄲音寒下音丹
逢滑于八反土芥古邁反草也不艾魚廢反暴骨步卜反
如莽亡黨反孔圉魚呂反烝鉏之承反下仕居反不重直龍反
崇壇徒丹反不形徒冬反丹漆也鏤魯豆反刻也不觀古亂反注同
臺榭音謝取賁芳味反天有菑音災癘本或作天無菑癘非
疾疫音役而共音恭孰食者分如字一讀以分字遠下句猶徧
音遍卒子忽反乘繩證反輿焉音預不罷音皮陂池彼宜反
妃嬙本又作廧或作嬙在羊反嬪御毗人反玩好呼報反夫先自
敗也已夫音扶本或作夫差先自敗者非經二年取漷
火虢反又音郭及沂魚依反易也以豉反句繹古侯反下音亦以要
小四千三百九 大六千六十 春秋左氏音義之六 十五 唐
一遥反于鐵天結反皆陳直覲反傳二年伐絞
古卯反郢也以井反立女音汝三揖一入反三揖卿大夫士也祇辱音支
立適丁歷反下適孫同大子絻音問喪冠也衰絰七雷反下田結反
子般音班先陳直覲反下注同爰契苦計反又苦結反謀協以故
兆絕句詢可也思遵反斬艾魚廢反欲擅市戰反而滅
其君滅或作戕音殘除詬呼豆反又音苟作雒音洛千里百縣
縣方百里縣有四郡郡方五十里斯役如字字又作廝音同何休注公羊云艾草
爲防者曰廝及水漿者曰役蘇林注漢書云廝取薪者韋昭云析薪曰廝志父音甫杜云志父趙簡子之
一名也服云趙鞅入晉陽以畔後得歸改名志父春秋仍舊猶書趙鞅絞縊一賜反以戮音六
桐棺三寸禮記云夫子制於中都四寸之棺五寸之椁以斯知不欲速朽也鄭康成注云此庶人之
制也案禮上大夫棺八寸屬六寸下大夫棺六寸屬四寸無三寸棺制也棺用難朽之木桐木易壞不堪爲棺故以爲罰

嬙，本又作廧，或作牆【法】牆盧依宋本改嬙

鐵，尺結反【法】尺《注疏》本作天，是

滅，或作戕，音殘【法】戕不能音殘，誤也

墨子尚儉有桐棺三寸 不設屬 音燭注同次大棺也 辟 步歷反注同親身棺也禮大夫無辟
之重 直龍反下同 王棺四重 禮記云水兕革棺被之其厚三寸杝棺一梓棺二杝棺辟也梓
棺二屬與大棺也被木牛及兕之革爲一重辟爲二重屬爲三重大棺爲四重 君再重 君謂侯作子男
侯伯已下無革棺屬與辟爲一重大棺爲再重上公則唯無水革耳兕革與辟爲一重屬爲再重大棺爲三重
大夫一重 大夫唯屬與大棺爲一重今云不設辟者時僭耳非正禮也 樸馬 普角反 載
柩 其又反 爲衆 于僞反 郵無恤 音尤 其怯 去業反 百乘 繩證
反 牖下 羊九反 槀之 丘隕反槀束縛也注同 吏詰 起吉反 痁作
詩占反瘧疾也 瘧疾 魚略反 禱曰 丁老反一音丁報反 在難 乃旦反下注爲難同 自
佚 音逸 持矛 亡侯反 絶筋 居銀反 中肩 丁仲反 斃于 婢世
反本亦作獘 踣 蒲比反 蠭旗 芳恭反旗名 復伐 扶又反 傳傻 素口
反又作叜 有知 音智 未艾 魚廢反又五蓋反 公孫尨 武江反 稅焉 始銳
起六年盡十八年 春秋左氏音義之六 十六 啓
反 爲茫 于僞反下文爲其主同 幕下 音莫 姚般 子般子緞 林殿 丁見反
而射 食亦反 伏弢 吐刀反弓衣也 嘔血 本又作歐烏口反吐也 吐也 他悛反
兩鞫 以刃反 洩庸 息列反一音作息引反未詳 中悔 丁仲反 經三
年曼姑 音万 爲子 于僞反 欒髡 苦孫反
傳三年司鐸 行洛反 南宮閱 音悅 曰庀 匹婢反具也 女
音汝 命不共 音恭 校人 戶教反注及下同 乘馬 細詣反注及丁音同 脂轄
戶瞎反本又作鎋同 爲駕 于僞反 之易 以豉反 變難 乃旦反 濟濡
子細反又子禮反注同 帷幕 位悲反下音莫 鬱攸 音史鬱攸木氣也 蒙葺 七入
反一音丁入反 以悛 七全反次也 縣敎 音玄 富父 音甫 槐 音懷 官辦 辦具
之辦注同 猶拾 音十 瀋也 尺審反汁也北土呼汁爲瀋 去表 起呂反注同 之槀
古老反注同 所鄉 許亮反 槀積 子賜反 道還 本又作環戶關反又音患

筋，居銀反【法】《廣韻》筋、銀不同部

葺，七入反，一音丁入反【法】丁乃子之譌

辦，辦具之辦【法】二辦字疑當作辨。若作辦則不必音矣

惠同 勑令力呈反 南孺子如住反 共劉音恭 其郛芳夫反 惡
范氏烏路反注同 經四年 盜殺申志反 蔡侯申今本
皆如此案宣十七年蔡侯申卒是文侯也今昭侯是其玄孫不容與高祖同名未詳何者誤也 公孫姓音生本又
作生或一音性 恥爲于僞反 亳社步各反 頃公音傾 傳四年
也承音懲直升反 公孫翩音篇 而射食亦反下同 文之鍇音楷又音皆又
客駭反 併行步頂反 中肘丁仲反下竹九反 公孫盱況于反 ⿰月反普版反字林匹
姦反 葉公始涉反 負函音咸 繒關才陵反 汫江音素 入郢以井反又
以政反 單浮餘音善 氏潰戶內反 陸渾戶門反 豐析星歷反注
同 蒐和音徒 監尹古銜反 少習詩照反又如字少習即武關也 之難乃旦反
將爲于僞反下注同 以畀必利反與也 楚復扶又反 㝅跪其委反
邯鄲 降戶江反 遂墮許規反 取邢音刑 任音壬 欒力官反
春秋左氏音義之六 十七 何
郈呼洛反郭璞三蒼解詁音㬻字林火沃反韋昭呼告反闞駰云讀虎确同 逆時音止 盂音于
經五年 城毗頻夷反 杵臼昌呂反下求又反 傳五年惡
張烏路反下同 柳朔良久反 夫非音扶 好不呼報反 不去起呂反
以僭子念反後同 爲吉射于僞反 燕姬於賢反 未冠古奐反
鬻姒音育下音似 子荼音舒又音徒又丈加反 嬖必計反 齒長丁丈
反 閒於音閑又音閒廁之閒又如字 疾疢勑覲反本或作疹乃結反 謀樂音洛
寘群之豉反群或作諸 於萊音來 公子黔巨廉反又音琴 公子鉏
仕居反 不與音預下同 埋亡皆反 而後昌氏反又尸氏反 惡而烏路反 不
解佳賣反 攸塈許器反息也 鮮矣息淺反 不濫力暫反 濫盜
音逸 經六年 郲瑕音遐 任城音壬 亢父苦浪反又音剛下音
甫 廢長丁丈反 立少詩照反 于租莊加反 楚子軫之忍反史記作

疢，勑覲反，本或作疹，乃結反【法】疹不能音乃結，疑當作㽷

塈，許器反【法】塈當從土

珍 殺荼音試下皆同 傳六年 復脩扶又反 城父音甫
驂乘繩證反 偃蹇約免反下紀晚反 驕敖五報反 必偪音逼 盡
戶臘反下同 去諸起呂反下同 需音須疑也一音濡弱持疑也 多難乃旦反 鮑
牧州牧之牧 乘如繩證反 晏圉魚呂反 五辭本又作辤說文云辤不受
也受辛宜辭也辞籀文 大冥亡丁反 舍其音捨 夾日古洽反 大史音泰
下同 若禜音詠 禳祭如羊反 而寘之豉反 其夭於表反 又焉
於虔反 爲祟音遂反 竟內音境 睢七餘反 漳音章 楚昭
王知大道矣本或作天道非 夏書戶雅反下注同此語在尚書五子之歌書無帥
彼五常一句下亦微異 其行如字又下孟反尚書作厥道 乃滅而亡尚書作乃底滅亡 且
于子餘反 上乘繩證反 闞止若暫反 壬也而林反 洩言息列反又
以制反 欲令力呈反下同 與饋其位反 差車所宜反 鮑點之廉反又
小三六十二 大十七七 ■春秋左氏音義之六 大 建
如字 女忘音汝 而折之舌反又市列反注同 而背音佩後年皆同 故要一遥反
去鬻起呂反 拘音俱 江說音悅 句竇音鬭下音豆 不匱其位反
反 多難乃旦反 少君詩照反 長君丁丈反 夫鴂子音扶鴂或作孺
同 於駘他才反又徒來反 野幕音莫 歺音列 冒亡報反 淳音純 駐
於中住反 經七年 皇瑗于眷反 于繒才陵反一本作鄫
傳七年 百牢力刀反 吴過宋古禾反 以後如字又戶豆反 上物
如字一音時掌反注同 道長丁丈反注及下注同 既共音恭 大伯音泰注同 斷髮
丁管反 贏以力果反本又作倮 故效戶孝反 將焉於虔反 惡賢
音烏也注同 無數所主反 不樂音岳一音各 不禦魚呂反 擊柝
音託以兩木相擊以行夜也字又作㰜同 閒於音問又如字 晝掠中救反下音亮 于
繹音亦 邾縣則留反 乘韋繩證反下及注同 馮恃皮冰反注同 辟

偃蹇，約免反，下紀晚反【法】免、晚二字蓋互譌

差，所宜反【法】所疑誤，《注疏》本同

匹亦反注同 振鐸 待洛反注同 公孫彊 其良反 好田 呼報反下同 弋
以職反繳射也 田弋之說 如字 說之 音悅下大說同 彊言霸說 如字
一音始銑反 而奸 音干 揖丘 音集一音於入反 鍾邘 音于 經
八年 褚師 中呂反 之詬 呼豆反 取讙 音歡 及闡 尺善反
伯過 古禾反 盲使 所吏反 傳八年 肥殺 丁練反下注同 詬
之 本又作詢呼豆反詈辱也 詈辱 力智反 吳爲 于僞反下注則爲之隱惡同 不
狃 女九反 死其難 乃旦反 曾所 在增反 且夫 音扶 之行 下孟反又
如字 所惡 烏路反又如字注同 之好 呼報反下文好焉同 欲覆 芳服反 子泄
息列反又作洩 與斃 婢世反 子洩率 絕句 故道險 絕句 吳竟
音境 僑田 其驕反 拘鄫 音俱下同 之漚 烏豆反 菅 古顏反 水茲
音玄本亦作滋子絲反濁也字林云黑也 道之 音導 澹臺 待甘反 內應 應對
大一百九十七 小三百四十 【春秋左氏音義之六 十九 才
之應 析朱鉏 星歷反注及下同 泗上 音四 私屬 音燭 於幕庭 亡博
反 設格 更百反 令士 力呈反 試躍 羊灼反 與焉 音預注同 任行
音壬 三遷 息暫反 析骸 戶皆反本又作骨 而爨 七亂反 及虧 去危
反 吳輕 遣政反 負載 如字謂載書或音戴 造於 七報反 萊門 音來
爲質 音致下同 復求 扶又反 妻之 七計反 魴侯 音房 前爲
于僞反 荐之 本又作栫在薦反 荐雍也 於勇反 使女 音汝 千乘
繩證反注及下同 故諷 方鳳反 愬之 音素 於踣 音路 麇之 丘隕反束縛也
經九年 雍丘 於勇反 傳九年 公孟綽 昌灼反本又作
卓同 武子賸 以證反 作壘 力軌反 塹成 七豔反 郟張 古洽反又
音甲 城邗 音寒 射陽 食亦反又音亦 可游 音由 可馮 皮冰反 之需
音須 以祉 音恥 儆 音景 經十年 不與 音預 書殺 申志反

滋，音玄，本亦作茲【法】正文疑當作茲，注內本亦作茲之茲當作滋

贖，以證反【法】贖盧從《注疏》本改賸

射，食亦反，又音亦【法】食亦盧改食夜

孟彄苦侯反 傳十年 剡子音談 于郥音息 兵
并必政反 人殺申志反 襲重直龍反又直用反 取犂力兮反又力之反 及
輮音柔一音于春反 名隰音習本或作濕音同 來復扶又反 壽夢音蒙少
子詩照反 經十一年 輮頔破可反又普多反 艾陵五蓋反
公與伐音預下同 傳十一年 齊爲于僞反 無丕音悲
反 一子守手又反 從公才用反又如字 御諸魚呂反本又作禦 竟音境注同 自
度待洛反 封疆居良反注同 二子之不欲戰也宜絶句 黨
氏音掌 強問其文反 而共音恭 不成丈夫也本或作大夫非 蒐
乘所留反下繩證反 閔音悅 孟孺子而住反 彘直利反 邴洩音丙
又彼命反 管周父音甫 年少詩照反 徒卒子忽反注同 雩門音于
繇役本或作傜同音遙 陳瓘古奐反 涉泗音四 爲殿丁練反 抽
大六六十一 小三六六十 春秋左氏音義之六 二十 徐
矢勑留反 策其初革反本或作筴 誰不如如字一音而庶反注同 惡賢音烏
注同 宵諜音牒 齊人遁徒困反 諜間間廁之間 語人魚據反 能
黓本亦作嘿亡比反 其變必計反 童本亦作僮音同 注烏黃反 錡魚綺反
乘繩證反 無殤音商八歲至十九爲殤 用矛亡侯反 皆陳直覲反 輮
喧况阮反 稻醴音禮以稻米爲醴酒 粱糗起九反糗乾飯也以粱米爲之一音昌紹
反 腶脯丁亂反字亦作鍛加薑桂曰脯也 爲郊子僞反 于嬴音盈 公
孫夏户雅反 虞殯必刃反 陳子行如字又户郎反 具含玉户暗
反本又作喑 公孫揮許韋反 問遺惟季反 王卒子忽反 八百
乘繩證反 兵從才用反又如字 勞公力報反 甲劒鈹普悲反 寘
之之豉反 新篋苦協反 尉衣以音尉薦也一本作尉褻之以玄纁 玄纁許云
反本亦作勳 加組音祖 不衷音忠善也 饋賂其位反或作餽下音路 是豢

隰，音習，本或作濕，音同【法】濕即汸漯之漯之正字，當音他合反，此音習誤，《二十三年傳》同

腶脯，加薑桂曰脯也【法】脯上疑脫腶字

音患養也 也夫音扶 爲沼之兆反 其泯亡軫反 盤庚步干反 之
語古報反 不共音恭注同 則劓魚器反 殄大典反 無俾必爾反 易
種章勇反注同 從横子容反 育長丁丈反 使於所吏反 屬其
音獨注反下同 屬鏤力俱反又力侯反屬鏤劒名 墓檟古雅反木名 脩守手又
反 子朝如字 妻之七計反 於犂力兮反 孔姞其乙反又其吉反
向魋徒回反 於郎音云 少禘詩照反下大計反 子憖魚覲反一作整
征領反 而飲於鴆反 遂聘匹政反 夏戊戶雅反下同戊音茂 胡簋
音軌 遽止其據反 度其待洛反注下同 之難乃旦反 別其田如字
一音彼列反 施取尸豉反 斂從力豔反 貪冒亡北反一音莫報反 無厭
於鹽反 經十二年 諱取七喻反又如字本或作娶 橐皋章夜
反或一音託 逡音峻又七倫反 遒音囚又音巡 繇音遥 螽音終

春秋左氏音義之六　二十一　陳閏

傳十二年 取于七喻反本亦作娶 與弔音預注同 不絻音問 放
經大結反 故去起呂反 奉贄音至 以要一遥反注同 尋重直龍反
寒、歇許謁反 且姚子餘反 之斃婢世反 不摽敷蕭反又普交反擊
也 國狗音苟 之瘈吉世反狂也 噬也市制反 齧五結反本或作囓 藩
衛方元反注及下同 籬也力知反 歸餼許氣反 以難乃旦反注同 子
盍戶臘反 不爲于僞反 是墮許規反注下皆同 嚭說音悅下同 乃
舍音捨釋也又音赦 效夷戶教反 蟄者直立反 隙地去逆反 間
田音閑一本作間地一音如字 彌作亡支反又亡爾反 頃丘苦潁反又音傾 玉暢
勑亮反一本作壬暢 嵒五咸反 戈古禾反 錫音羊一音星歷反 爲之于僞反 令
倒丁老反 爲別如字又彼列反 經十三年 男成音城本或作戍
近濟附近之近 自去起呂反 其僭子念反 星孛步內反 乃見

遒，音囚，又音巡【法】又音巡未詳，《漢志》晉灼音酋

玉暢，一本作士暢【法】士盧改王，即古玉字

賢遍反 陳夏 戶雅反 區夫 烏侯反 故復 扶又反
傳十三年使徇 似俊反 成讙 火官反 郜延 古報反或古毒反
爲虛 並如字或音墟非 單平公 音善 不與 音預 二隧 音遂注同道也
謳陽 烏侯反 自泓 烏宏反 姑蔑 亡結反 之旗 音其 大末
音泰孟康云大音闥 屬徒 音燭注同 地守 手又反下注同 復戰 扶又反 王
惡 烏路反注同 自剄 古頂反 爭歃 所洽反又所甲反 爲長 丁丈反注下同
大伯 音泰 日旰 古旦反 輕德 遣政反 見晉侯 如字又賢遍反 對
使 所吏反 以見 賢遍反 於吳有豐 芳中反 八百乘 繩證
反下及注同 六人從 才用反 戶牖 音酉 坐爲 才卧反 恐之 丘勇反 不
共 音恭 而祇 音支 縈兮 而捶反又而水反 一盛 音成又市政反注同 與褐
戶葛反 之父 如字又音甫 睨之 五計反視也 麤則 本又作麄七奴反 以呼

大夏八 小言三五 春秋左氏音義之六 二二 陳新

火故反 殺其丈夫 直兩反本或作大夫誤 悖惑 補內反
哀下第三十
經十四年西狩 手又反冬獵也 獲麟 呂辛反又力珍反瑞獸也解見詩音 嘉瑞
常恚反 無應 應對之應 中興 丁仲反 小邾射 音亦 句繹 古侯反下音亦
眞于 之豉反 宗豎 上主反 宋向 舒亮反 魋 徒回反 子狂 其迋反
趙鞅 於丈反 復入 扶又反 星孛 步內反 傳十四年鉏商
仕居反 要我 於妙又反遙反注同 千乘 繩證反年內同 闞止 苦暫反 憚之
大旦反 騶顧 仕救反數也 數顧 所角反 而遺 唯季反 之潘 芳袁反注
皆同米汁也 沐 音木 米汁 之十反 介達 音界媒介也亦因也 長而 如字又丁丈反
上僂 力主反 與之言政說 音悅 立女 音汝 我遠 如字又于万反 數
人 所主反 廩丘 力甚反 子芒盈 音亡 在幄 於角反帳也 之處 昌慮

狂，其迋反【法】《鄭風·揚之水》迋音求往反，徐又居望反，《襄二十八年》迋音于況反，往也，《定十年》迋音求往反，又古況反。據此則迋有三音，不可用爲疊韻。若依求往一讀，則與其字同紐，更不成切。相臺本圈上聲亦非。疑此當爲其往反而譌

處反御之魚呂反本亦作禦檀臺大丹反大史音泰將爲于僞反下文逆爲余
請下注爲公同需音須疑也屬徒之欲反攻闈音韋弇中於檢反又音淹
狹路音洽及彤音而橋命本又作橋居表反出雍於用反務施
式豉反數請所角反以搴音安余長丁丈反注同少長詩照反所
惡烏路反迹人子亦反有介音界大也麇九倫反麞也本又作麋亡悲反難以
及旦反下文及注同子頎音祈騁而勑領反祇取音支欲質音致注及下同
乃舍音赦又音捨注同夏启尸雅反之蹟音黄惡之烏路反阬氏
苦庚反或音剛丘輿音餘三日齊側皆反本又作齋伐齊三如字又息暫反
子洩息列反將圍魚呂反爲成于僞反從者不得入
才用反有司使所吏反注同恨恚一瑞反弗内如字又音納祖音但免
音問于衢其俱反聽共音恭注同經十五年高無丕
大百八十七小三百六十八 ▌春秋左氏音義之六 二三
普悲反大雩音于公孟彄苦侯反傳十五年桐汭
如銳反既斂力驗反同造于七報反下文同介將命音界下文注皆放此髺
勞力報反水潦音老稟然力甚反頰動貌隕大夫于敏反下同以重
直用反不注同寡君敢辭上介絕句芋尹于付反荐伐在徧反
備使所吏反盡芋尹蓋辭同共音恭注同積子賜反又如字注同且殯必刃反積
聚才喻反又如字草莽士黨反内之如字又音納陳瓘古喚反過
衞古禾反既斲陟角反喪公室息浪反下并注皆同故爲于僞反下文齊
爲衞故爲請於伯姬并注同有背音佩將焉於虔反同好呼報反冠氏
如字又古喚反自濟子禮反禚媚詩若反于贏音盈孔圉魚呂反
蒯苦怪反聵魚怪反生悝苦回反渾良夫戶門反長而美
舊丁丈反人如字使之所吏反又如字無與音預外圃布五反而乘繩證

反下及注同欒寧力丸反姻妄音因杖戈直亮反又音丈輿豭音加

被甲皮寄反迫孔悝本又作叔悝於蒯初吏反強盟其丈反

故劫居業反欲令力呈反炙未章夜反下同召獲上照反注同其

難乃旦反注及下皆同復入扶又反有使所吏反焉用於虔反若燔音煩

必舍音捨又如字盂黶音于下於減反斷纓丁管反去之起呂反瞞

成莫于反褚師中呂反經十六年子還成音旋夏

四月己丑孔丘卒孔子作春秋終於獲麟之一句公羊穀梁經是也弟子欲記聖師之卒故

採魯史記以續夫子之經而終於此丘明因隨而作傳終於哀公從此巳下無復經矣魯襄二十二

年生至今七十三也本或作魯襄二十三年生至今七十二則與史記孔子世家異此本非也

傳十六年鄭武子於晚反肸也許乙反逋布吳反竄七亂反

寘諸之豉反其東音忠單平公音善余嘉乃成世絕句

小三〇八 大フ九十六　春秋左氏音義之六　二十四　詹

之休許虯反注下同美也公誄力軌反說文云諡也旻天亡巾反不弔如字又音

的至也不慭魚覲反且也俾屏必爾反下必領反煢煢求營反在

疚久又反病也尼父音甫言喪息浪反則愆起虔反飲孔悝

於鴆反令人力呈反反祏音石藏主石函西圃布五反石函音咸許

公爲如字人姓名返祏音石本亦作反人爭爭鬬之爭先射食亦反下同

三發如字一音廢皆遠于萬反之殪於計反車從才用反又如字注同

於橐音託城又音甫華氏戶化反使諜徒恊反葉公始涉反

邊竟音境下同衞藩方元反注同好復言呼報反告女音汝如

卵來管反而長丁丈反楚國第大細反次第也乃不復扶又反不

悛七全反有熊音雄宜僚者本或作熊相宜僚相音息亮反與之言

訹音恤其喉音侯不爲利于僞反下同諂勑檢反威惕他歷反

斷纓，下管反【法】下當作丁

反不泄息列反又以制反鎧苦代反杖直亮反而劫居業反以袂彌世
反扶豫章烏完反無聚才住反注同儌幸古堯反無厭食
於豔反後庇必利反又音祕圉公陽魚呂反不胃直又反以幾音異
本或作異得艾魚廢反一音五蓋反注同夫有方于反或音扶奮心方問反將旌
音精以徇以俊反箴尹之林反使興國人如字興請興發也一本作與羊汝反而
縊一賜反微之如字匿也爾雅云匿微也微匿女力反生拘音俱而長丁文
反注同將亨普庚反王孫燕烏賢反又烏練反頴黃求龜反舊求悲反
於葉始涉反嬖人必計反大叔音泰人比毗志反弗去起呂反輿
猳音加而強其丈反傳十七年虎幄於角反幄幕
武傅反成絶句求令名者絶句應爲應對之應乘衷甸時證
反說文作佃云中也春秋乘中佃一轅車也兩牡茂后反袒裘音但御之魚呂反下
小四千一大三千九 春秋左氏音義之六 二十五 上占
同笠澤音立夾水居洽反而陳直覲反左右句古侯反注同
卒子忽反注及下注同相著直略反鼓譟素報反并力如字又必政反以
難乃旦反使椓中角反訴也其處昌慮反國觀工喚反陳瓘
工喚反齊柄彼命反其聚才住反注及下注邑聚同積聚子賜反問帥所類反
皆相息亮反注及下而相國并經同今復扶又反率賤所類反本又作帥下同鄀俘
音若下芳夫反州蓼本又作鄝音了封畛之忍反一音真不謟本又作滔佗刀反疑也有
憾本又作感戶暗反君盍戶臘反舍焉音捨又音赦注同公孫朝如字
鶉火音純枚卜亡枉反之觀工喚反注同之虛去魚反下丈同濮陽
音卜被髮皮義反之瓜古華反并數必政反下所主反懼難乃旦
反下文而難作同其縣直又反窺尾勑呈反赤也衡流華青反又如字方
羊蒲郎反注同裔焉以制反闔門戶臘反塞竇音豆復伐

謟，佗刀反【法】佗盧從《注疏》本改徒

扶又反 叔向許丈反 怙亂音戶 般師音班下同 自鄄音絹 從子才用反 而隊直類反 折之設反 股音古 己氏音紀又音杞 髡之苦存反 呂姜髢大計反又庭計反髲也 髲皮義反 與女音汝下同 其焉於虔反 諸潞音路 平公敬如字一本作驁五報反又五刀反 東莞音官 武伯相息亮反 鄅衍以善反 石魋徒回反 郥也音云 曼姑音万 慍而彘也直例反 皇瑗于眷反 子麇九倫反 鄒般仕咸反 慍紆問反怒也 不與音預 杞姒音似 適子丁歷反 召令力呈反 傳十八年 皇緩戶管反 從子才用反 圍鄾音憂 將卜帥所類反 燧象音遂 皆爲于僞反 薳固于委反 於析星歷反 能蔽志必世反注同斷也尚書能作克克亦能也 昆命于龜本或依尚書作昆命于元龜 蔽斷丁亂反下同 傳十九年 至冥亡丁反 于

春秋左氏音義之六　二十六　陳彬

敖五刀反 三種章勇反 敬王崩故也案傳敬王崩在此年世本亦尒世族譜云敬王四十二年崩敬王子元王十年春秋之傳終矣據此則敬王崩當在哀公十七年史記周本紀及十二諸侯年表敬王四十二年崩子元王仁立則敬王是魯哀十八年崩也六國年表起自元王及本紀皆云元王八年崩子定王介立定王元年是魯哀之二十七年則與杜預世族譜爲異又世本云魯哀公二十年是定王介崩子元王赤立則定王之崩年是魯哀二十七年也衆說不同未詳其正也 傳二十年 廩丘力甚反 爲鄭于僞反下爲降同 于艾五蓋反 以說如字又音悅 親暱女乙反 有質如字信也 先造七報反 犯間間廁之間 諸夏戶雅反 不共音恭 在難乃旦反 簞音丹笥也 笥絲嗣反 問遺唯季反 句踐古侯反 溺人乃歷反 史黯於減反 謗言博浪反 傳二十一年 遺使所吏反 爲公于僞反年末文注同 之皐古刀反緩也 數年所主反注同 不覺音角又古孝反 高蹈徒報反 令齊力呈

己，又音杞【法】音杞《注疏》本同，盧氏改爲音祀，詳《昭二十五年》

髢，大計反，又庭計反【法】庭計與大計同，據《君子偕老》、《天官·追師》、《曲禮音義》並止定紐一讀，惟《莊子·天地》篇讀透、定二紐，則此庭當爲透紐字之譌

反先期悉薦反將傳中戀反遽其據反比其必利反
傳二十二年甬東音勇會稽古外反下古兮反句章九具
反如淳音拘韋昭亦音拘洲也音州水中可居曰洲焉能於虔反乃縊一賜反
傳二十三年與有音預執紼音弗輿人音餘衆也不
腆他典反旌繁步干反注同知伯音智御之魚呂反及壘力軌
反以守手又反宇祧他彫反犁丘力兮反濕也音習本又作隰
涿聚丁角反始使所吏反傳二十四年汶陽音問
欲徼古堯反令繕市戰反萊章音來天奉扶用反又
焉於虔反讆言戶快反過也謂過謬之言服云僞不信言也字林作讏云夢言意不
慧也于例反餼臧許器反大史音泰注同毋斃必計反釁
夏許覲反下戶雅反女爲音汝娶於七住反下同孝惠娶

春秋左氏音義之六　二十七　桂

於商商宋也定公名宋是哀公之父故釁夏爲諱而稱商也孝公稱尺證反次如字
始惡烏路反注同適郢以井反適郢越王句踐之太子名親說音悅將
妻七計反大宰嚭普美反納賂音路
傳二十五年藉圃布五反褚師張呂反韈亡伐反足衣也
見君賢遍反有創初羊反嗀之許角反又許各反嘔吐也嘔吐
於口反下他故反抵徒音紙屈肘斤九反必斷丁管反亥乘時證
反公文要一遙反夏丁戶雅反其帑音奴飲公於鴆反大
叔音泰從孫甥如字又才用反注同少畜詩照反優狡音憂下古卯反
拳彌音權俳優皮皆反甚近附近之近下注皆同喪邑息浪
反譟以息報反郢子士音緧禦之魚呂反後放此彌援音袁
欲令力呈反而易以豉反閒也閒廁之閒下注內閒爲君閒皆同適泠

濕，音習【法】濕當音他合反，見《十年傳》

嗀，許角反，又許各反【法】各當作谷，《廣韻》許角、呼木二切

抵徒，音紙【法】抵當作扺，盧刻不改抵爲扺，而改徒爲徙，甚不可解○肘，斤九反【法】斤字誤，此知紐字。盧據《成二年》音改竹

力丁反城鉏仕居反以鉤古侯反本或作枸同注同之卒子忽反陳
名直覲反揮音暉彼好呼報反先道音導注同共評音平
又音病難面乃旦反弗內如字又音納五梧音吾郭重直龍反又
直用反爲祝之六反又之又反注同上壽時掌反下音授又音受惡郭烏路
反訾毀音紫請飲於鴆反注同獲從才用反又如字劬勞其居
反以激古曆反之數所角反不樂音洛公孫音遜本又作遜
傳二十六年樂茷扶廢反君愎皮逼反很也胡懇反
掘褚其勿反又其月反本或作搰胡忽反國幾音析又音機守陴毗支反
甲重直龍反下同設守手又反恐公丘勇反公子黚起廉
反相之息亮反令苟力呈反注同爲悼公于偽反遂復
扶又反從昆才用反樂溷戶門反又戶困反朱鉏仕居反樂輓

大字八十小字三百四十五　春秋左氏音義之六　二一八　竹建

音晚惡之烏路反下注惡其同欲去起呂反連中如字一音輦輿空
澤如字興發也或作輿非沃宮烏毒反六子畫音獲劫之居業反
少寢詩照反下注同大宮音泰或蠱音古又匿女力反所弒
申志反北首手又反注同咮加張又反鳥口復盟扶又反唐盂
音于子潞音路使徇似俊反無別彼列反注同於使所吏反孫
於陳音遂本亦作遂下及注除孫莊子皆同甯武乃定反宛濮於阮反下音卜
傳二十七年駘上他來反又音臺封竟音境三子皆從如字
注同或才用反非也此夫音扶臨難乃旦反多忘亡亮反本又作妄下文放此騶
歜市專反屬孤子音燭注同乘車繩證反注及下皆同涿聚中角
反隰之役音習多難乃旦反未女音汝下同毋廢音無傍
蒲浪反陘音經濟陰子禮反下同國參七南反成子衣

朐，其居反【法】居當作俱

黚，起廉反【法】黚《廣韻》巨淹、巨今二切，此起字殆誤

於既反 製音制雨衣也 杖戈直亮反又音丈 於阪音反一音扶版反 衷焉音忠善也 中行戶郎反 輕車遣政反 以厭於甲反又於輒反 有爲于僞反下爲鄭同 三思息暫反又如字 之侈昌氏反又尺氏反 去之起呂反下而去同 之衢其俱反 有陘音刑 因孫音遜下同 而好呼報反 畀下之戶嫁反一本畀作早 梏戶結反 抶大結反 俘芳夫反 鄬戶圭反 魁苦回反 壘力軌反 適子丁歷反 不悛七全反 甚知伯其奠反毒也 遂喪息浪反下同 後序

申杼時汝反又直呂反 汲郡音急 簡編必仙反又布千反下同 科斗苦禾反科斗蟲名形似科斗 彖象吐亂反 繫辭戶計反 殤叔音傷 大歲音泰 周赧王女版反 齊湣王亡謹反一音亡巾反 足見賢遍反 儀父音甫 守于手又反本亦作狩 數條所主反 洞澤大弄反一音童 爲洞古熒反又音瑩 熒澤音瑩又音迥 之甗魚輦反又音言一音彥

春秋左氏音義之六　三十九　五

仲壬而林反 居亳步博反 大甲音泰 中分並如字又丁仲反 而相息亮反下同 老叟素口反 昏忘亡亮反 爲其于僞反 粗有才故反又音麤

經典釋文卷第二十　經五千二百三字　注一万一千二十四字

侈，昌氏反，又尺氏反【法】尺當作尸

杼【法】杼段校本作抒，是

科斗，蟲名，形似科斗【法】盧云：疑形似上當有古文二字

經典釋文卷第二十一

唐國子博士兼太子中允贈齊州刺史吳縣開國男陸德明撰

春秋公羊音義

春[illegible] 讓[illegible]反 [illegible]朔 毋 音無

掾 [illegible]反 之論 盧困反 持論同

隱括 古奪反 結也

[illegible]公羊經傳解詁 佳買反下音古訓也 隱公第一

何休學 學者言爲此經之學即注述之意

元年正月 音征又音政後放此 開辟 婢亦反本亦作闢 之稱 尺證反下之稱早稱同 徽號 許韋反 器械 戶戒反 夏以 戶雅反後放此以意求之 物見 賢編反下並見同 之治 直吏反 夫不 音扶 而去 起呂反下去同 刺欲 七賜反後皆同更不音

公羊音義　一

隱長 丁丈反注及下皆同 已冠 古亂反下同 適子 丁歷反下同 醮於 子笑反 俱勝 以證反又繩證反 以上 時掌反他皆放此 扳隱 普顏反又必顏反引也舊數間反 能相 息亮反 背正 步內反下同 爲桓 于僞反注同 繆公 音穆 貜且 俱縛反下子餘反 娙娣 大結反下大計反 愛爭 爭鬭之爭下同 邾 音誅 婁 力俱反邾人語聲後曰婁故曰邾婁禮記同左氏穀梁無婁字 儀父 音甫本亦作甫人名字放此 于眛 亡結反穀梁同左氏作蔑 及暨 其器反下皆同 曷爲 如字或于僞反後皆同此 褎之 保刀反 不見 賢編反下皆同 爲其 于僞反注爲其獨爲皆同 歃血 所洽反又所甲反 詛命 莊慮反 約束 並如字一音上於妙反下音戍 故復 扶又反下復爲同 王魯 于況反下而王同一音如字後王魯皆放此 倡始 尺亮反 造次 七報反 其處 昌慮反 惡之 烏路反下惡不惡其皆同 大甚 音泰或勑賀反 近正 附近之近 柯之 音歌 克段 徒亂反 于鄢 音偃 郤缺 去逆反下起悅反 忍

法偉堂經典釋文校記遺稿卷二十一

春秋公羊音義

清法偉堂著　邵榮芬編校

讓【法】讓盧依《注疏》本改讓

去，起呂反，下去同【法】下去下盧補惡字

郤，去逆反【法】郤盧改郤

戾力計反讞于魚列反宥之音又赦也內難乃旦反下此難同州吁況于
反宰咺況阮反一音況元反之賵芳仲反穪禰乃禮反穪妣必履反乘
馬繩證反注乘馬同玄纁許云反以共音恭曰賻音附曰襚音遂猶
遺唯季反隱爲于僞反下注爲并年末注同告于古毒反一音古報反歸唅
本又作含戶暗反下同一使所吏反別公彼列反上偕子念反而治直吏反下
皆同所傳直專反下文所傳并注同來被皮寄反于宿音夙國名者説
音悦而逮音代又大計反故省所景反後省文皆同祭伯側界反五年注放此選
舉息變反不㑭月音笑采邑七代反不日人實反此傳皆以日月爲例後放此
見恩賢徧反下見治皆同少殺所介反麤觕才古反又七奴反説文大也諸
夏戶雅反凡諸夏皆放此攢函才官反下音咸大平音泰毋期音基齊
衰音浛本亦作齌下七雷反自盡津忍反

公羊音義　二

二年惡其烏路反外好呼報反非朝直遥反凡此字不音者皆同
踰竟音境今本多作境字更不音即所傳直專反年末相傳同莒人音舉入向
舒亮反國名更相音庚報償時亮反擅興市戰反無駭戶楷反
貶彼檢反損也昉於甫往反適也滅郜古報反復見扶又反下不復同見
音賢徧反當爲于僞反下爲後皆隱同背隱音佩屨綸音須左氏作裂繻
遠別彼列反猶譴遣戰反親迎魚敬反注及下同先女悉薦反
妃匹音配又芳非反下治直吏反未離力智反下同將取七住反紀
子伯左氏作子帛遠害于萬反將燔扶元反胡毋音無婁氏
音似巳去起呂反畀下遐嫁反
三年殺其申志反下殺其君同子翬許韋反諂謀勑檢反懦
弱乃亂反又乃又反越紼音弗以別彼列反下同恩殺所界反爲

下注爲並年末注同【法】注爲下盧補内字

選，息變反【法】息變他處皆作息戀

攢函【法】攢當從木，再考《左傳》

天（于僞反下故爲主爲傳所爲同）尹氏（左氏作君氏）子朝（如字）劉卷（音權）貶
去（起呂反）見譏（賢編反下同）造次（七報反）覆問（芳服反）孫順
（音遜）宋繆公（音穆左氏作穆凡此後放此）北首（手又反）解緩（古避反又古賣
反）當時（丁浪反又如字下同）與夷（如字又音餘凡人名字及地名之類皆放首音借假字則
時復重出）愛女（音汝下及注同）盍終（戶臘反四年傳同）公馮（皮冰反）生毋
（音無下同）傳與（直專反下音与）馮弑（音試注同）不爭（爭鬬之爭）
四年牟婁（武侯反）見疾（賢編反年末見衆同）差爲（初賣反）弑其
（申志反弑字從式殺字從殳不同也君父言弑積漸之名也目子云殺卑賤之意也字多亂故時復音之可知則不重出
也）君完（音丸）要之（一遙反注同）慢易（以豉反）與弑（音預下及注同）說
子（音悅）將辟（音避今本多即作辟字後不更音）可復（扶又反）本爲（于僞反下自爲
傳吾爲皆同）作難（乃旦反注同）禱解（丁老反或丁報反下古賣反又古買反）曰覡

公羊音義　三

（戶狄反）于濮（音卜一音剝）石碏（七略反一音七洛反）篡（初患反）
五年觀魚（左氏作矢魚）浚（思俊反）洙（常朱反）登來（依注登音得）
罟（音古）郭谷（之尚反又音章）未解（戶買反或佳買反）故復（扶又反下不得
復同）濟上（子禮反注同濟水之上）入盛（音成左氏作郕）將尊（子匠反注及下皆同）
咎如（音羔）分別（彼列反）元率（所類反本又作帥）隱爲（于僞反下注同）下
傚（戶教反）八佾（音逸列也）之相（息亮反注及下同）自陜（失冉反何云弘農陜縣也
一云當作郟古治反王城郟鄏）邵公（上照反又作召音同）絀陟（勑律反）夫樂
（音扶發句之端放此）朝廷（徒佞反）好義（呼報反下同）聞徵（張里反）好施
（式豉反）不敢爭（爭鬬之爭）離也（力智反下同）姦邪（似嗟反）未
曾（在能反下同）淫辟（匹亦反）釋縣（音玄）治定（直吏反）簫韶
（常昭反）夏日（戶雅反下同）大護（戶故反）伐紂（直久反）螟（亡丁反蟲食苗

解，古避反，又古賣反【法】賣蓋買之譌

借假字則時復重出【法】借假二字盧乙轉

傳與，下音與【法】音與盧云：宋本作与，疑亦未是

今本多即作辟【法】辟蓋避之譌，文法與《二年》竟字注同

心設苛音河彊卒苦侯反始見賢徧反彊渠羌反下同惡
其烏路反
六年輸平式朱反墮也左氏作渝平猶噎許規反狐壤如丈反見
隱賢徧反獨惡烏路反死難乃旦反于艾五蓋反編年
必連反字林聲類皆布千反一音甫連反昊天戶老反更年音庚暴師步卜反
七年從適下歷反本亦作嫡下同賢行下孟反下異行同以酅戶圭反
號稱尺證反美惡烏路反又如字注同所傳直專反見其賢徧
反故復扶又反至令力呈反崩弛尸爾反又式氏反分別彼列反
大廟音泰下同其難乃旦反惡凡烏路反
八年要宋一遥反爲事于僞反下欲爲魯爲小國爲桓并年末注皆同使
宛於阮反人名也一音烏卯反又烏勉反歸邴彼命反又音丙鄭邑左氏作祊皆從才用

公羊音義　四

反巡守手又反本又作狩下除循守守硯以外同絜齊側皆反本多即作齊字後放此更不
音而共音恭下同其費芳味反廣丗古曠反袤丗音茂槀
穀古老反甚惡烏路反下同背叛步內反錄使所吏反循行
下孟反度量音亮贄音至至嵩夙忠反歸格本又作假同古百反于
禰乃禮反本又作藝復書扶又反下故復同難也乃旦反一音如字注及下同
見重賢徧反下同包來左氏作浮來高傒音兮公行戶孟反死
難乃旦反令鞏力呈反僅能其靳反之應應對之應
九年震電徒練反雉雊古豆反可見賢徧反雨雪于付
反俶甚尺叔反始也大甚音泰俠卒音協穀梁云所俠少略詩照
反于邴左氏作防
十年復稱扶又反又音服明爲于僞反下先爲同公敗必邁反凡臨佗曰敗

編，必連反，《字林》、《聲類》皆布千反，一音甫連反【法】千盧依宋本改千。甫連與必連同

弛，尸爾反，又式氏反【法】據《廣韻》式氏與尸爾同，疑有一誤，再通考之

宛，一音烏卯反【法】卯蓋卯之誤

齊，本多即作齊字【法】齊當音齊（榮芬案音齊誤，當作作齊），說見《四年》辟注

日敗皆同此音 于菅古顏反 取郜古報反 取闞苦暫反 取鄗火號反又
音郭 及沂魚依反 數動所角反 因見賢徧反下同 易也以豉反下及注
同 屬爲音燭適也 入盛左氏作郕後皆放此
十一年 別外彼列反 見法賢徧反年末注同 復出扶又反下文不復注
故復 祁黎祁音巨之反又上之反黎音力兮反又力私反左氏作時來 爲弟于僞反年
末注同 數行所角反 之釁許靳反 弑也申志反注及下並同 冠氏
古亂反下同 僵尸居良反 之處昌慮反 去正起呂反

桓公第二 何休學

元年 繼弑申志反注同二年放此 爲下于僞反下爲告同 去王起呂反
以見賢徧反 故復扶又反下同 恭孫音遜 朝朝上如字下直遙反 莫
夕音暮 別治直吏反 背叛音佩凡背叛之類皆放此 近許附近之近 分別

公羊音義　五　徐玫

彼列反 于越本亦作粵音同 以上時掌反凡言以上皆放此 蓄積勑六反
二年 舍此音捨下同 見先賢遍反下形見見目見所見見恩並同下悉薦反 殤公式羊
反 死焉於虔反注同 致難乃旦反 嚴然魚檢反本又作儼 重道直用
反 故爲于僞反傳爲隱諱下注不爲諱爲後同 傳聞直專反注傳聞及下注傳之皆同
以復扶又反下復同 少殺所介反下同 煬宮餘亮反舊始郭反 子般
音班 令宋力呈反 相長丁丈反下同 有帥所類反下同 爲卒子忽反下
皆同 封疆居良反 未解音蟹 妻婿音胥妹也 大廟音泰下及注同 所
嗜市志反 僾音愛又烏改反 愾然苦愛反 與會音預
三年 于嬴音盈 以見賢徧反下并年末以見同 以復扶又反下同 去
之起呂反 不歃本又作歃所洽反又所甲反 近正附近之近下及注同 相背
音佩 于盛音成 于讙呼官反 親迎魚敬反下同 爲夫于僞反下同

分別彼列反 僅有其靳反劣也 之行下孟反 耗減呼報反下佳靳反
國喪息浪反 四年公狩手又反冬獵也 曰廋本又作搜
亦作蒐所求反蒐擇也 長大丁丈反年末同 末離力智反 苑囿音又 左
膘脾小反又扶了反三蒼云小腹兩邊肉說文云脅後髀前肉 射之食亦反下同 右髃
本又作腢魚俱反又五苟反說文云肩前也字林云肩前兩乳骨也五口反 中心丁仲反下同 如鐙
都鄧反又音登 遠心于万反 之庖步苞反 左脾方爾反又步啓反股外也本又作膘
右髃羊紹反字林子小反一本作胘音賢 汚泡普交反又百交反 因以捕音步
本又作榑音博又音付 共承音恭 爲田于僞反下皆同 伯糾居黝反 氏采
七代反後放此 盜弟大計反 五更音庚 食音嗣 於辟必亦反 親祖
音但 而饋其愧反 而酳以刃反又士刃反 其近附近之近下同 王札側八
反 叔肸許乙反 下去起呂反 見其賢遍反
公羊音義 六 徐政
五年怵呼述反狂也齊人語 不與音預 著治直吏反 見意賢遍反下
文注並同 以別彼列反 縣車音玄 從王如字又才用反下及注同 撮要七活
反 不爲于僞反下所爲與爲六年同 一與音餘下同 苞苴子餘反 應
變應對之應下同 蝝音緣本亦作蝝說文蝝或螽字 過我古禾反又古卧反
六年寔來市力反 慢易以豉反 見其賢遍反下見無正同 大
閱音悅 任用音壬 陳佗大阿反 侯般音班 据戕在良反 鄫子
才陵反 惡乎音烏烏乎猶於何也注同 而去起呂反 嚴公音莊本亦作莊案後
漢諱莊改爲嚴 栢與音餘 正稱尺證反 疾惡烏路反 射天食亦反
徧告音遍 七年燋之似遙反薪也 火攻音貢又如字下
同 可復扶又反 邾步丁反 鄑子斯反一音晉 郚音吾 其難乃旦反
不愉他侯反本又作偷 下去起呂反 見不賢遍反

髃，羊紹反，《字林》子小反【法】子當依《詩・車攻》作于

酳，以刃反，又七刃反【法】七刃疑當爲士刃，再考。《注疏》本依宋本作士刃

佗，大阿反【法】阿他處多作何

八年烝之承反冬祭也曰祠■嗣絲韭卯力管反猶食音嗣下同以
別彼列反曰礿于若反本又作禴同於祊必庚反少牢詩照反索牛
所百反譏亟去冀反數也注及下同數也所角反屬十音燭下同今復扶又
反下同則贖徒木反渫瀆息列反敬養餘亮反散齊素旦反下
側皆反相君息亮反下同洞洞大董反弗勝音升濟濟子禮反又似兮
反愉愉羊朱反勿勿如字䟽音踈下注同怠解古賣反折中
之設反下丁仲反御寒魚呂反又如字不與音預雨雪于付反沵血古流字
祭公側介反後祭仲祭叔放此下應應對之應成使所吏反注及下成使同爲
媒士孟反請期音情又七井反親迎魚敬反妃匹音配絕句
九年治自直吏反射姑音亦齊與音餘絕句下同重惡如字
或烏路反十年見要一遥反注同惡乎音烏明近附近

公羊音義　七

之近幾與音祈不復扶又反下同戮力音六又力彫反字亦作勠
十一年公行下孟反屬上音燭今復扶又反下故復同故爲于僞
反寤生吾故反鄭相息亮反欲見賢徧反下同防難乃旦反下同
稱也尺證反以別彼列反鄶公古外反爲我于僞反下注爲突非能爲
突爲賂爲突歸爲承同令自力呈反下同乘便婢面反大甲音泰反覆
芳服反出使所吏反挈乎苦結反提挈也質省所景反于折之設
反又時設反一今作析思歷反夫童音扶下音鍾又如字左氏作夫鍾于闞口暫反
十二年毆蛇丘于反又音曲侯反蛇音移又音池左氏作曲池燕人音烟躍卒
予若反佗子大何反故復扶又反下同去躍起吕反于郯音談二傳作虚
武父音甫惡乎音烏十三年傳同
十三年鞌音安以勝詩證反不蔽必婢反于菅古顔反其

濟，子禮反，又似兮反【法】似字亦從紐之誤

折，一今作析【法】今乃本之誤

㱿昌慮反 行伍戶郎反 背殯音佩後背殯皆放此 爲龍于僞反

十四年淫泆音逸 陽行下孟反 莅盟音利又音類下同 御廩

力甚反 粢盛音咨下音成 委之于鬼反注同 積也子賜反 以共音恭

天應應對之應 難曰乃旦反 背恩音佩 分別彼列反 見輕賢徧

反 十五年共費音恭下芳味反 桓行下孟反下行惡同 今復

扶又反下注故復又傳文復入井注下不復皆同 別之彼列反 于鄗戶老反又火各反左氏作

艾穀梁作蒿 于櫟力狄反一音匹沃反 易得以豉反 于侈昌示反又二傳作裏 爲

桓于僞反下同 十六年復加扶又反 城向式亮反 屬

負茲音燭注同屬託也諸侯有疾稱負茲言朝託有疾 十七年于雉翠癸反 去夏起呂反下同 國幾音祁 井於

必政反又如字 桓行下孟反 深爲于僞反

公羊音義　八

十八年于濼郎沃反又音洛說文云匹沃反 內爲于僞反 譖公側鳩

反下同 乘便婢面反 以別彼列反 之稱尺證反 懲惡直升反 遣

使所吏反

莊公第三

何休學

元年君殺申志反下皆同 孫于音遜下及注皆同孫猶遁也 遁也徒困

反 與殺音預下同 譖公側鳩反如証曰譖 將上時掌反下同 搚幹路合反本

又作擠亦作拉皆同折聲也幹音古旦反脅也 背本音佩 蒯聵苦怪反下五怪反 見

王賢徧反下同 爲內于僞反下爲卑爲營同 逐去起呂反 單伯音善後放

此 逆王姬左氏作送王姬 共治直吏反 之好呼報反 風言如字又方鳳反

陽倡昌亮反 陰和戶卧反 惡天烏路反 齊襄音咨下七雷反 爲

委，于鬼反【法】于鬼二字殆並誤，再考。當依《釋草音義》於詭反，《莊二十八年音義》於鬼反，於字尚不誤

侈，昌示反【法】示當依《注疏》本作氏

譖，側鳩反【法】鳩當作鴆

解古賣反　必爲于僞反下必爲爲襄公非注同　遠別彼列反　大甲音泰一音他賀反　來錫星歷反　令有力呈反　虎賁音奔　鈇鉞音甫又方于反下音越　秬音巨黑黍也　鬯勑亮反香酒　善行下孟反下同　復加扶又反　尤悖補內反　邦步丁反　鄑子斯反又音晉　部音吾

二年　幼少詩照反　于郜古報反二傳作𥺦四年亦爾　則近附近之近亦如字

三年　溺乃歷反　不見賢徧反下皆同　以鄪戶圭反　共祭音恭　難辭乃旦反下皆同　惡公烏路反

四年　曰犒苦報反勞也　絕期音基　絕緦音絲　爲襄于僞反下爲賢注爲諱及下注爲諱爲襄同　亨乎普庚反注同煑蝦也　祖禰乃禮反　師喪息浪反注同　著曰音尸　筮市制反　幾世居豈反　崧高息忠反本亦作嵩　怒與音餘　無說音悅注同　說懌音亦　將去起呂反下及注同　若

行下孟反注同　於治直吏反　閒其苦賜反　大斂力驗反　夾之古洽反　以見賢徧反下同　以共音恭　可勝音升　不復扶又反

五年　倪五兮反二傳皆作郳　黎來力兮反　小邾婁力居反二傳亦無婁字　得見賢徧反　爲僖于僞反下文注同

六年之稱尺證反　一使所吏反　令交力呈反　爲王于僞反下因爲不爲危錄皆同　不復扶又反下皆同　殺而申志反下皆同　屬託音燭　螟亡丁反　衛寶左氏經作衛俘　極惡烏路反

七年辛卯夜一本無夜字穀梁作昔　不見賢徧反注及傳皆同　雨星于付反一音如字下注雨星同　常宿音秀下同　參伐所林反下同　狼注張又反與味同朱鳥口星也一音之住反　斬艾魚廢反　耒墜直類反　齊分扶問反　螟螽音終　數出所角反　淫泆音逸

筮，市利反【法】利乃制之譌

八年屈完居勿反本爲于僞反傳及注爲又皆同屬與音燭祠兵音辭祭也左氏作治兵下文注同士卒子忽反振訊音信又音峻本亦作迅相見賢偏反下同難在乃旦反長幼丁丈反圍成如字二傳作郕降于戶江反傳及下注皆同慰勞力報反下同其罷音皮下同諸兒如字一音五兮反從弟才用反

九年于暨其器反左氏作蔇爲其于僞反注爲是及下注實爲魯爲同歃血所洽反又所甲反之難乃旦反納糾左氏經亦作納子糾去國起呂反下故去同別嫌彼列反見臣賢偏反自誇苦瓜反本又作夸下同夏徵戶雅反邵忽上照反本又作召惶恐丘勇反當坐才卧反後當坐之類皆放此浚思俊反深也洙音殊水名

十年長勺時灼反犆者七叔反又才古反有數所主反屬北

公羊音義　十　駱寶

音燭不復扶又反乘丘繩證反齊與音預下及注同折衝之設反下昌容反于菅所巾反梁雍於用反以見賢偏反孫順音遜惡惡並如字一讀上烏路反其傳直專反而近附近之近卒暴七忽反滅譚人南反別於彼列反惡不烏路反

十一年于鄑子斯反漷移火虢反又音郭不見賢偏反下同不省所景反報應應對之應過我古禾反

十二年君接左氏作捷仇牧音求下音牧舍此音捨下舍孔父同復扶又反年末同反覆芳服反驕樂音洛下宴樂同彊禦魚呂反數月所主反公博如字戲名也字書作簙慢易以豉反故訏九列反九謁反一音九刈反又一本作揭其例去列二反妬其丁故反爾女音汝下同稱譽音餘又音預惡乎音烏注同搏閔音博其脰音豆頸也而叱昌實反萬臂

譚，人南反【法】人乃大之譌

訏，九列反，九謁反【法】九謁上疑脫又字

摋素葛反又素結反側手擊也齒著直略反門闔戶臘反門扇也乳犬如住反攫虎俱縛反又九碧反一本作搏又音付伏雞扶又反

搏貍力之反復見賢徧反

十三年信鄉許亮反年末同畢下遐稼反于柯音歌易也以豉反注及下同猶佼古卯反能復扶又反下同升壇大丹反以長丁丈反

上壇時掌反造桓七報反下同公卒七忽反愕五各反能

應應對之應為此言于僞反下為殺同壓境於甲反又於輒反齊數所角反

圖與音餘摽劒普交反辟也辟劒置地劉兆云辟捐也辟也婢亦反下同去

離力智反要盟一遙反注同強見其丈反

十四年分別彼列反于鄄本亦作甄規面反

十五年伐兒音郳

【公羊音義】 小三百四十七 大百五十八 十一 夌

十六年滑于八反為慕于僞反如瑣息果反

十七年鄭瞻二傳作詹為甚于僞反惡之烏路反下惡之皆同遠

佞于歹反下同瀸于子廉反二傳作殲積也本又作漬齊強其丈反將

帥子匠反下所類反重言直用反明行下孟反多麋亡悲反

十八年濟西子禮反為中于僞反注及下皆同有蜮音或短狐也或謂之射工音食

十九年媵陳以證反又繩證反娣從才用反下注同

嫉妬音疾又音自為其于僞反注及下注同專矯居表反之難乃旦反

後背音佩二十年大瘠在亦反病也本或作瘠才細反一本作漬才賜反鄭注曲禮引此同

痢力世反疾疫也疾疫音役邪亂似嗟反

二十一年鄭伯突徒沒反厲公也

二十二年肆音四本或作佚大省所景反除自省皆同二傳作眚跌也大結反過

音與【法】與當作輿

蜮，或謂之射工，音食【法】射不音食，食下蓋脫亦反二字，見《穀梁·莊八年》

反度也過此行丁孟反之思息嗣反猶爲于僞反無適丁歷反下同
高傒音兮玄纁許云反儷皮力計反本又作麗
二十三年陳佗大何反祭叔側界反惡公烏路反下同宮
楹音盈柱也下傳及注同爲將于僞反斲而丁角反下同礱之力工反
射姑音亦不復扶又反于扈音戶有汙汙辱之汙一音烏卧反後放此
之行下孟反二十四年宮桷音角椽也親迎魚命
反見宗賢遍反下傳文見也見用幣及注同難也乃旦反下及注同不僂力主反疾
也注同約遠于万反要公一遥反縱笄所買反又所綺反惻隱初力
反覿用大歷反見也爲贄音至斷脩一亂反注同本又作腶音同鍛脯加薑桂
曰脩耿介古幸反下音界行列戶郎反不號戶刀反必跪其委反
而醇音純粹雖遂反爲調于僞反下仕爲同令力呈反昭穆上遥
公羊音義　十一　宋求
反凡昭穆之例皆同復水扶又反曹覊居宜反下同則守手又反又如字下同
成䰟普白反素餐七干反諷諫方鳳反自隋許規反爭
諫爭鬬之爭贛諫陟降反又呼弄反又丑用反赤歸于曹郭公
此連爲句郭音號亦如字連讀郭公爲一句二十五年女叔音汝故
去起呂反年末同營社一傾反又如字本亦作禜同爲闇于僞反注爲闇爲日光同
大廟音泰應變應對之應不復扶又反
二十六年子髡苦門反爲曹于僞反下同避難乃旦反爲
去于僞反下起呂反二十七年于洮他刀反惡公
烏路反下惡并同不別彼列反告糴音狄下同使乎所吏反內難乃旦
反注及下此日同之治直吏反下之治同得與音預嘗更音庚不背音佩
喪婦息浪反長女丁丈反悖德補內反夏後戶雅反城

斷，一亂反【法】一當作丁

贛【法】贛當作戇

濮音卜 二十八年伐者爲客何云讀伐長言之伐人者也
伐者爲主何云讀伐短言之見伐者也 蓋爲于僞反 見直賢徧反
瑣卒素果反 築微左氏作麋 之委於鬼反 之儲直魚反 之畜
勑六反 不匱其位反 二十九年延廄九又反 功
費芳味反 差輕初賣反 有蜚扶味反臭蟲也 之行下孟反 別君
彼列反 三十年降鄣户江反下注同鄣音章 爲桓于僞反注
同 而復扶又反 惡其烏路反下同 比殺申志反 魯濟子禮反 以
操七刀反迫也注同 已蹷子六反 故去起呂反 貶見賢徧反
三十一年漱素口反 浣户管反 無垢古口反 去垢起呂反 爲
漬于僞反下爲臧同 桓殺申志反 之觀工喚反 恐怖丘勇反下普故反
軍幟音志又申志反又天志反本又作織同 忌難乃旦反 因見賢徧反 不

公羊音義　十三　張謹

施申豉反 三十二年叔肸許乙反 爲季于僞反下爲季
而爲注故爲同 之遏於葛反止也 以別彼列反 將焉於虔反 般也音班
夫何音扶下及注同 反覆芳服反 思難乃旦反 俄而五多反 牙
殺申志反注及下親弑同 械成户戒反 而飲於鴆反注同 酖毒本亦作鴆
直蔭反 無傫無本又作巫傫音力委反又力追反 王堤丁兮反 無將如字閔公
本將不誅將而皆同或子匠反非也 之與音餘 不去起呂反 見隱賢徧反 邑
樂音洛 不暴步卜反

閔公第四

何休學

元年繼弑申志反 復發扶又反下同 不見賢徧反 不探
他南反 之辟婢亦反 首匿女力反 惡乎音烏 邑樂音洛或如

委，於鬼反【法】鬼當作詭，說見《桓十四年》

漱，素口反【法】《禮·曲禮、内則》漱字皆平聲，此素口反，口字誤，《文十六年》亦素侯反。又案《疏》訓爲斗漱，則亦上聲

幟，本又作織【法】織疑識之譌

字曾涇才能反盍殺戶臘反故令力呈反主爲于僞反下文注皆同
子女乎音汝仲孫與音餘二年不爲于僞反下爲淫同
吉禘大計反大廟音泰下同君數所主反下同則給音給取期
音基下同而禫大感反弑音試下及注同當復扶又反下同見賢徧反下文復見同
別尊彼列反故絕去起呂反下欲去同甲革更百反皆鎧苦愛反
冑直又反鹿門魯南城東門也其使所吏反惡其烏路反下及注同將
也子匠反下同趙盾徒本反
僖公第五
何休學
元年繼弑申志反斬衰七雷反聶北女涉反爲桓于僞反下爲桓曷爲并下注爲諱爲桓爲內爲僖皆同夏陽戶雅反大平音泰陳儀左氏作夷儀

公羊音義　十四　張謹

復言扶又反下同鄫子似陵反而縊一賜反一本縊作榏於革反因見賢徧反
淫泆音逸于杅勑貞反又他丁反左氏作檉惡之烏路反下同于纓左氏作偃
于犂力知反又力兮反左氏作酈苫拏女居反一音女加一本作茹音同內難乃旦反下
同南涘音俟曰嘻許其反扼輈竹由反車轅也外購古豆反去氏
起呂反與殺音預又如字下申志反差輕初賣反又初佳反別逆彼列反
二年爲桓于僞反下爲桓曷爲注深爲同見桓賢徧反下傳荀息見并注同復發
扶又反倉卒寸忍反夏陽左氏作下陽安與音餘下者與見與同不應
應對之應虞郭音虢又如字注及下同屈產具物反之乘繩證反注及下同垂
棘一本作蕀音同內藏才浪反注同內廄九又反何喪息浪反知則音智
下及注同而好呼報反牽馬本又作掔音同巳長丁丈反注同又惡烏路反
戲譆許略反之別彼列反貫澤古亂反二傳無澤字徧至音遍下同

縊，一本作榏【法】榏當作搤

三年大平音泰　飭過音勑下同　理冤於元反　澍雨之樹反　其應
應對之應後災祥之應皆放此　易也以豉反注同　不爲于僞反　無障之亮反一音章注同
障斷丁管反　曰溪口兮反　無貯中呂反　莅盟音利又音類注同　以
見賢徧反下同　遣使所吏反
四年蔡潰戶內反下及注同　重出直用反　惡蔡烏路反下惡其專幷六年注同
于陘音刑　召陵上照反下文同　屈完居勿反　卒暴寸忽反　爲下于僞
反下爲桓公同　去月起呂反　方見賢徧反　衰僑其驕反一本作驕音同　之重
直用反又直容反　之復扶又反年末乃復同又音福　而亟去冀反　數侵音朔　若綫
思賤反　而攘如羊反卻也　卒怗他協反一本作貼服也劉兆同廣雅云靜也玉篇又丁篳反一
本作拈武音章貶反　濤塗徒刀反　辟軍匹亦反又音避下同　濱海音賓　涯也
五佳反　近海附近之近　所便婢面反　沛澤音貝又普貝反草棘曰沛漸洳曰澤　漸

公羊音義　十五　張倩

子廉反　洳如人庶反　故令力呈反　所傳丈專也　公孫慈左氏作茲　患
誑九況反　五年令舍音捨　爲下于僞反　初冠古亂反
如年莫候反　首戴左氏作首止　殊別彼列反　再見賢徧反　省
文所景反下同　不與音預　爲解古賣反　比殺申志反　知去起呂反下
同　戮力音六又作勠力彫反　六年彊也其良反
七年子款苦管反　寗毋音無成音某
八年于洮他刀反　遣使所吏反下錄使同　大廟音泰　始見賢徧反下
同　以省所景反　簒嫡初患反下音的下同
九年禦說音悅　爲襄于僞反下注爲天爲桓皆同　惡不烏路反　勝
其音外　而筓古兮反　不泄息列反　遠別彼列反　簪也莊林反　猶
俠音協　不預音預　詭諸九委反　殺其音試下及注放此　冠子古亂反　見

寗毋【法】毋盧改母，是

矣賢編反　十年君卓子勑角反又丁角反左氏經無子字　舍此音捨
下同　驪姬力知反　少傅詩照反　大傅音泰　之選息戀反　欲爲于僞
反下文爲文公不爲故爲皆同　廢長丁丈反注同　訾訊音信上問下曰訊　不背音佩
鄉生許亮反　所復扶又反下同　欲難乃旦反　殺夫音扶　二孺如住
反　踊爲音勇豫也　言渾戶昆反又戶本反下同　美見賢徧反下同　較然
音角下同　大雨于付反　雹步角反　十一年丕鄭父普悲反
十二年陳侯處臼左氏作杵臼
十三年于鹹音咸　不復扶又反下同
十四年見恐丘勇反　曷火葛反　爲桓于僞反下爲桓爲天下并注臣爲同　使
要一遥反　遮諸奢反　淫泆音逸　甚惡烏路反　侯肸許乙反注同　其
背音佩　十五年別尊彼列反　伐厲如字舊音賴　激揚
公羊音義　十六　張清
古歷反　解古賣反　隋也徒卧反　螺之戎反　夂暴步卜反　冥也亡丁
反又亡定反注同　當去起呂反　爲滅于僞反　据泓烏宏反　以惡烏路反
十六年本或從此下別爲卷案七志七錄何注上十一卷公羊以閔附莊故也後人以僖卷大輒分之爾
霣石于敏反　是月如字或一音徒兮反　六鶂五歷反水鳥　磌然之人反又大年
反聲響也一音芳君反本或作砰八耕反　僅其靳反劣也　逮音代又大計反及也　幾盡音祈　卓
佹九委反　趡盟翠軌反　不復扶又反下同　所治直吏反　爲王于僞反注
同　耿介音戒　之行下孟反　隳功許規反
十七年滅項戶講反國名　爲桓于僞反下及注同　惡惡並如字一讀上烏路
反　其行下孟反　于卞皮彥反
十八年于甗魚輦反又音言　與伐音預下不與同　豎刀音彫　爲是于僞
反注同　十九年爲襄于僞反下故爲起爲爲襄公深爲若不爲皆同　見其

《七志》、《七録》何注上十一卷【法】上當作止

磌，一音芳君反【法】芳君未詳，或字從賁作乎

刁，音彫【法】刁盧依宋本改刀

賢編反 惡乎音烏 惡無烏路反 用處昌慮反
二十年惡奢烏路反 郜子古報反姻姓之國下同 爲適丁歷反又作嫡
二十一年爲犯中于僞反下不爲襄下文爲執皆同 會于霍左氏作盂 溴
梁古闐反 復出扶又反下同 獻捷在接反 乘車繩證反下同 墮之
許規反 誰護誰本亦作詐護音許元反詐也又音援 守械手又反又如字 應之對應
之應 國爲于僞反下爲襄爲公子注爲役故爲皆同 惡乎音烏 幾亡音祈 遭難
乃旦反 二十二年須朐其俱反左氏作句 升陘音刑 不殺所戒
反注 殺省所景反 喪國息浪反注同 幾爲音祈 畢陳直近反下
同 及注 王德于況反又如字下王佳同 醇粹音純下雖遂反
及注同 二十三年闉緡亡巾反 重故直用反又且龍反注同 故創初良反下同
屬爲音燭 雜然七合反又如字 以惡烏路反 慈父左氏作兹父 故復
欲 公羊音義 十七 三政
扶又反 不去起呂反 始見賢編反
二十四年謂與音餘 不復扶又反 供養九用反餘亮反
二十五年侯熨況委反 爲魯于僞反下同 見姑賢編反 絶去起呂
反 惡國烏路反 不別彼列反
二十六年甯遬音速 于向舒亮反 至嶲戶圭反又似充反 侈也昌爾
反又昌者反大也 士卒子忽反 自爲于僞反下深爲同 當復扶又反下同 別
外彼列反下同 滅隗五罪反二傳作夔 惡不烏路反下同 所傳直專反 見
治賢編反下直吏反 二十七年屬脩音燭 爲執于僞反 有
難乃旦反 今復扶又反 以見賢編反 得與音預
二十八年衛雍於勇反下同又作雍同 遏於葛反 起爲于僞反下卒爲
晉深爲不爲同 畀宋必二反與也下同 師斷丁亂反下當斷同 數侵所角反下數道

獻捷【法】盧移獻捷條於溴梁條上

陳，直近反【法】近當作覲

同城濮音卜據邲皮必反數道音導譎也古穴反卒致七忽反下
倉卒同·以見賢徧反下不見當見見其同當復扶又反令殺力呈反下令自同元
咺況阮反所惡烏路反下惡衞同此難乃旦反下方難同分別彼列反爲叔
武于爲反下爲賢爲叔武及注而爲故爲深爲皆同爲去起呂反簒我初患反大深
音泰下同放乎甫往反屬巳音燭爭也爭鬬之爭下注同悖君必內反
能降戶江反二十九年介葛音戒國名故復扶又反年末同
惡霸烏路反大雨于付反雹步角反不中丁仲反
三十年不復扶又反別尊彼列反以見賢徧反下同爲殺于僞反
惡天烏路反撟君居表反本又作矯
三十一年惡乎音烏惡差初賣反下同布徧音遍下文同哥者
居宜反幼少詩照反大平音泰王功于況反惡之烏路反下皆同槀
公羊音義　十八　孫日新
席古老反匋匏白交反不瑑大傳反不和戶卧反爲天于僞反丁則爲
本爲主爲皆同復爲扶又反下同見免賢徧反下以見同大山音泰本亦作泰下同薾
栗古典反天燎力召反地瘞於例反山縣音玄風磔陟百反膚寸
方于反側手爲膚按指爲寸崇朝如字注同雨乎于付反又如字崇重直龍反下同
三十二年鄭伯接二傳作捷別有彼列反下同可去起呂反復出
扶又反重耳直龍反三十三年千殽本又作肴戶交反或戶高反
輕行遣政反蹇叔居輦反拱矣九勇反以手對抱嶔苦銜反鄒深生褚詮之音上林
賦並同徐音欽韋昭漢書音義去瞻反又本或作崟同巖五銜反韋音嚴其處昌慮反阻險
於賣反可要一遥反傳要之同介胄直又反爲其于僞反如蹲音有
賈人音古矯以居表反而犒苦報反勞也勞也力報反下同虜掠
音亮隻輪如字一本又作易輪董仲舒云車皆不還故不得易輪轍隻蹄也居宜反一本作

嶔，苦銜反，鄒深生、褚詮之音【法】深盧改誕

易䟴 惡不烏路反下同 詐卒七忽反 取菆才工反工傳作取呰樓 賈霜
于敏反 復榮扶又反 列索息各反

文公第六

何休學

元年歸含本又作唅戶暗反五年經同 且賵芳鳳反 不爲于僞反下不爲同
長幼丁丈反 稱也尺證反 來錫思歷反 復發扶又反 惡天烏路
反 無恙餘亮反 干戚午寂反 君髭苦門反左氏作顝
二年彭衙音牙本或作牙 惡烏路反 其將子匠反 今復扶又反下不復
皆同 重師直用反 爲僖公廟于僞反下蓋爲以爲下欲爲同 下壙苦晃反客
音曠 麤犆才古反又七奴反 期年音基三年同 人正音征下同 別昭彼列
反下同 去氏起呂反 士穀戶木反 垂斂左氏作垂隴 大廟音太下大祖皆

小一百三十七 大一百六十五 公羊音義 十九 麥茂

反 躋僖子兮反升也本又作隮同 大祫音給大祭 禘數大帝反下所主反 室
笮側白反 炊沐昌垂反下音木 東鄉許亮反下同 猶諦音帝 不礿
羊略反 先禰乃禮反 喪取七住反本亦作娶同 之好呼報反 傳之直專
慟杜貢反 三年伐沈音審國名 沈潰戶內反 新使所吏反
雨螽于付反下及注同一音如字螽音終 而隊直類反注同 隋地大果反 地上時掌反
醇音純 爲王于僞反 貴近附近之近 重出直用反 爲諼許元反
四年不爲于僞反 錄使所吏反 見與賢徧反 甯俞乃定反下音餘
五年加飯扶晚反 宰咺況阮反 去天起呂反下同 任宿音壬 顓
臾音專下音揄 入鄀音弱
六年侯讙好官反 數如所角反 射姑音亦又音夜穀梁作夜 君漏
如豆反此也 言泄息列反又以制反 姑將子匠反下同 不說音悅下同 刺陽七亦反又

戚，午寂反【法】午當作千

甯俞，下音餘【法】俞、餘不同音，殆誤

音七賜反 大祖音泰 比時必利反 朝朝上如字下直遥反 敢渫息列反
七年須朐其俱反 并爲于僞反年末注同 城郚音吾 令狐力丁反
先昧音蔑左氏作蔑 其咎其九反 眣晉音舜本又作眣丑乙反又大結反以目通指曰眣本又作睽音同字書云眣瞚也以忍反 故復扶又反
八年衡雍於用反 雒戎音洛 于暴步報反本又作曝一音甫沃反 再見賢徧反 壅塞於勇反 復還扶又反 螺音終
九年信恩音申 凉音亮又音良 闇如字又音陰 者與音餘 惡文烏路反 陽行下孟反 星孛音佩 使椒子遥反一本作萩子小反 見升賢徧反
卒備七忽反 䢔音遂贈喪之衣服 一使所吏反 以刖彼列反下同 欲上時掌反又如字 少繫詩召反 共公音恭
十年女栗音汝本亦作汝 屈貉居勿反又音厥下音麥又戶各反二傳作厥貉

（六一·二五七·六四十） 【公羊音義 二十 徐

十一年伐圈求阮反一音卷說又作圈字林曰万反二傳作橐 于鹹音咸 復扶又反 于犁力知反又力兮反 狄行下孟反
十二年而笄古兮反 遠別彼列反 使遂二傳作術 賢繆音穆 諓徐在淺反又子淺反又音戔尚書作截截淺薄貌也賈逵注外傳云巧言也 善竫在井反撰也本或作諞皮他反又必淺反本作譔七全反又仕勉反 俾君必爾反注同使也 易怠以豉反注同 輕惰大卧反 一介古拜反一介猶一槩也尚書音古賀反 斷斷丁亂反專一也注同 佗技其綺反 一槩古愛反 奇巧其宜反本又作琦同 休休許虯反美大貌 曲折之設反 數興所角反 不別彼列反下同 及運二傳作鄆後皆爾
十三年盈爲于僞反下文盈爲爲周公皆同 故復扶又反 籧篨其居反下直居反 世室屋壞二傳作太室 大廟音泰下同 以養餘亮反注皆同 供養九用反下同 死以爲如字注死以爲周公王同 千乘繩證反 有王于況反 趣鄉

眣晉，音舜，本又作眣。以目通指曰眣，本又作睽，音同【法】正文疑當作昳，注内昳字當作眣。睽音亦，不能同眣，又見《成二年》。今經作昳，宜考《唐石經》

暴，一音甫沃反【法】甫殆蒲之誤

貉，音麥，户各反【法】貉、麥不同音，此誤。户各上有闕文，否則麥字衍。《注疏》本户上有又字

圈，求阮反，一音卷，《說文》作圈，《字林》曰万反【法】卷疑誤，《說文》非異字，亦誤。圈盧依《說文》改圈，曰盧依宋本改曰

許亮反 騂 息營反 犅 音剛詩作剛騂犅赤脊也 爲盛 成政反又音成粢盛也在器曰盛 公
燾 徒報反一本作濤音同冒也 冒也 亡報反 公廩 力甚反 財令 力呈反下同
于沓 徒合反 于斐 芳尾反本又作棐 之難 乃旦反
十四年爲臣 于僞反下爲後故爲同 侯潘 普干反 更相 音庚下吴楚更同
篡殺 申志反下同 趙盾 徒本反 星孛 步內反徐扶憒反 並爭 爭鬬之爭
捷菑 在妾反又如字下側其反二傳作捷菑 百乘 繩證反 沛若 普貝反有餘皃 貜
且 俱縛反下子餘反 壓之 於甲反又於輒反服也 齊復 扶又反下同 也長 丁丈反注同
同 見挈 賢編反下音苦結反 惡商 烏路反 卓子 敕角反 分別 彼列反
惡乎 音烏 十五年華孫 戶化反 見宋 賢編反 惡二
烏路反下皆同 筍將 音峻竹簜也將送也 竹簜 婢緜反一音步賢反服虔音編韋昭音如頻 編
必緜反一音篇郭璞音步典反 輿 音餘 爲叔 于僞反下父爲子爲若爲實爲同 傳送 直專反
公羊音義 二王 陳明仲
令受 力呈反下同 解也 戶買反 不省 所景反 其郛 芳夫反郛也 恢
郭 苦回反大也 鄉者 許亮反下同 幾亦 音祈
十六年爲叔 于僞反 乃復 扶又反下同 犀丘 音西左氏作鄋丘穀梁作師丘
湫 素侯反 浣 戶管反 令自 力呈反 暴揚 步卜反 巴人 布加反 處
臼 二傳作杵臼 以別 彼列反 梟 古堯反 斬要 一遙反 刎 亡粉反 頭 如字
本又作脤音脤 十七年聖姜 二傳作聲姜
十八年伯罃 乙耕反何云穆公也左氏穆公子康公 復見 扶又反下同下賢編反 弒也
音試下及注同

宣公第七

何休學

元年差輕 初賣反 摘巢 吐狄反 刳胎 口孤反 復屬 音燭 叢

燾，徒報反，一本作濤【法】濤殆幬之誤

棘（才工反）𡕥（況甫反）要經（一遥反）又孫（音遜）濟（子禮反）遺齊（唯季）
兼將（子匠反）斐林（芳尾反）閒（音閑）貿（音茂）
二年華元（戶化反）夷狎（戶刀反，又古刀反，二傳作夷臯）
三年則扳（普顏反，又甫姦反）于滌（大歷反，又牲宮名）迭生（大結反）更王
（音庚，下于況反）賁渾（舊音六，或音奔，下戶門反，二傳作陸渾）鄭繆（音穆）
四年公爲（于僞反）五年爲重（宜用反，下同）
六年見何（賢徧反）升餕（音俊）已趨（音紀）是樂（音落）有人何
（本又作荷，胡可反，又音河）畚（音本）爲解（佳賣反，又如字）摮（五羔反，又苦交反，猶擊也）擊
（口弔反，擊也）愬（所革反，又許路反）心作（在洛反）魚飧（音孫）祁彌（工支反）頸
（居郢反）自斷（音短）重門（直容反）擊柝（他洛反）而食（音嗣，下同）佹
然（魚乙反）躇（丑略反，與躩同，一本作辵，音同）劇不（其據反，本亦作遽）比周（毗志反）之
【公羊音義】　二十三　陸明仲
獒（五刀反）而踆（音存，以足逆蹋之）逆蹋（徒臘反）其頷（戶感反）蚤免
（音早）不説（音悦）黑臀（徒門反）剽（匹妙反）
七年爲伐（于僞反）八年難辭（乃旦反）編（必連反）屬
（音燭）曰彤（羊弓反）謂楯（食允反）人扞（戶旦反）頃熊（音傾）無訒（音刃）
莫者（音暮）九年諱亟（去異反）未期（音基）
十年及僤（本又作闡，昌善反）取蘱（類，又力對、欺類二反）贍振（常豔反）
十一年公孫寗（乃定反，音寧）十二年斷曰（音短）藉（在夜反）
沛焉（普蓋反）墝埆（上苦交反，下音嚳）多索（所白反，舊本作槊，音索）屢往
（力住反，又作數，音朔）數千（所主反）扈養（餘亮反）艾草（魚廢反）杅不
（音于）喪費（芳味反）可掬（九六反，注同）扳（普顏反，又必顏反）造舟（七報反）而
佚（音逸，注同）欲壞（音怪）十三年秋螽（音終）

愬，又訴路反【法】盧云：訴疑蘇。訴與路疊韻，不得爲切，訴字誤也○祁彌，工支反【法】盧移祁彌條於而食條下。工乃上之譌

彤，羊弓反【法】彤當作肜

蘱，又力對、欺類二反【法】欺疑誤

寗，乃定反，音寧【法】音寧上脱又字

埆，音嚳【法】嚳字太僻，疑誤

十四年者惡烏路反　十五年得與音預　備㤩矣皮誠反
柑馬其廉反，以木銜馬口　大貊亡百反　之費芳味反　數萬所主反　以
食音嗣　伉健苦浪反，一音苦杏反　塾音淑　莫音暮　蝝生與專反
十六年宣謝災左氏作宣榭火
十七年錫我思曆反　于鞌音安　斷道音短，又大短反
十八年節斷音短　賢行下孟反　墠帷音善，掃地張帷　之殺所戒反
怨懟直類反

成公第八

何休學

元年舒恒如字，緩也。尚書作務　奧若本又作燠，於六反，煖也　幼少詩召少反　甲
鎧苦代反　辟土婢亦反　粥貨羊六反　貿戎音茂，一音茅。左氏作茅戎
公羊音義　二十三　陳省
二年新築音竹　公子手一本作午，左氏作首　鞌音安　以見賢徧反　年
末注同　惡內烏路反　不使所吏反，下及注使手大夫同　佚獲音逸，下同。一本作失　不
去起呂反　師還音環，注同　逡巡七巡反　頃公音傾　驂乘繩證反　道
尚時亮反　公操七刀反，持也　法斮莊略反，又仕略反，斬也　死難乃旦反　姪
子大結反，又丈乙反　踊于音勇，上也　棓普口反，又步侯反，高下有絕，加躡板曰棓　而闚去規
反，本又作窺　上也時掌反　加躡女輒反　或跛布可反　或眇亡小反　迓
跛本又作訝，五嫁反，迎也　致飱音孫　腍而審反　踦閭居倚反，踦，足也，又音於倚反，又
初義反，何云：閉一扇，開一扇，一人在外，一人在內曰踦閭　芻初俱反　蕘如遙反　之甗音言
又魚輦反，又音彥，邑也　爲質音致，下注及下同　昳魯音舜，又丑乙反，又達結反　之使所吏
反　爲之于僞反，注皆同　公鮑白卯反　侯漱音速　汶陽音問　一處昌慮反
數道所角反，下音導　三年衛繆音穆　素縞古老反　幼少

貊，亡百反【法】貊今本作貉

踦，又音於倚反，又初義反【法】倚當作綺，盧本、《注疏》本並不誤。初不知何字之誤。《集韻》於義切內收踦，初蓋於之譌也

詩召反下同大重音泰一音他賀反去疾起呂反爲内于僞反將咎如
咎音古刀反左氏作廧咎如尋繹音亦惡之烏路反下同屢盟力住反用
長丁丈反反復扶又反數侵所角反下同比周毗志反
四年伯臤苦刃反本或作堅五年荀秀左氏作荀首壅河
於勇反不沵音流爲天于僞反通道音導湨古闃反徧刺音遍
又重直用反蟲牢直弓反下力刀反六年得復扶又反而
好呼報反取鄟市轉反又音專諱亟去冀反注同魯背音佩屬相音燭
伯費音祕爲中于僞反故去起呂反
七年鼷鼠音兮重有直用反下同伐郯音談見者賢徧反下同
八年曰嘻許其反所喪息浪反語之魚據反屨綸音須趙
括古活反以見賢徧反瑞應應對之應爵稱尺證反爲王于僞反下

公羊音義　二十四　陳哲

爲魯爲一同幼少詩召反勞來力報反下力代反來縢以證反又繩證反
九年悖義布内反廟見賢徧反下同操禮七刀反以別彼列反且
爲于僞反復發扶又反莒潰戶内反
十年重難乃旦反數卜所角反怨懟直類反侈也昌氏反大
也姤丁故反取十七住反本或作娶侯獳乃侯反去冬起呂反惡成
烏路反今復扶又反十一年郤州尺由反本亦作犫
十二年沙澤素禾反又如字二傳作瑣澤定七年同
十三年郤錡魚綺反鑿行在洛反造意也復出扶又反伯盧力吳
反本亦作盧十四年凡取本又作娶
十五年未見賢徧反下同年末及注並同復氏扶又反年内同使于所吏反及
下使乎同有長丁丈反相之息亮反下同殺子音試皆雜七合反又如字

見，賢徧反【法】反下盧補下同二字

勞，力報本【法】本當作反

世子戊音恤本或作戍 爲篡于僞反 宋共音恭 士燮息協反 無
咎其九反 子鰌音秋 所傳直專反 之行下孟反 差醇初賣反下音純
葉公舒涉反下文同 者說音悅 十六年少陽詩召反 復食
扶又反 欒力官反 黶於斬反 冥也亡定反又亡丁反 其治直吏反 鄢
陵於晚反又於建反 于泓烏宏反 王痍音夷傷也 所中丁仲反 爲重
于僞反下爲代公同 恚一睡反 易也以豉反注及下同 復舉扶又反下而復同 喜時
左傳作欣時 令尃力呈反 舍是音捨注同下傳舍邑放此 無難乃旦反注同 招
丘章遙反又上饒反二傳作苕丘 悕矣音希悲也 別嬰彼列反 出使所吏反
十七年柯陵古河反 因見賢徧反下同 惡如字又火吳反 池如字又大河反
蜚林芳尾反又音配 泮宮音判本又作郊 告牷音全 荀罃乙耕反 貍
力之反 軫之忍反左氏作脤穀梁作蜃 以爲于僞反下文爲公同 以激古狄反 貜

大吉四六三凷 公羊音義 二十五 徐

且俱縛反下子餘反 十八年復入扶又反注同 楚爲于僞反下爲宋
同 士匄古害反 鹿囿音又 士彭二傳作士魴襄十二年同 崔杼直呂反
虛打起魚反下勑丁反

襄公第九

何休學

元年甯殖市力反 爲宋于僞反下爲宋楚爲幷注同 于合二傳作鄫
鄭背音佩 孫剽匹妙反 二年伯睔古困反 繆姜音穆
人與音餘下同 爲中于僞反下及注幷下文鄭爲皆同
三年長樗勑居反 不別彼列反 袁僑其驕反 爲其于僞
反注同 不復扶又反下同 不重直用反
四年弋氏以職反莒女也左氏作姒氏 定弋左氏作定姒

爲重【法】爲重下盧依《注疏》本補眾字

睔，古困反【法】困當作困，見《穀梁·襄元年》

五年子巠亡扶反爲叔于偽反疑讞魚竭反善稻左氏作善道
通好呼報反數用所角反賦斂力驗反惡鄫烏路反不見
賢編反雜然七合反又如字十年注同乃解古賣反
六年曷爲于偽反爲重直用反
七年郯子音談城費音秘螽音終一音鍾于鄬于委反字林凡吹反髡
原苦門反左氏作髡頑于操七報反一音七南反左氏作鄵殺也音試下及注皆同爲
中于偽反下及注皆同楚屬音燭歇由音褐舍止處昌慮反見辜
賢編反當背音佩八年以殺音試爲中于偽反當
去起呂反子燮素協反易不以豉反禦難乃旦反候伺音司
又息嗣反邢丘音刑九年宋火二傳作災離本力智反見
火賢編反爲王于偽反浸踈子鴆反于戲許宜反惡公烏路反

公羊音義　二十六　蘇

十年干相莊加反偪陽音福又彼力反惡諸烏路反開道音導
連蔓音万公與音預下同子斐芳尾反左氏作騑爲蕃方元反諸
侯莫之主有絶句見其賢編反下同
十一年爲軍于偽反年末同故復扶又反事省所景反想上息亮
反下同爲治直吏反不共音恭怨懟直類反京城北左氏作亳城北
常難乃旦反鄭與音預良霄音消
十二年圍台他來反又音臺所背音佩亟作去冀反最難乃旦反
務長丁丈反迭爲大結反十三年取詩二傳作邿諱亟
去冀反注同諱背音佩十四年公孫蠆勑邁反二傳作蠆于
向舒亮反綴流知銳反又作丁悅反一本作贅旒復納扶又反華閱音悅
十五年向戌音恤劉夏戶雅反采邑七代反下謂采同租稅子奴

鄬，《字林》凡吹反【法】凡當作几，見《左氏·襄七年》

綴，知銳反，又作丁悅反【法】又下作字蓋衍

反下舒銳反見義賢徧反下同大夫稱尺證反貶去起呂反過我古禾
反共音恭至攜戶圭反又四兗反爲不于僞反成郛芳夫反侯周
一本作雕十六年臭梁本又作湨古闃反徧剌音遍下及下注同
若贅章銳反本又作綴丁衛反又丁劣反繫屬也旒然音留本又作旒旌旗之旒繫屬
音燭見惡賢徧反最難乃旦反肯復扶又反不重直用反甚
惡烏路反十七年邾婁子瞷音閑或下姧反左氏作牼圍洮
他刀反左氏作挑十八年言朝直遙反下同
十九年祝阿二傳作祝柯爲其于僞反下同亟伐去冀反注同憍
蹇紀橋反本又作驕下紀輦反并數必政反下所主反下數年同漷水火虢反徐音郭取
濟子禮反下同侯瑒于眷反一音環二傳作環有難乃旦反故見賢徧反公
子喜二傳作嘉于柯古河反

公羊音義　二十七　陳彥

二十年孫遬音速澶淵市然反弟光左氏傳作弟黃
二十一年以漆音七閭丘力於反据快苦夬反惡受烏路反商
任音壬庚子孔子生傳文上有十月庚辰此亦十月也一本作十一月庚子又本無此句
二十二年今與音預得復見賢徧反
二十三年伯匈古害反鼻我二傳作畀我以治直吏反下見治治之漸同
近升平附近之近下近升同所傳直專反見治賢徧反下同所譜
側鳩反復入扶又反注同雍渝羊朱反左氏作榆聶北女輒反惡其烏路
反孫紇恨發反二十四年仲孫偈本又作褐亦作竭同居謁反
陳儀二傳作夷儀二十五年同咸本又作鍼其廉反宜咎其九反
二十五年鄭背音佩故爲于僞反重丘直龍反入櫟力狄反
諼君況元反以弒音試注同後年放此伺便音司下婢面反惡之烏路反屈

攜，又四兗反【法】攜盧據《僖二十六年》改巂，又云：巂本或作雋，故有似兗一音

建(居勿反)子謁(左氏作過)卒暴(七忽反)而射(食亦反)復見(扶又反)
二十六年君剽(匹妙反)喜爲(于僞反下文爲惡爲易爲同)惡剽(烏路反下注及下惡剽以惡并上注故惡反惡惡輕以惡皆同)有説(音悦注同)以見(賢偏反下出見同)復納(扶又反)子痤(在禾反)男甯(乃定反)
二十七年孔瑗(二傳作孔奐)弟鱄(市轉反又音專一音直轉反)射姑(音亦又音夜)爲殺(于僞反下爲殺爲我爲衛注深爲皆同)黜公(勑律反下文注同)女能(音汝)羈縶(本又作馽下陟立反馬絆也)馬絆(音半)鈇(音甫又方于反)鑕(之實反)從君(才用反又如字注同)庶孽(魚列反又五割反注及下同)敢與(音預)令必(力呈反)肯約(音佩下同)挈其(苦結反)慭恚(一睡反)昧雉(舊音劌亡粉反一音末又音蔑割也)見獻(賢偏反下見此同)雖復(扶又反)小介(音界)閽殺(音昏下音試二十九年同)餘祭(側界反)

公羊音義　二十八　陳彦

二十八年閏數(所主反下同)期月(居其反又作朞)
二十九年而復(扶又反下皆同)惡襄(烏路反下惡以同)爲臣(于僞反下故爲爲季子傳爲凡爲同)墨劓(魚器反)臏(毗忍反)大辟(婢亦反)畫象(音獲)應世(應對之應)黠巧(閑八反)不近(附近之近下同)士鞅(於丈反)使札(側八反)迮而(子各反起也)倉卒(七忽反)迭爲(大結反更也)更也(音庚)必祝(之又反又之六反注同)蹴食(音嗣)季子使(所吏反下同)僚者(力彫反)長庶(丁丈反下注同)闔(戶臘反)廬(力居反)命與(音餘下命與同)僚焉(於虔反本又作惡音烏)刺僚(七賜反又七亦反注同)僚者(市志反)爾弑吾君(申志反注弑僚同)篡也(初患反)則遠(于万反)以見(賢編反)北燕(音烟)
三十年蓬(于委反)頗(音皮又音彼一音普何反一本作跛者音同二傳作遂罷)公數(所角反)子般(音班)深爲(于僞反下爲伯不爲爲中國同)極思(息吏反)年夫(音佞又如

羈縶，本又作馽，下陟立反【法】馽當作𩡧，下字衍，蓋此謂縶本又作𩡧，非謂羈又作𩡧也。若以𩡧爲羈之異文，不容無音

字二傳作侲失 惡失烏路反下皆同 不去起呂反 子行下孟反下子行其行同 重失
直用反又直勇反 共姬音恭 傅母如字又武候反本又作姆同 加殺音試下同 凡爲
于僞反下及注所爲同 更宋音庚又古孟反復也償也 所喪息浪反下注同 解涚戶管反
復生扶又反 共償常亮反
三十一年 好其呼報反 見者賢徧反下同

昭公第十

何休學

元年 國酌二傳作國弱 子招上遙反 軒虎軒依字許言反舊音罕二傳作
罕虎 于漷音郭又音號左氏作虢穀梁作郭 爲殺于僞反下注爲內爲仕皆同 爲難八
乃旦反二年注同 故令力呈反 見者賢徧反下同 復貶扶又反 弟鍼其廉反
千乘繩證反注同 大原音泰下同 大鹵力古反 曰隰音習 分別彼列反

公羊音義 二十九 徐杲

去疾起呂反 彊運居良反下同 子卷音權左氏作麇
二年 乃難奴旦反下有難同
三年 大雨于付反 雹步角反 爲季于僞反 著治直吏反 大
平音泰 四年 大雨雪于付反左氏作大雨雹 爲季于僞反下文及
注爲齊誅並同 不復扶又反下同 去吳起呂反 滅厲如字又音賴左氏作賴
五年 舍中音捨下及注同 爲難乃旦反下同 爲其于僞反 將復
扶又反 濆泉扶粉反濆泉涌泉也左氏作蚡泉穀梁作賁泉 戰鼽昌慮反 報應應對
之應 嫡之丁歷反注及下同 六年 復卒扶又反 內行下孟反下同
可勝音外 見其賢徧反 合比如字又毗志反 賦斂力驗反或無此字
十年 暨齊其器反 叔孫舍二傳作婼 當時丁浪反又如字 鮮不息淺反
八年 故重直用反年末同 侯溺乃狄反 廋所留反本亦作蒐 公子過音戈

費多芳味反詐諼況元反復書扶又反下同列見賢編反
九年復見扶又反下同下賢編反陳火左氏作災悕矣音希悲也辟門
婢亦反開也本爲于僞反孫貜俱縛反又居碧反郎囿音又
十年晉欒施左氏作齊欒施季孫隱如左氏作意如侯彪彼虬反
宋戌讀左傳者音成何云向戌與君同名則宜音恤去冬起呂反
十一年戎曼音蠻爲其于僞反文譎古穴反以好呼報反比
蒲音毗侵羊二傳作祲祥宮佗大河反屈銀並如字二傳作厥慭嫡夫丁歷
反惡乎音烏惡不烏路反
十二年斷三丁管反又丁亂反生刊苦干反柰女音汝可強其丈反
欲令力呈反下令楚同妄億於力反錯也七故反或七各反字或作措惡納烏路反
成然左氏作成熊公子整之領反或作慭魚覲反
公羊音義　三十　徐泉
十三年圍費音祕乾谿苦兮反衆罷音皮惡靈烏路反子
朝如字不與音預注二不肯與及下文不與爲注公不與不宜與皆同不復扶又反爲公
于僞反侯廬力吳反十四年去疾起呂反意恢苦回反
十五年夷昧音末本亦作末籥入羊略反去樂起呂反注去籥及下文去樂同
爲卒于僞反昭吳左氏作朝吳
十六年戎曼音蠻又音万二傳作戎蠻哀四年同見王賢徧反數如音朔
十七年賁渾音六下戶門反星孛音佩彗星息遂反又囚歲反參伐
所林反以別彼列反邪亂似嗟反檇李音醉本或作醉
十八年爲天于僞反不忒他得反天應應對之應入鄅音禹又音矩
十九年于殺音試下于殺加殺皆同復加扶又反下同一飯扶晚反下同
二十年自鄸音蒙又亡忠反又亡貢反一音亡增反者此舊於此下有比者非復

宋戌【法】戌上盧補公字

出扶又反 爲公子于僞反下爲賢爲會爲之諱同 從與才用反下音餘下從與同 絮從
女居反說文云絮縕也一曰敝絮也 逡巡七旬反 惡惡並如字一讀上烏路反下同 通濫
力甘反又力暫反 兄輒左氏作縶 立嫡丁歷反 以長丁丈反 瘖於今反 聾
路工反 癘力世反又力大反 秃吐木反 跛布可反 傴於矩反 惡衞烏路反
至令力呈反 向甯二傳作向寧
二十一年 重皋直用反 叔痤在禾反左氏作叔輒 惡背烏路反下音佩
二十二年 復録扶又反 別從彼列反下同 大廋所求反本亦作蒐 昌
姦二傳作昌閒 邪庶似嗟反 見當賢徧反下同
二十三年 閒田音閑 惡背烏路反下同背音佩 不共音恭 皋錯七故
反 雞父音甫 子髡苦門反 子楹音盈左氏作逞穀梁作盈 夏齧戶雅
反下五結反 艾陵五蓋反 別客彼列反下及傳同 之行下孟反下同 于華
五七五 八四了一二 公羊音義 三十一 蘇
所巾反 燕孽魚列反 其難乃旦反 子朝如字 更起音庚 數年
所主反 地爲于僞反 二十四年 民被皮寄反 鬱釐音來
又力之反本亦作釐二傳作郁釐 二十五年 叔倪音詣又五兮反左氏作詣 樂
世心世如字又以制反左氏作大心 黃父音甫 鸛音權左氏作鸜音劬 鵒音欲 下孫
音遜下文同 去辰起呂反 爲下于[redacted]反下而爲同 楊州左氏作陽州 唁公音彥
將殺音試下及注同 兩觀工亂反注同 干楯食尹反又音尹 玉戚千寂反以玉飾
斧 大夏戶雅反注同 株離音誅 曰禁音金又居鴆反 八佾音逸 且夫音
扶下有夫并注同 維婁力主反 委已于僞反注同已音紀 委食音嗣下同 執紼音
弗 曰繞音問 喪息浪反下同亡也 嗛自音謙本亦作謙 再拜顙息黨反拜而稽顙
也 大難乃旦反下同 鈇音甫又方于反 鑕之實反 要斬一遙反 執箪音丹
箪器 食音嗣注同 葦器于鬼反 曰笥思嗣反 糗也丘九反又昌紹反

絮【法】段云：絮當作絮，《正義》訓爲新緜，則亦作絮也

楯，食尹反【法】食尹盧依《注疏》本改食允

婁，力主反【法】主殆住之譌，再考〇委，于僞反【法】于蓋紆或於之譌

四脡他頂反又大頂反 曰朐其俱反 餕音俊 于從才用反注及下皆同 糒音備 以衽而甚反又而鴆反掩裳際也 求索所白反 大甲音泰下大學同 不腆他典反厚也 所著丁略反 禆冕婢支反 韍衣音弗 欲令力呈反 故稱尺證反 噭然古弔反一音古狄反 爲菑側其反又側吏反 埒垣力悅反下音袁 分別彼列反 辟雍音壁 以幦亡歷反車覆笭也一音呼闃反 覆笭力丁反 以鞌音安 爲公于僞反注同 二十六年不復扶又反下同 惡公烏路反 鄟陵音專本亦作專 爲天于僞反 渠率所類反或作帥 二十七年爲季于僞反下同 方見賢徧反 郤宛去逆反下紆阮反 祁犁力兮反又力秋反 邾婁快本又作噲苦夬反 二十八年爲下于僞反 伯甯乃定反下同左氏年下滕子名並作寧 二十九年

大マ千八 小三千六百六 公羊音義 三十二 徐怡

三十年去疾起呂反 頃公音傾 見義賢徧反 三十一年荀櫟本又作𣝅又作濼亦滴濼也皆同力狄反一音與灼反 適歷丁歷反一音狄 負篚章蘂反本又作捶 創惡烏路反 亟取去冀反 盈孫音遜 黑弓二傳作黑肱 以濫力甘反又力暫反 武公與音餘下及注皆同 湊公七豆反 周愬音素本亦作訴 爲之于僞反下爲爲我爲之則爲並同 嫗盈紆具反一音紆羽反 爲行下孟反下殺旰許于反又許孤反顏者之行同 旰本或作盱一音夸 夏父戶雅反旰及夏父邾顏公之二子 而食音嗣 長必丁丈反 先見賢徧反下欲見見王者同 曰嘻許其反 也夫音扶 父兄之行戶郎反 惡有音烏注同 有數所主反 傳復扶又反 三十二年取闞口暫反 諱亟去冀反注同 權量音亮

定公第十一 何以定公爲昭公子與左氏異

何休學

幦，音呼闃反【法】呼殆誤

櫟，又作濼，亦滴濼也【法】亦滴濼也四字未詳

篚，又作捶【法】捶盧依毛本改從木

元年喪失國息浪反仲幾本或作機不衰素戈反一或作蓑一或音初危反
草衣于既反爲天于僞反下善爲同見伯賢徧反復發扶又反下皆同此
難乃旦反未解音蟹復別彼列反小斂力驗反下皆同北墉音容本又作牗
中霤力又反飯扶晚反含於戶暗反阼階才故反立煬餘亮反
霣霜于敏反　二年雨觀工喚反下及注皆同不復扶又反下同先
去起呂反下同以見賢徧反　三年于枝二傳作拔易犛以豉反
四年國夏戶雅反邵陵上照反本或作召音同數年所主反下數年皆同雜
然七合反又如字惡蔡烏路反年末同吝一力刃反公孫歸姓二傳無歸字姓
音生又音性爲不于僞反下爲季爲下爲洎爲蔡同浩油戶老反又古老反下音由一音羊又反二傳作
臯鼬數如所主反楚復扶又反下而復復訃同翕然許及反伯戌音茂
又音恤二傳作戌劉卷音權孔圄魚呂反左氏作圉鮮虞本或作吴音虞[illegible]

公羊音義　三十三　孫勉

采七代反下采地同伯莒左氏作伯舉挾弓音協又子協反雕弓丁遼反
彤弓大冬反嬰弓於耕反見司馬法盧弓力吳反禮見賢徧反下
不見同將爲于僞反下不爲也不爲匹爲是注爲子胥同囊瓦乃郎反南郢
以井反又以政反瓦將子匠反激發古狄反非當丁浪反墮平許規
反除去起呂反便辟婢亦反辯佞如字本又作便佞相迿音峻又音
巡又玄徧反先也擊刺七亦反進行下孟反
五年時爲于僞反以見賢徧反士卒子忽反罷弊音皮弊亦
作敝音同起弒音試　六年爲其于僞反令難力呈反而
易以豉反以長丁丈反大平音泰欲見賢徧反治定直吏反所
復扶又反　七年于鹹音咸費重芳味反下同重之直用反
八年不別彼列反曹竫才井反本亦作埥曲濮音卜惡乎音烏

衰，素戈反，一或作蓑，一或音初危反【法】兩或字疑衍。盧云：上一字疑是本字

迭而大結反注同　食之音嗣下注佚食同　䁥而五多反下同　鋟其本又作鑯七廉反又且審反以爪刻鏤鍛板也本或作鍛誤　滿圃本又作甫同布古反又音布　其乘繩證反下皆同　有女音汝　從弟才用反下同　數十所主反　而隊直類反

馬捶章蘂反　駷馬本又作揀字書無此字相承用之素動反　而射食亦反　矢著直略反注同　莊門本或作嚴亦音莊　言幾音祈　中季丁仲反　殺不音試　卻反去略反本又作却下同　說然本又作稅始銳反又他會反注同說解舍也然猶如也　稱也尺證反　切遽其處反　趣駕七欲反一音七住反　慬然其靳反　璋判音章　琮在宗反　璜音黃　峨峨五多反本又作峩　髦士音毛　質柎芳甫反又方于反　青純之閏反緣也注同　純緣悅絹反下同　甲贖而占反　疊疊亡匪反　乎著音尸　喪其息浪反　九年伯囏㓜邁反左氏作蠆　喪之息浪反　卻難起略反下乃旦反卻亦作却

公羊音義　三十四　孫勉

十年不易以豉反下同　頻谷古協反左氏作夾谷　熒惑音螢一音于瓊反　異處昌慮反　為是于偽反　復得扶又反年末及十一年同　圍郈音后　公子池左氏作地　于犨左氏作安甫　暨宋其器反　仲佗大多反　石彄苦侯反　惡仲烏路反　強與其丈反　亦見賢徧反

十一年不復扶又反　叔還音旋

十二年見殺音試　墮郈許規反下同　吏數所角反下同　粢長七代反下丁丈反　說其音悅　不厭於豔反　去甲起呂反　而堵丁古反　吉射食亦反又食夜反　朝歌如字

十三年垂瑕如字又音加二傳作垂葭　大廋所求反本又作蒐　比蒲音毗　操兵七曹反　鄉國許亮反

十四年晉趙陽左氏作衛趙陽　公子佗人大河反二傳作公孫佗人　子瞻七良反二傳作牂　不別彼列反　醉李本又

馬捶【法】捶盧改從木

柎，又方于反【法】方盧依《注疏》本改芳

作■音同 爲下 于僞反 于堅 如字本又作掔音牽左氏作牽 于洮 他刀反 歸脤
市軫反 曰燔 本亦作膰又作繙音煩 蒯聵 苦怪反下五怪反 譏亟 去冀反 閒
隙 音閑下去逆反 莒父 音甫 去冬 起呂反 攝相 息亮反 粥羔 羊六反
以間 間厠之間 近害 附近之近 十五年 鼷鼠 音兮 漫也
亡半反猶徧也 徧食 音遍 復舉 扶又反下同 軒達 左氏作罕達 蘧篨 其居
反下直居反 歸含 戶暗反 且賵 芳鳳反 不爲 于僞反 厭死 於甲反
下臭 音側 晡時 布吳反 城漆 音七

哀公第十二

何氏學

元年 復見 扶又反下賢徧反 恩殺 所戒反
二年 漷東 火號反徐音郭 及沂 魚依反 句繹 古侯反下音亦 不與 音預

■公羊音義 三十五

可爲 于僞反 不去 起呂反 見挈 賢徧反下去結反 于栗 一本作秩二傳作
作■ 惡失 烏路反 三年 上爲 于僞反下爲輒爲衛不爲同 不中 丁仲
反 復立 扶又反下及注同 見者 賢偏反下同 兩觀 工喚反 開陽 左氏作啓陽開
者爲漢景帝諱也 樂髡 苦昆反 惡大 烏路反 治 直吏反 大平 音泰
四年 盜殺 音弒下同 近罪 附近之近 戎曼 音蠻 畀宋 必利反下同
西郛 芳夫反 蒲社 左氏作亳社 揜之 意冉反 背天 音佩 俠轂
古洽反下古大反十三年同 駿乘 繩證反十三年同 天去 起呂反 滕頃 音傾
五年 城比 本又作芘亦作庇同音毗左氏作毗 閏數 所主反下及注月數閏數同
六年 邾婁葭 音加又音遐左氏作郲瑕 魯數 所角反 未曾 才能反
狄之行 下孟反 于柤 莊加反 君舍 二傳作荼音舒 爲諼 況元反 千
乘 繩證反 析玉 思歷反 爲後 于僞反下乞爲同 矯也 居兆反 期而 音基

燔，又作繙【法】繙蓋膰之譌

下同 難言乃旦反 鎧苦代反 巨囊乃郎反又音託 中霤力又反 色然
如字本又作垝居委反驚駭皃本或作危 闟然丑鴆反又丑甚反一音丑今反見皃字林云馬出門皃丑荏反 逡
巡七旬反 七年皇瑗于眷反 于鄫似陵反 隗子五罪反
惡魯烏路反 復入扶又反 八年侯蝃況委反 及僤昌善反一
音昌然反字林作僤左氏作闡 爲以于僞反 故復扶又反 伯過古禾反 所喪
息浪反 九年雍丘於用反 易也以豉反下同 陷阱才性反
爲征于僞反 十年薛伯寅二傳作伯夷同音以尸反
十一年袁頗破多反 艾陵五蓋反 輿伐音預下不輿伐同
十二年爲河于僞反下爲同宗同 爲率音律又音類 一乘繩證反 故
復扶又反 橐皐章夜反一音託 于運左氏作鄖 蝝音終本亦作螽注同 當
見賢編反 十三年于嵒五咸反一音魚及反 易也以豉反下同

公羊音義 三十六 毛祖

鄭復扶又反秋以下注同 報償時亮反 男成本亦作戍 反背音佩 當
見賢編反年內皆同 惡諸烏路反 魏多左氏作魏曼多 之費芳味反下同
孛于音佩 彗星因歲反又息遂反 主治直吏反 燔書扶元反 陳夏
戶雅反一本作廉 彄夫苦侯反又古侯反一本作𢐀音同二傳作夏區夫
十四年西狩手又反 獲麟力人反 薪采音新 主芟所銜反
艾魚廢反 采樵在焦反 去周起呂反 行夏戶雅反下子夏同 爲
獲于僞反下爲獲孰爲注爲誰知爲皆同 鶉音權 鴿音欲 振振之人反 大平
音泰下大平皆同 拊石芳甫反 援神音袁 麒麟音其 有麕本又作麇亦作
麏皆九倫反麞也 反袂彌世反衣袖也 涕他禮反 沾袍步刀反又步報反衣前襟也
襟也音金 王於于況反下而王之王同 從橫子容反 駈除並如字又上丘
具反下直據反 曰噫於其反 咄嗟丁忽反 天喪息浪反 予羊汝反我也 祝

色，本或作危【法】本盧依《注疏》本改又

斷丁管反 所傳直專反注傳聞同 以復扶又反 臣見賢偏反下欲見同 少
殺所戒反下同 子般音班 道淶子協反一本作帀 瑞應應對之應 撥亂
卜末反理也 莫近附近之近又如字 演孔以善反 其爲于偽反注所爲同 是
與音餘下及注同

經典釋文卷第二十一 經五千六百三字 注一万二千三百一十八字

公羊音義 三七 余永

經典釋文卷第二十二
春秋穀梁音義
唐國子博士兼太子中允贈齊州刺史吳縣開國男陸德明撰
春秋穀梁序
乾綱其連反天也 絕紐女久反 彝倫以之反彝常倫理也 攸斁丁故反字書作殬敗
也 弒逆申志反又作殺音同 篡盜初患反爾雅云取也 淫縱子用反 因釁許靳反
爲之于僞反下同 愆度起虔反 七耀日月五星本又作曜 盈縮所六反 疵
厲才斯反下音例又作癘 恩鈇丘悅反 小弁步寒反 之刺七賜反此所引皆詩篇名谷風
在邶風餘在小雅 桑扈音戶 之諷方鳳反又作風 見吉賢徧反 厥行下孟反
蘋蘋亡角反 兩觀古亂反 權喪息浪反下道喪同 上替他計反 僭
逼子念反 喟然起愧反又苦怪反 大師音泰 能復扶又反 以被皮義反
穀梁音義 一 徐政
拯救拯之拯 積徒回反本又作頹同 華袞古本反袞冕上公之服 之貶彼檢反 市
朝直遙反 之捷吐達反 匿非女力反 麟感本又作麐呂辛反瑞獸也 來應
應對之應 之邪似嗟反 臧否子郎反下音鄙又方九反臧否猶善惡也 鬻拳音育下音權
子糾居黝反 祭仲側界反 而闞本又作闚去規反 是嫡丁歷反本又作適同
強通其丈反 必當丁浪反下同 夫至音符 並舍音捨 據理音據亦作搯
之難乃旦反 壞古回反 紛錯七洛反 準裁在代反又音才下同 父子異
同謂劉向好穀梁劉歆善左氏 之論力困反 石渠其居反閣名漢宣帝時使諸儒講論同異
於石渠閣也 分爭爭鬭之爭 好惡呼報反下烏路反 辯訥字書云訥或作吶乃骨反
字詁云訥遲於言也包咸論語注云遲鈍也 黯而移驗反 也巫音無 而婉於阮反 北
蕃方元反又作藩 子姪徒節反字林丈一反杜預注左氏傳云兄子曰姪 雖近附近之近 昊
天胡老反詩云欲報之德昊天罔極本又作旻亡巾反 匍音蒲又音扶 匐蒲北反又音服 逾邁

法偉堂經典釋文校記遺稿卷二十二

春秋穀梁音義

清法偉堂著　邵榮芬編校

姪，《字林》丈一反【法】一他處多作乙，此疑誤

音揄 跂及 丘弭反又丘豉反 夏隊 直類反 從弟 才用反 泯沒 士忍反又作泯

喪予 息浪反

春秋穀梁傳隱公第一 隱公名息姑惠公之子周文王八世孫平王四十九年即位

范甯集解

元年正月 音征又如字後皆放此 焉成之 於虔反 隱長 丁丈反又作丈音同

之惡 烏各反下注之惡同 惡桓 烏路反下其惡桓同 弒之 申志反又作殺如字下同 信道

音申下同 信邪 似嗟反下及注皆同 已探 吐南反 千乘 繩證反公侯之國賦千乘 蹈道

上徒報反履行之名也下如字 邾 音誅國名 儀父 凡人名字皆音甫後放此更不重音 于眛 音蔑

地名左氏作蔑注下皆同 美稱 尺證反 以上 時掌反 不日 人實反不日謂不書日也穀梁

皆以日月爲例他皆放此 渝也 羊朱反變也 于鄢 音偃地名 見段 賢徧反 大辟

婢亦反 積思 息吏反 宰咺 況阮反注同 仲子 惠公之母也與左氏不同 之賵 芳鳳

穀梁音義 二 徐政

反注及下同 乘馬 繩證反四馬曰乘 曰襚 音遂 曰含 戶暗反口實也又作唅 曰賻

音附 祭伯 側界反 來朝 直遙反 寰內 音縣古縣字一音環又音患寰內圻內也 畿

內 本或作圻音祈 鍭矢 音候又音侯 出竟 音境本或作境下同 場 音亦 聘遺 唯季反

之好 呼報反 當稟 彼錦反 日卒 人實反下不日卒同 股肱 古弘反

二年 以見 賢徧反下同 下屬 章玉反 不黷 徒木反 皆放 甫往反後此例

不音 皆氏 丁兮反本又作底 別種 章勇反 知者 音智 能斷 丁亂反

者守 如字注同 莒人 音舉 入向 舒亮反 時惡 烏各反下次惡同 無侅

音該又戶楷反左氏作駭 履緰 音須左氏作裂繻下注同 爲其 于僞反注來爲同 有當

丁浪反 故去 起呂反下同 以別 彼列反 美惡 烏路反又如字 舍族 音捨 或

厭 於葉反 繼弒 音試 長子 丁丈反下注伯長同 親迎 魚敬反 不復 扶又反

子伯 如字長也左氏作子帛 夫稱 尺證反 常處 昌慮反 隱殺 音試 壞

宮音怪又戶怪反

三年日有食之本亦作蝕音同後皆放此大量音亮下賢遐嫁反爲

消于僞反外壤而丈反所吞勅恩反又音天咽者於見反不見如字

又賢遍反之饉渠吝反見於賢遍反又如字不可知知也上知如字下知音智太

上並如字夫名音符發句之端皆同相別彼列反尹氏如字周大夫也左氏作君氏

詔相息亮反稱謚市至反後皆同短丁緩反折時設反下同有壽市又

反又如字宋繆公音穆本亦作穆之使所吏反下同史策本又作筴初革反殺

君音弒下同足算素緩反數也宋共音恭本亦作恭下同悉去起呂反

四年伐杞音起牟婁亡侯反易辭以豉反所見賢遍反蓋

爲于僞反所惡烏路反又如字於傳者直專反祝吁香于反左氏公羊及

詩作州吁弒其音試釋舊作殺注下同君完本又作皃音丸今復扶又反翬

穀梁音義　三　陳擢

音暉下同皆去起呂反與于音預于濮音卜之挈本又作挈苦結反注同

致令力呈反下同惡也烏各反注同嫡長丁歷反下丁丈反下同建儲直魚反

名分扶問反無嬖必計反

五年觀魚如字左氏作矢魚戲人音魚之難乃旦反入郕音成

將卑子匠反注同爲其母于僞反長子丁丈反舞夏戶雅反注及下

同八佾音逸列也降殺色界反始僭子念反僭侈昌是反又尺氏反

螟亡丁反公子彄苦侯反乃暴步卜反本或作曝暴露也僅而渠吝反

之行下孟反不塡音田不復扶又反下同塡厭於甲反毆丘于反注

同壞宮音怪一戶怪反

六年輸平失朱反墮也左氏作渝平墮也許規反壞毀之也壞前音怪

又戶怪反子艾五蓋反七年之娣徒細反女弟曰娣媵之

完，本又作皃，音丸【法】皃盧改完，是

本又作挈【法】挈盧改契，是

郕，音成，注同【法】注同二字盧依宋本云：是衍文

侈，又尺是反【法】尺當作戶，是盧依宋本改氏

壞，一戶怪反【法】一當作又，見上《二年》

以證反又繩證反從也才用反下同一音如字以上時掌反共事音恭本亦作供慫

期起虞反取妻七喻反必少詩照反下文及注同滕侯徒登反長白

丁丈反注同狄道也戎狄之道長嫡本又作適丁歷反爲保于僞反下爲其同

刺公七賜反之稱尺證反遠別彼列反下同之使所吏反注同猶愈

牛主反過諸侯古臥反又古禾反在彊本又作壃亦作強音姜場音亦致餼

許氣反牲腥曰餼伐鮮音仙

八年使宛於阮反歸邴彼病反一音丙左氏作祊惡與烏路反注及下同去

其起呂反擅易市戰反不別彼列反無復扶又反廢朝直遥反下

同覲巨靳反諸侯春見天子曰朝秋見曰覲若令力呈反之參七南反交喪

息浪反盟詛莊慮反下文同誥古報反誓市制反五帝孔安國云少昊顓頊

高辛唐虞鄭玄有黃帝無少昊餘同范依鄭顓頊音專下音許玉反帝嚳苦篤反高辛帝

穀梁音義　四　陳哲

名三王夏商周也夏殷戶雅反下同釣臺音均景亳步各反盟

津音孟本亦作孟交質音置注同二伯如字又音霸齊桓晉文召陵上照反

包來音苞一音浮左氏作浮來螟亡丁反貶去起呂反若俠音協九年經同

九年以別彼列反祭伯側界反下同凡國名邑名及人名氏皆於始音後不復出若假借之字時

復重音後放此之好呼報反般覬他弔反之慝他得反惡也閒問閒廁之閒

歸脤市軫反祭肉也致禬戶外反或古外反震電徒練反霆也徒丁反又徒頂反

雨雪于付反疏數色角反劉向舒亮反以見賢遍反下同當復

扶又反

十年以見賢遍反篡殺音試數會色角反公敗必邁反又皮邁反注

同于菅古顏反取郜古報反字林工竺反取訾子斯反不重直用反

逐比如字又音俾本又作逐奔復取扶又反伐載如字本或作戴其易以豉

彊，亦作強【法】強疑彊之譌

覲，巨靳反【法】覲、靳不同部

質，音置【法】質、置不同音，他處音致是也

反下文同 其惡 烏各反 惡入 烏路反
十一年薛侯 息列反 巡守 音狩本亦作狩 犆言 音特獨也本或作特 累
數 所主反注同 之比 必利反 君弑 音試
桓公 名允桓王九年即位 第二 范甯集解
元年弟殺 申志反本又作弑下及下注同 能去 起吕反 與聞 音豫下文及注與弑
皆同 爲易 于僞反 借人 子夜反 魯朝 直遥反下皆同 邴者 彼病反又音丙
大山 音泰本亦作泰 用見 賢徧反 鄭竟 音境 從天王 在用反 巡守
音狩 擅相 市戰反 換易 一本亦作逭胡翫反 編年 必連反字林聲類韻集皆布千反 史
記音義甫連反 二年宋督 丁毒反本又作督 弑其 音試下及注同 與
夷 如字音餘 別内 彼列反 先殺 如字下先殺同 謂扞 下旦反 死難 乃旦
反 蓋爲 于僞反下注雖爲同 及鄭 音談 大廟 音泰下文及注同 言見 賢徧反
穀梁音義 五 張謹
則治 直吏反 躋僖 子兮反 取郜 古報反 内殺 音試下文注皆同 爲
討之鼎 如字麋氏云討或作糾 紀侯 左氏作杞侯 爲齊 于僞反下同 數
色主反注同 乃復 扶又反 惡之 烏路反 厶地 本又作某不知其國故云厶地後皆放此
三年于𧷤 音盈 近古 附近之近 約言 如字又於妙反 不歃 本又作唼所洽反
是必一人先 如字絶句 親比 毗志反 相應 應對之應 齊僅 巨靳反
泯然 亡忍反 于郕 音成 而復 扶又反 于讙 音歡 祭門 如字祭門廟門
也 兩觀 古亂反 諸母般 步干反一本作鞶音同鞶囊也 以盛 音成 踰竟
音境 親迎 魚敬反一本作逆 之好 呼報反
四年皆爲 于僞反下注因爲同 秋曰蒐 所由反麋氏本又作搜音同 舍小 音捨
中心 丁仲反下同 射 食亦反 髀 步禮反又必爾反 髂 苦嫁反 差逢 初賣反
庖 步交反 汚泡 汚穢之汚下普交反又百交反 五年傳信

與，如字，音餘【法】音餘上盧補一字

數【法】數上盧依《石經》補計字

僅，巨靳反【法】《廣韻》僅、靳不同部

直專反下同必辟音避本又作避過我古禾反下文及注同任叔音壬左氏作仍叔從王
才用反又如字下同爲天王于僞反冀州寰鄭本京兆鄭縣是雍州之域後徙河南新鄭
爲豫州之境冀在兩河之間非鄭都也冀州言去京師近也麋氏云韓侯滅鄭韓本都冀州故以目鄭爲天
子如字則近附近之近大雩音于祭名螽音終蜙相容反蝑音胥蟲
蝗華孟反六年寔常式反來朝直遙反下七年同畫我
音獲注同以過古禾反注同會紀侯左氏作杞侯大閱音悅以觀古亂反視也
陳佗徒河反匹夫行下孟反下同侯憙虛記反嫡子丁歷反又作適人
僉七廉反七年其惡烏各反
八年烝之承反冬祭名曰禴餘若反又作礿黍肫本又作豚徒門反大廟
音泰下同黷祀徒木反雨雪于付反祭公側界反寰內音縣又音環
親迎魚敬反下皆同大姒音似大姒文王妃也在郃音洽本又作洽之涘音仕

穀梁音義　六　張謹

愀然在九反又親小反之好呼報反不復扶又反
九年之中丁仲反又如字注同關與音豫射姑音亦麋氏本即作亦來朝
直遙反下同伉諸苦浪反本又作亢有爭諫爭之爭之愆去虔反
十年見殺申志反下同本又作弑故復扶富反列陳直覲反先已
蘇薦反爲內于僞反十一年寤生吾故反不弟下並
音悌又如字祭仲側界反爲下于僞反惡其烏路反廢嫡丁歷
反易辭以豉反下文及注同蒐兄初患反君難乃旦反惡祭烏路
反謂去起呂反于折之設反又時設反夫鍾音扶注同麋氏本鍾作童音鍾于
闞口暫反十二年燕人音煙國名躍卒餘若反于虛
如字又去魚反武父音甫注同前見賢遍反十三年禮樞
其數反自見賢遍反十四年政治直吏反不哲陟列反一本作

揝之列反 常燠於六反煖也下文同 夏五本或有月者非 弟御魚呂反本亦作禦左氏作語 傳疑直專反 御廩力甚反倉也 盡其津忍反 以共音恭一本作供下同 粢盛音咨黍稷曰粢在器曰盛 三推昌誰反一音他回反 齊戒側皆反本亦作齋

三繅先刀反 黼音甫亦作黼 黻音弗俗作黻 祖禰乃禮反 用見賢徧反 曰甸徒薦反 三宮如字范云三宮三夫人也麋氏官作官 親舂傷容反 兼旬如字十日爲旬一本作甸注亦然 刺四七賜反

十五年于蒿左氏作艾公羊作鄗 行惡下孟反又如字 于櫟力狄反 袲昌氏反

十六年城向舒亮反

十七年于趡翠軌反 戰于郎左氏作奚 爲内于僞反

十八年于濼力沃反又音洛舊音匹沃反 之伉一本作亢苦浪反 稱數色户反注同 故舍音捨 別内外彼列反 君弒音試又作殺 行之下孟反下同 定

穀梁音義　七　張清

稱尺證反 知者音智 著守如字又音狩

莊公名同莊王四年即位第三

元年繼弒申志反 孫于音遜本亦作遜 去姜起吕反下去姜氏同 孫遁徒困反 不與祭音豫 單伯音善單姓伯字左氏以爲王卿士 逆王姬左氏作送王姬 君弒申志反又作殺如字注同 爲尊于僞反下爲之築同 朝之直遥反下於朝同 俟迎魚敬反下同 衰麻七回反 弁冕皮彦反 來錫星歷反 虎賁音奔 鈇方胡反 鉞音越 秬音巨黑黍 鬯勑亮反香酒也 殺逆申志反 悖亂補對反 歸含胡暗反 且賵芳鳳反 刺比七賜反 一使所吏反 任叔音壬 則泥乃計反一本作滯 於朝直遥反 則賔必刃反 郱步丁反 鄑子移反 郚音吾郱鄑郚三字爲國名 不復扶又反 見矣賢徧反下同

二年爲之大功于僞反 于禚章略反 踰竟音境後踰竟之例皆同 公

數，色户反【法】户《注疏》本作祖，亦誤，似當作主

鈇，方胡反【法】胡當爲于

馮皮冰反 三年溺乃狄反 爲之于僞反 惡其烏路反
禮緦息詞反 緬亡善反遠也 郤尸去略反又去逆反杜預云尸未葬之通稱 發揮
許歸反 冥極亡丁反 稟靈彼錦反 知於音智 毋之子也可絕句
下放此 尊稱尺證反下卑稱同 以鄰下圭反 呑并必性反 不泯彌忍反
四年饗齊本又作享香丈反 著時張略反又張慮反 履綸音頵 爲
之于僞反 傍朞居其反 弑其申志反下同 縱失子用反下同 見義
賢徧反 舍此音舍 狩于音獸 郜古報反左氏作禚 而怨紆元反又紆願反後
同 刺釋七賜反 五年郳五兮反國名 黎來郎兮反黎來郳君名
來朝直遙反 六年卑者之稱尺證反下常稱同 見公
賢徧反 螟亡丁反 分惡烏各反下同 則殺色界反舊色例反 過齊古禾反
差減初賣反

穀梁音義 八 張倩

七年辛卯昔如字昔夜也日入至於星出謂之昔本或作宵同 不見賢徧反下不音者同
列宿夙又反下同 星隕云敏反 而復扶又反 是夜中與音餘 晦
瞑亡定反 傳著直專反 億度徒各反 我見其隕見音如字注同
是雨于付反注同 見于下如字或賢徧反 不見者賢徧反 隕隊直類反
八年善陳直覲反下文皆同 道之徒報反下同 至陳直覲反下同 民盡
津忍反 奔背音佩 郕降戶江反下文及注同 師還音旋 遯也徒因反
弑其音試下同 諸兒如字一音五兮反
九年之挈苦結反 于暨其器反左氏作蔇 渝也羊朱反 故惡烏路
反下及注惡內皆同 伐齊納糾居黝反左氏作子糾 非適丁歷反 重耳直龍反
敗惡烏路反注同 不復扶又反 不迕音于一音紆又於武反 親迎魚敬反
弑襄音試 惡之也烏路反 易辭以豉反 逃難乃旦反下注同 千

敗【法】敗盧依《注疏》本改反

乘繩證反 浚音峻深也 洙音殊杜預云水名 十年敗齊必邁反又皮邁反下同 長勺時勺反 惡之烏路反 無復扶富反下文及注同 見也賢徧反 于葉舒涉反 乘丘繩證反 于莘所巾反 獻武本亦依左氏作舞 于郱皮必反又扶必反一音弼 敗績如字 爲中于僞反 十一年敗必邁反下及注同 于鄑子移反 列陳直覲反 過我古禾反 十二年所見賢徧反 犲狼仕皆反 德行下孟反 弒其申志反下注先弒同 仇牧音目 扞衞曷旦反 致令力呈反 十三年于柯古河反 曹劌居衞反 要盟於遥反 内與音預注同 十四年單伯音善 言介音界 手鄄音絹 復同扶又反注同 十五年復同扶又反注同 爲欲于僞反 十六年滑伯于八反 寮一力彫反同官爲寮 十七年鄭詹者廉反 令得力呈反

穀梁音義 九 蘇

倭人乃定反 殲于子廉反盡也 遂人盡齊人絶句 飲戍於鴆反 狎敵戶甲反輕也 多麋亡悲反 十八年朝日直遥反下同 之處昌慮反下同 有長丁丈反 濟西子禮反濟水名 遰於我如字遰近也一本作介音界亦近也 入竟音境 爲公于僞反 有蜮本亦作蜮音或短狐本草謂之射工 射人食亦反下文同 一亡音無又如字 十九年傳本或分此以下爲莊公與閔公同卷 媵陳以證反又繩證反爾雅云送也 要盟於遥反注同 見其賢徧反 但爲于僞反 數渝音朔 惡之烏路反 以難乃旦反 遰我如字本又作介音界 二十年如莒音舉 踰竟音境 二十一年弗目謂不題目文姜薨所也一曰弗目其罪 有弒音試 二十二年肆音四 大眚所景反 宥罪音又 蕩滌音狄 爲嫌于僞反 禦寇魚呂反又作御 夏五月范云以五月首時甯所未詳 高傒音奚 伉也苦浪反 爲贄音至

郱，皮必反，又扶必反【法】皮必音和，扶必類隔

犲【法】盧云：今書犲作豺，《說文》無犲字

告迎魚敬反 惡見賢徧反 二十三年 祭叔側界反 褱

内音縣又音環 故去起吕反 見之賢徧反 無朝直遥反下同 主爲于僞

反 黝於糾反又於柳反注同 堊烏路反又烏谷反范云黝堊黑色案黝黑也堊白堊 士䵣他尚反黄

色也麋氏云張斗反 射姑音亦本或作亦 于扈音戶

二十四年 刻桓音克 宮桷音角榱也方曰桷圓曰椽 斲之丁角反削也 龔

之力公反磨也 親迎魚敬反下皆同 以惡烏路反注同 乘車繩證反 惡入

烏路反一音如字 覿徒歷反見也 列數色主反 雉腒其居反腊也乾雉也士夏執之

備腐臭也說文云北方謂鳥腊曰腒傳曰堯腊舜始腒 別有彼列反 爲其于僞反 腐

臭符甫反 鍛脩丁亂反脯也鍛而加薑桂曰脩 自脩 飭本或作勑同恥力反一本作飾

申職反或作整音征領反 股肱音古下古弘反 惡之烏路反 曹羈居宜反 郭公

左氏如字公羊音號 舍而音捨 徵之直升反 復云扶又反 著上張慮反又張略反

穀梁音義　十　蘇

反 以見賢徧反 二十五年 女叔音汝 五麾毁爲反 旌旛

芳元反 矛戟亡侯反 鉞音越 楯時準反又音允 擊柝吐洛反 以壓於甲

反又於涉反 二十六年 爲曹于僞反 莒挐女居反又女加反 郲快

苦史反 諸夏戶雅反下同 屈完君勿反 情好呼報反

二十七年 洮他刀反本或作桃 衣裳之會十有一范云十三年會北杏

十四年會鄄十五年又會鄄十六年會幽二十七年又會幽僖元年會朾二年會貫三年會陽穀五年會首戴七年

會甯母九年會葵丘 有歃所洽反 于朾他貞反又勑丁反本亦作摚 寧母如字又音

甯下音母又拔后反 兵車之會四范云僖八年會於洮十三年會鹹十五年會牡丘十六年會幽

會鹹音咸 牡丘茂后反 内難乃旦反 繆公音穆 縣子音玄下同

出竟音境下同 焉得於虔反 之餽巨愧反 越疆居良反本或作竟 之

稱尺證反注同 來朝直遥反 所絀本又作黜勑律反 城濮音卜

《傳》曰：堯腊，舜始腒【法】始疑如之譌，堯下疑亦脫如字

屈，君勿反【法】君盧改居，是

二十八年何𢧵昌慮反　戰衛絶句　師敗必邁反　瑣卒素果反
築微左氏作麋　藪澤素后反　告糴音狄　之畜勑六反下同　爲
内于僞反下文爲内同　古者稅始鋭反　什一十而稅一　不艾魚廢反
二十九年延廄九又反　六種之勇反下皆同　功築罕呼旦反　殺
禮所界反　有蜚扶味反　淫佚音逸　之行下孟反　一亡如字又音無
三十年救鄣音章　降鄣戶江反下同　猶下遐嫁反又如字　魯濟
子禮反　無從才用反　内閒閒廁之閒　燕音烟注及後同　之分扶問反又如字本或
作介音界注同　大保音泰　召康上照反　爲之如字
三十一年戎捷在接反戎菽也捷獲也　外攘如羊反　親倚於綺反下
文及注同　罷民音皮下同　則懟直類反怨也　爲燕于僞反　辟地婢亦
反注同　惡内烏路反　行異下孟反

穀梁音義　十一　陳明仲

三十二年能從才用反或如字注同　己見賢徧反　去日起呂反　絶期
音碁　叔肸許乞反　以齊側皆反本亦作齋注同齋絜也　子般音班　大子音泰
書弒音試　所見賢徧反
閔公名開惠王十六年即位　第四　范甯集解
元年繼弒音試　洛姑一本作路姑　美稱尺證反　出使所吏反
齊仲孫慶父也左氏爲齊大夫　以累劣僞反
二年吉禘徒帝反　大祖音泰下大廟同　昭穆上饒反　未閔苦穴反
君弒申志反下同　孫于音遜本或作遜　與弒音孫　不復扶又反　見
矣賢徧反　弟御魚呂反下同　重罷直用反　屈完君勿反　高傒
音奚　其使所吏反下同　爲賢于僞反下同　攘夷如羊反　惡其烏路
反注同　長也丁丈反注同　兼不反戶謙反又如字　好利呼報反　而遠于萬

罕，呼旦反【法】旦蓋但之誤

反克將子匠反下同于竟音境翲翔五羔反

僖公名申惠王十八年即位第五　范甯集解

元年繼弑音試于聶女輒反齊侯與音餘見其賢徧

反下復見注同君將子匠反下同以其不足乎揚絶句稱揚也狄

反難乃旦反邢復扶又反注下並同是鄉許亮反本又作向注同言見賢徧

反于檉勑貞反一本作朾音同公敗必邁反下皆同于偃于晚反一本作郾音同于

麗力池反莒挐女居反又女加反惡公子烏路反之紿徒乃反欺詐也

相説音悦士卒子忽反相搏音博搏手也孟勞如字孟勞寶刀名王

赫呼白反當舍音捨佻身他堯反又徒堯反爲齊桓于僞反

二年通令力呈反夏陽戶雅反左氏作下陽先晉蘇薦反下文及注同之

塞蘇代反注同屈產其勿反又君勿反地名也之乘繩證反駿馬音俊不

穀梁音義　十二　陳明仲

借子夜反及下不借而借皆同中廄音救之奇其宜反而懦乃亂反又乃卧反

又少詩召反下同長於丁丈反言提徒兮反本又作題音同能彊其良反又其丈

反玩好呼報反中知音智下同以上時掌反臣料力彫反又力弔反之

使所吏反不便婢面反謂與音餘諺言音彥挈其去結反操

辟七刀反加長丁長反于貫古亂反勤雨如字麋氏音觀後年同

三年搢音進又音箭笏音忽而朝直遥反插也楚洽反莅盟音利

又音類四年蔡潰戶內反蓋爲于僞反下爲退同于陘音刑

惡之烏路反下同黑臀徒門反召陵上照反欲令力呈反下同得與

音預又如字爲僅其靳反菁茅子丁反下亡交反菁茅香草也尚書傳云菁以爲葅茅以縮酒

縮所六反袁濤徒刀反哆然昌者反又昌氏反鄭詹之廉反惡之

烏路反下同五年惡晉烏路反朝其子直遥反下皆同爲志

偃，于晚反【法】于當作於或紆

挈，去結反【法】去盧改苦

僅，其靳反【法】《廣韻》僅、靳不同部

子偽反下同 參譏 七南反又音三 首戴 左氏作首止 敢令 力呈反 而復
扶又反下同 塊然 苦對反又苦怪反 控大 苦貢反 背衆 音佩 之稱 尺證反下
齊稱同 舍其 音捨 舛而 昌兗反 緼於 紆粉反 包裹 上音苞下音果 其
處 昌慮反 相爲 于僞反又如字 六年著鄭 張慮反注同 辟
義 音避 七年來朝 直遥反 寧母 上音如字又音甯下音無又茂后反
左氏作甯 伯班 必顔反 八年之先 悉薦反下同 朝服 直遥反 弁
冕 皮彦反 以鄉 香亮反本又作向注同 得與 音豫下請與并下注而與同本或作豫
使者 所吏反 汋之 由若反一音酌 大廟 音泰 始見 賢徧反下文而見同 夫
人成風也 左氏以爲哀姜 正適 丁歷反本亦作嫡 之稱 尺證反 無別
彼列反 爲其 于僞反 毋緦 音思 去夫人 起呂反 檖 音遂
九年禦説 魚呂反本亦作御説音悦 采地 音菜 禮柩 其救反禮記云在牀曰尸

穀梁音義 十三 余永

在棺曰柩 令背 音佩 菆木 才官反本又作欑同 笄而 古兮反 爲殤 式羊
反 著之 丁略反 爲見 于僞反下賢徧反 不復 扶又反 無歃 本又作啑所洽
反又所甲反 用豭 音加 雍泉 於勇反塞也 以鄣 音章又之亮反 訖糴 音狄
訖止也 謂貯 張呂反 適子 丁歷反 與國 音豫 詭諸 九委反左氏作佹諸
枉殺 紆往反 十年弑其君 申志反下弑二君所爲弑並同 卓 勑角反
所爲 于僞反下文皆同 重耳 直龍反 殺奚齊 申志反又如字 麗姬 力池
反伐虢所得左氏伐麗戎所得 長曰 丁丈反 稚曰 直吏反 吾苦 如字又枯路反下同
女其 音汝下及注同 使祠 自絲反 以酖 直蔭反以鴆鳥毛畫酒 跪曰 求委
反 覆酒 芳服反 地賁 扶粉反注同沸起也 呼曰 火故反 喟 去愧反又去怪反 過
差 初賣反又如字 刎 亡粉反 脰 音豆頸也 雨雪 于付反
十一年丕鄭 浦悲反 大雩 音于 龍見 賢徧反下同 應變

菆，才官反，本又作欑，同【法】菆、欑不同字，菆當音才工反，見前

祠，自絲反【法】祠、自不同紐，此亦從、邪不分

應對之應索也所白反以別彼列反下同雩禱丁老反又音丁報反
十二年貫之古亂反遠齊于萬反而近附近之近楚爲于僞反
杵臼昌呂反　十三年干鹹音咸
十四年以難乃旦反及繒在陵反來朝直遥反下文及注同比近
如字又附近之近林屬之玉反背叛音佩侯肸許乞反惡之烏路反
十五年不復扶又反見于外賢徧反禍釁許靳反興褭
本或作褭息浪反皆治直吏反螽音終晦冥也亡定反以見賢徧反
二桃他堯反若翆息列反敗徐必邁反下相敗同
十六年隕石云敏反陽行下孟反下陰行同隊落直類反四竟音境
耳治直吏反下目治同磌之人反又大年反聲響也六鶂五歷反不亢苦浪反
手淮音懷　十七年英氏於京反滅項戶講反國名也齊滅之左

穀梁音義　十四　余永

氏以爲魯滅爲賢于僞反下爲之諱同易可以豉反惡惡並如字又烏路反
其行下孟反于卞皮彥反前見賢徧反下同
十八年于甗魚輦反又音言惡宋烏路反注同以別彼列反下同故
去起呂反干邲蒲必反一音弼亟戰欺冀反豎刁音彫近衞如字
又附近之近遠齊如字又于萬反爲其于僞反省文所景反
十九年求與音豫注及下文同惡之烏路反下惡其長同叩其音口以衈
音二釁也湎於面善反正長丁丈反下及注同之治直吏反背叛音佩
二十年而治直吏反郚子古報反則近附近之近禰宮乃禮反父
廟也　二十一年獻捷在接反爲執于僞反不復扶又反
二十二年須句其俱反廾陘音邢爲內于僞反于泓烏宏反其
知音智又如字又復扶又反被甲皮旣反鞮冑直救反司馬子

釁，許靳反【法】據《廣韻》靳當作覲

刁【法】刁盧改刀

被，皮既反【法】被、既不同部，既字誤

反左傳作子魚要而於遥反非僥古堯反倖也音幸不推如字又他
回反陳亂直覲反則攻如字又音貢則守如字又手又反之狷音絹介音界
焉識於虔反二十三年圍閔左氏作緡二十五年楚圍亦同而惡
烏路反下而惡同惡乎音烏造次七報反顛沛音貝爲襄于僞反背
殯音鬢權譎音決折足之設反詩刺七賜反
二十四年巡守手又反下同之行如字或下孟反下同復雅扶又反惡之
烏路反簒文初患反二十五年侯㷉況委反自爲其
于僞反下爲祖同復以扶又反下以是復同甸師扶徧反累於劣僞反隱去
起呂反下同以見賢徧反爲繼于僞反又如字弒音試與會如字一音豫
二十六年于向舒亮反至巂音攜又似兖反施而舒豉反滅
夔求龜反爲魯于僞反中道如字又丁仲反以共音恭本又作供假
穀梁音義　十五　余集
借音嫁又古雅反下子夜反又子亦反二十七年來朝直遥反齊
侯昭照或作非信夷狄音申注除宋以信義一字皆同音申或讀依字者非也楚
復扶又反亡義音無一而見賢徧反下同碌碌音祿得與音豫
圍解如字又胡懈反二十八年以刺七賜反下文及注同畀宋
必利反與也下及注同惡入烏路反下文及注同復致扶又反守于音狩下同之
行如字或下孟反爲天王于僞反獨公朝與音餘傎矣都田反
傎倒丁老反斷在丁亂反
二十九年介音界國名大雨于付反雹蒲學反
三十年累上劣僞反泄冶息列反下音也近半附近之近諸正
音征鴆古毒反之愆起虔反戰爭爭鬬之爭救台土來反又音臺
入鄆音運惡季孫烏路反美惡烏路反或如字

甸，扶徧反【法】扶《注疏》本作徒，是

三十一年幼少(詩照反)大平(音泰)岱(音代)疆界(居良反)緇
衣(側其反)熏裳(許云反)閔其(苦鵙反)不共(音恭本亦作恭)
三十二年伯捷(在接反)重耳(直龍反)之弒(申志反)子亹
(亡匪反)朝聘(直遥反)交好(呼報反)否隔(備矣反)記注(張住反)
不復(扶又反) 三十三年敗秦(必邁反下同)于殽(戶交反)
男女之別(彼列反)百里子(如字或作伯誤也)蹇叔子(紀輦反)已
拱(九勇反合手曰拱)女死(音汝下及注同)唫(本作崟音吟一音欽)其處(昌慮反)
險隘(於懈反)要百(於遥反丁文要而擊之同)倚輪(居宜反一隻輪也或於綺反)訾
樓(子斯反)敗狄(必邁反)隕霜(云敏反)
文公(襄王二十六年即位名興)第六 范甯集解
元年隱去(起吕反)以見(賢徧反)繼弒(申志反)貴稱(尺證反)

穀梁音義 十六 余集

來錫(星歷反)采地(音菜地本又作邑)于戚(倉寂反)弒其(申志反傳
同)君髡(苦門反)簒立(初患反)夷夏(戶雅反)謹識(如字又申志反)
二年彭衙(音牙)爲僖公廟(于僞反)所馮(皮冰反)長尺(直亮
反又如字下同)壞廟(音怪下同)易檐(以占反)伉也(苦浪反)爲公(于僞
去處父(起吕反下同)高傒(音兮)差降(初賣反又初佳反)士穀(戶木反本
又作穀九年同)垂斂(如字左氏作垂隴)大廟(音泰注及傳大祖同)躋僖(子兮反升也)
祫也(戶夾反下及注皆同)昭繆(音韶穆下及傳同)南鄉(音向下同)雖長(丁丈
反)以先(悉薦反下同)于禰(乃禮反)雉雊(古豆反雉鳴也)傎倒(丁田反下
丁老反) 三年伐沈(音審)沈潰(戶內反)以守(手又反)雨
螽(于付反下同下音終)茅茨(在思反茅草也茨蒺藜也)見於(賢徧反)有難
(乃旦反)自解(音蟹又古買反) 四年爲其(于僞反)公與(音餘注同)

反覆芳服反 夫人與音預注同 有貶彼檢反 甯俞羊朱反
五年歸含戶暗反釋舊作唅 且瞶芳鳳反 飯用扶晚反 瞶襚
音遂 于穀戶交反 乘馬繩證反下同 皆令力呈反 相者息亮反
稽顙音啓下息黨反 葦席于鬼反 從竟音境 主為于僞反 入
鄀音若 六年侯驩好官反 累上劣僞反下同或如字 漏言魯豆
反 上泄息列反又以制反 上聾魯公反 否塞備鄙反 夜姑左氏作射
姑 趙盾徒本反 攻伐如字又音貢 惻隱初力反 佐女音汝 以語
之魯慮反 竟上音竟 上士造七報反 辟而言必亦反君也注同 詭
辭九委反 猶朝直遥反注及下同 朝朝上如字下直遥反 莫夕音慕 敢
泄息列反 不數所古反或所具反 叢徂供反
七年須句其俱反 城部音吾 壬臣本或作王臣 令狐力丁反 輟
穀梁音義 十七 駱賓
戰丁劣反 為將子匠反 于雹音戶 喪取七住反本亦作娶
八年衡雍於用反 雒戎音洛本或作伊雒之戎誤 以見賢徧反
九年無復扶又反 刺公七賜反 箕鄭居其反 使萩子遙反又
子小反或作萩左氏作椒 而見賢徧反 共公音恭
十年之曹直又反 國近附近之近 女栗音汝 厥貉亡白反
十一年伐麇九倫反 郤缺苦悅反 來朝直遥反 敗狄必邁反
于鹹音咸 于麗力知反 莒挐女居反 佚害大結反更也害本又作宕
猶更音庚 堅強其丈反 打擿直隻反 射其食亦反下注同 廣一
古曠反 長百直亮反 斷其丁管反 眉見賢徧反 於軾音式 不
重直用反注同 創初羊反 為內于僞反注同 造次七報反 顛沛音貝
十二年郕伯音成 來朝直遥反 而冠江喚反下及注同 而娶

以語之，魯慮反【法】魯當作魚

數，所古反【法】數、古不同部，古字誤，當作主○叢，徂供反【法】供當作洪

冠，江喚反【法】江盧改工

七住反 譙周在遥反 而笄古兮反 先是蘇徧反 後是戶豆反
苟比毗志反或如字 得復扶又反 曰鯀古頑反 禮爲于僞反 服
長丁丈反 使術音述 已亟去冀反數也注同 有難乃旦反
十三年蘧其居反 篨直居反 大室音泰傳皆同 不復扶又反
于沓徒答反 于棐芳匪反 十四年侯潘浦干反 星
孛步内反 猶茀李軌扶憒反徐邈扶勿反一音步勿反又音弗 魁中苦回反 邪
亂似嗟反 並殺音試 捷菑在接反下側其反 長轂古木反 五百
乘繩證反下及注同 步卒子忽反 夐入況盛反遠也 玃且俱縛反下子餘
反 方悟五故反 正適丁歷反 爲受于僞反 貍蜃力之反下市軫反
踰竟音境下同 殺其音試本又作弒傳及注同 單伯音善
十五年華孫戶化反 奉使所吏反 爲好呼報反 以見

穀梁音義　十八　駮賈

賢徧反 官稱尺證反年末注同 來朝直遥反 以難乃旦反 介我音界
注同 其郛芳浮反 十六年欲去起呂反 爲厭於豔反
師丘左氏作鄭丘公羊作犀丘 復行扶又反又音服注復使及下注而復皆同 弒其申志反
杵臼昌呂反下其九反 十七年諸侯會于扈范云言諸侯者
義與上十三年周亦諸侯皆會公獨不與恥而略之
十八年伯螢乙耕反 弒其申志反後悉同 使舉所吏反注同 不
稱介音界下同副使也 而數所主反 之稱尺證反 惡宣烏路反注惡不
奉同 敬嬴音盈依左傳應作頃熊 姪娣大結反下音弟 共養並如字一讀上九用
反下餘亮反

宣公名接子赤庶兄匡王五年即位第七　范甯集解

元年與聞音豫下注同 自見賢徧反 之挈苦結反 宣弒音試

茀，徐邈扶勿反，一音步勿反【法】步勿與扶勿同

敬嬴，依《左傳》應作頃熊【法】盧云：《公羊》譌作《左傳》

來朝直遥反 趙盾徒本反 棐林芳尾反又音匪 列數所主反
攘夷而羊反 趙穿音川
二年華元戶化反 言盡子忍反 其將子匠反下將師注將帥同 將師
所類反 當復扶又反 賢行下孟反 弑其音試年內皆同 朝諸直遥
反 而暴暴戲暴也 彈徒丹反又徒旦反 辟丸音避 於竟音境 之玦
古穴反杜元凱云如環而不連 後斷丁亂反 徽許歸反 纆亡北反徽纆皆繩也三股曰徽兩股
曰纆 執爲盾絶句執誰也 志同則書重絶句 惡甚如字又烏路反
見忠賢徧反或如字下同
三年復死扶又反 陸渾戶門反又戶囷反
四年及郯音談國名 取向書亮反莒邑 而爲如字又于僞反 弑其音試
五年待迎魚敬反 之稱尺證反 受使所吏反

穀梁音義　十九　徐昇

六年螽音終 七年伐萊音來國名 黑壤人丈反
八年大廟音泰注同 共殺音試 見其賢徧反注同 故去起呂反下文及
注同 子翬許韋反 猶繹音亦爾雅云又祭也 之享許丈反 去籥
餘若反 爲之于僞反注爲卿變同 惡其烏路反 熊氏宣公妾母左氏作嬴氏
管也 舒鄝音了本又作蓼國名 頃熊音傾左氏作敬嬴 不爲于僞反 潦車
音老 載蓑素禾反 笠音立 張設如字又陟亮反 遷柩其又反尸在棺曰柩
昧爽音妹 而引以刃反又如字 遣奠弃戰反
九年行朝直遥反 黑臀徒門反 踰竟音境 以別彼列反 于
操七報反 郤缺去逆反下傾雪反 泄冶息列反下丁音也 夏徵戶雅反 衣
其衣上於既反下如字 其襦而朱反 在裏音里本又作裏 於朝直遥反
十年公娶七住反 不復扶又反下注復以同 不冠工亂反 猶朝直遥

反 見變賢編反 崔杼直吕反 惡其烏路反 弒其音試 蓋
爲于僞反 貴稱尺證反 取繹音亦 饑本或作飢居疑反
十一年夷陵左氏作辰陵 攢函音咸 諸夏戶雅反 弒君音試
之悖補對反 惡入烏路反 傎倒丁田反本又作顛 邪正似嗟反 輔
相息亮反下輔相同 而楚強其丈反一音其良反
十二年君弒音試 夏姬戶雅反 于郯皮必反
十三年先穀戶木反本作縠 一
十五年潞氏音路 嬰兒一盈反 札子側八反 召伯上照反
穚王居表反 無婁力侯反 初稅始銳反賦也 什一音十稅一也 十佃
田佃音田又徒徧反 以共音恭 爲廬力魚反 田畯音俊田大夫也 之去
如字又起吕反 蔥韭音九 楸桑音秋 蝝生以全反劉歆云此蚍蜉子董仲舒云蝗子字林

穀梁音義 二十 徐鼒

尹絹反 十六年留吁許于反 別種章勇反 弁盡必政反又
如字 宣榭音謝本或作謝 災傳例云國曰災邑曰火左氏作火
十七年錫我星歷反 斷道徒短反一音短 叔肹許乙反 宣弒
音試注同 織屨九具反 十八年子臧子郎反 戕在良反殘也賊
也猶殺也 繒子本或作鄫在陵反 捝殺他活反又徒活反捶打也字林云木杖或作撲普木反
謂捶章蘂反 打音頂 惡其烏路反 距難乃旦反 楚子吕
左氏作掾 捐殯以全反弃也 之使所吏反注同 至檉丑貞反左氏作笙 魯
竟音境
成公名黑肱定王十七年即位 第八 范甯集解
元年夏之戶雅反 無復扶又反 甲鎧開代反 夫甲音符 貿
戎音茂左氏作茅戎 爲尊于僞反 孰敗之必邁反又如字 行父秃

捝，捶打也，《字林》云：木杖【法】《廣韻》（榮芬案韻字誤，當作雅）杖也，曹音吐
活、杜活二反，此云《字林》訓木杖，則字當從木 〇捶，草蘂反【法】草乃章之誤

他木反 郤克眇士小反 良夫䟦波可反 公子手僂於矩反一音力

主反 御禿音訝五嫁反迎也下皆同 姪子大節反又丈乙反 頃公音傾 不説音悅

胥閭思徐反下力居反 不解古買反又音蟹 而橫華孟反又如字 脱此徒活

反又他活反 二年新築音竹 僑如李又作喬其憍反 公子

手左氏作首 于寧音安 欲令力呈反 雍門於用反齊城門 之茨

在私反門蓋 夫甚音符 敗衞必邁反 敖郤五報反 謂笑其蹤

䟦布可反案杜預注左傳云郤克䟦此傳言郤克眇范注當依傳而作䟦恐非 之甗魚輦反又

音言又音彥王甗也 爲質音致下同 侵易以豉反下伐易同 取汶音問 鄉之

本又作鄉亦作向同許亮反下文同 會與盟同月絶句 不同月絶句 則地

會地盟絶句 三年禰宮乃禮反父廟也 所馮皮冰反 去

疾起呂反 咎如音羔 不復扶又反 四年來朝直遥反 城

穀梁音義　二十一　徐杲

鄆音運 五年壅遏於勇反下於葛反 伯尊左氏作伯宗 不

辟音避 將在子匠反 君爲此于僞反 素縞古老反 無續

本或作續 攘善如羊反盗竊也 蟲牢直忠反下力刀反

六年取鄟音專又市轉反國名 來朝直遥反 伯費音祕

七年鼷鼠音兮 郊吉否方九反 斛角其樛反一音求角皃本或作觓

非 禦患魚吕反 球然音求 所能如字亦作耐 復食扶又反下同

緇衣側其反 纁裳許云反 蓋爲于僞反 伐郯音談 來朝

直遥反 八年韓穿音川 爲之于僞反 召伯上照反 曰見

賢徧反注更見同 一稱尺證反 以上時掌反 士燮素協反 來媵以證反又

繩證反 娶嫡丁歷反 姪娣大結反下音弟 共公音恭下同

九年剌巳七賜反 内稱尺證反又如字注同 爲尊于僞反下及此傳注同

䟦，戒可反【法】盧據宋本改戒作波。戒誤，《公羊》音作布○僂，於矩反【法】於矩

乃傴字之音，殆誤

斛角【法】斛當作觓

滅項 平講反 頊 音傾 莒潰 戶內反 之行 下孟反 惡之 烏路反
十年強也 其丈反 偄儒 乃偄反 十一年郤犫 尺由
反公羊作郤州 十二年常處 昌慮反 一見 賢徧反注同 今
復 扶又反 瑣澤 素果反 敗狄 必邁反下同
十三年郤錡 魚綺反 過京師 音戈下同 出竟 音境 朝
聘 直遥反下皆同 伯廬 力吴反又力魚反
十四年時迎 魚敬反傳同本或作逆 刺不 七賜反 之挈 苦結反
偃臧 子郎反 十五年有弒 音試 惡晉 烏路反 斷
在 丁亂反 宋共 音若注及下文同 爲賢 于僞反 無咎 其九反 子
鰌 音秋 于葉 始涉反 許復 扶又音 見也 賢徧反
十六年雨木 如字成子付反非也 木介 音界 甲冑 直又反 雨著
穀梁音義 二十三 毛端
直略反 欒黶 於斬反 鄢陵 音偃又於連反 苕丘 音條 叔孫婼
玉略反 復不 扶又反下同 無以見 賢徧反下所以見公同 孫紇 恨發反 刺
公子 七賜反傳同爾雅云殺也 戍衛 式喻反
十七年單子 音善 于柯 音歌 謀復 扶又反 而強 其丈反
苟罃 烏耕反 貍蜃 上力之反下時軫反 踰竟 音境 貜 俱縛反 且
子餘反 見殺 音試又如字 十八年弒其君 音試下以弒同 復
入 扶又反注同 士匄 本又作丐音蓋 來朝 直遥反下同 鹿囿 音又苑也 藪
澤 素口反 以齊 如字又側皆反 士魴 音房 崔杼 直吕反 虛朾
丘魚反下丑丁反
襄公 名午簡王十四年即位 第九 范甯集解
元年復入 扶又反 于鄫 似陵反 壬夫 而林反 來朝 直遥反下

鄢，又於連反【法】連乃建之譌，《三傳》九十餘見皆同，無作連者，惟《隱元年左傳音義》有於然一讀，然亦先有於建反也

注同孫剽匹妙反　二年伯睔古困反　而稱尺證反注同　之
將子亮反　齊姜如字齊謚也一音側皆反後齊歸同　故爲于僞反
三年長樗丑居反　受使所吏反　而復扶又反
四年杞音起
五年子巫亡符反　爲我于僞反　善稻吳謂之伊緩左氏作善道　曾
夷才登反又如字　不復扶又反　其數音朔
六年來朝直遥反　莒人滅繒似陵反立其甥爲後異姓故言滅也　别
之彼列反下同　以莅直利反又音類
七年郯子音談　來朝直遥反下同　城費音秘　于鄬本又作鄔
于詭反　髡苦門反本又作郡或作頵頵音於倫反左氏作髡頑　于操七報反　見以賢徧
反　弑而音試下反注同　故去起呂反　踰竟音境　背華音佩

大六五小一九七　穀梁音義　二十三　徐

八年公子濕本又作隰同音濕又音燮二十年同左氏作燮　邢丘音刑　見魯
賢偏反　九年于戲許宜反
十年于柤莊如反　復夷扶又反下不復皆同　傅陽左氏作偪陽　蓋
爲于僞反　一眚所景反　則弁必性反又如字　汲鄭音急引也　所
殺音試下同　爲楚于僞反　驕蹇紀輦反　公子斐芳尾反左氏作
騑　惡上烏路反注同　數反所角反　覆芳服反
十一年將皆子匠反　舍中音捨　京城北左氏京作亳　復伐
扶又反注同　鄭與音豫　挈國苦結反　是傳直專反
十二年圍郃本又作台他來反又音臺　攻守手又反又如字　蓋爲于僞反
入鄆音運　惡季烏路反　十三年取邿音詩　共王音恭
十四年孫蠆丑邁反　于向舒亮反　君弑音試　與知音豫　華

杞【法】杞下盧補姓字

濕【法】濕盧據《注疏》本改溼

柤，莊如反【法】如乃加之誤

閺音浣 十五年向戌舒亮反下音恤 劉夏戸雅反注同 過
我音戈 成郛音孚郭也 十六年湨梁古闃反湨梁地名
十七年邾子䁥音閑左氏作牼
十八年言朝直遥反下同 其使所吏反下同 同與音餘注同 負芻
初俱反 十九年祝柯古何反 復伐扶又反下及注皆同 伐齊
與音餘 漷水火虢反又音郭水名 軋於八反委曲也 惡盟烏路反 宜墠
音善除地也 乎介音界副使也 二十年于向舒亮反 澶淵
市然反 陳侯之弟光左氏作黃 惡也烏路反注同
二十一年以漆音七 閭丘力居反 來朝直遥反 商任音壬
二十三年伯㽌古害反 畀我必二反 復入扶又反 雍渝於用
反又如字下陽朱反左氏偷作揄 惡其烏路反下傳惡之同 聶北女輒反 中道

穀梁音義 二十四

丁仲反又如字 蘧伯其居反 輕行遣政反又如字
二十四年孫羯居謁反 陳鍼其廉反 宜咎其九反 之嗛
去簟反不足皃 之饉音近 臺榭音謝 塈飾烏路反又烏洛反 弛侯式氏
反弛廢也侯射侯也 廷道徒佞反朝廷之道也一音庭
二十五年弒其音試注同 爲此于僞反下爲其同 重丘直龍反 蚤
建居勿反 公孫夏戸雅反 吴子謁左氏作遏 見以賢編反下同 脩
守手又反或如字 門人射食亦反 矢創初良反
二十六年弒其音試下文及注皆同 君剽匹妙反 其日人實反 侯
衎苦旦反本作衍 見知賢編反 實與音豫下同 弒其如字 世子
座在禾反 踰竟音境 二十七年孔奐呼亂反 喜
弒音試下弒君皆同 而復扶又反 惡獻烏路反 弟專左氏作鱄 已

饉，音近【法】《廣韻》饉、近不同音，且近本上聲字，不當作音

雖音紀見獻賢徧反織絇其俱反邯上寒鄲下丹與約如字
又於妙反下同爲約于僞反本或作盟約背之音佩
二十八年來朝直遥反
二十九年閽弒音昏守門人也下音試下同餘祭側界反寺人本又
作侍人不近附近之近下同臧否音鄙又方九反不狎戶甲反邇怨
於願反又於元反注同仇之音求杞復扶又反使札側八反之尊稱
尺證反北燕音烟國名姞姓其乙反又其吉反
三十年蔿罷于委反下音皮弒其音試下盡傳及注皆同蔡般與夷
如字又音餘夷宋殤公名子般音班本或作班髡之苦門反以別彼列反見
以賢徧反下同少辟音避下同遂逮音代又大計反爲行下孟反長
子丁丈反共姬音恭注同惡烏路反所爲于僞反以見賢徧反
【穀梁音義　二十五　徐
更宋音庚償也所喪息浪反注同償其時亮反
三十一年太子音泰弒其音試
昭公名裯景王四年即位第十　范甯集解
元年子招上昭反于郭左氏作虢取鄆音運弟鍼其廉反
惡也烏路反敗狄必邁反大原音泰下及注同大鹵力古反去
疾起呂反疆鄆居良反疆境界也猶竟音境子卷音權左氏作麇
二年刺公七賜反見義賢徧反惡季烏路反
三年來朝直遥反大雨于付反雹皮學反
四年大雨雪于付反左氏作雨雹沈子音審爲齊于僞反弒其
申志反注又于弒君皆同粲然七旦反盛笑皃不爲于僞反不肖音笑謂與
音餘五年舍中音捨屈申居勿反敗莒必邁反賁

卷，《左氏》作麇【法】麇盧改麇

泉扶粉反左氏作昐泉 失台湯來反
六年合比必里反又毗志反 七年暨齊其器反 孫姞
丑略反 菈盟音科又音類 嚮香亮反本亦作鄉八年同
八年以惡烏路反下及注同 侯溺乃歷反 秋蒐所求反 于紅
戶公反 以見賢編反 蒐狩手又反 艾蘭魚廢反 置旃之然反通
帛爲旃 卬車五郎反一音仰本又作昂 爲槷魚列反門橜也 椹也張林反
中臬魚列反㮇也 爲褐戶葛反毛布也 流旁握握四寸也 御轚
古帝反挂也劉兆云絓也本或作轚 雨轊音衛一音徐歲反車軸頭也 挂也戶卦反又音卦
礙也 倏蹄徒兮反馬足也 相應應對之應 揜禽於檢反本亦作掩 能中
丁仲反下皆同 誅降戶江反 惡虐烏路反年末傳及注同 幼少詩召反 以
共音恭 之庖步交反 不爭爭鬬之爭 公子過音戈

穀梁音義　二十六

九年許復扶又反 見也賢編反 陳火左氏作灾 孫獲俱縛反
郎囿音又舊于目反苑也 十年侯彪彼虬反 爲下于僞反
公成音城 十一年子痤在戈反 不弟大帝反又如字下不弟同 子
虔其然反或作乾 侯般音班 弒父音試下伐弒同 得惡烏路反下以惡之豈直惡
同 陳夏戶雅反 醜行下孟反 罰當丁浪反又如字 趙盾徒本反 有
累力僞反 比蒲音毗 器械戶戒反 稜祥子鴆反 北宮佗
大河反 厥慭魚靳反又五轄反 叩其音口 以衈音二 惡之烏路反下文及
注同 注乎張具反又之住反 封疆居良反
十二年挈燕苦結反 以去起吕反 子慭魚靳反 見因賢編
反 諸夏戶雅反 舍而音捨
十三年圍費音祕 弒其凡弒字從式殺字從殳君父曰弒取積漸之名自外則皆

慭，魚靳反【法】靳當作覲，下《十二年》同。案魚靳已屢見，與魚覲互出

曰殺此可以意求也傳本多作殺字故時復音之後放此乾溪苦兮反君髡苦門反祝
吁香于反于濮音卜之稱尺證反不與音豫又如字下注同有難乃旦反
不令力呈反十四年見君賢徧反去疾起呂反意
恢苦回反振鐸之愼反下大各反在甸徒偏反巳姓音紀又音祀
十五年夷末亡葛反籥入由若反去樂起呂反可復扶又反
十七年來朝直遥反星孛蒲内反茀于音佩本亦作孛曰
敗必邁反下及注同成陳直刃反檇李音醉
十八年子惡烏路反入鄅音禹又音矩
十九年弒其音試下文及注皆同與夫音豫又如字下音扶弟虺許鬼反
歠昌悅反下常悅反飦之然反又居言反粥也粥之六反嗌音益咽喉也容
粒音立羈貫古亂反交午翦髮爲飾曰羈貫羈又作羇以上時掌反累及
大日六九小三日六四
穀梁音義　二十七　重刊費貝
劣僞反下同二十年自夢無工反又亡忠反又亡弄反本或作薎左氏作鄸致
令力呈反兄輒如字或云音近縶輒者兩足不能相過也左氏作縶惡其烏路反
適兄丁歷反齊謂之綦音其又其㫷反劉兆云綦連併也楚謂
之踂女輒反劉兆云聚合不解也衞謂之輒本亦作縶劉兆云如見縶絆也㔟
甚昌慮反以見賢徧反
二十一年蔡侯東左氏公羊作蔡侯朱惡之烏路反
二十二年昌間如字一音簡亦爲于僞反單子音善
二十三年雞甫左氏作雞子髡苦門反子盈本亦作逞夏
齧戶雅反下五結反之稱尺證反注之稱同辟子朝音避惡烏路反下同
別嫌彼列反二十四年則挈苦結反郁釐於六反下力之反
二十五年鸜其俱反本又作鸛音權左氏作鸜公羊作鸛鵒音欲濟子禮反公

羈，又作羈【法】羈盧改羇

本又作鸛，音灌【法】灌當作權，盧改

孫音遜本亦作遜下同　齊竟音境下同　唁音彥弔失國曰唁　邡公音方又音訪依注讀爲訪訪謀也
易辭以豉反下同　其爲于僞反
二十六年鄟陵音專又市轉反　召伯上照反　篡君初患反
二十七年君僚力彫反　郤宛於阮反又於元反　祁犂力兮反又力私反
干扈音戶　邾快苦夬反　畀必二反本或作鼻　逋逃布吳反
二十八年鄭伯寧下滕子寧皆如字
二十九年叔倪五計反又五兮反左氏作詣　鄆潰戶內反　則惡烏路反或如字
脩行下孟反　復使扶又反
三十年去疾起呂反　頃公音傾　爲下于僞反　惡也烏路反
三十一年荀櫟音歷舊作櫟　適歷丁狄反　既爲于僞反　黑肱古弘反　以濫力甘反又力暫反　別乎彼列反又如字注同

穀梁音義

二十八　陳

三十二年取闞口暫反　大叔音泰　不享音許文反　覲見其靳反下賢遍反下同　不復扶又反　無朝直遥反

定公名宋昭公庶弟敬王十一年即位　第十　范甯集解

元年見無賢遍反下注所見同　聽治直吏反　之處昌慮反　敢背音佩　耕芸本又作耘音云　不艾魚廢反　爲旱于僞反　去讓羌呂反　是舍音捨　焉請於虔反　應上時掌反　道之音導下同　詒託以之反　煬宮餘亮反煬公之廟也煬公伯禽子
二年兩觀工喚反注及下文同闕也　欲令力呈反　差可初賣反
三年子穿音川　于拔皮八反也名
四年國夏戶雅反　召陵時照反　公孫姓音生又如字　臯鼬臾又反　故復扶又反　劉卷音權　采地七代反　寰內音縣又音環

適，丁狄反【法】狄盧改歷

覲，其靳反【法】覲、靳不同部

鼬，臾又反【法】臾疑臾之譌，盧據《左傳》改由

吴信音申又如字 而攘如羊反却也 挾弓戶牒反又子協反 闔盧戶臘
反下力居反 見不賢徧反 爲是于僞反下不爲匹夫爲是皆同 朝於直遥反注同
囊瓦乃郎反 南郢以井反又以正反 數年所主反 易無以豉反
壞宗音怪注同 撻平七達反 樂縣音玄下同 能亢苦浪反 御
之魚呂反 不肖音笑 而奮方問反 三敗必邁反 復立扶又反注同 楚
國復立也 五年見其賢徧反 惡也烏路反 子暈許韋反
六年三家張也如字一音丁亮反注同
七年于鹹音咸
八年惡之烏路反 侯柳良久反 曲濮音卜
九年伯蠆丑邁反 分器扶問反 惡得音烏注同惡猶於何 堤
下丁兮反又音蹄 十年頰谷古協反左傳作夾谷 爲危于僞反 相

二十九

穀梁音義

焉息亮反下兩相同 壇徒丹反封土曰壇 鼓譟素報反羣呼曰譟 羣呼火故
反 合好呼報反注同 使禦魚呂反 逡巡七旬反 屬其章欲反 語
也注同 夫人音扶注同夫人謂孔子也 語也魚呂反 之行下孟反 幕音莫帳也
優俳皮皆反 欲蚩尺之反 鄟讙好官反 蓋爲于僞反 以見賢
徧反 圍郈音后 暨宋其器反 仲佗大河反注同 石彄苦侯反
所強其丈反 十一年者渝羊朱反變也 惡之烏路反下同
取夫音扶 叔還音旋 十二年墮郈許規反毀也 違背
音佩 墮費音祕 十三年垂葭音加 淵囿音又 比蒲
音毗 吉射食夜反或食亦反 君比必履反又毗志反
十四年晉趙陽左氏作衛趙陽 佗人徒河反又如字 子牂作郎反 敗
吴必邁反 檇音醉 于牽去賢反 于洮他刀反 歸脤市軫反主

撻，上達反【法】上當作土，盧改

屬，意欲反【法】意盧據宋本改章

祭肉也熟曰膰音煩杳或作煩蒯聵苦怪反下五怪反之行下孟反
十五年來朝直遥反鬷鼠音兮一處昌慮反渠篨直居
反弋氏羊職反哀公之母左氏作姒氏於長丁丈反帥之所類反不爲
于僞反下稷如字具也左氏作具晡時布吴反定弋左氏作定姒
哀公名蔣敬王二十六年即位第十二　范甯集解
元年不見賢徧反下復見同今復扶又反斛角音斛又音求有
差初賣反則否方九反不復扶又反下同滌宮徒歷反敢擅
市戰反施式氏反又如字始庀匹爾反具也下同管鍵其展反又其偃反監
古銜反享道許丈反注同二年漷東火虢反又音郭沂西
魚依反句繹古侯反下音亦不與音豫來朝直遥反欲弑本又作殺
同音試信父音申書篡初患反得復扶又反曩日乃黨反

六〇七四小三〇七　穀梁音義　三十　五

釪本有作矛云侯反楯常允反又音允則拒音巨邪也似嗟反于鐵
他結反三年曼姑音萬者辟音避有難乃旦反樂髡
苦門反四年盜弑音試下文注皆同微殺如字注同陳夏戶雅
反區夫烏侯反辟中音避即殺如字賦同弑君音試頃
公音傾五年杵臼昌呂反不數所主反
六年于祖莊加反子軫之忍反君荼音舒又音徒一音丈加反當
去起呂反見當賢徧反子糾居黝反後殺如字惡之烏路反
七年瑗于眷反曼多音萬于繒在陵反而擅市戰反表
惡烏路反傳及注同八年及闡尺善反惡內烏路反伯過
音戈九年雍丘於用反易辭以豉反下及注同將劣子匠反
十年以見賢徧反孟彄苦侯反

膰，音煩，本或作煩【法】作煩之煩疑當爲燔，《注疏》本亦誤

監【法】監下盧補門字

十一年棘頗破何反艾陵五蓋反

十二年令別如字又彼列反爲官于僞反官稅舒銳反夏謂戶雅反諱取如字又七佳反櫜皋章夜反一音託于鄖音云螽音終

十三年于嵒五咸反易以豉反下同祝髮之六反斷也斷也音短以辟音避蛟龍音交累累如字猶數數也數數所角反尊稱尺證反下同夫差音扶下初佳反星孛音佩區夫烏侯反

十四年西狩手又反不出如字又赤遂反矣夫音扶不王于況反下王德同關雎七余反之應於敬反自爲于僞反其適如字適之也道喪息浪反鸜音權又音劬鵒音欲蜮音或

經典釋文卷第二十二 經五千三百八十五字 注六千五百五字

穀梁音義 三十一 余舉

應，於敬反【法】敬當作證

經典釋文卷第二十三

孝經音義

唐國子博士兼太子中允贈齊州刺史吳縣開國男陸德明撰

鄭氏 相承解為鄭玄

開宗明義章

仲尼 女持反仲尼取象尼丘山又音夷 字作尼古夷字也援神契云蟲也 居 如字說文作𡰥 音同鄭玄云𡰥講堂也王肅云閑居也 孔安國云靜而思道也 曾 則能反 姓也 子 男子美稱也曾子 孔子弟子也名參字子輿魯人也或作 參音同義別下皆同 侍 卑在尊者 之側曰侍 子 孔子也古者 稱師曰子 曰 語辭 也從乙在口上乙象氣人將發語口上 有氣故曰字缺上也凡曰皆放此 先王 鄭玄云禹三王最先 者案五帝官天下三王禹始傳於殷於殷配天故 為孝敎之始王謂文王也 有至德 鄭云至德孝悌也 王云孝為之至也 要 因妙反 注同 道 鄭云要道禮樂也 王云孝為道之要 孝悌 大計反又順也 本今無此字 民用和

孝經音義　一

睦 音目字林 云忘六反 上下無怨 紆萬 反 女 音汝本或作汝凡本女字 皆放此汝水名音同義別 知之乎曾子辟 音避注同 本或作避 曑 所林 反 不敏 密隕反 遠也 夫 音符注 及下同 人之行 下孟 反 復 音服 注同 坐 在臥反 注同 女 音汝本 今作汝 身 體髮膚 方于 反 不敢毀 如字蒼頡篇云毀 破也廣雅云虧也 傷父母 得其顯譽 音 預 也者丗強 其良 反 而仕行步不逮 音代亦及也 又音大計反 縣 音 玄 車 音 居 致仕 自父母至仕 字本今無 大雅云 此 文王之詩 六章文 毋 音無本 亦作無 念 鄭玄云無念無忘 也爾雅云勿念也 爾祖聿 尹吉 反爾雅循也述也 本今作爾

天子章

子曰 此一子曰通天子諸侯 卿大夫士庶人五章也 不敢惡 烏路反注 同舊如字 於人不敢慢 亡諫反 俗作慢 於人愛敬盡 津忍 反 於事親形于

法偉堂經典釋文校記遺稿卷二十三

孝經音義

清法偉堂著　邵榮芬編校

仲尼【法】尼當作𡰥

三王禹始傳於殷【法】殷盧改子，云：亦有脱誤　王云：孝爲之至也【法】孝爲下盧補德字　悌，本今無此字【法】凡云本今云云，皆後人校語，當依盧校例，以墨隔之，説詳盧氏《考證》

致仕，自父母至仕字本今無【法】自父母至致仕一段凡不音之字亦校者所加，以下各條皆同　○聿，尹吉反【法】吉、聿不同類，吉當作橘

法也字又作刑于四海刑見賢遍反下同本今無刑見字甫刑尚書作呂刑兆
知從八正直表反十億曰兆民百萬曰兆民賴之引辟上鹿艾反辟止本或作辟同匹辟反本今
無引辟正字

諸侯章

危殆音待本今無殆字滿而不溢音逸費芳味反用如字約於略反
儉勤檢反奢書蛇反泰音太爲溢羊栗反富貴不離力智反注
同其身薄賦斂力儉反省所景反傜音遥本亦作繇役列士
封疆字又作疆同居良反自薄字至居良反本今無詩云此詩小雅節南山之什小旻卒章戰
戰章扇反兢兢棘冰反恐丘勇反懼也注及後同隊直類反本今作墜恐
陷役陷之陷

卿大夫章

大一、四十四 小三、五十 孝經音義 二 弟l

服山龍華胡花反蟲直忠反服藻音早火服粉方謹反
米字或作綵音同皆謂文繡修又反也田本又作佃音同獵力輒反卜筮
市制反冠古亂反又如字素積茲亦反自山龍至茲亦反本今無非先王之德行
下孟反注德行下擇行行滿皆同禮以儉奢紀儉反本今無無口過古臥反注同無
怨惡烏路反舊如字注同宗廟本或作庿爲作于僞反宮室自爲作至室字本今
無詩云此大雅蕩之什烝民篇語夙夜匪懈佳賣反注及下字或作解同夜莫
如字又音暮下並同也解自夜莫至也字本今無惰古臥反注同

士章

資者人之行下孟反也本今無此句兼古恬反并也之者父也
以敬事長丁丈反注皆同則順㐭稟必錦反公羊傳云稟賜穀祿也爲
爲曰祭一本作始曰爲祭曰音越又人實反別彼列反是非自㐭字至非字今本

四海刑見【法】刑盧改形○《甫刑》，《尚書》作《呂刑》【法】《尚書》作呂刑五字疑亦

校語　○辟止○或作辟【法】闕處盧補本字

用，如字【法】用，如字，未詳

粉，方謹反【法】《廣韻》粉、謹不同部

米，字或作采，音同【法】采蓋綵之譌

爲，于僞反，□爲曰祭【法】于僞反盧校云：是妄人所增。盧本作爲禄始爲曰祭

無■詩云此詩小雅節南山之什小宛篇語夙興夜寐面利反無忝■
■反爾所生所生謂父母本今作爾
庶人章
春生夏長丁丈反秋收如字又手又反本作斂力儉反冬藏才郎反分方云
反注同地之利分別彼列反五土周禮五土一曰山林二曰川澤三曰丘陵四曰墳衍五曰原隰
丘陵阪險阪音反險音許撿反又蒲坂反宜棗棘本作宜種棗棘自丘陵至棘本今無
以養羊尚反父母行下孟反音如字不爲非度待洛反財爲費
芳味反什音十一而出十而出一無所復扶又反謙自行字至謙本今無故
自天子古文分此以下是爲一章故患難奴旦反不及其身也善
一本作難自故患至善字本今無未之有也
三才章
孝經音義　三　仃
曾子曰甚哉曾從八正甚從甘匹正皆放此語魚據反喟丘媿反又丘恠反
然自語字至然本今無夫音符孝民之行下孟反注同也孝弟大計
反本亦作悌恭敬民皆樂之音洛自孝弟至之字本今無其政不
嚴而治直吏反注同政不煩苛音何自政至苛本今無民之易以豉
反本今作人之易也而民興行下孟反上好呼報反下好禮同義自上字至
義本今無而民不爭爭鬭之爭從爪爭正皆放此若文王敬讓於
朝直遙反虞芮推畔於田則下効戶教反之自若字至之本
今無導音道本或作道之以禮樂示神至反之以好如字又呼報反
惡如字注同又烏路反而民知禁金鴆反注同詩云此詩小雅節南山之詩赫
本又作赤火白反師尹若冢張勇反宰之屬也女音汝下同當
視民常旨反皆放此自若字正放此本今無

阪險，阪音反，險音許檢反，又蒲救反【法】又蒲救反疑當作又蒲板反，在音反之下

曾子曰甚哉，曾從八，正，甚從甘匹，正，皆放此【法】甚哉條及下爭字條注從某正云云，他無此例，皆放此三字亦與通例不合，以後多正字體，他經無之

赫，本又作赤【法】赤當作赤

孝治章

皆（正皆放此本今作昔）聘（匹正反）■問天子無恙（羊尚反）|五年一朝

（直遥反下注同）郊迎（魚敬反又魚荆反）芻（初俱反）禾百車以客（苦百反）■

（本或作以客禮待之）夜設庭燎（力召反本亦作燎同一音力弔反徐力燒反鄭云在地曰燎執之曰

燭又云樹之門外曰大燭於内曰庭燎皆是照衆爲明）當爲（于僞反下皆同）王者侯者候

（戸豆反）伺（音司又相吏反）伯者長（丁丈反下同）男者任（而鴆反）也德不

倍（步罪反）別（彼列反）優（自聘字至優優本今無）故得萬國之歡（字亦

作懽）五年一巡（音旬）守（手又反本又作狩）勞來（上力報反下力代反自五年字至力代反）

（本今無）不敢侮（亡甫反）於鰥（古頑反）寡（無妻曰鰥無夫曰寡）男子賤

稱（尺證反下同）小大盡（津忍反）節（自男子至節字本今無）養（羊尚反）夫

然（音符）則致（張利反從反音陟里反他皆放此俗作攴非）其樂（音洛自則致至洛字本今無）

孝經音義　四　建

祭則鬼享（許丈反）災（本或作灾則才反）詩云（此大雅蕩之什抑篇語）有

覺（音角大也）德行（下孟反注同）

聖治章

聖（從王正從王非）之行（下孟反）則周公（周公名旦文王之子武王之弟）祀（音似）后

稷（上音後稷官名后社名弃周公之始祖也）故異其處（昌慮反）辟后稷也（音避

本亦作避同）於朝（直遥反）越嘗（遠國也）重（直龍反）譯（本亦作驛同音亦目

故異字至音亦本今無）夫（音符）膝（辛七反從木入水桼音七正）以養（羊尚反）父母

日嚴（人實反注同日者實也日日行孝故無闕也象日）致其樂（音洛下樂同）親

近（附近之近）於母（自致其樂至於母本今無）其政不嚴而治（直吏反）不令

（力正反）而行（自不今至而行本今無）父子之道（古文從此已下別爲一章）續（音俗相續

也）焉（本今作莫）大焉復（扶又反）何加焉（自復字至焉本今無）故不愛

其親古文從此巳下別爲一章 謂之悖補對反注下同 德若桀其烈反 紂丈久反
是也言中詩書丁仲反下同自若字至下同本今無 行思可樂如字音洛注同
難進而盡津忍反 中易以豉反 退而補過古卧反 傚戶教反
漸也不令力政反下文并注並同 而伐謂之暴蒲報反自難進至報反本今無
詩云此詩曹風鳲鳩之篇語 淑人常六反 其儀字從人 不忒他得反差也
紀孝行下孟反章
也盡津忍反 禮也一本作盡其敬也又一本作盡其敬禮也今本作居則致其敬 養羊尚反
則致其樂音洛 病則致其憂疾甚曰病 擗婢亦反 踊羊冢反
泣器立反 齋側皆反本又作齊 必變食已敬忌 踧子六反自必變至丁六反本今無
在醜昌九反 不爭爭鬭之爭注及下同 不忿芳粉反下同
孝經音義 五
爭也好呼報反自不忿至爭也本今無 亂則刑罰音伐 及其身
也自罰字至身也本今無 雖日用三牲之養羊尚反後九字本今無 不
敢惡烏路反 於人親
五刑章
五刑之屬三千 墨劓剕宮大辟呂刑云墨罰之屬千劓罰之屬千剕罰之屬五百宮罰之屬三百大辟之罰其屬二百五刑之屬都有三千 科苦和反本今無 條三千謂劓魚器反截鼻之刑 墨刻其額而涅之以墨 宮割男子割勢女子宮閉之呂刑及周禮並直作宮字或作瞎字本今無割字 大辟婢亦反下同 穿音川 窬音俞又音豆 盜徒到反盜從次次似延反口液也他放此俗作盜者全非 竊者劓與周禮注不同 刼居業反 賊傷人者墨與周禮下同 男女不與禮交本或無交字者非 者宮割周禮無割 垣音袁 墻本或作牆同疾良反 開人關闔音樂字或作鑰通用

行思可樂，如字，音洛【法】如字與音洛不同音，洛上疑脫一字。盧云：孔云，如字疑當在行字下

科，若和反【法】若當作苦

宮割，《呂刑》及《周禮》並直作宮字，或作瞎字【法】瞎誤，盧改犗

□與《周禮》下同【法】盧本亦闕一字，下作與《周禮》不同。別本作義與《周禮》卷下同。再考　○開人關闔□□【法】闕處皆依盧本補

與周禮並同微異手殺人者大辟亦與周禮注不同死刑自穿字至此

無要一傜反君者無上非侮亡甫反本今無侮字聖人者已字

今人行者一本作非孝行行音下孟反

廣要道章

莫善於弟本亦作悌同大計反人行之下孟反次也樂感人

情者也惡烏路反鄭聲之亂樂也上好呼報反禮

則民易以豉反使也則子說音悅注及下皆同盡津忍反禮

以事自人行至事此本今無此之謂要因妙反下同道也

廣至德章

而日人實反語之魚據反但音誕皆放此讀爲擅非天子事三老

三老三公致仕天子兄事五更音庚三老五更謂老人知三德五事者自天子至事者本今無

大フ六十二　小三フ十五　孝經音義　六　霽

詩云此大雅生民之什泂酌之篇語愷本又作豈同苦在反樂也悌本又作弟同徒禮反一音待亦

反君子

廣揚名章

兄弟大計反本作悌下注皆同故順可移於長丁丈反注皆同居家理故

治直吏反注同讀居家理故治絕句是以行成於內下孟反

諫諍章

若夫音符慈愛恭敬敢問子從父之令力政反下及注皆同是

何言歟音餘下同本今作與孔子欲見賢遍反諫諍諍鬭也此字從丮音

飢逆反兩丮相對門也象門之形而非門若從門者非他皆放此二士對戟曰鬭之端自孔子至此字本今無

不失天下本或作不失其天下其衍字耳左輔右弼皮密反本又作拂音同前

疑後丞本亦作承使不危殆大改反下同自左輔字至此本今無則身離

侮，亡肖反【法】肖乃甫之譌

天子事三老【法】天子下盧補父字

三老三公致仕【法】致仕下疑脫者字○天子兄弟五更【法】弟盧改事

悌，一音待亦反【法】悌字無讀待亦者，亦字殆誤

丞，本亦作丞【法】注内丞字非異文，殆誤。盧改承○則身離【法】盧校孔云：身

下脫不字

力智反 於今名陷 陷沒也陷從爪下非不同 於不義又焉 於虔反注同 得
爲孝乎
感應章 本今作應感章
盡 津忍反下同 孝於父視其 常亩反 分 符問反 理也 此已上字本全
無 長 丁丈反注同 幼順故上下治 直吏反注同 神明章 如字本又作彰
矣事生者易 以豉反 故重 直用反又直龍反 其文也 自事生字至此
本合無 孝悌 大計反 之至則重 直龍反 譯 音亦 來貢 公弄
反自則字至此本今無 詩云 此大雅文王之什文王有声之文 莫不被 皮寄反一本作章移
反本今作莫不服
事君章
上陳諫諍 爭鬬之爭 之義畢欲見 賢遍反已上字本今無 進
大百五十一 小三百五一 【孝經音義　七
思盡 津忍反 忠死君之難 乃旦反自死字至此本今無 退思補過
古禍反 詩云 此小雅魚藻之什隰篇語 中 本亦作忠 心藏之
喪親章
孝子之喪 如字又息浪反 親也死事未見 賢遍反 哭 苦谷反
不偯 於豈反俗作哀非說文作悠云痛聲也音同 言不文 文飾也本或作聞非 不爲
趨 七須反字從芻楚俱反吏步也 翔 行而張拱曰翔室中不翔行而張足曰趨堂上不趨 唯 維癸反又
以水反 而不對也去 羌呂反 文繡衣 於既反 褏 七雷反字或作縗同並義
俗作衰色追反非也 般也 自趨字至此本今無 聞樂 如字 不樂 音洛 故不樂
也 音洛 不嘗 如字 鹹 音咸 酸 素丸反禮三年之喪食無鹽酸 而食粥 之六反又音
謂朝一溢米暮一溢米自不嘗至此本今無 此哀慼 七歷反 之情毀瘠 情
羸 力為反 瘦 色救反一本作病又或作憊皮拜反自瘠字至此本今無 喪不 蘇郎又

陷從爪下非不同【法】陷注有脫，殆謂與從爪下臼之臽不同也。盧校改不作下，

又云：上一下字似可省

被，一本作章移反【法】一本作章移反，則是祇字音矣。此語亦疑是校語

諍，爭鬬之爭【法】正文作諍，注不得作爭，疑正文本不從言

偯，《說文》作怒【法】怒當作㥤

並義俗作衰【法】並疑音之誤

般【法】般盧改服

嘗，如字【法】嘗無異讀，云如字，未詳○食無鹽酸【法】酸盧改豉

毀瘠，情□□【法】闕處依盧本補

瘦，色救反【法】瘦盧改瘦

過三年示(神志反)民不肖者企(丘豉反)而及之賢
者俯(音甫)而就之再期(本又作朞音同自而就之至此本今無)爲之棺
(音官)槨(音郭)衣衾(其蔭反注同舊如字)而舉之衾謂單(音丹一本)
(作殮力贍反)可以亢(苦浪反舉也)尸而起也(自謂單字至此本今無)陳
其簠(音甫)簋(音軌簠簋俱祭器名)擗(婢亦反字亦作躃)踊(音勇)哭泣
(起及反)啼號(戶高反)竭情也(自啼字至此本今無)卜其宅兆(兆塋也字)
(書皆作垗廣韻云垗葬地)而安厝之(七故反字亦作措)爲之宗廟(字亦作庿)以
鬼享之(許丈反又作饗之)無遺纖(息廉反正皆放此)也尋繹(音亦)
天經地義究(音救)竟人情也行(下孟反)畢孝成(自無
遺字至此本今無)

大久十六、、四十六 孝經音義 八 重刊 許

經典釋文卷第二十三

纖，息廉反，正，皆放此【法】纖當從韱，若如今本，不得爲正

經典釋文卷第二十四

論語音義

唐國子博士兼太子中允贈齊州刺史吳縣開國男陸德明撰

論語序 此是何晏上集解之序今亦隨本音之

中壘 力軌反 校尉 戶敎反 劉向 舒尚反 大子大傅 並音泰

夏 戶雅反 侯勝 音升或升證反 丞相 息亮反 傳之 直專反下同 頗多

破可反 琅 音郎本或作瑯 邪 以嗟反又也差反 膠東 音交琅邪膠東皆郡名 壞得

音怪 大守 音泰下大常同守音手又反 爲之註 本又作注之戍反又張住反 頗爲 于僞

反 名曰論語 論如字綸也輪也理也次也撰也荅迷曰語撰次孔子荅弟子及時人之語也鄭玄云仲弓子

游子夏等撰 集解 佳買反何晏集孔安國馬融包氏周氏鄭玄陳羣王肅周生烈義并下己意故謂之集解

學而第一 以學爲首者明人必須學也 集解 一本作何晏集解

論語音義　一　竹

凡十六章

亦說 音悅注同 通稱 尺證反 說懌 音亦 有朋 蒲弘反有或作友非 亦

樂 音洛譙周云悅深而樂淺一云自內曰悅自外曰樂 不慍 紆問反怒也鄭云怨也 孝弟 大計

反本或作悌下同 而好 呼報反下及注同 鮮 仙善反少也鄭云寡也下同 本與 音餘 欲

令 力呈反 人說 音悅 曾參 所金反又七南反 三 息暫反又如字 省 悉井反視

也鄭云思察己之所行也 爲人 于僞反又如字 傳不 直專反注同鄭注云魯讀傳爲專今從古

案鄭校周之本以齊古讀正凡五十事鄭本或無此注者然皇覽引魯讀六事則無者非也後皆放此 道 音導

本或作導包云治也注及下同 千乘 繩證反注同千乘大國之賦也 司馬法 齊景公時有司馬田

穰苴善用兵周禮司馬掌征伐六國時齊威王使大夫追論古者兵法附穰苴於其中凡一百五十篇号曰司馬法 有

畸 居宜反田之殘也 之對 甫用反又如字 雖大賦 絕句一本或云雖大國之賦 包依

王制孟子 王制及孟子皆以百里爲大國 奢侈 尺紙反又尺氏反 則弟 音悌本亦

法偉堂經典釋文校記遺稿卷二十四

論語音義

清法偉堂著　邵榮芬編校

邪「以嗟反，又也差反」【法】也差反未詳，疑當作似差反，又也嗟反，見《禮記・緇衣》

侈，又尺氏反【法】尺氏當作尸氏

作悌 汎愛 孚劍反 行有 下孟反下云觀其行并注同 學文 馬曰文古
之遺文也鄭云文道藝也 子夏 戶雅反 好色 呼報反下至好學同 盡 津忍反下
注同 毋友 音無本亦作無下同 憚 徒旦反 難 乃旦反 子貢 本亦
作贛音同 之與 音餘下之與同 抑與 上於力反 陳亢 音剛又苦浪反
必與 音預 爲治 直吏反 信近 附近之近下及注同又如字 覆 芳服
反下同 遠恥 于萬反 無諂 勑檢反 而樂 音洛注同 好 呼報
反下注同 如切 治骨曰切 磋 七多反治象曰磋 琢 治玉曰琢 摩 一本作磨
末多反治石曰磨 謂與 音餘 患不知也 本或作患已不知人也俗本妄
加字今本患不知人也

爲政第二 先學而後從政故爲政次學而也

凡二十四章

論語音義 二 建

衆星共 求用反鄭作拱俱勇反拱手也 猶北辰之不移 本或作譬猶北
辰之不移 蔽 必世反包云當也鄭云塞也 猶當 丁浪反又如字 無邪 似嗟
反 道之 音導下同 以德 包云道德也鄭云六德謂智仁聖義中和 格 加百反正
也鄭云來也 孫弟 直例反 不妄 亡尚反 能養 羊尚反下及注養人
同 以別 彼列反注同 食 音嗣 先生饌 上眷反馬云飲食也鄭作餕音俊食
餘曰餕 曾 音增馬云則皇偘云嘗也 女 音汝 人焉 於虔反下同 廋 所留反匿
也 匿也 女力反 溫故 烏門反尋也 繹 音亦 不比 毗志反下同
則罔 本又作冈 則殆 音待依義當作怠 誨女 音汝後可以意求之 知
也 如字又音智 姓顓 音專 寡尤 下求反 行 下孟反注同 錯 七路
反注同置也鄭本作措投也 枉 紆枉反 邪枉 似嗟反 孝于 如字一本作孝乎
奚其爲爲政也 一本無一爲字 車 音居 無輗 五兮反轅端橫

下至好學同【法】至盧改章○盡，津刃反【法】刃盧據書內音改忍

今本患不知人也【法】今本七字疑校語，盧亦作黑圈間隔之

饌，上眷反【法】上盧改士

曾，皇侃云，嘗也【法】侃盧改偘

尤，下求反【法】下乃于之譌

紆枉反【法】枉盧改往

木以縛軛字林五支反 無軏五忽反又音月轅端上曲句衡 枙音厄反作軛 十
世可知也一本作可知乎鄭本作可知 於夏戶雅反餘以意求之 三
綱謂父子夫婦君臣是也 五常謂仁義禮智信 三統謂天地人三正 諂
也勑檢反

八佾第三

凡二十六章

佾音逸列也 僭子念反下同 雍於容反 撤直列反本或作徹
相維息亮反助也 辟公必亦反君也注同 其易以豉反包云和易注同鄭
云簡 寗戚千歷反 旅音呂馬云祭名接祭山曰旅 救與音餘 嗚呼
本或作烏乎音同 曾謂則登反則也 不享詩文反 爭責衡反爭鬭之
爭絕句注同 必也射乎鄭讀以必也絕句 揖讓而升下
中一百二十一 小三百八十五 論語音義 三 霍
絕句鄭注詩賓之初筵引此則云下而飲 而飲王於鴆反注同又如字 多筭悉亂
反籌也本今作筭 倩兮七練反 盼兮普莧反動目貌字林云美目也
又匹簡反又匹莧反 絢兮呼縣反馬云文貌鄭云文成章曰絢 繪事胡對反本
又作繢同畫文也 喻美女如字又夷佳反 解音蟹 禘大計反又祭也
既灌古亂反 祫戶夾反 爲序于僞反注同 昭穆常遙反說文作
佋下同 大祖音泰下同 鬱鬯勑亮反本今作鬯 躋僖子兮反
易了以豉反 吾不與音預 媚美記反 於奧烏報反孔云內也鄭
云西南隅 求昵女乙反亦作暱 所禱丁老反一音都報反 監古暫反觀也視也
郁郁於六反 大音泰注及下同 鄹人側留反邑名 梁紇恨沒反又
恨發反 復扶又反 能中丁仲反下及注同 同科苦和反 欲去起呂反注
同 告朔古篤反 之餼許氣反牲生曰餼 朝享直遙反又張遙反 盡禮

旅，接祭山曰旅【法】接盧改按

盼，普莧反，又匹簡反，又匹莧反【法】盼盧改盼。匹莧與普莧同，殆誤

喻，如字，又夷住反【法】夷住反即如字也，又字殆衍○禘，大計反，又祭也【法】又下盧補大字（榮芬案盧改又爲大，此疑誤）○爲，于僞反，注同【法】注同上盧補下字 ○鬯，勑亮反，本今作鬯【法】鬯盧改正文作暢

津忍反 爲諂 勑檢反 關雎 七餘反 哀而 如字毛詩箋改哀爲衷 問社
如字鄭本作主云主田主謂社 可復 扶又反下同 不咎 其久反 器量 音亮 大
儉 音泰一音他賀反 焉得 於虔反 取三 如字又七喻反本今作娶 謂嫁爲
歸 一本無爲字本今作曰歸 爲兩 于僞反又如字 之好 呼報反注同 反坫 丁念
反 君別 彼列反 獻酢 才洛反一本作酬 更酌 音庚 子語 魚據反
大師 音泰注同 翕如 許及反何晏云盛也鄭云變動貌 從之 何讀爲縱子用反放縱也
鄭云八音皆作 皦如 古了反其音節明也鄭云清別之貌 繹 音亦鄭云志意條達之貌 請
見 賢遍反 從者 才用反 於喪 息浪反注同 語諸 魚據反 木鐸
直洛反木鐸金鈴木舌施政教之所振也 韶 常遥反舜樂名 盡 津忍反注同
里仁第四 里猶鄰也言君子擇鄰而居居於仁者之里
凡二十六章
大一百五十 小四百五十五 【論語音義 四 重刊 允
不處 昌呂反後不處音者及注同 焉得 於虔反 知 音智注及下同 處樂 音洛 驕
佚 音逸 能好 呼報反注同 能惡 烏路反注及下同 無惡 如字注同又烏路反 否
泰 憐鄙反 惡乎 音烏注同 造次 七報反馬云急遽也鄭云蒼卒也 顛沛 音貝
僵仆 居良反本今作偃也 仆 音赴又蒲逼反 好仁 呼報反注及下同 惡不仁
烏路反下及注同 難復 扶又反 之行 下孟反 各當 丁浪反 適 丁歷反鄭
本作敵 莫 武博反范甯云適莫猶厚薄也鄭音慕無所貪慕也 與比 毗志反 放於利
方往反依也下同 參乎 所金反 貫之 古亂反 曰唯 維癸反注同 忠恕
音無 子曰三年無改於父之道可謂孝矣 此章與學而篇
同當是重出學而是孔注今此是鄭注本或二處皆有集解或有無者 父母之年不可不
知也 此章注或云孔注或云包氏又作鄭玄語辭未知孰是 逮 音代又大計反 爲身 于僞反
鮮矣 仙善反少也 得中 丁仲反 欲訥 奴忽反包云遲屯也鄭言欲難 行 下孟

鐸，直畧反【法】畧蓋各之譌，見《夏官・大司馬》。盧本改作直洛反

好，呼報反，注及下同【法】注及下同盧改作下及注同

又作鄭玄語辭【法】辭疑衍

反下同 遲鈍徒頓反 君數何云色角反下同謂速數也鄭世主反謂數已之功勞也梁武帝音色具反注同

公冶長第五

凡二十九章

公冶音也 長如字姓公冶名長家語字子長范甯云名芝字子長史記亦字子長 可妻七細反下同 縲尤追反孔云黑索 紲息列反孔云攣也本今作縲 攣力專反 以拘音俱 刑戮音六 宮韜本又作縚同吐刀反南宮閱一名縚孟僖子之子 斯焉於虔反 此行下孟反 瑚音胡 璉力展反 簠音甫 簋音軌 焉用於虔反下同 禦人魚呂反 屢數色角反下同 漆音七 彫丁條反本或作凋同 子說音悅 桴芳符反 由與音餘 編竹必緜反又蒲典反 桃音伐 好勇呼報反下同 過我絕句一讀過字絕句 材才哉二音 不解音蟹 不復扶又反下同

大一マ廿四　小四マ五〻　論語音義　五　彭

千乘繩證反下注同 賦孔云兵賦也鄭云軍賦梁武云魯論作傳 於朝直遙反 聞一如字本或作問字非 吾與爾爾本或作女音汝 宰子羊汝反或音餘 晝竹救反 寢七荏反 朽香久反 彫丁條反 腐房甫反 琢陟角反 晝乎卦反 糞弗問反本或作糞同 圬音烏本或作杇鏝也 槾或作鏝末旦反又末丹反塗工之器 於予羊汝反之名 與音餘語辭也下同 其行下孟反 申棖直庚反包云魯人也鄭云蓋孔子弟子申續史記云申棠字周家語云申續字周也 慾音欲或 焉於虔反 著知慮反 見賢遍反 循音巡 元亨許庚反 天道何云元亨日新之道鄭云七政變通之占 孔圉魚呂反 而好呼報反 僑其驕反 臧子郎反 之守手又反 僭子念反 藻音早水草有文者也 梲本又作掇章悅反梁上短柱也 栭音而 楹音盈 侈昌氏反又式氏反 其知音知下同 名穀奴斗反本又作穀 於音烏 菟音塗 慍紆問反 未知如字鄭音智注及下同 焉於虔反下同 崔

數，鄭世主反【法】世當作色

縲，尤追反【法】尤蓋力之誤

賦，梁武云：《魯論》作傳【法】傳盧改傳

天道【法】盧移天道條於元亨條上

梲，本又作掇，草悅反【法】掇盧改棳，草改章

知，音知，下同【法】音知盧改音智，下同改注同

子鄭注云魯讀爲高今從古 弒施志反本又作殺同 十乘繩證反 杼直呂反
惡烏路反 揖其悅全反 辟音避本亦作避 三思息暫反又如字 行父
音甫 賢行下孟反 甯武子乃定反 俞羊朱反 則知音智下同 歸
與歸與並音餘 吾黨之小子狂簡絕句鄭讀至小子絕句 斐然
芳匪反 穿音川 鑿在洛反此章孔注與孟子同與鄭解異 伯夷姓墨名允字公信孤竹君之子
伯長也夷謚一本名元 叔齊名智字公達伯夷之弟齊亦謚也夷齊名見春秋少陽篇 乞醯呼西反亦
作醯 色足將樹反又如字注同一本此章有子曰字恐非 便僻婢亦反 大史音泰 匿
女力反 盍戶臘反 憾戶闇反恨也 少者詩照反 訟自用反責也 焉如字衛瓘
於虔反爲下句首

雍也第六

凡三十章

論語音義　六　余集

言任音壬又而鴆反 諸侯治直吏反一本無治字一本作言任諸侯治國也 桑子郎反鄭云秦
大夫 無見賢遍反 而行下孟反又如字下同 大簡音泰下同 好學呼報反
今也則亡本或無亡字即連下句讀 過分符問反 怒當丁浪反 嘗復
扶又反 使於所吏反 爲其于僞反 釜音父六斗四升也 庾俞甫反十六斗
秉音丙十六斛也 衣輕於既反 大多上音泰或吐賀反 曰毋音無 犂牛
利之反雜文曰犂又力之反色如狸也又力兮反耕犂之牛 騂息營反 其舍音捨注同棄也一音赦置
也 中丁仲反 犧許宜反 也與音餘下同 決斷丁亂反 騫起虔反
費音秘邑名 善爲于僞反注同 語魚據反 使者所吏反 令不力呈反
復召扶又反 重來直用反 則吾必在一本無吾字鄭本無則吾二字 汶上
音問水名 自牖由久反 喪息浪反又如字下同 矣夫音扶 一簞音丹 食音嗣
下同 一瓢婢遙反瓠也 笥息嗣反 陋巷戶降反注同 其樂音洛注同 不說

桑，子郎反【法】子殆誤

大，音泰，下同【法】下同盧改注同

犂，利之反，又力之反【法】力之與利之同，殆有一誤，或利之當作利脂，然陸氏不分脂、之，所未詳也

音悅 中道 如字一音丁仲反 今女 音汝 畫 音獲止也 女得 音汝 澹臺 徒甘
反 由徑 古定反 而殿 都練反注同 祝鮀 徒多反 宋朝 張遙反 及如
一本及字作反義亦通 文質彬彬 彼貧反文質相半也說文作份文質備 好之 呼報反下
注同 樂之 音洛 以上 時掌反注可上同 語上 魚據反下同 上知 音智 問知
音智下章及注同 化道 音導 而遠 于萬反 瀆 徒木反〻今作黷 樂 音岳
又五孝反注及下同 知者樂 五孝反下同 有大公周公 音泰下同 觚不
觚 音孤酒爵也容二升 於患難 乃旦反 惰 待果反 今自 力呈反 君
子博學於文 一本無君子字兩得 矣夫 音符 不說 音悅注同 矢之
孔鄭繆播皆云矢誓也蔡謨云矢陳也 所否 鄭繆方有反不也王弼李充備鄙反 天厭 於琰
反塞也又於豔反 等以爲男子者 集解本皆爾或不達其義妄去等字非也今注云舊
以南子者 以說 始銳反 治道 直吏反 故孔子 一本作夫子 之祝 州又反本
今作呪 民鮮 仙善反注同 博施 始豉反 夫仁 音符 更爲 于僞反 之

論語音義　七　余集

行 下孟反

述而第七

舊三十九章　今三十八章

而好 呼報反注同 老彭 包云殷賢大夫也案大戴禮云商老彭是也鄭云老老聃彭彭祖 默
而 俗作嘿云北反 不厭 於豔反 不倦 其卷反 是行 下孟反 能從
思爾反 燕居 於見反鄭本作宴 夭夭 於驕反和舒貌 不復 扶又反下同本或無復字
非 據杖 直亮反 依倚 於綺反 以上 時掌反注同 無誨 魯讀爲悔字今
從古 不憤 房粉反 不悱 芳匪反 爲說 于僞反 以語 魚據又 復
重 直用反 無惻 初力反 子於是日哭則不歌 舊以爲別章今宜合
前章 舍之 音赦止也一音捨放也 與爾 與及也或云與謀也 是夫 音符 誰與

樂，音岳，又五孝反，下同～知者樂，五孝反，下同【法】案上樂字音岳，下樂字音五孝反，似俱未安，下同二字似亦無着，俟再考

倦，其卷反【法】卷當作眷

與，及也，與謀也【法】與謀也未詳，盧校云：必許字之譌

如字皇音餘 軍將子匠反 馮河皮冰反字亦作憑 徒搏音博 好謀
呼報反 執鞭必綿反或作硬音吾孟反非也 吾亦爲之一本作吾爲之矣 所好
呼報反 齊側皆反本或作齋同注同 戰疾之彥反 聞韶士昭反注同 爲樂
並如字王云爲作也本或作嬀音居危反非 爲衛于僞反注及下同 大音泰 蒯苦恠反 聵
五恠反 鞅於丈反 于戚千歷反 曼姑音萬 吾將問之一本無將
字 惡行下孟反 曰飯符晚反 蔬所居反本或作蔬 食如字謂菜食也一音
嗣 飯 曲肱國弘反臂也 而枕之鴆反 樂亦音洛注同 數色主反 學
易如字魯讀易爲亦今從古 盡性津忍反 葉公舒涉反注同葉地名楚縣尹僭稱公
憤符粉反 樂以音洛 好呼報反 奡五報反 盪舟吐浪反 弒音試
下同 我三人行一本無我字 必得我師焉本或作必有 桓魋徒雷反
知音智 廣 隱匿女力反後章注同 文行下孟反 忠李云臣事君也 信李云

論語音義 八 宋求

與朋友交 亡而爲有亡如字一音無此舊爲別章今宜與前章合 子釣音吊 不綱
音剛鄭本同 弋羊職反 不射食亦反 宿息六反謂宿鳥也 一竿音干 繳
章略反下同一本作綸 羅屬音燭 著直略反 互鄉戶故反鄉名 難與言
絕句 童子見賢遍反注同 惡惡上烏路反下如字 之行下孟反 陳司
敗如字孔云司敗官名陳大夫也鄭以司敗爲人名齊大夫 揖伊入反說文云攘也一云手著胷曰揖 巫
馬音無 君娶七住反本今作取 爲同于僞反 後和戶卧反注同 重歌
直用反 抑爲於力反 不厭於豔反 正唯魯讀正爲誠今從古 子疾一本
云子疾病皇本同鄭本無病字案集解於子空篇始釋病則此有病字非 有之 誄曰力軌反說文作
讄或云作讄禱累功德以求福也以誄爲謚也 神祇祈之反 素行下孟反 不孫音遜
則僭子念反 坦吐但反 蕩蕩徒黨反魯讀坦蕩爲坦湯今從古 戚戚
千歷反 子溫而厲一本作子曰厲作例皇本作君子案此章說孔子德行依此文爲是也

鞭，或作硬【法】硬當作鞕（榮芬案疑當作鞭）

韶，士昭反【法】士當作上

綱，音剛，鄭本同【法】鄭本同三字義不完

誄，或云作讄【法】讄盧改讄

泰伯第八

凡二十一章

民無得本亦作德　大王音泰下同　少弟詩照反　則葸絲里反何云畏懼貌
鄭云殻質貌　則絞古卯反馬云刺也七肆反鄭云急也　不偷他侯反　行之下孟反注下同　開
衾苦今反　兢兢居陵反　免夫音符　患難乃旦反　孫捷在接反本
又作蹟同　斯遠于萬反注同　斯近附近之近　鄙倍蒲悔反　濟濟子禮
反　蹌蹌七良反本或作鏘同　惡戾力計反　幼少詩照反　人與音餘　君子
也一本作君子人也　弘毅魚氣反　能斷丁亂反　好勇呼報反注同　大甚
音太下大師大公並同　驕且吝力訒反又力慎反本亦作悋　於穀公豆反孔云善也鄭及孫綽祿也
不易孫音亦鄭音以豉反　則見賢遍反又音現　行當下孟反　悪植隣反古臣字
本今作臣　弑音試下同　師摯音至　關雎七餘反　洋洋音羊　狂而

論語音義　九　宋求

求臣反　侗而音通又勑動反玉篇音同　不愿音願孔云謹也鄭云善也　悾悾音空　慤
苦角反　巍巍魚威反　不與音預注同　之稱尺證反下注同　煥乎音喚明也
天下治直吏反　契息列反　皐陶音遥　予有亂十人本或作亂
臣十人非　召七照反　奭音釋　閎音宏　夭於表反又於遥反　散息但反　宫适
古活反　參分七南反一音三本今作三　殷紂直久反　無間間厠之間注同　能
復扶又反　菲飲音匪薄也　黻冕上音弗下音免　而盡津忍反　溝
洫呼域反　廣光曠反下同　深尸鴆反下同

子罕第九

凡三十一章　皇三十章

子罕呼旱反希也　行之下孟反　也純順倫反絲也鄭作側基反黑繒也　易以豉
反　毋意上音無下同音如字或於力反非　羣萃在醉反聚也　嘗暴如字本或作曽

鄭云：殻質貌【法】殻盧改慤○絞，古卯反，馬云：刺也，七肆反。鄭云：急也【法】段云：馬與鄭義無異，刺，盧達切，乖剌也，急則無不乖剌也。皇、陸乃讀爲譏刺之刺，七賜反，謬甚矣

吝，力訒反，又力慎反【法】吝音又見《易·屯》。又力慎反四字疑衍，力慎與力刃非異讀　○見，賢遍反，又音現【法】又音現三字當是後人校語

召，七照反【法】七當作上

非，音匪【法】非訓薄，《廣韻》敷尾切，不音匪，《坊記》不以非廢禮，亦音芳鬼反，此匪蓋斐之譌

子能反 顏剋 諸書或作顏亥 爲夫子 于僞反又如字 見在 賢遍反 將

喪 息浪反下及注同 得與 音預 當傳 直專反 大宰 上音太鄭云是吳太宰嚭

者與 音餘 天縱 子用反 吾少 詩照反下同 牢 力刀反鄭云弟子子牢也家語有琴牢字

子開一字子張史記無文 多伎 其綺反 空空 如字鄭或作悾悾同音空 我叩 音口發動

也 兩端 如字孔云終始也鄭云末也 以語 魚據反 不爲 于僞反 不出

如字舊尺遂反注同 矣夫 音符 此耑 時恚王反 齊衰 音咨下七雷反 冕 音免

鄭本作弁云魯讀弁爲絻今從古鄉黨篇亦然 瞽 音古盲也 喟然 上苦位反又苦怪反 鑽之

子官反 惚怳 況往反本今作恍惚 循 音巡 欲罷 皮買反又皮巴反又音皮 卓爾

陟角反鄭云絶望之辭 病閒 如字 少差 初賣反 行詐 側嫁反 韞 紆粉

反馬云藏也鄭云裹也 匵 本又作櫝徒木反馬云匵也鄭同 善賈 音嫁一音古 而沽

音姑賣也 匱 求位反 沽之 音姑 不衒 古縣字一音玄遍反 九夷 馬云東方之夷有九

〖論語音義〗 十 徐哉

種 九種 章勇反 不爲酒困 馬云困亂也 斯夫 音符下章有矣夫並同

不舍 音捨 好德 呼報反下同 一簣 求位反土籠也 土籠 魯東反 而

中 丁仲反又如字 雖覆 芳服反注同 語之 魚據反 不惰 徒臥反 也與

音餘注同 顏淵解 音蟹下同 焉知 於虔反 少年 詩照反本今作年少 法語

之 魚據反 巽 音遜 無說 音悅注及下同 繹之 音亦馬云尋繹也鄭云陳也 毋

友 音無 勿憚 徒旦反 奪帥 色類反 其將 子匠反 衣弊 於既反下

同本今 縕 紆粉反鄭云枲也 袍 蒲刀反 狐貉 戶洛反依字當作貈 也與 音餘 枲

絲里反 著 竹呂反 不忮 之豉反馬云害也書云很也韋昭漢書音義音洎 不臧 作郎反 尚

復 扶又反 後彫 丁條反依字當作凋 後別 彼列反 處治 直吏反 知

者 音智 唐棣 大計反字林大内反 偏 音篇 未之 音味或作末者非 夫 音符

注同一讀以夫字屬上句

端，如字【法】端無異讀，云如字未詳

罷，皮買反，又皮巴反【法】皮巴反未詳，他未見此音，巴或當作把

少差【法】盧移少差條於行詐條下

沽之【法】沽之條疑衍〇衒，古縣字，一音玄遍反【法】古縣字三字疑誤，又見

《禮·內則》。音上一字疑衍

縕，鄭云：枲也【法】枲也盧改作絮也

忮，書云：狠也【法】《雄雉釋文》作《字書》云，此脫字字

鄉黨第十

凡一章

恂恂音荀，又音旬，溫恭之貌。朝直遥反，篇內不出者同。廷徒寧反，又徒佞反。便

便婢綿反，辯也。侃侃苦旦反。和樂音洛。誾誾魚巾反。踧踖

上子六反，下子亦反。踧踖，恭和貌。與與音餘。中丁仲反。使擯必刃反，本又作儐，亦作賓，皆同。

勃如步忽反。躩如驅碧反，盤辟貌。盤步干反，字又作槃。辟婢亦反。襜

赤占反。一俛音免。鞠躬九六反。閾于逼反，一音況逼反，門限也。攝齊

音資，裳下也，篇末皆同。摳衣苦侯反。逞顏色勑井反。怡怡以之反。

沒階趨一本作沒階，趨進誤也。不勝音升。爲君于僞反。使所吏

反。上時掌反，又如字，注同。下如魯讀下爲趨，今從古。蹜蹜色六反。授玉本一

作受玉。曳踵章勇反。享許丈反，注同。私覿直歷反，見也，注同。愉

論語音義　十一　徐哉

愉羊朱反。見也賢遍反，下同。紺古暗反。緅莊由反，考工記云五入曰緅，字林云

帛青色，子勾反。領褏詳又反，字亦作袖。緣也悅絹反。齊服上側皆反，下同。

本又作齋。似衣於既反，下不衣同。褻服息列反。袗之忍反，本又作袗，單也。絺

勑之反，細葛。綌去逆反，麤葛。緇衣側基反。麑米侄反，鹿子也。袂面世反。相

稱尺證反。便作婢面反。長一直亮反。狐貉戶各反。去喪

起呂反，注同。不佩字或從玉旁，非。非帷位悲反。必殺色界反，注同。齊必

本或作齋，同，側皆反，注同。遷坐如字，范甯才臥反。常處昌慮反。食不音嗣，

飯也。厭精於豔反，注及下同。膾古外反，又作鱠。饐於冀反，字林云飯傷熱溼也，央莅、央

冀二反。而餲烏邁反，一音遏，字林乙例反。魚餒奴罪反，說文云魚敗曰餒，本又作鯘，字書同。

失飪而甚反。朝夕如字。食氣如字，說文作既，云小食也。無量音亮。沽

酒音姑，買也。撤去起呂反，下同。焄香云反，本或作葷，同，本今作薰。蔬食音嗣，又

餒，《說文》云：魚敗曰餒【法】今《說文》作餧，誤。《釋器音義》引《說文》與此同

如字 瓜祭 古華反魯讀瓜爲必今從古 人儺 乃多反魯讀爲獻今從古 於阼 才故
反本或作於阼階 逐疫 音役 送使 所吏反 饋藥 其愧反 拜而受
之 一本或無而之二字 遺孔 唯季反本今無此字 廏 久又反夫子家廏也王弼云公廏也 焚
扶云反 曰傷人乎 絕句一讀至不字絕句 賊畜 許又反 賜腥 音星說文字林
並作胜云不孰也 賜生 魯讀生爲牲今從古 先飯 扶晚反注同 若爲嘗食
然 一本作若爲君嘗食然爲于僞反 東首 手又反注同 扡 本或作拖徒我反又勑佐反 紳
音申 南牖 由久反 不衣 於既反 大廟 音太 我殯 必刃反 昵 女力反
居不容 苦百反本或作容羊凶反 爲室 于僞反 齊衰 士雷反 雖狎
戶申反 見冕 鄭本作弁 謂數 色角反 迅雷 音信又音峻 車中不
內顧 音故魯讀車中內顧今從古也 輿中 音餘一本作車中 枙 於革反本今作軛 輢
於倚反又居綺反 轂 古木反 山梁 音良鄭云孔子山行見雉食梁粟也 時哉 一本作時

論語音義 十二 乡

哉時哉 共之 本又作供九用反又音恭注同 三 息暫反又如字 嗅 許又反注同

先進第十一

凡二十三章

先進 包云謂仕也鄭云謂學也 輩也 必內反 之中 丁仲反 猶近 附近之近
從我 才用反注同 德行 下孟反鄭云以合前章皇別爲一章 不說 音悅 即解
音蟹 人不間於其父母昆弟之言 間廁之間注同 三復 息暫
反又如字 之玷 丁簟反又丁念反 可磨 音摩 妻之 七細反 康子問弟
子孰爲好學 呼報反一本作季康子鄭本同 顏路 回父也名由字季路 之車
音居 無椁 古廓反 曰噫 於其反痛傷之聲 天喪 如字亡也舊息浪反下及注同 慟
徒送反馬云哀過鄭云變動容貌 從者 才用反 夫人 音符下章夫人同 之爲 于僞
反 焉能 上於虔反 語之 魚據反 誾誾 魚巾反 行行 胡浪反剛貌或戶郎

扡，本或作拖【法】扡疑當作拕

昵，女力反【法】力疑乙之譌

居不容【法】容當作客

輢，於倚反【法】倚蓋綺之譌

無椁【法】據今本當出之椁二字，詳《校勘記》

焉能，上於虔反【法】上字衍

郎反　侃侃苦旦反　子樂音洛注同　以壽音授　仍舊魯讀仍爲仁今從古
貫古亂反事也　藏才浪反藏名　有中丁仲反注同　不解音蟹　故復
扶又反　得中丁仲反　師愈以主反　與音餘　爲之于僞反又如字注同　賦稅
如銳反　柴仕佳巢諧二反　子羔音高左傳作子羔家語作子高禮記作子皐三字不同　鈍也徒遜
反　也辟匹亦反　在邪似嗟反　也喭五旦反　之行下孟反　叛普半
反本合作畔　子曰回也其庶乎或分爲別章今所不用　屢空力從反　殖
焉市力反　億則於力反度也　屢中丁仲反　雖數音朔　空匱
其位反　而樂音洛　億度待洛反又徒洛反　數子色主反下同　踐迹本亦
作跡　子是與音餘　鄙行下孟反　遠于萬反　恧古文臣字本今作臣
與音餘下同　弒父音試　費宰悲位反　夫人音符　惡夫上烏路反下音
符　給應應對之應　曾晳星歷反史記云曾蒧字晳　侍坐才臥反又如字　長乎

論語音義　十三　柳

丁丈反　毋音無　吾以鄭本作已　難對乃旦反　治直吏反　先三人
悉薦反　千乘繩證反　饑音機鄭本作飢同　饉其靳反　比及必利反下同
知方何云方義方也鄭云方禮法也　哂之詩忍反　非曰音越　小相息亮反注及下同
時見賢遍反　殷覜吐弔反本或作見　衣玄於既反　冠章古亂
反　視朝直遙反　鏗爾苦耕反投琴聲本今作瑟聲　舍瑟音捨　之撰
士免反具也鄭作僎讀曰詮詮之言善也　亦各言其志一本作亦各言其志也　莫春
音暮本亦作暮　冠者古亂反注同　浴乎音欲　沂水魚依反水名也　舞雩
音于　而歸如字鄭本作饋饋酒食也魯讀饋爲歸今從古　衣單於既反下音丹　袷古洽反
喟起愧反又苦怪反　夫三音符　也與音餘　焉於虔反本今無此字　宗廟會
同非本或作宗廟之事如會同非　非諸侯而何一本作非諸侯如之何

顔淵第十二

藏，才浪反，藏名【法】盧校以藏名二字作正文

稅，如銳反【法】如蓋始之譌

柴，仕佳、巢諧二反【法】仕佳、巢諧，此佳、諧分部

叛，普半反【法】普疑薄之誤

屢，力從反【法】從疑住之譌

度，待洛反，又徒洛反【法】又徒洛反四字蓋校語，徒洛即待洛也

《史記》云：曾蒧字晳【法】蒧盧改蔵

饉，其靳反【法】饉、靳不同部

沂水【法】水盧校删

非諸侯而何，一本作非諸侯如之何【法】盧云：古如、而字通用，之字蓋衍文

凡二十四章

也訒音刃孔云難也鄭云不忍言也字或作仞 馬犂力兮反史記作犂並云字牛 桓魋

徒回反 不疚久又反 夫何音符 浸潤子鴆反 之譖側鴆反 膚

受方于反 之愬蘇路反 而去起吕反下同 於斯三者一讀而去於斯爲絶

句 棘子紀力反 馬四音四 鞹苦郭反孔云皮去毛曰鞹鄭云革也 去起吕反 別者

彼列反 饑居其反鄭本作飢 盍胡臘反 徹乎直列反 而稅舒銳反 辨

惑本亦作或 辨別彼列反 惡烏路反注同 亦祇音支 此行下孟反

吾焉得而食諸本亦作焉得而食諸焉於虔反本今作吾得而食諸 片言如字鄭云

半 以折之舌反魯讀折爲制今從古 也與音餘 子路無宿諾或分此爲

別章 無倦其卷反亦作卷 懈倦古賣反 博學於文一本作君子博學於

文 矣夫音符 之帥所類反又所律反字從巾同訓並與率同 情慾音欲又羊住反

論語音義 卋 柳

本今作欲 所好呼報反 焉用於虔反 仆也蒲北反 草尚尚加也本或作

上 夫達音符下同 而好呼報反 以下遐嫁反注同 而行下孟反 從

遊才用反 壇徒丹反 墠音善 脩慝吐得反 德與音餘 問知

音智下同 錯諸或作措同七故反下同 枉紆往反 邪似嗟反 鄉也許亮反又

作嚮同 吾見賢遍反 選於息戀反又息轉反下同 皋陶音遥 遠

矣如字又于萬反下同 忠告古毒反 善道導也 毋自音無 有相

切磋七何反本今作友 之道如字

子路第十三

凡三十章

勞之孔如字鄭力報反 先道道導也本今作導 說以音悅 曰毋倦上音

無下其卷反 焉知於虔反 其舍如字置也 之迂音于包云遠也鄭本本今作無

祇，音支【法】祇當作祇

倦，其卷反，亦作卷【法】卷當作眷，亦作卷之卷疑當作券

道，導也【法】導也疑音導之譌，若訓爲導，不容無音

道，導也【法】道導也三字亦誤，與上同。若訓爲導，不必複舉道字

于于在也 不中丁仲反下同 濫罰力暫反 所錯七故反本又作措 學

稼音嫁 爲圃布古反又音布 上好呼報反下同 賁應應對之應 夫如

是音符 繈居文反又作繈同博物志云織縷爲之廣八寸長丈二以約小兒於背 使於所吏反

蘧其居反 瑗于眷反 史鰌音秋 苟完音桓 期月音基注同 勝

殘音外注同 王者于況反又如字注同 退朝直遥反周生烈云君之朝鄭云季氏朝 何

晏於諫反 其與音預 不易以豉反 而喪息浪反 無樂音洛注同

葉公舒涉反注同本今作葉 者說音悅 莒居呂反 父音甫注同 毋欲音無本今作無 公語魚據反 直躬孔云躬身也鄭本作弓云直人名弓 攘羊如羊反有因而盜曰攘 父爲于僞反注同 使於所吏反 稱弟大計反亦作悌同 行必下孟反注同 硜硜苦耕反 噫於其反 斗筲所交反竹器容斗二升

算悉亂反本或作筭 數色主反 狷音絹 醫於其反 善夫音符 所

論語音義 十五

多拱之

嗜常志反 好呼報反 惡烏路反注及下同 易事以豉反下同 難說音悅下同 度才徒洛反 剛毅魚既反 木訥奴忽反 質樸普剝反 遲鈍徒頓反 偲偲音絲本又作偲 怡怡以之反

憲問第十四

凡四十四章

在朝直遥反本今作在其朝 好勝呼報反 行之下孟反下如字 危行下孟反注及下同 言孫音遜 以遠于萬反 宫适古活反本又作括 羿音詣 奡盪上五報反下土浪反 篡初患反 后相息亮反 寒浞仕捉反 少康詩照反 盡力津忍反 溝洫況域反 世皆王于況反 矣 夫音符 勿勞力報反注同 來之力代反 裨諶上婢之反下時針反 草 創初向反制也依說文此是創瘢字創制之字當作刱 乘以繩證反本今作乘車以 復治

葉公，本今作葉【法】據本今作葉語，疑正文本作葉，唐人避諱改也

注同【法】注盧改下

扶又反 掌使所吏反 孫揮許歸反 更此古衡反 故鮮仙善反
駢邑薄田反又薄亭反地名 飯扶晚反 蔬所居反本今作疏 食如字又音嗣注疏食同
當理丁浪反 怨難乃旦反 驕易以豉反 公綽昌略反本又作綽 滕
薛上徒登反下息列反 之知音智 孫紇恨發反 卞莊子皮彥反鄭云秦大夫
少時詩照反 公孫拔皮八反 不厭於豔反下同 樂然音洛 以防
音房 不要一遥反 所譖莊鴆反 知不音智 不辟音避 譎而古穴
反詐也 朝之直遥反 狩手又反本亦作守 公子糾居黝反注皆同 召音邵 民
慢武諫反 從弟才用反 殺襄申志反本今作弒 九合諸侯不
以兵車史記云兵車之會三乘車之會六穀梁傳云衣裳之會十一范甯注云十三年會北杏又會柯
十四年會鄄十五年又會鄄十六年會幽二十七年又會幽僖元年會檉二年會貫三年會陽穀五年會首戴七年會甯
毋凡十一會鄭不取北杏及陽穀爲九也 者與音餘 又相息亮反下同 被髮皮寄

論語音義　十六　包正

反下同 左衽而審反一音而鴆反下同 大夫僎本又作撰同士免反 公朝直遥反
行如下孟反 子曰衞靈公之無道一本作子言鄭本同 夫如是
音符下同 不喪息浪反下同又如字 仲叔圉魚呂反 祝鮀徒何反 各
當丁浪反 其言之不作才洛反慙也 弑簡音試下同本亦作殺同 而
朝直遥反 先齊齊必沐浴側皆反亦作齋字 告夫音符下同 故
復扶又反下同 之三子告本或作二三子吉非也 語之魚據反 諫爭
下作去聲 爲己于僞反注同 蘧伯玉其居反 使者所吏反及注同 其
行下孟反或如字 知者音智 不惑音或 方人如字孔云比方人也鄭本作謗謂言人之過惡
夫我音符 暇行訝反 不億於力反 怨紆萬反本或作宛 丘何
或作兵何鄭作丘何是本今作丘何爲是 驥音冀古之善馬也 夫音符 不怨於表反又於願反注同
不尤鄭云尤非也 伯寮力彫反 愬悉路反 譖也側鴆反 恚子

綽，本又作綽【法】本又作綽非異文，或正文作卓乎？ 又《莊子・大宗師》綽，崔本作淖，盧校據汗簡改作繛

大夫僎【法】僎盧改撰

一睡反 市朝直遥反 也與音餘 辟世音避下同 適治直吏反 長
沮七餘反 荷蕢上胡我反本又作何音同下其位反蕢草器也下皆同 楚狂接輿
音餘 闇人音昏本或作昏同 者與音餘 契契苦計反一音苦結反 硜硜苦耕
反 莫己音紀下斯已同 則揭起例反 揭揭上起例反下起列反又皆起例反
末之難如字或乃旦反 不解音蟹本今作不能解 諒音亮信也 陰如字然也
鄭讀禮爲梁鶡杜預解古傳爲諒闇貌也 中興丁仲反 治也直吏反本今作治者 上
好呼報反 易使以豉反 病猶難乃旦反 原壤而丈反 夷踞
音據 不孫帝孫 弟大計反 長無丁丈反 叩其音口又音扣 脛戶定
反 傳賓直專反 者與音餘 不差初佳反一音初賣反

衛靈公第十五　凡四十九章

論語音義　十七　桂

問陣直刃反注同本今作陳 行列戶剛反 俎豆側吕反 絶糧音粮鄭本
作粻音張下糧也 從者才用反 之難乃旦反 慍紆問反下同 見賢遍反下同
斯濫力暫反何云溢也鄭云竊也 者與音餘下非與也與同 以貫古亂反 鮮
仙善反 而治直吏反 夫何音符 行篤下孟反下行不篤敬亦同 蠻貊亡白
反說文作貌云北方人也 參於所金反注同 在輿音餘 倚於綺反注同 夫然音扶
梔音厄本今作軛 紳音申 大帶如字 史鰌音秋 行直下孟反 卷而
卷免反注同 不與音預 不忤五故反 知者音智 易知以豉反 之
輅音路本亦作路 越席戶括反 黈吐口反 纊音曠 盡善津忍反下
同 遠佞上于萬反下乃定反 好德如好色並呼報反下章好行音同 者與
音餘 遠怨于萬反注同 怨咎其九反 禍難乃旦反 行小慧音惠
小才知魯讀慧爲惠今從古 才知音智 爲質本作君子義以爲質鄭本略同 孫以音遜

荷，本又作河【法】河當作何

杜預解《左傳》爲諒，闇貌也【法】杜注再考

糧，音粮，鄭本作粻，音張，下糧也【法】下疑云之譌

貊，《說文》作貌【法】貌當作貉，見《肅慎之命書序》

卷，卷免反【法】卷當作眷

不爭爭訟之爭與比毗志反誰譽音餘下及注同借人子夜反注同今
亡矣夫音符衆惡之烏路反注同衆好之呼報反比周毗志反
餒在奴罪反餧也知及音智注及下同涖之音利又音類子曰父在觀
其志父沒觀其行集解無此章鄭本有云古皆無此章吾見蹈徒報反
不復扶又反有種章勇反爲謀于僞反文艷以驗反晃見
賢遍反在處昌慮反道與音餘相師息亮反注同馬云相導也鄭云相扶也
季氏第十六
凡十四章
顓音專臾音瑜顓臾附庸國也見於賢遍反宓音密又音伏本亦作伏羲許宜
反過與音餘下同相其息亮反爲之上音下僞反夫顓臾音符
下今夫疾夫云如是並同邦域邦或作封周任音壬注同度已待洛反焉用
論語音義　十八　桂
於虔反相矣息亮反注同下相夫子同虎兕徐履反於匣戶甲反本今作柙
於櫝音獨下同檻戶覽反匱也其位反於費悲位反注同必爲
子孫憂本或作後世必爲子孫憂疾夫音符舍曰音捨注同政治直吏
反本今作理離析星歷反邦內鄭本作封內盾食允反又作楯並不
在顓臾或作不在於顓臾乾侯音干陪臣蒲回反陪重直龍反
政逮音代一音第故夫音符便辟上婢綿反下婢亦反注及下皆同便佞
乃定反三樂五教反下不出者同禮樂音岳驕樂音洛下宴樂同佚遊本亦
作逸音同三愆起虔反躁早報反魯讀躁爲傲今從古隱匿女力反之瞽
音古趣鄉許亮反本又作向少之詩照反在鬭丁豆反在得或作德非
易知以豉反恢疏苦回反狎大戶甲反侮聖亡甫反忿芳吻反
思難乃旦反如探吐南反蒲坂音反華山如字又戶化反謂與音餘

下同【法】下同盧改注同○檻，户覽反【法】檻、覽不同部

疾夫【法】疾夫條衍，已見上注

陳亢音剛又苦浪反鯉音里伯魚名也之遠于萬反之稱尺證反下同嫡
丁歷反本又作適同

陽貨第十七

凡二十四章

歸孔子如字鄭本作饋魯讀爲歸今從古豚徒門反故遺唯季反塗字當
作途音徒不治直吏反好從呼報反注同而亟去冀反謂知音智注同
數色角反強賢其丈反莧爾華版反本今作莞焉用於虔反
易使以豉反注同從行才用反弗擾而小反以費悲位反不
說音悅夫召音符佛音弼肸許密反磨而末多反不磷力刃
反薄涅而乃結反說文云謂黑土在木中者也不緇側其反皁才早反能污
污辱之污一音烏又烏故反匏瓜上薄交反下古花反焉能於虔反瓠戶故反一

六之十七小三之十　論語音義　十九　蘇

處昌慮反下同六蔽必世反知音智吾語魚據反好仁呼報反下同
所適丁歷反相爲于僞反也絞交卯反妄抵丁禮反夫詩
音符以興許應反注同以觀如字注同切磋七何反怨刺七賜反邇之
音爾召南上實照反下及注同也與音餘淑女受六反下如字如鄉許亮反又
作向同內荏而審反柔也穿踰音瑜本又作窬音同說文作穿窬木戶郭璞云門邊小竇
音臾一音豆與音餘鄉原如字又許亮反是敗亂敗字或作賊字趣鄉
許亮反本今作向則傳直專反說之音悅與哉音餘本或作無哉邪
媚上似嗟反下武異反廉魯讀廉爲貶今從古忿戾力計反惡紫烏路反下同閒
色閒廁之閒其邪似嗟反覆芳服反注同能說音悅本今作悅天何言
哉魯讀天爲夫今從古孺悲而樹反字亦作孺爲其于僞反令將力呈反期
已久矣音基下同一本作其鑽子官反燧音遂期可居宜反更火古衡反一

莧爾，華版反，本今作莞【法】正文當作莞，六朝人書完字每作完

涅而，《說文》云：謂黑土在木者也【法】涅盧改涅，謂字疑衍，木當作水〇污，污辱之污，又烏故反【法】烏故反與污辱之污無異，再通考

踰，《說文》作穿窬本户【法】本疑木之譌。盧校改作窬穿木户也

音古孟反 柘章夜反 柞櫓上子各反下羊久反又音由 槐音懷 食夫上音嗣下

音符下同 衣於既反 不樂音洛 昊天胡老反 博弈音亦 爲其

于僞反 據樂五教反又音樂 淫慾音欲又羊住反本今作欲 有惡烏路反除稱人

之惡注爲惡三字餘同音 好稱呼報反 而訕所諫反 而窒珍栗反魯讀窒爲室今從古

徼以古堯反鄭本作絞古卯反 爲知音智 抄也初交反 不孫音遜下同 訐

以居謁反攻人陰私說文云面相斥字林紀列反 近附近之近 遠之于萬反 見惡烏故反注

同 善行下孟反

微子第十八　凡十四章

紂之直又反 行異下孟反 三息暫反又如字 黜勑律反 焉往於虔反

當復扶又反 枉道紆往反 齊人歸如字鄭作饋其貴反 女樂並如字注

同 不朝直遥反注同 接輿音餘下同 乃見賢遍反 可復扶又反下同

大百六十三 小四百三十六 【論語音義　二十　占

辟亂音避下同 殆而魯讀期斯已矣今之從正者殆今從古 孔子下包云下車也鄭云下

堂出門也 長沮七餘反 桀溺乃歷反 耦而吾口反 廣古曠反 夫執音

符 丘與音餘 言數所角反 處也昌慮反下同本今無也字 孔子之徒

與音餘一本作子是本今作孔丘之徒與 滔滔吐刀反鄭本作悠悠 治亂直吏反 空

舍音捨 辟人音避 耰音憂 不輟張劣反 覆種章勇反下字同 憮

音呼又音武 徒與誰與並如字又並音餘 子路從才用反 荷何可反又音何

蓧徒弔反本又作條又作莜 不分包云如字鄭扶問反云猶理 而索所白反 植其

音值又市力反 而芸音云多作耘字芸香草也 倚也其綺反 拱居勇反 而食音嗣

見其賢遍反 以語魚據反 長幼丁丈反 已知音紀一音以 朱張

並如字衆家亦爲人姓名王弼注朱張字子弓荀卿以比孔子鄭作侏張云音陟留反 少連詩照反下同 齊

與音餘 之朝直遥反 言中丁仲反下同 應倫應對之應下同 思慮息嗣

樂，又音樂【法】音樂盧改音洛

紂，直又反【法】紂無讀去聲者，又當作久

荷，何可反，又音何【法】音何疑作何之譌

反又如字 不復 扶又反 廢中 方肺反馬云棄也鄭作發動貌 大師 音太 亞 於嫁反

摯 音至 飯 扶晚反下同 繚 音了 鈌 窺悅反 播 彼佐反搖也 鼗 徒刀反亦作鞉

少師 詩照反 不弛 舊音絁又詩紙反又詩豉反孔云以支反一音勑紙反落也竝不及舊音本今作施

施易 音亦下同 周有八士 鄭云成王時劉向馬融皆以爲宣王時 伯适 古活反 季

騧 古花反 四乳 如注反又如主反 生 所幸反又如字

子張第十九

凡二十五章

焉 於虔反注同 爲亡 如字無也 而矜 居陵反 賢與 音餘下同 距 具呂反鷄爪也本今作拒下同 汎 芳劒反 恐泥 乃細反下同 泥難 乃旦反 謂好 呼報反

不解 音蟹 儼然 魚撿反本或作嚴音同 厲 如字下厲己同王云病也鄭讀爲賴恃賴也己居止反下同 謗己 布浪反 洒掃 上色買反又所綺反正作灑經典下素報反本今作埽 應

論語音義　二十一　駱賁

對 抑證反 抑末 本末之末字或作未非也 曰噫 於其反 先傳 直專反注同

後倦 其眷反 必先厭 於豔反 區 羌于反 以別 彼列反注同

焉可 於虔反 誣 音無 有卒 子恤反 而優 音憂 行有 下孟反 陽

膚 方于反 輕漂 匹照反 惡居 烏路反 以喪 息浪反 孫朝 直遥反

焉學 於虔反下不學同 未墜 直類反 語大夫 魚據反 於朝 直遥反

州仇 音求 闚 棄規反 之好 如字舊呼報反 數仞 色主反仞一作刃音同

不知量 音亮注同 爲知 音智下同 道之 音導 綏之 音雖

堯曰第二十

凡三章

玄牡 茂后反 擅赦 市戰反 不蔽 必袂反 不與 音預 大賚 力代反賜也

權量 音亮注同 權秤 尺證反 則說 音悅注同 故傳 直專反

亞【法】盧移亞字條於摯字條下

泥，乃細反，下同【法】下同盧改注同

洒，正作灑，經典【法】經典下疑有脫誤，詳盧校

焉學，下不學同【法】不學上疑脫焉字，盧補

不費芳味反，下同 敢慢武諫反 儼魚檢反 出尺遂反，又如字，注同 內如字，又音納，注同，本今作納 之吝力刃反，舊力愼反 難乃旦反，又如字 孔子曰不知命無以爲君子也魯論無此章，今從古 之分扶問反 別其彼列反

經典釋文卷第二十四

論語音義　二十二　朱寶

吝，力刃反，舊力愼反【法】吝字音説見《泰伯》篇

經典釋文卷第二十五

老子道經音義

唐國子博士兼太子中允贈齊州刺史吳縣男陸　德明　撰

老子姓李名耳河上公云名重耳字伯陽陳國若縣厲鄉人史記云字聃又云仁里人又云陳國相人也生而皓首劉向列仙傳云受學於容成生殺時爲周柱下史觀周之衰乃西出關是周敬王時也爲關令尹喜說道德二篇尚虛無無爲劉向云西過流沙真知所終凡五千餘言河上注爲章句四卷不詳名氏文帝徵之不至自至河上責之河上公乃踊身空中文帝改容謝之於是授以漢文老子章句四篇言治身治國之要其後談論者莫不宗尚玄言唯王輔嗣妙得虛無之旨今依王本博采衆家以明同異

道生天地之先　德道之用也　徼小道也邊也微妙也古弔反

老子道經音義　一

較音角又校量深淺也　傾高下不正皃去營反　弱其志心虛則志弱也本無爲字　隆之　稱尺證反一本作号一本作名　也曷河葛反何也　爲而常校音教　能相射食亦反　穿音川　窬音俞又音豆　探吐南反　聖人之治直吏反　強其良反又作彊　使夫音符　知者音智　道沖直隆反　不盈本亦作滿　淵旨河上作乎　挫子臥反　銳悅歲反　解其紛拂云反河上云芬　湛直減反　夫　執一家之量音亮　贍涉豔反　滿以造實士報反　又復扶又反　不盈或作滿　不能累力僞反　萬物舍音捨又作舍　汙音烏　而不渝羊朱反　以萬物爲芻楚俱反　狗古口反　佁直吏反　爲于僞反下有爲不爲皆同　其猶橐他各反　籥音藥　掘求物反又月反河作屈屈竭也顧作掘云猶竭也　動而愈出羊主反又羊朱反　排扶拜反　橐乃反　空洞同貢反　多言數窮王云理數也顧云勢□也

法偉堂經典釋文校記遺稿卷二十五

老子道經音義

清法偉堂著　邵榮芬編校

法云：此卷錯誤甚多，殆後人所亂，非陸氏原本也。又如恬，探嫌反；蹶，蹇月反；譽，逸注反之類雙聲字皆他卷所無。

於是授以漢文《老子章句》四篇【法】以字盧校改在漢文下

弱其志【法】盧移弱其志條於强字條上

旨【法】旨當作兮

舍，又作舍【法】又作舍非異文，誤，盧改捨

□爲【法】闕處盧補有字　掘，求物反，又□月反，河上□【法】闕處盧補求、本字

□□□囊乃反【法】此行闕處盧補橐字，注云：無底橐，乃各反。案橐字不當音乃各，乃者囊字之音紐也。以字數計之，疑當作橐，他各反，本又作囊，乃郎反　○顧云，勢□也，□【法】缺處盧補數字，以下未補

足以共音恭亦音拱谷古木反中央無者也河上本作浴浴者養也玄牝頻忍反舊云扶

比反簡文扶緊反中央無一本作空私邪河上直云以其無私處本合作居惡烏路

反注作同也幾音機近也又一音祈善治直吏反揣初委反又丁果反志瑞反顧云治也簡文

章撰反而梲音銳梲字音菟奪反又徒活反河上作銳末令力征反尖子廉

勢必摧粗雷反衄女六反滿堂本或作室自遺唯季反以之反咎求九

反功遂本又作成四時更音庚能無離力智反滌徒歷反疵在斯

反邪似嗟反物介音界民治河上本又作活以求匿他得反辟匹亦

反開闔戶臘反不昌尺亮反而處昌慮反以知乎音智河上本又

直作智恃河上本作恃長丁丈反三十輻音福車輻亦是共一轂古木反車

轂當丁浪反無有車音居又去於反挻始然反河上云和也宋衷注本云經同聲類云柔也

字林云長也君連反又一曰柔挻方言云取也如淳作繫埴市力反河上曰上也司馬云埴土可以為器釋名云埴職

老子道經音義　二　徐杲

杜弼云埴黏土也鑿戶在各反五色青赤白黑黃也令力征反盲陌庚反五

音宮商角徵羽也聾力東反五味酸鹹甜辛苦也口爽爽差也河上云亡也

馳敕領反狂求臣反令人行下孟反妨音芳去羌呂反寵辱簡文

云寵得也辱失也若驚顧云若而也貴重也河上公畏也大患若身河上

云空也何謂寵辱若驚河上本無若驚二字身為于偽反易以豉

反名武征反曰夷顧云平也鍾會云滅也平也曰希希疏也靜也搏音博簡文

補各反曰微細也致詰起吉反故混戶本反不皦古曉反明式云胡老反

不昧梅對反繩食陵反又民忍反梁帝云無涯際之皃顧云無窮不可序或云寬急河上本作繩

復音服悅虛往反治直吏反強其丈反豫如字本或作懊簡文與此同也儼

魚檢反樸普角反又作朴混胡本反蔽必世反王云覆蓋也鍾婢世反梁武同也蔽覆

芳富反生長丁丈反卒千恤反又尊恤反凡物本作夫則物離力智

牝，舊云扶比反【法】舊云扶比反盧改作舊音扶死反

處，本合作居【法】合殆又之誤〇惡，注作同也【法】注下有脫誤，盧改注及下同

摧，粗雷反【法】摧無清母一讀，粗蓋徂之譌也〇遺，唯季反，以之反【法】以之反

上有脫字，遺亦不讀以之反

以知乎【法】以知乎條當移開闔條上

恃，河上本作□【法】闕處盧補侍字　車，又去於反【法】車無去於者，此未詳

挻，君連反，如淳作繫【法】君蓋丑之誤。繫蓋擊之誤，《長笛賦注》引如氏曰挻擊

埴，《釋名》云：埴職【法】職當作膩，下脫也字

貴，河上公畏也【法】公盧改云

味，悔對反【法】悔、對同部，不能爲紐。悔蓋梅之誤〇繩，河上本作繩【法】繩非

異讀（榮芬案當作字），必誤。盧云：當是作繩繩，少一繩字，衆家考異俱不言

卒，千恤反【法】千盧改子

反其分扶問反虎兕徐子反無所容鋒刃芳逢反大上
音太王云太上謂大人也顧云太古上德之人也行施始致反次侮亡甫反涖字斯反
釁許靳反悠孫登張憑杜弼俱作由一本猶用也有應應對之應知慧音智趣
七喻反或音促觀形見賢遍反大惡烏路反治直吏反則濡而朱反又
而注反百倍蒲罪反令力征反所屬之欲反注同見賢遍反抱樸
普角反之善一本作傑行下孟反唯遺癸反舊云維水反相去欺慮反幾
居豈反燕於見反雀將略反鳩九求反鴿古合反有仇音求氈之然
反本作旃裘音求續鳧音符截昨結反鶻戶各反衆人熙熙許其
反若享普庚反殺煑也簡文許庚反河上公作饗用也牢力刀反廓苦郭反河上本
作怕普白反咳胡來反說文字本或作孩儽儽力追反一本日損益也敗也欺也說文音雷古
本河上作乘乘兮所別彼列反析星歷反所好呼報反沌徒損反又

老子道經音義　三　顧渊

徒門反文音頓簡俗人昭昭章遙反一本作照悶悶如字澹兮其若
海徒紺反古本河上作忽兮若晦嚴遵作忽兮若晦飂力幽反梁作飄簡文云數遙反河上淵兮繫
繫張立反一作執母如字德之容鍾云法也簡云狀也怳況往反又呼廣反窈烏了
反冥莫經反說一云悅狀哉河上一本直云吾何狀也見賢遍反枉音往窪烏瓜
反簡文烏麻反顧云洿蔽必世反轉遠于萬反自見賢遍反彰音章淡
徒暫反一作澹故飄毗遙反扶遙反驟狀救反道者於道河上於道者絕句企
者苦賜反河上作跂跨苦化反餘食贅專稅反疣贅也簡文云之眚反河上云贅
也貪行下孟反注同郤至之行去逆反郤至晉大夫自伐事見左傳成公十六年更
爲肬音尤惡烏路反混成胡本反先天悉薦反宋本亦作寂寞
音莫河上云寥空無形也鍾會作飂云空跡無質也而不殆田賴反危也稱尺證反強其文
反亦復扶又反重爲輕起政反躁早報反離音利輜側其

兕，徐子反【法】子當作姊

施，始致反【法】致盧改豉

釁，許靳反【法】釁、靳不同部，靳疑覲之誤

鶻，户各反【法】鶻不音户告（榮芬案告當作各）

儽儽，一本日損益也，敗也，欺也【法】日盧本改曰。偉疑此處有闕誤，訓損益，訓欺並不可解

簡云：狀也【法】簡下盧補文字○窈，烏了反【法】窈盧改窈

說，一云悅【法】一云悅三字殆誤○枉，音往【法】枉、往不同讀，音往二字必誤。他處皆紆往反

飄，毗遥反，扶遥反【法】扶遥反上有脱字○道者於道【法】道者句與今本不同

殆，田賴反【法】殆字已數見，並上聲，何以此讀去聲？殆、田不同等，殆、賴不同部，種種謬誤，必非陸氏原文　○離，音利【法】離他處皆力智反

重直用反 榮觀古亂反 宴處於見反簡文云謂靜思之所宴居也 萬
乘之主繩證反謂天子也 輕則失本河上作臣 躁則失君謂失
君位 喪息浪反 善行下孟反 無徹梁云應車邊今作河邊者古字少也跡上
作迹 無瑕下家反疵過也 讁直革反譴責也 不別彼列反 善數色主反簡文色
具反河上作許 籌直由反 策初厄反 楗其偃反距門也 所好呼報反 裕羊注
反 長丁丈反 谿苦奚反或作溪 不離力智反 摸莫胡反 不忒吐得反顧
云差也爽也 樸普角反 官長丁丈反 百行下孟反 故為于僞反 無
割乾過反 物或歔音虛河上本作呴許具反 羸力為反 或挫作臥反搦也簡
文在臥反河上作載 隳許規反毀也 去羌呂反 其事好呼報反 還音旋 治
直吏反 凶年天應惡氣災害五穀盡傷人也 難乃旦反 當復扶又反 佳格牙
反善也河上飾也 惡烏路反 恬掭嫌反本或作栝梁武音膾 澹徒暫反本亦作惔音同又音談

老子道經音義 四 史

字同河上本作恢梁武云甚回反簡文恬惔 樂五教反又音洛 戰勝式證反 天下莫
能臣也河上本作天下不敢 侯王梁武作王侯 隤徒回反 長中丈反 立
名分憤問反 錐音佳 治直吏反 行下孟反 道氾本又作汎周泛並同
衣於既反河上作愛也 施始豉反 故復扶又反 以其終不自為大
河上本云是以聖人終不為大也 於易以豉反 樂音岳 餌而志反 過古卧反 道
之出尺類反 淡徒暫反徒覽反 說音悅 令力征反 中中仲反 將欲翕
簡作歙又作給河上本作噏也許及反顧云閉塞也 去羌呂反 脫代活反 吾將鎮之以河
無名之樸夫亦將無簡文作不 欲河上本作吾將鎮之上者非老子所作也

所好【法】所好以下三條今注本無
摸【法】摸盧改模
物或歔【法】今本物字不與或歔連
恬，掭嫌反【法】掭字太僻，必誤
分，憤問反【法】憤盧改符〇錐，音佳【法】佳當作隹〇氾【法】氾盧改汜
淡，徒暫反，徒覽反【法】徒覽反上盧補又字

老子德經音義 德若得也道生萬物有得獲有故名德經四十四章一本四十三

應對如字 則攘 若羊反 臂 必寐反 而扔 人證反又音仍引也因也字林云就也數也原

故去 羌呂反 無喪 息浪反 心見 賢遍反 肌 巳其反又音既 無所偏

音遍 之量 音亮 毋 莫后反 舍本 音捨 博施 始豉反 偏 音篇 抑 於

反 亢 苦浪反 忿枉 紆放反 尚好 呼報反 敬校 音教 爲贍 言涉反豔 治

直吏反 穢 於廢反 耽 都南反 行 下孟反 遠 于万反一本作弃 裂 力竭反 恐

歇 許謁反 將恐蹶 蹇月反其月反又[redacted]衛反 數 色主反 譽 逸注反毀譽也 碌

音祿 珞 音洛又音歷 昧 梅對反 夷道若纇 雷對反簡文云之也河上作類一本作纇

內 如鋭反又若對反 [redacted]不見 賢遍反 全別 彼列反 有分 符問反 炎 于沾反

貸 吐代反 恭 一作供 裁 音才又才代反 所惡 烏路反 稱 尺證反 可舍

音捨 愈遠 于萬反 非強 其丈反 騁 敕領反 折 章舌反又常列反 名好

大字五七 小字四千五 老子德經音義 五 霖

呼報反 無厭 於鹽反又於豔反 費 芳貴反 藏 才良反 缺 窺悦反 獘 婢世

反 不爲 于僞反 屈 丘物反僞也 訥 奴忽反 躁 早報反 罷 音皮却也 除

糞 弗問反 禍莫大於不知足 河上本有此句上有罪莫大於可欲一句 咎

其九反 不窺 起規反 姜牖 二同由九反 摶 波洛反 歙歙 許及反一本作慄慄

河上本作怵懼見簡文云許葉反危 渾 胡本反 注 之樹反 咳 胡來反本或作孩

孩 晃 音勉 旒 音留說文作瑬 充 如字 黈 吐口反 纊 若放反 戚 七歷反 於

慢 武晏反 其徑 經定反 喪 息浪反 所適 丁歷反 舍 音捨 兕

徐覆反 被 皮彼反 投 音頭 錯 七路反 而令 力征反 鋒 芳逢反 累

劣僞反 黿蚖 二並音元 蟺 徒多反又音蟺又本作蟮 襲 音習 鷹 憶矜反 鸇

之然反 埤 音婢 矰 作能反 繳 諸若反 網 亡兩反 罟 音古 卒 子戍反 餌

離 音利 稱 尺證反 長 張丈反 亭之 如字別也 毒之 徒篤反今作

枉，紆放反【法】放當作往

蹶，蹇月反，其月反【法】其月反上盧補又字

昧，悔對反【法】悔疑誤，説見前○類，雷對反，簡文云：之也【法】之盧改疵

內，又若對反【法】若對不成切，若疑諾之譌。盧校云：疑當作苦對

弊，婢庶反【法】弊盧依宋本作獘，庶盧改世，亦依宋本也

蟺，徒多反，又音蟺【法】注內蟺字據《集韻》當作壇

餌，如止反【法】如止盧改而志　毒，徒篤反，今作育，□熟反【法】徒盧改余，是

（榮芬案空缺處盧補余字，非改徒爲作余，法誤）

熟 庇必寐反又音祕亦作𣏟 廕於鴆反 復扶又反又音服 其兊徒外反簡云言
銳河上本作銳自言也 見賢遍反 小曰音越 遺唯季反 介音界 好呼報反
徑經定反邪徑 復扶又反 朝直遥反 絜好如字 蕪音無 厭於豔反
夸口花反 盜夸非道也哉河上本同 不拔皮八反顧云私 齊才細
反 不輟張劣反 孫傳直專反 比必履反 蜂芳逢反 蠆敕賣
反 虺虛鬼反 蛇食奢反 螫失亦反又呼各反河上云毒蟲不螫 攫俱縛反 不
搏音博 筋柔居勤反俗者筋 而握於學反 知牝頻忍反 牡牟右反
之合而全作全如字河上作峻子和反本一作朘說文子和反又子壘反云赤子陰也子垂反
終日號戶毛反 不嗄一邁反氣逆也又於介反而聲不嗄當作噫 則夭於驕反又
於表反 強其良反 壯側諒反 挫子臥反 銳悅歲反 令力正反 去羌呂反
不劌居衞反河上作害傷也 汙音烏 僻匹亦反 激經覓反又古堯反 拂芳佛
大四五十五 小四四十六 【老子德經音義】 六 雲
反 不燿以照反 匿女力反 莫如嗇生力反河上云貪也 去羌呂反 早
復音服 謂之重直容反 柢丁計反亦作蔕 烹普庚反當加火 不小鮮
音仙 以道莅力至反字說文作𨽻 無此 治直吏反 牝頻忍反 靜復扶又
反 以下遐嫁反 則取七揄反又七諭反 畢下遐嫁反 過古禾反又古卧反
奥於六反暖也河上烏報反 曖音愛暄也說文作僾 庇必寐反本祕反 蔭於鴆反 尊
行下孟反 有拱居勇反 璧并歷反 以先悉薦反 所以為
于僞反 不曰于月反 淡徒暫反 於其易以豉反 必多難乃旦
反 其脆七歲反河上本作膬昌脊反 易泮普半反 於累劣被反 老
敗必賣反 施始志反 辟匹亦反 好呼報反 令力征反 復以扶又
稽式古兮反嚴上作楷式 河善下言下遐嫁反 厭於豔反 夫音扶
大絕句 以陳直忍反 費芳味反 匱其貴反 器長張

其兊，德彖反（榮芬案德彖反誤。兊陸氏皆徒外反，當據正），簡云言□【法】簡下盧補文字，闕處盧補也字

峻，字垂反【法】字盧改子

曖，音愛，《說文》作僾【法】僾《說文》作僾○庇，必寐反，本祕反【法】本祕反上盧補又字

陳，直忍反【法】忍當作刃

舍音捨而不辟音避於難乃旦反卒尊忽反帥所類反爲于僞
反無行户剛反攘若羊反扔音仍幾音祈易以豉反被音備
褐户葛反無狎户甲反無厭於艷反離力智反物擾而小反辟
匹亦反不能復扶又反潰户對反見賢遍反故去羌吕反之所
惡烏路反猶難乃旦反繟音闡坦吐但反梁王尚鍾會孫登張嗣本有此坦平大皃河
上作墠墠寛也旦尺善反又上單反也而見賢遍反凶先悉薦反恢苦回反是
大匠斲陟角反治直吏反僻匹亦反强其兩反舊其良反柔脆七歲
反枯槁苦老反與音餘抑於力反之量音亮身去羌吕反天下
莫柔弱於水河上本作天下柔弱莫過於水垢古口反和大怨紆万反契
苦計反不令力征反伯絶句河上本不貪貨賂音路輿音餘河上曰車
使人復音服又扶又反樂音洛人已基倚反愈音與而不爭
爭鬬注同

老子德經音義　七　陳彦

經典釋文卷第二十五

被，音備【法】被、備不同音

坦，河上作墠。坦尺善反，又上單反也【法】坦字條有誤。坦尺善反之坦，疑當作墠。上單反，當是定紐類隔

治，直吏反〜僻，匹亦反【法】治、僻二字盧乙轉

身去【法】身去二字今未見

不令【法】不令二字今未見

已，基倚反【法】已、倚不同部〇愈，音與【法】愈、與不同部

經典釋文卷第二十六

莊子音義上 内篇七

唐國子博士兼太子中允贈齊州刺史吳縣開國男陸德明撰

内篇 内者對外立名說文云篇書也字從竹從艸者草名耳非也 逍 音銷亦作消 遥 如字亦作搖 遊 如字亦作游逍遥遊者篇名義取閒放不拘怡適自得 第一 郭象注 夫小大 音符 之場 直良反 事稱 尺證反 各當 丁浪反 其分 符問反 北冥 本亦作溟覓經反北海也嵇康云取其溟漠無涯也梁簡文帝云窅冥無極故謂之冥東方朔十洲記云水黑色謂之冥海無風洪波百丈 鯤 徐音昆李侯溫反大魚名也崔譔云鯤當爲鯨簡文同 其幾 居豈反下同 鵬 步登反徐音朋郭甫登反崔音鳳云鵬即古鳳字非來儀之鳳也說文云朋及鵬皆古文鳳字也朋鳥象形鳳飛羣鳥從以萬數故以鵬爲朋黨字字林云鵬朋黨也古以爲鳳字 夫莊 音符發句之端皆同 性分 符問反下皆同 達觀 古亂反 宜

小五百 大百九　莊子音義上　一　祥

要 一遥反 垂天之雲 司馬彪云若雲垂天旁崔云垂猶邊也其大如天一面雲也 海運 司馬云運轉也向秀云非海不行故曰海運簡文云運徙也 豈好 呼報反下皆同 大處 昌慮反下同 何暦 七故反本又作措 齊諧 戶皆反司馬及崔並云人姓名簡文云書 志怪 志記也怪異也 水擊 崔云將飛舉翼擊水踉蹡也踉音亮蹡音七亮反 摶 徒端反司馬云摶飛而上也一音博崔云拊翼徘徊而上也 扶搖 徐音遥風名也司馬云上行風謂之扶搖爾雅云扶搖謂之飆郭璞云暴風從上下也 而上 時掌反注同 自勝 音外下同 決然 喜缺及下同 數仞 色主反下同 非樂 音嶽又五孝反 搶 七羊反 枋 音方 野馬 司馬云春月澤中遊氣也崔云天地間氣如野馬馳也 塵埃 音哀崔云天地間氣蓊鬱似塵埃揚也 相吹 如字崔本作炊 所馮 皮冰反本亦作憑 色邪 也差反助句不定之辭後放此 且夫 音符 覆 芳服反 杯 崔本作盃 坳堂 於交反又烏了反李又伊力反崔云堂道謂之坳司馬云塗地令平支遁云謂有坳垤形也 芥 吉邁反徐古邁反一音古黠反李云水草也

法偉堂經典釋文校記遺稿卷二十六

莊子音義上

清法偉堂著　邵榮芬編校

鵬，步登反，徐音朋【法】音朋與步登反同

故以鵬爲朋黨字【法】鵬盧改朋

摶，一音博【法】盧云：當云本一作博，音博，陸氏於《考工記》之摶埴亦云：劉音博。不分別字體，非是　○《爾雅》云：扶搖謂之飆【法】飆宜從猋，本書多誤

郭璞云：暴風從上下也【法】上下二字盧據《爾雅注》乙轉

邪，也差反【法】差當作嗟，盧已改

芥，吉邁反，徐古邁反【法】古邁與吉邁同

則膠徐李古孝反一音如字崔云膠著地也李云黏也　稱事尺證反後同　其濟子細反本又作齊如字　之生本亦作主字　至當丁浪反後皆同　而後乃今培音裴重也徐扶杯反又父宰反三音扶北反本或作陪　風絶句　背負青天一讀以背字屬上句　天於表反司馬云折也　閼徐於葛反一音謁司馬云止也李云塞也　蜩音條司馬云蟬　學鳩如字一音於角反本又作鷽音同本或作鸒音預崔云學讀爲滑滑鳩一名滑雕司馬云學鳩小鳩也李云鷽鸝也毛詩草木疏云鶻鳩班鳩也簡文云月令云鳴鳩拂其羽是也　我決向徐喜缺反李呼穴反李頤云疾貌　搶七良反司馬李云猶集也崔云著也支遁云搶突也　榆徐音踰木名也　枋徐音方李云檀木也崔云本也或曰木名　控苦貢反司馬云投也又云引也崔云叩也　莽莫浪反或莫郎反　蒼七蕩反或如字司馬云莽蒼近郊之色也李云近野也支遁云家間也崔云草野之色　三飡七丹反　果然徐如字又苦火反衆家皆云飽貌　舂東容反　糧音良　小知音智本亦作智下大知并注同下年知放此　跂尚丘豉反後同　累物劣僞反下皆同　朝菌徐其隕反司馬云大芝也天陰生糞上見日則

大六十三　小七百个　莊子音義上　二　祥

死一名日及故不知月之終始也崔云糞上芝朝生暮死晦者不及朔朔者不及晦支遁云一名舜英朝生暮落潘尼云木槿也簡文云欻生之芝也欻音況物反　晦朔朔旦也晦冥也　惠本亦作蟪同　古音姑司馬云蟪蛄寒蟬也一名蝭蟧春生夏死夏生秋死崔云蛁蟧也或曰山蟬秋鳴者不及春春鳴者不及秋廣雅云蟪蛄蛁蟧也案即楚詞所云寒螿者也蝭音提蟧音勞又音遼蛁音彫螿音將　冥本或作榠同　靈李頤云冥靈木名也江南生以葉生爲春葉落爲秋此木以二千歲爲一年　大椿丑倫反司馬云木一名櫄櫄木槿也崔音櫄華同李云生江南一云生北戶南此木三萬二千歲爲一年　彭祖李云名鏗堯臣封於彭城歷虞夏至商年七百歲故以久壽見聞世本云姓籛名鏗在商爲守藏史在周爲柱下史年八百歲籛音翦一云即老子也崔云堯臣仕殷世其人甫壽七百年王逸注楚辭天問云彭鏗即彭祖事帝堯彭祖至七百歲猶曰悔不壽恨杖晚而唾遠云帝嚳之玄孫　特聞如字崔本作待聞　之縣音玄　豪分符問反又方云反　棘李云湯時賢人又云是棘子崔云齊諧之徒識冥靈大椿者名也簡文云一曰湯廣大也棘狹小也　窮髮李云髮猶毛也司馬云北極之下無毛之地也崔云北方無毛地也案毛草也地理書云山以草木爲髮　其廣古曠反　數千色主反下同

培，音裴，徐扶杯反【法】扶杯與音裴同

司馬云：學鳩小鳩也【法】《文選》江文通《雜體詩》鷽斯蒿下飛，李注引司馬云：鷽鳩小鳥，音豫。與此引司馬不同

莽，莫浪反【法】蒼讀平上二声，則莽不應讀去聲，浪疑朗之誤

簡文云：欻生之芝也，欻音況物反【法】欻當作欻

角 司馬云風曲上行若羊角 而上 時掌反下同 且適 如字舊子餘反下同 斥 如字司馬
云小澤也本亦作尺崔本同簡文云作尺非 鴳 於諫反字亦作鷃司馬云鴳鴳雀也 騰躍 曲若反
翺翔 五刀反 蓬蒿 好刀反 知效 音智下戶教反 行 下孟反 比 毗至反徐
扶至反李云合也 而徵 如字司馬云信也崔支云成也 宋榮子 司馬李云宋國人也崔云賢者
也 猶然笑之 崔李云猶笑貌案謂猶以爲笑 譽之 音餘 加沮 慈呂反敗也
之竟 居領反 能復 扶又反 數數 音朔下同徐所祿反一音桑縷反司馬云猶汲
汲也崔云迫促意也簡文所喻反謂計數 故聞 音閑本亦作閑 未樹 司馬云樹立也未立至德也
列子 李云鄭人名御寇得風仙乘風而行與鄭穆公同時 泠 音零 六氣 司馬云陰陽風雨晦
明也李云平旦爲朝霞日中爲正陽日入爲飛泉夜半爲沆瀣天玄地黃爲六王逸注楚辭云陵陽子明經言春食朝霞
朝霞者日欲出時黃氣也秋食淪陰淪陰者日沒已後赤黃氣也冬食沆瀣沆瀣者北方夜半氣也夏食正陽正陽者南
方日中氣也幷天玄地黃之氣是爲六氣沆音戶黨反瀣音下界反支云天地四時之氣 之辯 如字變也

莊子音義上 三 毛諒

崔本作和 惡乎 音烏注同 无已 音紀注同 而王 于況反本亦作至 於鍼 之鴆
反或之林反 堯 唐帝也 許由 隱人也隱於箕山司馬云潁川陽城人簡文云陽城槐里人李云字
仲武 爝 本亦作燋音爵郭祖繳反司馬云然也向云人所然火也一云爟火謂小火也字林云爝炬火也子召反
燋所以然持火者子約反 浸 子鴆反 灌 古亂反 天下治 直吏反下已治注天下治而治
者也旣治而治實而治者得以治音同 能令 力呈反下同 稷契 息列反皆唐虞臣也稷周之始祖名
棄契殷之始祖名 能離 力智反 玄應 應對之應 汎乎 芳劒反 非夫 音扶
下明夫同 鷦 子遙反 鷯 音遼李云鷦鷯小鳥也郭璞云鷦鷯桃雀 偃鼠 如字李云鼷鼠也說
文鼢鼠一曰偃鼠鼢扶問反 歸休乎君 絕句一讀至乎字絕句君別讀 懷豁 呼活反
樂推 音洛 不厭 於艷反 庖人 鮑交反徐扶交反掌廚人也周禮有庖人職 尸
祝 之六反傳鬼神辭曰祝 樽 子存反本亦作尊 俎 徐側呂反 肩吾 李云賢人也司馬云神名
連叔 李云懷道人也 接輿 本又作與同音餘接輿楚人也姓陸名通皇甫謐云接輿躬耕楚王遣使以黃

角【法】角上盧補羊字〇斥，簡文云作尺，非【法】斥、尺同聲，通借作尺，亦未爲非

躍，曲若反【法】曲蓋由之譌

比，毗至反，徐扶至反【法】扶至與毗至同

治者得以治皆同【法】皆同上盧補者字

鼢，扶問反【法】鼢下盧補音字。問疑誤，他皆讀上聲，據《釋獸》則問當作聞

黃百鎰車二駟聘之不應　無當丁浪反司馬云言語宏大無隱當也　驚怖普布反廣雅云懼也

大有音泰徐勑佐反　逕徐古定反司馬本作莖　庭勑定反李云逕庭謂激過也　不近附近之近　藐音邈又妙紹反簡文云遠也　姑射徐音夜又食亦反李實夜反山名在北海中

肌居其反　淖郭昌略反又徒學反字林丈卓反蘇林漢書音火也　約如字李云淖約柔弱貌司馬云好貌　處子在室女也　黃屋車蓋以黃爲裏一云冕裏黃也　玉璽音徙　纓字或作嬰　紱方物反字或作紼　憔悴在遥反下在醉反　至至者本亦作至足者

王德于況反本亦作至　絶垠音銀又五根反本又作限　吸許及反　神凝魚升反　疵在斯反病也司馬云毀也一音子爾反　癘音厲李音賴惡病也本或作厲　狂求匡反李云癡也李又力況反　閒音閑　澹然徒暫反恬靜也　皆齊才細反又如字　而斷丁亂反　瞽音古盲者無目如鼓皮也　與乎徐音豫下同　之觀古亂反　聾鹿工反不聞也　者无以與乎鍾鼓之聲崔尚司馬本此

大千　小五九十　莊子音義上　四　王

下更有眇者無以與乎眉目之好夫刖者不自爲假文屨　夫知音智注知之同　時女司馬云猶處女也向云時女虛靜柔順和而不喧未嘗求人而爲人所求也　旁薄剛反李鋪剛反字又作磅同　礴蒲博反李普各反司馬云旁礴猶混同也　世蘄徐音祈李云求也　弊弊李扶世反徐扶計反簡文云弊弊經營貌司馬本作蔽蔽　不應應對之應　苦思息嗣反　大浸子鴆反　稽天音雞徐李音啓司馬云至也　不溺奴歷反或奴學反　禍難乃旦反

非辟音避　塵垢古口反塵垢猶滓汚　粃本又作秕徐甫姊反又悲矣反　穅字亦作康音康粃穅猶煩碎　陶徒刀反李移昭反本亦作鉤音同　鑄之樹反　宋人宋今梁國睢陽縣殷後微子所封　資章甫李云資貨也章甫殷冠也以冠爲貨　越今會稽山陰縣　斷丁管反李徒短反司馬本作敦云敦斷也　四子司馬李云王倪齧缺被衣許由　汾水徐扶云反郭方聞反案汾水出太原今莊生寓言也司馬崔本作盆水　窅然徐烏了反郭武駢反李云窅然猶悵然

喪其息浪反注同　絶冥亡丁反　之竟音竟本亦作境　惠子司馬云姓

肌，居其反【法】肌、其不同部○淖，郭又徒學反，《字林》丈卓反，蘇林《漢書》音火也【法】丈卓與徒學同，音火未詳

鄿【法】鄿盧改蘄

粃，徐甫姊反，又悲矣反【法】甫姊反是也，粃、矣不同部○穅，字亦作康【法】盧本康作穅，然云：穅亦俗字，似當云音康，字亦作康爲是。疑後人亂之，而又妄改也

窅，徐烏了反，郭武駢反【法】武駢反則字當作昝。盧謂郭作寘，非

惠名施爲梁相 魏王 司馬云梁惠王也案魏自河東遷大梁故謂之魏或謂之梁也 貽 徐音
怡郭與志及遺也 大瓠 徐音護 之種 章勇反 而實五石 司馬云實
中容五石 以盛 音成 剖之 普口反 爲瓢 毗遥反徐扶堯反 則瓠 戶郭
反司馬音護下同 落 簡文云瓠落猶廓落也司馬云瓠布護也落零落也言其形平而淺受水則零
落而容也 呺然 本亦作号徐許憍反李云号然虛大貌崔作誇簡文仝 吾爲 于僞反
掊之 徐方垢反司馬云擊破也 龜手 愧悲反徐舉倫反李居危反向云拘坼也司馬云文坼如龜文
也又云如龜攣縮也 洴 徐扶經反 澼 普歷反徐敷歷反郭李恪歷反辟聲 絖 音曠小爾雅云絮細者謂
之絖李云洴澼絖者漂絮於水上絖絮也 能令 力呈反 不拘 紀于反依字宜作跔紀于求于二反周書
云天寒足跔是也 坼 勑白反 漂 匹妙反韋昭云以水擊絮爲漂說文作潎豊市反又匹例反 絮
■慮反 百金 李云金方寸重一斤爲一金百金百斤也 數金 色主反 鬻 音育司馬云賣也
技 本或作伎竭彼反 以說 始銳反又如字 有難 乃旦反 之將 子匠反 大敗
大二五 小六五 莊子音義上 五 桂
必邁反 不慮以爲大樽 本亦作尊司馬云樽如酒器縛之於身浮於江湖可以自渡慮猶結
綴也案所謂腰舟 蓬之心 郭云蓬生非宜達者向云蓬者短不暢曲士之謂 樗 勑魚反木名
擁腫 章勇反李云擁腫猶盤癭 不中 丁仲反下同 卷曲 本又作拳同音權徐紀阮反李
丘圓反 同去 如字李羌呂反 狸 力之反 狌 徐音姓郭音生又音星司馬云狖也狖音由救反 敖
者 徐李五到反支云伺彼怠敖謂承夫間殆也本又作傲同司馬音遨謂伺遨翔之物而食之雞鼠之屬也 跳 音條
不辟 音避今本多作避下放此 機辟 毗赤反司馬云罔也 罟 徐音古 犛牛 郭呂之反
徐李音來又音離司馬云旄牛 无何有之鄉 廣莫之野 謂寂絕無爲之地也簡文
云莫大也 彷 薄剛反又音房 徨 音皇彷徨猶翱翔也崔本作方羊簡文同廣雅云彷徉徙倚也
齊物論 力頓反李如字 第二
而惡 烏路反 南郭子綦 音其司馬云居南郭因爲號 隱 於靳反馮也 机
音紀李本作凡 而噓 音虛吐氣爲噓向云息也 荅焉 本又作嗒同吐荅反又都納反注同解體貌

受水則零落而容也【法】而下脱不字

澼，郭、李恪歷反，辟聲【法】恪不知何字之譌，辟聲二字未詳，疑有譌脱，盧謂洴澼是擊絮之聲。再考

《説文》作潎，豊市反，又匹例反【法】潎盧改澈，《廣韻》去、入二讀，市疑列之誤

縛之於身【法】縛盧改縛

曲土之謂【法】土盧改士

辟，毗赤反【法】赤盧改亦

机，音紀，李本作几【法】机、紀不同部，今本作几

似喪 息浪反下同 其耦 本又作偶五口反匹也對也司馬云耦身也身與神爲耦 顏成
子游 李云子綦弟子也姓顏名偃謚成字子游 何居 如字又音姬司馬云猶故也 槁木
枯老反注同 家 音寂本亦作寂 莫 本亦作漠 女聞 音汝下皆同本亦作汝 人籟 力帶
反簫也 籟夫 音扶 參 初林反 差 初宜反 所錯 七故反 見矣 賢遍反 大塊
苦怪反李苦對反說文同云俗由字也徐口回反徐李又胡罪反郭又苦猥反司馬云大朴之貌衆家或作大槐班固同淮南
子作大昧解者或以爲無或以爲元氣或以爲混成或以爲天謬也 噫 乙戒反注同一音蔭 萬竅 苦弔
反 怒呺 胡刀反徐又許口反又胡到反 翏翏 良救反又六收反長風聲也李本作飂音同又力竹
反 畏 於鬼反郭烏罪反崔本作喂 佳 醉癸反徐子唯反郭祖罪反李諸鬼反李頤云畏佳山阜貌
之竅 崔本作竅 似鼻似口 司馬云言風吹竅穴動作或似人鼻或似人口 似枅 音雞
又音肩字林云柱上方木也簡文云欂櫨也 似圈 起權反郭音權杯圈也徐其阮反言如羊豕之闌圈也
似臼 其九反 似洼者 烏攜反李於花反又烏乖反郭烏蛙反司馬云若洼曲 污者

莊子音義上　六　蘇

音烏司馬云若汚下 激者 經歷反如水激也李古弔反司馬云聲若激喚也李又驅弔反 謞者 音孝
李虛交反簡文云若箭去之聲司馬云若讙謞聲 叱者 昌實反徐音七司馬云若叱咄聲 吸者
許及反司馬云若噓吸聲也 叫者 古弔反郭古幼反李居曜反司馬云若叫呼聲也 譹 音豪郭又
戶報反司馬云若譹哭聲 宎者 徐於堯反一音杳又於弔反司馬云深者也若深宎宎然 咬者 於交
反或音狡司馬云聲哀切咬咬然又許拜反 唱于 如字 唱喁 五恭反徐又音愚又五斗反李云于喁聲
之相和也 泠風 音零李云泠泠小風也 小和 胡卧反下及注皆同 飄風 鼻遥及又符遥
反李敷遥反司馬云疾風也爾雅云回風爲飄 不稱 尺證反 其分 符問反下不出者同 厲風
司馬云大風向郭云烈風 濟 子細反向云止也 調調 音條 刁刁 徐都堯反向云調調刁刁皆動
猶貌 動搖 如字又羊照反 比竹 毗志反又必履反李扶必反注同 豈復 扶又反 莫
適 丁歷反 此重 直用反 大知 音智下及注同 閑閑 李云無所容貌簡文云廣博之
貌 閒閒 古閑反有所間別也 炎炎 于廉于凡二反又音談李作淡徒濫反李頤云同是非也簡文

槁，古老反【法】古當作苦

家【法】家盧改冡，是，六朝僞書也。又見《大宗師》篇

噫，一音蔭【法】一音蔭蓋字作暗也

呺，徐又許口反【法】許口反讀爲㺃、吼、㖃也

佳，醉癸反，徐子唯反【法】佳盧改隹。子唯與醉癸同

洼，烏攜反【法】攜当作擕

謞，音考【法】考盧改孝

譹【法】譹下盧補者字

咬，又許拜反【法】許拜反未詳

飄，鼻遥反，又符遥反【法】符遥與鼻遥一類隔，一音和也

刁刁【法】刁刁盧改刀刀

比，毗志反【法】比、志不同部

炎，于廉、于凡二反【法】于廉、于凡，此鹽、凡分部

云炎〻盛貌 詹詹 音占李頤云小辯之貌崔本作閻 魂交 司馬云精神交錯也 其覺 古孝
反 形開 司馬云目開意悟也 與接爲構 司馬云人道交接構結驩愛也 縵者 末旦
反簡文云寬心也 窖者 古孝反司馬云深也李云穴也案穴地藏穀曰窖簡文云深心也 小恐 曲勇
反下及注同 惴惴 之瑞反李云小心貌爾雅云懼也 縵縵 李云齊死生貌 悸 其季反 機
栝 古活反機弩牙栝箭括 詛 側據反 盟 音明徐武耕反郭武病反 其殺 色界反徐色例
反注同 其溺 奴狄反郭奴徼反 其厭 於葉反徐於冉反又於感反 如緘 徐古咸反
老洫 本亦作溢同音逸郭許鵙反又已質反 近死 附近之近 復陽 陽謂生也 哀
樂 音洛 慹 之涉反司馬云不動貌 姚 郭音遥徐李勑吊反 佚 音逸 態 勑代反李
又奴戴反 蒸 之膺反 成菌 其隕反向云結也 以上 時掌反 萌 武耕反 旦
暮 本又作莫音同 相爲 于僞反下未爲同 而特 崔云特辭也 其眹 李除忍反兆也
趣舍 七喻反字或作取下音捨或音赦下皆放此 起索 所百反 情當 丁浪反下皆同
大字六 小字五十八 莊子音義上 七 蕭
別見 賢遍反 百骸 户皆反 六藏 才浪反案心肺肝脾腎謂之五藏大小腸旁胱
三焦謂之六府身別有九藏氣天地人天以候頭角之氣人候耳目之氣地候口齒之氣三部各有天地人三三而
九神藏五形藏四故九今此云六氣未見所出 賅 徐古來反司馬云備也小爾雅同簡文云兼也 皆說 音悅
注同今本多即作悅字後皆放此 而更 音庚 其遞 音弟徐又音第 不應 應對之應 无
錯 七素反下同 雖復 扶又反下同 毀譽 音餘 物喪 息浪反 者鮮
息淺反 苶然 乃結反徐李乃協反崔音捻云忘貌簡文云疲病困之狀 所好 呼報反下同 芒
乎 莫剛反又音亡芒芒昧也簡文云芒同也 與有 音豫 而舍 音捨字亦作捨下同 昔至
崔云昔夕也向云音者昨日之謂也 不强 其丈反 吹也 如字又吐瑞反崔云吹猶籟也 鷇 苦豆
反李音㲉司馬云鳥子欲出者也 惡乎 音烏下皆同 眞僞 一本作眞詭崔本作眞然 道
焉 於虔反 實當 丁浪反後可以意求不復重出 見於 賢遍反 更相 音庚
反覆 芳服反下同 彼復 扶又反下同 道樞 尺朱反樞要也 以應 應對之應

栝，古活反，機弩牙栝、箭栝【法】《廣韻》古活切之栝訓木名，箭栝則苦括切

洫，音逸，郭又已質反【法】已質與音逸同

眹，李除忍反【法】收眹於軫，蓋始於宏範

苶，徐、李乃協反，崔音捻【法】盧云：苶當作茶，字小變耳，今注本作薾，《說文》引《詩》彼薾維何，音義與此異。案《文選》謝靈運《遇始寧墅詩》注引司馬云：薾極皃也，是彼時已混矣。音捻與乃協反同

前注同後可以意求不復重音天地一指也萬物一馬也崔云指百體之一體
馬萬物之一物浩然戶老反无物不然无物不可崔本比下更有可於
可而不可於不可不可於不可而可於可故爲于僞反下爲是皆同莛徐音庭李音挺司馬云屋梁也
楹音盈司馬云屋柱也厲如字惡也李音賴司馬云病癩西施司馬云夏姬也案句踐所獻吳
王美女也恢徐苦回反大也郭苦虺反簡文本作弔恑九委反徐九彼反李云戾也憰怪音決
李云憰乖也怪異也楹縱本亦作從同將容反其分如字復通扶又反幾矣
音機盡也下同徐具衣反謂之道向郭絕句崔讀謂之道勞云因自然是道之功也狙公
七徐反又緇慮反司馬云狙公典狙官也崔云養猨狙者也李云老狙也廣雅云狙獼猴賦芧音序徐食
汝反李音予司馬云橡子也朝三莫四司馬云朝三升莫四升也所好呼報反下文皆同
天鈞本又作均崔云鈞陶鈞也可勝音升操弦七刀反執籥羊灼反
昭文司馬云古善琴者枝策司馬云枝柱也策枝也崔云舉杖以擊節據梧音吾司馬
羔 莊子音義上 八 項仁
云梧琴也崔云琴瑟也之知而智而瞑亡千反故載之末年崔云書之於今也
堅白司馬云謂堅石白馬之辯也又云公孫龍有淬劒之法謂之堅白崔同又云或曰設矛伐之說爲堅辯白馬之名爲
白鼓簧音黃之綸音倫崔云琴瑟弦也滑疑古沒反司馬云亂也屈奇求物
反好惡並如字未離力智反俄而徐音峩確斯苦角反斯又作斯音
賜李思利反即復扶又反纖介古邁反又音界秋豪如字依字應作毫司馬云兔毫
在秋而成王逸注楚辭云銳毛也案毛至秋而耎細故以喻小也大山音泰殤子短命者也或云年十
九以下爲殤殊稱尺證反善數色主反夫道未始有封崔云齊物
七章此連上章而班固說在外篇爲是于僞反有畛徐之忍反郭李音眞謂封域畛陌也有
左有右崔本作有在宥也異便婢面反有倫有義崔本作有論有議
有分如字注同類別彼列反下皆同有爭爭鬬之爭注一同故分如字下及注同
不稱尺證反注同不嗛郭欺簟反徐音謙不忮徐之豉反又音跂李之移反害

或曰，設矛伐之說爲堅【法】盧云：伐即盾也，亦作瞂、瞂，音皆同。案矛伐即韓非矛盾之說也

斯，李思利反【法】斯、利不同部

介【法】介今本作芥

崔本作有，在宥也【法】有盧改有

也李云健也道昭音照园崔音刓徐五丸反司馬云圓也郭音團而幾徐其衣反向
方本亦作嚮音同下皆放此近彼附近之近遠實于萬反注焉徐之喻反葆
光音保崔云若有若无謂之葆光宗膾徐古外反胥息徐反華胥國敖徐五高反司馬云宗膾胥
敖三國名也崔云宗一也膾二也胥敖三也聽朝直遙反妙處昌慮反重明直龍反
光被皮寄反神解音蟹齧五結反缺丘悅反王倪徐五嵇反李音
詣高士傳云王倪堯時賢人也天地篇云齧缺之師惡乎音烏下皆同庸詎徐本作巨其庶
反郭音鉅李云庸用也詎何也猶言何用也服虔云詎猶未也復爲扶又反蛣丘一反蜣丘長反爾
雅云蛣蜣蜣蜋也乎女音汝注及下同已不知音紀偏死司馬云偏枯死也鰌
徐音秋司馬云魚名惴之瑞反慄音栗恂郭音荀徐音峻恐貌崔云戰也班固作眴也猨
音猿猴音侯異便婢面反芻初俱反小爾雅云秆謂之芻秆音古但反豢徐音患又
胡滿反司馬云牛羊曰芻犬豕曰豢以所食得名也麋音眉薦牋練反司馬云美草也崔云甘草也郭璞

莊子音義上　壘九　三淩

云三蒼云六畜所食曰薦蝍音即且字或作蛆子徐反李云蝍且蟲名也廣雅云蜈公也爾雅云蒺藜蝍蛆郭
璞注云似蝗大腹長角能食蛇腦蒺音疾藜音黎帶如字崔云蛇也司馬云小蛇也蝍蛆好食其眼鴟尺夷
反鴉本亦作鵶於加反崔云烏也耆市志反字或作嗜崔本作甘美惡烏路反猵篇面
反徐敷面反又敷畏反郭李音偏狙七餘反司馬云狙一名獦牂似猨而狗頭憙與雌猨交也崔云猵狙一名獦牂其雄
憙與猨雌爲牝牡向云猵狙以猨爲雌也獦音葛爲雌音妻一音如字毛嬙徐在良反司馬云毛嬙古
美人一云越王美姬也麗姬力知反下同麗姬晉獻公之嬖以爲夫人崔本作西施決喜缺反李云疾貌崔
云疾走不顧爲決徐古惠反郭音古穴反驟士救反又在遘反所好呼報反樊然音煩殽亂徐戶
交反郭作散悉旦反之竟音境今本多作境下放此未解音蟹沍戶故反徐又戶
各反李戶格反向云凍也崔云沍猶涸也蘁勑邁反又音豸介古邁反又音界瞿鵲其俱反
長梧子李云居長梧下因以爲名崔云名丘簡文云長梧封人也夫子向云瞿鵲之師稱
謂尺證反下放此而遊崔本作而施孟如字徐武黨反或武葬反浪如字徐力蕩反向云

园，崔音刓，徐五丸反，郭音團【法】五丸與音刓同，郭音未詳

蜣，丘長反【法】長蓋良之譌，注本作良，當據改

郭璞云，《三蒼》云：六畜所食曰薦【法】云蓋注之誤

猵，篇面反，徐敷面反，又敷畏反【法】敷面與篇面同。敷畏疑當作扶忍，見《廣韻》。敷畏反，則字當作彿　○狙，司馬云：狙一名獦牂【法】司馬注不單解猵字，則必以猵狙爲一物，與崔、向同，司馬云下蓋脱猵字

孟浪音漫瀾無所趣舍之謂李云猶較略也崔云不精要之貌 之行 如字又下孟反 皇帝 本又
作黃帝 聽 敕定反 熒 音瑩磨之瑩本亦作瑩於迥反向司馬云聽熒疑惑也李云不光明貌崔云小
明不大了也向崔本作韡榮 且女 音汝下同 亦大 音泰徐李敕佐反注同 時夜 崔云時夜
司夜謂雞也 見彈 徒旦反 鴞 于驕反司馬云小鳩可炙毛詩草木疏云大如班鳩綠色其肉甚美
雞復 扶又反下皆同下章注亦準此 嘗爲 于僞反 旁日月 薄葬反徐扶葬反司
馬云依也崔本作謗 挾 戶牒反崔本作扶 宇宙 治救反尸子云天地四方曰宇往古來今曰宙說文
云舟輿所極覆曰宙 脗 本或作腤郭音泯徐武軫反李武粉反又无汇脗之貌司馬云合也向音脣云若兩脣
之相合也 滑 徐古沒反亂也向本作汩音同崔戶八反云栝口木也 涽 徐音昏向云汩涽未定之謂崔
本作緡武巾反云緡也 芚 徐徒奔反郭治本反司馬云渾屯不分察也崔云厚貌也或云束也李丑倫反
怵心 敕律反 參糅 如救反 相蘊 本亦作縕徐於憤反郭於本反李於問反積也
予惡 音烏下惡乎皆同 說 音悅注同 相背 音佩 惡死 烏路反注同 弱
大二百 小六、五十 莊子音義上 十 吳玉
喪 息浪反注同 少而 詩照反 焉知 於虔反下同 至於王所 崔云六國時諸
侯僭稱王因此謂獻公爲王也 筐 本亦作匡徐起狂反 牀 徐音床司馬云筐牀安牀也崔云筐方也一云正牀也
蘄 音祈求也 樂生 音洛下同 覺而 音教下及注皆同 竊竊 司馬云猶察察也
牧乎 崔本作跂乎云踑跂強羊貌 所好 呼報反注同 所惡 烏路反 神解
音蟹下同 弔 如字音的至也 詭 九委反異也 其解 音蟹徐戶解反 蜕然 音悅又始
銳反 黮闇 貪闇反李云黮闇不明貌 惡能 音烏下皆同 和之 如字崔胡卧反 天
倪 李音崔徐音詣郭音五底反李云分也崔云或作霓音同際也班固曰天研 曼 徐音萬郭武半反
衍 徐以戰反司馬云曼衍無極也 振 如字崔云止也又之忍反 无竟 如字極也崔作境 罔兩
郭云景外之微陰也向云景之景也崔本作罔浪云有無之狀 景 映永反又如字本或作影俗也 曩 徐乃蕩反李云
曏者也 无特 本或作持崔云特辭也向云無特者行止無常也 操與 音餘 蛇蚹 音附
徐又音敷司馬云謂蛇腹下齟齬可以行者也齟音士女反齬音魚比反 蜩 徐音條 喪 息浪反 胡

聽熒，於迥反，向、司馬云：聽熒，疑惑也。向、崔本作韡榮【法】聽讀去聲，則熒亦當然，况熒字本讀去聲乎？於迥之迥殆誤。韡未詳，殆誤。若如今體，陸必有說。《駢拇》爲煌，崔本作韡，殆與此同字，則右形左聲又誤革爲軍耳。《字彙補》韡見釋典，云與輝同　〇旁，薄葬反，徐扶葬反【法】扶葬與薄葬同

脗 向音脣云，若兩脣之相合也【法】向音脣云四字疑當作向云，脣也

涽【法】涽盧依宋本改涽

弔，如字，音的【法】如字下盧補又字〇解，音蟹，徐户解反【法】户解與音蟹同蛻，音帨【法】帨誤，《天地》篇引作悅

倪，李音崔【法】崔盧改崖

向云：無持者行止無常也【法】無持或本作無特

蝶徐徒協反司馬崔云蛱蝶也 栩栩徐況羽反喜貌崔本作翮 自喻李云喻快也 志
與音餘下同崔云與哉 然覺古孝反 蘧蘧徐音渠又其慮反李云有形貌崔作據據引大
宗師云據然覺 可樂音洛
養生主第三養生以此為主也
有涯本又作崖魚佳反 而知音智注下同 好勝呼報反下升證反 雖復扶又
反下皆同 絕脊音沵 以慊苦簟反足也 殆已向云疲困之謂 无近附近之近
下同 悶然亡本反又音門 遠已于萬反 緣督以為經李云緣順也督中也
經常也郭崔同 以養羊尚反注同 庖丁崔本作胞同白交反庖人丁其名也管子有屠牛坦一朝
解九牛刀可剃毛 為于僞反 文惠君崔司馬云梁惠王也 所倚徐於綺反向偃
彼反徐又於佇反李音妖 所踦徐居彼反向魚彼反李云刺也 砉然向呼鵙反徐許鵙反崔音畫又
古鵙反李又呼歷反司馬云皮骨相離聲 嚮然許丈反郭許亮反本或無然字 奏如字崔砉云聞也馬

悲 莊子音義上 十一 楊榮

呼獲反徐許嬖反向他亦反又音麥崔云音近獲聲大於砉也 中音丁仲反下皆同 桑林司馬云湯
樂名崔云宋舞樂名桑即左傳舞師題以旌夏是也 經首向司馬云咸池樂章也崔云樂章名也或云奏
樂名 因便婢面反 閑解音蟹 譆徐音熙李云歎聲也 技具綺反下同 所
好呼報反注同 神遇向云暗與理會謂之神遇 官知止如字崔云官知謂有所掌
在也尚音智專所同察而後動謂之官 而神欲行如字向云從手放意無心而得謂之神欲 批
備結反一音鋪迷反字林云擊也父迷父節二反 大郤徐去逆反郭音却崔李云間也 之處
昌慮反 令離力呈反下同下力智反 道音導注同 大窾徐苦管反又苦禾反
崔郭司馬云空也向音空 節解戶賣反 技經本或作徛其綺反徐音技 肯徐告
等反說文作肎字林同口乃反云著骨肉也一曰骨無肉也崔云許叔重曰骨間肉肯肯著也 綮苦挺反崔向徐
並音啓李烏係反又一音罄司馬云猶結處也 經槩古代反 微礙五代反 大軱音孤
向郭云軱戾大骨也崔云槃結骨 衂刀女六反 良庖司馬云良善也 割也司馬云曰刀割

倚，徐又於佇反，李音妖【法】於佇反及音妖並未詳

砉，向呼鵙反，徐許鵙反【法】許鵙與呼鵙同，鵙盧改從狊

大郤【法】郤盧改從卩

解，戶賣反【法】賣疑買

肉故嵗嵗更作崔云嵗一易刀猶堪割也族庖司馬云族雜也崔云族衆也硎音刑磨石也崔
本作形云新所受形也砥石音脂又之履反尚書傳云砥細於礪皆磨石也爲戒于僞反下
皆同屬目章欲反謋然化百反徐又許百反已解音蟹下皆同提刀
徐徒稽反躊直留反躇直於反善刀善猶拭也拭音式弢之他刀
反公文軒司馬云姓公文氏名軒宋人也右師司馬云宋人也簡文云官名惡乎
音烏介音戒一音兀司馬云刖也向郭云偏刖也崔本作兀又作趴云斷足也偏刖音月又五
刮反天與其人與並音餘又皆如字司馬云爲天命爲人事也使獨司馬云一足曰
堌之知音智下之知同一啄陟角反不蘄音祈求也樊中音煩
李云藩也所以籠雉也向郭同崔以爲園中也妙處昌慮反雖王于況反注同長王丁亮
原史直良反老聃吐藍反司馬云老子也秦失本又作佚各依字讀亦皆音逸三號
戸羔反注同倚戸於綺反少者詩照反先物悉薦反又如字理上往
墨　莊子音義上　十三　顧澄
一本往作住遯天徒遜反又作遁倍情音裴加也又布對反本又作背大深音泰憂
樂音洛下文注同所錯七路反縣音玄解音蟹注同崔云以生爲縣以死爲解指
窮於爲薪如字絶句爲猶前也火傳直專反注同也傳者相傳繼續也崔云薪火爝火也
傳延也之中丁仲反
人閒世第四此人閒見事世所常行者也
離人力智反不荷胡我反又音河其累力僞反顏回孔子弟子姓顏名回
字子淵魯人也衛君司馬云衛莊公蒯聵也案左傳衛莊公以魯哀十五年冬始入國時顏回已死不得
爲莊公蓋是出公輒也其行下孟反獨崔云自專也向云與人異也郭云不與人同欲國
量音亮李力章反若蕉似遥反徐在堯反向云草芥也崔云芟刈也其澤如見芟夷言野無青草
稱數所主反治國直吏反醫門於其反思其則絶句崔李云則
法也有瘳丑由反李云愈也譆音熙又於其反役思息嗣反遠身于萬反而

謋，化百反，徐又許百反【法】許百反與化百反同，又字蓋衍，否則許字譌

弢【法】弢盧改從攴

蕉，似遥反，徐在堯反【法】似遥反誤從爲邪，徐音是也

知音智下及注同所爲于僞反爭善此及下爭名二字依字讀雖復扶又反下
皆同桀跖之石反桀夏王也跖盜跖也相札徐於八反又側列反李云折也崔云夭也亦作軋崔又云
或作禮相信矼徐苦江反崔音控簡文云慤實貌而強其兩反注同人惡有
烏路反下惡不肖及注同崔本有作育云賣也鮮不息淺反涉治直吏反迕音誤菑
音災下皆同菑夫音扶不肖音笑徐蘇叫反似也惡用音烏若唯郭如
字一音唯癸反无詔絕句詔告也言也崔本作諮音領云逆擊曰諮王公必將乘人
絕句而鬬其捷在接反崔讀若唯無諮王公絕句必將乘人而鬬絕句捷作接其接引續也
熒之戶扃反向崔本作營音熒眼眩玄遍反容將形之謂擊踝也鬬龍
逢夏桀之賢臣王子比干殷紂之叔父以下遐嫁反傴紆甫反拊
徐向音撫李云傴拊謂憐愛之也崔云猶嘔呴謂養也拂其符弗反崔云違也又芳弗反以
擠徐子計反又子禮反司馬云毒也一云陷也方言云滅也簡文云排也是好呼報反欲

大百四十 小五百十五 莊子音義上 十三 吳玉

令力呈反叢文才公反有扈音戶司馬云國名在始平郡案即今京兆鄠縣
也虛厲如字又音墟李云居宅無人曰虛死而無後爲厲語我魚豫反下同惡
惡皆音烏下同挫之子卧反從容七容反不訾音紫徐向崔云毀也
而上時掌反下同蘄乎音祈擊徐其驚反跽徐其里反說文云長跪也曲
拳音權无疵才斯反謫之直革反諷責非鳳反大多音泰
徐勑佐反崔本作太不諜徐徒協反向吐頰反李云安也崔云間諜也挾三戶牒反曰
齊本亦作齋同側皆反下同其易以豉反後皆同向崔云輕易也皞天徐胡老反
向云皞天自然也不茹徐音汝食也葷徐許云反數月色主反去異
起呂反下同未始得使絕句崔讀至實字絕句不強其丈反无毒
如字治也崔本作每云貪也而寓崔本作如愚絕迹易无絕句向崔皆以无字屬下
句者粗音麤有知知者上音智下如字下句同闕者徐苦穴反司馬云空也

皞【法】皞盧改從日

虛室生白 崔云白者日光所照也司馬云室比喻心心能空虛則純白獨生也 夫徇 辭俊反徐辭倫反李云使也 心知 音智注同 所紐 徐女酒反崔云系而行之曰紐簡文云紐本也 伏戲 本又作羲亦作犧同許宜反即太皞三皇之始也 几蘧 其居反向云古之帝王也李云上古帝王 散焉 悉旦反李云放也崔云德不及聖王爲散 之聰 一本作聽 踽喪 息浪反 葉公 音攝 子高 楚大夫爲葉縣尹僭稱公姓沈名諸梁字子高 將使 所吏反注及下待使同 慄之 音栗李云懼也 常語 魚據反下同 藏矣 才浪反 執 衆家本並然簡文作熱 粗 音麤又才古反 而不臧 作郎反善也絶句一音才郎反向至爨字 爨 七亂反 无欲清 七性反字宜從冫從冫者假借也清凉也 之人 言爨火爲食而不思清凉明火微而食宜儉薄 所饌 士戀反 內熱與 音餘下値與同向云 則 恐懼 丘勇反 以任 而林反一音而鴆反 哀樂 音洛注下同 施乎 如字崔以豉反云移 而惡 烏路反下皆同 復以 扶又反下注同 傳意 丈專反下文并注同 兩也

莊子音義上

怒 如字注同本又作怒下同 未易 以豉反下文注皆同 而要 一遥反 則近 附近之近 共好 呼報反 大至 音泰本亦作泰徐敕佐反下同 奇巧 苦孝反 乎治 如字又直吏反 有別 彼列反 湛 直林反又荅南反 湎 面善反 淫泆 以實 喪 息浪反注下同 偏辭 音篇崔本作諞音辯 氣息 並如字向本作譩噫云譩馬氏音息噫器氣也崔本作譩噫云喘息噫不調也又作簞字 茀然 徐符弗反郭敷未反李音佛崔音勃 心厲 如字李音賴 蹴之 子六反 瘨 疑賣反又音詣本又作疵音尤 疵 士賣反又齊計反上若作疵此則才知反 剋核 幸格反 所齊 如字又才計反 所惡 烏路反 勸強 其丈反下欲強同 爲爲 上如字下于僞反 顏闔 胡臘反向崔本作盧魯之賢人隱者 衛靈公 左傳云名元 大子 音泰司馬云蒯聵也 蘧 其居反 伯玉 名瑗衛大夫 天殺 如字謂如天殺物也徐所列反 无方 李云方道也 其知 音智 正女 音汝下同 反覆 芳服反 爲蹶 徐其月反郭音厥李居衛反

散，悉旦反，李云：放也【法】旦疑但之誤。此與冗散之散同，李訓放似誤

核，幸格反【法】《廣韻》核收麥，格收陌

殺，徐所列反【法】列當作例，盧本亦誤。又案作列是也，如榝字亦讀所八、所列二切

摸格莫胡反孽彥列反將惡烏路反悶然音門安
喻無意也崔云喻驕遊也无町徒頂反畦戶圭反李云町畦畔埒也無田畔埒無威儀也崔云喻守節
无崔司馬云不顧法也无疵移反病也不勝音外爲其于僞反下同
分之如字盛矢音成下乃注同矢或作居同以蜄徐市軫反蛤類溺奴弔反蚉
音文或本作蟁同蝱孟庚反僕緣普木反徐敷木反向云僕僕然蚉蝱緣馬稠皺之貌崔音
如字云僕御羣著直略反而拊李音撫又音付一音附崔本作府音拊率然
踈律反本或作卒七忽反曲轅音袁司馬云曲轅曲道也崔云道名櫟力狄反李云木名一云采
也蔽牛必世反李云牛住其旁而不見絜向徐戶結反徐又虎結反約束也百圍
李云徑尺爲圍蓋十丈也十仞小爾雅云四尺曰仞案七尺曰仞崔本作千仞或云八尺曰仞旁十
數所具反崔云旁旁拔也觀者古奐反又音官匠伯伯匠石字也崔本亦作石不
輟丁劣反厭於豔反又於贍反散木悉但反徐悉旦反下同則速如字

莊子音義上　十五　徐杲

向崔本作數向所祿反下同腐扶甫反液音亦樠亡言反向李莫干反郭武半反司馬
云液津液也樠謂脂出樠樠然也崔云黑液出也蠹丁故反見夢胡薦反女將
音汝惡乎音烏下同柤側加反橘均必反柚由救反徐以救反果蓏
徐力果反泄徐思列反崔云泄洩同苦其如字崔本作枯掊普口反徐方垢反幾
死音祈又機下同數有音朔睥普係反睨五係反而幾死
之絕句向同一讀連下散人爲句崔同覺古孝反而診徐直信反司馬向云診占夢也詬
李云呼豆反徐音垢厲如字司馬云詬辱也厲病也且幾音機或音祈翦乎子淺
反崔本作前于不近附近之近下同義譽音餘注同長物丁兩反泊
然步各反不與音豫南伯李云即南郭也伯長也商之丘司馬云今
梁國睢陽縣是也千乘繩證反隱崔云傷於熱也將芘本亦作庇徐甫至反
又悲位反崔本作比云芘也所藾音賴崔本作賴向云蔭也可以隱芘千乘也李同所

摸格【法】摸當從木，見《昭公二十三年左傳》

櫟，一云采也【法】采盧改棌

柚，由救反，徐以救反【法】以救與由救同，以疑似之誤

陰於鴆反異材夫音符仰而向崔本作從而則拳本亦作卷音權
軸直竹反解李云如衣軸之直解也咶食紙反嗅崔云齅許救反狂酲音星
李云狂如酲也病酒曰酲爲之于僞反下爲之皆同荆氏司馬云地名也一曰里名宜秋
栢桑崔云荆氏之地宜此三木李云三木文木也拱恭勇反把百雅反徐甫雅反司馬云兩手
曰拱一手曰把而上時掌反狙七餘反猴音侯之杙以職反又羊植反郭且羊反司馬作
杙音八李云欲以柄戲狙猴也崔本作杖音跋云枷也三圍崔云圍環八尺爲一圍之麗如字又音
禮司馬云小船也又屋穩也求禪本亦作襢音膳傍薄剛反崔云禪傍棺也司馬云棺之全一邊者
謂之禪傍故解徐古賣反又佳買反注同向古避反顙息黨反司馬云頟也亢鼻
徐苦葬反司馬云高也頞折故鼻高崔云仰也痔徐直里反司馬隱創也適河司馬云謂沈人
於河祭也騂具恤營反支離疏司馬云形體支離不全貌疏其名也頤以之
反於頂如字本作項亦如字司馬云言脊曲頭縮也淮南曰脊管高於頂也會古外反徐古活

莊子音義上　十六　徐杲

反向音活撮子外反向徐子活反崔云會撮項椎也指天司馬云會撮髻也古者髻在項中脊
曲頭低故髻指天也向云兩肩竦而上會撮然也管崔本作脘在上李云管腧也五藏之腧皆在上
也兩髀本又作脾同音陛徐又甫婢反崔云儗人腹在髀裏也爲脅許劫反司馬云脊曲
髀豎故與脅並也挫徐子臥反郭租禾反崔云桊也鍼執金反司馬云挫鍼縫衣也治繲
佳賣反司馬云浣衣也向同崔作繲音綫餬口徐音胡李云食也崔云字或作互或作餂鼓筴
初革反徐又音頰司馬云鼓揲也小箕曰筴崔云鼓筴揲蓍鑽龜也播精如字一音所字則當作數精司馬云
簡米曰精崔云播精卜卦占兆也鼓筴播精言賣卜以食音嗣攘如羊反臂於其
閒如字司馬云閒裏也崔本作攘臂於其閒云閒門中也竄匿女力反三鍾司馬云斛
斛四斗曰鍾不與音豫豈爲于僞反治亂直吏反下同僅音覲至
易以豉反下同知以音智欲惡烏路反知避舊本作寘云置也不勝
音升畫地音獲迷陽司馬云迷陽伏陽也言詐狂郤曲去逆反字書作卻

嗅，崔云齅【法】云盧改作

宜秋、柏、桑【法】秋疑楸之譌，若作秋，陸氏不應無説

杙，以職反，又羊植反，郭且羊反【法】植疑值之譌，若作植，則與以職無異矣。且羊反未詳，或郭本作戕乎？然戕乃從紐字，不讀清紐也

麗，司馬云：又星穩也【法】星乃屋之譌，盧本改〇襌【法】襌盧改從木

痔，司馬隱創也【法】司馬下盧補云字

播精，如字，一音所，字則當作數【法】案數與所不同音，與播形亦不近，疑陸氏誤也。此殆爲精字作音，蓋其本精字作糈，故音所耳。《楚辭》云，懷椒糈而要之，則作糈爲長，作精者形近之誤也　〇鍾，司馬云：斛斛四斗曰鍾【法】上斛字盧改六

雅云巴曲也山木自寇也膏火自煎子然反也司馬云木生斧柄還
自伐膏起火還自消崔云山有木故火焚也悗然亡本反
德充符第五崔云此遺形棄知以德實之驗也
兀者五忽反又音界李云刖足曰兀案篆書兀兀字相似王駘音臺徐又音殆人姓名也從
之如字李才用反下同相若若如也弟子如夫子多少也常季或云孔子弟子立不
敎坐不議司馬云立不敎授坐不議論五藏才浪反後同丘也直後
而未往耳李云自在衆人後未得往師之耳能遠于万反而王于況反李云勝
也崔云君長也其與庸亦遠矣與凡庸異也崔云庸常人也雖天地覆
芳服反墜本又作隊直類反李云天地猶不能變已況生死也怪迕五故反本亦作選下同不
離力智反肝膽丁覽反美惡烏路反下皆同情背音佩中
知音智不慴之涉反所喪息浪反下及注同一說然始銳反又音悅脫

綵　莊子音義上　十七　沈定

屨九具反木亦作屣所買反斷足丁管反爲已于僞反最之祖會反徐
采會反下注同司馬云聚也鑑古暫反流水崔本作沬水云沬或作流保始之
徵李云徵成也終始可保成也九軍崔李云天子六軍諸侯三軍通爲九軍也簡文云兵書以
攻九天收九地故謂之九軍自要一遥反六骸崔云手足首身也彼且如字徐子
余反假人古雅反借也徐音遐下同讀連上句人字向下申徒嘉李云申徒氏嘉名无
人雜篇作胥人刖者音月又五刮反之處昌慮反而說音悅注同爭
善如字知不可如字又音智羿音詣徐胡係反善射人唐夏有之一云有窮之君篡夏者
也彀音遘張弓也中如字央於良反舊於倉反郭云弓矢所及爲彀中中地本又
丁中反下不中注中地中與不中同單豹音善佛然扶弗反知吾介又
作兀兩通子索色百反注同蹵子六反乃稱如字舉也又尺證反叔山无
趾音止李云叔山字無足趾踵朱勇反向郭云頻也崔云無趾故踵行見賢遍反子

李云：叔山字無足趾【法】盧云：字疑氏

不謹前絕句一讀以謹字絕句去其羌呂反不爲于僞反下不爲而爲皆同前
行下孟反語老魚據反賔賔司馬云恭貌張云猶賢賢也崔云有所親疏也簡文云好
名貌且蘄音祈諔尺叔反詭九委反李云諔詭奇異也幻滑辯反亦作勾桎之實
反郭眞一反木在足也梏古毒反木在手也爲已于僞反下者爲人同舍已音捨一
貫古亂反嚮隨許丈反本又作向下同惡人惡貌醜也哀駘音臺徐又音殆
它徒何反李云哀駘醜貌它其名常和戶卧反下同惡駭胡楷反崔本作駴役
思息嗣反雌雄合乎前李云會獸屬也亂行戶剛反期年
音基傳國大專反悶然音門李云不覺貌崔云有頃之間也後應應對之應
氾浮劒反不係也醜乎孝云醜慙也崔云愧也无幾居豈反與樂音洛嘗
使於楚矣使音所吏反本亦作遊本又直云嘗於楚矣㹠子徒門反本又作豚食
於音飲邑錦反注同舊如字簡文同眴若本亦作瞬音舜司馬云驚貌崔云目動也謂死母目
柒　莊子音義上　六　陳仲
動翣資所甲反扇也武王所造宋均云武飾也李資送也崔本作翣㳂音坎坎謂先人墳墓也
爲足于僞反不得復使扶又反章末注同崔本作不得復使入云不復入直也
形好呼報反毀譽音餘不舍音捨以滑音骨淡然徒覽
反於兌徒外反李云悅也閒豫音閑无郤去逆反李云閒也是接
而生時乎心者也司馬云接至道而和氣在心也李云接萬物而施生順四時而俱作
情爲于僞反能離力智反閔子孔子弟子閔子騫也闉音因郭烏
年反跂音企郭其逆反支離无脤徐市軫反又音脣司馬云闉曲跂企也闉跂支
離言脚常曲行體不正卷縮也无脤名也崔云闉跂偃者也支離傴者也脤脣同簡文云跂行也脤臂也
說衞始銳反又如字下說齊栢同說之音悅下悅之同脰音豆頸也肩肩胡咽
反又胡恩反李云羸小貌崔云猶玄玄也簡文云直貌甕烏送反郭於寵反盎烏葬反郭
於兩反李云甕盎大癭貌後同大癭一領反說文云瘤也而知音智下同爲孽

幻，滑辯反，亦作勾【法】辯當作辨。勾盧改匀

翣資，李資送也【法】李下盧補云字

魚列反司馬云智慧生妖孽 約爲膠 司馬云約束而後有如膠漆崔云約誓所以爲膠固
德爲接 司馬云散德以接物也 工爲商 司馬云工巧而商賈起 惡用
音烏下同 不斲 陟角反 无喪 息浪反 天鬻 音育養也 天食 音
亦如字 受食 如字又音嗣 沈思 息嗣反亦如字 免難 乃旦反 掘
若 其勿反 槁木 苦老反 羣分 如字 眇 亡小反簡文云陋也 謷
乎 五羔反徐五報反簡文云放也今取敖遊義也 獨成其天 如字崔本天字作大
云類同於人所以爲小情合於天所以爲大 惡得 音烏下惡得同 吠 扶廢反 一
分 如字 足操 七刀反 未解 音蟹 无以好惡 呼報反下烏路反
反注同 祇足 音支 倚樹 於綺反 據槁 苦老反 梧 音吾 而
瞑 音眠崔云據琴而睡也 而睡 [redacted]反 辭 天選 宣轉反舊思緩反
大宗師第六 崔云遺形忘生當大宗此法也

尅 莊子音義上 十九 錢宗

天而生 向崔本作失而生 知稱 尺證反 不喪 息浪反下皆同 或
好 呼報反下同 不強 其兩反 庸詎 徐其庶反 則治 [redacted]吏反 不
謩 没乎反 不慄 音栗 不濡 而朱反 登假 更百反至也 遠火
于萬反 有槩 古愛反 其覺 古孝反 深深 李云內息之貌 以踵
章勇反王穆夜云起息於踵遍體而深 以喉 向云喘悸之息以喉爲節言情欲奔競所致 其
嗌 音益郭音厄厄咽喉也 若哇 獲媧反徐胡卦反又音絓崔一音於佳反結也言咽喉之氣結
礙不通也簡文云哇嘔也 其耆 市志反 說生 音悅 惡列 烏路反 不
訢 音欣又音祈 不距 本又作拒音巨李云欣出則營生距入則惡死 翛然 音蕭本又作儵
徐音叔郭與久反李音悠向云翛然自然無心而自爾之謂郭崔云往來不難之貌司馬云儵疾貌李同 猶
復 扶又反下非復同也 捐 徐以全反郭作揖一入反崔云或作楫所以行舟也 則背 音佩
容家 本亦作寂崔本作宗 其顙 息黨反崔云[redacted]也 頯 徐去軌反郭苦對反李音

嗌，郭音厄，厄咽喉也【法】厄當作戹，下厄字疑衍

翛，郭與冬反【法】冬蓋久之譌，盧改

沈一音逵攉也主云質朴無歸也向本作顋云顋然大朴貌廣雅云顋大也五罪反凄然七西反煖
然音喧徐況晚反亡國而不失人心崔云亡敵國而得其人心行名下孟
反福應應對之對狐不偕司馬云古賢人也務光皇甫謐云黃帝時人
耳長七寸伯夷叔齊孤竹君之二子箕子胥餘司馬云胥餘箕子名
也見尸子崔同又云尸子曰箕子胥餘漆身爲厲被髮佯狂或云尸子曰比干也胥餘其名紀他徒何
反申徒狄殷時人負石自沈於河崔本作司徒狄皆舍音捨下同不承
如字李云迎也又音拯不上時掌反與乎如字又音豫同云疑貌其觚音孤王云
觚特立不羣也崔云觚棱也邴邴徐音丙郭甫杏反向云喜貌簡文云明貌崔乎千罪
反徐息罪反郭且雷反向云動貌簡文云速貌滀乎本又作傗勑六反司馬云色憤起貌王云富有德文也簡
文云聚也厲乎如字崔本作廣云苞羅者廣也謷乎五羔反徐五到反司馬云志遠貌王云高
邁於俗也連乎如字李云連綿長貌崔云蹇連也音輦似好呼報反下皆同悗乎

大三三三 小三三半一 莊子音義上 二十 玫

亡本反字或作免李云無匹貌王云廢忘也崔云婉順也治之直吏反爲循本亦作脩兩得綽
乎昌略反崔本作淖常閒音閑夜旦如字崔本作輒音怛其卓中學
反敢惡烏路反之竟音境泉涸戶各反郭戶格反爾雅云竭也相
呴況于況付二反相濡本又作濡音儒或一音如戌反以沫音末相忘
音亡下同譽堯音餘注同大塊苦怪反又苦對反徐胡罪反佚我音逸
於壑火各反乃揭其列其謁二反索所所百反无樂音洛
下及注同可勝音升善妖崔本作狖同古卯反本又作夭於表反簡文於橋反云異也善
少詩照反否老音鄙本亦作鄙平粹雖遂反可傳直專反注同
在大極音泰之先一本作之先未崔本同先天悉薦反長於丁丈反
稱也尺證反狶韋氏許豈反郭褚伊反李音豕司馬云上古帝王名以挈徐苦結反
郭苦後又司馬云要也得天地要也崔云成也伏戲音義崔本作伏戲氏以襲氣母司馬云襲入也氣母元氣

與，如字，又音豫，同云疑貌【法】同盧云：疑向之誤

崔，于罪反【法】于當作千，盧本亦誤

之母也崔云取元氣之本 維斗 李云北斗所以爲天下綱維 終古 崔云終古久也鄭玄注周
礼云終古猶言常也 不忒 它得反差也崔本作代 堪坏 徐扶眉反郭孚杯反崔作邳司
馬云堪坏神名人面獸形淮南作欽負 崐崘 崐或作崏同音昆下力門反崐崘山名 馮夷
司馬云清冷傳曰馮夷華陰潼鄉隄首人也服八石得水是爲河伯一云以八月庚子浴於河而溺死一云渡河
溺死 大川 河也崔本作泰川 肩吾 司馬云山神不死至孔子時 大山 音泰又如
字 黃帝 崔云得道而上天也 顓頊 音專下許王反 玄宮 李云顓頊帝高
陽氏玄官北方宮也月令曰其帝顓頊其神玄冥 禺強 音虞郭語龍反司馬云山海經曰北海之
渚有神人面鳥身珥兩青蛇踐兩赤蛇名禺強崔云大荒經曰北海之神名曰禺強靈龜爲之使歸藏曰昔穆
王子筮封於禺強案海外經云北方禺強黑身手足乘兩龍郭璞以爲水神人面鳥身簡文云北海神也一名
禺京是黃帝之孫也 西王母 山海經云狀如人狗尾蓬頭戴勝善嘯居洄水之涯漢武內傳云西
王母與上元夫人降帝美容貌神仙人也 少廣 司馬云穴名崔云山名或云西方空界之名 彭

莊子音義上　二十一　圭

祖 解見道遥篇崔云壽七百年或以爲仙不死 五伯 如字又音霸崔李云夏伯昆吾殷大彭豕
韋周齊桓晉文 傅說 音悅 得之以相 息亮反 武丁奄有天
下乘東維騎箕尾而比於列星 司馬云傅說殷相也武丁殷王
高宗也東維箕斗之間天漢津之東維也星經曰傅說一星在尾上言其乘東維騎箕尾之間也崔云傅說死其精
神乘東維託龍尾乃列宿今尾上有傅說星崔本此下更有其生無父母死登假三年而形遯此言神之无能名者
也凡二十二字 摇然 其勿反 南伯子葵 李云葵當爲綦聲之誤也 女偊 徐音
禹李音矩一云是婦人也 年長 張丈反 孺子 本亦作孺如喻反李云弱子也 惡惡
可 並音烏下惡平同 十梁倚 魚綺反又其綺反李云卜梁姓倚名 亦易 以豉反
參日 音三 能朝 如字李除遥反下同 徹 如字郭司馬云朝旦也徹達妙之道李云夫能
洞照不崇朝而遠徹 不惡 烏路反下同 豁然 喚活反 殺生者不死
李云殺猶亡也亡生者不死也崔云除其營生爲殺生 生生者不生 李云矜生者不生也

崐，或作岷，同，音昆【法】案作岷不得音昆，蓋誤

崔云常營其生爲生生攖郭音縈徐於營反李於盈反崔云有所繫著也副墨李云可以
副貳玄墨也崔云此已下皆古人姓名或寓之耳無其人洛誦李云誦通也苞洛無所不通也瞻
明音占李云神明洞徹也聶許徐乃攝反李云許與也攝而保之無所施與也需
役徐音須李音儒云儒弱爲役也王云需待也役亭毒也於音烏又如字謳徐烏
侯反李香于反云謳煦也欲化之貌王云謳謌謠也玄冥李云強名曰玄視之冥然向郭云所以名無而
非無也參七南反寥徐九彫反李云參高也高邈寥曠不可名也疑始李云又疑
無是始則始非無名也研粗七胡反七重直龍反下同子祀崔云淮南作子永行
年五十四而病傴僂子輿本又作輿音餘子犁禮兮反爲尻苦羔反偉
哉韋鬼反向云美也崔云自此至鑑于井皆子祀自說病狀也拘拘郭音駒司馬云體拘攣也王云不申
也曲僂徐力主反於頂本亦作項崔本作釘音項句俱樹反徐古侯反贅徐之稅反
指天李云句贅項椎也其形似贅言其上向也有沴音麗徐又徒顯反郭奴結反云陵亂也李
大一八 小五九圭 莊子音義上 廿三 桂
同崔本作灑云滿也其心閒音閑崔以其心屬上句跰𨇤步田反下悉田反崔本作邊鮮
司馬云病不能行故跰𨇤也而鑑古暫反曰嗟乎崔云此子輿辭女惡音汝下同
下烏路反曰亡如字絶句予何惡烏路反下及注同一音如字讀則連亡字爲句浸子鴆
反向云漸也予因以求時夜一本無求字爲彈徒旦反鴞戶驕反
炙章夜反哀樂音洛縣音玄解音蟹下及注同向云縣解無所係也喘
川轉反又尺軟反崔本作惴惴環而如字徐音患李云繞也叱避昌失反无
怛丁達反崔本作䎐音怛案怛驚也鄭衆注周禮考工記不能驚怛是也倚其於綺反
鼠肝向云委棄土壤而已王云取微蔑至賤蟲臂臂亦作膊崔本同不翅
徐詩知反彼近如字則悍本亦作捍胡旦反又音旱說文云捍抵也我且如字徐子
徐反漠音莫鋣以嗟反鏌鋣劍名大鑪力奴反惡乎音烏可解
如字下同成然如字崔同李云成然縣解之貌本或作戌音恤簡文云當作滅本又作眓呼括反視

崔本作釘，音頂【法】釘盧改釘，頂盧改項

沴，郭奴結反，崔本作瀰【法】奴結反字從尔也，故崔本又作瀰

喘，川轉反，又尺軟反【法】尺軟與川轉非異讀，未詳

翅，徐詩知反【法】知當作智，盧本亦誤

悍，本亦作捍，《說文》云：捍，抵也【法】《說文》無捍，其扞字注云：忮也。段

云：疑忮當作枝，未知是一是二

高貌本亦作俄然蘧然李音渠崔本作據又其據反蘧然有形之貌覺古孝反向
崔本此下更有發然汗出一句云無係則津液通也崔云榮衛和通不以化爲懼也相與如字崔云猶親
也或一音豫相爲如字或一音于僞反愛爲于僞反撓徐而小反郭許堯反挑
徐徒了反郭李徒堯反又作兆李云撓挑猶宛轉也宛轉玄曠之中𢓜文云循環之名莫然如字
崔云定也有間如字崔李云頃也本亦作爲間編曲必連反字林布千反郭父殄反史記甫連
反李云曲蠱薄相和胡卧反我猶崔本作獨人猗於宜反崔云辭也哀
樂音洛惡知音烏下皆同稱情尺證反无以命之崔李云命名也
而淡徒暫反而離力知反下同而應應對之應下同數子所主反垣
然吐但反使女音汝下同縣音玄注同疣音尤決徐古穴反𤴯胡亂反
潰胡對反端倪本或作淣同音崖徐音詣反覆芳服反芒然莫剛反李
云無係之貌彷薄剛反徨音皇塵垢如字崔本作塚均云塚音逢均垢同齊人以風

大百十六 小五、七十 莊子音義上 二十三 占

塵爲塳堁憒憒工內反說文蒼頡篇並云亂也以觀古亂反示也注同相造
七報反詣也下同穿池本亦作地崔同相忘音亡下同畸人居宜反司馬云不耦也不
耦於人謂闕於禮教也李其宜反云奇異也而侔音謀司馬云等也亦從也孟孫才李云
三栢後才其名也崔云才或作牛應內應對之應惡知音烏下同焉知於虔
反下皆同覺者古孝反注下皆同駭形如字崔作咳云有嬰兒之形旦宅
並如字王云旦暮改易宅是神居也李本作怛侘上所丹末反下陟嫁反云驚惋之貌崔本作靼宅靼怛也
以乃崔本乃作惡庸詎其庶反下章同造適七報反注同獻笑
向云獻善也王云章也意有適章於笑故曰獻笑及排皮皆反必樂音洛下同寥
本亦作廖力彫反李良救反天一崔本作造敵不及笑獻笄不及蹔安排而造化不及眇眇不及雄漂
淦雄漂淦不及蹔蹔並乃入於寥天一以上時掌反意而子李云賢士也資
女資給也爲軹之是反郭之忍反崔云軹辭也李云是也黥其京反劓魚器反李

塵垢，崔本作塚均，云：塚音逢，均、垢同，齊人以風塵爲逢堁【法】塚、塳並未詳。

逢盧改塳

軹，郭之忍反【法】郭之忍反，其本作軫也

云毀道德以爲仁義不似黥乎破玄同以爲是非不似劓乎 遥蕩 王云縱散也 恣 七咨反又
如字 睢 郭李云許維反徐許鼻反李王皆云恣睢自得貌 復遊 扶又反下同 其藩
甫煩反李音煩司馬向皆云崖也崔云域也 盲者 本又作眇崔本作目云目或作刑刑黥劓也 以
與 音豫下同 之好 如字又呼報反 黼黻 上音甫下音弗 之觀 古亂反 无
莊據梁 司馬云皆人名李云无莊无莊飾也據梁強梁也 鑪 音盧 捶 本又作錘徐之
睡反又之蘂反一音時蘂反李云鍾鶇頭頗口句鐵以吹火也崔云鑪謂之笔捶當作甄盧甄之間言小㪔也
甄音丈爲反 鍛 丁亂反 曰噫 余音醫李云歎聲也崔云辭也本亦作意音同又如字謂
呼意而名也 我爲 于僞反注同 𩐁 子兮反司馬云碎也 長於 丁丈反 功
見 賢遍反下文同 它日 崔本作異日下亦然 復見 扶又反下同 樂生 音洛
又音嶽 蹵然 子六反崔云變色貌 墮 許規反徐又待果反 去 起呂反 知 音智 坐
忘 崔云端坐而忘 无好 呼報反注同 何惡 烏路反 霖雨 本又作淋音林

大千十二 小五千六十五 【莊子音義上】 廿四 占

左傳云雨三日以往爲霖 裹 音果 食 音嗣注同 有不任 音壬 其聲而
趨 七住反 舉其詩焉 崔云不任其聲憊也趨舉其詩無音曲也 應 應對之應下同
帝王第七 崔云行不言之教使天下自以爲牛馬應爲帝王者也
齧缺 五結反下丘悅反 王倪 五兮反 四問而四不知 何云事在齊物
論中 蒲衣子 尸子云蒲衣八歲舜讓以天下崔云即被衣王倪之師也淮南子曰齧缺問道於被
衣 泰氏 司馬云上古帝王也崔云帝王也李云大庭氏又云無名之君也 藏仁 才剛
反崔云懷仁心以結人也本亦作臧作剛反善也簡文同 以要 一遥反注同 所好 呼報反
所惡 烏路反 之竟 音境 徐徐 如字崔本作祛祛 其覺 古孝
反 于于 如字司馬云徐徐安隱貌于于無所知貌簡文云徐徐于于寐之狀也 曰 人實反
中 音仲亦如字 始 李云日中始人姓名賢者也崔本無日字云中始賢人也 以語 魚據反
女 音汝後皆同 出經 絕句司馬云出行也經常也崔云出典法也 式義度人

𩐁【法】𩐁當作韲，盧本亦誤

人絕句式法也崔云式用也用仁義以法度人也欺德簡文云欺妄也涉海鑿待洛
反下同郭粗鶴反河李云涉海必陷波鑿河無成也蚉音文本亦作蟁同不勝音升確
乎苦學反李云堅貌崔本作囊音託矰則能反李云罔也之害崔本作蕾鼷音兮
熏香云反天根崔云云人姓名也遊於殷陽李云殷山名陽山之陽崔
云殷陽地名司馬云殷衆也言向南遊也或作殷湯蓼水音了李云水名也不豫司馬云嫌
不澂豫太倉卒也簡文云豫悅也大初音泰乘夫音符莽莫蕩反崔本作猛
眇妙小反莽眇輕虛之狀也崔云猛眇之鳥首也取其行而無迹壙徐苦廣反埌徐力黨反李音
浪壙埌无滯爲名也崔云猶曠蕩也无狹戶夾反帠徐音藝又魚例反司馬云法也一本作寱
牛世反崔本作爲而自治直吏反下文同又復扶又反於淡徒暫反徐大敢
反於漠音莫陽子居李云居名也子男子通稱嚮許亮反李許兩反疾
強梁崔云所在疾強梁之人也李云敏疾如嚮也簡文云如嚮應聲之疾故是強梁之貌物徹

莊子音義上　二十五　陳彥

疏明司馬云物事也徹通也事能通而開明也崔云無物不達無物不明不勸其眷反
胥如字司馬云疏也簡文云相也易音亦崔以豉反云相輕易也簡文同技徐其綺反簡文云藝也
係如字崔本作繫或云作繫簡文云音繫怵心勑律反來田李云虎豹以皮有文章見
獵也田獵也猨音袁狙七餘反之便毗肩反舊扶面反斄音來李音狸崔云旄
牛也來藉司馬云藉繩也由捷見結縛也崔云藉繫也蹵然子六反改容之貌之
治直吏反下同貸吐代反神巫曰季咸李云女曰巫男曰覡季咸名不
憙許忌反心醉向云迷惑於其道也壺子司馬云名林鄭人列子師既其
文李云既盡也得道與音餘衆雌而无雄而又奚卵
焉司馬云言汝受訓未熟故未成若衆雌無雄則無卵也卋亢苦浪反必信崔云絕句
相女息亮反注下同示之本亦作視崔云視示之也嘻徐音熙郭許意也旬數
所主反鄉吾許亮反本作嚮亦作向同崔本作康云向也地文與土同也崔云文猶理也

帠【法】帠蓋臬之譌

係，或作繫【法】繫盧改毄

便，毗肩反，舊扶面反【法】便、肩不同部，下文《天地》篇作婢面反，徐扶面反，此亦當同。此乃便巧之便，非便僻之便也。肩當作面，《秋水》篇同

不震不正並如字崔本作不誫不止云如動不動也誠應應對之應後同杜
德機崔云塞吾德之機有瘳丑留反功見賢遍反不齊側皆反本
又作齋下同且復扶又反泊心白博反又音魄得厝七故反字又作措同管
闚去規反鯢五兮反桓司馬云鯢桓二魚名也簡文云鯢鯨魚也桓盤桓也崔本作鯢拒云魚所
處之方穴也又云拒或作桓之審郭如字簡文云處也司馬云審當為蟠蟠聚也崔本作潘云回流所
鍾之域也淵有九名淮南子云有九旋之淵許慎注云至深也治亂直吏反失
而走如字徐音逸已滅崔云滅不見也委於危反蛇以支反委蛇至順之貌
為弟徐音頹丈回反靡弟靡不窮之貌崔云猶遜伏也波流如字崔本作波隨云
常隨從之為其于僞反妻嬰七判反食豕音嗣下同彫琢竹角
反法華羌目反塊然徐苦怪反又苦對反紛而芳云反崔云亂貌封
哉崔本作戎云封戎散亂也知主音智注同无眹直忍反崔云兆也應而
讚

【莊子音義上】 三六 未且

不藏如字本又作臧亦依字讀儵音叔李云喻有象也忽李云喻無形也渾胡本
反沌徒本反崔云渾沌無孔竅也李云清濁未分也此喻自然簡文云儵忽取神速為名渾沌以合
和為貌神速譬有為合和譬無為七竅苦叫反說文云孔也七日而渾沌死
崔云言不順自然強開耳目也

經典釋文卷第二十六

弟，徐音頽，丈回反【法】丈乃類隔，然疑大之譌

經典釋文卷第二十七

莊子音義中 外篇十五

唐國子博士兼太子中允贈齊州刺史吳縣開國男陸德明撰

莊子外篇駢拇第八 舉事以名篇

駢 步田反廣雅云並也李云併也 拇 音母足大指也司馬云駢拇謂足拇指連第二指也崔云諸指連大指也 枝指 如字三蒼云枝指手有六指也崔云音歧謂指有歧也 而侈 昌是反徐處豉反郭云多貌司馬云溢也崔云過也 於德 崔云德猶容也 附贅 章銳反廣雅云疣也釋名云橫生一肉屬著體也一云瘤結也 縣 音玄 疣 音尤 而侈於性 司馬云性人之本體也駢拇枝指附贅縣疣此四者各出於形性而非形性之正於衆人爲侈耳於形爲侈於性爲多故在手爲莫用之肉於足爲無施之指也王云性者受生之質德者全生之本駢枝受生而有不可多於德贅疣形後而生不可多於性此四者以況才智之德行 夫 音符發句之端放此 至治 直吏反 之分 符問反後可以意求 物皆有之

莊子音義中　一　建

之或作定 五藏 才浪反後皆同黃帝素問云肝心脾肺腎爲五藏 淫僻 本又作辟匹亦反徐敷赤反注及篇末同 於仁義之行 下孟反崔云駢枝贅疣雖非性之正亦出於形不可去也五藏之情雖非道德之正亦列於性不可治也今設仁義之教以治五藏之情猶削駢枝贅疣也既傷自然之理更益其疾也 橫復 扶又反徐篇末注皆同 至當 丁浪反後皆放此 黼黻 音甫下音弗周禮云白與黑謂之黼黑與青謂之黻 煌煌 音皇廣雅云光光也向崔本作熿向云馬氏音煌毛詩傳云皇皇猶煌煌也煌又音晃 非乎 向云非乎言是也 離朱 司馬云黃帝時人百步見秋豪之末一云見千里鍼鋒孟子作離婁 是已 向云猶是也 五聲 本亦作五音 師曠 司馬云晉賢大夫也善音律能致鬼神史記云冀州南和人生而無目 擢德 音濯司馬云拔也 簧鼓 音黃謂笙簧也鼓動也 曾史 曾參史䲡也曾參行仁史䲡行義 跖 之石反 纍 劣彼反 瓦 危委反向同崔如字一云瓦當作九 結繩 李云言小辯危辭若結繩之纍瓦也崔云聚無用之語如瓦之纍繩之結也 竄 七亂反爾雅云微也一云藏也 句 絕具反司馬云竄句謂邪說微隱穿

法偉堂經典釋文校記遺稿卷二十七

莊子音義中

清法偉堂著　邵榮芬編校

煌煌，《廣雅》云：光光也【法】光光盧删一字

鑿文句也一音鉤 敝本亦作蹩徐音婢郭父結李步計反司馬云罷也 跬徐丘婢反郭音屑向崔本作桂向丘氏反云近也司馬同李却垂反一云敝跬分外用力之貌 礜音餘 揚墨崔李云揚朱墨翟也
容思息嗣反 檮杌上徒刀反下音兀 此數色主反下文此數音同 不爲
跂其知反崔本作技音同或渠支反 鳧音符 脛形定反釋名云莖也直而長如物莖也本又作踁 鶴戶各反 斷之丁管反下及注同 去憂起呂反注去憂去甚同 意如字下同亦作醫 齕李音紇恨發反齕齧也徐胡勿反郭又胡突反 啼音提崔本作諦 蒿目好羔反司馬云亂也李云蒿目快性之貌 蒿令力呈反下同 於難乃旦反 後
拯拯救之拯 饕吐刀反杜預注左傳云貪財曰饕 嚻嚻許橋反又五羔反字林云聲也
崔云憂世之貌 屈崔本作詘 折之熱反謂屈折支體爲禮樂也 呴況於反李況付反本又作傴於禹反 俞音臾李音喻本又作呴音詡謂呴喻顏色爲仁義之貌 纆音墨廣雅云索也
索悉各反下同 連連司馬云謂連續仁義遊道德閒也 祇足音支 使喪

小六〻五 大大十五 ■莊子音義中 二 何

息浪反下巳喪同 以撓而小反郭呼堯反又許羔反廣雅云亂也又奴爪反 功見賢遍反
性與音餘此可以意消息後皆放此 三代夏殷周也 以上時掌反 槃夷並如字謂創傷也依字應作瘢痍 殉辭俊反徐辭倫反司馬云營也崔云殺身從之曰殉 鶉音純又音敦 鷇口豆反 禿吐木反 揮斥上音輝下音赤 臧作郎反崔云好書曰臧方言云齊之北鄙燕之北郊凡民男而壻婢謂之臧女而婦奴謂之獲張揖云壻婢之子謂之臧婦奴之子謂之獲
與穀如字爾雅云善也崔本作穀云孺子曰穀 牧羊牧養之牧 挾音協 筴字又作策初革反李云竹簡也古以寫書長二尺四寸 博塞悉代反塞博之類也漢書云吾丘壽王以善格五待詔謂博塞也 首陽山名在河東蒲坂縣死謂餓而死 東陵李云謂泰山也一云陵名今名東平陵屬濟南郡 又惡音烏 取君子小人於其間
哉崔本無小人於三字 屬其郭時欲反謂係屬也徐音燭謂屬著也下皆同 雖通
如楊墨一本無此句 俞兒音榆李式榆反司馬云古之善識味人也崔云尸子

跬，郭音屑【法】郭音屑者讀敝跬爲蹩躠也。然跬不得音屑，殆郭本不作跬耳

意，亦作醫【法】作乃音之誤，《在宥》篇可證。諸本皆誤

穀，崔本作穀，云：孺子曰穀【法】崔本蓋作㝅

曰膳俞兒和之以薑桂爲人主上食淮南云俞兒狄牙嘗淄澠之水而別之一云俞兒黃帝時人狄牙則易牙
齊桓公時識味人也一云俞兒亦齊人淮南子一本作申兒疑申當爲史 不累劣僞反後皆放此 舍
已音捨 愧乎崔本作媿云媿愧同 之行下孟反注同 冥復音服 從
容七容反 吹如字又昌僞反字亦作炊
馬蹄第九舉事以名篇
馬釋名云武也王弼注易云在下而行者也 蹄音提司馬云馬足甲也 禦魚呂反廣雅云
敲也崔本作辟 齕恨發反又胡切反 翹祁饒反 足崔本作尾 而陸司馬云陸
跳也字書作騷騷馬健也 駑音奴惡馬也 驥音冀千里善馬也 義許宜反又如字
徐音儀崔本同一本作羲 臺崔云義臺猶靈臺也 路寢路正也大也崔云路寢正室
而惡烏路反 伯樂音洛下同伯樂姓孫名陽善馭馬石氏星經云伯樂天星名主典天
馬孫陽善馭故以爲名 剔之敕歷反字林云剃也徐詩赤反向崔本作鬄向音郝 雒之音洛
羊 莊子音義中 三 吳志
司馬云燒謂燒鐵以爍之剔謂剪其毛刻謂削其甲雒謂羈雒其頭也 羈居宜反廣雅云勒也 馽
丁邑反徐丁立反絆也李音述本或作馵非也馵之樹反司馬向崔本並作縶向云馬氏音誄崔云絆前兩足也
編之必然反 阜才老反櫪也一云槽也崔云馬閑也 棧士板反徐在簡反又士諫反編木作
靈似牀曰棧以禦濕也崔云木棚也 不治直吏反 驟士救反 橛向徐其月反司馬云銜也
崔云鑣也 飾徐音式司馬云排銜也謂加飾於馬鑣也 鞭必然反 筴初革反杜注左傳云
馬檛也檛音竹瓜反 陶道刀反謂窯也窯音弋消反 埴徐時力反崔云士也司馬云埴土可以爲陶器尚書
傳云土黏曰埴釋名云埴職也職音之食反 中規丁仲反下皆同 應繩應對之應後不音者
放此 揉曲汝久反 矯居兆反 拂房弗反 去者羌呂反 天放如字崔云
作牧天養也 塡塡徐音田又徒偃反質重貌崔云重遲也一云詳徐貌淮南作莫莫 顚顚
丁田反崔云專一也淮南作瞑瞑 蹊徐音兮李云徑也 隧徐音遂崔云道也 連屬
其鄉王云既無國異家殊故其鄉連屬 混胡本反 芒莫剛反 淡徒暫反 漠

馵，李音述。馵，之樹反【法】音述未詳，馵下盧補音字

編木作靈似牀曰棧，以禦濕也。崔云：木棚也【法】盧校云：靈即櫺，濕當作溼，

後人多混用。棚疑當作栅

筴，《左傳》云：馬檛也【法】檛當從過

埴，《釋名》云：埴，職也【法】職當作膱

塡，又徒偃反【法】塡、偃不同部，《集韻》收入阮部，則所據本已誤

音莫遂長丁丈反又直良反无吞敦恩反又音天攀本又作扳普班反援音袁
廣雅云牽也引也闚去規反物馴似遵反或音紃惡乎音烏不離力智反注
音同素樸音剝反蹩步結反向崔本作𨄮音同躠本又作薛悉結反向崔本作殺音同
一音素葛反踶直氏反向同崔音緹跂丘氏反一音呂氏反崔音枝本云蹩躠踶跂皆用心爲仁義之
貌澶本又作儃徒旦反又吐旦反向崔本作但音憚漫武半反向崔本作曼音同李云澶漫猶縱
逸也崔云但曼淫衍也一云澶漫牽引也摘敕歷反又陟革反辟匹辟反向音檗徐敷歷反李父
歷反本或作僻音同李云糾擿邪辟而爲禮也一音婦赤反法也崔云擿辟多節始分如字下分皆同
犧尊音羲尊或作樽司馬云畫犧牛象以飾樽也王肅云刻爲牛頭鄭玄云畫鳳皇羽飾尊婆
娑然也音先河反珪璋音章李云皆器名也銳上方下曰珪半珪曰璋情性不離
如字別離也交頸頸領也居郢反又祁盈反相靡如字李云摩也一云愛也相踶大計
反又徒兮反又徒祁反李云踶蹋也廣雅字韻聲類竝同通俗文云小蹋謂之踶馬知李音智下同
大八十小六又三十 莊子音義中 四 王卲夫
衡扼於革反衡轅前橫木縛軛者也扼又馬頸者也月題徒兮反司馬崔云馬額上
當顱如月形者也介徐古八反倪徐五佳反郭五第反李云介倪一猶睥睨也崔云介出俾倪也
闉音因鷙徐敕二反郭音躓曼武半反郭武諫反李云闉曲也鷙抵也曼突也崔云闉扼
鷙曼距拒頓遲也司馬云言曲頸於扼以抵突也一云鷙曼旁出也詭九彼反銜口中勒也或云
詭銜吐出銜也竊轡齧轡也崔云詭銜竊轡戾銜搌盜齧轡也態作吐代反赫
本或作𧹞呼白反胥氏司馬云赫胥氏上古帝王也一云有赫然之德使氏胥附故曰赫胥蓋炎帝也
含哺音步縣企音玄踶直氏反跂丘氏反好知呼報反下音智
胠篋第十舉事以名篇
胠李起居反史記作𦚾徐起法反一音虛去反司馬云從旁開爲胠一云發也篋苦協反探
吐南反囊乃剛反匱其位反匵也必攝如字李云結也崔云收也緘古減反
縢向崔本作絺同徒登反崔云約也案廣雅云緘縢皆繩也扃古熒反崔李云關也鐍古穴反李

吞，郭恩反【法】郭當作敦

跂，一音呂氏反【法】跂當從支，呂蓋巨之譌

崔本作但，音燀【法】燀字太僻，疑憚之誤

鄭玄云：畫鳳皇羽飾尊，婆娑然也【法】婆疑娑之誤

扼，又馬頸者也【法】又疑當作叉

鷙，徐敕二反【法】段云：鷙當從馬，見《說文》馬部。敕疑誤，《廣韻》脂利切。又案《在宥》篇亦敕二反

竊轡，盜齦轡也【法】齦盧改齦〇赫，本或作𧹞【法】𧹞疑當作赤

緘，古減反【法】減乃咸之譌

縢，向、崔本作絺，案《廣雅》云，緘、縢皆繩也【法】縢、絺互見，疑有一誤

云紐也崔云環舌也 知也 如字又音智下同 揭 徐其謁反又音桀三蒼云擧也擔也負也 擔

丁甘反 而趨 七須反李云走也 唯恐 丘用反 鄉之 本又作向亦作嚮同許亮

反 爲大盜 于僞反下及下注而爲同 積者 如字李子賜反 罔罟 音古罔之

通名 来 力對反徐力猥反郭呂靁反李云犂也一云耜柄也 耨 乃豆反李云鋤也或云以木爲

鋤柄 所刺 徐七智反 閭 戶臘反 四竟 音境下之竟同 治邑 直吏反 屋

周禮夫三爲屋 州 五黨爲州二千五百家也 閭 五比爲閭二十五家也 鄉 五州爲鄉萬二千五

百家也 田成子 齊大夫陳恒也 一旦 宋元嘉中本作一日 殺 音試 齊君

簡公也春秋哀公十四年陳恒殺之于舒州 而盜其國 司馬云謂割安邑以東至琅邪自爲封邑

也 聖知 音智下同 十二世有齊國 自敬仲至莊子九世知齊政自太公和至

威王三世爲齊侯故云十二世也 以守 如字音狩 舊 比干剖 普口反謂割心也崔

本作節云支解也 萇 直良反 弘胣 本又作肔徐勑紙反郭詩氏反崔云讀若拖或作施

字胣裂也淮南子曰萇弘鈹裂而死司馬云胣剔也萇弘周靈王賢臣也案左傳是周景王敬王之大夫魯哀

公三年六月周人殺萇弘一云刳腸曰胣 子胥靡 密池反司馬如字云縻也崔云爛之於池

中也案子胥伍員也諫夫差夫差不從賜之屬鏤以死投之江也 馬得 於虔反 故跖

之石反 之藏 才浪反又如字 知可 如字本或作知可否 分均 符問反又如字 无

治 直吏反下文始治同 魯酒薄而邯 音寒 鄲 音丹邯鄲趙國都也 圍

楚宣王朝諸侯魯恭公後至而酒薄宣王怒欲辱之恭公不受命乃曰我周公之胤長於諸侯行天子禮樂勳在周

室我送酒已失禮方責其薄無乃太甚遂不辭而還宣王怒乃發兵與齊攻魯梁惠王常欲擊趙而畏楚救楚以魯

爲事故梁得圍邯鄲言事相由也亦是感應宣王名熊良夫悼王之子恭公名奮穆公之子許慎注淮南云楚會諸

侯魯趙俱獻酒於楚王魯酒薄而趙酒厚楚之主酒吏求酒於趙趙不與吏怒乃以趙厚酒易魯薄酒奏之楚王以

趙酒薄故圍邯鄲也 掊 普口反 擊 徐古歷反 縱舍 音捨注同 開邪 似嗟反

去華 起呂反下注去欲去其皆同 聖人已死則大盜不起 向云

事業日新新者爲生故者爲死故曰聖人已死也乘天地之正御日新之變得實而損其名歸眞而忘其塗則大盜息矣 **爭尚** 爭鬭之爭後皆同 **聖人不死大盜不止** 向云聖人不死言守故而不日新牽名而不造實也大盜不上不亦宜乎 **爲之斗斛以量之** 向云自此以下皆所以明苟非其人雖法無益 **權衡** 李云權稱錘衡稱衡也錘音直僞反 **符璽** 音徙 **矯之** 居表反 **竊鉤** 鉤謂帶也 **揭** 其謁其列二反 **斧鉞** 音越 **能禁** 音今又居鴆反下不可禁同 **擿玉** 持赤反義與擲字同崔云猶投棄之也郭都革反李云刻也 **殫** 音丹 盡也 **鑠絕** 郭李詩灼反向徐音藥崔云燒斷之也 **竽** 音于 **瑟** 本亦作笙 **塞瞽曠** 崔本塞作杜云塞也 **膠** 音交徐古孝反 **喪矣** 息浪反 **攦** 郭呂係反又力結反徐所綺反李云折也崔云撕之也 **工倕** 音垂堯時功者也一名睡 **蜘** 音知 **蛛** 音誅 **蛣** 起一反 **蟯** 音羌 **之行** 下孟反 **鉗** 李巨炎反又其嚴反 **攘** 如羊反 **之帥** 本又作率同所類反 **不鑠** 失灼反崔云不消壞也向音爍 **不僻** 匹亦反 **爚** 徐音藥三蒼云火光銷也司馬崔云散也 **此數** 所主反 **容成氏** 司馬云此十二氏皆古帝王 **驪** 徐力池反李音犁 **畜** 徐敕六反 **伏戲** 音義 **慊** 口簟反 **樂其** 音洛 **而不相往來** 一本作不相與往來撿元嘉中郭注本及崔向永和中本並無與字 **至治** 直吏反注同 **頸** 如字李巨盈反 **贏** 音盈崔云裹也廣雅云負也 **糧** 音良 **而趣** 七于反徐七喻反 **上好** 呼報反注下皆同 **弩** 音怒 **畢弋機變** 李云兔網曰畢繳射曰弋弩牙曰機 **之知** 音智下及注并下知詐皆同 **鉤餌** 如志反 **罔罟罾** 音曾 **笱** 鉤鈎鉤也餌魚餌也廣雅云罟謂之罔罾魚網也爾雅云嫠婦之笱謂之罶 **削** 七妙反 **格** 古百反李云削格所以施羅網也 **羅落罝** 子斜反 **罘** 本又作罦音浮爾雅云鳥罟謂之羅兔罟謂之罝罬謂之罦罦覆車也郭璞云今翻車也 **漸毒** 李云漸漬之毒不覺深也崔云漸毒猶深害 **頡** 戶結反 **滑** 于八反頡滑謂難料理也崔云纏屈也李音骨滑㬂也一云頡滑不正之語也 **解** 若懈反 **垢** 苦豆反司馬崔云解垢隔角也或云言曲之辭 **每每** 李云猶惛惛也 **舍已**

莊子音義中　六　宋

大フ十六 小五フ八七

塞瞽曠【法】近本無瞽字，再考

倕，音垂，一名睡【法】名盧改音

鑠，朱灼反【法】朱乃失之譌

解，苦懈反～垢，苦豆反【法】解垢與《天地》篇楔詬同，故並讀溪紐

音捨下文同　上悖李郭云必内反又音佩司馬云薄食也　下爍失約反崔云消也司馬云崩竭
也崔向本作爍同徐音藥　中隳許規反毀也　之施始豉反　惴本亦作蝪又作喘川兗反
向音揣　耎耳轉反崔云蝡蝡動蟲也一云惴耎謂無足蟲　肖翹音消下音祁饒反崔云肖
翹植物也李云翾飛之屬也　種種向章勇反李云謹愨貌一云淳厚也　而説音悦下同　役
役李云鬼黠貌一云有爲人也　恬徒謙反　惔徒暫反徐大敢反　啍啍李之
閏反又之純反郭音惇以巳悔人之貌下同司馬云少智貌徐許彭反又許剛反向本作啍音亨崔本上句作啍啍
少知而芸也一云啍啍壯健之貌

在宥第十一以義名篇

聞在宥音又寬也　則治直吏反下治亂同　欲惡烏路反　好欲好報
反　有治天下者哉崔本作有治天下者材失云強治之是材之失也　人樂
音洛　恬徒謙反　瘁瘁在季反病也廣雅云憂也崔本作醉　愉音瑜徐音踰　故

大刀卅七　小五刀五十六　莊子音義中　七

譽音餘　毗於如字司馬云助也一云并也　思慮息嗣反　大過音泰　喬
向欽消反或去夭反郭音橋李音驕　詰李去吉反徐起列反崔云喬詰意不平也　卓勑角反郭丁角反向
音筸　鷙勑二反李豬栗反向豬立反又勑栗反崔云卓鷙行不平也　之行下孟反　能
勝音升　匈匈音凶　而且如字徐子餘反　説明音悦下同　是悖必内反徐
蒲没反　是相息亮反助也下及注皆同　於技其綺反李音歧崔同云不端也　説知
音智　於疵疾斯反　臠力轉反崔本作欒　卷卷勉反徐居阮反司馬云臠卷不申舒之
狀也崔同一云相牽引也　傖音倉崔本作戕　囊如字崔云戕囊猶搶攘　乃復扶又反　而
去起慮反　之邪崔本唯此一字作邪餘皆作耶　齊戒本又作齋同側皆反　跪其詭
反郭音危　莅音利又音類　无解如字一音蟹散也　龍見賢遍反向崔本作覞向音
見崔音覞　從容七容反　炊昌睡反又昌規反本或作吹同　累劣僞反司馬云炊累猶動升也
向郭云如埃塵之自動也　崔瞿向崔本作臞向求朱反瞿瞿人姓名也　老聃吐藍反　女

啍啍，徐許彭反，又許剛反，向本作啍，音亨【法】徐與向本同，故音許彭、許剛也

傖【法】傖當作愴，《廣韻》並無傖字

見，賢遍反，向音見，崔音覞【法】案覞音乃見反，不能與見同讀。《論語・泰伯音義》見，賢遍反，又音現，則此字亦當作現

慎音汝攖於營反又於盈反司馬云引也崔云羈落也排皮皆反崔本作俳進上
時掌反注及下同其易以豉反囚殺如字徐所例反言囚殺萬物也淖昌畧反又
直角反廉劌居衞反司馬云傷也廣雅云利也琢丁角反縣而天音玄
向本無而字云希高慕遠故曰縣天僨向粉問反廣雅云僵也郭音奔驕如字又居表反郭云憤驕者不可禁
之勢自見賢遍反下同股音古脛本曰股胈畔末反向父末反李扶蓋反云白肉也或云字
當作紱紱蔽膝也崔云胈胝也脛刑定反讙音歡兜丁侯反崇山南裔也堯六十
年放讙兜于崇山投三苗崔本投作殺尚書作竄三苗者縉雲氏之子即饕餮也三峗
音危本亦作危三峗西裔之山也今屬天水堯六十六年竄三苗于三危共工音恭共工宮名即窮奇也幽
都李云即幽州也尚書作幽州北裔也堯六十四年流共工于幽州施及以智反崔云延也
大駭駭驚也愈粗音麤下同愚知音智下及注同好知呼報反注同
釿音斤本亦作斤鋸音據制焉釿鋸制謂加肉刑也繩墨殺焉並如字崔
六刀十八 小弌口罒 莊子音義中 八 裒
云謂彈正殺之椎直追反鑿在洛反決焉古穴反又苦穴反崔云肉刑故用椎鑿
脊脊音藉在亦反相踐藉也本亦作肴肴廣雅云肴亂也大山音泰亦如字嵁苦巖
反一音苦咸反又苦巖反巖音嚴語銜反一音嵒語咸反以眩玄遍反惡直烏路反
蕃徒音煩殊死如字廣雅云殊斷也司馬云決也一云誅也字林云死也說文同又云漢令曰蠻夷
長有罪當殊之崔本作殊死相枕之鴆反桁戶剛反司馬云脚長械也楊向音陽崔云械夾頸
及脛者皆曰桁楊離力氏反又力智反跂丘氏反又丘豉反攘如羊反桎之實反
梏古毒反意如字又音醫无愧崔本作媿腐音輔方復扶又反椄
李如字向徐音燮郭慈椄反槢郭李音習向徐徒燮反司馬云椄槢械楔音息節反崔本作熠云讀爲牒或作
謵字椄槢桎梏梁也淮南曰大者爲柱梁小者爲椄槢也鑿在洛反又在報反枘人銳反向本作内音同三蒼云
柱頭枘也鑿頭廁木如柱頭枘遠於于萬反下同而禦魚呂反本又作御音同焉知於
反嚆矢許交反又亦作嗃向云嗃矢矢之鳴者郭云矢矢猛者字林云蒿大呼也崔本作蒿云蕭蒿可以爲

箭或作矯矯梟也崔本此下更有有無之相生也則甚曹史輿桀跖生有無也又惡得無相軋也凡二十四字大

治直吏反去其起呂反廣成子或云即老子也空同司馬云當北斗

▌下山也爾雅云北戴斗極爲空一曰在梁國虞城東三十里蕢也廣雅云蕢正也雲氣

不待族而雨司馬云族聚也未聚而雨言澤少草木不待黃而

落司馬云言殺氣多也爾雅云落死也盆以崔本作蓋以佞人如字郭音寧翦

翦如字郭司馬云善辯也一曰佞貌李云淺短貌或云狹小之貌捎悦全反閒居音閑

下注同復往扶又反邀之古堯反要也南首音狩蹷其月反又音蹶

驚而起也天下治直吏反吾語魚據反下同女音汝後放此窈窈

鳥了反不邪似嗟反我爲于僞反下同物將自壯側亮反謂不治

天下則衆物皆自任自任而壯也之稱尺證反百昌司馬云猶百物也當我

如字緡乎武巾反郭音泯泯合也遠我于萬反昏乎如字晤也司馬云緡

大一千卅三小五千七百七　【莊子音義中】　【九】　貴

昏並無心之謂也雲將子匠反下同李云雲主帥也扶搖扶亦作夫音符李云扶搖神木

也生東海一云風也鴻蒙如字司馬云自然元氣也一云海上氣也拊孚甫反一音甫脾

本又作髀音陛徐甫婢反又甫姊反雀本又作爵同將略反躍司馬云雀躍若雀浴也一云如雀之

跳躍也倘尺掌反一音吐郎反李吐黨反司馬云欲止貌李云自失貌贄之二反又猪立反又魚列

反李云不動貌叟▌本又作傁素口反郭踈反司馬云長者稱不輟丁劣反李云止也曰

吁況于反亦作呼鬱結如字崔本作縮音結掉徒弔反有宋如字國名也本作宗

者非鞅掌於丈反毛詩傳云鞅掌失容也今此言自得而正也之放方往反效也注同止

蟲如字本亦作昆蟲崔本作正蟲皆坐才臥反意音醫本又作噫下皆同僊僊

音仙墮許規反涬戶頂反又音幸溟亡頂反司馬云涬溟自然氣也渾渾戶本反

沌沌徒本反不離力智反下及注皆同而惡烏路反因衆以寧

所聞因衆人之所聞見委而任之則自寧安不如衆技其綺反衆矣

矯梟也【法】梟蓋柔之譌，若本作梟，不容無説

贄，又魚列反【法】魚列反則字當從埶

若役我之知違衆人衆人之技多於我矣安得而不自困哉　此攬音覽本亦作覽　僥古堯反徐古了反字或作儌
倖音幸一云僥倖求利不止之貌　幾何居豈反郭巨幾反　不喪息浪反下及注同
萬分扶問反　如字又　饕吐刀反　冒亡報反又云北反　於嚮許大
反本又作嚮注及下同　挈苦結反廣雅云持也　撓撓而小反　惡音烏　足復扶又
反　則治直吏反　匿而女力反　中而不可不高者德
也中者順也順其性而高也　不易以豉反下注同　應動應升反　物者莫
足爲也分外反　而不可不爲也分內　不與音預

天地第十二以事名篇

天地釋名云天顯也高顯在上也又坦也坦然高遠也地底也其體底下載萬物也禮統云天地者元氣之所生萬物之祖也易說云元氣初分清輕上爲天濁重下爲地　其治直吏反注同下　人
卒尊忽反　君原原本也　非邪也似嗟反本又作爲　技也其綺反注

莊子音義中　十

貴寯

下同　記曰書名也云老子所作　夫子司馬云莊子也一云老子也此兩夫子曰元嘉本皆爲別章崔本亦
爾　覆載芳富反　洋洋音羊又音詳　不刳口吳反又口侯反崔本作軒云
寬悅之貌　而去起呂反　循音旬或作脩　挫作臥　韜吐刀反廣雅云藏也　沛普貝反字林云流也　物
逝崔本逝作誓云開也　滂沛普旁反　不近附近之近　不樂音洛　縣解上音玄下音蟹　不
以王于況反下王德並同　蛻然始銳反又音悅　漻李良由反徐力蕭反廣雅下巧反云清貌　非
好呼報反　而知音智注同　而供音恭本亦作恭　確苦學反　斯音賜又如字
赤水李云水出崐崘山下　還歸音旋　玄珠司馬云道眞也　使知音智注及下音
同　索之所白反下同　喫口懈反　詬口豆反司馬云喫詬多力也　王倪徐五兮反
被衣音披　要之一遥反注同　圾本又作岌五急反又五合反郭李云危也　給數音朔
在去起呂反　於強其丈反　方且如字凡言方且者言方將有所爲也　物絯戶徐
隔反廣雅公才反云束也與郭義同今用廣雅音　令應力呈反　治亂直吏反注同　之

挫，作臥【法】臥下脫反字

喫，口懈反【法】喫疑諜之誤，即《胠篋》篇之解垢也。㚌、解同類，若從契，則非其類矣

率 色類反，注同；又色律反 殺君 音試，本又作弒，音司 華 胡化反，又胡花反；司馬云：地名
也 封人 司馬云：守封疆人也 曰嘻 音熙 請祝 之又反，又州六反 女獨 音汝
後同 鶉 音淳 居 鶉居謂無常處也，又云：如鶉之居，猶言野處 鷇 口豆反 食 爾雅云：生
哺鷇，鷇食者言仰物而足也 就閒 音閑，注同 上僊 音仙 伯成子高 通變
經云：老子從此天地開闢以來，吾身一千二百變，後世得道伯成子高是也 闔 胡臘反，本亦作盍 无落 落猶
廢也 俋俋 徐於執反，又徐直立反，李云：耕貌，一云：耕人行貌，又音秩，又於十反，字林云：勇壯貌 治成
直吏反 能閒 閒廁之閒 不與 音預 侗 音洞，又音同 泰初 易說云：氣之始
也 有分 符問反 无閒 如字 留動 留或作流 喙 丁豆反，又充芮、喜穢二反 緡
武巾反 夫子 仲尼也 相方 如字，又甫往反，本亦作放，甫往反，注同 強以 其兩
反 縣 音玄 寓 音宇，司馬云：辯明白，若縣室在人前也 易見 以豉反 技係 其綺
反 執留 如字，本又作貍，音同，一本作狸，亦如字；司馬云：貍，竹鼠也；一云：執留之狗，謂有能故被留係成愁思

大一卅 小五七五 莊子音義中 十一 桂

也 猨 音袁 狙 七徐反 之便 婢面反，徐扶面反；司馬云：言便捷見捕 復何 扶又反
將 一本作蔣 閭 力於反 葂 字亦作莬，音免，又音晚，郭音問；將閭葂，人姓名也；一云：姓將閭，名葂
或云姓蔣名閭葂也 季徹 人姓名也，蓋季氏之族 魯君 或云定公 知中 丁仲反 不
輯 音集，爾雅云：和也，又側立反，郭思魚反 局局 其玉反，一云：大笑之貌 螳蜋 音堂郎
車軼 音轍 不勝 音升，注同 自為遽 其據反，本又作處 觀臺 古亂
反，注同 覤覤 許逆反，又生責反，或云驚懼之貌 汒若 本或作芒，武剛反，郭武蕩反 舉
滅 舉皆也 悶然 音門 豈兄 元嘉本作豈足 溟 亡頂反 涬 戶頂反 圃
布戶反，又音布，園也，李云：菜蔬曰圃 畦 戶圭反，李云：埒中曰畦，說文云：五十畝曰畦 隧 音遂，李云：道也
甕 烏送反，字亦作瓮 搰搰 苦骨反，徐李苦滑反，郭忽滑反，用力貌，一音胡沒反 有械
戶戒反，字亦作械，李云：器械也 浸 子鴆反，司馬云：灌也 卬而 音仰，本又作仰 挈水 口節反
若抽 敕留反，李云：引也，司馬、崔本作流 數如 所角反，徐所錄反 泆湯 音逸，本或

《爾雅》云：主哺鷇【法】主盧改生

俋俋，又直立反，又音秩【法】音秩非，即直立之變也

喙，丁豆反【法】喙，丁豆反，則字當作啄，陸氏於此二字多不分

輯，郭思魚反【法】郭思魚反，字作胥也，六朝書胥、咠多互譌

覤【法】覤與虩音義並同，即虩之俗也

畦，口圭反【法】口乃户之譌

械，《字林》作械【法】作械非異文，殆有誤

作溢李云疾速如湯沸溢也司馬本作佚蕩云言其往來數疾如佚蕩佚蕩唐佚也　槹本又作橋或作臯同音羔
徐居橋反司馬李云桔槹也　吾師謂老子也　瞞武版反又亡安反字林云目眥平貌李天典反慙貌
一音門又亡千反司馬本作憮音武崔本作憮　於于並如字本或作吺吁音問司馬云夸誕貌一云行仁
恩之貌　以蓋衆司馬本蓋作善　墮許規反　无乏乏廢也　卑陬
走侯反徐側留反李云卑陬愧懼貌一云顏色不自得也　頊頊本又作旭旭許玉反李云自失貌　向
之許亮反本又作鄉音同後倣此　復有扶又反　夫人音符下夫人同　汒乎
莫剛反　之心心或作道　轝之音餘下同　謷然五羔反司馬本作警　儻然本亦
作黨司馬本作儻同勑蕩反郭吐更反　渾胡本反　沌徒本反　背今音佩　之易以豉
反　諄郭之倫反又述倫反　芒本或作汒武剛反李云望之諄諄察之芒芒故曰諄芒一云姓名也或云霧氣
也　大壑火各反李云大壑東海也　苑風本亦作宛徐於阮反李云小貌謂遊世俗也一云苑風人
姓名一云扶搖大風也　之濵音賓　酌焉一本作取焉　橫目之民李云倮蟲之屬
大一、十二　小ス、廿　莊子音義中　十二　桂
欲令其治之也　願聞本或依司馬本作問下同　聖治直吏反下皆同　官施始支反又
始智反司馬云施政布教各得其宜　手撓而小反又而了反司馬云動也一云謂指麾四方也　顧指
如字向云顧指者言指麾顧盻而治也或音頤本亦作頤以之反謂舉頤指麾也　美惡烏路反　怊
乎音超字林云悵也徐尺遙反郭音條　儻乎敕黨反司馬本作儻　德人之容羊凶反或
云依注當作客　天地樂音洛注同　銷亡徐音消　混冥胡本反　門无鬼
司馬本作无畏云門姓无畏字也　赤張滿本或作蒲　稽古兮反李云門赤張氏也无鬼滿稽名也
均治直吏反下及注均治並同　之與音餘本又作邪　復何扶又反下章注同　瘍音羊
李云頭創也言創以喻亂求虞氏藥治之司馬云疕瘍也　患創初良反　禿吐木反　髢大細
反司馬云髮也又吐帝反郭音毛李云髦髮也　操藥七刀反　燋然將遙反又音燋　如標
方小反徐方遙反又方妙反言樹杪之枝無心在上也　校胡孝反李音較一本作校　蠢郭處允反動也
无傳丈專反　不謏羊朱反郭貽附反　不諂敕檢反　不肖音笑

瞞，李天典反【法】李天典反讀爲覥，殆其本作𢝘耶

陬，走侯反，徐側留反【法】案走侯乃徐音也，此二音誤倒

向云：顧指者，言指麾顧盻而治也【法】盻乃眄或盼之誤

髦，郭音毛【法】郭音毛，其字作髦也

燋，將遙反，又音焦【法】《廣韻》音焦與將遙反同

之道音導下同豈有背音佩則勃步忽反謂已諛人本多作衆
人下同司馬云衆人凡人也則佛符弗反郭敷謂反相坐才卧反注同與夫音
符不解音蟹又作買反不靈本又作無靈司馬云靈曉也祈嚮許亮反司
馬云祈求也大聲司馬云謂咸池六英之樂也折楊之列反皇荂况于
反又撫于反本又作華音花同馬本作里華嗑然許甲反李云折楊皇華皆古歌曲也嗑笑聲也本又
作嗌烏邈反司馬本作榼嘖曲仕責反本又作嗑以二缶鍾缶應作垂鍾應作踵言垂
脚空中必不得有之適也司馬本作二垂鍾云鍾注意也所適司馬云至也而強其丈反下注同
比憂毗志反司馬本作鼻云始也趣令力呈反下同令解音蟹厲音賴又如
字遽巨據反本或作蘧音同汲汲音急苛役音河犧音羲又素河反其
斷徒亂反下同本或作故困如字本或作悃音同惾子公反郭音俊又素奉反李云困惾猶刻
賊不通也中丁仲反顙桑蕩反濁口本又作噣音同滑心李音骨本亦作噣
大百二十七小四九十七　▲莊子音義中　十三　祀
離力智反跂立豉反鷸尹必反徐音述本又作鷸音同鳥名也一名翠似燕紺色出鬱林取
其月毛以飾冠笏音忽紳音申帶也柴柵楚格反郭音策外重直龍反
纆音墨繳音灼郭古弔反睆睆環版反又户鰥反李云窮視貌一云眠目貌交
臂歷指司馬云交臂反縛也歷指猶歷樓貌檻户覽反

天道第十三以義名篇

无所積積謂滯積不通六通謂六氣陰陽風雨晦明四辟毗赤反謂四方開也
眛音妹鐃心乃孝反又女交反一音而小反中準丁仲反大匠或云天子
也淡徒暫反巍巍魚歸反不與音預俞俞羊朱反廣雅云喜也
又音喻從容七容反南鄉許亮反本亦作嚮素王往况反注同而閒
音閑人樂音洛下同韲子兮反爲戾力計反暴也長於丁丈反章末同
天樂音洛章內同而王往况反注及下王天同祟雖遂反徐息類反李云禍也

嗑，本又作嗌，烏邈反【法】邈蓋邁之譌

惾，郭音俊【法】音俊未詳

睆，又户鰥反【法】户鰥二（榮芬案當作之）音他處未見，鰥疑當作關，上聲入潸，則平聲當入删也　○檻，户覽反【法】檻、覽不同部

眛【法】字書無眛字，今《莊子》作昧，是也。盧本亦誤

韲【法】韲說見《大宗師》，盧本改作韲，仍不合

畜天許六反注同知雖音智下愚知同自說音悅咎音羔繇音遙明
斷丁亂反本在於上末在於下李云本天道末人道也之辟
毗赤反比詳毗志反下同一音如字云比校詳審治之直吏反下治之至注至治之道同衰
音崔經田結反隆殺所界反長先而少詩照反萌區曲俱反
朝廷直遙反原省所景反原除省廢也必分方云反知謀音智大
平音泰迒道音悟司馬云橫也而說徐音稅又如字不敖五報反雨
施始豉反膠膠交卯反司馬云和也擾擾而小反司馬云柔也案如注意膠膠擾擾
動亂之貌之王往況反藏書司馬云藏其所著書也徵藏才浪反司馬云
徵藏藏名也一云徵典也史藏府之史老聃吐甘反或云老聃是孔子時老子號也免而
歸言老子見周之末不復可匡所以辭去也繙敷袁反徐又音盤又音煩司馬云煩冤也十二經
說者云詩書禮樂易春秋六經又加六緯合爲十二經也一說云易上下經并十翼爲十二又一云春秋十二公經也
六↑三十五　小五↑二十八　莊子音義中　十四　杞
以說如字又始銳反絕句老聃中丁仲反其說如字絕句曰大音泰徐敕
佐反謾末旦反郭武諫反中心物本亦作勿愷開待反司馬云樂也曰意於其
反司馬云不平聲也下同幾乎音機司馬本作頎云頎長也復言長也迂乎音于牧
乎司馬云牧養也放德方往反偈偈居謁反又巨謁反或云用力之貌揭仁
其謁反又音桀士成綺如字又魚紙反士成綺人姓名也願見賢遍反下同百
舍司馬云百日止宿也重直龍反趼古顯反司馬云胝也胝音陟其反許慎云足指約中斷傷爲趼
餘蔬所居反又音所司馬云蔬讀曰糈糈位也鼠壤內有遺餘之粒穢惡過甚也一云如鼠之推壤餘益
疏外也棄妹一本作妹之者不仁釋名云妹末也謂末學之徒須慈誘之乃見棄薄不仁之
甚也生熟司馬云生膾也一云生熟謂好惡也而積子亦反李子賜反斂力檢反李狸豔反
復見扶又反有刺千賜反正卻去逆反或云息也夫巧苦教反又
如字知音智爲脫徒活反注同毀譽音餘反同容行如字顙頟

復言長也【法】復今《莊子》本同，盧刻改後

斂，李狸豔反【法】貍太僻，疑里之譌

卻，去逆反，或云：息也【法】案訓息則當音去略反，卻，退也，退故爲息

上息黨反下去軌反本又作顋如字司馬本作題 闞郭許覽反又火斬反又火暫反 虓火交反
豁火括反 踶直氏反 跂去氏反 邊竟音境 有人焉其名
爲竊邊垂之人不聞知禮樂之正縱有言語偶會墳典皆是竊盜所得其道何足語哉司馬云言遠方常
有是人 奮棅音柄司馬云威權也李丑倫反一本作棟 言傳大專反後同 爲其
于僞反 知者如字下同或並音智 去尚起呂反 桓公李云齊桓公也名小白 輪
扁音篇又符殄反司馬云斲輪人也名扁 斲陟角反 推直追反 而上時掌
反 糟音遭李云酒滓也 魄普各反司馬云爛食曰魄一云糟爛爲魄本又作粕音同許愼云粕也
滓麤糟也或普白反謂魂魄也 已夫音符絶白或如字 甘如字又音酣司馬云甘者緩也苦者急也
有數李去色注反數時也 人與如字又一音餘 可傳直專反注同
天運司馬作天員 第十四以義名篇
其運爾雅云運徙也廣雅云轉也 推而如字一音吐回反司馬本作誰 緘古咸反徐古陷
小五百四十五 大百七 莊子音義中 十五 交
反司馬本作咸云引也 爲雨于僞反下及注同 隆施音弛式氏反 淫樂音洛又音
嶽 而勸司馬本勸作倦云讀曰送言誰無所作在送天往來運轉無已也 有上時掌反
彷薄皇反 徨音皇司馬本作旁皇云旁皇颷風也 噓音虛 吸許急反 披芳皮
反 拂芳弗反郭扶弗反披拂風貌司馬本作髮 巫咸袑赤遥反郭音條又音紹李云巫咸袑
相也袑寄名也 吾語魚據反 女音汝後皆同 六極司馬云四方上下也 商大音泰
下文大息同 宰蕩司馬云商宋也大宰官也蕩字也 府藏才浪反 蕩聞之
一本蕩作盈崔本同或云盈大宰字 郢以井反又以政反楚都也在江陵北 冥山司馬云北海山名
兪遠于萬反 孝易以豉反下皆同 濡沫音末 孝悌音弟 并焉
必領反棄除也注同 去華起呂反 北門成人姓名也 洞庭徒送反 之懼
如字或音句下同一本作戄音況縛反案說文懼是正字戄古文 復聞扶又反下注同 徵之
如字古本多作徽 大清音泰 迭起大節反一本作遞大計反 循生似倫反 蟄

棅，李丑倫反【法】李丑倫反，字當作椿也

數，李云：色注反【法】盧校云：案前後俱作色主反，此注字疑譌

懼，案《說文》懼是正字，戄古文【法】今《說文》懼之古文作愳

蟲沈執反郭音執爾雅云靜也霆音廷又音挺徒佞反電也一僨方問反司馬云作也
在阬苦庚反爾雅云虛也塗郤去逆反與隙義同其兌徒外反爲量
音亮不離力智反儻敕黨反一音敞倚於於綺反槁枯老反目知
音智齊限才細反委於危反徐如字蛇以支反又作施徐音絁叢生才公反
林樂音洛亦如字布揮音輝廣雅云振也於窈烏了反稽於古兮
反心說音悅注同焱氏必遙反本亦作炎苞裹音包本或作包祟雖遂
反師金李云師魯大師也金其名也之行□□反芻狗李云結芻爲狗巫祝
用之盛音成下同篋苦牒反本或作筐衍延善反郭恰面反李云笥也盛狗之物也司馬云合也
齊戒側皆反本亦作齋蘇者李云蘇草也取草者得以炊也案方言云江淮南楚之間謂之
蘇史記云樵蘇後爨注云蘇取草也爨之七亂反將復扶又反必且子餘反如字徐
數音朔眯李音米又音美字林云物入眼爲病也司馬云厭也音一琰反推之郭吐回反又如
小三百十五 大百三十五 莊子音義中 六 麦
字下同陸與音餘下同今蘄音祈求也无方之傳直專反下注同司馬
云方常也桔音結槔音羔於治直吏反注同柤側加反柚由救反猨
狙上音袁下七餘反而衣於既反齕音紇挽音晚盡去起呂反慊
苦牒反李云足也本亦作嗛音同而矉徐扶真反又符人反通俗文云蹙頞曰矉其里絕句捧
心敷勇反郭音奉挈苦結反之沛音貝司馬云老子陳國相人相今屬苦縣與沛相近惡
乎音烏下同名公器也釋名云名鳴也公平也器用也尹文子云名有三科一曰命物之名方圓
是也二曰毀譽之名善惡是也三曰況謂之名愛憎是也今此是毀譽之名也蘧音渠司馬郭云蘧廬猶傳舍也
覯古豆反見也遇也之虛音墟本亦作墟苟簡王云苟且也簡略也司馬本簡作間
云分別也不貸敕代反司馬云施與也之圃音補易養以豉反注同以爲
物于僞反操之七刀反舍之音捨注同喪息浪反湮者音因李云
塞也亦滯也郭音煙又烏節反司馬本作歅疑也簡文作甄云隔也天門一云謂心也一云大道也播

槁，古老反【法】古當作苦

焱，必遙反，本亦作炎【法】焱當作猋，故音必遙反。若據本炎（榮芬案炎上當脫作字），則作焱是也，當弋贍反。《山木》篇作猋

矉，徐扶真反，又扶人反【法】扶真、扶人非異讀

甫佐反又彼我反 穅 音康字亦作康 蚑 音文字亦作蟁 虻 音盲字亦作蝱 噆 子盍反郭
子合反司馬云齧也 通昔 昔夜也 憯然 七感反 乃憤 扶粉反本又作憒古內反
亦放 方往反 風而動 司馬云放依也依無爲之風而動也 易持易行 並以
豉反 傑然 郭居竭反又居謁反巨竭反 夫揭 其列其謁二反 鵠 本又作鶴同胡洛反
日黔 巨淹反徐其金反司馬云黑也 之觀 古亂反司馬本作讙 泉涸 胡洛反 相
呴 況付反又況于反 相濡 如主反又如瑜反 以沫 音末 相忘 並如字 不談
本亦作不言 噏 許劫反合也 龍見 賢遍反 賜亦 本又作賜也 倨堂
居慮反跛也 夫三王 本或作三皇依注作王是也餘皆作三皇 余語 魚據反下同
則強 其丈反 爲其 于僞反 殺其殺 並所戒反降也注同 孕 以證反 孩
亥才反說文云笑也 別人 彼列反下同 爲種 章勇反注同 大駭 胡楷反 復
言 扶又反 之知 音智下同 上悖 補對反 下睽 苦圭反又音圭乖也 中墮

莊子音義中　十七　孫勉

許規反 之施 式豉反 憯於 七感反 蠆 敕邁反又音例本亦作厲郭音賴又敕界
反 蠆 許謁反或敕邁反或云依字上當作蠆下當作蠍通俗文云長尾爲蠆短尾爲蠍 鮮規
之獸 李云鮮規明貌一云小蟲也一云小獸也 蹵蹵 子六反 奸 音干三蒼云犯也 鉤
用 鉤取也 甚矣夫 音符篇末同 難說 始銳反 治世 直吏反 白
鶂 五歷反三蒼云鶂鶂也司馬云鳥子也 之相視 眸 茂侯反 子不運而
風化 司馬云相待風氣而化生也又云相視而成陰陽 蟲雄鳴於上風雌應
於下風而化 一本作而風化司馬云雌者鼃類雄者鼈類 類自爲雌雄故
風化 或說云方之物類猶如草土異種而同類也山海經云亶爰之山有獸焉其狀如狸而有髮其名曰師類帶山
有鳥其狀如烏五采文其名曰奇類皆自牝牡也 可勝 音升 可壅 於勇反 復見
扶又反下賢遍反又如字 烏鵲孺 如喻反李云孚乳而生也 魚傅 音附又音付本亦作傅直
專反 沫 音末司馬云傅沫者以沫相育也一云傅口中沫相與而生子也 細要 一遙反 者化

蠆，許謁反【法】許謁反，依蠍字作音也，蠆無此讀

皆自牝牡也【法】牝上疑脫爲字

蜂之蠶也司馬云取桑蟲祝使似己也案即詩所謂螟蛉有子果蠃負之是 舍 音捨 長 張丈反

刻意第十五 以義名篇

刻意 司馬云刻削也峻其意也案謂削意令峻也廣雅云意志也 尚行 下孟反 離世

力智反 高論 力困反 怨誹 非謂反徐音非李云非世無道怨己不遇也 爲亢

苦浪反李云窮高曰亢 枯槁 苦老反 赴淵 司馬云枯槁若鮑焦介推赴淵若申徒狄 所

好 呼報反下及注皆同 爲治 直吏反下同 此朝 直遥反 藪 素口反 處閒

音閑下同 魡魚 本亦作的同周叶反 吹呴 況于反字亦作喣 呼吸 許及反 吐

故納新 李云吐故氣納新氣也 熊經 如字李古定反司馬云若熊之攀樹而引氣也 鳥

申 如字郭音信司馬云若鳥之嚬呻也 道引 音導下同李云導氣令和引體令柔 此數

所主反 僅 其靳反 焉能 於虔反 澹 大暫反徐音談 然 一本作澹而 百

行 下孟反下及篇末百行同 恬惔 大暫反徐音談下皆同 質也 質正也 而

莊子音義中 十六 孫勉

喪 息浪反下同 人休 虛求反息也下及注同 平易 以豉反下及注皆同 元難

乃旦反下同 邪氣 似嗟反下同 蛻然 音悅又始銳反 去知 起吕反 其

覺 古孝反 粹 雖遂反 不罷 音皮 悲樂 音洛下同 好惡 烏路

反 於忤 五故反 確 苦角反 纖介 音界 干越之劍 司馬云干吳也

吳越出善劍也李云干谿越山名出名劍案吳有谿名干谿越有山名若耶並出善鐵鑄爲名劍也 柙而

戶甲反 下蟠 音盤郭音煩 倩乎 七練反 之觀 古喚反 鞹 苦郭反

繕性第十六 以義名篇

繕 善戰反崔云治也或云善也 性 性本也 滑 音骨亂也崔云治也 思以 李息吏反

注役思同 方復 扶又反下無復雖復同 必離 力智反下文同 去欲 起吕反 治

道 如字又直吏反 養知 音智下以意求之 樂也 音洛注同 信行 下孟反注

同下以行小行注行音行並皆放此 徧 音遍 不冒 莫報反崔云覆也 在混 胡本反

蜕，音悅【法】音悅詳《齊物論》及《天地》篇

芒莫剛反崔云混混芒芒未分時也澹徒暫反不擾而小反燧人音遂與
治直吏反澆古堯反本亦作澆醇本亦作淳音純之稱尺證反心與心
識如字衆本悉同向本作職云彼我之心競為先識矣郭注既與向同則亦當作職也博溺乃瀝
反郭奴學反世喪息浪反下及注皆同弗見賢遍反祇所音支淡
大暫反泊音薄危然如字郭云獨正貌司馬本作恑云獨立貌崔本作垝音如累垝之垝垝然自持
安固貌於坦敕但反塊然苦對反樂全音洛注下皆同儻來吐黨
反崔本作黨云衆也可圉魚呂反本又作禦不為于偽反下同倒置之民
崔云逆其性命而不順也向云以外易內可謂倒置

秋水第十七借物名篇

秋水李云水生於春壯於秋白虎通云水準也灌河古亂反涇流音經司馬云涇
通也崔本作徑云直度曰徑又云字或作涇雨涘音俟涯也渚司馬云水中可居曰渚釋名云
景　莊子音義中　九　陳浩
渚遮也體高能遮水使從旁回也崖字又作涯亦作厓並同不辯牛馬辯別也言
廣大故望不分別也河伯姓馮名夷一名冰夷一名已見大宗馮遲師篇一云姓呂名公子馮夷是公子
之妻為盡津忍反北海李云東海之北是也面目盳莫剛反又音旁又音望本
亦作望洋音羊司馬崔云盳洋猶望羊仰視貌向若向徐音響許亮反司馬云若海神聞
道百李云萬分之一也今我睹舊音覩案說文睹今字覩古字睹見也崔本作今睹我云
睹示也大方之家司馬云大道也理分扶問反後同以語如字下同於
虛音墟本亦作墟風俗通云墟虛也崔云拘於井中之空也夏蟲戶嫁反曲士司馬云鄉
曲之士也尾閭崔云海東川名司馬云泄海水出外者也泄之息列反又與世反量數
音亮注及下同而縣音玄下同快然於亮反又於良反之竟音境礨力罪
反向同崔音壘李力對反空音孔礨孔小穴也李云小封也一云蟻冢也稊米徒兮反司馬云
稊米小米也李云稊草也案郭注爾雅稊似稗稗音蒲賣反大倉音泰人卒尊忽反司馬云

一名已見大宗馮遲師篇【法】此當作一名馮遲，已見《大宗師》篇

盳，又音旁【法】音旁殆誤

衆也崔子恤反云盡也 五常之所連 司馬云謂連續仁義也崔云連續也本亦作五帝
所爭 側耕反 任士之所勞 李云任能也勞服也 證鄉 許亮反崔云往
也向郭云明也又虛丈反 掇 專劣反郭云短也 而不跂 如字一本作念下注亦然 坦 吐但
反 不說 音悅 不愕 五各反 舍故 音捨 之俔 五佳反徐音詣郭五米反下同
垺 李普回反徐音孚謂盛也郭芳尤反崔音裒 之殷 殷衆也 異便 婢面反徐扶面
反注皆同 精粗 七胡反下同 能分 如字 不能論 本或作諭 爲利 于僞
反 故措 七故反 行殊 下孟反下堯桀之行同 辟異 匹亦反 无已 音紀
惡至 音烏下同 其稱 尺證反 可勝 音外 自爲 于僞反注内自爲相爲皆同
同餘如字 之噲 音快又古邁反又古會反之者燕相子之也噲燕王名也司馬云燕王噲拙於謀用蘇代
之說敦堯舜讓位與子之三年而國亂 而王 往況反 白公 名勝楚平王之孫白縣尹僭稱公作
亂而死事見左傳哀公十六年 梁麗 司馬李音禮一音如字司馬云梁麗小船也崔云屋棟也 窒
行

【莊子音義中】 二十 雇永

珍悉反爾雅云塞也崔李同說文都節反 騏 音其 驥 音冀 驊 戶花反 騮 音留李云騏驥驊騮皆駿馬也
捕 音步本又作搏徐音付 狸 力之反 狌 音姓向同又音生崔本作鼬由又反 殊
技 其綺反 鴟 尺夷反崔云鴟鵂鶹與委梟同 夜撮 七括反崔本作最音同 蚤 音早
說文跳蟲齧人者也淮南子鴟夜聚蚤察分豪末許慎云鴟夜聚食蚤蝨不失也司馬本作蚉音文云鴟鵂鶹夜取
蚉食今郭本亦有作蚉者崔本作瓜云鵂鶹夜聚人瓜於巢中也 瞋 尺真反向處辰反司馬云張也崔音
眩又師慎反本或作瞋 師是 或云師順也 師治 直吏反注皆同 不舍 音捨下同
篡夫 初患反取也下如字 女惡 音汝後放此下音烏 反衍 如字又以戰反崔云無所貴賤
乃反爲美也本亦作畔衍李云猶漫衍合爲一家 反覆 芳服反 與道大蹇 向紀輦反徐紀
偃反本或作與天道蹇崔本蹇作浣云猶洽也 謝施 如字司馬云謝代也施用也崔云不代其德是謂謝施
參差 初林反 初宜反 嚴乎 魚檢反又如字 繇繇 音由 泛泛 孚劒
反字又作汎 畛 之忍反 域 于逼反于目反 舊令去 力呈反 五藏 才浪反

瞋，崔音眩【法】崔音眩讀爲眴也

崔本蹇作浣，云：猶洽也【法】蹇作浣未詳，訓洽亦未詳，洽疑治之譌

其薄如字崔云謂以體著之之行如字蹢丈益反又持革反躅丈緑反又音濁
蚿伸音申反要於妙反夔求龜反一足獸也李云黃帝在位諸侯於東海流山得奇
獸其狀如牛蒼色無角一足能走出入水即風雨目光如日月其音如雷名曰夔黃帝殺之取皮以冒鼓聲聞五百里憐
音蓮蚿音賢又音玄司馬云馬蚿蟲也廣雅云蛆渠馬蚿蚿憐蛇蛇憐風風憐
目目憐心司馬云夔一足蚿多足蛇無足風無形目形綴於此明流於彼心則質幽爲神遊外跈勑甚
反郭菟減反一音初稾反卓本亦作踔同勑角反李云跈卓行貌唾吐卧反噴普悶反又芳奔反又
孚問反如霧音務郭武貢反可勝音外悗然亡本反蓬蓬步東反徐
扶公反李云風貌鰌音秋李云藉也藉則削也本又作踏子六反又七六反迫也折大之舌反蜚
大音飛又扶貴反孔子遊於匡宋人圍之數色主反匝子合反司
馬云宋當作衛匡衛邑也衛人誤圍孔子以爲陽虎虎嘗暴於匡人又孔子弟子顏剋時與虎俱後剋爲孔子御至匡匡
人共識剋又孔子容貌與虎相似故匡人共圍之不惙本又作輟同丁劣反入見賢遍反吾

雜

【莊子音義中】

三十　詹世榮

語魚據反蛟音交漁父音甫兕徐履反大難乃旦反閒堂
音閑无幾居豈反將甲如字本亦作持甲公孫龍問於魏牟
司馬云龍趙人牟魏之公子少學詩照反長而張丈反之行下孟反之
知音智汒焉莫剛反郭音莽論之力困反及與音余下句放此所開
如字本亦作闢兩通本或作閡吾喙許穢反又昌銳反隱机於靳反大息音泰
埳井音坎郭音陷之鼃本亦作蛙戶蝸反司馬云埳井壞井也鼃水蟲形似蝦蟇之鼈
必滅反字亦作鼈吾樂音洛下之樂大樂同跳音條井幹古旦反司馬云井欄也諸
詮之音西京賦作韓音甃側救反李云如闌以塼爲之著井底闌也字林壯謬反云井甓也赴水
如字司馬本作踣云赴也蹶其月反又音厥泥則沒足滅跗方于反郭音附司馬
云滅沒也跗足跗也李云言踊躍於塗中還音旋司馬云顧視也虷音寒井中赤蟲也一名蜎爾雅云蜎
蠉郭注云井中小蛣蟩赤蟲也蜎音求兗反蠉音況兗反蛣蟩音吉厥蟹戶買反科斗苦禾

赴，司馬本作踣，云：赴也【法】盧云：赴疑是仆字

反科斗蝦蟇子也 夫擅 市戰反專也 一噁 火各反 已縶 豬立反司馬云拘也

三蒼云絆也 非樂 音岳又五教反 逡 七旬反 九潦 音老 弗爲 于僞反下

同 頊久 司馬云猶早晚也 適適 始赤反又丈革反郭蒐狄反 規規 如字又虛役反

李徐紀睡皆適適規規皆驚視自失貌 之竟 音境後同 蚉 音文 商蚷 音渠郭音巨司

馬云商蚷蟲名北燕謂之馬蚿一本作蝂徐市軫反 不勝 音升 可強 其丈反 方趾

音此郭時紫反又側買反廣雅云蹋也蹈也履也司馬云測也 大皇 音泰 奭然 音釋 四

解 戶買反 索之 所白反 壽陵餘子 司馬云壽陵邑名未應丁夫爲餘子

邯 音寒 鄲 音丹邯鄲趙國都也 匍 音蒲又音符 匐 蒲北反又音服 口呿 起據

反司馬云開也李音袪又巨劫反 濮水 音卜陳地水也 楚王 司馬云威王也 先焉 先謂

宣其言也 巾笥 息嗣反或音司 而藏之 李云藏之以笥覆之以巾 惠子相

息亮反下同 梁 相梁惠王 子恐 丘勇反 捜 字又作搜或作瘦所求反李悉溝反云索

覔 莊子音義中 王二 王壽

也說文去求也 鵷 於袁反 鶵 仕俱反李云鵷鶵鸞鳳之屬也 醴泉 音禮李云泉甘如醴

嚇 本亦作呼同許嫁反又許伯反司馬云嚇怒其聲恐其奪已也詩箋云以口拒人曰嚇 嗜 時志反

好 呼報反 豪梁 本亦作濠音同司馬云濠水名也石絕水曰梁 鯈魚 徐音條說文直

留反李音由白魚也爾雅云鮋黑鰦郭注即白鯈也一音篠謂白鯈魚也 從容 七容反 魚樂 音洛

注下皆同 以難 乃旦反 方復 扶又反 其處 昌慮反

至樂 音洛 第十八 以義名篇

至樂 音洛篇內不出者皆同至極也樂歡也 奚惡 烏路反 惛惛 音昏又音門

蹲 七旬反郭音存又趣允反 循 音旬又音脣 勿爭 爭鬭之爭下同 誙誙 戶耕反徐

苦耕反又胡挺反李云趣死貌崔云以是爲非以非爲是爲誙誙本又作脛脛 鏗 苦耕反 鎗 七羊反 近

乎 附近之近 芒乎 李音荒又呼晃反下同 芴乎 音忽下同 萬物職職

司馬云職職猶祝祝也李云繁渣貌案爾雅職主也謂各有主而區別 箕踞 音據 盆 謂瓦缶也

趾，郭時紫反【法】時殆誤

鯈【法】儵盧云：當作儵，此書多混用

《爾雅》云：鮋黑鰦【法】鮋盧改鮂

職職，李云：繁渣貌【法】渣疑殖，盧已改

也 長子 丁丈反 无槩 古代反司馬云感也又音骨哀亂貌 巨室 巨大也同馬云

以天地爲室也 噭噭 古弔反又古堯反 將令 力呈反 支離叔與滑 音骨

崔本作潏 介 音界 叔 李云支離忘形滑介忘智言二子乃識化也 冥伯之丘 李云丘名

喻杳冥也 崐崘 力門反 之虛 音墟 所休 休息也 左肘 竹九反司馬本

作肘音趺云胕足上也 蹷蹷 紀衛反動也 惡之 烏路反後皆同 垢也 音茍 之

境 音境 髑 音獨 髏 音樓 髐 苦堯反徐又許堯反李呼交反司馬李云白骨貌有枯形

也 撽 苦弔反又古的反說文作擊云旁擊也 馬捶 拙蘂反又之睡反馬杖也 愧遺 唯季

反 凍 丁貢反 餒 奴罪反 援 音袁 枕而 針鴆反 見夢 賢遍反 從

然 士容反從容也李徐子用反縱逸也 復生 音服又扶又反 深矉 音頻 蹙 本又作顣

又作蹙同子六反 頞 於葛反李云矉頞者愁貌 而復 扶又反 褚小 褚許反 綆

格猛反汲索也 汲 居及反 所適 適或作通 皇帝 謂三皇五帝也司馬本作黃帝 而

大、二八 小五々、 莊子音義中 二十三 景

重 直用反 舍內 音捨 且女 音汝後同 海鳥 司馬云國語曰爰居也止魯東門之

外三曰臧文仲使國人祭之不云魯侯也爰居一名雜縣舉頭高八尺樊光注爾雅云形似鳳皇 御而

音訝 觴 音傷 于廟 司馬云飲之於廟中也 九韶 常遥反舜樂名 眩 玄遍反司

馬本作玄音眩 視 如字徐市至反 臠 里轉反 壇 大丹反司馬本作澶音伍云水沙澶也 食

之 音嗣 鯈 音條又音條李徒由反一音由 隨行 戶剛反 委 於危反 蛇 以支

反又如字 譊譊 乃交反 咸池 堯樂名 之樂 如字 人卒 寸忽反司

馬音子忽反云衆也 還而 音患又旋面反 其好 呼報反 道從 如字司馬云從道旁

也本或作徒 攓 居輦反徐紀偃反又起虔反司馬云拔也或音厥 蓬 步東反徐扶公反 若

果 一本作汝果元嘉本作汝過 養 司馬本作蕃云死也 子果 元嘉本作子過 歡乎

司馬本作讙云呼聲謂生也 種 章勇反注同 有幾 居豈反 可勝 音升 得

水則爲𢇍 此古絕字徐音絕今讀音繼司馬本作繼云萬物雖有兆朕得水土氣乃相繼而生

槩，又音骨哀亂貌【法】槩不能音骨，疑骨哀下脫反字

攓，或音厥【法】音厥未詳，殆其字作撅也

𢇍，徐音絶【法】據音絶，則字當作㡭

也本或作斷又作續斷得水土之際則爲鼃戸媧反蠙步田反徐
扶賢反郭父因反又音賓李婢軫反之衣司馬云言物根在水土際布在水中就水上視不見抄之可得如張
緜在水中楚人請之鼃蠙之衣生於陵屯司馬音徒門反云阜也郭音純則爲陵舄
音昔司馬云言物因水成而陸產生於陵屯化作車前改名陵舄也一名澤舄隨燥溼變也然不知其祖言物化無
常形也人之死也亦或化爲草木草木之精或化爲人也陵舄得鬱棲則爲烏
足司馬云鬱棲蟲名烏足草名生水邊也言鬱棲在陵舄之中則化爲烏足也李云鬱棲糞壤也言陵舄在
糞化爲烏足也烏足之根爲蠐音齊螬音曹司馬本作螬蠐云蝎也其
葉爲胡蝶音牒司馬云胡蝶蛺蝶也草化爲蟲蟲化爲草未始有極胡蝶胥也
一名胥也化而爲蟲生於竈下司馬云得熱氣而生也其狀若
脫它栝反司馬音悅云新出皮悅好也其名爲鴝其俱反掇丁活反鴝
掇千日爲鳥其名爲乾餘骨乾音干乾餘骨
大、三八　小四、二十五　【莊子音義中　二十四　景
之沫音末李云口中汁也爲斯彌李云蟲也斯彌爲食如字司馬
本作蝕醯許兮反李音海司馬云蝕醯苦酒上蠛蠓也蠛音眠結反蠓音無孔反頤以之反輅
生乎食醯輅音路一音洛黃軦音況徐李休往反司馬云頤輅黃軦皆蟲名生
乎九猷音由李云九宜爲久久老也猷蟲名也瞀莫豆反又莫住反又云角反芮如銳
反徐如悅反生乎腐音輔蠸音權郭音歡司馬云亦蟲名也爾雅云一名守瓜一云蚡
鼠也羊奚比毗志反乎不箰息尹反司馬云羊奚草名根似蕪菁與久竹比
合而爲物皆生於非類也久竹生青寧司馬云蟲名青寧生程李云
末聞程生馬馬生人俗本多誤故具録之
達生第十九以義名篇
達生達暢也通也廣雅云生出也物稱尺證反无離力智反下同大
甚音泰幾足徐其依反常處昌慮反相夭息亮反閼尹

醯，李音海【法】李音海，其字作醯也

幾足【法】今本作更生幾矣，無幾足二字

□云□令尹喜也不窒珍悉反蹈火徒報反非知音智之列音例本或
作□所予語魚據反女音汝後同相遠于萬反焉得於虔反尤
郤去逆反之隧字或作隊同直類反後皆同乘亦音繩又繩證反還音悟
郭音愕爾雅云遻忤也郭注云謂干觸不慴之涉反懼也李郭音習鏌音莫本亦作莫
干李云鏌耶干將皆古之利劒名吳越春秋云吳王闔閭使干將造劒劒有二狀一曰干將二曰鏌耶鏌耶
干將妻名也忮心之豉反郭李音支害也字書云很也飄瓦匹遙反郭李云落也雖
復扶又反下章同中人丁仲反不厭李於豔反徐於贍反幾乎音機或音
祈痀郭於禹反李徐居具反又其禹反僂郭音縷李徐良付反承一本作美蜩
音條蟬也猶掇丁活反拾也五六月司馬云黏蟬時也累丸劣彼反下
同司馬云謂累之於竿頭也者錙側其反銖音殊若蹶本或作橛同其月反
株音誅拘其俱反郭音俱李云厥豎也豎若株拘也若槁苦老反不分如字操

莊子音義中　二十五　徐茂

舟七曹反下章同數能音朔注下同鶩音木鴨也之覆芳服反注下同猶
其車却也元嘉本無車字惡往音烏閒暇音閑瓦注之樹反李
云擊也憚徒丹反又音丹又丈旦反忌惡也一曰難也殙武典反又音昬又音門本亦作殙說文云
殙矜也元嘉本作昬所要一遙反田開之李云開之其名也周威公崔本作周
威公竈祝腎上之六反下市軫反字又作緊音同本或作賢學生司馬云學養生之道
也務中丁仲反下章注而中適同吾子與祝腎遊司馬本以吾子屬上
句更云子與祝腎遊操七曹反拔蒲末反徐甫末反李云把也篲似歲反徐以醉反郭予稅
反李尋恚反信醉反或蘇忽反帚也亦何聞於夫子絕句而鞭如字崔本作趣
云匿也視其羸瘦在後者匿著牢中養之也單豹音善李云單豹隱人姓名也而水飲
元嘉本作飲水縣音玄薄司馬云簾也无不走也司馬云走至也言無不至門奉
貴富也李云走往也去其起呂反畏塗司馬云阻險道可畏懼者也卒徒子忽

豎若株拘□【法】闕字盧補也字

殙，武典反【法】武典疑武巾之誤，《集韻》但收昏、門二讀〇《説文》云：殙，矜

也【法】矜盧改瞀

篲，李尋恚反，信醉反【法】信上疑脱又字

反亦知音智衽而甚反徐而鴆反李云臥衣也鄭注禮記云臥席也動皆之死
地一本無地字不冒音墨牢筴初革反李云牢豕室也筴才欄也說
如字又始銳反彘直例反本亦作豕奚惡烏路反豢音患司馬云養也本亦作犧
曰齊側皆反後章同藉在夜反又在亦反尻苦羔反彫俎莊呂反畫飾之
俎也爲彘于僞反下自爲爲彘同食以音嗣穅音康糟音遭錯之
七故反置也又如字本又作措豚音直轉反又敕轉反楯食準反徐敕荀反李敕準反司馬云腞猶篆也
楯猶案也聚僂力主反司馬云聚僂器名也今家壙中注爲之一云聚僂棺槨也一云聚當作菆才
官反僂當作蔞力久反謂殯於菆塗蔞翣之中去反一本作公反誒於代反郭音熙說文云可惡之
辭也李呼該反一音哀詒吐代反郭音怡李音臺司馬云懈倦貌李云誒詒失魂魄也數曰所主
反司馬本作數月皇子告敖如字司馬云皇姓告敖字齊之賢士也鬼惡音烏忿
拂粉反李房粉反滀敕六反之氣散而不反則爲不足李云忿滿

也滀結聚也精神有逆則陰陽內結於內魂魄散於外故曰不足上時掌反下同而不下則
使人善怒下而不上則使人善忘忘尚反李云陽散陰凝故
怒陰發陽伏故忘也不上不下中丁仲反身當心則爲病李云
上下不和則陰陽爭而攻心心精神主故病也沈有履司馬本作沈有漏云沈水汙泥也漏神名
竈有髻音結徐胡節反郭音詰李音吉司馬云髻竈神著赤衣狀如美女霆音庭
又音挺又徒佞反倍音裴徐扶來反阿鮭本亦作蛙戶蝸反徐胡佳反蠪音龍又音聾
躍之司馬云倍阿神名也鮭蠪狀如小兒長一尺四寸黑衣赤幘大冠帶劍持戟泆陽音逸
司馬云泆陽豹頭馬尾一作狗頭一云神名也罔象如字司馬本作無傷云狀如小兒赤黑色赤爪
大耳長臂一云水神名峷本又作莘所巾反又音臻司馬云狀如狗有角文身五采夔求龜反司
馬云狀如鼓而一足方音傍本亦作彷同皇本亦作徨同司馬云方皇狀如蛇兩頭五采文委
於危反又如字朱冠司馬本作俞冠云俞國之冠也其制似螺惡聞雷烏路反

忘尚反【法】忘當作亡

捧芳勇反其首司馬本同一本作手甗敕引反徐敕一反又敕私反司馬云笑貌李云犬笑兒
紀渻所景反徐所幸反人姓名也一本作消為于僞反王司馬云齊王也虛
憍居喬反又巨消反李云高也司馬云高仰頭也猶應應對之應下同嚮許丈反本亦作
響景於領反又如字李云應嚮音鳴顧景行呂梁司馬云河水有石絕處也今西
河離石西有此縣絕世謂之黃梁淮南子曰古者龍門未鑿河出孟門之上也縣水音玄三十仞音刃
七尺曰仞流沫音末黿音元鼉徒多反或音檀鼈字又作鱉必滅反有
苦如字司馬云病也拯之拯救之拯數百所主反被髮皮寄反行
歌司馬本作行道云常行之道也長乎丁丈反下同與齊司馬云齊回水如磨齊也
郭云磨翁而旋入者齊也與汩胡忽反司馬云涌波也郭云回伏而涌出者汩也梓音子慶
李云魯大匠也梓官名慶其名也鐻音據司馬云樂器也似夾鍾秏呼報反司馬云損也氣
李云氣耗則心動心動則神不專也非譽音餘輒然丁協反輒然不動貌无公朝

莊子音義中　重刊　二十七　柳

直遙反注同骨消如字本亦作滑消成見賢遍反村中丁仲反是
與音餘東野稷李云東野姓稷名也司馬云孫卿作東野畢以御見賢遍
反下同莊公李云魯莊公也或云內篇曰顏闔將傅衛靈公太子問於蘧伯玉則不與魯莊同時當是
衛莊公中繩丁仲反下同文弗過也司馬云謂過織組之文也使之鉤
百而反司馬云稷自矜其能圓而馳之如鉤復迹百反而不知止顏闔戶臘反元嘉本作盍
崔同工倕音垂又音睡旋而蓋矩指與物化而不以心
稽音雞司馬本矩作瞿云工倕堯工巧人也旋圓也瞿句也倕工巧任規以見為圓覆蓋其句指不以拖度
也是與化之物不以心稽留也不桎之實反司馬云閡也之易以豉反足屨九任
反要帶一遙反踵門章勇反司馬云至也而詫敕駕反又呼駕反郭都駕反司
馬云告也李本作託云屬也子扁慶子音篇又符殄反李云扁姓慶子字也臨難
乃旦反賓於必刃反惡遇音烏下同芒然武剛反彷徨元嘉

甗，徐敕一反，又敕私反【法】敕一、敕私二音未詳，或徐讀爲咥耶

司馬本矩作瞿，云：工倕，堯工巧人也【法】堯下蓋脫時字，《胠篋》篇可證

詫，又呼駕反【法】呼字疑誤

本作房皇音同長而丁丈反注同飾知音智明汙音烏若揭其列反又其謁反九竅苦弔反跛彼我反蹇紀輦反又紀偃反徐其偃反而比如字又毗志反說之音悅爲具于僞反奏九韶元嘉本作奏韶武以樂音洛下同食之音嗣委於危反蛇如字李云大鳥吞蛇司馬云委蛇泥鰌款啓李云款空也啓開也如空之開所見小也鼷音兮鷃字又作鴳音晏

山木第二十舉事以名篇

山中釋名云山產也產生物也說文云山宣也謂能宣散氣生萬物也大木釋名云木冒也冒地而生也字林云木衆樹之揔名白虎通云木踊也夫出如字夫者夫子謂莊子也本或即作夫子豎市主反亨之普彭反煮也无譽音餘无訾音紫毀也徐音疵一上如字又時掌反爲量音亮人倫之傳直專反司馬云事類可傳行也則剉子卧反本亦作挫同之鄉如字一音許亮反市南宜僚了蕭反徐力遥反司馬云熊宜

莊子音義中　重刊　二十八

僚也居市南因爲號也李云姓熊名宜僚案左傳云市南有熊宜僚楚人也无須臾離力智反絕句崔本無離字居然崔讀以居字連上句尚行下孟反豐狐司馬云豐大也胥䟽如字司馬云胥須也䟽菜也李云胥相也謂相望䟽草也機辟婢亦反刳形音枯廣雅云署也去皮起吕反下去欲去君同洒心先典反本亦作洗音同去欲如字徐音慾欲令力呈反章末同可樂音洛无形倨音據司馬云無倨傲其形躓之實反又知吏反礙五代反无留居司馬云無留安其居我无食一本我作餓不與音預大莫莫無也方舟司馬云方並也惼心必善反爾雅云急也則呼火故反下同張歙許及反徐許輒反郭許獵反張開也歙斂也北宮奢李云衛大夫居北宮因以爲號奢其名也爲衛于僞反賦斂力豔反爲壇但丹反李云祭也鑄之故爲壇也上下之縣音玄司馬云八音備爲縣而聲高下王子慶忌李云王族也慶忌周大夫也怪其簡速故問之怕然步各反侗乎吐功

跛，彼我反【法】彼盧改波

山中，《釋名》云：山崖也【法】崖當作産

敕動二反無知貌字林云大貌一音慟 儻刺蕩反 萃乎在醉反 芒乎莫郎
反 欣說音悅 強梁多力也 曲傳音附司馬云謂曲附巳者隨之也本或作傅張
戀反 不挫子卧反 大公任音泰如字李云入公大大稱任其名 子幾音祈又音
機 子惡烏路反注及下同 於好呼報反章內同 翂翂音紛字或作⿰氵翂 翐翐
音秩徐音族字或作⿰氵翐司馬云翂翂翐翐舒遲貌一云飛不高貌李云羽翼聲 迫脅而棲李云不敢
獨棲迫脅在衆息中纔足容身而宿辟害之至也 從容七容反 其緒緒次緒也 行
列戶剛反下亂行同 不斥音尺 卒不子恤反終也又七忽反 飾知音智 明
汙音烏 揭其列其謁二反 爲迕五故反 者墮許規反 去功起呂反
居得行如字又下孟反注同 泊步洛反 衣裘於既反 褐戶割反 杼食汝
反又音序 子桑雽音戶本又作雩音于李云桑姓雩其名隱人也或云姓桑雩名隱 伐樹
於衛一本作伐樹於宋削迹於衛 此數所主反 何與音餘下放此 假古雅

奚廿六大卅 莊子音義中 二十九 何

反李云國名 林回司馬云殷之逃民之姓名 爲其如字下同又皆于僞反 布與布謂
貨財也 淡如字又徒暫反 无挹音揖李云無所執持也 去飾起呂反 眞
司馬本作直 泠音零 禹司馬云泠曉也謂以眞道曉語禹也泠或爲命又作令命猶敎之 莊子
衣於既反 大布司馬云麤布也 正縻賢節反又苦結反司馬云帶也 係履
李云履穿故係 而過古禾反 魏王司馬云惠王也 憊皮拜反又蒲計反司馬本作病
騰音騰本亦作騰 柟音南木名 攬舊歷敢反 蔓音萬郭武半反 而王
往況反司馬本作往 長丁亮反本又作張音同司馬直良反云兩枝相去長遠也 羿音詣或戶
係反 蓬蒙符恭反徐扶公反司馬云羿古之善射者蓬蒙羿之弟子 眄莫練反舊莫顯反本
或作脾普計反 睨音詣郭五米反李云邪視也 長技其綺反 柘棘章夜反 枳
吉氏反又音紙 枸音矩 悼如字又直弔反 不便婢面反注同 亂相息亮反 見
心賢遍反 強爲其丈反 槁木苦老反下同 猋氏必遙反古之無爲帝王也

翂翂，音紛，字或作⿰氵翂～翐翐，音秩，徐音族，字或作⿰氵翐【法】徐音族，其本不作翐也，⿰氵翂⿰氵翐即翂翐，形似而變耳，從水從目皆無義

雽，音户，本又作雩【法】雽即雩之譌，否則虖之變耳

見心【法】見下心上疑脫剖字

犁然力兮反又力牛反司馬云犁然猶栗然 有當丁浪反 還目音旋 而

窺徐起規反 造大司馬云造適也 損易以豉反注下同 窮桎之實反 運

物司馬云運動也 之泄息列反司馬云發也徐以世反 言與之言我也 莫知音智

鷾音意 鴯音而或云鷾鴯燕也 目之所不宜處昌呂反言不可止處目已羅絡

知之故棄之 其禪市戰反司馬云授予也 焉知於虔反下同 雕徐音彫本亦作彫

陵之樊音煩司馬云雕陵陵名樊藩也謂園藩籬之內也樊或作埜埜古野字 栗 翼

廣光浪反 運寸司馬云可回一寸也 感周之顙息蕩反李云感觸也 翼

殷不逝目大不覩司馬云殷大也曲折曰逝李云翼大逝難目大視希故不見人 蹇

起虔反 躩李驅碧反徐九縛反司馬云疾行也案郎論語云足躩如也 執彈徒旦反 留

之力救反司馬云宿留伺其便也 螳音堂 蜋音郎 執翳於計反司馬云執草以自翳也

搏之郭音博徐音付 之見乎賢遍反 其眞司馬云眞身也 怵然

[illegible] 莊子音義中 三十 建

敕律反 誶之本又作訊音信問也司馬云以周爲盜栗也 三月不庭一本作三日司

馬云不出坐庭中三月 藺力信反一本作藺 且子餘反司馬云藺且莊子弟子 夷易以豉

反 不度直洛反 自見賢遍反 上掊普口反 陽子司馬云陽

朱也 而去起呂反 之行下孟反

田子方第二十一以人名篇

田子方李云魏文侯師也名無擇 數稱雙角反又所主反下同 谿音溪又音兮司

馬本作雞 工李云谿工賢人也 藻眞音保本亦作保 大絜音泰 物邪

似嗟反 儻然敕蕩反司馬云失志貌 而語魚據反 聖知音智 之行

下孟反 形解戶買反 口鉗其炎反徐其嚴反 直如字本亦作眞下句同元

嘉本此作眞下句作直 土梗更猛反司馬云土梗土人也遭雨則壞 温伯雪子

李云南國賢人也 蘄音祈 從容七容反 槃辟婢亦反 遺如字

蹇，起虔反【法】蹇不音起虔，殆借爲搴乎

本又作逶於危反蛇以支反其道音導夫人音符目擊而
道存矣司馬云見其目動而神實已著也擊動也郭云目裁往意已達奔逸司馬本又
作徹瞠敕庚反又尹郎反字林云直視貌一音杜哽反又敕孟反不比而周毗志反滔乎
前吐刀反謂無人君之器滔聚其前也又杜高反惡可音烏察與音餘下哀與同自
喪息浪反下章同薰然許云反日徂如字司馬本作殂云病也能令力呈
反下章注同女音汝殆著乎吾所以著也郭著音張慮反注同又一
音張略反司馬云吾所以著者外化也汝殆庶於此耳吾一不化者則非汝所及也是求馬於唐
肆也郭云唐肆非停馬處也李同又云唐亭也司馬本作廣肆云廣庭也求馬於市肆廣庭非其所也
馬處昌慮反可復扶又反不舍音捨離俗力智反下章文同被
髮皮寄反而干本或作乾慹乃牒反又丁立反司馬云不動貌說文云怖也泊步各
反便而待待或作侍見曰賢遍反眩玄遍反與音餘下同搖若

大字四十一　小五百五　莊子音義中　三十一　蘇

徐音元槁木苦老反而欻訓弗反口辟必亦反司馬云辟卷不開也又婢亦反徐
敷赤反嘗爲于僞反且孰如字舊子餘反至樂音洛下及注同行小
下孟反又如字胥次李云次中也能滑古沒反所介音界解乎戶買
反注同汋音灼又上若反李以略反李云取也醯雞許西反郭云醯雞甕中之蠛蠓也司馬云
若酒上蠛蠓也甕中烏弄反蠛亡結反蠓無孔反莊子見賢遍反亦
如字魯哀公司馬云莊子與魏惠王齊威王同時在哀公後百二十年冠古亂反圜冠
音圓屨句音矩徐其俱反李云方也屨徐居具反緩戶管反司馬本作綬佩玦
古穴反而斷丁亂反號於國號號令也故飯煩晚反忘其
賤與之政也謂忘其飯牛之賤也受揖而立司馬云受命揖而立也舐
本或作𦧟食紙反儃儃吐祖反徐音但李云舒閑之貌般字又作般礴傍各反徐敷各反司
馬云般礴謂箕坐也臝本又作臝同力果反司馬云將畫故解衣見形神閒音閑文王觀

瞠，又尹郎反【法】尹郎不成切，尹蓋丑之譌

舐，本或作𦧟【法】𦧟盧改𦧟，是

於臧李云臧地名也司馬本作文王微服而觀於臧 丈夫本或作丈人 且而屬音燭
之夫夫皆方于反司馬云夫夫大夫也一云夫夫古讀爲大夫 頫而古反郭李而兼反又而銜反
駁馬邦角反 偏朱蹄李云一蹄偏赤也 瘳乎敕留反 蹵然子六反本或作愀在久七小二反 先君王也司馬云言先君王靈神之所致 之令本或作命 王
其无它司馬云無違令 列士壞音怪下同 植音值 散羣司馬云植行列也散羣言不養徒衆也一云植者彊界頭造屋以待諫者也 長丁丈反下同 官者不成德司馬云不利功名也 斔斛音庾李云六斛四斗曰斔司馬本作斔斛云斔讀曰鍾斛讀曰庾 四竟音境下同 太師音泰 昧然音妹 泛然徐敷劒反 夜遁徐困反 剌焉七賜反 爲伯昏于僞反 盈貫古亂反司馬云鏑也 鏑丁歷反 措七故反
其肘竹九反 如拒音矩本亦作矩字 適矢丁歷反 復沓扶又反注及注同 歙色洽反又初洽反 逡巡七旬反 汗流戶旦反 揮音輝 斥音尺李音記郭云揮斥猶放縱 怵然敕律反 有恂李又作眴音荀爾雅云恂慄也 目之志恂謂眩也欲以眩悅人之目故怵也 於中丁仲反又如字中精神也 所喪息浪反後章同 栩栩況甫反 躊直留反 躇直於反 得刦居業反元嘉本作却 伏戲音義 大山音泰 无介音界 不憊皮拜反 以爲于僞反下同 凡君如字司馬云凡國名在汲郡共縣案左傳凡周公之後也隱七年天王使凡伯來聘俗本此後有孔子窮於陳蔡及孔子謂顏回二章與讓王篇同衆家並於讓王篇音之檢此二章無郭注似如重出古本皆無謂無者是也

大[illegible]小五十 莊子音義中 三十二 重刊蘇

知北遊第二十二 以義名篇

知北遊音智又如字 於玄水之上李云玄水名司馬崔本上作北 隱弅符云反又音紛又符紛反李云隱出弅起丘貌 白水水名 狐闋苦穴反司馬李云狐闋丘名 而睹丁古反 狂屈求勿反徐又其述反司馬崔本作詘李云狂屈佯張似人而非也 以之言司馬云之是也 唉哀在反徐烏來反李音熙云應聲 語若魚據反 不近

遁，徐困反【法】困上脱一字，否則徐爲徒之誤

弅，符云反，又符紛反【法】符紛與符云同，紛蓋粉之譌，《廣韻》收吻

附近之近下同 其易以豉反注同 更相音庚 所惡烏路反注同 復化
扶又反下同 之標必遙反 大美謂覆載之美也 肏音篇又音憣 未離力智反
其內謂不能出自化也 惛然音昬又音泯 油然音由謂無所給惜也
物畜本亦作滀同敕六反注同 被衣音披本亦作披 瞳敕紅反郭菟絳反李云未有知貌
齧缺 睡寐體向所說畏其視聽以寐耳受道速故被衣喜也 大說音悅 若槁苦老反
媒媒音妹又武朋反 晦晦音誨李云媒媒晦貌 丞如字李云舜師也一云古
有四輔前疑後丞蓋官名 有夫音符 塊然苦對反 委形司馬云委積也 委蛻吐臥反又音悅又敕外反又始銳反又始劣反
天地之強陽氣也郭云強陽猶運動耳寠言天地尚運動況氣聚之生何可得執而留也 晏於諫反徐於顯反又於見反 閒音閑 齊戒側皆反
瀹音藥或云漬也 掊普口反徐方垢反 而知音智 窅然烏了反
爲于僞反 无形謂太初也 形本生於精謂常道也 九竅苦弔
莊子音義中 三十三 宋求
反 卵生力管反 易種章勇反 邀於古堯反 思慮息嗣反
徇達音荀 天不得不高謂不得一道不能爲高也 道與音餘下皆同
博之不必知觀異書爲博 以斷端管反注同 魏魏魚威反
則復扶又反 運量音亮 萬物而不匱求位反謂任物自動運物
物各足量也 之贍涉豔反下同 直且如字舊子餘反 喑音蔭郭音闇李音飲
一音於感反 醷於界反郭於感反李音意一音他感反李郭皆云喑醷聚氣貌 幾何居豈反
果蓏徐力果反 白駒或云日也 過郤去逆反本亦作隙隙孔也 勃然步忽
反 油然音由 漻然音流李音礫 天弢敕刀反字林云弓衣也 墮
其許規反 天袠陳筆反 宛乎於阮反 絪音因本亦作烟音因 緼於云
反本亦作熅音同 則敗補邁反 悗然亡本反 東郭子李云居東郭也
惡乎音烏 欲令力呈反 螻力侯反 蟻魚綺反 在稊大西反本

晏，徐於顯反，又於見反【法】蓋徐本作宴，故有於顯、於見二讀

醷，一音他感反【法】他感反未詳，殆其字從甚聲耶

苐【法】苐蓋荑之變體

又作梯 薜步計反本又作稗蒲賣反李云苐薜二草名 瓦甓本又作礕步歷反
屎尸旨反舊詩旨反本或作矢 溺乃弔反 正獲之問於監古銜
反 市履狶虛豈反 每下愈況李云正亭卒也獲其名也監市市魁也狶
大豕也履踐也夫市魁履豕履其股脚狶難肥處故知豕肥耳問道亦況下賤則知道也 瘦色救反
之處昌慮反 周徧音遍 澹而徒暫反 而閒音閑 寥音遼 已
驚如字本亦作鶩音務 彷音旁本亦作傍 徨音皇 馮皮冰反又普耕反又步耕反
閎音宏李云馮宏皆大也郭云虛廓之謂也 衰殺色界反徐所例反下同 婀於河反 荷
甘音河本或作苛 老龍吉李云懷道人也 隱机於靳反下同 闔戶戶臘
反 晝瞑音眠 奓郭處野反又音奢徐都嫁反又處夜反司馬云開也 嘄然音剝又孚
邈反又孚貌反李云放杖聲也 投杖本亦作放杖 僻陋匹亦反 慢武半反徐無見反郭
如字 訑徒旦反徐徒見反郭音但 已矣夫音符 弇音奄 堈音剛 弔李云弇堈
大百四十六 小四百六十六 莊子音義中 三十四
體道人弔其名 繫焉謂爲物所歸投也 猶復扶又反 與无爲之
知並如字 中而歎崔本中作卬 去敎起呂反 大初音太 婪
落力含反 窅然烏了反 摶之音博 大馬之捶鉤者年
八十矣而不失豪芒 捶郭音丁果反徐之累反李之睡反大馬司馬也司馬郭
云捶者玷捶鉤之輕重而不失豪芒也或說云江東三魏之間人皆謂鍛爲捶音字亦同郭失之今不從此說也 玷
丁恬反 捶丁果反 巧與音餘下同 而好呼報反 以長丁文反 明
日復扶又反 見賢遍反 又爲于僞反 未有子孫而有
孫子言其要有由不得无故而有傳世故有子孫不得無子而有孫也如人天地不得先無而今有也 有
先悉薦反下及生同 之囿音又 之圃布五反又音布 相齏子兮反和也 羲冠古亂
反 山林與音餘下同 而樂音洛注下皆同 能禦魚呂反 強其丈反 齊知之才細反又如字

經典釋文卷第二十七

屎，尸旨反，舊詩旨反【法】詩旨與尸旨非有異讀，殆有誤

慢，武半反【法】慢不得音武半反，半蓋謾之譌，謾誕疊韻字也

訑，徒旦反【法】訑蓋誕之譌

司馬、郭云：捶者，玷捶鐵之輕重而不失豪芒也【法】鐵盧改鉤

經典釋文卷第二十八

莊子音義下　雜篇十一

唐國子博士兼太子中允贈齊州刺史吳縣開國男陸　德明　撰

莊子雜篇庚桑第二十三 以人名篇本或作庚桑楚

庚桑楚 司馬云楚名庚桑姓也太史公書作亢桑 老聃之役 司馬云役學徒弟子也廣雅云役使也 偏得 篇向音 畏 烏罪反向於鬼反本或作喂又作猥同 壘 崔本作纍同力罪反向良裴反李云畏壘山名也或云在魯又云在梁州 畫然 音獲 知者 音智注同 挈然 本又作契同苦計反向云知也又苦結反廣雅云提也 遠之 于萬反司馬云言人以仁智爲臣妾庚桑悉棄仁智也 擁 於勇反 腫 章勇反本亦作踵 鞅掌 於丈反郭云擁腫朴也鞅掌自得也崔云擁腫無知貌鞅掌不仁意向云二句朴纍之謂司馬云皆醜貌也 大壤 而掌反本亦作穰崔本同又如羊反向云廣雅云豐也 洒然 素殄反又悉禮反崔李云驚貌向蘇很反 日計之而不足

莊子音義下　一　余集

歲計之而有餘 向云順時而大穰也 正得秋而萬寶成 天地以萬物爲寶至秋而成也元嘉本作萬實 大道已行矣 本或作天道 環 如字廣雅云圓也 堵 丁魯反司馬云一丈曰堵環堵者面各一丈言小也 俎豆 側呂反崔云俎豆食我於衆人間 杓 郭音的又匹幺反又音弔廣雅云樹末也郭云爲物之標杓也王云斯由己爲人准的也向云馬氏作馰音的 標 必遙反一音必小反 尋常之溝 八尺曰尋倍尋曰常尋常之溝則周禮洫澮之廣深也洫廣深八尺澮廣二尋深二仞也 所還 音旋回也崔本作逯 鯢 五兮反 鰌 音秋 爲之制 廣雅云制折也謂小魚得曲折也王云制謂擅之也鯢鰌專制於小溝也 步仞之丘陵 六尺爲步七尺曰仞廣一步高一仞也孔安國云八尺曰仞小爾雅云四尺曰仞 蘖 魚竭反 狐爲之祥 李云祥怪也狐狸憙爲妖蘖言各有宜宜不失則大人有豐祿也王云野狐依之作妖祥也崔云蠱狐以小丘爲善也祥善也 函 音含 車之獸 李云獸大如車也一云大容車 介而 音戒廣雅云獨也又古黠反一本作分謂分張也元嘉本同 離山 力智反下注同 吞舟 敷恩反又音天 碭而失水 徒浪反謂碭溢

法偉堂經典釋文校記遺稿卷二十八

莊子音義下

清法偉堂著　邵榮芬編校

洒，素殄反，向蘇俱反【法】俱不知何字之譌，《集韻》蘇得反，俱蓋典之譌，蘇典與素殄同，《莊子音義》多出重音

而失水也崔本作去水陸居也 則蟻 魚綺反 苦之 如字向云馬氏作最又作窮 深眇 彌小
反 則粗 七奴反後皆同 二子者 向崔郭皆云堯舜也 蓬 蒲空反 將令
力呈反 而扻 莊筆反又作㧊亦作抑皆同郭音節徐側冀反 數米 色主反 而炊 昌垂反向
云理於小利也 竊竊 如字司馬云細語也一云計校之貌崔本作察察 軋 烏黠反向音乙 庡拂
符弗反 任知 音智注同 有殺 音試本又作弑下同 穴阫 普回反向音裴云阫牆也言無所畏忌
吾語 魚據反 女 音汝後皆放此 南榮趎 昌于反向音疇一音紹俱反徐直俱反又敕俱反又
處由反李云庚桑弟子也漢書古今人表作南榮疇或作幬又作壽淮南作南榮幬云敕蹻趹步百舍不休亦作疇 趎
然 子六反 巳長 丁丈反 將惡 音烏 其分 扶問反後以意求之 思慮 息吏
反下同 可強 其丈反下章可強同 亦辟 婢亦反開也崔云相著也音必亦反 或間 間廁
之間注同 勉聞道 崔向云勉強也本或作跪 達耳矣 崔向云僅達於耳未徹入於心也
奔蜂 孚恭反司馬云奔蜂小蜂也一云上蜂 藿蠋 音蜀司馬云豆藿中大青蟲也 越

莊子音義下　二　余集

雞 司馬向云小雞也或云荆雞也 能伏 扶又反 鵠 本亦作鶴同戶各反一音戶沃反 卵
力管反 魯雞 向云大雞也今蜀雞也 贏糧 音盈案方言贏儋也齊楚陳宋之間謂之贏一
音果 曰唯 唯癸反 挾三 音協 懼然 向紀具反本又作瞿音同又況縛反 因失
吾問 元嘉本問作聞 向吾 本又作嚮同 眉睫 音接釋名云目毛也 規規
李云失神貌一云細小貌 若喪 息浪反注同 揭 其列其謁二反 竿 音干 而求諸
海也 向云言以短小之物欲測深大之域也 女亡人哉 崔云喪亡性情之人也 所好
呼報反 去其 起呂反 所惡 烏路反注同 復見 扶又反 洒濯 大角
反 鬱鬱 崔云鬱鬱貌 津津 如字崔本作律律云惡貌 猶有惡也 李云
惡計未盡也 外獲 向音霍崔云恢廓也又如字本亦作韄音獲又乙虢反又烏邈反又音鸐李云縛也三蒼
云佩刀靶韋也 而捉 徐側角反崔作促云迫促也 內揵 郭其輦反徐其偃反關也向云閉也又音
反下同 繆 莫侯反又音綢結也崔向云綢繆也 放道 如字向方往反云依也 加病 如字

扻，莊筆反【法】扻疑本作抆

南榮趎，《淮南》作南榮幬，云敕蹻趹步，百舍不休，亦作疇【法】幬今《淮南·脩務訓》作疇。敕蹻盧依今本改敕蹻

懼，向紀俱反【法】俱當作具，見《禮記·檀弓》及《玉藻》

獲，本亦作韄，音獲，又乙虢反。又烏邈反，又音鸐【法】獲疑當作擭，擭本作韄，音鸐殆誤，烏邈亦誤，《篇》、《韻》胡誤、一虢二音

元嘉本作知病崔本作篤云加也　衛生　李云防衞其生令合道也　當則　丁浪反後放比　能
舍　音捨下同　脩　音蕭徐始六反又音育崔本作隨云順也　侗　本又作洞大董反又音慟向敕動反
云直而無累之謂三蒼云殼直貌崔同字林云大也　礙也　五代反　嘷　戶羔反本又作號音同　而
嗌　音益崔云喉也司馬云咽也李音厄謂噎也一本作而不嗌案如李音有不字　不嗄　於邁反本又作
嚘徐音憂司馬云楚人謂嗁極無聲爲嚘崔本作喝云啞也　終日握　李云捲手曰握　不掜
五懽反向音藝崔云寄也廣雅云捉也　共其　如字崔云壹也　不瞚　字又作瞬同音舜動也本或作
瞚　莫經反　偏不　徐音篇　委　於危反　蛇　以支反　冰解　音蟹　交食
崔云交俱也李云共也　交樂　音洛　相攖　於營反徐又音嬰廣雅云亂也崔云猶貫也　若
槁　苦老反　惡有　音烏　愛惡　烏路反下同　宇泰定　王云宇器宇也謂器宇
泰則靜定也　學者學其所不能學也　言人皆欲學其所不能知凡所能者
故是能於所能夫能於所能者則雖習非習也　敗之　補邁反或作則元嘉本作則　備物以
大卅三　尖六六　莊子音義下　三　何
將形　備具也將順也　億度　待洛反　以滑　音骨　靈臺　郭云心也案謂
心有靈智能任持也許慎云人心以上氣所往來也　不見其誠己而發　謂不自照
其內而外馳也　每發而不當　丁浪反爾雅云每雖也謂雖有發動不中當　幽閒
音閑　券內　字又作卷徐音勸　卷分　符問反下同崔云券分明也則宜方云反　期費　芳貴
反下同廣雅云期卒也費耗也言若存分外而不止者卒有所費耗也　以爲　于僞反　賈人　音古
人見其跂猶之魁　苦回反安也一云主也　然　謂衆人已見其跂求分外而猶自安可羞
愧之甚也　物且　且始也　焉　於虔反注同　莫憯　七坎反廣雅云痛也元嘉本作譖　鏌
音莫　鋣　也嗟反鏌鋣良劒名　五藏　才浪反後皆放此　其分　符問反注及下皆同一音
方云反　所惡　烏路反下及注皆同　故出而不反　謂情識不反觀於內也　外馳而見
其鬼　王云氷渝危殆資死之術已行及之故曰見鬼也　出而得是謂得死　情若
識外馳以爲得者是曰得死耳非理也　滅而有實鬼之一也　廣雅云滅殄也盡也實塞

侗，大董反，又音慟，向敕動反【法】大董反疑誤，《山木》篇吐功、敕動二反，一音慟，獨無此音

嗌，李音厄【法】厄當作戹

券，字又作卷【法】券、卷再考

也既殄塞純朴之道而外馳澆薄之境雖復行尸於世與鬼何別故云鬼一也出无本入无竅苦弔反出生也入死也本始也竅孔也所以知有形累於無形者以其出入無本竅故也欻然訓勿反乎
處昌據反下注同有長丁丈反增也又如字下注同本剽本亦作標同甫小反崔云末也
李怖遙反徐又敷遙反下同有所出夫生必有所出也而无此明所出是無也既是無矣何
能有所出耶竅者有實既言有竅竅必有實求實不得驗亟無也有實而无
乎處者宇也三蒼云四方上下為宇宇雖有實而無定處可求也有長而无本剽
者宙也三蒼云往古來今曰宙說文曰舟輿所極覆為宙長猶增也本始也宙雖有增長亦不知其始末所至者也
惡乎音烏爲喪息浪反注同融液音亦以分方云反注同爲尻苦羔
反昭景也著丁略反又張慮反戴本亦作載也甲氏也著張慮反又丁略
反封也非一也一說云昭景甲三者皆楚同宗也著戴者謂著冠世世處楚朝為衆人所戴仰也著封者謂世世處
封邑而光著父也昭景甲三姓雖異論本則同也崔云昭景二姓楚之所顯戴皆甲姓顯封雖非一姓同出公族喻死生同也此兩說與注不
大ㄡ卅二 小六ㄡ卅 莊子音義下 四 建
同腳出之耳已復扶又反有生黬徐於減反司馬云烏簟反云黶有疵也有疵者欲披除之李烏感反字林
云釜底黑也披普皮反然曰移是或云黬然聚而生披然散而死也臘力闔反者之有
膍音毗司馬云牛百葉也本或作𦙶音昆獐也胲古來反足大指也崔云備也案臘者大祭備物而肴有膍胲此雖從散禮應具
不可散棄也其偃於晚反司馬郭皆云屏廁也又於建反屏廁步定反又必領反下同爲
是于僞反洩所留反因以死償節常亮反廣雅云償報也復也案謂殺身以
成名節成而身死故曰以死償節也爲知音智蜩音條學鳩本或作鷽音同蹍女展
反司馬李云蹈也廣雅云履也驁五報反廣雅云妄也嫗於禹反注同詡之況甫反未
胥才能反辟金必領反除也又婢亦反之勃本又作悖同必妹反之謬如字
一本作繆云矦反亦音謬去德起呂反惡欲烏路反哀樂音洛累德劣僞
反後注同知能音智不盪本亦作蕩湯徒黨反郭云動也又徒浪反又吐浪反德之光
一本光字作先睨也魚計反又五禮反視也謂治直吏反羿五計反徐又戶計反中

剽，李怖遙反，徐又敷遙反【法】敷遙與怖遙同

膍，本或作𦙶，音昆，獐也【法】𦙶盧本作𦙶，是，然𦙶不成字，訓獐亦未聞

微〔丁仲反 注同〕已譽〔章餘 後章同〕而佷〔音良 崔云良 工也 又音浪〕唯蟲〔本一
唯作雖下句亦爾言 蟲自能爲蟲者天也〕惡天〔烏路反 下同〕威也〔崔本作 或也〕之籠
〔力東反〕所好〔呼報反下 及注文同〕湯以胞〔本又作庖 白交反〕人籠伊尹
〔伊尹好廚故湯 用爲庖人也〕秦穆公以五羊之皮籠百里奚
〔百里奚好秦而拘於宛故秦穆公以五羊皮贖 之於楚也或云百里好五色皮裘故因其所好也〕介〔音界 郭云
刖也又古黠反廣雅 云獨也崔本作兀〕拸畫〔敕紙反又音他又與紙反本 亦作移司馬云畫飾容之具
無足故不復愛之一云移離 也崔云移畫不拘法度也〕不復〔扶又 反〕胥靡〔司馬云刑 徒人也一
云癃人也崔 云腐刑也〕夫復〔音服徐 扶又反〕謵〔音 習〕不餽〔其愧反廣雅云 遺也一音愧元
嘉本 作愧〕而忘人〔復者溫復之謂也謵懾也夫人懾習者雖復小 事皆所至惜今溫復人之所習既得之矣而不
還歸以饋遺之此至愚不獲人之所 惜者也無復相爲之情故曰忘人〕侮之〔亡甫 反〕

徐无鬼第二十四〔以人 名篇〕

莊子音義下　五　宋求

徐无鬼〔緡山人魏之隱士也司 馬本作緡山人徐无鬼〕女商〔人名也李云无鬼 女商並魏幸臣〕魏
武侯〔名擊文侯之 子治安邑〕武侯勞之〔力報反唯山林之勞一字 如字餘并下章並力報反〕
盈耆〔時志反 下注同〕長〔丁丈 反〕好〔呼報反下 注下章同〕惡〔烏路反下 注下章同〕黜
〔敕律反退也本又作 出音同司馬本作咄〕掔〔苦田反又口閑反爾雅云固 也崔云引去也司馬云牽也〕超然
〔司馬云猶 悵然也〕不說〔音悅下文 大說同〕語君〔魚據 反〕吾相〔息亮反 下皆同〕下
之質〔一本無 質字〕執飽而止〔司馬以執字絕句云 放下之能執禽也〕是狸德也
〔謂貪如 狐狸也〕示日〔音示司馬本作視 云視日瞻遠也〕若亡其一〔一身也謂精神 不動若無其身
也〕直者中繩〔丁仲反下皆同司馬云直謂馬 齒曲謂背上方謂頭圓謂目〕成材〔字 亦
作才言自然已 足不須敎習也〕若卹〔音 恤〕若失〔音逸司馬本作佚李云 卹失皆驚竦若飛也〕若
喪〔息浪反下 章注同〕其一〔言喪其 耦也〕超軼〔李音逸徐徒列反崔 云徹也廣雅云過也〕
以說〔如字又始銳反下 皆同司馬作悅〕從說〔子容 反〕金版〔本又作板薄 版反又如字〕六

拸，敕紙反，又音他【法】他蓋拕之譌，《集韻》但收紙、哿二部

示，音示【法】音示盧改視，是

弢（吐刀反司馬崔云金版六弢皆周書篇名或曰秘讖也本又作六韜謂太公六韜文武虎豹龍犬也）樂（音洛章末同）鴳（一諫反）吾君說（音悅）越之流人（越遠也司馬云流人有罪見流徙者也）數日（所主反）及期（音基）夫逃（司馬本作巡也）虛空者（司馬云故壞冢處爲空虛也）藜（力西反）藋（徒弔反本或作䕭同）柱（誅矩反司馬云塞也）乎鼪（音生又音姓）鼬（由救反）之逕（本亦作徑司馬云徑道也本又作跡元嘉本作迭徐音逸崔云迭跡）良位其空（司馬云良人謂巡虛者也位其空謂處虛空之間也良或作踉音同）跫然（郭巨恭反李曲恭反又曲勇反悚也徐苦江反又祛局反司馬云喜貌崔云行人之聲）而喜矣（李云諭武侯之無人君之德而處在防衛之間雖臨朝繑厲愈非其意及得其所思猶逃竄之間人音安能不跫然改貌釋然而喜也）謦（苦頂反又音罄）欬（苦愛反一音器李云謦欬諭言笑也但呼聞所好猶大悅況骨肉之情歡之至也）久矣夫（音扶後放此）食芧（音序又食汝反本亦作芧栗）韭（音久或卝下作者非也）以賓（必刃反本或作擯司馬云擯棄也又必人反李云賓客也）欲干（李云干求也）

莊子音義下　六　宋求

社稷之福邪（李云謂善言嘉謀可以利社稷也）萬乘（繩證反）不自許（司馬云許與也）夫姦病（王云姦者以正從邪也謂病也）所病之何也（李云服而無對也或云養違天地之平獨恣其欲自許不損於神而以姦爲病故不知所以以此爲病何爲乎）偃兵（偃息也）成固有伐變固外戰（王云成功在己亦衆所不與欲無有伐其可得乎夫僞生形造又伐焉非本所圖勢之變也既有僞伐得無戰乎）鶴列（李云謂兵如鶴之列行司馬云鶴列鍾鼓也）麗（如字又力智反力支反）譙（本亦作嶕在遒反司馬郭李皆云麗譙樓觀名也案謂華麗而嶕嶢）无徒（司馬云徒步也）錙壇（徐側其反錙壇壇名）无藏（一本作臧司馬本同）逆於得（司馬本作德李云凡非理而貪貪得而居之此藏逆於德內者也執有貪得而可以德不失哉國宜無藏而捨之又云謂有貪則逆道也）惡乎（音烏下同）勿攖（一營反又一盈反）已脫（音奪）大隗（五罪反司馬崔本作泰隗或云大隗神名也一云大道也）具茨（一本作次同祀咨反又音資司馬本作疾山名也司馬云在滎陽密縣東今名泰隗山）昌寓（音禹）驂乘（繩證反驂乘車）

跫，徐苦江反，又祛扃反【法】祛扃反未詳，此二字補刻

韭，音久，或卝下作者。非也【法】卝當作廾，盧改

茨，司馬本作疾，山名也【法】疾殆誤

右也 謂音胃元嘉本作謂崔同 㕘舒氏反崔本作㕘本亦作朋蒲登反徐扶恒反 前馬
司馬云二人先馬導也 昆閽音昏 滑音骨 稽音雞 後車司馬云二人後車後 襄
城之野李云地名 七聖黄帝一方明二昌寓三張若四謵朋五昆閽六滑稽七也 予少
詩召反 瞀莫豆反郭音務李云風眩貌司馬云瞀讀曰眲謂眩眲也 長者丁丈反 乘
日之車司馬云以日爲車也元嘉本車作居 少痊七全反李云除也 且復扶又反
去其起吕反下注同 知士音智 不樂音洛下不樂及注同 察士李云察識也
淩李云謂相淩轢 誶音信廣雅云問也又音祟又音峻一本作訙 皆囿音又 非強其丈
反 興朝直遥反 中民李云善治民也 矜難乃旦反 枯槁苦老反後
章同 宿名宿積久也王云枯槁一生以爲暖其所寢宿唯名而已 廣治直吏反 貴際
謂盟會事 不比毗志反下同 商賈音古 則壯李云壯猶疾也 則惰徒卧反
所者時志反 而樂音洛 以要一遥反 匍音扶又音蒲 匐音服

莊子音義下　七　余永

又蒲比反 而中丁仲反注同 復相扶又反 魯遽音渠又其據反李云魯遽人姓
名也一云周初時人 爨七亂反又七端反 爲之于僞反 廢一廢置也 改調徒弔
反注皆同 无當丁浪反合也 相拂扶弗反 蹢呈亦反投也司馬云齊人憎其子蹢之於
宋使門者守之令形不全自以爲是 鉼鍾音刑徐户挺反又字林云鉼似小鍾而長頸又云似壺而大 以
東縛郭云恐其破傷也案此言賤子貴鉼自以爲是也 唐子謂失亡子也 遺類遺亡
也亡其種類故也惠施畔道而好辯猶齊人遠子而愛鍾也 遠索所百反 而與舟人
鬭司馬云夜上人船人必擠己於水也擠排也 未始離力智反注同 於岑士金反徐
在林反又語審反謂崖岸也 獨上時掌反 從者才用反 郢人以井反楚都也
漢書音義作懮人服虔云懮人古之善塗塈者施廣領大袖以仰塗而領袖不汙有小飛泥誤著其鼻因令匠
石揮斤而斲之懮音溫韋昭乃回反 堊烏洛反 慢本亦作漫郭莫干反徐莫但反李云猶塗也
爲寡人于僞反 大病謂死也 惡乎音烏 屬國音燭 欲與

誶，音信，又音祟【法】陸誶、訊不分

岑，七金反【法】七疑士之誤

郢人，《漢書音義》作懮人，懮音混【法】懮當依《說文》作𢥠，盧刻改爲獿，亦誤，改音混爲音鐃，尤誤，段氏《說文注》已言之，别本作音温，則混之譌也

慢，莫但反【法】但當作旦

如字又音餘且鉤鉤反也亦作拘音同又音俱上忘而下畔言在上不自高於下無背者也下人遐嫁反所措七故反故僅其靳反狙七徐反恂然音舜徐音荀又思俊反司馬云遽也深蓁徐仕巾反一音側巾反委於危反蛇餘支反攫俱縛反徐居碧反三蒼云搏也郭又七段反司馬本作攫摋本又作搔素報反徐本作採七活反司馬本作條見賢遍反巧如字或苦孝反崔本作攻王射食亦反下同搏音博相者息亮反司馬云佐王獵者也趨射音促急也執死司馬云執而死也見之狙也之猶是也本或作是其便婢面反以敖司馬本作倖云很也董梧有道者也師其德以鋤色以助士居反本亦作鋤去樂起呂反隱於靳反噓音虛入見賢遍反夫物之尤也音符一本作夫子則如字山穴之中司馬本同李云齊南山穴也一本作之口田禾齊君也尊德故國人慶之鬻之羊六反彼惡音烏下同自喪息浪反而泊步各反觴之音商李云酒器之揔名也孫叔敖執

莊子音義下　八　余永

爵案左傳孫叔敖是楚莊王相孔子未生哀公十六年仲尼卒後白公爲亂宜僚未嘗仕楚又宣十二年傳楚有熊相宜僚則與叔敖同時去孔子甚遠蓋寄言也兩家之難乃旦反注同解音蟹注同司馬云宜僚楚之勇士也善弄丸楚白公勝將作亂殺令尹子西司馬子期石乞曰市南有熊宜僚者若得之可以當五百人乃往告之不許也承之以劍不動弄丸如故曰吾亦不泄子白公遂殺子西子期歎息兩家而已宜僚不預其患甘寢秉羽如字又音翮司馬本作翿云讀曰翻或作翅羽舞者之所執崔本作翼郢人投兵司馬云言叔敖願安寢恬臥以養德於廟堂之上折衝於千里之外敵國不敢犯郢人投兵無所攻伐也郢楚都也喙許穢反又丁豆反或昌銳反三尺三尺言長也司馬云喙息也宜僚弄丸而弭難叔敖除備以折衝丘亦願有歎息其三尺三尺匕首劒彼之謂此之謂郭云彼謂二子此謂仲尼也司馬云彼謂甘寢此謂弄丸總音揔不能同一本作相同善吠伐廢反司馬云不別客主而吠不止善言司馬云失本逐末而言不止也不舍音捨循古而不摩一本作磨郭云摩拭也王云摩消滅也雖常通物而不失及己雖理於今常循於古之道焉自古及今其

攫，郭又七段反，司馬本作攫～摋，本又作搔，素報反，徐本作採，七活反，司馬本作條【法】攫摋即《考工記・梓人》之攫鬫，殆從杀從手而譌。徐云七活反，近之；素報反誤。郭又七段反，則字必不作攫，疑或作攛也。司馬本並非異文，未詳。今本附云：司馬本作攫，然則司馬下脱云字

名不摩滅也 摩拭音式 九方歅音因李烏雞反又音煙善相馬人淮南子作九方皐

爲我于僞反 相吾子息亮反 梱音困又口本反子綦子名 瞿然紀具反司

馬云喜貌本亦作矍吁縛反字林云大視貌李云驚視貌 索然悉各反又色白反司馬云涕下貌 禦

福魚呂反距也逆也 未嘗如字本或作曾才能反 而牂子郎反爾雅云牝羊也 於

奧烏報反西南隅未地也一曰豕牢也 好田呼報反 於宎字又作窔烏弔反徐烏了反司馬云

東北隅也一云東南隅鶉火地生鶉也一云窟也郭徒忽反字則穴下犬 遊於天地司馬本地作汨云亂

也崔本同 邀古堯反遇也 樂音洛 之償時亮反又音賞 怪行下孟反注同 无

幾居豈反 於燕音煙 全而鬻之音育絶句一本作鬻之難 刖音月又五刮反

易以豉反注同 售也受又反 渠公或云渠公齊之富室爲街正買梱自代終身食肉至死一

云渠公署者與梱君臣同食肉也 之街音佳一本作術 然身食肉終本或作身肉食

者誤 畜畜許六反郭他六反李云行仁貌王云卹愛勤勞之貌 其人與如字 人相食

莊子音義下　九　張謹

與音餘言將馳走於仁義不復營農飢則相食 譽之音餘 所惡烏路反 之行

下孟反 且假夫禽貪者器司馬云禽之貪者殺害無極仁義貪者傷害無窮 無

覕郭薄結反云割也向芳舌反司馬云暫見貌又甫莅反又普結反又初栗反 劑子隨反 暖吁爰

反又吁晚反柔貌 姝昌朱反妖貌 濡音儒又音如安也 需音須濡需謂偷安須臾之頃

卷音權 婁音縷卷婁猶拘攣也 自說音悅 之竟音境 蝨音瑟 奎

苦圭反本亦作本 曲隈烏回反向云股間也 暖室奴緩反又虛袁反一本作安室 操七曹

反 羊肉不慕蟻魚綺反李云年長心勞無愛樂之志是猶羊肉不慕蟻也 羶也設然

反 羶行下孟反 至鄧向云邑名 之虛音墟本又作墟 童土如字又音杜向云童土地無草

木也 齒長丁丈反注同 若少詩召反 惡衆烏路反 非好呼報反 不

比毗志反下注同 煬郭音羊徐餘亮反 和李云煬炙也爲和氣所炙 於蟻棄知音智

於魚得計於羊棄意司馬云蟻得水則死魚得水則生羊得水則病一說云眞

瞿，本亦作矍【法】矍當作戄，前已屢見

覕，又初栗反【法】初栗反乃别一字

人無擅故不致蟻是蟻棄智也共處相忘之大道無沾濡之德是魚得計也羊無擅行而不致蟻是羊棄意也 能
去起呂反 或復扶又反 堇音謹郭音覲徐音靳司馬云烏頭也治風冷痺 桔音結本亦作結 梗古猛反
司馬云桔梗治心腹血瘀瘕痺 雞廱徐於容反本或作癰音同司馬云即雞頭也一名芡與藕子合
爲散服之延年 豕零司馬本作豕囊云一名豬苓根似豬卵可以治渴案四者皆藥草名 是時
爲帝者也司馬云藥草有時迭相爲帝謂其王相休廢各得所用也 勝言音升 句
踐音鉤 甲楯純尹反徐音尹 棲於音西李云登山曰棲 會古外反 稽音雞
種章勇反越大夫名也吳越春秋云姓文字少禽 所以存本又作可以存言知越雖亡可以存也
鵄尺夷反 脛刑定反 解之佳買反司馬云去也一音懈 有損有形自然相累世能
累物物能累人故大夫種所以不免也 不磷鄰刃反 恃本亦作特 源而往者
也水由源往雖遇風日不能損也道成其性雖在於世不能移也 之長丁丈反注同 茲萃
所巾反郭云聚也李云多也本又作萃 恃其所不蹍女展反李云一足常不往故能行廣遠也

莊子音義下　十一　張謹

解之音蟹下同又佳買反 令各力呈反下同 不撓乃孝反 樞尺朱反 頡
徐下結反 滑乎八反向云頡滑謂錯亂也 揚搉音角又苦學反三蒼云搉敵也許慎云揚搉粗
略法度王云搉略而揚顯之 或解佳買反注同 復於音服又扶又反

則陽第二十五以人名篇

則陽司馬云名則陽字彭陽也一云姓彭名則陽周初人也 夷節楚臣 王果司馬云楚
賢人 譚音談本亦作談李云說也郭徒堪反徐徒暗反 公閱休隱士也閱音悅 擉初角
反又敕角反司馬云刺也郭音觸徐丁錄反一音捉 鼈音煩李云傍也司馬云陰也廣雅云邊也 予宅司馬
云以隱居山陰自顯也 有知音智注同 顛冥音眠司馬云顛冥猶迷惑也言其交結人主情
馳富貴 暍音謁字林云傷暑也 之施始豉反下同 能撓乃孝反又呼毛反王云惟正德
以至道服之使人以才辯奪之故能泥橈之也 淡然徒暫反 而化卑居高而以卑爲本也
本或作而化卑於人也 不喪息浪反 而飲於鴆反 一間音閑 綢直周反

堇，郭音覲，徐音靳【法】此並音郭、徐二音，可知陸亦分覲、靳爲二部

搉，《三蒼》云：搉敵也【法】王氏念孫以敵改（榮芬案當作爲）敵之譌，詳《讀書雜志》二之三之廿

擉，一音促【法】促盧改捉

繆亡侯反綢繆猶纏縣也又云深奧也周盡一體所鑒綢繆精麤淘盡故言周盡一體一體
天也復命搖作搖動也萬物動作生長各有天然則是復其命也命之也命名也
憂乎知音智而所行恒无幾居豈反時其有止也
若之何王云憂乎智謂有爲者以形智不至爲憂也不知用智必喪喪而更以不知爲憂及其智之所行有弊無
濟故其憂患相接無須臾停息故曰恒無幾時其有止也不能遺智去憂非可憂如何則不知其
美於人生便有見物之美而爲無心人與作名言鏡耳故人美之若不相告即莫知其美於人好
之呼報反注同暢然喜悅貌之繙民忍反徐音昏郭云今也司馬云盛也十九
謂見十識九也見見聞聞見所見聞所聞臺縣音玄衆閒音閑注同元嘉
本作閑冉相息亮反注同郭云冉相氏古聖王嘗舍音捨注同皆殉辭俊反所
行之備而不洫音溢郭許的反李虛域反濫也三云壞敗也無心偕行何往而不至故曰皆殉也所
行行備而物我無傷故無壞敗也門尹登恒向云門尹官名登恒人名爲之于僞反下同
詩

莊子音義下　　十一　　楊潤

傅之音付下同不與音預之名嬴音盈法得其兩見賢遍
反注同得其隨成之道以司其名名實法立故得兩見猶人鑑之相得也寄治直吏反容成
老子師也魏瑩郭本作瑩音瑩磨之瑩今本多作罃乙耕反司馬云魏惠王也與田侯
一本作田侯牟司馬云田侯齊威王也名牟桓公子案史記威王名因不名牟約徐於妙反又如字司馬云約誓
在惠王云十六年背之音佩刺之七賜反犀首魏官名也司馬云若今虎牙將
軍公孫衍爲此官元嘉木作齒首萬乘繩證反爲君于僞反下請爲君同忌也
出走忌畏而走或言圍之也元嘉本忌作云抶敕一反二蒼云擊也郭云秩又豬栗反折其
之舌反季子魏臣又壞音怪華子亦魏臣也惠子惠施也覔見賢遍
反下同戴晉人梁國賢人惠施薦之於魏王蝸音瓜郭音戈李云蝸蟲有兩角俗謂之
牛三蒼云小牛螺也一云俗名黃犢數萬色主反逐北如字又音佩軍走曰北曰噫
於其反言與音餘雖復扶又反惝音敞字林云惘也又吐蕩反筦

瑩，郭本作瑩，音瑩磨之瑩，今本多作罃【法】作瑩、作罃盧改二字互易，瑩磨二字盧本乙轉

抶，郭云抶又豬栗反【法】郭下疑有脫文，否則云抶二字衍也

管亦作管 嗃 許交反管聲也王崙呼洛反又呼教反廣雅云嗃也 劒首 司馬云謂劒環頭小孔也
吷 音血又呼悅反司馬云吷然如風過 所謷 音餘 蟻丘 魚綺反李云蟻丘山名 之
漿 李云賣漿家司馬云謂逆旅舍以菰蔣草覆之也 登極 司馬云極屋棟升之以觀也一云 聖人僕
極平頭屋也 稯稯 音揔字亦作揔李云聚貌本又作稯一本作稯初力反
謂懷聖德而隱僕隸也司馬本僕作撲謂聖人坏撲也 藏於畔 王云修田農之業是隱藏於壠畔
銷 音消司馬云小也 揹其 本亦作揹 不屑 屑絜也不絜世也本或作肯 陸沈
司馬云當顯而反隱如無水而沈也 長梧封人 長梧地名封人守封疆之人 子牢 司馬云即
琴牢孔子弟子 鹵 音魯 莽 莫古反又如字 滅裂 猶短草也李云謂不熟也郭云鹵莽滅裂輕脫
末略不盡其分也司馬云鹵莽猶麤粗也謂淺耕稀種也滅裂斷其草也 芸 音云除草也 變齊 才細
反司馬如字云變更也謂更變所法也齊同也 耰 音憂司馬云鋤也廣雅云雅也字林云摩田器也 厭
飧 音孫本又作飱 離其 力智反下同 以衆爲 如字王云凡事所可爲者也豚離滅

大刀九 小六刀一 莊子音義下 十三 玟

亡皆猶衆爲衆爲所謂鹵莽也司馬本作爲僞 欲惡 烏路反注並同 之孽 魚列反 萑 音丸
葦類 葦 于鬼反蘆也 蒹 古恬反蒹也 葭 音加亦蘆也 並潰 回內反 漏
發 李云謂精氣散泄上潰下漏不擇所出也 漂 本亦作瘭徐敷妙反又匹招反一音必招反 疽
七餘反瘭疽謂病瘡膿出也 疥 音界 溲 本或作廋所求反 膏 司馬云謂虛勞人尿
上生肥白沫也皆爲利欲感動失其正氣不如深耕熟耰之有實 不齊 才細反又如字 栢矩
有道之人 辜 辜罪也李云謂應死人也元嘉本作幸人 強之 其良反字亦作彊 朝服
直遙反 幕 音莫司馬云覆也 號天 户刀反 大菑 音哉 離之 離著
也 所好 呼報反 匿 女力反 爲物而愚 一本作遇 不識 反物性而
強令識之 大爲難而罪不敢 王云凡所施爲者皆用物之所能則莫不易而敢矣而故
大爲艱難令出不能物有不敢者則因罪之 所易 以豉反 不勝 音升注同 民知
音智下同 遽 其居反 詘 起勿反廣雅云曲也郭音黜 然與 音餘又如字 絜

稯，本又作稯，一本作稯，初力反【法】作稯之稯疑當作嵏，故音初力反，稯字無初力反之音

辜，元嘉本作幸人【法】盧云：幸或是睾之誤

言未然大史音太大弢吐刀反人名伯常騫起虔反人名狶本亦
作俙同虛豈反又音希郭音郗李音熙韋李云狶韋者太史官名湛丁南反欒之父也李常遥
反欒音洛不應應對之應諸侯之際司馬云盟會之事同濫
徐胡暫反或力暫反浴器也史鰌音秋司馬云史魚也所搏音博幣郭作弊帛
也徐扶世反司馬音蔽云引衣裳自蔽而扶翼司馬云謂公及浴女相扶翼自隱也此殊郭義故
墓一本作大墓沙丘地名掘之其月反又其勿反數仞所主反洗
而西禮反不馮音憑其子靈公郭讀絕句司馬以其子字絕句云言子孫不足
可憑故使公得此處爲冢也奪而里而殁也里居處也一本作奪而埋之蒯起怪反聵
五怪反蒯聵衞莊公名女處音汝下昌慮反之見賢遍反大公音太下同丘
里之言李云四井爲邑四邑爲丘五家爲鄰五鄰爲里古者鄰里井邑土風不同猶今即曲各自有方
俗而物不齊同十姓百名一姓爲十人十姓爲百名則有異有同故合散以定之積卑
莊子音義下　十三　徐宗
如字又音婢合水一本作合流合并而爲公合羣小之稱以爲至公之一也
天不賜賜與也國治直吏反淳淳如字王云流動流貌反覆
芳服反所拂扶弗反戾也又音弗又音弼自殉殊面廣雅云面向也謂心各不
同而自殉焉殊向自殉是非天隔故有所正者亦有斯差離也力智反比于大澤本亦
作宅百材皆度度居也雖別區異所大澤爲居雖木石萬端同以大山爲壇此可以當丘里之
言也而讀李云讀猶語也強字巨丈反惡起音烏欲惡烏路反
橋起居表反下同又音羔王云高動言所起之勁疾也片合音判反如字隨序
謂變化相隨有次序也序或作原一本作享橋運之相使橋運謂相橋代頓至次序以相
通理橋運以相制使也所復扶又反季眞接子李云二賢人孰徧
音遍徐音篇吠符廢反大知音智不可徂一本作阻
外物第二十六以義名篇

濫，徐胡暫反【法】徐胡暫反讀爲覽也。《廣韻》覽、鑑並二等韻，本書鑑、監等字皆疊暫韻

古者鄰里井邑土風不同【法】土盧改士

淳淳，如字，王云：流動流貌【法】盧云：兩流字疑衍其一

外物 王云夫忘懷於我者固無對於天下然後外物無所用心爲若乃有所執爲者諒亦無時而妙矣 而化爲碧 呂氏春秋藏其血三年化爲碧玉 孝己 李云殷高宗之太子 曾參 李云曾參至孝爲父所憎嘗見絕糧而後穌 大絃 音駭又音該又胡待反 水中有火 乃焚大槐 司馬云水中有火謂電也焚謂霹靂時燒大樹也 兩陷 司馬云兩謂心與膽也陷破也畏雷霆甚憂心膽破陷也 憂樂 音洛 螴 郭音陳又褚允反徐敕盡反 蜳 郭音惇又柱允反徐敕轉反李餘准反司馬云螴蜳讀曰忡融言怖畏之氣忡融兩溢不安定也 若縣 音玄 慰暋 武巾反李音昏又音泯慰鬱也暋悶也 沈屯 張倫反司馬云沈深也屯難也 僨 音奮又呼懷反郭云傾也 貸粟 音特或一音他得反 監河侯 古銜反說苑作魏文侯 將貸 他代反 而呼 火故反 鮒 音附廣雅云鰿也鰿音迹 波臣 司馬云謂波蕩之臣 激西 古狄反 早索 所白反 枯魚 李云猶乾魚也 任公子 如字下同李云任國名 大鉤 本亦作鈎 巨緇 司馬云大黑綸也 犗 郭古邁反云犍牛也徐音

莊子音義下　十四　徐宗

界說文云騬也司馬云犍牛也騬音繩犍紀言反 爲餌 音二 蹲 音存 會 古外反 稽 古兮反會稽山名今爲郡也 期年 本亦作朞同音基言必久其事後乃能感也 錎沒 音陷字林猶陷字也 鶩揚 徐音務一本作鶩 鬐 徐求夷反李音須 憚 丹末反 赫 火百反 千里 言千里皆懼 若魚 司馬云大魚名若海神也或云若魚猶言此魚 而腊 音昔 制河 諸設反依字應作淛漢書音義音逝河亦江也北人名水皆曰河淛江今在餘杭郡後漢以爲吳會分界司馬云淛江今在會稽錢唐 輇 七全反又視專反又音權李云輇量人也本或作軨軨小也本又或作輕 諷說 方鳳反 揭 其列其謁二反 竿累 劣彼反謂次足不得盖足也本亦作纍司馬云力追反云綸也 趣 本又作趨同七須反 灌瀆 司馬云漑灌之瀆 守鯢 五兮反 鮒 音附又音蒲本亦作蒲李云鯢鮒皆小魚也 臚 力於反一音盧蘇林注漢書云上傳語告下曰臚臚猶行也 傳 治戀反又丈專反向云從上語下曰臚傳一音張戀反遽也 東方作矣 司馬云謂日出也 儒 而朱反 青青之麥 司馬云此逸詩刺死人也 陵

貸，音特【法】貸無特音

鉤，本亦作約【法】約盧改鈎

《說文》云：騬也【法】騬下盧補牛字

鬐，李音須【法】李音須，字作鬢也

陂彼宜反布施始豉反壓本亦作擪同乃協反郭於琰反又敕頰反字林云擪一指案也其
顪本亦作噦許穢反司馬云頤下毛也金椎直追反控苦江反徐別彼列反
老萊子楚人也出薪出採薪也趨下音促李云下短也末僂
李云未上謂頭前也又謂背脊也後耳司馬云耳却後却近附近之近視若
營四海夫勞形役智以應世務失其自然者也故堯有几龍之喻舜有卷僂之談周公類之走狼
仲尼比之逸狗豈不或信哉儡律非反舊魚鬼反又魚威也去起呂反注同而本又作女躬
矜躬矜爲身矜修善行容知音智容智謂飾智爲容好蹙然子六反業可
得進乎問可行仁義於行乎今老力成反而驁本亦作敖同五報反下同下或作驁
窶其矩反之行下孟反其易以豉反相結以隱郭云隱括
也李云隱病患也雖相引以名聲是相給以病患譽堯音餘而閉一本文注並作門反
无非傷也反逆於理動无非邪也以嗟反動矜於是也聖人

莊子音義下　十五　丁松年

躊音疇躇直居反以興事以每成功每者每有成功也躊躇者
從容也從容興事雖有成功聖人不存猶致弊迹流毒百世況乎矜善行而載之不已哉不遠于萬
反宋元君李云元公也案元公名佐平公之子阿門司馬云阿屋曲簷也宰路
李云僞名故所居予爲如字又于僞反使河所吏反漁者音魚余音預
且子餘反姓余名且也覺古孝反令力成反會朝直遥反下同刳口孤
反鑽左端反又左亂反遺筴初革反見夢賢遍反知能
音智下及注同知有所困一本作知有所不周至知音智下注皆同鵜徒兮反
鶘鵜鶘水鳥也一名陶河去小起呂反下注同不矯居表反石師石者匠名
也謂無人爲師匠教之者也一本作所師又作碩師廁足音側又音測墊丁念反司馬崔云下
也本又作塹七念反掘也致黃泉致至也本亦作至得強其丈反之行
下孟反注同任與音餘覆墜直類反所好呼報反豨虛豈反

壓，又敕頰反【法】敕殆誤，《廣韻》於葉切

儡，舊魚鬼反，又魚威反【法】魚鬼、魚威二反，殆字不作儡也

不波 波高下貌 不僻 四亦反 顫 舒延反 哽 庚猛反塞也 趻 女展反郭
云踐也廣雅云履也止也本或作躍同 不殷 如字一音於靳反 其竇 音豆 胞 普交
反腹中胎 有重 直龍反 閬 音浪郭云空曠也 勃谿 音奚勃爭也谿空也司馬
云勃谿反戾也無虛空以容其私則反戾共鬬爭也 六鑿 在報反 相攘 如羊反郭云逆也司
馬云謂六情攘奪 誸 音賢郭音玄急也向本作弦云堅正也 柴 柴積也郭云塞也 銚
七遙反削也能有所穿削也又他堯反 鎒 乃豆反似鉏田具也 到植 時力反又音值立也本亦作置
司馬云鉏拔反之更生者曰到植 眥 于斯反徐子智反本亦作揃子淺反三蒼云揃猶翦也玉篇云滅也
揻 本亦作搣音滅又武齊反字林云批也批音千米反 非佚 音逸 以駴 戶楷反王云謂改百
姓之視聽也徐音戒謂上不問下也 演門 以善反宋城門名 紀他 徒何反 而踆
音存字林云古蹲字徐七旬反又音尊 窾水 音款又音科司馬云水名 弔之 司馬云恐
其自沈故弔之 踣 徐芳附反普豆反字林云僵也李云頓也郭薄杯反 荃 七全反崔音孫香草也可

大百二 小五百八十二 莊子音義下 廿六 玟

以餌魚或云積柴水中使魚依而食焉一云魚笱也 蹄 大兮反兔罥也又云兔弶也係其腳故曰蹄也罥音
古縣反弶音巨亮反 得夫 音符

寓言第二十七 以義名篇

寓言十九 寓寄也以人不言己故託之他人十言而九見言也 重言 謂為人所重者之言
也 巵言 字又作卮音支字略云巵圓酒器也李起宜反王云夫巵器滿即傾空則仰隨物而變非執一
守故者也施之於言而隨人從變己無常主者也司馬云謂支離無首尾言也 天倪 音崖徐音詣 藉
郭云藉借也李云因也 譽之 音餘注同 耆艾 五蓋反 曼衍 以戰反 復
不扶又反下同 惡乎 音烏下同 皆種 章勇反 才知 音智 而好 呼報反注
同 惡 烏路反注同 蘁 音悟又丑各反逆也 三釜 小爾雅云六斗四升曰釜 心樂 音洛下注同 不洎
其器反 參 所金反 无所縣 音玄下同 其罪乎 縣係也心再化於祿所存者親
也雖係祿而無係於罪也 以為 于僞反 以養 羊尚反下同 如鸛 本亦作觀同古亂反

揻，《字林》云：枇也，枇音千未反【法】未盧依宋本改米，是。惟兩枇字，當從扌，

尚未議及

踣，徐芳附反，普豆反【法】普豆上當有又字

巵言【法】巵盧改卮

倪，音宜【法】《齊物論》、《大宗師》、《秋水》篇倪並音崖，此宜字乃崖之誤

蚊音亡文虻孟庚反司馬云鸛雀飛疾與蚊相過忽然不覺也王云鸛蚊取大小相縣以喻三釜三千鍾之
多少元嘉本作如鸛蚊無虻字 子綦音其 所復扶又反 天籟力帶反 則
喪息浪反 惡乎音烏下同 天有歷一本作有歷數 天景音影又如
字本或作影 也括古活反司馬云謂括髮也 被髮皮寄反 搜搜本又作叟同素
口反又素刀反又 蜩甲音條司馬云蜩甲蟬蛻皮也 蛇蛻音悅又吐臥反又始
鋭反 吾屯徒門反聚也 陽子居姓陽名戎字子居 之沛音貝 邀古堯
反要也遇也王篇云求也抄也遮也 盥音管小爾雅云澡也洒也 漱所又反 巾櫛莊乙反
不閒音閑下同一音如字 睢睢郭呼維反徐許圭反 盱盱香于反又許吳反又音虛
廣雅云睢睢盱盱元氣也而汝也言汝與元氣合德去其矜驕誰復能同此心解異郭義 跋步末反 畏難
乃旦反 踈遠于萬反 竈子六反 家公李云主人公也一讀舍者迎將其家爲句
煬羊尚反又音羊向反炊也 去其起呂反

莊子音義下 七 陳明仲

讓王第二十八以事名篇
子州支父音甫李云支父字也即支伯也 幽憂之病王云謂其病深固也 善
卷眷勉反居阮反又音眷李云姓善名卷 衣皮於既反下同 其處昌慮反 石
戶本亦作后 之農李云石戶地名農農人也 捲捲音權郭音眷用力貌 葆力
音保字亦作保 以入於海司馬云凡言入者皆居其洲島之上與其曲隈中也 大王音太下同
亶丁但反 父音甫下同 邠筆貧反徐甫巾反 不以所用養害
所養地所以養人也今爭以殺人是以地害人也人爲地養故不以地故害人也 因杖直亮反
筴初革反 相連力展反司馬云連讀曰輦 岐山其宜反或祁支反 不以養
傷身不以利累形王云富貴有養而不以昧養傷身貧賤無利而不以求利累形也
弒其音試 王子搜素羔反又悉遘反又邀遘反李云王子名淮南子作翳 丹穴
爾雅云南戴日爲丹穴 以艾五蓋反 王輿一本作玉輿 援音爰 而呼火故

蛻，音帨，又始鋭反【法】始鋭反與音帨同

卷，卷勉反，居阮反【法】居阮反上有脱字，疑脱徐字

搜，又邀遘反【法】邀殆誤

反本或作歎 以舍音捨 非惡烏路反下及下章眞惡同 子華子司馬云魏人也
昭僖侯司馬云韓侯 攫俱碧反俱縛二反又史虢反李云取也 廢李云棄也司馬云病
也一云攫者援書銘廢者斬右手 其輕於韓又遠絶句 魯君一本作魯侯李
云哀公也 苴音麤徐七餘反李云有子麻也本或作麤非也 飯牛符晚反 之使所吏反下
及下章同 家與音餘 而遺唯季反下皆同 復來音服或音扶又反下章皆同 緒
餘並如字徐上音奢下以嗟反司馬李云緒者殘也謂殘餘也 土敕雅反又片賈行賈二反又音如字
苴側雅反又知雅反司馬云土苴如糞草也李云土苴糟魄也皆不眞物也一云土苴無心之貌 必察其
所以之王云聖人眞以持身餘以爲國故其動作必察之焉所以之者謂德所加之方也所爲者謂所以待
物也動作於比不必察也 所要一遥反 子陽鄭相 不好呼報反 即
令力呈反 拊心徐音撫 得佚音逸 樂音洛 君過古卧反本亦作遇
作難乃旦反下章同 殺子陽子陽嚴酷罪者無赦舍人折弓畏子陽怒責因國人逐猘狗而

莊子音義下　十八　陳明仲

殺子陽 楚昭王名軫平王子 屠羊説音悦或如字 從者才用
反 強之其丈反 見之賢遍反下同 之知音智 入郢以井反 毁
約如字徐於妙反 而見如字亦賢遍反 爲我于僞反 三旌三公位也司馬本作
三珪云謂諸侯之三卿皆執珪也 妄施如字又始豉反 茨徐疾私反李云蓋屋也 蓬
戶織蓬爲戶 桑以爲樞尺朱反司馬云屈桑條爲戶樞也 甕牖音酉司馬
云破甕爲牖 二室司馬云夫妻各一室 褐下葛反郭音葛字或作褐 爲塞悉代反司
馬云以褐衣塞牖也 匡坐而弦司馬云匡正也案弦謂弦歌 中紺古暗反李云紺爲中衣加
素爲表 華冠胡化反以華木皮爲冠 縰履所倚反或所買反本或作縰并下曳縰同
三蒼解詁作躧云躡也聲類或作屣韋昭蘇寄反通俗文云履不著跟曰屣司馬本作跣李云縰履謂履無跟
也王云體之能攝舉而曳之也履或作屨 杖藜以藜爲杖也司馬本作扶杖也 應門自對門也
嘻許其反 逡巡七旬反 希世而行司馬云希望也所行常顧世譽而動故曰希世

攫，俱碧反，具縛反，或又史虢反【法】俱縛反上殆脱又字，史虢不成切，誤也

土，敕雅反，又片賈、行賈二反【法】片蓋斥之譌，行疑徒之譌

而行 比周 毗志反 爲人 干僞反下爲己同 敎以爲己 學當爲己敎當爲人今反不然也 仁義之慝 吐得反惡也司馬云謂依託仁義爲姦惡 縕袍 紆粉反司馬云謂麻組爲絮論語云衣■組袍是也 種 章勇反本亦作腫 噲 古外反徐古活反司馬云種噲剝錯也王云盈虛不常之貌 胼 薄田反 胝 竹尼反 肘 竹久反 見 賢遍反 飦 之然反字或作饘廣雅云糜也一云紀言反家語云厚粥一音干謂干餅 粥 之六反又音育 自樂 音洛 愀 七小反徐在九反又七了反二了反又資酉反李音秋又遙反一本作欣 行脩 下孟反 不怍 在洛反爾雅云慙也又音昨 公子牟 司馬云魏之公子封中山名牟 瞻子 賢人也淮南作詹 魏闕 淮南作巍司馬本同云巍讀曰魏象魏觀闕人君門也言心存榮貴許慎云天子兩觀也 重生 李云重存生之道者則名利輕輕則易絕矣此人身居江海心貪榮利故以此戒之 自勝 音升下同 不能自勝則從 絕句一讀至神字絕句 无惡 如字又烏路反 乎 絕句一讀連下不能自勝爲句 重傷 直用反下同 萬乘 繩證反 不火食 元嘉本無火字 不糝 李徐

七直出 【莊子音義下】 九

素感反 甚憊 皮拜反 伐樹於宋 孔子之宋與弟子習禮大樹下宋司馬桓魋欲殺孔子伐其樹孔子遂行 藉 藉毀也又云陵藉也一云鑿也或云係也 喟 去愧反又苦怪反 語之 魚據反 臨難 乃旦反 之隘 音厄又於懈反 削然 如字李云反琴聲亦作俏音消 扢 許訖反又巨乙反魚乙反李云奮舞貌司馬云喜貌 執干 干楯也 亦樂 音洛下同 虞於潁陽 廣雅云虞安也安於潁陽一本作娛娛樂也 共伯 音恭下同 得乎共首 司馬云共伯名和脩其行好賢人諸侯皆以爲賢周厲王之難天子曠絕諸侯皆請以爲天子共伯不聽即干王位十四年大旱屋焚卜于太陽兆曰厲王爲祟召公乃立宣王共伯復歸于宗逍遙得意共山之首共丘山今在河內共縣西魯連子云共伯後歸于國得意共山之首紀年云共伯和即干王位孟康注漢書古今人表以爲入爲三公或作丘首 本畎 古犬反 畝 司馬云壟上曰畝壟中曰畎 辱行 下孟反下章同 漫我 武諫反徐武畔反下章同 清泠 音零 之淵 山海經云在江南一云在南陽郡西鄂山下 瞀光 音務又莫豆反本或作務 彊力 李云阻兵須力 忍垢 司馬云垢辱也李云弒君須忍

飦，謂干餅【法】餅盧改餅

愀，李音秋，又遙反【法】遙上脫一字，盧補七字

怍，在洛反，又音昨【法】音昨與在洛反非異讀，昨疑作之誤，而他無其證，再考

隘，音厄【法】厄當作戹

李云：徂兵須力【法】徂盧改阻

垢也 數聞音朔 裯水直留反本又作裯水徐音同又徒董反又音封本又作稠司馬本作裯云洞水
在潁川一云在范陽郡界 知者音智 其難乃旦反 盧水音閭司馬本作盧水在遼東西
界一云在北平郡界 淡然徒暫反 无槩古代反 孤竹司馬云孤竹國在遼西令支縣
界伯夷叔齊其君之二子也令音郎定反支音巨移反 血牲一本作殺牲司馬本作血之以牲 嘻許其
反一音於其反 祈喜如字徐許記反 盡治直吏反 揚行下孟反下吾以行戾行同
說音悅 以要一遙反 故被皮義反 貪冒亡北反或亡報反下同 稯契
息列反 之噲音快 篡初患反唐云或曰讓王之篇其章多重生而務光二三子自投于水何也
答曰莊書之興存乎反本反本之由先于去榮是以明讓王之一高標傲世之逸志旨在不降以厲俗無厚身以全生所
以時有重生之辭者亦歸棄榮之意耳深於塵務之爲弊也其次者雖復被褐啜粥保身而已其全道尚高而超俗
自逸寧投身於清冷終不屈於世累也此舊集音有聊復錄之於義無當也

盜跖第二十九以人名篇

七之六 莊子音義下 二十 張仁

孔子與柳下季爲友柳下惠姓展名獲字季禽一云字子禽居柳下而施
德惠一云惠謚也一云柳下邑名案左傳云展禽是魯僖公時人至孔子生八十餘年若至子路之死百五六十歲
不得爲友是寄言也 盜跖之石反李奇注漢書云跖秦之大盜也 從才用反 卒尊忽
反下同 樞戶尺朱反徐苦溝反司馬云破人戶樞而取物也 入保鄭注禮記曰小城曰保 能
詔如字教也 竊爲于僞反下請爲爲我竊爲使爲皆同 說之始銳反 飄風婢遙
反徐扶遙反 易辱以豉反 大山音太 膾古外反 餔布吳反徐甫吳反字林云
日申時食也 髮上時掌反 此夫音符又如字 冠古亂反 枝木之冠
如字司馬云冠多華飾如木之枝繁 帶死牛之脅許劫反司馬云取牛皮爲大革帶 繆
說音謬 孝弟音悌本亦作悌 而儌古堯反 復通扶又反下同 願望
履幕下司馬本幕作綦云言視不敢望跖面望履結而還也 反走小却行也 瞋
赤眞反徐赤夷反廣雅云張也 如乳如樹反 少長詩召反下丁丈反 皆說音悅下同

椆水，本又作椆水，徐音同，又音封【法】音封未詳

飄，婢遙反，徐扶遙反【法】扶遙與婢遙同

餔，布吳反，徐甫吳反【法】甫吳與布吳同

知維音智 勇悍戶旦反 激丹古歷反司馬云明也 齊貝一本作舍貝
音中丁仲反 南使所吏反下三字同 數百所主反下同 罷兵如字徐扶
彼反 共祭音恭 之行下孟反下同 恒民一本作順民後亦爾 吾譽音餘
下同 好面呼報反下同 背音佩下同 椽音象 煬羊晃反 蚩尤神農
時諸侯始造兵者也神農之後第八帝曰榆罔世蚩尤氏強與榆罔爭王逐榆罔榆罔與黃帝合謀擊殺蚩尤漢書音
義云蚩古之天子一曰庶人貪者 涿鹿音卓本又作濁司馬云涿鹿地名故城今在上谷郡西南八十里
武王殺音試下同 摓衣本又作縫扶恭反徐扶公反又音馮 淺帶縫帶使淺
狹 矯言紀表反 說子路始銳反又如字 去其起呂反 危冠
李云危高也子路好勇冠似雄雞形背負豭斗用表已勇也 其卒子恤反 身葅莊居
反 以爲于僞反下同 堯不慈不授子也 文王拘羑里紂之二十年四
文王 而強其丈反 可惡如字本又作惡烏路反 負石自投於河

莊子音義下　二十一　顧端

申徒狄將投於河崔嘉止之曰吾聞聖人仁士民父母若濡足故不救溺人可乎申徒狄曰不然昔桀殺龍逢紂殺
比干而亡天下吳殺子胥陳殺泄治而滅其國非聖人不仁不用故也遂沈河而死 以食音嗣 燔死
音煩燒也 尾生一本作微生戰國策作尾生高高誘以爲魯人 磔竹客反廣雅云張也 操七曹
反 瓢婢遙反 而乞者李云言上四人不得其死猶豬狗乞兒流轉溝中者也乞或作走
離名力智反 念本本或作卒 剖心普口反 以說如字又始銳反 上
壽音受又如字下同 瘦色又反 能說音悅 亟去紀力反急也本或作極
无復扶又反 狂狂如字又九況反 汲汲本亦作伋音急又音及 詐巧苦孝
反又如字 上車時掌反 三失息暫反又如字 芒然莫剛反 有行如字 自
灸久又反 疾走料音聊 扁頭音鞭又蒲顯反徐扶顯反本或作編音同 須
一本作料頭編虎須 幾不音祈 可去起呂反 滿茍得人姓反 盍胡臘
反 爲行下孟反下注同盍何不也勸何不爲德行 臧聚司馬云謂臧獲盜濫竊聚之人 有

須【法】須盧改頭

怍音昨宰相息亮反下相而同入嫂先早反司馬云以嫂爲室家爲臣或
作相殺君申志反論則力頓反悖戰布內反亦拂扶弗反
長幼丁丈反五紀司馬云歲日月星辰歷數六位君臣父子夫婦爲别彼列反下同
堯殺長子崔云堯殺長子考監明舜流母弟弟謂象也流放也孟
子云舜封象於有庳不得有爲於其國天子之吏治其國而封納貢稅焉故謂之放也爲適丁歷
反且子正爲名假設之辭也爲音于僞反下爲利同不監本亦作鑑同吾
日人實反无約如字徐於妙反抉眼烏穴反鮑子立乾司馬云鮑
子名焦周末人汙時君不仕採蔬而食子貢見之謂曰何爲不仕食祿荅曰無可仕者子貢曰汙時君不食其祿惡
其政不踐其土今子惡其君處其土食其蔬何志行之相違乎鮑焦遂棄其蔬而餓死韓詩外傳同又云槁洛水之
上也勝子自理一本理作俚本又作申子自理或云謂申徒狄抱甕之河也一本作申子不自理謂
申生也孔子不見母李云未聞臣子不見父司馬云臣子名章齊

莊子音義下　二十二　顧淵

人諫其父爲父所逐終身不見父案此事見孟子所傳丈專反无足一本作無知則
下避嫁反下同樂意音洛下同知不音智下知謀同故推正不忘
邪忘或作妄言君臣但推尋正道不忘故不用富貴邪爲智力不足故不用邪過世之士
焉言人心易動但人與賢人俱生便自謂過於世人況親自爲富貴者乎慘七感反怛丹曷
反之恐丘勇反窮美窮猶盡也究埶音勢本亦作勢一音藝究竟也俠人
音協欲惡烏路反要名一遥反長阨音厄又烏賣反筦音管本亦作管
籥音藥一本筦籥作壎篪口嗛苦簟反醪力刀反侅溺徐音礙五代反
又戶該反飲食至咽爲侅一云徧也於馮氣馮音憤憤滿也下同言憤畜不通之氣也而上
時掌反取慰慰亦作畏不舍音捨下同戚醮在遥反李云顦顇也又音子妙反
疑刦許業反又曲業反內周樓疏李云重樓內匝疏軒外通謂設備守具財單
音丹本或作斷音祈繚音了又魚弔反理也

孔子不見母~臣子不見父【法】盧云：疑父、母二字當互易

阨，音厄【法】阨、厄當作阸、戹

馮，音憤【法】馮不得音憤，憒疑幅之譌，如憑臆之爲幅臆也

刦，許業反，又曲業反【法】許疑訖之譌，曲案（榮芬案當作業）反未詳，殆讀爲怯也

繚，又魚弔反【法】魚蓋魯之譌

説劒第三十 以事名篇

趙文王 司馬云惠文王也名何武靈王子後莊子三百五十年洞紀云周赧王十七年趙惠文王之元年一云案長歷推惠文王與莊子相值恐彪之言誤 喜劒 許記反下同 夾門 郭李音協又古洽反

好之 呼報反下同 无厭 於鹽反又於豔反 悝 苦回反太子名 募 音慕又音務 説 王 如字解也又音悦 與使 所吏反 以幣從 才用反一本作以幣從軍 上説 如字又始鋭反下同 蓬 步公反本或作鬔同 頭 蓬頭謂着兜鉾也有毛故如蓬 突鬢 必刃反司馬本作賓云賓讀爲鬢 垂冠 將欲闘故冠低傾也 曼胡 莫干反司馬云曼胡之纓謂麤纓無文理也 短後之衣 爲便於事也 瞋目 赤夷赤真二反 語難 如字難艱難也勇士憤氣積於心胷言不流利也又乃旦反既怒而語爲人所畏難司馬云説相擊也 乃説 音悦下大説同

與見 賢遍反下劒見同又如字 王脱 一本作説同土活反 千里不留行 司馬云十步與一人相擊輒殺之故千里不留於行也 乃校 司馬云考校取其勝者也校本或作較 士

大百卅八 小五千四十五 莊子音義下 三三 吴玉

敦 如字司馬云敦斷也試使用劒相擊斷截也一音丁回反 御杖 直亮反 所奉 司馬本作所奉 燕谿 音煙燕谿地名在燕國 石城 在塞反 鍔 五各反司馬云劒刃也 云劒稜也 鐔 音淫三蒼云徒感反劒口也徐徒南反又徒各反謂劒鍔也司馬云劒珥也 爲夾 古協反司馬云把也一本作鋏同一云鐔從稜向背鋏從稜向刃也 裹以 音果 行以秋冬 隨天道以行止也 芒然 莫剛反 肝肺 芳廢反 竊爲 于僞反 而上 時掌反下同 三環 如字又音患繞也聞義而愧繞餌三周不能坐食 服斃 婢世反司馬云忿不見禮皆自殺也

漁父第三十一 以人名篇

緇帷 司馬云黑林名也本或作帷 杏壇 司馬云澤中高處也李云壇名 有漁父者 音甫取魚父也一云是范蠡元嘉本作有漁音父則加字 須眉 本亦作鬢眉 交白 如字李云俱也一本作皎 揄 音遥又音偷又褚由反謂垂手衣内而行也李音投投揮也又士由反 袂 面世

喜，許紀反【法】紀蓋記之譌

說，又音悅【法】悅疑帨

一本作以幣從軍【法】軍盧改者（榮芬案此條原與上條倒，今正）

脫，一本作說，同士活反【法】士當作土

鐔，徐徒南反，又徒各反【法】徒各反未詳

揄，李音投，投揮也，又士由反【法】士疑土〇袂，李音芮【法】音芮未詳

反李音葯 以上時掌反 距陸李云距至也 飾禮如字本又作飭音敕 下以

化齊民李云齊等也許慎云齊等之民也如淳云齊民猶平民元嘉本作化於齊民後句如無於字

君與音餘下同 以危危或作僞 其分如字本又作介音界司馬云離也 杖

直亮反 挐女居反司馬云撓也音鐃 鄉而香亮反或作嚮同 緒言猶先言也

竊待待或作侍 咳苦代反 唾吐卧反 相丘息亮反 曰嘻香其

反 之好呼報反下同 丘少詩召反下同 而經子之所以經經營也

司馬云經理也 正治直吏反下官不治同 不屬音燭 長少丁丈反後遇長同

不勝音升 行不下孟反 工技其綺反 貢職職或作賦 春秋

後倫朝覲不及等比也 不飭音敕 不泰本又作大音同徐敕佐反後同 八

疵祀知反 之揔李云謂監也 道言音導 稱譽音餘 以敗補邁

反 惡人烏路反下同 之慝他得反 善否悲美反惡也又方九反 兩

大四百三十四 小四百五 莊子音義下 二四 呉玉

容頰適善惡皆容顏貌調適也頰或作頯 以挂音卦別也又音圭 之叨

吐刀反 很胡墾反 能去起呂反 愀然在九反又七小反 難語魚據

反下同本或作悟 愈數音朔 不離力智反 故強其丈反下同 歡

樂音洛下同 禄禄如字人音録謂形見為禮也司馬云録領録也 蚤音早字亦作早

湛丁南反下同 丘得過也謂得過失也過或作遇 而比如字謂親見比數也

又毗志反 乃剌七亦反 波定李云謂戰如波也案謂船行故水波去遠則波定 旁車

步浪反 萬乘繩證反下同 倨音據 敖五報反 曲要一遙反 磬

折之設反 湛於湛或作其 下人遐嫁反下及注同 而間音閑 蝡

如究反

列禦寇第三十二以人名篇或無列字

瞀人音茂又音務 奚方李云方道也 吾驚焉李云見人惑已即遠

疵，祀知反【法】祀疑似之誤，祀亦通，然他未見用此爲紐者

李云，見人惑己，即遠驚也【法】惑盧改感。盧云：今書《音義》作見人感己，即違道，故驚也，此似有脱誤

驚也惡乎音烏十餮子祥反本亦作𩟗司馬云餮讀曰漿十家並賣漿也五餮
先饋饋遺也謂十家中五家先見遺王云皆先饋進於己不解音蟹司馬音懈形
諜徒協反郭云便辟也說文云閒也成光司馬云形諜於衷成光華也便辟婢亦
反貴老謂重禦寇過於老人而𩐁子兮反亂也爲食音嗣贏音盈
萬乘繩證反而效如字本又作校古孝反保女司馬云保附也无幾
居豈反敦杖音頓司馬云豎也蹙之子六反賓者本亦作儐同必刃反謂通
客之人跣而先典反豎乎其器反發藥如字司馬本作廢云置也而焉
於虔反搖而本才一本才作性又无謂也動搖本才以致求者又非道德
之謂也小言言不入道故曰小言人毒以其多患故曰人毒莫覺莫悟
何相孰也彼不敢告汝汝又不自覺何期相孰哉王云小言爲毒曾无告語也孰誰也謂誰相
親愛者既无告語此不相親愛之至也而知音智食而一本作飽食而敖遊本又

莊子音義下　二十五　葛玠

作遨五刀反下同汎若芳劒反緩也司馬云緩名也呻音申謂吟詠學問之聲也
崔云呻誦也本或作呻吟裘氏地名崔云裘儒服也之地崔本作之地蛇云地蛇者山田荼種
也祇音支郭李云適也言適三年而成也司馬云巨移反謂神祇祐之也河潤九里河從
乾位來乾陽數九也使其弟墨謂使緩弟翟成墨也闔胡嘗視其良
闔語助也胡何也良者良人庠緩也言何不試視緩墓上已化爲秋栢之實良或作埌音浪冢也而見賢遍
反令墨力呈反相捽才骨反言穿井之人爲已有造泉之功而捽飲者不知泉之天
然也愉緩不知翟天然之墨而忿之捽一音子晦反不知音智注同學父本或作父仍
自而證反本又作認同道易以豉反知雖音智應其如字當也朱
泙李音平郭敷盲反徐敷耕反漫末旦反又末干反司馬云朱泙漫支離益皆人姓名屠
音徒單音丹盡也千金之家如字本亦作賈又作價皆音嫁三絕句崔云用千金者
三也一本作三年則上句至家絕技成其綺反慎於兵慎或作順恬徒謙反

之地，崔本作之地蛇，云地蛇者山田荼種也【法】二蛇字疑衍。荼即畬，《集韻》
畬，火種也，與蛇同在麻韻，故借蛇爲之

泙，郭敷音反【法】音疑盲之譌

惔徒暫反本亦作淡 之知音智注反下為知同 不離力智反 苞苴子餘
反司馬云苞苴本苞裹也 竿音干 牘音獨司馬云謂竹簡爲書以相問遺脩意氣也 以遺
唯季反下同 敝精神郭婢世反一音必世反 道物音導注同 甘冥如字
本亦作瞑又音眠 發泄息列反徐以世反 怕然步各反 悲哉乎一本作悲
哉悲 爲于僞反 宋王司馬云偃王也 使秦所吏反 數所主反 乘
繩證反下同 王說音悅 阨於懈反 窘其隕反又巨韻反 槁苦老反又祛矯
反本亦作槁居表反 項李云槁項羸瘦貌司馬云項槁立也 黃馘古獲反徐況璧反爾雅云
獲也司馬云謂面黃熟也 秦王司馬云惠王也 痤徂禾反 舐字又作䑛食紙反 痔
治紀反 愈下本亦作愈同 瘳敕由反 汲魚及反又五臘反危也 令飾九呈反
下同 以視音示下同 能復扶又反 女與音汝又如字下與同 覔
賢遍反 離實力智反 施於始豉反下注同 而識如字又申志反 商
大マ廿七 小五、十四 莊子音義下 三六 良
賈音古 鋸音據 戉音越 捶之蘂反 桎之實反 梏古毒反 宵
人王云非明正之徒謂之宵夜之人也 訙之本又作訊音信問也 愿音願廣雅云謹慤也 有
長丁丈反 若不肖外如長者內不似也 有順王作慎 懁音環又詩
沿反徐音絹三蒼云急腹也王云研辨也外慎研辨常務質訥 縵武半反又武諫反李云內實堅外如縵也
釬胡旦反又音干急也一云情貌相反 卒然寸忽反 其知音智 其側側不
正也一云謂醉者喜傾側冠也王云側謂凡爲不正也側或作則 易觀以豉反 搜之所求反
正考父音甫宋湣公之玄孫弗父何之曾孫 而傴紆矩反 而僂力矩反 三命
公士一命大夫再命卿三命 而夫郭云凡夫也 呂鉅矯貌 孰協唐許協同
也唐唐堯許許由皆崇讓者也言考父與而夫誰同於唐許也 睫音接 揲射食亦反 自
好呼報反注同 呲四爾反又芳爾反邪云呰也 呰也子爾反 皆思奉之
矣本或作皆畢事也 美髯人鹽反 未曾才能反 偃佒於丈反本亦作

阨，於懈反【法】阨當作戹○窘，與隕反，又巨韻反【法】與蓋舉謫，韻疑亦當作隕，
《廣韻》渠殞切
司馬云：謂面黃熟也【法】熟未詳
汲，又五臘反【法】臘疑獵之誤
釬，胡旦反，又音干，急也，一云：情貌相反【法】情貌相反出郭注，不當言一云，
且此注統解上五句，亦非專解釬字，一云六字疑出後增　卒，十忽反【法】十當
作寸
呲，匹爾反，又芳爾反【法】芳爾與匹爾同

史同偃佒守分歸一也 杖物直亮反 知慧音智 乃厚其身耳
元嘉本後作厚一本作乃後悔無怨也 傀郭徐呼懷反字林公回反云偉也 恬解音蟹 於
知音智 者肖音消郭云釋散也 十乘繩證反下同 驕穉直吏反又池夷反李
云自驕而穉莊子也 緯蕭如字緯織也蕭荻蒿也織蕭以爲畚而賣之本或作葦音同 鍛
之丁亂反謂椎破之 九重直龍反 驪龍力馳反驪龍黑龍也 頷下戶感
反 鼇子兮反 粉夫音符 若挾戶牒反 僉曰七潛反 其
使所吏反 衣以於既反 食以音嗣 芻叔初俱反芻草也叔大豆也
大廟音太 髑音獨 髏音樓 矉比人反 蹙子六反 珠璣音祈
又音機一音其既反 齎音資本或作濟子詣反 鳶以全反 螻音樓 蟻魚綺反
天下第三十三以義名篇
惡乎音烏 不離力智反下注不離離性下章離於同 兆於本或作逃 爲行
莊子音義下　二十七　徐杲
下孟反章內同 薰然許云反溫和貌崔云以慈仁爲馨聞也 之粗七奴反卷內皆同 以
參本又作操同七曹反宜也 以稽音雞考也 蕃息音煩 畜許六反又敕六反
藏如字又才浪反 醇順倫反 四辟婢亦反本又作闢 鄒莊由反孔子父所封邑
道志音導下道皆同 以名分扶問反 尚復扶又反下章不復同 未易以豉
反 得一徧得一術 自好呼報反注及下同 好惡烏路反 淡本又作澹徒暫
反 漠音莫 衆技其綺反 不徧音遍 稱神尺證反下章同 哀
矣如字本或作喪息浪反 不侈尺紙反又尺氏反 不暉如字崔本作渾 則
瘁在醉反 自矯居表反 墨翟宋大夫尚儉素 禽滑音骨又戶八反
釐力之反又音熙禽滑釐墨翟弟子也 不順五帝三王之樂嫌其奢 而說音悅下注同後聞風而說
皆同 大過音太舊敕佐反後大過大多大少放此 大順順或作循 度衆徒各反
非樂 節用墨子二篇名 氾芳劒反 愛兼利 化司巳儉爲氾愛兼利

鍛，丁亂反【法】鍛盧改鍛

參，本又作操，同七曹反，宜也【法】參疑本作摻，訓宜未詳

侈，尺紙反，又尺氏反【法】尺蓋尸譌

令力呈反百下同有夏戶雅反有濩音護有辟音辟作武
武樂名七重直龍反下同未敗敗或作毀墨子是一家之正故不可以爲敗也
崔云未橐其道非歌生應歌而墨以歌爲非也樂而音洛下及注同轂郭苦角反
徐戶角反郭李皆云無潤也其行下孟反下注以成其行同能任音壬湮洪水
音因又音煙塞也沒也搖地而注之海使水由地下也引禹之險同已之道支川本或作支流自
操七曹反槀舊古考反崔郭音託字則應作槀崔云槀也司馬云盛土器也耜音似
釋名耜似也似齒斷物二蒼云耒頭鐵也崔云棰也司馬云盛水器也而九音鳩本亦作鳩聚也雜
本或作衆音同崔云所治非一故曰雜也腓音肥又符畏反无胈步葛反又甫物反又符蓋反脛
刑定反甚雨如字崔本甚作湛音淫櫛側筆反裘褐戶葛反跂其逆
反蹻紀略反李云麻曰屩木曰屐屐與跂同屩與蹻同一云鞋類也一音居玉反以藉鞋下也相息亮反
里勤司馬云墨師也姓相里名勤苦獲己齒李云二人姓字也而倍

莊子音義下　二十八　陳錫

郭音佩又裴罪反譎古穴反崔云決也相訾音紫以觭紀宜反又奇寄不
仵音誤徐音五仵同也巨子向崔本作鉅向云墨家號其道理成者爲鉅子若儒家之碩儒
治之直吏反之好呼報反注同爲其于僞反枯槁苦老反不
舍也音捨下章同忮之豉反逆也司馬崔云害也字書云很也又音支韋昭音洎息崔云
明白其心也白或作任宋鈃音形徐胡冷反郭音堅尹文崔云齊宣王時人著書一篇華
山之冠華山上下均平作冠以象之表已心均平也以別彼列反又如字宥爲始始首
也崔云以別善惡宥不及也聏崔本作聏音而郭音餌司馬云色厚貌崔郭王云和也聏和萬物物合則歡矣
一云調也合驩以道化物和而調之合意則歡強以其丈反下皆同令合力呈反下同
上說音悅又如字下教上謂國主也悅上之教下也一云說猶教也上教教下也聒古活反謂強聒
其耳而語之也見厭於豔反徐於贍反爲人于僞反下自爲同圖傲五報反苛
察音河一本作苛其行下孟反又如字不當丁浪反崔本作黨云至公無黨也

有夏~有濩【法】今本作禹有大廈，湯有濩（榮芬案濩前當脫大字）

引禹之險，同己之道【法】險盧改儉

槀，舊古考反【法】古考反則字當作槀

雜，本或作衆，音同【法】衆未詳

聏【法】聏盧改聏，《集韻》同

易而以豉反 於知音智下棄知同 田駢薄田反齊人也遊稷下著書十五篇慎子云名
廣 不偏音遍 不至一本作不王 无遺如字本又作貴 去巳起呂反章內注
同 泠音零 汰音泰徐徒蓋反郭云泠汰猶聽放也一云泠汰猶沙汰也謂沙汰使之泠然也皆泠汰之歸於
一以正爲道理也 謑胡啓反又音奚又苦迷反說文云恥也五米反 髁戶寡反郭勘禍
反或音齋又音替謑髁訛倪不正貌王云謂謹刻也 无任無所施任也王云雖謹刻於法而猶能不自任以事事不與衆
共之則無爲尚賢所以笑也 橫復扶又反 无行下孟反下火之行同 椎直追反
拍普百反 輐五管反又胡亂反又五亂反徐胡管反圓也 斷丁管反又丁亂反方也王云椎拍輐
斷皆刑截者所用 不師知音智 魏然魚威反李五回反 若飄婢遙反一音必
遙反爾雅云回風爲飄 之還音旋一音環 若磨末佐反又如字 石之隧音遂回也
徐絕句一讀至全字絕句 全而无非磨石所剴麤細全在人言德全無見非責時言其無心也 不
離力智反 夫塊苦對反或苦猥反 欲令力呈反 戔其亦作戔又作閾況

莊子音義下　二十九　陳

逼反又火麥反 惡可音烏 不見觀一本作不豫觀 於魭五管反又
五亂反向郭云逆風聲 斷丁管反郭云魭斷無圭角也一本無斷字 韙于鬼反是也 槃乎古愛
反 澹然徒暫反 關尹關令尹喜也或云尹喜字公度 老聃他甘反即老子也爲
喜著書十九篇 以濡如兗反一音儒 謙下遐嫁反 若響許丈反 芴
音忽 谿苦兮反 之垢音苟 沖泊步各反 蘬去軌反又去類反本或作䰎
不費芳味反 蜘音知 蛛音誅 工倕音垂 大初音泰 去甚起呂反
迕逆五故反 无軟如兗反本或作濡音同 挫作卧反 芴元嘉本作寂 漠音莫 死
與音餘下同 芒乎莫剛反下同 謬悠謂若忘於情實者也 荒唐謂廣大無
域畔者也 而儻丁蕩反徐敕蕩反 觭音羈徐起宜反 莊語並如字郭云一莊莊周也
二莊端正也一本作壯側亮反大也 以卮音支 不敖五報反 倪音詣 不譴遣戰
反 瓌古回反 瑋瓌瑋奇特也 連犿本亦作抃同芳袁反又音獾又敷晩反李云皆宛轉

犿，本亦作抃，同，芳袁反，又音獾【法】獾不知何字之譌

貌一云相從之貌謂與物相從不違故無傷也參初林反注同差初宜反注誠尺叔反而辟
婢亦反深閎音宏稠適稠音調本亦作調不蛻音悅徐始銳反又敕外反汪
汪烏黃反惠施惠施子名五車尺蛇反又音居舛川兗反徐尺允反駁邦角
反不中丁仲反厤古歷字本亦作歷物之意分別歷說之至大
无外謂之大一至小无內謂之小一司馬云無外不可一無內
不可分故謂之一也天下所謂大小皆非形所謂一二非至名也至形無形至名無名无厚不可
積也其大千里司馬云物言形爲有形之外爲無形與有相爲表裏故形物之厚盡於
無厚無厚與有同一體也其有厚大者其無厚亦大高因廣立有因無積則其可積因不可積者苟其可積何但千
里乎天與地卑如字又音婢山與澤平李云以地比天則地卑於天若宇宙
之高則天地皆卑天地皆卑則山與澤平矣日方中方睨音詣物方生方
死李云睨側視也謂日方中而景已復昃謂景方昃而光已復没謂光方没而明已復升凡中側之與升没

莊子音義下　三十　毛評

若轉樞循環自相與爲前後始終無別則存云死生與之何殊也大同而與小同異
此之謂小同異萬物畢同畢異此之謂大同
異同體異分故曰小同異死生禍福寒暑晝夜動靜變化衆辨莫同異之至也衆異同於一物同之至
也則萬物之同異一矣若堅白無不合無不離也若火含陰水含陽火中之陰異於水水中之陽異於火然則水異
於水火異於火至異異所同至同同所異故曰大同異南方无窮而有窮司馬云四方無窮也
李云四方無窮故無四方上下皆不能處其窮會有窮耳一云知四方之無窮是以無無窮無窮也形不盡形色不
盡色形與色相盡也知不窮知物不窮物知與物相盡也獨言南方舉一隅也今日適越而昔
來智之適物物之適智形有所止智有所行智有所守形有所從故形智往來相爲逆旅也鑒以鑒影而鑒
亦有影兩鑒相鑒則重影無窮萬物入於一智而智無間萬物入於一物而物無眹天在心中則身在天外心在天
內則天在心外也遠而思親者往也病而思親者來也智在物爲物物在智爲智司馬云彼日猶此日則見此猶見
彼也彼猶此見則吴與越人交相見矣連環可解也司馬云夫物盡於形形盡之外則非物也

連環所貫貫於無環非貫於環也若兩環不相貫則雖連環故可解也我知天之中央燕
之北越之南是也司馬云燕之去越有數而南北之遠無窮由無窮觀有數則燕越之
閒未始有分也天下無方故所在爲中循環無端故所行爲始也汜芳劒反愛萬物天
地一體也李云日月可觀而目不可見愛出於身而所愛在物天地爲首足萬物爲五藏故肝膽之别合
於一人一人之别合於一體也爲大觀古亂反於天下所謂自以爲最也曉辯
字林云辯慧也樂之音洛卵有毛司馬云胎卵之生必有毛羽雞伏鵠卵卵不爲雞則生類於鵠
也氣成毛羽氣成羽雖胎卵未生而毛羽之性已著矣故䳄肩蜂目寄感之分也龍顔虎喙威靈之氣也神以引明氣以成質
賀之所剋如戶牖明暗之懸以晝夜性相近習相遠則性之明遠有習於生雞三足司馬云雞兩足所以行而
非動也故行由足發動由神御今雞雖兩足須神而行故曰三足也郢有天下郢楚都也在江陵北
七十里李云九州之內於宇宙之中未萬中之一分也故舉天下者以喻盡而名大夫非大若各指其所有而言其未足
雖郢方千里亦可有天下也犬可以爲羊司馬云名以名物而非物也犬羊之名非犬羊也非

莊子音義下　三十一　徐政

羊可以名爲羊則犬可以名羊鄭人謂玉未理者璞周人謂鼠腊者亦曰璞故形在於物名在於人曰馬有
卵李云形之所託名之所寄皆假耳非眞也故犬羊無定名胎卵無定形故鳥可以有胎馬可以有卵也一云小
異者大同犬羊之與胎卵無分於鳥馬也丁子有尾李云夫萬物無定形形無定稱在上爲首在下
爲尾世人謂右行曲波爲尾今丁子二字雖左行曲波亦是尾也火不熱司馬云木生於水火生於木木
以水潤火以木光金寒於水而熱於火而寒熱相兼無窮水火之性有盡謂火熱水寒是偏舉也偏舉則水熱火寒可也
一云猶金木加於人有楚痛楚痛發於人而金木非楚痛也如處水之鳥火生之蟲則火不熱也山出口司馬
云形聲氣色合而成物律呂以聲兼形玄黃以色兼質呼於一山一山皆應一山之聲入於耳形與聲並行是山猶耳
口也輪不蹍本又作跈女展反地司馬云地平輪圓則輪之所行者跡也目不見司馬
云水中視魚必先見水光中視物必先見光魚之濡鱗非曝鱗異於曝鱗則視濡也光之曜形異於不曜則視見於曜形
非見形也目不夜見非暗晝見非明有假也所以見者明也目不假光而後明無以見光故目之於物未嘗有見也指
不至至不絕司馬云夫指之取物不能自至要假物故至也然假物由指不絕也一云指之取火以鉗

如處水之鳥，火生之蟲，則火不熱也【法】水盧改火

刺旨不避故假於物指之不至也 龜長於蛇 司馬云蛇形雖長而命不久龜形雖短而命甚長
矩不方規不可以爲圓 司馬云矩雖爲方而非方規雖爲圓而非圓譬繩爲直而非直也
鑿 曹報反 不圍枘 如銳反司馬云鑿枘異質合爲一形鑿積於枘則鑿枘異圍鑿枘異圍是不相圍也
飛鳥之景 音影 未嘗動也 司馬云鳥之蔽光猶魚之蔽水魚動蔽水而水不動鳥動影生影生光亡亡非往生非來墨子曰影不徙也
鏃 子木反郭音族徐朱角反三蒼云矢鏑也
矢之疾而有不行不止之時 司馬云形分止勢分行形分明者行遲勢分明者行疾目明無形分無所止則其疾無間矢疾而有間者中有止也質薄而可離中有無及者也
狗非犬 司馬云狗犬同實異名名實合則彼所謂狗此所謂犬也名實離則彼所謂狗異於犬也
黃馬驪 力知反又音梨 牛三 司馬云牛馬以二爲三曰牛曰馬曰牛馬形之三也白黃曰驪曰黃驪色之三也曰黃馬曰驪牛曰黃馬驪牛形與色爲三也故曰一與言爲二二與一爲三也
白狗黑 司馬云狗之目眇謂之眇狗狗之目大不曰大狗此乃一是一非然則白狗黑目亦可爲黑狗
孤駒未嘗

莊子音義下　三十二

有母 李云駒生有母言孤則無母孤稱立則母名去也母嘗爲駒之母故孤駒未嘗有母也本亦無此句
一尺 一本無一字 之捶 章蘂反 日取其半萬世不竭 司馬云捶杖也若其可折則常有兩若其不可折其一常存故曰萬世不竭
桓團 李云人姓名徐徒丸反
之囿 音又 其柢 丁計反 天地其壯乎 司馬云惠施唯以天地爲壯於巳世
施存雄而无術 司馬云意在勝人而無道理之術 倚人 本或作畸同絕宜反李云異也
黃繚 音了李而小反云賢人也 不墜 直類反 霆 音廷又音挺
徧爲 音遍下于僞反 隩 烏報反李云深也謂其道深 一蚉 音文 一䖟 孟庚反
愈貴 羊主反李云自謂所慕愈貴近於道也 駘 李音殆 蕩 駘者放也放蕩不得也
悲夫 音符 論者 力困反 較 音角 評 音病 不中 丁仲反 或
倦 本亦作勸同 其思 息嗣反 不邪 似嗟反 好事 呼報反子玄之注論其大體真可謂得莊生之旨矣郭生前數膏梁之塗沈余亦晚覩貴遊之妄談斯所謂異代同風何可復

鏃，徐朱角反【法】朱殆誤

驪，又音梨【法】梨當作犂，《肱篋》篇可證

繚，李而小反【法】而殆誤

言也或曰莊惠標濠梁之契發郢匠之■而云其書五
車其言不中何也豈契若郢匠慶同寢斤而■非之言
如此之甚者也答曰夫不失欲極有教之■伸明其言
有豈祥不善其辭而盡其喻乎莊生振徽音於七篇列
斯文於世重言盡涉玄之路從事發有辭之敘雖談無
貴辯而教無虛唱然其文易覽其趣難窺造懷而未達
者有過理之嫌枉斯之弊
故大舉尊子之云辯也

經典釋文卷第二十八

莊子音義下　三十三

好事，答曰夫不失欲極有教之肆，神明其言者云云【法】盧云：案不失二字疑衍文，神宋本作伸，又下列斯文於後世，舊脫後字，今補，又從事發有辭之敘，今書發作展

經典釋文卷第二十九

爾雅音義上 上中二卷

唐國子博士兼太子中允贈齊州刺史吳縣開國男陸德明撰

爾雅序

夫音符爾字又作邇雅字亦作疋詁音古又音故興許應反揔子孔反

鈐其廉反鍵字又作楗其展反字林巨偃反鈐也曰鍩也廣雅云鍵壯也小雅云鍵謂之鑰方言云

鑰也自關而東陳楚之間謂鑰爲鍵或一音巨言反潭徒南反奥烏報反擿勑知反說文云

訏也翰寒半反華胡瓜反苑於阮反莫近如字又音附近之近中古

丁仲反又如字中古謂周公也豹百教反贍時豔反玩五貫反耽丁南反璞

普剝反不揆巨癸反檮徒刀反檮檮杌也少而詩照反沈直金反研

五堅反鑽子官反註之戍反紛芳云反謬靡幼反鄭注禮記云謬也方言云詐

爾雅音義上中　一

也本或作繆音同以復扶又反綴丁衛反又丁劣反會古外反周禮注云計也本又作檜音

同廣雅云檜收也綷子外反又子骨反聚也謠音遙錯綜子宋反剟丁悅反說文云

利也廣雅云削也又都活反瑕戶加反玉瞖也礫力的反說文云小礓石搴字又作攓居展反又去虔

反拔也蕭先遼反稂音郎稂童粱穢禾草也詩云不稂不莠隱於謹反滯直例

反援音袁引也所易以豉反了本亦作憭音同照察也祛去魚反寤

五故反篲字又作彗似說反又因醉反一音息遂反說文云掃竹也企丘豉反躅本又作蠲直錄

反漢書音義躅迹也韋昭音擢云三輔謂牛蹄迹爲躅鄭氏音拘屬按字林屬音竹足反

釋詁第一音古又音故樊光李巡本作故說文云詁故言也字林同張揖雜字云詁者古今之

異語也

哉子來反亦作栽肇音趙胎天才反孫炎大才反本或作台俶字又作俶尺叔反權

巨負反輿音余令力政反胚字又作衃同普才反又匹尤反淮南子及文子並云婦孕三月而胚說文

法偉堂經典釋文校記遺稿卷二十九

爾雅音義上

清法偉堂著　邵榮芬編校

會，本又作檜，音同，《廣雅》云：檜，收也【法】兩檜字盧改從手

剟，丁悅反，《說文》云：利也【法】利盧改刊

搴，字又作攓【法】攓誤，盧改攓

鄭氏音拘擉，案《字林》擉音竹足反【法】擉當從木，詳盧氏《考證》

云肧婦孕一月也肧凝血烝本又作蒸同之仍反辟必亦反壬而心反通見賢遍反下

迄卷終注悉放此宏戶萌反溥音普介音界夏戶雅反憮火吳反下同

厖亡江反又亡項反方言云厖深之大也墳符云反蝦古雅反丕字又作丕同普悲反

奕以昔反誕音但駿子俊反又荀閏反假古雅反濯直角反訏本又作盱

同香于反穹起弓反壯側狀反箌郭陟孝反顧野王都角反說文云草大也孫都耗反昄

沈旋蒲板反此依詩讀也孫郭方滿反字林方但方旦二反旋乾蒲滿反顧音扳又普姦普練二反晊舊音之日

反木又作至又作胵顧音充尸反蓆音席謨亡乎反迄許訖反臻側巾反弔

如字又音的艘郭音屆孫云古屆字顧子公反格更伯反字或作格戾力帝反摧昨雷

反又祖雷反詹音占屆音界適傷亦反賚力代反又力臺反貢字或作贛同

畀必寐反下及注同予羊汝反下同貺許誑反本或作況淑市六反鮮息淺

反又音仙本或作鱻沈云古斯字郭音義云本或作尠非古斯字按字書鱻先奚反亦訓善省先郢反

爾雅音義上中　二

臧子郎反令力政反綝勑金反郭勑淫反瑴古豆反一音古侯反徽音暉藩

方元反大姒音以怡以之反懌音亦衎苦旦反愉羊朱反愷若在

反妉丁含反般蒲安反樂也音洛協胡頰反遹孫云古述字讀者亦尹[redacted]

反率所律反循音旬循行下孟反靖音靜漠孫音莫舍人云心之謨也

度徒洛反注同諏子須反猷音猶肇音趙究九又反謨亡胡反基

本或作諆音同謀莫浮反虣古伯反閎夭音宏下於兆反原音元彝以而反

範音犯字或作范同戛居黠反郭苦八反職之力反秩長栗反柯古河反

辟婢亦反下同踰以朱反矩俱宇反辜古胡反辠古罪字秦始皇以其字似

皇字改從四非皃本今皆作[redacted]五兮反一音如字鮐天才反一音夷背博內反耇音苟鷂

耆壽本反作壽更古孟反隋徒火反又作墮同細先計反耆巨伊反通稱

尺證反允音尹孚音敷亶丁但反諶甚針反惟納仁銳反岱音徒

厖，《方言》云：厖，深之大也【法】深之大句殆非《方言》語

奕，以昔反【法】奕今本作弈，非

箌【法】箌當從艸，詳《考證》

昄，又普姦、普練二反【法】練疑諫之誤，《集韻》亦收霰部，蓋其誤已久

蓆，音席【法】蓆《唐石經》作席

予，羊汝反，下同【法】下文自予我也以下予字皆别作音。他無予字，此下同二字未詳

綝，勑金反，郭勑淫反【法】六朝分金與淫爲二類，故以敕淫爲異讀，郭則不分也

遹，一音餘橘反【法】一音餘橘反，又見《釋言》，盧據宋本改爲一音橘，非

究～謨【法】究、謨當在猷、肇之前

踰～矩【法】矩字宜在踰字上，盧云：矩字正文先已兩見，似當在上範字下作音，並云下同　○皃，本今皆作䚕【法】盧云：凡本今云云皆後人所增入

岱，音待【法】待、岱不同音，待蓋代之譌

謔許虐反 笑蘇誚反 敖五報反 戲虛寄反 調徒弔反 粤音越 爰
音袁 稼古乍反 穡音色 征之成反 那乃河反 繇除又反注同音由又音遙 於
也音烏注同 皐陶音遙 敂古荅反 郃音合又音合 盍胡獵反 翕許急
反 仇音求 偶五口反 妃音配又芳非反下同 讎市周反 欒子音洛 馮身
皮冰反 媲普計反郭音譬字林匹地反 紹市小反 肖羊忍反又以刃反 纂子管反
緌[illegible]誰反 績子狄反 係戶帝反 繼音計 氣本或作氣同許氣反 諡時至
反 溢以日反 蟄直立反 貉莫白反又武博反 謐彌畢反 顗魚豈反又五愷反
頠魚毀反沈王罪反孫郭五果反 隕于閔反 磒于敏反石落也 湮郭音因又音烟又音
[illegible] 降古巷反 墜本又作隊同直類反 摽婢眇反又普交符表二反 蘦力丁反字或作
苓說文云神曰苓木曰落 沈直今反 令力政反說文云發號也 禧許其反 畛之忍反
誶沈音粹郭音碎告也本作訊音信 誥羔報反又古酷反 告古篤反 悠音由

【爾雅音義上中　三　余永

迴戶反 遏說文云古遏字他歷反郭湯革反 闊苦活反 虧字又作虧祛危反郭又許
宜反 壞音怪說文云敗也壞自敗也下怪反籀文作𣪠字林云𣪠毀也公壞反 圮孫房美反岸毀也
垝古委反 垣音袁 疾本作矢同失耳反 繹音亦 旅音呂 尸 寀李孫郭並七代
反下句及注同樊七在反 寮字又作僚同力彫反 采 業七在反 服本或作艆同符福反又作
般字 貫古玩反 羕羊讓反字從永說文云水長也 引以忍反 駿本或作俊又作峻同
子閏反 長直良反 喬郭音橋或音驕 嵩宿忠反 倮音果本今作果 捷才接
反 肩音堅 堪字又作戡同苦含反 勝尸證反注及下同 夸口花反或作誇非 䎗
郎兮反國名本作黎 殺所黠反舊所例反說文云戮也 獮息淺反說文或作𤢾 刺七賜反說文云
君殺大夫曰刺刺直傷也周禮司刺掌三刺之法以聽獄訟或七亦反 應 殺應對之應 亹亹
字或作亹同亡匪反 蠠彌畢反又亡忍反本或作蠠說文曰蠠古蜜字 敳丁門反本今作敦 勗
許玉反 劍古堯反又之遙反 茂字又作懋亦作忞同亡候反 劭上照反或上遙反 勔

盍，胡獵反【法】獵盧改臘

謚【法】謚盧改諡

頠，沈王罪反，孫、郭五鬼反【法】王罪不成切，王疑五之誤，《廣韻》五罪切。鬼盧據宋本改果　○蘦，力丁反，字或作苓，《説文》云：草曰苓，木曰落【法】今《説文》作草曰零，木曰落

服，本或作艆【法】艆當作服

勔 作偭又作黽泯又彌兖反 偭 字又作黽亡忍反又云衍反 茂哉 或作茂才 鶩 音務
暋 音閔或作旻 強也 其丈反注同 卬 五剛反 台 孫羊而反下同 予余 並羊
如反 妜 烏郎烏黨烏浪三反說文云女人稱我曰妜 任 而鴆反 畛 之忍反 某 音丹 躳 音弓
畀 必二反 陽 音賜又如字本或作賜 予 羊汝反 巴 伯家反 濮 音卜 誘 余九反
餤 沈大甘反徐仙民詩音閻餘占反郭持鹽反 晉 本又作瞀 藎 本又作燼同徐刃反 餞 祖淺
反 迪 大的反 烝 之仍反 左右 音佐佑下同 相 息亮反下文同 道 徒報反本或作
導注及下同 勴 力庶反 介 音界 反覆 芳服反 緝 七入反 熙 許其反
晧 胡老反 頫 古迴反 劼 苦黠反郭苦八反或作硈字古黠反 鞏 九勇反 篤 丁幸
反 掔 音牽又却閑反郭音義本與慳愭物同 虔 音乾 膠 音交 疇 本又作[illegible]直留反 祉
音恥 睢 于況反又于柄反 藐 亡角反 褘 於宜反 懿 音意 鑠 舒灼反 已上
時掌反 美盛 或作晟同 諧 下階反 輯 音集又七入反 噰噰 於恭反 繐
大ヨ十四 小五ヨ七九 爾雅音義上中 四 柳
本又作恊同戶牒反 燮 蘇頰反 弼 白筆反 重也 直龍反注同 疊 音牒 觳 胡角
反又胡谷反 卒 子恤反字或作碎 泯 云忍反 罄 苦定反 罊 苦計反說文口地反云器中盡
也本或作㦃字音同廣雅云㦃劇也 殲 子廉反 拔 步八反 殄 大典反 厭 一豔反 苞
百交反 蕪 音無或云甫反蕃滋生長也古本作隸 豐 敷馮反 孶 孫子由反郭音遒案遒音子由祖秋
二反 斂 力儉反 屈 丘勿反 戢 側立反 蒐 所求反 裒 古字作褎蒲侯反下同字本或作捊
鳩 居牛反說文作勼音九尤反 摟 力侯反從手本或作樓非 隰 音習 拘 古侯反 遄 市專
反 亟 欺冀反又居力反 屢 力具反 數 色角反 迅 信峻二音 徂 才孤反 疌 本或
作疌同子感反 肅 亟 字又作苟同居力反經典亦作棘同 壑 本或作叡同許各反郭胡郭反 阬阬
苦衡反 滕 徒登反 隍 音皇城池也 漮 字又作㰠同苦郎反說文云水之空也方言作㝩亦空也
郭云本或作荒茦亦丘墟之空無 虛也 許居反 谿 音溪 壑 七豔反 墟 去魚反 烝
之仍反 洋 音羊洋溢多貌讀羊者或爲詳非也 觀 顧謝音官施古喚反注同 那 奴多反本或作

陽，音賜，又如字，本或作賜【法】盧據宋本改兩賜字爲賜，是也，然陽無音賜之理

餤，郭持鹽反【法】持乃羽之譌，見《序録》

劼，苦黠反，郭苦八反【法】苦八與苦黠同　掔，又却閑反，郭《音義》本與慳愭物同【法】愭當作惜，盧據宋本改慳愭二字並從手。案《玉篇》摼訓撞，非也

睢，又于柄反【法】柄當作兩，音例不用僻字　褘，於宜反【法】褘案字當從衣作褘，《釋訓》委委佗佗《音義》可證。《文選・東京賦》候其褘而，亦不從示。《唐石經》初刻從衣，磨改從示，蓋晚唐人之誤也。又案於宜反《篇》、《韻》並同，亦誤也，當依《集韻》於希反

蕪，古本作隸【法】盧云：隸似當依《說文》作橆，是也

裒，本或作桴【法】桴盧改捊，是

疌，本或作疌【法】疌盧改㞜，是

亟，字又作急【法】急盧據宋本改苟，是

姍差楚佳反柬音簡慄六日反戁女版反竦息勇反恐丘勇
反愶之涉反痡普胡芳膚二反詩作鋪瘏音徒詩作屠虺虎回反又呼壞反頹
徒回反劬土于反句咎音臼顇字或作悴在醉反瘽音勤字亦作懃瘉羊朱
反又羊主反鰥古頑反注瘝同瘝傷汝反舍人云瘝憂憊之病也孫炎云瘝癙者畏之
病也字林音恕詩作鼠癵郭作狗攣同力專反㾖音里痒音羊疷祈支反或丁禮反本
作疲字書云疲病也聲類猶以爲疷字又音支孫炎云滯之病也疵音慈疚音救痗音昧一音晦
瘥徂河反又子衰反痱符非反又符沸反說文蒲愷反風病也癉丁但反又徒丹反孫炎云疫病
瘵側界反字林側例反瘼音莫癠徂細反或徂犂反瘣呼回反字林云病也今經注無此字
恙羊讓反寫悉冶反悝音里盱本或作忏同香于反繇音遥慘七感反
罹力知反勩字或作勑與世反郭音謚字亦作肄邛巨凶反敕本又作飭並恥力反案說文字
林來旁作力是勞來之字東旁作攵是始音丑力反愉羊主反又羊朱反癉丁賀反本或作憚音同窳

爾雅音義上中　五

羊主反字林云汙也音烏說文云汙窬也按汙窬猶汙耶也勞力報反來本又作勑力代反本或作
賚強其丈反注同翦子淺反篲本又作彗同息遂反又徂歲反迨其音待悠
傷字書作慯尸羊反憂思司嗣反注同惄乃歷反如調竹留反毛詩傳云朝也
祉音恥戩音翦又章善反孫音箭祓音發又音拂又方妹反禧許其反褫
音斯郭常支巨移二反祜音戶俾必爾反禋音因注同祀音似祠音詞周春祭名蒸
之升反冬祭名嘗字又作甞秋祭名禴字又作礿同餘若反夏祭名儼魚儉反恪口各反
祗旨夷反諲音因又音眞熯而善反郭音罕說文蒼頡篇皆同晙子峻反又音峻[illegible]
音須竢音仕字又作俟亦作戺音同替他計反戾音麗底之視反字宜從一或作底非也
底音丁禮反徯胡禮反噊郭音聿施音述幾音祈又音機⿰豈幾音祈又音沂郭音剴案剴
音公哀反說文云摩也汔古愛反施音旣樊孫虛乞反摩莫河反近附近之近治如字施宜
吏反肆音四惇字又作憞丁門反亶多但反祜音戶掔却賢反又苦閒苦忍二反

劬，土于反【法】土乃巨之譌

癵，郭作拘攣【法】郭作拘攣句有誤○疷，祈支反，或丁禮反，本作疲【法】祈支反是也，丁禮反則字當從氏矣。疲與疷不得同字，疲乃疺之譌，《玉篇》云：病也

痗，一音脢【法】脢盧改晦，是　○瘥，又子衰反【法】子衰二字必有一誤

勩，字或作勑【法】勑盧依宋本改勅，是○敕，本又作飭【法】飭盧改飭，是

篲，又徂歲反【法】徂他處皆作似

祓，又方妹反【法】方妹不成切，妹疑未之譌○褫，郭常支、巨移二反【法】常支、巨移二反乃祇字之音，殆郭本作衹也

祇，旨夷反【法】祇盧改衹，是

底，之視反，字宜從一，或作底，非也，底音丁禮反【法】字宜從一，一蓋厂之譌。《考證》云，《注疏》本作底，是，陸氏誤以底爲非。案下文底、底並訓止，此則底止並訓待，是訓止即有待意，不必是底而非底，陸氏既以作底爲非，《唐石經》又與陸同，然則作底者誤矣

八〇〇

仍本或作扔同汝烝反　朏音朏本或作腓同　埤婢支反又音椑　竺字又作篤同丁毒反　腹分伏
反　皆　重直龍反　謨亡胡反郭音慕　許側駕反　謀亡侯反　話胡快反　猷
音由字亦從犭　載　行下庚反郭下孟反注同　訛字又作吪亦作譌同五戌反　盟音明　詛
側慮反　祅於喬反本又作沃同　遘古豆反　遻也字又作迕同五故反　轉　復扶又反
釗工堯反又章堯反　覿見也賢遍反注同　監音鑒又工衫反字又作䁠　涖音利又音類
覜他弔反　相施息亮反又息良反　詾音凶　閒古閑反隙也舊音閑　隙去戟反　瘞
猗例反郭音翳　匿女力反　蔽必曳反　竄七亂反　妥孫他果反郭他回反又他罪反劉昌宗音
儀禮同字林亦同　按一旦反　底丁禮反　厎之視反　尼施女乙反謝羊而反　曷何末反
遏烏割反　抑於力反　射羊石反字又作斁同　厭於豔反　梏古沃反郭音角　梗古杏
反　較古學反　頲他鼎反　密亡筆反　易也以豉反注同　弛也尸紙反　弛
易施李音尸紙反下音亦顏謝本弛作施并易皆以豉反注同　鮮息淺反下同　罕火旱反

爾雅音義上　中　六

酢才各反　侑本或作宥同于救反　毗如字樊光本作庛云蔭也　暴本又作爆同邦角反　樂
也本又作爍洛又力角反　蔭於禁反又作蔭同　覭郭亡革反又莫經反　髳音蒙
茀音弗　叢才工反　茸如容反或如融反　薈烏會反　蠱音古　諂郭音他
刀反字或作慆沈勑檢反　楨音貞　榦本又作幹胡旦反又作翰　棐音匪　比毗志反注同　俌音輔
郭方輔反字林音甫　諶市林反本今作沈　壃字又作畺音姜經典作彊假借字　圉魚呂反　場
羊石反廣雅云界也　旁步郎反　聊音遼　敵音狄　彊巨良反下注同　應本或作膺同於
矜反　者　好呼報反　浡步忽反　蠢尺允反　俶昌育反　啙子爾反或子移反郭
音些案廣雅訾辭也息計反又息賀反謂語餘聲也　已　此音以　蹉本或作䛖字林云嗟古嗟字
罝音嗟　狎乎甲反　串郭音五患反沈謝古患反　慣本又作貫又作遦同古患反　厭
於豔反　忕音逝又時設反張揖雜字音曳云伏過度　曩奴黨反　逮音代一音大計反　曁
其器反　鷙之實反又音陟　假音遐　躋子兮反　陞音升　揮許韋反　盝音鹿

埤，又音椑【法】椑盧改婢，是

譌，五戌反【法】戌乃戈之譌

厎，之視反【法】厎《唐石經》同，今《注疏》本或作底，誤○尼，謝羊而反【法】羊而乃夷字之音，蓋謝本作尼也

茸，如容反，或如融反【法】如容、如融，鍾、東分部也○諂，字或作慆，沈勑檢反【法】或作慆下盧云：當云又或作諂，方與沈音合　○榦，本又作幹，胡旦反，又作翰【法】《校勘記》云：翰，胡旦反，榦本又作幹，翰、榦字當兩列，今併爲一律（榮芬案《校勘記》原無律字，疑爲衍文，或爲條之誤）。案《校勘記》説是也。又作翰三字乃後人校語，蓋其所見之本胡旦反三字係之翰下，故云尔

忕，音逝【法】忕當從大

鷙，之實反，又音陟【法】分鷙、陟爲二讀，與《廣韻》同，實則之實反乃六朝音變

歇虛謁反 涸戶各反 渴音竭本或作竭 毋音無本今作無 漉音鹿 去水起呂反
抯音震 拭音式 刷字又作㕞所劣反說文云刮也廣雅云削也 清也如字劉音儀禮慈性
反 扱云粉反 埽素老反 閒古莧反注同謝古閑反郭古鴈反施胡瞎反 饁于輒反字
林于怯反 纕式亮反 饋也本或作餽同巨愧反 遷七延反注同 徙斯介反 拱
九勇反 廞郭音歆又音欽字林火欽反 興也如字又許應反 蹶居衞反下同 假戶嫁
反 廢字亦作癈同甫穢反 稅始銳反 舍音捨注同 棲音西 遲直[illegible]反 愒
起例反本或作愒同 嘳苦怪反又墟季反字林以爲喟立愧反孫本作快郭音苦槩反又作嘳墟愧苦怪二反 肆
郭施謝海拜反孫虛貴反顧乎被反 呬郭許四反孫許器反施火季反 供如字又居用反 峙直紀反 共
音恭 煤亡矩反又音無 憐力田反 娠指愼反又音身 蠢尺允反 戁奴板反 妯
顧依詩敕留反郭盧篤反又徒歷反 騷蘇刀反 訛五禾反 悅始銳反毛詩傳云佩巾也 覆芳福
反後注同 副音赴 校音教 長丁丈反下文幷注同 諦音帝 契郭苦計反字又作挈顧苦結反

大百九　小六廿六　爾雅音義上中　七　翁

注同左傳云盡借邑人之車契其軸是也 殄大典反 刻音克 斷大管反 迪音狄 繇音由 道
也如字或徒報反非 僉七廉反 胥息廬反 耆巨之反禮記云六十曰耆 艾五蓋反下同禮
記曰五十曰艾 多 更音庚 秭音姊 算字又作筭素緩反郭息轉反 數也色具反注
同又色主反 傅也符付反注同 覜字又作脁云華反 相息羊反讀者或息亮反今不用
乂字又作㚇亦作女同魚廢反 淈郭古沒反又胡忽反 治直吏反謝如字 作 汩古沒反 頤
以之反 汱姑犬反施胡犬反顧徒蓋反字宜作汏 渾胡本反 隕于敏反 墜也直類反 㚇
所甲反 捷才接反 毖音祕 溢音逸 陶徒刀反 繇音由一音遙 馘古獲反本又作
聝音同 穧才細反本或作齊同依注字宜從禾 穫禾一本作穫禾戶郭反 難奴旦反注同一音如
字 剡羊冉反 絜力爲反詩本作略 耜音似 允任而鴆反又而滛反注同 壬而今反
注同 俾必介反 拼北萌反以利使人曰拼從手 抨普耕反案字書拼抨並音普耕補耕二反訓義
亦同今既二字相𧩌故多互其讀也亦從手彈也字又作伻音同使人也 使令力呈反 儴樊孫如羊反引

閒，古莧反，郭古鴈反【法】《廣韻》收閒、莧於襉，收鴈於諫，故陸以古莧、古鴈爲二讀，郭則不分也　饁，于輒反，《字林》于怯反【法】于輒、于怯葉、業分部，《字林》不分　○廞，郭音歆，《字林》火欽反【法】火欽與音歆同

肆，顧乎被反【法】乎蓋呼之誤，今《玉篇》呼介切

妯，郭盧篤反【法】《詩·鼓鐘》引郭音盧叔反，皆未詳

論語其父攘羊釋之作攘注云因其來而盜曰攘施息羊反 督冬毒反 享虛丈反下注同 縱子用反
縮所六反 掣昌世反 探吐南反 篡初患反 俘音孚 摸亡各亡胡二反 爲
治直吏反 曩乃朗反 爲嚮許亮反本今作鄉 省息井反 璿音旋又作琁 栫
五割反本或作𣔳又作木注作櫱並同說文作𣟭以𣔳木爲古文櫱爲或體云伐木之餘 訏五駕反本又作迂
跛布我反 軫之忍反 薦遭練反 摯之二反 臻則巾反 賡古孟反沈
旋音庚說文以爲古文續 續似欲反 祔音附郭音付 祪俱毀反 尼本亦作昵同女
乙反謝羊而反顛奴啓反下同 幾音機又音祈 暱女乙反 妥郭他回反沈他果反 傳命
直攣反 貉亡白反及下同施胡各反 綸音倫 繩音乘 嘆音莫本亦作莫 卒子恤
反又作碎下同 猷音由 假古雅反 輟丁劣反 已音以 梂巨牛反又作求 酋在由
反又子由反郭音遒 就如字或作噈子六子合二反又作𨇊同 𣧩音終本又作終 薨火弘反 殂
音徂本又作徂 落音落本又作落 殪於計反 同 稱尺證反
大一百小五千七十四 爾雅音義上中 八 翁

釋言第二魚韃反詩傳云直言曰言書傳云言辭章也東方朔云誦詩九萬言謂一字爲一言
也說文從口從辛聲左傳云介之推曰言身之文也仲尼曰言以足志文以足言廣雅云言從也此釋言篇者釋古
今之訓義
中如字又音仲又知衆反 距又作岠同音巨 斯私貲所宜二反 誃尺氏反 謖所六反 還
音旋 復音服 返音反說文同云春秋傳作彼從彳 徇本又作侚樊本作徇並辭峻反郭音巡張揖字詁云
徇今巡施音詢進本又爲均字 徧古遍字 駙而寶反郭音義云本或作遷聲類云亦駙字同 遽其據反
傳也張戀反注同 車音居 蒙莫公反小爾雅云覆也 覆音副 告古毒反
雝於容反 徠音來本今作來 畛之忍反 厎之視反 恀音是 怙音戶 恃
音市 遹古述字一音餘橘反 俞羊朱反 畣古荅字一本作荅 男 唯維癸反 者
瘱音瞖 臚呂居反 幾音機 覲施音館謝音官注同 肯口等反 敖五刀反
憮郭火孤反沈亡甫反 傲也五報反 稺也直利反又作稚 僁去虔反 戾力細

縱，于用反【法】于乃子之譌

摸，亡各、樓胡二反【法】樓疑莫之譌

栫，五割反，本或作𣔳，又作木【法】盧改𣔳爲栓，改木爲不，並是

臻，則巾反【法】則乃側之譌

言，《說文》從口從辛聲【法】辛當作辛

徇，施音詢進【法】進字未詳

徠，音來，本今作來【法】本書異文之例云亦作、或作、一作、又作，凡云本今作者皆後人校語也

稺，直利反，又音稚【法】直利反與音稚同，非異讀也。音蓋作之譌

反 壯阻亮反 慽本或作極又作㥛同紀力反一音戚 褊必淺反說文云小衣也廣雅云褊狹陋也

狹戶甲反 貿音茂字又作貿同 賈音古 屝音符沸反字又作䩭同 側音仄 遾嘗例反

逮音代一音徒帝反 圯皮美反 覆芳服反注同 荐但薦反又但遾反郭但很反

原舍人本作𠫤音同 再子代反 重直用反又直龍反 憮亡甫反 敉亡婢反郭數靡反孫數是反

臞字又作癯同求俱反 脙音求 瘠秦昔反 桄孫作光古黃反 頻古迥反 婁本又作屢同力住反

暱女乙反 亟墟記反 亦 數色角反 忒他得反或作忒 佴而志反

劑即隨反 翦子淺反 饙方云反字又作餴同說文作餴云脩飯也饙餾皆或餴也字書云一蒸米

餾力又反 稔字又作飪同而審反 餐音脩又西九反又所九反一音孫廣雅饙謂之餐也蒼頡篇云餐饙也

飰字又作餅俗作飯同符萬反字林云飯食也扶晚反飤也 媵以證反又繩證反方言云媵寄也記也送也

造才早反 餥音非 餱音侯 呼或作評同 鞫居六反字又作鞠同

究音救 滷音魯 鹶音矜本又作矜 鹹音咸 粦力田反本今作憐同 覃徒南反本又作

大九十七 小六十四 【爾雅音義上中 九 柳

嫮字叔然云古覃字同 蔓音萬 莚以戰反相連不斷又音延本今作延 佻他堯反郭唐了反

偷他侯反 潛捷鹽反 深如字又尸鴆反 測初力反 鞫居六反 啜常悅反郭音銳顧豬芮反施丑衞反銳二反說文云啜嘗也廣雅云食也

茹也音汝食也 茹虞如庶反注同

度也待各反注及下同 強巨丈反注同本或作彊字又其良反 禦圉本或作御同俱魚呂反

窒豬乙反又丁栗反 薶亡皆反 黼字或作黼同音甫白與黑曰黼爲斧形 黻字或作黻同音弗青與黑曰黻獸戾也

已音紀 膺於矜反 愷苦亥反 悌徒禮反

髦音毛毛中之長豪曰髦士之俊傑者借譬爲名 令居力呈反 畯子峻反主田大夫嗇夫也

嗇音色 蓋古害反舍人本作害 裂音列 邕字又作擁 誣謝之睡反郭置睡反 諉郭女睡反顗汝恚反謝音餧孫云楚人曰誣秦人曰諉

累也本又作纍劣僞反字又作絫同注同 屬之欲反

漠音莫樊光云漠然清貌 庇必寐反又音祕 庥字又作休虛求反郭許州反 廕字亦作蔭於鴆反

度大各反 憯七感反 窶貧也求矩反毛詩傳云窶者無禮

慽，本或作極【法】極疑㥛

貿，字又作貿，同【法】貿不成字，當作貿

敉，郭敷靡反，孫敷是反【法】敷靡、敷是似非敉字之音

饙，《說文》作餴，云脩飯也，饙、餴並或餴也【法】盧改餴爲饙，脩爲滫，並是也

餐，一音孫【法】一音孫，蓋其本作飧也

飰，字又作餅【法】餅乃餅之誤，盧已改○媵，記也【法】記乃託之誤

佻，郭唐了反【法】唐誤，疑當爲度

深，又尸鴆反【法】尸乃尸之譌

窒，豬乙反，又丁栗反【法】據《廣韻》豬乙與丁栗同，陸蓋讀乙入迄也，《廣韻》則迄類無舌音

庇，必寐反，又音祕【法】今《廣韻》庇，必至切；祕，兵媚切，亦分二類，必寐即必至也

庥，虛求反，郭許州反【法】虛求與許州同

薆僾皆音愛烏槩反邑烏合也祺音其下同先見賢遍反兆廣雅云葬
地也本又作兆音同塋音營挾戶牒反浹子協反郭音接徹直列反霑竹簾反
琛勑金反郭舒金反探吐南反刺七赤反選也宣戀反俾必爾反沈方寐
反紕婢寐反謝房彌反郭音方寐反飾申職反緣悅面反淩力升反案郭注意當
作倰埤蒼云倰慄也樊注作凌冰凓也力胥反慄音栗懅舊音遽其據反亦謂戰慄反慼
字又作戚七歷反蠲古玄反又音圭稱赤證反好呼報反又如字注同坎字又作欿苦感
反銓七全反銓即稱舫方訪反又音方併步頂反字又作並泳音詠底丁禮
反迨音待冥覓經反字林云經二定二反降下古巷反下音如字一讀降音戶江反下音戶嫁
反傭勑恭反均音鈞暴字又作虣同蒲報反窕吐彫反好放呼報反俅
音求弁音卞瘞於例反又於計反或作陸同薶莫皆反氂力知反又力才反李本作毳呂銳反
罽居例反烘沈顧火公反郭巨凶反孫音恭字林巨凶甘凶二反燎力皎反又力召力弔二反煁

使　爾雅音義上中　十　馬松

市針反烓郭音恚字林口穎反說文云行竈也顧口井烏攜二反隅音虞竈則到反陪
蒲回反朝也直遙反注同苛音何樊音煩藩方元反籬力支反量
音良一音亮以評音病粻音張字林又文庚反糧音良侈也昌氏反又尸氏反
幾音機僥古堯反倖胡耿反與幸通用筑音竹掇丁活反說文云拾取奘
徂朗反秦晉謂大爲奘駔在魯反又子朗反沈集注本作𩢲云音同孫馬樊二本並作將且而無奘駔沈集衆本合
爲一字評火乎反或作呼同舫謝音方詩亦作方施甫訪反樊本作舫符方反又音方泭也
郭音孚字或作游同樊本作泭沈音附箄皮佳反本又作簰同筏音伐方言云泭謂之箄箄謂之筏秦
晉通語洵郭音巡注同謝音荀下句放此龕苦南反字或作含本今作龕逮音代一音大計
反下同遝孫郭徒荅反眘與上同亦徒荅反畫胡卦反賑之忍反又之人反之刃二反字林
云富也刃引反局彊六反分也符問反注同懠才計反僁音屑動草聲也郭音與楔
契同施私秩反字又作偁葵求維反揆其水反度也徒各反注同惄本又作愵同奴歷反

邑，烏合反【法】邑當今本作唈（榮芬案當下蓋脫依字或從字）

剌，七赤反【法】赤疑亦之譌，他處多作七亦

淩，郭注意當作陵，《埤蒼》云：淩慄也。樊注作淩，冰凜也【法】陵、淩盧並改倰，殆是，詳《考證》。凜當從仌

瘞，或作陸，同【法】陸盧刻改陸，是也，《集韻》可證○氂，呂銳反【法】呂蓋昌之譌

烓，《字林》口穎反，顧口井、烏攜二反【法】《白華釋文》引《字林》作口穎（榮芬案穎當作潁）反，是也，據《廣韻》潁（榮芬案潁當作穎）收靜，潁收迥，二字異部也。烓、井不同部，此云顧口井反，亦誤，今《玉篇》口迥、烏圭二切　○粻，又文庚反【法】文盧改丈，是

賑，刃引反【法】刃疑誤，當作丑，見《集韻》

僁，音屑【法】屑盧改偁，是

眕之忍反 別二彼列反 戌式戍反 寇苦候反 硈苦角反 鞏九勇反
棄丘異反 忘音亡 囂五刀反又許驕反 襄四羊反或而羊反 懟直類反 縭
力知反 介也音界李孫顏舍人本並云縭羅也介別也 閡五代反 號戶羔反又胡到反
謼也火故反又如字又作呼 咎求九反 苞補茅反 稹謝之忍反郭振眞二音 緻
直吏反 逜五故反孫本吾字作午吾補反 寤五故反 頲丁佞反字又作定注同 題徒兮
反 麟力仁反 肯苦等反或作古冐字字林作冐並同 侮亡甫反 貽以之反 遺也
唯季反注同 歸臣位反 貿音茂 賄火罪反 狎乎甲反 菼字又作薊他敢反或
待感反 騅章誰反如騅馬色也 亂五患反 毳昌銳反 粲七旦反 飧謝素昆反
說文云餔也字林云水澆飯也本又作餐施七丹反字林作飱云吞食 渝音揄舍人作糯同 肴音爻
恞本又作夷音同 顛丁田反 耋田結反孫他結反云老人面如鐵色 輶由久反又餘周反 俴
慈瞔反 綯徒刀反 絞古卯反 糾吉黝反 索悉各反 跋蒲末反郭音貝
大□十三 小五七六　爾雅音義上中　十一　柳
又補葛反 躐力輒反 狼音郎 疐竹利反又得異反又竹季反說文云礙足不行與躓同 跆
其業反又居業反郭又音甲廣雅云跆我也 烝之仍反 埃音哀 戎如字本或作㦸額如勇反
沈如升反 相也如字又息亮反 飫於庶反 璹如戍反本今作儒 屬雛欲反 幕音莫
熻音翕 熾昌至反 晠市正反本作盛同 柢謝音帝 窕郭徒了反舍人本作誂云誂者
躍之間 閒也音閑或如字 窈音香 隙去逆反 罹力知反 憂思息吏反 慘
七感反 檢李郭居儉反 模亡胡反 郵音尤 過古卧反 遯字又作遁又作遂同徒頓反
獘字亦作弊又作斃婢世反又婢設反郭步計反 踣蒲北反又音赴或孚豆蒲侯二反 前覆芳服反
僨甫問反 僵居良反 畛之引反又之人反 殄大典反 盡也戶朧反 虹工音洪
頤作訌音同李本作降下江反 潰乎內反 隌字林或作晻同烏感反 闇音暗 冥莫定反
䵑字又作𥹷同女乙反郭音馹 膠音交 黏女廉反字林云相著也字書云糊也 戛居八反 闍
丁胡反 拘音俱 休慶虛虯反下注同 叫古弔反 呼火故反 濬音峻 整之領

寇，苦侯反【法】侯當作候〇硈，苦角反【法】邢疏云：硈，苦學切，當從告，《說文》別有硈字，苦八切。案疏說是也，當改從告，詳《說文》段注　〇囂，丘刀反【法】丘盧改五，是

逜，五故反，孫本吾字作午【法】孫本六字疑有誤，殆謂孫本逜作迕也，然與語例不合　肯，苦等反，或作冐字，《字林》作冐，並同【法】盧改上冐字爲肎，而次字仍舊，肊謂古文當依《說文》作冐字，《字林》字則作肎　歸，臣位反【法】臣乃巨之譌　飱，《字林》云：水澆飯也。本又作餐，施七丹反，《字林》作飱【法】飱當作飧，否則與《字林》之飱無異矣。飱即餐之省，盧已改。王氏念孫曰：自《爾雅釋文》始誤以餐爲飧，而《集韻》遂合餐、飧爲一字。偉案飧從夕，飱則從歺省，二形相似，故易誤。據《字林》訓飧爲水澆飯，則《說文》湌字疑當飧之重文

俴，慈瞔反【法】瞔乃演之誤

疐，竹利反，又得異反【法】以竹利、得異爲二讀，亦分利、異爲二類也。據《廣韻》則喻紐類無知紐，據下文音都麗反，則異疑麗之譌　跆，《廣雅》云，跆我也【法】我盧改代，是　〇屬，雛欲反【法】屬止讀照、禪二紐，與雛不同紐，此音誤也

獘，字亦作弊【法】獘盧改從犬

䵑，字又作𥹷【法】𥹷疑䵒之譌

反之令力呈反愧慙九位反本亦作媿小爾雅云不直失節謂之慙慙愧也面慙曰戁心慙曰恧體慙曰
逡方言云悔㥾赧慙也晉曰悔或曰㥾秦晉之間凡愧而見上謂之赧梁宋曰㥾又云倎恧慙也荆揚青徐之間曰倎若梁益
秦晉之間言心内慙矣山之東西自愧曰恧趙魏之間謂之䀿㥾音匿倎音腆恧女六反䀿音寄亦音秘殛紀力反
鯀古本反乃瘳勑留反訩譊音凶許容反說文作訩同譊即讙字冥也亡定反
逡七旬反外傳直戀反下左傳皆同已復韋昭云已畢也復芳福反疐都麗反一音致
仆也音赴頓躓音致諗音審相思念也說文式荏反屆音戒弇於簡反音揜
謂覆敷救反恫音通握李本作幄云居位處之具也郭云謂備具訊也音信閲
呼歷反恨也孫炎作很云相很戾也很音戶墾反㷇音毀李尋云㷇一音火孫炎云方言有輕重故謂火
爲㷇郭云㷇齊人語曩本亦作曩乃黨反鄉也許亮反音向偟音皇不遑音皇
呼王反或作偟通作皇宵音消舍人云陽氣消也懊忼烏報反下五館反愒苦蓋反杜預注
左傳云忼愒貪也搘音枝說文作榰拄也音注說文作柱皆從木旁併必頂反卒子忽反

〖爾雅音義上中　十二

慒音因字書作悰黹致恥反紩也音扶郭云今人呼紩衣爲黹縫奉容反遞音悌
他計反一音待結反迭也待結反音經更迭音庚反矧詩忍反辟況本亦作譬同
廩力錦反廯也息淺反廣雅云廯倉也孫炎云廯藏穀鮮絜也舍人云廩少鮮也郭云或說云即倉廩所
未詳逭音換間音諫俔也胡典反之諜徒協反杜預注左傳云諜伺也說文云軍中反
間也沄音云沆也胡黨反說文云沄轉流也一曰沆漭沆莫廣反一音莫郎反大水貌扞
戶旦反趾音止蹝本亦作𨇾同扶味反又枝迷反刖足曰𨇾刖也音月鄭注周禮云斷足也忝他簟反
燠於六反塊本作凷說文云塊俗凷字也凷一名堛堛也孚逼反齊也才細反郭云謂分齊王肅
云分齊其肉所當用也分如字餬戶吳反說文云寄食也饘之然反糜也靡爲反粥之稠者曰糜
跪求委反小跽渠几反說文云長跪也莊子云擎跽曲拳臣之禮也矏武延反郭云謂緻密謂緻之侍
反一音智又音至闢本亦作闢婢亦反又甫亦反袍包毛反襺古典反本亦作繭緜衣也禮玉藻云纊爲襺緼爲袍鄭注云衣
有著之別名也重襺直龍反衣裘於既反障知亮反說文云隔也又界也蔽也亦作鄣畛之忍反田間道謂

愧慙，《方言》云：悔、㥾、赧，慙也。晉曰悔。又云：㥦、恧，慙也。荊、揚、青、徐之間曰倎【法】盧依《方言》改悔爲挴，改慙爲愧，改倎爲㥦

譊，譊即讙字【法】譊與讙不同字，此語有誤

弇，於簡反【法】弇、簡不同部，簡蓋檢之誤

閲【法】盧云：閲當從門，陸凡從門者皆從門，《石經》亦然

㷇，音毀，李尋云：㷇，一音火【法】尋當改巡

遑，音皇，呼王反【法】皇不得音呼王反，呼蓋乎之誤

併，必頂反【法】必誤，他皆步頂反

黹，致恥反【法】黹從爾，非〇紩，音扶【法】扶蓋秩之譌，《廣韻》紩、秩並直一切，扶，丑栗切

間，音諫【法】音諫疑誤，陸分間、諫爲二部，與《廣韻》同，若舊音則不分，上文閒，郭古鴈反是也

蹝，又枝迷反【法】枝蓋扶之譌，《篇》、《韻》皆無此讀

糜，粥之稠者曰糜【法】糜當依正文從麻

緻，之侍反，一音智，又音至【法】陸氏至、志不分，此云之侍反，又音至，則似分爲二部矣。今《廣韻》直利切，與此三音皆異。上文音直吏反，讀澄紐，與《廣韻》合，然則此當作直侍反，之字誤也　袍，包毛反【法】包乃步之譌

𡈞於勇反 靦他典反舍人云壇也一曰面貌也謂自專壇之貌 姡戶刮反又戶括反孫李云靦人面姡然也方言云楚鄭或謂狡獪爲姡姡𠈁獪也凡小兒多詐謂之姡郭注言黠也獪音古外反又音史 鬻之六反字林亦作粥云淳𥽚也又與六反 淖奴孝反又文卓反字林云濡甚也 翢徒刀反又徒報反 纛字又作纛徒報反郭云羽葆幢也蔡伯喈云以旄牛尾爲之大如斗在左騑馬頭上所謂黃屋左纛 葆音保 幢丈江反

壑火各反 芼莫報反 搴也九輦反取也與攓同郭又音騫音義云本又作毛蹇 拔步八反 苛胡柯反 妎胡計反又胡界反音害說文云妎妬也 芾芳味反又方蓋反 狃女九反 復也扶又反注同孫郭云狃忕復爲也李音服云狃能屈申曰復 忕石世反 逼彼力反本又作偪 迫音百 般郭音班左傳云役將般矣是也一音蒲安反周易云般桓是也說文云般辟也 還音旋或音環 濟子細反下同 益於亦反 緡亡巾反 綸音倫 繩音乘 辟婢亦反一音辟

漦仕具反又呂其反郭音牛齡反又音丑之反李云吐沫漦也 盝音鹿 漉音鹿 涎因延反字當作次又作㳄字林云口液 沫音末 綽昌斫反 裕音喻 衮古本反說文云從衣從台也谷

爾雅音義上中 十三 郑

羊栗反或云從公衣 黻音弗 華胡瓜反 皇胡光反 彌亡移反

釋訓第三休運反張揖雜字云訓者謂字有意義也案釋詁已下三篇皆釋古今之語方俗之言意義不同故立號亦異至於訓釋墳典其實一焉

斤斤樊居覲反舍人云明明甚明也斤斤物精詳之察孫云斤斤重慎之察也 聰七公反 條條舍人本作攸攸沈亦音條 秩秩直栗反 智思息嗣反下文並注同 便便婢緜反 廱廱於容反 優優音憂 和樂音洛 兢兢音矜 繩繩本或作憴同食烝反 戒音界 蹌蹌七羊反 皆恐丘勇反 趨七俞反 業業魚法反郭五荅反 翹翹巨遥反 皆縣音玄 惴惴之瑞反 憢憢許堯反本又作嘵音同字林云懼也案詩云予維音嘵嘵是也 番番布何反詩云申伯番番 矯矯居兆反舍人云矯矯得勝之勇也詩云矯矯虎臣 洸洸古皇反舍人本作僙音同 赳赳居黝反說文云輕勁有才也詩云赳赳武夫 倮音果本亦作裸同 藹藹烏害反 濟濟咨禮反 悠悠音由

姡，戶刮反，郭注言黠也【法】盧刻於黠下依《方言》注補姡字

鬻，《字林》云：淳糜也【法】糜亦縻之譌

淖，又文卓反【法】文疑女之譌

芾，芳味反【法】芳疑誤，《廣韻》方味切

忕，石世反【法】忕盧改從大

漦，郭音牛齡反，又丑之反【法】反又乃之齡二字之誤，丑之反即齡字之讀，《漢書·五行志》下注漦鄭氏音牛齡之齡，丑之反，正與此同。《集韻》收漦於魚其切內，是其據本已誤

斤，樊居覲反【法】《廣韻》斤、覲不同部

業，魚法反【法】法盧改怯，是

洸，女皇反【法】女蓋古之譌，《詩·谷風、江漢》並音光

洋洋音羊 蹶蹶居儒反 踖踖言夕又音藉 皆便婢面反 捷才接
反 薨薨虎弘反顧舍人本作雄雄 衆諸仲反 夥戶果反漢書云楚人謂多爲夥 蒸
蒸諸仍反本今作烝烝 作也子洛反 委委於危反詩云委委佗佗如山如河是也諸儒本並作
禕於宜反舍人云禕禕者心之美引詩云亦作禕 佗佗本或作它字同徒河反顧舍人引詩釋云禕禕它它
如山如河謝羊兒反 怟怟郭徒啓反與愷悌音同顧舍人渠支反李余之反怟怟和適之愛也 惕惕
佗狄反 偁偁尺仍反本亦作稱同 蓁蓁郭側巾反又子入反 孽孽魚謁反又
五葛反 懕懕於占反說文云安靜也 媞媞徒低反 祁祁巨移反 丕
丕本或作平同普悲反 萌萌郭武耕反施云朋反字或作蔄 懋懋古茂字 慔
慔音暮亦作慕 強其丈反 庸庸音容 慅慅郭騷草蕭三音 赫赫
郭釋舍人本作奭失石反說文云奭盛也謝許格 躍躍余斫反樊本作濯引詩釋云濯濯厥靈
重語直用反又直龍反 坎坎苦感反 墫墫七旬反舍人云舞貌毛傳同郭云謂
大百九 小五千九八 爾雅音義上中 十四 弘
鼓舞歡喜也說文云墫士舞也宜從士尊也本或作蹲同 瞿瞿居具反 休休虛求反又
虛糾反 旭旭謝許玉反郭呼老反 蹻蹻郭居夭反案詩小雅小子蹻蹻音巨虐反今依詩讀
憍九苗反 夢夢亡工亡棟二反沈施亡增反 訰訰之閏之訰二反或作諄音同顧舍人云夢夢訰
訰煩懣亂也 紃囚春昌沿二反本無此字 爆爆本又作曓蒲卓反又布卓反說文云大呼也自冤也
邈邈亡角反 僂僂字或作僂孫云崩亡冰二反 洄洄沈音回郭音韋音義云本或作
幃音韋案字林幃重衣貌于屋反 惛音昏 版版詩作板並如字李云版版者失道之僻也 蕩
蕩本或作盪徒朗反李去蕩蕩者弗思之僻也 僻也匹亦反 皆 衺本又作邪似嗟反
爞爞郭徒冬反又直忠反 炎炎于廉反 熏本亦作燻或作薰許云反 炙之石反
究究九又反 仇仇音求 敖敖本又作謷又作■同五高反 傲本或作傲同五報反舍人
本傲作毀釋云仇仇無倫理之■謷謷衆口毀人之貌李同 偨偨顧音此郭音徒謝音紫舍人云形容小貌
瑣瑣星果反亦作璅 悄悄七小反 慘慘七感反 慍也於問反 痻

委，於危反，諸儒本並作禕，於宜反【法】據此可證禕與委同音，亦當讀於危反矣，於宜乃音之變，非本讀也

怟，郭徒啓反，李余之反【法】郭徒啓反，則字從氏聲矣，殆誤也。李讀爲怡，亦非

萌，施云朋反【法】云盧改亡，是

重語【法】重語乃注中語，今闕，詳《考證》

旭，謝許玉反【法】許玉亦音之變，當依徐仙民勖字音，作許目反

紃，囚春、昌沿二反，本無此字【法】紃臧氏在東云：此郭注爲訰字作音也，今注缺此，故校者云本今無此字，脫今字

爆，布卓反。《說文》云：大呼也，自冤也【法】呼下也字蓋衍，今《說文》作大呼自免也

洄，本或作幃，音韋。案《字林》幃，重衣貌【法】幃盧依《說文》改從衣，似可不必

痯 郭古卯反又古阬反 瘐瘐 羊主反又羊朱反本今作瘐瘐 慇慇 於斤反英光於謹反
本今作郢郢 惸惸 本或作煢巨營反 忉忉 都勞反 慱慱 徒端反施逋莫
反郭徂究徂忪二反 忡忡 敕忠反 惙惙 丁劣反 怲怲 彼病反 奕奕
音亦 畇畇 本或作畇郭音巡沈居賓反謝蘇旬反字林云均均田也又羊倫反 墾 苦很反蒼頡篇
云耕也廣雅云治也 闢 婢亦反闢也 畟畟 楚力反字或作稷 郝郝 音釋又呼
各反 土 解 音蟹 繹繹 音亦 穜 之用反 穟穟 郭音遂說文云禾垂之貌 穮
彌延反 穮 字書作穮同方遙反耘也字林云耕禾間也左傳云譬如農夫是穮是蓘是也說文云穮耨鉏
田 云字亦作芸 耘 同音云 挃挃 郭丁秩反小雅云截穎謂之挃 穫也 戶郭反 刈 魚廢反 衆
諸仲反 緻 直吏反 溞溞 郭蘇刀反詩云淅之溞溞謝所留反 淅 蘇歷反 洮 徒刀反
反洮猶淅也 烰烰 呂郭並音浮又符彪反詩作烰 烝 之升反本今作烝 俅俅 音求本亦
作絿同 載 丁代反本今作戴 弁 音卞 璋 音章 韹韹 詩作喤喤華盲反字書云鍠樂

十四 爾雅音義上中 十五 王下

之聲也又作鍠一音胡光反 樂 如字 穰穰 而羊反本今作穰 引 余忍余慎二反引長多也
顒顒 魚恭反 卬卬 五剛反郭魚殃反 丁丁 豬耕反 嚶嚶 烏耕反
斫 音灼 切磋 七何反 藹藹 於蓋反 萋萋 七西反 盡力 咨忍反
噰噰 本或作雍又作廱同於恭反 喈喈 古諧反 應德 音膺 佻佻 徒彫反詩
云佻能獨行歎息也 契契 苦計反詩云契契字又作苦許反 愈 本或作俞同瑜庾二音 竭 本又
作竭巨列反 燕燕 字又作宴烏殿烏顯二反 粲粲 七旦反 尼 女乙反謝羊而反又奴落反
飾 音式 䖘 音許 閑 音閑本今作閑 悽悽 郭本或作萋同古兮反 苦 如字又立故反
思 息嗣反郭意如字 儵儵 郭徒的反顧舒育反樊本作攸攸引詩云攸攸我里 嘒嘒 虎惠
反 罹 力支反 悼 音盜 巳 音紀 旦旦 本或作怛同都歎反 忒 他得反 皐皐
古豪反樊本作浩古老反 琄琄 胡犬古犬二反 鞙 音與鞙同 贙 胡犬反本今無鞙贙二字 刺
字又作諫同七賜反 灌灌 本或作懽同古玩反 愮愮 音遙本又作搖樊本作遙又作佻佻與愮同訓也書云愮愮

慱，施逋莫反，郭徂究、徂忪二反【法】施逋莫反殆其本從專也，郭讀從紐亦非

溞，《詩》云：淅之溞溞【法】淅殆涉下文淅也而譌，未必所據本有異文也

烰，又符彪反【法】烰，符彪反，讀如滮也　韹韹，《字書》鍠鍠樂之聲也，又作鍠

【法】《字書》下二鍠字疑當同正文作韹，若如今本，則不得云又矣

盡，苦忍反【法】苦字譌，疑當作兹，他皆子忍、津忍二反

契，又作苦計反【法】又作下盧補一□，又云當補挈字。詳《考證》○竭，本又作

□，巨列反【法】闕字盧補渴字

悽，古今反【法】古字譌，他處多七西反○苦，又立故反【法】立蓋丘之譌。《僖十

年穀梁》音枯故反　○攸攸我思【法】思盧改里

琄琄～鞙～贙，本今無鞙、贙二字【法】臧云：鞙、贙二字郭氏爲經琄字作音也。

陸所見郭注必本有此二字，故爲作音。琄字云：佩玉貌，《爾雅》琄琄，刺素食

也，郭璞讀　○愮，又作佻，佻與愮同訓也【法】佻盧改恌。也字殆誤

憂無告也廣雅云搖亂也告如字又古毒反訴音素泄泄余晢反或作呭同謔謔虛虐
反謞謞郭虛各反或火角反慝謝切得反諸儒並女陟反言隱匿其情以飾非熇許各火沃
二反本今無此字樂如字又音洛譖側禁反訿訿子爾反字林云不思稱乎上之意供
音恭熾尺志反背公音佩蹙蹙子六反惟逑巨鳩反郭云迫也字林云斂聚
也本亦作求鞫居六反迫音伯抑抑音億諦音帝泠郎丁反秩直乙反
甹普經反夆孚逢反掣本或作摩同充世反說文云引而縱之曳餘世反抴本或
作拕同素何達可一反廣雅云引也說文云曳也朔所角反不糇事已反待也宜從來本今作俟字
不來本或作倈逨同力胎反不復如字不遹古述字一音華不蹟子亦反詩云念彼不
蹟傳云不循道也循音巡徹直列反忘音亡下同萲施音袁謝許袁反郭云義見伯兮詩
云焉得萲草毛傳云萲草令人善忘則謝讀爲是諼許爰反考槃步干反本又作盤饎
尺志反字林云熟食也又充之反舍人本作喜釋云古曰饎饌乳戀反號戶高反孫炎云雩之祭有舞有號
爾雅音義上中　十六　毛諒
雩音于祭名吁許于反暨其器反巳音以蠢昌允反磋七何反琢丁角反治
玉也本或作琢非也僩本或作撊同下板反郭音簡恂音荀郭音峻鄭玄注禮記同云謂嚴慄也謝私
尹反慄音栗竦思勇反赫火格反烜吁遠反烜者光明宣著今並作喧字音同斐孚尾
反既微如字字書作癓三蒼云足創尰本或作瘇同並籀文尰字也蜀勇時踵二反骭下諫反郭
作扞音古案反謂脚脛也瘍音羊腫足之勇反脛戶定反創初良反是刈音刈
本亦作刈鑊又作濩同戶郭反煑之與反絺丑尼反綌去逆反敏如字舍人本作畝釋云古者姜嫄履
天帝之迹於畎畝之中而生后稷拇音畝足大指指處昌慮反宿先六反重言直用反媛爲眷
反好呼報反援音媛本今作媛喭音彥本今作彥猗嗟於宜反眼五限反或作目斥音尺挽
本亦作䩉同云遠反𩊱類云引也車音居襢本或作袒同徒坦徒丹一反下同裼蘇歷反脫他活反見體
賢遍反暴步報反搏連莫反郭音付馮河字又作憑皮冰反依字當作淜說文云無船渡河檝本或作檝又作
楫同子葉子入二反方言云檝撓也說文云檝舟棹也釋名曰在旁撥水曰櫂又謂之檝檝捷也籧本或作籧同巨魚反篨

慝，謝切得反，諸儒並女陟反【法】切必叨之譌。諸儒音女陟反則讀爲匿也○熇，許各、火沃二反，本今無此字【法】《考證》云：《詩·板》篇作熇熇，郭必引此而今注闕之耳

抑，音億【法】抑音億與《廣韻》同，音變也，本音當收質韻

掣，本或作摩，同，充世反【法】摩盧依《說文》改瘳○抴，本或作拕【法】抴今注作挽，宋本作拕，抴則拕之俗　○糇，事已反，待也，宜從來【法】宜從來三字殆誤，宜或字之譌

饌，乳戀反【法】饌、乳不同紐，乳字譌，《廣韻》士戀切

琢，本或作琢，非也【法】琢盧改瑑

尰，蜀勇、時踵二反【法】《廣韻》蜀、時同紐，未知陸所以異○骭，郭作扞【法】扞殆誤，《集韻》骭有或體肝，或是原本

搏，連莫反【法】連乃逋之譌○馮，依字當作□【法】闕處盧補淜○檝，本或作檝【法】今《說文》作楫，檝疑當作楫　○籧，巨原反【法】原盧改居，是

直閭反李云人云籧篨巧言也李云籧篨乃言辭以饒人謂之口柔孫郭
並云籧篨之疾不能俯口柔之人視人顏色常亦不伏因以名云
戚施七歷反下式支反舍人曰令色誘人李曰和顏悅色以誘人是謂面柔也賈逵注國語曰僂也孫郭並云戚施之疾不能
仰面柔之人常俯似之因以名云字書作規頓同 夸毗苦瓜反下鼻口反舍人曰卑身屈己也樊引詩云無爲夸毗李孫郭
云屈己卑身以柔順人也字書作骻骳 已音紀 娑素河反 辟婢亦反字宜作擗詩云寤擗有摽 拊心
本亦作撫同芳武反 椎直追反字林云擊也本或作槌同 胷音凶 矜几陵反 憐力堅反 拍普伯反
緎許域反又音域 縫扶用反 殿屎丁練反下虛伊反或作敎吹又作愍脲說文作唸吚郭上音香惟反又音丁念反
呻也音申下許利反 幬本或作惆同直留反 帳陟亮反 倎本或作倜同張留反 誑俱放反 幻胡辦反
罶本或作罶同力九反 薄蒲博反本今作簿 笱音苟
釋親第四 說文云親至也蒼頡篇云親愛也近也禮記云親親以三爲五以五爲九尚書云以親九族親者通謂五服九族之親也
妣必里反 嬪毗眞反 㔟長丁丈反下皆同 彝音夷 喪息浪反又如字 頡戶結反 異稱尺證反
晜音昆本亦作昆下同 媦于貴反廣雅云媦妹也說文云楚人謂女弟爲媦纂文云河南人云妹媦也 重也直龍反下皆同

大九十三 小七八八 爾雅音義上中 十七 柳

而別彼列反又如字下皆同 適者本或作嫡同丁歷反 徠音來本亦作來 汲居及反 冢竹奉反
窋丁律反又丁滑反不窋后稷之子 從舅才用反下注涕從同下音曰 甥音生 呼壻音細 帝
館古半反 更相音庚 譚大南反 姪大結反字林云兄女又丈乙反 姒音似 娣大計反 娶七具反
媵以證反 嫂素早反本今作嫂 稺直吏反又作稚 先蘇練反 後胡遘反廣雅云先後
妯娌韋昭云先謂姒後謂娣 妯娌音逐下音里廣雅云先後也郭注方言云今關西兄弟婦相呼爲妯娌 稱如字 少姑
證照反 兄妐音鍾本今作公 之轉丁戀反又如字 姻音因 亞一駕反又作婭 瑣桑果反
僚力彫反
釋宮第五 世本云禹作宮室呂氏春秋云高元作宮室尚書云三祖洞宮左傳云虢公爲王宮于玤又云作王宮于踐土又云季平子立煬宮詩云作于楚宮又云作于楚室傳曰室猶宮也禮云由命士以上父子皆異宮又云杜氏葬入季武子宮不敢哭此文云宮謂之室室謂之宮郭云皆所以通古今之語明同實而兩名案古者貴賤同稱宮秦漢已來唯王者所居稱宮焉
牖羊九反 扆於豈反郭音依又意星反 窻楚江反 別彼列反 奧本或作隩同於耗反尚書并說文皆云奧室也孔注論語云內也鄭注禮記云

夸毗，苦瓜反，下鼻口反【法】口乃尸之譌，盧本已改正

殿屎，丁練反，下虛伊反，或作敎吹，又作愍脲，《說文》作唸吚，郭上音香惟反，又音丁念反【法】敎盧刻作欿，吚改叩，再酌。吹據《集韻》當作㕚（欒芬案㕚誤，當作欥），盧刻亦誤。上字依盧校乙轉。吚當仍舊，見《詩》。乙轉處亦宜再核，疑當作《說文》作唸吚，音香惟反，郭上又音丁念反

少，證照反【法】證盧改詩，是

《尚書》云：王徂同宮【法】同今《書·大甲》篇作桐，盧本已改正

此文云：或謂之室【法】或盧改宮，是

扆，於宜反，郭音依【法】宜必豈之譌，蓋本讀上聲，郭讀平聲，而亦讀上聲耳

主也廣雅云藏也娓居位反宧音怡李云東北者陽氣始起育養萬物故曰宧宧養也說文訓
同與周易頤卦養義同見禮賢遍反他皆放此窔烏叫反字林同郭又音杳說文云深
貌本或作窅又作窔同埽素老反抉郭千結反顧丈乙反呂伯雍大一反廣雅云砌也閾
域洫二音棖直庚反楔古黠反李謂閫上兩旁木旁步郎反楣亡悲反或作楣亡報
反埤蒼云梁也呂伯雍云門樞之橫梁說文云秦名屋櫋聯也齊謂之檐楚謂之梠樞昌朱反棖
烏回反郭又吾回反呂沈一罪反達大末反檼於靳反字林云棼也廣雅云棟也下同扂
本或作戺同音侯廣雅云兩砌也本或作扈同音戶垝居毀反本又作庋同坫丁念反說文云屏牆
墆達結達計二反高貌也或作端丁果反本或作端墉音容本或作墉同垣音袁鏝本或作槾又作墁同亡旦
武安二反說文云鐵杇也杇音烏又音胡李云泥鏝一名杇塗工之作具說文云所以塗也秦謂之杇
關東謂之槾椹本或作砧同張林反㯔音虔本亦作虔詩云方斲是虔斫音灼櫍音質
黝於糾反郭殃柳反飾音式堊於故反又於各反樴音特又之力反杙羊式
爾雅音義上中　十八　陳彥
羊特二反下句同□樓於弋音同檿其厭反後注同楎許韋反縣音玄於施
羊支反字林云竿也本或作椸音同字林云榻前机也臬魚列反栱九勇反郭又音卭
閣音各闍音都徐特遮反榭音謝栖音西下同又作棲楶巨列反字林云
弋也鑿在各反塒音時穿音川植音殖傳音椽下同突本又作㚇徒忽
反鏁本又作瑣桑果反埤課移反杗音亡廇力又反棳之劣反本或作
梲同侏音朱儒日朱反閞皮彥反本亦作弁同槉音疾欂皮麥反字
林云欂也又平各反枅音雞字林音肩云柱上方木也楷達合反栭音而楶作截
反又音節本或作楶同字林云欂櫨也舊本及論語禮記皆作節櫨力奴反即欂也字林云柱上柎
也棟多洞反桴郭音浮又音孚字林云極也棟也檼於靳反桷音角榱
蹝追反說文云秦名屋椽也周謂之榱齊魯謂之桷字林云周人名椽曰榱齊魯名榱曰桷椽直專
反亡閱音悅檐餘占反下同樀丁狄反字從木旁作啇郭又也赤反字合手旁作適梠

楣，忘悲反，或作楣，忘報反。《埤蒼》云：梁也，《說文》云：秦名屋櫋聯也，齊謂之檐，楚謂之梠【法】盧刻於引《說文》下增楣字，謂無此字，易與上梠字混也。案正文既單標楣字，則注内皆屬楣說，無嫌相混，且自《埤蒼》下皆說楣，不得至《說文》乃增此字也　扂，本或作戺，同，音侯。《廣雅》云：兩砌也。本或作扈，同，音户【法】扈與扂不同字，扈下同字蓋衍　垝，居毁反，本又作度，同【法】度盧改庋，疑當作庪　○杇，關東謂之槾【法】槾盧改從木

黝，於糾反，郭殃柳反【法】於糾、殃柳黝，有分部，郭不分也　杙，羊式、羊特二反【法】羊特不成切，不知陸意云何，羊殆他之誤乎

闍，音都，徐持遮反【法】持當作時，即《詩·出其東門》之音蛇也

埤，課移反【法】課乃婢之譌，盧未校

櫨，《字林》云：柱上袝也【法】袝當作柎

樀，丁狄反，字從木旁作啇，郭又也赤反，字合手旁作適【法】也盧改他。案字既作擿，則爲澄紐字，改他非矣，也疑當作池

音呂 杗武良反 屏步形反 簃文知反 廚本或作𢊿文誅反 笓音曜又羊
昭反 遳阻格反本或作笮 鄉本又作嚮許亮反注同 屏卑井反 朝直遥反
宁音佇 閍補耕反說文作鬃云或作祊門内祭先祖所彷徨也 祊音同 觀古玩反
闈音韋劉昌宗儀禮音揮 衖戶絳反廣雅云道也聲類猶以為巷字 謂之
閎獲耕反左傳云高其閈閎 僖許其反 塾音孰劉儀禮又音育 夾古合反 橛
其月反 闑魚列反 閾說文作䦶同苦本反鄭注禮記云閾門限也 闔胡臘反 扉
音非 著乎直略反 所以止扉謂之閎音宏本亦作閣音各郭注本無此字
辟匹亦反 閈戶旦反說文云閭也汝南平輿里門曰閈 瓴力丁反詩傳作令音名 甋丁歷反詩
傳作適音同 甓蒲覓反 甂力解反 甎章沿反字林作摶同 𡇲本或作壼苦本反郭
呂並立屯反或作韋 隮音唐本今作唐 陘古定反 旅音呂 場直良反字從易易音陽 歧旁
郭如字樊本作技音支 劇巨戟反 冠軍古亂反 樂鄉音岳又音各 數
大四十五 小五四五十 爾雅音義上中 十九 秀
道色主反 康苦郎反 莊側良反 車昌蛇反 驂七南反 復有
扶又反下同 逵求追反本或作馗字林云隱也與逵同 趨七朱反 走祖口反 隄
都奚徒雞二反 橋音喬 杠音江 徛郭居義反顧丘奇反說文云舉脚有度也廣雅云步
橋也案今關西呼徛與郭同 彴音酌廣雅云步橋也案今江東呼彴音約沈徒的反 廂音相
寑七甚反 堭音皇 陜戶夾反說文云隘也從𨸏夾聲俗作狹或作陿字下甲反今人以陜
弘農縣字書陜之字音失冉反狹代陜行之久矣
釋器第六 器祛記反說文云器皿也飲食之器從犬從㗊聲也㗊莊立反衆口也
豆如字本又作梪 籩音邊 瓦五寡反 登本又作鐙 膏音高 盎烏浪反
缶方九反 甌烏侯反 瓿步口步侯二反 瓵弋之反 甂路口反方言云甇也
甖乙耕反字亦作罌 康孫郭如字字書作㼿李本作光字林作㼿口光反 甈音同
瓠音護 甈丘例反 壺音胡 劬郭巨俱反謝古侯嫗于二反本或作㽘非 斸

簃,文知反~廚,本或作𢊿,文誅反【法】二文字盧本並改丈,是也

屏,卑并反【法】卑、并同紐,必有一譌。《廣韻》薄經切,此卑殆婢之譌,或陸讀并入青,抑或并、屏皆入清,未敢定矣

夾,古合反【法】合蓋洽之誤

著乎【法】著乎盧云：各本乎俱作于

瓴,力丁反,《詩傳》作令,音陵【法】《詩·防有鵲巢傳》音零,與力丁反同,云音陵非 ○甂,力竹反【法】竹字誤,盧依宋本改斛 ○𡇲,郭、呂並立屯反,或作韋【法】𡇲當作𡈁。或作韋,未詳。立亦丘之誤,即《廣韻》之去倫切也 歧,樊本作技,音支【法】《字書》無技字,蓋枝之誤 ○樂,又音各【法】各乃洛之誤

走,徂口反【法】徂當作祖,走無讀從紐者

徛,《說文》云：舉脚有度也,《廣雅》云：步橋也【法】脚今《說文》作脛

陜,今人以陜弘農縣字書陜之字,音失冉反,狹代陜行之久矣【法】(以)陜盧改陜,依《說文》也。然陸氏但說字義,未說字形,殆本無此分別也

登,本又作鐙【法】登盧依《說文》改豋,似是,並注内之鐙亦改從豋,則可不必

甈,丘例反【法】甈讀溪紐,《篇》、《韻》亦同,然竊謂終是變音。《廣韻》有五計一切,乃正音也。或五誤爲丘,而音義家沿之耳。《漢書·賈誼傳》注引康瓠謂之甈,師古正音五列反

本或作欘同丁録反說文云齊謂之兹萁一曰斤柄自曲李云鉏斸鋤也定多佞反或作錠郭云鋤屬
李云鋤別名鋤士魚反屬音蜀斫音灼鐯字又作櫡直略反字林竹略反郭云钁也
钁九縛反字林云大鋤也劚郭云古鍬字並七遥反[illegible]本或作[illegible]郭云古鍤字並楚洽反
緵子弄子公二反緵罟也罟音古罭音域囊乃當反罍力回反𥳗
字亦作𥳗力其反杜注左傳云寡婦爲𥳗笱音狗罶力九反字書作罶薄步各反
罺側交反汕所諫反橑郭力堯反取也又力弔反沈力到反篧郭士角反又捉
廓二音罩陟孝陟角二反字林云竹卓反字又作罩捕魚音步槮沈桑感反謝胥寢反郭霜甚踈廕二反爾雅舊文并詩傳並米旁作小爾雅木旁作其文云魚之所息謂之槮槮
也積柴水中而魚舍焉郭因改米從木字林作罧山泌反其義同涔郭岑潛二音詩作潛字小
爾雅作橬字亦音潛又時占反猶取積柴之義絡音洛兔又作菟同土故反罝子邪反說
文子余反遮之蛇反麋亡悲反罞本或作茅同亡包反又音蒙冒莫報反彘
六七九　小六百十八　爾雅音義上中　二十　郑
直例反羉力端反又莫潘反本或作罠亡巾反字林云罠釣也幕音莫罛工胡反繴郭甲
覓反孫芳麥反或彼麥反罿昌凶反字林上凶反罬謝丁劣反郭姜悅反或九劣反罦浮孚二音
覆音副又孚福反車也尺蛇反翻孚袁反罥古縣反又古大反廣雅云罥也解古買反
絇謝其俱反孫九遇反施苦侯反版布綰反𦄑音業本或作業繩音乘縮所六反
卣由酉二反音下同罍音雷盛音成尊本又作罇酒器也又作樽同案曹獻文字指歸檢字
無此從缶從木者說文云字從酋寸酒官法度也今之尊卑從此得名故尊亦爲君父之稱揔尊董反坎
口感反斛乎卜反旒力求反本又作流䙒五兮反又五啓反又五結反俱謂旒也縷又作
樓洛侯反攣力專反袿音圭重繒爲飾飾音式黼音甫衿本又作領
音同襮音搏又方沃反刺七亦反褗音偃又作偃衣領也緣悅絹反注同純之閏反又
章允反袕胡決反一音術褮胡扃反又於營反眥才細反又子移反衱
居怯反裾郭居渠二音衿謂又作紟郭同今鉗二音顧渠鴆渠金二反袸郭辭見反

斸，本或作欘【法】盧云：欘當從木，說見郭《序》中

劚【法】劚盧依宋本改斛，《五溪（榮芬案當作經）文字》云：斛，古鍬字

罶，《字書》作罶【法】罶當作罶

篧，郭七角反，又捉、廓二音【法】《南有嘉魚》篧，助角反，則此七疑士之誤。士角音捉，疑當作雀，見《廣雅》，音廓，則當作篧　〇罩，《字林》云：竹卓反【法】竹、卓同紐，不能爲切，《南有嘉魚》音同　槮，《字林》作罧，山泌反【法】泌當作沁

罬，郭姜悅反，或九劣反【法】姜悅、九劣一部内分二部也。《廣韻》無姜悅一紐

曹獻【法】獻乃憲之譌，見《唐·藝文志》

縷，又作樓【法】樓盧改褸，是

襮，音搏【法】搏當作博，二字雖同音，然無以博（榮芬案當作搏）爲音者

衿，又音紟。顧渠鴆、渠金二反【法】音蓋作之譌，鳩蓋鴆之譌

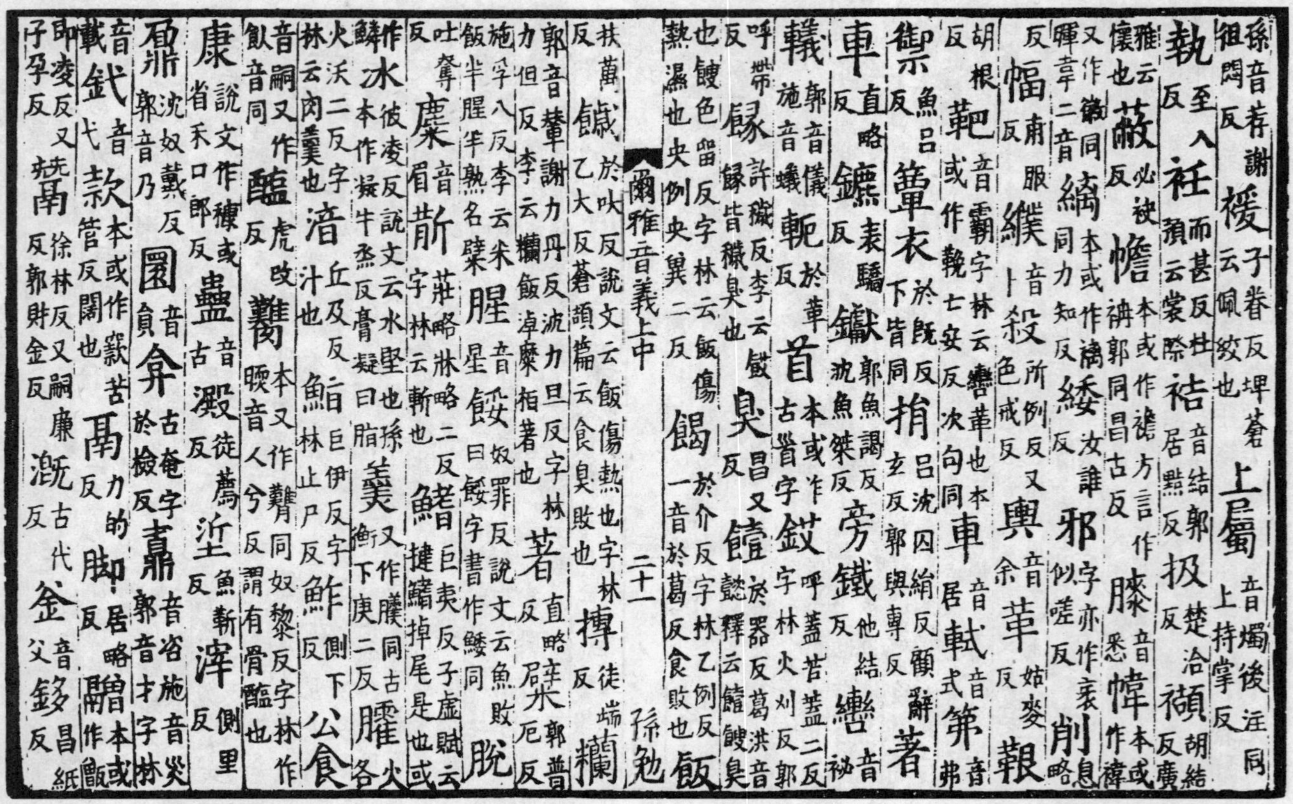
孫音荐謝徂悶反　褑子眷反埤蒼云佩紋也　上屬音燭後注同上持掌反
執至入反　袵而甚反杜預云裳際　袺音結郭居黠反　扱楚洽反　襭胡結反廣
雅云懷也　蔽必袂反　襜本或作襝方言作袡郭同昌占反　膝音悉　幃本或作褘
又作徽同驛亭二音　縭本或作褵同力知反　緌汝誰反　邪字亦作衺似嗟反　削息略
反　幅甫服反　纀音卜　殺所例反又色戒反　輿音余　革姑麥反　鞎
胡根反　靶音霸字林云轡革也本或作䩗乞安反次句同　車音居　軾音式　第音弗
禦魚呂反　簟衣於既反下皆同　捎呂沇囚絹反顧玄反郭與專反　著
車直略反　鑣表驕反　钀郭魚謁反沈魚桀反　旁　鐵他結反　轡音祕
轙郭音儀施音蟻　軛於革反　首本或作古𩠐字　餀呼蓋苦蓋二反字林火刈反郭
呼帶反　餯許穢反李云餀餯皆穢臭也　臭昌又反　饐於器反葛洪音懿釋云饐餲臭
也餲色留反字林云飯傷熱濕也央例央冀二反　餲於介反字林乙例反一音於葛反食敗也　飯
扶萬反　饖於吠反說文云飯傷熱也字林乙大反蒼頡篇云食臭敗也　摶徒端反　糷
爾雅音義上中　二十一　孫勉
郭音輦謝力丹反沈力旦反字林力但反李云糷飯淖糜相著也　著直略反　糪郭普厄反
施乎八反李云米飯半腥半熟名糪　腥音星　餒奴罪反說文云魚敗曰餒字書作鮾同　脫
吐奪反　麋音眉　斮莊略牀略二反字林云斬也　鰭巨夷反子虛賦云揵鰭掉尾是也或
作鰭　冰彼凌反說文云水堅也孫本作凝牛烝反膏凝曰脂　羹又作羹同古衡下庚二反　臛火各
火沃二反字林云肉羹也　湆丘及反汁也　鮨巨伊反字林止尸反　鮓側下反　公食
音嗣又作飤音同　醢虎改反　臡本又作臡同奴黎反字林作⿰目耎音人兮反謂有骨醢也
康說文作穅或省禾口郎反　蠱音古　澱徒薦反　垽魚靳反　滓側里反
鼐沈奴戴反郭音乃　圜音員　弇古奄字於檢反　鼒音咨施音災郭音才字林
音戴　釴音弋　款本或作窾苦管反闊也　鬲力的反　腳居略反　鬵本或作甑
即委反又子孕反　鬵徐林反又詞廉反郭財金反　甗古代反　釜音父　鉹昌紙反

褑，子眷反【法】子當作于〇上持掌反【法】持當作時

靶【法】案或本作輓，是也

钀，郭魚謁反，沈魚桀反【法】钀月、薛分部

餀，呼蓋、苦蓋二反，郭呼帶反【法】《廣韻》呼帶與呼蓋同

饐，於器反，葛洪音懿，《字林》央例、央冀二反【法】於器、音懿、央冀並同。就《廣韻》細分之，則於器一類也，音懿、央冀一類也

饖，於吠反，《字林》乙大反【法】乙大未詳，殆猶艾在廢部讀合口，在泰部讀開口歟　〇糪，施乎八反【法】糪字不能入黠部，《玉篇》譜革、妨亦二切，疑八當爲亦之誤，然《集韻》黠部已收此矣　〇餒，《字書》作鮾，同【法】鮾《鄉黨釋文》作餒，是

臛，火各、火沃二反【法】臛據音則字當從隺，唐、宋人書二字多不辨

臡，《字林》作⿰目耎【法】⿰目耎當從月

鬵，徐林反，郭財金反【法】鬵郭讀從紐，是也。音義家從、邪不分，故又讀徐林耳

璲音遂 鞙鞙胡犬反又作琄同 區先于反又烏侯反 瑴本或作珏固學反說
文云二玉相合爲珏 翮戶革反羽本 箴章諶反案周禮羽人職云十羽爲審百羽爲摶十摶
爲縛鄭注云審摶縛羽數束名也爾雅曰一羽謂之箴十羽謂之縛百羽謂之緷其名音相近也一羽則
有名蓋失之矣孫同鄭意云蓋誤郭云凡物數無不從一爲始以爾雅不失周官未爲得也 縛
音篆又竹眷反 緷古本反又戶本昔本二反埤蒼云大束也 別羽彼列反 虡音巨
縣鍾音玄 植直吏反 旄音毛 韛方皮方賜二反 蔌速藪二音詩云
其蔌維何維筍及蒲 茹如庶反 蓋音盍 苫失占反 𡋯徒黨反說文云金與
玉同色也 鏐力幽其幽力幼三反 鐐力彫反說文云白金也字林力召反云美金也 磨莫佐
反 鉼必領反 鈑音版本亦作版 釗余緊弋刃常刃三反 鑞力盍反周禮職方氏
揚州之利金錫鄭注云錫鑞也字或作鑞 鵠胡酷古毒二反白也本亦作鵠同廣雅作鵠一 觷
玉角反沈音學 犀蘇齎反 剒本或作厝同七各反 剫徒各反 雕丁聊反 璞

爾雅音義上中　二十二　張謹

字又作樸丕角反 鏤字又作鏤音漏 切本或作䶭同千結反 磋七何反 琢丁角反
璆音虯本或作球字渠周反 畢如字禮記云呻其佔畢謂呻吟佔視簡畢之文也李本作篳同
不律說文云吳謂筆爲不律 點丁簟丁念二反李本作沾孫本作玷 銑蘇典反 決
作玦反 鏃作木反 鍭侯候二音 錍匹迷反方言云箭廣長而薄鐮者謂之錍 骲
火交反埤蒼云骨鏃也沈五瓜反顧蒲交反 有緣悅絹反下同 繳章弱反字林云生絲
縷也 纏直連反 宛於阮反 弭亡婢反 鞭卑綿反 銑蘇典反 蜃市忍
反 珧余招反蜯屬也案以蜯飾弓弭 蚌本又作蜯蒲項反 玠音介 琡昌育常育二反
宣如字本或作瑄音同 肉倍如字又如投反辟邊也注及下同 好如字又音耗辟孔也注及
下同 瑗爲眷反蒼頡篇云王環名 綫音遂 綬音受 組音祖 染如琰反下同 縓
七絹反說文云帛黃赤色 赬恥貞反 纁詩云反說文云淺絳也字林同 葱七公反 黝
於糾反 邸丁以反 柢丁計反 𦿯音𦿯 茲子斯反 屬之欲反 竿

鏐，方幽、其幽、力幼三反【法】方乃力之誤

決，作玦反【法】反乃同之誤

骲，火交反，沈五瓜反，顧蒲交反【法】火交反依髇字作音也，《篇》、《韻》並無此字。五瓜之五不知何字之譌。《集韻》五巧切收骲，即本此字。《集韻》部巧切内收骲，當是正音

蚌，本作蜯，又蒲項反【法】又字前無所承，殆同字之譌，否則當在本字之下

纁，詩云反【法】詩盧改許，是

邸，丁以反【法】以乃禮之譌

乾幹二音 箍李本作箕同羊支反字林上支反 架音駕 簀音責 第側士反

辨郭普遍反下同孫蒲莧反釋云辨半分也 斷都管反 韏音眷又九萬反 復

分扶又反 鏤音漏 鋑字又作鎪同蘇叟反又色留反字書云鎪鏉也鏉音速 卣

酉由二音

釋樂第七五角反說文云摠五聲八音之名像鼓鞞之形木其虡也周禮有大司樂職掌

六代之樂尚書云帝曰夔命汝典樂是也

宮謂之重直冢反劉歆云宮中也居中央暢四方唱始施生爲四聲綱也孫云官音濁而

遲故曰重也 商謂之敏亡謹反疾也成也審也達也劉歆云商章也物成孰可章度也

白虎通云商彊也案商爲臣而佐君成政故曰敏敏成也 角謂之經經常也劉歆云角觸

也物觸地而出戴芒角也 徵知里反 謂之迭大結反劉歆云徵祉也物盛大而繁祉也白虎

通云徵止也 羽謂之柳劉歆云羽宇也物聚藏宇覆之也白虎通云羽舒也鄭注禮云柳聚

爾雅音義上中 二十三 張謹

也 大瑟字林云瓱義作瑟 灑所蟹所綺二反又所買反孫云音多變布出如灑也 長八

尺直亮反又如字下放此 廣一尺古曠反 琴字林云神農作琴 鼖扶云反

應音應注同李云小者音聲相承故曰應應承也孫云和應大鼓也 輮本亦作輮余刃反詩

云應輮縣鼓是也案輮引也謂擊小鼓引樂聲 縣音玄 磬口定反 毊虛嬌反又音喬

孫云毊喬也喬高也謂其聲高也李云大磬聲清燥也故曰毊毊燥也 犂郭奚反 錧古緩

反又古亂反字林云田器也江南人呼犂刀爲錧本亦作貫同 笙世本云隨作笙 巢孫顧並仕交莊

交二反孫又徂交反巢高也言其聲高 瓠胡故反 簧音黃 和胡戈反下同李云小者聲少音

相和也郭引儀禮云一笙一和而成聲鄭注云三人吹笙一人吹和又胡卧反孫云應和於笙 篪字又

作鷈同直知反管有七孔世本云蘇辛公所作長一尺二寸 沂郭魚斤反又魚靳反李孫云篪聲悲沂悲

也或作鉤又作沂音宜肌反 翹巨遙反 塤本或作壎字同許袁反說文云壎樂器名從土熏聲

釋名云塤喧也聲濁喧喧然案世本云暴辛公所作也圍五寸半長三寸半六孔也 嘂本或作叫字同

第，側子反【法】子盧改士，可以不必，《廣韻》亦收止部

韏，音眷，又九萬反【法】韏綫、願分部

灑，所蟹、所綺二反，又所買反，孫云：音多變，布出如灑也【法】所蟹、所買二音同，蓋讀買如馬也。出如灑也，邢疏引作如灑出也

輮，亦作輮【法】輮盧刻作輮，云：從車東者乃譌體

犂，郭奚反【法】郭乃郎之譌

江南人呼犂刀爲館【法】刀盧改刃〇巢，孫、顧並仕交、莊交二反，孫又徂交反【法】徂處、仕處（榮芬案二處字均當作交）非異讀，必有誤字

居弔反李云大爊也 鷩 如字 銳 余祭反 似 稱 尺證反 錘 直危直僞二反廣雅云錘謂之權 鍾 章容反說文作鐘云樂器也字林同世本云垂所作以此鍾爲酒器今經典通爲樂器 鏞 音容 以 間 閒廁之間 鎛 音博字林云匹各反又音薄字書云大鐘也 剽 郭音瓢䔍匹妙反釋云剽者聲輕疾李云其中微小故曰剽剽小也 棧 郭側簡反李云淺也東晉興元年會稽剡縣人家井中得一鐘長三寸口徑四寸上有銘古文云棧鐘之小者旣長三寸自然淺也或助板反 言 如字本或作䇮音同 編 畀縣反又方千反或音步典反 筊 本或作笅字戶交反 籟 音賴 簥 九遥反 併 步頂反又并之去聲 漆 音七 篞 乃結反 篎 郭音妙又士小反 籥 羊灼反管三孔也本或作龠 簅 音産字又作産 笛 徒歷反字或作篴 仲 或作筗同 箹 烏角反又音約 徒 吹 本或作歈字同昌睡反 咢 五各反字林或作㖾又本作鄂 修 如字本作脩字 寋 李云置聲擊衆聲寋連也本或作謇字同紀展反或作蹇字非郭云未見義所出未知李何所據上重敵經迭抑郭云皆五音別名其義未詳諸

爾雅音義上中　二十四　徐宗

家或有音訓亦可爲義上下皆類此 柷 昌熟反 桶 音動又音甬甬即斛也 深 尸鴆反或如字 椎 直追反下同 柄 兵命反 底 丁禮反 挏 大孔反 令左 力呈反 敔 魚呂反鄭衆云木虎 籈 郭之仁反又音戰謝居延反郭云以木長尺櫟之名籈字林云以竹長尺也 鉏 事呂反又作鋤 鋙 魚呂反 櫟 力的反廣雅云櫟擊也漢書音義云櫟捎也 鼗 徒刀反本或作鞀同說文云鞀遼也或作鞉又作鼗籀文作磬 麻 如字 料 力彫反 穊 居器反

釋天第八 土堅反釋名云天豫司兗以舌腹言之天顯也在上高顯也青徐以舌頭言之天坦也坦然高遠也說文云天巔也至高無上從一大禮統云天之爲言鎭也神也陳也珍也施生爲本運轉精神功效列陳其道可珍重也春秋說題辭云天之言鎭也居高理下爲人經緯故其字一大以鎭之也

穹 起宮反 蒼 且剛反 蒼天也 郭以穹及蒼蒼俱爲天稱毛詩傳則以蒼天釋穹蒼

銳，余祭反【法】銳、祭雖同部，然有開合之分，祭蓋譌

棧，李云：淺也。東晉興元年會稽剡縣人家井中得一鍾，長三寸，口徑四寸【法】興上盧補太字，是。此說鍾之尺寸與《晉書・郭璞傳》不合，《晉書》似得之，詳《考證》

咢，五各反，《字林》或作㖾【法】盧校：臧云，林疑衍字

櫟【法】櫟當從手

《釋名》云：天，豫、司、兗以舌腹言之，天顯也【法】兗下盧據《釋名》補冀字

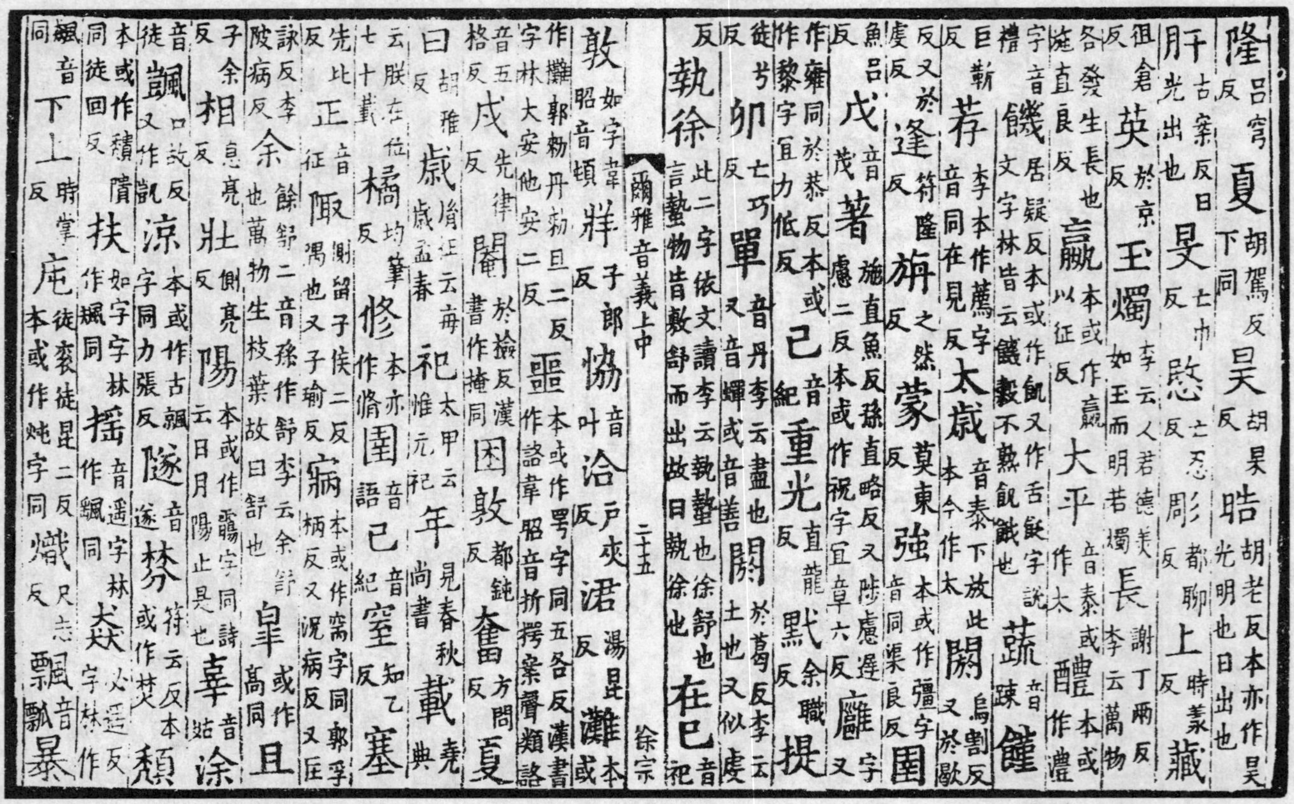
隆呂穹反 夏胡駕反下同 昊胡杲反 晧胡老反本亦作昊光明也日出也
旰古案反日光出也 旻亡巾反 愍亡忍反 彫都聊反 上時掌反 藏
徂倉反 英於京反 玉燭李云人君德美如玉而明若燭 長謝丁兩反李云萬物
各發生長也遂直良反 嬴本或作嬴以征反 大平音泰或作太 醴本或作澧
字音禮 饑居疑反本或作飢又作舌飥字說文字林皆云饑穀不熟飢餓也 蔬音疏 饉
巨靳反 荐李本作薦字音同在見反 太歲音泰下放此 閼烏割反又於歇
反又於虔反 逢符隆反 旃之然反 蒙莫東反 強本或作彊字音同渠良反 圉
魚呂反 戊音茂 著施直魚反孫直略反又陟慮遲慮二反本或作祝字宜章六反 廱字又
作雍同於恭反本或作黎字宜力低反 已音紀 重光直龍反 默余職反 提
徒兮反 卯亡巧反 單音丹李云盡也又音蟬或音善 閼於葛反李云土也又似虔
反 執徐此二字依文讀李云執蟄也徐舒也言蟄物皆敷舒而出故曰執徐也 在巳音祀
爾雅音義上中　二十五　徐宗
敦如字韋昭音頓 牂子郎反 協音叶 洽戶夾反 涒湯昆反 灘本或
作㶕郭勑丹勑旦二反字林大安他安二反 噩本或作咢字同五各反漢書作諤韋昭音折愕桀鰐類諮
音五格反 戌先律反 閹於撿反漢書作掩同 困敦都鈍反 奮方問反 夏
曰胡雅反 歲胤征云每歲孟春 祀太甲云惟元祀 年見春秋尚書 載堯典
云朕在位七十載 橘均筆反 修本亦作脩 圉音語 已音紀 窒知乙反 塞
先比反 正音征 陬側留子侯二反隅也又子瑜反 寎本或作窉字同郭孚柄反又況病反又匡
詠反李陂病反 余餘舒二音孫作舒李云余舒也萬物生枝葉故曰舒也 皋或作高同 且
子余反 相息亮反 壯側亮反 陽本或作霷字同詩云日月陽止是也 辜音姑 涂
音徒 飆口故反又作颽 凉本或作古飆字同力張反 隧音遂 焚符云反本或作焚 頹
本或作積隤同徒回反 扶如字字林作颫同 搖音遙字林作颻同 猋必遙反字林作
飆同 音下 上時掌反 庉徒袞徒昆二反本或作炖字同 熾尺志反 飄音瓢 暴

嬴，本或作嬴【法】嬴盧改嬴，是

閼，李云：土也【法】土盧改上。《曆書》、《天官書》注皆作止。疑止是，閼訓不通，故爲止

噩，韋昭音折愕【法】折愕盧刻並從土旁，是也

閹，《漢書》作掩【法】作掩下盧補同字

橘，均筆反【法】筆疑必譌，見《書・禹貢》

寎，本或作窉字，同，郭孚柄反，又況病反，又匡詠反【法】況病、匡詠二反，其字必不作病。《集韻》以況病反爲孫炎讀，以匡詠反爲郭璞讀，與此不同。又案此二音蓋字從冋聲，冋、丙形近也

猋，《字林》作飆，音同【法】飆當從猋

薄報反　雨土音芋丁雨霓汪雨雪同　霾亡皆反字林云亡戒反本今作霾　曀於計
反　不應於證反下同　雺或作霧字同亡公亡侯二反　霧亡弄反又亡付反字林作
霚音同本亦作霧　晦音誨　冥亡定反　螮丁計反本或作螮蜥同　蝀丁孔反　詩
作東音同又德紅反　雩案字林越俱反今借為芌音于付反　虹胡公反字林云工弄反陳國武古巷
反郭音講俗亦呼為青絳也　霓五兮反如淳五結反郭五擊反音義云雄曰虹雌曰霓說文曰屈虹
青赤也一曰白色陰氣也故孟子云若大旱之望雲霓也本或作蜺漢書同　挈本或作契字同苦結反
貳而至反　弇音掩　暈音運　霆徒丁反字林同又徒佞徒頂二反說文云雷餘聲鈴
鈴所以挺出萬物也　激古歷反　霹普覓反　靂力狄反揚雄羽獵賦云霹靂列缺吐
火施鞭史記云霹靂者陽氣動也　霰本或作霰霹同悉練反　霄音消本亦作消說文
曰雨霓為霄齊語也　凍都貢反郭音東　令飄力呈反　先驅如字下豈俱羌句二
反　灑所買所綺二反　霡亡革反字林作霢音同又亡狄反　霂亡祿反　以上

爾雅音義上中　二十六　毛諫

時掌反　濟祖細反　霽字林子系反去雨止也郭祖禮反一音徂細反　亢音剛又口浪
或戶剛反　數色住反　列宿夙又反下同　之長丁丈反　氐都黎反郭音觝
丁禮反注云若木之有根尋義應作丁計反　析木星歷反　枵許嬌反左傳云枵耗名也
耗呼報反　顓音專　頊許玉反顓頊帝高陽氏　之虛此一字音墟下如字　顁
本或作定同多佞反　娵子瑜反　觜咨移反又子髓反　辟本又作壁布覓反今案此星有人居
之角象宜為辟　降胡江反又江巷反注同　婁郎侯反　奎口圭反　昴音卯本或
作鼎同　旄音毛　兔佗故反　咮猪究反本或作喙許穢反說文云喙口也昌銳反
柳力九反　鶉音純　何郭胡可反又胡多反注同小爾雅云任也說文云檐也注作荷字音
同　檐丁甘反字林負也　启口禮反　晨見賢遍反下同　篲恤遂反又似醉
似銳二反本今作彗　欃初銜仕彡二反　槍初庚七羊二反　孛蒲忽反或音佩　埽素報反
彗似銳反又音遂　彴蒲博步角皮約二反　約如字又於詔反又音握　祠如字或音祀

雺,或作霧【法】霧盧改霚,是○霧,《字林》作霚,音同,本亦作霚【法】霚從口,似不成字,似仍當作霚,意謂《字林》作霚,《爾雅》本或與之同也　○螮,本或作螮蜥,同【法】蜥疑誤　○雩,今借爲芌【法】借爲芌未詳。注云音芌,非借爲芌也

霓,五兮反,如淳五結反,郭五擊反【法】霓讀入聲,當入錫部,郭五擊反,是也。《廣韻》但收五結一音,六朝音變耳

霽,郭祖禮反【法】祖盧依宋本改徂,是

顁,本或非定,同,多侫反【法】非盧改作,是

辟,今案此星有人居之角象,宜爲壁【法】角未詳

昴,本或作鼎,同【法】鼎盧改昴,是

篲,又似酢、似銳二反【法】酢盧改醉,是

食音嗣 禴本或作礿字同餘弱反 汋余弱反爚菜也 蒸之升反 燔音煩猶焚

也 柴仕皆反說文作祡云燒柴燎祭天也 瘞於例於計二反 薶音埋 庪本或作庋

又作攱同居委居僞二反 縣音玄注同 沈直今反 祭星曰布李曰祭星者以

祭布露地故曰布孫曰既祭布散於地似星布列也郭云布散祭於地也指謂數列羅布也 磔張格

反 狗音苟 禷音類經典作類 禡云駕反 禱丁老反說文亦作禂同 禘

大計反 繹以石反五經及爾雅皆作此字本或作釋字書爲鐸鐸二字同下同 復祭扶又

反下注不復同 彤余終反 夏曰戶雅反 復音服 胙才各反本又作祚亦作胙同才

故反祚福也胙祭肉也於義並同 獵力涉反 蒐色留反 搜音同上 索色白反

任而鳩反 爲苗于僞反 獮息淺反說文從繭或作禰從示 狩手又反 宵

音消夜也字從宀若雲霄之字即從雨 獠郭音遼夜獵也又力召力弔二反或作燎宵田也 罼

音畢本又作畢 載鑪力吳反字或作爐 冢竹勇反 攸音由 大社音泰下大

爾雅音義上中　二十七　毛諫

常同 闐闐徒天反 整之領反 治音持 綢他刀反 杠音江廣雅云天

子之杠高九仞諸侯七仞卿大夫五仞士三仞 韜他刀反 纁許云反 縿本或作纔又作襂緘

衫字同所衛反下同 旒力周反經典亦作流廣雅云天子十二旒至地諸侯九旒至軫卿大夫七旒至轂士三旒

至肩 所著直略反 陞音升 今上力呈反 綦音其本亦作纂祖管反 飾

音式 緇側其反 廣古曠反 充方言云幅廣曰充 幅音福 長尋直亮反注

同 旄持小反 旆蒲蓋反 注之樹反 旄云襃反 旌音精本又作旍 幢

直江反 竿音干 鈴郎丁反 旂音祈 縣音玄 錯七各反又七故反 旟

羊諸反 剥北角反 鳶以專反鴟也 旃之然反世本云黃帝作旃 旌旂本又

作旗凡旌旗之字皆從㫃㫃音偃說文云旌旗得風靡也或示旁乎旁者非也

釋地第九徒利反一音徒細反釋名云地底也其體在底下載萬物也張揖古今詁云土乙力

曰地許慎注淮南子云地釐也物理論云地底也著也陰體下著禮統云地施也諦也應變施化審諦不誤

庪，本或作庋，又作攱【法】庪、庋、攱並當從支

繹，本或作襗，《字書》爲鐸、鐸二字，同【法】盧云：鐸字疑譌。《詩·絲衣音義》云：繹，《字書》作釋。偉案釋乃襗之譌，盧已改襗，不得復引以證此

獮，息淺反，《說文》從薾，或作禰，從示【法】《左·隱五年傳》及《釋詁音義》並引《說文》作獮，當是此作薾者。蓋因六朝人書薾或作璽，與璽相近而譌。此注當云：《說文》從璽，或作禰，從云。或據此欲改《說文》爲獮，謂薾與獮聲類相同而不知其雙聲殊隔也

縿，又作襂、緘、衫字，同【法】緘未詳

旄，云襃反【法】云乃亡之譌

兩河閒曰兾州郭云自東河至西河周禮云河內曰兾州韋昭注漢書云東西南北皆有河故曰河內馬融曰在東河之西西河之東南河之北李巡云兩河閒其氣清厥性相近故曰兾兾近也河南曰豫州郭云自南河至漢也周禮亦云河南曰豫州尚書云荊河惟豫州孔傳曰西南至荊山北距河水李巡云河南其氣著密厥性安舒故曰豫豫舒也春秋元命包云豫之言序也言陽氣分布各得其處故其氣平靜多序也河西曰雝州於用反郭云自西河至黑水尚書云黑水西河惟雍州孔傳云西距黑水東據河周禮云正西曰雍州雍者擁也東崤西漢南商於北居庸四山之內擁翳也李巡云河西其氣蔽壅厥性急凶故曰雍雍壅也太康地記云雍州兼得梁州之地西北之位陽所不及陰氣壅閼故取名焉案周禮及爾雅皆無梁州則雍州兼有梁州之地也禹貢云華陽黑水惟梁州孔傳云東據華山之南西距黑水韋昭云今益州也太康地記云梁州者言西方金剛之氣強梁故因以爲名漢時改雍州爲梁州改梁州爲益州也漢南曰荊州郭云自漢南至衡山之陽尚書云荊及衡陽惟荊州孔傳云北據荊山南及衡山之陽周禮云正南曰荊州釋

爾雅音義上中　二十八　陳錫

名云荊州者取荊山之名荊警也南蠻數爲寇逆常警備故也江南曰揚州郭云自江南至海尚書云淮海惟揚州孔傳云北據淮南距海周禮云東南曰揚州李巡云江南其氣燥勁厥性輕揚太康地記云以揚州漸太陽位天氣奮揚履正含文明故取名焉濟本又作泲子禮反下同河閒曰兖州悅轉反郭云自河東至濟尚書云濟河惟兖州孔傳云東南據濟西北距河周禮云河東曰兖州李巡云濟河閒其氣專質厥性信謹故曰兖兖信也釋名以爲取兖水之義濟東曰徐州郭云自濟東至海尚書云海岱及淮惟徐州孔傳云東至海北至岱南及淮釋名云徐舒也土氣舒緩太康地記以爲取徐丘爲名云周合其地於青州案周禮無營州而有青州燕烏賢反曰幽州郭云自易州至北狄周禮云東北曰幽州李巡云燕其氣深要厥性剽疾故曰幽幽要也太康地記以爲因於幽都爲名或云北方太陰故以幽冥爲號二者相依也周禮云正北曰并州春秋元命包云并之言併也陽合交并其氣勇壯抱誠信也太康地記云并州不以衡水爲號又不以恒山爲稱而言并者蓋以其在兩谷之閒也齊曰營州郭云自岱東至海尚書云海岱惟青州孔傳云東北

南蠻數爲寇逆，嘗警備故也【法】嘗乃常之譌

據海西南率岱則爾雅營州爲禹貢之青州矣營者蓋取營
丘以爲號周禮云正東曰青州博物志云營與青同海東有
青丘齊有營丘豈是名乎太康地記云東方少陽
其色青其氣清歲之首事之始故以青爲名焉 九州 案禹
土畫爲九州禹貢所言是也其後舜分置十二州鄭玄云舜以
青州越海而分齊爲營州冀州南北太遠分衛爲并州燕以比
爲幽州新置三州并舊爲十二州也夏家依禹貢九州爾雅所
言李郭以爲殷制周禮職方氏之敘列是周制也禹貢無幽并
營爾雅有徐幽營而無青梁并職方有
青幽并而無徐梁營三代不同之故也 鉅 音巨 陊 孫於于反郭烏侯反
本或作紆字非也 汧 苦堅反字林水出隴右扶風也 諸 如字左傳同尚書作豬丁魚反 雎 蘇維反水名也
本今作雎 夢 本或作蒙亡貢亡工二反 大湖 音泰本今作太 隅 本或作嵎同仰于反 厈 音赤
余 羊如反 祁 巨伊反又止尸反孫本作底音之視反 鄎 於虔反字林云太原縣也又乙祛反 圃 本或
作圃字同布古反又音布 熒 乎銘反 穫 胡故反又作護同 瓠 胡故反 十藪 素口反說
文云大澤也風俗通云藪厚也有草木魚鱉所以厚養人也 阠 音信郭尸慎反字林所人反又所慎反 [illegible]
徒登反又作滕同 隃 戍輸二音 湨 古闃反 隄 丁兮反 墳 扶云反 防 音房 八陵
【爾雅音義上中 二十九 霍
大阜曰陵 醫 於其反李本作毉音同 珣 胥均反又音峻說文云周書所謂夷王讀若宣 玗 音于 琪
巨疑反 會 古外反 稽 古兮反 箭 子賤反 篠 悉了反 犀 音西 華 乎花
反又戶化反 礝 本或作碝同如兗反應劭注子虛賦云礝石出鴈門白者若冰半有赤色 霍 呼郭反 崐
音昆 崘 路昆反 虛 羌魚反 璆 其樛反又音求 琳 音林 瑯 音郎又作琅同 玕 音干
筋 音斤本或作葪字非 斥山 昌亦反又昌夜反 縟 音辱 嶢 而遙反 九府
府猶庫藏也 鰈 本或作鰨同音牒又勑臘他盍二反 牛脾 婢支反 翼 本或作翌又作翼又
作戢字同羊式反 鶼鶼 古恬反 鳧 音扶 肩 音堅 邛邛 本或作蛩蛩巨凶反
駏 音巨本或作岠又作距音同 驉 本或作虛又作驉同許伯反 爲 于僞反 齧 五結反
或作嚙噬音逝 難 奴旦反 蟨 郭音厥孫居衛反李云邛邛岠虛能走蟨知美草即若驚難者邛邛岠虛
便負蟨而走故曰比肩獸孫云邛邛岠虛狀如馬前足鹿後足兔前高不得食而善走蟨前足鼠後足兔善求食走則倒
故齧甘草則仰食邛邛岠虛負以走郭云今鴈
門夏屋山中有獸形如兔而大相負共行土俗名之爲蟨

阠，郭尸慎反【法】尸慎反誤，蓋讀尸如師也

湨【法】湨當從狊

珣，《說文》云：《周書》所謂美玉【法】美盧依《說文》改夷

礝，本或作碝【法】礝乃碝之譌，從耎，是也

璆，其樛反，又音求【法】璆尤、幽分部

鰈，又勑臘、他盍二反【法】勑臘與他盍同，疑有誤〇翼，又作翼，又作戢【法】戢乃戢之譌。 翼盧改龔，是 〇卬【法】卬盧改邛，是

驉，許伯反【法】伯乃魚之譌，盧改俱，非，驉、俱不同部

鼠穆天子傳云邛邛岠虛走百里之類也同馬相如子虛賦云蹷邛邛轔岠虛又爲二獸也 趨七俞反又作趨非 食之音嗣 夏屋戶雅反 迭食徒結反 更望音庚 枳本或作賫顧音 居是諸是二反郭巨宜反孫音支云蛇有枝首者名曰率然施音指案和首謂蛇有兩頭 首舒酉反 牧亡卜反養也此謂牧養之地說文從牛或作目李本牧作田字釋云田敕也謂敕列種穀之處敕音陳 野本或作埜古字 羊者 垌古熒反 假令力呈反 溼俗作濕申入反 隰本或作隰音習 種之用反 陂者彼宜反字林或彼義反又作坡郭皆普何反 阪甫晚反字林父板反 陀大何反 菑本或作甾同側基反孫音災 畬本或作畭同羊如反字林弋恕反 泰音太 邠本或作豳字同彼貧反說文作汾字音同 濮音卜 鉛悅全反 祝章六反又昌六反 觚姜胡反本又作孤同 西王母是西方昏荒國名又曰西王母神名狀如人虎齒豹尾蓬頭戴勝善嘯穴宿周穆王巡狩至崐崘山見之西王母亦來賓昭宮見出竹書及穆天子傳 岠音巨 大平音泰下同 濛音蒙本今作蒙 汜音祀一音似或云祀似同音後放此

爾雅音義上中　三十

釋丘第十羌牛反本又作丠古字非人所爲曰丘廣雅云小陵曰丘

敦丘郭云音頓或丁回反謝如字讀注宜如後二音 重也直龍反下同 壇大千反 堆丁回反 陶徒刀反孫云形如累兩盂 濟子禮反 一 銳惟歲反 鐵子廉反 如乘本又作椉繩證反注車乘同李郭皆云形如車乘又市證反或云如稻田塍埒下文並放此 塍市陵反許叔重云稻田畦堤埒畔 埒音劣 陼章汝反下同 潦力道反 泥乃兮反依字作尼又作坭 洿音烏又烏花反本或作汚 所作子各反 所還戶關反又音患下同旋音旋 繞音遶 涂字又作途音圖 梧五故反又音吾 畫郭音獲謝胡卦反 渻本或作𣸱字所景反 沮孫郭同辭與慈呂二反謝子預反施子余反 淄側其反 過古卧反 覆孚服反 敦丁回反下及注同 邐呂紙反說文云邐行也 迆字或作迤余紙余支二反說文云迤邪行也 旄謝音毛字林作嵍又作堥俱亡付反 偏音篇 宛於阮反孫云謂中央汙也郭於粉反謂蘊聚隆高也下同 隆力躬反 解古買反 背如字 定丁佞反 畝本或作畮 龍界力勇反木

牧，亡卜反【法】牧、卜不同部，卜字譌也。又案陸氏本有木、目二讀，宜通考之

牧，李本牧作田字，釋云：田，敕也，謂敕列種穀之處，敕音陳【法】敕盧改湫，遵《說文》也。　肊謂當作敕，俗省也

陂，郭音普何反【法】音盧據宋本改皆，再酌

邠，《說文》作汾字，音同【法】汾盧改汎，是

汜，音祀，一音似，或云，祀、似同音【法】或云句不類，疑校語。據《廣韻》汜、祀、似並詳里切也。　音祀疑音汎之譌，抑或一本作音祀，一本作音似，後人記其異，而校者又合爲一耳

泥，又作坭【法】盧云：坭似泥之譌

沮，孫、郭同辭與、慈呂二反【法】辭與、慈呂二音並舉，是陸亦分邪、從爲二紐也

迤，字或作迤。《說文》云：迤，邪行也【法】《說文》作迆，不作迤

又作龍 不了或作憭 故重直用反 潛昨鹽反 黎力兮反 敦丁回反 碌石
碌音祿 更古孟反 魁口回反 梧五故五胡二反 傑渠列反本今作桀 望厓
字又作涯魚佳反 洒蘇典反又所禮反下同 滑音骨 坦土但反 隩字林烏到反郭於六
反注及下同本或作隩 隈本或作渨同烏回反字林一由反 漁音魚 鞫如字字林作拘云隈厓外
也上六反 別彼列反 裏音里 畢本又作嶧卑吉反 重厓直龍反 滸呼五
反 墳符紛反 防音房 隄丁兮反 涘舊音仕 瀆音獨 汜音似 瀓本又
作湄亡悲反又音微
釋山第十一所閑反或所旃反廣雅云土高有石曰山山產也能產萬物也說文云山宣也
宣氣散生萬物也凡天下名山五千二百七十出銅之山四百六十七出鐵之山三千六百有九
華戶花戶化二反字林作華同 吳嶽音五吾周禮職方氏正西曰雍州其山鎮曰嶽後鄭云嶽吳嶽也
與郭同 襲音習 亦重直龍反下皆同 坯或作伾備悲反又備美反沈五窟反韋昭音⿰革丕

爾雅音義上中　三十一　駱昇

說文作坏 崧思忠反又作嵩崧即嵩也俱是高大之貌 岑吉金反字林才心反 崟魚金反字
又作崯 嶠渠驕反郭又音驕字林作嶠云山銳而長也巨照反 鑯子廉反 卑如字又音婢
扈音戶或作扈 巋丘軌反巋然高峻貌字林丘追反小山而眾也 叢才公反 岌魚泣反及
高也 峘胡官反一音袁埤蒼云峘大山又音恒 過古卧反 屬章玉時欲二反謂相連屬 嶧
羊石反說文葛嶧山在東海下邳尚書云嶧陽孤桐 駱音洛 驛音亦 宛於粉反 脊音積
岡又作⿱罒出皆古郎反 翠七遂反 微亡非反 近上附近之近 陂普河反又
彼義反 崒子恤才戌二反字林才没子出二反 厜姊規反郭才規反字林同顏規規反本或作厓
又作崖皆才何反 巖郭語規反字林音危顏魚奇反本或作㕒又作羲皆五何反 巉士杉反又士咸
反 岊五戢反本又作巖字林云巉巖山貌也 密又作崈 美樅七容反木名 盛時征
反又市政反謂山形如黍稷之在器 巒力官反埤蒼云山小而銳 隋湯果反狹而長也字林云山之施隋
者大果反 狹乎夾反 喬巨苗反 重直龍反 甗魚蹇反郭音言又音彥字林牛建反

了，或作僚【法】僚乃憭之譌。《序音義》云，了本亦作憭，音同，是也〇敦，丁回反【法】敦丁回反條疑衍

隈，《字林》一由反【法】由盧改凷〇鞫【法】鞫《石經》及今本並作隈，詳《考證》

山，所閒反，或所旃反【法】山，山、仙分部

坯，沈五窟反，韋昭音⿰革丕【法】五窟反殆其字作屼乎？ ⿰革丕當作⿰壴丕，《禹貢》大伾，韋昭音⿰壴丕

岑，吉金反，《字林》才心反【法】《莊子·徐無鬼》篇《音義》岑，七金反，徐在林反，七疑士之譌，此吉不知何字之誤

岡，又作⿱罒出，皆古郎反【法】⿱罒出當作罡，六朝俗字也，或又譌為⿱罒疋

巉，士杉反，又士咸反【法】《廣韻》杉、咸同部，杉蓋衫之譌，否則陸收杉於銜也

隋，《字林》云：山之施隋者【法】施疑誤　甗，郭音言，又音彥，《字林》牛建反【法】音彥與牛建反同（榮芬案同字衍，或為異之誤），此願、線分部

隒本或作嵰字同郭魚檢反字林云山形似重甗居儉反顩力儉力儼二反甗子孕反㕔口閤
反霍許郭反別大彼列反下注同鮮息淺反李云大山少故曰鮮或作嶰字又音仙陘
郭胡經古定二反磝字或作磽同字林口交反郭五交五角二反礓居羊反字林云礫也礫力的
反說文云小石也礐字或作确又作㙝又作埆郭苦角反又戶角反磐步丸反今作盤同岵音戶
峐三蒼字林聲類並云猶屺字山音起阮孝緒字略音古開反垺音孚字或作浮渟音亭亦作
停同嶨字林火篤反郭同又徂學反潦音老豄說文云古文瀆字徒木反谿苦奚反
戴土本或作載字同丁代反下同崔徂回反嵬五回反砠說文亦作岨七余反夾
古洽反澞魚俱反本又作虞岫徐究反郭音胄又音由字林弋又反泰山一名岱宗在兖
州界漢在泰山博縣又云在奉高縣華山在豫州界漢在弘農華陰縣霍山一名衡山在荆
州界漢在長沙湘南縣又云在廬江灊縣恒山在并州界漢在常山上曲陽縣以犯漢文帝諱改爲常山
嵩高在豫州界漢在河南馮翊音翼夏陽戶雅反臨河河或

爾雅音義上中　三十二　駱寶

作魚依反
釋水第十二戶癸反尚書洪範五行一曰水水曰潤下說文云水北方之行象衆水並流著微陽之氣
也白虎通云水準也言水之平均而可準法也
一見賢遍反一否方有卑美二反廣雅云否不也瀸息廉反又子廉反纔音才
瀱居例反孫詐廢反汋仕捉反又上若反濫胡覽反涌音勇沃烏鹿反縣
音玄霤本又作溜力又反氿音軌詩云有洌氿泉仄菹棘反本亦作側汄同湀郭巨癸反
孫苦穴反字林音圭闢婢亦反一音匹亦反過本或作濄同古禾反辨普見反回又作洄戶恢反
灉於用反又於恭反復還扶又反下及注並同沱徒河反或作汜音似潬徒坦反堆
字或作厓又作塠字同都回反汧口千口見二反瀵敷問反義或方問反水本同而出異尾字或作浘
屍同亡鬼反汾又云反車昌蛇反濆扶粉反翊音弋部戶苔反數里
色主反夾古洽反壅於勇反陂彼爲反出𧆟昌慮反下同魁口回反

隒，顧力儉、力儼二反【法】力儉、力儼此儉、儼分部。今儼部無來紐〇㕔，口閤反

【法】閤《注疏》本作閣，是（榮芬案此條原倒在隒條前，今正）

磝，字或作磽，同，《字林》口交反，郭五交、五角二反【法】磽與磝殆不同字，口交為磽之音，五交、五角為磝之音，亦不容相混也

嶨，《字林》火篤反，郭同，又徂學反【法】徂學反非

砠，《說文》亦作岨【法】《說文》有岨無砠，亦字疑衍

臨河，河或作魚依反【法】盧云：或作下疑有缺文，以魚依之音考之，或是沂字

沃，烏鹿反【法】沃、鹿不同部，《詩音義》多烏篤、烏毒等反，是也

仄，本亦作側、汄，同【法】汄盧改汎，是

辨，普見反【法】辨，普見反，與《釋器》普徧反同，皆讀爲片也

復還，下及注並同【法】今脫還字，詳《考證》

瀵，敷問反，義或方問反【法】義字未詳，疑又字之譌。蓋之譌作乂，因聲近變爲義也　尾，字或作浘、屍，同，亡鬼反【法】盧云：屍疑當作𡰪　〇汾，又云反【法】又云乃父云之譌

醮子召反盡也字或作潐同 㢈字又作㵐音執 爲灉於用反或於凶反字又作澭注及下同
沮七余反 濟本又作泲子禮反 湀初呂反 汶音問 瀾字或作㶕同昌善反李云溢也
沱潛徒河反下文及注並同字亦作沲 滸字五反 岷亡巾反 道江徒報反本或作導
過又作渦謝古禾反又烏禾反本或作過 洵私旬反 潁餘頃反水名在汝南呂伯雍云水出陽成乾山
濆符云反下同字林作湓工玄反衆爾雅本亦作湓 汧苦見苦堅二反 汜音似 瀾力旦反
又力安反下及注同李依詩作漣音連 漪於宜反本又作猗 渙呼貫反 淪音輪 蘊紆云
紆粉二反 俓古定反字或作徑注同 侹字又作挺他定反又徒頂反俓侹直也 所作子各反
重直用反 見賢遍反 厓五街反 湄本或作㵟湑溦濂四字同亡悲反 濟
子細反 則厲如字本或作濿說文云濿或作砅履石渡水也俱力曳反 則揭起例反褰衣渡
水也下揭者爲揭同 揭衣起例反或丘竭反說文云高舉也 褰去焉反 褌音昆 繇
古由字下同 膝字又作郭辛七反 以上時掌反下同 泳于柄反 底丁禮反
爾雅音義上中　三十三　駱賓
汎汎孚劒反 紼本或作綍又作紱同甫勿反 縭力知反下同 繂本或作綍字同
音律 索悉各反 緌如誰反 造草報反廣雅作船音同又造舟爲浮梁謂比舟船造作橋
梁或音阜案說文船古文造也郭圖云天子並七船諸侯四大夫二士一 方音舫或作舫又音方 併
步丁反 特大得反本或作犆同 泭音桴併水以渡 水注之樹反下同 谿苦兮反
澮古外反 灌古亂反 𤃬昌預反 泝蘇故反詩作遡 洄胡恢反 游
音由 江出蜀郡岷山 河出崐崘山或云出積石 淮出南陽平氏縣胎簪山亦云出桐柏山
濟子禮反出河東垣縣王屋山或云出河內溫西北平地 四瀆徒木反廣雅云江貢也河何也淮均
也濟濟也 洲音州 小洲曰陼字又作渚章汝反本或直云小洲曰沚 沚音止本或作持
音同又音市 坻本或作墀同直基反本又作泜音同 潏郭決汝二音呂伯雍音同案郭圖水中自然可
居者爲洲人亦於水中作洲而小不可止住者名潏水中地也 河出崐崘古門反 崘力門反 虛
去魚反本亦作墟 色白李云河水始出其色白也孫云崐崘山名也墟者山下之地白者西方之色也郭云山海

滸，字五反【法】字乃呼之譌，見《王風·葛藟》及《大雅·緜》，盧刻已改

水出陽成乾山【法】成當作城。乾山上盧補陽字

湄，本或作㵟、湑、溦、濂四字，同【法】濂不成字，疑當作濂，見《集韻》

膝，字又作䣊【法】䣊當從卩

併，步丁反【法】他皆步頂反，無讀平聲者

陼，章汝反，本或直云，小洲曰渚【法】本或直云未詳，盧《考證》亦未詳

經曰河出崐崘西北隅墟者山下基也發源處高激峻湊故水色白也郭音義云禹本紀及山海經皆云河出崐崘山漢書曰張騫使西域窮河源其山多玉石而不見崐崘也世人皆以此疑河不出崐崘案山海經曰東望泑澤河水之所潛也其源渾渾泡泡又云敦薨之水注于泑澤出乎崐崘之西北隅實惟河源也西域傳又云河有兩源一出葱嶺山一出于闐于闐在南山下其河北流與葱嶺之河合東注鹽澤鹽澤一名蒲昌海去玉門陽關三百餘里輪廣三四百里其水停冬夏不增減皆以爲潛行地下而南出於積石山而爲中國河云然則河出崐崘便潛行地下至葱嶺及于闐復分流岐出也張騫所見蓋謂此矣其去崐崘里數遠近所未得而詳也泑澤即鹽澤也泑音於糾反闐徒徧反圖讚云崐崘三層號曰天柱實惟河源水之靈府是也

隅 又作嵎堣同音魚呼反 **所渠并千七百一川色黃** 李云水流而分交錯相穿故曰川也孫云所受渠多轉流溷濁故色黃郭云潛流地中汩漱沙壤所受渠多衆水溷淆宜其濁黃 **汩** 于筆反流水也方言云遥疾行也字林云水聲急也 **漱** 色救反 **溷** 戶本反又戶困反謂雜亂字或作渾同 **淆** 戶交反本亦作濁 **百里一小曲千里一曲一直** 李云水勢小曲乃大直也故曰小曲水陰節每一曲一直通無極也故曰千里一曲一直郭云公羊傳云河曲流河千里一曲一直也

徒駭 李云禹疏九河以徒衆起故曰徒駭孫云禹疏九河此河功難衆懼不成故曰徒駭 **大** 謝音泰孫如字本今作太 **史** 李孫云禹大使徒衆於此通水故曰大史或云大史者史官記事之處 **馬頰** 李孫郭並云河勢上廣下狹狀如馬頰也 **狹** 胡夾反 **覆** 孚腹反 **鬴** 郭云古釜字李孫郭並云水中多渚往往而有可居之處狀如覆釜之形 **胡蘇** 李云其水下流故曰胡蘇胡下流也孫云水流多散胡蘇然也 **簡** 古限反李孫並云河水深而簡大也郭云水道簡易 **易** 以豉反 **絜** 戶結反孫郭並云水多約絜又苦八反李云河水多山石之苦故曰絜絜絜苦也或音呼節反又音結 **鉤** 古侯反 **般** 步干反本又作盤李本作股云水曲鉤屈折如人股故曰鉤股孫郭同云水曲如鉤流盤桓不直前也 **鬲** 音革施力的反與今注不同 **津** 李云河水狹小可隔以爲津故曰鬲津孫郭同云水多阨狹可隔以爲津而橫渡 **阸** 於懈反 **隔** 音革 **九河** 案禹貢在兖州界郭云徒駭今在成平縣胡蘇在東莞縣鬲津今皆爲縣屬平原郡周時齊桓公塞九河并爲一自鬲津以北至徒駭二百餘里渤海東莞成平平原河間弓高以東往往有其處焉

經典釋文卷第二十九

又云：敦夢之水，注於泑澤【法】夢盧據《北山經》改薨。案此類似未應遽改，但識其異可也　○其水停【法】其水停《漢書》作亭居

汩，流冰也【法】冰盧改水○漱【法】漱盧改從軟

故曰小曲水陰節【法】陰節未詳

胡蘇在東莞縣【法】莞邢疏作光，以作莞爲誤，是也，晉之東莞距九河甚遠

經典釋文卷第三十

爾雅音義下

唐國子博士兼太子中允贈齊州刺史吳縣開國男陸德明撰

釋草第十三 草亦作艸說文云百卉也從二屮中讀若徹象草木初生 藋 羊六反 韭 居有反說文云菜名也一種而長久故曰韭象形在一之上一地也 茖 古百反 葱 本又作蔥音聰 勤 字又作葝巨盈反 䪥 本又作薤同戶界反說文云菜也葉似韭故從韭也 蒚 力的反 蒜 西亂反說文云葷菜也一本云菜之美者雲夢之葷菜 種 之用反 [redacted] 莖 戶耕反或作英 薜 方麥反郭布華反 蘄 古芹字巨斤反 廛 士奴反後皆同又在古反本今作麤 椴 徒亂反 堇 本或作槿音謹下同 櫬 楚靳反本又作藽 別二 彼列反下放此 隕 于敏反 爲日 人逸反 烝 之仍反本今作蒸 朮 徒律反本或作茱 [redacted] 古帝反下同案本草朮一名山薊一名山薑 廣雅云朮薑也 枹 沈音孚又音浮又音包 前 音箭一音子淺反說文作湔同

爾雅音義下　一

蕼 息遂四銳二反 埽 素報反下同 帚 之有反 彔 力辱反 芻 楚俱反本又作蒭 蓐 音辱 鴟 尺之反 莎 素和反 蔏 音商 藋 徒弔反說文廣雅皆云蓳也 蘩 音煩 皤 白波反白也 蒿 好高反 [redacted] 本亦作藍去刃反讀者或作苦見反 炙 之亦反 啗 本典作啖又作噉皆[redacted]覽反說文云噍也廣雅云[redacted]也 蔚 於貴反下同 牡 亡后反 齧 魚結反 彫 一遼反 蓬 步公反 薦 作見反孫李本作薦沈平兆反 黍 音著 種 之勇反 蘪 方寐反又方弭反 莞 謝音官施音九 勤 巨盈反 皁 音造 菥 思歷反 蓂 亡歷反 薺 齊禮反 [redacted] 蒤 大奴反 細 刺 七賜反下同 狼 音郎 茅 亡交反 覆 音副 瓝 戶故反舍人本又作瓠釋云瓠也 棲 詩作犀音西 瓣 苻莧苻閑二反謝力見反郭云瓠中瓣也字林云瓜中實也父莧反 茹 音如 字亦作蘂 藘 力居反 蒐 色留反 蒨 本或作茜七見反 臝 力果反 栝 古活反本或作苦 樓 本或作蔞力侯反本草栝樓一名他樓一名天瓜一名澤姑一口果臝實一名

法偉堂經典釋文校記遺稿卷三十

清法偉堂著　邵榮芬編校

爾雅音義下

蒜，一本云：菜之美者，雲夢之葷菜【法】一本以下疑有脱誤

廛，士奴反【法】士乃七之譌

櫬，楚靳反【法】按《廣韻》，靳當作覲（榮芬案此條原與上條倒次，今正）

术，徒律反【法】徒律即直律，類隔也〇薊，《廣雅》云：术薑也【法】术下盧補山字

前，《說文》作湔【法】湔誤，今《說文》作湔

录，力辱反【法】录乃菉之譌，倘果作录，必云本或作菉矣

彫，一遼反【法】一盧改丁，是〇薦，沈平兆反【法】盧云：沈音當本作薦字，薦亦草也　〇黍，音著【法】著當作暑，見《釋鳥》

瓣，謝力見反【法】力疑方之譌。《廣韻》郎甸切有瓣字，云瓜瓣，或者謝讀瓣爲瓣乎

黃瓜肉弘景注云出近道藤生狀似土瓜而葉有叉實中人今以雜作手膏用也根入土六七尺大二三圍者服食
亦用之荼音徒說文同案詩云誰謂荼苦大雅云堇荼如飴本草云苦菜一名荼草一名選生益州川谷
名醫別錄云一名游冬生山陵道旁冬不死月令孟夏之月苦菜秀易通卦驗玄圖云苦菜生於寒秋經冬歷
春得夏乃成今苦菜正如此處處皆有葉似苦苣亦甚食但苦耳今在釋草篇本草為菜上品陶弘景乃疑是
茗失之矣釋木篇有檟苦荼乃是茗耳萑音佳蓷他回反或音推郭云茺蔚也本草茺蔚子一名
益母一名大札一名益明一名貞蔚陶弘景云處處生葉如荏方莖子細長三楞白華華生節間茺音充
蔚音尉荏而甚反葢音益本今作益虉又作鷊五歷反郭音五革反綬音受
粢音咨左傳云粢食不穀杜注云黍稷曰粢郭云今江東人呼粟為粢陶注本草云白粱粟或呼
為粢音緇字林云黏稷也今苗及穀似粟稷本草云稷米味甘無毒益氣補不足陶注云不識書
多云稷恐與黍相似詩黍稷稻粱禾麻菽麥此八穀世人莫能證辨如此穀稼米不能明而況芝英
者乎氾勝之種殖書無稷案禮記云子卯稷食菜羹又云君沐粱大夫沐稷士沐粱相承云稷粟也

爾雅音義下　二　駱寶

又郭注衆秫云黏粟而說文字秫皆云黏稷今秫苗及穀全似粟唯色及黏為異又衆家釋粢皆為粟知
稷即粟也然本草稷米在下品別有粟米在中品又似二物衆音終秫音述郭云黏粟也說文云
稷之黏者字林亦云黏稷本草云秫米味甘微寒主止寒熱利大腸治漆創案江東人皆呼稻米為秫米
爵稻米以治漆創亦驗然北間自有秫穀全與粟相似米黏北人用之釀酒其莖稈似禾而麤大也黏
女廉反字林云相著朮舒育反本亦作菽荏而甚反卉虛謂反揔子孔反菀
悅轉反又古本反蘥子若反麥亡革反燕烏見反蘹戶怪反蕵西存反
萰音練菟音兔荄古來反一音皆蘩音煩蒵音兮蔩羊善反又弋仁
反茢音列薽音眞豕傷氏反彘音滯蟾音占豨虛豈反燭字或
作煼焆炒䰈䰉焣七字並音初卯反三蒼云熬也說文云火乾物也蠶雜南反蛹音勇荓
音瓶帚之酉反蓍音尸說文云蒿屬也生千歲三百莖埽蘇早反藬胡罪反
茭郭胡卯反又音交或尸交反蘄音芹葖孫郭並他忽反施徒忽反蘆郭音力柯反謝

萑，音佳【法】佳盧改隹，是

如此穀稼米不能明，而況芝英者乎【法】米疑誤

菀，悅轉反，又古本反【法】盧云：菀從公譌，當從台。古本反字當作蓘

蕵，西存反【法】蕵當從飧

燭，字或作煼、焆、炒、䰈、䰉、焣，七字並音初卯反，《三蒼》云：熬也【法】今《說文》作鬻，云：熬也

茭，或尸交反【法】尸乃户之譌

力吴反 萉 郭音菔蒲北反 蕪 音無本或作蔓音萬 菁 音精又子丁反 雹 步角反
滇 耻力反聲類云滇灌苬芝也 苬 沈顧音祥由反謝音由 芝 音之瑞草也 筍 息尹反竹
初生也 萌 亡耕反 簜 徒朗反說文云人竹也尚書云篠簜既敷是也本或作篡音同案說文篡
大竹筩也字林他莽反 莪 五河反 蘿 力何反 䕲 良甚反廣雅云莪蒿䕲蒿也
苨 奴禮反 菧 丁禮反 絰 待節反 莕 音杏本亦作荇詩云參差荇菜說文作葕 接
如字說文作菨音同 余 羊如反本或作荼非 菅 古顏反 薜 方麥反 蘄 巨斤反 菲
芳尾反 芴 音物 葍 方服反說文云亦名舜楚謂之葍秦謂之蔓蔓地生而連花 葍 音富 藑
戶坰反 荾 謝於蘧反孫於爲反郭妥委反本今作委 萎 謝於危反孫人垂反郭音痿痹同案痿音
人垂反字林云痹也韓信云痿人不忘起是也讀史漢者或於危反 箭 笴 音幹又音干或古但反
蒟 求于反 芋 天頂反又天丁反 熒 音迥又音螢 竹 本又作筑張六反 萹 匹善
反顧補殄反匹緜二反 蓄 勑六反陶弘景云萹蓄亦呼爲萹竹 好 生 呼報反 蟲 直中反

爾雅音義下　三　徐宗

葴 之金反 藆 何干反本今作寒 薢 郭音皆音古買反 茩 古口反秦人名蔆曰薢茩
廣雅云蔆芰薢茩 芵 古穴反本亦作決 光 本或作茪古黃反 茱 常朱反 萸
羊朱反 蔆 字又作菱音陵 莁 士符反讀者或常制反又戶耕反 荑 羊而反 藙
所黠反 薔 在羊反 蕢 巨貴反 瓞 大結反詩云緜緜瓜瓞 瓝 步角反字林作
皎云卜瓜也 紹 市沼反 蔓 音萬 著 子 丁略反 芍 戶了反 鳧 音扶 茈
本又作蒞沈顧徂斯反謝徂咨反 蘱 力憒反又力對反 薡 音頂 蕫 本或作董丁動
反施音童 苐 大兮反本又作稊莊子云道在稊稗是也 苵 大結反 稗 蒲賣反字林云禾別
名也 鉤 古侯反 芺 於表反又於老反 拇 音母 薊 音計 蘾 胡界反 薈 烏外
反 蘠 師力反說文作蘠云虞蓼也音色 蓼 音了 蓧 他彫反 蓨 他的反
虋 詩作穈字林亡昆反郭亡津反本亦作虋 粱 音良 芑 羌紀反 秬 音巨黑黍
也或云今蜀黍也米白穀黑說文作𪏰或作粔字 秠 孚鄙反又孚丕反字林匹几匹九夫九三反

萉，郭音菔，蒲北反【法】萉據郭音則字本當作菔，則所據本已誤。疑正文作菔，注云：郭音服，又蒲北反。與《廣韻》合矣

簜，徒朗反，《說文》云：人竹也。本或作篡，音同。案《說文》篡大作篃也【法】人盧改大，作盧改竹，並是

莕，本亦作荇，《說文》作葕【法】今《說文》莕重文作荇，《五經文字》亦引《說文》作荇，則今本作葕誤也

葍，秦謂之蔓【法】蔓盧改蕒，是

莁，讀者或常制反，又户耕反【法】案常制反譌筮，户耕反譌爲莖也

茈，沈、顧徂斯反，謝徂咨反【法】徂斯、徂咨支、脂分部

薊【法】薊乃蘇之俗

虋，詩作穈，郭亡津反【法】穈盧改穈。《生民音義》郭亡偉反，是也，津乃形近之譌　○秬，《說文》作𪏰，或作粔字【法】《說文》𪏰之或體作秬

秠，又孚丕反【法】孚、丕同紐，丕疑邳誤，《廣韻》敷悲切

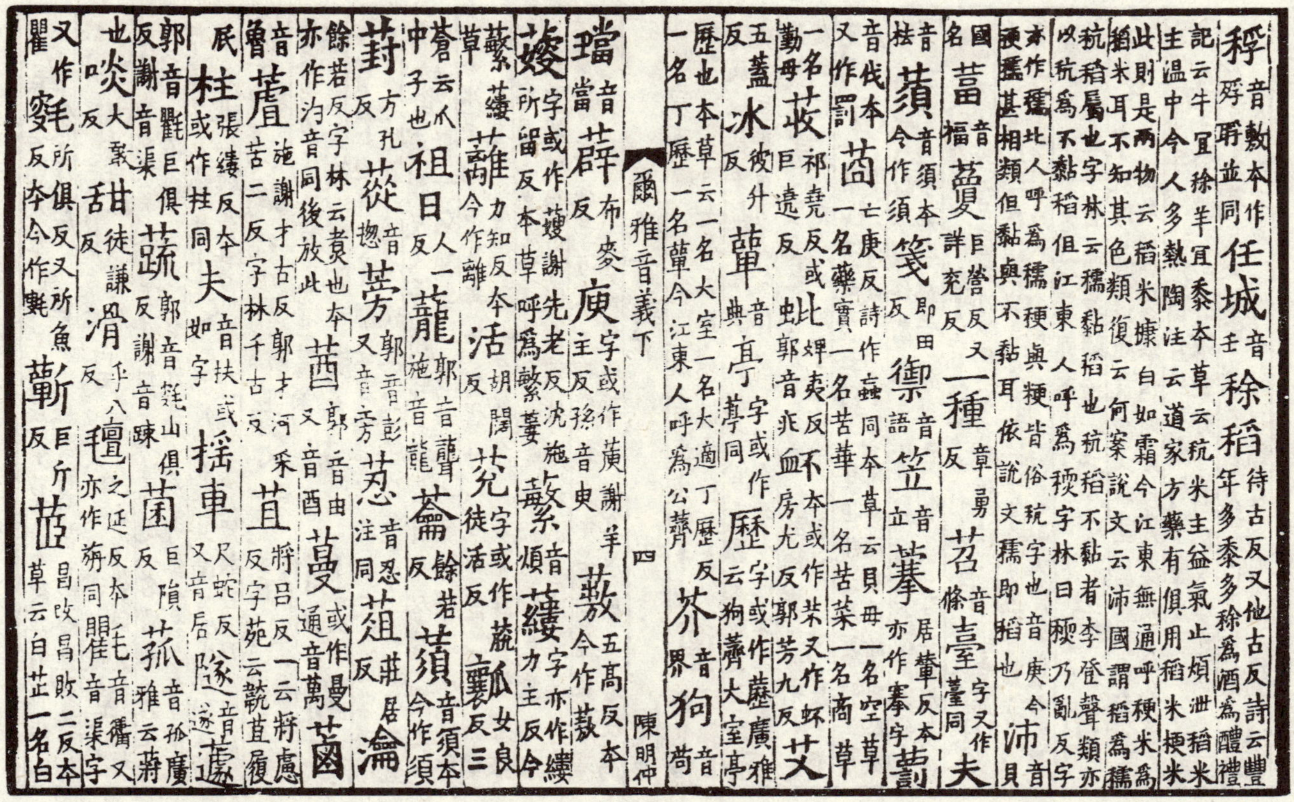

稃音敷本作殍弙並同任城音壬稌稻待古反又他古反詩云豐年多黍多稌爲酒爲醴禮記云牛宜稌羊宜黍本草云秔米主益氣止煩泄稻米主溫中令人多熱陶注云道家方藥有俱用稻米粳米此則是兩物云稻米𥻆白如霜今江東無通呼粳米爲稻米耳不知其色類復云何案說文云沛國謂稻爲稬秔稻屬也字林云稬黏稻也秔稻不黏者李登聲類亦以秔爲不黏稻但江東人呼爲稉字林曰稉乃亂反字亦作穤北人呼爲穤稉與粳皆俗秔字也音庚今作稬甚相類但黏與不黏耳依說文稬即稻也沛音貝國名蒥音福蒉巨營反又許兖反一種章勇反苕音條臺字又作薹同夫音扶藬音須本今作須箋即田反禦音語笠音立搴居輦反本亦作搴字藅音伐本又作罰茵亡庚反詩作蝱同本草云貝母一名空草一名藥實一名苦華一名苦菜一名商草一名勤母蕘祁堯反或蚍婢夷反不本或作芣又作蚽郭音兆䖝房尤反郭芳九反艾五蓋反冰彼升反蕈音典亭字或作葶同歷字或作藶廣雅云狗薺大室亭歷也本草云一名大室一名大適丁歷反一名丁歷一名蕈今江東人呼爲公薺芥音界狗音苟

爾雅音義下 四 陳明仲

璫音當薜布麥反庚字或作蘪謝羊主反孫音臾蔜五高反本今作薂蔆字或作蘡謝先老反沈施所留反本草呼爲蘩蔞蘩音煩蔞力主反今字亦作縷蘩蔞草蘺力知反今作離活胡闊反茺字或作蔬徒活反瓤女良反三蒼云瓜中子也祖日人一反龍郭音聾施音龍龠餘若反蕢音須本今作須葑方孔反蓯音揔蒡郭音彭又音旁葱音忽注同菹莊居反瀹餘若反字林云煑也本亦作瀹音同後放此茜郭音由又音酉蔓或作曼通音萬茵音曾蘆施謝才古反郭才河反苦二反字林千古反苴將呂反一云將慮反字苑云䕸苴履底柱張縷反本或作柱同夫音扶如字搖車尺蛇反又音居隧音遂蘧郭音氍巨俱反謝音渠蔬郭音毿山俱反謝音踈菌巨隕反菰音孤廣雅云蔣也啖大敢反甜徒謙反滑乎八反氈之延反本亦作旃同氍毛音氍又音渠字又作瞿氉所俱反又所魚反本今作毹蘄巨斤反苢昌改昌敗二反本草云白芷一名白

稃，本作殍、𦕹，並同【法】《集韻》殍、𦕹並訓餓死，不與稃同，二字殆並譌也。《集韻》稃之重文作粰、秿、粖三體

案《說文》云：沛國謂稻爲穤。《字林》穤，黏稻也。但江東人呼爲稬。《字林》曰稬，乃亂反，字亦作穤，北人呼爲穤【法】穤、稬並當改爲稬，盧刻但改二稬字，非也。字亦作穤，北人呼爲穤，二穤字可仍舊，然亦稬之譌

蔆【法】盧云：邢本作蔜蔆蔞，陸氏於注中今蘩蔞也，先音蘩，復方爲蔞字作音，可知經本無蔞字。《說文》蔆，草也

葑，方孔反【法】《篇》、《韻》葑皆讀鍾部非紐，無讀方孔反者，此必誤也。《詩·谷風·采苓》皆孚容反，殆是，而與《篇》、《韻》亦不合。此蓋與蓯疊韻，故讀葑爲一等上聲　〇苴，《字苑》云：䕸苴，履底【法】䕸，疏作鞔，殆是

蘧，郭音氍，巨俱反，謝音渠～蔬，郭音毿，山俱反，謝音踈【法】郭依氍、毿作音，故收虞，謝依經本字讀，故收魚，實則當各依本字讀，經當從謝，注當從郭

氈【法】盧云：俗本脫氈（棨芬案當作氈）字

苢，昌改、昌敗二反【法】敗不知何字之譌，疑當作里

茝麋云悲反本今作蘪蕪云符反本草蘪蕪一名微蕪一名江離芎藭苗也陶注云葉似
蛇牀而香如萎於危反字林於僞反臭昌又反茨徂咨反或作薋同蒺音疾
蔾音梨案本草蒺蔾一名旁通一名屈人一名止行一名豺羽一名升推一名即梨一名茨多生道上
布地子及葉並有刺狀如雞菱刺人七亦反見詩賢遍反後放此薊居例反郭巨例反
葶女居反竊音切芹音勤著直略反人髦音毛顛都年反
蕀古力反蘿郭音灌謝音官沈施音丸芄音桓蘭力丹反斷之
丁管反汁之什反蕁孫云古蕁字徒南反說文云或作薚字莐字或作[illegible]音直
林反藩甫煩反又音煩郭云一名提母本草謂之知母一名蚔母一名連母一名野蓼一名地參
一名水參一名貨母一名蝭母一名女雷一名女理一名兒草一名鹿列一名韭逢一名兒踵一名東根
一名水須一名莐藩一名蕁陶注云形似菖蒲而柔潤葉至難死掘出隨生須枯燥乃止堪治熱病亦生
瘧疾蕍羊朱反舄本又作舄私夕反下同郭云今澤舄案本草云一名水舄一名及寫

爾雅音義下　五　陳彥

一名芸芋陶注云葉狹而長叢生淺水中仙經服食用之令人身輕能步行水上菌謝其隕反郭巨
阮反施其免反沈巨轉反麃力斛反本今作鹿藋火郭反說文云蔌之少也字又作藿莥
女久其久二反蔓音萬莚以戰反又音延本又作延薃胡老反莎先禾反媞
尼兮反夏音下小正之盈反蓨弋垂徂規二反廣雅云蓆也又云地毛莎蓨也本或
作蓨他狄反莞本或作蒄謝音官郭音桓字林音緩俗音關苻蘺力知反本或作
離蒚郭音翮又音歷荷音河芙音符本或作扶渠本又作蕖音同蓉
音容本亦作容莖戶耕反茄古牙反其葉蕸字或作葭音遐又音加衆家並
無此句唯郭有然就郭本中或復脫此一句亦並闕讀蔤亡筆反蒻音若菡戶感
反萏字又作蔄徒感反說文云菡萏華未發也已發名芙蓉張揖同亦曰芙渠本今作萏蓮
力田反藕字亦作蕅同五口反案本草云一名水芝丹的丁歷反又戶了反或作菂同薏
於力反蘢力恭反又力公反蘬謝丘軌反郭匡龜反爲龍如字本今作龍蒫

蕀，古力反【法】古疑居之譌
藩，郭云，一名蝭母，《本草》謂之知母，一名蝭母【法】蝭當作提，見《校勘記》，盧亦據宋本改提。案一名蝭母句引郭注，下句乃引《本草》，無嫌於複，且彼此並作蝭母，蓋徵注說之有本，似不必改
蔦，本又作舄，私夕反，下同【法】下文注內水　蔦別作音，此外無蔦字。下同當作注同　○案《本草》云：一名水舄，一名及　○瀉【法】瀉盧據宋本改寫

莥，女久、其久二反【法】其久反誤，《釋木》杻音女久、汝久二反
媞，尼兮反【法】尼譌，《集韻》年題切內無此字，《釋訓》篇內音徒低切，是也。盧云：《御覽》引作大兮反　○蓨，弋垂、徂規二反，《廣雅》云：蓆也【法】弋垂盧改戈垂，大誤，其改蓆爲蕛，則是也。徂規當爲徐規，陸從、邪多混也　○莞，本或作蒄【法】蒄盧改莞，依《說文》也，據字形，則陸本從皖

萏，字又作蔄，《說文》云：菡萏，華未發也【法】萏疑正文本作萏，與《說文》同，不然不應不云，《說文》作萏，遂突出萏字也。《石經》、今本並作萏　○藕，字亦作蕅，同，五口反【法】盧云：案《說文》蕅從艸水，禺聲，此從耒、從人並非

才河反，又子邪反。蕡本或作蕡，苻刃反，或扶沸反。枲息似反。苴七徐反，下同。別彼列反。薞音孫。蘣七故反。菲孚匪反，又音妃。葸音息，本又作息。蕢字亦作蕢，巨媿反，又苦怪反。莧閑辦反。蘠音牆。蘼亡彼反，又作靡，同。虋音門。本皆作門，俗字亦作虋字。郭云門冬。山海經云條谷山其草多芍藥虋冬。郭云本草一名滿冬。案本草天門冬一名顛勒，麥門冬秦名羊韭，齊名愛韭，楚名馬韭，越名羊蓍，一名禹葭，一名禹餘糧，葉如韭，冬夏生，無名滿冬者。萹匹緜反。濼郭舒若反，孫餘若反。貫古亂反。衆音終。本草云貫衆一名貫節，一名貫渠，一名百頭，一名虎卷，一名萹苻，一名伯萍，一名藥藻，此謂草鴟頭也。案爾雅萹苻止，郭云未詳，本草乃是貫衆。莙其隕反，孫居筠反。藻音早。蓫他六反。蕩吕、郭他羊反，謝他唐反。廣雅云馬尾蓫陸也。郭云江東呼為當陸，一名蕩根，一名夜呼，如人形者有神。蔏音商，本亦作商。苹音平。萍本或作蓱，音瓶。藨郭音瓢，婢遥反。廣雅云藻蓱也。蘋毗人反，說文作薲。莃虛祈反。菟湯故反。葵夬唯反。汋以灼反。藬本又作蘈，同吐回反。蘈大回反。

爾雅音義下　六　張謹

穟音遂。說文作采，云禾成秀人所收也。穗，俗字。廣雅云采稟采也。縹匹眇反，又匹妙反。字林云青白色。淋音林，字林云以水沃也。蕢音續。蓨音脩，本今作脩。蕮音昔。苹皮英反。藾力大反。翹字亦作翹，祁饒反。本草連翹一名異翹，一名軹，一名蘭華，一名折根，一名三廉。苕音條。薞蘇存反。傅音付。橫目如字，胡彭反，或音黃。結音姑，本今作結。縷本亦作蔞，力主反。箏側耕反。釐力基反。蒙亡公反。蔆字又作菱，力稔反，本今作蔆。蕨居月反。攈亡悲反，孫居郡反，又居羣反。芰巨義反。字林云楚人名蔆曰芰。蘜居六反。蘧音渠，或音劬，字或作遽，音同。麥字亦作麦。郭云蘧麥一名麥句薑，即瞿麥。廣雅云茈萎麥句薑蘧麥。本草瞿麥一名巨句麥，一名大菊，一名大蘭。陶注云一莖生細葉，華紅紫赤可愛。瞿求于反。薜彼麥反。牡亡后反。贊子旦反。葥子賤反。莓音每，又音梅，後注同。藨皮苗反，又皮耒反。齧五結反。苦堇音謹。汋以灼反。藫徒南反。菭徒來反，郭云一名石髮，說文云水青衣也，或大之反，本今作菭。底丁禮反。蘜字或

蕡，本或作蕡，苻刃反，或扶沸反【法】刃字譌，《玉篇》扶沸、父云二切，《廣韻》扶沸切，注云，又音肥，則刃殆云或非之譌　○薞【法】薞當從飧

莧，閑辦反【法】辦盧改辨，誤，《廣韻》辨上聲，辦去聲

藨，《廣雅》云：藻蓱也【法】藻盧改瓢，是

葵，夬唯反【法】《集韻》無二讀，夬殆其之譌，見《采菽釋文》

薞【法】薞《石經》同，今本作蘾，非，字當從飧

蔆，本今作蔆【法】蔆盧改從水

攈，亡悲反，孫居郡反【法】攈據孫音則字從麇。錢氏大昕曰：《說文》無攈字，當用孫音而作攈字，凡草木之名多取雙聲，蕨攈亦雙聲也　○蘧，音渠，或音劬【法】蘧又音劬者，以字亦作瞿也。當各依字讀

藨，皮苗反，又皮耒反【法】耒乃表之譌

菭，或大之反【法】大蓋丈之譌，《醢人》箈菹，箈音迨，又丈之反，可證

作菊居六反說文云蘜治牆也又作鞠云日精也 蓎音唐本今作唐 蘿音羅 別彼列反
苗郭他六反又徒的反說文云從由聲 蓨郭湯彫他周二反顧他迪反 堇苦圭反
𦲀去抉反 盆步昆反下同 蕧芳服反 芨居及反又起及反 堇草
音謹下注同郭音靳居覲反云即烏頭也案本草蒴藋一名堇草一名芨非烏頭也 蘵息廉子廉二反
菺古田反 茙音戎本今作戎 蘩郭音古系反又苦系反 狗音苟 復郭音
服旋孚服反郭云旋蕧也本草云一名金沸草一名盛椹一名戴甚陶注云花似菊花而大 庚
本文作羹同古僑反 芧孫音嗣本又作字誤文作芧云即枲也 苴七餘反 盛音成 酌
步角反舍人云酌九葉九枚共一莖樊本酌字作駮釋云駮也一名九葉 藐亡角反又亡校反 茈子爾
反 䓞力計反 倚謝於綺反或其綺反舍人本作猗音同 蔏音商本今作商 活如字
孫音括 脫徒活反字又作莌 蘵諸弋反字又作職 蒢直居反 菹側居反 蒚
去竭反謝起例反郭去謁反 車音居本多無此字 芞謝去訖反沈又虛訖反 輿字或

爾雅音義下　七　葛玕

作蕍音餘唯郭謝及舍人本同衆家並作蒢 權其圓反 牛芸音云 [艹牧]音牧本亦
作目 蓿音肅 蘱彌反 爾 終本亦作蔠同 蘩音煩 菋音味又亡戒反
荎直其反 藸音除 荼字亦作蒤音徒 委於詭反或於危反字或作羹同 秫李或
作蕱火羔反又作秫同說文莜或作蕱字音了 鉤古侯反 藈本或作睽顧謝同音圭孫苦圭反
菇音姑本今作姑 𤬪音鉤又五侯反 𤬽力侯反字林云𤬪𤬽王瓜也 棄本又作乘施音繩謝
市證反 居本亦作筥音同 爲 索悉各反下同 衱居業反 桻施音絳孫蒲空反本
今作桻 欔況居縛反 杷白麻反字從木下同 相著直略反 皁音造 杜郭云杜衡
也似葵而香實本草云杜衡味辛香人衣體陶注云根葉都似細辛唯氣小異耳本草經又有杜若一名
杜衡陶注云葉似薑根亦似高良薑而細氣味辛香又絕似旋葍根殆共相亂如陶之言二種並不似葵
或恐郭誤耳 土他覩反 蓾本又作鹵音魯 衡字或作蘅音行 盱香于反又音于 虺
虛鬼反 牀郭云蛇牀也廣雅云一名馬牀本草云蛇牀子一名蛇粟一名蛇米一名虺牀一名思益一名繩毒

堇，郭音靳，居覲反【法】陸以靳、覲同部，與《廣韻》異

蒚～車～芞～輿【法】臧氏琳云：《說文》蒚，芞輿也，然則《說文》亦以蒚爲芞輿，不名蒚車也。據陸云，本多無此字，則知古本《爾雅》作蒚芞輿，與《說文》合

委，於詭反。字或作羹，同【法】羹盧改萎，是○秫，又作林，同【法】林當從手

音了【法】盧本正文補蓼字，注音了，是○藈，本或作睽【法】藈當從目，注内睽字同

瓴，又五侯反【法】瓴，又五侯反，未詳

桻，施音絳【法】桻今本從夆，與《石經》合，絳當作綘

欔【法】欔葉鈔本從手，詳《校勘記》，《石經》亦從手

毒一名東棘一名蘠蘼陶注云華葉正似蘪蕪 蘇音尗 蔜樊本作蘇蔜麥音王乃反 枹音包
又音浮 葥音計 顆苦果反或音款 涷謝音東施都弄反讀者亦音冬郭云款涷也生水中
案本草云款冬一名橐吾一名顆東一名虎鬚一名菟奚一名氐冬陶注云其冬月在冰下生則應是冬恐承
音作字異耳 中馗求龜反郭音仇字則當作頄舍人本作中鳩云菟奚名顆東顆東名中鳩 蔨郭巨
隕反孫去貧反本今作菌 蕈亂荏反案今人呼菌爲蕈葛洪字苑同云亦作椹蕈二字非也字林式甚反或
云桑菌也沈徒感反菌人宛反 菆绪葉反又阻留反字又作𦱤 苕徒彫反下同 蔈必遥反
茇郭音沛補蓋反又音撥說文云草之莖爲茇音布末反 蘪亡悲反生江水中 蘪草 薇
音微又音眉顧云水旁生故曰垂水 薜卑麥反 莽莫朗反 數節色角反數猶促
也 促七玉反 粼字又作粦音吝又音鱗 箘字或作箘密謹反又亡忍反 筡郭音
徒又音攄施音儲 笐本又作亢戶剛反 箈音待說文云竹萌生也字林大才反 箭音箭
本本作箭 萌亡耕反 筍思尹反 菹側於反 醢音海 篠思了反字林作筱云
爾雅音義下　八　务楚之
小竹也 別碑列反 枹音包 霍戶各反 素蘇故反又作索 鬷子工反郭音揔 芏
郭他古反案今南人以此草作席呼爲芏音杜 夫謝方于反孫音苻 莞古九反字又作藿誤 藺
力刃反字林云莞屬也 綦郭音其字亦作綦紫綦菜也說文王綦士夫也或作萁非也案說文云萁
豆莖施謝並音萁 蕨音厥 葴之林反又音咸 藍力甘反 姚莖謝戶耕反施郭於耕
反 蒤音徒本今作涂 芐音戶本草地黃一名地髓一名芐一名芑 髓素累反 怙音戶
蓎音唐本今作唐 拔步八反 蘢力恭反 蔌本又作藗音速 牡木后反 茅亡交
反 菤謝作卷九轉反 耳詩卷耳是也本草作枲耳云一名胡枲一名地葵一名葹一名常思陶注云一名羊負來
音中國無此物言從外國逐羊毛中來也廣雅云苓耳蒼耳葹常枲胡枲之類耳 苓音零 枲音死 蘩
甲滅反字亦作鼈案此即今蕨菜也葉初出鼈蕨因以名云廣雅云紫綦非也 蕎居喬反又音喬 卬
巨恭反 鉅音巨案本草云大戟一名邛鉅今近道處處有 戟九逆反 蘩音頻字今作蘩 葸
音亡字亦作芒 杜徒士反舍又作牡 屩九略反 稂音郎說文云禾粟之莠生而不成者 莠羊久

蔨【法】蔨盧改從目旁

蕈，亂荏反【法】亂盧改辭○葛洪《字茹》同【法】茹當作苑

粼，字又作粦【法】粦疑當從竹○箘，密謹反，又亡忍反【法】《廣韻》謹收隱，忍收軫，箘則收軫，而隱部無脣音

霍，户各反【法】各乃郭之譌

芐，《本草》地黄【法】芐地黄注末舊有音怙二字，故《釋文》爲怙字作音，今本無此二字

《廣雅》云：苓耳、蒼耳、葹、常枲、胡枲之類耳【法】之類耳三字疑當依《廣雅》作枲耳也三字　蘩，字亦作鱉，葉初出鱉蔽，因以名云【法】蘩盧從黽，注同。鱉敝（榮芬案當作蔽）二字當依《詩・草蟲音義》改爲似鼈脚三字　卬，巨恭反【法】卬盧改邛，是　○屩，大畧反【法】大乃其之譌

反詩云不稂不莠 藨 謝蒲苗反或力驕反孫蒲矯反字林工兆反顉平表白交普苗三反 麃 謝蒲表反

郭又符䍐反 覆 芳伏反 酢 七故反 甜 大兼反 菂 丁歷反本今作的 薂 字又

作敫戶歷反 購 古豆反又古侯反 蒚 音鬲 蔓 孫力朱反郭力侯反注同 茢 勃 茢

旄謝二茢皆音列沈上音例下音列 勃 蒲沒反 葽 烏了反 棘 居力反字或作蕀同 蒬

於袁反又於阮反廣雅云棘蒬遠志也其上謂之小草案本草遠志一名棘蒬一名葽繞一名細草 遠志

字又作蓫慧非 茦 初革反方言云凡草木而刺人者北燕朝鮮之間謂之茦 刺 字又作刾又作莿七

賜反注同方言云關西呼茦壯爲莿 朝鮮 直遥反下音仙 萩 音秋 薵 徒南反 藻

子老反本亦作藻本草一名落首一名薵郭云一名海蘿 萇 且良反本今作長 銚 羊招反或羊召

反字或作蘸 芅 音翼字亦作弋 小麦 士革反 蘦 力丁反詩作苓 蔓 音萬

莚 餘見反本今作延 芣 音浮 苢 字亦作苡音以見詩說文云芣苢馬舃也其實如李令人

宜子周書所說 蕮 四夕反本今作舄 車 昌遮反 穗 音遂 好生 呼報反 蝦

爾雅音義下　九　余集

音遐 蟆 字又作蟇亡巴反本草云車前一名當道一名芣苢一名蝦蟆衣一名牛遺一名勝舃久服令

人身輕不老 綸 古頑反下同 組 作古反下同 秩 直乙反 薔 音色 苀 戶剛反本

亦作芫 蠡 音禮 緜 武延反 繅 先刀反字林云繹繭也本亦作繰又作繅非也繅宜音于

小反緣音所倚反 繭 古典反張揖云繭繢新絲 落 古活反 麇 俱倫反本或作麋音眉 搴

旄居展反謝去虔反 柜 音巨 朐 巨俱反 種名 章勇反 芺 說觀烏老反謝烏兆反說

文云味苦江東食以下氣 薊 音計 荂 香于芳于二反下同注音俘同 蓊 烏孔反 蔈

芳要反又必招反 荼 郭音徒又音蛇 猋 必遥反又方瓢反又方幺反字從三犬俗作三火非也焱

字林弋劒反云火花也 藨 郭方驕反謝苻苗反一音皮兆反 芀 徒彫反字或作苕下同

葦 于鬼反于歸反 葭 音加 蒹 古謙反 薕 力占反 藡 徒的反本今作

萑 音桓字林作藿 數尺 所主反 菼 他敢反說文作䕾云菼或䕾字 薍 五患反 蓲

郭音丘說文云烏蓲草也張揖云未秀曰烏蓲 虇 郭音權丘阮反本或作蘿非蘿音權說文云弓曲也

藨，謝蒲苗反，或力驕反，孫蒲矯反，《字林》工兆反【法】力乃方之譌，工兆疑平兆之譌　〇甜，大廉反【法】廉、甜不同部，廉當作兼

勃，蒲没反【法】勃，蒲没反，盧改勃爲小字，附(上條)下音列之後，是也〇菟，《廣雅》云，棘菟遠志也【法】菟盧改菀，是

茦~刺【法】茦、刺等字並宜從朿

萩，音秋【法】萩《石經》同，邢本作荻，音秋作音狄〇藻，一名薵【法】盧云：薵即薵之譌，字書無薵字　〇萇，且良反【法】且盧改直字，是

莛，餘見反【法】餘見當作餘戰〇苢，《說文》云：芣苢馬扁也【法】扁乃舃之譌，盧本改

荂，注音俘同【法】注内音俘二字今本闕

猋，又方幺反【法】方幺反與《廣韻》不同，蕭部無脣音〇焱，《字林》弋劍反，云火花也【法】花疑當作華，《廣韻》焱、劒不同部

藡，徒的反，本今作萑，音桓，《字林》作藿【法】本今作萑十字殆唐人校語。今《注疏》本作萑，邵氏《正義》從宋本作藡。盧云：本今或是本亦之譌

繾弃善反或去忍反蕍羊朱反莠郭音犒羊捶反顫羊述反謝私尹反樊本
葟音皇本亦作皇卷施並如字施或作葹同葋于閔反芟字又作芟胡巧
葦反又弭交反廣雅云根也藕五口反啖大敢反荄顧謝音該郭音皆說文云草根也
別彼列反韭音久攫俱縛反橐音託華荂香于芳于二反下同說文
云草木華也不榮而實者謂之秀衆家並無不字郭雖不注而音義引不榮之物
證之則郭本有不字
釋木第十四木之卜反說文云木冒也冒地而生也從中下象其根白虎通云木之言踊也陽氣踊躍
梢地刀反郭又他皓反槙古雅反舍人本又作櫃楸音秋栲音考郭姑老反南方志云櫄栲栲潒
相似如一櫄樗丑於反桼字又作漆音七柏音百椈弓六反皀曰亮勑音勑倫反
反下其九反髡苦門反梱五門反椴徒亂反字林云木似白楊一名椸椸弋支反
梅莫迴反柟而占反又音南杏戶猛反酢七故反柀音彼又匹彼反檆字或

爾雅音義下　十　毛諒

作杉所咸反郭音芟又音纖棺音官瘣音父櫠音廢椵古雅反柚羊又反
盂音于皮厚戶豆反又如字枳諸氏反杻女九反呂郭並汝九反檍於力反字
又作億說文云檍梓屬也棣大細反飤因志反字林云糧也一曰餅也經典並止作食字借作飼音本
又作飯扶晚反本今作飼車昌蛇反輞音罔下同字林云轅也轅音渠橿居良反楙音茂
椋音良棶力臺反埤蒼字林並作棶云椋也本今作來栵字林音例詩音同又音列檽
字又作檽音而毛詩草木疏云葉如榆木理堅韌而赤今人謂之芝檽也槲胡木反本今作槲樕
桑木反詩云林有樸樕毛傳云小木也或作樕同庳音婢檴戶郭反詩云無浸檴薪栝回必
反本今作柸柚羊又反或作櫾條字又作樤橙直耕反上林賦云黃甘橙榛是也榛音直奏反呂忱
云橙橘屬楥許音袁又于眷反柜謝音巨郭音舉柳郭音卯又作柳良久反栩香羽反郭
又音羽字林因與反杼謝嘗汝反施音佇孫昌汝反施或音序柞子各反菋音味又亡戒反
本今作味荎直之反舍人本作挃丁計反著音儲舍人本作郁樊本作署誤重直用

莽，樊本作葦【法】葦疑箄（榮芬案疑當作葦）之譌

茭，字又作芟【法】芟盧改薮

木，之卜反【法】之當作亡，盧已改

梢，地刀反【法】地盧改他，是○栲，音考，郭姑老反【法】姑蓋枯之譌，《詩·小雅》音考

○皀，初亮反【法】初疑勑之譌

椴，徒亂反【法】椴盧改從段，是

厚，戶豆反【法】戶盧改户，是

飤，囚志反，一曰餅也【法】餅盧改餠，是

棶，《埤蒼》、《字林》並作棶【法】引《埤蒼》、《字林》作棶，則正文當作來○檽【法】檽當作檽，從需，六朝從需之字多作需（榮芬案需當作需）

橙，直耕反【法】直乃且之譌

柳，郭音卯【法】柳、卯並當從卩

菋，本今作味【法】本今作味，今疑又之譌

反又龍反 蘊 烏侯反詩云山有樞是也本或作蓲同 莖 謝大結反郭直基反 臧 孫子郎反
槔 舍人本作皐樊本作槔同音羔 綦 音其 机 音求 繫 工系反本亦作繫樊本作槅工厄反
枓 郭音糾又居幽反又音皎 聊 音寮 檕 音兮又音奚 榏 許兮反本亦作醯 檀
大丑反 上山 時掌反 斫 章略反 殫 音丹字林云極盡也又云斃也 槾 字林音寢郭音
浸或初林反一音侵 枇 房私反又音毗 杷 步巴反 不著 丁略反又直略反 掄 音倫又致的反
疵 本又作梳辭貲反字書云無梳掄也 梗 鼻縣反又婢衍反上林賦云梗柟豫章是也字指云櫏木似豫
章 章 本或作樟 椐 音袪字林巳庶反又音舉 樻 起愧反又去軌反字林巨位反樊孫並云椐樻
腫節可作杖毛詩草木疏云節中腫似扶老即今靈壽是也今人以爲馬鞭及杖引農共北山皆有之 腫
之勇反 檉 勑貞反 旄 音毛 權 音拳 諸慮 如字施力積反字又作攄力余反
虆 字或作蘽音誄力永反下同 藤 徒登反 虘 七胡反本今作虘 欇 郭音涉本
又作聶又作聶並同 虎 呼户反 莢 古協反下同字林云草實也廣雅云豆角謂之莢周禮云墳衍

爾雅音義下　十一

之地其植物宜莢物 刺 七賜反 欄 力輒反又餘涉反 杞 去已反 枸 音苟 檵 音繼 杬 音元又
作芫 卵 力管反 椵 況彼反 椒 子消反字又作茮 楰 郭音庾又音瑜 梓
音子 楓 甫隆反說文云本厚葉弱枝善搖字林音方廉反 欇欇 之涉反 岐 音祁 脂
音之 寓木 魚具反 宛 於院反 蔦 音鳥或音弔說文或作樢字林云寄生也 夷 舍人
本作梂同 櫟 力的反 梂 字林音求舍人云櫟實名梂也孫云櫟實橡也有梂彙自裹郭同 彙
音謂 自裹 音果 檖 音遂 楔 古黠反施音結 櫻 乞耕反廣雅云櫻桃含桃也禮記月令云羞以含桃鄭注云今之櫻桃
旄 音毛字林作楙亡到反 榹 郭音斯又音雌 解 古買反
核 胡革反下同 休 虛求反又作林 痤 徂禾反 慮李 如字施音驪 駁 字亦作駮
邦角反 棗 音早 壺 字或作樝孫云棗形上小下大似瓠故曰壺音胡 瓠 乎故反 要 一遙反
反注同字或作櫻 櫅 子兮反 樲 而至反 儆 直列反本或作櫟 晳 思歷反下同
嗜 時至反 洗 屑典反 猗 乙奇反又於寄反 塡 音田本或作顚同 蹶 本亦作蹷

蘊，《詩》云：山有樞，是也【法】樞盧刻作蘊，似不必

科，郭音糾【法】科盧改枓，是

枇，房私反，又音毗【法】音毗與房私反同○掄，又致的反【法】盧改的爲均，是也，

然致字仍譌，《玉篇》理均切　○梗，《字指》云：櫏木似豫章【法】櫏盧改梗，是

慮，施力積反，字又作攄，力余反【法】積蓋預之譌。攄當從木，見《五經文字》，惟

彼音丑余反，《玉篇》力豫反

楓，《說文》云：本厚，葉弱，枝善搖【法】本盧改木，是

宛，於院反【法】宛、院不同部，《集韻》亦不收此讀，盧依《釋邱》音改阮

櫻，乞耕反【法】乞盧改乙，是

旄，《字林》作楙【法】楙疑當作楸

慮李，如字，施音驪【法】如字，施音驪，此爲慮字作音，驪乃驢之譌。《釋蟲》諸

慮，施音驢，可證

猗，乙奇反，又於奇反【法】乙奇、於奇非異讀，奇疑綺之譌，見《詩·淇澳》

居衛反 泄 息引反 不著 丁略反，下同 還 音旋，郭云還味短，字林作檈，一縣反 捻
而審反，又作惗言 櫬 初靳反，下同 梧 音吳 樸 音卜，字又作僕 枹 逋蒡反，注同 屬 音欲
反 棫 于逼反 櫟 音歷 謂 舍人本作彙同 櫬采 七在反，下並同 薪采薪即
薪 舍人引上句櫬梧來合在此句以謂字作彙釋云櫬梧者樸抱者櫬者其理也樸者相迫附也彙者莖也如竹
箭一讀曰枹也櫬名采薪又名即薪樊引詩云薪是穫薪荆州曰柞木采木詩人不曉薪意言薪謂身即薪伐之也
李云采薪一名彙櫬言即薪謂二薪也孫引詩云薪是穫薪薪一名彙櫬郭云指解今樵薪今依郭氏讀 樵 字又
作蕉徂焦反字林云薪也案左傳云不樵樹史記云樵蘇後爨師不宿飽注云樵取薪蘇取草 棪 餘■反山海經堂庭
之山多棪木注云子似柰而赤可食 樕 音速 栨 音弋 阯 音止，本今作趾 褱 郭古回反，字林下罪反，又音懷
槐 音懷，或音回 聶 之涉反，合也 炕 郭呼郎反，又口浪反，云張也，樊本作抗 顧 槐小葉
郭讀槐為楸，音秋，或如字 榎 古雅反，同下 橵 孫七各七各二反，字或作橵，下同，樊云大者老也，橵措皮也，謂
麤橵而老者為楸也，孫郭云老乃皮麤散者為楸，本今作散 楸 音秋 椅 於奇反，郭云即楸也，案椅與楸
大七十六 小七千廿八 爾雅音義下 十二 俞信
唯子為異耳 梓 字林音子 桋 音夷 棟 又作棟，同山厄反，郭霜狄反，下同 而岐 巨伊反，下同
好 呼報反 輞 音罔，本或作輞，音罔，又音如戰反，本今作輞 攢 古亂反，字又作灌，音同 叢木
才公反，本或作最 瘣 郭胡罪反，說文云病也，一曰腫旁出也，又音回 苻婁 謝力侯反，施力俱反，樊引
詩云誰彼瘣木疾用無枝苻婁者尪傴內病磈磊無枝也李云苻婁一名瘣木無枝木也 尪 烏皇反，字書云傴也
傴 紆禹反，廣雅云曲也 癭 於井反，字林云頸瘤也 腫 章勇反，本或作瘇，常勇反 蕡 扶云
反，孫芬扮反 藹 烏害反 菴 於檢反 枹 音包 遒 又作遒，子由反，又徂由反，說文云遒迫也
謂叢揩迫而生 魁 字亦作魁，謝苦罪反，施苦回反 瘣 郭盧罪反，施胡罪反 磈 本或作傀，苦罪反
磊 本或作㠏，力罪反 棫 音域，字林于臭反 桵 本或作棱字，林人佳反 刺 七智反 棃 字亦
作棃 樆 音離，本又作離非 辧 音遍反，又皮莧反 葚 音甚，說文云桑實也，本或作椹，非，字林竹
心反 梔 章移反，下注同，舍人云桑樹一半有葚半無葚名梔也，樊本同 桋 大兮反，或音夷 榆 以朱反 枌 符云
反 郤 去略反 著 丁略反 莢 古叶反，字林云草實也 棣 大計反，下同，字林大內反 栘 以支反，字林上

還，《字林》作檈，一縣反【法】《玉篇》檈，徐沿切，此一縣反，疑誤

櫬，初靳反【法】《廣韻》櫬、靳不同部○枹，逋蒡反【法】蒡蓋茅之譌，形近也。盧疑茭字，太僻

樸者相迫附也【法】追盧改迫，是

棪，餘念反【法】念不知何字之誤，《篇》、《韻》並無此讀，郭氏《山海經注》亦音剡，當作餘冉反

橵，本今作散【法】橵今本作散，此注亦有散字而不云異文，疑正文亦作散，或體乃從木耳　○謂麤橵而老者為楸也【法】撒盧改散

棟【法】棟當從束

瘣，郭盧罪反【法】瘣不得讀盧罪反，疑誤，上文瘣字郭固讀胡罪反也

辧【法】阮云：辧俗字，葉抄《釋文》作辦。盧依宋本改辦

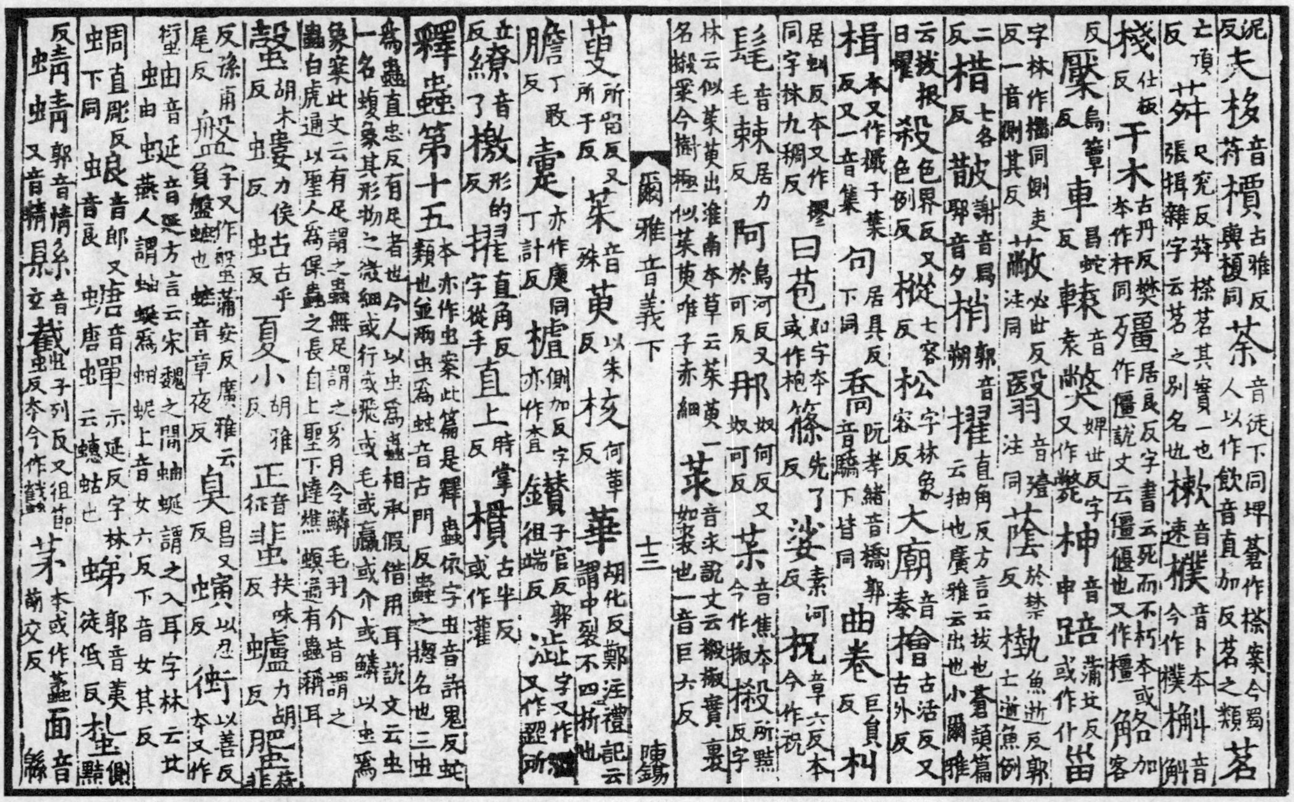

荼，音徒，下同。音真加反，茗之類【法】下同當作注同，真當作直，盧已改

朻，居虯反，《字林》九稠反【法】居虯、九稠幽、尤分部

華，胡化反【法】《曲禮》音胡瓜反，與此不同，殆有一誤。化疑花之誤

疐【法】疐盧改疐〇澁，字又作濇，又作澀【法】澀盧改澁

蜰，敷非反【法】敷誤，《廣韻》胡非反

蜓，《字林》云：北燕人謂蚰蜓爲蛔蚭【法】蛔盧改蚰，是

字林云古千反 蜆五兮反吕郭牛結反 蝅子羊反 蜓謝徒頂反沈音殄施音亭 蛛音本本或作沫非 螇
音奚 螔音鹿 蝭音提又音帝 蟧力刀反字林同又力公反 蟪音惠 蛄音姑 蛣起吉反 蜣音羌
蜋音良 蠍大敢反 蟦方問反 蝎户葛反 [虫屈]起勿反 蠹丁故反字林云木中蟲也
蠰郭音餉又音霜孫音傷 齧五結反 喜虛記反下同 諸慮本或作蠦施音驢一音力據反
奚相施音葙謝息亮反舍人本作桑 蜉音孚又音浮 蝣字亦音由本又作蝤謝音流 渠略如字略或
作蟼音同 蛺乎夾反本今作挾 豬好呼報反下同 蛂謝音弗沈苻結反字林大替反 蟥音黃郭音王本
或作蕡 蛢郭音瓶 蠸音權 輿音余 父音甫下同字或作釜 蝚如由反 蛖武江反又亡工反或作駹
非 螻來侯反 螔字又作蝿式移反又式豉反字林弋豉反 強巨良反 蛘郭音芊六婢反本或作芊說文作羊字林
作蛘弋丈反云搔蛘也 不過本或作蝸字林古禾反謝古臥反 蟷丁郎反 蠰息詳反字林乃郎反 螳音塘本今
作螗 蜋音郎 蜱音裨又婢貽反 蛸音蕭 [虫尃]普莫反又補莫反 蟭音焦字林子彫反 蒺音疾字亦作
同 藜音梨字亦作蟍 蝍施音即孫子逸反 蛆子余反 蝗華孟反下同字林音皇說文榮庚反范宣禮記音音橫聲

大六丹三 小七刀五九

爾雅音義下 古 陶夫

類篇集並以蝗協庚韻 腹音福 腦奴老反 蝝以全反字林尹絹反說文云劉歆說蚍蜉子也董仲舒說蝗子也何
休注公羊云即蝝也始生曰蝝大曰蝗杜預亦云蝝子郭依董說 蝮孚福反郭蒲篤反 蜪郭音陶字林他牢反
翅式豉反 螽舍音捨 蚔直其反 蟋音悉說文作悉本或作蟋音悉 蟀所律反詩同本或作𧐐說文同
蓌七勇反 促字亦作趗七玉反 蜻子盈反本今作青 蛚音列廣雅云蜻蛚促織也字林云蟋蟀也本今
作蟼郭驚景二音孫音京 蟆武巴反 蛙户媧反史游急就云蛙蝦蟇 蛝音閑 蝬郭仕板反字林仕免
反或仕簡反施仕嬈反 蠲古玄反說文云明堂月令腐草爲蠲 蚐音均 馬䗃文六反字林云䗃馬 皇音皇 蠭
本或作蟲音終下同 蠜音煩下同本或作蠜 蠗趯他歷反 蝜音負字或作負 喓喓於遥反 蛗
本又作蟴詩作斯同音私支反 蚣字亦作蜙字林先凶反郭先工反說文思弓反 蝑相魚反郭才與反字林先呂反說文云蚣
蝑以 蚣本亦作蜙同烏公反字林云蟲在牛股鳴也說文蚣蜙爲或字息忠反 蜙寸東反字林云蝑蜙以股鳴 舂黍
傷容反本或作蟜蟓 蟿音輕字林云口地反 螇音奚 蚸或作蚗郭音歷孫音昔 蠰音壤孫音囊字又作
蠰誤又思諒反或式尚反 谿苦兮反孫音奚 蝶字又作蛭竹宅反詰蛭云蛭蝗蜢也善跳音踏 螼羌引反 蚓

蟧,又力公反【法】公盧改幺,是

相,施音葙【法】葙當從竹○署,或作蠹【法】蠹《詩·蜉蝣》作蠸

蛂,《字林》大替反【法】大替反疑誤

蛘,本或作芊,《説文》作羊【法】羊當作芊,《説文》蛘字説解也。今《説文》亦有作蛘者,非 ○過,本或作蝸,《字林》古禾反,謝玄臥反【法】蝸疑當作蝸,見《月令疏》。玄乃古之譌

蝍,施音即,孫子逸反【法】音即與子逸反同,六朝人收即於職,故以爲異讀耳

蜪,《字林》他牟反【法】牟乃牢之譌

蝬,郭仕板反,《字林》仕免反或仕簡反,施仕娩反【法】仕板、仕簡潛、産分部,娩乃剜改者,殆誤,仕娩即仕免也,不必複出 ○馬䗃,《字林》云䗃馬【法】《字林》云䗃馬下蓋脱蚿字,《玉篇》䗃,馬蚿也

蚣,《字林》云,蟲在牛皮者【法】任輯《字林》牛下有馬字 蜙,寸東反【法】寸當作才,《集韻》收徂聰切可證 蚸,或作蚗,郭音歷,孫音昔【法】或作蚗,郭音歷,並未詳,疑字本不從斤也。孫音昔亦不切 ○蠰,音壤,孫音囊,字又作蠰誤【法】盧校删誤字 ○蚓,音引,郭餘忍反【法】音引與餘忍反同

音引郭餘忍反說文以爲螾字同 蜸苦顯反 蚕他典反 蜿於阮反 蟺音善廣雅云蜿蟺蚯蚓也
螼音寒字又作寒 蚓郭許謹反殷仲堪許偃反 莫本或作蟆同武博反 貈本又作貉戶各反下同 蟷
蜋說文云名斫父 蛑郭音牟字林云蟷蜋也又亡牢反 斧音甫 虰音丁 蛵音經虛形丁反 蟧力刀
反本今作勞 青本今作蜻 蛉力丁反字林云蜻蛉一名桑根 狐音乎 蛨戶感反 蛓七志反說文云毛蟲也讀
若笥案今俗呼爲毛載有毒螫人楚辭云載緣兮我裳 螺亡北反字又作蟔 蛅而占反字或作蛅 蟴音斯
螫式亦反螫痛蟲也蠚火各反字林云蠚行毒也 蟠音煩字或作蹯 鼠負本亦作蟠又作婦亦作蝜音同
本草鼠負一名負蟠一名伊威一名委黍陶注云多在鼠坎中鼠背負之今作婦字如似乖理一名鼠姑 瓮烏弄反 底
丁禮反 蟫郭音淫又徒南反 蛃音丙 蛾本又作蛾說文同我河反 蠶徂南反下同 螒胡旦反字林作螒同
反 莎蘇禾反 樗恥豬反廣雅云樗鳩樗雞也 傅音付 負版字亦作蝂甫簡反 強其良反說文云籀文
作彊 蚚字林巨希反又下枝反郭胡輩反 捋力活反 蛶本或作捋郭音劣又力活反 螪失羊反字林之亦反 何
本或作蚵音河 螝郭音龜字林音潰施音愧 蛹音勇 蜆下顯反字林下研反孫音俱案俱字下顯苦見二反

爾雅音義下　十五　建

縊一賜反一音翳是反 憙許記反本今作喜 經古刑反 蚍音比 蜉音浮 螘魚綺反本亦作蟻俗
作蟻字音同案說文蟻羅也蟻或作義蛾蠶化飛蛾也並非螘字 蛘以丈反郭云齊人呼蟻也字林云北燕人謂蚍
蜉曰蟻蛘 蠪謝音龍郭音龍 朾本又作虰郭唐耕反孫丈耕反字林音丁 駁布角反 螱
於貴反說文字林從蟲 翄矢豉反又吉豉反 蚳直其反 蜃市軫反 醬子亮反 蠹
本或作蟊郭音秋 蠽音知說文作蠽云或作蜘 鼄音誅說文云或作蛛 蝥音謀又音無說文作
蟊音茅云蟊作網蛛蝥也以此亦爲蟊或字 蝃或作蝃字章悅反 掇章悅反本或作掇拾字非 螽本又
作蠢匹凶反字又作蜂說文云古蠭字字林云飛蟲螫人者 蟺音蟬又示延反蓋方言也郭音憚徒旦反 蟦扶味反又扶云反
蠐本又作蠐徂西反 螬音曹 蝤音祖秋反 蝎音曷 蛜音伊本今作伊 威 委 黍今爾雅本
旁或並加虫並如字 蟰音蕭詩作蕭同悉彫反或音蕭 蛸所交反說文云蠨蛸長股者 踦郭云音崎
嶇之崎挟宜反字林巨綺反或居綺反廣雅云踦脛也字從足虫旁作者非 蛭郭豬秩反施徒結反 蝚
如由反 國 貉戶各反 蠁許兩反說文云知聲蟲也司馬相如作蛐字 蛹音勇

蚓，郭許謹反，殷仲堪許偃反【法】許謹、許偃二切《廣韻》作蟪〇蟷蜋，《說文》云，名斫也【法】斫《說文》作蚚，陸據本作斫，若作蚚，不容無音

螫【法】螫盧云：《說文》作螫，此改赤作亦亦譌〇負，本亦作蝜，又作婦，亦作蝂【法】上蝂字盧改螾，是

從商也

樗，《廣雅》樗鳩，樗雞也【法】鳩盧改鳩，是〇版，字亦作蝂，甫簡反【法】陸版、簡不同部，此用舊音而失檢也　〇螪，《字林》之亦反【法】螪，《字林》之亦反，則字

縊，一音翳是反【法】是反二字疑衍〇螘，本亦作蛾，俗作蟻字，音同。案《說文》蟻羅也，蟻或作義【法】此引《說文》與今本不同，蟻或作義句亦未確。義殆蛩或蠢之譌，今《說文》無蟻　〇朾，郭唐耕反，孫丈耕反【法】丈耕與唐耕同，孫用音和，郭類隔也　螱，《說文》、《字林》從蚰【法】蚰乃虫之譌，盧校殊誤

蠽，音知【法】盧改正文爲鼅，是

掇，章悅反【法】掇疑當作棳，若從手，則不得音章悅反矣，盧校殆非〇蠭，本又作蠢，匹凶反，字又作蜂，《說文》云：古蠭字【法】依《說文》當改爲本又作蜂，匹凶反，字又作蠢，《說文》云：古蠭字

踦，郭云：音崎嶇之崎，挟宜反【法】挟不知何字之譌。《釋畜》云：郭去宜反，則挟乃袪形近之譌

蠁，司馬相如作蛐字【法】蛐盧改蚼，是

蠖烏郭反字林一郭反 蚇音尺易云尺蠖之屈以求伸也亦作尺 即子逸反又音即 蠘子六反字

求云蝎蠘蚇蠖 果本又作蜾又作蝸同工大反 蠃魯果反 細要一遥反本今作腰 蠮

於結反又於計反 螉烏紅反廣雅云蠮螉土蜂也案今俗呼細要小蜂爲螉螉在物中作房用土爲隔非上蜂也

螟亡丁反 蛉力丁反 蟃音萬 蝎音曷 蛣去一反 蝠立勿反 螢戶扃反本今作

熒 炤音服 肌居疑反 蠿字又作蠿音計 蚅烏革反 螐音烏木又作烏 蠋音蜀說文

云葵中蠶也郭云大蟲如指似蠶也 蠓莫孔反下同 蠛云結反 蚋人銳反字林人劣反又作蜹字

同秦人謂蚊爲蚋 蛈大結反字林音秩 蝪字林音湯或音蕩又音唐 螲丁結反 蟷丁郎反

蟓音象 繭古典反 雠云由反本今作雔 樗恥余反 棘居力反 欒力丸反

蚢戶剛反 蕭先條反 翥于據反 虢呼暇反本今作鎛 剖普口反 奮

甫問反 迅音信又音峻 強其良反 捋力活反李孫云以口捋其翅郭云以脚自摩捋 蠭

醜螸 李孫郭並闕讀而謝孚逢反施作螽音終案上有螽醜奮依謝爲得螸亦作蝣羊朱反說文云

大十十六 小六五十 爾雅音義下 十六 何

垂腴羊朱反 蠅餘仍反 扇如字說文作蝙云搖翼也音同 螟亡丁反蟲食苗心者說文

云蟲食穀葉者吏冥冥犯法即生螟 蟘字又作蟘又作貣同徒得反蟲食葉者說文云蟲食草葉者吏

乞貸即生蟘 蠈音賊本今作蠈 蟊云侯反本亦作蝥說文作蟊蝥古蟊字云吏抵冒取民則生蟊

也字林蟊音亡牛反 豸文蟊反無足者說文云獸長脊行豸豸欲有所伺殺也

釋魚第十六 字又作𩵋說文云魚水蟲也

鱣張連反即黃魚也 鱏音尋又音淫字林云長鼻魚也重千斤 頷戶感反 行戶郎

反 鰋音偃白魚 額魚格反本今作額 鮎郭奴兼反舍人本無此字 鯷音提字林云青

州人呼鮎鯷 鮧大兮反說文云大鮎也陶弘景云今人並呼慈 鱧音禮字或作鱺又作蠡同廣雅云鱺

鯣鮦也本草作蠡云一名鮦魚陶注云今皆作鱧字舊言是公蠣蛇所變今亦有相生者 鮦大勇反 鯇

華板反郭胡本反字林下短反 鯶一胡本反又下短反一本作鯇本反 鱒才損反 鯊本又作魦

音沙詩云魚麗于罶鱨鯊 鮀徒河反 鮂組秋反 鰦音茲 鯈音條本亦作鮋音由又直留反

果，工大反【法】大乃火之譌

蝠，立勿反【法】立盧改丘，是

翥，于據反【法】于當作千〇虢，呼暇反，本今作鎛【法】虢當從虖，今作鎛亦誤

螸，羊朱反【法】羊朱反依腴字作音也。字從欲聲，讀當從之

蚮，字又作蟘，又作貣，《說文》云：蟲食草葉者，吏乞貸，即生蚮【法】《詩·大田音義》云，蚮，《說文》作蟘，則此引《說文》當作即生蟘，今作蚮，則與乞貸不相應。段氏改今本《說文》蟘爲蟘

鮧，大兮反，今人並呼慈【法】鮧盧云：《說文》作鮷，不作鮧。鮧與慈聲不近，慈疑誤

音習鰌音秋郭云泥鰌也字林云似鱓短小也泥乃兮反鰹古堅反鰹音堅鮦音童又逐拱反鯇
大活反小鱺音禮又力知反鮍蒲悲反或音丕鱯下化反一音獲字林下瓦反鮡音兆
又音姚鰝郭音鄗戶老反鰕戶加反數尺所主反鄷芳弓反鯤音昆鰥
其冀反字林作鯢音既云胎生魚是本或作鯷非鯅音逐本亦作逐鰽七各乙略二反本今作鰽
鱏尋淫二音鮂居六巨六二反字林二魚有兩乳出樂浪一曰出江說文云喙香穢反膏
音他來高反胎啗大敢反鱦郭音繩本或作鰯孕字同鮥郭音洛字林作鮥臣
㪗叔反字林作鯐同書育反鮪于軌反字林于匕反或曰魚也似鱣而長鼻體無鱗甲鱣知連反
以上時掌反鮥具救反又徐秋反似鯿而長三尺字林作鮥音格云當鮍也顧作鮥同鮍郭音胡一音互
鯿字又作鯾方仙反字林云魚也案魚似魴而大頭細而長鯾工杏反說文云魚骨也字林工孟反鮤
音列顧閭結反鱴亡節反刀字亦作魛字林云刀魚飲而不食鮆徂禮反又徐爾反字林云刀魚
也才歲反字或作鱒鰽郭古滑反字林于一反沈音述又音聿鮬郭音步字林丘于反施蒲悲反鱖
大六十七　小七百三十三　爾雅音義下　十七　沈
音要本亦作厥字林凡綴巨月二反鯞音酉反本或作帚鮒苻付反廣雅云鱝也音積字林子狄反
徽字或作鰴許韋反鯩苻云反又苻粉反顧孚粉反郭云小鰕別名鰕下家反字或作蝦
邪主嗟反鮅音必字林云鮒也鱒才損反說文云赤目魚一音仕轉反或直轉反鯶呼本反魴
字林音房云赤尾魚鮍音丕又音毗鯿必連反鯬力兮反又音黎廣雅云鯠鯬鯠郭音來埤蒼云
鱀鯠鱀也字林作鰬音七蛸郭征堯反字林一全反又一兗反蟲貌也一曰蟲也蠉郭香兗反呂火全反
蛣古黠反又音吉或五結反蜣居月反孑紀列反字林云無右臂古熱反孓九月反字林云
無左臂也廣雅云孑孓蜎也蛵沈呂結秩反謝豬悌反一音之逸反本草謂之术蛵一名蚑一名至掌案說文
今俗呼為馬蜞亦名馬耆即楚王食寒植所得而吞之能去結積也蚑蜞同音其然釋蟲已有蛭蝚至掌郭云未詳
依本草即是水蛭也蟣郭音祈字林云齊人名蛭也本草又作蚑科苦禾反字或作蝌斗樊孫
云科斗蝦蟇也郭云蝦蟇子活東如字謝施音括舍人本作顆東蝦音遐蟇字又作蟆音麻
魁苦回反郭云狀如海蛤案本草海蛤一名魁蛤又有魁蛤一名魁陸一名活東並生東海說文云蛤有三皆生

鰝，郭音鄗，户老反～鄷，芳弓反【法】盧云：宋本鰝注末有音鄷、鄗三字，與《釋文》合。俗本删削注中之音，則鄷芳弓反條無所附矣

鮂，一曰出江，《說文》同【法】盧本江下補東字

鮥，又徐秋反，《字林》作鮥，音格，云當鮍也，顧作鮥，同【法】鮥不得音徐秋，徐秋乃鰌字之音，此必有誤。注内鮥字當作鮥，見《玉篇》。鈕氏謂《說文》、《字林》之鮥，本當作鮥，殆是。詳《說文校録》　鮬，郭音步，《字林》丘于反，施蒲悲反【法】郭音步未詳，施本殆作魾耳，上文魾蒲悲反

鱖，《字林》凡綴、巨月二反【法】凡當作几

鱒，一音仕轉反，或直轉反【法】仕轉、直轉二反則字當作鱄，《士喪禮音義》鱄，市轉反，可證　鯶，呼本反【法】鯶前阮（榮芬案當作陸）音胡本反，此不得音呼本反。疑呼爲乎之誤，《玉篇》亦讀匣紐

活東，舍人本作顆東【法】顆乃顆之譌，如款冬之爲顆凍、菟奚之名題東耳。科、顆同聲，顆東即科斗之聲轉也。盧氏改爲顝，殆非　○蟇，字又作蟆，音麻【法】麻盧改麻

於海蛤屬千歲雀所化秦人謂之牡厲海蛤者百歲燕所化也魁蛤一名復累老服翼所化 從子容反本今作

縱 蚶火甘反字書云蚶也出會稽可食 蜪徒刀反 蚅於革反 鼁起據反 䶂音秋

蟾音占 蠩音諸本今作諸 蚥音甫又音扶甫反 黽莫幸反 耿耕幸反 蛙戶媧反

鴨於甲反 蜌步禮反又扶氏反字林小蛤也 螷謝步佳反郭毗支反字林作䗪沈父幸反施蒲鯁反

本今作螷 蚌步項反本或作蜯下注同 陜平夾反本今作狹 蜃字又作蜃市忍反字林雉入海所化

也 鼈字又作鱉卑滅反 能如字又奴來反 龜字林古追反字又作龜 賁謝音奔又音墳

顧彼義反 羨似面反 蚹音附一音扶卜反 蠃力禾反下同注作螺字亦同 螔余支反又音斯

蝓羊朱反 蝸牛工花反或工禾反 蜬本又作函顧古含反又呼含反下同謝音含 螺力禾

反 𧒽音張又音帳 杯布迴反 螖音滑字林音骨 蠌音澤字林大各反 蟧力刀反

埤避移反 蟚音彭本今作彭 珧餘招反山海經云激女之水多蜃珧郭注云蚌屬也字書云王珧肉

不可食唯杜可食耳衆家本皆作濯 低丁兮反 謝如字衆家本作射 弇古奄字又作揜於檢

十六一 信 爾雅音義下 十八 宋通

反 果衆家作裹唯郭作此字 獵力輒反 左倪五計反亦有本作睨下同 不類

力愧反又力魏反 俾普計反下同本今作庳 贆字亦作猋方遙反 魧謝戶郎反郭胡黨反字林

作蚢云大貝也又下亞反 車輞音罔 鰿郭音蹟字又作鰿字林音績 貽顧餘之反本又作貽他來

反字林作蛤云黑貝也大才反 蚳直其反字或作貾同 泉如字本或作蟓 蚆普巴反郭音巴字林同云

蠃屬[illegible]而頯也 博布莫反 頯郭巨軌反顧又巨追反 蜠郭求隕反又丘筠反 汙音烏 蟦

施音蹟郭音責亦音積本或作鰿又作責又作鰿音皆同 橢他果反狹而長也 陜平夾反 蠑

音榮本或作蠑 螈音原字林作蚖五丸反云蠑螈蛇醫也說文同 蜥先歷反 蜴音亦說文字林作易

云在壁曰蝘蜓在草曰蜥蜴案東方朔云非守宮即蜥蜴是二物也方言云秦晉西夏謂之守宮澤中曰蜥蜴南楚

謂之蛇醫或謂之蠑螈 蝘烏典反 蜓徒典反字或作蜒 蛈大結反說文云蛈毒長也 蝁烏洛

反 蝮芳福反 螣直錦反字又作朕 螣字又作騰又作螣並同徒登反字林云神蛇也愼子云螣

蛇遊 蟒音莽字林云大蛇也 蝮字亦作蝮芳服反又亡六反此蛇色如綬鼻上有針大者百餘斤又一名

鼁，起據反～䶂，音秋【法】䶂盧改從酉，是，又引戴氏謂鼁當作鼀，則未然。《說文》既合鼀、䶂爲一字，則《爾雅》不應疊異文二字爲重文。《爾雅》字之不見《說文》者多矣，不得以《說文》不收鼁字，遂改《爾雅》以就之也，且安知非《說文》之誤乎。戴氏又謂䶂當同鼀，形近而聲亦遠

蠃，力禾反，注作螺字，亦同【法】今注中無螺字，注疑或之誤

蜬，顧古含反，又呼含反【法】蜬今《玉篇》古含、乎甘二切，《廣韻》同，並不音呼含

珧，《字書》云：玉珧肉不可食，唯杜可食耳【法】杜盧杜，是（榮芬案杜前當脫改字）

類，力愧反，又力魏反【法】陸氏收類於至、未二部，今《廣韻》未部無來紐

蟦，本或作鰿，又作資，音皆同【法】蟦盧云：《藝文類聚》引作責。偉案又作資，資疑責之誤，若作資，不得云音皆同也

蜴，《說文》、《字林》作易，云在壁曰蝘蜓，在草曰蜥蜴【法】在草曰蜥蜴之蜴當作易，阮（榮芬案當作陸）引《說文》、《字林》語，則當依其本字也

螣，字又作朕～螣，《字林》云：神蛇也。《愼子》云：螣蛇遊□【法】上螣字當作螣，盧改。闕處盧補霧字 ○蝮，又亡六反【法】亡蓋方之誤

反鼻一孔 鼻虫 即虺字也虛鬼反說文云上一名蝮博三寸首大如擘字林同舍人亦云蝮一名虺案蝮大蛇
也非虺之類故郭云別自一種蛇名蝮虺本今作虺 博三寸 博廣也謂身廣三寸 首大如擘
甫革反劉昌宗音薄歷反孫云頭如拇指郭注三蒼云擘大指也案手足大指俱名擘也 一種 章勇反
鯢 五兮反 鰕 音遐 鮎 乃兼反 猴 音侯 狗 音苟 枕 之甚反 篆 丈轉反
印 一刃反 腸 音長 去 羌呂反 盡 子忍反 涪 音浮音符 緣 悅絹反 瑇
字又作蝳音代或作徒妹反 瑁 字又作帽音妹 觜 字又作蠵子移反或子髓反 蠵 以規反或
下圭反字林云大龜似蝟也 攝 謝之涉反郭祛浹反施之協反 折 之舌反 解 音蟹 好食
呼報反 遺我 唯季反 筮 舌制反 蓍 音尸 叢 才空反說文云草叢生也 見
音現 筴 初革反本今作策 傳 直戀反 之處 昌慮反
釋鳥第十七 說文云短尾羽衆禽揔名也案此文云二足而羽謂之禽禽即鳥也
隹 如字旁或加鳥非也 鳺 本亦作夫字林甫于反 鴀 本亦作不同方浮方九一反夫不楚鳩也
爾雅音義下 十九 葛琰
鵧 音浮又音手 鶌 居勿反 鳩 九牛反 鶻 音骨 鵃 竹交反或竹牛反字林云鶻鵃小種
鳩也毛詩草木疏云斑鳩也桂陽人謂之斑隹 鳲 音尸字又作鳲 鴶 郭古八反字林音吉 鵴 居六反
鸌 戶郭反 鷑 呂郭反巨立反施音下同 鵧 謝蒱悲反郭力買反蒲尸反字林父佳反 曰 如字
本或作鳴 鶪 本又作䳭七徐反 鷉 音彫 鷚 五各反 好在 呼報反下皆同 鷙 本又
作摯音至 有別 彼列反 鶬 古客反注同 鷵 巨記反亦作忌 鶅 去其反本亦作鵋下
欺老同本今作鵂 鵂 音休 鶹 音留 鉤 古侯反今作鴝 鵅 側其側事二反 鶀 他故
反本亦作兔同 鳷 音立 鷚 字又作䲵文力幼反郭音繆亡侯反孫音流又立蚪反說 鷂 予若反說
文作鷂 鷃 音晏又一練反 鶽 音淳 綢 音儔 鷨 音六 鷯 郭力于反施力侯反 鷯
五河反 字亦作鵞 鶬 音倉字林丁羊反 麋 音眉字林作鶥音同 鴰 古活反說文音刮 鴰
音鶚 郭音駮字林方沃反孫音暴 鶂 五歷反又五結反水鳥也春秋云六鶂退飛過宋都是也 頭
吉鵁 郢交反 駮 布角反 鴚 郭音加說文音柯廣雅云鴚鵝鳽也 鳧 音符 鶩 音木 鼉

虫，《説文》云：上一名蝮【法】上當作虫

瑇，或作徒妹反【法】或作下蓋有脱文，否則作乃音之譌

觜，或子隨反【法】隨當作髓，見《釋天》○蠵，以規反【法】蠵當從巂

《字林》云：大龜似蝟也【法】似蝟也盧改以胃鳴，是○攝，郭祛浹反，施之協

反【法】之協不能成音，或施收協於葉也，祛浹反亦未詳

鳥，《説文》云：短尾羽衆禽揔名也【法】《説文》作長尾禽總名

鶌，辰勿反【法】辰盧改居，是

鵧，郭力買反，《字林》父隹反【法】力當作方，隹當作佳。盧云：力買反下脱一字

鷂，《説文》作鷂【法】今《説文》鷚下作天鷂，而正文無鷂。此云《説文》作鷂，殆亦

未然，疑當作鷂

駮【法】盧云：宋本注江東呼烏鸔下有音駮二字，故陸爲之音，郎本亦有

鷏 字文作鷏 一丑反 鳽 郭五革反 字林音肩 鵁 音交 本亦作交 鶄 音精 本又作精 以厭
冊反 鸒 音餘 樊孫本作鸒 鵛 古形反 本亦作徑 鷋 音徒 鶘 大兮反 鵗 毛詩
傳作涬同音烏 郭火布反 鸅 音澤 毛詩傳作澤 鸉 音 淘反 鶾 大刀反 本又作翰 胡旦反 樊
一雉 云一名 鷽 郭音握 又音學 又才五反 字林乙㘸反 鸄 本亦作鷟 七約反 䲦 子髓反 字或作
菁 廣雅云口也 鷷 音 徑 負 字或作鵏 同房九反 鶝 以照反 字林云鶝鳥下同 鵴 呂郭丑綃反 孫
瘠亂反 鶉 巨炎反 字林云句喙鳥 鳫 說文作雇 籀文也 詩傳並作扈 同音戶 鴳 音晏 鸋
音切 膌 音之 鳭 一、堯反 鷚 力小反 剖 普口反 鸇 子遙反 雌 字或作鴜 同七
發反 鵅 本又作鴼 謝五蓋反 呂郭音乂 鷣 字林云小云消二反 云澤雀 鷗 音偃 鳳 郭云瑞應鳥也
雞頭蛇頸燕頷龜背魚尾五彩色高六尺許 說文云神鳥也
天老曰鳳象鴻前麐後蛇頸魚尾龍文龜背燕頷雞喙五色
備舉 出於東方君子之國 翺翔四海之外 過崑崙飲砥柱
濯羽弱水 莫宿風穴 見則天下大安寧 毛詩草木疏云雄
曰鳳雌曰皇 一名鶠 其雛名鸑鷟 或曰鳳一名鸑鷟 其形
鴻前麐後 蛇頸魚尾 龍文龜身 燕頷雞喙 首戴德 頸揭義
大七千字 小七百四十八字 爾雅音義下 二十 吳昌
背負仁 翼挾信 心抱忠 足履正 尾繫武 非梧桐不棲 非竹
實不食 朝鳴曰發明 晝鳴曰上翔 夕鳴曰歸昌 昏鳴曰固
常 夜鳴曰保長 得其鳳象之一則過之 二則翔
之 三則集之 四則春秋居之 五則為身居之 皇 本亦作凰 瑞
應 音 舊書 頸 吉井反 頷 乎感反 鴡 詩作鴡 音同 精益反 今作鵙 鴿 詩作令 同力丁
反 鵻 於恭反 渠 字或作鶏 鸒 弋庶反 毛詩傳云鸒鴨鶋雅烏也 雅云小而腹下白不反哺者
謂之雅烏 說文字林皆云楚烏 也一名鸒 一名鵯鶋 秦云雅烏 斯 本多無此字 案斯是詩人 協句之言 後人因將添此
字也而俗本遂 斯旁作鳥 謬甚 鶌 言居 本或作居 鴡 燕 於見反 或加鳥者非 象形字 白脰
音豆 鴽 音如 鷂 字或作 卒音謀 毋 如字 李音無 舍人本作蕪 鷭 鳥南反 鷚 音密 本令
作密 肌 音飢 鷖 音計 鶧 音英 本今作英 誤 重 直用反 巂 戶圭反 說文云周也 蜀王
望帝淫其相妻 慙亡去 為子巂鳥 故蜀人聞子巂鳴 皆起曰是望帝也 鳦 音乙 本或作鳦 乙或音軋 鳷
尺之反 或作鵄 鴮 于驕反 鶬 音寧 又音寗 鴂 音決 鶪鵙 今之巧婦 狂 如字 本或作鵟
茅 本或作𦾔 鴟 字又作鵄 云鴟也 云董反 又云江反 字林項反 廣雅云茅鴟鳩也 鷹 於陵反 怪

厭，以冉反【法】以當作一，聲近之譌也

與【法】與今本作輿

鶾，本又作幹【法】幹當作翰，《校勘記》云：幹當作翰，本又作鶾

鷽，才五反【法】才五反必非鷽字之音，二字並誤，五則沃之譌

鳫，《說文》作雇，籀文也【法】籀文上盧補鳫字，是

鳳，《說文》云云【法】今《說文》與此略異

背角仁【法】角盧改負，是

則爲身居之【法】爲盧改没，是

毋，如字，李音無【法】案陸云如字，又云李音無，則當作父母之母矣，又見《月令》。盧刻改母

古狂反　梟古堯反　鶛音皆又音界　劉字或作留音留　哺蒲路反說文云口中嚼食也
鷇謝苦候反字林工豆反郭音同又古豆反鳥子須哺而食者燕雀之屬也史記云趙武靈王探雀鷇而食之是
也　母食本或作飤同音嗣　噣竹角反義當作啄　雛字林云雛子也匠于反又仕俱反鳥子生
而能自啄者禮記云雛尾不盈握不食是也字或作鶵同或云仕俱反者是鳥子也匠于反者爲鳳類也　爰本亦
作鶢苦袁　居本或作鶢同李云爰居海鳥也樊云似鳳皇　雜字亦作襍　琅音郎　邪以差反
駒音俱　鳸音户　鳻本亦作分同扶云反或芳云反　鶹亦作鶹力久反本亦作遶　藍力甘反
行如字　唶唶子夜反說文亦借字也一云大聲也莊子一曰反子夜反又子亦反廣雅云唶唶聲也　嘖嘖
莊革反廣雅云鳴也說云嘖嘖聲　鵖彼及反郭房汲反字林方立反　鴔皮反反郭北反反字林房立反
又音大　鵀女金反施汝沁反方言云戴鵀一名戴南一名戴勝　勝尸證反　鷑皮逼反
鶝音逼又音福　鶭本或作鴋說文作鶭子因反　澤虞字林作鸅鸅音同　媢
户故反下同說文云嫪也廣雅云妬也聲類云媢嫪戀惜也字書作嫪一本作誸皆同嫪力報反　鶿音慈字林
大小六百一十六　爾雅音義下　二十一
云似鷀而黑　鷧郭懿翳二音字林英茞反　鸄子髓反　鶾字林力彫反　鶔順春反
鶅音皆　牝毗忍反扶死反　舊　庳婢支反婢郭音卑　鷂施音烏含反　鶤郭音
施尸支反字林亡支反　沈直今反　鷮謝烏卯反郭音杳字林音幼　頭字或作投　鶨本或
作鵜郭音饒虛交反又音交　箭子賤反　脚近附近之近　鵽貞刮直活二反　寇
苦候反　鴿古合反　岐音祁　憨呼濫反字書云愚也　漠音莫　雈音桓　鵜本又
作莬音兔　鷄徒忽反亦作突　胡字或作鶦　鵟音狂本今作狂　鸋云貢反　搏
徒端反　黍音暑　鶅聿述二音左傳云鄭子臧好聚鷸冠即翠鳥毛也　紺古闇反　鸛
蜀蜀二音　穴乳如注反下同　蝙音邊　蝠音福　蠘章弋反　蠷云北反　晨
如字本或作鷐　鸇之然反說文上仙反字林已仙反　鷂羊召反　鴥戶橘反字林云鴥飛貌
楊音楊　鷹巨月反說文云白鷹王雎也字林同　鷹於陵反　鴃音決　鷏田眞反
二音　蟁本或作䖟郭云皆古蚊字音文案說文蟁正字蚊俗字或作蟁字林亡巾反　鸒布角反

劉，字或作留，音留【法】盧云：上留字譌，疑當作鷚，是也

鷇，謝苦候反，《字林》工豆反，郭音同，又古豆反【法】古豆與工豆同，非異讀也，或陸意謂郭亦具二音，與呂、謝同耶

邪，似差反【法】似差反當合《論語·序》通考之，當作似嗟反

扈，音户【法】扈今本作鳸

唶，《說文》云：借字也【法】借字也三字誤。《說文》唶爲諎之重文，疑當作諎字也，大聲也　○鴔，皮反反，郭北反反【法】反乃及之譌

媢，一本作誸【法】誸盧改誼，是

鸇，之然反，《說文》上仙反，《字林》已仙反【法】鸇與《秦·晨風》音不合，宜通考之　○鴥，户橘反【法】户當作尹，見《詩·晨風》　○鸒【法】鸒盧云：《石經》、宋本皆同，俗本分作二字　○蟁【法】蟁今《說文》作䖵

鷉他兮反，字或作鷈 鸁力戈反 鷊言歷反，本今作鷁 鸄鳥瞑反，本今作鸄鸄磨鸄也
鶠音吾，或作鴮 由字或作鸍 狐音乎 䳢平講反 脅許業反 喙許穢反
人呼火故反 上高時丈反 倉庚商庚本或旁皆加鳥 鵹音離
鴩大結反，說文音吐節反，今作鳺 餔音步，字或作鵏 敊如字，本今作枝 來鳩來字或作鶆
鶆郭讀作爽，所丈反，衆家並依字，樊云來鳩鷞鳩也，字林作鶆，音來，云鶆鳩鷙鳥也 爽鳩本或作鷞
鶼鶼古恬反，衆家作兼兼，李云鳥有一目一翅，相得乃飛，故曰兼兼也 鵹離詩傳作離，謝
同力知反，施音黎，說文作鵹，云其色黎黑而黃也。文釋云鵹黃，倉庚也，爲則蠶生，字林作䳢，士兮反，毛詩草木疏云黃鸝留也，或謂之黃栗留，幽州人謂之黃鶯，一名倉庚，一名商庚，一名鶩黃，一名楚雀，齊人謂之摶黍，關西謂之黃鳥，方言云自關而東謂之倉庚，關西謂之黃鸝留也 鴷音列 斲陟角反 鵻章誰反
寸所主反 鷇郭古狄反，字林工子反 鶶音唐 鷵音徒 鸕謝力吳反，施力魚反
鷺音路，毛詩傳云白鳥也，字林音盧 舂舒容反 鋤仕居反，字又作鉏 翰音汗 鶾

大八十五字 小六百七十字　爾雅音義下　二十二　吳姿昌

字又作睫，音接，說文云目旁毛也，三蒼云目毛也 樆力知反 纚西雷反，又西禾反 鷂雉郭音
遙，下同 鷮音驕 鳪音卜，郭方木反，又方角反 鷩謝必滅反，呂郭方世反 秩秩
本又作失失，謝持乙反，施音逸 翟音狄，本又作鸐，又音濯 雗戶旦反，字又作翰 鵫呂郭音罩，陟孝
反，又音卓 鵖音白，今作白 鬬丁豆反，又丁候反 翬音暉 鶹本或作鷚，直留反，郭徒留
反，字林女知反 鸃側其反 鶿音茲 鷷郭音遵，謝祖尊反 鵌音途 鶟徒忽反
鵽丁刮反 牝毗忍反 牡音母 鸛音歡 鷒徒端反 鶝音福，字亦作福 鶔
而由反，本亦作柔，或作蹂，音同 鸏七藥反 射之食亦反，注同 㥽字又作惰，徒課反，字書云
古以爲羿 羿五計反，古之善射者，言此鳥捷若羿之善射，亦懈惰不敢射也，故以名云 鶪古闃反
懈惰字 反，字林𠭊子工反，又羽𠭊反，𠭊音子弄反 鶐思勇反 上下時掌反 鳶悅專反，字
亦作鳶 鷹字或作鷹 隼西尹反，本或作鵻，寮云圭卯鳥也，無勞更加 蹼本又作蹼，言蒲木反 有
幕亡博反 蹼屬音蜀 相著直略反 踵章勇反，聲類云足跟也

鸄，本今作鸄【法】鸄注内本今疑當作本亦，仍陸氏語也

倉庚，商庚，本或作皆加鳥【法】本或作皆加鳥六字不類陸語，殆亦後人附入，與《釋蟲》伊威負（榮芬案當作委）黍條同　○餔，字或作鵏【法】鵏當作鶴，見《廣雅》

文釋云，離黃，倉庚也【法】文盧改又，是。庚盧改庚，是

寸，所主反【法】寸上盧補數字

鬬，丁豆反，又丁候反【法】丁豆、丁候同音，必有誤。《集韻》收鬬（榮芬案此鬬下脫於侯二字），疑候乃侯之譌　䳫，郭徒留反，《字林》女知反【法】女知反未詳

企去頍反字或作跂 跟音根釋名云足後曰跟 縮所六反 亢胡郎反郭云亢鳥嚨也倉人云鳥高
飛也 嚨力東反樊云亢是鳥之頸也郭云嚨謂喉嚨舍人云嚨謂可見也 喉音侯蒼頡篇云
咽也 咽於見反說文云嗌也又於賢反 粻音張 嗉音素 之處昌慮反 鶉音純 鳻
音文 鴽音如 鴾音牟 鶕烏含反 雛仕俱反 鷚力救反又力求反說文作雡云鳥大
雛也一曰雉之暮子也字林力幼反 少雛詩照反下文同 別者彼列反 長醜丁丈反
鶹音留本亦作栗 鶹音留 留離詩字如此或云鶹離後人改之 鵲音工鎋反又
干鎋反字林云鵲似伯勞而小 鵹力兮反又力知反
釋獸第十八 叔又反說文云獸守備也一曰兩足曰禽四足曰獸案此文云四足而毛曰獸
麋亡悲反字林云鹿屬也以冬至日解角 牡音母 麌其九反 牝毗忍反 麎郭音
辰又音腎字林上尸反 麇於悲反又於老反麇子也一曰少長曰麇 長丁丈反 麛音迷
本或作麑音同 跡子益反字或作迹又作蹟音訓並同 躔郭直連反又持展反方言云躔循也歷也
小六百三十八 【爾雅音義下　二十三　吳文昌
行也 麚音加 麔其久反 䴥素卜反本又作速字林云鹿迹一曰速鹿子 麖郭音
堅又音京又音黯 麕九倫反本亦作麇亦作麏說文麕籀文麇字林云麇麞也又九文反 麌
作麌麌魚矩反字林音吳 重言直用反 麋音栗 麈音助本亦作麛同 解音蟹
施佳買反 豣郭音與上麛字同顛五見反又古典反 狼音郎字林云獸似犬 貛字林子丸反
㺃胡狄古狄二反 迅音信又音峻 兔字又作菟湯故反 娩匹萬反又匹附反本或作
嬎敷萬反 貄字林云兔子也乃俱乃候二反 迒音剛又戶郎反諸詮之云兔道也阮孝緒云獸迹也 欣
如字本或作忻 豬張魚反說文云豕而三毛叢居者 彘直例反字林云豕後蹄廢謂之彘小爾雅云彘
豬也方言云關東西謂之彘或謂之豕 豨虛豈反字書云東方名豕也一曰豕足也 豬羊垂反又本
今作豶 豶苻云反謂犍豬 犍音九言反 幺烏堯反字林云小也施於還反 幼伊秀反 豚
大昆反 奏七豆反本亦作湊下同 豱音溫 䐗七豆反碑蒼云䐗理也 豵子六反
子公反小爾雅云豕一歲曰豵字林云豕生六月也一曰一歲曰豵 橧辭陵反舊本多作增字非方言作

鷚，《說文》作雡，云：鳥大雛也，一曰雉之暮子也【法】雡下引《說文》與大徐同，盧據誤本小徐，故云，雡同鷚耳

麎，郭音辰，又音腎，《字林》上刃反【法】刃盧改尸，殆是。《小雅·吉日》沈市尸反，市尸即上尸也。又郭音辰，彼作音脤

䴥，本又作速【法】段氏謂䴥當從束，據《廣雅》躔踈解亢跡也爲說，則本又作速當作本又作速矣。惟《說文》迹、速同音，若作其迹速，殊爲不詞，宜再考。又《廣雅》音匹亦當作七迹　麌，一作麌【法】盧云：麌不成字，必噳之譌

貛，《字林》子丸反【法】子殆呼之誤，《地官·草人音義》貆，呼丸反

娩，匹萬反，本或作嬎，敷萬反【法】娩盧改從兔。本或作七字亦後人校語。蓋敷萬即匹萬，校者以爲異，故記之　○迒，諸詮之云：兔道也【法】諸盧改褚。案本篇屢見，並作諸，似不必改

幼，伊秀反【法】《廣韻》幼、秀不同部　橧，辭陵反，舊本多作繒帛字，非，《方言》作木旁【法】盧云：《詩·漸漸之石箋》作繒，《音義》云，《爾雅》豕所寢曰繒，《方言》作橧，從木。據此知《爾雅》本作繒，不與《方言》同，古字多假借耳

木旁言 蓐 辱 蹢 丁歷反蹄也本今作蹢 豥 工開反字林下才亥或户楷反 蹄 音啼一 刻
音克 豟 於革反 豝 百麻反牝豕也字林同又一曰二歲豕 虥 字又作戲謝士版反或士簡反施士
虥反沈才班反郭昨閑反字林士山反 貓 亡朝反 貘 亡白反字林云似熊而白黃出蜀郡一曰白豹 豹
必孝反字林云似虎貝文 熊 音雄 羆 音婢 駮 布角反 ⿰鼠也 音舐本今作舐 鐵 佗結反
音婥 檻 户覽反下同 貀 本又作䝪女滑反字林云䝪無前足似虎而黑 召 市照反 種 章勇
⿰鼠隋 素累反 辟 鼆 必亦反 甝 字林下甘反又亡狄反 虪 式六反本今作虪 秭
反 鼳 本多作昊經丈既云鼠身宜從鼠音古闃反 驢 力居反 子 狗 古口反本或作狗沈施火
䫻反注同 麙 本或作䫻同五咸反 捕 音步 購 古豆反贖也 貍 力之反字林云伏獸似貙 貄
以世反施餘棄反衆家作肆又作肆沈音四舍人本作貄 豾 字或作伾房悲反二音丕字林云貍也 貈
乎各反字林云似狐善睡本作貉亡白反字林云北方人也非獸也 貆 音桓又音懽 獿 字又作獶同乃
老反字林云雌獶 ⿰犭央 烏郎反 ⿰犭吏 山吏反字林云貌謂之⿰犭吏廣雅云⿰犭吏貌也貌音餘救反 貒 他官反說 吳文昌
大字六十九 小七百六十 爾雅音義下 二十四
文字林云獸似豕而肥 貗 郭其禹反字林力丁反 豚 音屯本又作肫 貛 音懽 貔 音毗字林云豹
屬出貉國一曰白狐毛詩草本疏云似虎或曰似熊一名執夷一名白狐其子爲豰遼東人謂之白熊 狐 好字說文云祅
獸也鬼所乘有三德其色中和小前大後死則首丘 豰 本又作㲉火卜反又虎抖反 麝 食亦反字林音射云
如小麋有香李士卜作䴓云獐父獸名 父 音甫下同 麇 己倫反本或作麏 豺 仕皆反字林云狼屬狗足
貙 丑于反字林云似貍而大 獌 本亦作蟃音萬又亡萬反或亡半反字林音慢云狼屬一曰貙也 犴 郭音
岸字林下旦反云胡地野狗本又作犴說文或豻字陳國武音子虛賦苦姦反解云胡地野犬似狐黑喙 羆 音碑 憨
呼濫反 貑 音加 麢 力丁反陶弘景注本草云今出建平宜都諸蠻中及西域多羚羊者角者爲勝角甚多節蹙蹙
負繞別有山羊角極長唯一邊有節節亦疎大而不入用東云只此名麢羊甚能步岭短角者乃山羊亦未詳其正 羌 麠
音京本或作麖同 麃 步交反郭云即麞也張揖司字林云麞屬 郊 雍 於用反 麐 音章 麐
字又作麉音九 旄 亡報反 獶 乃牢反或乃容反字林云多毛犬也 魋 徒回反字林云䵷如熊黃而小 ⿸鹿壹
七奴反 ⿰豸契 字亦作㹛或作⿰豸契諸詮之烏八反韋昭烏𧳜反服虔音壑音灼音內言䑃案字書䑃音壹 貐 或字

虥，謝七版反，或士簡反【法】七版當作士版，見《詩·韓奕音義》，《御覽》作土盞反，土亦士之譌

甝，又亡狄反【法】又亡狄反乃甝字之音

貄，舍人本作貄【法】此貄字疑當作肆

獿，字又作獶，同，乃老反【法】六朝、唐人碑刻惱多作⿰忄巠，字又變而從巠，非。正體當作獶、獿，《篇》、《韻》又譌獿，且別爲之音。盧云：《詩正義》引郭注，獶下有獶乃刀反四字

《詩草本疏》云，似虎【法】本盧改木，是

豰，又虎枓反【法】枓不知何字之譌

父，音甫，下同【法】下同二字衍文，下文貜父之父別作音，他無父字

獌，或亡羊反【法】羊盧改半，是

貗【法】貗今《漢書·楊雄傳》作㹛，注亦未引三家之言　貐，諸詮之以主反，《字林》弋父反，韋昭餘彼反【法】諸盧改褚，貐（榮芬案當作貗）下同。弋父與以主同，餘彼未詳，彼疑誤

作㕢諸詿之以主反字林弋义反韋昭餘彼反狻先官反麑字又作猊牛奚反𦖞音封曰

走丂一反驨本又作巂同户圭反騏音其茸而容反豲魚袁反又五丸反字林云

野羊大角犄字或作隋他果反下同麐字林力人反本又作麟牝麒也一音力珍反猶羊周羊救

二反字林弋又反說文云玃屬也一曰隴西人謂犬子也尸子云五尺大犬也合人本作𦦨郭音育麂音几上

樹時掌反貄本又作肆亦作肆音四脩音羞毫户高反廣雅云乾謂之毫本或作豪

音同借乎也兕本又作兕徐履反犀音西俗作犀非庳音婢彙本或作猬又作蝟亦

弃同音謂毛刺七賜反狒狒字又作𪇰或作𩲰同說文云周成王時州靡國獻𩲰人身

反踵自笑笑則上脣弇其目食人北方謂之土螻讀若費費一名梟陽今依許扶味反沈音沸郭薄昧反又音

備郭云俗呼曰山都案相傳云此獸人面長脣身有毛好食人得人則笑而脣覆其面人亦因水潰之故左思吳者

賦云𩲰𩲰笑而披格是也被髮皮義反梟力堯反脣音純蹯說文作番古文作𠂔並音

煩案蹯掌也左傳云宰夫胹熊蹯不熟殺之是也内女九人九二反說文云獸足蹂地也古文為蹂字林或作

大八十二 小六、九十二

爾雅下

二十五

陳 掴

狃麔昌慮反蒙莫東反猱奴刀反本或作獶郭女救反蜼餘水反畜許六反捕音步

勝尸證反貓音苗獮音彌猴音侯猨音袁本今作蝯善援音袁引也猶

玃字亦作玃俱縛反說文云大毋猴也父音甫貑本或作麚音古牙反盼匹見反脊音積泥

奴細反麔音咎麌音如脰音豆𧹞胡犬反獷號猛反豦音據髯而占反

貗力軀反擿人字又作擲直戟反蜼音誄字林余繡反或餘季餘水二反卬五剛反又

魚兩反數尺所主反獺勑鎋反又勑末反歧音祁自縣音玄捷才接反

椉本或作乘事陵反峰芳逢反本今作峯猩音生郭云人面豕身能言語又云狀如貛纯聲

似小兒啼案禮記云猩猩能言不離禽獸是也而好呼報反嗁杜奚反作啼同磎音溪

本亦作豨阯音止豚徒門反字亦作纯字林云小豕也說文作豚云籀文也闕其越反又如字泄息列反多

狃女九反寓屬魚具反舍人本作寓孫五胡魚句二反下如字鼢字亦作蚡扶粉扶云二反說文云地中行鼠伯

勞所作也一曰偃廣雅云鼹鼠也字或作䶉同方言謂之犂鼠鼸下簟反孫云鼸者頰裏也郭云以頰內藏食也字林云即鼢鼠也

麐，《字林》力人反，一音力珍反【法】力人與力珍同，陸蓋知與日不同部

犀，音西，俗作犀，非【法】注内犀字盧改爲犀，殆非。蓋正文依《説文》作犀，俗則連中直爲一筆耳

梟，力堯反【法】力疑古或九之譌○蹯，古文作𠂔【法】𠂔盧改𤕤，是

内，《字林》或作狃【法】盧云：《注疏》本無林字，此疑衍

猱，奴刀反，本或作獶，郭女救反【法】盧云：獶當爲獿，方與奴刀音合，郭音似又本從憂也。案奴刀一等，女救三等，非從夒，則不爲讀女救反也。若從憂則不得讀女救矣○玃，字亦作玃【法】《説文》玃、玃異物，不得爲一字

蜼，或餘李、餘水二反【法】李盧改季，是

椉，事陵反【法】椉與事不同紐，事字誤。《釋畜》云：施，市升反，則事當作市

嗁，社奚反【法】社盧改杜，是○磎～阯【法】磎、阯二條乙轉　豚，《説文》作豚，又云：籀文也【法】《説文》作豚二語，與今《説文》不合，蓋有脱誤，詳《考證》

鼢，一音偃，《廣雅》云：鼹鼠也【法】一音偃三字誤，依《説文》當作一曰偃鼠。鼹鼠，盧改鼹

鼸古㗊反 鼷户雞反字林云小鼠也郭云有螫毒者博物志云鼠之最小者或謂之甘鼠案春秋食郊牛角者是也 螫音釋 鼶私移反又徒奚反 鼬餘又反字林云如鼠赤黄而大 鼩字書云古貂字也音彫 䶂大敢反 鼪音性莊子云騏驥騄騮捕鼠不如狸鼪郭音生 鼩音劬 鼱音精字林云鼱鼩李云一名鼷鼠 鼨將容反 鼭音時 鼫字或作鼣苻廢反舍人云其鳴如犬也 鼫音石孫云五技鼠也字林同案蔡伯喈勸學篇云五技者能飛不能上屋能緣不能窮木能泅不能渡瀆能走不能絶人能藏不能覆身是也許氏説文亦云然或云即螻蛄也郭云形大如鼠頭似兔尾有毛青黄色好在田中食粟豆關西呼爲鼩鼠見廣雅鼩鼠即雀鼠也 鼩郭音雀將略反字林音灼云鼩鼠出胡地郭注本雀字或誤爲瞿字沈旋因云郭以爲鼩鼠音求于反非也 瞿音劬 鼤音文 鼨音終又徒冬反説文鼨字林皆云豹文鼠也 鼮徒形反又大佞反郭云文彩如豹也 終軍漢書云終軍字子雲濟南人初入關棄繻而去至長安上書拜爲謁者給事中使南越爲呂嘉所殺死時年二十餘故世號之終童 鼳古闃反郭音覡户狄反 覡何狄反 齝謝勑其反郭音笞 嚼字若反廣雅云茹也字書云咀也説文以爲噍字 齥郭音泄息列反一音曳埤蒼云

爾雅音義下　二十六　毛諒

羊齥也張揖音世解云羊食已吐而更嚼之 ⿰齒司丑之初其二反字書以爲古齝字 齸字或作嗌於亦反埤蒼云鹿麋 咽於見反又於賢反 齣口反 ⿰齒可客加反 素音素又私路反 裹音果 處昌慮反 嗛下簟反下同 貯丁呂反字林云積也 䝄許靳反 撟几小反又巨小反説文云舉也 伸音申 夭於表反 鰓西才反 昃古闃反 狨申鼓反本或作翅又作𧟶音同或吉豉反 案周禮有𧟶氏是也

釋畜第十九 許又反本又作嘼音同字林云嘼産也説文云嘼牲也經典止作畜字禮記左傳皆云名子者不以畜牲左氏又云古者六畜不相爲用是也案釋獸釋畜二篇俱釋獸而異其名者畜是畜養之名獸是毛蟲摠號故釋畜唯論馬牛羊雞犬釋獸通説百獸之名

騊大刀反 駼大胡反山海經云有獸狀如馬名騊駼青色字林云北狄良馬也一曰野馬也瑞應圖云幽隱之獸也有明王在位即至 出塞悉代反 駮力角反山海經云可以禦兵 倨本亦作居同紀慮反 牙五加反 騉古門反本亦作昆 蹄徒兮反字或作蹏 趼五見反又五堅反本或作研 善

終軍，《漢書》云：終軍世號之終童【法】臧氏琳以爲此實攸事，郭以爲終軍事，蓋傳聞之誤，詳盧氏《考證》

⿰齒司～齸【法】⿰齒司、齸二字失次，或羊曰齥注内齝字陸本作⿰齒司歟？否則前後倒亂也

嗉，音素，又私路反【法】私路反與音素同，又字蓋衍

駮，力角反【法】力疑方之譌，《詩·晨風》音邦角反，下文駮音方卓反，皆是也

陞音六本亦作升甗郭音言又魚輦反字林牛建反云甗也舍人云跙蹄者趼蹄也研平也謂蹄平正善
陞甗者能登山嶮也一云甗者阪也言騉善登高歷險上下於阪李云騉者其蹄正堅而平似研也顧云山嶺曰甗孫同
郭云甗山形似甑也上大下小騉蹄趼如研而健上山甑子孕反健上時掌反苑於遠反騉
騉駼枝蹄趼善陞甗舍人云騉駼者外國之名枝蹄者枝足也李云騉駼其迹枝平似研
亦能登高墮危險也孫云騉駼之馬枝蹄如牛而下平郭云騉駼亦似馬而牛蹄也驪力知反字林力兮反說文云深黑色
馬緑耳力玉反本或作騄駬同駥而充反本或亦作戎膝音悉字又作厀馵字林之句反郭
式喻反一同骹苦交反字書作骹同云脛也郭云膝下騽辭陵反或辭登辭亘二反蹢丁歷反毛
詩傳云蹄也踖徒反騱音奚郭又音雞舍人本作雞䮝郭音劬又音矩舍人本作駒蹢
郭去宜反顉居緒反驤息羊反駵音留字或作騮說文字林云赤馬黑毛尾也毛詩傳云亦身黑鬣曰駵
騵音原䯞口化反或口故反蒼頡篇云兩股間驈字或作驈字林于必反餘橘反郭音術阮子盔反骭
甫爾反又步啓反下同說文云股外也驠於見反馬窽苦弔反騴一諫反馬株音誅騵
【爾雅音義下　二十七　陳錫

本多作狠同音郎的字林作馰丁歷反云馬白額也一曰駁顙息黨反縣音玄莖
戶耕反漫莫干反驢字書作顲力胡反謂額顲也徹直列反駹武江反宜
乘字又作乘施市證反下謝市升反樂音洛相息亮反肘竹九反減古湛反本陽
或作戰幹古旦反茀音弗闋苦穴古穴二反廣音光本或作驥同別彼列反
駺郭完允二音字林云馬逆毛也騋力才反周禮云馬七尺也牝頻忍反下同驪牡孫
改上駹牡爲牡讀與郭異上時丈反玄駒字林作駽音同褭奴了反又而紹反字林云騕褭良馬
驂七南反騕烏了反郭注上林賦云騕褭神馬曰行萬里隲之逸反父符甫反本或作駁俗
字騇音舍草馬本亦作騲魏志云教民畜牸牛騲馬是也駁字林云馬色不純也方卓反騜
音皇字林于亡反脊音積騝音建郭音虔本或作騫去虔反騽音習說文作驔音簟字林云又音譚
今爾雅本亦有作驔者駽詩音及呂忱顏延之荀楷並呼縣反郭火玄反謝孫犬縣反顧胡畎反鐵他結
反驄七工反說文云青黑雜毛馬粼本或作驎郭良忍反注同字林良振反郭云斑剝隱粼也或音鄰孫云似

膝，音悉，字又作厀【法】厀當從卩

驓，或辭登、辭亘二反【法】一等無邪紐，此云辭登、辭亘二反，是亦從、邪不分之證

騕，鳥了反【法】鳥盧改烏，是○隲【法】隲當作騭

牸牛【法】牸盧改牸，是

魚鱗也 驒 徒河反說文云馬文如鼉魚韓詩字林皆云白馬黑髦 鬣 力涉反髦也 騍 而周反本又作
柔 兩被 普義反又皮義反 駂 音保說文云黑馬驪白雜毛 駓 備悲反字林音丕 桃
華 音花本亦作花同 駰 字林乙巾反郭央珍反今人多作因音 泥 奴兮反 騅 音佳 彤
徒冬反赤也 騢 平加反說文云馬赤白雜色文似鰕魚也 赭白 音者 白馬黑鬣 舍人
同衆家竝作髦 駱 音洛說文云白色馬黑毛尾也廣雅云白馬朱鬣曰駱 夏 音下 駩 音詮又音全孫
本作犉云與牛同稱汝均反本或作驎音吝 喙 許穢反又昌銳反口也 騧 古花反毛詩傳說文字林皆云黃馬
黑喙曰騧郭云今以淺黃色爲騧馬 瞯 音閑本又作矙蒼頡篇云目病也吳江湖之間曰瞯說文云戴目也字林
作騆音同 魚 本又作䁢疑居反字林作䲆音同 驔 徒南大點二反 差 楚佳反 毫 音豪
犘 亡巴反 犦 步角反張揖亡角反字林方沃反案郎今之𤛑領牛出合浦郡 犎 甫逢反 犦
音與上犦字同本亦作㸬鄭注考工記云㸬謂墳起 胅 大結反 橐 音託字又作駞音同又音洛 駝
大河反字林云馲駝似鹿而大肉鞌出燒山 日 而一反 浦 音普 犤 音碑又音皮 庳 音碑

爾雅音義下　二十八

㹈 子息反本或作稷 高涼 音良 犩 魚威反張揖同字林生畏反云黑色而大重三千斤
犪 巨龜反字林云牛柔謹也顧如小如照二反 數千 所主反 岷山 亡巾反 犣
力涉反字林云牛名也郭云旄牛也本或作鬣字亦牛多毛鬣 髦 本又作旄同音毛或音亡交反 犤 必爾
反又步啓反 犝 音童字林云牛名 犑 古闃反 俯 音甫 觭 郭去宜反字林丘戲江宜二反
云一角低一角仰樊云傾角曰觭 低卬 五剛反又魚丈反 踊 音勇 䝱 字或作挈郭常世反字林
之世反 犉 閏旬反字亦作犉音同 眥 才細反說文云目匡也字林云目厓也 牰 音袖字林音就本或
作褎音同 犚 音尉 犈 音權又音眷 犢 徒木反 㹐 火口反字林云牛鳴也 㹃 傅蓋反
犌 古牙反 羒 又作粉同符云反字林云牂羊 羝 丁兮反字林云牂羊也廣雅云二歲曰羝 牂 子郎
反字林云三歲曰牂 羵 扶云反 夏羊 戶雅反黑羖羊也 羖 音古字林云夏羊牝 䍽 音歷
羭 郭羊朱反字林羊句反 壺 音乎 觤 九委反 觠 呂郭音權謝居轉反 羷 謝許簡反
字林力冉反一音力驗反 迊 子合反 羳 音煩 羜 直呂反又之呂反字林云五月生羔 犬 說文云狗

騅，音佳【法】佳盧改隹，是

犘，亡巴反【法】亡乃方之誤

庳，音碑【法】庳無音碑者，碑疑婢之譌

犩，《字林》生畏反【法】生蓋牛之譌

犪，巨龜反，《字林》云：牛柔謹也。顧如小、如照二反【法】案《說文》犪，牛柔謹也，字從夒聲。若巨龜反，則字當從夔聲。陸氏誤合爲一，非，詳《考證》

牰，本或作褎，音同【法】褎盧改褎，是

㹃，傅蓋反【法】㹃當作犕。傅依《篇》、《韻》當作博

羒，《字林》云：牂羊～羝，《字林》云：牂羊也【法】牂盧改羝，詳《考證》。盧又改

羝注内牂字爲牡

羷，謝許簡反【法】簡與羷不同部，簡疑檢之譌，與《釋言》弇於簡反同誤

縣蹏者象形孔子曰視犬之字如畫狗也獀子工反獑音祁毫戶刀反字又作豪狗古口反字林云家豰也說文云孔子曰狗叩也叩氣吠以守也倝下旦反又胡肝反謂長毛也喙許穢反又呂銳反獫力驗反字林力劒反呂力由反郭九占沈檢二反獥許謁反字林作猲大遏反獢虛驕反狣呂郭同音兆尨亡江反說文云犬之多毛字林同也吠扶廢反雜音餘字或作餘雛仕俱反本今作鶵健郭音練力見反又力健力展二反少者詩照反奮迅信峻二音戎本亦作駥而融反以上時掌反犉閏旬反䝟本亦作麢五戒反彘直例反豟於華反大豕也小爾雅云豕之大者謂之豜豟獒五刀反尚書云西旅獻獒孔傳云大犬也說文云犬如人心可使者字林同廣雅云殷虞晉獒楚獚韓獹宋猚皆良犬也猚音鵲鶤音昆字或作䳆同或音運又音輝古侯反

經典釋文卷第二十　爾雅音義下　二十九

獫，郭九占、沈儉二反【法】沈不知何字之譌

獥，許謁反，《字林》作猲，大遏反【法】獥當作獥，大乃火之譌，見《詩・駟驖》

健，又力健、力展二反【法】健在願部，無來紐，《集韻》願部收健，則其所據本已譌。陸蓋讀健爲綫部字也　○彘，直列反【法】列盧改例，是

附録

法偉堂校本經典釋文跋

羅常培

曩在故都，嘗取積學齋徐氏所藏段玉裁手校本《經典釋文》及蕭山朱氏所藏王筠轉録陳奐迻抄段校本彙録一書，於懋堂、菉友兩家外並附見袁又愷（廷檮）、臧庸堂（鏞）、顧抱沖（之逵）、江艮庭（聲）、顧澗蘋（廣圻）、鈕匪石（樹玉）、惠松崖（棟）諸家校語，嗣更取敦煌寫本《周易·尚書·禮記釋文殘卷》及《古逸叢書》影宋大字本《尚書釋音》合校之。流傳各本，蒐羅殆徧（參閲拙著《段玉裁校本經典釋文跋》，載國立北平圖書館《圖書季刊》新第一卷第二期）。民國二十五年八月又自秀水唐立庵先生處假得法偉堂校本重迻之。此於諸家校本外，蓋別成一格者也。

案《清史稿·儒林傳》三《鄭杲傳附法偉堂傳》云：『法偉堂，字小山，膠州人。光緒十五年進士，官青州府教授，精研音韻之學。考訂陸德明《經典釋文》，多前人所未發。』今周覽全書，繹其通例，凡有四事，可得而言：

一曰偏考陸書創通音例也。案陸書體製，凡一字兩音者，除偶有疏舛，其音必異，法氏據此考之，因得窺見德明之用心，揭出音切之通則，例如：

《尚書音義》上叁、二（叁表頁數，二表行數，後半頁行數通前半頁計，行款以通志堂本爲準，下皆仿此）『被，皮寄反，徐，扶義反』。法云：『皮寄與扶義同，易徐者，改類隔爲音和也。』

《周易音義》拾陸、六『窒，珍栗反，徐得悉反』。法云：『珍栗與得悉同，易徐者，改類隔爲音和也。』

《尚書音義》上肆、三『女于，上而據反』。法云：『《廣韻》尼據切，此作而據，殆類隔也。』

《禮記音義》一貳貳、十九『呐，如悦反，徐奴劣反』。法云：『奴劣與如悦同，據此可知日、泥本同紐。』

案『古無輕脣音』及『舌頭類隔之説不可信』自錢大昕明之（見《十駕齋養新録》卷五），『泥娘日一音』自鄒漢勛明之（見《鄒叔子遺書·五均論·廿聲卌論》），余近鈎稽《釋文》中徐邈音切，知輕脣舌上與娘日兩紐，徐氏作音時尚未分化，及陸纂《釋文》，則脣音輕重已分，而泥娘日界劃猶混（參看拙著《經典釋文中之徐邈音》，已編入國立北京大學四十週年紀念論文集乙編下卷），法氏考明徐、陸音異由於類隔、音和之不同，驗之全書，絶無例外，以證吾説，益覺信而有徵矣。又如：

《周易音義》玖、二〇「所芘，本又作庇，必利反，又悲備反」。法云：「必利、悲備至部重脣分兩類，與《廣韻》合，後仿此。」

《毛詩音義》上捌、五「摽有梅，婢小反，徐符表反，落也」。法云：「摽音易徐者，脣音分兩類，且改類隔爲音和也。」

《尚書音義》下拾、四「愍，眉謹反，徐亡巾反，一音閔」。法云：「《廣韻》愍、閔收軫，謹收隱，隱部無重脣，若陸收謹於軫，則不得云一音閔矣。殆脣音分二類歟？以徐亡巾反證之，知軫部脣音分二類，故陸收謹於軫也。」

《毛詩音義》中叁叁、七「佖佖，毗必反，又符筆反」。法云：「佖二音，脣音分二類也。」

《周易音義》拾捌、四「岐山，其宜反，或祁支反」。法云：「其宜、祁支一部內分兩類也，《廣韻》亦渠羈、巨支二切。」

《儀禮音義》貳伍、一四「繘，均必反，劉俱筆反」。法云：「繘二音，質部分兩類也。」

案《廣韻》支、脂、宵、質諸韻，脣音、牙音各分三四兩等，驗諸反切，證以等韻，無不合者。陳澧作《切韻考》，支分四類，脂、真、質各分三類，宵分二類，亦並因脣、牙而別析。余舊從蘄春黃先生（侃）說，併支爲漪、逶二類，脂爲伊、惟二類，真爲因、贇二類，質爲一、颶二類，宵仍立要、飆二類（黃氏删併之左證詳見所著《音略》）。近周生法高作玄應音研究（國立北京大學文科研究所二十九年度畢業論文）涉論及此，溯諸古音，證以方言，按之玄應所作反切，均與《廣韻》分類若合符節。法氏紬繹陸書音例，亦燭見此秘，雖或誤爲依聲而分，而明敏殊不可及。至若：

《周易音義》貳、一三「磐，本亦依槃，步干反」。法云：「凡一等重脣音本書多屬開口，與《廣韻》異。即如此條，《廣韻》磐收桓，干收寒。」

《尚書音義》上拾肆、一四「沃，烏毒反，徐於毒反」。法云：「沃音易徐，殆因一等字不宜用於紐也。《廣韻》例如此，陸殆與之同。」

《毛詩音義》中叁拾、九「田稺，音稚」。法云：「稺，稚同，以俗字音正字也。」

或辨呼等，或別正俗，亦並能融貫全書，挈其網維者也。

二曰勘究切語辨章音類也。《釋文》音系與《切韻》不同。余所作《經典釋文陸氏音切考》，窮年研索，條貫粗成，竊謂江東方音異於河北，法氏校語猶未能判明系統，網舉目張，而辨紐分韻，所見差的。例如：

《周易音義》拾壹、四「嚼，詳略反」。法云：「嚼音詳略反誤，陸於從、邪多混，《廣韻》在爵切。」

《毛詩音義》上拾伍、一三「牆有茨，茨音徐資反」。法云：「茨，《廣韻》疾資切，此作徐資，從、邪不分也。」

案六朝吳音不分從、邪，余系聯陸書音切，參以《原本玉篇》音系（參觀周生祖謨《萬象名義中之原本玉篇音系》，民國二十四年度國立北京大學中國文學系畢業論文）及日譯吳音，皆可證其確鑿不易。法氏於《釋文》從、邪兩紐與《廣韻》出入處，均表而出之，惟所指元朗之『誤』，適足見元朗之『異』耳！又如：

《尚書音義》下拾叁、四『繩，市陵反』。法云：『繩《廣韻》食陵切，陸氏市、食不分。』

《周禮音義》下柒、二『乘石，如字，劉常蒸反』。法云：『乘，《廣韻》食陵切，與常不同紐。』

《儀禮音義》拾伍、二『坐乘，承證反』。法云：『乘，他皆作繩證反，是也，《廣韻》乘、承不同紐，陸蓋不分。』

案《釋文》音系船（牀紐三等）、禪不分，余於《音切考》中已明之，法氏所論殆已先得我心之同然矣！又如：

《毛詩音義》下叁拾、二『有驈，户橘反，阮孝緒于密反，顧野王餘橘反，郭音述』。法云：『户橘、于密分兩類也。舊讀匣紐，顧讀喻紐，此匣、喻之混。據此可知餘紐即匣紐之譌。榮，永兵切，即此之于密也；營，餘傾切，即此之户橘、餘橘也。』

《禮記音義》之一叁叁、八『熊，乎弓反』。法云：『乎，盧依《斯干》音改于，是也。然本書乎、于亦互用。』

案《釋文》及《原本玉篇》中匣、于（喻三等）兩紐每相關涉，余統考兩書並參證王融、庾信所爲雙聲詩，已另著專篇論之（參閱《歷史語言研究所集刊》第八本第一分）。法氏校語，蓋亦心知其意。又如：

《尚書音義》上肆、一六『巡，似遵反，徐養純反』。法云：『似遵、養純邪、喻互變也。』

《毛詩音義》上拾玖、三『洋洋，音羊，徐又音祥』。法云：『洋音羊、祥，邪、喻互變也。』

《周禮音義》上柒、二〇『醳，音亦，徐音昔』。法云：『音亦之字徐多音夕，喻、邪交變，此昔疑夕之誤，再通考之。』

《禮記音義》之一陸、四『馴，似遵反，徐食倫反，沈養純反』。法云：『馴三音邪、禪、喻互變也。』

凡此所論徐、陸異同，亦與余所考之徐邈音相符。此並法氏辨紐之語也。至其辨韻者，則：

《尚書音義》上玖、一『絺，勑其反』。法云：『絺、其不同部，《廣韻》丑飢切，是也。』

《尚書音義》上拾伍、七『遲，直疑反，徐持夷反』。法云：『遲音易徐，嫌遲、夷不同類也。然改夷爲疑，更不同部，《廣韻》直尼切，是也。』

《毛詩音義》上拾壹、二『來，如字，古協思韻，多音梨』。法云：『梨當作釐，陸之、脂不分。』

明脂、之兩韻之出入也。又如：

《毛詩音義》中肆、二二『榛，側巾反，又仕巾反，《字林》莊巾反』。法云：『榛、巾不同部，《字林》蓋亦併臻於真也。』

《毛詩音義》中叁叁、一八『莘，所巾反』。法云：『莘、巾不同部。』

《毛詩音義》下肆、八『瑟，所乙反』。法云：『《廣韻》瑟、乙不同部。』

《周禮音義》下貳柒、一七『楖人，莊密反，本或作櫛』。法云：『櫛、密不同部。』

明真、臻，質、櫛之出入也。又如：

《毛詩音義》中叁、三「蕳，古顏反，蘭也。鄭改作蓮，練田反」。法云：「《廣韻》蕳收山，顏收刪，案《鄭・溱洧》同。」

明山、刪之出入也。又如：

《尚書音義》下壹肆、二五「檻，户減反」。法云：「《廣韻》檻、減不同部。」

《毛詩音義》上貳玖、一一「摻，所銜反，又所感反，徐又息廉反」。法云：「摻收銜部，與《廣韻》異。」

明咸、銜之出入也。案以上各韻余鈎稽《釋文》音切已得系聯之證，法氏雖已知其互相關涉，惟囿於《廣韻》反切，但能指出兩書之不同，猶未能見及《釋文》之特異，斯蓋昧於陸書音系所致也。此外法氏辨讀之語尚多，原校具在，不悉備舉。

三曰精研等韻審音入微也。法氏通解等韻，精於審音，明辨開合，詳究弇侈。清代音韻學家慎修、懋堂、晉三、蘭甫之外，尚鮮其匹。例如：

《周易音義》陸、七「于莽，莫蕩反，王肅冥黨反」。法云：「冥黨與莫蕩同出者，莽一等字，不當以四等之冥爲雙聲也。此音例後密於前處。」

《周易音義》陸、一二「大車，王肅剛除反」。法云：「剛除反以三等字而用一等字雙聲，亦例之疏。」

《尚書音義》上拾伍、二十「劓，魚器反，徐吾氣反」。法云：「劓音易徐，因三等字不得用一等之吾紐也。」

《周禮音義》下貳柒、四「組約，如字，劉阿駮反」。法云：「劉阿駮反讀約爲二等也，故《春官・典同》戚音於教反，《巾車》又音於貌反。」

此辨等之洪細也。又如：

《周易音義》拾叁、一八「藩，方袁反，徐甫言反」。法云：「方袁與甫言同，易徐者藩爲合口，言爲開口也。」

《周易音義》拾肆、十「蒞，履二反，又律秘反」。法云：「履二反開口也，律秘反合口也，即他處所謂音利又音類也。」

《毛詩音義》中叁陸、二「卷，音權，又眷勉反，沈其言反」。法云：「卷與言開合異呼，沈音非也。」

《周禮音義》下貳伍、一二「豚，徒門反，徐、劉徒恩反」。法云：「豚音易徐者，嫌恩爲開口也。」

《禮記音義》之一肆、四「唯，于癸反，徐于比反」。法云：「于癸與于比同，脣音分屬開口合口，故徐以比疊韻，陸嫌其不切而易之。」

此別呼之開合也。此外闢舊切之疏失，則有不能爲切紐之例：

《儀禮音義》肆、一一「湆，口恰，口劫二反」。法云：「口恰雙聲，不能爲切紐，恰蓋給之譌。」

《儀禮音義》伍、七「稅，舒銳反，劉詩稅反」。法云：「阮云：葉抄、宋本作詩說反，是也。偉案詩、說同紐，作說亦非，疑本作悅，上說服條可證。」

《儀禮音義》叁柒、二二「膴，火吳反，注音哻，況甫反，劉呼孤反」。法云：「呼、孤同部，不可爲音紐，二字必有一譌。」

與不能爲切脚之例：

《春秋左氏音義》之五貳陸、七「著，直除反，又直慮反」。法云：「直、除同紐，不能爲切，他處皆直居反，見《昭四年》及《十四年》。」

《儀禮音義》肆、九「巿，劉居近反」。法云：「近有上、去二讀，不能爲切脚，且與巿不同部，疑覲之誤，見《考工記》、《春官・序官》及《大射儀》。」

甚至於發音部位亦注意及之：

《周禮音義》上貳捌、四「興，許應反，劉虚甑反」。法云：「興音易劉者，嫌爲舌前音也。」

其辨析毫芒，不爽錙銖，良有足多者矣！

四曰據音正字爲盧、段所不逮也。昆山徐氏、震澤葉林宗景宋抄本《經典釋文》梓入《通志堂經解》，撲塵掃葉，不爲無功。惟有宋本是而或不得其解，因而誤改者，亦所不免。及盧召弓、段懋堂更據葉本重加校讎，别白是非，附以《考證》，而後宋本之佳處乃以復顯。然法氏精究聲韻，創通音例，於字之不能勘照宋本，輒以音訂之，勝義間出，往往爲盧、段所不逮。例如：

《毛詩音義》上貳叁、九「驟，竹救反」。法云：「竹誤，《文十四年、哀十四年左傳音義》並作仕救反，是也。」

《毛詩音義》上貳肆、一五「寁，市坎反」。法云：「市當作帀，宋本已誤，見毛居正《六經正誤》。」

《毛詩音義》上貳捌、一九「薄，普各反，徐扶各反」。法云：「普蓋蒲之誤，陸用音和，徐用類隔，書中多此例，此字不容有異讀也。《集韻》亦誤收。」

《毛詩音義》中貳、一五「窈，烏了反，又于表反」。法云：「于表當作於表，與下條夭字音同。《集韻》筱、小二部收窈字，並在影紐，是其所據本尚未誤也。」

《周禮音義》上玖、二「齊，徐、劉于西反」。法云：「于乃子之誤，盧本亦誤。」

《儀禮音義》叁叁、九「餞，抜淺反」。法云：「抜不成字，乃疾之譌。」

《毛詩音義》中貳拾、一七「載，才冉反」。法云：「冉當作再。」

《毛詩音義》下貳玖、二二「坰，古熒反，徐又苦營反，或苦瓊反」。法云：「苦營與苦瓊同，營蓋螢之誤，《書・仲虺之誥・序》至於大坰，徐音欽螢反，是其證。」

《周禮音義》上陸、一三「芇，莫千反」。法云：「千當作干，阮云葉本作干。」

《儀禮音義》貳陸、二〇「朼，必李反」。法云：「盧、阮並云李宋本作季，是也。然朼、李不同部，李當作履，見《特牲饋食》。」

《禮記音義》之一叁壹、六「蟬始，市志反」。法云：「志字誤。此爲蟬字作音，非爲始字作音也。篇中屢以始字紀候，皆無異讀，不應此獨去聲；

即讀去聲，亦當仍爲審紐字，何又改爲禪紐？種種不合。然《羣經音辨》、《集韻》並收此讀，且引蟬始鳴爲證，則宋時已譌。《集韻》收於審紐內，較賈氏稍有斟酌，蓋已微覺其誤矣。《詩·蕩》、《爾雅·釋蟲音義》蜩並音市延反，當據彼改正。」

《禮記音義》之二拾柒、八「鹿㱰，於僞反」。法云：「㱰，盧云：《廣韻》作腇，於爲切，音不同。偉案此第據支韻言之耳，《廣韻》寘部固有㱰字，音義並與此同。」

諸如此類，枚舉難終。亦有不據音理而是正魯魚亥豕之譌者：

《毛詩音義》上叁肆、二「伐，如字，本或作戚，音同」。法云：「戚盧改戚，是。戚乃俗體，不當以見於《集韻》而遂從之。」

《毛詩音義》上叁肆、十「隒，魚簡反，又音簡」。法云：「阮云：簡當作檢，此明末避懷宗諱所改也。考各本附音皆作檢，葉林宗於崇禎時寫此本，全書內往往有改檢爲簡者。今案《王·葛藟音義》並仍作檢。」

《毛詩音義》上貳柒、一二「著，直居反，又直據反，又音於」。法云：「直居王觀國《學林》引作直屢反，誤。《昭四年、十四年左傳》著邱公《音義》並云，著，直居反，徐直據反，可以爲證。又音於三字殆有誤。」

以較據音正字之例，則多寡懸殊矣。

綜上四端，皆法氏校本特應稱揚者。書中偶有疑滯，法氏慎守蓋闕之義，未敢妄加武斷。例如：

《毛詩音義》下叁、十「拔，蒲貝反，又蒲蓋反」。法云：「案《廣韻》貝，布蓋切，則貝、蓋同部，蒲貝即蒲蓋也，未知其所以異，疑二蒲字有一作浦者。」

《毛詩音義》下拾柒、八「饑，音飢，又音機」。法云：「饑既具二音，則陸亦知飢、饑不同部矣，他處又混之，何也？」

《禮記音義》之二貳叁、六「瞿瞿，紀具反，又紀力反」。法云：「又紀力反，未詳。」

《禮記音義》之四拾伍、一四「壺頸，吉并反，又九領反，徐其聲反」。法云：「吉并盧本作吉井，以《玉藻》證之，則作井殆是。然作吉井則與九領非異讀，不當別出。且《玉藻》亦吉井、吉成兩讀，吉并與吉成同。今姑仍之，俟考。」

《春秋左氏音義》之六貳壹、一一「遒，音囚，又音巡」。法云：「又音巡未詳。《漢志》晉灼音酋。」

然亦有《廣韻》同部而法認爲不同部者：

《禮記音義》之一拾貳、十四「萌，亡耕反」。法云：「萌、耕不同部，此當作武庚反，《廣韻》亦誤。」（案萌、耕《廣韻》同在耕韻。）

或《廣韻》本屬同音，而法氏存疑者：

《禮記音義》之一貳壹、二「啖，徒暫反」。法云：「暫疑誤，《廣韻》去聲雖有啖字，然別一義，且啖、暫亦不同部，或者亦動静異讀乎？」

《莊子音義》下貳捌、六『槀，舊古考反』。法云：『古考反則字當作槀。』（案《廣韻》皓韻槀、槀同古老切。）

《莊子音義》下貳玖、二二『連犿，本亦作抃，同芳袁反，又音獾』。法云：『獾不知是何字之譌。』（案《廣韻》桓韻犿、獾同呼官切。）

此皆千慮一失，不足苛責也！

往歲既爲段玉裁《經典釋文》及《古逸叢書》影宋大字本《尚書釋音》二跋，布諸《圖書季刊》，嗣又成《敦煌寫本經典釋文跋》藏之行篋，於《釋文》版本源流及唐、宋本之異同，略有詮發矣；今值國立北京大學四十三週年紀念，誼當有作，以祝宏庥，乃復董理舊稿，以成此篇，略發都凡，以爲披覽法氏校本之一助，或亦治元朗書者所不棄歟？

中華民國三十年十二月十七日寫於昆明龍泉鎮北大文科研究所，同月二十七日重訂。

說法偉堂經典釋文校記遺稿

邵榮芬

一

晚清法偉堂（一八四三—一九〇七年）㊀對《經典釋文》很有研究，有《經典釋文》校本遺稿一件。早年唐蘭先生處曾藏有其迻録本，但知之者甚少。《清史稿·儒林傳·鄭杲傳附法偉堂傳》云：㊁

> 法偉堂，字小山，膠州人。光緒十五進士，官青州府教授。精研音韻學，考訂陸德明《經典釋文》，多前人所未發。

這裏只提到法氏精研音韻，考訂《經典釋文》的事，而未及其他。《增修膠志》在法氏治學方面說的稍微詳細一點㊂：

> 偉堂博極群書，不立宗旨。其學大抵由汶長入手，而於諸子百家，無所不覽。專精於古今音韻，於顧氏亭林、江氏慎修、段氏茂堂諸家外，別有心得。所校勘者有《說文解字》、《經典釋文》、《一切經音義》、《列子》等書。

除了也強調法氏精研音韻，校勘過《釋文》之外，還指出法氏的治學範圍、治學途徑和治學態度，以及在《釋文》之外，還校勘過《說文》、《一切經音義》和《列子》等書。讓我們對法氏的治學情況有了更多的瞭解。所可惜的是，雖然兩書都提到了法氏校勘過《釋文》的事，但都没有指明他用的是甚麽著作形式，比如說，是自成卷册，還是寫於書眉之上？直到一九三六年羅常培先生發表了《法偉堂校本經典釋文跋》一文㊃，大家才知道法氏有《經典釋文》校本流傳。既然羅先生稱之爲校本，可知校文是寫在《釋文》書本上的，而不是單行的校勘記。羅先生說，他的所據是從唐先生所藏重移而來。羅先生去世之後，他的移録本不知流落何處。上世紀八十年代初，我打算對《經典釋文》音切進行研究，很想參考法氏校記。那時唐先生也已辭世，因托友人從唐先生哲嗣復年先生處借得法氏校本，始得一睹法氏校本的真面目。原來校語都是寫在《釋文》書眉上的。這大概就是法氏校記的原式吧。

㊀ 生卒年據「中國家譜網」。

㊁ 一三三〇五頁，中華書局，一九七七年。

㊂ 卷二十四《人物志》第四，《清代人物·文苑》，一九三一年。

㊃ 《圖書季刊》，第四期，一九三六年。下引羅說同此。

不過唐本也是個移録本，並不是法氏原稿。這從校記中時有錯字、脱字以及條目屢屢倒次等現象可以看出。下面先看錯字、脱字的例子。爲了節省篇幅，例子中無關論題的内容予以删除，後面括弧内的數字依次是中華書局一九八三年影印通志堂本《釋文》的卷、頁、行數。

【一】朋，如字，京作萠。（二，九下，十）法云：崩未詳。盧云：字書無萠。

【二】憩。（五，七上，九）法云：憩盧改憇。

【三】柅，徐乃履反，又女紀反。（二，一七上，七—八）法云：紀蓋几之譌，徐必不以柅、紀同部。依《廣韻》例，則紐是也。

【四】豐，芳忠反，《字林》匹忠反。（二，二一上，十）法云：芳忠與忠同，易之者，改類隔爲音和也。

前兩例爲錯字之例。例【一】『崩』當爲『萠』之誤。例【二】『憩』當爲『憇』之誤。後兩例爲脱字之例。例【三】『則』下脱『娘』字。例【四】『與』下脱『匹』字。

其次再看條目倒次之例。如《易・屯》『闉』條當在『戹』條之前，而唐本卻誤倒在『戹』條之後（二，三上，八）。《詩・載驅》『薄薄』條當在『第、鞹』兩條之前，而唐本卻誤倒在『第、鞹』兩條之後（五，二八下，七—八）。

以上兩類誤例很多，不必枚舉。如果説法氏本人也可有偶疏之處，但錯、倒之例如此層出，則必不可能。因而可以斷言唐本定是個移録本，錯譌之處，乃抄手所爲。至於唐本所據是法氏原稿，還是移録本，則一時難以確定。

法氏這部校記有可能是個未定稿，有少數校文透露了這一迹象，請看例子：

【一】跬，缺氏反。（六，二二上，十一）法云：毛居正云：『缺氏反誤，當作抉蘂反。』偉案毛意因跬合口，氏開口也。此當通校再核。

【二】委，于鬼反。（二一，八上，三）法云：于鬼二字殆並誤，再考。當依《釋草音義》於詭反，《莊二十八年音義》於鬼反，於字尚不誤。

【三】懦，乃亂反，又奴卧反。（十二，二〇上，三）法云：乃亂、奴卧二音，字當作愞。　案此詳段氏《説文注》心部，當據録入。

【四】説，劉詩悦反。（九，二五上，四）法云：悦疑鋭誤。非誤也，詳《士昏禮》。

【五】殺，徐所列反。（二六，十四下，十）法云：列當作例，盧本亦誤。又案作列是也，如榝字亦讀所八、所列二切。

例【一】『通校再核』，是説通校全書之後，再作核定。例【二】『再考』後面的話是再考之後的結論，『再考』二字當删，但未删，是文字未加整合的表現。例【三】『字當作愞』是據段説，但未指明，之後空一格加案語，説明當直引段説，但並未即做，是有待來日補做之意。【四】、【五】兩例認爲先前作的結論錯了，但不加删除，而續作新的結論，對先前的結論加以更正。以上這些例子似乎都表明法氏校記並非最後的定稿，至少有少數地方還有待於重校或文字上的修整。《增修膠志》所謂法氏『一生撰述皆未就』的説法㊀與《釋文》校記的

㊀ 法氏有《山左訪碑録》一書行世，是其友羅正均於法氏逝世後二年，即宣統元年（一九〇九）付石印行的（見羅氏《山左訪碑録跋》）。《膠志》謂其撰述『皆未就』，又似欠準確。

上述情況正好可以相印證。

校記原寫於《釋文》書眉之上，所以每條校語之前都没有引述《釋文》被校文字。今既另紙録出，爲了便於閲讀，於每條校文之前，均加録《釋文》被校文字，並注明通志堂本《釋文》卷、頁、行數，以便檢核。唐本時有誤字，爲謹慎計，暫時不加改動，但在誤字後括注校語。書名姑定爲《法偉堂經典釋文校記遺稿》。本文所據就是這個編校本。

二

法氏校勘《釋文》的貢獻最突出的表現在對字音的校訂方面。羅常培先生的《法偉堂經典釋文校本跋》一文已經指出了這一點，並用全文對之作了較詳細的論述。本文作爲羅文的後續、補充和修正，重點當然也是在闡明法氏在校音方面的成就，只是在末了才稍稍涉及其他方面。

《清史稿》説法氏『精研音韻之學』，《增修膠志》也説他『專精古今音韻』，從法氏對《釋文》的校勘來看，這決非虚言。法氏校勘《釋文》所以能在校音上超越前人，關鍵就在於他通曉音韻，可以説是一位很出色的音韻學家。他校音的貢獻很多，概括起來主要有下列幾項：

（一）校正字音

法氏深通《廣韻》音系，他的校訂字音基本上以《廣韻》爲依據。試略舉數例。

【一】撫，方武反。（三，七上，一）法云：方乃芳之誤。

【二】𡿺臼，初亮反，下其九反。（三十，十上，九—十）法云：初疑敕之譌。

【三】巽，孫問反。（二，二三下，一）法云：問乃悶之譌。

【四】擭，華化反，徐户覆反。（四，十四下，四）法云：《周禮·獸人釋文》擭，華霸反，然則此覆乃霸之譌。《廣韻》收徐讀於屋部，則譌已久矣。

【五】稺，音雉。（七，三二上，一）法云：《廣韻》稺去聲，雉上聲，當作稚。以稚音釋（引者按釋誤，當作稺），前已屢見。

【六】紨，直又反。（二，二九下，十）法云：又蓋久之譌，《廣韻》紨不讀去聲。

例【一】、【二】是校正聲母，例【三】、【四】是校正韻母，例【五】、【六】是校正聲調。雖然明白徵引《廣韻》的只有例【五】、例【六】兩個例子，實際上其他各例也都是依據《廣韻》定音的。除了《廣韻》的依據之外，還有字形相近也是旁證。至於例【二】有北京圖書館所藏宋本㊀爲證，例【四】、【五】有《釋文》本身的證據，其正確性就更無庸置疑了。例【四】的『覆』，段玉裁校作『覈』，雖也形近，但《釋文》、

㊀ 上海古籍出版社影印，一九八四年。

《廣韻》甚至《集韻》均無其音，而且『户』與『覈』都是匣母字，上下字同聲亦屬罕見，其可信度就遠不及法說了。

（二）辨明音類

法氏不僅注意校正《釋文》的單字音，而且還留意陸氏音系的音類特點。在與《廣韻》音系比較的基礎上，他揭示了陸氏音系與《廣韻》音系的一些異同情況。

先說法氏對陸氏聲母與《廣韻》聲母的一些相同特點的認定。我們不妨從脣音聲母說起。《廣韻》輕重脣音聲母不分，這是大家都知道的。法氏深諳《廣韻》音系，在對比之下，他認爲陸氏音系的輕重脣音也沒有分化。請看下面的例證。

【一】被，皮寄反，徐扶義反。（三，三上，一）法云：皮寄與扶義同，易徐者，改類隔爲音和也。

【二】薄，蒲各反，徐又扶各反。（四，六下，四）法云：扶各即蒲各，又字衍文也。此亦改類隔爲音和也。

【三】擯，必刃反，劉方刃反。（十，一下，五）法云：方刃、必刃同。

【四】貔，音毗，一音房私反。（八，十四上，二）法云：房私即音毗，不得爲異讀。

從這些例子可以看出，法氏所強調的重點是在類隔切與音和切的等同上，第四例則最爲明顯。這也就是說，法氏認爲類隔和音和只是用字上的不同，所切之音並沒有甚麽兩樣。可見法氏認爲陸氏音系中輕重脣音仍然合爲一體，並沒有發生分化。法氏的這一看法跟我的研究結論正好相合㊀。不過羅先生對此持不同的觀點。他舉了上列的例【一】，認爲法氏指出了陸氏把類隔切改成音和切，是法氏看出了輕重脣音徐氏時仍然合一，到陸氏時發生了分化的證明。不用說這是一個誤解。一是忽略了法氏這類校例中的第一句話的含義，二是沒有注意到上列第四例那樣的例子。當然，在法氏說到陸氏改類隔爲音和時，也許含有音和切在用字上優於類隔切之意。要是這樣的話就不免有點自相矛盾了。既然陸氏輕重脣不分，何來音和在用字上優於類隔的問題？法氏的這層含義，可能是把後來的音變因素摻入所致，是他對類隔跟音和的實質沒有理解透徹的緣故。脣音還有一個問題，就是它與開合口的關係問題。脣音不分開合差不多是中古反切的普遍現象，陸氏反切當然也不例外。但早期音韻學者認識到這一點的並不多。陳澧甚至高本漢往往因爲不了解脣音的這一特點而弄亂了開合的界限。法氏卻注意到了這一問題，這是十分值得稱讚的。請看例子：

【一】鉉，玄典反，徐又古玄反，又古冥反，一音古螢反。馬云：『鉉，扛鼎而舉之也。』（二，十九下，十一）法云：古螢與古冥同。《廣韻》作古

㊀ 詳邵榮芬《經典釋文音系》（以下簡稱《音系》）六七—八三頁，學海出版社，一九九五年。

螢，蓋嫌古冥爲不切，故以螢易之，實則脣音不分開、合口也。

【二】莅，履二反，又律祕反。（二，十四上，十）法云：履二反開口也，律祕反合口也，即他處所謂音利又音類也。

例【一】認爲脣音「冥」字切出的是合口字，例【二】認爲脣音「祕」字切出的也是合口字，從而作出了正確的判斷，認爲「古冥」等於「古螢反」，「律祕反」等於「音類」。雖然批評《廣韻》有點兒多餘。

跟脣音問題類似的還有舌音，即端類和知類的關係問題。在這個問題上，法氏的看法也是正確的。他看出陸氏反切端、知兩組聲母也存在着音和切和類隔切，並肯定了兩者的同一性。請看例子：

【一】窒，珍栗反，徐得悉反。（二，十六上，六）法云：珍栗與得悉同，易徐者，改類隔爲音和也。

【二】絺，丁里反。劉本作希，張里反。（十，二一上，十）法云：丁、張同紐。

【三】褶，音牒，一特獵反。（十，二六下，十一——二七上，一）法云：一蓋又之譌，否則下脱音字。特獵類隔也，即《廣韻》之直葉。

【四】縶，張執反，又丁立反。（十五，二六上，六）法云：丁立即張執之類隔，並非異讀，疑有誤字。

【五】脱，勑括反。（十八，二下，八）法云：勑括盧改吐括。偉案此類隔也，本書甚多，何獨改此？

與前文脣音一樣，雖然各例所用的辭句不同，但所强調的都是類隔切與音和切沒有區別。這也就是説，在法氏的心目中，陸氏端、知兩組聲母並沒有分化。這也跟我們對陸氏音切研究的結論完全一致㊀。

法氏的認識也有一點不太準確的地方，這就是他判定陸氏日母也與泥、娘混一。請看例子：

【一】女于，上而據反。（三，四上，三）法云：《廣韻》尼據切，此作而據，殆類隔也。

【二】吶，如悦反，徐奴劣反。（十一，二二下，八）法云：奴劣與如悦同，據此可知日、泥本同紐。

例【一】以日、娘爲類隔，例【二】以日母與泥母同音。這是法氏提出的陸氏泥、娘不分的證據。上文已經指出陸氏端、知不分，所以他的泥、娘合一，當無問題。但日與泥混同的未見其例。例【二】的「如悦反」與「奴劣反」雖然一日，一泥，但它們一是陸氏反切，一是徐氏反切，不能把它們作爲陸氏一字兩切的證明。日、娘相混的例子除上列例【一】外，尚有幾例：

【一】襦，女俱反。（九，五下，三）。

【二】撓，音擾，（十二，二五上，六）而小反。（十三，二下，三；　二七，二下，一；　十上，四；　十二下，二）

㊀ 詳《音系》九一——一〇一頁。

【三】紝（或作絍），女今反；（五，六下，七； 七，二二上，十一； 八，十下，三； 十二，十九上，三； 十七，八上，五）女今反。（十一，二九下，五）

前文例【一】『而據反』的『而』字是泥母『恧』字之誤，有衆多版本爲證，見黄焯《經典釋文匯校》㈠，法氏失校。此處例【一】『女俱反』的『女』字，據法校是『汝』字之譌。法云：『女蓋汝之誤，俱部無女紐也。十虞「襦，汝朱切，一曰細密網」，是其所據本尚未誤。《群經音辨》亦無異讀。』按『一曰細密網』是《集韻》『蠕』字的注解，法氏誤引。不過其說似可信。只是『襦』字陸氏有作『如朱反』（十，十一上，九）的，則『女』字也有可能是『如』字之誤。不論是『汝』還是『如』，都是日母字，都不是日、娘混同的證據。例【二】『音擾』的『擾』，法氏認爲是錯字。不過『撓』仍有四次作『而小反』，可見它確有日母音，『擾』未必就是錯字了。這樣日、娘混切只集中在『撓』、『紝』二字上。『撓』另有『乃卯反』（十七，十二下，七）、『乃教反』（九，二三下，三—四）、『乃孝反』（二八，十下，一）等泥母（就陸氏説，也就是娘母）音，它的日母大概是又讀，只有紝（或絍）只讀日母，不讀娘母。這顯然都是個别字的音變，與聲母混並無關。可見法氏認爲陸氏日與泥、娘無别的看法是不可信的。

《廣韻》匣和喻三（于），一般都歸爲一個聲母。法氏看出陸氏音系也是這樣。例如：

【一】鴞，户驕反。（六，二上，七）法云：户驕盧據《泮水音義》改為于驕，不知此二紐本通用也。

【二】熊，乎弓反。（十一，三三上，八）法云：乎盧依《斯干》音改于，是也，然本書乎、于亦互用。

中古匣、于合一，今人確知甚晚。法氏能揭其秘實屬難得之至。此外，法氏還指出喻四也與匣、于有牽連。例如：

【一】唯，于癸反。應辭也，注同。徐于比反，沈以水反。（十一，三上，八）法云：唯字《廣韻》同沈音，此匣、喻之變。

【二】驈，户橘反，阮孝緒于密反，顧野王餘橘反。（七，三十上，二）法云：户橘、于密分兩類也。舊讀匣紐，顧讀喻紐，此匣、喻之混。據此知餘紐即匣紐之譌。榮，永兵切，即此之于密也； 營，餘傾切，即此之户橘、餘橘也。

例【一】確是陸氏混匣入喻之例，例【二】是顧氏相混，與陸氏無關。陸氏只有少數匣、喻混例，不足證匣、喻之合㈡。法說不够準確。

其次，再說法氏對陸氏音系與《廣韻》音系在韻母方面的一些共同特點的辨認。在這方面最值得稱許的要算是對重紐的揭示了。這一點羅文已經論及。這裏想補充兩點。第一，法氏所揭示的重紐不僅是《廣韻》裏所收有的，而且也包括《廣韻》裏未收，但見於《集

㈠ 中華書局，一九八〇年。下引黄説同此。
㈡ 詳《音系》一一四—一一七頁。

韻》的。比如：

【一】 繘，音橘，徐又居密反。（二，十八下，八）法云：音橘與居密反喉音分二類，徐氏已然。今《廣韻》質、術二部均無居密一切。

【二】 佶，其乙反，又其吉反。（六，十四下，九）法云：佶音質部分二類。

例【一】『繘』《廣韻》只有四等『居聿切』，三等無字。而《集韻》三等則收有『厥律切』，與四等『橘，決律切』形成一對重紐，正與法氏之說法相合。例【二】『佶』的『其乙反』等於《廣韻》的『巨乙切』，是三等。《廣韻》四等無音，而《集韻》則有『佶，其吉切』，是四等，與三等『極乙切』形成一對重紐，也與法氏之說相合。這說明法氏在揭示重紐方面所達到的廣度。

第二，陳澧用系聯法區分出不少《廣韻》的重紐，但他對重紐的整體特徵却並無明確的認識。法氏不僅揭示了重紐的對立，而且認識到重紐的某些整體的規律性特徵，也就是它與某些聲母的特定關係。在上列的例【一】裏，他指出了重紐與喉音聲母的關係。他所謂的喉音顯然是包括牙音在内，所以實際上也就是指出了重紐與牙喉音聲母的聯繫。請再看下面的例子：

【一】 芘，必利反，又悲備反。（二，九下，九）法云：必利、悲備至部重脣分兩類，與《廣韻》合。後仿此。

【二】 庇，必寐反，又音秘。（七，十五下，十）法云：庇二音至部脣音分兩類也。

這裏又指出了重紐與脣音的關係，肯定它是在脣音範圍内出現的小韻對立。例【一】並指出是在重脣韻裏出現的小韻對立，從而又把後來變輕脣的一些韻也排除了出去。由此可見，法氏對重紐的整體特徵，也就是重紐出現的聲母和韻母條件已有了一個初步認識，較之陳澧邁出了很大一步。

羅先生認爲法氏把重紐『誤爲依聲而分』，這實在也是一個誤解。從上文所舉的『佶』、『芘』、『庇』三個例子來看，法氏都依次指明是質部和至部各分兩類。法氏這裏的所謂部，就是韻。所謂質部、至部各分兩類就是指質韻、至韻各分兩類的意思。至於『芘』、『庇』二例所提到的脣音或重脣音分兩類，我們上文已經說明，那是指質、至兩韻中的脣音字各分爲兩類說的，其中決不包含單純的依聲分類的意思。有了這個了解之後，再遇到那些只提聲母，省提韻母，或未明言韻母，如上列『繘』字那類的例子，就不會産生誤解了。

也有個别不是重紐而法氏誤認爲重紐的，例如：

【一】 暋，眉謹反，徐亡巾反，一音閔。（四，十上，四—五）法云：《廣韻》暋、閔收軫，謹收隱，隱部無重脣，若陸收謹於軫，則不得云一音閔矣。殆脣音分二類歟？ 以徐亡巾反證之，知軫部脣音分二類，故陸收謹於軫也。

陸德明真、殷（包括上、去、入）混一。這裏法氏認爲隱韻的謹，陸氏收軫是不錯的。但認爲謹字入軫後，『眉謹反』與『一音閔』就構成了一對重紐，就缺乏根據了。晉與閔《廣韻》同音，都是重紐三等字。謹作爲純三等韻字，併入軫韻之後，其所切之字也都不是四等㊀。因而晉與閔不可能形成三四等對立的一對重紐。法氏僅以同音不能重出爲理由，斷定兩音爲重紐，實際上是站不住的㊁。只是這類誤認的例子不多，並不足以影響他在重紐問題上的貢獻。

除了重紐之外，法氏對陸氏其他一些韻類的分立，也作了很多辨析，特别是對那些早期分立，後來混併的韻類，如重韻、三四等韻之類的辨析尤多。例如：

【一】闔，胡臘反，又音合。（十二，二八上，二）法云：闔二音盍、合分部。

【二】柴，仕佳、巢諧二反。（二四，十三上，四）法云：仕佳、巢諧，此佳、諧分部。

【三】棧，士板反，劉才産反。（八，十八上，二）法云：棧二音潸、産分部。

【四】卷，九轉反，劉居遠反。（十，十二上，八）法云：卷二音獮、阮分部。

【五】捄，音虯，又其牛反。（六，二六上，四）法云：捄音幽、尤分部。

【六】燎，力召反，又力弔反。（八，十一上，四）法云：燎二音笑、嘯分部。

【七】菁，音精，又子形反。（五，十六上，十一）法云：菁音清、青分部。

【八】稍，所教反，舊踈詔反。（九，二十下，二）法云：稍二音效、笑分部。

【九】齏，音咨，劉祖稽反。（八，十一上，八）法云：齏二音脂、齊分部。

例【一】是一等重韻分立。例【二】、【三】是二等重韻分立。例【四】、【五】是三等重韻分立。例【六】、【七】是三、四等重韻分立。例【八】是二、三等重韻分立。例【九】是跨攝三、四等重韻分立。後二例只偶見，不如其他各例頻出。根據我們對陸氏韻系分併情況的研究，以上各例法氏的辨析都是正確的。不過法氏辨析所依據的只是他所認定的《釋文》注音的一個條例，這就是一字之下的反切不會同音重出。前文已經說過這一條例與事實並不十分相符，因而他的辨析有時就難免有不正確之處。例如：

【一】鎗，初衡反，劉初耕反。（八，三十上，八）法云：鎗二音庚、耕分部。

【二】儳，徐仕鑒反，又蒼鑒反，又蒼陷反。（十一，四上，二）法云：蒼鑒、蒼陷鑑、陷分部。

㊀ 詳《音系》一二八、一七四—一八〇頁。

㊁ 詳《音系》一九—五〇頁。

不論是庚、耕，還是鑑、陷，陸氏都已混併，法說顯然非是。當然《釋文》中同音重出現象，究屬少數，所以法氏辨析正確之處，仍佔主要地位。

以上說的是法氏在辨明陸氏音系和《廣韻》音系共同特點的貢獻，下面再說他在辨明陸氏音系和《廣韻》音系不同特點方面的貢獻。

法氏很注意陸氏在音系上與《廣韻》的一些相異之處。在聲母方面他發現陸氏從、邪混一，禪、船不分。在韻母方面他發現陸氏之、脂合併，臻、真不分。這些羅先生都已作了論述，這裏無須再贅。我們想補充幾點：

第一，法氏所揭示的只是陸氏混併例證比較多，比較容易肯定其混併的那些音類，對混例相對較少，覺得没有把握的，他只就具體混例指出其與《廣韻》的差别，而不概括爲兩個韻類的混併。如脂、之之與支，真之與殷，耕之與庚二等，清之與庚三等，咸之與銜等，陸氏也都已經混併，而法氏均未予以指出。例如：

【一】脂，音支。（六，二四下，八）法云：脂、支不同部。

【二】祁，巨移反。（六，三十上，十一）法云：祁、移不同部。

【三】慇，於巾反，樊光於謹反。（七，十六上，五—六）法云：慇、巾《廣韻》不同韻。此讀平聲於巾，上聲於謹，知陸以巾、謹、靳爲同類矣。

【四】芹，其巾反。（七，三十下，十一）法云：芹、巾不同部。

【五】眚，色耿反。（十二，二二上，六）法云：《廣韻》眚、耿不同部。

【六】核，幸格反。（二六，十四下，七）法云：《廣韻》核收麥，格收陌。

【七】省，色領反。（五，二九下，八）法云：《廣韻》省、領不同部。

【八】炳，兵領反。（二，十九上，十一）法云：《廣韻》炳收梗，領收靜。

【九】監，工陷反。（四，六下，三）法云：《廣韻》監、陷不同部。

【十】夾，音甲。（九，五下，一）法云：《廣韻》夾、甲不同音。

例【一】、【二】是支與脂相混，例【三】、【四】是真與殷相混，例【五】、【六】是耕與庚二等相混，例【七】、【八】是清與庚三等相混，例【九】、【十】是咸與銜相混。在法氏没有掌握上列各相關之韻互混的全面資料的情况下，只指出具體例子的相混，而不歸結爲韻類的不同，雖欠確切，但也顯示法氏態度的謹慎。

法氏只偶有把反映陸氏音變的混切誤認爲錯切的現象。例如：

【一】牧，音木。（十一，二三下，五）法云：木當作目。

【二】繆，音木。（十二，二七上，三）法云：木當作穆或目，見《春官・女巫》及《檀弓》。

『牧』和『穆』都是東三等入聲字，『木』是東一等入聲字，兩者互音，法氏都誤認爲是錯音。其實陸氏東三等明母字已經併入了一等，因而一、三等之間屢有互切，法氏把它們都看成是錯切，當然是不妥當的㊀。不過東三明母字變入一等是一個比較細微的變化，法氏没有看出來，也是情有可原的。

第二，法氏有關音義方面的知識面比較廣，有時還旁及《釋文》以外的一些音義體系，用來論證陸氏音注與《廣韻》音類分合的長短。例如：

【一】蓁，側巾反。（五，四上，十一）法云：《廣韻》蓁、巾不同部，此與質併入櫛同。《廣韻》分臻、櫛，音義家多不從。

這裏不僅指出陸氏臻、真（質、櫛）不分，與《廣韻》有别，而且還指出音義家在這一點上大多都與《廣韻》不同，也就是指明臻、真不分是一個比較普遍的現象。法氏的這一說法與音義界的事實基本相合，請參看拙著《切韻研究》㊁。

第三，法氏不僅揭示陸氏的音韻特點，有時還察及陸氏以前的吕忱、徐邈、沈重等人的一些音韻特點，例如：

【一】剡，以冉反，《字林》才冉反。（十，十九上，二）法云：剡，《字林》音才冉，是吕氏亦從、邪不分也。

【二】訟，如字，徐取韻音才容反。（五，七下，五—六）法云：訟徐讀從紐，與《易・訟卦》同，從、邪不分也。

【三】榛，側巾反，木名。《字林》云：『仕巾反，木叢生（引者按『生』原脱，據王筠校補）也』。古本又作亲（引者按亲誤，當據盧校改亲），音莊巾反，云似梓，實如小栗也。（十一，十一上，九）法云：榛、巾不同部，《字林》蓋亦併臻於真也。

【四】殷，於巾反，沈於文反。（五，十四上，四）法云：巾疑斤之譌。《廣韻》殷、文分部，故易沈，沈蓋不分二部也。

前兩例指出吕忱、徐邈聲母從、邪的混併，後兩例指出吕忱韻母臻與真、沈重韻母殷與文的混併。這說明法氏對《釋文》中陸氏以外各家音注的聲韻類别也給予了同樣的關注。可惜的是，這類混併的例證較少，有的甚至只有孤例，法氏的結論不一定都很準確。

第四，前文我們已經指出，法氏校勘音切是以《廣韻》爲依據的，校勘音類當然也不例外。因此當他在指出陸氏或其前各家反切音

㊀ 詳《音系》一三六—一四三頁。

㊁ 八二—八三頁，中國社會科學出版社，一九八二年。

系與《廣韻》的差別時，往往對差異持批評態度。例如：

【一】猝，似醉反。（七，二三下，二）法云：似誤，此從、邪之混。

【二】鱮，才吕反。（五，二八下，五—六）法云：鱮《采緑篇》音叙，是也。陸氏於從、邪二紐多混。

【三】訟，才用反。（二，四上，四）法云：訟音才用，誤，《廣韻》似用切。

例【一】、【三】直言陸氏之誤，例【二】以肯定讀邪母爲是，反證從母爲非。這説明法氏以《廣韻》音系爲標準音系的觀點。

（三）以等韻正切

法氏對等韻也很熟習，對韻等在反切上下字配搭方面的影響也很清楚。尤其是在洪與細，也就是一、二、四等對三等的配搭方面，更加注意。他往往對《釋文》中配搭不太理想的反切提出批評。例如：

【一】車，王肅剛除反，蜀才作輿。（二，六下，一）法云：剛除反以三等字而用一等字雙聲，亦例之疏。

【二】寫，戚如字，劉殤故反。（八，二十下，十）法云：殤故不成音。此亦音律當（引者按當字誤，應作尚）疏時之切也。

例【一】『剛除反』上字一等，下字三等，例【二】『殤故反』上字三等，下字一等，都不符合中古反切三等多切三等，一、二、四等多切一、二、四等的一般傾向，法氏的批評無疑是正確的。有時他也根據反切的這一傾向，對《釋文》反切進行校勘。例如：

【一】赫，虚格反。（五，十三下，五）法云：虚疑虎。

【二】渾，音魂，又胡困、胡昆二反。（三，十上，三—四）法云：困乃困之誤，胡困不能成切。

例【一】切上字『虚』三等，切下字『格』二等，兩字洪細不同類，法氏以爲不合常例，懷疑『虚』是『虎』字之誤。『虎』是一等，與『格』同屬洪音。由於『虚』與『虎』字形也相似，所以法氏的懷疑是有道理的。再加上《釋文》他處『赫』有作『虎格反』（七，六上，一）的例子，『虎』錯成『虚』就更有可能了。不過『赫』他處還有作『許百反』（六，十九上，五；十四，八上，七；十八上，八）和『許白反』（七，十七上，一）的，顯然不能説四個『許』字都錯了。由於反切的習慣性或傾向性並不等於嚴格的規律，不能單純地根據它來下結論。法氏用疑字，還是很恰當的。例【二】『胡』是一等，『困』是三等，也是洪細不同類。法氏這裏下了斷語，認定『困』字錯了，當作『困』。除了洪細不協調，以及『困』字與『困』字形相似之外，還有一個重要理由，那就是『渾』字根本没有三等的讀音。他所謂的『不成切』，大概含有這個意思。再有《釋文》他處『渾』的去聲非主位音確實都是以『困』爲切下字的，如『户門反』，一音『胡困反』（十六，二二下，八）；『户昏反，又户困反』（十九，一下，一；二二，十九上，九）。這都證明法説的正確性。利用反切洪細協調的傾向性來對《釋文》反切進行校勘，不能不說這是法氏的精細處。

不過有時法氏把反切上下字洪細協調的傾向擴大了，認爲反切上下字的等次都應該相同，並認爲陸氏也有此認識。例如：

【一】莽，莫蕩反，王肅冥黨反。（二，六上，七）法云：冥黨與莫蕩同出者，莽一等字，不當以四等之冥爲雙聲也。此音例後密於前處。

【二】虢，寡白反，徐公伯反。（四，九上，一）法云：公伯與寡白同，疊出者，嫌公與虢不同等也。

這裏法氏認爲陸德明所以採用『莫蕩』和『寡白』兩切爲主音，不採用『冥黨』和『公伯』兩切爲主音，是因爲考慮到前兩者切上下字同等，而後兩者切上下字不同等的緣故。法氏把上下字同等視爲最理想的反切，否則就都是粗疏不夠精密的反切，作爲個人的學説，那倒是沒有甚麽不可以的。只是他認爲陸德明也持這種觀點，那就缺乏根據了。我們不妨根據拙著《經典釋文音系》五六—六一頁中的反切上字表的數據，統計一下陸氏反切上下字在等次方面的配搭關係，看看實際情況究竟如何。下面是統計表，表中豎列的第一行數字指切下字的等，橫列的第一行數字指切上字的等。

	一	二	三	四
一	七二一五	二一	一五六七	四二七
二	一七六七	七二二九	一四七七	二二
三	六一三	九	二二一五八	六一二
四	一七九六	七	八一七	一二〇八

下加橫線的是本等字互切的次數。他們各佔本等切上字的百分數依次是六十四、九十五、八十五、五十三。可見雖然以本等字切的比例爲大，但都有不少非本等字互切的例子，多的竟達到百分之四十七，連傾向性都不明顯了。面對這樣的事實，說陸德明會有意

識地挑選或製造各等自切的反切，就很難令人置信了。

反切上下字除上述的求協和傾向以外，還有一些習慣上的規避因素。比如切上字與切下字不宜同紐，不宜同韻，切上字與被切字不宜同音，切上下字均不宜用多音字等。法氏有時也利用這些因素校正《釋文》反切。例如：

（四）以規避規則正切

【一】霏，芳菲反。（六，十一下，七）法云：菲乃非之誤，芳、菲同紐不成切也。

【二】簿，步故反。（八，十上，四）法云：故乃古之譌，《序官》音步古反，云：後簿書皆同。此亦簿書也，不當獨異。且故字去聲，若簿讀去聲，則與步同音，不得以步故作反語也。

例【一】切上下字同紐，且菲與非又形近，例【二】切上下字同音，又有《釋文》的本證，法氏對它們的校正應該說是可信的。須要注意的是，這類迴避規則雖較上述求協和傾向要嚴格得多，但由於違背它們的反切，並不違反反切上字取聲，下字取韻和調的基本規則，造反切的人偶有逾越，造出這樣的反切還是有可能的。因而如無其他證據，單憑這類違規現象，就確定其爲誤切，說服力就不够强了。法氏在這方面有時也有考慮不周之處。例如：

【一】膴，火吳反，依注音哻，況甫反，劉呼孤反。（十，三七下，十一）法云：呼、孤同部，不可爲音紐，二字必有一譌。

【二】巾，如字，劉居近反。（十，四上，九）法云：近有上、去二讀，不能爲切脚，且與巾不同部，疑覲之誤，見《考工記》《春官·序官》及《大射儀》。

兩例的違規在於例【一】切上下字同韻，例【二】切下字爲多音字。由於陸氏殷、真兩系混一，例【二】所謂「近、巾」不同部的理由不能成立。這樣，法氏認定兩例都有錯字，依據就只有違規這一項理由了，結論的可靠性自然要讓人懷疑。就以例【二】來說吧，《王三》隱韻脪小韻作「興近反」，切下字就用了「近」字。《釋文·公羊·僖二十二年》「陳，直近反」（二一，十七上，八）㊀、《穀梁·襄公二十四年》「饉，音近」也都用「近」字作音。從道理講，反切用多音字，讀者容易拼錯，是不理想，但造反切的人偶未顧及，顯然也不能完全予以排除。

（五）以古音論切

法氏還頗知古音，有時從古今音變的角度評論或校正反切。例如：

㊀ 黃焯《經典釋文匯校》認爲焮、震不同部，近當依余仁仲本作覲（一九〇頁）。今案陸氏焮已併入震，又北圖藏宋本也作近，不作覲，黃說未必是。

【一】剡，以冉反。《字林》云：『銳也，因冉反。』（二，二八下，三）法云：此與《玉藻音義》因冉反並因冉之譌。《聘禮》引徐邈才冉反。古從、邪二紐互通，故《字林》因冉也。喻、邪最近，影則遠矣，況他處亦無用因字爲紐者。

【二】牝，頻忍反，徐邈扶忍反，又扶死反。（二，二上，八）法云：扶忍與頻忍同，一類隔，一音和也。此改類隔爲音和之例，後仿此。扶死與古韻合。

【三】勖，凶玉反，徐又況目反。（五，十下，七—八）法云：勖，徐音合古韻。

例【一】以從、邪二母古多相通，喻、邪最近證『因冉』之是，『因冉』之非。法氏的這個看法，大致是正確的。例【二】、【三】是從韻部的角度，指明古今的異同。從諧聲看，法氏的看法也是有道理的。即『牝』古韻當在脂部，『勖』古韻當在沃部。不過法氏的有些判斷，由於没有説明理由，説服力似乎不强。例如：

【一】騂，息營反，《字林》許營反。（六，二九上，七）法云：騂《字林》音是也。讀心紐乃心（引者按心誤，當作音）之變。

【二】車，音居。《釋名》云：『古者聲如居，所以居人也。今曰車，聲近舍，車，舍也。』韋昭《辯釋名》云：『古皆尺遮反，從漢始有音居。』（四，二上，二）法云：案韋説非也。車古只讀如居，其尺遮反者乃輿之音變，非車之古音也。

例【一】『騂』字的古音歸部歷來有兩種意見，一説歸耕部，一説歸真部。依前者，騂是會意字；依後者，騂是形聲字。若歸耕部，因《廣韻》宕、曾、硬三攝舌齒音没有合口字，説不規則的『息營反』是後起的，還有一定的道理。若歸真部，心母應該説就是騂字原來的聲母，説它比曉母讀後起就難以服人了。例【二】『車』字的兩讀都屬於古魚部，執古執今，一時難作決斷，法氏之説，只能作爲一家之言而已。

三

除了校音，在校正字形、字義、衍文、脱文等方面，法氏也做出了不少成績。現各舉一兩個例子：

【一】濈，本又作⿰角咠。（六，十八下，六）法云：盧云：『宋本⿰角咠作湒』。阮云：『小字本亦作湒，《集韻》二十六緝載濈、湒二形可證。』偉案《集韻》出濈、湒二文云：『《説文》和也，或省。』下出⿰角咠、⿰角戢二文云：『角多貌，或從戢。』此⿰角咠字正本此詩《釋文》。阮第見彼而未見此，何也？

【二】短罷，皮買反，字或作矲，音同。桂林之間謂人短爲矲矮，矮音古買反。（八，三十上，九）法云：阮云：『葉本、余本、十行本皆作矲雉，雉音苦買反。當據以訂正。《集韻》十三駭雉字注云，桂林云云，所據《釋文》未誤也』。偉案陸此語本於《方言》。《方言》云：『桂林之中謂短矲』。郭注『矲（引者按矲前脱言字，當補）⿰矢皆也』。《廣韻》亦云：『矲⿰矢皆，短也。』字從皆聲，讀苦買反。毫無疑義，自《釋文》譌⿰矢皆爲雉，《集韻》遂因之，阮氏反謂未誤。抑何失考？且《集韻》雉下明有⿰矢皆字，阮亦不引，何也？至段氏遂謂此雉從隹聲，與從矢隹聲之字不同。捫燭揣籥，更無足辨。

【三】腆，馬云：『至也』。（四，四下，十）法云：案《疏》引王肅腆訓主，是也。此至字疑即主之譌。

【四】詰，馬云：『實也』。（四，十上，九）法云：案詰無實訓，實疑責之誤。阮刻《注疏》本作賓，更誤。

【五】烕，《說文》云：『從火戌聲，火死於戌，陽氣至戌而盡』。（六，二十下，四—五）法云：據『火死於戌』云云，則戌下聲字衍也。

【六】涅，乃結反，《說文》云：謂黑土在木（引者按木誤，當作水）中者也。（二四，十九上，十）法云：謂字疑衍。

【七】秣，《說文》云：『食馬穀也』。（五，五上，六）法云：《說文》作䬴，不作秣。此當依《左·僖三十三年音義》《說文》下補『作䬴』二字。

【八】狙，七餘反，司馬云：『狙一名獦牂』。（二六，九上，四）法云：司馬注不單解猵字，則必以猵狙爲一物，與崔、向同，『司馬云』下蓋脫猵字。

例【一】、【二】校正字誤，例【三】、【四】校正字義，例【五】、【六】校正衍文，例【七】、【八】校正脫字。這些校正基本上都正確。縱或不然，也不失爲一家之言。不過與校音切之例相比，校文字之例數目要少得多。這是法氏發揮其音韻特長的自然結果，倒是不足爲奇的。

據上所述可知，不論是校正字音，還是校正文字，法氏都做出了重要貢獻，而校音方面的貢獻則更爲突出。這主要表現在兩個方面，一是補前人的漏校，二是正前人的誤校。至於他對陸氏音系辨析上的卓見對我們今天研究陸氏音系還具有很好的啓發作用，這就更爲難得了。可以說，法氏的校記不僅可以補清人的不足，也可以導今人於先路。

由於法氏的這部校記一直没有被刊出，雖然半個世紀以前羅常培先生就撰文作了推介，但至今世人知之者仍然甚少。今爲此文，進一步着重表其佳處，希望能引起學術界的重視。

趙少咸手批經典釋文法氏校語録

趙少咸

經典釋文卷第一　序録

三十三・一　釋慧□（法校：慧下補嚴字）（趙批：）臧校作珠。

經典釋文卷第二　周易音義

三上・五　往吝　吳承仕云『反音雖同而反語有異』者，亦具列之。

七　漣如　此義當用《說文》泣下之義。

八　闉　《春秋傳・襄廿五》作堙，字異而義同。《釋文》所以説義，故舉其詞而不改其字。

八　厄　厄爲戹俗。

四上・四　訟　本書從、邪混用。

十一　錫　本書支、脂、之、微諸部混用。

四下・八　比　補、甫同紐，徐用多混，不必改。

五上・四　幅　本亦作輹，語即爲下文出也。

五下・六　茹　《廣韻・魚韻》茹，相牽引皃。

十　以祉　本書一音、或音有同又音之例。

六上・五　辯物　《廣韻》方免有辡，罪人相訟。

七　莽　本書無四等之分。下大車剛除同，盱火于、香亏同，睢香維、火隹同，蠱徐又姬祖同。

十一　休命　《廣韻・幽韻》作烋。

六下・二　其彭　尪俗尩正。

四　斯數　本書御、遇混用。

八上・八　所鑒　本書闞、鑑混用。

九上・一　姊　案《說文》蕺，大臠也。不見有骨之義。胏，阻史切；蕺，側吏反，音亦大別。反切之例，四聲不相轉讀。

八　其須　水邊作者，謂《易》從彡而作氵也，盧增非。

十　翰　亦作等于又音。

十一　寇難　注下文云欲進則懼三之難，下同二字謂此。

賁於丘園　六爻皆云賁，則作卉爲黃本，其義雖亡而字尚有據，作貫何所本耶？

九下・九　所茈　此亦音同字異而已，《廣韻》分爲兩類，承舊文也。

十下・四　煇　本書直音有以今字音古字之例，盧改非。

十一上・六　悖　《廣韻》補妹切有誖，與悖爲一字。

七　虎視　本書志至、止旨多混用。

十一下・十　窞　此亦音同字異耳。

十二下・二　出　本書徹、穿混用。

十三下・七　觸　本書屋沃鐸皆一等、屋燭皆三等多混用。

藩　此亦音同字異耳，不分開合也。

十五上・六　剿　困《釋文》作喆，喆在薛，本書質、薛多混。

十　蹇　此正獮、阮混用之證。

十七上・三　莧　《釋草》作辦。

陸　《釋草》蕢，赤莧，則蕢字不誤。虡與宋同以陸爲商陸。

七　柅　旨、止不分。

十七下・九　齎　本書支、脂混用。

十八下・七　井　本書靜、迴混用。

八　繘　在陸時，質、術不分。複有居密反者，音同字異也。

二十一下・九　閿　此亦音同字異。

二十三下・九　則蒸　此讀去聲。注則蒸而爲雨。《月令》注此陽氣達。《釋文》音證。法讀平聲，誤。

二十四上・十　經綸　此謂綸、倫俱音倫，論又魯門反。

二十四下・二　周易繫　吳承仕云不知古今字書、韻書初無毄下從系之文，此亦同誤。

二十六下・三　大衍　注王弼云演天地之數，故云注演同。

四　揲　息列、思頰，時音混同，若時設則異矣，《廣韻》食列切，揲數蓍即用，本書又思頰切，用一音也。

七　酬　徐又音疇者，今音正同。

二十七下・二　之組　此亦音同字異耳。

之奧　若避諱則當易作深、作泉，不得作之也。

九　貞觀　換、喚同韻，改之何意。

二十八上・四　爲耒　上文已云力對反，此引《玉篇》與同，實誤。案車人爲耒，或良水反，《月令》又力水反，此隹或誤。

二十八下・十　藜　蒺藜之藜無作棃者。

三十下・六　中男　直衆切有仲無中，本書《月令》中丁中呂皆音仲不音丁仲也。

三十一上・九　黔　本書多混。

喙　《廣韻》喝，陟救、都豆二反，或作咮，味、喝、喙同義，舊讀多混同，本書累見。

三十二上・十　琁　悉誤字。

三十二下・三　隆墀　脂、之混用。

三十三下・一　所贍　常、市同紐，不當改。《周禮・場人》下云劉凡享皆音向，徐、劉多同。

經典釋文卷第三　尚書音義上

一下・九　芟　本書咸、銜混用。

十一　訓　訓凡十六篇，正二攝十四適十六篇，若作正三則十七矣。

四上・三　女子　本書娘、日混用。

四下・六　柴　本書佳、皆混用。

五上・十　闢　甫亦反蓋讀辟除之義。

六上・九　懈　于、佳形不近，臧校作工。

七下・四　粉米　此徐自謂仙民。

五　絺　勑私、勑其，脂、之混用。案盧本未改勑爲尺，下條出又尺遂反，云舊尺作勑，今依宋本，則法云云大誤。

八　撻　此亦同音異字。

八　弗子　鄭讀爲字養之字，精紐。

八下・八　墳　《正義》本作僨，勃僨即《廣韻》扶問切之坋。

九上・一　鈆　寅、鈆雙聲，可不改。

二　檿　本書琰、忝混用。

九下・八　杶　杶、荀同韻，何云不同類。

十一　箐　本書清、青混用。

十上・三　渾　音同字異。

十一上・一　沇　此亦音同字異之類。

九　訖　本書混用。

十一下・二　勦　段注《説文》剿，絕也，云衛包改剿爲勦。

十　嗜　至、志混用。

十二上・一　怩　怩私疊韻。

九　汙　泥著物也，烏臥反，涴之音義。

十二下・十一　垌　音同字異。

十三上・二　秕　《廣韻》鄙，方美反；匕，卑履反。

八　罹　之、支混用。

九　勦　蕭、宵混用。

十三下・六　儆　梗之三等與靜混用。

十四上・一　監　闞、鑒混用。

十四下・二　爲德　隊、代混用。

十五上・六　燎　筱、小混用。

八　遲　脂、之混用。盧改與段同。案段謂直疑、持夷不甚別，此正音同而用字異者亦具列之之謂也，《集韻》所稱實爲誤字。

十五下・九　暫　此自去聲。

劓　至、未混用。

十七上・九　醟　音同字異。

十　涯　音同字異。

十一　遯　音同字異。

十七下・二　鹼　豔、梵混用。

經典釋文卷第四　尚書音義下

一上・七　嗜　吳云今本引《切韻》十一事，則宋開寶中陳鄂所爲也，非校語。

八　匱　至、未混用。

孕　音同字異。

一下・九　斮　當作士，《公羊・成二》注斮斬作仕，《釋器》作牀。

二上・二　戎車　韋說自非，法校亦無證。

七　毗比　此可不改。

二下・一　魄　陌、麥混用。

三上・二　彝　脂、之混用。

七　視　音同字異。

八　晢　音同字異。

四上・五　簣　至、末混用。

九上・一　虢　音同字異。

九下・一　踐　從、邪混用。

七　不蠲　吉、古同紐。

十上・三　耿　迥、静及梗混用。

四　暋　音閔、眉謹同音，本書軫、謹混用。

十一下・六　笋　注語正駁舊音，何云不類？《撰異》謂轉寫脫字。

十二上・十一　督　屋、沃混用。

十二下・四　度　舊讀法度之度，今讀忖度之度。

七　敝　本書至、祭混用。

十三上・九　鴟　脂、之混用。

十三下・一　覆　音同字異。

二　君帝　《撰異》言之甚明，非校語。

三　鰥　古、居同紐，不當改。

折　下云智也，正讀作哲。

十四下・四　擭　段校覆作覈。

敘　此蓋讀作湼。

檻　混用。

十五上・二　介　《撰異》云當是馬本作砎。

經典釋文卷第五　毛詩音義上

二上・三　曰興　此蓋音同字異，非不同類。

五　之苛　段依宋本亦作何。

六　從岐　岐非分二類。

二下・三　荇　並蒲。《江有汜》並，白猛反，又步頂反，則並可叶猛，頂荇叶猛，複叶並，其理實同。

三上・五　數　段校作歎。

九　煩攔　《廣韻》作莏，此從手沙省聲。

四上・六　蚣　雖有等呼之異，然固同音也。

十一　蓁蓁　《釋文》蓁、巾同部。

四下・三　杙　羊北、羊特並從羊紐讀喻，絕不通疑，陸非收謹於軫，乃以閔屬隱也。

五上・五　翹翹　《廣韻》渠遙即祁遙，肴、豪俱有堯聲，又何說耶？

六下・三　鼈　段校作鼇。

十一　維錡　此五字非校語，《廣韻》渠綺切，錡又魚倚切，正本此。

七上・十　行露厭　音同字異。

七下・四　以咮　《釋文》於叶音外無古讀。

五　我訟　此謂訟本去聲，徐取韻故讀平聲，非謂紐異。
十　緎　《廣韻》況逼切有黬、緎，雨逼切有緎，于域即況逼，作吁是，吳校作呼亦是。
八上・五　摽有梅　《廣韻》符少切，即本徐。
九上・一　樸　本書《棫樸》篇亦作卜。
九　栘　《釋木》云《字林》上泥反，與是兮同，蓋北音也。
十上・一　以茹　案蒸民即有又如庶反一音。
四　受侮　此正音音武，徐音茂非。
十下・七　以勖　凶玉、況目音混不別。
十一上・二　疌　竹季亦讀開口。
十一下・十一　則厲　字當作文。
十二上・六　大昕　本書斤、巾同韻。
十三上・三　肄　案《汝墳》肄，餘也。《廣韻》羊至切，故以以自反爲首音。此云勞也，爲勩之借，故以以世反爲首音。《汝墳》沈云徐音以世反非者，謂其讀爲勩也，此云徐以自反，謂其讀肄之本音也。
六　旄丘　亡周即《廣韻》莫浮切之堥堆，堥，小隴所本也。
十三下・五　赫如　虛虎雙聲。
六　畀　吳校作必。
十四上・四　北門殷殷　於巾不誤，《釋文》以巾殷爲一韻，文則用合口耳。

六　謫　陸生陳隋，宜引《玉篇》也。
十四下・十一　燕　疊韻聯語，《傳》每別訓。
十五上・十一　櫛　《釋文》乙、迄、櫛同部。
十七上・八　紕之　《傳》云總紕於此，蓋讀比次之比，故云符至反。
十七下・六　求援　此正見其混同，非分。
十　篇竹　不分。
十八下・三　褎　靜、迥不分。
二十一下・一　戈　羊特、羊北皆即羊職，等韻家所謂憑切。
三　纛也　從每會意，故以從毒爲俗。
七　彼其　段校同。
二十二上・五　大　《廣韻》大，唐賀切，代唐雙聲。
七　罭　不分。
二十二下・四　如菼　《廣韻》正用此讀。
二十五下・四　堂兮　毛不解堂義，則阮校是。
六　衣錦　《傳》云衣錦褧裳，《箋》云中衣裳用錦，故云如字，與碩人異。
二十七下・六　令　勁、證混用。
二十八下・五　魴鱮　《正義》本才作象。
二十九上・十一　糾糾　黝、有混用。
摻摻　咸、銜混用。
二十九下・六　蕡　与疑誤，与在喻也。
八　省國　省有所影、息井二反，梗、靜混用。

三十一上・二　荎　法語，《春官・敘官》音如是。
三十二上・五　致　至、志混用。
三十二下・一　蘞　鱃、梵混用，下同。
三十三上・八　善射　社當亦之誤。
三十三下・四　鋈　舊音沃、鐸混用。
五　靳環　《釋文》靳、觀、釁俱在焮部。
三十四上・十　隒　則阮說非，簡直誤字。
三十五上・五　屋　阮駁盧說極是。

經典釋文卷第六　毛詩音義中

一下・四　芘　混用。
二下・六　僚兮　不分。
三上・三　與蕑　《廣韻》菅注或作蕑，此三字當在荾下，荾，香草。
四　且儼　《廣韻》儼紐有曮，從日不從目。
五上・十　鎑　不分。
五下・一　稺桑　混用。
二　祁祁　混用。
三　條桑　不分。
五　䴗　不分。
六上・一　窒　混用。
六下・八　鴟鴞　混用。
七上・二　恚怒　混用。
八上・三　隋　《集韵》徒禾切有橢。
四　錄　不分。
八下・一　卷龍　千里校如此。
九上・十　啓跪　《廣韻》去委切，又渠委切，即本此。
九下・三　載驟　《廣韻》鋤祐切本此，若在遘則顏氏所斥者，今所顛倒。
六　駪駪　巾《釋文》入殷部，臻坿之。
十下・六　八簋　混用。
十一上・二　俾　混用。
十一下・五　弩　云又者，謂作音者又云邊之入聲。
十二上・五　祁祁　混用。
六　杕杜睆　段校云非字。
十二下・七　鮎　《釋魚》陶弘景云今人並呼茲在私，即茲音。
十三上・五　罩罩　吳檢齋謂卓爲角誤。
七　篧　覺、藥多通，《說文》篧或從隺。
七　撩罟　此取《釋器》音，故增旋以別之，吳校如是。
十三下・九　濃濃　混用。
十五上・二　羨卒　霰、線混用。
四　有創　毛本瑲本又作創，與此互易，不作鶬。
十五下・二　爲槸　亦用字不一律。
十六上・五　其祁　脂、之混用。
十六下・八　鸞鑣　此正用字不一律。
十七上・一　沔水　混用。

十一　亶不　《緜》亶父作但。

十八下・六　濈濈　《廣韻》觬，角多皃，䚡上同。

九　何揭　混用。

十九上・一　溱溱　《釋文》正同部。

二十一上・三　番也　音同字異而已。

二十三下・二　譬彼　混用。

六　隕之　忠疑音或云誤，蘊下落反字。

二十四上・一　巧言曰父母且　《箋》云始者言其且爲民之父母，《正義》云我當日且爲民之父母也，則當讀七也反。

二　憮傲　今徐七餘反，以上聲馬韻讀從平聲魚韻。案桑扈段依岳本作憮，投壺《釋言》傲也，並作憮，蓋由覆義引申爲大爲傲，《釋詁》大也，《釋則當作憮。若夫子憮然，則當亡甫反，阮校極明。

四　沮　此正見其通用混用。

二十四下・二　無拳　起在溪，拳在群，不得混用，則當從《集韻》作巨是，故云協句應爾。《廣韻》亦不收此音。

八　脂　混用。

十　祇　《釋詁》疧，祁支反，祈、祁雙聲，何必分也。

二十五上・六　餘蚳　混用。

二十六上・四　有捄　混用。

六　睠言　案《曲禮》注篇卷音眷，則作卷亦可。

十一　稄　此不當補，蓋承上文立言也。

二十六下・四　監　混用。

五　跂彼　歧當作岐，宋本如是。

七　斢也　千里校亦如是，然《廣韻》斢下云（鄭）上同，則《集韻》作鄭誤。

二十七上・八　叫　段校正作噭。

二十七下・二　于頮　混用。

二十八上・五　楚茨　混用。

二十八下・三　莫莫　混用。

六　受嘏　假雅疊韻，隨意用之。

七　神耆　混用。

二十九上・七　以騂　此心、曉混用。

二十九下・五　民𨦛　阮校作耡。

十一　如茨　混用。

如坻　混用。

三十上・十一　祁祁　混用。

三十下・九　琢珌　亦音同字異。

十　鏐珌　混用。

三十一上・八　百辟　混用，下同。

三十一下・四　減焉　混用。

三十二下・三　湎　不分。

五　菹醢　混用。

九　以祈　混用。

三十四上・一　絺衣　混用。段正同。

二　檻泉　混用。

四　淠淠　混用。

十　樂只　混用。

三十四下・九　饇　不分。案《廣韻》依倨切；醧，私醵，衣遇切；饇，飽饇，此誤。

三十五上・九　愒焉　不分。

三十五下・八　如蠆　不分。

九　末捷　不分。

三十六上・一　卷也　沈蓋讀如末捷之捷也。

二　采藍　談、甘俱開口，唇音兼用開合字，二說並誤。

三十六下・四　王取　語、麌混用。若具則在遇，讀娶非。

八　熬　此蓋用郭音，不誤。

九　孌之　正各家用字不一律。

滮　混用。

十　妖大　阮駁是。

三十七上・一　燎也　不分。

二　烓竈　《釋言》正同，則靜、迥未分耳。

五　邁邁　混用。

八　有扁　不分。

疷　徐時已有二本。

三十七下・八　漸漸　此牀、禪混用。

三十八下・三　有芃　扶東即薄紅。

經典釋文卷第七　毛詩音義下

一下・三　聿脩　于、喻混用。

九　不挾　《行葦》挾子協反，又子合反。蓋子合當爲帀，子協當作浹也，一作即又音，非校語。

二上・五　燮伐　混用。

三上・十　拔矣　蓋用字不一律耳。

恚也　混用。

三下・九　辟王　混用。

四上・三　研　混用。

八　瑟彼　混用。

五上・七　乃眷　聲借未必誤。

五下・五　媲　計、惠同韻，固無是非。

九　比　混用。

十一　羨　從、邪混用。

七下・六　武敏　《釋文》分部如是。

八上・十　糜　虋從麻聲，糜同，不當云虋省聲。此正釁之俗。

九下・三　勤　據《正義》云至八十、九十之耄而能勤行，稱舉其道，則正文自作勤，陸依射義音其。

十下・二　攸塈　混用。

十　甗　混用。

十一上・六　爲羨　《玉人》、《檀弓》皆作賤。

十一下・一　挹彼　此亦用字不齊耳。

九　酋　尢、幽混用。
十一下・十　皈　下字無開合之異。
十二上・十　汔　混用。
十二下・五　小愒　混用。
十三上・五　弭謗　混用。
十四上・三　湎　不分。
十四下・二　自警　混同。
八　用遏　昔、錫混用。
十五下・六　回通　混用。
十六上・四　篋資　混用。
十六下・九　索　混用。
十七上・八　饑　混用。阮即既之譌。
十八下・八　王餞　不分。
十九下・七　璆　混用。
二十上・七　梨　混用。
九　祁祁　混用。
十　姞　此亦用字不齊。
二十下・二　訏訏　蓋借作詡。
二十一上・七　鼈爾　謂又作賫。
二十二下・三　檻　混用。
二十四下・五　斤斤　分部異《廣韻》。
十　貽我　混用。
二十五上・九　銚　混用。七遙不誤，即鍫字。

十　鎒　古人以用釋器名可無器字。《正義》亦作芸苗而已。
二十下・九　高廩　此亦用字不齊。
二十六上・一　袷　混用。
二　有瞽　分部異《廣韻》。
六　衡　此讀作横耳。
二十六下・四　鯰也　混用。鹽無泥紐，奴是泥紐，當讀女廉。
二十七上・五　駮而　音角恐或作較較。
七　耆定　混用。
二十九上・五　不吳　夬、禡混用。
二十九下・十一　坰野　此亦用字不齊。
三十七・七　蒼祺　《集韻》無祺，此蓋聲借，無正字。
九　雒　《正義》云檢定本集注及徐音皆作駱字，則駱非洛譌。
三十下・五　有駜　此用字不齊。
七　駽　案《釋畜》云郭火玄反，則宋本或失。
八　頌僖　混用。
三十一下・二　致者　混用。
三十二下・二　朱英　混用。
三十三上・一　其姣　千里依《正義》校作甚。
三十五上・一　是祇　混用。

經典釋文卷第八　周禮音義上

一上・六　之景　通用。

十一　自辟　通用。

二上・六　以擾　黃云徐、李讀擾作馴。

十　以要　此即用字有異，實一音也。

二下・一　毛冊　《左・僖二十四傳》音同。

九　曰饉　通用。

三上・二　絺　通用。

十一　神示　此脂、微同用。

四上・六　辟名　用字異耳，何古韻之有。

四下・十一　膋　了力聲音何別。

五上・一三　鬻　此正見其用字不同。

三　陪鼎　灰、咍互用耳。

九　未孕　案《廣韻・證韻》乘紐有䋋孕也，此云音乘，正讀同䋋耳。

五下・七　犥　用字有異。

九　臂　《內則》臂本又作擘。案擘本博尼切，此爲形異，其音必避，仍從臂音。此云徐本作辟音，方紙反，蓋從髀音與《內則》之本。

六上・十　以數　案語韻有所，麌韻有數，正音同，故以所音數焉。

六下・二　籓　用字異。

四　蚳　既以徐音爲是，而又云蚳梨不同類，何耶。

五　蜯　正《廣韻》蒲幸切之䗾，本杜子春䗾蜯也之說。

十　庀　用字異。

七上・三　滫　宥、幼互用。

七下・二　劀　互用。

三　黃堥　盧校云今從《注疏》本改。案阮刻正作毋，蓋用字異耳。

九　醳　昔、夕同音，何別？

曰醫　此正旨、止互用。

十　截　昨、胙同紐，何必改。

八上・二　希冕　互用。

八下・一　榛　榛與巾鄰，並不同部。

五　菁　互用。

八　螔　此正音同互用。

九上・一　臅　此一音非徐音。

二　五齊　《注疏》本正作子。

九下・六　蠙珠　此云一音同又音。

十　文織　混用。

十上・六　職歲而編　先、仙互用，異字並見。

十下・五　酳　侯吝即羊晉，《校勘記》是。《廣韻・真韻》平上入于紐無開口，而酳列胤下，其云侯吝反，云又音胤者，正字異並見之例。

十一上・四　门燎　音同互用。

十二上・三　衺　音同互用。

四　嫛　用字異而分。

十　編　此讀作辮。
十二下・一　髦　正以音同。
二　卷髮　此用書卷之卷，去聲，非居轉切之卷也。
十三上・一　比長　音同互用。
七　麩　此當依《漢讀考》。
十　丘甸　盧本作證。
十四上・二　貔　字異並見。
三　理致　音同互用。
十五上・一　爲羨　從、邪多混用。
十六下・八　之杙　餘則即餘式。
十七下・四　闉　音同互用。
十九下・十一　庇　異字並見，非改易也。
二十下・一　遞焉　《廣韻》弟紐有遞，此正用字異。
十　寫水　蓋讀遇韻之輸。
二十一上・三　土訓宜麻　盧本作倫。
二十一下・六　紫菀　音同互用。
二十二下・六　瞭　音同互用。
九　莖　音同互用。
二十三上・三　使沮　從、邪互用。
二十四上・十一　招拒　音同並見。
二十六上・八　柔嚅　礝即碝。
二十六下・九　以挹　用字異。
二十七上・六　希冕　音同互用。

二十七上・八　作湍　音同互用。
二十七下・六　而呵　《釋言》何作柯，或是。
二十八上・四　興道　字異並見。
五　大卷　字異並見。
九　戛擊　用字異。
二十八下・十一　大傀　蓋讀爲傀。
二十九上・六　作趍　注、付同部。𨇾《廣韻》側鳩切，此蓋易走爲
足，仍從趣音。
三十上・六　聲韽　用字異。
八　鎗　音同互用。
九　當踕　音同互用。
三十下・七　髹　此本作髤，從桼髟聲，故云香牛反，或以爲桼
聲，故云七利反，俗又誤作髤。
三十一上・三　之釁　音同互用。
五　曰蠭　《廣韻》莫侯切有霿，即此讀。
三十一・上六　揲　字異並見。
三十一下・五　楚焞　實依鎛讀。
三十三上・八　菆塗　蓋讀作櫕。
三十三下・五　租飽　緅或讀子于切，卷或從茅裹之義。
三十五上・八　爲殰　此蓋從棼讀。
（下闕）

經典釋文卷第二十三　孝經音義

一下・六　致仕　　臧庸堂云：案《敘録》云《孝經》童蒙始學，特紀全句，於此見之。據是則知此非校者所加。

七　尹吉　混用。

二下・一　火服粉　混用。

經典釋文卷第二十四　論語音義

一上・七　邪　音同字異。

一下・十一　奢侈　音同字異。

三下・三　盻兮　音同字異。

六下・六　犂牛　音同字異。

九上・九　吝　音同字異。

十二上・七　昵　混用。

十三上・四　賦稅　混用。

十三下・二　饘　混用。

十九上・十一　能汙　音同字異。

二十二上・三　之吝　音同字異。

經典釋文卷第二十五　老子道經音義

（下闕）

經典釋文卷第二十六　莊子音義上

一下・十一　芥　字異。

三上・四　比　異字。

四上・四　肌　混用。

四下・六　粃　混用。

五下・六　機辟　赤、亦疊韻。

六下・五　咬者　蓋讀爲囓。

九　比竹　混用。

十一　炎炎　混用。

九上・七　蜣　二字同韻，可不改。

十上・五　旁日月　字異音同。

十下・五　其解　音同字異。

十二上・三　謋然　音同字異。

十四上・四　散焉　此本有上去二讀。

十四下・七　剋核　混用。

十五下・三　柚　音同字異。

十六上・五　之杙　音同字異，若作值則在去矣。

八　禪旁　此本音同相借，不必改。

二十二下・六　喘喘　音同字異。

二十五下・四　之便　混用。此讀便習。

經典釋文卷第二十七　莊子音義中

十二下・九　髦　音同字異。

十三上・六　嗑然　疑邈爲覈之譌，蓋讀如啞也。

十三下・四　檻　混同。

十六下・四　而曠　音同字異。

十七下・九　類自爲雌　無亦可通。

雄故風化

二十二上・六　方跐　《廣韻》紫紐有跐，此時或音之誤，下衍反字。

二十二下・三　鯈魚　此書多混用。

二十七下・九　而詫　蓋讀爲嚇。

三十一下・十　舐　江作䑛，是。

三十四上・二　屎　音同字異。

經典釋文卷第二十八　莊子音義下

二下・九　外獲　烏䝞蓋讀如握。音羈即讀羈，故云縛。

四上・四　本剽　音同字異。

十六下・六　天倪　互用。

十九上・七　不怍　音同字異。

二十下・六　飄風　字異音同。

二十一下・九　須　宋本已誤

（下爾雅音義二卷　闕）

趙少咸經典釋文法氏校語録批校之音讀考辨

萬獻初

《經典釋文法氏校語録》是清人法偉堂在《經典釋文》一書上所作校語的匯録本，趙少咸在該本上作了很多批語，旨在評法校之是非，以正其偏頗與缺失，所得甚多。

一、法氏校語與趙氏批語的概況

趙少咸（一八八四—一九六六），名世忠，字少咸，安徽休寧人。學術淵源遠紹乾嘉之戴震與段、王，近與章太炎、黄侃均有交涉。一九四九年前曾任成都高等師範、成都大學、四川大學、華西大學教授，後專任四川大學教授。主要從事漢語音韻學和訓詁學的教學與研究，論著有《新校廣韻》五卷、《廣韻疏證》、《廣韻諧聲表》、《古今切韻表》、《經典釋文集説附箋》等多種，惜生前均未能刊行全書，只在報刊上發表一些『敘例』、『題跋』等，手稿在文革中多所散佚，如《經典釋文集説附箋》三十卷三百餘萬字，書稿謄清而多散失。㊀其孫四川大學趙振鐸教授近在予筆者信中謂：『現僅存八卷在八叔呂甫教授處。』

『法氏』即清人法偉堂，《清史稿·鄭杲傳附法偉堂傳》云：『法偉堂，字小山，膠州人，光緒十五年進士，官青州府教授。精研音韻之學，考訂陸德明《經典釋文》，多前人所未發。』一九三六年八月，羅常培從唐蘭處借得法偉堂手校《經典釋文》移録並作研究，寫成《法偉堂校本經典釋文跋》㊁一文，綜其校語通例和貢獻。羅常培認爲，法氏所爲凡四事：一曰遍考陸書創通音例，二曰勘究切語辨章音類，三曰精研等韻審音入微，四曰據音正字爲盧、段所不逮。每事均選法氏校語數例以説明，尤其看重法氏『精研等韻』一事，云：『法氏通解等韻，精於審音，明辨開合，詳究弇侈。清代音韻學家慎休、初堂、晉三、蘭甫之外，尚鮮其匹。』邵榮芬《説法偉堂經典釋文校記

㊀ 陳建初、吳澤順：《中國語言學人名大辭典》，六四九頁，長沙：嶽麓書社，一九九七年。
㊁ 羅常培：《法偉堂校本經典釋文跋》，《圖書月刊》第二卷第四期，一九四〇年。

遺稿》㊀引《增修膠志》（一九三一年版）：『偉堂博極群書，不立宗旨。其學大抵由汶長入手，而於諸子百家無所不覽。專精於古今音韻，於顧氏亭林、江氏慎修、段氏茂堂諸家外，别有心得。所校勘者有《説文解字》、《經典釋文》、《一切經音義》、《列子》等書。』補述了法氏在治學範圍、治學途徑和治學態度等方面的内容。邵文在羅常培《跋》的基礎上，一方面進一步展開論述法氏校理字音的重要貢獻：校正字音，辯明音類，以等韻正切，以古音論切，兼及校正字形、字義、衍文、脱文等，在補正前人漏校誤校方面尤爲突出。另一方面，也指出並分析了法氏校理《釋文》字音以《廣韻》爲依據，以等韻爲尺度，因而有拘執等韻而誤解《釋文》的毛病，如：認定《釋文》一字頭下的反切不會同音重出，認爲陸德明已自覺地重視反切上下字的同等，因而把反切上下字洪細協調的傾向擴大化，揭示了《釋文》中的重紐現象但有時誤認非重紐爲重紐，偶或把反映陸氏音變的混切誤認爲錯切，等等。所論平實而深入，可資參考。

趙少咸記述自己對《經典釋文》研讀用力甚夥，謂：『一九三四年去北京，在北平圖書館見九家校本《經典釋文》，即托賀君昌群用通志堂本覓人照寫一部。過南京謁黄季剛先生，謂我當作《廣韻疏證》、當讀《經典釋文》，並語殷孟倫用叢刊本臨寫先生過録吳梅代藏劉履芬衆家校本，次年先後得到。又三年在巴縣紅糟房鄉寓，用兩本互校，遂注其同異於孟倫本之眉及行間，同者注云「北館本同」，異者則云「北館本作某」，北館本《爾雅》二卷缺校。四二年殷焕先承羅莘田先生命，手鈔法偉堂《釋文校語録》寄余。四八年周法高來成都，從彼所録王筠校語複補寫於眉。又用尊經本校讀，題私意於其眉。並從林山腴先生借得《小學盦遺書》錢馥校記，亦附録之。《爾雅釋文》又以邵晉涵《正義》本所坿，録其異文。讀盧文弨《考證》、阮元《校勘記》，見其時時根據臧琳、段玉裁所言，改變本字，因讀兩家之書，審别其是非。五七年寫《廣韻疏證》初稿畢，用盧文弨《考證》作底本，將阮元《校勘記》、周春《十三經音略》、法偉堂《校語録》、吳承仕《經籍舊音辯證》，凡諸家説有能互相訂正者，亦有未盡當者，今據他家説以補正之。』㊁其成果即是後來的《經典釋文集説附箋》三十卷。

二〇〇五年六月，趙振鐸教授來武漢大學，將珍藏多年的其祖父趙少咸批校的《經典釋文法氏校語録》一册見示於我，甚幸！甚爲感激！這是一份劫後倖存的珍貴文獻。

此本主體是殷焕先奉羅常培之命爲趙少咸手抄的《經典釋文法氏校語録》，前一二八頁用的是當時的一種變色筆，字跡今呈藍色，

㊀ 邵榮芬：《説法偉堂經典釋文校記遺稿》，《音史新論》，北京：學苑出版社，二〇〇五。
㊁ 趙少咸：如何讀《經典釋文》，《四川大學學報》第五期，一九五九。

一二九—一四四頁用毛筆墨抄寫，間有『煥案、煥謹案』多處，卷六末有『癸未四月初七日校無脱誤』，卷七末有『癸未四月望日校無脱誤』，卷八末有『甲申二月校對無脱誤，容續肅稟』，是殷煥先一九四三（癸未）至一九四四（甲申）年二月所爲。然殷煥先所抄到此爲止，後面是趙少咸自己用毛筆濃墨抄寫的一部分，與在殷抄上所作的批校字體墨蹟完全相同。最後四頁半（一八二下—一八六）爲周法高用毛筆墨所抄，第一八五頁下『十當作寸』有『法高案：底本寸當作十』語，字體墨蹟與所抄四頁半同。

該書所缺内容尚多，殷抄前部分有：卷一『序録』，卷二『周易音義』，卷三、四『尚書音義』，卷五、六、七『毛詩音義』（上、中、下），卷八『周禮音義』（上）。中間缺失卷九至卷二十二的『周禮音義』（下）、『儀禮音義』、『禮記音義』、『春秋左氏音義』、『春秋公羊音義』、『春秋穀梁音義』。趙少咸自抄有：卷二十三『孝經音義』（自通志堂本《釋文・孝經音義》第一頁下的『致仕』條始）、卷二十四『論語音義』、卷二十五『老子道德經音義』僅有卷題二行而内容全部缺失、卷二十六至二十八『莊子音義』（上、中、下，其最後四頁半爲周抄）。卷二十九、三十『爾雅音義』（上、下）全缺。今見該書乃白線縫訂，用一九六〇年六月十四日《人民日報》疊四層做封面和封底，可能原抄全帙到此時只存這十二卷半，倉猝用報紙封訂爲一册。全册除了趙自抄部分有『七至十二、十六、十七』八個大頁標碼外，殷抄、趙抄大部分、周抄都未標頁碼。今依原書順序，不計缺失，統一加標頁碼，全書共存一八六單頁，每頁分上下兩欄，每欄十行，右行豎排抄寫。本文引用法校趙批，即用新加頁碼。

趙少咸批校是用墨筆寫在當條之下或旁側，少數寫於天頭，殷抄、自抄都如此，清楚而醒目。通檢全册，得趙氏批語四四七條。這些批語類型多樣，涉及的内容也很豐富，主要可歸爲兩大類。一大類是針對法氏校語依等韻分音過細而論《釋文》音多混切的二八一條：『不分』三十，『音同字異』七十七，『互用』二十三，『混用』一四四（含混同四），『通用』七。另一大類則是針對法氏校語多方面内容所作的駁正與補述一六六條：『不誤』二十五，『不改』十二，『非校語』四，其他駁正三十八，引證三十二，補充十二，另外作解三十一，釋體例十一。下文分别進行討論。趙氏研究《釋文》，多與《廣韻》對比，在音切上下功夫多，所得也多，故前一大類條目也多，是本文討論的重點。後一大類也多論音切，少數是版本、體例、字形、引證等方面的問題。

二、趙批的音同字異與混切

（一）音同字異七十七條：

【一】《易・屯》『往吝』，《釋文》：『往吝，力刃反，又力慎反，馬云恨也。』法校：『力刃與力慎同，未詳其旨。』趙批：『吳承仕云「反音雖同而反語

有異」者，亦具列之。」（六下）㊀

【二】《尚書・仲虺之誥》「至於大坰」，《釋文》：「坰，故螢反，徐欽螢反，又古螢反。」法校：「古螢與故螢同，未詳。」趙批：「音同字異。」（三三上）

【三】《周禮・地官・大司徒》「其動物宜贏物」鄭玄注「虎豹貔䝙之屬」，《釋文》：「貔，音毗，一音房私反。」法校：「房私即音毗，不得爲異讀」趙批：「字異並見。」（一二八上）

【四】《周禮・天官・宰夫》「物辟名者」，《釋文》：「辟名，徐芳石反，劉芳益反，幹云不當也。」法校：「芳石與芳益同，以古韻衡之，則劉音是也。」趙批：「用字異耳，何古韻之有。」（一一六下）

【五】《易・同人》「伏戎于莽」，《釋文》：「于莽，莫蕩反，王肅冥黨反，鄭云叢木也。」法校：「冥黨與莫蕩同出者，莽一等字，不當以四等之冥爲雙聲也。此音例後密於前處。」趙批：「本書無四等之分，下大車剛除同，盱火于、香于同，睢香維、火隹同，蠱徐又姬祖同。」（九上）

法校認爲《釋文》一字頭下的反切不會同音重出，因而同一字頭下不別義的不同切語（同形同義異切）必有音讀差異，或聲、韻、調、開合、等次有不同，或古今音異，找不到區別的就標「某與某同」，然後標「未詳」、「不可解」、「未知何故」、「再考」等。趙批則認爲《釋文》該類音切無古今之別，也無四等之分，有時是用不分開合口的切語下字，是陸德明録存前人同一音讀而用字不同的切語或直音，即異形同音音切。他在《如何讀經典釋文》中認爲《釋文》音切都取自前儒：「此時前儒所作音的書，都流傳人間，陸氏斟酌其依注作音者撰集成條，所以《釋文》才有一音而二三反語者，以見其反語用字雖是不同，其音和義實在沒有區別。」例【一】二切語上字同，下字「刃」、「慎」都是去聲震韻開口三等，法氏找不出差别而標「力刃與力慎同，未詳其旨」，趙批引吴承仕《經籍舊音辯證》「反音雖同而反語有異」語，説明是切下字「音同字異」而非異讀。【二】二切上字「古」、「故」都是見母，下字同，法校未詳，趙批爲同聲母的上字「音同字異」。【三】切語「房私」即直音「毗」（《廣韻》房脂切），都讀平聲並母脂韻開口三等，是直音與切語的「音同字異」。【四】二切語上字同，下字「石」、「益」都是入聲昔韻開口三等，趙批爲「用字異」而非法校之古韻有別。【五】上字「莽」、「莫」爲與一等下字相拼的明母字，「冥」爲與四等下字相拼的明母字，但這只是宋以後等韻的區分，唐陸德明不可能細分如此，故趙批力謂《釋文》「本書無四等之分」，莽、莫、冥是明母的聲同字異，並舉切上字「剛與車（一、三等）」、「火與香（曉母一、三等）」、「蠱與姬（見母一、三等）」爲例，證明《釋文》切上字聲母

㊀ 引文標目：陸德明《經典釋文》用中華書局一九八三年影印通志堂本，簡作《釋文》；所釋原文同引阮刻《十三經注疏》與《諸子集成》各本；「法校」即《經典釋文法氏校語録》之法偉堂校語，「趙批」乃趙少咸批語。引書頁碼乃筆者爲今存《經典釋文法氏校語録》所編，「六下」即第六頁下欄。下同，不另注。

洪細互切是常見現象。趙批此類有『音同字異』、『字異音同』、『同音異字』、『字異並見』、『字異』、『用字異』、『用字不同』、『用字不齊』、『用字不一律』等批語，異名同實。除上五例，還有：

上字聲母：幫—必悲（十一下），滂—匹普、怖敷（一四九下、一七九上），并—毗扶、扶薄、扶婢（一五八下、一六三上、一八三下），明—母無（一二〇上），書—詩尸（一七七上），禪—市常（三七上），見—公寡、眷居、居古、古吉（三九下、一三七下、一三七下、一五八上），疑—宜五（三六上），影—烏汙（一五五下），曉—許化（一六四上），匣（雲）—侯于（一二三下），以—以養、以也、以由（三七上、一四九上、一六四下），來—力了、力利（一一七上、一五一下）。

下字韻：平聲：東—東紅（九〇上），齊—兮齊（一一七上），真—真人（一七三下），元—袁言、袁言（十三上、七九上），魂—昆魂（三十下），宵—苗驕、焦遙（七七上、一七一下），清—營瓊（一〇八下），幽—虯樛（八五上），覃—貪南（一三九上）。上聲：紙—紙氏（一四九上），旨—鄙指（一一九下），薺—弟禮（一三三下），蟹—解蟹（一六三下），吻—粉憤（二一上），獮—兗轉、尺軟（三一下、一六六下），小—表趙（一一八上），馬—假雅（八四上），寢—錦荏（一〇五下），感—感坎（十二下）。去聲：至—髦地（一二五下），至（旨）—庇美（一三二上），霽—計悌（八八下），泰—貝蓋（九三上），震—刃慎、刃慎（一五二上、一五六下），慁—頓困（三六下），笑—妙召（一一五下）、映—詠命（三六上），證—甑興、甑應（四七上、一三七下）。入聲：屋—服目（四三下），質—姞佶、筆必（一〇四上、一〇九下），曷（末）—達末（二八上），薛—列舌、列孑、舌設（三八上、七五下、一四〇下），鐸—昨洛（一八三上），陌—伯格（一一九上），錫—闃鶪（十九上），職—植職（一六五上），職（德）—式則（一三〇上），緝—十立、十集、楫邑（五〇上、一三六下、九八下），狎—翣甲（一二五上）。

（二）『不分』三十條：

【六】《詩·墉風·碩人》『衣錦褧衣』，《釋文》：『褧，苦迥反，徐又孔穎反，禪也。《説文》作檾，枲屬也。』法校：『褧音迥，靜分部。《廣韻》檾字兩部兼收，褧唯收迥。』趙批：『靜迥不分。』（五七下）

【七】《詩·周頌·有瞽·序》『有瞽，始作樂而合乎祖也』，《釋文》：『有瞽，音古，樂官也。無目眹曰瞽，眹音直謹反，本或作鼓。』法校：『眹、謹不同部。』趙批：『分部異《廣韻》。』（一〇五下）

例【六】法氏云依《廣韻》應分迥（迥）、靜（穎）爲二韻，故『苦迥反』與『孔穎反』爲異音，趙批云《釋文》迥、靜爲一韻，二切語實爲一音而用字不同。【七】寑（眹）、隱（謹）《廣韻》爲二韻，趙批明言《釋文》寑、隱實爲一韻，《釋文》與《廣韻》分部不同，法氏是執《廣韻》來論

《釋文》切語的是非。此類法校依《廣韻》言分而趙批認爲不當分的還有：

平聲：脂（蚳）之（梨）不分（一一九上），脂（祈）微（希）（八一下），真（巾）臻（蓁）（四九上），蕭（雕）宵（遙）（七一下），尤（銶）幽（遒）（七二下）。上聲：旨（梍）止（記）（十五下），軫（敏）隱（謹）（九六下），阮（偃）獮（蹇）（八八上），銑（殄、顯、顯、顯）獮（善、衍、淺、善）（五七上、八五下、八九下、一〇〇上），靜（井）迥（迥）（八九上）。去聲：御（據）遇（且）（八七上），霽（麗）祭（例）（八七下），怪（界）夬（邁）（八七下），焮（覲）震（斤斤）（一〇五上），翰（但）換（滿）（九九上），霰（見）線（扇）（一〇二下），嘯（吊、吊）笑（召、召）（七〇上、八九上）。入聲：質（密）術（橘）（一六下），屑（穴）薛（雪）（五九下），錫（覓）昔（役）（七一下），業（劫）葉（輒）（七一上）。

【八】《詩・大雅・皇矣》「天立厥配」毛傳「配，媲也」，《釋文》：「媲，普惠反，配也。郭璞音譬，《字林》匹地反。」法校：「《易・恒》及《釋詁》媲，普計反，是也。」趙批：「計、惠同韻，故無是非。」（九五上）

【九】《周禮・天官・酒正》「一曰事酒」鄭玄注「其酒則今之醳酒也」，《釋文》：「醳，音亦，徐音昔。」法校：「音亦之字徐多音夕，喻、邪交變，此昔疑夕之誤，再通考之。」趙批：「昔、夕同音，何别？」（一〇五下）

【十】《周禮・春官・樂師》「趨以采薺」鄭玄注「故書趨作跢」，《釋文》：「作跢，倉注反。」法校：「倉注或作倉付，阮氏以倉付爲是。」趙批：「注、付同部。」（一三八上）

例【八】下字「計」、「惠」《廣韻》作「古詣切」、「胡桂切」，都是去聲霽韻合口四等，無須改動，趙批是。【九】「昔」、「夕」都是入聲昔韻開口三等，只聲母有心、邪清濁之别，「亦」、「夕」韻母同而聲母爲喻、邪通用，趙言無須改昔爲夕。【十】下字「注」、「付」《廣韻》作「之戍切」、「方遇切」，都是去聲遇韻合口三等，趙批云同韻而不必分。

（三）「音同互用」二十三條：

【十一】《周禮・天官・閽人》「設門燎」，《釋文》：「門燎，力召反，又力弔反。」法校：「燎二音笑、嘯分部。」趙批：「音同互用。」（一二四上）

【十二】《周禮・地官・鼓人》「鼓金奏」鄭玄注「金奏謂樂作擊編鐘」，《釋文》：「編鐘，必仙反。」法校：「《注疏》本作必先反，前也數見，亦必先、必千、方千等反。」趙批：「先、仙音同互用。」（一三〇上）

【十三】《周禮・春官・敘官》「詛祝」鄭玄注「詛謂祝之使沮敗也」，《釋文》：「使沮，在呂反，沈音敘。」法校：「沮沈音敘者，沈亦誤從爲邪也。」趙批：「從、邪互用。」（一三四上）

例【十一】法校認爲嘯(弔)與笑(召)依《廣韻》爲二韻異讀，趙批認爲《釋文》嘯、笑不分乃同音互用。【十二】先、仙二韻音同互用。【十三】從、邪二聲音同互用。此外還有：

聲母：並(毗)奉(扶)互用(一二六上)。

韻：平聲：支(移)脂(夷)互用(一二一下)，支(宜)齊(倪)(一八二下)，脂(荎)之(基)(一三三下)，脂(梨)齊(迷)(一三三下)，之(里)微(希)(一二〇下)，咍(來)肴(交)(一一七上)，先(千)仙(連)(一二三上)，庚(衡)耕(耕)(一三九上)，清(精)青(寧)(一二一上)。上聲：旨(絺、黹、美)止(止、耳、里、己)(一三六下、一三七上、一二〇上)，筱(了)小(小)(一三三下)。去聲：至(致)志(記)(一二八上)，宥(酒)幼(幼)(一一九下)，震(釁)焮(靳)(一四〇下)，闞(闞)檻(檻)(一三〇下)。入聲：質(乙)迄(乞)(一二五上)，黠(滑)鎋(刮)(一一九下)。

(四)『通用』七條：

【十四】《周禮・天官・大宰》『以九貢致邦國之用』鄭玄注『服貢，絺紵也』，《釋文》：『絺，勑其反。』法校：『絺、其不同部。』趙批：『通用。』(一一六上)

【十五】《周禮・天官・敘官》『惟王建國』鄭玄注『日至之景尺有五寸』，《釋文》：『之景，京領反，下皆同。』法校：『《唐韻》景、領不同部。』趙批：『通用。』(一一五上)

例【十四】法校認爲脂(絺)、之(其)不同韻，趙批認爲是通用。【十五】法校認爲上聲梗韻(景)與靜韻(領)不同韻，趙批認爲是通用。還有：

平聲：支(祇)微(畿)通用(一一六上)。上聲：語(所)麌(數)(一一八下)。去聲：震(饉)焮(靳)(一一六上)。入聲：覺(角)藥(雀)(七四上)、昔(亦)錫(狄)(一一五上)。

(五)『混用』一四四條(含混同四)：

【十六】《易・訟》『或錫之鞶帶』，《釋文》：『錫，星曆反，又星自反，賜也。』法校：『據《廣韻》錫讀去聲，當斯義切，與自不同部。』趙批：『本書支、脂、之、微諸部混用。』(七下)

【十七】《尚書・伊訓》『儆於有位』，《釋文》：『儆，居領反。』法校：『儆、領不同部。』趙批：『梗之三等與靜混用。』(三四上)

【十八】《易·訟》『訟』，《釋文》：『訟，才用反，爭也，言之於公也，鄭云辯則曰訟。』法校：『訟音才用誤，《廣韻》似用切，則當作財。』趙批：『本書從、邪互用。』（七上）

【十九】《詩·墉風·載馳》『誰因誰極』鄭玄箋『今衛侯之欲求援引之力』，《釋文》：『求援，于眷反，又音袁，沈于萬反。』法校：『援音線、願分部。』趙批：『此正見其混同，非分。』（五七上）

例【十六】法校寘（義）與至（自）爲異讀，趙批認爲《釋文》支、脂、之、微四韻切下字混用，其上聲紙、旨、止、尾四韻，去聲寘、至、志、未四韻也混用。【十七】上聲梗韻三等（儆）與靜韻（領）混用。【十八】從（才）、邪（似）二母混用。【十九】去聲線（眷）、願（萬）混用。此外還有：

聲母：幫（補）非（甫）混用（七下），端（得）知（窒）（七一下），徹（敕）穿（尺）（十二下），從（踐、在、茨、茨、錢、餞）邪（似、辭、徐、徐、羨、羨）（四〇上、八一上、八四上、八四下、九五上、一二九上），心（息）曉（許）（八四下），崇（士）禪（澌）（八九下），匣（于、雲）喻（聿、以）（九一上、一〇一上），娘（女）日（而）（二六上）。

韻：平聲：東（蚣、同）鐘（凶、濃）混用（四八下、七五上），支（齋、移、移、知、離、移、移、僖）脂（池、祈、祈、絺、梨、祈、耆、希）（十六上、七四上、八五上、八六下、一〇三下、一〇三下、一〇六下、一一〇上），支（罹、蚔、祇）之（之、基、時）（三三下、八一下、一一三上），脂（墀、私、夷、彝、鴟、祈、鴟、祈、脂、耆、坻、祈、夷、肌）之（其、其、疑、之、之、之、之、之、之、基、基、其、貽、其）（二三上、二八上、三五上、三八上、四三下、七一上、七一下、七六下、八一下、八四上、八四下、八六上、一〇五上、一五九上），脂（饑）微（機）（一〇二上），之（僖）微（希）（一一〇上），佳（柴、佳）皆（皆、諧）（二六上、一五三下），臻（駪）殷（巾，《釋文》入殷部）（七三上），先（研）仙（延）（九四上），蕭（彫、堯）宵（消、遙）（三三下、一〇五上），庚（英）耕（耕）（一一一上），清（精）青（丁）（三〇下），尤（牛、求、流、由、休）幽（虯、虯、彪、幽、樛）（八二上、八五上、八九上、九九上、一〇三上），鹽（廉）添（謙）（一〇六下），鹽（廉）嚴（嚴）（二六下），鹽（廉）凡（凡）（一六一上），咸（咸、摻）銜（芟、銜）（二五上、六四上）。上聲：紙（爾、只、弭、粃）止（以、止、耳、矣）（七三下、八七上、九九下、一五九上），旨（旨、茈、比、機）止（止、耳、里、紀）（十二下、六九上、九五上、一六〇上），旨（簋）尾（偉）（七三下），軫（啓）隱（謹）（四一上），語（取）麌（與）（八八下），吻（粉）隱（謹）（一四六上），阮（偃、葦）獮（免、偃）（十四上、九八下），梗（影、警）靜（井、領）（一〇〇下），靜（領、穎、頃）迥（挺、迥、迥）（十六下、四〇下、八三上），琰（儉）忝（簟）（二九下），銑（顯）獮（善）（七七上），筱（筱）小（鳥）（三五上），有（酉）黝（糾）（六三下），敢（攬）豏（減）（八五下），敢（覽、覽）檻（檻、檻）（八六下、一七二上），豏（減、斬）檻（檻、檻）（四五上、一〇四下）。去聲：寘（恚、譬、恚）至（季、致、遂)(七一下、八〇下、九三上),至(至、嗜、致、穉、致、至、比)志(志、志、置、吏、置、志、志)(十二下、三二下、六六上、七一上、一一〇下、一二二下、一六一上),至(器、匱、簣、器)未(氣、魏、貴、氣)(三五下、三七上、三八下、九八上),至(寐、淠)祭(敝、弊)(四三上、八六下),御(菹)遇(俱)(八六上),霽(麗)祭(例)(九九下),夬(話)禡(化)(一〇八上),隊(背)代(代)(三四上),霰(羨)線(箭)(七五下),宥(救)候(豆)(二二下),震(覲釁、饉)焮(靳、靳)(六六下、一五四上),勁(令)證(證)(六二下),闞(暫、暫、埑)鑒(鑒、監、監)(十下、三四上、八二下),豔(斂、斂)梵(劍、劍)(三六下、六六上)。入聲:屋(督)沃(木)(四三上),屋(六、目)燭(觸、玉)(十三上、五二下),沃(沃)鐸(惡)(六六下),質(吉)術(聿)(一四五上),質(乙)櫛(瑟)(九四上),質(密、一)迄(訖、汔)(九九上),質(一)薛(詰)(十四上),質(昵)職(力)(一五三上),月(謁)薛(揭)(七八下),曷(葛)末(末)(八九下),屑(蔑)薛(滅)(一〇一下),薛(列)帖(頰)(二一上),陌(霸、莫、格)麥(革、麥、核)(三七下、八四上、一六四下),昔(辟、辟、益)錫(壁、壁、曆)(八五上、九三下、一〇〇下),職(色)鐸(索)(一〇二上),葉(接)帖(燮)(九一下),洽(接、夾)狎(燮、甲)(九一下、一〇五下)。

三、趙批對法校的補充與駁正

(一)闡發體例的十五條:

【二〇】《易·大畜·彖傳》『煇光日新其德』,《釋文》:『煇,音輝。』法校:『煇今本作輝,俗字,盧改揮。』趙批:『本書直音有以今字音古字之例,盧改非』。(十二上)

【二一】《易·賁》『賁其須』,《釋文》:『其須,如字,字從彡,水邊作非。』法校:『作下盧增須,是。』趙批:『水邊作者,謂易從彡而作從氵也,盧增非。』(十一上)

【二二】《尚書·泰誓上》『沉湎冒色』孔傳『沈湎嗜酒,冒亂女色』,《釋文》:『嗜,市志反,《切韻》常利反。』法校:『《切韻》五字校者增,然《切韻》是也。』趙批:『吳云:今本引《切韻》十一事,則宋開寶中陳鄂所爲也,非校語。』(三七上)

【二三】《易·泰》『以祉元吉』,《釋文》:『以祉,音恥,一音敕子反,又音止。』法校:『敕子反與音恥同,此與訟卦窒字略同,宜通考之,陸意知三紐與精五紐各類,故以敕字爲異讀也。』趙批:『本書一音、或音有同又音之例。』(八下)

例【二〇】、【二一】闡明陸德明說字形的體例,發盧文弨、法偉堂之所未見。【二二】引吳承仕語,明《釋文》引《切韻》十一條乃宋人陳鄂所加,非法校所言爲清人校語混入。【二三】法校謂《釋文》一音與首音當爲異讀,趙批認爲《釋文》一音、或音雖多與又音有別,但也有與又音同者，都可與首音切語用字異而讀音實同，是録存前人異形同音音切的結果，所見甚是。趙氏體例方面的十五條批語如上所引，或正法校之誤解，或明法氏等之所未見，多有見地。

（二）加引例證的三十二條：

【二四】《周禮·天官·大宰》「以八則治都鄙」鄭玄注「周、召、毛、聃、畢、原之屬在畿內者」，《釋文》：「毛聃，乃甘反。」法校：「聃，《禮記》音透紐，《廣韻》同，此讀泥紐，再考。」趙批：「《左·僖二十四傳》音同」（一一六上）。

【二五】《易·辭上》「大衍之數五十」，《釋文》：「大衍，延善反，又注演同，鄭云：衍，演也；幹云：合也；王廙、蜀才云：廣也。」法校：「注蓋作之譌。」趙批：「注，王弼云：演天地之數。故云注、演同。」（二〇下）

【二六】《易·頤·象傳》「道大悖也」，《釋文》：「悖也，布內反，逆也。」法校：「悖，音義家皆蒲內反，無音布內者，又作必內反。」趙批：「《廣韻》補妹切有誖字，與悖爲一字。」（十二下）

【二七】《尚書·甘誓》「天用勦絶其命」，《釋文》：「勦，子六反，《玉篇》子小反，馬本作巢，與《玉篇》、《切韻》同。」法校：「勦字注錯譌特甚，且字書均無子六一讀，蓋本作子小反，譌爲子六，故校者以《玉篇》正之耳，《集韻》收入一屋，蓋所據《釋文》已誤。注巢字盧改剿，是。」趙批：「段注《說文》剿，絶也，云衛包改剿爲勦。」（三二下）

例【二四】引《左傳》「聃」釋文之音同《周禮》之「乃甘反」，明其不誤，《釋文》「聃」共十見，五次爲「老聃」音「吐（他）甘（籃）反」，五次爲他人名音「乃甘反」，趙批是。【二五】引王弼注證「注」與「演」同義，而非法校所謂「作」字之譌。【二六】引《廣韻》上字「補」與「布」同爲幫母，證明《釋文》「布內反」不誤。【二七】法校有理，引段玉裁語爲其作輔助證明。

趙批三十二條引證所引甚廣，或引經傳，或引注疏，或引《爾雅》、《廣韻》等，上至漢人，下至清代諸家乃至今人吳承仕等，以扎實的材料正法校之誤，補法校之缺，或補證法校之是。

（三）補充說明的十二條：

【二八】《尚書·益稷》「粉米」，《釋文》：「粉米：《說文》作黺𪓐，徐本作䋛，音米。」法校：「徐本六字宋人校語，陸所據《說文》自作黺，抑此徐本或指仙民耶。」趙批：「此徐自謂仙民。」（二八上）

【二九】《易·屯》「泣血漣如」王弼注「窮困闉厄」，《釋文》：「厄，于革反，又於賣反。」法校：「厄當作戹，本書多誤，並宜改。陸厄、戹不分，故下文履卦之厄又作戹。」趙批：「厄爲戹俗。」（七上）

【三十】《詩・周南・關雎・序》『哀刑政之苛』，《釋文》：『之苛，本亦作荷，音同。苛，虐也。』法校：『同盧改何，是。』趙批：『段依宋本亦作何。』（四七上）

例【二八】補充說明此處『徐本』不是指南唐治《說文》的徐鉉、徐鍇，而是晉代廣作經書音義的徐邈（仙民）。【二九】補充說明是正字（㞙）與俗字（厄）之分。【三十】是補充說明另一版本可證盧改之是。趙批這些簡明扼要的補充，往往使法校更易懂更完善。

（四）另作解釋的三十二條：

【三一】《詩・大雅・韓奕》『川澤訏訏』，《釋文》：『訏訏，況甫反，大也。』法校：『訏，況甫反，蓋協韻也。他處訓大，多平聲。』趙批：『蓋借作詡。』（一〇四上）

【三二】《莊子・秋水》『且彼方跐黃泉而登大皇』，《釋文》：『方跐，音此，郭時紫反，又側買反，《廣雅》云蹋也，蹈也，履也；司馬云測也。』法校：『時殆誤。』趙批：『《廣韻》紫紐有跐，此時或音之誤，下衍反字。』（一七四上）

【三三】《詩・墉風・干旄》『素絲紕之』，《釋文》：『紕之，符至反，鄭毗移反。』法校：『紕，符至反，《玉篇》作必二，《廣韻》二音俱不收，紕移古韻不同部，而《篇》、《韻》並同。』趙批：『《傳》云總紕於此，蓋讀爲比次之比，故云符至反。』（五六下）

【三四】《周禮・天官・追師》『爲副編次追衡笄』鄭玄注『笄，捲髮者』，《釋文》：『捲髮，卷免反，劉羌權反。』法校：『《詩》采菽采綠《音義》：卷，眷勉反，此卷免亦當作眷免。卷字見紐有上、去二讀，又有群紐一讀不能爲音紐也。』趙批：『此用書卷之卷，去聲，非居轉切之卷也。』（四七上）

例【三一】法校依《釋文》『訏』訓『大』而謂『況甫反』乃協韻音，趙批則認爲是『詡』的假借字而正讀『況甫反』。【三二】法校謂『時』乃切上字有誤，趙批另謂乃直音誤爲切語。【三三】法校以『紕』爲『披散』義之平聲本讀，故『符至反』不合，趙批另解爲讀去聲比次之比，故合。【三四】法校讀『卷』爲動詞義的上聲，趙批另讀爲名詞義的去聲。

趙批另外作解的三十二條多與釋義相關，經注之讀或假借或破讀，分一義則變一音，音隨義轉，乃《釋文》類音義書多所關注者。趙批註重因音辨義，依義正音。法校則更看重等呼開合的細究，而疏於音義關係的考析。就《釋文》作爲典範的音義書而言，趙批在因義釋音方面自然比法校更下功夫，所得也遠多於法校，故正法校之譌，發法校所未見者甚多。

（五）『不改、不誤』的三十七條：

【三五】《尚書・呂刑》『鰥寡無蓋』，《釋文》：『鰥，居頑反。』法校：『鰥，他皆作古頑，此居字誤。』趙批：『古、居同紐，不當改。』（四四上）

【三六】《尚書・禹貢》「岱畎絲、枲、鈆」，《釋文》：「鈆，寅專反，字從㕣，㕣音以選反。」法校：「寅乃與之譌。」趙批：「寅、鈆雙聲，可不改。」（二九下）

【三七】《莊子・齊物論》「庸詎知吾所謂知之非不知邪」郭象注「夫蛣蜣之知在於轉丸」，《釋文》：「蜣，丘長反，《爾雅》云：蛣蜣，蜋也。」法校：「長蓋良之譌，注本作良，當據改。」趙批：「二字同韻，可不改。」（一六二上）

【三八】《尚書・胤征》「舊染汙俗」，《釋文》：「汙，烏故反，污辱之汙，又音烏。涴，泥著物也，一音烏卧反。」法校：「泥上涴字疑衍。」趙批：「泥著物也，烏卧反，正涴之音義。」（三二下）

【三九】《詩・王風・君子陽陽》「左執翿」毛傳「翿，纛也」，《釋文》：「纛也，徒報反，沈徒老反，俗作纛。」法校：「纛從毒聲，是也。陸以爲俗，非。」趙批：「從毎會意，故以從毒爲俗。」（八八下）

【四〇】《詩・大雅・皇矣》「乃眷西顧」，《釋文》：「乃眷，本又作睠，又作卷，並音眷，同。」法校：「眷盧改卷，偉疑當作並與眷同。又作卷之卷恐亦誤。」趙批：「聲借，未必誤。」（九四下）

例【三五】古、居近代才分讀g、j，《釋文》時同讀見母g，法校以爲讀居爲類隔，當改作古，《釋文》鰥十二見，切上字爲「古」者九、爲「故」者二、爲「居」者一，不必都改成「古」，趙批是。【三六】鈆、寅、與都爲喻（以）母，依趙批不改爲是。【三七】長、良都是陽韻字，依趙批不改。【三八】法校句讀有誤而認爲涴乃衍文，趙批句讀正確，明《釋文》音義不誤。【三九】法校着眼於諧聲，趙批比較字形，纛改纛之會意爲形聲，乃後出俗字，《釋文》不誤，趙批是。【四〇】眷、卷同源通用，是常見的通假字，不必以爲誤，趙批是。

法校常或以今音律古人，苛求過細，故以爲《釋文》多誤且率爾改動。趙批能正確把握《釋文》作爲音義書的基本特點，形音義綜合考慮，頗能切近《釋文》施注原意，故許多法校認爲有誤且改動者，趙批證其爲不誤而不應改動，所得頗多。

（六）**駁正法校的三十八條：**

【四一】《詩・小雅・采綠》「終朝采藍」，《釋文》：「采藍，盧談反，沈力甘反，染草也。」法校：「盧談與力甘同，未詳，沈不分開合口，如仙民音藩爲甫言是也。」趙批：「談、甘俱開口，脣音兼用開合字，二說並誤。」（八八上）

【四二】《易・小過》「密雲不雨」王弼注「則烝而爲雨」，《釋文》：「則蒸，章勝反，字又作烝，或作滕字，非。」法校：「勝蓋塍之譌，勝有平、去二讀，不得爲疊韻字也。」趙批：「此讀去聲，注則蒸而爲雨，《月令》注此陽氣蒸達，《釋文》音證，法讀平聲，誤。」（十九下）

【四三】《詩・魯頌・駉》「有駵有雒」，《釋文》：「雒，音洛，黑身白鬣曰雒，本或作駱，同。」法校：「案作駱則與有驒有駱複，疑駱爲洛之譌。」趙

批：『《正義》云檢定本集注及徐音皆作駱字，則駱非洛譌。』（二九下）

【四四】《詩・周南・兔罝》『椓之丁丁』毛《傳》『丁丁，椓杙聲也』，《釋文》：『杙，本又作弋，羊職反，郭羊北反，《爾雅》云樴謂之杙，李巡云橜也，樴音特，橜音其月。』法校：『羊北不成切，再考。《爾雅》君子于役又音羊特，喻紐讀一等，殆即疑紐也。』趙批：『羊北、羊特並從羊紐讀喻，絕不通疑。』（四九上）

【四五】《詩・周南・漢廣》『翹翹錯薪』，《釋文》：『翹翹，祁遙反，沈其堯反，薪貌。』法校：『據《廣韻》堯入蕭，蕭部無群紐，故易爲祁遙也。』趙批：『《廣韻》渠遙即祁遙，肴、豪俱有堯聲，又何說耶？』（四九上）

【四六】《易・繫辭上》『乾坤其易之緼邪』韓伯注『緼，淵奧也』，《釋文》：『之奧，烏報反。』法校：『之，盧改淵，陸蓋避唐諱致譌也。』趙批：『若避諱則當易作深、作泉，不得作之也。』（二一上）

例【四一】《廣韻》『談，徒甘切』，盧談、力甘是録存異形同音切語，談、甘均爲平聲談韻開口一等，無開合口之分，即便其一用了合口下字，唇音聲母字也是開合口混切的，故法校『未詳』與『開合口』均無謂，趙校駁正云『二說並誤』。【四二】『烝』《廣韻》有『煮仍切』平聲（名詞，冬祭名）和『諸應切』去聲（動詞，氣上升）二讀，趙批認爲依注『烝達』義此處當讀去聲，故駁正法校讀平聲並改下字爲誤。【四三】趙校依《正義》所引定本、徐音二家定『本或作駱』不誤，以駁正法校。【四四】『北』、『特』都是入聲德韻開口一等下字，上字『羊』屬喻三，故法校認爲喻三不與一等韻相拼，當改從疑紐。趙校駁云喻紐絕不與疑紐相通，甚是。【四五】法校謂群紐只切三等下字，《廣韻》『堯，五聊切』蕭韻開口四等，故改三等群紐上字『渠』爲『祁』。趙校駁正：『渠、祁』都屬群紐，『渠遙、祁遙』是異形同音切語；以『堯』作聲符字《廣韻》有『撓，呼毛切』豪韻一等、『磽、墝，口交切』肴韻二等、『燒，式昭切』宵韻三等之類，則可與一、二、三等聲紐相拼，當然可與群紐相拼。【四六】依文意駁正法校，謂諱『淵』也該改作『深』或『泉』，而不可能作『之』，甚是。

法校泥於等韻，窮究切語上下字等第開合的相同，對《釋文》又音又切從音理上拘之苛細，常有強作區分之處。趙批該類三十八條，主要從音讀的方方面面駁正法校之譌之失，少部分從體例、訓釋、用字等方面加以駁正，亦所得甚多。

四、小　結

第一，陸德明《經典釋文・序録》論及録存前人音讀的宗旨云：『音堪互用，義可並行，或字有多音，衆家别讀，苟有所取，靡不畢書。』故他可能爲求全而收録前人用字不同而讀音實同的異形同音切語（音切）。法校主觀認定《釋文》凡用字不同的兩切語必有讀音的不同，或有等呼、重紐、類隔與音和、古音與殊讀等的差別，或有切語用字是否恰當的問題，餘者則屬『未詳』或『待考』。趙批贊同吳承仕『反音雖同而反語有異』的看法，將法校疑爲讀音有異的七十七條判爲『音同字異』，即按《廣韻》的聲、韻、調來衡量，也是切語用字雖異而讀音實同。邵榮芬㊀也認爲：這些是無讀音差別的『重音音切』，《釋文》録而存之的原因，或後人羼入，或以後釋前，或引異文時帶及，或稱引不同的字音學説所及，也有部分難釋其因，不過『從《釋文》的注音體例看，録存前人的同音反切是完全可以理解的』，且『録存前人的同音音切乃是晉宋以來，音注家相沿的慣例，陸德明承而用之，也就毫不足奇了』。萬獻初對《釋文》音切作整體研究，㊁可證趙批、邵説實爲合理。

第二，儘管今存趙批有散佚，然合併已有的重出者，得《釋文》混切甚多，能略見概貌。『不分』三十條中，平聲韻：脂之、脂微、真臻、蕭宵、尤幽；上聲：旨止、軫隱、寑隱、阮獮、銑獮、靜迥；去聲：御遇、霽祭、怪夬、震焮、翰換、霰線、嘯笑；入聲：質術、屑薛、錫昔、葉業。『音同互用』二十三條中，聲母：從、邪互用；平聲韻：支脂、支齊、脂之、脂齊、之微、咍肴、先仙、庚耕、清青；上聲：旨止、筱小；去聲：至志、嘯笑、宥幼、震焮、闞鑒；入聲：質迄、黠鎋。『通用』七條中，平聲韻：脂之、支微；上聲：語麌、梗靜；去聲：震焮；入聲：覺藥、昔錫。『混用』一四四條中，聲母：幫非、端知、徹穿、從邪、心曉、崇禪、喻匣、娘日。平聲韻：東鍾、支脂、支之、脂之、脂微、之微、支脂之微、佳皆、臻殷、先仙、蕭宵、庚耕、清青、尤幽、鹽添、鹽嚴、鹽凡、咸銜；上聲：紙止、旨止、旨尾、軫隱、語麌、吻隱、阮獮、梗靜、靜迥、琰忝、銑獮、筱小、有黝、敢豏、敢檻、豏檻；去聲：寘至、至志、至未、至祭、御遇、霽祭、夬禡、隊代、霰線、願線、震焮、勁證、宥候、闞鑒、豔梵；入聲：屋沃、屋燭、沃鐸、質術、質櫛、質迄、質薛、質職、月薛、曷末、屑薛、薛帖、陌麥、昔錫、職鐸、葉帖、洽狎。綜合來看，聲母的混切多合清以來上古聲紐研究的結論：幫非混切即『古無輕唇』，端知混切即『古無舌上』，喻匣混切即『喻三歸匣』，娘日混切即『娘日歸泥』，徹穿混切是『正齒歸舌頭』；而從邪、崇禪的混切是同部位全濁塞擦音與擦音的混併，心曉混切是鄰近部位的清擦音混併，音理了然。韻的混切情況較爲複雜，舒聲韻（以平賅上去）：支脂之三者未分是《釋文》音切通例，三韻又或與微混切，少數與齊混切；佳皆、真臻、先仙、蕭宵、庚耕、清青、尤幽混切是常例，東鍾、灰咍、咍肴、元仙、真殷、臻殷、尤侯及咸攝中談鹽添咸銜嚴凡之間的混切用例少些，另有去聲至祭、霽祭、怪夬、夬禡的少數混切。入聲質術、曷末、黠鎋、屑薛、陌麥、錫昔、葉業的混切

㊀ 邵榮芬：《經典釋文的重音音切》，《中國語文》第六期，一九八九。
㊁ 萬獻初：《經典釋文音切類目研究》，北京：商務印書館，二〇〇四。

是常例，屋沃、屋燭、沃鐸、覺藥、質與職櫛迄薛、薛與月屑帖、職鐸、葉帖、洽狎的混切略少些。

第三，趙批混切所框定的，是嚴格意義上的『同音異切』和『同義異讀』，不涉及『別義異讀』的構詞音變，這樣清晰的同質材料界定是難能可貴的，有利於語言本體上的音類研究。趙批混切顯示：《釋文》同音異切和同義異讀來源多樣，有時間上的歷時音讀存留，有空間上的地域音讀差異，有注音者不同的音讀主張等，正是『衆家別讀，苟有所取，靡不畢書』的結果。如：聲母的混切多反映了上古音讀。而韻的混切則較多顯示了中古『時音』的面貌，支脂之（以平該上去）完全不分、佳皆同用、先仙同用、蕭宵同用、庚耕清同用、尤侯幽同用，咸攝各韻多混用等多與後來《廣韻》的『同用』合，而上聲隱韻（-n）與寢韻（-m）混切，初露了中古以後-m 韻尾消變合併於-n 韻尾的端倪，恐是方音的表現，至於去聲至祭、霽祭、怪夬、夬禡的混切，則應是上古音殘跡。趙批混切與萬獻初（二〇〇四，三四五—三四六頁）系統研究《釋文》音切性質的結論正相印證，《釋文》音切材料『具有泛時性的特點』，『《釋文》音切不屬於口語讀音系統，而屬於書面文獻語言的讀書音，疊合了多種層面的文獻讀書音』。這樣多的混切顯示了《釋文》之前漢語讀音的相對不確定、不統一和不規範性，故沈兼仕認爲：『可以假定古代初期文字之形音義多屬游離而尟凝固性。』㊀趙批《釋文》定混切是以《廣韻》（《切韻》）分韻爲參照系的，《釋文》與《切韻》成書年代略相當，作爲隨文音注的音義書，《釋文》實録了當時讀書音如此衆多而廣泛的混讀，反襯了《切韻》的確是『從分不從合』而分韻苛細，不大可能是當時某地單一口語或讀書音系，而是著意細分的雜糅古今南北的綜合讀書音系。

第四，整體看法偉堂對《釋文》所作的系統而詳盡的校語，可知他的確是『通解等韻，精於審音』的，是對《釋文》音切作語音本體研究的第一人，他的校語確有不少是精到的，羅常培、邵榮芬有細評，趙少咸未加批語者亦不少。然法氏過於拘守等韻，以今律古，完全用等韻的眼光去看《釋文》音切，強辨開合，窮究弇侈，認爲凡《釋文》異切必有異音，陸德明所用切語上下字等第必相同，究之太過，錯謬必多，導致趙氏施批四四七條之多，駁正其錯謬，補充其缺失，還陸德明音注之真意。究兩家得失之主因，在於對《釋文》作爲音義書的性質、體例研究和認識程度不同。法氏沉心等韻，把《釋文》音切視同韻圖，至少是視同《廣韻》類韻書，忽略被注字在語境中的音義關係，以致究辨過度，曲解陸意，故多所錯謬。趙氏多年系統研讀《釋文》，詳其體例，通其經注音義，又與《廣韻》比辨異同，以發陸氏真意，故得其要領，多糾法校之誤而明音義之實，他的《如何讀經典釋文》就主要在創通體例以明音義，謂『《釋文》自有條例，陸言已詳。讀是書者，如能依據所說條例以讀之，則經注自明而全書貫穿矣』，他批評法氏云：『他對於《釋文》立些條例，又對於一韻中又畫成幾

㊀ 沈兼仕：《吳著經籍舊音發墨》，一九四〇，載吳承仕：《經籍舊音序録、經籍舊音辨正》，北京：中華書局，一九八六。

類，並處處用類隔音和來說，也有不對的地方； 又常常因一音有二三切語者，爲之多方解說，自多吃力不討好』，『法氏用等韻家方式來講，忘記以互相對勘的道理來看《釋文》的反語，徒然費了許多話來說他，真是作繭自縛』，『等韻是根據反語上下字定出其讀音，並不是魏晉經師所作反語已有此規律； 若是用等韻來談《釋文》反語，徒是添出許多門法，而問題仍不能解決』，所說正中要害。 因此，萬獻初強調對《釋文》其書及其音切必須先作體例、術語、內容、類別、特點和性質等方面的基礎研究，『基礎研究不足，運用《釋文》音切材料所作的其他研究就如沙上建塔，根基不穩，材料相同而得出的研究結論往往差別很大』。 法校之失與趙批之得正好證明了這一點。

第五，趙批的主要價值在於：（一）糾正了法氏因拘執《廣韻》、等韻以律《釋文》音切所造成的誤析錯讀，表明分析音義書音切與分析韻書、韻圖切語的方法應該不同，故具有方法論上的意義。（二）用『音同字異』、『音同互用』、『不分』、『通用』、『混用』等術語來說明音切之間來源、音系、應用等方面的不同關係，含有以義正音的意味，索源理流，比較互證，簡潔直觀，說服力強。（三）不是只用《廣韻》、等韻的音理來套析《釋文》個案音切，而是以之爲參照系來系統對比《釋文》音切，得出不同之處並分類加以解釋，從而顯示出作爲音義書的《釋文》與作爲韻書的《廣韻》在體例、術語、切語來源與構成、音系的性質等方面是不相同的，不能只作等呼之類的音理分析，這對語音史研究是具有啟發性意義的。 就趙批揭示出來的大量混切來看，進一步證明我們關於『《釋文》音切具有泛時性特質』的觀點，這些混切並不處在同一共時平面上，由於陸德明對前人音切『苟有所取』者就『畢書』，於是古今、方音、師傳、時音、俗音、同音異切等因素都可能形成混切。 就語用層面而言，古今、師傳、方俗等因素形成聲、韻有分而混切。 就語音系統而言，不同的音系就有不同於《切韻》（《廣韻》）音系的混切，如趙批混切中『端知、喻匣、娘日、徹穿』等聲母混切反映的是上古不同於《切韻》的聲母系統，而『支脂之、佳皆、先仙、蕭宵、庚耕清、尤侯幽』的同用以及咸攝各韻多混用等則反映的是陸德明時代的時音不同於《切韻》音系的韻母系統。 所以說，《釋文》音系具有泛時性的性質，不可單用等韻來作共時平面的音理分析，而要作不同層面的分別研究。 對比《釋文》混切所反映出來的陸德明時代的時音（距離《切韻》成書五十年左右），《切韻》音系顯然具有綜合古今南北且從分不從合的性質。 趙批帶給語音史研究的啟示是多方面的。 當然，趙批亦有可斟酌處，如認定《釋文》『本書無四等之分』（九上），『雖有等呼之異，然固同音也』（四八下），似對法氏偏重等韻有矯枉過正之嫌； 而『《釋文》於葉音外無古讀』（五〇下），以及整體批語中體現出的把《釋文》音切看成共時的時音系統而非泛時的音讀積澱的意識，不但與自己析出的混切實事不相符，也不合《釋文》音切的實際性質。